统一的前夜

东晋十六国与南北朝

上

陈羡◎著

新世界出版社
NEW WORLD PRESS

图书在版编目（CIP）数据

统一的前夜：东晋十六国与南北朝：全二册 / 陈羡著. -- 北京：新世界出版社，2022.5（2025.11重印）
ISBN 978-7-5104-7485-9

Ⅰ. ①统… Ⅱ. ①陈… Ⅲ. ①中国历史—魏晋南北朝时代—通俗读物 Ⅳ. ① K235.09

中国版本图书馆CIP数据核字（2022）第 059133 号

统一的前夜：东晋十六国与南北朝

作　　者：陈　羡
责任编辑：丁　鼎
装帧设计：人马艺术设计·储平
责任校对：宣　慧
责任印制：王宝根
出　　版：新世界出版社
网　　址：http://www.nwp.com.cn
社　　址：北京西城区百万庄大街 24 号（100037）
发 行 部：(010)6899 5968（电话） (010)6899 0635（电话）
总 编 室：(010)6899 5424（电话） (010)6832 6679（传真）
版 权 部：+8610 6899 6306（电话） nwpcd@sina.com（电邮）
印　　刷：三河市嘉科万达彩色印刷有限公司
经　　销：新华书店
开　　本：710mm × 1000mm　1/16　尺寸：170mm × 240mm
字　　数：1000 千字　印张：57
版　　次：2022 年 5 月第 1 版　2025 年 11 月第 7 次印刷
书　　号：ISBN 978-7-5104-7485-9
定　　价：168.00 元（全二册）

自序

《统一的前夜：东晋十六国与南北朝》选自我从 1999 年夏天开始在网上陆续发表的一系列历史散文。这些文章在最开始写作的时候，只是我自己阅读传统史书的评论笔记而已，可以说，当时我是把阅读历史时的心得体会拿出来跟读者们分享。

在我看来，读史的最大乐趣是它能够勾起人的思考，让人对一件事物从表象到本质产生一种急切的探知究竟的欲望。这种欲望乃是人的本性，只是随着阅读的体验而被激发出来。历史本来说的是过去的事情，却与现实和未来紧密相连，让读者能够与前人同呼吸共命运，从而产生内心的共鸣。我们学习历史、研究历史的意义便在于此。

这部书的写作过程断断续续，其中第一至第四章写于 1999 年至 2001 年我在浙大读研期间，第五至第十一章则写于 2006 年至 2007 年在加拿大阿尔伯塔大学攻读博士学位的最烦闷的那段时光。回想当初，我经常是不知疲倦地趴在电脑前敲打键盘，一坐就到后半夜，直到将一个完整的篇章发到网上，才会感到一丝满足，有了睡意。那份投入与执着，至今回想起来仍然让我心潮澎湃，难以忘却。

本书前后贯穿将近三百年，上接统一三国后日益衰落的西晋王朝，下启大一统的隋唐盛世，讲述的是一段相对来说知名度不高却又非常精彩的历史——东晋十六国与南北朝。

东晋十六国与南北朝是中国历史上十分特殊而重要的时期，这不仅是地方各个势力割据纷争的时代，也是民族、思想、文化大融合的时代。在这之前，中国的历史基本上就是汉民族的历史，而从东晋十六国与南北朝时期开始，中国的历史开始逐渐向外延伸。

此部作品有幸在新世界出版社出版，我十分感谢细致用心的出品方。我们仔细梳理了全书的脉络，重新划分了章节，修正了以前版本的一些错误，并且增补了一些文字，所以现在摆在各位读者面前的可以说是一部全新的作品。接下来，就请进入东晋十六国与南北朝时代，一起感受一千多年前中华大地上各民族之间的爱恨情仇吧。

陈羡

2022 年 4 月于浙江杭州

目 录

第一章 永嘉之乱

第二章　慕容鲜卑

第三章　淝水之战

第四章 拓跋崛起

第五章　寄奴逆袭

第六章　元嘉之治

第七章　宋魏对峙

第八章　明主昏君

第九章　绝代双骄

第十章　侯景之乱

第十一章　三分归隋

第一章
永嘉之乱

帝王将相能有这么多可以发挥的传奇故事，正从一个侧面说明了他们的成长过程绝不可能是一帆风顺的。只有经历无数艰难险阻，甚至九死一生，方能成就大事。

汉人可以重建一个政权仍然叫“晋”，从而把所谓的“正统”带到南方，但无法带走北方的大片土地。在接下来的数百年中，在中国北方续写历史的权力就被留给了五个少数民族，他们分别是：匈奴、羯、氐、鲜卑和羌。

通过公元 4 世纪初的种种史实来看，当时中国的希望在北方而非南方，所以我认为，从某种程度上讲，以往所谓的“五胡乱华”应该是“五胡兴中华”。

● ● ●

一、南匈奴兴起

未曾清贫难成人，不经打击老天真。
自古英雄出炼狱，从来富贵入凡尘。
醉生梦死谁成气，拓马长枪定乾坤。
挥军千里山河在，立名扬威传后人。

咱们的故事就从《三国演义》的尾声说起。

西晋咸宁五年（279）十一月，晋军大举伐吴。仅仅半年之后，苟延残喘于江南一隅的东吴即告灭亡，吴主孙皓面缚舆榇出城投降，延续了六十年之久的三国分立局面终于结束。几个月后，孙皓被押送到洛阳，晋武帝司马炎宽宏大量，赐他归命侯的爵位。

这天，晋武帝召见孙皓，指着为他设立的座位说："我给你留着这个座位很久了。"

孙皓不甘示弱地回答："我在南方的时候，也设立了这个座位等着陛下呢。"

晋武帝并不计较孙皓的无礼，只是一笑了之。他岂能想到，这竟然是一句可怕的预言呢？三十多年之后，司马炎的后代们将不得不在南方的座位上继续维持他开创的大晋王朝。

大一统的西晋王朝衰败速度之快超出了大多数人的想象，而引出这场天下大劫的，正是晋武帝的"宝贝"太子。

尽管晋武帝司马炎比起他的老爹司马昭差了许多，和他的祖父司马懿相比更是差之远矣，但也还算是个精明之人，可是他的那位太子司马衷却是个地道的傻瓜。这不是污蔑，用今天的医学术语来说，司马衷大概属于先天性的智力障碍。

如果说，东汉的灭亡在很大程度上是源于桓帝、灵帝的昏庸，蜀国的覆灭与资质愚钝的刘禅大有关联，那么，司马衷当上晋朝皇帝，也就意味着天下离大乱已经不远了。倘若当年司马昭这家伙在耻笑刘禅昏庸至极的时候知道自己的孙子将是一个什么样的人，恐怕会难再笑出来，毕竟比起司马衷，刘禅简直算得上是太正常了。

其实，晋武帝在位的时候就已经意识到让他的这位太子当皇帝可能不太行。既然心里不放心，那就找办法解决顾虑，于是他准备找些疑难国事考考太子，用实际问题检验太子的资质。

有一次，晋武帝特地送给太子一堆有关日常公事的文书，要看看太子究竟如何处理。太子拿到文书，自然是答不上来。但太子虽然是个白痴，他的老婆却相当厉害，这个女人就是中国历史上有名的丑女皇后贾南风。

贾南风之所以能够成为太子妃，主要是因为她的出身——她的父亲便是堂堂的晋朝开国权臣贾充。当初要册立太子妃的时候，晋武帝其实对与贾家联姻这件事很有意见，他认为贾家是“妒而少子，丑而短黑”，这样的人家后代肯定不怎么样。可是由于皇后等人都是贾氏一党，争执的结果是晋武帝不得不让步，不情不愿地答应了这门亲事。

贾南风比太子还大两岁，而她果然如晋武帝所料，是个妒忌成性的女人。她在后宫见到怀了太子孩子的侍妾，常常随手一把戟扔过去，当时就将胎儿活活打下来，真是既野蛮又血腥。晋武帝几度想废掉她，却都因为后宫和朝臣的反对而不了了之。

除了妒忌心重，贾南风玩弄权术的水准也不是寻常后妃能企及的，即便在整个中国历史上也可以排得上号。

这一回晋武帝安排策试太子，明摆着是关系到太子是留是废的紧要大事，贾南风赶紧找来太子身边的能人，让他们代写了一份答卷。答卷中引经据典，说得头头是道，贾南风看了很是高兴，心想将它上交定能博得皇上的喜爱。

这时候，一个叫作张泓的太监提醒贾南风说：“太子没有学问，这一点皇上也知道，如今要是把答卷写得如此引经据典，恐怕是会穿帮的。”用现在的话说，就是太假了。

贾南风一想，是啊，幸亏你给提了个醒！她赶紧让张泓重新写了份粗浅得多的答卷，又叫丈夫抄写一遍。

看起来，太子司马衷还不是文盲，既然能写那么几个字，弱智的程度应该不算很深吧。

答卷到了晋武帝手里，他一看，还可以呀，虽然答复得不怎么样，但终归还是明白事理的，于是司马衷的太子之位得以保全。

这位太子后来顺利当上了皇帝，成了晋朝的第二位皇帝——晋惠帝，他闹出的笑话还真不少。一次在后花园游玩，听到池子里传出蛙声，他就问身边的太监们："这小东西叫，是为官家呢，还是为私家呢？"还真有位机灵的太监，这人想了一想说道："在官地里的就是为官家叫，在私地里的就是为私家叫。"后来天下饥荒，司马衷听说有很多百姓饿死，觉得很不可思议，提出一个问题："为什么不让他们吃肉粥呢？"这就是著名的"何不食肉糜"典故的由来。

晋朝出了这么个皇帝，不出所料政纲大乱，内忧外患接踵而来。所谓"内忧"，就是长达十几年之久的八王之乱——司马衷的叔伯和兄弟们为了争夺皇帝的宝座开始自相残杀，晋室内部由此变得满目疮痍；而所谓"外患"，是指南匈奴刘渊的兴起。

南匈奴的出现源于汉高帝刘邦与匈奴首领冒顿单于的和亲。一部分匈奴人与汉朝皇室多次和亲，和汉人相处的时间较多，他们的子孙认为自己是汉室皇族的后代，就改姓了汉朝皇帝的"刘"姓。

东汉初年，当时匈奴的乌珠留若鞮（dī）单于的儿子自立为南单于，入居长城以南地区，并在离石（今山西吕梁离石区）等地建立自己部族的定居地。黄巾军兴，单于羌渠派他的儿子於扶罗带兵协助汉朝讨伐黄巾军，可是没想到天有不测风云，匈奴发生内乱，羌渠被手下所杀。於扶罗回不了北方，就留在了汉朝，自称是匈奴单于，他的部族大致集中在河东（今山西南部地区）地区。於扶罗死后，他的弟弟呼厨泉继任单于，而於扶罗的儿子刘豹则被封为左贤王。

从名字就看得出来，早期匈奴单于们的名字又长又拗口，到了刘豹这一代已经简化为汉语单音节形式的名字，可见南匈奴部落从语言到习俗都进入了深度汉化的阶段。

曹操平定北方以后，将南匈奴众多部落按地理位置分为左、右、南、北、中五部，各部首领皆为刘氏，他们基本都聚居在汾河流域的晋阳（今山西太原）一带，刘豹就是左部帅，负责统领匈奴左部。

刘渊是刘豹的儿子，此人自幼博览群书、熟读兵法，同时又武艺高强、膂力过人，在当时可以算是个文武全才，称得上出类拔萃。晋武帝还没有灭吴之时，就曾有意提拔他，“任之以东南之事”——打算派他去伐吴！但很多大臣指出：刘渊之才，当今天下无人能比，如果让他伐吴，恐怕是有去无回啊！

伐吴虽然没成，但刘渊凭借他的才干，依旧能够不断扩大自己的势力。刘豹死后，刘渊继任南匈奴左部帅一职，他刑法严明，又广纳贤士，幽州、冀州一带的读书人都仰慕他的威名，纷纷投到他的部下。

晋惠帝司马衷在位的元康末年，成都王司马颖被任命为镇北大将军，镇守邺城（今河北临漳西南）。鉴于刘渊在匈奴各部中颇有影响力，司马颖起用他为宁朔将军、监五部军事，把他调到邺城。

这时八王之乱早已开始，天下大乱，司马家权势衰微，匈奴部族自然就有些想法了。刘渊的从祖，原北部都尉、左贤王刘宣等人凑在了一起，议论说：“从前，我们的先人与汉室约为兄弟，忧泰与共。自汉亡以来，魏晋代兴，我们的‘单于’虽有个有名无权的名号，却没有寸土之业，从王侯降为编户，跟普通老百姓也没有大的差别了。现如今司马氏骨肉相残，四海鼎沸，看来天赐良机，该是我们兴邦复业的时候了。”众人各抒己见，最后都认为刘渊“姿器绝人，干宇超世”，一致推举他为大单于。他们派本部族人呼延攸前往邺城，把大家的意见秘密告诉了刘渊。

刘渊这样的人，没有野心是不可能的，他只是一直在静候天下之变，明白一旦操之过急，难免满盘皆输。如今时机成熟，他便借故说要安葬先人，向司马颖请求回归匈奴本部。司马颖毕竟心有疑虑，并未放行。刘渊只好让呼延攸先回去捎上口信，命刘宣等人召集匈奴五部人马及其他的胡人，明里宣称是为响应司马颖，暗中则准备起事。

晋室江山在风雨之中已是摇摇欲坠了。

二、刘渊建汉

从晋惠帝元康元年（291）开始的八王之乱，可以说是中国历史上由皇族内部争权夺利引起的大纷争中持续时间最长、影响范围最大的一次。这场变乱从表面上看好像是由上文提到的贾南风引起的一场宫廷政变，实质上却与晋朝自立国起从皇室到士大夫的全面腐化有着密不可分的关联。

司马家的这场动乱前前后后一共持续了十六年，时间很长，可惜本书没兴趣详细讨论八位王爷以及他们各自的势力是如何此消彼长、自相残杀的。若要单独讨论八王之乱的故事，恐怕可以再写一本书了。

到了刘渊准备起兵的永兴元年（304），皇族势力已经折损大半，那个祸首贾南风早已丢了性命，八王之中也仅剩下了三位，那就是成都王司马颖、河间王司马颙（yóng）和东海王司马越。

刘渊的顶头上司司马颖由于在之前讨伐长沙王司马乂（yì）时功勋较大，被封为皇太弟，不但是皇位的第一继承人，执掌朝廷内外的大事，而且还手握兵权。但这位皇太弟也是个公子哥儿式的人物，掌握大权却不知自重，“嬖幸用事，大失众望”——喜欢任用自己亲近宠爱的人，自然会让大伙儿失望至极。

既然有人占着位子不干好事，自然就有野心家准备取而代之，这位野心勃勃者便是东海王司马越。

此时的司马颖身在北面的邺城，却把晋惠帝留在洛阳城里。司马越一想，这不是天赐良机吗？正好来个“挟天子以令诸侯”！于是他纠集一批嫡系进入皇宫，声称司马颖是叛逆，要戒严讨伐。他自己做了大都督，传檄天下，招募兵众，接着便带着那位不咋聪明的皇帝出兵，并且通知河间王司马颙一同讨逆。

消息传到邺城，司马颖这头的将领们十分震惊，司马越打着“御驾亲征”的幌子还真能糊弄不少人，有人劝司马颖还是脱下盔甲、穿上缟素出城请罪，也有人劝他亲自出面奉迎圣驾。司马颖早将那白痴皇帝视为无物，岂能害怕？他怒斥手下道：“亏得你们这些人之前还通晓事理，前来投奔我！现在天子被一群小人所逼，你们却竟然叫我送上门去束手就擒？”他当即派了五万兵迎战司马越。

司马颖手下的都是正规军，在训练装备等各方面都要优于对手，两军交战，司马越的那批乌合之众当即崩溃，司马越十分狼狈地逃回自己的封地。司马颖趁机将在战斗中受伤又受惊的皇帝接进邺城，转头攻打起国都洛阳来。这下可好，一方说是“你挟持天子”，一方说是“你意图谋反”，反正是“公说公有理，婆说婆有理”，两边打得热火朝天。

几位王爷斗来斗去还不算，又来了些凑热闹的。安北将军王浚当初就与司马颖不合，这下便趁着乱劲儿，叫上司马越的弟弟并州刺史司马腾以及鲜卑、乌桓各部，共同起兵讨伐司马颖。

刘渊此时正琢磨着该如何离开司马颖，回他的老家左国城（在今山西方山）起事，一看机会来了，于是对司马颖说：“如今二镇（指王浚、司马腾二部）声势浩大，号称十几万大兵，恐怕凭咱们目前的兵力难以抵挡，我愿意回去说服我们匈奴五部与您共赴国难！”

司马颖也正愁手下没兵呢，但还是有些犹豫：“你这五部难道都能发兵？如果真能发兵，鲜卑、乌桓二部也不好搞定啊，我看不如先回洛阳避避他们的兵锋。”

刘渊心想，看来得说点大话了，于是就说：“殿下，您是武帝之子，可是要匡扶天下的呀！如今四海之内，哪个不愿为您效死呢？王浚、司马腾是什么东西，竖子而已，怎么可以与您抗衡？殿下若是示弱于人，恐怕便要失去在天下人心中的威信！至于鲜卑、乌桓之类的东胡兵马，远不及我们匈奴骑兵凶悍，殿下只要固守邺城，等我带来五部人马，就会用两部灭司马腾，用另外三部灭王浚，讨平二贼指日可待！”

司马颖也是个爱听好话的人，一阵吹捧便不知道自己姓什么了，当即便拜刘渊为北单于、参丞相军事。

刘渊在乎的并不是这些名分，得令之后他马不停蹄回到了左国城。左贤王刘宣等匈奴贵族见到首领归来，群情激奋。刘渊在众人的簇拥之下名正言顺地登上了大单于的宝座，并以离石作为匈奴的都城，仅仅半月时间，便召集了五万人马。

刘渊这边一切顺利，然而另一边的司马颖却根本对不住刘渊当初的一番“表扬”。王浚的部下率领鲜卑部攻打邺城，司马颖大败，带着皇帝逃回洛阳去了。

刘渊得知消息，叹道：“司马颖不用我言以至溃败，真是个奴才啊！”一边说，一边就想信守诺言派兵前去救援，讨伐鲜卑。

刘宣等人进言：“如今晋人骨肉相残，这正是天赐良机，让我们复兴当年呼韩邪单于的伟业。鲜卑、乌桓和我们一样都是游牧民族，可以作为我们的同盟，为什么要进攻他们呢？我们现在正谋划到关键时刻，千万不可前功尽弃！”

刘渊点头赞道：“也对！大丈夫要做就做顶天立地的高山，岂可当趋炎附势的土丘？自古没有永恒不朽的帝王，大禹出自西戎，周文王生在东夷，只要有德就能得天下。我们现在有精兵十几万，而且面对晋朝军队更是可以以一抵十，灭晋朝还不是摧枯拉朽的事？即使不能效法汉高祖，至少也要成就魏武帝的功业。不过尽管如此，我们未必能得到晋人的支持。汉室的天下长久，恩德已深入人心，所以刘备据一州之地亦能与天下抗衡。我匈奴曾是汉室的外甥，后来又彼此约为兄弟，如今哥哥已亡，我这做弟弟的当然得继承他的事业。我看咱们不如就用‘汉’为国号，远尊后主刘禅，这样可以获取民心。”

当年遭遇白登之围的汉高帝刘邦要是有预知的能力，知道在数百年后，包围他的匈奴后人居然要用他的国号建国，追尊他的子孙为先人，不知会做何感想。

晋惠帝永兴元年（304）十月，刘渊在左国城即汉王之位，认蜀汉为正统，追谥蜀汉后主刘禅为孝怀皇帝，并将自汉高帝以下的三祖五宗八位皇帝供入宗庙。这八位皇帝依次是：太祖高帝刘邦、太宗孝文帝刘恒、世宗孝武帝刘彻、中宗孝宣帝刘询、世祖光武帝刘秀、显宗孝明帝刘庄、肃宗孝章帝刘炟、烈祖昭烈帝刘备。之后，刘渊宣布改元“元熙”，大赦天下，他的汉王国就此开国。

这一事件，宣告十六国的好戏正式开场了。

三、文“达”武“曜”

刘渊做了汉王以后，一面加紧备战，准备征讨晋朝，一面努力收罗人才。他手下有两个人，一文一武，十分有名，一个是匈奴后部人陈元达，另一个便是刘渊的族子建武将军刘曜。

陈元达出身十分贫寒，却“少有志操”，小时候一边种田一边读书，很有些才华，但他一直到四十岁都很少与外界交流，更谈不上取得什么成就。刘渊做左贤王之时听说了他的才能，要招他为官——晋朝的时候还没有科举考试，官吏上位除了世袭以外，主要是沿袭汉代实行的“察举征辟”制度，也就是以考察和征召的方式选拔人才——可是陈元达没有答应。

待到刘渊做了汉王，有人问陈元达：“从前刘公地位不高之时招你去，你却蔑而不顾，如今他做了汉王了，怎么样，你怕不怕？”陈元达淡淡一笑，说：“这是什么话？刘公资度非凡，有包容宇宙之志，我知道这些很久了。当初我之所以不去，只是因为他的时运未到，我可做不到整天在他身边唠里唠叨的，刘公必然也知我心。你看着吧，我料想不出两三日，他的书信必到。”果然，当天晚上，刘渊便派人来请陈元达做黄门郎，相当于领导的高级秘书，负责出谋划策。那个挖苦他的人不禁惊叹道：“您也太神了吧！”

陈元达来到刘渊帐中，刘渊埋怨他说：“卿若早来，岂为郎官而已？”陈元达答道：“我以为人之才能，各有其分，任人过分就本末倒置了。我若早来，恐怕大王就得赐我做个九卿、纳言什么的，这些都不是我的分，我岂能承担？所以我一直静待时机，等我的分到了，我自然会来，这样大家都可免去可能出现的麻烦，不是很不错吗？”刘渊听了大喜。

相比陈元达，刘曜与刘渊的关系更近一些，他是刘渊的族子，也就是同宗远房的晚辈。刘曜从小父母双亡，刘渊把他当自己儿子一样养大。

刘曜从小就表现得不同凡响。八岁的时候，他跟随刘渊出外打猎，遇到大雨，众人在大树下避雨，忽然一个惊雷打来，大家无不趴下，只有他神色自若。性格决定命运，就这些表现来看，刘曜的前途不可估量。大概正是因为如此，刘渊才会惊叹道："这个孩子可是我家的千里马呀！"

长大后的刘曜没有叫人失望，他武艺了得，箭法精准，射铁而透之，被当时的人称为"神射"。他又常常自比古代的乐毅、萧何和曹参，时人对此不以为然，唯独刘渊之子刘聪说："永明（刘曜的字）乃是刘秀、曹操那样的人物，乐毅、萧何和曹参何足道哉？"

刘曜性情孤傲，不爱跟大伙儿一块儿玩，年轻的时候常常浪迹天涯。二十岁时他在洛阳犯了案子，为逃命竟然一口气"跑出了国"，到了朝鲜，后来幸好碰上天下大赦，他才重新回到中原。

刘曜自觉性情与众不合，恐怕不容于世，便隐迹于管涔山，整天跟琴、书做伴。相传一天夜里，他在山中漫步，忽见两个童子走上前来，说道："管涔王命我们拜见赵国皇帝，献剑一口。"说罢，两人置剑而去。刘曜持剑回转，秉烛观看，但见此剑长约两尺，光泽异常，剑鞘以赤玉为饰，背上刻有铭文，道："神剑御，除众毒。"这把剑还可以顺应四季的气温改变颜色，刘曜认定它是件宝物，于是就把它佩在身上。

像陈元达、刘曜这样的人才在刘渊手下为数不少，并不是凤毛麟角。刘渊对于前来投奔他的人不论亲疏一概唯才是举，由此可见，他的势力在河东一带不断壮大绝非偶然。

刘渊势力渐渐壮大，即便是内部已乱成一锅粥的中原晋朝也不能再坐视不管了，他们见又有人叛乱，只好派兵镇压。左国城属于并州刺史司马腾的管辖范围，司马腾派遣部下聂玄攻打刘渊，两军大战于大陵（今山西交城、文水一带），聂玄的军队被打得大败。

战后，司马腾率并州的两万余户百姓逃往山东，刘渊派遣刘曜和冠军将军乔晞乘胜追击，攻下太原、长子、介休等多处并州要地。这个过程中还发生了一段小插曲：乔晞攻入孤城介休时，介休县令贾浑拒不投降，被乔晞所杀。乔晞见贾浑的妻子宗氏年轻貌美，起了歹心，要纳她为妾。宗氏执意不从，一面痛哭死去的夫君，一面破口大骂乔晞是欺男霸女的“屠各奴”——刘渊的部族又称“屠各”，因此被汉人蔑称为“屠各奴”。乔晞被宗氏骂得心中恼火，又把她也杀死了。这事传到刘渊耳中，他勃然大怒，说：“假若天道有知，乔晞这人一定会断子绝孙！”他当下命令厚葬贾浑夫妇，又把乔晞降秩四等，以儆效尤。介休一带的百姓怀念贾浑夫妇的忠贞不屈，至今仍辟有供奉他们的殿堂，称为“龙天殿”。

刘渊这番追尊忠臣的举动虽不免带有作秀的成分，但也可以反映出他在这一时期是非常看重民心向背的。

第二年（305），不甘失败的司马腾又遣司马瑜、周良、石鲜等将领进攻刘渊。两军相遇在离石汾城一带，刘渊以武牙将军刘钦等人率领匈奴各部精锐骑兵全力拒敌，又将毫无斗志的晋军打得溃败而逃。

刘渊在并州与司马瑜的军队一共交战四次，连战连胜，打得晋军一时无法再组织起抵抗力量。这样辉煌的战果不但振奋了匈奴各部的士气，也大大鼓舞了天下乱民的信心，全国各地的反叛浪潮愈发猛烈。以流民起义起家的蜀中李氏开始不满足于刚刚自封的“成都王”称号了，他们打算称帝！

我们暂且按下刘渊不提，来看一看十六国中第二个国家——李氏的成国到底是如何发迹的。

四、蜀中流民

说到在蜀地兴起的成国，就不得不先讲讲元康年间的自然灾害。在《资治通鉴》中，翻到这几年的历史，我们就会看到以下这些文字：

> （元康四年）是岁，大饥。
>
> （元康五年）荆、扬、兖、豫、青、徐六州大水。
>
> （元康六年）关中饥、疫。
>
> （元康七年）秋七月，雍、秦二州大旱，疾疫，米斛万钱。
>
> （元康八年）秋九月，荆、豫、徐、扬、冀五州大水。

一连串的灾难竟发生在连续的五年之中，而其中涉及关中的就有三件。关中是晋朝的重要地区，这些自然灾害必然会造成一定程度的社会动荡。所以说，不仅是人祸，公元 3 世纪末的连续天灾也是导致之后一百多年十六国混战的一个非常重要的因素。

元康六年（296），关中发生大饥荒，略阳（今甘肃秦安一带）、天水等六郡的十几万流民不得不背井离乡，纷纷涌入当时比较富足的蜀地。在庞大的流民队伍中有这么一族人，在逃荒的途中，他们十分热情地帮助、照顾老弱病残，因此甚得众心。这一族人，便是巴氐人李特和他的兄弟李流、李庠等。

巴氐本是川蜀一带的一个部族。汉末五斗米道天师张鲁占据汉中的时候，李特兄弟的祖父李武投奔了他。曹操攻下汉中之后，把以李氏为首的这个部族迁入关中略阳，号为“巴氐”。李特兄弟的父亲李慕则在曹魏时做过东羌猎将，统领氐、羌等部。

由于贿赂了当时朝廷派来调查情况的官员，流民进入蜀地后得以大量留在这里，之后他们分散到蜀中各地，朝廷面对这样的情况已无法禁止。李特也在这批流民中，他进入蜀地，看到这里的地形，说出了一句令“闻者异之”的话：“刘禅有如此之地而面缚于人，岂非庸才邪？”由此可看出他的野心。

当时的益州[①]刺史赵廞（xīn）本是在八王之乱初期得势的贾南风的姻亲，势力一直很大，李特等人进入益州之后以才、武闻名，很快就得到了赵廞的重用。

到了永康元年（300），贾南风失势被废，朝廷任命成都内史耿滕取代赵廞做新的益州刺史，赵廞哪里愿意认命？他原本就有割据蜀地之心，此时打听到耿滕秘密上表要求朝廷遣返蜀地流民，便趁机煽动流民，挑起流民的愤怒，借机起兵击杀了新来上任的耿滕，自称益州牧、大将军、大都督。

名头叫得很响，但赵廞实在是个庸才，虽然独据了益州，却不擅于处理内部矛盾。李特的三弟李庠骁勇善战，很有威望，赵廞虽用他却心怀忌惮。加上当时赵廞身边一帮出主意的人又添油加醋地说李庠的坏话，鼓吹“非我族类，其心必异”，又说“此乃倒戈授人也，宜早图之”，赵廞一想有理，便找了个有意谋反、大逆不道的借口把李庠给杀了。

当时李特、李流兄弟都拥兵在外，为安抚他们，赵廞竟将李庠的尸首交给李特，又派人去对李氏兄弟说：“李庠虽然有罪，但已伏法被杀，他的过错与你们兄弟无关。”仍然让李特、李流做督军。

既然杀了李庠，就该斩草除根，怎么又把李庠的尸首交还，还把兵权留给李特兄弟，难道是怕李氏不反吗？！事情的发展不出预料，李氏兄弟当然十分怨恨赵廞，得知消息，当即引兵杀向绵竹（今四川绵竹）。

此时正好赵廞手下的几名心腹在自相残杀，导致其力量被大大削弱。李特趁夜偷袭赵廞派来的军队，一把火将赵廞的部下费远等人率领的各部人马烧死大半，顺势攻

① 州府在成都县，即今四川省成都市，统管八郡四十四县。

入成都。赵廞带着一家老小仓促出逃，在半路上终于自尝恶果，被手下人所杀。

李特占据成都后，派遣使者向洛阳方面说明了赵廞的罪状。朝廷奖赏了李特兄弟，之后任命梁州刺史罗尚为益州刺史，进驻益州。李特兄弟在蜀地势力不小，又有威望，罗尚的左右都认为应早日除掉这个大患，罗尚却不同意。一方稍有避让，罗、李双方似乎就能相安无事了，于是罗尚在成都安心做他的刺史，李特则屯兵于绵竹一带，并且设立大营收留流民。可是这一收留不要紧，又给罗、李之间添了一层矛盾——罗尚进入蜀中的任务可是要遣返大批的流民。

李特多次帮助流民向罗尚请求暂缓遣送，罗尚一面向李特派来的使者阎式表示同意，一面暗暗准备进攻李特的流民大营，不想阴谋被阎式看破，他回去后向李特说明详情，提出要做好准备。

数日后的一个晚上，罗尚果然派遣三万兵士偷袭流民大营。军队逼近营地，罗尚见李特的人马都在营中睡得安稳，自以为得计，随即下令发动猛攻，不料刚一进入营地就见伏兵四起，流民组成的军队向他们杀来，罗尚的军队被打得落花流水。

一场大胜之后，李特凭借以六郡流民为基础建构的军队，趁着胜利的势头紧追不舍，不久便攻下了广汉，并在当地约法三章，将军务、政务都搞得井井有条，当地人的一首歌谣道出了前后的差别："李特尚可，罗尚杀我。"

罗尚在李特的接连进攻中节节败退，只好据江与李氏兄弟对峙。然而，有江相隔也不安稳。晋惠帝太安二年（303），李特渡江大败罗尚，攻下了成都的外城，罗尚退守内城，并向李特求和。

李特以为蜀中已定，于是全然不做防备，因当时军中粮少，他甚至将六郡流民分散到各个村落吃饭。对此李流指出："我们刚得到这些地方，人心还没有稳定下来，现在应该聚兵一处以防不测，不可分散部队。"李特之子李雄也持这一观点，李特本人却不以为意，还十分生气地说："如今大事已定，我们应当安定民众，岂可胡乱猜忌？"

事实证明，李特错误地估计了形势，李流的担心不无道理。

不久后，朝廷从荆州等地派来援兵帮助罗尚。晋军趁着李特的军队还分散在各地，突袭了李特的营地。由于晋军势盛，各村落纷纷反叛，李特的军队被打得大败，李特在乱军中被杀，李流、李雄以及李特的另一个儿子李荡纷纷退走。

不过，流民的军队没有被打垮。没过多久，李流重整部队，率领李荡、李雄袭击了罗尚的军队，罗尚大败，流民的士气重新振奋起来。李流乘胜追击，一直追到成都城下，罗尚吓得紧闭城门，坚守不出。

好景不长，李荡在追杀逃兵的过程中不慎中矛而死。李特、李荡的先后阵亡令李流心生恐惧，眼看荆州援军将到，他慌乱之下竟采纳了妹夫李含的进言，让自己的儿子李世和李含的儿子李胡去晋军军中做人质，准备向晋军投降。李雄等人拼命谏言，全都无济于事，幸好，这个献质请降的计划激怒了李含的另一个儿子——驻守梓潼的太守李离。

李离听闻消息便从梓潼火速赶来，却没赶上向李流进谏，只好来到李雄的营中商讨补救措施。

李雄说："如今的办法就是找机会打退荆州援军，可是那两个老头（指李流、李含）不同意，如之奈何？"

李离道："不如我们私下行动。"

李雄得了提醒，有了支持，便与李离一起来到流民们面前，号召大家拿起武器。他说："我们谋反多时，杀了许多蜀地的官兵乃至百姓，如今一旦束手就擒，就只能任凭宰割！为今之计，只有同心协力打败荆州援兵了，这样才能共享富贵！"众人听了深受鼓舞，纷纷表示愿意跟随李雄、李离攻打荆州援军。他们发起一场突袭，本以为会打得很艰苦，不料那荆州援军来势汹汹，却原来不过是只纸老虎，一战即败。

这场胜利让险些走错路的李流惭愧不已，他称赞李雄"兴吾家者，必此人也"，从此十分器重李雄，将军事方面的事务一概交给李雄处理。上下齐心，流民的军队在李氏一族的领导下渐渐站稳脚跟。可惜好景不长，当年（303）李流就生了重病，不久便病逝了，他在临终前将身后大事都托付给了李雄。

李流去世，军中众人共推李雄为主。李雄以郫城为都，自称大将军、大都督、益州牧，率领军队继续与罗尚作战。他先是击退前来袭击郫城的罗尚，继而又攻下犍为，截断成都的粮道。孤立无粮的罗尚不堪承受李雄的连续进攻，只好在夜晚从水路逃出城去，李雄终于得偿所愿，攻入成都。到了第二年，也就是刘渊起事的晋惠帝永兴元年（304），李雄自称成都王，改元“建兴”，在辖区内废除晋朝法律，重新制定规则，约法七章。

此时，晋朝内部因为八王之乱根本无暇四顾，蜀中得到了暂时的安定，李雄借此机会大力发展自己的实力。两年之后，也就是晋惠帝光熙元年（306），李雄即皇帝位，改元“晏平”，国号“大成”[①]——他成为十六国的统治者中第一个自称“皇帝”的人。

汉末三国时期的分裂对于以后三百多年的中国历史，特别是十六国时期的分裂局面是有相当大的影响的。三国时期，从秦、汉开始逐渐建立起来的所谓“皇族正统”思想受到严重的冲击，人们开始对其产生怀疑。原本，统一了全国的晋朝是有条件统一大家的认知，重新建立起一套正统体系的，但因为皇族司马氏自身的原因，这个刚刚统一起来的新王朝没能重新确立自己的正统地位。尽管后世大多数历史学者都承认晋朝是正统，但晋朝的威信是值得怀疑的。晋的统治承袭魏而来，而关于魏、蜀孰为正统的争执持续了一千多年，直到现在也没有一个让所有人信服的观点。而在当时，更是有很多人以成就与刘备一样的功业为毕生的奋斗目标，蜀地在他们心中有着别样的意义。三国末期的钟会就曾说过：“退保蜀汉，不失作刘备也。”这也就是李雄仅仅割据益州一地就敢称帝的一个重要原因。

---

① 公元338年，大成改国号为“汉”，因此史书将这个李氏政权连称为“成汉”，李雄是成汉的开国皇帝。

五、羯人石勒

在益州称帝的李雄尽管与三国时期的蜀汉刘备同样定都在成都，但他的建国历程似乎更像三国时期的东吴孙权。在李特、李流兄弟创业的基础之上，李雄进一步发展和巩固了政权，并且在辖区内废除了晋朝遗留下来的不少不合理制度。

当时，李雄不仅有李氏一族的支持，也招揽了不少人才。建立初期，成国国内的局面相当不错，与此产生鲜明对比的是这个时候还在“窝里斗”的晋朝皇室。

在李雄称帝的那一年，也就是晋惠帝光熙元年（306），东海王司马越在一番明争暗斗之后终于除掉了皇族中最后的两位强劲的竞争对手——成都王和河间王。为了掌握更多权力，司马越又用毒饼毒死了那个连傀儡也不如的白痴皇帝司马衷，立其弟司马炽为帝，这就是晋怀帝。

晋怀帝永嘉元年（307），刚刚掌握了大权的司马越也意识到晋朝四境不安，尤其是并州的刘渊实力强悍，令他感到形势严峻，便任命刘琨为并州刺史。关于刘琨，他和祖逖“闻鸡起舞”的故事应该算得上是尽人皆知了。

刘渊听过刘琨的大名，获知这一消息，他任命前将军刘景为使持节、征讨大都督、大将军，到版桥一带拦击刘琨。刘渊起事以来多打胜仗，现在终于遇到对手了。刘琨果然名不虚传，版桥一仗击败了刘景，紧接着便进驻并州州治晋阳（今山西太原），安抚当地军民。经此一役，刘渊被胜利冲昏了的头脑也清醒了一下，他开始放慢步伐，重新考虑下一步的发展方向。

此时邺城也发生了战争。河北一带驻扎着一支牧民武装，首领汲桑原先是成都王司马颖的部下，成都王兵败后，他以给成都王报仇的名义起事，自称大将军，率军进攻司马腾驻守的邺城。汲桑本不足惧，但他的先锋大将可不一般，此人便是日后称霸北方、赫赫有名的人物——羯（jié）人石勒。

羯人是匈奴别部羌渠部落的后裔。在匈奴人的认知中，相比于匈奴本部，羯人的地位要低得多。羯人的基本社会单位在两晋时期也仍然是以部落形式存在的，石勒的祖父耶奕于、父亲周曷（hé）朱都是部落里的小帅。

石勒原来的名字叫㔨（bèi），小名匐勒。父亲周曷朱性情暴躁，不得部下之心，后来他常常让石勒代为履行小帅之职，不料石勒竟然很快得到众人的爱戴和信任。

当地的大户郭敬、宁驱认为石勒非同寻常，经常给予他资助，石勒感激之下便为他们耕种田地。干活辛苦之时，石勒总能听到金戈铁马之声响在耳畔，他心中疑惑，便回家将这件事告诉了母亲，可他的母亲听了只笑笑，回答他说："这不过是劳作时的耳鸣，不是什么不祥的事。"

晋惠帝末年，并州遭遇饥荒，大乱。石勒和族人出外逃生，不料途中便走散了，穷极无奈，石勒只得又回来投靠宁驱。

北泽都尉刘监听说过石勒，觉得他很会干活，可以卖个好价钱，就想把石勒绑去卖掉，石勒在宁驱的藏匿下方才脱险。可是此事过后他不好继续待在那里，于是再次出外求食，路上遇到了他的另一位恩人郭敬。

石勒向郭敬哭诉自己饥寒交迫、没有出路的悲惨处境，说得郭敬也为之落泪，还将身边所带的衣服和食物分给了他一些。石勒吃饱了，对郭敬说："现在闹饥荒，可我们不能就这样一直穷下去。现在胡人都饥饿至极，可以把他们引诱到有粮食的冀州一带，到了那里，你就把他们卖掉，这样一来，你得身价钱，胡人们得活命，对双方都有益处。"

郭敬非常看好这个主意，然而发现这个"商机"的不只有他们，当时的并州刺史司马腾也在大规模地做着同样的事。他派兵大肆抓捕胡人，然后两人一枷，将胡人押到冀州去卖。石勒这时二十多岁，身强体壮，结果也被捉去了。幸而，押送石勒这一队的首领郭阳是郭敬的族兄，因此一路上石勒都得到了额外的照顾，倒没受什么大委屈。

到达目的地后，石勒被卖到茌（chí）平人师欢家中做耕奴。他在师欢手下干活十分努力，闲暇时和其他耕奴聊天，就跟他们说："我干活时耳边总会有鼓角之声，不知你们有没有听见？"

别的耕奴竟也有听到了类似声音的："自从你来了以后，我们也常能听到这样的声音。"

石勒笑道："我自幼在家时就能听到了。"

耕奴们诧异不已，回去就把这事告诉了师欢。师欢见石勒生得容貌不俗，身体健壮雄武，又善骑射，深感他与众不同，就把他给放了。

石勒重新浪迹四方，以给人做佣工为生。天下不太平，一次，石勒又被乱军捉住，恰好一群鹿从旁边跑过，军士们争相去追鹿，他这才得以逃走。

关于这个故事，史书上还载有这样一段后续：石勒逃过此劫后，在路上遇到一个老头，那老头对他说："刚才那群鹿是我变的，你将来会成为中原之主，所以我来救你。"这显然是日后石勒或者石勒身边的史官在借题发挥，是为了说明他就是真命天子而编造出来的。这样的事在中国历史上不少见，几乎每一个有所成就的人身上都会有一两件像这样的传奇故事。帝王将相能有这么多可以发挥的传奇故事点，正从一个侧面说明了他们的成长过程绝不可能是一帆风顺的，只有经历无数艰难险阻，甚至九死一生，方能成就大事。

一个人在乱世漂泊很不安全，走投无路之下，石勒干脆邀集王阳、夔安、支雄、冀保、吴豫、刘膺、桃豹、逯明等八人，组成一支劫盗队伍，后来又招揽了郭敖、刘征、刘宝、张曀（yì）仆、呼延莫、郭黑略、张越、孔豚、赵鹿、支屈六等十人。这些人都是武艺超群的马上高手，号称"十八骑"。他们闯入皇家马场，抢走宝马，然后四处抢劫，抢来的财宝都贿赂了汲桑。后来汲桑起兵，石勒便率众投奔了汲桑。汲桑十分欣赏这支"骑兵抢劫队"，尤其欣赏石勒，还给他取了个新名字，以"石"为姓，以"勒"为名，"石勒"的称谓便是从这时开始的。

石勒在汲桑部下做先锋，所向披靡，立了大功，汲桑便封石勒为扫虏将军、忠明亭侯，之后又让他作为前锋都督率军进攻邺城。石勒打仗之勇猛，在十六国时期可是一顶一的，再加上骑兵强大的冲击力，他一战便大败新蔡王司马腾麾下的将领冯嵩，之后长驱直入，攻进城中。经过一场混战，石勒的部下李丰将惶恐出逃的司马腾杀死于城外，之后汲桑的军队在城内大开杀戒，杀死士族、百姓万余人，又一把火烧了邺城中的宫室。这场大火竟然十日不灭。可怜邺城这座名城，东汉末年曹操曾一度在这里建都，现在就这样被焚掠一空了。

六、石勒归汉

汲桑、石勒在邺城的胜利令刚刚在朝中掌握大权的东海王司马越非常震惊，他立即派出大将苟晞和王赞前去讨伐。

石勒率领的骑兵与苟晞的军队相持于平原、阳平（今山东平原、莘县）一带，连续交锋数十次，打了几个月，双方互有胜负。司马越生怕苟晞的军队有个闪失，亲自带兵屯于官渡（今河南中牟东北），以此支援苟晞。

苟晞在西晋末年也算是个排得上号的将领，他执法严酷，麾下军纪整肃，在平乱的战事中屡有斩获，威望很高。但就是这样一位名将，在与石勒交手时也是难以取胜的。经过一番拉锯战，苟晞决定另辟蹊径，他找到了对手的软肋，转头直接进攻汲桑的军队。汲桑的军事水平显然与石勒不在一个档次，东武阳一战晋军大破汲桑军，苟晞乘胜一路追击，汲桑的溃败之势无法挽回。

汲桑与石勒收拾残兵败将，两人商量了一下，觉得汉王刘渊声势正盛，意欲投奔，不料在经过赤桥（今河北邢台）一带时遭到冀州刺史丁绍的袭击，再次大败。汲桑与石勒在乱军中失散，汲桑逃到平原，被晋军所杀。石勒则率残兵逃至上党，当时盘踞此地的是胡人张訇督、冯莫突，石勒便投靠了这支胡人的部队。

石勒很快看出这支部队难成大器，就对张訇督等人说："现在天下的形势很明了，刘单于（指刘渊）正在举兵反晋，我们虽然也与朝廷作对，却一直没有追随他，难道我们有实力独立作战吗？"

张訇督等人想了想，说："恐怕没这个实力吧。"

石勒趁机劝道："既然如此，何不早寻出路？如今我们的部落已经有人收受单于的赏赐，准备叛逃，去投奔单于了！”

张訇督等人承认刘渊乃是可以与晋军抗衡的最强的势力，很赞同石勒的提议，于是跟随石勒一起前往汉营。汉王刘渊大喜，封张訇督为亲汉王、冯莫突为都督部大，任命石勒为辅汉将军、平晋王，让他统率这支部队。

当时，乌桓部的张伏利度有两千兵马屯于乐平（今山西昔阳西南），这令刘渊很是头疼。乌桓是中国古代北方的游牧民族之一，属于东胡的一支，也叫“乌丸”，曾经在曹操平定北方时被征服。刘渊认为，乌桓与匈奴同为入塞的游牧民族，本应同气连枝，很想将其招至部下，但乌桓部并不领情。

石勒加入后，向刘渊献出一计：他假装在刘渊处获罪，于是前去投奔张伏利度。张伏利度很高兴，与石勒结为兄弟。石勒领兵出战时每每身先士卒，因此深得张伏利度部下拥戴。

通过一段时间的细心观察，石勒认识到人心已经尽归于他，便抓住一次军中聚会的机会突然挟持了张伏利度，并对其部下说：“如今若起大事，我和张伏利度谁可为主？”众将振臂高呼，口中喊的都是石勒的名号。见此情形，石勒放了张伏利度，率众归顺汉国。

刘渊得了乌桓部的精兵，如虎添翼。他大为欣喜，当即加封石勒为督山东征讨诸军事，并把张伏利度的部众也全部交给石勒指挥。

有了石勒相助，同时部队又得到了休整，刘渊开始继续扩张。晋怀帝永嘉二年（308），刘渊以四子抚军将军刘聪等十将为南路军，以辅汉将军石勒为东路军，分别向太行和冀州一带进发。东路军在行进途中遇到了晋军的抵抗，而南路军则比较顺利，刘聪接连攻下河东、平阳两郡。之后，刘渊迁都蒲子（今山西隰县）以壮声威。这一招还真有效果，附近的鲜卑、氐族纷纷来降，晋军只好选择退守。

八月，东路的石勒终于攻下邺城。晋室朝廷派出王堪、曹武两股部队抵挡刘渊的两路大军，双方相持于洛阳附近。面对如此紧迫的形势，朝中众臣可谓是坐卧不安，然而他们的恐慌只能让失败来得更猛烈些。很快，汉军又连取魏郡、汲郡、顿丘等地，一路势如破竹，各地望风而降，少有能抵抗的力量。

刘渊认为自己手握并、冀两州的大部，又兵临洛阳，已占据了绝对优势，灭晋当在弹指之间，于是不再压抑自己的野心，迫不及待地在蒲子称帝，改元“永凤”，并在汉国境内颁布大赦。之后，他封长子刘和为大将军，四子刘聪为车骑大将军，族子刘曜为龙骧大将军，其他宗室尽皆封王。异姓将领则按照功劳排名，也分别封为郡县公侯。

到此为止，汉、晋已成为真正意义上对等的两国，它们在洛阳附近的决战，将成为决定双方今后命运的一场生与死的较量。

七、汉晋洛阳大战

晋怀帝永嘉三年（309），刘渊采纳大臣们的建议，迁都平阳（今山西临汾附近），大赦境内，改元“河瑞”。

汉国势头正盛，汉军的猛烈攻势渐渐转变为灭晋的巨大优势。晋朝本应全力对敌，然而其内部传出的消息却令人失望。东海王司马越独揽大权，但他所立的晋怀帝不甘心继续做傀儡，已经与他产生了尖锐的矛盾，怀帝甚至多次秘密会见亲信大臣缪播等人，有除掉司马越之意。司马越觉察到缪播等人的行为，突然在宫中发起军事行动，将正与晋怀帝讨论秘事的缪播等人一并诛杀，同时斥逐保卫皇宫的武将。

司马越与朝廷官员之间的矛盾同样越来越深，然而他兵权在握，支持皇帝的大臣们却尚未得到可以信赖的一兵一卒，根本无法与之抗衡。加上一旦发生变故，没有实权的皇帝只会在一边偷偷流眼泪，众臣心中颇感无力。

晋朝的左积弩将军朱诞痛恨司马越的倒行逆施，失望之下干脆叛降刘渊，并向刘渊陈述洛阳防守的弱点，劝刘渊出兵攻打晋都洛阳。刘渊本有此意，当即以朱诞为前锋都督，让他为汉军开路，又以平晋大将军刘景为大都督，领兵向洛阳方向进发。汉军很快攻克黎阳、延津等地，并击败了晋车骑将军王堪。

形势本来一片大好，不料取胜后得意忘形的刘景竟然大发淫威，在延津附近将晋朝的三万百姓沉入黄河。刘渊听说这个消息后勃然大怒，骂道：“刘景有何颜面回来见朕？造成这等惨剧，天理岂能容他！我要除掉的只是司马氏罢了，百姓何罪？”说罢，立刻将刘景降为平虏将军。

战事如火如荼地进行着，石勒当然不会缺席。在东线战场，即冀州一带，石勒先后攻陷了百余个郡县，手下兵力增至十余万人。

石勒的军事胜利不仅影响了周围的胡人部落，也影响了不少不得志的汉人士族。

赵郡（今河北高邑西南）有个汉人叫张宾，是个相当有才华的读书人，怎奈他出身不高，因此得不到晋室朝廷重用。他常常感叹世风日下，自己难逢明主，总是对他的兄弟们说："我自以为我的才智谋略不比张子房差，可惜却遇不到我的汉高祖啊！"如今石勒大军席卷河北大地，张宾觉得机会来了，兴奋地对亲人们说："我见过的将领多了，唯独这位石勒将军可与之共成大事！"他立即提剑来到石勒军中，大喊着要见石勒。起初，石勒并未觉得此人有何特殊之处，但经过接触以后，终于意识到张宾确有独到的见解，渐渐开始重用他。

来投奔石勒的读书人越来越多，石勒认识到自己欲成大事，必须依靠这些在晋朝不得志的读书人的帮助，于是干脆以张宾为谋主，加上不少出身不高的士族，别立一营，号为"君子营"，专门为他出谋划策。由此看来，石勒对汉人的利用有甚于刘渊。同时，主要聚居在并州的羯人更是积极投奔石勒。石勒凭借在冀州一带的成功招揽了不少人才，很大程度地增强了自己的实力。

连战连胜之后，这年（309）八月，刘渊正式对洛阳发起总攻。他派楚王刘聪与晋叛将王弥攻打壶关，并以石勒为前锋都督。汉军在击败并州刺史刘琨的军队之后快速逼近洛阳，东海王司马越派平北将军曹武和将军宋抽、彭默等率兵抵抗，均被汉将刘聪击败。刘聪长驱直下来到宜阳，平昌公司马模又派将军淳于定、吕默等从长安出发前往抵抗，两军战于宜阳，淳于定等又被击败。

眼看洛阳危急，弘农太守垣延决定使用诈降计。他假意投奔刘聪，而几次连胜让刘聪有些头脑发昏，竟不设防。垣延在夜间对汉军发动突然袭击，刘聪大败而还，汉军对洛阳的第一次进攻以晋军大胜结束。这场失败显然给了急于灭晋的刘渊当头一棒，刘渊穿着素服迎接刘聪的败军。

这年冬天，不甘心失败的刘渊举全国之兵力，令刘聪、王弥、刘曜、刘景等率精骑兵五万为前锋，同时命其岳父大司空呼延翼率步兵、骑兵为后应，向洛阳发动第二次突然袭击。晋军猝不及防，一时间有些招架不住，在河南被汉军击败。但汉军显然未从几个月前的惨败中完全恢复过来，晋护军贾胤等率勇士千余人夜攻刘聪，两军战于大夏门，刘聪大军溃败。吃了亏的刘聪转而向南，驻军洛水边，进而屯兵在洛阳宣阳门之外。

就在此时，呼延翼在内乱中被部下杀死，麾下兵士纷纷溃散。刘渊得到老丈人被害的消息很是悲痛，自觉没了后援难胜晋军，就下令让刘聪还师。刘聪认为晋军已然势弱，不可轻易退兵，想要留下来继续攻打洛阳，刘渊最终同意了他的请求。

话虽如此，刘聪取胜的信心其实也在动摇，他竟然一个人跑到中岳嵩山去祈求天神，将留守大营的任务交给了部下刘厉和呼延朗。这对于晋军来说可是个大好机会！司马越采纳了参军孙询的建议，趁着汉军主帅在外、营中空虚之际，令部将孙诲等率精兵三千人自宣阳门出击。晋军一鼓作气，阵斩呼延朗，汉军大败，刘厉无奈之下投水自杀。

刘聪没有求到天神的保佑，从嵩山下来后只能面对垂头丧气的残兵败将。王弥对他说："当前我军失利，洛阳城守备更加坚固，我们的粮草也支撑不上多少时间了，殿下不如率部退回平阳，徐徐图之。"刘聪心想当初提出留下与晋军决战的正是自己，如今若是就这么退兵了，未免有些丢脸，而且还有可能被治罪，所以踟蹰不定。

在平阳观望战事的刘渊得到战败的消息，也是失望之极，他身边一个擅于卜卦的大臣宣于修之向他进言："攻克洛阳，岁在辛未（指两年后的公元 311 年）。现在晋军气盛，大军不归，必将溃败。"刘渊也明白心急吃不成热豆腐的道理，只好将刘聪的军队召回。

汉、晋在洛阳附近的两次大战均以晋军的胜利告终，这使得晋朝周边的紧张局势得到暂时的缓和。但是，由于晋朝未能解决自身内部的问题，取胜之后依然不能挽回颓势，这个趋势已非一人一将所能阻止的了。反观汉国，虽然进攻洛阳遭到挫折，但也使它转而在加强统治、巩固政权上下功夫，而这也预示着它的下一次进攻将是更加凶猛的。

可惜，汉国的统治者刘渊无法发动又一次猛攻，也等不到可以攻克洛阳的辛未年了。汉晋洛阳大战的第二年（310），他就在平阳去世了，后人为他取谥号"光文"，是为汉光文帝，正好与东汉的汉光武帝刘秀相对。刘渊死后，太子刘和即位。

刘渊将灭晋大业留给了他的后人去完成，只是使他无法想到的是，在汉国的内部，一场残酷的帝位之争正在酝酿之中。

八、洛阳沦陷

晋怀帝永嘉三年（309）汉国对晋的两次出击，就像重量级拳击手连续的两记重拳一样，出手相当有力，却因为经验不足反遭轻量级对手的重创。但汉国并没有就此倒在拳台上，它将拳头收回，一边积蓄自身的力量，一边寻找对手的破绽。内行人可以体会到，对于一个实力强劲的拳手而言，下一招将是致命的。不过，在打出致命一招之前，汉国需要首先解决内部的一些问题。

刚刚即位的刘和才能远不如其父，缺乏足够的领导能力，而且性多猜忌。以后汉国政局的发展表明，刘渊对接班人的选择是失败的。

刘和即位后十分不满父亲曾分封诸子。由于刘聪等人握有兵权，他认为这几位弟弟对他的帝位构成了严重的威胁，所以很想除掉他们。

正应了那句“物以类聚，人以群分”，刘和身边凑了一堆当年在刘渊手下备受排挤、不得重用而又怀恨在心的烂人，这里头就有那个死于洛阳大战的呼延翼的儿子、时任宗正的呼延攸，还有卫尉刘锐、侍中刘乘。他们都在私下里怂恿刘和早日除掉卧榻旁的“隐患”——驻扎在国都平阳近郊的刘聪等人。

呼延攸是刘和的舅舅，刘和听了他的话后更坚定了决心，准备先下手为强，除去几个弟弟。他连夜召见卫队的几名将领，明示他们诛杀诸王的计划，刘盛劝刘和不要残害手足，当即被刘和左右砍杀，其余将领唯有服从。随后刘和下令，命刘锐、呼延攸、刘乘等人分兵攻打楚王刘聪、齐王刘裕、鲁王刘隆、北海王刘乂等宗室。

刘和的手下并不齐心。奉命捉拿刘乂的田密、刘璿等人将消息密告刘聪，刘聪大吃一惊。他本就与刘和矛盾重重，此时当机立断，决定发动兵变。

前来诛杀刘聪的刘锐发现刘聪在营中整装以待，一时乱了手脚，转而跑回去与呼延攸、刘乘合兵一处攻打齐王、鲁王等人，齐王、鲁王被杀。

刘聪不再坐以待毙，他率领军队反攻平阳城，很快就冲入防守空虚的皇宫中，将刘和杀死，前后只用了三天的时间。刘和的帮凶呼延攸、刘锐、刘乘通通被斩首示众。

刘聪凭借手中的军队消灭了宫中反对自己的势力，迅速控制了汉国的局势。刘聪想让刘渊的皇后单氏所生的嫡子北海王刘乂继位，但刘乂认为刘聪是刘渊在世的儿子中年纪最大的一位，乱世之中，应当拥立年长的君主，便婉言拒绝了哥哥刘聪的好意。兄弟俩一番推辞之后，刘聪坐上了汉国皇帝的宝座，改元“光兴”，他尊封单氏为太后，刘乂为皇太弟，做自己的继承人。同时，刘聪认识到石勒及其所率骑兵的重要性，任命石勒为并州刺史。

刘聪对弟弟刘乂宠爱有加，一方面是因为后者是嫡子，他想通过这场辞让帝位的大戏提升自己继承皇位的合法性；另一方面，也跟刘乂的母亲单太后有关系。

单太后是上郡（今陕西绥德一带）氐族酋长的女儿，嫁给刘渊的时候年纪还很小，此时贵为皇太后，却仍然年轻貌美。虽然她是父亲的老婆，荒淫好色的刘聪还是与她乱伦私通，他也因此爱屋及乌，十分喜爱单太后的儿子刘乂。刘乂得知这件事后，认为单氏对刘渊不忠，常常对她冷嘲热讽，单氏羞愧之下忧郁而死。刘乂从此失去了刘聪的宠信，只是因为顾及与单太后的感情，刘聪没有轻易动他。

继位后的刘聪打算一雪前耻，便派兵再次攻打晋都洛阳。这一次，汉军对洛阳采取了孤立包围的战术，石勒也随军出征。

石勒的骑兵在辽阔的华北平原上可以说是所向披靡，很快就渡过了黄河，位于黄河南岸属于晋朝的南阳、宛城相继沦陷。石勒对于晋朝官员可谓恨之入骨，作战过程中凡俘获了俸禄在两千石以上的晋官，几乎全要杀死。

石勒的骑兵继续南下，很快攻下襄阳城，江汉一带的三十余个堡垒也都落入石勒之手。石勒不甘心一直屈居人下，现在雄居江汉，便想以此为根据地与天下抗衡。参军张宾并不看好这个计划，他立刻向石勒指出当前形势：石勒的战线已经拉得过长，且江汉一带的地形并不适合骑兵发展，不如北撤。石勒依计而行，北撤途中又先后攻下晋朝的江夏、新蔡、许昌等城池。石勒一次南下北上便获战功无数，一时间威震中原。

石勒骑兵肆虐，使得洛阳以东出现了一片巨大的沦陷区，洛阳几乎陷于孤立无援的境地，城中粮草匮乏，再难坚持。司马越派使臣面见晋怀帝，向他讨要檄文，准备征募天下兵士前来支援，可怜的晋怀帝涕泪交加地对使臣哀叹："以我的名义宣告天下：今日来救我还来得及，再过几天恐怕就救不到了！"可惜几乎没有人愿意来救，而少数愿意赶来的援兵还没到洛阳就已吃了败仗早早退去了，洛阳城内终究没有等到任何援兵。晋室的王公大臣当年奢侈已甚，丢尽了天下人心，终于穷途末路自尝恶果。

无奈之下，司马越在城中招揽士兵，之后亲自率领为数不多的四万晋军讨伐石勒。

晋怀帝早已不满司马越的专权，竟趁机向驻守青州的苟晞下诏，命他讨伐司马越。司马越只好又临时组织起一支部队对抗苟晞，结果被击败了。这位八王之乱的最终得利者、八王中的唯一幸存者，终于也没有笑到最后，他忧愤成疾，很快病死军中。

司马越死后，随军的太尉王衍率众东下，护送司马越棺柩回东海，走到宁平城（今河南鹿邑）时被石勒的轻骑兵赶上包围。石勒指挥骑兵四面射杀，十余万晋军士兵无一幸免，随行的王公大臣们全部被俘。他们请求免死，王衍更是将晋朝败于汉国的责任推得一干二净，只说朝政不干己事，又趁机向石勒献媚，劝石勒做皇帝，以此乞求活命。

石勒一向敬重读书人，也很欣赏王衍的才华，可是王衍此言一出，石勒登时心生厌恶。他瞟了眼王衍，轻蔑地说道："你年轻时就已名闻四海，登临朝堂，肩负重任，眼下却说出这样不是为官者应说的话来。如今天下之乱，全是由你们这样的人引起的！"说罢，立即命左右将这群人推出帐外，当夜就派人把墙推倒，将这些晋朝权贵全部压死了。

王衍是西晋的意见领袖，一代清谈大家，如今就这么不光彩地死了。他一生身居高位，却从不关心政事，反倒醉心玄谈，对于改善朝政没有任何帮助。晋朝落得如此境地，不得不说他的所作所为是负有一定责任的，所谓"清谈误国"，莫过于此。

李恽（yùn）原本是司马越留在洛阳监视晋怀帝的，听闻司马越病逝，没了靠山的他以奔丧为名，带着大批贵族和高官逃出洛阳，不料途中与石勒遇个正着。石勒在消灭了王衍大军以后又击溃李恽一行人，杀死了随军的四十八个司马家的王爷和许多晋朝官员。

到了永嘉五年（311）的夏天，刘聪认为灭晋的时机已经成熟，即命大将军呼延晏领兵两万七千攻打洛阳。城内晋军毫无斗志，连败十二阵，被歼灭的士兵竟达三万多人。呼延晏乘胜与刘曜、石勒、王弥会兵一处，以极快的速度攻破了洛阳城门。晋怀帝在出城逃往长安的路上被汉军抓获。留在城中的也难逃一劫，刘曜带着汉兵杀入宫城，又屠杀了一批王公大臣。至此，晋朝的皇帝成了汉国的阶下囚，晋朝的皇陵宫庙被洗劫一空、焚烧殆尽，晋都洛阳彻底沦陷。

这一年是公元 311 年，距司马炎灭吴仅仅过去了三十一年，只是一代人的时光。

九、刘琨孤城抗汉兵

十六国的兴起，很大程度上得益于晋室的自戕，而在晋朝日渐衰微的过程中，统治阶层的所作所为真是乏善可陈，但也不能全盘否定，其中也有不少表现不错的将领，比如在洛阳失陷后北方大乱时崭露头角的刘琨。

说到十六国时期的英雄，刘琨应该算是其中一位，我们不妨转而从刘琨的角度来看看洛阳失陷后的一段时间内北方的形势。

刘琨的身世很有意思，他跟刘备一样，也是西汉中山靖王刘胜的后人，他的祖父与父亲在魏、晋两朝都是做官的。刘琨年轻时文才出众，长于诗赋，与哥哥刘舆并列于当时著名的文士集团“二十四友”之中。

说起西晋的“二十四友”，用人才济济、星光灿烂来形容一点都不过分，且不说东吴才子二陆（陆机、陆云）、诗赋大家左思、文学理论家欧阳建、大富豪石崇，光提一个美男子潘安（本名潘岳）的名字，就足以慑服世人了。西晋末年，士族虽然趋炎附势、奢豪无度，却也在客观上促使“二十四友”这样的类似门客组织的出现，而“二十四友”之类的组织又推动了中原地区文学形式的发展，促进了文学理论的提高。可惜，这样一批“魏晋风流”多数于国无用，最后只换来了铁蹄的践踏。在乱世中，“二十四友”大多不得善终，他们的生命戛然而止，唯有文采流传到了今天。

与朋友们不同，刘琨一直胸怀大抱负。大丈夫受命于危难之际，晋惠帝光熙元年（306），刘琨被任命为并州刺史。当时的并州由于汉国刘渊的扫荡已经是支离破碎，想要到达并州的州治晋阳（今山西太原）简直是困难重重。刘琨在上党一带募集了五百名将士，一行人且战且行，历尽艰险方才辗转到达晋阳。

由于并州的战乱，晋阳的百姓纷纷背井离乡涌往邺城，晋阳城内十不存一。刘琨到来后只见满目疮痍，“府寺焚毁，僵尸蔽地，其有存者，饥羸无复人色，荆棘成林，豺狼满道”，城内状况可谓是惨不忍睹。他率众砍掉荆棘，掩埋尸骨，重新建起房屋，巩固城墙，还亲自带领兵士守城，并让农民身带防具和武器下地耕种，逐渐在晋阳城恢复民生，建立起新的防御体系。

刘琨了解到匈奴各部并不团结，又采用离间之计，使不少原属匈奴的小部落归降了他，给汉国造成了压力。据说，这还是刘渊迁都的原因之一。

刘琨还有一个高招就是以胡制胡。他与代州（今山西北部及内蒙古南部）一带的鲜卑拓跋部（这就是后来威震北方的拓跋部的先祖）结成盟军，对刘渊各部一度形成夹攻之势。只是后来拓跋部的首领拓跋猗卢吃了败仗，认为无法消灭刘渊，便退缩了，刘琨的军队又与刘渊军形成僵持，最终也只好局促在晋阳一带。

无论如何，在汉军横扫北方之时，刘琨以其固守之策一直坚持在晋阳，保住了并州一隅。能取得这个成就是相当不易的，要知道，当时北方大多数州郡的军队一碰上石勒、刘曜等人，基本上都是一击则溃，一败涂地。

尽管汉军声势强劲，刘琨在刘聪的部下中也只瞧得上一个人，那就是石勒。因此他才会在找到了石勒的母亲以及失散的侄子石虎时，派使者将两人交给石勒，并亲自修书对石勒的用兵策略赞扬一番，意欲说服石勒降晋。石勒也是个明白人，他自然知道自己该何去何从，所以回答刘琨说：“事功殊途，非腐儒所知。君当逞节本朝，吾自夷难为效。”意思无非是说，人各有志，还是你走你的阳关道，我走我的独木桥吧。

时至永嘉六年（312），当时大致的形势是汉国已经占据了黄河下游的大片土地，作为汉国大将的石勒功不可没。石勒先在阳夏（今河南太康）一带打败了王赞的军队，生擒了王赞，又趁着日益骄奢的大将军苟晞不听手下劝阻、刚愎自用的时机，突袭他所在的蒙城，将其一举擒获。

解决了两名晋将，石勒又将屠刀指向控制青州的晋朝降将王弥。原来，别看这王弥已经投降了汉国，成了石勒的同僚，可他也不是个吃素的家伙，曾私下派人给自己的部将曹嶷（yí）传信，让曹嶷引兵偷袭石勒，以达到自己据守青州称王的目的。不想保密工作做得不周详，传信使者被石勒意外抓到。石勒杀了使者、截了文书，之后不动声色地瞒过王弥，暗地里却已有了除掉王弥的想法。

话说石勒擒了苟晞，把他封为左司马，然而没过多久，苟晞和王赞又企图叛变，被石勒所杀。当初苟晞刚受封的时候，王弥就心中不满，写信对石勒说："石公擒获苟晞而善用他，真乃妙招！假若以苟晞和我做石公的左膀右臂，区区天下又何足挂齿？"

石勒笑着将信拿给张宾看，说："这个王弥，身居高位而故意言语卑微，看来他又有当初图我之心啊！"

张宾答道："王弥有据青州称王之心，将军不也有倚并州成事之意吗？他之所以还没有动手，不过是还没找到方便的时机罢了。倘若机会一到，曹嶷军队同时杀来，两敌互成依仗，怕是就不好对付了。将军不妨趁着王弥势力小有衰败，诱而灭之。"

恰好王弥与晋将刘瑞对峙，相持不下，向石勒求救。石勒也正与乞活军[①]的首领陈午作战，犹豫着不知是否该派援兵，张宾马上进言说："将军不是正愁没个机会消灭王弥吗，如今机会来了岂能错过？陈午不过竖子，不足为惧，王弥才是人杰，应该将他就此搞定。"石勒这才下定决心。

石勒发兵进攻刘瑞，大破晋军，替王弥解了围。战后，石勒趁王弥未加防备，邀请他前来赴宴。酒酣之间，石勒一声令下，埋伏好的刀斧手一齐涌出，王弥及其手下稀里糊涂地就做了刀下冤魂。

"鸿门宴"计成，石勒又命手下起草一份奏折，向刘聪"痛陈"王弥谋逆。刘聪得到消息，心中大怒，但他明知石勒是在铲除异己，却又慑于石勒手中的军事力量太强大，不敢随便翻脸，只能忍气吞声。刘聪一面派人无关痛痒地责备石勒"专害公辅，有无君之心"，另一面反倒又加封他为镇东大将军，让他执掌幽、并二州军事。

从刘聪的反应可以看出，石勒已具备与汉国朝廷分庭抗礼的实力了。实际上，他的势力控制范围已经向南直达长江以北地区。与之相对的，这时的晋朝势力范围则大大萎缩，主要分布在两个地区（不包括刘琨等处在沦陷区之内的晋将）：一个是关中，以皇太子司马邺为首的晋朝官员驻守在那里；另一个是江南，尤其是建邺（今江苏南京）一带，那里有由名门望族出身的王导辅佐的琅琊王司马睿的势力。

---

① 十六国时期华北地区的流民自发组织形成的军队。

尽管关中的司马邺是法定的皇位继承人，但此时实力薄弱，几乎已成惊弓之鸟，稍有实力的反倒是处于江南的司马睿。江南并未受到战乱的侵袭，经济发展得比较好，再加上不少北方士族为躲避战乱南迁，给江南带来了大量人才。王导劝说司马睿趁此机会广收贤人，这样一来，一旦将来形势有变，即可有一番大作为。

不过，在做出一番作为之前，司马睿要先解决一场危机。

十、“右侯”张宾

对江南垂涎已久的石勒仔细分析了形势后，认为应尽早对江南下手，于是在这一年（312）的二月，他在葛陂一带驻扎大军，广造船只，准备攻打江南的政治经济中心——建邺。

由于晋朝的统治中心还未完全转移到南方，此时江南的晋军兵力还很薄弱，因此石勒发动的这场战争被认为是一举消灭江南晋朝势力的大好机会。然而，与历史上多次南北战争出现的情况一样，自北方而来的士兵遇到了水土不服的问题，加上进入二月以后大雨不止，石勒军中的士兵纷纷患病，死者将近半数，士气受到了很大打击，军心浮动。

司马睿听说石勒来袭，将军队集中在寿春一带，准备进攻石勒军。石勒手下诸将得知消息，各怀心志，逐渐形成议和、避守、速战三种观点。

议和派代表右长史刁膺认为应该先用钱款贿赂司马睿，与其交好，并请求降晋，待晋军退却，再慢慢图之。石勒听罢十分生气，仰天长啸。避守派代表中坚将军夔安则要求先择高地避雨，石勒不屑一顾地说：“将军何怯邪！”速战派代表孔苌、支雄等将军则要求分出一部分兵力连夜攻下寿春，再一鼓作气，快速平定江南。石勒听到这一请求，才笑道：“是勇将之计也！”说罢便赐给这些将领每人一匹铠马。

面对三派观点，石勒虽然已有偏向，但他还是要问问自己十分信任的谋主张宾。

张宾当然明白石勒问自己的意思，他答道：“将军攻陷晋朝的京师，抓住了晋天子，又亲手杀死了那么多晋室王公，对于晋朝的罪行早已擢发难数了，如今又怎么可能以臣下的身份降晋呢！去年您刚杀了死对头王弥，本就不该来此，如今天降暴雨，显然说明此地不宜久留。邺城乃是北方的军事要地，只要据守那里，将来就可以经营河北，而只要河北一定，天下就再没有可出将军之右的人了！晋军守在寿春，只不过是怕将军前往攻打，如若将军退兵，晋军必然对自身得以保全十分高兴，哪会有工夫从背后袭击我们呢？将军可以将辎重先用车马运往北方，然后自引大军前往寿春。等辎重走远了，大军再慢慢返还，这样一来，哪里还用怕进退无处呢？”

石勒喜道：“张君说得正是啊！”当时就斥责刁膺畏怯，把他废为将军，擢升张宾为右长史，号为“右侯”。从此以后，石勒把张宾视为自己的左膀右臂，凡事都要与张宾交换意见。

张宾这次提出的战略计划表明他对形势的判断十分准确，我们不得不为之叹服。

幽州、并州一带此时已经成为石勒势力的中心，而冀州、青州等地也在他的控制范围之内，只要用心经营，假以时日，石勒必将牢牢掌控黄河下游，这是现在的张宾能清楚看到的，也是后来被历史的发展证实了的。

除了了解自身情况，张宾也对石勒的对手了若指掌。刘聪自从攻下洛阳之后便派主力部队如刘曜大军在西线进行扫荡，只是那里的局势并不显得十分有利，之后刘曜甚至由于攻打长安失败而被刘聪贬了职。同时，由于汉军士兵的来源极其复杂，各部之间相互猜忌，战斗力已经远不如前，而王弥被杀后石勒实力大增，所以尽管刘聪和朝中大臣对石勒一直存有戒心，目前也无力东顾，已经在事实上失去了对石勒的控制。再看江南，晋军虽弱，但仍有一战之力，且占据天时地利，石勒大军在后方未稳且士气不高的情况下贸然南下，战线拉得过长，反倒有全军溃败的危险。

张宾对几方实力有一个清楚的分析，在这个基础上，他才能直接指出三种观点的问题所在，然后给出石勒下一步的行动方向，从而基本奠定以后十数年中国的整体形势。张宾是汉人，他的这一计划实际上也使得汉人政权晋得以保全。退兵对于双方都是有利的，南方得到的是安定，北方尽管战乱继续，却由于石勒新的发展策略的确定，也将朝着稳定的方向发展。

石勒引兵从葛陂北还，所过之处都已坚壁清野，没有任何战利品可以抢夺。兵士饥病交加，还出现了“士卒相食”的事件。大军到达黄河时，与晋将向冰相遇。石勒将要渡河，却担心向冰半路偷袭，于是他又采用张宾之计，以轻骑兵抄小道袭击向冰，大破晋军。石勒顺利渡过黄河，军中士气得以恢复，一路逼近邺城。

这时邺城附近有晋将刘演，他据守三台[①]。石勒手下诸将纷纷提议攻打三台，张宾却不以为然，他说："刘演实力虽弱，但毕竟还有数千兵士，三台这个地方易守难攻，硬攻并不容易拿下，还不如舍弃它不管，等时间一长，晋军的补给跟不上，自然而然就会崩溃。更何况我们行军已久，将士们斗志不高，王浚和刘琨这两个强敌又一直对我们虎视眈眈，现在绝非开仗的好时候。我看不如选择一处便宜之地为都城，广聚粮草，如此霸王之业可成。邯郸、襄国（今河北邢台）两地是赵国的旧都，依山凭险，都以地形取胜，将军可以选择其一。"

石勒闻言赞道："右侯之计真是在理！"于是他下令缓图邺城，转而将粮草运送至襄国，准备在此地积蓄力量。刘聪为了安抚石勒，不得不加封他为冀州牧、上党公，并允许他掌握冀、幽、并、营四州军事。

石勒的周边除了并州刺史刘琨之外，最强的对手就是幽州刺史王浚。王浚的表现果然不负虚名，他趁石勒初到襄国立足不稳之时，派遣督护王昌联合段部鲜卑的段就六眷及其兄弟段末柸（bēi）、段匹磾（dī）等人，率领五万联军前来攻打。石勒的城墙尚未修好，守备还没到位，只好临时设置栅栏、障碍，抵挡来犯之敌。然而鲜卑骑兵冲击力强大，石勒手下的军队数次出战都不是段就六眷的对手。

这时，鲜卑人又加快速度，开始大规模修造攻城器具。战事吃紧，石勒赶紧召集众将商议解决办法："现今敌众我寡，围城的军队攻势不止，我们又一时得不到有利的外援，如若坐以待毙，即便是孙武、吴起再世也难挽救败局了。依我的看法，不如派精兵出城与对手决一死战，这样也许还能求得生路，不知各位意下如何？"可多数将领都有些畏战，只说："我军坚守不出，敌军疲惫自退，到时候再追击，不怕不取胜吧。"石勒略感失望，又问张宾的意见。张宾答道："段氏的大军远道而来，与我军交战已有几日，连战连胜，必然认定我军势单力薄，不敢出战，想必已经有所懈怠。据我这些天观察，鲜卑骑兵强健勇悍，以段末柸尤甚，军中的精锐兵卒几乎都在段末柸部下。我们可以暂时不出战，继续示弱，然后迅速在北城一带凿二十几道可以伏兵

---

① 即指曹操当年所建的金凤台、铜雀台、冰井台三台，皆为战略要地，位于今河北临漳县西南。

的暗门。等敌军排阵未定时，伏兵出其不意杀出，直冲段末柸营帐，敌军必然惊恐，来不及抵抗，这就叫作‘迅雷不及掩耳’。等到段末柸的部众溃散，王浚剩下的军队就不足为虑了。”

张宾所说的暗门又叫突门，战国时的《墨子》中就有记载：“城百步一突门。”暗门是守城军队在城墙上挖掘的秘密出口。与正规城门不同的是，这些暗门往往在快要打通的时候留下几寸城墙不挖，这样一来，城内一侧可以埋伏大量兵卒，而从城外看来整段城墙仿佛完好无损。一旦必要时，守城军队就可以迅速凿开城墙的外壁，出城突袭，达到出其不意的目的。当然，这样可以转守为攻的利器本身也是一把双刃剑，需要慎用。随着攻守战法的不断完善，攻城的军队也会在外部巡城时仔细勘察，从而发现城墙中的暗门，从这个薄弱处组队攻入城内。

在当时的情形下，用暗门来对付鲜卑骑兵是恰到好处的。石勒听了张宾的妙计，心中自是欢喜，他命将军孔苌依计而行，修凿暗门严阵以待。鲜卑骑兵果然来到北城附近安营扎寨，石勒趁其布阵之时亲自登上城头击鼓发令，孔苌率伏兵突然冲出城去，将鲜卑诸军冲得大乱，伏尸三十里，丢失的铠甲、马匹数以千计。段末柸被生擒。

段就六眷领着败兵退到渚阳（今河北邢台东北），这才稍有喘息之机。他派使者送上金银马匹，并以段末柸的三弟作为人质向石勒求和。石勒有心交段部鲜卑这个朋友，并不理会部将们提出的杀段末柸以挫鲜卑之勇的要求，慨然接受议和，放回段末柸，并派侄子石虎到渚阳面见段就六眷，与其结为兄弟。自此之后的一段时间里，石勒与段就六眷相安无事，而王浚再也叫不动他一度使得很顺手的鲜卑联军了。

没了鲜卑人支持的王浚不足为虑，石勒把他撂在一边，转而攻打起东面的信都，杀了西晋的冀州刺史王象。到了第二年（313），他终于击溃刘演的军队，攻下了邺城，三台的大批流民前来投降。战后，石勒让石虎镇守邺城。这样，石勒以襄国为中心，已经形成了自己的根据地。他下一步的进攻对象，就是晋王朝在关东的残余势力——幽州王浚和并州刘琨了。

同在这一年，刘聪在百般折磨晋怀帝之后终于将他与一群晋朝降臣一起杀死。在长安的司马邺得到消息后匆匆登基，这就是晋愍帝。

西晋王朝的丧钟似乎到了敲响的时候了。

十一、陈元达锁腰谏刘聪

汉国皇帝刘聪尽管攻下了洛阳，算是取得了汉国的五位皇帝中最突出的成就，但从前面曾提到的他与其父的单皇后之间存在暧昧关系即可看出，他是个十分荒淫的人。

刘聪最初的皇后是呼延氏，这是其父刘渊的第一任皇后呼延氏的同族妹妹。由于呼延氏乃是匈奴人中的名门望族，在汉国朝中的势力一度也很强，因此那时的刘聪在后宫问题上还不敢放肆。没想到不过两年呼延皇后就死了，于是刘聪立刻将朝中不少高官的女儿召入后宫，一口气封了一位贵妃、两位昭仪、三位夫人，而且居然给她们个个都佩上原本只有皇后才可以有的金印紫绶。这还不够，刘聪听说太保刘殷的两个女儿刘英、刘娥才貌双全，又欲纳之，但在皇族内部遭到反对，其弟刘乂就认为“同姓不可通婚”。刘聪心有不甘，又把这件事情讲给大臣们听，有些明白刘聪心思的小人便迎合说：“听说太保刘殷乃是周代的刘康公之后，与陛下并非同宗同源，您当然可以将他的女儿纳入后宫了。”刘聪大喜，将刘殷的两个女儿封为左右贵嫔。他又得知刘殷的孙女也不错，又把他的四个孙女封为贵人，位份仅次于贵嫔。从此，六位刘妃在后宫得到了专宠。刘聪的母亲太后张氏对此十分不满，刘聪被迫将他舅舅张实的两个女儿接进宫中，封为贵人，后来又在太后张氏的压力下立小张妃为后，这样才稍稍平衡了一下后宫的势力。

刘聪极少上朝理事，凡事都由中黄门，即处置政事的宦官机构来处理。他日夜沉湎于后宫，脾气也变得暴虐起来。

十六国时期的暴君比比皆是，刘聪看来还难排上号，但比起他的老父亲，他的种种行为的确是在逐渐将汉国引上亡国之路：由于没有按时进贡，刘聪就斩了负责的官员；由于两位妃子的宫殿没有修好，他又杀死了监工大臣；到汾河去观鱼，他彻夜不归；大将军王彰坚持进谏，刘聪一怒之下差点斩了王彰，在母亲张氏和公卿百官的劝说下才勉强接受了谏言，赦免了王彰。

说来也怪，一个女人只要被刘聪立为皇后，好像都活不长似的。随着太后张氏和皇后张氏接连去世，刘聪终于又有机会在后宫为所欲为了。他很快把贵嫔刘娥立为皇后，又准备为这个他心爱的女人在后宫专门修一座宫殿。

一向得到刘聪信任的廷尉陈元达得知这个消息，马上跑到宫内的后花园向刘聪进谏："高祖光文皇帝（指刘渊）以朴素爱民起家，而陛下自从即位以来便大兴土木，已经建造了四十多座宫殿楼阁，人民又遭受各种灾难，怨声载道。更何况现在四境不平，关中和江南还是晋朝的土地，李雄据守巴蜀，晋将王浚和刘琨守在幽州、并州等地，石勒等人更是心怀异志。汉国所有之地不过二郡，真正的实力也并不强，如今岂可再在后宫问题上如此奢侈呢？"

刘聪大怒道："朕身为天子，只是造一座宫殿，还要问你这样的鼠辈吗？不杀此奴，朕的宫殿怎能造成！将他推出去斩了，连同他的妻子儿女一同枭首东市，让你们这些鼠辈同处一穴！"

陈元达大叫："我所说的乃是为国家，而陛下却要杀我！若死者有知，我要上诉陛下到天庭，下诉陛下到先帝面前！'臣得与龙逢、比干同游于地下，足矣！'却不知陛下会成为什么样的帝王呢？"他之前是用一根锁链缠着自己的腰进来的，此时便把锁链绕在花园的大树上，将自己的身体与树锁在一起，左右一时间竟然拉不动他。此时，刘聪身边的大臣都在劝说刘聪宽恕陈元达，然而刘聪默然不答。

后花园内一片喧哗，惊动了正在后堂的刘皇后。刘皇后听说了事情原委，立刻手写一疏，密令手下人交给刘聪。皇后刘娥是十六国时期十分出色的女子，《晋书》中有她的列传。她的这篇手疏写得很有见地，我还是把它抄录在下面吧。

伏闻将为妾营殿，今昭德足居，皇仪非急。四海未一，祸难犹繁，动须人力资财，尤宜慎之。廷尉之言，国家大政。夫忠臣之谏，岂为身哉？帝王距之，亦非顾身也。妾仰谓陛下上寻明君纳谏之昌，下忿暗主距谏之祸，宜赏廷尉以美爵，酬廷尉以列土，如何不唯不纳，而反欲诛之？陛下此怒由妾而起，廷尉之祸由妾而招，人怨国疲咎归于妾，距谏害忠亦妾之由。自古败国丧家，未始不由妇人者也。妾每览古事，忿之忘食，何意今日妾自为之！后人之观妾，亦犹妾之视前人也，复何面目仰侍巾栉，请归死此堂，以塞陛下误惑之过。

刘聪看过皇后的手疏，脸色立变，缓缓说道："我最近身体不佳，有些喜怒无常。元达是忠臣啊，我自感惭愧！"他将皇后的手疏交给陈元达看，"在外我有你这样的人辅佐，在内我有皇后这样的人辅佐，朕复何忧！"

刘聪收敛怒气，转而笑着对陈元达说："本应是你害怕朕，为什么现在反倒是朕害怕你呢？"他下令将后花园改名叫"纳贤园"，后堂改名为"愧贤堂"。一出直谏纳谏的好戏就此收场。

虽然之后刘聪并没有改变他的荒淫本性，汉国的国势逐渐衰微与他也有很大的关系，他却不是亡国之君。这大概是因为他知道纳谏，尽管有时似乎并非出于本心，但他至少知道如何处理好君臣之间的关系。他曾多次采纳直谏之臣的建议，也能够放下架子向大臣认错。只要能听取部下的意见，即使是出于不得已，即使是主观不情愿，客观上也可能会有好的效果。

对于熟知刘聪性格的陈元达而言，他的行为看似是在冒死进谏，实际也给自己留了条退路，因为他明白，进谏是要讲究策略的，如果真的因为一时之快被刘聪杀了，进谏反而不会起到真正的作用。锁腰的行为看似贪生，却给刘聪留出了一段时间去考虑，按照刘聪的性格，只要有人劝言，他肯定会改变想法的。这里面的真真假假、是是非非，大概也只有他们君臣自己才明白吧。

这边厢刘聪慨然纳谏，那边厢汉晋之间的争斗已经进入了白热化阶段。汉国中山王刘曜的军队攻打长安再度受挫，与此形成对比的是，东北方向的石勒在攻下了邺城之后已经成为北方最大的割据力量，而石勒的对手——幽州的王浚因为传说中的谶语，其实并没有为晋朝收复失地的想法，而是正做着自己的皇帝梦呢。也是因此，王浚的部下对他越来越不满，纷纷投奔东北的慕容鲜卑。

面对这个情况，张宾向石勒提出一计，认为灭掉王浚就在此一举。

十二、石勒诈降破王浚

王浚之所以能在幽州一带保留自己的势力，是因为他有鲜卑、乌桓等部的强大军事力量可以仰仗。可是眼下，王浚越来越不得人心，又宠信枣嵩、朱硕等贪横之人，鲜卑、乌桓各部先后背叛了他，加上幽州连年遭受蝗灾和旱灾，军队的士气也受到了极大的削弱。

石勒感到这是天赐良机，准备派使者到王浚那里探听虚实。正好张宾生了病，他借着前往探病的机会，请教张宾对此有什么看法。

张宾说道："王浚名为晋臣，实际上却想自立为王，只是怕天下英雄对他不服。他想要得到将军，就好比项羽想要得到韩信一样。将军威震天下，如今仅仅派遣使者，难以让人看出您的诚意，时间长了王浚必然生疑。对别人有所图谋，却让别人觉察到你的想法，那可就难以达到目的了。"

石勒点头道："右侯说得对啊！"于是他让使者带上很多珍宝，并给王浚写了一封书信，信中极力吹捧王浚：

勒本小胡，出于戎裔，值晋纲弛御，海内饥乱，流离屯厄，窜命冀州，共相帅合，以救性命。今晋祚沦夷，远播吴会，中原无主，苍生无系。伏唯明公殿下，州乡贵望，四海所宗，为帝王者，非公复谁？勒所以捐躯命、兴义兵诛暴乱者，正为明公驱除尔。伏愿殿下应天顺时，践登皇阼。勒奉戴明公，如天地父母，明公当察勒微心，慈眄如子也。

石勒又给王浚的宠臣枣嵩写信，同样送去大量的钱财进行贿赂。

王浚刚刚被段部鲜卑背叛，正在暗自懊恼，忽然得到石勒的书信，心中岂能不欢喜？起初他还有些怀疑，便问石勒派去的使者王子春："石公当世英才，据守赵国旧都，可成鼎足之势，现在却向我称藩，似乎不太可信吧？"

王子春是个很会说话的人，他不假思索地答道："石将军英才，实如明公（指王浚）之言；然而明公在中原很有威望，声名播于八方，胡人和汉人都仰慕已久，又岂是我们一个小小的襄国所能比的？石将军之于明公，就如同月亮之于太阳、江河之于沧海。当年项羽、公孙述也曾称霸天下，却最终身死兵败，这些都是石将军的前车之鉴。自古胡人只有做名臣的，而无做帝王的，石将军尊奉明公，正是顺应天意啊！"

王浚听了这话，高兴得不得了，立刻把王子春和石勒派来的另一个使臣董肇封为列侯，给予大大的赏赐。

王子春一席话引经据典，马屁拍得让人叹服，不仅给自己捞得了眼前的利益，还为石勒的行动打下了坚实的基础。

第二年（314），王子春等人带着王浚的使者回到了石勒的襄国，石勒把他的精兵强将都藏匿起来，给王浚的使者看的都是些老弱残兵，还很当回事地向北面叩拜王浚的使者，接受王浚的回信，好像王浚真是他的主公似的。王浚回赠石勒的拂尘，石勒也摆出一副战战兢兢的样子不敢拿，小心翼翼地叫人把它挂在自己房间的墙壁上，早晚各拜一次，又对使者说："我见不到王公，见到他所赐的东西就像见到他本人一样。"之后，他让董肇陪王浚的使者一同再到幽州传信，约定当年三月中旬，他会亲自到幽州尊奉王浚称帝。

王浚的使者一走，石勒马上像变了个人一样。他仔仔细细地询问王子春有关幽州的事情，当得知幽州城内忧外患、人心惶惶，而王浚却全无戒备地准备当皇帝时，他按着桌子笑道："王彭祖（王浚字彭祖）真可擒也！"与此同时，回到幽州城的使者报告给王浚的却是："石勒势力很弱，他的诚意完全可以相信。"可以说，在这个时候，王浚的最终结局其实已经定下了。

石勒想要出兵灭掉王浚，但仍然怕鲜卑、乌桓以及并州的刘琨从背后袭击他，正在犹豫不决，张宾又进言："这三方绝对不敢轻举妄动。鲜卑、乌桓是背叛了王浚的，此时不会有所想法，而并州的刘琨和王浚虽然同为晋臣，实际上彼此却是仇敌。如今只要写一封书信寄给刘琨，向他求和，刘琨必然很高兴看到王浚灭亡而不会出兵来救。用兵贵在神速，不可犹犹豫豫！”

石勒哈哈大笑，说：“我所未了的心事，右侯就这么给解决了，我还有什么可以犹豫的呢？”于是他写信向刘琨请和，请求讨伐王浚以赎罪。刘琨本来就讨厌王浚的为人，果然不出兵。

到了约定好的时间，已经利令智昏的王浚命令部下不得阻挡石勒的到来，并且发出严正声明：“石公此来是要拥戴我的，谁再敢说阻击，统统斩首！”还让左右摆下宴席准备好好款待远道而来的石勒。如此一来，石勒的军队简直是在王浚的欢迎中来到幽州城下的。

为了防备王浚设有伏兵，石勒预先带了数千头牛羊。幽州城门一开，他先让牛羊进入城内，声称这是给王浚的礼品，实际上是用这些牛羊将城内的大街小巷堵个严严实实。

王浚感到有些不对，开始坐立不安，害怕起来。这时，石勒的军队已经进入幽州城了，他们到处抢夺劫掠。王浚的左右请求调兵抵抗，但王浚仍然抱有幻想，不准。一直等到石勒带着全副武装的人马来到堂前，王浚方才如梦初醒，然而这时候才想起来逃命，哪里还逃得掉？

王浚被捉住后大骂石勒叛逆，石勒不慌不忙地指责王浚准备自称天子，还列数他在幽州犯下的各条罪状。王浚无话可说，最后被石勒带回襄国斩首。

石勒在得到幽州之后的举动是十分残忍的，王浚的万名精兵被下令全部杀死。不过对于王浚手下的大臣，石勒的态度则完全不同。他在堂中升帐，不少将领都争相求见，向石勒谢罪，唯独裴宪和荀绰两个不来。石勒把他俩招来，问他们道：“王浚如此暴虐，我讨伐他把他灭了，诸将纷纷来谢罪，为什么你们两个却不来呢，不怕我杀了你们吗？”

裴宪答道：“我们世代在晋朝做官，王浚尽管残暴，却还是晋朝的大臣，所以我们跟从他，不敢有二心。你如果不修德义，只是想展示你威严的刑法，那么我们死得其分，又有什么可以逃的？”说完也不拜石勒，转身走出大帐，石勒赶上去请回两人，向他们道歉，以宾客之礼对待。

对于王浚的宠臣朱硕、枣嵩等人，石勒当即命令斩首。他还派人查抄了大臣们的家产，发现很多人都有家财上万，唯有裴宪和荀绰两人的家中只有几百本书、十几斛盐米。石勒又惊又喜地说："我所高兴的并不是得到了幽州，而是得到了这两个人啊！"

十三、西晋灭亡

王浚在幽州可以说是自取灭亡，像他这样的庸人加蠢货，如果能在十六国时期的政治舞台上存在很长时间，那才真是一个奇迹。并州的刘琨和石勒打的交道可不算少，他不出兵救幽州，并不是真的相信了石勒所谓讨王浚谢罪的谎话，而是看到了王浚必然灭亡，不愿徒费兵力罢了。另外，他在晋阳对付刘聪手下的其他军队也已经有些顾不过来了，确实有点鞭长莫及。

石勒灭掉王浚的势力之后，回头一看，晋朝留在关东的势力就只剩下刘琨了。这时，刘琨的东面是石勒的军队，南面是刘聪的军队，形势非常危急。不过刘琨信心很足，他给晋愍帝的奏章写得慷慨激昂，很有气魄。他说：

> 自东北八州，勒灭其七，先朝所授，存者唯臣。是以勒朝夕谋虑，以图臣为计，窥伺间隙，寇抄相寻，戎士不得解甲，百姓不得在野。天网虽张，灵泽未及，唯臣孑然与寇为伍。自守则稽聪之诛，进讨则勒袭其后，进退维谷，首尾狼狈。徒怀愤踊，力不从愿，惭怖征营，痛心疾首，形留所在，神驰寇庭。秋谷既登，胡马已肥，前锋诸军并有至者，臣当首启戎行，身先士卒。臣与二虏，势不并立，聪、勒不枭，臣无归志，庶凭陛下威灵，使微意获展，然后陨首谢国，没而无恨。

刘琨以胡制胡的策略依然奏效，汉国的匈奴军好像特别怕鲜卑人似的。其中有一次，刘琨派遣一支鲜卑骑兵救援长安，因为道路不通而返，回军路上与正在追击晋军的汉兵相遇，鲜卑骑兵于是进攻汉兵，没想到原先还声势浩大的汉军一看见鲜卑人来了，立刻不战而退——要知道，那可只是五百鲜卑骑兵！

刘琨为了进一步拉拢鲜卑拓跋部，上表请求朝廷封拓跋猗卢为代王，这个“代”就是后来拓跋部建立代国的起源。

当然，刘琨终究只是晋朝一将，真正处境艰难的其实是在长安的晋愍帝司马邺。晋朝的统治摇摇欲坠，自他即位以来，汉将刘曜的军队更是几乎每年都要进犯长安，尽管屡屡被击退，但晋朝面对的整体形势还是在一点点变坏。当时，在长安以南的是已经占据了汉中一带的李雄的成国，关东大部分地盘落入石勒之手，汉国又控制了离长安较近的山西南部和洛阳附近的地区，长安可谓四面楚歌。

面对如此危局，远在江南的琅琊王司马睿是既救不了，也不愿救。司马睿心里明白，长安危在旦夕，只要晋愍帝守不住，北面的晋室朝廷土崩瓦解，皇帝的位子早晚是他的，所以即使救长安的提案可行，也会被他很快否决掉。不过，江南的晋人倒是有不少主张北伐的，刘琨年轻时的好友祖逖就是其中一位。

现如今，很多人对祖逖年轻时闻鸡起舞、报效国家的故事津津乐道，可是谁又知道，祖逖当年北伐出兵时的境况有多么寒碜呢？他苦口婆心地劝说司马睿北伐，却哪里知道这位晋室宗亲心里的想法。司马睿一心只想着偏安一隅，以求保全自己对半壁江山的统治。可是祖逖很有韧性，一劝再劝，司马睿想来想去，就给祖逖封了个豫州刺史的职位——这无非是给他开了个空头支票而已，要知道，当时豫州可是还在石勒铁骑的马蹄之下呢！这样安排的言下之意就是：“这支票能否兑现就看你的表现了，你自己看着想办法吧。”之后，司马睿给祖逖提供的物质资助不过是千人的粮食、三千匹布，连武器都不给他。

祖逖在琅琊王那里招尽了白眼，却不依不饶，还真把这北伐当回事，所以后来才有了“祖逖中流击楫”的故事。面对滚滚长江水，他说的话和刘琨像是一个模子里刻出来的：“祖逖若不能扫平中原，决不再渡过这条大江！”

祖逖渡过长江后，在江阴一带休整，收编了两千多士兵，还修铸了武器，力量逐渐强大。

这时石勒的力量主要在以襄国为中心的冀州及以北的并州、幽州一带，祖逖面前的豫州正是其力量薄弱地带，当地一些强豪坞主纷纷聚集武装力量，在自己的势力圈内各自为大。

所谓坞主，也就是坞壁之主。坞壁也叫坞堡，是东汉以来在北方地区形成的一种防卫性的民间建筑，内部有民居，有水源，有耕地，还驻扎有兵士，往往易守难攻，类似一座小型城堡。晋朝末年战乱四起，大大小小的坞壁中渐渐形成一个个自保性的武装势力，坞壁一方面可以帮人们抵御外敌的侵扰，一方面也可保护附近的逃难民众暂时躲避刀兵之灾。

豫州的谯城（今安徽亳州）一带有两个坞主的势力较强，一个是张平，一个是樊雅。晋室朝廷根本管不到这里，即使是曾在三台抵抗石勒的北中郎将刘演也无暇顾及这块土地，于是干脆做了顺水人情，将这两人一个封为豫州刺史，一个封为谯郡太守，其他小势力均归这两人节制统领。朝廷这样安排，那些手下多少也有几百个兵的小军阀们岂肯真心服从？祖逖探知其中情况，就暗暗派人买通其中一个名叫谢浮的小军阀，让他约张平出来会面，然后趁机将其斩杀。

樊雅得到消息，要为张平报仇，前来攻打祖逖。祖逖又向附近的蓬陂坞主陈川求援，反攻樊雅，终于攻克了谯城。

祖逖以谯城为根据地，又得到了晋朝的南中郎将王含的帮助，附近的一些坞主也来依附，就这样收复了河南的大片失地，也算是部分兑现了司马睿给开的支票。然而，石勒、石虎的骑兵实力雄厚，祖逖无法撼动，只能在黄河以南与其对峙，收复关东遥遥无期，更不要说逼近关中地区了。

就在祖逖忙着北伐的时候，长安城中的晋朝皇帝司马邺陷入绝境。在没有援兵的情况下，他几乎是在坐以待毙。

汉国的中山王刘曜花了三年的工夫，终于扫清了长安的外围。建兴四年（316）七月，他又攻下渭北重镇泾阳，渭北诸城望风而溃，汉兵进逼长安。三个月后，刘曜攻陷长安的外城，守城的晋军被冲散，退到长安城中的小城继续防守。

汉兵将长安城团团包围，断绝了城内城外的一切联系。长安城内粮食越来越短缺，饥民不断增多，饿死者不计其数。后来，百姓饿得没办法，只好吃人。熬了将近一个月，最后连皇帝都没什么东西吃了。司马邺大哭一通，无奈之下开城投降。

至此，统治北方五十二年、统治全中国三十六年的西晋王朝宣告灭亡，而晋王朝的另一段历史将在离长安千里之外的建康①继续展开。汉人虽然可以重建一个政权仍然叫“晋”，从而把所谓的“正统”带到南方，但无法带走北方的大片土地。在接下来的数百年中，在中国北方续写历史的权力就被留给了五个少数民族，它们分别是：匈奴、羯、氐、鲜卑和羌。

① 即上文建邺，晋愍帝司马邺即位后，为避司马邺的名讳，改名为“建康”。

十四、汉宫之变

刘曜攻入长安的时候，关东的石勒正在攻打并州的乐平，乐平太守窘迫之际向晋阳的刘琨求救。此时代王拓跋猗卢已死，国中大乱，刘琨得到了原属拓跋猗卢的军队的支援，他自感士气正旺，便决定出兵相助，岂料被石勒和张宾算个正着。

刘琨的援兵遭到石勒伏兵攻击，几乎全军覆没，恰好并州城内又逢大旱，刘琨简直要绝望了。此时盘踞幽州一带的辽东鲜卑首领段匹磾邀请刘琨到幽州共谋大事，刘琨在万般窘迫的情况下只好放弃晋阳，带着身边不多的军队投奔段匹磾。

刘琨撤走，石勒进入并州，至此，石勒基本上控制了东北方向上的所有州郡。

投入段部鲜卑的刘琨已经不能作为独立的晋军力量存在了，整个北方唯一为晋朝保留了一州之地的竟然是驻守偏僻凉州的西北张氏的势力，后来他们建立了十六国之一的前凉政权。

多年以前，长安一带曾经流传过这样一首童谣：

> 秦川中，血没腕，
>
> 唯有凉州倚柱观。

古时候，童谣和图谶一样，也属于神秘的东方式预言，可是童谣中说的凉州究竟有何独特之处，当时没有人能说得清，不过事后看来，这首童谣说得竟然一点没错。

早在晋惠帝永宁元年（301），时任散骑常侍的安定人张轨向朝廷上书，请赴凉州平乱。朝廷准许，张轨以凉州刺史的身份来到姑臧。他讨伐当地反叛的鲜卑人，打击盗贼流寇，安定了社会；接着又发展生产，兴办学校，恢复了当地的经济。

十年间，在张轨的带领下，张氏在凉州的威望稳步提高。晋愍帝建兴二年（314），张轨去世，凉州人推举他的儿子张寔（shí）继任刺史之职。

晋愍帝司马邺在出降汉军的前一天，密派手下人前往凉州，拜张寔为大都督、凉州牧，使其可承制凉州一切事务。

长安失陷的第二年（317），张寔决定以攻代守，先发制人。他趁着汉军刚刚攻占长安，还没能在整个雍州站稳脚跟，派司马韩璞和将军张阆以步骑兵一万进攻汉军。

韩璞的军队在南安一带被当地的羌兵截断退路，双方相持一百多天，弹尽粮绝。韩璞亲自宰杀驾车的牛犒劳军士，他一边吃着牛肉，一边激动地问道："大伙儿想念家中的父母吗？"

大家齐声说："想念！"

韩璞又问："想念妻子儿女吗？"

大家又齐声高叫："想念！"

"那你们想要活着回去吗？"

"当然想！"

"那你们听从我的命令吗？"

"誓死听从！"

韩璞于是擂起战鼓，指挥将士们奋力拼杀，正巧碰上张阆的军队也杀到了，两军夹击羌兵，大获全胜。

此战虽然没有获得对汉军的决定性胜利，但汉军向凉州方向的进攻却受到了有效的阻挠，加上凉州地处西北，汉军的主力一时也鞭长莫及，所以凉州得以暂时避开中原一带的战乱，在张氏的经营下稳步发展，最后真的成了一块可以"倚柱观"的"净土"。

对于横跨了关东和关中的汉国而言，小小的凉州原本不足为惧，一战不利，卷土重来将其拿下不是没有可能。但事实上，汉国内部潜藏的危机正在步步升级，一场政变以及紧跟着的一场大乱让它自顾不暇，动荡已经在所难免。

政变的起因还是那位极度荒淫的汉国皇帝刘聪。

尽管妃子越立越多，刘聪依然觉得不过瘾，他又把中护军靳准的两个女儿月光、月华纳入后宫，封月光为上皇后，月华为右皇后，原先的皇后刘娥则为左皇后，于是刘聪的后宫出现了三个皇后并存的怪事。

陈元达极力进谏，指出此举的非礼之处，刘聪很不高兴。不久后，陈元达查出上皇后月光的丑行，向刘聪奏明，这才迫使刘聪废掉了月光。月光羞愧自杀，刘聪从此也开始暗暗恨上了这位敢于直谏的大臣。过了一年，依然执迷不悟的刘聪又看中了先皇后张氏的侍婢樊氏，将她立为上皇后，填补了月光死后留下的空缺。

由于大多数时间都深居内宫，刘聪又开始宠信身边的太监王沈、郭猗等人，一切政事都交给他的儿子晋王刘粲处理。

这样一来，野心家们开始行动了。

首先爆发的是太监郭猗与皇太弟刘乂之间的私人恩怨。当初，刘聪在即位前就想让刘乂为帝，即便做了皇帝也说自己只是代摄朝政而已，打算将来将帝位传给皇太弟刘乂。刘乂身边的大臣却劝刘乂说，刘聪立他做皇太弟只是为了安定人心，其实早就想把皇位传给亲儿子，只是还没找到合适的机会实施罢了，如今不如先发制人，除掉晋王刘粲。刘乂并未听从大臣的建议，但没想到隔墙有耳，此事被手下人先一步告发，刘聪得知后，马上派兵把刘乂软禁在东宫，不许他上朝。太监郭猗与刘乂不和，刘乂此时已成阶下囚，可他还是不满意，为将刘乂彻底扳倒，他将目光瞄准了对帝位觊觎已久的皇子刘粲。一个报私仇，一个争皇位，两个人刚一见面就一拍即合，决定一方面注意刘乂本人接下来的行动，一方面找机会慢慢除掉支持刘乂、反对王沈和郭猗的大臣。

在王沈、郭猗等人屡进谗言的情况下，一大批与太监矛盾甚深的大臣被刘聪下令诛杀。大臣王易、陈元达等上表苦谏，可这回刘聪是谁的话也听不进去了，还把他们觐上的奏表拿给太监们看，笑着说："陈元达这帮人简直成呆子了。"

王易直谏受阻，忧郁而死。陈元达为此大哭，叹道："我既然再也不能说话了，还有什么意义在这世上苟且偷生呢？"说罢他就自杀了。

陈元达，这位出身匈奴部族的知识分子见证了匈奴汉国的蓬勃兴起，也见证了由统治者腐化所导致的帝国的迅速衰败，眼睁睁看着一个刚刚建立的国家因为不能吸取前朝失败的教训，仅仅几年后就重蹈覆辙。

刘粲利用太监的力量扫除了宫中的异己力量，紧接着就把矛头转向了皇太弟刘乂。他派人向刘乂假传诏书，说京师将有兵变，要穿戴盔甲以防不测。刘乂上当了。

刘粲将消息告知同样与刘乂有矛盾的国丈靳准，靳准马上向刘聪进言："刘乂欲谋反，都已经准备好盔甲了！"刘聪大惊，派兵赶往东宫查看，士兵回报，果然如此。刘聪勃然大怒，将尚不知情的刘乂废为北海王，王沈等人趁机又将与自己有怨的人杀了一大批。被贬斥的刘乂最终也难逃一死，不久便被刘粲、靳准合谋杀害。

经过一番折腾，刘粲被立为皇太子，而靳准也掌握了国中大权，博取了刘聪的充分信任。

刘聪对于被俘的晋愍帝司马邺百般羞辱，终于在刘粲的撺掇之下将其杀害。然而刘聪并没有比司马邺多活多久，仅仅过了半年，汉麟嘉三年（318）七月，他就病死了，是为汉昭武帝。临终前，刘聪想征召手握重兵的刘曜和石勒到国都平阳辅政，两人当然是"固辞不受"。

太子刘粲继位，当然重用靳准。靳准也不客气，利用刘粲之手开始铲除刘氏宗族中的异己分子，对在朝中任职的刘氏诸王大杀特杀。

刘粲的荒唐程度一点儿都不亚于他的父亲，靳准很快就得到了军国大事的决策权。仅仅一个月后，靳准领兵进入皇宫将刘粲杀死，同时将刘氏一族不分老幼全部处斩，连先帝刘聪的尸体也没能逃过此劫，被挖出来斩成两段。

处理完刘氏皇族，靳准自称大将军、汉天王。他觉得自己作为汉人消灭了胡人的政权，定会得到南方汉人政权晋（东晋）的支持，于是又向晋称藩。

靳准经过宫中的一番争斗后终于获胜，却让自己成为众矢之的，而他好像还没意识到自己的对手究竟是谁。正当靳准在平阳宫中大肆杀戮的时候，两支精锐的部队正在逼近平阳，它们由刘曜和石勒率领，分别从长安和襄国迅速赶来。

十五、两个赵国

公元318年对于整个中国来说又是一个多事之秋。

一直在江南焦心等待的司马睿终于等到了晋愍帝司马邺遇害的消息，于是，这位西晋亲王在以王导为首的士族的支持下，顺理成章地在建康登基称帝，国号仍为“晋”。由于建康位于洛阳和长安的东面，历史上一般把司马睿建立的晋朝称为“东晋”。

到了这个时候，晋朝真正拥有的土地仅剩下淮河以南的部分了，其面积甚至不比三国时期的东吴大多少。所以为了表示区别，从此我们将把东晋称为晋国，而不是晋朝。

虽然司马睿在西晋灭亡的时候曾信誓旦旦地宣布要出兵北伐，但随着时间一点点过去，迟迟不见他有一丁点实际的举措，唯有在豫州一带稍稍站稳了脚跟的祖逖与石勒的军队有小规模的军事冲突，但也是负多胜少。

想在沦陷区维持抗汉势力的刘琨与段匹磾结为亲家，准备利用段部鲜卑的力量继续施行他以胡制胡的策略。但西晋国破之后，刘琨就失去了往日“正统王朝”的光环，开始受到段部鲜卑的排挤和猜忌，最终他连同几位子侄一起，被听信谗言的段匹磾抓住杀害了。

当然，这一年真正的大事，还是北方汉国的分裂。

靳准之乱发生后，石勒和刘曜从东、西两个方向前往讨伐。东面的石勒军队驻扎在国都平阳东南的襄陵北原，声势浩大，附近的羌、羯等部族纷纷向他请降。西面的刘曜进军到赤壁（今山西河津西北赤石川），碰上了刚从平阳逃出来的太保呼延晏。众人一推举，刘曜就地自立，做了汉国的皇帝。

平阳城中的靳准这时早乱了方寸，赶紧派遣侍中卜泰向石勒求和，想依靠石勒的力量对抗刘曜。石勒一方面有意招抚靳准来扩充自身实力，一方面又没有把握马上跟刘曜翻脸，便心生一计：他把卜泰用囚车装了，转交给刘曜，名义上是向刘曜表明心迹，实际上却是指望刘曜、靳准二虎相争，自己正好坐收渔利。

刘曜见到卜泰，就识破了石勒的心思，他对卜泰说："先帝（指刘聪）末年朝纲大乱，要不是靳准在先帝驾崩之后行使大权，朕怎么可能当上皇帝呢？他这可是立了大功！如若他早日恭迎大驾，朕还要委以政事呢，何止是免死而已？你且代我入城向他传达我的意思。"说完便将卜泰送回平阳，让他去劝靳准早降。

靳准听完了卜泰的禀报，并不立马行动。他觉得自己在平阳城里杀死了刘曜的母亲和兄长，还有众多刘氏宗亲死在他的刀下，此事不好善了，即便投降了刘曜，恐怕也难逃一死。正犹豫着不敢投降刘曜，他的部下靳康、王腾等人就等不及了，先下手将他杀死，之后推举他的弟弟靳明为主，派卜泰献出玉玺，向刘曜投降。

石勒听说卜泰把玉玺献给了刘曜，立刻怒火中烧，进兵攻打平阳，大败靳明，靳明只好带着部下投靠屯兵于河西粟邑的刘曜——投奔仇人的下场就是惨遭报应，靳家被满门抄斩。

那边靳明一撤退，这边石勒就攻入了平阳城，之后下令，放火烧了城中所有的宫室。

这一回石勒是真的要摆开架势和刘曜对着干了，但双方实力都不弱，为免吃亏，终究还是要先来一番试探：石勒派他的左长史王修前往刘曜处献捷。

本来刘曜采取的措施还算正确，他派人授予石勒大将军和赵王的头衔，意在安抚。没料到王修手下的舍人曹平乐跑到刘曜面前，把石勒的打算全抖搂了出来，说王修他们此行是来探听虚实的，石勒已经准备要攻打他了。这一番话正中要害。刘曜一想，自己的军队此时正处于最差状态，要是让石勒摸清了自己的底细，岂不要完蛋？他赶紧把自己派去封赏石勒的人叫回来，又把王修给斩了首。

石勒得到王修的死讯，勃然大怒，道："我侍奉刘氏，已经尽够一个臣子的职责了，他家的基业还不都是我打下来的？如今他刘曜一得志，居然还想对我有所图谋！赵王、赵帝，我自己就可以做了，何必要他来封？"他诛杀了曹平乐三族，与刘曜彻底翻脸。

晋元帝司马睿大兴二年（319），刘曜下诏说："我们匈奴的祖先兴起于北方。光文帝（刘渊）设立汉朝宗庙本是为了遵从天下民望，现在北方已定，宜更改国号，以单于为祖先。"

群臣奏道："光文帝曾经受封为卢奴伯[①]，陛下又曾为中山王，中山乃是赵国之地，请改国号为'赵'。"于是，刘曜便以长安为国都，改国号为"赵"，历史上称这个政权为"前赵"。

几个月后，石勒在襄国也定国号为"赵"，自称大将军、大单于、赵王，他的这个赵国在历史上被称为"后赵"。

两个赵国在北方分居关中和关东，成为当时最强大的两个割据力量，并从此开始了长达十年的对峙。事实上，在这十年时间里，特别是在头几年，由于两国都忙着解决本国内部和周边的一些小问题，发生正面军事冲突的机会并不多。两个赵国都想先一步在本国范围内建立起新的秩序，为此，它们不约而同地采取措施发展教育。

在前赵，刘曜开办太学，并选拔优秀的学生进入这个师资力量强大的国立最高学府。同时，刘曜接受大臣们的建议，吸取汉国衰败分裂的教训，停止了大修宫室的工程，将资金分给军用和民用。应该说，相比于前任皇帝刘聪，刘曜还是做了一点努力来改变国内疲敝的现状的。

后赵的石勒同样重视教育。尽管石勒自己不识字，但他在身边的汉族士人的帮助下，对汉文化有了一个比较完整的了解和认识。石勒十分好学，在外领兵打仗也不忘随军带着一批读书人给他讲解古代的史书，而他对于历史人物和事件常有独到的见解。有一回讲的是《汉书》，正说到郦食其劝说刘邦分封六国的后人为王，石勒当即大惊失色，说："这个法子可是要坏事的！高皇帝要是如他所说的做了，怎么还能得天下呢？"后来听到张良劝阻此事，这一政策并没有推行，他才点头道："怪不得呢，这样才对！"

---

① 卢奴，旧中山国都。

在汉族士人的长期熏陶下，石勒十分提倡儒家的经学。他在国内建立了一所太学、十余所小学，并亲自去太学、小学里给学生监考，按掌握经学程度的高低给予他们赏赐。除此之外，他还在九品中正制的基础上，将经学作为评定人才九品的标准，以此选拔官吏。

刘曜和石勒都在对魏晋以来的九品中正制进行改革，他们推进的教育的发展对这个制度有很大冲击。虽然想有大的进步是不可能的，毕竟这只是一个开始，但通过公元 4 世纪初的种种史实来看，当时中国的希望在北方而非南方，所以我认为，从某种程度上讲，以往所谓的“五胡乱华”应该是“五胡兴中华”。

十六、前赵的末日

天不尽遂人愿，石勒自称赵王后的第四年，张宾病故。石勒悲痛欲绝地说："难道老天爷不想让我成就一番大事业吗？为何这么早就夺走我的右侯呢！"之后，每当与身边的谋臣意见不合时，他总是想到张宾当初的好处，于是常常慨叹："右侯离我而去，让我和这些人在一起谋划大事，岂不太残忍了一点吗？"

尽管失去了自己一生中最得力的助手，石勒自己也还是具备足够的智慧与手段，来收拾关东残余的割据势力的。

首先是盘踞幽州的段匹磾。杀死刘琨后，他完全失去了国破后留在幽州一带的西晋士人的信任，实力日显单薄。自从兄长段就六眷去世之后，他与从弟段末柸也已翻脸，双方内斗不止，段匹磾胜少败多。这时，石勒又派部将孔苌大举进攻幽州各郡，一路攻城略地，直奔段匹磾所在的蓟城而来。眼看在幽州已无立足之地，段匹磾只得弃了妻子儿女，前往乐陵投奔东晋的冀州刺史邵续。

趁他病，要他命。段末柸趁机前来攻打，段匹磾与邵续合力将其击退。段匹磾以为形势已有缓和，便带上弟弟段文鸯，一起率兵回转，意欲乘胜夺回自己的老巢蓟城，可这样一来，却是把邵续的生死存亡丢在了脑后。久经沙场的石勒怎会错过这样的好机会？他派遣石虎围攻厌次（今山东惠民），将邵续活捉。

段匹磾并未攻下蓟城，回军途中碰上石虎的军队，才知道连唯一的据点也已落入他人之手。段文鸯是段匹磾手下的一名猛将，他亲率数百士兵力战破敌，一路杀入厌次城内，然而虽然人有杀敌之心，怎奈战马已乏，段文鸯只能下马与不计其数的后赵士兵苦战，最终力竭被擒。段匹磾终于山穷水尽，率部投降。不久，段匹磾兄弟被人告发谋反，石勒下令将他们赐死，于是幽州尽入后赵版图。

段匹磾之后就轮到王弥的原部下、割据青州的曹嶷了。这家伙较之段匹磾尤有不如，在石虎来攻时便吓破了胆。眼看后赵军队包围了他苦心经营的广固城（今山东青州西北），曹嶷只好出城投降。石虎将他送到襄国斩首，又坑杀了他的三万部众。至此，青州也被后赵完全控制。

接着又天赐良机，一心恢复中原的东晋豫州刺史祖逖抱憾病故，手下将领纷纷来降，后赵的军队顺势攻下了淮北的豫州、兖州、徐州之地，与东晋划淮而治，并且还能不断骚扰东晋的北部边境，使其在一段时间内根本无暇北顾。这样一来，石勒终于得到机会，可以转过头来对付他真正的对手刘曜了。

反观刘曜，在这几年中，他的前赵一直被周围几个不和谐的因素骚扰：先是秦州一带的氐族、羌族发生叛乱，刘曜出兵平叛，总算安定下来；继而，统治甘肃成县西部一带的氐族仇池部的首领杨难敌又忽叛忽降，搅得刘曜心神不宁；此外，还有来自凉州的威胁。

凉州的张寔于公元 320 年稀里糊涂地让身边一群被邪教蛊惑的将领所杀，所幸其幼子张骏随即被拥立继位，并由张寔的弟弟张茂摄政。张茂捕杀了叛乱的将领，对外向前赵称藩，这才稳定了凉州的局势。四年后，张茂病故，张骏不再对前赵真心臣服，虽然实力不济，却也时刻厉兵秣马，准备收复当年晋国的失地。

这些边防问题都是前赵的隐患，刘曜没有能力像石勒那样斩草除根，把关中周围的势力全部统一于自己的麾下。更要命的损失是，由于受到几方面的牵制，刘曜的军队根本无暇东顾，只能坐视石勒慢慢解决他的后顾之忧。等到双方军队再次在战场上兵戎相见的时候，石勒的国土已拓展了将近一倍，军队也强大了不少，而刘曜却依然是老样子，甚至还得时时提防身后的凉、成等国来偷袭。

刘曜这个人打了一辈子仗，所以十分相信武力的作用，即使当了皇帝，身份贵重，也是动不动就要来个御驾亲征。相信武力不算大错，只是刘曜似乎过于专注武力了，前赵的对手如此之多，他却根本拿不出点像样的外交政策。至少也来个合纵连横之类的策略啊，可他压根儿没有这种概念，只知一味蛮干，于是与石勒的差距越来越大，渐渐处于下风。

前赵光初八年（325），原本介于两个赵国之间的北羌王盆句除归顺前赵，石勒大怒，派大将石佗进入前赵境内，大败盆句除，又对其进行一番抢掠之后才准备退回国内。刘曜得到消息，急派中山王刘岳追击后赵军队。刘岳在黄河附近赶上石佗，将其斩杀，石佗所带的六千多人全军覆没。

自这场战争起，两个赵国开始了三年多的交战。刘曜和石勒都是马背上取天下的人物，这样的战争对于他们来说结果只有两个：不是彻底成功，就是彻底失败。可以说，这是一场真正的生死决战。

一个月后，后赵大将王腾杀死了后赵的并州刺史，把整个并州献给前赵，两国因此结怨更深。

这时，石勒手下的大将石生正在攻打河南一带的东晋军队，东晋的守军屡战屡败，后方的援军又迟迟不到，走投无路之下，只好派使者向前赵求援。刘曜觉得这是进入关东一带的绝好机会，便派遣刚刚打了胜仗的刘岳和镇东将军呼延谟各率一支军队，分两路从孟津和渑池渡过黄河，前往救援。

后赵军来不及防备，前赵军初战告捷，刘岳的军队包围了石生，石勒听闻消息，马上派遣石虎的四万步骑兵出成皋关助战。两军在洛水以西相遇，刘岳的军队人数远不及石虎的精锐，当然打了败仗，他本人还在乱阵之中中了箭，并在撤退过程中反被石虎军包围。石虎趁前赵军大乱之际又往前攻打呼延谟的军队，一战便消灭了呼延谟。

刘曜感到事态的严重，于是亲自出兵援助刘岳，石虎不敢怠慢，也亲率三万骑兵迎战。

刘曜屯兵在洛阳附近的金谷，然而前赵早已军无战心，当夜军中竟然无故大乱，兵士四散逃窜，剩下的部队退到渑池驻扎，然而夜里军中又是不战自乱。刘曜出关之后一仗没打却军心四散，现在也只能惶惶不安地带领着士气低落的军队退回长安了。

石虎当然不肯轻易放弃利用敌人士气受挫的机会，他很快就消灭了刘岳的军队，之后又北上并州，将叛变不久的王腾擒获，这才班师回国。

石勒下令，将在这次战争中俘虏的上万前赵士兵全部活埋。刘曜元气大伤，再无能力主动进攻后赵了。

大战结束，两个赵国之间继续维持着表面的“和平”，只是背地里都在苦练内功，暗藏杀机。三年之后（328），首先完成内部整合的石勒终于对刘曜下手了。

奉石勒的命令，石虎的大军猛攻前赵的河东郡，连破五十余县。对于前赵而言，河东若失，接下来就只能坐以待毙，刘曜在万般无奈之下决定生死一搏。

刘曜将氐、羌的降军安排在西面的秦州，以防备张骏和杨难敌的进攻，自己则率领全国所有的水陆精锐，亲自救援河东。石虎虽猛，在如此强大的攻势面前也慌了手脚，这一仗后赵军队被打得大败，石虎一路退回洛阳。刘曜感到这次胜利来之不易，不愿放过大好机会，干脆一路穷追猛赶，来到洛阳城下。

后赵的国都虽在河北的襄国，但作为昔日魏、晋国都的洛阳显然也有重要的政治和地理意义，不容闪失。石勒接受了谋士徐光的建议，力排众议，也亲率大军赶往洛阳。

出兵的时候，石勒对徐光说：“刘曜的军队如果驻守成皋关，这是上计；如果驻守洛水，则为中计；如果驻扎在洛阳附近，他必为我所擒。”

后赵各路大军在成皋关会兵，石勒一看此处并无前赵军队，高兴地指着天说：“真是天助我也！”之后他们星夜兼程赶到洛阳，发现前赵军队就驻守在洛阳城西，石勒又兴奋地对左右说：“你们可以提前祝贺我啦！”石勒的军队全部进入洛阳城，与石虎会合。

大战来临，刘曜却不思军事，反而只知与宠臣饮酒作乐，并且从不抚恤士卒，军中怨声载道。听说石勒这次是亲率大军前来，他这才开始着急，赶紧在洛水以西摆开阵势准备防御，然而为时已晚，石虎已经领着三万大军从城西出城，直取前赵军队了。

刘曜一向嗜酒如命，临大战前竟还喝了数斗酒，才一上阵便马失前蹄。他退回军中，却自觉酒劲不够，于是又加喝一斗，重新上阵。这一回他可是真的醉得不行了，昏昏然不知下一步该干些什么。后赵大军发起猛攻，前赵军队迅速崩溃，撤退途中刘曜的战马陷入沟渠，刘曜从马上摔落下来。时值数九寒天，地上早已结了冰，这一摔可说是非同小可，他浑身上下大小伤痕十余处，几乎奄奄一息，完全失去了抵抗能力，最终被后赵大将石堪生擒。这位御驾亲征的皇帝就这样稀里糊涂地被捉住了，而他从全国征召的大军也就此毁于一旦。

抓住刘曜后，后赵军一鼓作气攻下关中，包括皇太子刘熙在内的前赵残余势力被消灭殆尽，前赵亡国，后赵统一了除西北凉州和东北辽东以外的整个北中国。

晋成帝咸和五年（330），达到事业顶峰的石勒在襄国称帝。这位出身卑微的羯胡，年轻时做过奴隶，现在却成了万乘之尊，可以傲视天下，成为一代传奇式的人物。他的故事令人惊叹，他的经历令人感慨。

石勒有这样一段对自己的评价：

> 朕若逢高皇[①]，当北面而事之，与韩彭竞鞭而争先耳；脱遇光武[②]，当并驱于中原，未知鹿死谁手。大丈夫行事当磊磊落落，如日月皎然，终不能如曹孟德、司马仲达父子，欺他孤儿寡妇，狐媚以取天下也。朕当在二刘之间耳！

石勒好像是十六国时期的项羽，但相比于项羽，他有决断，明白事理，应该说，在十六国时期近一个半世纪的历史中，他是一个成功者。不过，成功者并不一定是最后的获胜者，石勒的赵国也只是在起跑阶段稍占优势而已。“江山如此多娇，引无数英雄竞折腰。”十六国历史才刚刚演完第一幕，此时，北方的鲜卑、氐族、羌族的首领们正悄悄地在幕后等待登场，更加精彩的第二幕就要开场了。

---

① 指汉高帝刘邦。

② 指汉光武帝刘秀。

第二章

慕容鲜卑

慕容氏是第一批问鼎中原的鲜卑统治者，尽管他们从未成为中原的霸主，却好比投石问路，他们迈出了第一步，就必有继之而起者。从那以后，鲜卑人一批接一批地踏上中原的土地，他们对于中原汉人乃至此后整个中国的影响，远远超过了五个少数民族中的其他四个民族。

慕容部、宇文部的两种征服正像是几千年来中国历史上更替出现的两种征服方式——农耕民族的征服方式和游牧民族的征服方式——的一种微缩的版本。两种方式的征服，在两部的战争中决出了胜负。一场战争的胜负或许只是偶然，但我们若把眼界放宽，从历史文化的长远发展来看，也许就能觉察到这种偶然中蕴涵的必然。

北方的士人们客观上所起的作用并不源于他们的个人能力，而在于他们带来了汉人的成熟思想。还是那句话，不同文化、不同思想之间的融合，才会引发出成功的火花。

有人说，中国的历史虽有几千年，却少有长进。这话细想起来确有几分道理，因为中国历史总在重复着相似的情形。但是，相似的情形有时会演绎出不同的结局。

● ● ●

一、前仆后继的鲜卑人

如果有人问我，在十六国时期我最敬佩和欣赏哪位君主，我会毫不犹豫地投前秦君主苻坚一票，因为这位具有独特的人格魅力，甚至可以说他有些与众不同，的确很容易引起人们对他的注意和研究；而如果有人问我最感兴趣的国家是哪个，我会首先想到燕国，这个由鲜卑的慕容氏建起来的国家，让我深深体会到鲜卑的民族特色。

在前后将近一百年的岁月里，人才辈出的慕容家族经历了数次失败与成功，体会了许多光荣和耻辱。他们百折不挠，在混乱的北方先后建立了四个燕国。难怪一千五百年后的金庸先生要选择慕容家族的后裔作为《天龙八部》的主角之一，那个矢志复国的慕容复完全继承了历史上亡国又复国、复国又亡国的鲜卑慕容家族的精神，可以说，他就是慕容家的子孙。慕容氏是第一批问鼎中原的鲜卑统治者，尽管他们从未成为中原的霸主，却好比投石问路，他们迈出了第一步，就必有继之而起者。从那以后，鲜卑人一批接一批地踏上中原的土地，他们对于中原汉人乃至此后整个中国的影响，远远超过了五胡中的另四胡。

在汉人看来，这是鲜卑人在创造和改变他们的历史；而在鲜卑人看来，那个时期鲜卑的历史是与汉人的历史，或者说是与中国的历史逐渐融合在一起的，这段历史甚至可以延伸到三百年后的隋唐盛世——这两个朝代的皇族在最初都带有一半的鲜卑血统。

后世的繁荣，在当年或许不可预料，却是对民族融合的历史发展方向究竟是利是弊的最佳回答。

有关鲜卑人的起源有多种说法，一般认为他们是当时地处匈奴部落以东的东北少数民族的一支。

“鲜卑”这个词最早出现在东汉的文献中，但其实际存在的时间应远早于东汉。《后汉书·东夷传》中提到：“夷有九种，曰畎夷、于夷、方夷、黄夷、白夷、赤夷、玄夷、风夷、阳夷。故孔子欲居九夷也。”从鲜卑人崇尚白色，并常被其他民族的人称为“白虏”的线索来看，鲜卑很可能就是九夷中的白夷。战国以后东胡势盛，鲜卑一般被认为就是东胡的支系，在《三国志》《后汉书》中，鲜卑更是与乌桓并称“东胡”，列于一传。这两族的语言习俗都很相近，他们的语言应属今日的阿尔泰语族，与现在的满语、蒙古语、土耳其语乃至朝鲜语都可能有着千丝万缕的联系。由于鲜卑人的祖先居住在鲜卑山（今内蒙古东北），故而以地得名，称为“鲜卑”。

东汉初年，乌桓人大量迁入塞内，与之相邻的鲜卑人也跟着南迁。南迁的鲜卑部落大多聚居在辽东一带，后来又有一部分内迁至辽西，因此又有辽东鲜卑、辽西鲜卑之分。

就在鲜卑各部渐渐兴起之时，曾经盛极一时、雄霸漠北的北匈奴遭到来自东汉与南匈奴联军的致命打击，北匈奴各部逐渐瓦解成小的部族，自那以后，关于北匈奴的历史记录渐渐从史书中消失了。这个昔日异常强大的游牧民族是如何衰亡的，至今仍然是一个谜，比较普遍的一种看法是，在战败以后，大部分匈奴人西迁至康居（今哈萨克斯坦境内）一带，后又辗转进入东欧，也就是欧洲史中曾经名噪一时的匈人（Huns），后来成为匈牙利人的先民；而由于徙居漠北的鲜卑部落日渐强大，留居漠北的十几万户匈奴人也干脆自号为“鲜卑”，成为漠北鲜卑的祖先。

鲜卑各部在力量还比较薄弱的时候，对于东汉政权是相当恭敬的。自汉光武帝刘秀时起，鲜卑的首领就多次入塞，到东汉的国都洛阳朝贺，后来明、章二帝在位时，鲜卑的骑兵还供他们驱驰，多次帮助东汉朝廷平定边患。这一时期，汉和鲜卑的关系真可以算是亲如一家。然而好景不长，东汉的第四位皇帝汉和帝刘肇继位后，朝廷的政治实力和军事实力都有所下降，对于边境各族的威慑力更是一落千丈。力量此消彼长，辽东鲜卑当然不再甘心总为人下了，他们开始一次又一次地闯入东汉的东北边境烧杀抢掠，扰乱边民，东汉的军队与之交手总是处于下风，有时还不得不求助于南匈奴的骑兵。不过，因为鲜卑各部落之间也是矛盾重重，故而如此的抢掠多为间歇性的活动，这才没有造成特别大的混乱。

到了东汉末年，辽东鲜卑出了个杰出人物，他的名字叫“檀石槐”。

檀石槐打仗十分勇猛，所向无敌，最后不但征服了辽东鲜卑的各个部落，而且还征服了鲜卑的其他各部，统一了鲜卑人居住的地区，占据了匈奴人的故地，取代了昔日匈奴的地位，其势力对南方的东汉构成了严重威胁。

起初，东汉朝廷还想学着当年匈奴强大时安抚匈奴的方法与檀石槐结亲，结果遭到断然拒绝，从此，摆脱了匈奴骚扰才一个世纪的东汉北部边境再次进入持续的不安定状态之中。

檀石槐把鲜卑自东向西分为三个部分，分别称为东部、中部和西部，各部由一名大人统辖。这三部在后来逐渐演变成十六国时期的辽东鲜卑、漠北鲜卑和陇西鲜卑。

汉灵帝年间，由于鲜卑各部在塞内塞外不断烧杀抢掠，幽州、并州、凉州三个靠北的地区遭受了极大的损失，东汉朝廷遂决定效法北击匈奴的汉武帝，向北部边境派兵，彻底打击鲜卑的力量。东汉发动了最大的也是唯一的一次北伐鲜卑的战争，汉军联合南匈奴分三路进攻鲜卑的三部。然而，此时的东汉早不是当年的强汉了，朝廷上下虽有武帝的雄心大志，却没有武帝的雄才大略，结果可想而知，汉军被檀石槐的三部鲜卑军队打得大败。

其后，东汉内部爆发了黄巾之乱，朝廷无暇再顾及边境上的乱事，对檀石槐只能消极防御，鲜卑因此得到安稳的环境快速发展壮大，渐渐达到了全盛。可惜，檀石槐只活了四十多岁，他儿子的才能比他差了很多，当然难以服众，各部落纷纷叛乱。到檀石槐的孙子统治鲜卑的时候，鲜卑各部已经重新回到了过去的分裂状态，而且各部之间是战乱不休。

在以后的岁月里，鲜卑人开始了漫长的等待，他们呼唤新的檀石槐的诞生，期盼能有这样一个人能带领鲜卑再创辉煌，而这个历史重任最终落到了慕容家族的肩上。

二、辽东三部

辽东是鲜卑人崛起的地方，历来也是鲜卑人势力最为强盛的地区。到了三国时期，辽东已经形成了以三大家族为中心的三部分鲜卑势力，按地理位置自东北向西南分别是：宇文鲜卑、慕容鲜卑和段部鲜卑。正如当时中原一带呈现三足鼎立之势一样，辽东的形势也是三部相争，互不相让。

慕容鲜卑最初位于辽东的中部。曹魏初年，慕容家族的首领莫护跋率领族人迁到辽西一带。司马懿讨伐公孙渊，莫护跋作战有功，被封为率义王，在辽西的昌黎大棘城北（今辽宁义县西北）建国。

关于“慕容”这个姓氏的来历，大致有三种说法。《晋书》上说，辽西一带的人常戴一种叫作“步摇冠”的帽子，莫护跋看到觉得很漂亮，就把自己的头发束起来，也戴起了这种帽子。渐渐地，部落里的人看到莫护跋，都叫他“步摇”，由于口音不纯正，这个称呼传来传去就被传成了“慕容”，莫护跋倒也不介意，索性就把“慕容”二字当成了自己的姓氏。慕容氏的后人则有不同的说法，他们认为这是“慕二仪之德，继三光之容”的意思。但姚薇元的《北朝胡姓考》和白鸟库吉的《东胡民族考》都认为这两句话不过是一些人为自家脸上贴金的说法，不足为信。两书都认为“慕容”应来自鲜卑语，《北朝胡姓考》认为是早期一名部族首领的名字，《东胡民族考》则认为取自鲜卑语“富”的读音。从当时胡人部族的命名习俗来看，首领名字的说法显得更有道理。

西晋初年，莫护跋的孙子慕容涉归因为立了战功，被晋武帝封为鲜卑大单于，慕容部又迁到了辽东郡的北部，开始受到汉文化的影响。

慕容涉归死后，他的弟弟慕容耐趁机夺取了本该属于涉归之子慕容廆（wěi）的单于之位，并且派人谋杀慕容廆。慕容廆躲到辽东的一户汉人家中，才算逃脱了灭顶之灾。过了两年，慕容耐被手下人所杀，慕容廆被迎接回来，成为慕容部的新首领。

慕容廆年少时就是个很引人注目的人物，曾经被誉为“命世之器”，有匡难济时之才。他上台后也的确有成就一番大事业的打算，而他想做的第一件事是讨伐宇文鲜卑。

宇文鲜卑居于慕容鲜卑东北方向的辽东塞外，所处的地方比慕容鲜卑更为偏僻，尽管号称“东胡鲜卑部”，但其语言却与鲜卑语颇为不同，倒与匈奴人相近，据说是南匈奴的远亲。宇文部和慕容部早有仇怨，所以慕容廆一上来就要出兵攻打宇文部，然而当时慕容部的实力还比较弱，慕容廆因此特地上书晋武帝请求支持。晋武帝不希望辽东出乱子，没有准许他的请求，慕容廆大怒，直接领兵闯入辽西的汉人聚居地抢掠物资。晋武帝听闻消息，集中了全幽州的兵力讨伐慕容廆，慕容廆难以抵挡，大败而归，这才在晋室朝廷面前老实了一点。

南向受挫之后，慕容廆又把扩张的目光转向东北面的扶余国，扶余国的国王在慕容部的铁骑逼迫之下自杀，扶余国一度亡国。慕容廆收编了扶余国的力量，大大增强了自身的实力。

慕容部处于宇文和段氏两大鲜卑部族之间，而这两部的实力都比慕容部要强，因此慕容廆一方面向晋武帝请降，取得了晋朝授予的官职，一方面暂时用金钱收买，缓和两部的连年进攻。此外，慕容廆还娶了段氏单于的女儿为妻，从此与段部鲜卑结下了难解之缘。

慕容廆移居大棘城，在那里教部落里的人种田，又订立与汉人相似的法令法规，开始改变鲜卑人作为游牧民族的习俗。他慢慢积蓄力量，就这样在平静中等待了十多年，历史终于给他创造了机会。

晋惠帝司马衷太安元年（302），宇文鲜卑的首领宇文莫圭统一了塞外的东胡各部，自称单于，成为塞外最强大的一支力量。塞外不足以满足宇文莫圭的野心，他准备入侵紧挨着自己的慕容部。

宇文莫圭派弟弟宇文屈云进攻慕容部统辖地区的边境各城，打算一口吃掉慕容鲜卑。慕容廆对自己的对手十分了解，亲自领兵进攻宇文屈云手下的将领素延，首战告捷。

这个素延原本瞧不起慕容廆，吃了败仗当然又气又恼，很快集结了十万人的军队大举进攻慕容部，把慕容廆包围在大棘城中。慕容廆的手下都很害怕，感觉就要亡国了，慕容廆却一点也不在意，对他们慷慨陈词："素延手下的兵虽然多，打起仗来却毫无章法可言。这场仗已经在我的算计之中了，诸位只管拼力一战，没什么好愁的！"一句话看似轻巧，却言中了宇文氏的军队外强中干的弱点，慕容部的将士们听了士气大振。慕容廆看准时机，披上盔甲，亲自率领人马出城迎敌。

城外，事态的发展正如慕容廆所料。素延的军队人数虽多，却根本没见过如此杀气腾腾的对手，当即乱作一团，败得一塌糊涂。慕容部的军队一直追出上百里，俘获和斩首的敌方士兵数以万计。

经此一战，宇文屈云的军队不得不退回塞外，远远地避开慕容廆的风头。慕容廆一战成名，附近的汉人名士纷纷投往他的麾下。

由于来自中原政权的控制力逐渐削弱，公元4世纪初期的北方各游牧民族，尤其是新兴的各部族一直处于动荡中，它们互相争斗、兼并，势力不断壮大。宇文部和慕容部，一个在塞外，一个在塞内，都在有意识地扩张自己的势力和地盘，但它们采取的征服方式却不尽相同。慕容廆每征服一个部落或者势力，往往要将其"消化吸收"，用几年的时间整编其军队，融合其人民，吸收其文化；宇文部采取的大致还是老式游牧民族的方法，刚刚征服的部落，其军队很快就被收编，然后投入到新的征服战争中去。这样一来，宇文部的军队往往是一群乌合之众，难以长期保持强大的战斗力，打得顺了，人多当然是个优势，打得不顺，反而自乱阵脚。

不难看出，由于地理位置上的原因，慕容部的方式更接近于中原势力传统的征服方式。虽然有些不太确切，我还是认为慕容部、宇文部的两种征服正像是几千年来中国历史上更替出现的两种征服方式——农耕民族的征服方式和游牧民族的征服方式——的一种微缩版本。两种方式的征服，在两部的战争中决出了胜负。一场战争的胜负或许只是偶然，但我们若把眼界放宽，从历史文化的长远发展来看，也许就能觉察到这种偶然中蕴涵的必然。

三、慕容翰巧计败宇文

就在慕容廆击退了宇文部的入侵的时候，晋朝的八王之乱也正发展到最乱之时，李雄、刘渊很快一个接一个地称帝，四处皆是战火纷飞，慕容部所处的幽州和平州也不例外。

幽州刺史王浚为了拉拢强大的辽东鲜卑，有意提拔段部鲜卑和慕容鲜卑，慕容廆不愿受制于人，没有接受晋朝授予他的官职。

在第一章中我们已经说过，王浚拥有幽州之地，战乱中身处北方的西晋士人原本都投奔了他，但他野心虽大却肚中无货，不懂得用人之道，加上他法令不明，全凭个人感情办事，想有所表现的士人们渐渐对他失去了信心，最后干脆改投辽东鲜卑。段部鲜卑是当时辽东各部中实力最强的，然而首领段就六眷、段匹磾兄弟却对汉族的士大夫不感兴趣，于是士人们唯一的选择就只剩下赏罚分明、唯才是举的慕容廆了。

一时之间，慕容廆麾下集中了北方五州的大量流亡士人。对待这些人，慕容廆的态度是来者不拒，哪方面有才能，就任用他们去做哪方面的事。有见识有谋略的做谋主，文章写得好的做枢要工作，而在儒学上有所造诣的人就授予他们祭酒的职务——祭酒就是学官，跟现在的院士也差不太多。而且他还为这些士人专门设立郡县，按照他们各自的来源地分别收容。

与石勒的后赵国一样，慕容部在汉族士人们的协助之下迅速繁荣起来。

把北方少数民族政权的繁荣与南方晋室的衰微进行比较，我们似乎会产生一种错觉，认为晋朝没有好好使用这些士人，以至于败亡。实际上情况恰恰相反，晋朝的官僚从上到下几乎都是士大夫，只是在晋朝现行的体制下，大量士人无法发挥自己的专业特长。加上清谈风气大盛，士人终日无所事事，一心谈玄，在政事上非但起不到正面作用，反而只会越来越腐朽，这就是所谓的“清谈误国”。

整个南朝史就是士人们的腐化史，那些逃往江南的士人们后来在侯景之乱[①]中表现拙劣，更让人坚信士人的必然灭亡。而在北方，石勒、慕容廆等人手下的士人们表现不错，然而，北方的士人们客观上所起的作用并不源于他们的个人能力，而在于他们带来了汉人的成熟思想。还是那句话，不同文化、不同思想之间的融合，才会引发出成功的火花。

晋元帝司马睿在江南称帝，派人拜慕容廆为龙骧将军、大单于，慕容廆没有接受。想当年，慕容涉归请求晋武帝司马炎出兵讨伐宇文部，晋武帝不答应，如今东晋主动给慕容廆授爵，反遭慕容廆的拒绝。事情的发展有时就是这样讽刺，真可谓“此一时，彼一时”。

不过，将军鲁昌劝慕容廆与东晋通使，从而可以借东晋皇帝的名义讨伐各部，这样一来，既可名正言顺地消灭异己，又可获取天下人心。慕容廆觉得有道理，于是派遣使者通过海路前往建康，尊奉东晋为正统。

慕容廆的势力日益强大，自然有人看不惯了。东晋的平州（今辽宁一带）刺史崔毖（bì）是曹魏名士崔琰之后，靠着家族的声望一直镇守辽东，慕容廆吸收人才的政策使得当地的汉族士人们都跑到了他的手下，崔毖心中自然不平。崔毖见慕容廆在自己的管辖范围之内却不听差遣，决定消灭慕容部。他暗中联合高句丽、段部鲜卑和宇文鲜卑，准备共讨慕容廆，瓜分慕容部的地盘。

晋元帝大兴二年（319），三国四方的联军浩浩荡荡地进入慕容部的领地内。慕容廆手下的将领们要求出兵迎击，慕容廆摇头道：“高句丽、段部鲜卑和宇文鲜卑被崔毖唆使，他们出兵只是为了共同的利益而已。四处的军队刚刚联合起来，势头锐不可当，此时绝不可与之对战，而应用固守来挫伤他们的士气。这样的联军各怀心志，不会遵守统一的号令，时间一长必然互相猜忌：一来会疑心我们与崔毖暗中来往，此次

① 指南北朝时期，南朝梁的将领侯景发动的叛乱。

是在诱骗他们出兵以消灭他们；二来也会彼此疑心，于是谁都不愿首发出战。等到那个时候我们再出兵，必能大破敌军！”

慕容廆依计行事，只管闭门固守，任凭敌方军队围攻自己的国都大棘城，联军攻得乏了也未讨得半点便宜。这时，慕容廆趁机派人带着牛肉美酒出城，以崔毖的名义专门犒劳宇文部的军队，其余两方见状，怀疑宇文部与慕容廆同谋，深恐其对己不利，当即就领着自己的部队退走了。

宇文部的首领宇文悉独官被慕容廆算计，又想起过去与慕容部的恩恩怨怨，旧恨新仇俱在心头，当下便发下誓言：“我靠自己的力量照样能够消灭慕容部，无须别人帮忙！”他点起本部数十万士兵，连营三十多里，蓄势待发。

形势相当严峻，慕容廆赶紧派人将自己的儿子慕容翰的军队从徒河（今辽宁锦州一带）召回，准备合兵一处，共同退敌。

说慕容家族英才辈出，一点也不假，慕容翰就是个相当能干的人物。他是慕容廆的庶长子，文武双全，既通晓谋略，又膂（lǚ）力过人，因此被慕容廆委以重任，镇守慕容部的西大门徒河，曾与段部鲜卑交战，屡立战功。这次慕容廆要招他的军队回来，他却按兵不动，并且派人向慕容廆解释道：“悉独官举国来犯，敌众我寡，只可用计，不可力胜。现在城中的军队用于防守已经足够了，我请求把手下这支军队留在外面充作奇兵，等候时机进攻敌军，然后内外夹攻，宇文部必败。如若合兵一处，则悉独官可以毫无顾忌地专心攻城，那样我们就真的无计可施了。更何况未战先怯，士气也会大受影响。”

慕容翰的建议得到了慕容廆部下们的支持，慕容廆就听任慕容翰留在徒河了。

宇文悉独官得到这一消息，感到慕容翰留在外面总是个祸患，决定先攻打慕容翰，于是分派数千骑兵发动突袭。慕容翰探知，派人冒充段部鲜卑的使者在半路上迎接悉独官的骑兵，并对他们说：“慕容翰向来是我们的心头之患，我们早就想除掉他了！如今你们来讨伐他，我们必将相助，你们最好快点进兵！”

宇文部的军队见了“段部”的使者，自然大喜过望，哪还会转什么脑筋，一路不设防备地赶往徒河，很快就闯进了慕容翰事先设下的埋伏之中。可怜几千骑兵还没反应过来是个什么情况，就已经被慕容翰的伏兵杀得片甲不留了。

慕容翰乘胜追击，同时派人把战况告知守在大棘城中的慕容廆。慕容廆得知消息，派世子慕容皝（huàng）率领精锐部队突然出城直取悉独官的营寨，悉独官仓皇应战。两军才一交手，慕容翰的骑兵又已杀到，给悉独官来了个火烧连营。整个战场陷入一片火海之中，宇文部的士兵们惶恐不知如何是好，纷纷四散而逃。这下悉独官真成“独官”了，独自一人逃回国内。旧仇未报又添新仇，宇文部经过此战元气大伤，再也没有恢复过来。

首恶之人最心虚，崔毖害怕慕容廆与自己结仇，赶紧派侄子崔焘前去祝捷，没想到与前来求和的三方使者碰个正着。三家当面揭穿崔毖的真面目，把战争的责任全部推到这位刺史身上。

慕容廆得意地带着崔焘去看战场，说道：“你叔父教唆三国来消灭我，现在怎么还有胆装模作样地来向我祝贺？”崔焘吓得要死，趴在地上不敢说话。慕容廆没有为难他，只是让他给崔毖传话，就说“上策是投降，下策是逃跑”，并派大军一路跟随。崔毖听到消息，赶紧弃了家室，仅带着数十骑逃出城去，投奔高句丽。今天朝鲜的崔氏，有不少就是崔毖的后代。

慕容廆接收了崔毖的人马，控制了平州全境。他让四子慕容仁留守辽东，并将生力军迁到大棘城，朝着称霸的目标继续挺进。

四、慕容家族的内乱

慕容廆在位四十九年，把慕容部从一个弱小的部族发展成为一支十分强大的力量。在打垮宇文部后的几年中，慕容鲜卑可以称得上是战无不胜。

慕容廆的几个儿子都是能征善战的人物，其中最有名的当数庶长子慕容翰、世子慕容皝，以及慕容皝的同母弟弟慕容仁，他们为慕容部立下汗马功劳。慕容翰和慕容仁一西一东，把守着慕容部的两扇大门，实力都很强。新崛起的高句丽两次想要进犯辽东，全被慕容翰和慕容仁击退，高句丽从此对慕容鲜卑敬而远之，不敢再犯。段部鲜卑兄弟争位，不修军备，慕容廆趁机派世子慕容皝带兵攻打，又是大获全胜。

这时候，慕容廆的威名已经传到了雄踞关东的石勒耳中。石勒现在的主要目标当然是前赵的刘曜，但对于身后这个正在兴起的力量又不得不防，于是他决定对慕容廆先来软的一套——遣使议和。不料慕容廆不干，自称已尊奉东晋为正统，还把石勒的使者扣押下来送往建康。

石勒大怒，心想软的一套居然不行，那就来硬的吧！然而辽东偏远，一时实在是鞭长莫及，思来想去，石勒忽然想起了慕容鲜卑的世仇宇文鲜卑，马上派人与宇文鲜卑联络。这时宇文悉独官已死，当首领的是他的儿子宇文乞得归，石勒就授予乞得归官爵，命他去攻打慕容廆。

遗憾的是，经过上一次的惨败，宇文部已非慕容部的对手。尽管乞得归雄赳赳地出兵，但心有余而力不足，宇文部的军队一战即溃，一溃千里。慕容部的军队追着乞得归的残兵败将，竟一路攻进了宇文鲜卑的国都，一阵搜刮之后，又将城中的百姓全部迁回本部。

这是石勒和慕容廆之间唯一一次交锋，还是间接的，慕容廆的直接对手是自己的手下败将宇文氏，因此就这场交锋而言，慕容廆胜亦不足喜。可惜，历史没有再给两位英雄一次真正较量的机会。从后人的全知视角来看，石氏全盛在前，慕容氏全盛在后，真要让他俩比出个高低，恐怕就是“关公战秦琼”的感觉，难分高下。

晋成帝司马衍咸和八年（333），慕容廆病逝，世子慕容皝继位。

按照长幼排秩，慕容皝是慕容廆的第三个儿子，但因其母段氏是正室，占个嫡子名分，故而得立。慕容翰虽为长子，且战功显赫，颇得人心，只因是庶出，没有被立为世子。

慕容翰和慕容皝同母的两个弟弟慕容仁、慕容昭一直很受慕容廆的喜爱，慕容皝对他们忌恨已久。才智过人的慕容翰当然明白慕容皝继位意味着什么，他慨叹：“从前有赖先父王的威名，战场之上所向披靡，如今却有人认为我身怀雄才，难以驯服。我怎能坐等祸起？”不久后，他就带上自己的儿子投奔段部鲜卑去了。

段部鲜卑的首领段辽早闻慕容翰大名，对他的才干向来很钦佩，现在居然得到慕容翰来投，当然喜出望外，对慕容翰委以重任。

不出慕容翰所料，慕容鲜卑很快就发生了一场内乱。

原来，慕容皝的两个同母弟弟可不像慕容翰，会对他这位新首领一味避让。守备东部边境的慕容仁从边城平郭（今辽宁盖州）赶回来，表面是奔丧，暗地里却与弟弟慕容昭说：“我们从前与慕容皝的矛盾不小，现在他即位，以后对我们必然执法严厉。无罪的时候我们尚需担惊受怕，何况有罪呢？”一番商量，两人定计：慕容仁在外举兵，慕容昭则为内应，里应外合，共同废掉慕容皝。

慕容仁回到平郭就整兵西进，准备进攻慕容皝所在的平州，还没到达，就有人向慕容皝告密，说慕容仁、慕容昭谋反，慕容皝遂派使者前往慕容仁军中探听虚实。此时慕容仁的军队正在半路上，他知事情败露，干脆一不做二不休，杀了慕容皝的使者，退回平郭。

慕容皝得到消息，当即赐死留在城内的慕容昭，又派弟弟慕容幼、慕容稚等人讨伐慕容仁。平州的军队不是慕容仁的对手，慕容幼、慕容稚兄弟都在战场上被慕容仁擒获，辽东郡一带慕容皝的守将或降或走，慕容仁占据了整个辽东郡，与西面的慕容颉抗衡。

慕容部一分为二，以段部鲜卑为首的其他鲜卑部族当然求之不得，还纷纷支持援助慕容仁。

辽东一带的几大势力暂时重归均衡态势，而这时南面的后赵却出了几件大事。在下一节中，我们会将话题转回到统一北方不久的后赵，紧接着第一章的最后一节，来看一看统一后的北中国究竟发生了什么。

五、后赵的危机

石勒统一北方后，天下形势与三国时期竟是惊人地相似：后赵居北，其疆域相当于曹魏；东晋在东南，领土与东吴相仿；西南是李氏的成国，在取得了汉中和宁州（即三国时的南中）后，也已经把国土扩大到与三国蜀汉的管辖范围相仿。除此之外还有一些周边小国，主要有并州北部拓跋氏的代国、凉州的张氏政权、仇池的杨氏政权，以及辽东一带慕容氏、段氏、宇文氏等内部纷争不断的鲜卑部族。其中，石勒的后赵国看似是当时最强大的政权，其内部潜藏的危机却是最为严重的，究其原因所在，还是石勒实行的民族压迫政策。

石勒以羯人的身份建立后赵国，而羯人在晋朝时是五胡中地位最低的，因此在取得统治地位后，情绪的反弹十分强烈。

后赵国总体上对汉人实行压迫政策。石勒认为后赵是羯人的国家，以羯人为国人，严禁人们使用“胡”“羯”一类的字，并且大力提拔羯人为官。羯人在后赵可以仗势横行，抢掠汉人财产，即使抢了汉族世家也可赦为无罪。

一次，一个喝醉了酒的胡人骑着马闯进宫门，石勒大怒，责问看守宫门的执法官：“君主制定法令，希望威严能够传播到全天下，何况是在这宫阙之中呢！刚才骑马闯入的是什么人，为什么要放他走？”

执法官惶惧忘讳，答道：“刚才闯进来的是个喝醉了酒的胡人，我根本挡不住他！和胡人说话真是难啊！”

石勒听了笑道：“胡人确实是难说话。”于是对这位执法官恕而不罪。

不过，石勒对汉人的文化很感兴趣，他的身边也有大量的汉人，特别是汉人中的低级士族，他的禁令对于这些士族而言倒也没有非常严格地执行。

石勒的参军樊坦就是个汉人，他十分清贫。石勒升了他的官，召他进宫面见，结果却看到他穿着一身破烂不堪的衣服。

石勒吃惊地问道：“樊参军何以穷到这个地步？”

樊坦生性诚实，十分直率地答道：“刚遇上一伙羯贼，我的家产都给抢得差不多了。”

石勒笑着安慰他说：“羯贼居然如此乱抢东西，我来替他们赔偿你的损失吧。”

樊坦这时才忽然想起禁令，吓得赶紧向石勒叩头请罪。石勒赦免他的罪，说道：“我这道禁令是针对普通百姓的，不关你们这些老书生的事！”之后还赐给他车马衣物，还有许多钱财。

石勒对付汉人采用了两种态度，总算是得到了汉族士人的拥护。隐患尽管存在，北方还是进入了战乱后一段短暂的安稳时期，后赵的老百姓得以休养生息，国家呈现一派兴盛景象。

石勒做了几年皇帝，开始考虑起接班人的问题来。他所立的太子是次子石弘，石弘与石勒这个父亲大不相似，好文不好武，石勒对此很担心，说：“当今天下并不太平，不能偏文轻武。”于是专门安排当时的名士传授太子石弘兵法和剑术，然而还是改不了他的脾性。

石勒常对中书令徐光慨叹：“大雅（石弘的字）愔弱，一点儿也不像将门之子。”徐光安慰他说：“汉高祖擅武，得以在马上取天下；孝文帝沉静少言，却能守天下。圣人的后代应该是不好残杀的，这是天道啊！”石勒听了，这才高兴起来。

徐光又劝石勒说：“皇太子仁孝恭顺，而中山王石虎凶残狡诈，恐怕将来帝位非太子所有。我看不如慢慢削弱石虎的权力，让太子早点参与朝政。”石勒心里虽然也同意这种看法，却没有实际的行动。

右长史程遐是石弘的舅舅，也进谏石勒：“中山王勇武果敢，颇通权谋，满朝文武没有能比得上他的。据我观察，他眼中除陛下之外，对别人都是视如无物。此人统兵打仗已久，威望内外皆知，而性情却不仁厚，残忍好杀。现在他的儿子们也已长大，开始掌握兵权。陛下在时，自然是不会出事，只怕将来他不愿甘于人下，安心辅佐少主。陛下应早做决断，以免后患无穷。”

石勒很不耐烦身边的人这么评价自己的得力干将，只说：“如今天下未平，战事不已，大雅年幼，应该让有能力的人来辅佐他。中山王功勋卓著，又是亲族，我正要委以重任，怎么就至于像你说的这么不堪？我看你是不是害怕将来辅佐幼主时不能独揽大权啊？你也不用过于担心，我会让你当顾命大臣的。”

程遐见石勒曲解自己的意思，眼泪都急出来了，又说：“我是为社稷着想，陛下却认为我是为一己私利，真是冤枉！中山王虽然是皇太后养大的，终究不是陛下的亲骨肉，不能过分相信。他也是仰仗陛下神威，略尽犬马之劳，陛下赐他父子荣华富贵就够了。想当年曹氏任用司马懿父子，使得魏国终于亡于其手，这个情景与今日何其相像？如此以往，中山王岂不就是将来最大的受益者吗？陛下若不除掉中山王，江山社稷早晚要落入他人之手啊！”话说得恳切，怎奈石勒依然不听。

程遐私底下见到徐光，忧心忡忡地说：“皇上不听我们的话，太子危险了，怎么办呢？”

徐光说：“中山王对我们两个恨之入骨，将来他掌了权，不但国家有难，只怕我们自身也难保——一定要想办法让皇上把石虎给搞掉！”

毕竟保命要紧，两人决定继续试探，想从石勒那里寻找机会。

有一天，石勒在见徐光的时候面色忧郁，神情不快，徐光便趁机问道：“陛下扫平八州之地，为什么还那么不高兴呢？”

石勒叹了口气，道：“吴、蜀两地还未平定，司马政权还没消灭，我真担心后人会把我评价为一个没能统一天下的君主。一想到这些，我就感到不爽啊。”

徐光赶忙道：“我还以为陛下是在担心心腹之患，不料却还有心思担心后人评语。为何这么说呢？陛下请想：曹魏承接汉朝国祚，为天下正统；刘备虽然割据巴蜀，号为蜀汉，却不能说汉朝没有灭亡；孙吴虽然跨据江东，却远比不上魏国的力量。陛下统领两都，为中原的帝王，那司马家的后代与刘备无异，成国的李氏与孙权相仿，这些不过是些小问题，不足为虑，真正的忧患乃是中山王石虎。石虎其人英武仅次于陛下，势倾朝野，却见利忘义，狡诈残暴，对皇太子又有轻慢之色，根本不是个忠臣的样子。陛下万年之后，恐怕太子将有不测，这才是心腹之患，望陛下早做定夺！”

一席话说得头头是道，石勒也无言以对，可他还是无意削弱石虎的力量，只在后来做了些小的调整。他让太子干政，又让中常侍严震辅助太子决断大事，使石虎的权力受到一些限制，然而这些措施没有给后赵的政局带来实质性的改变。

慕容廆去世的同一年（333），石勒也大病将终，石虎趁机入侍，假传诏书，群臣、亲王都不得入内。石勒临终前大概也隐隐感到石虎有阴谋，然而到了这个时候，他已是力不从心，只能给石弘、石虎兄弟留下几句无力的遗言，让他们以司马氏为鉴，一定要同心协力，共保国家安定，并希望石虎能追思周公、霍光之举，不要给后人落下口实。

石虎表面点头答应，但等石勒归天后，当即挟持石弘出殿，先抓了自己最看不顺眼的程遐和徐光，然后命儿子石邃带兵进宫防卫。

石弘害怕得不行，要把皇位让给石虎，石虎答道："皇帝死了，太子继位，我岂能乱了礼数？"石弘痛哭着一定要把位子让给石虎，石虎怒道："假若你不堪重任，天下人自有结论，怎可先说这些！"

石弘战战兢兢地登上帝位，待他登基，石虎马上下令将程遐、徐光等人斩首。石弘这个皇帝对此不敢发一言，还得乖乖任命石虎为丞相、魏王、大单于，以魏郡等十三个郡为魏国，任凭石虎分封自己的儿子为王，并在朝中排挤石勒时代的旧臣，大肆安插自己的亲信。更有甚者，他还把以皇太后刘氏为首的石勒后宫全部迁到太子东宫，严加监控；而后宫的美女、车马、服饰、古玩，一旦被石虎选中，便全部入了石虎的丞相府。这样一来，石虎实际上就成了准皇帝，石弘虽身为皇帝，却已无威严可言。

石虎大权独揽，国内反对之人不在少数。

先是皇太后刘氏不甘心被幽禁，暗中与石勒的养子彭城王石堪密谋起兵。石堪有意出奔兖州，拥立南阳王石恢为盟主，共举反对石虎的义旗，然而当他带着少量人马来到兖州城下时，才发现城中早有了防备。石堪无法攻克城池，正好向南逃往谯城，半路上被石虎派来的追兵抓住，送往襄国，最后被活活烤死。刘氏也让人告了密，被石虎杀害。

接着，石勒的侄子石生、石朗分别从关中和洛阳出兵，讨伐石虎。石生自称秦州刺史，宣布叛赵降晋，在关中一带的氐人首领蒲洪则投靠了凉州的张骏，后赵国中一时大乱。石虎让儿子石邃留守襄国，亲自率领步骑兵七万击败了石朗，将石朗俘虏，先砍去手脚再斩杀。之后，石虎又派梁王石挺为前锋进攻石生，石生手下的将军郭权与鲜卑涉璝（guī）部[1]合兵抵抗，大败后赵军，石挺战死。谁料不待石生松一口气，鲜卑人便被石虎暗地里买通，反过来发动了突袭，石生不设防备，败走长安以西的鸡头山。石虎乘胜进兵，攻下长安，石生被手下人所杀，一场叛乱得以平息。

此时，关中一带的氐人、羌人已有十几万户，因此石虎对于西附张骏的蒲洪也不敢小视，派将军麻秋出兵讨伐。蒲洪深知凭借自己的实力难以抵挡后赵的强大攻势，于是率众降赵，请求石虎迁关中大户以及氐人、羌人到关东。石虎同意了，命蒲洪和羌人首领姚弋仲率领各自的族人东迁。

后赵的统治中心一直在关东，石虎这一招看似高明，却为数十年后国内的再度动乱埋下了伏笔。

① 属于陇西鲜卑一部。

六、暴君石虎

石弘在当皇帝的第二年（334）便被先废后杀，这个结局几乎是在他登基之时就已经注定了的。

石虎凭借手中的军事力量扫除异己、平息动乱之后，终于把矛头转向了宫中。可怜的石弘深知大难临头，亲自带着皇帝的玉玺赶到石虎在魏郡的宫里，表示自己无德无能，做不了皇帝，苦苦请求，想要禅位给石虎。石虎对此不屑一顾，说："帝王的业绩如何，天下人自会有结论，你怎可自己给出评论？"

石弘流着眼泪回到自己宫中，哭着对皇太后说："先帝恐怕真的要绝嗣了！"之后下令准备举行禅让仪式。然而石虎的态度很明确："石弘昏庸，既然他做不了皇帝，就该废了，哪有禅让的道理？"于是他带着部下直接闯入襄国宫中，废石弘为海阳王。

石弘这时倒是显得很有气概，他十分平静地登上出宫的马车，神色自若地对满朝文武说："我资质愚钝，难承大统，此乃天命，没有什么好说的。"百官听了，无不流泪；宫人闻之，无不痛哭。

就这一段看来，石弘并不是个昏君，最多也就是个才智一般的平庸皇帝，若是碰上太平之世，这样的人做皇帝对百姓而言或许还是相当不错的。可惜，石弘生在乱世。

石勒算得上是一世英明，偏偏在继承人问题上犯了与刘渊、刘聪一样的错误，明明知道石虎是危险人物，却始终忘不了他当年跟随自己南征北战时立下的功劳，迟迟不愿予以处置。石勒一向做事果断，仅这一次犹豫就断送了后赵的大好形势。

回顾石勒的一生，笔者想用一首五律来评说，诗曰：

将军起羯胡，龙马出茅庐。
狡诈行当世，谦恭读汉书。
宣曹皆不计，武烈亦难如。
但惜功名后，无人复此居。

石虎把石弘及其母后程氏和两个弟弟石宏、石恢关在宫里，后来怕夜长梦多，还是把他们都除掉了。

后赵国内对石虎废帝之举不平的人颇多，羌人领袖姚弋仲就是其中之一，他曾经当面质问石虎："我以为大王乃是当世英雄，却为何接受了先帝托付的重任，又反过来夺取太子之位？"石虎面对这位手握数万羌兵的大将不敢轻举妄动，只好支支吾吾地回答说："海阳王年少，我只是代行家事而已。"

不过，现在能做后赵之主的也只有石虎了。别无选择的群臣劝石虎做皇帝，石虎推托说："皇帝这样的称号是有德之主用的，我做不了，权且做个赵天王吧。"

晋成帝咸康元年（335），石虎即天王位，改元"建武"。这时候发生了一件很有意思的事情。原来，根据谶语的说法，"天子当从东北来"。石虎对此十分困惑，最后想出了一个办法：他先起驾前往位于冀州东北的信都，然后再不辞辛劳地赶回襄国即位，这样就算是让谶语应验了。

由此可见，石虎很迷信。这个谶语也很有意思，它没有说这个天子是什么时候的，对于东北也没有实指，石虎哪里知道，在后人眼中，所谓的东北天子会出在位于更东北一点的慕容鲜卑呢？

除了迷信，石虎这个人还荒淫暴虐，用《晋书·石虎载记》的话说就是"假豹姿于羊质，骋枭心于狼性"。做了赵天王以后，他更加暴露本性。

石虎有一个爱好，即出游打猎。他当赵天王的头一年，有一次居然一路向南，一直跑到了长江北岸，吓得镇守长江的晋军将领上报居于建康的东晋皇帝，说是后赵骑兵来犯，不知数量有多少。东晋朝廷大惊，手忙脚乱地调兵前去御敌，等军队来到长江边上一看，后赵随石虎出游的骑兵早已远去。东晋的朝廷内外虚惊一场，晋成帝差点给吓出病来。

后赵统治的地区在西晋末年的战乱和前后赵之争中破坏得最为严重，当时人口已极为稀少，急需休养，但石虎想的却是如何早日统一天下，因此对百姓进行一轮又一轮横征暴敛，强征男丁入伍。加上连续几年的自然灾害，后赵百姓可谓是苦不堪言，境内饥民遍野，石勒时期创下的良好局面已不复存在。

石虎对此丝毫不在意，把都城从襄国迁到邺城，又在两地大兴土木，修建多处宫殿，准备升级做“大赵天王”，在原名号前加个“大”字，自抬身份。有个官员负责监造殿前的火炬，火炬的设计很新颖，上下两个大盘，上面点火，下面可以站人。石虎对这个设计很喜欢，没想到在宫殿造成火炬投入使用的时候，由于处理不善，上盘的火油漏下来，把下面的人烧死不少。石虎一怒之下，把那个监造的官员腰斩了。

石虎的暴虐不是后赵的独一份，有人比他更可怕，这个人就是他的儿子石邃。

石虎自称大赵天王之后，封石邃为天王皇太子，对他很是喜爱。正所谓“有其父必有其子”。石邃有时喝醉了酒，就整夜在野外乱逛，看到房子，就从烟囱爬进人家的屋里捣乱。有时候他又跑到大臣的家中奸污妇女。后赵从石勒时就笃信佛教，敬重天竺和尚佛图澄，宫中的和尚、尼姑甚多，石邃看到漂亮的小尼姑，就把她们纳入宫里，之后又把她们给杀了。这样的人居然会是一国的太子、未来的皇帝，不禁让人唏嘘不已。

石虎不管这些，他对这个儿子非常信任，常把国中大事交给他审阅，可后来就在这个问题上，父子之间产生了矛盾。石虎的脾气起伏不定，石邃将重要的事务呈送给他看时，他生气地说：“这样的小事，何需告诉我！”一段时间看不到呈送上来的文书，他又要埋怨：“为什么不向我汇报？”

石邃因为这些事情，每月都要遭受石虎棍棒交加的惩罚。日子久了，石邃心生怨恨，干脆自称有病，不再替父亲处理政务，暗地里在自己的东宫之中组成小朝廷，对自己宫里的官吏呼来喝去，与帝王无异。

石邃一直嫉恨深受石虎宠爱的弟弟石宣，命令手下人与他一起前往冀州杀掉石宣，凡是不跟从的立刻斩首。队伍浩浩荡荡地出发了，然而，他的手下都是些宫里的亲兵，与他一起玩耍享乐可以，却纪律涣散，毫无打仗的经验，刚走出几里路就四散而逃，杀弟之行于是作罢。

石虎见石邃久病不出，派人前来探望，不料使者竟被石邃用剑刺伤。石虎气极，把石邃手下的官员抓来一审讯，这才知道石邃之前的所作所为。他杀了太子身边的这些官员，又将石邃软禁在东宫，过了几天心情变好，又想赦免太子，便召石邃进宫朝见。

石邃对石虎十分反感，进宫见到石虎也不谢罪，打了个招呼就转身离开了。石虎难以忍受他的无礼，下定决心要废掉太子。这一次，石邃得到了与石弘一样的待遇，石虎杀尽东宫之内的大小官员，改立石宣为天王皇太子。

石虎全凭自己的好恶废立太子，引得前朝、后宫动荡不堪。然而后来的事实证明，他引发的后宫之乱还远未结束。

后赵建武三年（337），从辽东传来消息，慕容皝在兼并了慕容仁的势力之后再次统一了慕容部。慕容皝自称燕王，派使臣向后赵称藩，约定共灭段部鲜卑。石虎早有意向吞并辽东，马上就答应会在第二年出兵，后赵终于首次加入辽东战场，同时也意味着慕容鲜卑的势力将向中原渗透。

七、前燕建国

让我们把关注的焦点拉回到慕容家族的内乱中去。

慕容部兄弟相争，各据一方，倒是给了辽东的另一个鲜卑大族段部可乘之机。段部鲜卑的首领段辽与慕容仁结成同盟，想要灭掉慕容廆的嗣君慕容皝。

就在慕容部分裂的第二年（334），段辽决定出兵攻打慕容皝的地盘。他先派了一支军队试探性地袭击徒河，没有斩获；接着又派弟弟段兰与投靠来的慕容翰一起领兵进犯柳城（今辽宁朝阳一带），守卫柳城的都督石琮应对得当，段兰等人撞了个钉子。

段兰带着攻城不力的兵将们回去见段辽，段辽十分恼火，将段兰怒斥一顿，给他二十天时间进行整训，严令其必须拿下柳城。

两军再次碰面，这场仗打得异常艰苦。段兰这次真是痛下血本，让攻城士兵披上重甲，带上大盾，架起云梯，四面齐进，昼夜不停，一副不惜一切代价也要攻下柳城的样子。石琮等人则与之针锋相对，拼死守城，寸步不让。柳城的攻防战进行了将近一个月，双方都损失惨重。

慕容皝怕柳城有闪失，派弟弟慕容汗和谋士封弈前往增援。临行前，慕容皝再三叮嘱慕容汗："敌军气盛，千万不要与之对战。"然而，慕容汗却是个勇猛有余、智谋不足的武夫，出兵之后便将这番告诫抛诸脑后，封弈劝他坚守，他也执意不听，硬要拿鸡蛋去砸石头，带兵直逼段兰大军的主力。

双方在柳城附近的牛尾谷中相遇，慕容汗的军队准备不足，被打得大败，幸亏封弈临危不乱，重整残兵且战且退，方才没有全军覆没。

段兰的军队乘胜追击，慕容部的形势岌岌可危，眼看就要无力回天，不想关键时刻有人出来力挽狂澜，正是随段兰出征的慕容翰！

慕容翰虽然投靠了段部，心中到底还是挂念慕容部的，他害怕段兰就此灭掉慕容氏，于是力劝段兰："现在我们虽败敌军偏部，但还未能取得胜势。慕容皝为人狡诈，喜好伏兵，如果他集中全国的兵力来抵挡我们，我军孤军深入，恐怕寡不敌众，到时候就危险了！何况我们此次出兵，目的就是取胜，如今目标达成，何必再冒险前进？万一失败，岂不是功败垂成！"

段兰不同意，说："我军已成必胜之势，哪有撤退的道理，你是怕这样会灭掉你的国家吧？如今慕容仁还在东面，如若我军取胜，我就让他来做嗣君！"

慕容翰当然不敢承认自己的真实想法，发誓自己完全是为段国的利益考虑，并非为个人功名，说着就要带着本部军队撤退。段兰无奈，不得已退了兵。

猛然一看，似乎慕容翰仅凭一人之力就使本国避免了灭亡的命运，这番表现相当了得。但转念一想，慕容翰所说的难以灭掉慕容氏的理由其实也不无道理。段兰率领的军队其实是段国的全部主力，而慕容皝自身的主力军队当时没有遭受什么损失，如果真要进而一战，恐怕会演变成两国的大决战，谁都没有取胜的把握，这样的仗谁都打不起。不过不管怎么说，慕容汗在指挥上犯的错误总算没有给慕容部造成太大的损失，慕容皝在几方夹攻的形势下终于获得一个喘息的良机。

牛尾谷之败后过了大半年，经过对军队的重新休整，慕容皝出兵征讨慕容仁，一举攻下襄平（今辽宁辽阳）。

又过了两年，即晋成帝咸康二年（336）的春天，慕容皝趁海水结冰之际，冒险踏冰行军，数日后突然出现在慕容仁的老巢平郭城外七里处。慕容仁仓促上阵迎战，心中满以为慕容皝只是派来了一小支军队而已，还对左右说："这次叫他们有来无回！"等到在战场上摆开阵势，众人一看，这才傻了眼——慕容皝就在敌阵当中！慕容仁手下的将士们胆怯起来，大将慕容军在两军对决未战之时便率本部投降了慕容皝，慕容皝的军队士气大振，大破慕容仁。

慕容仁带着残兵败将逃走，不料遭部下叛变，被抓住献给慕容皝。慕容皝先斩慕容仁手下叛变之将，再赐慕容仁一死，慕容家的兄弟之争终以慕容仁的失败告终。

慕容皝统一了慕容部，段辽大为震惊，段兰也开始后悔当初没有去追赶穷寇，以至后患无穷。段辽再次派段兰领军数万进攻慕容皝的柳城，宇文部的最后一个首领宇文逸豆归也来凑热闹，进犯慕容皝统治下的安晋（今辽宁朝阳东南）。然而，此时慕容皝已无慕容仁这个后顾之忧，能够放开手脚来打了，他亲率大军前往迎敌，段部和宇文部的两支军队望风而逃。

这一仗打得很奇怪，史书上都说两支军队“不战而遁”，也就是连打都没打就自动认了输，这简直让人质疑段辽为何要信誓旦旦地出兵。依我看来，段辽此次发兵恐怕还是以试探为主，一看慕容皝有了准备，自然是不敢轻易冒险交锋了，而宇文鲜卑则更是“凑热闹”的主儿。常言说，“不打无准备之仗”，从三方战场上的表现来看，仅从战略层面的才能来讲，慕容皝在辽东的这两个对手实在太弱了。

此战，段辽在与慕容皝的交锋中已完全处于下风。之后，段兰的屡次进犯皆被慕容皝打退，段部逐渐由攻势转入守势。

晋成帝咸康三年（337），慕容皝在谋臣封弈等人的劝进下，心安理得地坐上了燕王的宝座。他以封弈为国相，世子慕容俊为太子，鲜卑人终于有了第一个属于自己的国家，史称“前燕”。

这个国家从一开始就带有不少汉文化的烙印，尽管慕容氏从未接受过真正的汉化，但相比其他由北方游牧民族建立的国家，前燕似乎缺少某种游牧民族特有的野性。也许正是这种微小的差异，决定了前燕乃至以后的几个燕国的命运走向。

八、燕赵构恶

慕容皝称王后的第一件大事就是要消灭段部，共同的目标使燕、赵两国第一次，也是最后一次结成同盟。

晋成帝咸康四年（338），慕容皝的使臣来到赵都邺城，向后赵称藩。前燕君主慕容皝准备与后赵天王石虎共商讨段大计。

由于段辽连续几年屡屡犯边，石虎也早想好好教训一下段部鲜卑了，他在国内召集勇士三万人，扩充本国军事力量。此时正好赶上不识时务的段辽派大将段屈云攻打后赵的幽州，石虎便以水路舟兵十万、陆路步骑兵七万，分两路讨伐段辽。

慕容皝当然也没有闲着，他亲自领兵攻击段部的令支以北（今河北东北部）的城池。这次他的作战策略十分诡谲，总是先攻一阵，待到稍有战果便迂回撤退，段辽的军队始终难以与之正面交锋。

面对慕容皝的这种打法，段辽决定前去追击，旁边慕容翰又出来劝说："现在的形势是赵国的军队已经在南面集结，我们应该与慕容皝合力抵抗它。这个时候还和燕军争斗，万一失利，我们还怎么抵挡南面的强敌？"

另一边，段兰听了慕容翰这话，立马火冒三丈："我当初就是被你这家伙的一番鬼话所误，以至造成今日之患，我再也不会上你的当了！"说着，他便带上本部兵马前去追击慕容皝。没说的，慕容皝的伏兵等候已久，段兰又吃了大败仗，只能往南面落荒而逃。

事情的发展正如慕容翰所料。在南线，后赵的先锋大将支雄长驱直入来到蓟城，段辽所属各郡守将望风而降。

段部鲜卑一度强盛，但到了如今这步田地，已经是连决一死战的实力也没有了。段辽困守令支城中，身边的大将竟只剩下慕容翰一个，见此情景，他的眼泪一下就流了出来，拉着慕容翰的手说：“我不采用你的建议，自取灭亡，现在只好认命，只是却害得你流离失所，实在对不住。”

令支城已不可久驻，段辽与慕容翰分手，带着妻子宗族北逃，进入密云山躲避石虎的追赶。慕容翰仍然不敢去见自己的弟弟慕容皝，思来想去，往东北塞外投宇文部去了。

石虎的前部轻骑兵由将军郭太、麻秋率领，紧追段辽，终于在密云山一带赶上了段辽的家小辎重，擒获段辽的母亲和妻子。段辽穷途末路，派自己的儿子乞特真向后赵献上降表和名马，石虎接受了。可是段辽有些后悔，又向燕王慕容皝投降，并且联合燕兵在密云山设下埋伏，大败后赵派去受降的麻秋。一年后段辽复叛前燕，终被慕容皝所杀。

辽东段部鲜卑的历史到此全部结束，不过十六国中还将出现一个姓段的君主，那是我们后面会提到的北凉王段业，这个段氏与鲜卑段氏有些什么瓜葛，今天已经难以考证。

石虎进入令支城后，按照功劳大小大肆封赏。为防止段部的遗民有不轨之举，石虎又把他们打散，分别迁往司、雍、兖、豫四州。十六国时期如此大规模的移民活动屡有发生，由此也产生了大规模的文化融合。无论如何，融合总要比战争好得多。

后赵和前燕的“蜜月”到此为止了，两国关系开始出现裂痕。石虎认为慕容皝不和后赵会师一处便独自攻打段辽是违约的，便以此为理由进兵讨伐前燕。

石虎的贪得无厌是他的一贯作风，全天下无人不晓，但他出兵攻燕的行动还是让燕人估计不足，惊恐不安。慕容皝得到这一消息，起初也有些犹豫，准备暂时避开后赵军的锋芒，还是大将慕舆根分析说：“赵强我弱，大王如若动身撤退，正好是赵人求之不得的。等他们攻下了我们的土地，抢劫了我们的国民，兵强马壮，粮草丰足，我们再想反攻可就没机会了！如今只要全力固守，壮大气势，观其有变再趁机出击，便能有一敌之力。要是真的不行，再撤兵也来得及，岂能望风而逃呢？那简直是在自取灭亡！”慕容皝手下的汉人谋士们也都认为赵兵虽然强大，但不足为忧。在他们的劝说下，慕容皝最终下定决心坚守城池，传令全军严阵以待。

后赵军队向前燕的国都大棘城杀来，士兵总数有数十万，声势浩大。一路上，前燕郡县不战自溃，向后赵投降的城堡达到三十六座。

很快，后赵大军从东、西、南、北四个方向向大棘城发起猛攻，城内的前燕士兵军心浮动。在这样的情况下，慕容皝的部下玄菟太守刘佩主动请缨，要求出战。他认为，当前的首要任务是让大家看到后赵军队没有想象中那么可怕，因此他准备自带一支敢死队出城迎击后赵军，希望用胜利来稳定军心，帮助大家克服恐惧心理。

这支由数百名士兵组成的敢死队忽然出现在后赵军阵中，令后赵的将领和士兵始料不及。他们勇不可当，所向披靡，在后赵军中冲杀一阵之后竟还能够“斩获而还”，前燕守军因此深受鼓舞，士气重新振作起来。

两军在大棘城一内一外相持半个多月，城头的前燕军由慕舆根指挥，每日从早到晚全力抵挡攻城的后赵士兵。战况激烈，慕容皝周围一些意志不甚坚定的人心惊胆战，纷纷劝说他降赵。慕容皝十分干脆地斥责道：“孤方取天下，何乃降人乎！”讲此话时的气魄，不得不让人佩服。

战事一拖长，坚持不下来的成了远道而来的后赵大军。石虎见一时无法攻克大棘城，无奈之下令全军撤退。

是时候让慕容家族的另一位军事天才慕容恪闪亮登场了。

慕容恪是慕容皝的第四个儿子，太子慕容俊的异母弟弟，这个时候他只有十五岁，却已经是个满腹韬略、颇通兵法的将才了。慕容皝对这个儿子寄予了厚望，在这次与后赵的对战中委以重任，派他率领两千骑兵追击石虎大军。

好一个慕容恪！面对数十倍于己的敌军，他毫无惧色，率领手下连夜出发，一路尾随，然后趁着天刚蒙蒙亮的时候忽然发起进攻。撤退中的后赵士兵已弄不清对手的底细了，各军都弃甲逃窜。慕容恪的两千精兵追杀下来，竟然斩获了三万多首级，成绩令人咋舌。这是慕容恪崭露头角的一战。

后赵的军队乱作一团，唯有一支军队全身而退，指挥这支军队的将领刚好也是十六国时的风云人物，他就是石虎的养孙石闵，是个汉人。他的真名叫作“冉闵”，有时也写作“染闵”。

石虎兵败，一直退到国都邺城方才停下脚步。

慕容皝乘胜收复了所有之前叛降后赵的城池，甚至把国土拓展到后赵的境内。以后几年，燕赵之间战争不断，战争的号角从东北一直响到黄河流域，中国北方离又一场大的战乱已经不远了。

九、成汉的衰落

石虎在前燕吃了苦头，不敢再小看慕容皝，但他一统天下的野心并没有变。

大棘城之战的第二年（339），后赵又与前燕在当初属于段辽的辽西一带发生军事冲突，羯人和匈奴人组成的骑兵再次不敌几位慕容率领的鲜卑骑兵。石虎平生南征北战，参与和指挥了无数场战争，在一个对手面前连败两阵，这还是头一遭。他自然是气不过，可一时又拿不出什么对付前燕的良策，于是只好先找个软柿子捏，内讧不断的东晋就成了他接下来要讨伐的对象。

我们在第一章中曾经提到，东晋自元帝司马睿建国以来，王氏家族便逐渐掌握大权，王导在内执政，而王导的堂兄王敦则在外掌兵。王家的势力一时甚大，乃至晋元帝登基做皇帝时，竟然提出要与王导同坐御座，所以民间有“王与马，共天下”之说。

王导对东晋的皇帝倒是忠心耿耿，而王敦却手握重兵，自恃功大，渐渐骄横起来。晋元帝对王敦又怕又恨，生怕将来难以节制，于是又另外重用刘隗、刁协等人。

晋元帝永昌元年（322），身为荆州刺史的王敦以诛杀奸臣刘隗为名带兵攻打都城建康，晋元帝忙令刁协、刘隗、戴渊等人迎战。然而，晋元帝所信用的这几个人打起仗来显然不是王敦的对手，王敦的军队很快攻入建康城，刁协在出逃途中被手下人所杀，刘隗则逃往后赵。王敦在建康城中又杀了戴渊等一批反对他的大臣，然后才退回荆州。

经过这番折腾，晋元帝忧愤成疾，不久就死了，他的儿子司马绍即位，也就是晋明帝。

晋明帝时，王敦一族牢牢掌握着东晋的军事大权。然而“好景”不长，只过了两年，即晋明帝太宁二年（324），王敦病重，晋明帝趁机列举王敦罪状，下令讨伐王敦。王敦命其兄王含为元帅，率兵五万再次攻打建康。这一回形势反转，晋明帝亲自募集士兵，朝廷的军队打了一场胜仗。后方的王敦得到消息气极而死，前方的王含兵败被杀，王敦之乱总算平息。

晋明帝年轻有为，平定了内部的祸乱，按理说也算是东晋一朝不错的国君了，有希望带领东晋走上高峰，可惜他很短命，仅做了三年皇帝，二十七岁就死了。先帝英年早逝，太子也就是后来的晋成帝司马衍此时只有五岁，他的母亲庾氏以皇太后身份临朝听政，庾氏的哥哥庾亮成为中书令，朝中要事都由他来决定。

王导辅政时期，处事待人宽容得体，颇得众人之心，而庾亮以外戚的身份掌权，行事常常不合时宜，威望远不如王导。

历阳（今安徽和县）内史苏峻因平定王敦之乱有功，威信渐高，在江北一带集结了上万的精兵，十分轻视朝廷。晋成帝咸和二年（327），庾亮认为苏峻拥兵在外，久必生叛，不听以王导为首的多数大臣的意见，执意征召苏峻入朝为大司农。苏峻明白庾亮的用意，又了解到手握重兵的祖逖之弟豫州刺史祖约因屡受排挤对庾亮怀恨在心，便秘密联合祖约发动叛乱，共同起兵攻入建康。

这是短短几年内建康城第二次遭劫，苏峻的士兵在城中大肆掠夺，驱役百官。庾亮等人逃到寻阳（今江西九江西），放眼东晋境内，他们只能向荆州刺史、征西大将军陶侃求救了。

陶侃是东晋初年的贤臣兼名将，他出身卑微，小时家境贫寒，后来靠着自身努力被举荐为孝廉，快到五十岁时才在荆州小县武冈做了个县令。时逢西晋末年的乱世，荆州也有大量流民作乱，陶侃在平乱的过程中展现了出众的军事才能，屡立战功。后来东晋能够有效地控制荆湘地区，与陶侃的征战直接相关。

东晋建立时，战功卓著的陶侃已经做到了荆州刺史。王敦怕他战功太大，不好控制，就把他调到广州做刺史，不想此次调任却成就了陶侃“运甓翁”的美名：当时的广州远离中原，人烟稀少，陶侃过于清闲，就每天清早把数百块砖搬到室外，傍晚又搬回室内，风雨无阻。有人感觉奇怪，问他为何要这样做，他回答说：“我过去在中原打仗，一下子到这样安逸的地方生活，怕适应不了，所以每天给自己找点事做。”

这位闲不下来的刺史心中日夜牵挂朝廷的安危。王敦之乱平息后，晋明帝成全他，把他调回荆州守备，与建康遥相呼应，成掎角之势。苏峻作乱时，陶侃已经年近七旬。建康城外，他的威望最高，位重兵强，而且因为为官清正严明，极能服众，于是庾亮等人推举他做讨逆的主帅，这才挽救了危在旦夕的东晋局势。

陶侃以荆州军抵挡苏峻，顶住了乱军最初的“三板斧”后，东晋的形势逐渐转安。陶侃等人花了两年的时间，到咸和三年（328），终于打败乱军，杀死了苏峻及其弟苏逸，重新收复了建康。

祖约被迫逃奔后赵，后来被石勒所杀。人人称颂的北伐名将祖逖的兄弟落了个身败名裂的下场，如此反差，可怜，可恨，可叹。

东晋内部前后乱了八年，然后才勉强安定下来。同一时间的北方虽然在大乱，终究还是不同民族之间的争斗，而南方的动乱全是汉人自己的明争暗斗，虽比不上八王之乱时那么动荡，但每次也得斗个你死我活。

东晋的这些将领，一个个外战外行、内战内行，把心思都用在“窝里斗”上了，碰上北方后赵等国的进攻往往一溃千里。石虎看清了东晋的这个弱势，亲自给西南汉国的君主李寿写信，共约瓜分江南之事。这个汉国就是当初李雄的成国，它国号的更改也经历了一番宫廷争斗。

李雄在位三十一年，执政以宽厚著称，刑法简约，一时间蜀中成为一块“乐土”，各地来投奔的名士不少。到了成武帝李雄玉衡二十四年（334），他头上忽然生了一个疮，进而全身旧伤复发，脓疮迸裂，不治而亡。

太子李班是李雄的哥哥李荡的儿子，是个仁孝之人，却不是做皇帝的材料。李雄死后，李班虽即帝位，却一心只在殡宫中服丧，将朝中政事都交给他的叔父——李雄的堂弟建宁王李寿处理。

这时，李雄的亲儿子车骑将军李越奔丧回到成都，他认为李班并非李雄亲生，对他能够继位心有不服，就和自己的弟弟安东将军李期暗中策划，想要推翻李班。

李班之弟李玝对此有所察觉，劝李班把李越和李期打发到外地，以免他们留在成都生事。李班却觉得李雄尚未下葬，不忍心下令，依旧对李越等人诚心相待，并且还认为李玝太过多疑，把他派去镇守涪城。

李越没有因此感恩戴德，反而是趁李班晚上在殡宫中哭丧的机会将他杀死，同时又杀死其兄李都，然后奉李期为皇帝。

李期即位后，改元“玉恒”，这就是成幽公。他重用自己的兄弟李越、李霸及亲信景骞、许涪等人，将李寿等人派往外地。

李期在位期间荒淫无度，滥杀无辜，所作所为和他的父亲完全相反，成国的政治开始败坏。李期的哥哥李霸、李保无病而死，宫中传说是李期毒杀，这引起了大臣们的恐惧和不安。接着李期又鸩杀了李寿的养弟安北将军李攸，为除掉最后一颗“眼中钉”李寿做准备。

李期与李越、景骞等人谋划突袭李寿，并约定以焚烧成都市桥为号。李期不放心，又几次派许涪前往李寿住所，刺探他的动静。

李寿是个十分机警的人，李期即位后，他已经感到杀机四伏。有个来自巴西郡（今四川阆中一带）的壮士名叫龚壮，他的父亲和叔叔都被李雄的父亲李特所杀，因此一直想找李特的子孙报仇，不过李寿与他结交甚厚。龚壮怂恿李寿西取成都，李寿听后终于下定决心以攻代守。

成幽公玉恒五年（338），李寿假造了一封妹夫任调的来信，信中说李期要加害于他，然后他将这封信交给手下的将士看。将士们群情激愤，李寿顺势以将军李弈为先锋，率一万大军从驻守地涪城前去攻打成都。

李期哪里能料到李寿的行动会如此之快，在成都城内根本未曾设防备。李寿的世子李势正在朝中做翊军校尉，这样一来就成了内应，他打开城门迎接李寿军队入城，李寿立即派兵守住了宫门，还没召集起军队的李期一下子成了瓮中之鳖。无可奈何，李期只好派人前去犒劳李寿的军队。

李寿先上奏李越、景骞等人乱政，将这些李期的亲信全部除掉，然后又假传太后之命，废李期为邛都县公，将其软禁在冷宫中。李期失势，在寂寞中哀叹说：“天下之主如今却成了一个小小的县公，还不如死了！”之后就自缢了。

李寿消灭了李期的势力，大臣罗恒、解思明等人劝他不要再做皇帝，改称“成都王”，向东晋称藩，而他的妹夫任调等则劝他称帝。李寿也拿不定主意，就让占卜师给他算命，占卜师的结论是：“可做数年的天子。”

对此，任调高兴地说：“天子做一天也够了，何况是数年呢！”

解思明摇头道：“数年的天子，怎么比得上百世的诸侯呢？”

李寿回答说：“朝闻道，夕死可矣。”

李寿即皇帝位，改国号为“汉”，改元“汉兴”，是为汉昭文帝。因为这个汉国就是从前的成国，为了和西汉、东汉、蜀汉等其他诸汉区别开来，历史上把李寿的汉国称为“成汉”。在十六国中，成国和成汉是同一个国家。

尽管李寿改了国号，并努力想让成汉的国力恢复到李雄在位时的状况，但经过连续三朝的变乱，成汉的颓势已经不可阻挡，而他本人也因称帝一事遭到朝中大臣的质疑。

汉兴三年（340），石虎向李寿要求共灭东晋，李寿十分激动，迅速征集兵粮，并亲自主持阅兵仪式。但在阅兵式上，以解思明为首的大臣们以“唇亡齿寒”的道理苦谏李寿，李寿终于下令中止伐晋的准备，从大臣到普通士兵一齐高呼“万岁”。可以看出，到了这个时候，成汉士气不再，已经走上下坡路了。

既然成汉无力东进灭晋，那么它的命运就只能是坐等东晋来消灭它了。

十、慕容翰百步射环

这时候的东晋处于“人才断档期”，陶侃那一代的名将已经先后去世，而新一代的人才在几次大乱之后还没有成长起来，因此后赵天王石虎虽然没能与成汉联兵，但自觉本国的军事力量比起没有名将领衔的东晋军队还是强上许多，于是一点不惧。

早在后赵建武五年（339），石虎就以夔安为大都督，率领石鉴、石闵、李农等五位将军，领兵五万侵犯东晋北部边境的荆州、扬州等地，又以骑兵两万专门攻打江北的邾城。邾城守将毛宝向驻守武昌的庾亮求救，庾亮却以邾城的城墙坚固为由拒绝派遣援兵。后赵诸将率军队在江北没有遇到什么顽强的抵抗，很快便攻下了沔阴、沔南、白石和邾城，各城的东晋守将尽皆战死。

庾亮得到邾城失陷的消息，才意识到事态严重，赶紧向朝廷上表陈述自己的罪状，自贬官阶三等。幸好竟陵太守李阳在石城的战斗中击败了夔安的军队，替东晋挽回一城。夔安在汉水以东掠夺一阵便领兵北还，临走时又强行驱赶当地七千多户百姓北迁幽州、冀州，以补充北方战乱后稀少的人口。

后赵向南方用兵，每次的结果都是抢掠一番就退回，总取得不了实质性的进展。出现这样的情况，固然有兵力匮乏的问题——后赵的士兵数量虽多，但战斗力强的都是骑兵，到了江淮一带能够实际投入战争的少——但根本原因在于它自身的内忧外患。

石虎即位以来，对百姓的统治极为残暴，各地的反抗斗争此起彼伏，虽然反抗的规模在石虎的铁腕政策下难以做大，却在无形中消耗了后赵自身的实力。与此同时，前燕在后赵的东北方向又异常活跃，刚刚从段部手中得到的辽西各城尚是后赵的“软肋”，石虎在与狡猾多谋的慕容皝的对抗中显然处在下风。

石虎不愿总吃亏，在攻晋的当年，不顾两线作战，又急调抚军将军李农到东北边境执掌辽西、北平的军事，想在与前燕的攻守战中捞到一些便宜。李农与后赵的征北大将军张举进攻前燕的凡城（今河北平泉南），慕容皝安排在凡城的守将大悦绾身先士卒，亲自上阵抵抗赵兵。后赵军不能取胜，这使石虎感到压力很大，他将辽西的百姓全部迁到冀州以南地区，以防止前燕的突袭。

慕容皝此时虽然称王，但由于占据的地盘有限，只能算是个地方割据政权。他不甘止步于此，于是采取远交近攻的策略，一面向东晋称藩，一如当初的公孙渊与孙权，一面把精力放在攻灭位于燕国东北的两大势力——宇文部和高句丽上。

宇文部近几十年来一直被慕容部压得喘不过气来，一旦对上慕容部就是屡战屡败。段部灭亡以后，慕容翰投奔宇文逸豆归，这样一个人才，如果用得好，也许宇文部还能有转机，但宇文逸豆归是个嫉贤妒能之人，一点不晓得慕容翰的好处，还对他处处防备。慕容翰在宇文部待的时间长了，意识到自己如果继续待下去，早晚会被宇文部的人搞死，就学着当年的孙膑假装发疯。他整日喝酒，又常常披散着头发胡乱唱歌，可怜巴巴地向人们讨要吃的，宇文部的人见他如此，以为他真的疯了，就不再把他放在眼里。宇文部对自己的关注放松了，慕容翰倒得了个方便，他借着疯子的身份在宇文部的辖境内到处游逛，同时暗自把各处的山川险要一一记在心中。

东晋咸康六年（340），慕容翰那个在国中为王的弟弟慕容皝忽然念起兄弟情谊来，他派了个名叫王车的商人前往宇文部做买卖，顺便打听慕容翰的情况。

慕容翰见到王车，什么也没说，只把手摸着胸口，朝王车点头。王车不解其意，回来向慕容皝一禀告，慕容皝高兴地说："慕容翰要回来了！"

慕容皝知道慕容翰没有称手的兵器，就为他定制了一副三石的弓，再配上羽箭，让王车埋在某个路边，并把地点偷偷告知慕容翰。慕容翰将一切打点完毕，趁人不备把宇文逸豆归的名马偷了出来，带着两个儿子取出王车埋下的弓箭，向慕容部的方向逃去。

宇文逸豆归得到慕容翰盗马出逃的消息，这才明白自己上了慕容翰的当，立即派人骑着快马去追。

骑兵队在快出宇文部边境的地方终于赶上了慕容翰父子，他们大喊着让慕容翰回去，慕容翰远远地说："我久客他乡，今日思归，既然上了马，就没有回头的道理。当初装傻是骗你们的，我从前的武艺还在，你们不要硬逼我，否则是自寻死路！"骑兵们对他的话不以为然，还要向前。慕容翰又道："我在你们国内也住了不少时间，多少有些情谊在。我今天不想杀人，这样吧，你们把你们的刀放在离我百步远的地方，由我来射箭，如果一发即中，就请你们返回，否则你们只管来抓我。"

骑兵们不信装疯卖傻的慕容翰能有如此神力，有个骑兵马上解下手中的刀立好，慕容翰取下慕容兟赠予的弓箭，一发射出，正中刀环，一旁观看的宇文部骑兵见状大惊，知道自己不是慕容翰的对手，纷纷散去。

证明军队实力的强弱恐怕只能到战场上去一决高下，而证明个人的武力高低却可以通过两种方式：一个是直接对抗，一个是自我展示。这就好比现代武术比赛中的散打和套路，两者看起来方式完全不同，实际上却是相辅相成的。以最小的代价换取最大的目标，当然是所有人追求的最高境界，慕容翰似乎做到了，他百步射环的这一着儿，与吕布的辕门射戟何其相似！以箭法的高超来显示自己的武功，古时甚多，神射手如后羿、养由基等多被视为勇士，为人们所崇敬。孔子提倡的君子六艺中以"射"一项作为武艺的代表，也可看出弓箭术的独特地位。

十一、统一辽东

慕容皝在春风得意之时又得到回归的慕容翰，自然是喜出望外，当下册封慕容翰为建威将军。慕容翰的武艺、谋略样样不凡，又十分明白慕容皝定下的战略，也就是要先征服高句丽、宇文部等势力，解除后顾之忧，然后再找机会图谋中原。慕容皝有了这个帮手，比先前更加强大。

慕容皝当时是否已有明确的南下取中原之意，实际上很难说。一方面，作为鲜卑人的一支，慕容氏一直把辽东及其东部和北部看作自己的势力范围，这个地区大致相当于今天我们所说的中国东北地区和朝鲜北部，统一这一地区，或至少成为这个地区的宗主国，是包括慕容氏在内的辽东鲜卑各部共同的愿望；而另一方面，由于在生产方式及政治制度等方面有了一定程度的汉化，慕容氏的确对中原汉人的文化产生了兴趣和向往，从而有了一些认同感，这样一来，慕容氏又会从汉人的角度来看待局势的变化，准备南下至黄河流域对抗后赵，这一点从慕容皝几次在写给东晋的书信中提出要合力破赵就可以看出。当然，我们也可以将这理解为前燕为在东北确立自己的合法地位而找到的借口。

晋成帝咸康六年（340），慕容皝按照汉人皇城的式样在柳城北部建造新都城龙城（今辽宁朝阳），又派使者向东晋朝廷请封，要求封他做大将军和燕王。

东晋的多数大臣认为，自汉朝以后便没有封异姓王的事情，而大将军则从来都是在朝中任职，没有派到“边城”的道理。然而，慕容氏的实力摆在那里，拳头有多大就有多少话语权，他们这些文弱书生就只能要要嘴皮子而已，根本无力阻止，何况东晋的皇帝对此事也喜闻乐见。原来，晋朝皇帝的权威自永嘉之乱以后就全然失去了，现在见慕容皝言辞恳切，晋成帝竟觉得慕容皝对自己是“忠心耿耿”，很想封赏这个“忠臣”。

此时，东晋权臣庾亮已经去世，在朝中掌权的是他的两个弟弟——庾冰和庾翼。庾冰收到慕容皝寄给他的信，信中斥责他在国中手握重权却不知为国雪耻，这令他内心惶恐不安。想到慕容皝离东晋太远，即便封官封爵对东晋的影响也不大，不如顺水推舟送个人情，于是庾冰向晋成帝上书，要求同意慕容皝的请求。

皇帝不反对，权臣又支持，就这样，慕容皝在自称燕王五年后，得到了东晋皇帝派发的名正言顺的封号。

晋成帝咸康八年（342），慕容皝迁都龙城，准备以“君临辽东”的姿态讨伐高句丽和宇文部。

慕容翰向慕容皝提出，宇文部自逸豆归掌权后将帅无能，军无斗志，日益衰微，而他在宇文部时又掌握了第一手的地形资料，消灭宇文部可以说是板上钉钉的容易事；而且虽然宇文部归附了后赵的石虎，但石虎远在关东，即便接到求救也鞭长莫及。相较而言，高句丽离得更近，又与宇文部互为唇齿，如若先攻打宇文部，高句丽很可能会乘虚而入，攻打燕国防备薄弱的地区，到那时，在国内少留兵则不足以防守，多留兵则不足以进攻，所以说高句丽才是心腹大患。如此看来，不如先取高句丽，再灭宇文部。宇文部离得更远，而且按它的实力，自保还勉强凑合，要想趁火打劫根本不可能。等摆平了高句丽，再回头收拾宇文部就易如反掌了。

慕容皝表示同意。

从辽东进攻高句丽有一南一北两条路，北边的一条平坦宽阔，南边的一条则险峻狭窄。慕容皝再次听从慕容翰之计，派主力部队从对手意想不到的南路发动进攻。很幸运，前燕军一路上碰到的只是由高句丽国王高钊率领的老弱残兵，根本经不起前燕精锐部队的冲击，很快就溃散了。高钊单骑逃走，把自己的母亲和妻子都丢到了燕兵的手中。前燕军队直接占领了高句丽国都，然后又回过头把仍在北路抵抗的高句丽残余兵力全部消灭。

慕容皝一时找不到高钊，自知不能久守高句丽，就生出一条毒计。他派人将高钊父亲的坟墓掘了，带着他的尸体一同回国。这一招果然生效，半年之后，高钊派他的弟弟向慕容皝称臣进贡，这才换回其父的遗骨，而他母亲则依旧以人质的身份被扣留在前燕。从此，在魏晋时期曾在东北显赫一时的高句丽基本上只有接受燕国统治的份了。

这个高句丽国，后来趁燕国衰落和南北朝混乱之机重新崛起，一度让这片土地进入被朝鲜人引以为豪的高句丽时期。实际上，高句丽抑或高丽的前身也是东胡的一支，与东胡的关系甚至更近于前燕这样的鲜卑国家，但在十六国以及以后的南北朝时期，它应属于周边势力一类，类似于本书前面提到过的仇池和后面会提到的吐谷浑。今日朝鲜民族的祖先主要是《后汉书》和《三国志》中提到的“三韩”，即马韩、辰韩和弁辰（又称弁韩），它们占据今天的韩国以及朝鲜南部地区。在十六国时期，“三韩”还只是三个大的部族，到南北朝时期才逐渐形成新罗、百济两国，与高句丽一起形成了朝鲜半岛的三国时代。

高句丽既降，慕容皝可以安安心心地对付宇文部了。

晋成帝司马衍和他爹一样早逝，之后其弟司马岳继位，是为晋康帝。就在晋康帝建元二年（344），慕容皝以慕容翰为先锋大将，派三路大军一齐向宇文部进发。

宇文逸豆归一面向远在南方的石虎求救，一面派猛将涉夜干带领精兵前去迎战。慕容皝派信使快马通知慕容翰：“涉夜干勇冠三军，不如避其锋芒，徐图良机。”慕容翰摆摆手，让信使回报慕容皝：“我深知涉夜干在宇文部名气甚大，乃一国之支柱，逸豆归又把国内精兵全交给他统领，看起来颇有威胁。不过我在宇文部混迹数年，对这个人有所了解，其实他只是徒有虚名罢了，不足为惧。我们只要击败涉夜干，就可以大大打击宇文部的士气。”

两军一照面，慕容翰出阵单挑涉夜干，两人激战正酣，慕容皝阵中一员小将慕容霸忽然杀出，涉夜干没有防备，立时被斩于马下。

马上的单挑源于北方游牧民族的部落战争，实际上是一种比较落后的战斗方式，目的往往是挫伤对手的士气。但所谓“千军易得，一将难求”，单挑决胜的方式从历史上看使用的次数越来越少，到后来，战争中主将单挑的场面已经极少见了。不过，由于小说家们在历史题材的小说中大力渲染，人们反倒觉得这是一种非常普遍的决胜方式。

小将慕容霸是慕容皝的第五个儿子，慕容俊和慕容恪的弟弟，这一年还不到二十岁。他出道的年龄甚至比慕容恪还要早，十三岁就上了战场，日后同样为慕容部的南征北战立下汗马功劳。他的故事，这时候才刚刚开始。

宇文部的主帅被杀，士兵不战自溃。前燕军乘胜追击，一举攻克宇文部的都城。此时宇文逸豆归还没等到后赵的援兵，只好败逃漠北，最终老死他乡。

宇文部的遗民一部分被慕容皝内迁到昌黎一带，这一支的后人在南北朝后期成为北周王朝的建立者，宇文部在辽东三部中向来“胡气”最重，所以北周是个很有特色的鲜卑化王朝。另一部分遗民则留在漠北一带，继续过着游牧生活，到隋唐时形成两大游牧民族——奚和契丹。

统一辽东的艰巨任务历时两代，终于在慕容皝的手中得以完成。成就非凡，但前燕在最后一场战争中的损失也不小。

慕容翰在战斗中被宇文氏的乱箭射伤，回到国内便一直卧病不出，然而他哥哥却不愿放过他。

“狡兔死，走狗烹”，有人向慕容皝诬告慕容翰准备谋反。慕容皝对慕容翰一直有猜忌，只是之前因要集中力量攻打宇文部暂时搁置了，此时宇文部已被消灭，慕容翰又添数项功劳，慕容皝猜忌之心更盛，干脆便借着这个机会赐慕容翰自裁。

慕容翰，这位将才在慕容氏的对手那里不得重用，在慕容氏这里又备受排挤，他在辽东三部鲜卑之间辗转一辈子，却没有找到一个可以极尽其才的君主，最终只能饮恨而死。

十二、桓温灭汉

有人说，中国的历史虽有几千年，却少有长进。这话细想起来确有几分道理，因为中国历史总在重复着相似的情形。但是，相似的情形有时会演绎出不同的结局。

中国北方的黄河流域与南方的吴、蜀两地，或许是由于气候和地形，在历史上的各个分裂时期都会诞生各自的割据政权，而三地政权的最终结果，总是北方政权先灭蜀地的政权，再以水陆并进的方式从两个方向夹击吴地的政权，从而获得统一。这样的统一方式，第一次也是最典型的一次便是司马氏先灭蜀汉，再灭东吴；到了五代十国时期，赵匡胤也是先灭蜀地的后蜀，再伐吴地的南唐；即使是战力强悍的蒙古人也不例外，所谓“先灭大理，再攻南宋”，道理也是一样的。不过历史也有意外，这个统一方式的唯一一次例外便是淝水之战，这个要放在后面细说。

当然，也不是每一个北方政权都能顺利完成统一，掌握北方大片土地的石虎在面对相似的分裂局面时，就没能如法炮制，统一中国。

当时的形势是，北方的后赵（石氏）与西南的成汉（李氏）结盟，东北的前燕（慕容氏）和西北的前凉（张氏）则在表面上仍然奉东南的东晋（司马氏）为正统。后赵与成汉的关系和三国时的魏蜀恰好相反，两国之间保持着友好的往来，加上石虎一直把东晋作为自己最大的敌人，对成汉的北方威胁便比较小。东晋的君臣都以三国的结局为戒，把后赵和成汉作为自己的敌人，生怕形成西晋灭吴之势。“两害相权取其轻”，成汉除了有险峻的地形作为依靠外，比后赵要弱许多，所以东晋便把成汉作为讨伐的首选目标，这个任务最后由桓温实现了。

桓温的父亲桓彝官拜宣城太守，在苏峻之乱中遇害。桓温时年十五岁，他探听到杀他父亲的人中有泾县县令江播，便暗下决心要报仇雪恨。桓温十八岁那年，江播去世，江家的三个儿子在灵堂里暗藏利刃，以防桓温来报仇。桓温丝毫不惧，怀揣凶器，装扮成吊丧的宾客混入灵堂，趁人不备便将仇人的三个儿子一刀一个给捅了。桓温报仇的事迹广为流传，他本人不但没有获罪，还成了一时孝子的典范。

成年后的桓温身材雄伟，性格豪爽且有风度。他的长相用现在的话说就是有一点“酷帅”，熟悉他的人都认为他是孙权、司马懿一类的人物。由于名气和才干，桓温得以娶晋成帝之女南康公主为妻，官拜驸马都尉，从此平步青云，开始了官宦生涯。

当时庾氏兄弟在朝中掌权，桓温与两兄弟中的弟弟庾翼交往甚厚。两位都是朝中的主战派，一直以讨灭成汉、后赵为己任。庾翼曾多次向晋成帝举荐桓温，希望他不要以对待常人的方式对待这个人才。可惜，庾翼还没来得及大干一场就死了，而这时的东晋皇位已经传到了第五任，在位的是晋康帝之子——晋穆帝司马聃（dān）。

晋穆帝即位的时候只有两岁，是典型的小皇帝，中书监何充控制了朝中的大权。何充对桓温的才能也十分赏识，于是让他接替庾翼担任荆州刺史、安西将军。

东吴大将军陆抗曾经说过，荆楚“存则吴存，亡则吴亡”，荆州刺史这个职位对于东晋的重要性不言而喻，桓温的受重视程度也不言而喻。

成汉到了李寿统治末期，已呈现亡国之势。李寿派到后赵的使臣从邺城回来，极力夸耀邺城的繁盛、宫殿的壮丽，又说石虎完全是靠着严酷的刑罚来统治百姓的，这才形成了这样好的局面。

李寿听得心里痒痒的，竟也学着石虎的样，开始大肆修建皇宫，又从统治范围内的各郡迁徙大量百姓进入成都，充实国都的人口。对有罪之人，他用滥杀的方法来处置，到后来，大臣们只因直谏就会被处死，如此丧命的不在少数。一时间，蜀中民不聊生，怨声载道。

李寿不学学崛起中的前燕，偏偏挑了个外强中干的后赵来学，“效果”就是成汉比后赵还早亡了几年。

成汉汉兴六年（343），李寿病死，太子李势即位，这更是一个荒淫不理国事的皇帝。李势怀疑其弟李广谋反，就把他逼死了，之后又处死了辅佐过李寿的旧臣解思明、马当。大将李弈对李势不满，从晋寿起兵谋反，攻打成都，蜀中有不少老百姓都跟随他。皇帝李势亲自登城防御，才将李弈消灭。

桓温在荆州时刻关注蜀中的动向，如今蜀中正乱，他感到灭掉成汉的时机已经成熟，就在晋穆帝永和二年（346）准备伐汉。

对于这次进攻成汉的行动，东晋方面的意见相当不一致。反对者都认为蜀道险而远，如果桓温的军队深入，后赵的军队很可能在后偷袭，到时难免凶多吉少。

面对反对声浪，江夏相袁乔力劝桓温："汉、赵两敌，汉弱赵强，就应当采用先易后难的方法。李势无道，臣民早有二心，而他还自恃险远，不修战备，全然不知大难就要临头。晋军可以挑选一万精兵迅速进入蜀地，在汉军发现之前穿过险要地带，如此便可一战而胜。而且蜀地又很富庶，诸葛亮辅佐蜀汉，经营多年以对抗中原，基础资源雄厚，攻取成汉对东晋的经济也大有好处。至于后赵军队会不会发动进攻，依我看来，后赵在不知内情的情况下，因为不知道我们对它是否有防备，所以不会轻易南侵。退一步讲，即使后赵真的南下，沿江一带的晋军也足以拒守。"

桓温听了袁乔的意见，更加坚定了信心，遂让袁乔率领两千士兵为先锋，出兵西征。

晋军来势汹汹，李势不敢怠慢，赶紧大举征兵，又将军队交给他的叔父李福、堂兄李权和前将军昝（zǎn）坚指挥，准备以逸待劳，静候晋军的到来。不料尚未开战，汉军内部先出了问题：昝坚不听部将们提出的在长江南面设下埋伏的建议，独自分兵前往江北的犍为防备晋军。

几天后，桓温的军队开到了彭模（今四川眉山彭山区东南），左右认为应分兵抵抗汉军，袁乔则说："我军深入万里之外，自可胜，不可败，应当合兵一处，轻装上阵，全力进攻，速战速决；如若分兵两处，目标不一，只要一支军队有闪失，就没有取胜的机会了！"桓温深以为然，他把弱兵和辎重留在后面，亲自率精锐步兵直取成都。

成汉军队早就没了斗志，一路上与桓温交手的李福、李权等人非败即降。昝坚的那一支军队在犍为傻等，久不见桓温的军队，在驱兵返回时才知道桓温早已屯兵于成都城外十里处了，这对昝坚手下的士兵打击甚大，他们不战自溃。

李势此时还幻想着守在成都城中背水一战，击退晋兵。成都这座城池在最初确实给桓温造成了一点困难，桓温的先锋部队初战不利，不过待袁乔拔剑督战，士气不高的成汉军便渐渐不是对手了，桓温乘势攻到成都城下，放火烧了城门。

成汉的士兵到了这个时候已经无心再战，李势只好开东门逃出成都城。他一路逃到葭萌（今四川剑阁东），想想没什么前途，最后还是派了人向桓温递上降表，面缚舆榇到桓温军中投降。

此战中，除了桓温的决断值得称道外，先锋袁乔提出的指导方针也起了非常关键的作用，可惜他在战后不久就英年早逝，没能继续展示军事才华。

这场仗前后算起来持续不到半年，成汉灭亡的这一年是晋穆帝永和三年（347），东晋至此重新控制了益、梁、宁三州，同时握有吴、蜀两地，祖逖时代“渡江一去不返”的局面已经改变，重新北伐成为可能。

当初桓温出兵之时，东晋朝中曾有一番议论，在众多的反对声中，唯独桓温的好友刘惔（dàn）认为桓温必胜。有人问他怎么就这么有把握，刘惔回答说：“这一点从赌博就看出来了。桓温是个赌博的好手，不是绝对有把握的事，他绝不会去冒险。只是恐怕攻克蜀地之后，桓温将在朝中掌握大权了。”

以后事件的发展证明刘惔的预言是正确的。桓温的出现，就好像给本就混乱热闹的局面又撒上了一把盐。诸侯争霸究竟鹿死谁手，更让人难以预料了。

十三、石虎之结

桓温攻克成都的时候，后赵的君主石虎正忙着和刚刚即位的假凉王张重华交战，可以说是自顾不暇，根本无力南顾。

这个张重华是张骏的世子。张骏长期据守凉州，对于先后占据其东邻关中地区的前赵、后赵两个政权一直采取不卑不亢的态度，将软硬兼施的外交策略施展得十分成功，加上后赵的注意力一直集中在东晋身上，同时还得应付东北方向的前燕，根本腾不出手来与前凉对战，因此前凉的国内外局势是当时几个割据政权中最为稳定的一个。张骏抓住这个机会征伐西域，取得胜利，西域诸国都遣使来降。张骏效仿汉朝时的方法在西域设立都护府，前凉俨然是一副西域各国宗主的样子。

晋穆帝永和元年（345），张骏自称假凉王。之所以不敢称自己为凉王，还是因为他控制的地区比较小，力量也较弱，所以不如显出一副忠心耿耿的样子，对外仍然奉东晋为正统。而在国内，张骏按照晋的官职制度设立了类似的官吏职位，前凉实际上已经成为西北的一个独立王国。

张骏在称王的第二年（346）就死了，年仅十六岁的世子张重华接替了假凉王的位子，这位凉州新主看起来完全是个小孩的样儿，平时常喜欢找一堆小孩一起玩，搞得张骏的那些旧臣十分担心。不过张重华也做正经事，他一即位便向后赵派遣使臣，希望维系两国关系。然而，石虎听说张骏已死，继位的是个乳臭未干的毛孩子，与前燕、东晋久久相持不下而产生的郁闷心情顿时消散，他兴奋起来，决定不买张重华的账，好好给他点教训。

石虎手下有个十分有名的战将名叫麻秋，当时正任凉州刺史，石虎就命将军王擢和麻秋一起入侵前凉。凉州东南的门户金城郡（今甘肃兰州一带）很快失陷，凉州形势吃紧。

张重华发动境内所有的兵士，将他们交由征南将军裴恒率领，去往前线御敌。裴恒光守不战，与后赵军队对峙日久，但张重华知道，前凉的国力不比后赵，时间一长难免生变，所以想要改变对敌策略。张重华身边的司马张耽举荐主簿谢艾，张重华毫不迟疑地任用谢艾。

张耽举荐谢艾的一番话倒也说得有理有据，让人不得不佩服：

> 臣闻国以兵为强，以将为主。主将者，存亡之机，吉凶所系。故燕任乐毅，克平全齐；及任骑劫，丧七十城之地。是以古之明君靡不慎于将相也。今之所要，在于军师。然议者举将多推宿旧，未必妙尽精才也。且韩信之举，非旧名也；穰苴之信，非旧将也；吕蒙之进，非旧勋也；魏延之用，非旧德也。盖明王之举，举无常人，才之所能，则授以大事。今强寇在郊，诸将不进，人情骚动，危机稍逼。主簿谢艾，兼资文武，明识兵略，若授以斧钺，委以专征，必能折冲御侮，歼殄凶类。

主簿本是参谋长一类的角色，并没有打仗的经验，但张耽了解谢艾的才能，所以敢推荐他。这是当时一批士人因战乱从关中一带迁来凉州的证据，有了这些有才华的士人相助，前凉的兴起绝非偶然。千里马也要有伯乐赏识，张重华就敢在对谢艾并不十分了解的情况下给予信任，把他看作韩信一般的人物，大胆起用新人，这一举一动确有与他的年龄不太相称的地方。

谢艾没有辜负信任，果然一鸣惊人。他在张重华面前许下诺言，只需给他七千人，就可以击破赵军。张重华大喜，拜谢艾为中坚将军，给了他五千步骑兵。

谢艾从振武出兵，进攻麻秋的军队。麻秋与裴恒的军队相持了很长时间，哪会料到半道里杀出个“程咬金”？谢艾趁他毫无防备，一战便斩杀后赵士兵五千多人。

麻秋自觉受辱，次年仗着石虎给他增补的援军卷土重来，前凉将领宋秦带领所属的两万户百姓向麻秋投降，一时后赵的军队气势极盛，一路杀到黄河岸边。

这个时候，谢艾已被张重华任命为持节，全权指挥与后赵的战斗。他在军中乘坐着小马车，戴着白头巾，击鼓为兵士们助阵。麻秋远远望见，愤怒地说："谢艾不过是个年纪轻轻的书生，竟敢穿戴成这副模样，简直是小看我！"言罢，立即命令三千精骑兵冲锋，谢艾的左右两军果然开始混乱。

部下劝谢艾改骑战马，谢艾摇头不从，还亲自下车指挥作战，从容不迫。后赵的军队以为前凉必有伏兵，都不敢向前。凉军偏将张瑁抄小路偷袭后赵军的身后，后赵军顿时乱了阵脚，在败退中被谢艾趁势冲杀，伤亡不计其数，麻秋一个人骑着马突出重围，才保住一条老命。

后赵与前凉之间的战事已是石虎统治末期的事件了，后来石虎又两次派兵进攻前凉的重镇枹（fú）罕（今甘肃临夏），然而在谢艾指挥的前凉守军面前连续遭受惨败，最后石虎不得不十分沮丧地说："我当初靠着一支偏军就平定了北方九州，如今以九州的军队却攻不下一个小小的枹罕。凉州真是藏龙卧虎，不好对付啊！"

后赵在石虎统治时期东征西讨，看似强大无比，事实上是越打越衰，先是不敌前燕，到后来连与前凉交战都难占得半点便宜。石虎没有丝毫反思，依旧疯狂敛财，大修行宫，后赵国力日蹙。有个名叫吴进的和尚对石虎说，以目前来看，胡人的国运将衰，晋人就要复兴了，为避免这种情况，现在唯一的解决办法就是用苦役晋人来压制晋人的气数。

石虎推崇佛教，对"佛门弟子"的话是言听计从，当下便下令强征百姓服役，在邺城北面昼夜不息地修筑一座方圆数十里的皇家园林和长墙，结果碰上暴风雨大作，死去的役夫数以万计，尸横遍野。他还在全国范围内征调战时物资，不交者格杀勿论。至此，石虎统治最残忍最黑暗的一面暴露无遗。

只是，不管再怎么压迫百姓，石虎也无力继续发动战争了，东宫储位之争更是把他搞得心力交瘁。他新册立的太子石宣在荒淫残忍这一点上丝毫不输给当初的太子石邃。

东宫管事孙珍得了眼病，向侍中崔约询问有什么良方可医，崔约开玩笑说："浸在尿里面就可以治。"孙珍纳闷地问他："眼睛怎么可以浸在尿里？"崔约回答："你的眼珠内陷，正好可以浸泡。"孙珍听了很生气，就把这事告诉了石宣。石宣五官立体，眼睛内陷得特别深。他听了孙珍的话大怒，竟把崔约父子都给杀了。

石宣喜好玩乐，就向石虎提出要到各地的名山大川去祈福，实则是以此为名去游猎。他出行时乘着华美的大车，顶上有华盖，身后有旌旗，数十万兵卒相随，整个队伍浩浩荡荡。每来到一个游猎的场所，石宣就命手下的将官兵士围出一个近百里的大圈，将鸟兽驱赶到中间。到了晚上，兵士们点起火把，几百个游猎高手骑上高头大马在圈子里射猎，石宣则怀抱美人坐在辇车上远远地观望，一直到鸟兽全部没了才结束，这场景就好像古罗马的角斗场。如果有鸟兽逃出了包围圈，他就要追究围守兵士的责任，有官爵的就把马充公，没官爵的就鞭笞一百。更惨的是，兵卒们受不了如此大规模的折磨，在半道上饿死冻死的又有上万。

石宣游猎途中经过三州十五郡，每到一处便大肆抢掠，奢靡非常，弄得各地民不聊生。石虎却觉得这么大排场很过瘾，又让自己宠爱的另一个儿子——秦公石韬也如法炮制，到西面的并州、秦州和雍州游猎了一番。

石宣心想，一个小小的王公居然能得到和自己一样的待遇，心中十分嫉恨，怀疑石虎要把自己废掉而另立石韬。这时石韬又在府中修殿堂，起名叫“宣光殿”，大梁就修了九丈长，这在当时可是僭越违制的。石宣来到殿上一看，觉得“宣光”二字明显是在影射他，心中大怒，拔刀砍了工匠，又把大梁截断。石韬也不是吃素的，当即下令重修大梁，还要把长度加到十丈。石宣见石韬明摆着跟自己对着干，就开始秘密培养杀手，准备伺机行事，要他性命。

这天晚上，石韬与手下官员在东明观举行宴会，开怀畅饮，喝得酩酊大醉，实在回不了府了，就夜宿在佛堂精舍里。石宣的杀手就在此时悄悄翻墙入室，将石韬暗杀了。

石宣自认为此事做得神不知鬼不觉，次日上朝就将石韬的死讯禀告给石虎。石虎闻讯悲痛欲绝，要亲自去看个究竟，司空李农劝谏说：“杀害秦公的人恐怕就在萧墙之内，陛下不可轻易出动。”石虎觉得他言之有理，就在太武殿设下灵堂，并派重兵把守。

石宣带着千名随从来到灵堂，却不哭，只呵呵地笑。之后他揭开被衾，看到弟弟的尸体，得意地大笑而去。

见太子如此举动，石虎疑心顿起。他假托杜皇后过于悲伤，生命垂危，召石宣入殿，然后将他扣留。恰逢知情人前来举报，石虎就派人去太子府中捉拿几个杀手，经过一番审讯，终于查出罪魁祸首正是石宣。

石虎震怒，把石宣关进猪圈，以铁环锁住他的下巴，用猪食来喂养。石虎一心要为石韬报仇，却是为一子而杀另一子。他在邺城北门架起柴堆，命石韬生前的亲信上前将石宣投入火中烧成灰烬。

石虎在这场父子、兄弟的相互残杀中深受刺激，从此一病不起。

石虎再次面临选择太子的问题，这回他没有选择年长的燕公石斌和彭城公石遵，而是立了年幼的齐公石世。他对群臣说："我真想用三斛纯灰来好好洗一下自己的肠子。也许是我腹中太脏了，所以才尽生恶子，年过二十就想杀父亲。如今石世才十岁，等他二十岁时，我已经老了。"

石虎的腹中并不是脏，那里只是有个解不开的结，这个结从他废掉石弘的那一天起就打下了，它日复一日地把后赵帝国拖向深渊。当这个结随着石虎的逝去而消失的时候，他身后的那个国家也就烟消云散了。

十四、腥风血雨

石虎没有能够像他自己所说的那样再活十年，仅仅是第二年，也就是后赵太宁元年（349），石虎就在失望和痛苦中死去了。唯一可能让他感到高兴的一件事是，临死前四个月他甩掉了“大赵天王”的帽子，登上了皇帝的宝座，但他已无法再现石勒时期君临天下的情景了，后赵的基业已经被他和他的子孙们挥霍殆尽。

一队由大力士组成的充军者开始正式撼动这个庞大帝国的支柱，这些大力士被称为“高力”，本是前太子石宣选来作为自己的卫队的。石宣被处死后，原东宫的官员非斩首即流放，这一万多卫队人员好歹是留下了性命，只是被贬去戍守凉州一带。

高力的队伍走到雍州，刺史张茂奉命送行，对他们十分轻慢，甚至抢了他们的马，命他们步行推着小车将粮食运往凉州。高力中的头目梁犊见众人怨声鼎沸，有心拼一把，便自称晋国的征东大将军，率领高力们调头向东，进攻后赵的军队。这些高力本来就是武夫出身，身强体壮，一个人可以抵得上十几个普通士兵，虽然既没盔甲也没兵器，可就地抢了老百姓的大斧子也能直接上阵厮杀。后赵的军队与之相遇居然不是对手，高力军很快便席卷长安、洛阳等地，从关中杀到关东，直逼后赵的国都邺城。

正在病榻上挣扎的石虎面对突如其来的变故大惊失色，赶忙调集国内的军事力量。他命燕王石斌为大都督，率精骑兵一万前去平叛，同时命氐人首领蒲洪和羌人首领姚弋仲率兵相助——这两家的儿子后来分别建立了前秦与后秦，此时正处于迅猛上升期。高力的军队终究寡不敌众，在荥阳与后赵精锐部队的交战中全军覆没。

强将在外，权臣在内，大乱将起的征兆显而易见。石虎还没死，就有所谓的“权臣”蠢蠢欲动了。

太子石世是个未见过世面的小孩，在朝局中起不了什么作用，其母刘氏却工于心计，颇通权谋。这个刘氏就是原来的前赵皇帝刘曜的女儿，前赵灭亡时，她被石虎手下的战将张豺俘获，后来又被献给石虎，而张豺也因此得以升迁。刘氏不忘旧情，石虎病危时还在石虎身边吹耳旁风，让石虎封张豺做镇卫大将军，与彭城王石遵、燕王石斌同为辅政大臣。

石遵拥兵在外，刘氏无力顾及，然而石斌就在后赵的旧都襄国，刘氏担心他会于己不利，便假传圣旨，说石斌纵酒好猎、心中无君，罢了他的官职，将他软禁在府第里；然后让张豺故技重施，再传一道圣旨，将石斌杀死在府中。

最大的障碍之一已除，石虎又奄奄一息，刘氏就假借石虎的名义任命张豺为太保，由他主管内外军事。挨到第二天，石虎终于蹬腿死了，小皇帝登基，刘氏临朝称制，做了太后，与张豺同掌朝政。两人开始准备铲除异己。

张豺与太尉张举商议，表示想要除掉司空李农，然而张举转头就私下里把这番密谈告诉了李农，李农逃往广宗（今河北威县附近）一带，纠集当地的流民与张豺对抗。刘太后派出张举统领邺城中的最后一支军事力量——近卫军去帮助围攻李农。都城周围的空气空前紧张。

这时，得到石虎去世消息的石遵从关中赶来，在李城（今河北邯郸附近）与刚刚剿灭高力军凯旋的姚弋仲、蒲洪和石闵等人相遇。这些人也知道了张豺在朝中掌权的消息，共同劝石遵趁着邺城守备空虚一举攻下国都，夺得皇位。石遵早有此意，此时得到这支能征善战的军队的支持，更是心花怒放。他从李城起兵杀向邺城，张豺吓得手足无措，急急召回张举的军队，孰料城中的胡人都认为石遵是前来奔丧的，自己应当去迎接，不给张豺守城了。张豺无法阻止城内人外逃，就连他一手提拔的镇军大将军张离也打开城门迎接石遵。

张豺完全是个无主见的人，这时还做出十分可笑的举动。他听从刘太后的意见，给石遵加了一大堆的官衔，可石遵不予理睬，直接驱兵到达邺城外的安阳亭。张豺战战兢兢出迎，被石遵当场收捕。

第二天，石遵带着重兵，耀武扬威地进入邺城，例行公事地上殿对着石虎的灵位痛哭一通之后，下令将张豺斩首，灭其三族。石遵以刘太后的名义废掉石世，自立为帝。石世母子的结局当然也没什么好说的，他们都被石遵杀死了。

石遵哪里会想到，这个皇位他根本无法坐稳。废嗣自立之举引起了驻守各地的石氏诸王的强烈不满。蓟城的沛王石冲就传檄幽州、冀州等地，声称要南下讨伐石遵。石遵派出精兵十万与之交战，击杀了石冲，但此战又进一步成全了领兵的汉人石闵，使他声威大振。

石闵对石遵不满已久。石遵进军邺城时，曾对石闵许下诺言："努力吧，事成之后我立你为太子！"但石遵登基后自食前言，立了石斌之子石衍。石闵自恃功高，对石遵的毁诺行为表示出强烈不满，他利用总揽内外兵权之利，把殿中将士都提拔为殿中员外将军、关外侯。这般跋扈引来一些人的不满，中书令孟准、左卫将军王鸾劝石遵尽快削夺石闵的兵权，并把他除掉。

当年（349）十一月，石遵召集义阳王石鉴、东平王石苞、汝阴王石琨、淮南王石昭等人，在石遵的母亲郑太后的宫中密谋诛灭石闵的计划。郑太后认为石闵在李城起兵过程中功劳很大，不能随便杀掉，会议因此不了了之。

石鉴表面上赞同杀掉石闵，出来后却马上派宦官将消息告知石闵。石闵抢先下手，劫持司空李农等人密谋废帝，并派出军士苏彦、周成活捉了正在宫中与宫女们玩弹棋的石遵。

石遵当场问周成："是谁造反？"

周成回答："义阳王石鉴应当做皇帝。"

石遵长叹一声："我尚且如此，石鉴又能做上几天？"

石遵及孟准、王鸾等人被杀，石鉴顺理成章地做上了皇帝。

石鉴感谢石闵的拥戴之功，封他为武德王，司空李农则晋升为大司马，两人并为录尚书事。但有句话叫"功高盖主"，石鉴一面表示感激，另一面却打心底里忌惮石闵和李农，不久就指使东平王石苞、中书令李松等率军夜攻石、李二人。此次袭击未能得手，石鉴非常恐慌，装作不知情的样子，杀了石苞、李松等人企图息事宁人。

此后，中领军石成、侍中石启、前河东太守石晖等人也密谋诛杀石闵、李农，结果反被石闵所杀。龙骧将军孙伏都、刘铢等人得到石鉴的支持，率领羯族士卒两千人暗中埋伏，也想袭杀石闵和李农，又告失败。

石闵、李农在杀了孙伏都等人以后已识破了石鉴的意图，就幽禁了石鉴，并在城中下令说："近日孙、刘谋反，党羽均已被剿灭，良善之人无一参与。从今以后，与朝廷同心者留下，不同心者听便，城门不再禁止出入。"

号令一出，方圆百里内的汉人纷纷进入邺城，城内的羯人、匈奴人则纷纷涌出城去。

十五、乱世中的乱世

邺城之中血流成河的时候，邺城之外的各大势力也已经紧锣密鼓地行动起来。

位于邺城北面的襄国本是后赵开国皇帝石勒的发迹之地，现在镇守在那里的是石虎的儿子新兴王石祗，他联合了同样对石闵、李农不满的姚弋仲和蒲洪，传檄天下，共同起兵讨伐石闵。

这时，软禁了石鉴的石闵为了彻底消灭石氏的残余力量，假托谶文“继赵李”，改国号为“卫”，自己也改姓“李”，改元“青龙”。还在后赵朝中任职的大小官员一万多人纷纷逃往襄国，表示对石闵的反对。以石祗为首的维护后赵的势力与邺城石闵的卫国形成对抗，整个关东完全处于军阀割据局面，原来驻守在各个据点的后赵将军们各自拥兵数万，都不再听从石闵的命令。

石闵这时大概体会到了坐在火山口的滋味，面临对手林立的局面，他只好选择先拿离邺城最近的据守石渎（今河北临漳西）的张贺度开刀。

被监禁的石鉴利用石闵、李农出征之机，密派宦官带着书信召据守滏口（今河北磁县西北）的抚军将军张沈袭击邺城。不料乱世之中亲信宦官也靠不住，这人竟向石闵、李农告发了此事，石、李二人赶忙回兵邺城，杀了石鉴。同时被杀的还有石虎的子孙三十八人，其他邺城里所余的石氏族人也尽数被诛。

石氏被解决了，下面就是讨论谁来当皇帝的问题。百官推举石闵为帝，石闵当然要推辞一番。

石闵先是“固让李农”，李农以死请求他即位。石闵想了想，说：“我们这些人以前都是晋朝人，如今晋室尚存，不如大家还是做州牧、太守，然后迎接晋朝皇帝还都洛阳。你们看怎么样？”

有个名叫胡睦的尚书马上拍马屁，说：“陛下圣明贤德，本应登位。晋朝衰微已有多年，那些抱头鼠窜逃到江东的君臣哪里能统治您这样的英雄呢？”

石闵终于显出得意之情，笑着说：“胡尚书真是个识天命、知时务的人啊！”

后赵青龙元年（350），石闵改元“永兴”，国号“大魏”。不久，他改回他以前的汉姓“冉”。这个政权便是历史上所说的“冉魏”。

冉闵封“亲密战友”李农为齐王，但很快就变了脸，除掉了李农和他的三个儿子，做起了真正的“孤家寡人”。

现如今，襄国的石祗成了石氏留存的最后一脉，他得到冉闵称帝的消息，也就地即皇帝位，自称是赵国的正牌君主。胡人所据的州郡都表示支持石祗，特别是能征善战的姚弋仲。石祗手下正缺这样的人才，便大力提拔姚弋仲，封他为右丞相、亲赵王，又任命他的儿子姚襄为骠骑将军、豫州刺史。

然而，姚弋仲这样做是有他自己的打算的——他想回到羌人的发源地关中地区，以图进一步的发展。原本这步棋走得不错，但他碰上了跟他有同样想法，又同以关中为故土的氐人领袖蒲洪。

蒲洪对后赵给予自己的待遇不满意，早已遣使降了东晋。东晋朝廷看到北方如此大乱，又恢复了勇气准备北伐，蒲洪因此被任命为持节和征北大将军。蒲洪根据谶文所说的“艸付应王”而改姓“苻”，自称“三秦王”——他的意图很明显，就是要做关中三秦之地的主宰。

姚、苻两家都想趁着关东大乱、关中空虚的良机先一步进入关中，从而创立基业。目标冲突，双方就先在关东打了一场“资格战”，结果苻洪击退了姚襄，拿到了主动权。

可惜苻洪的好日子没能长久。后赵的降将麻秋暗中谋划吞并苻洪的势力然后自立，为此他宴请苻洪，并在酒中下毒。苻洪毒发身亡，其子苻健发现了麻秋的阴谋，将其斩杀。

苻洪临死前对苻健说：“我之所以还没有入关，是因为原以为可以先平定中原

（指关东地区）一带，不想却被小人麻秋所害。中原的事情不是你们兄弟能解决得了的，我死以后，你们要急速入关！”苻洪死后，苻健遵从父命，一面去了王号，向东晋告丧，一面率部众向关中进发。

氐人政权日后的强大，首先得归功于苻洪制定的正确决策。苻洪曾经试图在关东建立根据地，但在群雄并起的背景下，想要在那里立足显然困难。与前赵和后赵对峙的时期不太相同，这个时候，虽然西南的成汉已被东晋消灭，但东晋方面对蜀地的控制比较弱，所以关中面临的唯一称得上是强敌的只有前凉，也就是一州的力量。关中在地理和军事上的重要性不言自明，那里又有大量支持苻氏的氐人，所以苻氏的军队先入关中站稳脚跟绝对是正确的选择，这样就能转过身子对抗关东的敌对势力了。

整个中华大地，以冉魏的国都邺城为中心，都陷入剑拔弩张的状态之中：苻健离开原来占据的枋头（今河南浚县一带），向西挺进；东南，“安分”了很久的东晋沿着江淮一线派兵，向北进入魏国境内；西北的前凉摩拳擦掌，待机东征；北面的石祗更是咬牙切齿地整饬军备，以图报仇雪恨。

但是，这个时代的最强音尚不属于他们，远在东北龙城虎视中原的慕容家族已经做好了准备。为结束这场大乱，慕容氏准备了二十万的精兵分布在东起徒河（今辽宁锦州一带）、西到蠮（yē）螉谷（今北京密云区古北口附近）的战线上，前燕的部队分为三路，对冉魏发起了排山倒海般的攻击。

十六、前燕南侵

公元350年，在东晋称作穆帝（司马聃）永和六年，在冉魏则是冉闵在位的永兴元年，而后赵把这一年叫作永宁元年，是石祗的年号。

凑巧的是，这年正好是公元4世纪正中的一年，这一整个世纪对于中国而言都是异常混乱的，从公元后的第一个世纪算起，大概也只有属于清朝末年的20世纪足以与之“媲美”。这正中的一个年头对于一整个世纪的混乱究竟意味何在，真是不好说，还是让历史给我们做出解答吧。

慕容家族此时已经换了新主，慕容皝于两年前就去世了，世子慕容儁即燕王之位。慕容皝临终前嘱咐慕容儁善用两个人才，一个是慕容儁的弟弟慕容恪，另一个是平州名士阳骛。

慕容儁在这一点上很听话，登基后对这两个人信任有加，而他们后来也的确成为帮助前燕达到全盛的居功至伟的人物。尤其是慕容恪。前文提过，慕容皝在世时就有意把慕容恪培养成为善战的良将。前燕攻打扶余国时，慕容皝让慕容儁和慕容恪一同出征，慕容儁只不过在军中发号施令，做名义上的总指挥，在实战中身先士卒、指挥士兵冲锋陷阵的事总是由慕容恪来完成。慕容恪经过大战的锤炼，因智勇兼备而受慕容皝的喜爱，他在前燕的地位也逐渐提高。阳骛则出身于平州大族，父亲一辈就在慕容廆手下做校尉。阳骛年少时便好学多识，气质非凡。慕容廆在位时是前燕的安邦阶段，他献了许多强国之计，很有效果；到了慕容皝的时代，前燕进入开疆拓土的阶段，他随军东征西讨，运筹帷幄之中，深受慕容皝信任。总体而言，这也是一个全才。

石虎死后，后赵的诸子之乱在前燕国内反响很大，慕容霸等人上书，极力主张趁机夺取中原，慕容儁考虑到父亲新丧，十分犹豫。

慕容霸急得不得了，从驻地跑到国都龙城，对慕容儁说："时机难以得到，却容易失去啊！万一石氏衰而复兴，或者有利形势被别的英雄利用，成了他们称霸的资本，咱们岂不是就亏大了？更不要说还将有无穷的后患！"

慕容儁说："我军若要讨伐中原，要么经过安乐（今北京东北），要么经过卢龙（今北京西南）。邺城那边虽然乱了，但安乐一带仍然由赵国的将领邓恒把守，兵精粮足，难以攻打；而卢龙一带则山险路狭，假若敌人据守高地，断我退路，我军将首尾难顾，这可怎么办？"

慕容霸把握满满地说："邓恒虽还效忠石赵，但手下将士却各自思家，大军若能兵临城下，他们自然就会土崩瓦解。请让我为前锋，带一支兵马，从徒河直驱令支，出其不意，赵兵必会震惊。他们要是素质强一点也就是闭门死守，要是弱一点，可能就直接弃城逃窜了，哪里可能有反抗的能力？到那时，殿下再率大军稳步推进，就没什么可怕的了。"

慕容儁还是迟迟不能下决心，继而又向谋臣封弈请教。封弈答道："会用兵的人，敌人强大时智取，敌人弱小时则凭借实力。正是因为这样，大国吞并小国就如同狼食猪豚，治世替代乱世就好比日光消融残雪。石虎如此残暴，尸骨未寒而子孙争立，上下离心。中原大地生灵涂炭，百姓们都翘首以待明君。大王举兵南进，如果先取蓟城，再指邺都，同时抚恤人民，还有哪个能不扶老携幼地迎接您呢？而赵军则将闻风丧胆，不可能成为我们的阻碍。"

折冲将军慕舆根在旁边接着说："良机不可以错失啊！自武宣王[①]以来，我们燕国招贤养民，务农练兵，就是为了这一天，如今还有什么顾虑？难道老天也不想让中原平定，所以才让大王无心争取天下吗？"

慕容儁听罢，这才笑着答应了。他以弟弟慕容恪为辅国将军，慕容评为辅弼将军，阳骛为辅义将军，慕容霸为前锋都督、建锋将军，然后挑选精兵二十余万驻扎在

---

① 指慕容廆，其谥为"武宣"。

南部边境线上伺机而动，又派使者到凉州，约请张重华共同攻伐后赵。

此时，中原的形势继续向利于前燕的方向发展。冉闵一称帝，慕容儁认为时机业已成熟，便让慕容霸统率东路军、慕舆于统领西路军，自己又亲率中路军，并让慕容恪为前锋，兵分三路发动南侵。

后赵的守卫兵将们早被内乱搞得心灰意冷了，根本没有什么斗志。“急先锋”慕容霸的军队刚进至三陉（今河北滦州一带），安乐守将邓恒便烧仓弃城，逃到蓟城与幽州刺史王午共守。慕容霸军中的都督孙泳带兵冲入安乐，扑灭大火，燕军得到了大量兵粮——这下可赚大了！之后慕容霸与慕容儁合兵一处，继续进逼蓟城。王午看看情况，估计还是守不住，就留了个部将在城里，与邓恒继续南撤到鲁口（今河北饶阳）。于是燕军没费多大劲，又攻陷了蓟城这个幽州要地。

不久，慕容儁把都城迁到蓟城，中原士大夫们大概从慕容儁身上又看到了希望，相继前往归顺。慕容儁用了极小的损失，换得了中原争霸中的有利条件。

邺城和襄国之间的魏赵大战可没有因为“黄雀”前燕的介入而中断，冉闵还是把石祗当作自己唯一的军事对手。当时，冉魏的士兵总数竟有三十多万，超过了后赵全盛之时，可见冉闵穷兵至极。在击退了后赵大将石琨的攻击之后，冉闵亲自率领步骑兵十万围攻襄国，石祗在城内坚持了一百多天，实在是扛不住了，只得放弃帝号，改称赵王，同时派人向慕容儁和姚弋仲乞求援兵。

慕容儁和姚弋仲分别派遣悦绾、姚襄救援石祗；另外，石琨也领兵声援襄国。冉闵派部将分头阻挡援军的到来，均告失败。

冉闵不甘受挫，打算亲自出击。部将王泰劝阻说：“如今救援襄国的各路大军云集，假若出战，我们必然会腹背受敌，不如坚守以待其变。何况陛下亲临战场，万一失机，大事去矣。”冉闵刚想听从他的谏言，身边的一个道士法饶却出来搭话：“陛下围攻襄国多日，未得尺寸之功，如今贼寇又至，再回避不战，以后用什么来号令将士呢？”冉闵属于莽将，经这么一激，哪里会再细想？他立刻捋起衣袖大声说：“我战心已决，谁敢再扰乱军心，斩！”

冉闵率领军队倾巢出动。姚襄、悦绾和石琨的援军三面夹攻，石祗又冲击冉闵的身后，魏军大败，所属胡汉官员及将士大部被歼，冉闵仅带着十几个骑兵逃回邺城。回城后的冉闵后悔没听王泰的劝阻，并迁怒于法饶，肢解了法饶父子。

眼看冉魏岌岌可危，不料这场仗的胜败让双方的心态开始颠倒。

石祗乘胜派部将刘显率军七万攻打邺城，发誓要消灭冉魏，冉闵忙召王泰进宫商议对策。这王泰也是个有脾气的，因为前次意见没有得到采纳，居然托病不见皇帝。冉闵只好亲自上门慰问，他又说自己病重无法接待。冉闵终于恼羞成怒，恨恨地说："王泰这家伙给脸不要脸，我难道还真得靠他吗？哼，看我先退胡兵，再斩王泰！"说着便率领邺城里的全部军队出战，竟真的大破刘显，一直追击到阳平（今河北馆陶），斩首三万多级。

刘显被打得胆破魂飘，秘密派人前来请降，甚至卖主求荣，表示愿意回去杀掉石祗，冉闵这才撤兵回到邺城。之后冉闵不忘兑现诺言，给王泰安了个有意叛逃的罪名将其处死，还顺手灭了他的三族。

冉魏永兴二年（351）四月，刘显果然杀死石祗及其手下的重要官员，并把首级送往邺城。对石祗切齿痛恨的冉闵当街一把火烧了石祗的头颅，算是通告天下，后赵到此已经彻底完结！

此时的冉闵大概正志得意满，然而，让他想不到的是，他本人的末日也随之临近了。

十七、慕容恪摆连环马阵

冉闵虽然灭掉了后赵，但没有马上占领襄国。朝三暮四的刘显得了冉闵给他的大将军、冀州牧的封号，或许是感觉荣华富贵来得太轻松，所以很快就调转枪头，回来攻打邺城了。不过在打仗这一点上，刘显显然没什么长进，再次被冉闵击退。

刘显退兵后，干脆在襄国自己做起了皇帝，到了第二年（352）正月，又发兵攻打常山（今河北正定）。冉闵得到消息，留下太子冉智镇守邺城，自己亲率八千精锐骑兵前来救援，一举击败刘显，并一路追击，尾随到襄国。刘显的部将曹伏驹开城门迎冉闵入城，刘显及其部下数百人被杀。冉闵焚毁了襄国的宫室，把当地百姓迁至邺城。

乱军中，唯有石祗的兄弟石琨带着一家妻小逃出城去，目的地东晋。他们本是想谋条生路，但东晋与羯人不共戴天，面对这种情况只会落井下石，于是石琨在建康城中被斩首，后赵宗室至此灭绝。

冉闵取得襄国，从而占据了冀州南部，但他连年征讨，四面树敌，渐失人心，叛离冉魏的城池越来越多。

燕王慕容儁在蓟城站稳脚跟后继续挥师南下，他的军队对百姓秋毫不犯，这在乱世之中的确让人耳目一新，慕容氏的威名顿时响彻大河南北。冀州的北部诸城先后落入鲜卑人的手中，冉闵委派的幽州刺史刘準率部归降；不少胡人对鲜卑慕容仰慕不已，羌人的一支——丁零部的首领翟鼠也率部投奔前燕。面对这种情况，自以为大局已尽在掌握的冉闵不得不开始重新审视这个“不期而至”的敌人了。

这一年（352）四月，刚消灭了刘显的冉闵势头正盛，领军在常山一带耀武扬威，离鲜卑人刚刚占领的中山城已经很近了。慕容儁率先出手，派慕容恪率前燕军进攻冉闵，冉闵决计借此机会把前燕也给一块搞定。

并不是所有人都同意冉闵如此冒进，冉闵手下的大将军董闰与车骑将军张温就觉得敌众我寡，此战难胜。他们都劝道："鲜卑人连战连胜，势头强劲，我军恐怕一时难以抵挡。还是先避其锐气，待其倦怠，再以全军挺进，这样才能一举击破，取得大捷。"

冉闵把嘴一撇，怒道："我靠着手中这支军队就能荡平幽州，将慕容儁斩首了！要是现在碰上一个小小的慕容恪就避让，天下人不是就要看轻我，我还怎么做中原的皇帝？"随即挥师迎敌。

两军在廉台（今河北无极）相遇，双方主帅斗智斗勇，展开了一番精彩的对决。

魏军士兵中主要是中原汉人，以步兵为主，适合在丛林山地作战，而燕军则多由鲜卑人组成，大多是适合在平地上作战的骑兵。冉闵将军队安置在树林茂盛的地方，想以此限制燕军骑兵的冲击，慕容恪的参军高开马上指出对手的用意，深有同感的慕容恪以轻骑引诱魏军出击，把他们引到平地上，以利骑兵作战。冉闵也是个颇通战法之人，知道魏军在人数上处于劣势，遂决定将计就计，采用置之死地而后生的战术，率军跟随燕军来到平地上。

双方连续交战十次，燕军都不能取胜，冉闵颇为得意。

慕容恪不是等闲之辈，他在仔细观察了魏军的战术后，终于看出了对方取胜的奥秘——"合兵一处，死战破敌"。他把燕军分为三部，然后对将领们说："敌人以少对多，必然死战，现在我把优势兵力集中到中军，由我率领前去迎敌，等到交战之后，你们就率领左右军从两旁杀出，必能获胜！"

慕容恪专门挑选五千名善射的鲜卑骑兵，将他们的马匹用铁链连接，排成方阵，意在从三面对对手的步兵进行包围，让魏兵即使死战也冲不破燕军的封锁。

冉闵的坐骑是一匹名叫"朱龙"的宝马，可以日行千里。开战后，他左手操双刃矛，右手持钩戟，勇不可当，连斩燕兵三百余人。这时，燕军大部骑兵杀到，冉闵抬头望见敌军阵中的中军大旗，便领兵直扑过去，不料两旁又出现了燕军。三军夹击，万箭齐发，魏军被铁链相连的连环马阵重重围困，想要死战都不可能，终于大败。

冉闵浴血奋战，拼死突围，单骑向东跑出二十多里。胯下朱龙马不堪疲累，忽然倒地而亡，冉闵被燕兵俘获。

这场燕魏大战是一场典型的战阵战，战阵在其中起到主要作用。慕容恪不愧是军事天才，他的连环马阵富于创意，且其优势在实战中得到充分的发挥。连环马阵对后世的影响也很大，这影响不仅体现在战阵学上，也体现在围而歼之的战术思想上，后来南宋时期金国的金兀术曾借鉴它设计了拐子马，评书演义里更是屡屡出现连环马的身影。

战后，冉闵被解送到蓟城。慕容儁见了他，斥责他说："你不过是个奴仆庸才，怎么能妄自称帝？"

冉闵反驳说："当今天下大乱，你们这些夷狄尚且自称帝号，何况我这样的中原英雄！我为什么不能称帝？"

慕容儁大怒，下令将冉闵鞭打三百下，然后押到龙城处斩，短命的冉魏立国仅三年就灭亡了。

十八、天下再三分

主持中原大局的冉闵被杀，没有人能再阻挡慕容氏南下的步伐。刚刚依附冉魏两年的各城守将都向前燕称臣，只有冉魏的国都邺城里还有冉闵出征时留下“监国”的年幼太子冉智和辅佐大将蒋干等若干人在负隅顽抗。

燕将慕容评的大军包围了邺城，直围得城内弹尽粮绝，百姓易子而食。身为汉人的蒋干无计可施，只得派人向驻守寿春的东晋将领谢尚求救，谢尚以传国玉玺为条件，派手下大将戴施与蒋干联合抗燕。

然而，这支由汉人组成的联军完全不是鲜卑骑兵的对手，慕容评仍旧攻入邺城，冉闵的皇后、太子等人都被生擒，戴施和蒋干在乱军中逃到汉人的国度东晋。东晋对本次战斗的失败并不在乎，却对戴施带来传国玉玺很是兴奋，还特意举行了一个盛大的仪式，迎接玉玺抵达建康。

表面风平浪静的东晋，这个时候内部正矛盾重重。桓温灭掉成汉之后，不出刘惔当初的预料，在东晋朝中声望日高。晋穆帝司马聃有晋元帝和王敦的前车之鉴，对桓温深怀忌惮。后赵国内纷争时，桓温几次上书要求北伐，晋穆帝却故意提拔在朝中与桓温齐名的大臣殷浩，让他准备北伐事宜，反而对积极的桓温置之不理。桓温明白朝廷的意思，他对殷浩的能力十分清楚，所以也不着急，只是坐等看殷浩的笑话。

殷浩只是个不懂打仗的文人，他一上来就擢升荀羡等人作为自己的羽翼，让他们与谢尚一同主持北伐工作。而且他看似与人无争，实际却对驻扎在历阳的羌人姚襄又恨又怕。

姚弋仲争关中没争过苻洪，留在关东又没能保住后赵政权，所以于后赵灭亡的第二年（352）郁郁而终。临终前，他告诫姚襄等几个儿子："当年晋室大乱，石氏待我们羌人不薄，所以我本想鞍前马后地为之拼尽全力。现在石氏已灭，中原无主，自古以来并没有戎狄能做天子的，那些自称皇帝的胡人，我看早晚都得倒台。我死以后，你们就归顺晋国，做安分的臣子，不要再做不义之事了！"

姚弋仲这番遗言还是颇有见地的，从中我们也可以看出羌、氐等西部少数民族的汉化程度要比东北的鲜卑来得高，姚弋仲的"正统"观念是非常强的。尽管晋室南迁，很多人依然从心底认同它的正统地位。留在中原打拼的各部族或为了报恩，或为了报德，都将效力一方诸侯作为权宜之计。

姚弋仲死后，姚襄在关东攻克了数座城池，接着带着羌人向西进入荥阳——说到底，他还是对关中不死心。这时苻健已经占据了关中，建立了前秦。姚襄被秦军阻住去路，战斗失利，军队损失大半，他自己也因马中了流矢险些被秦军捉住，幸亏弟弟姚苌将自己的马给了他，又碰上救兵来援，两兄弟这才逃了出来。

损兵折将的姚襄无可奈何，只好遵循父亲的遗训，率众投降东晋。

姚襄博学善谈，在江东士大夫那里很受欢迎，很快成为谢尚的得力助手。不久，姚襄与谢尚进攻许昌，结果又被苻氏的军队打得大败。危急时，姚襄丢掉辎重，把谢尚护送出险境。谢尚感激姚襄的救护，把后面的任务全部托付给姚襄。姚襄突出重围，在历阳驻军，之后又在淮河两岸广兴屯田，训练将士，积蓄力量，军力逐渐强盛。

殷浩忌惮姚襄的威名，就使出阴招——他囚禁了姚襄派往东晋作为人质的几个弟弟，而且一再指使刺客刺杀姚襄。殷浩的本意是想借此离间姚襄与晋室朝廷的关系，并找机会除掉他，谁知这些刺客很敬重姚襄，竟把实情向姚襄和盘托出。

殷浩见暗杀不成，改用强攻。他派安北将军魏憬袭击姚襄，结果魏憬反被姚襄斩杀，他的部众也被姚襄兼并。殷浩又派龙骧将军刘启驻守谯城（今安徽亳州），把姚襄改派到梁国蠡台（今河南商丘睢阳区）。殷浩一心要除掉姚襄，不久后再度派谢万出击，结果又为姚襄所败。

殷浩对姚襄的算计屡屡不成，却依旧迷信暗杀的作用，又收买前秦的大臣谋杀苻健。也是凑巧，恰好苻健诛杀部下作乱的大臣，驻守洛阳的前秦将领出奔。殷浩听闻消息，以为是苻健已死，便于晋穆帝永和九年（353）率军从寿春北伐。要命的是，这回他居然让姚襄担任前锋。

姚襄正愁没机会报仇。他率部先行，在山桑（今安徽蒙城一带）回兵截击殷浩，殷浩措手不及，“出师未捷身先败”，死伤一万多，随军的粮草武器全成了姚襄的战利品。

桓温曾经跟身边的人说，小时候自己玩厌的竹马，殷浩总是拿过去玩，由此可见殷浩是多么不上档次、不中用，所以这次殷浩的失败也早在他的意料之内。桓温不失时机地又上一道奏章，要求将殷浩撤职查办。晋穆帝再不理睬已说不过去，只好把殷浩撤了职，同意由桓温领兵北伐。

东晋君臣有心收复失地，然而时过境迁，事隔几年，北伐的最佳良机已经失去了，踌躇满志的桓温面临的北方局势相当不好收拾：征服了关中各个军阀割据势力的苻健在晋穆帝永和八年（352）称帝，收降了原属后赵的关东大部分地区的慕容儁也在这一年自立。一向奉东晋皇室为正统的前燕终于露出了它的真面目，当东晋使者再度出使前燕时，得到的答复是：“回去告诉你们的天子，我为中原士民所推举，已经在这里称帝了。”

中华大地重又回归到三足鼎立的局面，与从前不同的一点是，这一次三个国家的位置倒了个个儿，北方两强对立，南方一弱独存。

三国之中，鲜卑人建立的前燕实力最强。当年老英雄慕容廆在辽东、塞外纵马射猎，恐怕他怎么也不会想到，自己的子孙也有问鼎中原、龙旌帝服的一天。不过，属于慕容家的时代就要过去了。虽然慕容鲜卑的故事远未结束，但十六国时期的主角正在悄悄地发生变化，在接下来的秦燕争雄中，一代英杰即将成长起来，他将使之前的众多风云人物黯然失色。

第三章

淝水之战

王猛以法家思想治理前秦，这在十六国时期众多由胡人建立的政权中确实独树一帜，多数胡人国家的领袖由于文化背景等方面的原因，都不能对“法治”有一个完整的认识，而完全凭借领袖的个人能力来治理国家，就导致了这个国家不可能长治久安。

与地区族群息息相关的文化并没有“改变”一说，有的只是“发展”，或曰“进化”。文化之间没有绝对的优劣，因为它本身就处在一个动态发展的过程中。明白这一点，恐怕比了解各民族之间为何会时而敌对、时而友好更有意义。

“谶纬”托名天意，实则反映了某些人为的观点和预测。后人看来，往往感到这些东西具有令人惊讶的先知效果，但实际上它并没有那么神奇。之所以会是“先知”，缘由一般有两点：一是它们在后来的流传中受到了人为的更改，二是后人对前人言论的牵强附会——这也是一种心理暗示。

这场战事的结果，使得中华南北两部在最痛苦的状态中度过了这一世纪的最后二十年。这一点，恐怕才是古代战争对今人最大的警示。

● ● ●

一、桓温北伐

东晋太元八年（383）十一月，坐落于淝水西岸的寿阳城（今安徽寿县一带），一个身着戎装的将军模样的人正缓缓登上城头，放眼远眺与寿阳隔岸相对的晋军大营。在这样的非常时刻，无论是他手下的数十万将士，还是对岸大营中的东晋士兵们，谁也无法预测自己将来的命运会是什么。

就目前而言，这位将军想得更多的或许是如何消灭江东残存的司马氏政权，但他所发动的这场战争，长远来看已经不只关乎江南百姓的生死存亡，还将决定中华民族的前进方向，甚至是整个汉文化圈未来的命运。

这场一触即发的战争，便是日后震惊中外的淝水之战。那么这位将军是谁，我想就自不必我在此多说了。

关于这场战争的来龙去脉，还是让我们从三十多年前的另一场南北战争说起。

公元350年前后，北方因后赵的皇位之争发生大乱，其直接结果就是以匈奴、羯为代表的匈奴系少数民族加速衰亡。然而，同一时期，汉人显然还不足以重新确立在北方的优势地位，冉闵建立的短命王朝说明，在北方各族尚未完成自身的汉化之前，想要在这里建立一个像秦汉式的大一统的国家是不可能的。来自东北的鲜卑人和来自西北的氐人、羌人正是在这种情况下填补了中原统治者的空白。

南方还掌握在昔日的中原之主司马氏的手中，不过司马昭的后人们完全没有继承先祖当年的威风，在东晋的朝堂之上，生杀予夺的权力大多数时候甚至都掌握在权臣而非皇帝手中。而且即使是权臣，其素质也是出奇地差。无论是骄横的王敦，还是多疑的庾亮，若是放在汉末或是魏末，恐怕连带兵打仗、出谋划策的资格都没有。相比之下，如今东晋朝中还算有些才干的人，就只有桓温了。

晋穆帝永和十年（354），已经集内外大权于一身的征西将军桓温从自己的驻所江陵出发，分三路进攻前秦的国都长安。

桓温的三路大军有两路出自荆州，其中水军自襄阳逆流而上，步军则从淅川出武关。第三路由蜀中的司马勋所领，出子午谷直取长安——这正是一百多年前魏延向诸葛亮建议的进兵路线，历来争议颇大，所以我们不妨在此看看，在有两路大军配合的情况下，采用这种策略会取得什么成果。

远在凉州的前凉张氏得知桓温北伐的消息，也派出原属后赵的将领王擢攻打前秦的西南重镇陈仓（今陕西宝鸡），响应东晋的进攻。前秦皇帝苻健则是派了五万军队抵抗晋军，这支部队由他的太子苻苌和弟弟苻雄带领，在峣柳（今陕西蓝田南）驻扎。

北方已有数十年没有遇到来自南方如此强劲的攻势了，这次桓温亲自上阵督军，一仗下来，秦军败得不成样子。接着，桓温的弟弟桓冲又在白鹿原（今陕西灞河附近）击败了苻雄的军队。秦军连续吃了败仗，士气大大受挫，不再主动出击。苻健带了六千名老弱残兵退入长安，准备坚守城池。

桓温转战进军，最后屯兵灞上，关中一带的郡县得到消息尽皆来降，男女老少夹道欢迎，那态度，就和见了亲人似的。这个时候距离西晋灭亡不到四十年，当年饱尝亡国之苦的关中百姓里年轻一些的还在世，如今见到桓温大军，有耄耋老人含着泪说："想不到还有能见到官军的一天啊！"

这一次北伐是东晋可以收复北方的一个难得的机会，却只留下了来自仅存的西晋汉人的慨叹。

对于这次北伐，桓温是谨慎的，他没有轻易进军，利用高涨的士气一鼓作气消灭前秦。他有他自己的想法，当然也是出于一些客观原因——出兵子午谷的司马勋被前秦丞相苻雄撞个正着，打了败仗，这使桓温的信心动摇了。

桓温在这次北伐中逡巡不前的表现备受后世史学家们的诟病，他们最大的依据就是当时尚为旁观者、来到桓温营中探听口风的王猛捏着虱子说的那段话："明公不远千里深入敌国境内，现在长安近在咫尺却不渡灞水，关中的豪杰不知您心里在想些什么，所以才都不来见您的。”

一向盛气凌人的桓温对这句问话的反应竟是默然无语，半晌才顾左右而言他地感慨一声：“江东没有像先生这样的人物啊！”

桓温可是号称“不能流芳百世，也要遗臭万年”的好大喜功之辈，他当然不是不想平定北方，只是北方并不好搞定。苻健、苻雄兄弟绝非等闲之辈，初战的失利，多与他们准备不足和轻敌有关，如今被逼入长安城中，他们自然就摆出一副背水一战、誓死不降的架势来。在这样的情况下，晋军不如暂且保存实力，做长远打算，保持可进可退的态势为妙，毕竟桓温后方的东晋朝廷根本不是铁板一块。所以说，北伐打到这个份上，对桓温来说恰如其分。在这一点上，桓温显得比岳飞要“聪明”，对敌我情况的了解要透彻得多。

就如桓温顾虑的那样，战局很快变得对东晋不利起来。桓温与苻雄再度在白鹿原展开大战，晋兵死伤惨重，被派去攻打陈仓的王擢也是降而复叛，逃到凉州去了。桓温与苻健抢收关中小麦，结果秦人抢先了一步，晋军没有了军粮，待不下去，只能退兵回到襄阳。

桓温的第一次北伐以先胜后败而告终，从此，长安从南方汉人的视野中消失了长达半个世纪。随着经历过西晋灭亡的那一代北方汉人一个个去世，随着胡人陆续大批迁至长安一带，长安的形势越来越脱离东晋的控制。等到半个世纪以后，在另一位善战的东晋大将刘裕再次来到这里的时候，这个城市的样子已与南方汉人印象里的长安相去甚远了。

二、独眼妖王

退回南方的桓温对于自己的失败十分不满，很快就开始寻找再次北伐的契机。老天似乎也愿意再给他一个机会，河洛一带正好出现了混战局面。

原来，冉闵手下一个投降了东晋的大将周成据守洛阳，反叛东晋。恰好此时，击败了殷浩的羌人姚襄在自称大单于、占领了许昌之后，也打起了洛阳的主意。姚襄围攻洛阳，却一个多月未能攻克，与周成形成对峙。

桓温似乎又看到了恢复北方的曙光，于是于晋穆帝永和十二年（356）第二次从江陵出发北伐，大军迅速到达伊水南岸。

姚襄探知此事，赶紧把围攻洛阳的军队撤回，将精兵强将藏匿在伊水以北的树林中，然后派使者对桓温说："将军亲率王师前来，我姚襄情愿归顺，请您的军队稍稍退却，好让我率领手下人列队拜迎大驾。"

桓温心细，严词拒绝："我此行是来收复中原、拜谒帝陵的，与你无干。你要来就亲自来，反正我就在你眼前，还派什么使者？简直多此一举！"说着就轰走了姚襄的使者，径自向北进军。

姚襄见桓温果然比殷浩强横得多，不中自己的圈套，便凭借伊水与桓温展开决战，结果战败，手下士兵死伤数千人，姚襄只得率军退往洛阳北山。

尽管姚襄屡遭败绩，但他既勇猛又爱护百姓，所以当地人民仍然扶老携幼地追随他，不愿离去。他的部属杨亮后来投奔桓温，桓温曾向他询问姚襄的为人，杨亮感慨道："姚襄神明器度，乃是孙策一类的人物，而其雄健勇武则超过孙策。"

巧合的是，姚襄真成了孙策第二。一年以后，即晋穆帝升平元年（357），对自己的力量估计不足的姚襄想从前秦手中夺取关中，终于遭受了他平生最后一次惨败。这一次，他付出了比以往更惨痛的代价——他被秦军大将苻黄眉斩杀。姚襄死后，匡复羌族伟业的任务留给了投降前秦的姚苌，而姚苌日后成为羌人的“孙权”，其掌握的军事力量，多半是姚襄时代打下的基础。

洛阳城中的周成已被姚襄的围攻搞得疲惫不堪，一见东晋大军来到，干脆乖乖地出城投降。桓温进入洛阳后，主持修葺西晋帝后的陵墓。鉴于上一次孤军深入之后失败的教训，这回他没有再继续北进，只是向朝廷表奏，让征西将军谢尚都督司州（今河南洛阳一带）的军事，镇守洛阳，然后就匆匆南回了。

桓温凭借两次北伐的功绩，在东晋朝廷里确立了一把手的地位，在这之后，南方在军事上重新采取守势，直至十三年后的第三次北伐。期间，北方的两大强国的势力逐渐发生了逆转。

前秦在桓温的第一次北伐中虽然保住了长安，但苻健的太子苻苌却因伤重而死。三子苻生在与桓温的战斗中表现得异常勇猛，被苻健立为皇太子。

前秦皇始五年（355），苻健死去，苻生成为前秦皇帝。对前秦的臣民而言，此后的三年是最暗无天日的三年，苻生杀人之多，手段之残忍，就连后赵的暴君石虎与他相比，也只能感叹“后生可畏”。

苻生生来就瞎了一只眼睛，他的祖父苻洪曾经戏弄他，对手下人说：“我听说瞎孩子只有一只眼睛流泪，是吧？”

左右应声：“不错。”

苻生感觉受到了侮辱，大怒，当下拔出腰间的佩刀刺在自己的脸上，鲜血顿时流了出来。他说：“这也是眼泪！”

苻洪惊怖，用鞭子抽打他，苻生居然又说：“我生性只受刀斧，不受鞭棰！”

苻洪气恼地说：“你再这样子，我就让你终身为奴！”

苻生答道：“那么说我倒是可以跟石勒相提并论了！”

苻健觉得苻生品行不好，本想除掉他，后来因为苻雄的劝阻才留下他的命来，不料这一留却断送了上千人无辜的生命。

苻生即位后更加放纵，完全是一个嗜好杀人的独眼暴君。他上朝时经常带着弓箭匕首，还将锤子、钳子、锯子等各类叫人触目惊心的刑具放在旁边。他又喜好滥饮，因此闹出不少惨剧。

一次朝中宴会，苻生让尚书令辛牢监酒，可没一会儿便生气地大骂辛牢："你为何不劝酒？席上还有人干坐着！"说完竟然就引弓把辛牢射死在酒席上。

苻生以饮酒为人生第一大乐趣，有时更是在酒醉时审决国事，还趁着酒劲屡屡滥杀无辜。群臣等待苻生上朝，往往见不到他的人影，或是等到傍晚时分才见他姗姗来迟。即使等到他来了也没什么好结果，因为苻生动辄发怒，一怒便要杀戮大臣。

苻生在咸阳城中宴请文武，凡是来晚的统统要被斩杀。宫中的太医也难逃厄运。一个叫程延的太医令为妃子配安胎药，苻生亲自过问人参的好坏与用量的多少，程延回答说："稍微有一点就足够用了。"苻生认定他是在讥笑自己的眼睛，竟下令挖出程延的眼睛，然后将其斩首。

左右有人说苻生圣明，称颂如今天下太平，苻生就说："这是在谄媚我。"然后将人拖出去砍了。有人说他刑罚过严，他又说："这是在诽谤我。"也将人推出去斩首。被他宠幸的妻妾同样难逃厄运，只要稍不如他意，她们便会被杀掉，尸体被抛到渭水里。

因为是独眼，苻生讳言"不足""不具""少""无""缺""伤残"等字词，因违讳而死的人不可计数。

潼关到长安一带出现了大量吃人的野兽，群臣奏请朝廷组织人力禳除兽灾，苻生却说："野兽饥饿了就吃人，吃饱了就会停嘛，这不正是老天爷来帮助我惩治恶人吗？"

这样一个半人半妖的"独眼怪物"，若他只是个普通身份的变态也还罢了，如今却偏偏做了皇帝。看来，前秦已经到了生死存亡的关头，接下来本章的主人公该登场了。

三、苻坚出场

有时候，左右中国历史发展方向的真的就是那么几个人，而苻坚无疑算得上是其中比较亮眼的一个。

苻坚是前秦开国皇帝苻健之弟苻雄的儿子，自幼便显出聪慧，举止不循常规，他的祖父苻洪十分喜爱他这个小孙子。

苻坚小时候有一次在大路上玩耍，恰好遇上了当时以识人闻名的高平名士徐统。徐统故意拉着他的手说："苻郎啊，这可是官车走的大道，你一个小孩子怎么敢在这里嬉戏，不怕司隶把你绑起来吗？"

苻坚镇定地回答说："司隶只绑有罪的人，才不会绑小孩呢！"

徐统对他的表现感到惊异，当即对身边的人说："这孩子恐怕有霸王之相啊。"

苻坚长到八岁的时候，居然主动向苻洪提出要拜师读书，苻洪又惊又喜地说："我们这些出身戎狄部族的人世代只知喝酒，你小小年纪却要求读书，真是太好了！"之后欣然满足了他的要求。

苻健入关之后，一天晚上，忽然梦见一个身穿红衣、头戴红冠的使者，自称是天神所派，命他封苻坚为龙骧将军。次日，苻健便拜年仅十三岁的苻坚为龙骧将军，并流着泪对苻坚说："你的祖父当年就曾接受过这个封号，如今我把这个封号授给你，望你好自为之。"受封的苻坚尚且年少，却挥剑捶马，举止威严，他手下的士卒都为之叹服。

当暴君苻生在宫中肆虐、满朝大臣度日如年的时候，人们都把获救的希望寄托到了苻坚和他的哥哥苻法身上。

苻坚这几年南征北战，得到了不少英豪的支持和帮助，他在收编了昔日姚襄的羌人部众之后，力量进一步壮大起来。原来姚襄手下的参军薛赞、权翼私下里向苻坚提议，国内主上暴虐，应该早做打算。苻坚深以为然，便向亲信尚书吕婆楼讨教办法，吕婆楼立刻向苻坚推荐自己的门客王猛——苻坚在十九岁这一年终于见到了他一生最为得力，也最为重要的助手和朋友。王猛之于苻坚，就像张宾之于石勒，甚至有过之而无不及。用苻坚自己的话说，就是“如刘玄德之遇诸葛孔明也”。

知己的定位是相互的，这一回，王猛也终于等到了他要等待的人。王猛的一生颇为传奇。这个出身寒门的汉人在年轻时靠贩卖畚箕谋生，虽然贫穷，却在风雨飘摇的日子里博览兵书，并且逐渐显现出不凡的见地。与苻坚惊人相似的一点是，他也被徐统评价为“命世之才”。天下大乱，他没有在林立的政权中谋个一官半职，而是一个人遁入西岳华山，过起了与世人隔绝的生活。但是值得提出的是，王猛并不是一个信奉老庄、崇尚出世的隐士，对于他所谓的隐居，《晋书》中有一段评语说得相当精彩：“怀佐世之志，希龙颜之主，敛翼待时，候风云而后动。”王猛选择遁世，只是因为他还没有碰上明主，所以当桓温入关时，他才会兴冲冲地来到大帐之中，面对一位权臣纵论天下，谈笑自若，就连桓温也被他的一句话问得哑口无言。只不过，东晋的现状令王猛失望，桓温的表现也不符合他的预想，所以他拒绝了桓温的盛情邀请，最终留在了“戎狄横行”的北方。

苻坚在朝中威望颇高且手握兵权，所以尽管苻生因为各种各样的原因已经杀了不少旧臣和皇亲，但却不敢动苻坚兄弟。

然而，苻生越来越肆无忌惮，到了前秦寿光三年（357），他已经无所顾忌了。

有一次，苻生忽然梦到大鱼吃蒲叶，醒来后感到这是不祥之兆，因为“蒲”通“苻”。渐渐地，长安城里还开始流传一首童谣：“东海大鱼化为龙，男便为王女为公，问在何所洛门东。”当时，苻坚封号是“东海王”，又任龙骧将军，府第就在洛门以东，这段谶语很容易便会被理解为苻坚要谋反的意思。不过苻生的想法与众不同，他环顾朝中，最终认为这个不祥的“鱼”一定是侍中、太师鱼遵，于是下令将他满门抄斩。苻坚兄弟见此情景，心中暗自提防。

一天夜里，苻生对身边的侍婢说："阿法兄弟（指苻法、苻坚）也不能信任，明天我要把他们也除掉。"

这侍婢正好是苻坚安插在宫内的眼线，她赶紧跑到苻坚兄弟那里，把情况告诉他们。苻坚兄弟对此早有准备，立即领兵潜入宫门，之后苻坚与吕婆楼率领三百兵士杀进宫中，负责防卫的将士们一齐放弃抵抗，当下就归顺了苻坚。

苻坚和苻生这一对堂兄弟在寝宫中见面，这场你死我活的宫廷政变进行到最后关头却略显滑稽和搞笑。

此时的苻生醉得几乎不醒人事，他在蒙眬中看见苻坚带兵来到跟前，吃惊地问手下的卫兵："这都是些什么人？"

卫兵们回答："是叛军。"

苻生稀里糊涂地应道："为什么他见了朕不拜？"

苻坚的兵士们忍不住笑起来。

苻生发火了："怎么还不快拜？谁再不拜就把他斩首！"

这个暴君再也不会有这个权力了，他被他的堂弟废为越王，不久便被杀了，在"沉醉不知归处"中结束了他的荒唐统治。之后，苻坚兄弟又将苻生的宠臣一并扫除，接下来要解决的是一个至关重要的问题——谁该称帝？

苻坚有意推举哥哥苻法做皇帝，然而苻法认为自己是庶出，按礼法不该为尊。苻坚又说自己年岁尚轻，威望不够，也不愿做皇帝。兄弟二人一番谦让，大臣们也各执己见，最后还是拥立嫡子的意见占了上风。

当年（357）六月，苻坚登上前秦帝国的尊位，他认为帝号并不能服众，便去帝号而称"大秦天王"，改元"永兴"。苻坚的母亲苟氏对苻法仍有戒心，在苻坚登基不久后赐苻法自尽。苻坚虽说敬重兄长，但也怕他将来不利于自己，于是也就顺水推舟，不厚道了一把。

至此，苻坚登上了十六国时期的历史舞台，他传奇而悲壮的一生从这里正式开始了。

四、王猛铁腕治前秦

苻坚即位的那一年（357），自石虎死后形成的天下乱势渐趋明朗。

前燕皇帝慕容儁在这一年坑杀了曾一度据守青州的后赵旧将段龛及其部众，将山东半岛并入前燕版图，从而使前燕的南部疆界从黄河沿线推进至淮河以北地区。关东地区唯一能与慕容鲜卑为敌的，是占据并州六郡、拥有胡汉百姓十余万户的原后赵将领张平，但即便是他，在强大的前燕面前也显得势单力薄，难有作为。

西面，僻处凉州的前凉国，自张重华称凉王后国势反倒日渐颓靡。

东晋永和九年（353），张重华病逝，嗣位的世子张耀灵年仅十岁，前凉国内积蓄了很久的动乱终于爆发了。

张耀灵的伯父，也就是张重华的兄长张祚利用张重华母亲马氏对他的偏爱，与张重华生前的嬖臣赵长共同策划了一场“废幼立长”的宫廷政变，将继位不到一个月的张耀灵废为凉宁侯，之后又命亲信将他秘密杀害。

有了马氏的支持，张祚名正言顺地成为大都督、大将军和凉州牧。他一朝得志，便放开手脚大肆剪除异己，包括曾立下“枹罕之功”的谢艾在内，不少大臣都遭受了灭顶之灾。第二年（354），张祚自称“凉王”，改元“和平”，不再对东晋称臣。

作风强硬的张祚并不是个合格的君主，他荒淫无度，甚至已经到了让人瞠目的地步。张祚不但与马氏私通，还与张重华的妻妾、女儿乃至自己的妹妹都有染，这样的乱伦行为传遍了凉州，人们纷纷作诗讥讽。他还独断专行，屡杀功臣，因此很快就失去了人心，曾与桓温共伐关中的王擢也被他逼得改投了前秦。

因为忌恨河州刺史张瓘（guàn），张祚命令他讨伐前凉境内作乱的胡人，同时暗中派军队偷袭张瓘。张瓘先一步得到消息，于是传檄凉州各郡，遍邀英豪起兵反对张祚，得到了以敦煌人宋混、宋澄兄弟为首的一干人的响应。

面对叛军，张祚组织起来的抵抗军队仅仅支撑了三个月，在内外一致的声讨之中，这个自以为高明的凉王在宫中被自己的部下杀死了。

张祚已死，张瓘等人与马氏一商量，决定推举张重华的次子、年仅七岁的张玄靓为新的凉州牧，同时恢复使用东晋的年号。这一年是东晋永和十一年（355），也就是苻坚即秦王位的前两年。前凉国力本来就弱，经过两年多的内讧，张骏、张重华时代留下来的一点家底基本消耗殆尽，从此以后，前凉只有苟延残喘的份了。

至此，天下形势基本归于三国，其中前秦虽与燕、晋鼎足而立，但其疆域最小，军事力量也不容乐观。

苻坚即位后励精图治，意欲有所作为。他将自己的“诸葛亮”王猛任命为中书侍郎，这个昔日的汉族寒士得到了他期盼已久的大展宏图的机会。

由于始平（今陕西咸阳西北一带）一带治安败坏，王猛被改任为始平县令，担负起整肃始平的重任。始平乃是前秦京师的西北门户，在这里聚居的氐族豪强大多是追随苻健从枋头入关的宗戚旧臣，长期以来，他们骄横不法，肆意劫掠当地百姓，王猛的前任们一直拿他们没有办法。王猛到任后，明法严刑，禁暴除奸，做事雷厉风行，为了立威还当众鞭杀了一名作恶多端的奸吏。当地的豪强当然不能忍受，上书将王猛告到了有司，王猛因此被逮捕入狱，继而押送至长安。

苻坚对这个案子十分关心，亲自审讯王猛，他问道：“为政之体，德化为先，你莅任不久就杀人无数，是否太残酷了？”

王猛回答道：“我听说过这样的一句话：‘治安定之国才可以用礼，理乱世之邦则必须用法。’陛下既然信任我，让我去做难治之地的主管官员，那么我当然要一心一意为明君铲除凶暴奸猾之徒。现在我不过才杀掉一个奸贼，尚未伏法的还有成千上万！如果陛下因为我不能除尽残暴而要对我加以惩罚，那我毫无怨言，可如果您是因为我采用了残暴的刑罚而治我的罪，我实在不敢领受。”

苻坚听了，对大臣们称赞道：“王景略（王猛的字）可真是管仲、子产一类的人物啊！”当即赦其无罪，重新对他任以要职。

王猛以法家思想治理前秦，这在十六国时期众多由胡人建立的政权中确实独树一帜，多数胡人国家的领袖由于文化背景等方面的原因，都不能对“法治”有一个完整的认识，而完全凭借领袖的个人能力来治理国家，就导致了这个国家不可能长治久安。

王猛治绩卓著，很快被升为尚书左丞、咸阳内史、京兆尹。他刚调任京兆尹，便听说苻健的妻弟强德酗酒行凶，劫人财产，是百姓的一大忧患，于是毫不犹豫地派人将他抓来杀掉，并陈尸在集市上。之后，王猛又与御史中丞邓羌通力合作，严厉查处害民乱政的官吏，一个月里就收治了二十多个横行不法的权贵。

三十六岁的王猛在短短的一年中竟然接连五次升官，从尚书左丞到吏部尚书，再升为尚书左仆射、辅国将军、司隶校尉，一时间权倾朝野，引起了前秦国内皇亲国戚和元老旧臣的妒忌和愤恨。

氐族豪帅姑臧侯樊世仗着自己从前追随苻洪、苻健立过大功，当众侮辱王猛说：“我们曾与先帝共兴大业，却不得掌执大权。你没有立过汗马之劳，凭什么专管大事？这不是我们出力耕种庄稼，却让你白捡粮食吗？”

王猛回敬他道：“岂止是你种我收，我还要叫你做饭给我吃呢！”

樊世气得直跺脚，咆哮着说：“迟早有一天，我要叫你的头悬挂在长安城头，否则我就不活在世上了！”

王猛把这件事告诉了苻坚，苻坚很生气地说：“必须杀此老氐，然后群臣才能整肃。”

不久，樊世寻衅闹事，和苻坚争起了女婿，接着又与王猛发生争执，挥起拳头就要打王猛，被左右的人拉住后，还破口大骂，用脏话攻击王猛。苻坚大怒，立命手下将其斩首。

樊世被杀，那些反对王猛的人心有不甘，暗中进谗言陷害他。朝官仇腾、席宝利用职务之便，屡屡在苻坚面前毁谤王猛，苻坚忍无可忍，将二人赶出了朝堂。

苻坚坚定地维护王猛，对散布流言蜚语的氐族大小官吏，有时甚至会当堂鞭打脚踢。从此，前秦朝中公卿以下无不畏惧王猛，百官震肃，奸猾屏气，令行禁止。苻坚感慨地叹道：“直到今天，朕才知道天下是有法的，天子是尊贵的！”

王猛的威名不只前秦上下皆知，其震慑力甚至传到了前燕。后来一次，王猛领兵攻打前燕，未到燕都邺城时劫盗横行，王猛一到，整个邺城的燕国人都安分起来。王猛铁腕的“威力”，由此可见一斑。

公元357年可以说是历史的分水岭，秦、燕这两个由少数民族建立的国家在巩固刚刚建立的政权时选择实行不同的措施。当苻坚的前秦在王猛的治理下日渐强大的时候，慕容家的父子兄弟却又一次开始钩心斗角了。如若不是因为这个，或许历史就会改写，因此，我们或可说这一年是前秦希望的起始，对前燕而言则是不幸的开端。

五、慕容氏的悲哀

自公元352年杀冉闵称帝起，慕容儁足足花费了七年的时间收拾关东地区的残局。这里原本是后赵帝国的中心地带，实力强大，在后赵土崩瓦解之后，现在却成为整个中国最不稳定、最为动荡的地区。对于这里，一直在南方观望的桓温也不敢轻动，二次北伐时他只在河南地区象征性地巡回一番便退兵了，这就说明了此地形势的复杂性。如此的局面被交给积蓄力量多年的慕容氏来处理，大概也是历史选择的结果。

慕容儁统一天下的步伐在最近几年迈得很顺，至前燕光寿二年（358），坐拥并州的后赵旧将张平在燕将慕容评的强力攻势下显得无计可施。燕军所到之地，并州军望风而降，几日之内，并州上百座堡垒都归顺了前燕，张平手下的征西将军诸葛骧甚至率领所属的一百三十八个堡垒不战而降。

慕容儁对于降将降卒一律采取宽和的态度，不仅给予抚恤，还保留他们原先的官职，因此获得了并州一带的民心。如此一来，据守并州的张平更加失去了抵抗的决心，在率领部众三千余人退守平阳不久，终于向慕容儁请降。

前燕没有付出多大的损失便得到了并州。幸福来得太快，有时候反倒显得不真实，这或许就是慕容儁接下来犯错误的缘由之一。

到了这一年的冬天，燕军扫荡了盘踞在河南、淮北一带的军阀势力，与东晋隔淮对峙。十六国时的“三分天下，前燕最强”，说的便是这一时期。此时，前燕帝国东起辽东，西至黄河，北近大漠，南临淮河，已经是绝对的天下第一强国。然而，与前燕实力的上升速度相匹配的是慕容儁本人的野心。如前所述，他的野心已经膨胀到将之后要攻略的对象定为东晋和前秦了。

这一年（358）年底，慕容儁下令让各州郡检核人口，每户只留一丁，其余丁壮全部征为士兵——他准备把军队扩大到一百五十万人，在第二年春天到洛阳集合，以图南下伐晋，西进攻秦。之后，由于大臣刘贵极力进谏，说“百姓凋敝，发兵非法，恐人不堪命，有土崩之祸”，慕容儁这才将征兵要求改为三丁抽一、五丁抽二，并把期限放宽到第二年冬天。

乍一看慕容儁的举动，不禁让人惊诧，因为他所采取的军事措施过于夸张。这次要求的征兵规模，令后来苻坚南侵东晋前的动员都相形见绌。最精明的慕容氏也开始犯错误了。这样的事情发生在一向行事沉稳的慕容儁身上，可见他的膨胀。当时，前燕朝中的高层显然对形势过于乐观，尚未解决好内部问题，就急不可待地要向外扩张，这与苻坚、王猛君臣一步一个脚印，扎扎实实地搞内部建设形成鲜明对比。随着时间的推移，我们越来越能看出，正是这些举动造成了前燕由盛及衰。

慕容儁的大规模征兵引起了百姓的恐慌，前燕国内民心浮动，但前燕的问题却不仅在于此。也许是慕容家的基因太好了，家族内的强人层出不穷，以致最后强强相争，反倒容易坏事。

首先是慕容儁对他同父异母的弟弟慕容恪的猜忌。

慕容儁十分喜爱自己的太子慕容晔（yè），可惜太子先他而死，他只好改立次子慕容暐（wěi）。这个慕容暐显然是个庸碌之辈，大臣李绩就曾经当面指出：“太子好游畋而乐丝竹。”慕容儁也看出次子的才能根本比不上他的几个弟弟，特别是比不上手握兵权的时任大司马慕容恪。

为了给太子铺路，扫清可能存在的障碍，慕容儁便想找机会摸清慕容恪的底牌。这时慕容儁已身患重病，他把慕容恪叫到榻侧，装作一副无所谓的样子对他说：“朕的病痛恐将不治，虽然注定短命，但也没什么可遗憾的！但如今晋、秦二寇未除，太子年幼，国家多难，朕想效仿春秋时的宋宣公，把国家交付给你。”

慕容恪立感惶恐，忙说：“太子年纪虽小，却是有为之主，臣是何人，敢违正统？”

慕容儁假意恼怒道：“兄弟之间，还用得着用假话敷衍吗？”

慕容恪答道：“陛下认为臣能够担当天下大任，可臣难道就不能用这才能辅佐少主吗？”

慕容儁闻听此言，转怒为喜：“你能做周公，朕还有什么可忧虑的呢？”

慕容儁几句问话，作用远胜当年刘备托孤。他深知慕容恪的为人，把话挑明就是要搞得他进也不是，退也不是，从此只能死心塌地辅佐幼主。

解决了一个，接下来慕容儁的目光又转到第五个弟弟慕容垂身上，这个慕容垂也就是我们在第二章中曾提到的慕容霸。

老燕王慕容皝生前十分宠爱慕容垂，特意为他取名为“霸”，字“道业”，言下之意是要将称霸天下的希望都寄托在他的身上，甚至一度准备改立他为世子，只是后来大臣们劝谏才作罢，但对他的恩宠仍然超过了慕容儁，慕容儁因此早就对这个弟弟怀恨在心。慕容垂曾从马上摔下来，跌掉了牙齿，所以慕容儁继位后就把他的名字改为“䟴”（“缺”的古字），表面上是表示钦慕春秋时的名士却䟴，实际上却是因为厌恶他。不久，慕容儁发现“䟴”字与谶文相合，有吉祥的寓意，于是去掉了“夬”，将这个弟弟改名为“垂”。

慕容儁也明白，光靠改改名字是没有实质作用的，正好有个中常侍向他诬告，说慕容垂的正妃段氏与慕容垂的部下典书令高弼合伙搞巫蛊活动，这样的好机会慕容儁怎么可能放过？更何况这一回他还得到了皇后可足浑氏的支持。

原来，段氏才高性烈，不像别人一样对可足浑氏表现出十分的尊崇，可足浑氏因此早看她不爽，夫妇二人在这件事上的想法可谓一致。

慕容儁下令将段氏和高弼收捕入牢，严刑拷问，想要她拖慕容垂一同下水，然而段氏在狱中任凭拷打，没有半点招供投降之意。慕容垂此生有段氏这样的妻子，真是让人羡慕。

感情是相互的，慕容垂心中怜悯，不愿让妻子受苦，便暗中派人对段氏说：“人生在世只能死一回，岂可忍受被人如此糟践，你不如就随他的愿，招供了吧。”

段氏听了传信人的话，长叹一声，道：“我哪里是想找死啊，但我这一招供，向上辱没祖宗，向下连累吴王（即慕容垂），这不是我能做出来的事。”

慕容垂终于免于灾祸，而贤惠的夫人段氏最后在狱中被活活折磨死了。慕容垂将悲痛和仇恨埋入心中，表面上默默地接受了这一事实，并且按照慕容儁的指使出镇辽东，又听从可足浑氏的安排，娶了她的妹妹长安君做继室。

慕容氏先后建立起的几个政权在漫长的百年争战中几次成为天下第一强国，与慕容家族的子孙们个个能干脱不开关系；然而，它们最后的结局都是土崩瓦解，这件事也不得不“归功”于子孙的能干。有句话叫“聪明反被聪明误”，慕容氏的悲哀大概莫过于此了。

六、夕阳余晖

前燕光寿四年（360）的第一个月，作为第一个鲜卑族皇帝的慕容儁拖着沉重的病体在国都邺城举行大阅兵，准备派大司马慕容恪、司空阳骛率军南下，攻打东晋。

天不遂人愿，慕容皇帝在阅兵大典中忽然发病，誓平南方的壮志豪言尚未在举国官兵面前喊出，便随着他的倒下化作泡影。次日，皇宫中就传出皇帝驾崩的消息，这一年慕容儁不过四十二岁。

十一岁的太子慕容暐在四天之后继位，成为鲜卑历史上的第二位皇帝，因为登基时赶上农历正月，就把年号也改了，叫作"建熙"。

前燕的这次皇位更替看起来同中国历史上其他时候的更替一般无二，一切都很平常，但正如柏杨所说，每个王朝在其发展延续的过程中都会有瓶颈时期，这对于一个政权来讲是十分危险的时期，大致都是在王朝建立后的二十到三十年内，也就是第二或第三代领导人掌权的时候。由于各种主客观原因，在这个时间段内继位的君主往往缺乏驾驭突发事件的能力，且大权旁落、内政混乱的现象也愈趋明显。

十六国时期的王朝几乎个个短命，从刘渊、刘曜的前赵到石勒的后赵，任凭开国君主如何英武，王朝最后的结局都是如此。屈指算来，自公元 337 年慕容皝建国称王时起，前燕帝国刚刚好进入了第二十四个年头。每件事情都像安排好似的，让我们这些回顾历史的人感到似曾相识：皇帝年轻力壮却不幸驾崩，一个不谙世事的小孩成为名义上的君主，此时的宫内宫外，太后朝臣各怀鬼胎，宗室与宦官矛盾重重。所以，若说前燕必亡，那么这一年便已败象显露。

慕容儁生前虽重用慕容恪、阳骛等人，且让他们受遗诏辅政，但接班的慕容暐显然只是个在宫中长大的乳臭未干的小孩，他即位后虽然遵照父亲的遗诏，任命慕容恪为太宰，让他专录朝政，可矛盾的是，目前皇宫内外最有权势的人并不是威望甚高的慕容恪，而是杀害慕容垂原配妻子段氏的元凶——皇太后可足浑氏，和时任太傅、上庸王慕容评。这两个人，一个妒贤嫉能，一个贪婪成性，他俩若能使出“浑身解数”，恐怕前燕还会再早亡几年，幸有慕容恪在中间周旋，才保证了政权更迭初期王朝表面上的安定。而在慕容暐看来，他却对自己的选择很是得意。想想也是，一个是自己的亲生母亲，一个是自己的启蒙老师，对于小皇帝而言，就是谁的话都不信，也不能不信任这两位啊！

有慕容恪在，前燕仍勉强维持着第一大国的形象，不过危机已经潜藏。

作为前燕西面的强敌，此时的前秦在王猛的改造之下已显现一片升平气象。《晋书·苻坚载记》里说，苻坚即位五年，即“人思劝励，号称多士，盗贼止息，请托路绝，田畴修辟，帑藏充盈，典章法物靡不悉备”。这段文字读来，不禁让人想起史书中关于唐太宗贞观年间太平景象的描述，用词何其相似！只是，苻坚周边的对手太多，且不说西北的前凉张氏、西南的仇池杨氏，光是河套南北的鲜卑拓跋氏和铁弗刘氏这两大部族，就够他费尽功夫来对付了，更别说要成就唐太宗一般的伟业了。因此，在慕容暐刚即位的几年内，苻坚还没有时间关注这位东面的邻居。

江南的东晋得到慕容儁的死讯后，也对它重新产生了一些“想法”，有大臣重提北伐，可大将军桓温深知慕容恪的厉害，用一句“慕容恪尚在，忧方大耳”，便使朝中认为中原可图的议论立刻平息了下去。

这个时候的东晋，还保留着第二次北伐的成果，也就是旧都洛阳周围的局促之地。慕容恪在这方面完全秉承慕容儁的想法，他对这座魏晋时代的古都垂涎已久，并将它设置成为自己前进路上的第一个试金石。他于前燕建熙三年（362，即晋哀帝隆和元年）挥师南下，攻打洛阳。

正巧在这个时候，东晋的大将军桓温提出一个“奇怪”的要求：请皇帝迁都洛阳，以充实河南一带的力量。这一次，朝中的意见“难得”地统一了，没有人敢在这个时候往气势汹汹的慕容大军的枪口上撞，晋哀帝还找了几个语言水平高的大臣上表，洋洋洒洒地写了一堆形势分析，用来反对迁都一事。这些奏表逻辑严密，让人读来也找不出什么漏洞，桓温虽然胆大，这次却也得面对现实了。

这件事对桓温本人没有多大的影响，倒是晋哀帝，他害怕桓温因此怀恨，于己不利，也是赶紧加封桓温为侍中、大司马，到底是把整个东晋的兵权都交到桓温的手中。

东晋在前燕的几番强攻下终究守不住洛阳，经过三年艰苦的攻防拉锯战，洛阳再度失陷，桓温无奈之余也只能在南方缓图北进，继续等待良机。好的一点是，这时候前燕的支柱慕容恪也已无力南下了——他已经为此耗尽了生命中最后的精力。又过了两年，也就是前燕建熙八年（367），慕容恪就带着未竟事业的那份遗憾去世了。前燕的半边天塌了。

慕容恪临终时竭力向慕容暐推荐弟弟吴王慕容垂接任自己的大司马之职，他说："吴王的将相之才胜我十倍，先帝按照长幼的顺序才决定让我先来辅政。吴王文武兼备，又是您的至亲，我死之后，希望陛下能够委政于吴王。"

慕容恪说得一点没错，以慕容垂的才华，如果真能被委以重任，前燕的半边天应当可以重新支撑起来，然而慕容暐与他父亲一样对他不信任。慕容暐将一切交给太傅慕容评处理，结果大司马这样的要职就落到了比慕容暐更不懂事的皇弟中山王慕容冲头上。

接下来，慕容垂很快以自己的出色表现证明了前燕这几位决策者的严重错误——他漂亮地击退了桓温的第三次北伐。只可惜，慕容垂在战场上是胜利者，到了战场下却不及他的对手桓温精明，反而遭受了他平生的第一次大失败。

七、三伐中原

慕容恪一死，首先得到这一消息的国家便是前秦，苻坚特意让刚刚归附于他的匈奴人曹毂（gǔ）派遣使者向前燕朝贡，借机刺探情况。使者回来向苻坚报告，前燕朝纲混乱，确有可图之机。

苻坚雄心勃勃，不料前秦在这时也出了个小小的内乱。苻生的弟弟晋公苻柳以及赵公苻双纠合另外两个皇亲魏公苻廋（sōu）、燕公苻武，分别在长安东面的蒲坂（今山西永济西）、陕城（今河南三门峡陕州区一带）和西面的上邽（今甘肃天水）、安定（今甘肃泾川北）等地起兵谋反。这对于苻坚来讲当然不是好消息，他不得不分兵前往镇压。

苻坚的策略是对东线两城只拒不取，先重点攻打离长安较近的西线两城。魏公苻廋遭到秦兵包围，被逼无奈，携陕城投降前燕，请求前燕派兵接应。这一举动让苻坚大惊，为防不测，他不得不在华阴一带布置守兵，抵御前燕可能的袭击。

在前燕一边，有识之士还是不少的。慕容儁、慕容垂最小的弟弟范阳王慕容德上疏，认为好不容易等到前秦分崩离析、骨肉相残，这正是灭秦的天赐良机，只要分兵两路，分别从并州和洛阳出兵救援蒲坂的苻柳和陕城的苻廋，就有望一举攻下前秦。

慕容德的建议颇有远见，瞅准了前秦的软肋，而且已经得到了前燕朝中不少大臣的支持，那么在慕容恪死后独握大权的太傅慕容评是怎么看待这件事的呢？他的表现可以说是让人极度失望了，他说："秦国是个大国，现在虽然碰上点麻烦，还是不易图谋。我们燕国呢，就算现在的朝廷再明智，恐怕也不如先帝吧？而我们这些人的谋略又比不上太宰（慕容恪），所以我们能闭关保境也就不错啦，平定秦国可不是咱们要管的事儿。”

慕容评这个人对钱财之物十分贪婪，见到就要据为己有，但在政治、军事上却恰恰相反。这样的人偏偏要来处置国家大事，燕国不遭殃才是天方夜谭。

这个时候，“叛臣”苻廋也已看出前燕朝廷不可靠，他在绝望之余给在并州和洛阳的前燕守将皇甫真、慕容垂发去密信，提醒二人，苻坚、王猛这样的人中豪杰志存高远，必定不会满足于现在的国土，他们谋燕已久，而前燕假如失去当前这个机会，恐怕将来就有君臣后悔的那天！皇甫真等人明事理，怎奈朝中当权者昏聩无能，所以也只能慨叹政非己出，眼睁睁看着机会从指间划走了。

请不来外援，前秦的几路叛军又各自为战，孤立无援，结果当然不言而喻，很快就被苻坚一一平定。

正应了那句“一波未平，一波又起”，那一头苻坚正因内乱准备将伐燕的计划推迟几年，这一头刚刚得到慕容恪死讯的东晋大司马桓温又将伐燕提上了议事日程——他不愿轻易放弃这一恢复中原的好机会。

东晋海西公[①]太和四年（369）春天，桓温发动了他一生中规模最大的一次北伐，这是他第三次率兵北上了。他率领五万步骑兵从兖州出发，向北攻入前燕境内，首仗便俘获了燕将慕容忠，接着于当年四月兵至金乡（今山东金乡一带）。晋军又连胜数仗，前燕下邳王慕容厉在黄墟惨败，只身逃回，高平太守徐翻则选择开城投降。

东晋军队势如破竹，前燕朝中惊慌失措，慕容暐赶紧派出另一位亲王慕容臧领兵抵抗晋军，同时又让散骑常侍李凤前往前秦求救。

慕容臧的表现让慕容暐大失所望，很快败下阵来。七月，桓温到达枋头（今河南浚县一带），前燕原先的兖州刺史孙元起兵接应。前燕朝廷大为震动，慕容暐和慕容评准备放弃国都邺城，往旧都龙城（今辽宁朝阳）方向逃跑。

在此紧要关头，慕容垂挺身而出，主动请战，他对慕容暐等人说：“我此番出战，即使不胜也不会败得太难看，到那时你们再跑也不晚！”

慕容暐无计可施，只得任命慕容垂取代慕容臧为持节、南讨大都督，让他与范阳

① 即东晋的第七个皇帝司马奕，是晋成帝司马衍的次子，晋哀帝司马丕的弟弟，后被桓温所废。

王慕容德一起领兵五万抵御桓温。同时，慕容暐又派出散骑常侍乐嵩再次去前秦求援，这次附带的条件是，可以把虎牢关以西的地区割让给前秦。

诱人的利益当前，苻坚召集群臣商议。大家都认为，当初桓温伐秦，一直打到灞上，燕国没有派兵救援；如今挨打的换成了燕国，秦国凭什么要救它？更何况燕国也不向秦国称藩，秦国就更没有什么理由派援兵了！

苻坚最倚重的王猛始终没有发表意见，只等会后众人散去，王猛才密告苻坚，说："燕国看似强大，主政的慕容评却不是桓温的对手。假如桓温攻下山东，进取洛阳，再受降幽州、冀州的兵将，得到并州、豫州的粮草，就可出兵崤山、渑池，到那个时候，陛下您哪里还能阻挡他前进的步伐？不如与燕人联合，先打退桓温。待到桓温退去，燕国也消耗得差不多了，到那时我们再趁其不备将其拿下，不是很好吗？"苻坚深感王猛分析得有理，便派遣将军苟池和洛州刺史邓羌领兵两万前往援救。

慕容垂与桓温在枋头相持，避其锐气，击敌虚弱。晋军的向导是前燕降将段思，慕容垂便派将军悉罗腾与其交战，将段思生擒，接着又阵斩桓温手下大将、原属后赵的将军李述，大大地杀了杀桓温军队的士气。

此次北伐，桓温开通了漕运航道以解决粮草运输的问题，却被慕容垂先算一步。慕容垂以慕容德的一万骑兵截断晋军粮道，又设伏击败了来夺粮道的晋军。

就这样，到了这年（369）九月，桓温主力尚未与慕容垂交手就已经士气低落了。晋军粮草消耗殆尽，而坏消息又接踵而至：前秦的援兵就要到了。桓温知道久留在此只有死路一条，就焚烧了所有的船只，丢弃武器辎重，从陆路火速撤兵。

燕军众将力主追击，慕容垂却说："不可。现在桓温刚刚撤退，必定安排精锐殿后。此时出击，我们未必能得手，不如先缓一下。这样，他定会庆幸后无追兵，昼夜兼程，等他的士卒筋疲力尽，我们再出击，便可大获全胜。"

慕容垂率领精骑八千，不紧不慢地尾随在桓温身后。落魄的晋军果然如他所料一口气跑出七百里，几天后总算赶到前燕边境，直到这时慕容垂才下令急行，同时又让慕容德带上四千精锐骑兵抄小路埋伏在襄邑（今河南睢县）东面的山涧中。燕军很快在襄邑附近与晋军接触，早已累得精疲力竭的数万晋军哪里还有力气抵挡？之后，还没摸清对手有多少人的晋军又撞上慕容德的伏兵，全军顿时崩溃。这一仗，可以说前燕的八千精锐骑兵是在屠杀失去反抗能力的晋军，战争结束一清点，燕军居然斩首三万级。桓温带着剩下不足一半的残兵冲出重围，才退到谯城，前秦派来的援军又恰好赶到，晋军再遭一阵截杀，败象惨不忍睹，最后逃回来的大概还不到一万人。

桓温虽是捡了条命，但已蒙受了平生最大的耻辱，他将此次失败归罪于丢失粮道的豫州刺史袁真，把他贬为庶人，不料这一招又逼反了袁真，他据豫州投降前燕和前秦，给东晋造成了新的麻烦。

这就是桓温最后一次北伐的经过和结局，这一趟真是“成事不足，败事有余”。从此至死，桓温再也没有信心和力量发动新一轮的北伐了。

慕容垂大获全胜，从襄邑回到邺都，威名更盛，也让无德无能却有权有势的慕容评愈加妒忌。慕容垂上表，希望朝廷嘉奖的有功将士，慕容评均不予理睬。两人在朝中常有争执，积怨越来越深，而一向厌恶慕容垂的太后可足浑氏也趁机诋毁慕容垂的战功，后来竟然发展到与慕容评密谋诛杀慕容垂。慕容垂的侄子，也就是慕容恪之子慕容楷得到消息，急忙告知慕容垂，并劝他先发制人，除掉慕容评和乐安王慕容臧，可是慕容垂表示不忍骨肉相残，宁可外逃避祸也不在国中作乱。

慕容垂深知自己身处险境，但没有将此事告诉他的儿子们。世子慕容令前来请安，见父亲满面愁容，问道：“父王面有忧色，莫不是因为皇上年幼不经事，太傅嫉贤妒能，立了大功反倒更遭猜忌？”

慕容垂对儿子的敏锐感到惊讶，说：“是啊。我竭尽全力击破强敌，本想能够保全国家，谁知功成之后却无立身之地。你既然知道我所想，可有什么好办法吗？”

慕容令答道：“皇上暗弱，将大权都交给了太傅，一旦祸起，您再想脱身就不可能了。当今之计，如若不愿作乱，不如逃往旧都龙城，以退为进。要是皇上能够体悟我们的良苦用心，便可重归于好；要是不行，我们至少也可以凭借龙城之险自保。”

慕容垂想了想，点头称是。

不久，慕容垂以出城打猎为由微服出城，准备离开国都邺城前往龙城。事情似乎顺利进行，然而一件他怎么也想不到的事在此时发生了：素来不受慕容垂喜爱的小儿子慕容麟跟着逃到邯郸，之后竟偷偷跑回邺城向慕容评告发自己的父兄。慕容评得知此事，当即派轻骑兵前去追赶，终于在范阳（今河北涿州一带）附近赶上慕容垂，幸而有慕容令领兵断后，追兵一时不敢靠近。

事情败露，反倒坚定了慕容垂叛逃的决心。到了这个非常时刻，慕容令认为应当起兵除掉慕容评等掌权的庸人，但谨慎的慕容垂回答他说："你这一招如果成功了，当然是国家之幸，如若失败，我们就该后悔莫及了。为今之计，不如西奔秦国，这才是当前的万全之策。"于是，慕容垂下令西进。

一行人来到黄河渡口，被前燕守兵挡住去路，慕容垂亲自上阵，斩杀津吏，渡河抵达洛阳，之后又从洛阳率领自己的几个儿子（慕容令、慕容宝、慕容农、慕容隆）和侄子慕容楷、舅舅兰建等人再度出发，逃往前秦去了。当然，他没忘记带上他一生中爱的第二个女人——前妻段氏的妹妹小段氏，而太后给他安排的那个继妻可足浑氏，被孤独地留在了邺城。

八、河套双雄

我们很难想象，一千六百多年前的那个早晨，当苻坚意外得知慕容垂前来投奔自己时，会有多么兴奋——他灭燕计划中唯一的一点担心与顾虑从此荡然无存！

与慕容儁一样以统一天下为毕生目标的苻坚命令手下列队出城，并亲自前去迎接这位“客人”的到来。两人相见之时，真有点英雄惜英雄的感觉，苻坚紧握着慕容垂的手，相约与他共定天下，而刚刚逃出虎口的慕容垂在苻坚面前也连连点头称谢。他们一见如故，如同久未相见的老友一般亲热。

苻坚看着慕容垂身边的慕容令、慕容楷等年轻小伙子们一个个生龙活虎、一表人才，竟也一并喜欢上了，当场便给他们重金赏赐，接着又将他们加封为将军，就像是前生欠了他们一份人情亟待偿还似的。这个时候，“不识相”的王猛向苻坚谏言：“慕容垂父子就好比龙虎，绝非可驯之物，若有一朝假以风云，就不可制服，还不如趁早将其除掉。”可刚获得一批人才的苻坚正在兴头上，哪里会听，将王猛的劝告远远地抛在了脑后。

不过话说回来，我们若以事后诸葛的眼光在这个时候苛求苻坚，未免有些过分。况且王猛也未必是真的多高明，真有未卜先知的才能。慕容垂的确不是个甘居人下的人物，但并不是说，他将来就一定会叛秦。慕容垂的威望在前秦也相当高，苻坚善待慕容垂，不仅安定了关中民心，也获取了关东民众的信任，为前秦进一步吸引了人才流入，所以，苻坚接纳慕容垂的行为本身并不会造成王猛所说的严重后果，他确实是有些危言耸听了。更何况，苻坚在当时那个国内外尚有忧患的情况下，又岂能预见到十五年后的可能发生的事情，总不至于让他真的去相信那些谶谣吧？

这里说的苻坚的忧患是河套双雄：鲜卑拓跋和铁弗刘氏。

关于鲜卑拓跋，我们在第一章中曾经提到过这个部族的一任首领拓跋猗卢，以后便再无涉及。这并非厚彼薄此，而是因为在那以后的数十年中，拓跋部在中原的活动几近消失。

自拓跋猗卢死后，拓跋部便不再有一个有威望的人来领导，渐渐族人四散。经过一段时间的动乱，拓跋氏历史上另一位传奇式人物——拓跋什翼犍开始崭露头角。

东晋咸和四年（329），什翼犍的哥哥、拓跋猗卢的侄孙拓跋翳槐被各部拥立为代王。拓跋翳槐为了稳定内外形势，决定与刚刚统一北方的后赵结好，便把弟弟什翼犍派往后赵做人质。什翼犍在襄国（今河北邢台西南）做人质整整十年，这个原本远离中原和汉人聚居区的鲜卑人有更多的机会了解和接受汉族文化，而这对他日后的思想和行为产生了很大影响。

东晋咸康四年（338），拓跋翳槐病危，临终前，他嘱咐左右把尚在后赵为人质的什翼犍迎接回来立为代王，可是拓跋各部首领不同意。他们认为什翼犍远在后赵，未必回得来，而且即使能回来，只怕他还未赶到，部族中变乱已生，所以不如另立他人。于是，他们选择将什翼犍的弟弟拓跋孤推举为代王，然而拓跋孤不忘拓跋翳槐的遗言，在翳槐死后坚持要拥立什翼犍，最后甚至亲自前往襄国，向石虎表示自己愿意代替什翼犍为人质，请石虎让什翼犍回去。石虎被拓跋孤的义气深深打动，让他们兄弟一同回到故国。

什翼犍顺利回到自己的部落，于繁畤北（今山西浑源西南）即代王位，改元“建国”。什翼犍不忘弟弟拓跋孤的义举，把拓跋部落的一半分给他，交由他统领。

什翼犍没有让信任他的人们失望，很快便显出不同于代国以前各王的地方。即代王位的次年（339），什翼犍就按照当初在后赵了解到的中原制度，在部落内部着手设置文武百官，让他们分掌政务。他还任用燕凤、许谦等汉人制定了法律，一改以往部落制度杂乱无章的状况，做到了号令明白、政事清简。渐渐地，他得到了附近百姓的欢迎，大家纷纷前来归附，拓跋部的部众一下子达到数十万人。

接着，什翼犍又采取了一系列振兴代国的举措。他向前燕的慕容皝请求联姻，娶慕容皝的妹妹为妻，使得代国与前燕的关系更加密切。然后他迁都云中盛乐宫（今内蒙古和林格尔西北），在故城南面修筑了新的盛乐城，一度衰落的代国重又呈现出欣欣向荣的气象。

这一下，边上有人看不惯了，此人便是拓跋部西面的近邻——铁弗部的首领刘虎。

所谓“铁弗”，事实上并不是一个民族的称谓，若按古时的种族划分方式，铁弗人实际上就是匈奴人。不过匈奴人自己并不这么看，他们似乎很在意血缘关系，所以便专门将父亲是匈奴人、母亲是鲜卑人的混血称作“铁弗”。

说起来，铁弗部的首领刘虎跟前赵皇族一样，也是南匈奴单于的后裔。刘聪在位时，他便是以宗室身份被委任为安北将军、丁零中郎将的，从那以后一直驻守在新平（今山西定襄一带）。

代国什翼犍建国四年（341），刘虎不愿坐视拓跋部变得强大，亲率本部人马袭扰代国边境，遭到什翼犍大军的反击，损失惨重，从此，两个部落之间长达一个世纪的恩怨揭开了序幕。

拓跋部和铁弗部的争斗从河套以北开始，到半个多世纪后，演变为在东、西、北中国的对抗，其间还有前秦、后燕、后秦等几个大国的介入。这场戏唱得真是热闹，而此时的这曲“河套双雄”只不过是好戏刚刚开场时的一个小小的插曲而已。

不久后刘虎去世，什翼犍把女儿嫁给继位的刘虎之子刘务桓，实现了与铁弗部的第一次和解。

代国建国十九年（356），匈奴首领刘务桓病死，其弟刘阏头继位，暗中谋划与拓跋部翻脸。什翼犍获悉，当即采取了两项对策：一方面，他把在自己手下的悉勿祈兄弟十二人全部遣返——悉勿祈是刘阏头的侄子，什翼犍遣返他们兄弟，就是要利用他们搅乱刘阏头的安排，让铁弗部内部开始自相猜疑；另一方面，他又亲自率军西巡，迫使刘阏头因畏惧而投降。

刘阏头见什翼犍大军压境，果然乖乖地请降。而在两年后，刘阏头的部属发生叛乱，其部众全都归附了悉勿祈。什翼犍的两项对策全部奏效。

悉勿祈死后，其弟刘卫辰继立，什翼犍又把自己的另一个女儿嫁给了刘卫辰，借此笼络和控制他，两个部落之间似乎又恢复了往日的和平。

好景不长，代国建国二十八年（365），刘卫辰反叛不成，遭到什翼犍痛击而逃遁。什翼犍痛恨刘卫辰的反复无常，在两年之后（367）主动出击，讨伐刘卫辰。发兵的时候虽已入冬，但黄河尚未全部结冰，于是什翼犍命令部下用芦苇搓成粗绳，拦截浮在水面的流冰，很快就使河面的冰合拢。不过这些冰起初还不够坚固，什翼犍又吩咐人把苇草撒在冰上，冰与草相联结，一下子变得牢固起来，犹如浮桥，军队得以顺利地渡过黄河。刘卫辰没有料到代国军队会突然到来，仓皇西逃，什翼犍接收了铁弗部的大部。

走投无路的刘卫辰逃往前秦，苻坚对此求之不得。苻坚派人把刘卫辰遣送回朔方（即河套一带），给他兵马，让他守卫在那里，名义上是帮助铁弗部复国，实际上却是将前秦的势力推进至河套，可谓一举两得。

苻坚暂时控制住了两个一直令他捉摸不定的北方势力，开始专心执行他的下一步计划。

九、前燕灭亡

自慕容垂西投前秦的那一刻起，前燕实际上已被判了死刑，偏偏辅政的太傅慕容评完全不把国土狭小的前秦放在眼里，整日做着“大燕国天下第一”的美梦。少年皇帝慕容暐更是没有认清天下局势，他当初为向前秦求援许下割让虎牢以西土地的条件，现在居然后悔起来，派了个使者对苻坚说：“咱们都是有国有家之人，互相帮个忙、救个灾本是常理，当初说要割让土地，不过是使臣一时失言罢了。”

苻坚得到慕容垂来投，正愁没个借口伐燕，这下有人送上了门，哪能放过？于是，这一年（369）的十二月，苻坚以燕国私毁盟约为由，命令王猛等人率领大军三万东进伐燕。

王猛一出手，果然不同凡响。还未发兵，他便用一封书信招降了驻守洛阳的前燕大将慕容筑，不费一兵一卒就得到了晋国的故都洛阳，之后就与前燕的乐安王慕容臧对峙于石门（今河南荥阳北）一线。

王猛并不担心眼前的前燕大军，在他眼中，慕容臧、慕容评等人率领的军队与草芥无异，让他最放心不下的反而是后方刚刚来降的慕容垂，于是他便趁机出手了。

出征之时，王猛以需要向导的名义要慕容垂的世子慕容令先走一步，然后又亲自上门请慕容垂喝酒。酒酣之余，他与慕容垂讲了些哥俩好的话，又说：“我如今要远行，你有什么东西留给我，让我能睹物思人呢？”慕容垂以为王猛是真的想与自己交好，就把随身佩刀赠予了他。

王猛当然没安好心，一到洛阳，他便贿赂慕容垂的亲信，让这人带着慕容垂的佩刀去到慕容令的营中，说：“你老爹深恐受到王猛的排挤谗毁，又猜不透秦王的心思，已经东归故国去了，要你赶快动身。”

慕容令听了传话，心中略有疑惑，只是苦于身在前线，无法复核消息的准确性。思来想去，毕竟见了父亲的信物，慕容令狠狠心，终于在第二天带着自己的旧部以出猎为名前往石门，投奔慕容臧。

这边，王猛早已拟好的表文发到长安，向苻坚报告慕容令“叛变”的消息。慕容垂吃了一惊，为免被害也快速出逃，但还是在蓝田被苻坚的追兵赶上。

绝望的慕容垂回到长安，准备引颈就戮，却不想苻坚亲自把他领到东堂，好言宽慰，还对他说：“你与家国失和，这才委身于朕。你的好儿子心不忘本，怀念故土，离你而去，这不过是人各有志罢了，不算什么大错。只是燕国行将亡国，不是一个慕容令能够改变得了的，可惜了，一个人才重入虎口啊！”末了还拍拍慕容垂的肩膀，“父子兄弟，罪不相及，爱卿何必如此害怕以至出逃呢？”之后依旧以从前的爵禄对待慕容垂。

王猛的反间之计没搞倒慕容垂，倒让苻坚对他更为信任。慕容垂还真得谢天谢地，不知他是哪世修来的福分，能碰上苻坚这样的“好人”，如果换了别人，恐怕就没有日后的后燕了。

原本，看历史看到这里笑笑也就过去了，这不过是苻坚与慕容垂这两位英雄之间的恩怨情仇而已，偏巧《资治通鉴》上讲到这里时忽然跑出来个“凑热闹”的司马光，他评论说，王猛嫉贤妒能，是在协助燕国做无道之事，幸亏苻坚料理得当，重新获取了燕国的人心。这话虽不算很错，却把王猛的行为价值推到一个反面的极端。实际上，王猛是时时在想苻坚所不能想、为苻坚之不能为。看看苻坚即位头几年的政绩，大多都与王猛有关。苻坚是个惜才如命的人，却往往不考虑引进某些人才的后果。对于世事之艰险、人心之难测，他似乎想得过于简单了，若没有王猛的辅佐，真怀疑他是否能撑到淝水之战发生的那一天。不过，他的这份不合时宜的“单纯”，反倒更显出他的个人魅力，让人不得不佩服他。

父亲慕容垂算是逃过一劫，却害惨了儿子慕容令。燕国人可没苻坚这样的胸襟，一见慕容垂在苻坚处受到礼遇，就怀疑慕容令是前秦派来的间谍，干脆把他远远支开，派到龙城东北六百里的沙城做守卫。慕容令自知难免一死，干脆在沙城招募部下，准备攻取旧都龙城。这次又是他弟弟慕容麟向守备龙城的慕容亮告了密，龙城早有准备，慕容令久攻不下，反遭归顺来的部下反叛，落了个身败名裂的下场。

王猛很快击破慕容臧的军队，收兵返回长安。

前秦建元六年（370）六月，前秦派遣王猛、杨安等人对前燕发动总攻。苻坚亲自在灞上送别王猛，将关东之事一律交给王猛节制，并订下“先克壶关，再取上党，水陆并进，直取邺城”的策略。

王猛和杨安很顺利地攻下壶关、晋阳，当年十月与燕军相持于潞川。

这时，秦军约有六万人，燕军则有三十万之众。看起来燕军优势极大，事实却相反，正从反面证明了什么叫“千军易得，一将难求”。前燕的三军统帅慕容评完全是个战场上的生手，大敌当前，他却无心于战事，反而一心想着趁机发财。他看王猛孤军深入，就打算玩持久战。不知是不是要获取持久战所需的物资，他竟然一边打仗，一边占着周边的山泉做上了买卖，对前来砍柴打水的人统统收取钱财，所获金银很快便堆积如山。慕容评赚了个盆满钵满，然而此举对战事没有丝毫好处，官兵怨声载道，前燕军毫无斗志。

王猛听说此事，不由哈哈大笑：“慕容评真是个奴才，纵有亿兆之兵也不足为惧，何况他只有数十万——他死定了！”他派部将郭庆带领五千骑兵抄小道绕到燕军背后，然后放火焚烧慕容评的随军辎重。一时间火光冲天，邺城之中也依稀可见。

慕容暐也得到了消息，又怕又气，专门派人去骂慕容评：“你身为皇室宗亲，为何不以国家利益为重？国库里的钱还不是我和你共有的？你竟然还怕穷？！敌人若进军，家国破败，你的这许多钱能放到哪里去？”慕容暐命慕容评把“赚”的钱财全部发放给军士，并催他速速出兵应战。慕容评恼羞成怒，却不能不给皇帝面子，只好临时改变策略，遣使向秦军请战。

王猛等的就是这个，于是誓师渭源，对全体将士说：“我王景略深受秦王厚恩，大权兼掌内外。如今与诸君深入燕地，自当竭尽全力，有进无退，共立大功，报效国家。待到凯旋时，诸君也可加官晋爵，光宗耀祖。成败在此一举了！”说罢挥师东进。

秦军以一敌十，大破燕军，燕军伤亡投降的兵士近二十万，慕容评单骑逃回邺城。得到捷报的苻坚大喜，率领十万精兵七天之内赶到安阳，与王猛合兵一处。

此时邺城已无险可守，城内一片大乱，又有叛军夜开北门迎接秦兵，城破就在一刹那。慕容暐、慕容评等人逃出邺城，本来还想奔往龙城，退保旧都，可部下却不给他们面子，一路上随从越逃越少，还撞上了抢劫的强盗。慕容暐穷途末路，连马也丢了，只能步行逃亡，终于在途中被郭庆率领的轻骑兵追上。慕容评拼死拼活逃到高句丽，反被高句丽王解送至前秦。前燕各地守将也纷纷降秦。

前燕这个昔日的大帝国，慕容氏四代人辛辛苦苦创下的基业，就这样在几夜之间土崩瓦解了。

十、“连环套”之谜

慕容暐虽然被俘，但姿态狂傲，让人不由联想起多年前冉闵被慕容暐的父亲慕容儁俘虏时的情景。

慕容暐盛气凌人地呵斥上前捆绑他的前秦武将巨虎：“你是何方来的小人，敢来捆天子？！”

巨虎正色回答：“我奉诏追贼，哪里有什么天子？”

慕容暐无言以对，但仍然不忘对接见他的苻坚冷眼相看。苻坚还是一如既往地宽容，在面对昔日敌国的末代君主慕容暐时也不例外。苻坚责备慕容暐不主动投降而是选择逃跑，慕容暐答道：“狐死首丘，我是想死在先人的墓前而已。”苻坚心生同情，给慕容暐松绑，让他回到邺城宫中，带领文武百官出城投降。

正所谓“三十年河东，三十年河西”，上一次北方得到统一的时候，是关东的后赵灭掉了关中的前赵，而这一回形势逆转，关中的前秦兼并了关东的前燕。苻坚实现夙愿，成为北方的新霸主。

若算到南北朝统一为止，此后尚有两次关东和关中的统一，即六十年后的关东北魏灭关中的大夏，以及两百年之后关中的北周灭关东的北齐。历史实实在在地给我们展现了什么叫“风水轮流转”，几百年之间，东西两方势力的对抗，恰好打成了二比二，这到底只是一个小小的偶然，还是有其必然的联系？这个问题值得思考。

历史的趣味不止于此，我们不妨再看一例。

细究起来，北方十六国的更替兴亡颇有些奥妙，我将它称作是几个民族之间的“相生相克”。把建立了十六国的五个少数民族和汉族放在一起，按其出处，大致可以分成四大种族：匈奴一支的胡族，包括屠各部（前赵建立者）、羯胡部（后赵建立者）、卢水部（北凉建立者）以及铁弗部（刘虎、刘卫辰及大夏建立者）；东胡一支的鲜卑，包括慕容、拓跋、乞伏、秃发等部；西羌（即今藏人、羌人的祖先）一支的氐羌族；最后是汉人。

所谓“相生相克”，首先是汉人在匈奴人面前绝没有好果子吃，西晋就亡于屠各部和羯胡部的匈奴人之手，后来刘裕北伐的成果也最终被铁弗部的匈奴人窃取。

接下来，匈奴人碰到鲜卑人从来占不了便宜，这一点我在第一章中就曾提出；后赵在前燕面前屡战屡败，而后来建立的两个匈奴人国家北凉和大夏也被鲜卑人建立的北魏吞并。

相对来说，鲜卑人又拿氐羌人很没有办法，前燕亡于前秦就是个很好的佐证。

最后，汉人在与氐羌人的较量中占据了上风。桓温的第一次北伐便险些灭秦，氐羌人建立的国家成汉和后秦也都是被东晋的汉人消灭的。当然，最让东晋士大夫们引以为豪的还是公元 383 年的那场决定生死的大战役，在这场大战中，东晋取得了巨大胜利。

时隔一千多年，我们排出这样的“连环套”阵式，其实不免有娱乐的成分在内，但在当日诸民族之间兵戎相见的时候，却是容不得半点打趣的。造成这样的局面也许不过是巧合，也许是真的另有原因，也不知谁能解开这里头的玄机。

这样的“连环套”倒是与体育比赛中几支球队彼此克制的连环套颇为相似，其中大致体现了各民族文化风格的差别。

尽管在十六国极乱之时，汉文化仍然是中华大地上的主流文化，但随着各少数民族不断融入中原，他们也带来了具有各自民族特色的文化，不同的文化得以相互碰撞、交融。在文化的交流过程中，诚如前文所展现的，会产生各种各样的冲突乃至战争，这是不可避免的，不过，绝对不该忘记的是，冲突并非坏事，它本身也是交流的一部分。从事后来看，汉文化最终还是以主流的身份影响整个中国，但后来的汉文化也已与魏晋时的汉文化相差很多了，总的来说，就是已经“去其糟粕，取其精华”地融入了其他各个民族的文化特色。在这个过程中，无论是统治者，还是老百姓，或许都有这样或那样的无奈，但对于长远的结果说来，却是利大于弊的。

我一直以来有一个观点：与地区族群息息相关的文化并没有“改变”一说，有的只是“发展”，或曰“进化”。文化之间没有绝对的优劣，因为它本身就处在一个动态发展的过程中。明白这一点，恐怕比参透各民族之间“连环套”的谜团更有意义。

“连环套”的怪圈倒也不是没人打破过，苻坚就算一个。

苻坚先是于灭燕的次年（371）出兵灭掉了原先依附于秦，继而又叛秦自立的仇池杨氏。之后，他便破了“氐羌不敌汉人”的“惯例”，在前秦建元九年（373）攻取了东晋的梁州、益州，占领了三十年前成汉的故地。三年后，即前秦建元十二年（376），他再次出兵，这次的目标是一度对秦称藩后抗命不遵的前凉。

前文说过，张祚的暴政被推翻后，小孩子张玄靓做了凉州牧，拥立他的功臣张瓘和宋混一个做了卫将军，一个做了辅国。虽然两人都立了大功，张瓘的实际权力却要大上不少，宋混对此极为不爽，就和弟弟宋澄找了个机会污蔑张瓘图谋篡位，共同出兵讨伐张瓘，将其一家人全部杀死了。宋混取代张瓘做了大将军，宋混病死后，又由宋澄继续独断专权。

右司马张邕看不下去，发动了政变，杀死宋氏全家，和张玄靓的叔父张天锡共同辅政。然而张邕也好不到哪里去，他不但骄纵，而且和张祚一般好色，竟然也和张玄靓的祖母、张重华的母亲马氏勾搭上了。在他的统治下，凉州官民怨声载道。

一天，张天锡在上朝时带兵进攻张邕，大声呼喝：“张邕无道，扰乱社稷！此乃我家务事，我只要张邕一人的性命，其余人等，概不论罪！”张邕的护卫队当即散去，张邕无奈自刎。这可真是“你方唱罢我登场”，张天锡接替张邕把持了朝政。到了晋哀帝兴宁元年（363），张天锡秘密处死了碍事儿的张玄靓，自己做了凉州牧。

一连串杀戮之后，凉州这片曾经的“净土”已是资源耗尽。张天锡并不是个励志之主，他不思进取，关着门荒废政事也就罢了，又杀了奉命招他入长安的前秦使臣，公然与前秦搞起了对抗，给了苻坚一个前来征讨的借口。

凉州实在太小，加上张天锡不会审时度势，一意孤行，搞得内部出现了分裂，他的手下或叛或降，前秦大军连战连捷，几乎兵不血刃就杀到姑臧城下。张天锡走投无路，只好自缚请降。前凉在张骏称凉王的三十一年后被前秦消灭，成为十六国中第五个灭亡的政权。

就在这一年（376）的十月，已经降秦的刘卫辰遭到代王什翼犍的逼迫，无奈之下向苻坚求援。苻坚派出步骑兵二十万，以刘卫辰为向导，对拓跋鲜卑发动了大规模进攻。

鲜卑人没有苻坚的气运加身，逃不出“相生相克”的怪圈，连战连败。此时的什翼犍已是英雄迟暮，身患重病，无法亲率军队进行抵抗，只好领着主要部属躲进阴山之北。原先被他征服的诸部趁机反叛，什翼犍难以立足，重又转回漠南。然而，他喘息未定，还来不及重整旗鼓，便被自己的庶长子拓跋寔君所杀。前秦回军直逼代国都城云中，拓跋各部闻风逃溃，代国宣告灭亡。

到此为止，苻坚仅用短短六年时间，几乎没费什么力气便统一了北方，谱写了十六国历史上的一段“神话”。

十一、可怕的谶纬

苻坚统一了北方，可惜他的“亲密战友”王猛却没能亲眼看到这一幕。在前秦灭掉前凉和代国的前一年（375），年仅五十一岁的王猛就去世了。

王猛重病期间，苻坚亲自为他主持了多次祈祷仪式，又下令特赦死罪以下的囚犯，希望以这样的方式来感动上苍，留住自己的得力助手。而王猛却很明白，苻坚所做的一切都挽救不了自己的生命，不过是白费心力罢了，在临死时依旧困扰着他的，是看似强大的前秦帝国之中尚存的隐忧。

事实上，在灭燕后的几年内，王猛一直在与前秦的朝臣们商量，该如何对付已遍布朝中的以慕容氏为首的鲜卑势力。原来，在灭掉前燕后，苻坚仍以他独特的宽和态度对待前燕的王公大臣们。他给燕国的皇帝慕容暐封侯，把他的家族宗室迁到长安，统统不给治罪；几年后又封前燕诸王为前秦的边郡太守，给他们的权力不比当年在前燕时差多少。慕容评可谓是导致前燕灭亡的罪魁祸首，慕容垂也劝苻坚为燕国杀了这个败类，苻坚却不计前嫌，把慕容评派到范阳去做太守，慕容垂对此老大不乐意。

苻坚对鲜卑人的友好态度超出想象，王猛等人也知道直接进谏恐怕没有效果。恰好这时出现彗星，太史令张孟便趁机对苻坚说：“根据天象，十年之后，燕国将要灭掉秦国。如今慕容暐兄弟遍布朝野，恐怕对秦国朝局不利，应当除掉燕人以消天变。”然而苻坚抱着大中华的思想，回答说：“天下各族应为一家，如果真要有灾难，也只有靠修德来避免，又怎能怕外患呢？”

进谏的人里，除了王猛还有苻坚的弟弟苻融，这两个人可以说是苻坚的左膀右臂。他们见劝说不动，一计不成又生一计。

第二年（374）的冬天，忽然有人闯入前秦皇宫，大叫：“甲申乙酉，鱼羊食人，悲哉无复遗！”苻坚下令将这个散布谣言的人抓起来，却发现他神秘消失了。前秦朝臣再次掀起谏言苻坚诛杀鲜卑人的浪潮，苻坚仍然不听。

我们回头看看，这个“谣言”是个标准的谶语，结合事实来看，其内容真是惊人！甲申、乙酉在干支纪年法里是相邻的两年，而距离当时最近的甲申年，正好是十年后的公元384年，正是从那一年开始，前秦走向解体，苻坚的称霸美梦也几乎做到了头。“鱼羊”则暗指鲜卑的“鲜”字，而“食人”竟也真有实指：前秦最终几乎覆灭在鲜卑人声势浩大的反秦复国运动之中，甚至还出现了人吃人的惨剧。

谶纬作为东方式的预言，其出现与汉晋时期兴盛的儒学、玄学密不可分，从总体上看，它是经学与迷信相结合的产物。“谶”也就是谶语，是具有浓厚宗教特色的诡异隐语、神秘预言，向人们昭示吉凶祸福、治乱兴衰，因为常常还配有图像，因此也叫“图谶”或者“图书”。至于“纬”，则是相对于“经”而言的，是用以图谶为代表的神秘观点对儒家经典所做的解释，又称为“纬书”。

“谶纬”托名天意，实则反映了某些人为的观点和预测。后人看来，往往感到这些东西具有令人惊讶的先知效果，但实际上它并没有那么神奇。之所以会是“先知”，缘由一般有两点：一是它们在后来的流传中受到了人为的更改，二是后人对前人言论的牵强附会——这也是一种心理暗示。像网络上十分流行的推背图、烧饼歌，说白了，就是现代的谶纬而已，作为茶余饭后的谈资十分合适，但要真去钻研信奉，就纯属无聊之举了。

在前秦统治北方的时候，谶纬之说已处于衰落阶段，但还是被很多人“笃信”，前面所说的这个谶语，其实是王猛等人想靠此警示苻坚，却没想到苻坚似乎对这套坚决不信，他们除掉鲜卑人的计划又一次受挫。

王猛毕其一生为苻坚谋事，到头来在这个他认为十分重要的问题上却得不到苻坚的支持，心有不甘的他在临终前终向苻坚吐露了自己的肺腑之言，他说：“东晋虽然僻处东南，却是中华正统，且上下一心。臣死之后，希望陛下千万不可图谋伐晋。鲜卑、西羌等归降的贵族始终怀着二心，迟早要成为祸害，他们才是我们的仇敌，应该逐渐铲除他们，这才是利于国家的。”言罢就溘然长逝了。然而，虽然苻坚对王猛基本上是言听计从，但还是没有把他最后的嘱咐放在心上。

颇具讽刺意味的是，苻坚在王猛死后对太子苻宏哀叹：“难道老天不愿让我统一天下吗？为什么这么快就抢走我的景略呢？”苻坚内心里早就有了终极奋斗目标，北方的统一在他看来只不过是向这个目标迈出的第一大步，不知道心系故国的王猛在九泉之下听到苻坚的这段话时会有何感想。

十二、历史的安排

在前秦帝国安定北方的时候，整个中华大地上唯一与其对峙的东晋政权正在经历一次又一次变故。

首先是把持大权多年的桓温终于失势。东晋咸安元年（371），桓温因在枋头惨败而颜面丢尽，为了重树威名，他听从郗超的建议，废黜了当时在位的司马奕，另立会稽王司马昱为帝，也就是晋简文帝。

这个继位的皇帝不比被废掉的司马奕好多少，而且还短命。东晋咸安二年（372），即位不到一年的简文帝在忧惧中死去，太子司马曜即位，他是东晋的第九个皇帝——晋孝武帝。

满心期待简文帝临终前能把皇位禅让给自己的桓温大失所望，便以进京祭奠简文帝为由，于次年（373）二月率军来到建康城外。桓温在新亭预先埋伏兵士，然后下令召见吏部尚书谢安和侍中王坦之。他本以为自己处处棋高一着，却没想到在最后关头栽在了由自己亲自请出山的谢安手中。

作为东晋名士，谢安的故事知道的人应该不少，其中最有名的当然是“东山再起”。谢安隐居东山二十年，名闻天下，却始终不愿出山入仕，以致当时的士大夫们都慨叹说：“安石不肯出，将如苍生何？”最后，由于他的弟弟谢万抚军不利，他为家族计，才答应了桓温的邀请，到桓温手下为官。桓温十分欣赏谢安，曾得意地对身边的人说：“你们以前见过我有这样的客人吗？”

现在，京城之内人心惶惶，朝中一片混乱，人们纷纷传言，说桓温要杀两位重臣以自立。王坦之怕得要死，问谢安怎么办，谢安神情坦然地说：“晋祚存亡，决于此行。”

王坦之没法子，硬着头皮与谢安一起出城来到桓温的营帐中。他紧张得汗流浃背，把衣衫都沾湿了，手中的笏板也拿倒了。谢安则从容不迫地就座，然后神色自若地对桓温说：“我听说有道的诸侯设守在四方，明公何必在幕后埋伏士卒呢？”

桓温一惊，连忙赔笑道：“我也是不得不防备一下。”之后便下令撤除了埋伏，本来暗藏杀机的会面被谢安变成了一场清谈会。

不久桓温得了病，只好退回姑孰。谢安凭借那个时代士大夫特有的魅力让朝局转危为安，摇摇欲坠的东晋王朝算是躲过一劫。

桓温返回姑孰之后病情日益加重，但他还在幻想能得到加九锡的殊荣，不断派人催促朝廷下诏。谢安和王坦之故意拖延，对已经起草好的诏书一再加以修改，迟迟不予颁发。桓温终于没有挨到最后，这位古今难见的野心家抱着遗憾死去了。

桓温死后，桓氏的势力并没有一下子就倒掉，但谢安所在的谢家的势力已经渐渐在朝中占据一席之地了。作为继琅玡王氏（王导、王敦）、颍川庾氏（庾亮、庾翼）、谯国桓氏（桓温）之后的第四个主持东晋大政的家族，祖籍陈郡的谢氏应该算是口碑最好的一家。

谢安在被任命为尚书仆射兼吏部尚书后，认识到朝廷内部士族之间潜在许多矛盾，为稳定政局，他的执政方针就是以和谐安定为重，所以他没有趁桓温病死的机会剪除桓氏集团，反倒继续信任和重用接替桓温之位的桓温之弟桓冲，让他担任都督徐、豫、兖、青、扬五州诸军事和徐州刺史，镇守京口，后来又转任其为都督七州诸军事兼任荆州刺史。桓冲是个与哥哥桓温性格脾气完全相反的人，没什么野心，他深知自己的德望不及谢安，主动提出镇守外地。

桓冲和谢安的关系缓和，使得东晋朝中最大的隐患暂时消除，桓、谢两家的其他成员虽然也有对此有些看法的，却不能改变大势。

历史就是这么有趣，在这个混乱世纪的70到80年代之间，东晋朝廷居然出现了一个难得的团结局面，只是这局面不过空中楼阁，是建立在谢安、桓冲等人个人友好的基础上，要毁灭不过是短期内的事情。然而这份短暂的团结却恰好将其相比于同时期北方的统一，与其说是历史的巧合，还不如说是历史给苻坚开了个致命的玩笑。

苻坚虽然失去了最得力的助手王猛，但他在南征北战中依旧无坚不摧。在灭凉平代之后，他的前秦帝国已经掌握了北至大漠、东至高句丽、西至凉州、南至淮河到南中一线的大片土地，几乎成为当时中华大地上的最强大的国家。如果哪位读者现在恰好手头有张中国地图，不妨比画一下，你便会惊诧于这个帝国疆域的广大。

苻坚制造了十六国时期最强大的国家，即使把他的帝国与中国历史上的任意王朝相比也毫不逊色，便是日后鼎盛时期的北魏，其疆域也远不及前秦。这个氐族人建立起来的帝国规模几乎是空前的，苻坚自觉武功已不输秦始皇，便制定了新的要赶超的目标——汉武帝。汉武帝最大的功绩是北击匈奴、西通西域，苻坚认为自己消灭和兼并了北方的拓跋部和铁弗部，算是已经完成了“北击匈奴”，于是决定接下来去平定西域各国。

正好在前秦建元十八年（382）九月，西域的车师前部王和鄯善王来到长安朝见苻坚，请求他发兵征讨不服前秦的西域诸国，并依照汉朝制度在西域设置都护。苻坚命手下爱将、吕婆楼之子吕光为都督西域征讨诸军事，与姜飞、彭晃、杜进、唐盛等将领整饬步兵七万和精锐骑兵五千，为征伐西域做准备。

次年（383）正月，吕光等人以鄯善王和车师前部王为向导，率军从长安出发。前秦军队穿越了三百余里沙漠，进兵至焉耆，焉耆等西域小国闻风而降。龟兹王负隅顽抗，被打得一败涂地。其余西域诸国畏惧吕光的威名，纷纷归降前秦。

前秦的强盛，使得当时没有人怀疑第二个秦汉时代即将到来。

面对江山的广阔，苻坚也不禁发出与刘邦一样的感叹：“安得猛士守四方！”前秦建元十五年（379），平定了幽州行唐公苻洛的叛乱后，他把氐族的民众从聚居区关中、陇西一带分迁至全国各地，并让苻氏亲族离开长安前往各地镇守，以加强自己对地方的控制力——他的爱子长乐公苻丕就被派去镇守曾经的前燕国都邺城。

看起来天下将定，可以分封诸侯了，可惜没有王猛辅佐的苻坚终究失算了。将氐人分散的手段虽然增强了前秦在关东地区的控制力，却也无形中削弱了祖居关中的氐人在长安的势力，逐渐形成隐患。

苻坚亲自送苻丕前往关东赴任，在长安东面的灞上作别，告别亲友的氐人哭得稀里哗啦，场面十分悲怆，苻坚身边的秘书侍郎赵整趁机抚琴高歌：

阿得脂，阿得脂，博劳舅父是仇绥，尾长翼短不能飞。远徙种人留鲜卑，一旦缓急当语谁！

苻坚听出弦外之音，却笑而不应，不以为然。

此时的苻坚已经把消灭终极对手东晋的计划排入了自己近期的日程表中，他开始在长安为司马曜、谢安、桓冲等人修建官邸，准备迎接他们的到来。

十三、大战的序幕

直到建元十九年（383）八月以前，苻坚还是十六国历史上最为成功的君主。论打下的疆域，之前统一北方的石勒只能自叹不及；论个人品性，他在暴虐之君众多的十六国中算是屈指可数的仁义之君；论民族政策，他的施政方针也的确缓解了民族间的矛盾，促进了各民族的融合。也许正是因此，他才将自己的目标定得格外远大，最终于公元383年发动了一场备受后人诟病的大战。不过，这场战争是他将自己的成功推向极致的必经之路，一如司马炎灭吴、杨坚灭陈以及赵匡胤消灭南方诸国。如果不明白这些，只是根据胜败论英雄，在这一点上指责苻坚犯了大错，不免有些太不负责任了。

早在前秦建元十四年（378），苻坚就开始对东晋用兵。

建元十四年（378）二月，苻坚派自己的爱子——征南将军苻丕率领步骑七万，与征虏将军石越、京兆尹慕容垂及领军将军苟池等各路人马近十万一起群攻襄阳，揭开了大战的序幕。

东晋一方的襄阳守将是朱序，他认为前秦军没有舟船，没法渡河，所以未做防备，不料石越率领五千骑兵快速架起浮桥，顺利渡过汉水，直逼襄阳外城，朱序这时想要固守中城，但为时已晚。石越的军队很快攻下外城，获得数百艘渡船，从而非常顺利地引渡余下的秦军，将襄阳城团团围住。

年轻气盛的苻丕本想急攻，大将苟苌认为秦军占据绝对优势，不如只围而不打，阻断晋军粮道和援兵，争取拖垮对手，取得胜利。苻丕觉得这法子不错，正赶上慕容垂攻下了南阳，便和他在襄阳城下会合，静待其变。

战事一直拖着，时间一长，却先惹恼了前秦朝中的一干大臣。御史中丞李柔上奏苻坚，说苻丕拥兵十万，每天都耗费无数钱财，却久久攻不下小小的襄阳城，不如让他撤军。同时，李柔还要求严惩苻丕。

苻坚一心取胜，当然不愿中途回师。他准备御驾亲征，被苻融等人力劝才打消念头，最后只是遣使去到前线，带给苻丕一把宝剑，并对他说："如果来年春天还攻不下襄阳，你即可自裁，不用再来见我！"

苻丕无奈之下，只好硬着头皮猛攻襄阳。朱序在阵前很是勇猛，屡屡出城击退秦军，谁料到内外不得兼顾，襄阳城内先出了叛徒。督护李伯护秘密派遣自己的儿子前往秦兵营中，约为内应。苻丕苦等了一年之久，得到如此"好处"，怎能放过，立即命令诸军全力进攻。襄阳城惨遭里应外合，终于陷落，朱序被俘，后被解送到长安。

苻坚这个人的想法就是很奇妙，他认为朱序能够为东晋坚守城池，很有气节，是条汉子，就任命他为度支尚书；又认为投降秦军的李伯护不忠，将其斩首。苻坚的任人之道便是"天下人才皆为我用"，从不在乎这些"人才"真正的想法。他对自己的人格魅力颇为自信，这种的气概实在令人敬佩。然而，他的这些想法确实有些自以为是，太过天真，而他后半生的失败也正源于此。

同年（378）七月，苻坚派兖州刺史彭超进攻彭城（今江苏徐州），又派后将军俱难等人率步骑兵七万攻打淮阴（今江苏淮安淮阴区西南）、盱眙两地。两军以掎角之势冲击东晋的东路防线。到第二年（379）的二月，秦军攻陷彭城、淮阴。三个月后，攻陷盱眙。秦军六万进围三阿（今江苏高邮西北），距广陵（今江苏扬州）仅百里之遥，逼近东晋国都建康。

东晋朝廷大震，急忙沿江布防，又调来谢安的弟弟谢石的水军以做守备。晋军真正的主力此时正在广陵，军事力量不容小视，这便是东晋历史上鼎鼎有名的"北府兵"。

几年前，谢安向晋孝武帝司马曜推荐自己的侄子谢玄，孝武帝派谢玄去镇守广陵。为抵御前秦可能的进攻，谢玄一到广陵就招募骁勇善战之人，附近不少武艺高强、通晓军事的汉人都来投奔。他任命彭城人刘牢之为参军，又提拔何谦、诸葛侃等人，通过严格的军事训练，建起一支战斗力极强的军队。后来谢玄又到京口镇守，由于当时京口又被称为"北府"，谢玄的这支军队也得名"北府兵"。

谢玄率领北府兵自广陵去解三阿之围，果然一战告捷，不但大败三阿的秦军，还乘胜收复盱眙、淮阴，把秦军赶回淮河之北，秦军主将彭超、俱难只身逃回长安。苻坚大怒，将彭超下狱，彭超自杀；俱难则被贬为庶民。气恼之余，遭遇挫折的苻坚反倒坚定了灭晋的决心，南征的计划在他心中已难以动摇。

前秦建元十八年（382），苻坚终于在满朝文武面前提出大举进攻东晋的计划，准备在全国范围内征召精锐甲兵九十七万，并亲自率兵渡江南征。大臣们各抒己见，多是不同意南征的，从秘书监朱彤、左仆射权翼、太子苻宏，到宠僧道安、宠妃张夫人、幼子苻诜，不管出于什么原因，都反对出征。苻坚心中不快，默然无语。

退朝之后，他把阳平公苻融单独留了下来，对他说："自古以来能定大事的不过一两个人而已，适才朝上众说纷纭，徒添烦恼，我还是和你商量一下这件事吧。"

苻融想了想，说："现在讨伐晋国有三难：一是天道不顺；二是晋国无衅；三是我军数战兵疲，民有畏敌之心。认为不可讨伐晋国的都是忠臣，希望陛下能够听取他们的意见。"

苻坚一脸失望地说："你居然也这么讲，那我还能指望谁！我即便不算明君，却也不是什么昏君。想我秦国强兵百万，财粮如山，我军正好趁着连胜之势攻打将亡之国，还怕打不下来？怎么可以留着晋国这个残余的敌对势力贻害将来呢？"

苻融声泪俱下，他把王猛的话也搬了出来："晋国还不会灭亡，这是明摆着的，劳师远征的结果必然是无功而返。陛下宠信的鲜卑人和羌人已经布满京城，其实他们才是我们最大的仇敌。大军一出，只剩太子与数万弱兵羸将留守京师，万一突生变乱，悔之晚矣！微臣资质愚钝，所说的话诚然不足信，可王景略一代英才，陛下难道忘了他的临终遗言了吗？"可苻坚就是不听。

苻融用心良苦，接着又摆出正朔之道，他提出：

> 古穷兵极武，未有不亡者。国家本戎狄也，正朔会不归人（天下正统不在我秦国）。江东虽微弱仅存，然中华正统，天意必不绝之。

苻坚不以为然，反问苻融：

> 刘禅岂非汉之苗裔邪，终为魏所灭。汝所以不如吾者，正病此不达变通耳！

这时又有许多朝臣前来进谏，苻坚却已听不进任何反对意见了。想想自己“投鞭于江，足断其流”，还有什么困难可言？怎么出个兵有这么多人反对！

在众多的反对声中，深受苻坚赏识的“英雄人物”慕容垂极力鼓励苻坚南征，他说，有人反对就让他们反对去吧，顺应历史潮流才是正道，当初晋武帝消灭东吴便是如此——“所仗者杜、张二三臣而已”。苻坚被捧得高兴，连声称赞：“与吾共定天下者，独卿而已！”

第二年（383）七月，苻坚下诏大举伐晋，百姓每十丁出一兵；良家子（即富家子弟），凡年龄在二十岁以下且有才勇的，都拜为羽林郎；人数不够，又征鲜卑、羌等其他少数民族为兵。

在朝臣们纷纷反对的时候，鲜卑大将慕容垂和羌人领袖姚苌等人则一个劲儿地劝苻坚用兵。苻融感觉不妙，仍想劝谏，苻坚却拒绝反对，他以诏令已下为理由，说绝无反悔的道理。

慕容楷、慕容绍等人暗地里高兴地祝贺慕容垂，说：“国主骄狂已甚，叔父建立中兴之业就在此行。”

慕容垂回答道：“是啊。我的功业就全靠你们了。”

八月，苻坚派阳平公苻融督慕容垂等将率领步骑二十五万为前锋，又以兖州刺史姚苌为龙骧将军，督统益州、梁州军事。

临行前，苻坚勉励姚苌说：“当年朕以‘龙骧’的名号创业，从未将这一头衔授予别人，你要加油干啊！”左将军窦冲听了这话，觉得不妥，说：“王者无戏言，这是不祥之征！”苻坚却不以为然，而姚苌后来果真没有“辜负”苻坚的期望。

前秦发动了大队人马，共计步兵六十余万、骑兵二十七万，浩浩荡荡向南方进发。

九月，苻坚到达项城，此时凉州之兵刚刚到达咸阳，蜀、汉之兵正顺流而下，幽、冀之兵抵达彭城。东西万里，水陆并进，运漕万艘，可谓举史罕见。

面对前秦大举进攻，东晋以尚书仆射谢石为征虏将军、征讨大都督，以徐、兖二州刺史谢玄为前锋，与辅国将军谢琰、西中郎将桓伊等同率八万兵众抵御秦军；另派龙骧将军胡彬以水军五千增援寿阳（今安徽寿县）。

以八万兵力与百万秦兵相抗，兵力相差悬殊，建康上下君臣震恐。谢安表现得倒是镇定，谢玄等问计于谢安，他不予回答，干脆带着他们和其他亲朋好友一起游山下棋。

桓冲认为建康危险，请求带精兵三千入卫，谢安坚决拒绝，说："朝廷在这边安顿得很好，什么都不缺，你自己好好把守你的西路防线。"

桓冲绝望地对手下人说："谢安石（谢安字安石）这个人雅量有余，将才不足。如今大敌临近，还去搞他的清谈。双方力量如此悬殊，唉，已经可知结果是怎样了——我们以后要改穿左衽的衣服了！"

汉人的衣襟一律向右掩，称为右衽，只有北方少数民族才穿衣襟向左掩的衣服。桓冲的这句话借用的是孔子所说的"微管仲，吾其被发左衽矣"，意即汉人要亡国灭族了。

这些便是大战开始时的情形：一方大动，动中暗含冲突；一方似静，静里也充满不安。双方悬殊的力量对比已无须赘述，看来一切的问题都得靠战争去解决了。

十四、荒唐战争

公元 383 年的冬天，一场中国历史上军事力量差距最为悬殊的战争在中华大地上爆发，纪录是九十七比十八。光从这一纪录来看，这场战争即使没有惊人的结局，也足以载入史册。讨论和研究这场战争的著作颇多，而成语字典里也留下了大量与之有关的成语，其影响之深远，不言自明。可是换个角度来看，这场战争过程的荒唐程度，竟也出乎人的意料，胜者既无取胜的把握，也无法说明胜于何处，败者更是输得稀里糊涂。后世对这场战争产生了无数的探讨和争论，从各方各面来研究双方的胜败原因，在这一点上，我十分钦佩已故历史学家黄仁宇先生，他跳出一朝一代之得失，从社会、经济、人口等角度分析这场战争，解说的细微之处实让人折服。可惜我不是历史学家，没有高屋建瓴的手段重新解说战事得失，不妨就改个风格，从比较入手，来讲个究竟。

首先来看一下战争双方的战斗序列。

前秦方面，前锋部队以苻融为督统，将领有张蚝、慕容垂、梁成等人，步兵、骑兵共计三十万。其中，慕容垂部约三万人，目标是西路的郧城（今湖北安陆一带）；梁成部五万人，苻融、张蚝部二十多万，目标是东晋的先头阵地寿阳。苻坚自统北方主力六十多万，但是兵源极为分散，包括秦、雍的关中兵，幽、冀的华北兵，以及远至凉州的西北兵。由于行军横跨大半个中国，主力军队在项城（今河南沈丘）集聚。另外，羌人姚苌督统益、梁的军队，梓潼太守裴元略率水军七万，从川中顺流东下，直取东晋都城建康。

东晋方面，防线事实上早在几年前就已架构，分东西两路。西路军由桓冲督统，共计十万，驻扎在江州（今江西九江），扼守长江中游，目的是阻止秦军水师东下，也负责抵御可能从西路进攻的来自陆上的前秦步、骑兵。东路军由谢安节制，谢石为都督，谢玄率领前锋，还有大将谢琰、桓伊等人，将领们统军八万，在淮河两岸抵御秦军，另有将军胡彬统领五千水军，增援正面面对北方秦兵的寿阳。

从双方军事力量的对比来看，东晋方面在西路的兵力与前秦兵力，也就是与裴元略的七万水军加上慕容垂的三万陆军大致相当，又有长江天险和防御工事，因此抵抗秦军至少不应处于下风；而东路晋军与秦军相比，即使只看前锋的二十五万，力量也相差悬殊，也许可用北府兵的精悍聊以慰藉，但也不能不让人对谢安战前的潇洒和坦荡表示惊诧。

战斗开始，前秦军的前锋进展顺利。当年十月，苻融先于东晋援兵到达寿阳，在没有遇到强大抵抗的情况下攻下寿阳城，俘虏了东晋守将徐元喜、王先等。中途转向西线战场的慕容垂也兵不血刃地攻下郧城，东晋将军王太丘战死。苻坚命慕容暐率军驻守郧城，姜成防守漳口（今湖北荆门一带），慕容垂部则听候调令。晋将胡彬没赶到，就得知寿阳失陷的消息，只好退保硖石（今安徽凤台西南），以图阻击秦军。

苻融一方面派兵围攻硖石，一方面派梁成的五万兵马前往洛涧（今安徽淮南东），在淮河上设置障碍，阻止晋东路军的到来。谢石、谢玄果然忌惮秦军，到达距洛涧二十五里处的地方便不敢轻易前进。这下子，本是援兵的胡彬反成了孤军奋战，被苻融大军团团包围，粮草很快耗尽，无奈之下派人向谢石求救。

正所谓“人算不如天算”，传信使者竟被秦军所俘，结果这一变故却意外成为大战的转机。苻融得到胡彬缺粮的消息，这位战前极力劝止苻坚、行事一向谨慎的亲王谨慎不住了。他错误地判断了形势，派人火速到项城报告苻坚：“贼少易擒，但恐逃去，宜速赴之。”苻坚显然受了感染，听了信儿喜出望外，生怕时间一长让晋军主力逃遁，便把大军留在项城，亲自率领八千轻骑兵赶到寿阳督战。

秦军的两位主帅连犯错误，导致战局开始逆转。按理，苻坚大军若齐集淮河两岸，准备充分，面对八万晋军应无失败的道理。然而苻坚唯恐晋军主力逃跑，还严令部下，谁敢走漏他到寿阳的消息就割舌头，以为靠着二十万苻融的前锋部队足以速战速决，生怕自己晚一天，到东晋君臣就会跑了。这更是荒谬之极了，试问谢石等人若逃跑，又能逃往何处？以苻坚“投鞭断流”的气势，也不可能解决不了东晋这一点“零头部队”啊，可他一着急，抛弃大部队于后方，就在无形之中缩小了双方军事力量上的差距，算是第一步就想错了。

接着苻坚又误算一着，派了襄阳降将朱序前往晋营劝降，指望“不战而屈人之兵”。朱序这个人当初死守襄阳，本就是个对东晋忠心耿耿的人，现在他来到晋军营中，果然毫无保留地将秦军的情况一一告知谢石，并提出：“如果坐等秦军百万之众都到，晋军难以与之抗衡，可以趁他们现在尚未集中迅速进攻，若能击败其前锋，则秦军再无士气，胜负可定。”

朱序的消息确如雪中送炭。谢石等人起初与秦军张蚝的接触战打得不顺利，正打算打持久战，这回得知秦军情报，诸将终于下定决心，准备一鼓作气击败秦军先头部队。

十一月，谢玄派刘牢之的五千北府兵突袭洛涧，这支百胜之师以极快的速度渡过洛涧，把秦军打了个猝不及防，主将梁成被杀，败兵被晋军拦截归路，死伤惨重。谢石、谢玄水陆齐进，晋军开至淝水东岸，与寿阳的秦军隔水对峙。

这时，苻坚犯下第三个错误——情报收集不力。因为前锋战败，也不了解晋东路军的真实情况，他对下一步该如何行动犹豫起来，然而实际上，秦军此时仍然占有利地位。两军隔淝水对峙，秦军驻于寿阳，晋军无法渡水，而正不断从项城赶来集结的秦军大部让局势对晋军越来越不利。

谢玄派使者到苻坚营中递交战书，说：“你孤军深入，但临水布阵，这是持久之计，不是想速战。不如你往后稍移阵地，让晋兵渡过河来与你一决胜负。”

前秦将领都不主张把阵地移后，认为我众敌寡，不如固守，可立于不败之地，但苻坚却不认为久战对己有利，终于犯下最后也是最致命的一个错误。他满以为可以趁晋军渡河之际用铁骑冲击，这样一定可以尽灭其军。苻融也赞同这一方案，于是他们同意了晋使的请求，指挥全军撤退。

前秦士兵哪里知道这是主帅们的精心安排，撤退的命令一下，前军变后军，士兵向北撤退，结果退得一发而不可止，竟有了溃退之势。朱序等人不失时机地在阵后大呼："秦军败矣！秦军败矣！"秦军顿时真的四散而逃了，什么阵势阵形，统统被丢到脑后。

东晋的谢玄、谢琰、桓伊这时早就率军迅速渡过了淝水，向乱成一团的秦军发动总攻。

秦军主帅苻融回马还想整顿阵形，一不留神，连人带马给冲倒了，最终于乱军之中被晋军斩杀。秦兵四散溃逃，自相践踏，尸体遍布山野，几十万大军就此灰飞烟灭，一场声势浩大的战争如同小孩玩打仗游戏一般，以如此荒唐的方式落下帷幕。

苻坚的数十万大军何以一退兵成千古恨呢？究其原因，大致有三。

前秦军战阵上的安排利于前进而不利于后退。二十多万步骑兵，前为步兵，装备和战斗力都较差，而数量较多；后为精锐骑兵，战斗力强大，而数量则少。这样的安排，在进攻时以步兵拖垮对手，再以骑兵冲击，可以一举获胜，然而一旦撤退，前军后军掉个个儿，让步兵在后，装备精锐而数量少的骑兵反倒会被自己的步兵搞乱阵脚，苻融死于乱军之中也就不足为奇了。此其一。

苻坚的近卫羽林郎，如前文所说，均是富家子弟和所谓的武艺高强之人，根本应付不了战事中的意外情况，苻融早对这些人有过评价："不闲军旅。"战阵一乱，这些人正好起到推波助澜的作用。此为二。

最要命的是，前秦军中的士兵氐、羌、鲜卑、匈奴、汉各个民族都有，就算忽略各族之间存在的矛盾，也难做到军令、将令的统一。主将苻融下令撤兵是战略上的考虑，而得到命令的士兵却不明真正的形势，再结合朱序在中间穿插，一退即溃难以避免。这是第三个理由。

当年赤壁一场大战，导致三分鼎立，以至于其后近四百年都是大分裂的局面；而淝水一场大战，则直接引出了中国两百年之久的南北朝对峙，其影响力不可谓不深远。一些历史学家们附会的秦人必败、晋人必胜的理由，笔者倒不以为然，若无以上所说的四大错误和三大理由，或者只要它们其中的几个没有发生，这场战役的结果就可能逆转。黄仁宇先生在他的论著中以数字化的论据指出，当时中国分裂是必然，中国的长期稳定与发展尚待时日，这个说法现在看来却依然可信。换而言之，苻坚即便侥幸成功，恐怕也只能是司马炎式的短暂成功而已。苻坚采取的民族政策看似摧毁了他的帝国，可是换个角度来看，不能不说这也是促使中华文明迈向新辉煌的历史进步。

不过，这场战事的结果，使得中华南北世界在最痛苦的状态中度过这一世纪的最后二十年。这一点，恐怕才是古代战争对今人最大的警示。

十五、“仁义”的叛徒

中国人常说一句话：“败军之将，何以言勇！”苻坚在混乱的溃退过程中身中流矢，单骑逃到淮北，收拾残卒时已是饥渴交加，其状况正是英雄末路，悲惨之极。

这时当地有人给苻坚提供吃喝，苻坚吃后连夸美食，下令赐他锦帛，那人坚决不受，说：“陛下舍弃安乐而蒙受苦难，此乃天意。我是陛下的子民，陛下是我的父母，岂有儿子赡养父母而乞求报答的？”

苻坚深感羞惭，对夫人张氏说：“朕当初若采纳朝臣们的谏言，岂会有今日之败？现在还有何面目君临天下！”说罢潸然泪下，黯然离去。

前秦各路军队都在大溃退，战时有意保存实力的慕容垂却率军队井井有条地从湖北撤出，东晋方面不知这支秦军的实力，同时顾忌到慕容垂的威名，没有像东路那样进行追逼，从而使得三万人马全身而退。

苻坚带着身边的千余骑兵前往投奔。慕容氏的宗亲们一个个兴奋不已，摩拳擦掌，都劝慕容垂趁此良机干掉苻坚，兴复大燕。深知慕容垂不忘苻坚知遇之恩的世子慕容宝特意提醒他：“愿您不以意气微恩忘社稷之重！”

在此关头，慕容垂显出英雄本色，答道：“你说得没错。可现在苻坚是信任我才来投奔我，我怎能害他？如果天要他亡，我们图谋的机会还怕不多吗？我现在护送苻坚，正可以获取天下人心。”

好兄弟慕容德接着劝：“秦国强的时候吞并了燕国，如今秦国式微，我们当然就要图谋它！当年吴王夫差不听伍子胥的进谏，于是被勾践所灭，这是‘前事不忘，后事之师’啊！有道是‘当断不断，反受其乱’，希望兄长别再犹豫！”

慕容垂长叹一声，说：“当年我遭太傅慕容评排挤，无处容身，逃到秦国，秦王以国士之礼待我，关切备至；后来我被王猛出卖，根本无力为自己辩白，唯独秦王相信我，待我之礼更厚，个中恩情怎能忘却？假如说秦国真是要灭亡了，我要杀他，还怕没有机会？关西之地本来就不是咱们的，自然会有人扰乱，我现在的首要目的是平定关东。君子不乘人之危，不首先作乱，我还是暂且观望形势吧。”此时左右还有人要劝说，慕容垂一概不听，把三万军队全权交给了苻坚。

慕容垂在周围一片杀苻坚的呼声之中依旧保持清醒的头脑。杀和不杀虽然只在一念之间，其后果则大不同。慕容垂颇有野心，这在王猛在世的时候就已经能看出来了，所以他这席话若有人理解成虚伪的托词，也算不上错。慕容垂看到的是，在这个敏感的时刻杀掉苻坚，显然既不能成为稳取天下的前提条件，又可能独自面对北方群雄的“共同声讨”，因此他才以“唯独秦王相信我，待我之礼更厚”的理由力排众议，这是一种真正大侠之间的过招。慕容垂以这段慷慨之词为开端，走上他的复国道路，走向他的人生巅峰，正是再合适不过了。

慕容垂护送苻坚返回关中，半路上慕容农向慕容垂提出不要再去长安，在关东起事，此时正是时机，慕容垂点头称是。

大军走到渑池，慕容垂对苻坚说：“河北一带民心不安，听说王师失利都蠢蠢欲动。我愿奉诏前去镇抚民众，顺路祭拜祖庙。”苻坚满口答应。

大臣权翼说：“现在的正理是召集名将固守关中，怎可再让慕容垂回他老家！”

苻坚说：“你说的是对，但朕已答应了慕容垂。平民百姓尚不食言，何况我是一国之君。若天意要复兴他的燕国，那也不是我的智力所能及的。”说完还派将军李蛮、闵亮等人带三千兵士护送慕容垂前往邺城。

苻坚又派遣石越、张蚝、毛当三位将军分别镇守邺城、并州和洛阳，以防关东之乱。权翼不甘心，派武艺高强的勇士在黄河渡桥附近埋伏，想要刺杀慕容垂。慕容垂似有所感，心生疑窦，和典军程同交换了衣服和马匹，自己从凉马台扎草筏渡河东去。权翼的伏兵出现，才发现中了金蝉脱壳之计，程同骑着慕容垂的快马也逃脱了追杀。

慕容垂到达安阳，派人向镇守邺城的苻坚爱子长乐公苻丕递信。苻丕显然不像苻坚那么信任慕容垂，深恐慕容垂作乱，便采纳了侍郎姜让的建议，把慕容垂安置在邺城西面，表面待如上宾，暗中布兵防卫。双方各怀心思，等待时机。

战后民心不稳的北方终于有人起兵造反：羌人丁零部的首领翟斌曾经归顺燕国，后来又投降秦国，现在他再次反叛，准备攻打苻晖镇守的洛阳。已退入长安的苻坚得到消息，修书一封让慕容垂出兵平叛。苻丕认为养虎在侧终日恐变，不如让慕容垂远远地去和翟斌火并，自己在这里正好可以坐山观虎斗，便没有听从石越的劝阻，交给慕容垂两千老弱病残和一堆破旧兵器，又让广武将军苻飞龙率领一千氐兵做慕容垂的副手，暗中叮嘱他说："慕容垂为三军之统，卿为谋垂之主。"要他看准时机，谋取慕容垂的性命。

慕容垂临走前还想在邺城祭拜一下祖庙，苻丕不同意。慕容垂微服潜入，杀了拦驾的亭吏，放了把火，之后扬长而去。

石越对苻丕说："慕容垂当初不忠于燕国，如今又怎么会忠于我秦国？他杀吏烧亭，反意已现，现在去追杀他还来得及。"

苻丕摇头道："淮南之败后，多亏慕容垂扶持。我要杀他，将来自有机会。"

"魔高一尺，道高一丈"，正当苻丕在邺城中坐等佳音的时候，刚刚出兵来到安阳的慕容垂便得到将军闵亮、李毗的密告：苻丕和苻飞龙有密谋。慕容垂这下大怒，对左右亲信说："我这么对苻氏父子尽忠，他们却一门心思想害我，我就是想不反叛都不行了！"

慕容垂在河内一带停步不前，借口手下的兵太少，私自招募了近万兵卒。苻晖那边着急，催慕容垂尽快进兵。慕容垂对苻飞龙说："现在我们离贼寇不远，应当在夜间行军，出其不意。"缺心眼的苻飞龙居然还点头称是。

慕容垂在行军时让慕容宝带兵在前，自己和小儿子慕容隆在后压阵，并把氐兵每五人编为一组，夹杂在鲜卑兵中间。半夜击鼓为约，慕容垂等人前后夹击苻飞龙和他的氐兵，苻飞龙哪里是慕容氏的对手，乖乖地把一千个脑袋献上。苻飞龙既死，慕容垂自然成了归山之虎。

慕容氏统治关东二十多年，这一带鲜卑人遍地都是，翟斌那里早有鲜卑贵族慕容凤等人投靠。慕容凤因与秦兵交战时身先士卒，斩杀前秦大将毛当，深得翟斌赏识。

慕容凤向翟斌建议共推慕容垂为盟主，翟斌虽然自有打算，但对老东家慕容氏的确是忌惮有加，便派人前去游说慕容垂。而慕容垂那边正因为苻晖得知他已杀了苻飞龙的消息而被拒绝进入洛阳城，两支军队在洛阳城外会师，慕容垂到这时候才真正树起叛秦大旗，前秦帝国开始瓦解。

十六、狼子野心

羌人丁零部族二十年前的首领翟鼠曾在北方大乱时投靠了南下攻魏的前燕，而二十年后，他们的首领选择了重投旧主这条路。翟斌与慕容垂一相会就劝他称帝，慕容垂则认为慕容暐此时虽然仍在苻坚手下，但依然算燕国的皇帝，皇帝的位子应该留给他。

前秦建元二十年（384）元月，慕容垂带着鲜卑和丁零的联合部队从洛阳附近东撤，在收编了投奔他的荥阳太守馀蔚的扶馀军队和附近的几支胡人军队后，终于在荥阳城安顿下来。

慕容德、翟斌、馀蔚等人执意要慕容垂称帝，慕容垂便依照当年晋元帝的先例，自称大将军、大都督、燕王，这是“燕”这个国号第二次出现在十六国历史中。慕容垂当时不过是把这个燕国当作前燕的延续，而以后的发展却出乎他的预料——他本人成为这个国家的开国之君。他的国家被后人称为“后燕”，而后燕的命运与前燕惊人相似，这也是令他万万想不到的。

这个时候，还留在邺城中的慕容农、慕容楷、慕容绍等人已得到慕容垂的密告，慕容绍秘密出城，在城外的蒲池盗取了苻丕的大量好马，静候慕容农等人的到来。

慕容农带着城内的鲜卑人趁着天黑，在苻丕不知觉时溜出城去与慕容绍会合，然后一起逃往列人（今河北邯郸肥乡区东北）一带。苻丕在邺城中大会宾客时知道慕容农兄弟已不在城中，立即下令追查，才探听到慕容农已抵达列人的消息。

慕容农投宿在乌桓人鲁利的家中，鲁利为他准备食物，慕容农笑而不吃。鲁利对妻子说：“慕容农乃是高贵之人，我家里穷，没什么好东西给他吃，怎么办？”

妻子倒是明白人，告诉他说："慕容农胸有大志，恐怕不是为饮食而来，一定会有非常的举动，你还得有所准备。"

慕容农果然对鲁利说："我打算集结列人的兵马兴复燕国，你能随我一起吗？"

乌桓人与鲜卑同属东胡，有同袍之谊。鲁利当下便说："我的生死就交给将军您了！"

之后，慕容农又说服了乌桓人张骧、刘大以及匈奴屠各部的部众，拉上大队人马在列人起事。慕容农被众人推举为持节、骠骑大将军，都督河北军事。他大方赏赐来投靠自己的士兵，一时间河北一带民心涌动，响应慕容农而脱离秦国管辖的人数以万计。

苻丕感到情形不妙，派苻坚留在他身边的大将石越带领一万多军队讨伐慕容农。

慕容农得到石越来攻打自己的消息，笑着说："石越也算是个智勇双全的人，如今不去防守南面的鲜卑军队而来列人，是畏惧我老爹而以为我好欺负，他必然少有防备，看我用计赢他！"

虎父无犬子，慕容农果然不是个省油的灯，他不采纳手下人固守列人城的建议，单单带了一支军队半夜潜出城西，突击石越营寨。前秦四处遭受叛乱，军中人心本已不稳，如今遭到突然袭击哪里能及时反应？可怜石越在苻坚身边做了半世的虎将，就这样不幸死于阵中。

慕容农灭了石越，很快挥师南下，在邺城一带与前来攻邺的慕容垂会合，各地鲜卑贵族也陆续领兵到达邺城。至此，燕军已集结大军约三十万，响应的民众遍及关东，前秦在这一带的据点只剩下了苻丕守备的邺城和苻晖守备的洛阳等少数城池——苻坚得为当年给鲜卑人优厚待遇还债了。

这次"还债"真是连本带利。苻坚灭燕之前，鲜卑人的势力基本上都在关东。灭燕之后，他把众多燕国的贵族迁入关中地区，本意是加强对他们的监控，结果反给自己枕畔安了定时炸弹。

慕容暐的弟弟慕容泓是前秦任命的北地（今陕西铜川耀州区东南）长史，他听说慕容垂正在攻打邺城，以为正是可以趁乱捞一把的时候，便从北地逃到关东，招募了几千鲜卑士兵。然而关东已被慕容垂控制，他又返回关中的华阴，打败了前秦大将强永，势力逐渐坐大。慕容泓在前燕时不过是个小王，如今也自称起"济北王"了，都督陕西军事。他又推慕容垂为丞相，都督陕东军事——嘿，倒和慕容垂来了个平起平坐，似有共定天下的意思。

长安城中的苻坚这才意识到鲜卑人根本不只是想复国，还要掏他的老窝了，于是对权翼说："我不听你的话，让鲜卑人搞成这样。关东之地，我不打算再跟他们抢了，可慕容泓又该怎么对付？"

权翼答道："贼势不可长！慕容垂在关东一带作乱，我们已经无暇顾及了，但慕容暐及其宗族都在京师一带聚集呢，处理不好会成大患，应该派强将讨伐。"

苻坚派苻熙镇守蒲坂，又派苻叡为都督，率领左将军窦冲、龙骧将军姚苌讨伐慕容泓。可这只不过是拆了东墙补西墙，越补越糊涂。原先慕容暐的皇太弟、时任平阳太守的慕容冲也反出平阳，发兵攻打蒲坂，苻坚只好又把窦冲调回，让他前去讨伐慕容冲。

慕容泓毕竟不比慕容垂，一听说秦兵来攻，到底慌乱起来，准备率领众将逃回关东。他的对手苻叡却更莽撞轻敌，带兵就要去追。老谋深算的姚苌苦谏苻叡，说："鲜卑人一心思归，正好因势利导，放他回去。如果去追他，难免被他反咬一口，万一失利，后悔就来不及了！"

苻叡以为自己实力强于慕容泓，不理睬姚苌，出兵与慕容泓交战，结果兵败被杀。姚苌派人向苻坚谢罪，苻坚痛失爱子，一反常态地发了火，居然杀了姚苌的使者。

姚苌这下慌了，逃往渭北马牧的羌人聚居地，当地有名望的羌人尹纬、尹详、庞演等纠集一众羌族豪强前来归顺，共同推举姚苌为盟主。姚苌壮起胆子，自称大将军、大单于、万年秦王，改元"白雀"，建起一个后秦国来。

苻坚一世宽厚待人，唯独这一次不肯饶恕，偏偏就逼反了姚苌，铸下大错，这大概就是造化弄人吧。这些前秦的叛徒们都是狼子野心，而姚苌尤甚。比起慕容垂，姚苌前前后后的举动，实在是连个奸雄的名号也配不上。他虽也号称复国，但他所谓的国家从前就未存在过——他父亲姚弋仲与苻洪争夺关中，因战事失败，没能建立自己的政权；兄长姚襄英勇善战，却遭到前秦和东晋的联合打压，最后丢了性命；直到他自己得到苻坚的重用，羌人的势力才在关中渭北一带不断发展壮大。姚苌的反秦可以说是师出无名，甚至是恩将仇报，这样的人也能成功，乃是时代的悲哀。

十七、邺都烽烟

前秦的叛徒们一个个原形毕露，关中地区也被他们占领得差不多了。鲜卑人慕容冲、慕容泓和羌人姚苌，这都是些对前秦氐兵毫不留情的人物。

慕容冲在蒲坂不敌前秦大将窦冲，带着手下的鲜卑骑兵投了慕容泓，而姚苌毕竟忌惮苻坚威名，也积极与鲜卑人通和。慕容泓的兵力达到十几万，重新恢复了士气。他派了个使者给苻坚送去一封信，说只要苻坚把慕容暐送来，他就即刻退兵回关东，燕秦两家可以从此做个好邻居。

苻坚大怒，把慕容暐叫来，向他发泄积压在胸中多日的怒火："我让你的兄弟们做上将、纳言①，哪个不是好差事？他们在我这里和回家有什么两样，为什么偏要趁我之危，如此猖狂起来？！慕容垂作乱于关东，慕容泓、慕容冲又在关内起兵。慕容泓的书信在此，你要走，我就资助你走。你的这些宗亲可谓人面兽心，哪里能以国士之礼相待？"

慕容暐被数落得又是叩头又是流泪，苻坚心一软，又说："你的忠心我知道了，都是三个竖子的错，不关你的事。"之后恢复了他的职位，待他如初。

懦弱的慕容暐这次也使起了阴毒手段。苻坚叫他写信招降慕容垂以及慕容泓兄弟，他却写密信给慕容泓，叫他好好开展反秦复燕活动，又给他们三人授了职位，并说，一旦自己有所不测，慕容泓就可以称帝。

慕容泓拿到这封信真是感到久旱逢甘霖，这不明摆着是一封"先帝遗诏"，还有

---

① 古代官名，负责传达君主命令。

什么好犹豫的？于是改元“燕兴”，挺兵杀向长安。

复燕尚未成功，鲜卑人自己先出了乱子。慕容泓军中好些人本在慕容冲手下谋事，如今受不了慕容泓苛刻的军法，觉得慕容泓得了好处也未必于己有利，便合谋杀了慕容泓，推举慕容冲为皇太弟，统领关中燕军。

慕容冲不过是个二十来岁的年轻人，只因长得俊美，当年深受苻坚喜爱，竟然进了苻坚宫中。王猛多次劝谏苻坚，苻坚才恋恋不舍地把他派到外地为官。长安城内有歌谣唱道：“凤凰凤凰止阿房。”苻坚以为是吉祥之征，还专门在阿房城里种了几十万株梧桐和竹子等待凤凰到来，却不想慕容冲小字凤凰，这几句谶谣的真正含义是暗指慕容冲将来会反叛。

慕容冲的鲜卑军在阿房城大败刚刚从洛阳城退回关中助战的苻晖的军队，接着又在灞上击败了苻坚派来阻击的三万秦兵，入据阿房城，终于应验了十年之前的谶言。

长安城遭受慕容冲的逼围，危在旦夕。如前所说，苻坚已经意识到根本不能把慕容兄弟看作什么国士，然而为时已晚。

唯有慕容垂还给苻坚专门写了封信，向他陈述自己在关东起兵的原因，最后摆出一副担心的样子说：“我现在进兵包围邺城，苻丕不明时势，关门死守，还不时出来向我军挑战，我只怕乱箭哪天不小心就射中他，伤了陛下的心。您不如把他召回关中，这样一来岂不是‘皆大欢喜’。”

苻坚不甘心放弃在关东的最后一块领地，回信给慕容垂说：“我对你这么好，你却叛我。你年纪这么大了[①]，还要背负‘反贼’的名号，该伤心哀痛的是你才对。我只可惜苻丕年少没经验，在邺城这样的地方与你相遇，恐怕不是你的对手！”

这是两位英雄的最后一次对话。慕容垂看了回信也没话说，只好继续推进他的攻邺大计。

后燕军队在关东地区所向披靡，许多人前来投靠，守备洛阳的苻晖又自动弃城而走，现在只剩下苻丕的邺城还在勉强支撑。慕容垂知道邺城是燕国的旧都，不拿下来难以服众，就把大部兵马放在邺城附近，重点攻打这座城池。苻丕搞的城防工事的确

① 慕容垂当时已年过六十。

完备，燕军花了好大的劲才攻下外城，秦军又退至中城继续防御。

战事从这一年（384）的正月持续到七月，几乎没有什么进展，而燕军内部的矛盾随着时间的消磨逐渐暴露出来。丁零人翟斌不愿受慕容垂的节制，渐有二心，慕容宝、慕容德等人都劝慕容垂先下手为强，尽快除掉翟斌兄弟，慕容垂则认为现在是招揽天下人才的时候，杀了翟斌会失去天下人心，又说翟斌“骄则速败”，因此不足为患，此后反而对翟斌更好。

翟斌乃是有勇无谋之人，自然得寸进尺，又让手下的丁零人向慕容垂要求封自己为尚书令，被慕容垂拒绝。反复无常的翟斌派密使与苻丕联系，准备决堤放水灌入城内。慕容垂早有所防，截取了翟斌和苻丕勾连的证据后，捕杀了翟斌和他的兄弟翟檀、翟敏。

翟斌的侄子翟真在这场内讧中捡了条命，深夜带着丁零人逃往邯郸，然后又杀回邺城，想和苻丕来个里应外合，结果被慕容宝、慕容隆的军队打败，退回邯郸。慕容垂想趁丁零人立足未稳将其消灭，派出慕容楷、慕容绍袭击邯郸，翟真不敌，又逃往中山（今河北定州）。燕军一路北追，在下邑赶上翟真。慕容楷不听慕容农的劝告，执意冒进，中了丁零人的埋伏，打了败仗。翟真在中山安顿下来，成为骚扰慕容垂后方的另一支割据势力。

慕容垂围攻邺城大半年，一无收获，又增加了丁零人这个不安定因素。他知道苻丕绝无投降的道理，决定放弃猛攻，改为屯兵新城，同时给邺城留了条西进入关的退路，盼望有个好结局，苻丕主动弃城，场面也不至于太过难看。

邺城中囤积的粮草其实已经消耗殆尽，但苻丕不领慕容垂的情，坚持要与邺城共存亡。然而随着时间推进，城中的精兵已成羸兵，任凭苻丕的意志再坚强也快挺不下去了。就在这时，从南方传来消息，东晋的北伐军已经渡过了黄河。

原来，淝水之战东晋侥幸取胜后，谢安奏请晋孝武帝司马曜，想趁此良机干涉北方战场，开拓国土，于是东晋方面派出谢玄伐秦。前秦守军毫无斗志，后燕的势力又来不及到达河南地区，谢玄等人攻克彭城后，又连续占领兖州、青州等地，在不到半年的时间里收复了黄河以南的大片失地。

晋军前进步伐势如破竹，与邺城内外苦斗不止的秦、燕军队形成了鲜明对比。邺城中的守将们得到了晋军的消息，苻丕手下的汉人杨膺等怂恿他向东晋求援。苻丕本还不肯，但秦军在黎阳与东晋前锋刘牢之的交战中打了败仗，无奈之下，苻丕终于很不情愿地给谢玄写信，希望用邺城换取粮草，而杨膺等人则买通了送信的参军焦逵，密谋背着苻丕献上城池。谢玄收到密信，决定增援邺城，于是一面派刘牢之、滕恬之率领两万北府兵前往邺城助战，一面从水陆两路向邺城输送粮食。

慕容垂打退了几路作乱的丁零军队，回头发现得援兵相助的苻丕还在死守邺城，十分气愤，又出兵包围了邺城。与此同时，刘牢之的军队也来到了邺城之下。晋军和燕军初战不胜，但北府兵的战斗力很快显示出来了，在第二场接触战中取胜，一下子就将后燕在邺城外设下的包围圈打散了。燕兵全军北逃，刘牢之得势不饶人，也不向苻丕打个招呼就紧追不舍，疲惫的秦军只好跟在后面，可速度却差了一大截。

后燕军队连战连败，好像要一溃千里了，晋军士气正旺，怎愿轻易放弃，结果反倒给了后燕机会。慕容垂对形势看得明白，他说："秦、晋两军刚刚合兵，该是相互依靠的时候，他们一损俱损，一荣俱荣。现在他们一前一后到来，正好可以各个击破。"

刘牢之率军急行两百里，到了五桥泽（河名）时一头撞上了后燕军队丢在这里的辎重，晋军士兵争相抢夺，恰好中了慕容垂的妙计。燕军突然向晋军杀了过来，晋军来不及摆开阵势已被燕军斩首几千。慕容德和慕容隆带兵堵在河上的五丈桥头，断了刘牢之的退路，幸好刘牢之骑得一匹好马，纵身跃过河涧，才得以单骑逃回邺城。

北府兵以"百胜之师"的名声在淝水之战里立下头功，却在小小的五丈桥头栽了跟头，刘牢之骁勇无比，此役也差点没了性命。不知道这胜负之间是否真有命运的安排，反正慕容垂对付东晋的北伐军的确是有一套，二十年前搞倒了一个桓温，二十年后又弄惨了谢玄、刘牢之。从此，南朝再不敢有"非分之想"，以后即使北伐，也几乎再没跨过黄河半步。

十八、苻坚的末路

苻坚在关中掌握的据点日渐紧缩。姚苌、慕容冲这两个家伙都是十足的小人，他们和前秦的军队交战，一打胜仗，气势就大得逼人，见了谁都是“老子天下第一”的样子；一打败仗就逃得远远的，直到敌人追不上了，才敢露出个脑袋张望两下，看看局势究竟如何，是否还有机可乘。

有一次，苻坚亲自带领军队攻打后秦，后秦军一路败退，姚苌的弟弟姚尹买阵亡，姚苌自己也被苻坚包围。前秦断了后秦军队的水源，准备活活困死姚苌，没想到人算不如天算，一场突如其来的大雨把后秦的军营灌得水深三尺，救了姚苌一命。苻坚极不服气，却也没法，只能叹道：“天亦助贼乎！”

秦、燕两家以小人的手段对付苻坚的“君子战法”，终于渐渐占得上风。慕容冲的军队在占领了阿房之后又包围了长安城。

慕容冲在城下催城头的苻坚放回燕国皇帝慕容暐，又说：“你如果按我说的做，我就考虑宽待你们这些氐人。”

苻坚在城楼上放眼看去，城外乌泱泱地都是鲜卑人。想到被自己曾宠爱过的慕容冲逼成这样，他张着嘴都快说不出话了。

苻坚问慕容冲：“你们这些奴才正好可以去放羊，何苦来这里送死呢？”

慕容冲应声答道：“我是不愿过得这么苦，所以想取你而代之。”

苻坚气得几乎晕倒，又悔又痛地说：“可惜我不听王猛、苻融的话，让鲜卑白虏猖獗到了今天这个地步！”

这时候，城中的慕容暐受了城外“同胞”的鼓动，感觉自己的机会来了，便求见苻坚。他先为慕容冲的事向苻坚道歉，接着又说二儿子结婚，请苻坚次日光临自己的府第。苻坚答应下来，却因为第二天下了大雨，没有去。

慕容暐没安好心，此次集结了城里的鲜卑人准备杀掉苻坚。事情阴差阳错没成功，却让苻坚手下的将军窦冲知道了内幕。窦冲急忙将事情告知苻坚，这才让他相信鲜卑人里没一个“好货色”。

苻坚把慕容暐和他的兄弟慕容肃等人抓起来杀掉，又下令将长安城里所有的鲜卑人不分男女老幼全部杀光。慕容垂的小儿子慕容柔因为当时在一个姓宋的太监那里当养子，逃过此劫，他和慕容宝的儿子慕容盛一起趁乱逃到城外慕容冲阵中，成为仅有的两个幸存者。

不知道慕容冲是以怎样的心情接受慕容暐已死的消息的，反正现在他可以奉慕容暐的“旨意”，名正言顺地在阿房称帝了。

慕容冲于前秦建元二十一年（385）正月改元“更始”，他定下的国号也是“燕”，但他自幼对慕容垂就没啥好感，所以对关东的这位同宗一点也没有互相关照的意思，建立的政权俨然是个独立帝国。历史上称他的这个燕国为“西燕”，由于存在时间短暂，统治又很混乱，西燕没有被计入十六国之列。

慕容冲对手下根本没有什么像样的、严格的法令进行约束，所以他的军队和流氓团伙差不多，到处烧杀奸掳，很失民心。然而就是这样一支乌合之众，也足够让已奄奄一息的前秦军队一筹莫展了。被苻坚寄予希望的皇子苻晖在和慕容冲的较量中总是败阵，他受不住苻坚的埋怨羞愧自杀，苻坚手下能用的将领更少了。

西燕占领区的老百姓很恨军无法度的慕容冲，派人向苻坚请求支援，允诺一旦苻坚攻打慕容冲，他们可以放火做内应。苻坚推辞不过，派了七百骑兵进攻，可是老天爷也欺软怕硬，放火的人没掌握好风向，反被自己放的大火活活烧死了。

苻坚身先士卒，率众浴血奋战，却依然打不退不断进攻长安的鲜卑军队，而他手中的最后一张牌——大将杨定也在一场对战中被慕容冲活捉。苻坚感到大势已去，竟然相信了民谣中唱的“坚入五将山长得”和城里谶书所说的“帝出五将久长得”，决定赌一把。

苻坚把长安城交给太子苻宏，嘱咐说：“你好好守城，不要与敌人争一时之利益，我出陇收兵运粮给你。”他率领了几百个骑从和张夫人、中山公苻诜、女儿苻宝、苻锦奔向五将山（今陕西岐山东北），并通告各州郡，约定初冬时节出兵救援长安。

在此之前，姚苌边围边打了半年，已经攻破了长安西面的重镇新平（今陕西彬州）。如今听闻苻坚逃到五将山，姚苌便派手下的骁骑将军吴忠进行追击包围，苻坚带的前秦士兵被打得走的走、散的散，最后只剩下十多个人侍奉在身边。苻坚自知无力挽回，不愿示弱，端坐山中静候吴忠到来，他终究是成了阶下囚。吴忠抓了苻坚，将他押送到新平软禁起来。

姚苌派人向苻坚索求传国玉玺，苻坚大骂姚苌："你一个小小的羌人竟敢逼我这个天子，我岂能把传国玺交给你？五胡之中，根本没有你们羌族！况且传国玉玺已送到晋国去了，你休想拿到！"

其实五胡中是有羌族的，苻坚对姚苌的反叛切齿痛恨，所以故意这样说。

姚苌又派右司马尹纬劝说苻坚将帝位禅让给自己，苻坚斥责尹纬说："禅代乃是圣贤君主之间的事，姚苌这样的叛贼，怎能效仿古代圣人？"

苻坚问尹纬："你在朕的朝中做什么官？"

尹纬回答："尚书令史。"

苻坚慨叹："你是王景略一般的宰相之才，可惜当初朕不知你，所以才会有今天的灭亡啊！"

被俘后，苻坚不绝口地痛骂姚苌，以求速死，为防自己身故后两个幼女被姚苌侮辱，他先将苻宝、苻锦杀死。几天之后，对苻坚无计可施的姚苌只好派人在新平的佛寺中将苻坚缢死，张夫人和苻诜先后自杀，后秦的将士们为他们流下了悲痛的泪水。苻坚死时年纪不过四十八岁，他有过一个美好的开始，却没想到会是如此的结局。有诗叹曰：

志远心高效霸王，安良镇暴践朝堂。
拔才任士平秦政，慑代摧燕定北方。
轻伐无功违景略，失言应谶逞姚羌。
英豪气短常嗟叹，五将山前泪断肠。

苻坚死后，他的太子苻宏哪里还有心思死守长安，当下带了母亲、妻子、宗亲弃城逃跑。经过一番周转，苻宏最后还是投降了东晋，一度做到梁州刺史，后来又因为谋反被杀。

慕容冲成功入主长安，这座北方大城里的百姓遭受了一场空前大劫。

苻坚跌宕而悲怆的一生结束了，可历史仅仅是短短地喘了一口气而已。苻坚死后不到半年，在距新平千里之外的大草原上，一个比苻坚整整小上三十二岁的少年被推为盟主，中国逐渐进入了南北对峙的时代。

第四章

拓跋崛起

古往今来，有好母亲、好出身的人常有，而因此能有一番大成就的年轻人并不常见。在拓跋珪之前，数得着的失败者就有胡亥、刘禅、孙皓，以及东汉的若干小皇帝。只这一点，拓跋珪就已经很让人佩服了。

杀降卒在中国历史上一直被看作是残忍而毫无益处的行为，白起、项羽都坑杀过降卒，他们都没有好的下场。拓跋珪开创北魏，一世英雄，本可以当一代明君，却莫名其妙地听了王建的一番建言，做了这件令天下仁人志士寒心的事，尽管他事后立刻就表达了悔悟，也是无法让人原谅的。

拓跋珪的这些措施，对于漠北鲜卑人来说，是巨大的革新。所谓强国之本，并不是一时的战功显赫，而是能经受住考验的制度。

文化背景的差异，使得文化融合在初期必然经历可怕的阵痛，这是拓跋珪当年面临的问题，也是今日多元文化冲突中现代人类所面临的难题。

● ● ●

一、少年盟主

开创北朝、建立北魏的拓跋珪，是当年建立代国的拓跋鲜卑的后人。

拓跋珪的父亲拓跋寔，是代王拓跋什翼犍的世子，此人力大无穷，十分勇猛。有一次，什翼犍的大将长孙斤在面见什翼犍时忽然拔刀行刺，拓跋寔舍身阻挡，被长孙斤刺中肋部。拓跋寔忍痛仍然力擒长孙斤，将其杀死，而他自己终因伤势过重，于不久后去世。

这时，拓跋珪尚在母亲贺氏腹中，拓跋寔死后一个月，作为遗腹子的拓跋珪出生。这一年是前秦灭掉前燕后的第二年，公元 371 年。

苻坚灭代国，是五年以后的事，他的这次胜利虽说靠的是前秦强盛的国力，却也沾了代国内乱的“光”。

前秦建元十二年（376），在前秦军队的连续打击下，在什翼犍越来越沉重的病势中，代国内部人心惶惶。拓跋寔早亡，什翼犍在他之后并没有另立新的世子。什翼犍此时的夫人慕容氏是慕容皝的女儿，她为什翼犍生了六个儿子，都已年长，哪个将做未来代国的君主，无人能知。

秦军的前锋部队离代王大营不远，几个儿子每夜轮流带兵守护重病的什翼犍。这时候有人前来挑拨离间，游说什翼犍的庶长子拓跋寔君——此人不是别人，正是当年什翼犍“分国半以授之”的弟弟拓跋孤之子拓跋斤（具体事件参见第三章第八节）。他老子当年何等侠肝义胆，今日他却丢尽祖先的脸面。

拓跋斤让自己部落的民众大失所望，又怀恨在心，跑到什翼犍的部落里来捣乱。他对寔君说：“大王要立慕容妃的儿子，准备先把你杀了，所以才让她的儿子们每天晚上身着军装，环绕营帐，那是要找个机会行动呢！”

寔君是个什么样的人呢？《魏书》中评他“性愚”，我以为甚切，因为他竟然凭这一点就相信了一个连自己“国人”都不信任的人。寔君决定先下手为强，于是杀了和自己同父异母的六个弟弟。这个动作可太大了，惊动了营帐中的什翼犍，寔君一不做二不休，干脆连老爹什翼犍也一并杀掉。

代国群龙无首，终于大乱，前秦军趁机进入代国国都云中。五岁的拓跋珪跟随母亲贺氏逃往舅舅贺讷的部落，这才逃脱灭顶之灾。

苻坚在灭亡代国以后接见代国长史燕凤，曾经说过一句很有道理的话。当时他问燕凤代国发生动荡的原因，燕凤据实相告，他听后很感慨地说：“天下之恶一也。”

苻坚接受了燕凤的建议，把代民分成两部分，交给铁弗刘虎的两个后人刘卫辰和刘库仁分别统领。

刘卫辰品行相当恶劣，当初对什翼犍就是又叛又降，与拓跋氏是仇敌；刘库仁虽然是刘虎的同宗，却与拓跋氏有另外一层关系——什翼犍是他的舅舅，因此对待代国遗民比较和善。苻坚知道他们两个的关系处得不好，让他们分管，本意就是要他们相互制衡，谁也不敢先下手。

但计划赶不上变化，刘卫辰毕竟是个小人，当年便敢叛秦，现在更敢不管不顾地与刘库仁翻脸。刘库仁也不是吃素的，带兵击败刘卫辰，一直追击到阴山西北千里之外，虽被他逃脱，但捉住了他的妻子儿女。苻坚对刘卫辰这样的小人还予以宽待，把他封为西单于，又设了个虚职，让他驻扎在河西一带，此举给日后留下一大祸患。

什翼犍生前的亲信都去投奔刘库仁，拓跋寔的遗孀贺氏也不例外，她带着拓跋珪到了刘库仁的部族中。刘库仁对待他们母子相当好，使他们得以安居。

苻坚得意的时候待刘库仁很不错，到了苻坚倒霉时，刘库仁就来报恩了。慕容垂攻打苻丕的邺城，他大举发兵前往救援，途中不幸被潜藏在部族里的燕将慕舆文所杀。他的弟弟刘头眷接了他的班，统领他的部众。

刘头眷上位后不断扩充自身势力，先后击败了贺兰部和柔然，声势浩大。然而他没有理睬儿子刘罗辰的劝告，对堂兄刘库仁的儿子刘显疏于防备，被其刺杀。刘显夺了刘头眷的位子，又深恐代国的嫡传后人拓跋珪会对自己不利，便派刺客去杀拓跋珪。

寄人篱下的拓跋珪眼看性命不保，幸好还有祖辈的名望和人情庇佑：刘显弟弟刘亢埿的妻子是拓跋珪的姑母，她得知这个消息，暗中告诉了贺氏。刘显的谋士梁六眷则是什翼犍的外甥，也立刻派人将此事密告拓跋珪。贺氏夫人很聪明，她定下计谋，安排拓跋珪出逃。

这天深夜，贺氏备下酒宴，请刘显派来的刺客共饮，刺客虽然心狠手辣，却抵不住徐娘半老的贺氏的诱惑，痛饮一番后便醉倒在贺氏帐中。拓跋珪借机趁着夜色和代国的旧臣长孙犍、元他、罗结以轻骑逃离刘氏的部族。

第二天早晨，贺氏潜入马厩，故意惊动马匹，刘显的刺客从梦中惊醒，急急忙忙到马厩中探视。贺氏见他来，当即对他大哭说："我儿子刚才还在这里，现在忽然找不着了，是你们中的谁杀了他吗？"刘显的刺客被问得不知所措，头脑里更是一片糊涂，没有马上去寻拓跋珪的下落。

拓跋珪平安逃到舅舅贺讷的贺兰部，贺讷见到十多年未见的外甥已是一表人才，听了他的经历，又惊又喜，道："你若是复了故国，可别忘了我们这些老臣！"

拓跋珪笑着说："如果果真像舅舅您所说，我真能复国，我可不敢忘记您的功劳！"

贺氏的从弟贺悦在刘显部下做外朝大人，此时率领部众投奔拓跋珪。刘显对此发了火，要杀了贺氏，贺氏逃到刘亢埿家中藏匿，刘亢埿一家人为贺氏说情，总算让刘显赦免了贺氏。

贺悦归顺拓跋珪的行为引发了刘显手下各部的"叛逃大潮"，他的南部大人长孙嵩、中部大人庾和辰先后离他而去，投往贺兰部拓跋珪的麾下。庾和辰做得够"绝"，走时干脆带上了贺氏，拓跋珪母子终于重新相聚。

拓跋珪在贺兰部待了几个月，深得人心，唯一不服他的是贺讷的弟弟贺染干，这人派了自己的死党侯引七突刺杀拓跋珪。代国旧臣尉古真得知其谋划，将事情告诉了拓跋珪。拓跋珪暗中防备，侯引七突无机可乘，下不了手，只得回去报告贺染干。贺染干很敏锐，怀疑是尉古真泄了密，把他抓来拷打问讯，用两条车轴夹住尉古真的头，弄伤了他一只眼睛，可尉古真始终不承认，贺染干只好把他放掉。

贺染干不死心，又亲自带兵包围拓跋珪营帐。贺氏夫人冲到他面前，指着贺染干斥责道："你还把不把我这个姐姐放在眼里，为什么要杀我儿子？"贺染干被说得又尴尬又惭愧，只能悻悻而去。

半年之后，苻坚身死的消息传到了拓跋珪的耳中，一直对苻坚又敬又怕的代国旧臣以及拓跋珪本人面对北方大乱的形势不再有所顾忌。

东晋孝武帝太元十一年（386）正月，拓跋珪在今天内蒙古锡拉木林河畔的牛川召开部族大会，被推举为代王，改元"登国"。他称王之后的头一件大事，就是"徙居定襄之盛乐，务农息民"，即把国都迁到了盛乐城（今内蒙古和林格尔），并大力推行助农政策，让百姓休养生息。

三个月后，拓跋珪改称魏王，历史上把他建立的国家称为北魏、后魏、拓跋魏。从此，"拓跋"这个名号和"北魏"紧紧连在一起，成为左右中国命运的重要力量。而这一年，也常被视作北朝的开始。

二、乱世群雄

少年即位的拓跋珪，让人既羡慕又佩服。

羡慕的是，他有个好的出身，更有个好的母亲。拓跋珪的母亲贺氏被北魏后世君主尊奉为献明皇后，她的确是个非凡的女性。三国时吴臣赵咨曾经在曹丕面前称孙权是聪明、仁智、雄略之主，仿照他的方式，我们可以说这位贺氏夫人是机智、果敢、大义之人：带拓跋珪委身于刘库仁部，是其机也；巧计骗过刘显派来的刺客，拯救了拓跋珪，是其智也；随庾和辰逃回贺兰部，是其果也；严词斥退弟弟贺染干，是其敢也；不顾自身安危以成全子孙伟业，是其大也；舍生忘死为拓跋氏保留种子，是其义也。拓跋珪有这样一位好母亲协助他成就大事，当然是很值得羡慕的。

令人佩服的是，拓跋珪有这样的出身、这样的母亲，日后不断努力，终于取得了成功，成为北魏王朝的开国君主。古往今来，有好母亲、好出身的人常有，而因此能有一番大成就的年轻人并不常见。在拓跋珪之前，数得着的失败者就有胡亥、刘禅、孙皓，以及东汉的若干小皇帝。只这一点，拓跋珪就已经很让人佩服了。

接下来，北魏并没有与其他的十六国同流成为短命的第十七国，而是从此往后延续了一个半世纪。

北魏在立国之初并没有什么特别起眼之处，充其量也不过被人看作是拓跋代国的复兴。作为一个新兴国家，它的规模远不如慕容垂的后燕和姚苌的后秦。公元 4 世纪的最后十五年是北方各部族开展轰轰烈烈复国运动的十五年，僻处塞北的拓跋部鲜卑重新建立起代国，只能算是追随时代大潮。

“代”这个名字本是东周时的诸侯国名，秦朝时设郡，治所在今河北蔚县一带，地跨长城南北，素来是中原王朝防御北方匈奴的要冲，后来人们习惯以“代”指代幽州的北部。拓跋部的先辈常在代郡一带活动，因此在永嘉大乱时被晋朝皇帝封为代王，而事实上，作为游牧民族的拓跋氏，其统治中心主要还是在今天的内蒙古河套地区。

代国复兴三个月后，为了表明自己的完全独立，拓跋珪把国号改成了“魏”。中国古代，给政权起名一向是大事，往往牵涉到政权的稳定、社稷的长久。拓跋珪改国号，至少说明了两点：一、他要与过去的旧政权做一个切割，以表明自己所要做的绝不仅是复国这么简单；二、采用中原旧国的国名“魏”作为国号，也表明他是以平定中原、慑服海内为己任的。

天下之事，以民为本，拓跋珪懂得此道，所以首先发展农业，取悦于民。这一招是很高明的，和其他那些一建国就以开拓地盘为第一目标而劳民伤财的统治者们相比，他是个很特殊的例子。

北魏的故事还有很长，我们之后再谈，现在我不得不回头补叙两个“不幸”列入十六国名单的国家的结局：苻氏的前秦和姚氏的后秦。它们在这以后的不足十年中，可以叙述的只有战争，或者说是“相互厮打”。

苻坚的死讯传到关东，前秦上下陷入一片悲痛之中。留守长安的太子苻宏逃奔东晋后，按照长幼辈分排下来，关东的苻丕就成了最有资格继任皇位的人。

这时，谢安病重去世，苻丕趁着东晋撤军的良机击退晋将檀玄，抢回了邺城，但他没能抵挡住慕容垂的再次进攻，很快又被迫弃城向西逃去。

苻丕领兵赶往并州的潞川（今山西长治潞城区），准备经此地回到长安，不想刚走到晋阳，与那里的骠骑将军张蚝、并州刺史王腾、幽州刺史王永一会合，就得到了长安已失、苻坚已死的消息。他没有耽搁，在晋阳就地称帝，追谥苻坚为世祖宣昭皇帝，改元“大安”。

河北一带的前秦宗室苻定、苻绍等人此前降了慕容垂，现在得到苻丕称帝的消息，都派了使臣到苻丕面前谢罪。苻丕卖了个人情，把关东各州都封给他们。

前秦留在关中陇西一带的力量尚有以左将军窦冲为首的数万军队，现在他们找到了个领头的，士气重新振奋，纷纷遣使请苻丕入关，并传檄天下，声讨叛臣姚苌。

苻丕的局面果然缓和不少，这时候，西面的慕容部却乱了起来。

攻入长安的慕容冲正在长安得意，却听说慕容垂得到了前燕旧都邺城，开始对这个叔父心生畏惧，不敢退往故国所在的关东，干脆就在长安大修皇宫，准备在这里长久驻扎。可他手下的那些鲜卑贵族不答应，左将军韩延趁着人心浮动，冲进宫中杀了慕容冲，改立另一位大将段随为燕王。

慕容家的宗室们耻于大权旁落外人，将军慕容永又发动一次政变，杀了段随，立了一个小王子慕容觊为燕王。他们带领长安一带四十多万鲜卑男女，浩浩荡荡地向东进发，准备回归故地。

在路上，慕容氏内部互相倾轧，慕容冲的儿子慕容瑶和慕容泓的儿子慕容忠又先后被立为西燕皇帝。西燕在三个月的时间里换了五个君主，强过后赵一年换三帝的纪录，真是史无前例的混乱。最后，慕容永自己上了台，不过他不再敢称帝，因为他在闻喜听说慕容垂已经在中山称帝，所以只自任持节、大都督、大将军、河东王，并向后燕称藩。

长安城中氐人死光了，鲜卑人又走了，姚苌真要大笑天助我也。小小的卢水胡人[1]也妄想入驻，很快就被姚苌派来的羌族军队击败。

姚苌入主长安，做了后秦的第一任皇帝。他和大臣们在群臣大宴上的一番谈话，可作为这“土皇帝”的一个笑谈。

姚苌问群臣：“各位爱卿当年与朕一同是秦朝的臣子，如今忽然变成了君臣，难道不感到耻辱吗？”

大臣赵迁回答说：“天都不以陛下做儿子为耻，我们又为啥要耻于做您的臣子呢？”

姚苌听完大笑。

姚苌这皇帝可做得辛苦，龙椅还没坐热就遭到攻击——前秦的宗室苻登此时被滞留在陇西的数万氐人推举为持节、大将军，他挥师东进，声援苻丕，攻打后秦。

苻丕对此表示很高兴，封苻登为南安王，自己也率领四万军队从晋阳来到平阳。这样一来，就让离平阳近在咫尺的慕容永没了安全感。他想来想去，弄出个“假途灭

① 匈奴的一支。

虢”之计，向苻丕提出要借道回关东。苻丕不理他这套，双方在襄陵（今山西襄汾北）展开大战，秦军竟然大败，前秦方面的重要人物左丞相王永、卫大将军俱石子都当场战死。

苻丕率领残卒逃向东垣（今山西垣曲东南），打算袭取此时已在东晋手中的洛阳城，以谋求安身之地，不料走到陕县（今河南三门峡陕州区）遭到东晋扬威将军冯该的截击，苻丕再度兵败，在乱军中被杀。

苻丕愧为苻坚之子，一战大败，二战身亡，真是够衰的。倒是他的皇后杨氏值得一提。她被西燕俘虏后，慕容永想霸占她，封她为上夫人，结果她趁其不备拔剑刺杀慕容永，不过她到底武艺不及，最终被慕容永杀死了。

慕容永在这场争斗中捡了便宜，得了前秦在山西的地盘，就在长子（今山西长治）称了帝。他手下有几个慕容垂的子孙（比如慕容垂的孙子慕容盛）不服他，逃去了后燕。慕容永很气恼，把留在西燕的慕容垂一族不论男女全部杀光，和慕容垂彻底翻了脸，此后，后燕和西燕便成了死敌。

让我们看一下苻丕死后北方的形势。

关东地区，前秦几乎失去了所有的据点，几个刚刚向苻丕谢过罪的苻氏贵族又重新投降了后燕，最后还剩了个东海王苻纂，不过也在不久的将来被姚苌灭掉了。慕容垂经过两年的经营，终于重新占据了从辽东、河北绵延至黄河一线的昔日前燕领地，唯独河东、山西一带落入西燕慕容永的手中，而它的北部边境，则与虎视中原的北魏接壤。

在关中，姚苌控制了陕中、渭北的大部地区，也把都城定在了长安。

南安（今甘肃陇西西部）一带，留有前秦的最后数万精锐兵马，由苻登统领。

西南面的甘肃、青海一带已经被陇西鲜卑乞伏部占领，他们的首领乞伏国仁自称大都督、大将军，兼秦州、河州牧。这一政权就是西秦。

另外，在前一章中曾经提及的前秦名将吕光在征服西域各国后在那里驻扎了一段时间，这时也想回中原与群雄一争高下。前秦的凉州刺史梁熙跟他翻了脸，阻止他进入中原，他便灭了梁熙，自称凉州刺史，做了凉州的新主人。这个政权史称后凉。

东晋虽掌握了黄河以南地区，但谢安新死，国内又不时有叛乱发生，也就没有精力再插手北方的纷争。

三、苻登与姚苌

前秦最后一位值得一书的悲剧英雄，是苻登。

论起血缘，和投降东晋的苻宏、投降后燕的苻定与苻绍之流相比，他与苻坚的关系离得很远，勉勉强强可以算作是苻坚的族孙。但正是这个不起眼的人物，却在十分不利的局面下，将前秦的寿命硬生生地延续了九年。

前秦大安二年（386）冬天，从死尸堆中逃出来的前秦尚书寇遗带着苻丕的两个幼子苻懿、苻昶来到南安。苻登得了凶讯，给苻丕发了丧，之后要立苻懿为帝。他身边的将士都认为大难当头，不能再立年幼不懂事的小皇帝了，公推苻登为主。苻登就在南安东面即皇帝位，改元“太初”。

苻登的性格粗犷而憨厚，也读过不少书。他当皇帝以后便给自己定了一个坚定的目标——复仇，而复仇的对象便是“弑君”的小人姚苌。

苻登在行军时把苻坚的灵位用军车载着，以黄旗、青盖和三百个武士护送。准备作战的时候，他要先祈告苻坚的灵位，然后才出兵。

苻登的祷词很有气势：

> 维曾孙皇帝臣登，以太皇帝之灵恭践宝位。昔五将之难，贼羌肆害于圣躬，实登之罪也。今合义旅，众馀五万，精甲劲兵，足以立功，年谷众穰，足以资赡。即日星言电迈，直造贼庭，奋不顾命，陨越为期，庶上报皇帝酷冤，下雪臣子大耻。唯帝之灵，降监厥诚。

在祷词之中，苻登以皇帝身份向苻坚称臣，他说自己是托了苻坚在天之灵的庇佑才得以坐上皇位，因此要整顿军备，兴兵讨逆，不战到死誓不罢休。

前秦的将士们听了这段祷告无不悲痛流泪，对后秦更是满怀仇恨。他们在盔甲上刻下“死”“休”的字样，表明要战斗到底的决心。

苻登摆的阵势是将以长矛为主的步兵和以钩刃为主的骑兵混合，构成似方似圆的方圆大阵，在阵中根据具体情况调配人手，弥补疏漏，士兵可以团战也可以各自为战。有这样的大阵护持，苻登所向披靡。

无论从战术还是从气势上，苻登的军队尽管人数并不占优，但也足够压倒姚苌了。但姚苌毕竟是狡猾无耻的，他知道苻登手下的军队是大兵团，一时也不可能将其打垮，就采取能躲即躲、能避则避的策略，尽量不将自己的力量完全暴露在苻登面前，与他进行正面交锋。苻登屡战屡胜，却总不能击溃后秦的主力。不过姚苌也被拖得很惨，关中不少豪强都叛他而去。

双方打得快绝望了，谁都占不到便宜。苻登叫数万士兵围着姚苌的营帐大哭，哀声冲天。姚苌受不了，一声令下：后秦的军队也跟着哭！这也许是中国历史上最荒诞的一场大战。苻登的军队哭不过姚苌，没了士气，只好撤军。

姚苌看苻登总是打胜仗，心里气不过，就开始找原因。你猜他想出了个什么理由？他看苻登每战必在军中摆放苻坚的灵位，便将原因归于此，之后也在自己的军队里摆上苻坚的灵位，供上苻坚的神像，也学苻登给苻坚写祷词，真是千古奇事第一桩。

姚苌的祷词与苻登的一正一反，正反映了他的流氓风格：

> 往年新平之祸，非苌之罪。臣兄襄从陕北渡，假路求西，狐死首丘，欲暂见乡里。陛下与苻眉（指苻黄眉）要路距击，不遂而没。襄敕臣行杀，非臣之罪。苻登陛下末族，尚欲复仇，臣为兄报耻，于情理何负！昔陛下假臣龙骧之号，谓臣曰：“朕以龙骧建业，卿其勉之！”明昭昭然，言犹在耳。陛下虽过世为神，岂假手于苻登而图臣，忘前征时言邪！今为陛下立神像，可归休于此，勿计臣过，听臣至诚。

行文之间姚苌百般推脱，否定自己弑杀苻坚的罪过，又说自己是为哥哥报仇，又说自己是践行诺言，到头来还是心虚，恳求苻坚宽恕。苻登和姚苌的两篇祷文一起被《晋书》收录在《苻登载记》中，也不知道作者的这一安排是不是存心想幽默一下。

苻登进军，见此情景，跑到塔楼上大声呵斥姚苌："从古到今，哪有杀了君主反倒立他的神像以求保佑的事，能有用吗？弑君的贼人姚苌你给我出来，我要和你决一死战！"姚苌待在营帐里不理他。

神像倒是供上了，然而时间长了后秦的军队还是打不了胜仗，军中更加不安宁，于是姚苌又斩下神像的脑袋，将它送到苻登军中。

苻登在战术上很有一套，在战略上就差多了。也就是说，他虽能打胜仗，却捞不到太多的便宜。

前秦太初四年（389），苻登率军东征，一路高奏凯歌，逼近姚苌大军所处的安定。姚苌身边的大将都劝姚苌与前秦决战，姚苌答道："苻登是穷寇，和这样的军队对决是兵家大忌。我自有妙计胜他。"

姚苌只留下一个尚书令姚旻驻守安定，自己则率领三万大军偷袭前秦军的辎车行李，获得全胜，苻登的皇后毛氏和两个王子、数十名战将都被姚苌擒杀。

苻登赔了夫人又折兵，对姚苌的仇恨愈切，但他拿姚苌越来越没办法，每次劳师远征都是无功而返，还常常挫了士气，损了兵将。两个人打到最后，苻登对老病垂死的姚苌仍然一筹莫展，往往是遍寻姚苌的主力不见，后秦的军队倒从自己的背后冒了出来。苻登只能惊叹一句："此为何人，去令我不知，来令我不觉，谓其将死，忽然复来，朕与此羌同世，何其厄哉！"正是"既生登，何生苌"。

姚苌比苻登大十三岁，终于先苻登而死，但他生前十分注意培养自己的太子姚兴。

后秦建初八年（393），姚苌病死。临终前，他叮嘱姚兴："你今后安抚骨肉要讲恩，对待大臣要讲礼，处理事务要讲信，治理百姓要讲仁。只要你不丢掉这四条，我就无忧了。"

太子姚兴秘不发丧，积极筹备攻打苻登。

苻登得到姚苌病死的消息，喜从心来，得意地说："姚兴小儿，看我拿木杖打扁你！"他率领前秦的全部主力进攻后秦，只让安成王苻广和太子苻崇留守雍城（今陕西宝鸡凤翔区以南）、胡空堡（今陕西彬州一带）两个主要据点，准备一举灭掉姚兴。

姚兴亲自主持的第一场大战打得很漂亮。双方军队相遇时，姚兴派自己的长史尹纬先一步占据水源。前秦军队得不到饮用水，一时大乱，渴死的就有三成多。尹纬趁乱与秦军大战，苻登手下的兵将四散溃逃。

苻广、苻崇两个不顶事的王子望风弃城，苻登退到雍城见不到人，又逃往平凉，向西秦王乞伏乾归（乞伏国仁之弟，西秦的第二任君主）求援，结果还没得到救兵，就在泾阳（今甘肃泾川一带）遭到姚兴的最后一击，兵败被杀。

太子苻崇逃到湟中匆匆称帝，却无法立足，只好带着剩下的氐人流亡到陇西王杨定那里。这个杨定就是之前一度被苻坚消灭的仇池杨氏的后人，现在也趁乱独立了。两家一抱团，想共谋攻打西秦，占据它的地盘，终被乞伏乾归消灭殆尽。

十几年前还强大无比的前秦在这幕“荒诞剧”收场时宣告灭亡。

四、慕容垂傲视关东

前秦被消灭的时候，比苻登、姚苌都要高明得多的慕容垂已经将关东七州紧紧地握于手中了。

按理说，和遍地胡戎的关中陇西地区比起来，关东的形势应该要简明很多。但由于西燕慕容永这个慕容家的旁支的徙入，加上在河南一带不停叛乱的丁零翟氏、悄然崛起的鲜卑别部拓跋氏，慕容垂统一关东的步伐迈得不轻松。

这情形，不由得让人想起三十年前他的兄长慕容俊统一关东的经历。当时的慕容俊不过三十来岁，在南征北战中花费了一生中的大半精力，最终在挥师南下的前夕病死。现如今慕容垂已经是年逾六十的花甲老人，他纵使再有才能，留给他的时间也已不多。这位老人在称帝后的十个年头里，率领大军南征北讨，所到之处攻无不克、战无不胜，但我们从这些胜利的背后读到了什么呢？一种莫名的悲凉。一如辛弃疾的感慨：“了却君王天下事，赢得生前身后名，可怜白发生！”

后燕建兴元年（386）八月，慕容垂在刚刚称帝后不久便亲自率军南下，兵锋直指青、兖、徐等淝水之战后刚刚被东晋“光复”的州郡。这些地方可以说是南北对峙时的缓冲地带，夹在南北中间求生存，自有一套生存之道。后燕大军一到，它们纷纷投降，慕容垂重新将势力推进至淮北。

后燕的北方这时出了乱子。刘显跟拓跋珪翻了脸，想方设法要消灭拓跋珪的力量。为了笼络人心，他派弟弟刘亢埿把什翼犍小儿子拓跋窟咄迎接过来。

这个拓跋窟咄在前秦灭代国的时候被苻坚接到了长安，之后跟随慕容永的东迁大队到了西燕，被慕容永任命为新兴太守。刘亢埿的军队打着拓跋窟咄的旗号逼近北魏边境，拓跋各部显然为之一动，拓跋珪的部下于桓、莫题与各自部族的人商议，想要捉住拓跋珪，并派人与拓跋窟咄联系，准备让他来做魏王。

拓跋珪很有运气，这次是于桓的舅舅穆崇跑到他那里向他告发自己的外甥。拓跋珪先下手诛杀了于桓等人，莫题等人得到赦免。

内患虽除，刚刚建国、势力单薄的拓跋珪仍难以自安，他一面再次翻过阴山，投奔母舅所在的贺兰部，一面派自己的外朝大人安同向后燕求救。

慕容垂认为这正是收服北方的好机会，就让当时留守在国都中山的小儿子赵王慕容麟前往救援。可慕容麟还没赶到，拓跋窟咄又与贺兰部里面不满拓跋珪的贺染干结成同盟，攻打拓跋珪。北魏北部大人叔孙普洛临阵脱逃，去投了刘卫辰，北魏一时形势不妙。

慕容麟很有心计，他让安同快马加鞭，先自己一步跑到拓跋珪那里通报燕军快来了的消息。北魏的将士们得知援军将至，果然恢复了不少士气，抵挡住了拓跋窟咄的进逼。慕容麟也加紧进军，与拓跋珪会合后，一仗就把拓跋窟咄杀得大败。拓跋窟咄逃到铁弗部刘卫辰那里，刘卫辰岂会忘记当初两部之仇，也不顾他自己正与拓跋珪为敌，将拓跋窟咄杀死了。

拓跋珪在这一仗中感受到了燕军的厉害。一年之后，他趁着刘显兄弟相争，再次向慕容垂借兵，慕容垂又让慕容麟出兵相助。

愚笨的刘显自取灭亡，他很不给面子地把刘卫辰“孝敬”后燕的好马给抢了来。慕容垂大怒，派出侄子太原王慕容楷增援慕容麟。两个慕容与拓跋珪合力对战刘显，大获全胜。刘显逃到西燕，后燕得到了刘显部的部众和牲畜，拓跋珪则基本收复了什翼犍时期的代国地盘。

慕容垂又花了五年时间经营自己的北方领土，这期间，他消灭了河北一带的叛军，收复了清河、渤海等地，征服了比较强大的贺兰部，加上之前慕容农已经率军击败高句丽，占据了辽东，后燕成功拓展领土、巩固统治，成为北方第一大国。

转眼间到了后燕建兴七年（392），这时的慕容垂达到事业的巅峰。

根据正史的记载，慕容垂自小到大参加大小战役数百次，几乎无一失利，即使是在苻坚南征时的惨败中，他也是打得最漂亮的一个，最后全军撤退，还成功护送苻坚。与在十六国乱战中统一北方的“苻坚神话”相比，慕容垂的“不败神话”更加让人神往。然而，那个统一辽东、意气风发的少年，如今已经成了年近古稀的老人。

慕容垂决定用尽生命中的最后力量，完成后燕称霸天下的大业。

在慕容垂看来，后燕在关东的敌人只剩下了自己的同族仇敌——西燕慕容永，然而河南一带的丁零翟氏一会儿归附他，一会儿又归附东晋和西燕，很让他讨厌，所以他决定先亲自带兵征讨丁零的首领翟钊。

翟钊向慕容永求救。慕容永本该懂得“唇亡齿寒”，出兵帮助自己的“难兄难弟”，却一味听从尚书郎鲍遵的话，以为自己是坐山观虎斗，根本不给翟钊派一点救兵，于是翟钊只能单独面对强大的后燕军队了。

慕容垂实在是老谋深算，专跟翟钊玩“巧”的。慕容垂率领大军来到黎阳，丁零军队列阵死守黄河南岸，后燕将领都认为对手精锐，不宜渡河，他却笑着说：“翟钊不过是个竖子罢了，能有什么作为？现在你们就看着我收拾他吧。”他先把营寨迁到上游四十里处的西津，在那里造了数百艘牛皮船，载上一些兵士车仗，做出一副要渡河的样子。丁零翟钊在下游听说这一消息，果然带了军队前往西津阻挡。这时慕容垂才派留在黎阳的慕容镇的军队连夜渡过黄河，在河南扎营。

第二天早上，后燕已经驻了不少兵将在河南的大营里了。翟钊哪里能想到慕容垂来这一手，又赶到下游打慕容镇，慕容镇坚守一段时间，上游的后燕大军也趁机渡过了黄河。燕军两路夹击，丁零军哪有活路？全军覆没还不算，翟钊被慕容垂一路追击，只身逃到西燕，之后又被慕容永杀死。

不过，收拾完丁零人，接下来就轮到慕容永后悔了。

仅过了一年，慕容垂开始筹备攻打西燕。后燕将领又显得顾虑重重，认为后燕士兵连年征讨，十分疲惫，有待休整，只有范阳王慕容德同意伐西燕的计划。

慕容垂很高兴地说：“吾计决矣。且吾投老，扣囊底智，足以克之，不复留逆贼以累子孙也！”

后燕建兴九年（394），慕容垂大军在邺城西南集结，却一个多月不向西燕境内进发。见这种情况，慕容永反倒害了怕。慕容垂用兵如神，天下尽知，所以慕容永开始疑神疑鬼，怀疑慕容垂会从太行山的山道突入山西，于是赶紧分兵去封锁太行山口，在正面防御点台壁只留下一支军队。

慕容垂等的正是这个机会！后燕军队突然从台壁进攻，两军一交手，西燕溃败，台壁遭围。慕容永被耍得够呛，又从太行山召回守军五万多人，然而他的手下刁云、慕容钟都被后燕的气势震慑，全无斗志，直接投降了。

西燕门户一开，便再无补救之法。慕容垂在台壁以南摆下阵势与慕容永对战，事先则安排了骁骑将军慕容国率领精锐骑兵设下埋伏，之后他假装败退，将西燕军引入包围圈。慕容国从背后杀出，一场大战，西燕军光被斩首的人数就达八千，重镇晋阳也跟着丢失了。

慕容永退守国都长子，向东晋和北魏求救。两方的援军并未赶到，西燕别部大逸豆归手下的将领便打开城门迎慕容垂入城。

慕容垂入城后，将慕容永和他的公卿大将悉数斩首。西燕从慕容泓称王至此十一年，终于在打打杀杀中成了又一阵过眼云烟。

五、后燕的隐患

慕容垂在与丁零、西燕的两场大战中将战争艺术发挥到了极致，可随后，他的后燕帝国也走到了全盛的尽头，这是因为慕容垂在南征北战的过程中留下了一内一外两大隐患。

作为内部的隐患，便是慕容家的老毛病——好内斗。

慕容鲜卑在慕容垂及其子侄这两代，可以说是人才济济，这里面有一直与慕容垂关系亲密的弟弟范阳王慕容德，又有他的儿子太子慕容宝、赵王慕容麟、辽西王慕容农、高阳王慕容隆，还有他的侄子太原王慕容楷、陈留王慕容绍。这些人在后燕平定北方的过程中各自叱咤一方，身上都有不小的功勋，又都凭功封王，所以彼此都不服对方。

后燕的国土挺大，东北是慕容农，东南是慕容德，西北是慕容麟，东、南、西又分别有慕容隆、慕容绍、慕容楷把持，这中间的矛盾其实是相当大的。更糟糕的是，唯一能镇住这些人的慕容垂年事已高，他把国事交给了太子慕容宝处理。慕容宝远无乃父之风，也不如当年冤死的兄长慕容令，待人处事最没原则，把本已内患重重的燕国搞得内政、外交一团糟。

说到外交，也就要说起后燕外部的隐患了。

后燕消灭丁零的前一年（391），慕容垂为了平定北方，再次出兵帮助向他俯首称臣的拓跋珪。拓跋珪凭借后燕的援兵与他的世敌刘卫辰展开决战，一举将其击溃，并乘胜追击，占据了铁弗部的国土。刘卫辰在乱军中被杀，五千多的刘氏宗亲被拓跋珪下令全部斩首，扔进黄河。经此一战，铁弗匈奴人几乎灭族，刘卫辰的小儿子刘勃勃只身逃到后秦国，后来摇身一变，成为令关西一带闻风色变的赫连勃勃，不过这个要待到后秦衰落、大夏兴起的时候再说。

拓跋珪得到了铁弗人数以百万计的牛羊马，壮大了自己的力量，渐渐便不再像以前那样乖乖地听慕容垂的话。

一次，拓跋珪专门派自己的堂兄拓跋仪前往后燕国都中山探听虚实。慕容垂接见了拓跋仪，诘问他："魏王怎么不自己来？"拓跋仪答道："我们拓跋氏自先人时就居住在北方，至今仍是如此。当年先王被晋朝皇帝封为代王，与你们的祖先共事一朝，彼此都是兄弟。现在我奉命出使，并无失礼之处。"

慕容垂感到这个使臣很不一般，又问他："朕兵强马壮，威加四海，你的主公竟敢不来见朕，怎么可以说没有失礼之处呢？"拓跋仪摇头道："燕国如若不修文德，以为靠着强大的军力就能够称霸天下，那就得问问我国的将帅答不答应，轮不到我这个使臣来说话了。"

拓跋仪一席话说得有理有利有节，慕容垂拿他没什么办法，就放他回了魏国。

拓跋仪一回来，就对拓跋珪说："燕国皇帝年老，太子暗弱，范阳王慕容德又很自负，恐怕不会安心做少主的臣子。只要慕容垂一死，燕国必有内乱，到时候北方自然是我们的天下。现在还不是动手的时候。"

拓跋珪深受鼓舞，便暗中积蓄力量，准备着日后与后燕翻脸。

事件的导火线始于拓跋珪派弟弟拓跋觚出使燕国。当时慕容垂已不理国事，一帮慕容子弟露出大国的傲慢之气，强行扣留了拓跋觚，以此要挟北魏给他们送来宝马。拓跋珪不给，与后燕断绝了外交关系。

两年后，后燕攻打西燕，拓跋珪积极出兵援助慕容垂的敌人慕容永。虽然没有扭转战局，后燕还是获胜了，但在慕容垂看来，拓跋珪这是全然不念燕、魏从前同盟多年的情谊，实在是可恨。

灭亡西燕后，慕容垂已经身染重病，原本不想再用兵了，却抵不住慕容宝等人的怂恿，在后燕建兴十年（395）五月，派慕容宝、慕容农、慕容麟率领大军八万伐魏，又让慕容德、慕容绍另率步骑兵一万八千人做后继。散骑常侍高湖（日后北齐高氏的先祖）苦谏也没能阻止他一意孤行，还被罢了官。看这架势，慕容垂是立志要一举消灭北魏了。

拓跋珪和后燕打了十多年的交道，对这个对手称得上是了如指掌。慕容宝的军队来到黄河北岸的五原（今内蒙古包头西北），南岸的拓跋珪派人在从中山到五原的路上截住后燕传送消息的使者。连续几个月，慕容垂的消息都无法传到后燕大军营中，慕容宝兄弟惶惶不安。

拓跋珪适时拉上抓来的后燕传信使者到黄河岸边喊话："你老爹已死，还不早早回去！"这一喊不要紧，却是正中要害。慕容垂在后燕乃至整个慕容鲜卑人心目中的地位都极其重要，不明真相的慕容宝等人此时不免又担心又害怕，后燕的士兵们更是人心动摇，惊恐不已。

那边慕容宝的军队处境艰难，这边拓跋珪则已安排停当，他派拓跋虔、拓跋仪各领数万骑兵驻扎在河东、河北，又让拓跋遵领了数万精锐骑兵悄悄地绕到了燕军的东南面，也就是燕军的退路上。

燕军和魏军在五原一带从九月开始相持近一个月，慕容宝的军队从一支骄兵变成了羸兵。然而，慕容宝虽然心中发虚，却没有撤退的意思。

慕容麟手下有个叫作慕舆嵩的部将，他觉得慕容垂是真的死了，便纠合其他部将作乱，想拥立慕容麟做皇帝。事情败露，慕容宝把慕舆嵩等人给杀了，虽始终没抓住慕容麟本人的把柄，处置不了他，但心中对这个兄弟也已经很是猜疑了。

燕军就在这样的状况下勉强支撑到十月底，五原地区已是寒风凛冽。

冬日来临，慕容宝下令烧掉渡船撤军回朝。当时黄河水还未结冰，慕容宝认定魏军没有足够的船只，不可能渡河追击，无须采取任何防备措施，便一路放心大胆地向东撤去。

拓跋珪在南岸并未马上行动。燕军撤退后的第八天，天气突变，刮起暴风，河水迅速冻合。拓跋珪大喜过望，赶紧留下所有辎重，连夜点上两万精锐骑兵，以最快的速度冲过黄河，朝着燕军撤退的方向追去。

六、参合陂的哭声

疲惫不堪、士气低落的后燕军队走到参合陂（今内蒙古凉城东北）时已近傍晚，正是“天有不测风云”，这个时候一阵大风平地而起，只见一道黑气如长堤一般自燕军身后向前铺卷而来，最后完全罩住了整个军队，这给后燕士兵们本已十分脆弱的心中又蒙上一层阴影。

后燕军中一个名叫支昙猛的和尚顿觉不安，向慕容宝进言：“狂风暴虐，乃是魏兵将要来到的征兆，我军应当做好准备抵御敌军。”满心以为魏军早被甩出很远的慕容宝对他的提议只笑不答。支昙猛再三请求，慕容麟在旁边听得不耐烦，气呼呼地说：“以殿下的神武、我军的强盛，我们足以横行沙漠，小小的拓跋索虏哪里敢来？你这该死的和尚妖言惑众，应当杀了以振军威！”

支昙猛痛哭流涕：“苻坚百万雄师却大败于淮南，正是因为恃众轻敌，不相信天道啊！”

眼看两下里要闹僵，还是慕容德出来调停，他劝慕容宝还是听支昙猛的话，以防万一，慕容宝这才心不在焉地让慕容麟带上三万骑兵殿后。慕容麟根本不信支昙猛，哪里肯好好设防，只放纵士兵在大军后方四处游猎。

燕军又走了一段路，然后就停下脚步，在参合陂东边的蟠羊山南面依水扎营。慕容宝做梦都无法想到，一路急行的魏军在当晚就已经追到了参合陂的西面。

拓跋珪发现燕军近在咫尺，连夜制订进攻计划。各将领分别带兵，士兵衔枚，战马束口，暗暗向燕军靠近。第二天日出时分，魏军全部登上山顶，脚下便是燕军大营。

这时，燕国的士兵们刚刚伸着懒腰缓步走出营寨，准备向东进发，猛一回头，眼前正是严阵以待的北魏军队！燕军一下子乱成一团。

拓跋珪手一抬，两万精骑兵以排山倒海之势冲杀过来。燕军士兵纷纷逃入水中，人马相互践踏，踩死的、淹死的数以万计。留得性命的士兵刚上岸，事先埋伏好的拓跋遵的军队正好杀到，燕军的最后一道心理防线终于崩溃，四五万人全部乖乖地放下武器，举手投降。

从乱军中逃出的后燕士兵只有数千，慕容宝、慕容农、慕容麟、慕容德等人凭着马快捡了一条性命，慕容垂的侄子慕容绍不幸战死，其余被俘的慕容氏王公有数千人。

拓跋珪大获全胜，他从燕军的俘虏中挑了些可用之才留在北魏，然后准备给其余的人悉数发还衣物粮食，将他们遣送回国，也好借机招揽中原人心。

拓跋珪的中部大人王建说："燕国强盛，这次倾全国之力前来，我军是侥幸取胜，不如杀掉降卒，让将来他们再无可用之兵，再打败他们就易如反掌了！"拓跋珪叹道："若听从你的话，只怕我将陷于不仁不义之地。"然而魏国的将领们对后燕尚有余悸，都认为王建说得有理，拓跋珪只好下了一道命令，将四五万的后燕士兵全部活埋！

杀降卒在中国历史上一直被看作是残忍而毫无益处的行为，白起、项羽都坑杀过降卒，他们都没有好的下场。拓跋珪开创北魏，一世英雄，本可以当一代明君，却莫名其妙地听了王建的一番建言，做了这件令天下仁人志士寒心的事，尽管他事后立刻就表达了悔悟，也是无法让人原谅的。拓跋珪从此再也没得到燕国军民的信任，他包围燕国国都中山一年，到最后打得燕国的皇帝大臣们全部离城出逃，却仍然无法攻下。他派人登楼劝降，得到的答复是："但恐如参合之众，故求全日月命耳！"这时的拓跋珪真想一口唾沫吐到王建的脸上，却已经晚了。

拓跋珪一辈子也没有实现完全吞并燕国的目标，而北魏也是足足花了三代四十多年的时间才取得燕国的故土，可见拓跋珪坑杀数万燕军的影响实在是太大了。

慕容宝回到中山，向父亲陈述失败的惨状，竭力请求再次伐魏。旁边慕容德也说："拓跋索虏碰巧打了这场胜仗，有看轻太子的意思，如果不以陛下的神武把他们制服，恐怕后患无穷。"

七十岁的慕容垂听了这话，决定亲自出征，为自己的燕国谋取日后的生存空间。他让慕容隆和慕容盛调集旧都龙城的精兵来到中山，约定次年大举西征，攻打北魏。

第二年（396），军容精整的龙城精骑进入中山，后燕的士气重新振作。三月，慕容垂亲率燕军秘密出发，凿开太行山道，出其不意地直逼被北魏占据的平城（今山西大同），拓跋虔的三万军马正驻守在此地。

慕容垂派慕容农和慕容隆率领龙城精兵为前锋突袭平城。拓跋虔一向不设防备，看到燕军来攻才仓促出战。龙城兵是鲜卑旧部，是燕国战斗力最强的部队，他们一个个奋勇争先，如下山猛虎，魏军根本招架不住，拓跋虔战死，残部全被后燕收编。

拓跋虔是拓跋珪的弟弟，在北魏威望不小，他的死讯传回北魏，拓跋珪大惊失色，就想逃走，然而北魏各部都开始心怀二意，一时间拓跋珪竟不知往哪里逃。

燕军一路前行，慕容垂来到了昔日两国对决的战场参合陂。万人坑上的泥土犹新，一年前尚且生龙活虎的数万后燕士卒已成堆积如山的尸骨，无数冤魂仿佛还在山间飘荡。燕军设下祭坛，死难将士的父兄一起放声痛哭，声音响彻山谷。

白发苍苍的慕容垂面对此情此景，心中又惭又恨，最后一点精气神再也无法坚持下去，"哇"地吐出来一口鲜血。一代枭雄慕容垂在血泪交加的参合陂前倒了下去。

慕容垂病情日益严重，后燕终于丧失了继续进军的可能。燕军主力在平城停留了十天，修了座燕昌城便匆匆返回了，慕容宝等人的前军也只好全部撤退。

拓跋珪得到消息，本想趁机追赶，结果听说平城已经沦陷，加上对慕容垂终究还有一丝恐惧的心理，便引兵退回阴山。

慕容垂的一生，以这样一场虎头蛇尾的战争作为结束，他在归途中病逝于上谷郡的沮阳（今河北怀来东南），终年七十一岁。参合陂的哭声和英雄慕容垂的名字一起流传下来，直至今天。

笔者写到此处，不禁为参合陂上的后燕兵士默然悲恸，而我能做的，也不过是以一首七律来追怀当日的场景：

慕容英名亘古垂，天龙读罢还欲知。

才高怎敌三朝废，智足能成百胜师。

复国开疆新辈损，翻囊探底老王思。

阴风不与当年便，四万男儿立业时。

七、燕国分裂

公元 396 年，后燕太子慕容宝在危机四伏的情形下继承皇位，改元“永康”，成为后燕的第二任皇帝。

慕容宝这个人在军事、政治上形同白痴，对权术却很精通，很会拉拢慕容垂身边的人，以至于慕容垂生前也一直以为他是个贤能的继承者，被他把帝位骗到了手。

慕容宝一即位，便做了两件大错特错的事，以至后燕上下人心思离，轻而易举地就将慕容垂花了十几年工夫辛辛苦苦取得的江山白白葬送掉了。

首先，慕容宝下令审定后燕士族的旧籍，重新校阅户口，把那些在战争中立功封荫的大户全部划归各个郡县管理。这一举措似乎是慕容垂临终的遗令，看起来无可厚非，却不该在这个时候做。构成后燕国社会阶层重要部分的士族对此怨声连天，加上慕容宝的刑法严峻，百姓生出叛意不可避免，甚至有人开始秘密地与北魏联系。

接着，慕容宝为报一己私怨，竟逼皇太后小段氏自杀。小段氏曾经向慕容垂指出慕容宝难以济世，慕容农和慕容隆才是太子的最佳人选，而慕容麟奸诈刚愎，将来必为大患，应当早除。慕容垂却因多听了身边那些被慕容宝打点过的大臣们的话，斥责小段氏为骊姬①。

慕容宝做了皇帝，就让慕容麟对小段氏说：“太后常说当今皇上难以守成，如今你看看他到底可不可以！你还是早点自裁了吧！”

小段氏冷笑一声：“你兄弟逼杀你们的母后当然很容易，却不知守这江山还能否

---

① 春秋时期晋献公的妃子，因挑拨献公诸子的关系，引发晋国大乱。

这么容易！我今天并不惜死，只怕燕国不久将亡！”说完就自杀了。

慕容宝行不该行之令，杀不该杀之人，把后燕朝野搞得乌烟瘴气。待到拓跋珪连续进攻时，他的无能更是暴露无遗，把自己的皇位和性命都丢了个干净。

后燕永康元年（396）八月，拓跋珪大举攻燕，步骑兵总计四十多万，兵锋直指并州晋阳（今山西太原），又分兵袭击幽州。

后燕并州牧辽西王慕容农领军出战，根本不是北魏大军的对手，晋阳城内的司马慕舆嵩又临阵倒戈，慕容农只得率领残部向东逃走，又在潞川被魏军追上。燕军全军覆没，慕容农的妻儿也全部落入魏军手中，他只带着三个随从骑着快马回到中山。

即位还不到五个月的慕容宝得知并州沦陷，北魏大军正向中山开来，顿时惊恐交加。这时候朝中能出主意的人倒还不少，可惜他们碰上的是慕容宝这个主儿。慕容宝就是拿不定主意，最后还是勉强听从了慕容麟的建议，开始修筑城墙、积蓄粮草，准备与魏军打消耗战。没承想，拓跋珪轻轻松松就攻克了常山（今河北正定以南），常山以东的冀州各郡县官吏不是逃跑就是投降，只剩下中山、邺城、信都（今河北衡水冀州区）三城还在后燕手中。

拓跋珪攻了一阵中山，只在南城遇到慕容隆的顽强抵抗，慕容宝等人则做了缩头乌龟。但中山城墙修得够结实，一时还打不下，所以拓跋珪决定改变策略，先拿下邺城和信都。

后燕守邺城的是范阳王慕容德，拓跋珪分兵五万围攻邺城。形势十分危急，慕容德不得不派人向后秦求援，秦军却迟迟不来，邺城之中惶恐不安。慕容德倒是处变不惊，亲自犒劳安抚士卒，后燕守军人人感恩，坚定了与魏军死战的决心。恰在此时，魏军将领贺赖卢仗着自己是拓跋珪的舅舅要起了脾气，与统帅拓跋仪之间出现矛盾，两人各自率军撤退。慕容德趁机出兵追击，大破拓跋仪，总算把重镇邺城暂时守住了。

魏军攻城连连遇阻，拓跋珪为振奋士气，亲自带兵攻打信都。这一次很顺利，已经死守了六十多天的信都在他到来的第四天便投降了。

拓跋珪攻打三座城用去三个月，结果只捞到个信都，差点没把面子全丢光。

事实上慕容宝的运气也不能算差，这时北魏的并州监军丑提听说自己的叔父投降了后燕，生怕受牵连，便带了本部兵马要回国作乱。拓跋珪为防万一准备退兵，于是派人向后燕求和。

不知天高地厚的慕容宝本该以退为进等待时机，却觉得这是拓跋珪服软了，害怕了，所以忽然开始咬住不放，以拓跋珪背叛燕国的恩德为名，亲率大军进攻退兵的拓跋珪。他反击靠的是什么？是刚刚从各郡县募集到的数万盗贼无赖。《资治通鉴》说这是“募军”，实在是抬举他们了，实际上就一群乌合之众。

慕容宝异想天开地派这支军队去偷袭拓跋珪的军营，并让他们顺风放火。魏军起先没有防备，果然大乱，睡梦中惊醒的拓跋珪竟光着脚逃出火堆。哪知道“募军”自乱阵脚，也不知什么原因就自相残杀起来。逃到营外的拓跋珪看得清楚，又重整旗鼓，以骑兵猛冲燕军阵营。慕容宝的“募军”哪里抵挡得住，偷袭计划没成功，反而挫了全军的士气。

慕容宝引军向中山撤退，遭到魏军追击，战败的燕军又碰上大风雪，冻死的士兵不计其数。慕容宝唯恐被魏军追上，下令让士兵丢弃全部兵器，轻装逃回中山——真是狼狈得不行。拓跋珪一路尾随，重新来到了中山城下。

中山城内，以慕容隆为首的主攻派和以慕容麟为首的主守派明争暗斗，闹得不可开交，无聊的慕容宝在中间一会儿想战一会儿想和，定不下主意。紧要关头偏偏又有人添乱，尚书郎慕舆皓密谋弑君，拥立慕容麟为主。事情泄露，慕舆皓斩关投奔北魏。

慕容麟心中不安，终于亲自行动。他带兵要挟禁卫兵将领慕容精，命他指挥禁兵杀掉慕容宝。慕容精严词拒绝，慕容麟一怒之下杀掉慕容精出逃，投奔丁零人的残部。

慕容宝下令追寻慕容麟，不见其下落，一下子就着了慌。他的次子清河王慕容会正率兵屯驻在蓟城，他怕慕容麟先下手到那里夺了兵权，然后去旧都龙城造反。

慕容宝越想越恐惧，就与慕容农、慕容隆商量，准备离开中山，回保龙城。主意拿定，皇帝与亲王们在第二天晚上就打开城门，前往蓟城与慕容会会合。

清河王慕容会也不是盏省油的灯。慕容垂当初因为喜欢这个孙子，对他委以重任，并遗命慕容宝将来立慕容会为太子。慕容宝却喜欢小儿子慕容策，又被兄弟慕容麟和长子慕容盛怂恿一番，便违背父命立了慕容策。慕容会因此怀恨在心，时时想着寻机报复，现在慕容宝自己撞到他的枪口上，真是“不是冤家不聚首”。

慕容宝隐隐感觉到慕容会有谋反的意图，却晚了一步。慕容会趁慕容宝离开蓟城休整的时候，派他的同党仇尼归去杀慕容宝的左膀右臂慕容农、慕容隆。慕容隆当场被杀，慕容农虽然身负重伤，却挟持了仇尼归逃出城去。

慕容会行事不利索，反而暴露了自己的企图。慕容宝反应过来，一面下令除掉慕容会，一面带着数百轻骑兵飞奔到龙城，以龙城兵与慕容会对抗。慕容会抵挡不住，部众溃散，被赶到中山。

中山城虽然走了皇帝，却因为参合陂的缘故，城中军民依旧不投降。开封公慕容详没来得及追上大部队，便留在城中，阴差阳错地成了城中的主将。慕容详没啥本事，却靠着城中百姓的死战守住了中山。慕容会逃到中山，也被他击杀。

这时，拓跋珪放松了对中山的包围，慕容详得意起来，干脆把北魏留在后燕的人质拓跋觚杀了，于后燕永康二年（397）五月改元称帝。

慕容详根本不是当皇帝的料，他杀了出身于后燕大族可足浑氏的车骑大将军可足浑潭，又滥用刑罚，很快便引起城中内乱。慕容麟趁机带着丁零部的军队杀入中山，斩了慕容详，自己做了皇帝。

慕容麟的皇帝做了五个月，就成了“饿肚子皇帝”。慕容详先前与慕容宝、拓跋珪两方都闹翻了，中山城早就断绝了一切外援，现在已经没东西吃了。慕容麟与拓跋珪对战，屡战不胜，只好再次逃出中山，投往邺城。

拓跋珪攻入中山，后燕的都城在守了一年之后落到北魏手中。

慕容麟是很不想去邺城的，可此时也顾不得颜面了。他放弃了皇帝的称号，去邺城向慕容德磕头认错。

北魏攻邺城的是拓跋仪，得知拓跋珪取得中山，便乘胜进攻邺城。慕容德听从慕容麟的建议放弃了邺城，将城中部属四万户迁往滑台（今河南滑县东）。

慕容德前脚刚走，拓跋仪后脚就到，邺城也就被纳入了北魏的版图。拓跋仪继续追赶燕军，可慕容德迅速渡过黄河，他没追上。

另一个不敢去见慕容德的人是慕容宝。他在龙城听说拓跋珪撤军，以为有机可乘，又要南伐。可后燕经过几次变乱后内部已经千疮百孔，慕容宝刚一出兵就发生了兵变，慕容农在内乱中被杀，慕容宝与儿子慕容盛逃到蓟城。

慕容垂的小舅子顿丘王兰汗借着平定内乱的机会把持了龙城的大权，请慕容宝回城。慕容宝不明兰汗的底细，所以决定“两害相权取其轻”，硬着头皮抄小路去投奔慕容德。走到黎阳，慕容德自称燕王的消息传来，慕容宝吓得半死，掉转马头就回龙城。他满以为兰汗是他老爹的舅舅，又是他儿子慕容盛的岳父，应该不会对己不利，孰料兰汗就是策划兵变的幕后罪魁，正等着他来送死呢。龙城军民都知道兰汗将要作乱弑君，却无可奈何，于是愚蠢的慕容宝被兰汗轻而易举地骗入城中杀害了。

至此，后燕无论从名义还是事实上，都分成了南北两块。

有一种说法是，慕容宝死后后燕就灭亡了，以后只有南燕和北燕。我个人更赞同另一种较普遍的看法：后燕的历史可以算到公元 407 年慕容熙被杀，北燕也从那一年开始，而南燕则该从公元 398 年慕容德称王改制算起。

这一切，等讲了凉州的事再分别细说。

八、凉州烽火

凉州的事，得从吕光称王说起。

吕光本是苻坚身边的将军，奉命征讨西域各国，若不是淝水之战后天下大乱，他或许会成为中国历史上又一位张骞、班超式的人物。可惜历史不给他机会在西域安心做将军，也不让他在前秦做个普通的大臣，而是逼着他在乱世之中成为又一个石勒、姚苌、慕容垂。

论勇猛，吕光比不过石勒，论奸诈也赶不上姚苌，论谋略又不如慕容垂，他能够争得如今的成就，就靠了四个字——相机行事。他能在前秦变乱之初就从西域赶回，在各割据政权来不及动手之前就夺了凉州，又在得知苻坚被害以后立刻下令让手下官吏将士为苻坚服丧，追谥苻坚，使得自己的形象在那些前秦的旧臣旧将面前进一步提高。

人心也收买够了，力量也积蓄足了，就在前秦大安二年（386），吕光自称中外大都督、大将军、凉州牧、酒泉公，建立起十六国时期凉州的第二个政权——后凉。

十六国的时候，凉州的面积已经比汉朝时小了很多，南面的一部分在三国时被设为秦州。即使如此，凉州仍然有八个郡之大，相当于今天甘肃的中北部、青海的东北部以及宁夏、内蒙古、新疆的一部分，这八个郡自东南向西北分别是金城郡、西平郡、武威郡、张掖郡、西郡、西海郡、酒泉郡和敦煌郡。除了金城郡当时在西秦的控制之下，其余的七个郡，这时候都是后凉的地盘。

控制的土地面积这么大，境内自然有人不服吕光。先是王穆占据了酒泉和敦煌，自称凉州牧，然后是西平太守康宁自称匈奴王，张掖太守彭晃也紧接着（387）起兵反叛，东结康宁，西通王穆。

不到一年的时间，吕光就失去了对四个郡的控制，显然得采取措施予以补救。他看准了时机，决定先亲自率兵攻打彭晃。

对此，部将都认为康宁在都城姑臧的南面，如果康宁在彭晃、王穆没被消灭时又来进攻，势必进退两难。吕光反驳说："这看法似是而非。如果现在不主动进击，等他们三方真正联手，从东、西两面一起进攻，那就真的没戏了。彭晃刚反叛，与康宁、王穆的联络还不密切，此时突然出兵，取胜的把握要大得多。"

吕光亲率三万步骑兵攻城二十天，一举消灭了彭晃。王穆与他任命的敦煌太守索嘏兵戎相见，他又趁机攻克酒泉，王穆单骑逃走，被手下所杀。

吕光平定了叛乱，觉得自己还算那么回事儿，就忙不迭地要称王。他先是在前秦大安五年（389）改元"麟嘉"，自称三河王；接着又在麟嘉八年（396）即天王位，设百官，定国号为"大凉"，改元"龙飞"。

"天王"这个称呼在十六国时用得很普遍，后赵的石虎在称帝之前一直自称大赵天王；苻坚一辈子没称帝，称呼就是大秦天王。这样的例子还有后来北燕的君主，而这些人在死后都被谥为皇帝。我觉得，天王的称呼大致高于王而稍低于皇帝，一般是有皇帝之实的君主认为天下尚未统一而用的谦称，如石虎和苻坚就是这种情况。

吕光的致命问题是对大臣过分猜忌，用刑又极重，所以他称天王后不久，后凉就四分五裂了。

内忧之外，吕光最大的外敌是占据秦州的西秦乞伏氏。十年来，乞伏氏与后凉在黄河一带争战频繁，乞伏乾归甚至占领了凉州的金城郡并在此建都，引得吕光十分恼火。终于，吕光在后凉龙飞二年（397）派儿子吕纂领兵，大举讨伐西秦。

西秦王乞伏乾归是个要手段的高手，他的部下都劝他逃往成纪（今甘肃秦安北），他却很镇定，说："曹操在官渡打败袁绍，陆逊在白帝击退刘备，靠的都是权略，不在军队的多少！吕光发动全州的士兵，却没有长远的打算，我们用不着害怕。更何况，凉兵的前锋吕延虽然拥有精兵，却勇而无谋，只要用点计谋，就能把他制住。我们只要打败这支军队，凉兵全军必退。"

乞伏乾归预料得没错。后凉的前锋大将、吕光的弟弟吕延轻敌冒进，乞伏乾归放出假情报，说自己已退往成纪，吕延果然追击，结果与乞伏乾归一交锋即兵败，他本人也战死了。前锋受挫，军心涣散，吕光只得撤兵回到姑臧。

吕光征讨西秦失败，原本依附于吕光的河西鲜卑首领秃发乌孤在廉川堡（今青海民和）自称大将军、大单于、西平王，很快攻下了金城，建立了南凉。

秃发部与乞伏部原属漠北鲜卑的一支，后来迁往河西走廊一带，虽然都在陇西一带活动，却不同宗。有人认为“秃发”即“拓跋”的同词异译，如此看来，秃发部应与北魏拓跋氏同宗。《晋书》里关于秃发部的传说则更有趣。相传，秃发部落的祖先寿阗是他母亲睡觉时在被子里出生的，鲜卑语中“被”这个词读作“秃发”，“秃发”的姓由此而来。

姓氏来历同样有意思还有卢水胡人沮渠部，他们的先辈世代在匈奴做左沮渠，后代就以这个官名做了自己的姓氏。

后凉的尚书沮渠罗仇就是沮渠部的后人，他随吕延出征，打了败仗，沮渠罗仇的弟弟三河太守沮渠麴粥深知吕光年老信谗，性好猜忌，很担忧自己兄弟的命运，就劝罗仇率军前往匈奴人势力较强的西平。罗仇回答道：“你说得有理，可是我们家世代以忠孝闻名于西北，宁人负我，毋我负人。”

不久，吕光果然听信谗言，把吕延败死的罪责推到罗仇身上，将罗仇和麴粥一并杀死。

沮渠罗仇的侄子沮渠蒙逊不像他伯父那么迂腐，此人以善于随机应变著称，吕光曾对他很忌惮，他就肆意饮酒作乐来消除吕光的警惕。

沮渠蒙逊把伯父们的灵柩带回家乡安葬，前来参加葬礼的各部宗亲有一万多人。葬礼上，沮渠蒙逊哭着对大家说：“我们的先辈自汉以后就雄踞河西，凉王昏虐无道、滥杀无辜，我们怎能不上继先祖遗志，下为二位伯父报仇呢？”众人顿时高呼万岁。

于是，沮渠蒙逊起兵攻占了临松（今甘肃张掖南）、金山（今甘肃山丹一带）两地。蒙逊的堂兄沮渠男成也聚众响应，因为自己的势力不够强，他积极策反后凉的建康（今甘肃高台南）太守段业。

段业本是个书生，不懂打仗，也没有什么野心，所以不愿答应。他和男成在建康城内外相持半个多月，后因得不到后凉的支援而动摇起来，生怕自己步沮渠罗仇的后尘，这才将男成迎入城内。男成推举他为大都督、凉州牧、建康公。蒙逊率众归附，被任命为镇西将军。

沮渠蒙逊一有兵权就大不一样了，他在一年之中先后攻下后凉的西郡、张掖两郡，声势大振，西面的敦煌等郡纷纷投降，凉州张掖以西诸郡至此不为后凉所有。

这期间，吕光属下的郭黁（nún）也起兵反叛。郭黁通晓天文，能掐会算，民间都把他奉为圣人，他一造反，追随者非常多。可惜单有“圣人”名号根本不顶用，与吕纂的军队一交锋，郭黁便败得灰头土面。郭黁又与部众推后将军杨轨为盟主。杨轨自称大将军、凉州牧、西平公，谁料名头叫得响，仗却打不赢。战败后，杨轨投往秃发乌孤处，郭黁则投奔乞伏乾归。

后凉境内叛军一呼百应，吕光疲于应付，终于在龙飞四年（399）一病不起。他自知不久于人世，就立太子吕绍为天王，自号太上皇帝，又让两个儿子吕纂、吕弘分别担任太尉和司徒。

临终前，吕光叮嘱吕绍说：“如今乞伏乾归、段业和秃发乌孤三寇窥伺。我死之后，吕纂统领军队，吕弘治理朝政。你恭谨无为，把重任交给两个兄弟也许还可以求得太平，如果兄弟互相猜忌，那么晋、赵的祸乱就在旦夕之间了。”他又跟吕纂、吕弘说：“永业（吕绍的字）没有拨乱反正的才能，只因他是嫡子才让他做国君。现在外有强敌，人心未定，你们兄弟同心，国运方能长久，否则祸不远矣。”

然而，吕光的话是白说。他一死，后凉就发生了宫廷政变，政权迅速衰亡，整个凉州的混战不可避免。

九、沮渠蒙逊卖兄称王

在如今的甘肃省这片土地上同时存在四五个国家，这事在今天看来简直不可思议，而在十六国后期，这的的确确是事实。

这五个国家分别是吕氏的后凉（甘肃中部）、乞伏氏的西秦（甘肃南部）、秃发氏的南凉（甘肃西南部及青海东北部）、沮渠氏的北凉（甘肃中西部）、李氏的西凉（甘肃西部）。五国各占一两个郡，厮打成一团。他们之间的争斗已经是蜗牛壳里的打斗，很没出息了，可是还不够，几个国家的内部还要再搞分裂。

吕光死后，他的几个儿子之间便爆发了争斗。他的侄子吕超劝嗣位的吕绍除掉握有兵权的吕纂，吕绍抱着吕光的遗命不放，坚持不肯。吕纂、吕弘兄弟就没那么客气了，两人私下里一拍即合，率军攻入宫廷，吕绍被逼自杀，吕纂以庶长子的身份夺取了天王之位，改元“咸宁”。

不久，吕纂、吕弘又彼此猜疑，领兵在宫中大打出手。吕弘战败，出逃不成，被抓回处死。

吕纂给在内乱中与他作对而后外逃的吕超等人官复原职，暂时稳定住了国内的形势，但也埋下了一颗定时炸弹。他之所以这样做，是因为一心想着攻伐外敌，并借此提高自己的威望，但事与愿违，吕纂在后凉咸宁二年（400）与南凉的“希望之星”秃发傉檀对抗，吃了败仗，威望不升反降。

就在一年前（399），据守张掖的段业也自称凉王，建立了北凉政权。这还不算，更西面的敦煌太守李暠（hào）又在这一年（400）脱离北凉，也自称凉公，这就是西凉。

李暠是北方各政权中极少有的汉人统治者之一，他的出身没有太大的疑问，是西汉名将李广的十六世孙。他的先祖在汉初奉命到陇西讨伐叛乱的羌人，不幸战死，后人前来奔丧，将先祖葬于陇西，并将全家迁到这里。

李暠的家族从汉朝到晋朝一直是凉州的大族，他的祖父李弇（yǎn）在前凉张轨的手下做到将军、侯爵，相当不容易。父亲李昶（chǎng）也很有名气，只是死得早，李暠是他的遗腹子。

李暠年纪很轻的时候就文武双全，他喜欢结交名士，与郭黁及异父同母的弟弟宋繇志同道合，众人一致看好他，认为他会有一番作为。

段业、沮渠蒙逊起兵的时候，李暠与宋繇等人也予以响应。段业任命李暠做效谷（今甘肃敦煌西）县令。不到一年，敦煌太守孟敏去世，李暠又被推举为敦煌太守。

段业自称凉王，他的右卫将军敦煌人索嗣想取代李暠担任敦煌太守，便在段业面前竭力构陷李暠，段业最后让索嗣去取代李暠。

索嗣带着五百个骑兵从张掖赶往敦煌赴任。在离城二十里处，得意忘形的索嗣给李暠写了封信，让他前来迎接。李暠惊疑之下正欲前往，被宋繇和效谷令张邈劝止。他们说："吕氏衰微，段业暗弱，正是英豪有为之时。将军既已据有敦煌之地，岂可轻易拱手送人？索嗣是个怎样的货色？将军可一战擒之！"

李暠早有野心，只是担心觉得自己虽系陇西大族，毕竟不是敦煌当地人，吃不准敦煌名门大户的态度，如今见到身边的敦煌士人领袖都明确地表示支持自己，顿时信心倍增，回答说："我这人向来没有叱咤风云之志，受了委派才来此为官，没想到竟得到大家的拥戴。刚才我准备出迎，实在是因为不知道你们的心意。"于是，李暠在宋繇、张邈等人的支持下，趁索嗣没有防备，出兵击败了索嗣，索嗣逃回张掖。事后，李暠又上书段业，历数索嗣的罪状。沮渠男成因与索嗣关系不好，趁机怂恿段业除掉索嗣。毫无主见的段业在他们的鼓动下不仅杀了索嗣，而且还专门派使臣到敦煌向李暠表示慰问，提拔李暠为都督凉兴以西诸军事、镇西将军。

李暠控制在手的地盘在段业的"支持"下不断扩大。北凉的晋昌太守唐瑶跟着背叛段业而支持李暠，他传檄敦煌、酒泉等六郡，推举李暠为大都督、大将军、凉公。之后，李暠下令大赦境内，改元"庚子"，建立起一个类似前凉的汉人政权——李暠的独立，几乎是段业一手促成的。

段业这个懦弱书生，作为领袖人物表现得实在差劲。沮渠蒙逊看出此人不足与谋，决定取而代之。段业任命的张掖太守马权有勇有谋，与蒙逊争权，蒙逊就在段业面前说马权的坏话。事情果然进展顺利，段业杀了马权，为蒙逊排除掉一个障碍。

沮渠蒙逊想与堂兄沮渠男成联手，对他说："段业愚暗庸碌，够不上做君主的资格，我想除掉他，推兄长为主，你看怎么样？"

男成没这兴趣，回答说："段业本是孤客，是我拥立为君主的，靠着我们兄弟才如鱼得水。人家亲信我们，我们却要背叛人家，这可不行。"

沮渠蒙逊没得到支持，却不愿作罢，竟想出一招毒计！他在北凉天玺三年（401）四月约男成一同去祭告兰门山，在暗中却派人告诉段业说："男成准备发动变乱！如果他向你请求去祭告兰门山，我的话就应验了。"

到了那一天，男成当然向段业提出要去祭拜，段业立马派人抓了男成，命他自杀。男成说："沮渠蒙逊先前曾和我商量要谋反，因为他是我兄弟，所以我没有把他告发。如今他又因为我在，担心部众不听他的，所以才约我祭山，结果却反诬我谋反——他这是想借大王之手杀掉我！大王不如假说我已被处死，沮渠蒙逊必然起兵反叛，那时我再奉大王之命讨伐他，就可以无往不胜了。"段业不信，还是杀了男成。

沮渠男成一死，蒙逊便到自己的部众面前哭着说："男成忠于段业，竟被段业无故杀害。当初我们兄弟之所以推举段业，是把他当作陈胜、吴广一样的人物，结果他却听信谗言，残害忠良，我们怎么可以再忍耐下去？"

男成平时深得拥护，部众为了替男成报仇，都愿跟随蒙逊讨伐段业。不少匈奴人、羌人起兵响应，段业手下的一些将领也归顺了蒙逊。蒙逊走到氐池（今甘肃张掖一带）的时候，手下的人已超过了一万。

这年（401）五月，沮渠蒙逊到达张掖，段业的军队早就四散溃逃了。蒙逊不费吹灰之力就攻进城去，斩杀了段业，自己当上了大都督、大将军、凉州牧、张掖公。

十六国时期尔虞我诈的事多得很，采取各种非常策略来谋得利益并不为过，但像沮渠蒙逊这样卖兄称王的可不多。沮渠蒙逊出卖自己的堂兄，做得太阴险，且太没有必要，因为其实沮渠男成并不是坚决反对沮渠蒙逊谋反的，他的原话是"背之不祥”，从语气可以看出，他大概只是不愿做首乱分子。既然如此，沮渠蒙逊完全可以用段业的昏庸无能和天下大义来说服他，然后堂堂正正地出兵，打败段业。那时，或者推沮渠男成为主，或者自立为王，都是很自然的事。

抛开阴毒一层，沮渠蒙逊用的这招也有冒险的成分。沮渠男成临死前给段业出的主意可谓将计就计，很是厉害，如果段业依计行事，就能揭穿沮渠蒙逊的阴谋，则人心归向自然会有变化，蒙逊反而可能会输。可惜，蠢材就是蠢材，段业的死是怪不了别人的。

十、后秦的扩张

沮渠蒙逊对付马权、段业等人绰绰有余，却无法立刻消灭西凉李暠的力量。西凉与北凉争夺人心，人们并不全站在他这边，因此他不但奈何不了李暠，反而因守将叛降而丢失了酒泉、凉宁两郡。

同样的道理，沮渠蒙逊把后凉打得只剩下一个武威郡，却不能继续东进讨伐中原，因为这一次，他碰到了比他更强大的对手——后秦姚兴。

姚兴的能力比他父亲姚苌要强，这从他即位后便一举消灭了苻登，又很快在关中立住脚跟便可约略看出。姚兴是个汉化程度较深的少数民族君主，初当皇帝时不到而立之年，表现得很有些朝气。他在政事上广泛听取意见，上书劝谏的人中说得好、说得对的，他就给予那人一定的礼遇，甚至大臣们可以因此得到提拔。另外，他很重视兴办教育，采取了一系列措施鼓励和支持学识渊博的宿儒名士在长安开办各自的学校，收受学生。北方自淝水之战以后连年战乱，现在在长安地区有这样的好地方，慕名前去拜师的人一时甚多。姚兴本人在处理政事之余，也喜欢和这些宿儒进行交流，谈论一些与文艺相关的东西，长安城一时间成了儒学的“圣地”，出了不少颇有魏晋风度的文人。

姚兴还在长安设立讲授律学的学校，召集各郡县官吏前来学习和考核，成绩合格的人可以返回郡县继续执掌刑狱，不合格的就要移送廷尉予以处罚。他又常常亲临断案的公堂听审，如发现刑律中有不合时宜的条款，便一概予以废除。后秦在他的要求下竟一度做到“无冤滞”，这是相当不容易的。

对于后秦境内因饥荒而沦为奴隶的百姓，姚兴下令一概免除他们的奴隶身份，并给予一定的救济。

从姚兴的所作所为和他所任用的人才来看，后秦在公元 4 世纪末期的五年中出现安定兴旺的景象并不奇怪。

或许源于汉化的思想，姚兴认为，身处乱世之中，应以平定天下之乱为最终目标。前秦灭亡以后，他先是扫除了周边一些小的敌对势力，壮大自身力量，然后开始对外扩张。他在后秦皇初四年（397）向关东进军，夺取了东晋把守的陕（今河南三门峡陕州区）、上洛（今陕西商洛商州区）等地，又命大将姚崇领兵攻打洛阳，虽然未能攻克，却将河南一带两万多户流民迁徙入关，充实了关中的人口。

两年后，即后秦弘始元年（399），姚兴卷土重来，他再次派姚崇、镇东将军杨佛嵩围攻洛阳，这一次终于将洛阳拿下。此战过后，后秦的声威大振，淮河、汉水以北的东晋城镇纷纷归附。

东晋的这些地区选择投靠后秦，与当时东晋内部出现的混乱形势有相当大的关系。桓玄与刘牢之分别拥兵自重，实际控制了荆州和江北，江南又发生了孙恩、卢循之乱，导致南方各地与朝廷离心，后秦得以借机轻松实现了向南扩张的愿望。

接下来的两年，姚兴又转而向西面发展。后秦弘始二年（400），他派征西大将军姚硕德率领先头部队从南安出发进入西秦，他自己则暗中带着精锐部队为后继。西秦王乞伏乾归在与后秦的接触战中被打得大败，姚兴的军队很快控制了陇西的要地枹罕，乞伏乾归被迫向姚兴请降。

解决了西秦，姚兴又于次年（401）继续西征，进攻凉州。

正好在这个时候，后凉天王吕纂与堂弟吕超、吕隆发生矛盾，被吕超杀死，吕超又推吕隆为天王。这对姚兴而言是很不错的机遇，要知道，凉州四国加起来的兵力恐怕都敌不住后秦，何况后凉又出了这样的内乱。

姚硕德的军队从金城渡过黄河。经过南凉的广武时，南凉君主秃发利鹿孤[①]赶紧撤回守军，给后秦军队让道。后秦军长驱直入，很快就来到后凉的国都姑臧城下。后凉军出击，死伤惨重，大败而归。

---

① 秃发乌孤的弟弟，南凉的第二代君主。

西北各国全都吓坏了，李暠、秃发利鹿孤、沮渠蒙逊一个个如惊弓之鸟，心想“惹不起总还捧得起吧”，纷纷遣使向后秦进贡称臣。

姑臧被围几个月后，吕隆也被迫向后秦投降，把弟弟、爱子以及朝中文武大臣派到长安做人质，凉州并入后秦的控制范围中。

尽管向后秦投降了，吕隆的日子过得依旧不太平。此后两年，姑臧又遭到北凉沮渠蒙逊和南凉秃发傉檀趁火打劫的轮番进攻，这座凉州大城粮价飞涨，城内饿死的人数以十万计。面临内忧外患的吕隆只好再次向姚兴低头，派吕超带上珠宝去长安求救。姚兴欣然接受，把吕隆的部族迁入长安，从事实上灭亡了后凉。后凉创立者吕光最初就是从长安出发占据的凉州的，如今后人回到长安，也算是叶落归根吧。

后凉灭亡后，南、北、西三个凉国的君主也接受了姚兴给他们封的官爵，成为后秦的属国。至此，后秦在形式上据有了整个关西地区，势力达到全盛。

除了大片国土，姚兴灭凉后的另个一收获，是把在凉州修行多年的天竺高僧鸠摩罗什迎到了长安，拜为国师。姚兴请他说法，并集结了一批僧人大量翻译佛经、兴建寺院，这一时期也成为关中地区佛学发展的重要时期。

形势若照此一直顺利地发展下去，则后秦可能会成为继前秦之后北方又一个强国。然而，姚兴的幸运指数似乎不如苻坚，眼看事业即将走向巅峰，他却在一个叫柴壁（今山西襄汾西南）的小地方吃了败仗，对手正是曾让慕容鲜卑吃尽了苦头的北魏拓跋氏。

十一、强国之本

拓跋北魏本来并不想马上与后秦为敌。

后燕分裂后，拓跋珪把都城从偏远的盛乐内迁到平城，于北魏天兴元年（398）十二月在平城即皇帝位，成为北魏的开国皇帝，也就是魏太祖道武帝。

占据了黄河北岸的北魏与后秦成为邻国。后秦横跨长安、洛阳两座大城，算是当时的天下第一大国。面对这样一个实力强横的邻居，拓跋珪的初衷是想与姚兴联姻结盟。他派遣自己的北部大人贺狄干献给姚兴一千匹宝马，希望能够迎娶姚兴的女儿。

然而，此时的拓跋珪已经娶了后燕慕容宝的女儿慕容氏。后燕丢了国都之后，慕容家的宗亲都被北魏皇帝收入宫中，慕容氏也做了拓跋珪的嫔妃，之后，她在拓跋氏重要的选后仪式“手铸金人”上一举成名，被立为皇后。姚兴知道此事，所以觉得拓跋珪现在来求亲，颇有轻视自己女儿的意思，堂堂大国公主难道还不如一个亡国公主吗？他面子上挂不住，便以拓跋珪已立皇后为借口拒绝了求亲，还把贺狄干和宝马顺手给扣押了。

拓跋珪的和亲要求遭到拒绝，又被扣了使臣和宝马，自然十分恼火。出于“回报”的心理，他先是派出拓跋遵攻打后秦的高平公没弈干，之后又击败了后秦的属国黜弗、素古延等各部。

这下子姚兴被彻底激怒了，小小的索虏，对于中原大国竟然都没有一点尊重之意，一定要好好给他点颜色瞧瞧！

后秦弘始四年（402），姚兴派弟弟姚平率领四万步骑兵进攻北魏，并亲自为后继。拓跋珪那边早已开始备战，见状便命部将长孙肥等率骑兵六万为前锋，并亲率大军随后。

从后来参战的人数来看，双方实际上差不多，北魏的骑兵人数稍多一些。可以肯定的是，姚兴发动这场战争的目的与进攻西秦、后凉完全不同，他的本意是要教训一下北魏，震慑那些有所动摇的属国，然而即便如此，他投入的人数也有些太少了，而且统帅的作战意图又不够明显，这就直接导致全军上下信心不足，最终变成了悲剧。

双方经过几次接触战，姚平的先头部队就被魏军围困在了柴壁。姚兴闻讯，急率四万多士卒前往救援，本有望扭转战局，却不知为何在蒲阪（今山西永济西）忽然怯场，裹足不前。拓跋珪抢占先手，率三万步骑兵迎击姚兴带领的援军，秦军战败，一口气后撤了四十多里，在汾水西岸扎营。

姚平坚守三个多月，矢尽粮绝，决定趁着夜色从西南方向突围。姚兴这时的表现可谓拙劣：他在汾水西岸摆下阵势，让将士们高举火把，呐喊着寻求呼应。包围圈外的秦军希望友军奋力突围，包围圈内的秦军则以为援军能够前来接应，两边都能看到对方，却只在那里大呼大叫，做不了一点实事。到头来，姚平还是冲不出重围，只得悲壮地率领部将投水自杀，剩下的军队面对魏军全部束手就擒。

姚兴在诸多方面都做得比姚苌好，唯有面对挫折的勇气和信心远不如屡败屡战的姚苌。他坐视自己的军队惨败，内心的苦痛可以想见，然而这痛苦却是他自己一手造成的，而这种眼看着失败的痛苦对他而言才也刚刚开始。随着勇气和信心的一点点丧失，姚兴会眼睁睁地看着原本前景不错的后秦在他手中一点点衰败下去，垮塌下去。

柴壁之战是魏、秦两国实力逆转的分水岭，北魏终于力压十六国后期最后的两个强国——后燕、后秦，一步步成长为北方最为强大的国家。

前面我们说过，拓跋珪在改国号为“魏”的时候就有心系天下之意，所以北魏立国后所面临的环境与其发展的轨迹，与十六国中的大部分国家相比都颇有不同。

北魏在当时的首要敌人并不是内迁塞内的各胡族所建立的政权，而是同样地处塞外漠北的周边各部族。对于逐水草而生的游牧民族而言，只要和与己为敌的部族作战，就等同于进行生存之战。拓跋北魏成为北方强国，打赢这一场场生存之战乃是必要条件。

漠北的部族大致可以分为以下四类：

一是与拓跋部为敌的漠北鲜卑部族，比如鲜卑贺兰部。

二是分布在拓跋部以东的奚，也称库莫奚。他们其实也是鲜卑的一支，但属辽东鲜卑，为宇文部被慕容部消灭后散落在北方的后人，与后来建立大辽的契丹同族异部。

三是高车各部，主要分布在北魏的西部和北部，但也常进入北魏统治地区。高车在南北朝时期多是北朝人所用的称呼，以其“车轮高大，辐数至多”而命名，同时代的南朝人则用“丁零”称之。十六国时期曾建立短暂政权的翟氏就是丁零人，或者说是迁徙到黄河流域的高车人。高车的别名还有敕勒、狄历、铁勒等，从源流上考究，高车与漠北其他各族的区别最大，其内部分歧也多，主要是因为漠北其他各族基本上都源于胡（即匈奴）或东胡（鲜卑、乌桓等），高车则不然，他们的语言属阿尔泰语系突厥语族，近于后来在漠北盛极一时的突厥，而异于东胡各族。一般认为，东胡各族均属阿尔泰语系蒙古语族。

四是柔然。柔然在时间跨度上几乎与北魏共始终，也是漠北的鲜卑与匈奴融合后形成的一个大支系。

按照《魏书》的说法，拓跋珪所击败的叱突邻、纥突邻、纥奚、叱奴、黜弗、素古延、侯吕邻等部，都是柔然或高车的部族。

游牧民族居无定所，部落的组织框架又非常松散，想要通过一两场战争就消灭掉他们是很困难的。拓跋部自己就是游牧民族，十分清楚这一点，所以北魏对付这些邻居的一般做法是先通过武力征服，然后吞并和利用其所拥有的资源，从而达到控制和占有的目的。

领兵征战是拓跋珪的强项，但他治理起内政来也绝对不含糊。既然奋斗的目标不仅仅是为了拥有万千牛羊、辽阔牧场，而是整个天下，那么吸取中原文化就相当重要了。拓跋珪及其辅臣的学习对象可能是邻近的汉化较早的其他政权，比如前、后秦，比如慕容氏建立的几个的燕国。

拓跋珪的高明之处在于，他所推行的措施具有渐进性和计划性，按部就班，做得十分扎实；而且，非常重要的一点是，这些措施能被后继的君主们一步步忠实地执行下去。他称王之时，便有意引导习惯了游牧生活的鲜卑人改变生活方式，学习和从事农业生产。

在击败后燕、夺取中山城后，拓跋珪向关东地区迁徙了大量人口与耕牛，并实行屯田，以此解决战争所需的军粮问题。在关东地区站稳脚跟后，他又学习汉人的礼乐制度，规定各种礼仪，并统一颁布度量衡，设立法律进行监督管理。他还参照汉人的教育制度设置博士，开设太学，招收数千学员。他想要打破游牧民族以家族为单位构建的行政组织，所以亲自考核官员，根据各自的能力授予官职，并加强保举制度，没有能力的部族子弟就不能做官，而是以爵位代替。

拓跋珪的这些措施，在汉人看来极其平常，对于原本粗枝大叶的漠北鲜卑人来说，却是巨大的革新。所谓强国之本，并不是一时的战功显赫，而是能经受住考验的制度。

十二、后燕的结局

通过制定一系列汉化与封建化的制度，拓跋珪的北魏开始发生质的变化，国内民众的生活方式由游牧为主逐渐转变为游牧与农耕并存，这就使他能够稳定地控制住从后燕手中夺取的并州、冀州、幽州等地，进而谋取天下。

短短十几年间，北魏便在拓跋珪的领导下成长为乱世中最夺目的希望之国。与此相对照的是，分裂后的关东前霸主后燕，此时正处于水深火热之中。

如前文所述，经过公元 396 年至 398 年间的那场燕魏大战，慕容垂时代属于燕国的关东七州被拓跋铁骑冲击得所剩无几。公元 5 世纪的头十年里，关东的局面基本上是北魏和二燕的对峙。这两个燕国，在公元 407 年之前是南燕和中兴的后燕，之后是南燕和北燕。慕容家族在更换了最后四个皇帝和天王后，终于在公元 410 年和这个称号彻底说再见了。

“老子英雄儿好汉”，这句话用来形容北魏的头三代君主还可以，形容燕国的末代君主们，得用“老子英雄儿浑蛋”才合适。慕容垂手握幽、平、冀、并、青、兖、徐七州，独霸关东，何其威武;到了二燕时代，两个燕国加起来勉强可算拥有三州之地，后、北燕拥有平州（今辽宁东部）和幽州的东部（今辽宁西部及河北东北部），南燕拥有青州和兖、徐两州北面的极小部分。由于被北魏占据了冀州，两个燕国只能隔海相望，而且也望不了几年了。

拓跋珪称帝的同年（398），燕国的两个君主——慕容盛和慕容德也都各自称帝，以示彼此独立。慕容盛的称帝在拓跋珪之前三个月，慕容德则在拓跋珪之后六个月。

慕容盛的上台有运气的成分。他是慕容宝之子，兰汗在诱杀了慕容宝及太子慕容策后本没有理由饶过他。但同时他又是兰汗的女婿，这个身份使他显得有些特殊。

当初慕容盛进龙城赴哀，手下张真就劝他别去，他说：“我现今已是穷途末路，兰汗是个挺笨的粗人，必会念及亲情，不忍心杀我。熬过这一段，自有我发挥的时候。”

慕容盛见到兰汗，兰汗想杀他，妻子乙氏和女儿兰妃泪流满面地到他跟前求情，兰妃又磕着头求自己的兄弟们帮着说情，兰汗于是动了恻隐之心，放过了慕容盛，并封他做侍中，待之如初。这以后，兰汗的兄弟兰提、兰难每每提出要杀掉慕容盛，兰汗都不听。倒是兰提因常常对兰汗无礼，慕容盛趁机离间，效果不错，搞得兰汗兄弟之间矛盾不小。

这时，慕容垂的侄孙太原王慕容奇得了机会去见慕容盛，慕容盛让他暗中逃出龙城。慕容奇在建安起兵，拉了几千人马。兰汗本想派兰提去镇压，慕容盛对他说：“慕容奇不过一个小孩而已，怎么可能闹得这么大？他必然有内应。兰提这个人平日里一向轻狂骄纵，您还不明白吗，怎么可以让他去？”

兰汗一想：哎哟，真是这个理儿！便叫人把兰提抓来干掉，改派将军仇尼慕。兰难等人一见兰提被杀，害怕了，干脆起兵造反，击败了仇尼慕的军队。

兰汗派儿子兰穆去平息叛乱，兰穆向兰汗进言除掉慕容盛，这次兰汗答应了。他派人去传唤慕容盛，兰妃先得知了他们的这个谋划，将它告诉了慕容盛，慕容盛称病不去，躲过一劫。兰穆一计不成，只好让心腹监视慕容盛的活动。

机关算尽，终有一疏。兰穆的所谓心腹李旱、卫双等人本是慕容盛的旧友，他们暗地里和慕容盛通了气。兰穆出兵前大宴将士，兰汗父子喝得酩酊大醉，慕容盛借着上厕所的机会翻墙进了东宫兰穆的居所，与李旱等人一起杀死了兰穆。

留在东宫整装待发的若干士卒一见慕容盛出现，兰穆已经被杀，立即群情踊跃地冲向兰汗的寝宫，将兰汗乱刀砍死。慕容盛下令将兰氏一族全部处死，只有兰妃因为之前曾尽心保全慕容盛的正室丁氏而获得丁氏的求情，这才免于一死。

慕容盛以长乐王的身份摄行朝政，后燕宫中的混乱暂时平息，但整个燕国内部已无凝聚力可言。慕容盛召慕容奇回龙城，慕容奇却与丁零、乌桓联手，拥兵抗命。慕容盛出兵大败慕容奇，将他活捉，赐他自裁。

慕容盛消灭了内部的对手，坐上了皇帝的位子，然而，内外交困的后燕并没有一点起色。不久后，燕郡（治即在蓟城）太守高湖叛降北魏，脱离了后燕的统治。高湖的后代高欢父子在南北朝末期的关东建立北齐，此乃后话。

至此，后燕的幽州只剩下了一个辽西郡。慕容盛觉得自己实际上连偏安一隅都谈不上，还叫皇帝显得很没面子，就改称“庶民天王”。这称号确实搞笑，既称庶民，就意味着什么都不是，却又要在后面加“天王”二字，简直不伦不类。

慕容盛做皇帝，用一个成语概括最为合适，那就是“惨淡经营”——赚的时候少，赔的时候多。

慕容盛这君主做得比慕容宝要好些，却好不了太多。他一方面能听取建议，另一方面对待手下的将军们也很刻薄，喜好猜忌。

有一回慕容盛会见群臣，说：“大家尽管说说你们对我的看法，让我参考一下。”

有个十五岁的尚书丁信说：“在上不骄，高而不危，臣之愿也。”意思说，您居高位而不骄不燥，就是我们最大的心愿了。

慕容盛听了笑笑说：“丁尚书年纪这么小，说起话来怎么像老头似的？”

慕容盛终究还是败了。他在位期间屡有兵变，最后一次率自己的亲兵出战平叛，本已取胜，不料中了一个叛卒的暗器，身负重伤。临死前他与王后丁氏商定，让慕容垂的小儿子，十七岁的慕容熙继立为天王。

慕容熙之所以能脱颖而出，不是因为有多大本事，而是因为他和丁氏有通奸的行径。他当了天王后，很快就杀了本来很有希望即位的慕容元和原先的太子、慕容盛之子慕容定。

慕容熙喜新厌旧，他很快就喜欢上了新纳的贵人和贵嫔，也就是中山尹苻谟的两个女儿，于是便不再理会年纪稍大的丁太后了。丁太后很生气，和侄子丁信商量废掉新帝，不想事情泄露，丁信被杀，丁太后也被逼自裁。之后，慕容熙一不做二不休，干脆把慕容宝的儿子也杀了个干净，以绝后患。

没了后顾之忧，慕容熙于是愈加放肆，为两位苻妃大修楼宇宫殿、皇家园林。大苻妃命不好，没怎么“享福”就死了，慕容熙就更加疼爱小苻后。小苻后是个狂热的旅游爱好者，他就整天带着她微服出游，玩得不过瘾，又带上她去打仗。

后燕讨伐高句丽，慕容熙让人用冲车、地道攻城，说：“等攻下城池，朕要和皇后坐辇车进去！传令下去，不准任何将士先登上城墙。”因为这道指令，那城怎么也攻不下来，还损失了不少兵将。

慕容熙又去进攻当时已开始崭露头角的契丹。见对手强大，他想退兵，可小苻后不干，她还没玩尽兴呢！于是慕容熙就丢弃了辎重，转头以轻骑再次进攻高句丽，可惜又遭受惨败，夫妻二人尽兴不得。

所有劝谏的大臣都被慕容熙杀掉了。在这样的情况下，慕容熙为小苻后修的宫殿越来越高，燕国的寿命也越来越短。

不过，小苻后的命却比燕国的还短，不久也病死了，慕容熙为她哭得死去活来，比死了亲娘还难过。他派人检查群臣，凡是不流眼泪的统统治罪，为此，大臣们不得不个个都带着辛辣的东西刺激泪腺。他的嫂子、慕容隆之妻张氏是个很贤淑的女子，竟被强行拉去陪葬。

轮到出丧了，慕容熙披头散发，光着双脚，徒步跟随灵车。那棺材大得惊人，出不了城门，慕容熙竟下令将北门烧毁。

这样昏暴两全的君主令龙城内的将士忍无可忍，大将冯跋等人推慕容宝的养子高句丽人高云为主，趁慕容熙出城之际关闭了城门，不让慕容熙进城。慕容熙一面叫嚷着：“这些鼠辈竟敢造反，看朕怎么收拾他们！”一面收罗军队连夜回击，但他攻不下北门。慕容熙慌了神，穿了老百姓的衣服就要逃跑，结果也没逃成，在树林里被高云的士兵捉住干掉了。

慕容垂忍辱负重十几年建立了后燕，他的子孙却这么没出息地丢掉了政权，老英雄若九泉下有知，不被气活过来才怪。

十三、金刀太子

说完了后燕的结局，再来说说最后一个慕容氏的国家——南燕。

南燕的开国君主慕容德是慕容垂那一代里年龄最小的一个，也是个很有抱负的人，只不过几个哥哥都相当厉害，所以他的才华一直少有机会发挥。慕容垂一死，几个烂人继承了后燕的基业，他就显出比人略高一筹的地方了。

在邺城守卫战中，慕容德指挥后燕军队一度击退魏兵，又在撤退过程中借着天气之利，趁着黄河结冰之际快速渡河东撤，摆脱了追兵。

虽然慕容德的力量难以挽狂澜于既倒，但他还是凭借几次小小的胜利大大增强了自信心。他在后燕永康三年（398）从邺城退到河南的滑台后完全失去了与慕容宝等人的联系，便沿用哥哥慕容垂的旧例，自称燕王。

慕容德称王后，选择先整顿内部。那个谋反成习惯的慕容麟在他眼皮子底下又一次要谋反，他终于忍无可忍，将慕容麟抓住除掉了，也算是割掉了一个燕国内部的毒瘤。接着，他又亲自出兵讨伐降了他又叛变的氐人苻广。这位苻广是前秦皇帝苻登的弟弟，在前秦灭亡后逃往关东。

慕容德领兵离开滑台，却给了城内一个叫李辩的人作乱的机会，他趁着城中兵力不足，杀了守城的将领慕容和，以滑台城为筹码向北魏请降。

慕容德失了根据地，一下子处于被动局面。他身边的将领都认为应确保一处据点，有人说攻彭城（今江苏徐州），有人说回攻滑台，争执不下。这时，他的尚书潘聪说："滑台是四通八达之地，北近魏国，南临晋国，西有秦国，在那里难保一日平安。彭城地广人稀，又是平原，无险可守，何况是晋国的旧镇，也不好取，况且等打起仗来碰上水战，更非我之所长。青州这个地方土地肥沃，方圆两千里，精兵十几万，地势险固。当年曹嶷对抗石勒的时候在那里造了广固城（今山东青州西北），足以做帝王之都。那里的守将辟闾浑本是燕臣，我们给他来个先礼后兵，得之必如探囊取物。”

慕容德听了大受启发，不过他没有立即出发，而是和当初李寿称帝之前差不多，请了个名叫竺朗的和尚给算了一卦。

竺朗和尚一边拿着《周易》，一边为慕容德占卜，说：“打青州倒是不错的主意，但燕国的寿命不超过十二年，只能再传一代了。”

前景并不乐观，当前的行动倒是得到了保证。慕容德不再犹豫，移师东进，攻打青州。他连战连捷，引得兖州、徐州一带的百姓和辟闾浑的部下都来投奔，只用了几个月的时间就拿下广固城，扫平了整个山东半岛。之后，他于公元 399 年在广固称帝，建立了自己的燕国，是为南燕。

慕容德在位期间，南燕在战略上基本以防御为主，没怎么对外扩张。慕容德行事以谨慎著称，即使在南方的东晋政权内部大乱的情况下，慕容德也犹豫再三。他在广固城西举行大演习，却迟迟没有出兵讨伐东晋。

慕容德有一件被后人津津乐道的事情。

有一次，慕容德大宴群臣，酒酣之时，他忽然问道：“朕虽然才寡德薄，但自从称帝之后，在上不骄，时刻保持警醒的头脑。我可以与古代怎样的君主相比呢？”

青州刺史鞠仲赶紧拍他的马屁：“陛下是中兴圣主，与少康、光武差不多。”

慕容德回头吩咐侍臣赏赐鞠仲丝帛千匹。鞠仲觉得赏赐得多了，就推辞。慕容德笑道：“卿知道调侃朕，朕难道就不会调侃卿吗？卿言不实，所以朕也以虚言赏赐，有什么可以推辞的？”

这时大臣韩范进言说：“我听说‘天子无戏言，忠臣无妄对’。今日的言谈上下相欺，可谓君臣俱失。”慕容德点头接受批评，当即赏赐韩范丝帛五十匹。

慕容德的这一举动大大鼓励了臣下进献直言，朝廷上下一时出现了积极而宽松的言论环境，南燕也成了内部较为稳定的北方政权之一。

慕容德本人没有儿子，他渐渐开始担心自己皇位的继承问题。正在这时，一个传奇人物出现在他的面前，这个人便是慕容德的同母兄长慕容纳的儿子慕容超。

慕容德在前秦南征东晋的时候担任凉州的张掖太守，母亲公孙氏和哥哥都在张掖。慕容德随军出征，临别时给他们留下了自己随身佩带的一把金刀。此后，淝水之战、慕容垂称帝、燕国分裂，慕容德投身于大燕的复国运动中，与母兄天各一方，杳无音讯。

慕容垂起兵的那一年，前秦的张掖太守苻昌收捕了慕容纳和慕容德留在张掖的所有亲人，继而下令斩首。天无绝人之路，这大劫难竟有两人躲过：一个是公孙氏，她因为年老而没被处死；另一个是慕容纳的妻子段氏，当时她因身怀有孕而尚未处决。

一个叫作呼延平的狱官年轻时曾是慕容德手下的官吏，对这两个女人的遭遇十分同情，便趁着前秦大乱之际带着她们逃到羌人的部落中。段氏在那里生下儿子慕容超，与公孙氏一起跟随呼延平浪迹天涯。

十年后，公孙氏临终时把金刀交到慕容超手中，对他说："假若天下太平，你能回到关东，就将此刀交给你的叔叔，他看了就明白了。"

不久，呼延平也死在了凉州，段氏为报他昔日救命之恩，为慕容超娶了呼延平的女儿为妻。

后秦灭后凉，慕容超一家跟着凉州的移民进入关中，受到后秦的监视。慕容超虽然长得一表人才，帅气十足，但他为了回关东，竟学着祖辈慕容翰的做法在长安装疯卖傻，秦国人因此都把他看作一个废物，姚兴更是取笑他说，看来"妍皮不裹痴骨"的谚语真是荒唐透顶。

这时是南燕建平七年（即后秦弘始七年，公元405年），慕容德已经得到了长安旧部带来的有关母兄的消息。他在悲痛之余听说慕容纳的遗腹子尚在长安，马上派人到长安去寻找。

慕容超见到南燕的使者，也来不及给母亲和妻子打个招呼，就隐姓埋名地从长安逃到南燕。慕容德一听慕容超来到，当即派出三百骑仪仗前往迎接。叔侄相见，慕容超取出怀中的金刀呈在慕容德面前，两人抱头痛哭。慕容德封慕容超为北海王，拜为骠骑大将军、司隶校尉。

慕容超知道慕容德的用意，他一面尽心侍奉已经患病的慕容德，一面做出礼贤下士的样子，不但让慕容德高兴，南燕上下也无不称赞他的贤能。慕容德终于放心地立慕容超为太子。

不久，慕容德计划发兵南下攻打内乱的东晋，可惜还没来得及行动便撒手人寰了。谨小慎微的慕容德唯恐自己身后不得安宁，让身边的人在他病死的当夜将十余个棺柩分别从广固的四个城门抬出，悄悄埋葬在山谷中，所以几乎没有人知道他的尸体究竟埋在了何处。

有着传奇身世的慕容超继位，改元“太上”，慕容家族迎来了最后一位皇帝。可惜的是，他的统治只是一个世纪以来慕容鲜卑奋斗史上的最后一点余光而已。几年后，弱小的南燕成为刘裕“练手升级”首选的牺牲品，最终湮没在漫漫历史长河之中。

十四、末代匈奴

在慕容鲜卑渐渐退出历史舞台的时候，与慕容垂同年竖起复国大旗的后秦姚苌也已经是焦头烂额的状态。

姚兴在位后期，其表现与早期灭前秦、后凉的优异功绩相比称得上糟糕。他在柴壁失败后意识到拓跋珪的强大，这才放下架子，准备和北魏重新通好。

可是，这一举动把那个投身在他手下、与拓跋珪有杀父深仇的铁弗人刘勃勃惹怒了，刘勃勃宣布独立，脱离后秦的管辖。姚兴才刚给自己减少了一个敌人，就又增加了一个敌人。

当初，刘卫辰的势力被北魏消灭，刘勃勃在河套地区几经辗转，终于逃出了拓跋氏的势力圈，投奔姚兴的部下高平公没弈干。

刘勃勃这个人的长相很好，用《晋书》里的话说是“性辩慧，美风仪”。在以貌取人的魏晋南北朝时期，他这样的长相很受欢迎。没弈干很赏识他，不但把他收留下来做部将，还把自己的女儿嫁给了他。

姚兴见到刘勃勃的第一反应，就认准了他是济世之才，立刻拜他做骁骑将军，还常常让他参与军国大事的讨论，对他宠爱有加。

姚兴的弟弟姚邕看出些问题，对姚兴说：“刘勃勃这个人天性不仁，不能过于亲近。可是陛下对他的宠爱太过，实在让我不可思议。”

姚兴摇摇头说：“勃勃是济世之才，我正要与他共同平定天下，亲近他有什么不对？”

姚兴预备把刘勃勃升做安远将军，让他协助没弈干镇守边境的高平（今宁夏固原一带），并让他统领刘卫辰的旧部，待机伐魏。姚邕再三劝谏，认为绝不能这样做。

姚兴问姚邕："你怎么就知道勃勃的性情和为人？"

姚邕答道："勃勃对上级傲慢无礼，对部下凶狠残忍，而且贪婪残暴，举止轻浮。对这样的人如此宠爱下去，他早晚要成为边境的祸患。"

姚兴听了这话有些犹豫，取消了对刘勃勃的任命。然而不久，姚兴还是把姚邕的劝谏彻底忘记了，他任命刘勃勃为安北将军，交给他两万多鲜卑和杂胡士兵，让他镇守朔方（今内蒙古杭锦旗北）。所以，当姚兴在后秦弘始九年（407）与北魏正式交换战俘、达成友好协议时，刘勃勃已拥有足够的力量可以叛秦自立了。

恰好又在这时，北方新兴的柔然国的可汗向姚兴献马，途经朔方，刘勃勃就把这批战马全部留为己用，以扩充军备。他对自己的老岳丈也不手软，召集了三万多人袭杀没弈干，兼并了他的士卒，壮大了自己的队伍。

刘勃勃认为匈奴人是夏朝夏后氏的后裔，就在这一年（407）六月自称大夏天王、大单于，改元"龙升"，设置文武百官，建立了一个铁弗匈奴的国家——大夏。

刘勃勃的想法很怪。关于匈奴的起源，普遍说法是认为它是春秋时期北方几个少数民族演化而成的，更远的始祖则不好追溯。刘渊当年认汉朝皇帝做祖宗，至少还在史书中七绕八绕地找了些亲戚关系，可以算是对了一半，刘勃勃却是隔了几千年认了夏朝君主做祖宗，若他真有根据，就是对考古学有巨大贡献了。夏朝的后代，按《史记》的说法，西周时期被封在杞国，国灭后族人散居中原各地，他们是何时跑到北方去做匈奴的，不可考。或者，就把这个问题留作某位历史系研究生的学位论文题目吧，一定会很有意思。

刘勃勃率领他收罗的那些军队先攻破了鲜卑族的三个部落，收降一万多人，接着又进攻后秦三城（今山西代县西南）以北的各据点，斩杀了杨丕、姚石生等后秦将领。

刘勃勃四处征战，令部将十分不解，他们说："陛下要想经营关中，就应该先巩固根据地，让人心偏向你。高平山川险固、土地肥沃，可以在那里定都。"

刘勃勃笑道："你们呀，只知其一，不知其二。我刚刚白手起家，手下的人不多，姚兴也算是一时的英雄，关中我现在还拿不下来。如果我专守一城，姚兴必然全力来攻，寡不敌众，我离失败就不远了。不如以铁骑与他周旋，出其不意。他如救前，我就击后；他如救后，我就击前，把他搞得疲于奔命，而我可以从从容容地夺他的粮草。这样，不出十年，秦岭以北、河东一带就全归我所有了。等到姚兴死后，他的儿子继立，那时我就可夺取长安。至于具体策略，我已了然心中。”

刘勃勃的这一番见解，的确比当时很多政权的统治者，比如诸凉的君主要高明得多。后者往往只是停留在眼前利益上，据守一城一地，然后认准了目标攻杀，一旦旁边出现一个稍稍强大些的政权就维持不了太久。

刘勃勃有组织有目的地打游击战，颇像当年姚苌对付苻登的那一套，姚兴被他父亲曾经使用过的招数拖得几乎绝望。

当刘勃勃率军大掠岭北时，岭北各城吓得连白天都不敢打开城门。姚兴不禁大发感慨：“悔不听我兄弟的话，竟弄到现在这样的地步！”

夏国的西面，是当时已经占据了后凉旧都姑臧的南凉。

这时候的南凉是第三代君主秃发傉檀在位。此人在即位之前被秃发家族视作“希望之星”，所以南凉的传位规则一直是“传弟不传子”，开国君主秃发乌孤死后把王位传给弟弟秃发利鹿孤，秃发利鹿孤死后又把王位传给弟弟秃发傉檀，就是要让他上台“光宗耀祖”。然而秃发傉檀继位后的所作所为却让人难以看出这种迹象：他与僻处西北的北凉王沮渠蒙逊连年打架，已经属于很没出息，却还要带兵攻打附近一堆不入流的小部落，国力都被他消耗得差不多了。但他的脾气很硬，拒绝了刘勃勃的联姻要求。刘勃勃遭到拒绝，生了气，亲率两万骑兵攻打南凉，掳掠的南凉军民不下数万，牛羊更是不计其数。

秃发傉檀也是个吃软不吃硬的，他不听部下劝告，在刘勃勃撤退时领兵紧追不舍。刘勃勃用战车堵了退路，率军迎击秃发傉檀。秃发傉檀不想着如何迎战，倒知道找个神箭手去射刘勃勃，然而这箭只射中他的左臂，却没能射掉他的性命或者他的斗志。夏军在刘勃勃的带领下大获全胜，杀得南凉军四下溃逃，又一口气追击八十余里，杀伤了数万南凉士卒。刘勃勃对自己的战绩很满意，下令把死尸堆成一座高台，取名叫作“骷髅台”。

此后，刘勃勃又连连击败后秦的军队，逼得姚兴御驾亲征，亲自来会刘勃勃，可是姚兴不仅没捞到半点便宜，还损兵折将，丢了不少城池。

刘勃勃在得意之余想到给自己改姓，他觉得祖辈随母姓刘的做法不合礼制，就命本族人改姓“赫连”。“赫连”的意思即帝王是上天之子，他的徽赫与天相连。而非本族的人，则以“铁伐”为姓氏，表示刚锐如铁，足以用来攻伐。

改了名字的赫连勃勃在大夏凤翔元年（413）征发岭北的胡汉各族百姓在朔方一带修筑新城，取名“统万”，以表达他统一天下、君临万邦的决心。

被派去监工的大臣叱干阿利比赫连勃勃更残忍，他在筑城时会用利器检查城墙的质量，只要利器能刺入城墙一寸，就把造这堵墙的人杀掉，然后将尸体一并筑入墙内。

赫连勃勃对这样的筑城方案大加赞赏，接着又让叱干阿利监造兵器，制造出来的兵器同样要经过杀人验收：弓箭射不穿盔甲，造弓箭的工匠就被杀；弓箭射穿盔甲，造盔甲的工匠就活不成。一件件精致锐利的兵器就在这样的死亡游戏中被制造出来。

赫连勃勃作为末代匈奴人，竟以这种方式把凶残之名发挥到了极致。他在公元5世纪初的一系列“表演”，成为匈奴人在东方这块舞台上的绝唱。

十五、拓跋珪的功过

大夏王赫连勃勃与后秦王姚兴在关中地区的争夺战，已是十六国时代末期的事情了。这有点像春秋末期吴、越两国的争霸战，看起来很热闹，却不过是时代交替过程中的一段小插曲。同样，后秦和夏国不论谁取胜，都只是一场小的胜利。后秦国势渐衰，不能复振，而大夏虽然是新兴的国家，却因其统治者的局限不能也不会像拓跋珪一样做出务农息民的事情，于是也无法长久。

关西的土地上，在夏国建立后一度有多达六国。这其中，西秦的乞伏乾归在世子乞伏炽磐的协助下已恢复了元气。他之前被迫投降了姚兴，此时眼瞅着姚兴正在对付北方的赫连勃勃和西方的秃发傉檀，有点应对不暇，便于公元409年在苑川一带（今甘肃榆中境内）自立，重建西秦。

乞伏炽磐在西秦更始四年（412）接替乞伏乾归成为西秦王。他在西秦投降后秦期间积蓄了一定的力量，使乞伏乾归得以在后秦衰落时光复故国，可见很有头脑。

即位的第三年，即公元414年，乞伏炽磐趁秃发傉檀进攻吐谷浑乙弗部的时机，突然袭击他的国都乐都。

前面已经提到，秃发傉檀连年征战，看起来胜仗不少打，却多是不足挂齿的战争。根本谈不上雄厚二字的国力经此消耗，成了典型的外强中干，只需对其加一外力，整个“堡垒”就会土崩瓦解，乞伏炽磐的突袭就成了压倒骆驼的最后一根稻草。

乞伏炽磐一举灭掉了南凉这个在凉州地区看起来相当强大的国家，把势力渗入凉州东南部。

乞伏炽磐也曾像赫连勃勃那样在姚兴手下谋事，懂得如何对付同样看来强盛的后秦。有一个赫连勃勃就已经把姚兴惊得只差吐血，现在又来了个乞伏炽磐，他哪里还能有安稳日子？这下，后秦连“关中第一强国”也做不成了。乞伏炽磐和赫连勃勃频频发起进攻，姚兴在连续的失败中失去领土，被打击得喘不过气来。

相比之下，关东的形势则要简明许多：公元 409 年，关东的两个国家——北燕和北魏——先后发生了弑君事件。

这一年，僻处辽东的北燕君主高云被手下的一对保镖离班和桃仁杀死，当年推举高云上台的汉人将领冯跋平定内乱，借机走到了前台，自称天王。

冯跋用一套汉人政权常用的政策，整顿吏治，把后燕时期的弊政废除，又发展农业、兴办学校，还和周边的外族部落和亲。北燕国内在冯跋初上台的几年中显出一番新气象，加上它的地理位置离中原争夺的焦点地区较远，因此实现了短暂的保境安民。

北燕更换天王的同时，北魏也更换了皇帝。

拓跋珪称帝后，开始重视积累文化底蕴。有一次他向一位叫李先的博士请教：“天下什么东西最好，可以提高人的聪明才智呢？”

李先是个读书人，当然不假思索地答道：“这样的东西莫过于书籍。”

拓跋珪又问：“那什么书最好呢？”

李先说：“那就得数经书了，这种书不仅可以教人思考问题的方法，还会讲授做人的准则。”

拓跋珪的兴趣来了，继续问道：“天下有多少书籍呢？朕若想收集，如何才能收全呢？”

李先笑道：“自从有了早期的书契，每朝每代都会增加许多书籍，算到今天，已经不计其数了。如若主公有兴趣，可以命各州郡县下去搜索，只要有心，收集起来却也不是难事。”

拓跋珪大喜，就下了一道命令，让各地官员在民间大规模地搜书，并将搜到的书全部送往国都平城。其实，当时北方连年战事，即便有人有心藏书，也很难保证这些书不遭受战火的侵害，但不管怎么说，拓跋珪以统治者的身份发动全社会的力量，还是收集了一定数量的典籍，对于十六国时期的文化保护与书籍整理工作做出了相当大的贡献。

以汉制汉是拓跋珪统治关东地区汉人的基本指导方针，这也是他能够强过以前诸多中原胡人政权的根本所在。最明显的反例就是前、后燕，典型的家族政权，一家兴则天下兴，一家亡则天下亡；另一个反例则是前秦，企图在文化尚未完成交融的情况下盲目推动民族迁徙，最终导致了失败。

然而，拓跋珪毕竟是第一位走入中原的漠北鲜卑领袖，对于汉人，他不可能做到十分的信任与亲近。从前面与李先的问答之中也可看出，他的学识修养不高，早年所受的文化教育也有限，对于汉人的制度与文化的理解常常局限于肤浅的表面，而不会明白其根本优越性所在。

文化背景的差异，使得文化融合在初期必然经历可怕的阵痛，这是拓跋珪当年面临的问题，也是今日多元文化冲突中现代人类所面临的难题。这些问题交织在一起，加上拓跋珪性多猜忌，终于酿成了多起悲剧，而拓跋珪本人也因此不得善终。

北魏攻打后燕国都中山时曾一度缺粮，老百姓都不愿意缴粮租，拓跋珪向群臣问计，汉人谋士崔逞说："可以收取桑葚充作粮食呀。古时候猫头鹰吃桑葚而改变了难听的叫声，此所谓'飞鸮食椹而改音'，《诗经》里是有明确记载的。"

"飞鸮食椹而改音"的典故，见于《诗经·鲁颂·泮水》里的"翩彼飞鸮，集于泮林，食我桑葚，怀我好音"，原意是赞颂鲁侯伯禽的美德，这里当然是被崔逞曲解了。崔逞出身清河大族崔氏的一支，在中原以德才著称。对于北魏军在战争中的暴行，他是心知肚明的，但是又不可能直截了当地向拓跋珪指出，所以就采用了这种方式谏言，既帮助拓跋珪解决问题，又不伤体肤地给他提个醒儿。

拓跋珪没读过《诗经》，不懂这一套，现在军中既然需要食粮，他也只好让老百姓以桑葚为租，心中却十分痛恨崔逞用猫头鹰来指代进入中原的鲜卑人，觉得受到了侮辱。

崔逞担心魏军劳民动众，又说："可以让当兵的趁着时节自己去林子里采摘桑葚，过时桑葚就落光了。"

拓跋珪很生气，说："仗还没打赢，就想让士兵解甲入林、采摘桑葚，成何体统？你这是什么话！”于是对崔逞更加怀恨在心。

几年后，姚兴攻打东晋的襄阳，东晋守将郗恢向北魏将领、拓跋珪的堂弟拓跋遵求救，信中说：“贤兄（指拓跋珪）虎步中原。”拓跋珪对此很不满意，认为这是东晋将领轻视他的表现，命令崔逞和另一名谋士张衮回信，指明了要在信中使用贬损东晋皇帝的称呼。信写完一看，崔逞、张衮把东晋皇帝叫作“贵主”，拓跋珪大发雷霆，说：“让你们这些人在信里把晋人贬一顿，你们竟敢称呼‘贵主’！哼，这和那个‘贤兄’还真是天生的一对啊！”说罢，新账旧账一起算，把崔逞赐死，张衮贬职。

这件事大大毁坏了拓跋珪在汉人心中的形象，可谓遗祸无穷。后来，东晋宗室司马休之等人因桓玄之乱打算投奔北魏，由于听说了崔逞被杀之事，十分害怕，最终决定改变目的地，去了后秦和南燕。拓跋珪知道后十分后悔，以后对犯了错的北方士人格外宽容。

多年战事使拓跋珪的精神一直处于高度紧张的状态，他担心自己未老先衰，就服用一种叫作“寒食散”的药物。这是当时流行于汉族士人中的药物，主要用于排解心理上的焦虑和不安。这种药是东汉名医张仲景首创，本来是用来治疗伤寒的，可经过改造却成了一种古代毒品，吃了之后容易上瘾，而且容易发作。发作起来是个什么样子呢？就和狂躁症的症状差不多：全身发热，躁动不安，狂奔暴走，等等。

拓跋珪服药一多，药性的发作自然就越来越频繁，他常常几日不醒，或者几日不食，甚至一个人无缘无故地自言自语，脾气更是暴躁，喜怒无常。渐渐地，他的疑心病达到了无以复加的地步，靠近他的人有时会无故被他当场刺死。大臣们因为不经意的一句错话，也可能被他处死，就连他的亲人、功臣也不例外：拓跋遵因为酒后失礼被拓跋珪赐死；司空庾岳由于服饰艳丽、举止傲慢，也被拓跋珪处死；拓跋珪的另一名堂弟，曾在征燕战争中立下汗马功劳的卫王拓跋仪见拓跋珪诛杀大臣，心中自疑，就带着家人想逃出国去，结果被拓跋珪派人追回赐死。

国君如此，北魏陷入动荡不安之中，恰好国内又不断出现天灾，民怨更甚。拓跋珪了解到这些情况，虽有认错之意，态度却十分消极，也没有什么补救的手段，他目前唯一的顾虑是皇位的继承问题。

拓跋珪立长子拓跋嗣为太子后，因担心将来出现太后专权的现象，决定参照汉武帝杀钩弋夫人的旧例，将拓跋嗣的亲生母亲刘贵人杀死，这就是后世北魏皇族一直承袭的“子贵母死”的制度。应该说，抛开其残忍的一面，这一制度客观上对于稳固北魏政权起到了一定的促进作用，但在当时，它的推行遇到了小小的麻烦。

拓跋嗣是个十分孝顺的孩子，在宫中日夜啼哭，拓跋珪知道后十分生气，命令拓跋嗣立即觐见。拓跋嗣的手下都说：“皇上现在脾气不好，又发着火，您前去必有不测，不如找个地方暂且躲起来，等皇上怒气消了再去。”拓跋嗣觉得有理，就悄悄出了宫，隐匿在外。太子失踪，拓跋珪更是受了刺激，脾气愈发不好。

拓跋珪的另一个儿子清河王拓跋绍是个典型的游街串巷的纨绔子弟，其母贺氏是拓跋珪母后的妹妹，也就是拓跋珪的亲姨母。拓跋珪年轻时在贺兰氏的部落中见她长得十分漂亮，也不顾及她已是有夫之妇，便要把她娶来。贺太后反对，劝他说：“绝对不可以，她长得过于漂亮了，而且已经有了丈夫，你不可以做这样的事。”拓跋珪不听，派人暗杀了姨母的丈夫，把她强行娶来，生下这个“逆子”。

拓跋绍整日里打劫行人，以此为乐。拓跋珪听说后很气愤，把他倒吊起来扔到井里，即将断气时才捞出来。为了这个儿子，拓跋珪与贺氏夫人常常吵架，吵得不可开交，终于有一天，他实在不耐烦了，索性将她囚禁起来，准备处死。

贺夫人不甘心坐以待毙，她秘密托人捎信给拓跋绍，让他来救自己。年仅十六岁的拓跋绍带着自己的手下与宫人、宦官组成一支“杂牌军”，连夜翻墙入宫，一直冲到拓跋珪居住的天安殿。

拓跋珪晚年的暴躁情绪已经影响了整座宫廷，宫中充满恐怖的气氛，守卫们人人自危。见皇子杀来，他们竟不敢阻拦，只大声叫道：“贼人来啦！”

拓跋珪从梦中惊醒，见势不妙，到处寻找防卫的武器而不可得，这位三十九岁的北魏开国皇帝就这样死在了亲生儿子的手中。

拓跋珪一生，年轻时有武功，初步奠定了北魏的生存空间；中年后有一定的文治，重视文化发展；可惜晚年还是逃不过性格的影响，其行为某种程度上也破坏了前期的成果。不过，他所遗留下来的这个新帝国，已经足够子孙后代经营开发一段时间了。

现如今，拓跋氏面临的一大课题，就是如何将拓跋珪创下的基业发扬光大。

十六、拓跋嗣平内攘外

清河王拓跋绍残忍地杀死了父亲，但他毕竟是个十几岁的孩子，收起尾来未免有些忙乱。

按照鲜卑人的传统习俗，一个部落的首领是通过“兄终弟及”的方式来传承的，但是拓跋珪更中意汉人的继位制度，这才安排了长子拓跋嗣做自己的太子。当时朝中元老重臣有多少人会支持自己，人心向背到底如何，拓跋绍的内心是毫无把握的，他与左右随从一商量，决定冒险做一次试探。

第二天，皇宫的大门直到中午还没有打开。拓跋绍假传圣旨，命文武百官在宫殿外的端门前集合，朝北而立。

拓跋绍隔着宫门，忐忑地对百官问道：“我有叔父也有兄长，各位公卿想要拥护谁呢？”

外头的王公大臣们一听这话，不禁愕然，半晌没人敢答一句。南平公长孙嵩反应稍快，沉默片刻回答道：“我等愿意拥护王爷殿下。”大家这才如梦初醒，明白皇上已经驾崩了，但又不明详情，一个个站在底下装哑巴，只有拓跋仪的弟弟——阴平公拓跋烈痛哭着离去。

消息传出平城，太子又生死未卜，朝野上下人心惶惶，各怀异志。贺兰部的肥如侯贺护在安阳城北点起烽火，本部人马都前往集结，北魏其他各部也各自屯兵，眼看着一场内乱就要爆发。拓跋绍听说这些事，心中害怕，便搬出大量的布帛赏赐给王公大臣们，希望得到有力的支持。

在民间隐姓埋名多时的拓跋嗣得知宫中有变，悄悄从外面赶了回来，暗中观察宫内宫外的动静。他不敢轻易暴露身份，便白天隐匿在山中，晚上住到贴身侍卫王洛儿的家里。王洛儿有个邻居，名叫李道，暗中也帮助王洛儿服侍拓跋嗣，到了早上就把他送回山中。

李道是个热心人，保密的意识却很不够。过了那么一段时间，附近的老百姓就知道了拓跋嗣没死，都高兴地奔走相告。

这消息不慎传到了拓跋绍耳中。拓跋绍自作乱以来最担心的就是自己的兄长回来跟他算总账，当即派人抓捕李道，并将其斩首，然后又在民间征募知情人，寻觅拓跋嗣的下落，准备一旦找到就将他杀死。

拓跋绍掌控了朝中的大权，却不能左右人心向背，拥太子派终究占了上风。王洛儿为拓跋嗣跑腿，潜入平城，暗中向大臣们通报情况，并与安远将军安同等人联络，秘密做好了安排。

一切就绪，拓跋嗣带着随从向平城进发，刚来到城西便有快马来报：拓跋绍已被身边的卫士拿下，听候处理。

拓跋嗣此人虽说温和仁厚，对付起自己的政敌来可是毫不含糊，何况是弑杀父皇的首恶。他下了一道命令，将拓跋绍、其母贺氏以及十来名随从幕僚一并处死。

北魏天赐六年（409），拓跋嗣即皇帝位，大赦天下，改元“永兴”，重整朝纲，任用贤能，是为魏明元帝。他是北魏前期的三位君主中承上启下的一位，父亲拓跋珪是创业，儿子拓跋焘是图霸，而他本人呢，就是两者之间的守成之君，光芒或许会被其他两位盖过，但所起的作用是不可低估的。

新登基的拓跋嗣继续执行拓跋珪的汉化政策，他在平城等地建起大量房屋，并将塞外的鲜卑人及其他胡人内迁到关东地区。这是一项强制性的官方移民政策，目的是恢复与发展久经破坏的中原地区，意义深远。

然而，这项政策在实施过程中遇到的阻力却恰与意义成正比。

当时的官员不会去体谅老百姓对于故土的依恋之情，在执行政策过程中多半是采取强硬的逼迫手段，因此造成了一些地方民众的反感。部分流氓无赖趁机煽动，许多年轻人逃出村落，集结在外，不少郡县都出现了有组织的土匪或强盗。

拓跋嗣面对民患十分头疼，又不想大动干戈地派兵镇压，就与公卿们商量：“朕本来是要为民除害，可惜让那些官员坏了事儿，以至于乱事频起。如今违犯的人多了，不可能把他们都抓起来杀了。我的意思是通过大赦予以安抚，你们觉得怎么样？”

元城人侯屈说：“民众逃亡做强盗，这是大罪，如今不给他们定罪就把他们赦免，乃是‘为上者反求于下’，恐怕不妥。依臣所见，不如诛杀首恶，赦免余党，此举足可安定天下。”

清河人崔宏则说：“圣明的君主统领民众，目的便在于安定团结，而不是跟民众较量，去决出胜负。赦免罪行虽不是正招，却便于执行。侯屈的意思是先诛后赦，还不如一招赦免全部搞定为好！如果有人赦免了之后还不老实，到时再杀也不晚。”

拓跋嗣赞同崔宏的建议，依计执行，果然许多人就不再为乱。对于继续作乱搞破坏的少数人，拓跋嗣也不再手软，派将军于栗磾领兵一万前去平定，很快就解决了国内的不安定因素。

北魏一面进行内部迁徙，达到合理的资源分配；另一面则开始打击入侵的柔然骑兵，“净化”外部环境。

柔然部落的首领本姓郁久闾，名叫社仑，是归附拓跋珪的塞北部落缊纥提之子。拓跋珪强行将缊纥提的部众分散到其他各个部落中，这一政策引起了缊纥提诸子的强烈不满。社仑与他的兄弟率部弃父出走，逃入大漠，几经辗转，最终投奔了伯父匹候跋的部落。

匹候跋与缊纥提是亲兄弟，但早就分了家，形成了两个大部落，彼此并不信任。他将社仑等人安置在部落南面边远之处，并派自己的四个儿子严加监视。社仑不甘为人下，设计杀了匹候跋与他的几个儿子，兼并了匹候跋的部落，然后深入漠北。

当时，拓跋珪在南面忙着与后燕、后秦交战，无暇北顾，社仑便趁机四面出击，声势渐盛，终于在北魏天兴五年（402）统一了整个漠北地区，并自称“丘豆伐可汗”[①]，成为柔然汗国的第一任君主。

柔然建国，对北魏的北部边疆形成了巨大的威胁，从此两国在辽阔的漠北展开了

① 在鲜卑语里相当于“开国君主”的意思。

长达一个多世纪的角力。

社仑借着拓跋珪被弑、北魏人心不安的机会攻入塞内，抢掠了大量人口与牲畜。如今，拓跋嗣稳定了局势，自然要发动报复性反击。北魏永兴二年（410），他派长孙嵩率领大军北伐，大破柔然骑兵，杀得社仑远遁漠北，死在途中。社仑的儿子度拔尚幼，部族中的长辈决定拥立社仑的弟弟斛律，即柔然的第二任君主“蔼苦盖可汗”[①]。

斛律意识到，新主登基以后的北魏政局已经稳定，一时半会儿不能找北魏的麻烦，便于次年（411）派人与拓跋嗣修好，拓跋嗣欣然接受了柔然的降书。如此，北边暂时安定了下来，拓跋嗣终于可以转过头来虎视中原了。

在没有统一北方之前，北魏对柔然发动的军事行动就是为解决后顾之忧而服务的。在北魏统治者眼中，柔然这样没有固定领土的国家是很难在短时间内被消灭的，很是麻烦。不过只要周期性地保持进攻态势，它就不会成为更大的忧患，所以他们考虑更多的，是如何消灭割据中原的诸个小国。

拓跋嗣回过神来，这才发现，在北魏发生内忧外患的这几年中，南方发生了不小的变化：北府兵出身的刘裕在掌握了朝廷大权之后很快就发动大军北伐，苟延残喘的“难兄难弟”南燕和后秦首当其冲。

“沧海横流，方显英雄本色”，彼此对抗多年的北方各国遭遇了百年来未曾有过的强势南方人。

① 鲜卑语“姿质美好”之意。

第五章
寄奴逆袭

这个大朝代上承魏晋，下接隋唐，整个中华大地几乎是发生了天翻地覆的变化。这是民族大迁徙、大融合的时代，也是思想大转折、大变革的时代，如若我们将南北世界视为一体，就可以体会到一个文化整体在痛苦中的自我磨炼、反思、蜕变，在此之后，它的面貌终于焕然一新。

古往今来，做皇帝梦的又何止成千上万，然而很少有人想过，通向皇帝宝座的陛阶，也可能是一去不返的黄泉之路。

北方诸小国式微之时，拓跋氏的北魏尽管汉化未深，却已开始在崔浩这样的汉人士族的辅佐下探索一条能够解决当时中国问题的新途径。

刘裕称帝后，一方面吸取东晋衰亡的教训，削藩集权，尤其是限制多年来屡发叛乱的荆州府的武将和官吏的数量；另一方面，深知底层疾苦的他又颁布了不少有利百姓的政令，比如减免赋税，裁减各地冗余的官员，改革苛刻的刑法，恢复学校与考试制度。他的一系列措施对于维持整个社会的安定起到了积极的作用。

● ● ●

一、刘裕出世

一上钟山万虑消，虚空楼阁翠岧峣。
金陵郁郁帝王宅，天堑悠悠南北朝。
月满石城秋似水，风高淮浦夜生潮。
未应便作乘芦去，且听仙人碧玉箫。

地缘上的南北，跟方位上的南北是两回事儿。

中国历史上南北对峙的雏形恐怕可以上溯到春秋时期的晋楚争霸，之前虽有零星规模的南北民族之间的冲突，但都难成气候。

古代汉族的主体是华夏族，起于北方，最初只有东西部族的对抗，比如商人来自东方而周人来自西方，当时的南方则是所谓蛮夷的天下。太伯建立吴国算是北人的第一次南迁，却远不足以改变南方的人口结构。楚国的君主虽然早早地自称为王，仍免不了被以正统自居的北方各诸侯国视作爵位低下的楚子，直到楚庄王问鼎中原，楚国才开始引起中原各国的重视，但依旧得背负蛮夷的名分。

晋楚争霸只不过是南北对峙最初的一种形式。战国时期楚国的面积几乎与其他六国的总面积等同，却依然无法避免国破家亡的惨剧。此后数百年，秦汉两朝的持续统一奠定了今日汉文化圈的基本范围，这期间，皇朝的政治、经济、文化乃至人口的重心都在北方。东汉时期的十二州中，荆、扬、益、交四州属于南方，面积不小于北方八州加上一个司隶，但在人口的数量上却抵不上北方的一半。

汉末军阀迭起，群雄割据，乱的基本上是北方，尘埃落定后反倒是魏蜀吴三国鼎立，一北二南，开启了真正意义上南北对峙的局面。以后晋朝虽然短暂统一过一段时间，却不能根本改变分裂的势头。

所谓“六朝”，指的正是汉末以来连续统治南方的六个对立于北方政权的朝代，“南北异俗”的论调，也是从那时候开始深入人心的。而对今日中国南北文化的巨大差异产生决定性作用的，便是接下来数百年的南北朝时期。

从时间上来看，南北朝可以从公元420年东晋灭亡开始算，直到公元589年隋文帝杨坚南征灭陈为止，前后绵延近170年。这个大朝代上承魏晋，下接隋唐，整个中华大地几乎是发生了天翻地覆的变化。这是民族大迁徙、大融合的时代，也是思想大转折、大变革的时代，如若我们将南北世界视为一体，就可以体会到一个文化整体在痛苦中的自我磨炼、反思、蜕变，在此之后，它的面貌终于焕然一新。

一千四百多年前发生在大江南北的治乱分合，或许与今日一名普通老百姓的生活扯不上多大关系，不过如若我们细细“审视”，就会发现这段让后人心潮澎湃、热血沸腾的历史，最初时是从一个今天看来并不起眼的“寻常巷陌”开始的，正如宋代词人辛弃疾在他的《永遇乐》词中所提及的那样。

这个“寻常巷陌”，就是晋陵郡丹徒县的京口里，大致位于今天镇江市的京口区。抛开后人附会的无聊的“出生祥瑞”不谈，刘裕这位南朝开创者在未入江湖之前更像是个时运不济的普通老百姓。既然姓刘，自然会让人联想到汉室宗亲，事实上正史里头也都是这么说的，说他家是汉高帝刘邦的弟弟刘交的后代。这门亲戚，说冒认却也不见得。汉朝统治天下四百多年，刘姓人士的数量呈几何级数增长，到了刘裕的时代，恐怕大街上随便抓几个姓刘的都可能是刘邦、刘交或者那位传说中妻妾成群的刘胜的后代，并不稀奇。

按照家谱里的记载，刘裕祖上数代都是当官的，可到了刘裕的父亲刘翘这一代就很寒碜了。刘翘年轻时只做过郡里的功曹，就是负责抄抄写写，没有也不可能有任何主张的小角色。刘裕的命更苦，一出生母亲就去世了，刘翘因为家中贫困，养不起孩子，想将刘裕抛弃。刘裕的姨母是同郡刘怀敬的母亲，正好生了刘怀敬不久，听说妹夫家中困难，就跑去劝说。好说歹说，最后她给亲生儿子断了奶，为刘裕喂奶，这才挽救了一条小生命。刘翘也因此给刘裕起了个小名，叫“寄奴”。所以北朝的正史

《魏书》上说刘裕“家本寒微”，一点儿都没有“冤枉”他。

刘裕长大后，生得仪表不凡，细心侍奉继母，以孝道著称。他没念过什么书，又谈不上有啥背景，不可能通过举荐的方式直接进入政府部门，只好编些草鞋席子到集市上卖，跟那位“织席贩履”的刘皇叔颇有共通之处。他也曾因赌输了钱不还被人绑起来拷打，真是“往事不堪回首”。

改变刘裕一生的，是南方的一场大乱。晋安帝隆安三年（399），有人假借邪教组织的名义发动了大规模的暴乱，这便是有名的孙恩、卢循起义。

原来，淝水之战结束后，东晋虽得到了暂时的喘息之机，但内部各派的争斗一直没有停息过。淝水之战侥幸的胜利使以谢安、谢玄为首的谢氏集团一度势力强大，结果遭到了朝中其他人的排挤。谢安在淝水战后去世，晋孝武帝的弟弟、会稽王司马道子接替他独揽了军政大权。

晋孝武帝是个酒色之徒，司马道子更是如此，掌权后骄恣奢逸之态日盛。孝武帝对他极为不满，又提拔自己的心腹王恭、殷仲堪上位，以限制司马道子。

晋孝武帝死得很荒唐。在东晋太元二十一年（396），只因说了一句“你年纪大啦，该废掉了”的戏言，他就被自己宠爱的张贵人用被子闷死了。他的太子、古今第一弱智皇帝司马德宗继位，是为晋安帝。

晋安帝自小就是个聋哑智障儿童，从来没有独立做过一件事。也许是司马懿父子当年恶事做尽，百年之后他们的子孙竟成了这般模样。

司马道子趁着新帝登基，让心腹王国宝等人参掌朝权，排斥镇守在外的王恭和殷仲堪。京口的王恭和江陵的殷仲堪心怀不满，在晋安帝隆安元年（397）起兵，迫使司马道子杀了王国宝。

王恭得了便宜，于次年（398）再次起兵，桓氏集团的头号人物、桓温之子桓玄与殷仲堪一同响应。这次起事不顺，王恭所倚仗的北府兵将领刘牢之临阵倒戈，将王恭杀死。而在荆州，桓玄于晋安帝隆安三年（399）吞灭了殷仲堪的势力。至此，桓玄和刘牢之分别控制了长江中游和长江下游的北岸地区，东晋朝廷能够直接发号施令的地区只剩下了江东八郡的弹丸之地。这些地区人民的赋税负担陡然加重，加上各地士族豪门还在横征暴敛、强取豪夺，老百姓早已怨声载道，苦不堪言。

在这样的情况下，只要有人振臂一呼，响应者自然云集。琅琊大族孙泰凭借五斗米道组织信众起义，结果被东晋政府诛杀，其侄子孙恩逃到东海上，在舟山群岛一带做起了海盗流寇。

司马道子的儿子司马元显在江东八郡大量征兵，引起了大规模骚动。孙恩趁机率领一百来人从上虞登陆，并迅速发展到数万之多。之后他攻占了会稽（今浙江绍兴），江东的其他七郡纷纷响应。

无奈之下，东晋朝廷只得调出最精锐的北府兵前往镇压。

二、崭露头角

此时的刘裕因为生活窘困已经投了军，正在北府兵将领孙无终手下做司马。司马这个职务在军队中仅次于将军，类似参谋长。以刘裕的卑微出身，能混到这等地位，可见他并非一般的匹夫之辈。刘牢之带兵讨伐孙恩，对刘裕的能力偶有耳闻，就征召他在自己帐中做了参军。

参军虽不起眼，刘裕却是实打实地出工且出力。乱世之中若不如此，又岂能出人头地？刘裕以这样的心态迎来了他的成名之战。在一次侦察行动中，他与几十名部下遭到围攻，部下大多战死，而他手执长刀，越战越勇，杀退上百人，令敌军吓破了胆。刘牢之的儿子刘敬宣担心刘裕的安危，率领骑兵前来助战，与刘裕合兵一处，又斩杀上千人，大获全胜。这一战将孙恩直接赶回到海岛上，同时也大大提升了刘裕在北府兵首领刘牢之心目中的地位。

第二年（400），孙恩趁晋军疏于防范，再次攻入会稽，在淝水之战中立下战功的东晋大将谢琰在乱军中被部下杀死。刘牢之率众东征，这才扭转局势，孙恩节节败退。

刘牢之让刘裕守城，刘裕每逢战事必身先士卒，冲锋陷阵起来绝不含糊。更可贵的是，当时讨伐孙恩的北府军将领们目无法度，军纪混乱，纵容手下士兵抢夺老百姓的财物，唯独刘裕统领的军队法令严整，所至之处秋毫无犯。这样的一支模范军队自然深得百姓的拥戴，刘裕的好名声就此渐渐传开。

此后，刘裕所守的句章城（今浙江宁波南）就成了抵御孙恩的第一道重要战线，孙恩几度登陆，均被他击退。刘裕不仅有勇，而且有谋。晋安帝隆安五年（401），他在海盐一带筑城，防备孙恩新一轮的进犯。由于城中兵力薄弱，他就选拔数百人组成敢死队，让他们脱去甲胄，手执短兵器，趁着战鼓擂起的时机冲出城去。孙恩的部众哪见过如此威猛的军队，立时吓得斗志全无，丢盔卸甲而逃，死伤惨重。

刘裕虽然连战连胜，但孙恩仍然围攻不断，城中守军寡不敌众，十分被动。

他当初的参军不是白做的，在分析了敌我特点之后，他在一天夜里命城中的军队放下旗帜，隐藏起来，做出已经撤退的姿态。第二天早上，他又打开城门，让几个没有战斗力的老弱之兵登上城楼，做出镇守城池的模样。孙恩的部下看到城楼上的变化，深感惊奇，便远远问道："刘裕哪里去了？" 城头的士兵依照事先的嘱咐答道："已经连夜率部跑了。"孙恩的部众吃尽了刘裕的苦头，听闻此言大喜过望，哪还会去考虑真假虚实，当下便蜂拥入城，毫不防备。结果可想而知，刘裕指挥埋伏在城中的军队忽然杀出，大破敌军，彻底打击了孙恩的信心。

孙恩眼看攻城无望，就改向沪渎（吴淞江下游一带）进军，刘裕决定弃城追赶。海盐县令鲍陋见刘裕总打胜仗，不知怎的犯了眼红病。他觉得孙恩也不过如此，便主动提出要派自己的儿子鲍嗣之带本地士兵一千人做前锋。刘裕感到不妥，建议说："贼兵精壮，本地的军队打仗太少，恐怕不是对手。如若前锋失利，全军必败，不如让你们的军队在后面做声援吧。"鲍陋父子执意不从。

为了弥补兵力不足的老问题，刘裕在当天晚上设下多处伏兵，给他们配备旗鼓，让他们务必造出声势，其实每处不过数人。次日，敌军与前锋鲍嗣之一交战，刘裕的伏兵就趁势尽出，张旗鸣鼓。孙恩的部众以为四面皆是伏兵，慌忙退军。鲍嗣之趁机追赶，不料很快陷入重围，丢了性命，前锋军队随之溃败，与刘裕的预言一般无二。在乱世之中，不是人人都能做刘裕的。

前锋败退，刘裕率军队且战且退。敌军气盛，刘裕的兵将死伤殆尽，形势极其不妙。这时，刘裕退到了前夜设伏的地方，他见遍地是阵亡士兵的尸体，心生一计，命令左右停止撤退。敌军追到近处，便看见了一番奇怪的景象：刘裕手下的士兵正忙着脱取死人的衣物，行动从容不迫，毫无退兵的意思。敌军颇感意外，又对之前的中伏心有余悸，怀疑刘裕仍有伏兵，踟蹰不前。刘裕趁机大呼作战，神色凶狠，敌军一见慌了阵脚，赶忙引军而退，刘裕这才缓缓退兵，安全地返回了治所。

孙恩没捉住刘裕，但终于腾出手来攻破了沪渎，又乘胜由水路进军，一直杀到刘裕的老家丹徒，一路上收编了成千上万的楼船和士兵，声势之浩大震惊朝野。刘牢之这时驻兵在山阴（今浙江绍兴），来不及增援，便命刘裕从海盐倍道前行，阻击孙恩。

刘裕与孙恩的大军在丹徒一带相遇，当时的情形是，刘裕的军队不满千人，日夜兼程，远道而来，已是疲惫不堪，丹徒本地的守军又毫无斗志，而孙恩则有数万部众。双方实力差距极大，人们无不为刘裕捏一把汗。没想到，刘裕还就做定了孙恩的克星。连续几个月没碰上对手的孙恩与刘裕的军队一照面，立即吃了败仗。他的部众登上蒜山，满以为占据了有利地势，夺取丹徒易如反掌，却马上遭到刘裕的袭击，一触即溃，士兵不是坠下山崖摔死就是掉入水中淹死，孙恩再次狼狈地逃回船上。

经过这场败仗，孙恩不敢再轻易登陆，对刘裕更是惧怕万分。他倚仗人多船大，重整部众，改道向建康进发。守卫建康的司马元显哪里是他的对手，屡战屡败，幸好孙恩的楼船碰上逆风行驶，无法提速。不久，孙恩听说刘牢之已赶回建康，心中发虚，改沿海岸线向北，占领了防备松懈的海滨城镇郁洲（今江苏连云港一带）。东晋朝廷见刘裕战功赫赫，便提升他做下邳太守，让他去攻打郁洲。刘裕果然再度击退孙恩主力，一直将孙恩赶回大海。

一年后（402），孙恩被临海太守辛昺（bǐng）彻底击败，投海自尽。孙恩的势力自此一蹶不振，可是，呈现颓势的东晋政权却没半点好转的迹象，反而深陷重重危机之中。

谁也没有想到，接下来的一场江南大内斗，竟然使这位靠打仗起家的刘裕在南北朝初期的政治舞台上成为一等一的主角。

三、桓玄的野心

孙恩进逼建康时，远在荆州的桓玄上疏请求顺江而下讨伐反贼。建康城里的实权派司马元显忌惮桓玄，宁可大力提拔刘裕等一批寒门将士，也不愿桓玄来国都，给自己招惹麻烦。他以晋安帝的名义下诏，让荆州的军队就地待命，并说建康这边有北府兵扛着，足以应付。

荆州那边也是野心颇大。这桓玄乃是桓温之子，自然也就继承了不少相似的基因。他老爹当年就想称帝，只不过时运不济，支持率也没高到满朝劝进的水准，这才饮恨而终。桓玄的才干比起他爹差之远矣，却刚好赶上了一个“好年景”：东晋朝廷内外交困，司马道子父子与刘牢之这两派貌合神离，正好有隙可乘。于是他就给司马道子写信，把这位皇叔狠狠地讥讽一番。

信的内容收录在《晋书·司马道子列传》中，通篇骂人不带脏字，写得还颇有些意思：

> 贼造近郊，以风不得进，以雨不致火，食尽故去耳，非力屈也。昔国宝（指王国宝）卒后，王恭不乘此威入统朝政，足见其心非侮于明公也，而谓之非忠。今之贵要腹心，有时流清望者谁乎？岂可云无佳胜？直是不能信之耳。用理之人，然后可以信义相期；求利之徒，岂有所惜而更委信邪？尔来一朝一夕，遂成今日之祸矣。阿衡之重，言何容易，求福则立至，干忤或致祸。在朝君子，岂不有怀，但惧害及身耳。玄忝任在远，是以披写事实。

一封短信句句切中要害，表面上在讲大道理，底下尽是刀子，司马道子父子读得心惊肉跳，惴惴不安。

司马元显身边有个谋士叫作张法顺，深受司马元显宠爱，读了这封信，就劝他先下手为强，趁着桓玄在荆州立足还不算太稳，以刘牢之的北府兵为前锋出兵讨伐，必能搞定桓玄。司马元显迟疑不定，恰好桓玄的部下、武昌太守庾楷送来一份大礼，主动请缨做内应，表示愿意配合朝廷方面的军队夹击桓玄。司马元显大喜，便在晋安帝元兴元年（402）正月称诏，将桓玄的罪状罗列一遍，从水陆两路大举讨伐。

桓玄远在荆州，认定朝廷方面刚刚遭受了孙恩之乱的破坏，问题多多，不可能有机会马上来找自己的麻烦，所以并未采取任何预警措施。幸亏桓氏朝中有人，桓玄的堂兄太傅长史桓石生发来密信通报消息，这才不致酿成大祸。

听闻大军前来，桓玄惊恐之下打算固守江陵，缓图良机。旁观者清，长史卞范之劝他说："桓公声威远近闻名，天下震动。司马元显乳臭未干，刘牢之不得人心，如若我们的军队能够逼近京城，恩威并施，管叫他们土崩瓦解。岂有引敌入境，自寻死路之理？"

桓玄这家伙的见解和志向比司马道子父子要强得多，但他和他们终究还是一路货色，对相似的谏言反应也是相似的。他听闻此话，信心顿增，让哥哥桓伟留守江陵，自己则上表传檄，以彼之道还施彼身，列举了司马元显的各项罪行，然后率兵顺江东下，直奔建康而来。桓玄沿途如入无人之境，为数不多的几次抵抗都被轻松打退，豫州刺史、谯王司马尚之也被他所擒，朝廷顿时陷入危机。

刘牢之在此时起了"关键作用"：他挂着司马元显麾下前锋都督的名头，在大战来临之际却采取观望的姿态，驻兵在溧洲（今江苏南京西南长江中）。他的儿子刘敬宣、外甥何无忌以及下属刘裕都认为荆州兵强过司马元显的江东兵，朝廷必然抵挡不住，所以应率北府兵主动进击，以除后患。刘牢之则认定平定桓玄不难，但有句话叫"狡兔死，良狗烹"，若消灭了桓玄，自己将来必被司马元显所制，不如先利用桓玄的势力除掉司马道子父子，然后再做打算。桓玄也看透了刘牢之的心思，不失时机地派了刘牢之的族舅何穆来劝降，刘牢之便顺势上了"贼船"，让刘敬宣去桓玄营中投降。

司马元显没了可用之兵，哪还有什么抵抗的意志。他听说桓玄已经到了京城南面的新亭，就弃了战船退回建康。桓玄的军队尾随而至，在后面挥刀大喊："放下武器！"司马元显的兵众立即崩溃，等司马元显逃回府中，身边只剩下"狗头军师"张法顺一人而已。见到老爹司马道子，二人相对而泣，一筹莫展。这对有野心却无能力的父子最终束手就擒，桓玄下令斩杀司马元显一党，继而又吩咐手下人把司马道子秘密毒死在流放的路上。

桓玄初步掌控了建康的大局，紧接着就采取了三项措施巩固自己的权力。

首先，桓玄任命刘牢之为会稽内史。授予这个职务，表面看是让刘牢之做了一郡之内的一号人物，实际上却是剥夺了刘牢之对北府兵的控制权。刘牢之一介武夫出身，视兵权为命根子，心里自然不愿意，有意据守江北对抗桓玄。他私底下找到刘裕商量对策。刘裕何等聪明，当即指出桓玄"新得志，威震天下。三军人情，都已去矣"，现在要和他对着干，怕是没戏。说罢，他顺势向刘牢之请求返回老家京口。

将领何无忌向刘裕请教当前的局势，刘裕答道："我看刘牢之难逃一死，你不如和我一起回京口，静观其变。桓玄若是甘为人臣，我们就老老实实地跟着他干；如若不然，你我还可以起兵图之。"

刘牢之召集手下开会，还想谋划讨伐桓玄。参军刘袭气呼呼地说："天下最不该做的事就是反叛。将军当年反叛王恭，最近反叛司马元显，现在又要反叛桓玄——一人三反，还凭什么立足天下？！"说罢拂袖而去，其余将领也纷纷离去。刘牢之这才慌了神。他之前让儿子刘敬宣去京口迎接家眷，但在约定的时间没见着人，以为事已败露，便带着本部人马仓促北逃。逃到新洲，走投无路，刘牢之竟自缢而死，几乎是北府兵代名词的一代英雄以这样狼狈的方式结束了他的一生。

从桓玄出兵前后刘牢之和刘裕的不同表现，我们就可以看出二者的差距。刘牢之在军事方面能力很强，但在其他方面近乎白痴，尤其是在利害关系的判断上显得相当幼稚。他在政治立场上做"三姓家奴"，毫无信义可言，因此得不到大多数人的支持。这样的人，可以拿来做帮助别人成就大事的工具，却不可能自己成就大事。刘裕则不同，虽说王夫之等人在史评中指责他其实也是"一人三反"，但他的所谓"反"并不是简简单单地做墙头草，而是颇有行事原则——他在每次做出决断之前都充分分析了局势，并对将来的行动做好了周密的计划。所以说，刘裕不仅打仗有自己的一套，而且会审时度势，该用强的时候用强，该示弱的时候示弱，玩弄权术的手段并不比同时期那些门阀大族出身的政治人物差。像他这样的人，只要再有一点运气，获得成功指日可期。

桓玄轻而易举地除掉了刘牢之，接下来他对北府兵的旧将也毫不留情。吴兴太守高素、将军竺谦之、竺朗之、刘袭、刘季武等一大堆优秀将领被杀，以刘牢之之子刘敬宣、宗室司马休之为首的残部想要造反，然而他们不是桓玄的对手，只好逃往南燕和后秦这两个北方的邻国。

第三项措施是改革内政。桓玄罢黜奸佞之臣，提拔有才之士，东晋各地在这一时期出现了不少出色的官员。他还下令限制佛教寺院无节制地发展僧尼。

这些本来都是革除弊政、稳定时局的好事，可惜，桓玄不过是想借机提高威望、扩大影响而已。不久，他便暴露了奢豪放纵的公子哥儿本性，朝上政令无常，朝下结党营私，东晋的内部危机重现。

当时，投奔后秦的北府兵旧将袁虔之评价桓玄才略不如其父，所扮演的角色不过是“为他人驱除耳”；南燕的中书侍郎韩范也认为，桓玄早晚会被江东豪杰诛灭。事实正如他们所说，野心勃勃的桓玄到头来还是为他人做了嫁衣。

四、六个月的皇帝梦

桓玄加紧篡权行动，最重要的一点还是得继续树立威信。他所依仗的主要势力是据守荆州的哥哥桓伟，其他桓氏集团的成员虽然被他安插在朝廷内外，但手中的军事力量有限。为了树威信，这位桓公子想起了当年他老爹的手段——北伐中原。他有心如法炮制，可年轻的时候玩得太多，没好好学习，从权术到军事都不过一知半解而已，哪里赶得上桓温的魄力与气度？没办法，只好玩点虚招。

桓玄上表请求率军扫荡被后秦占领的中原地区，又指使朝廷下诏制止，然后说："我是奉了诏书才不出兵的。"一场双簧的把戏验出来，还颇有些人相信，桓玄也就乐此不疲。晋安帝元兴二年（403）九月，他借着白痴皇帝司马德宗的名义，任命自己做了相国、总百揆，并封为楚王，拥有十郡之地，最后就是他老爹一辈子都没能得到的殊荣——加九锡。

九锡之礼起自汉代，是皇帝给予功臣的最高礼遇。所谓"九锡"，按照《韩诗外传》的说法，是"一锡车马，再锡衣服，三锡虎贲（bēn）①，四锡乐器，五锡纳陛②，六锡朱户，七锡弓矢，八锡铁钺（fū yuè）③，九锡秬鬯（jù chàng）④"。在魏晋南北朝时期，册封异姓王基本上都要先赐予九锡，所以后来"加九锡"也就成了权臣篡逆之前的必经手续。

---

① 勇士的别称，指守门的军队。

② 指登门的台阶。

③ 指斫刀和大斧，象征帝王赐予的专征专杀之权。

④ 指用于祭祀的黑黍酒。

桓玄继续玩双簧胡折腾，他上表请求返回自己的封国，又让皇帝写诏书挽留他。他还编造祥瑞，让百官庆贺，作为自己登基受命的预兆。最可笑的是，他认为以前改朝换代的时候天下都有隐士出现，眼下没有隐士很没面子，就派人找来前朝隐士皇甫谧的后裔皇甫希之，拨了经费让他去山里面隐居，然后再征召他出山做著作郎，又让他“固辞不就”，最后下诏封他做“高士”。人们嘲笑桓玄的虚伪愚蠢，私下里都把皇甫希之这个朝廷册封的“隐士”叫作“假冒隐士”。

表面文章做得再足，也掩饰不住桓玄内心的渴求，他真正爱的只有钱财与权力。眼看就快达成所愿了，桓伟偏在这个时候忽然病故，桓玄原本最为可靠的根据地荆州开始出现问题。新野人庾仄起兵赶走了襄阳守将冯该，讨伐桓玄，江陵一带震动，朝中不少人约好了给他做内应。桓玄派桓石康前往攻打，这才平定了局势，庾仄逃往后秦，做内应的南蛮校尉庾彬等人都被杀害。之后，桓玄的侄子桓亮以讨伐庾仄为名在罗县（湖南省汨罗市西北）起兵，自称平南将军、湘州刺史，虽然很快被捕，但毕竟是自家亲戚造反，对桓玄打击不小。

这样下去，弄不好又要重复老爹的遗憾，桓玄决定立即禅代。这时，他唯一顾忌的便是北府兵的将领刘裕、何无忌等人的态度。他虽然杀光了刘牢之一党，但还得倚仗刘裕等人，所以一直没敢动他们。

刘裕当时担任彭城内史，在东南沿海一带攻打孙恩的妹夫卢循。桓玄派堂兄桓谦去试探，问他：“楚王（指桓玄）德高望重，朝廷的意思是要皇帝禅位给他，你认为怎么样呀？”

刘裕一脸正容，答道：“楚王乃宣武（桓温的谥号）之子，勋德盖世。晋室衰微，民望早失，承应天运禅代皇位，有何不可！”

桓玄得到刘裕的答复，十分满意，他又岂会知道刘裕可不是只懂打仗的刘牢之，逢场作戏也极拿手。刘裕一面用甜言蜜语蒙混过关，一面与何无忌密谋回京口，准备在哪里静待桓玄称帝。

一心只想做皇帝的桓玄终于在当年（403）十二月让自己的亲信卞范之拟好了禅位诏书，他逼着司马德宗照抄一遍，之后便宣布禅位给楚王。桓玄把晋帝司马德宗迁到寻阳（今江西九江西南），然后在自己的驻地姑孰（今安徽当涂）即皇帝位，改年号为“永始”，这便是历史上短命的“楚”政权，也叫“伪楚”。

管你是王是帝，不服的还是不服。益州刺史毛璩不愿接受桓玄的调令，传檄益州各地，列数桓玄罪状，起兵与之对抗。刘裕与何无忌见时机成熟，就拉了同在京口的北府兵将领刘毅、孟昶等人共商大事。刘裕的异母弟弟刘道规和将领诸葛长民都在桓玄手下的军队中做参军，刘裕便密令他们暗杀各自的长官，之后据守广陵与历阳。他又在建康城中广布卧底，只等号令一下，就可同时举事。

桓玄称帝次年（404）二月底的一天夜里，刘裕以游猎为名，与何无忌一起集结了一百来人来到京口城下。第二天天一亮，何无忌穿上传诏使臣的衣服，对刚刚打开城门的守兵说：“我们是朝廷派来颁布诏书的，让刺史桓修速来见我。”桓修也是桓玄的堂兄，桓玄称帝，他便做了徐州、兖州两州刺史，镇守京口。守兵们不明就里，放他们进城。

何无忌一马当先，随从跟在后面。桓修听说敕使到来，赶紧上前听诏，没有任何防备。何无忌一步上前，手起刀落将他斩作两段。稀里糊涂的桓修没明白是怎么回事呢，就被刘裕等人拿来祭了旗。

刘裕登上城楼，对桓修的司马刁弘等城中的文武官员说：“晋帝已被江州刺史郭昶之迎回京城，贼首桓玄已被枭首示众，你等当初难道不是晋朝的臣子们吗，还想造反不成？”刁弘等人信以为真，不敢再造次。刘裕又趁其不备，诛杀了刁弘。

一切顺利，刘毅、孟昶、刘道规也同时完成了任务，设计杀了青州刺史桓弘，攻占了广陵。刘裕马上发布讨桓檄文，虚张声势，并很快在京口、广陵两地招募了几千兵马，直奔建康。

皇帝位子还没坐热的桓玄听说刘裕起兵，吓得六神无主。左右安慰他说：“刘裕等人不过是乌合之众，兵力又弱，不可能成功，不值得忧虑。”桓玄可不这么认为，他说：“刘裕乃是当世英雄；刘毅家里没啥钱，赌博的时候却敢一掷百万；何无忌酷似其舅刘牢之——这哥仨凑在一起，怎能说他们不可能成功呢？”他捕杀了刘裕在建康城中布下的卧底，听从桓谦的建议，派遣骁将吴甫之和皇甫敷前往抵抗。

刘裕在此时已得了不少新助手，文有才比萧何的刘穆之，武有智勇双全的朱龄石，加上北府旧将一干人等，手下人才济济。这些人，都是将来辅佐他建立宋国的得力干将。

正如桓玄所料，刘裕一行兵力虽少，战斗力却极强。两军对战，刘裕又祭出对付孙恩时的呼叫战法，部下兵士一个个如下山猛虎，所向披靡，阵斩吴甫之。皇甫敷不甘示弱，亲率数千人迎战。战事激烈，刘裕部将檀凭之战死，刘裕本人被皇甫敷重重包围，被逼到大树前，再无退路。

皇甫敷笑道："刘裕啊刘裕，你想要怎么个死法？"说着拔戟就刺，刘裕狮吼功再次发动，大吼一声，皇甫敷竟被惊得没有刺中！正相持间，刘裕的部下赶到，一箭射倒了皇甫敷，刘裕又补上一刀，砍死了皇甫敷。之后刘裕乘胜进军，很快便攻到建康城外的覆舟山下。

建康城中，桓玄听闻自己两员大将战死沙场，心生恐惧，于是与吏部郎曹靖之之间有了下面这段颇富深意的对话。

桓玄问大臣们："朕难道败了吗？"

曹靖之答道："民怨神怒，怕是真要败了。"

桓玄不解："民怨也就罢了，神为什么会怒呢？"

曹靖之说："陛下把晋朝的宗庙移到江滨，使他们的祖宗流离失所，而自家的宗庙呢，又不去洒扫祭拜，这些都是会让神灵发怒的事。"

桓玄很生气："既如此，爱卿为何不早说？"

曹靖之说："辇车上的帝王都以尧舜自居，微臣哪里还敢说话？"

这句话点中了帝王们得意时的心态，透彻之极。桓玄无言，只好让桓谦、卞范之等人带着两万兵马出城御敌，碰碰运气。

那头刘裕也有心决战。让军中士兵饱餐一顿后，他把剩下的军粮全部丢弃，又让老弱士兵登上覆舟山，升起旗帜以为疑兵，各路并进，呼声震天。桓玄的军队不知虚实，虽在实际人数上占优却不敢作战，更何况桓谦的士卒多是北府兵出身，知道刘裕的厉害，还没怎么打呢士气就矮了半截。刘裕又借着风势放火助攻，桓谦等人的军队不再抵抗，士兵们顷刻间四散溃逃。

早就无心恋战的桓玄一接到战报，立即带着儿子和侄子狼狈出逃，一路上失魂落魄，几天吃不到一点像样的饭菜。然而一到寻阳，他就故态重现，自认为是天不助他，将来必能卷土重来。他挟持司马德宗继续西行，回到了老巢江陵，然后下令迁都江陵，重置百官，增设刑罚，毫无吸取教训之意。

这样一位“皇帝”，纵有再多的兵将也是枉然。桓玄留手下将领何澹之把守寻阳上游的湓口，又让庾稚祖、桓道恭等人共同抵御一路尾随追上来的刘裕、何无忌的军队。何澹之虽有上万水军，在桑落洲（今江西九江东北）却完全顶不住何无忌、刘道规几千水军的急攻，很快就失了寻阳。

桓玄不甘失败，又组织起两万多荆州兵，亲自率军顺江而下。刘毅、何无忌、刘道规则率领了不满一万人的军队从寻阳西上，与桓玄在峥嵘洲（今湖北黄冈西北）相遇。

面对数倍于己的敌军，将士们有些害怕，想要暂时退保寻阳。刘道规则说：“现在不可以退！敌众我寡，如果现在因畏惧而退却，即使到了寻阳也难以守住。桓玄虽然出身豪门，内心其实胆怯得很，何况现在他已经连败几战，手下的士兵并无获胜的信心。两军相遇勇者胜，兵多有什么用！”说着就率领本部兵士冲锋在前，刘毅、何无忌也迅速跟进。

桓玄的性情脾气被刘道规完全言中，他在指挥水军作战时不想具体战术，反而先让人在自己的大船旁边停靠小船以备逃跑，这样的统帅怎么可能服众？刘毅等人趁着顺风放起火来，把桓玄大军杀得全无斗志，丢盔卸甲。桓玄乘着小船，拖着司马德宗，又一次逃回江陵。

此时，江陵城里也已人心大乱，号令不行，实在待不下去了，桓玄于是趁着夜色，带上心腹部下继续西逃，想去汉中投奔梁州刺史桓希，却在江陵城西的枚回洲碰到毛璩（qú）的部下。

这可真是冤家路窄。穷途末路的桓玄面对挥刀向前的益州督护冯迁还想着恩威并施，他从头上摘下一枚玉导送给冯迁，问：“你是什么人，竟敢杀天子？”

冯迁不以为然地冷笑一声：“我不过是杀天子之贼罢了！”

桓玄的皇帝梦就这么结束了，从登基之日算起，前前后后不过六个月。古往今来，做皇帝梦的又何止成千上万，然而很少有人想过，通向皇帝宝座的陛阶，也可能是一去不返的黄泉之路。

五、攻灭南燕

桓玄死后，桓谦以及桓玄之侄桓振等人重新攻下江陵，拥立司马德宗复位，企图与刘裕的势力继续对抗，但毕竟抵不住刘毅、刘道规等人率领的骁勇北府精兵，很快就又丢了江陵，把白痴皇帝也拱手让了出来。

内乱刚定，刘裕被封为侍中、车骑将军、都督中外诸军事。这下，轮到刘裕“挟天子以令诸侯”了。然而，刘裕终究是一介武夫，又是出身寒门，比不上桓家那样的名门大族，因此他虽在倒桓大业中立下头功，却还做不到“号令天下，莫敢不从”。

桓玄称帝作乱，东晋的半壁江山几近分崩离析。毛璩讨伐桓玄，本想顺流而下攻打江陵，但益州一带的兵将不愿远征，遂发生了兵变。他们杀死了毛璩一家，推举安西府参军谯纵为成都王。不久，谯纵又向后秦称藩，并与西逃的桓谦联手，与东晋方面抗衡，偏远的巴蜀地区继成汉之后再次出现了割据政权。

一直在东海各郡骚扰官兵的卢循趁机南下，攻占了番禺（今广东广州），又派部将徐道覆北上攻占了始兴（今广东韶关西南）。胸无大志的卢循企图割据岭南，并遣使向东晋朝廷称臣纳贡。刘裕等人无暇南顾，便暂且做个“顺水人情”，委任卢循为广州刺史，徐道覆为始兴相。

益州和广州事实上的独立，使得刘裕等人只能勉强控制住长江中下游的荆州、扬州等地，桓氏余党又阴魂不散，零星的反叛令刘裕头疼不已。他花了几年工夫把桓氏势力彻底清除，然后将目光投向了北方。

与纸上谈兵的桓玄不同，久经沙场的刘裕要靠实实在在的北伐成果来树立自己在朝中的绝对权威。他的北伐一共有两次，前一次伐南燕，后一次伐后秦，这是东晋灭亡前的最后两次北伐，也是十六国末期南方政权两次比较精彩的“演出”。

刘裕选择南燕作为北伐的第一目标，既是出于政治的需要，也是南燕后主慕容超自找的。

我们今天读到的《晋书·慕容超载记》，近似于南燕君主慕容超罪行的列表。但从他称帝之前的传奇经历可以看出（参见第四章），这个人其实很有些韬略。

当初，慕容超单身逃到山东，在南燕无一点根基可言，却能战胜在朝中有一定势力的慕容法、慕容钟等人继承王位，肯定不是孝敬一下慕容德就可以做到的——慕容德毕竟不是个傻子，对接班人也进行了精心细致的考察。

慕容超知道不能使自己完全孤立，于是很快有了亲信公孙五楼，这很正常。接着，他利用公孙五楼和慕容法等人之间的矛盾，在一年之内就回击了朝野上下对他统治合法性的质疑，一举消灭了慕容法的势力，慕容法和慕容钟分别投奔北魏和后秦。

这件事一直被认为是造成南燕局势混乱的第一步，我倒认为慕容超的所作所为无可厚非，因为他在这之后地位基本稳固，威望也大涨，反而使南燕从慕容德死后的些许混乱中摆脱出来。不过，慕容超的最初政策和慕容德时期差不多，处在安于自保的边缘，这样的策略使南燕这样的小国难以维持长久。

慕容超为了把母亲和妻子从后秦接回，跟姚兴进行了一番艰苦的谈判。他网罗了境内的一些乐伎与姚兴进行交换，通过这一举动，慕容超不仅重新见到了久别的母亲和妻子，也与西边的后秦结成友国。

形势似乎不错，然而，慕容超做了一件荒唐事——他为了补充国内乐伎的数量，竟出兵伐晋，并在淮北地区抢掠一阵。此举打破了南燕立国以来的自保局面，还给了东晋一个前来讨伐的借口。

慕容超在这个时候与东晋交兵，我不想说他是不识时务，而实际大致如此。

南燕太上五年（409），慕容超派出的南下军队遇到刘裕水陆大军的猛烈进攻，无力抵抗。

刘裕率领水军从建康北上，沿淮河入泗水，进据琅琊。

公孙五楼向慕容超建议说：“晋军初来士气旺盛，不可与之相争。我军应坚守大岘关（今山东沂水北穆陵关）险地，再从海路断绝晋军的粮道，另外可以派大将段晖率兖州军前去截击，使其腹背受敌，此乃上策；坚壁清野，据城固守，此乃中策；放刘裕入大岘关，出城迎战，此乃下策。”慕容超不接受他的意见，只说：“我京都如此殷实，怎可坚壁清野？不如诱敌深入，到平原上用精骑兵冲击他们，必能取胜。”众臣苦谏，慕容超只是不听。

刘裕大军轻易通过天险大岘关，势头再难遏止。慕容超派段晖等以五万步骑兵进据临朐，又派公孙五楼带兵前往川源截断晋军水源，却被刘裕的前锋军队抢先一步，大败而回。

刘裕与段晖的南燕军主力相遇于临朐城南，慕容超闻讯，亲自带上四万步骑兵前去督战。两军激战多时，不分胜负。

这时，刘裕的参军胡藩向他建议：“燕兵主力都已出城作战，临朐城中必然空虚，我愿自引一支军队，抄小道到燕兵身后，一举拿下临朐。”刘裕对此计十分赞许。胡藩便以奇兵突袭临朐，号称是从海路前来的轻兵，临朐守军大惊，没怎么抵抗就丢了城。刘裕立即挥师猛攻城外的南燕军军队，燕兵大败，段晖阵亡。

慕容超在惶恐中逃回广固，晋军乘胜追击，攻破外城，包围了广固内城。刘裕命兵士挖沟三层，筑起高达三丈的围墙，把广固城团团困住。

慕容超苦守无援，出击又屡屡失败，只好向刘裕求和，表示愿意将大岘关以南的土地全部割让给东晋，并向东晋称藩。刘裕志在破城灭燕，自然不会同意。

慕容超坚持不降，却挡不住城内守兵的士气日益低落。第二年（410），刘裕全军从四面急攻，南燕尚书悦寿开门迎入晋军。慕容超率数十骑突围出逃，被擒后送往建康斩首。刘裕虽没有像拓跋珪那样搞大型活埋，却也将城内的三千鲜卑贵族全部屠杀。

慕容鲜卑长达近一个世纪的奋斗故事，在南燕灭亡之后终于收场了。

六、卢循之乱

刘裕被后世奉为逆袭的典范，他在军事上的成就与曹操大致相仿：曹操是统一了北方，消灭了除刘备和孙权以外的其他军阀；刘裕则是统一了南方，消灭了除北魏与夏国以外的其他主要割据势力。

刘裕的政治能力在南北朝时期也是一流，却比曹操略逊一筹。最明显的一点，他对于事态形势的全局把控常常显得不足，比如他没能在讨伐南燕的同时提防可能来搅局的卢循，也未曾想到此人能够趁着东晋后方空虚之机，将东晋腹地几乎捣得稀巴烂。

不过，刘裕的误判情有可原，因为他无法料到卢循这个流窜一方的蟊贼身边竟有牛人，他向卢循献了不少理论上切实可行，同时也被事实证明十分有效的计策。若不是卢循自己贻误战机，可能东晋之后的历史又会改写。

这位牛人便是卢循手下的名将，那个说出了“使我得为英雄驱驰，天下不足定也”这样豪言壮语的徐道覆。

晋安帝义熙五年（409），刘裕领兵伐燕，围困南燕都城广固数月，南方兵力严重空虚。徐道覆认定有机可乘，便给卢循写信，劝他北上攻打建康，卢循不听。

徐道覆心中着急，他从自己的驻地始兴亲自跑到番禺，面见卢循，说：“咱们待在鸟不拉屎的岭南，这不是个正理，只不过是刘裕那家伙实在厉害，咱们打不过。现在正好他在北边打攻坚战，一时半会儿回不来，咱们若能抓住这个机会出兵，留在南方的何无忌、刘毅等人哪里是咱们的对手？取之易如反掌！要是错失良机，在这里苟且偷安，等刘裕破了燕国，休整兵众，不出两年肯定会来打将军您。到时候他必会亲自前来，即使将军英明神武，恐怕也不是他的对手。机不可失，时不再来，攻下晋国的都城才是根本之计。到那时，就是刘裕再想回来援救，也无能为力了。”

一席话说得还做着“偏安梦”的卢循茅塞顿开，点头称是。于是，卢循在次年（410）与徐道覆会合于始兴，然后兵分东西两路北上进攻建康。其中，东路军由徐道覆指挥，顺赣水而下，攻打南康（今江西赣州）、庐陵（今江西吉水北）、豫章（今江西南昌）诸郡；西路军则由卢循指挥，攻打长沙等郡。

东晋各郡的守相都不做抵抗，纷纷望风而逃。卢循的两路大军进兵顺利，所向无敌。

东晋朝廷还没得到刘裕的战报，却先遭受了来自南边的沉重打击，形势危急之下只得召刘裕回兵。这时，徐道覆的军队已经来到了豫章附近，在倒桓之战中立下大功的何无忌正驻守在寻阳。也许是要跟刘裕抢功，何无忌忽然急着要迎战，左右都劝他固守，以逸待劳，他执意不听，结果在豫章城外与徐道覆的水军相遇。

徐道覆确实是个人才，他在没有发兵之前就在积极为打仗做准备，收集了大量造船的材料，战事一起，十几天就造出了许多大船，十分管用。何无忌与徐道覆对阵，军中却只有小船，完全不是大船的对手，所率士卒很快四散而逃。何无忌虽然勇武，但寡不敌众，当场战死。

何无忌的死讯传来，东晋防线一溃千里，朝廷大为震惊，甚至打算放弃京城，向北投奔刘裕。幸好刘裕已经得到诏书，他留下南燕降将韩范、封融等人，赶紧率大军南归。

刘裕回到山阳（今江苏淮安），听说了何无忌战死的消息，担心京城失守，便以精锐骑兵昼夜兼行，并带着几十个人微服来到淮上，向南来的行人打听京城的最新情况。行人说：“贼人还没到京城。假如刘裕现在回来，那就没什么可担忧的了！”刘裕这才放下心来。

大军继续南行，渡过长江，进驻京口。东晋朝廷像是吃了定心丸，稍稍安定了一点。

然而只过了一个月，倒桓的另一名功臣刘毅又在与卢循的对阵中打了败仗，形势再度吃紧。原来，卢循、徐道覆连克数郡，刘毅一直在生重病，没能及时出兵。现在他的病已好，就决定南下征讨卢循。

刘裕生怕刘毅轻举妄动，亲自修书一封，劝他说：“贼人新近获胜，锋芒正劲。我现在就要造好船只了，待我完工，便与你一同发兵。”同时他许诺，克敌制胜时会将长江上游的指挥大权都交给刘毅。怕刘毅还不听，又派了刘毅的从弟刘藩前往送信。

刘裕的劝说没有用，刘毅依旧决然不从，还怒道：“当年我不过是将功劳让给了刘裕而已，你还真以为我比不上刘裕吗？”说罢，把书信扔在地上，亲自率领两万水军从驻地姑孰溯江而上，进兵寻阳。

这时卢循的西路军已经攻下巴陵，正要攻打江陵，徐道覆的东路军则已逼近寻阳。听说刘毅来了，徐道覆立即派快马通报卢循说：“成败之事在此一举，刘毅兵多，你我应该合力与他对抗。此战若获胜则天下可定，江陵更不足忧了。”卢循十分高兴，从巴陵顺江而下与徐道覆合兵一处，与刘毅的军队在桑落洲（今江西九江东北）大战一场。卢循的两路水军加起来有十万之多，刘毅完全不是对手，一败涂地。他丢下船只，带了几百个随从由陆路步行逃走，其余部众被俘，船只、武器都被卢循缴获。

卢循与徐道覆乘胜杀到江宁，前方已近建康。他们手下的将士人数达到十几万，船只前后相连绵延数百里，声势浩大。

建康城内有抵抗之力的士兵只有数千，眼看京城不保，要求朝廷过江北迁的呼声越来越高，孟昶更是认定刘裕不是卢循的对手，刘裕则说：“朝廷一旦迁动，全国就会土崩瓦解，江北又哪里能保得住？如今虽然兵士不多，但还可以打一仗，如果打赢了，则上下都安全，若是真的打不赢，我自会承担责任，以身殉国，又怎能苟求寸日存活？我计已定，你不用再说了！”

孟昶仍旧无比悲观，向朝廷上了一份表，说自己当初不应该赞同刘裕北伐，以至现在社稷危殆，写完后便服毒自杀了。

事实上，孟昶算是说对了一半，而刘裕则说对了另一半。以刘裕赌徒般的性格，有一半的把握就要博上一博。幸好，最后的结果证明，刘裕的眼光准、运气好。

先说孟昶说对的那一半。卢循身边有将才徐道覆，不但有识，而且有胆，是个难缠的对手。他知道己方已处绝对优势，而刘裕的军队为伤病困扰，还在休整之中，正是毕其功于一役的大好时机，便向卢循请求从新亭、白石烧船上岸，分几路进攻建康，与刘裕决战。而刘裕说对的那一半则押在卢循身上。卢循此人多疑少断，因为听到刘裕回师的情报，心生恐惧，裹足不前，只想与刘裕对峙，于是延误了最佳的战机。

卢循的如意算盘是退守寻阳，攻取江陵，以两州的地盘与东晋朝廷对抗。徐道覆长叹一声，说出了那句哀叹般的豪言："我终为卢公所误，事必无成！使我得为英雄驱驰，天下不足定也。"

对峙期间，刘裕在京城一带招募了不少新兵，壮大了自己的兵力，之后便聚集大军专守石头城。他又采纳部下虞丘进的计策，在城外围好防御用的栅栏，修筑查浦、药园、廷尉三座堡垒，派兵防守。

工事完成，卢循再来打时就不再有好运了，连续两月不能打下栅栏，船只还因为碰上了夏季的暴风翻了，淹死了不少人。卢循摇头对徐道覆道："哎，军队疲乏了，难振作了，咱们还是据守寻阳，西取荆州，再图天下吧。"之后下令退守寻阳。

胜败之势一旦逆转，便再也难以恢复。卢循一退，刘裕就得到了最重要的东西——时间。他开始造大船，训练水军，组建起了一支强大的军队。同时他派孙处与沈田子率领三千士兵从海路偷袭卢循的后方老巢番禺。卢循的军队北上，几乎是倾巢出动，番禺的防守早被忽略。孙处等人来到番禺，正好碰上大雾天，便猛攻人数极少的守军，一举成功。

身在北面的卢循军队全线陷入被动：徐道覆攻江陵不下，卢循本人又在雷池战败，想要逃往豫章，在左里一带（今江西都昌西北）筑起栅栏，却挡不住刘裕新建水军的强大攻势，死伤惨重，卢循只能坐了一条小艇逃跑。

卢循与徐道覆退到广州境内，还想负隅顽抗。晋安帝义熙七年（411）初，徐道覆的始兴城被晋军攻破，徐道覆战死。卢循攻不下孙处固守的番禺，继续退入交州，最终被逼到龙编（今越南河内东）的一条河边，投河自尽。

东晋末年的最后一场大内乱——孙恩、卢循之乱至此画上了句号。

七、二刘相争

三年之内，刘裕扫平南燕、剿灭卢循，前一项是计划之中，后一项是意料之外。不过无论如何，功劳都是跑不掉的了，他被东晋朝廷封为太尉、中书监，刘穆之则做了他的太尉司马。刘穆之不仅把太尉府上上下下的事情料理得井井有条，还向刘裕举荐了孟昶手下的参军谢晦。谢晦是谢安的哥哥谢据的曾孙，此人处事断狱很有一套，又仪表堂堂，雅量高志，博学多闻，刘裕对他十分欣赏，任命他做自己的参军。

刘裕大权在手，颁布了一系列的规章制度。在他的调理下，被桓玄、孙恩、卢循等人蹂躏后的江南地区逐渐恢复了繁荣的面貌，权门兼并的现象也有所收敛。

当年一同起兵倒桓的三人组中，何无忌已死，只剩下了刘裕和刘毅两人。换言之，对于刘裕的权力构成最大威胁的，仅有刘毅一人而已。

刘毅的确对权倾朝野的刘裕相当不满。他与刘裕不同，虽说当年都是赌徒出身，但刘毅好歹读过不少书，文才也不错，归附他的清望之士不在少数，因此一向不认为刘裕比自己强多少，甚至有些瞧不上刘裕。桑落洲一战惨败于卢循、徐道覆联军，刘毅几乎输掉了全部家当，刘裕虽然一直反对他单独进兵，事后却也并不加罪于他，还让他保留原职。刘毅觉得自己打了败仗难以服众，主动要求降职为卫将军，不过依旧保留了豫州刺史之职。

晋安帝义熙八年（412），刘裕的弟弟——荆州刺史刘道规称病还乡，这给了刘裕一次重新洗牌、对付刘毅的机会。他以朝廷的名义任命刘毅为卫将军，兼都督荆、宁、秦、雍四州诸军事，并转为荆州刺史，而把豫州刺史的头衔留给了自己。

刘裕的这一招，看起来是给刘毅升了官，并把长江中上游的兵权交给了他，实际上呢，却完全不是这么回事。

刘裕非常精明，他了解刘毅赌博时的习惯，知道他下赌注的数额从来都是超乎想象地大——这样一个敢于冒险、出奇的人，野心是不会小的，胃口也是不容易满足的。刘裕也知道刘毅十分骄纵自傲，因为他曾经说过："可恨我没能赶上刘邦、项羽的年代，无法与他们一起争夺中原！"这样的人，无论把他放在什么位置上，他都不会甘于人下，而是会暗暗用劲，积蓄夺权的力量。将他放在豫州，离京城太近，他反而会出于安全性的考虑不充分施展手脚，注重行动的隐蔽性。既然如此，不如欲擒故纵，先把他放到遥远的西边去，给他扩充实力的空间，任他原形毕露，到时再趁机讨伐他，就可以师出有名了。

果不其然，刘毅还没去荆州呢，就想进一步拉拢刘牢之之子、左卫将军刘敬宣了。

刘敬宣在刘牢之死后逃往南燕避祸，桓玄被刘裕等人打败后，他又和司马休之等人一起从南燕回到了建康。

刘毅对他说："我到荆州就职，打算对阁下委以重任，不知阁下是否有辅佐之意？"

刘敬宣听闻此言，冷汗直冒——刘毅这语气，分明是想造反呀！他只好支支吾吾应承了一下，回头跑到刘裕那里，把刘毅的话一五一十地告诉了刘裕。没想到，刘裕竟然笑着答道："老兄只管放宽心，不用多虑。"

刘裕这话不知是否传到了刘毅耳中，以刘毅对刘裕的了解，如果听到刘裕这么说，估计晚上就不可能睡安稳觉了。"卧榻之侧，岂容他人鼾睡"，刘裕、刘毅这样级别的政治人物对这个道理都明白得很的，只有傻子才会以为刘裕这是毫无戒心。敢说这样的话，可见他成竹在胸。若说消灭桓玄时的刘裕还只是枭雄的话，那么此时的刘裕就已经开始走奸雄的路线了。

沉不住气的人首先露出气门。刘毅上表，说荆州在桓玄之乱后人口数量急剧下降，兵器也少，要想组建军队不太容易，所以要求再都督交、广两州，刘裕同意了。刘毅继而要求任命亲信郗僧施为南蛮校尉、后军司马，毛修之为南郡太守，刘裕照旧同意了。

刘裕身边的宁远将军胡藩没那么有政治头脑，自以为是地提醒刘裕说："刘公以为刘毅是个愿意一直听您话的人吗？"

刘裕默然不语，半晌才反问道："你觉得呢？"

胡藩说："能以百万之众攻城拔寨，每战必克，这一点刘毅当然是不得不服您的。然而刘毅涉猎传记，谈文咏诗，自以为是个英雄人物，所以有那么多名流士人都去投靠他。恐怕他终究是个不愿为人下的人，不如趁会见他的时候把他抓起来。"

刘裕摆摆手说："不行不行，我和刘毅都有灭桓复国的功劳，他又没什么明显的过错，不可以自相残杀的。"

刘毅抵达江陵，重新调整当地的官员，换上自己的亲信，并收编了一批江州兵，大约一万人，故意将他们留在手中不遣返。他又以自己染病为由，向朝廷上书，要求把从弟刘藩从广陵调来做副手，刘裕又一次假意答应，并在暗中开始行动。刘藩进京受职，刘裕便以诏书的名义指责刘毅图谋不轨，反叛之心日久，刘藩、尚书左仆射谢混等人便是同党，不可宽恕。刘藩和谢混半个"反"字还没说呢，就被刘裕先下手赐死。

刘裕的动作极为迅速，他亲自率军从建康出发，溯江而上讨伐刘毅。参军王镇恶提出自领一百艘快船为先锋。刘裕采纳了他的建议，在大军到达姑孰后，以王镇恶为振武将军，与龙骧将军蒯恩指挥一百艘快船先行。临行前，刘裕对王镇恶面授机宜："如若敌人知道我要来，不妨等大军到了再打，也不过数日而已。若要对战，应该下船上岸。你到了那边，必须仔细考察形势，打得过就进攻，不然的话，就把船舰烧了，在水边留些快艇，等我大军开到。还有，一定要多方慰劳百姓，宣传诏书里的旨意：罪责只是针对刘毅一人的，其余人等一概赦免不问罪。假若敌人不知道我方进军的消息，不做防备，也可以考虑突袭。一路上行军，就说是兖州刺史刘藩的船只。"

先锋船队以刘藩的名义昼夜兼程，西上荆州。刘毅及其部下都信以为真，没有作任何抵抗。不到一个月，王镇恶等人就抵达了豫章口（今湖北江陵东南），距离江陵城仅二十里。王镇恶见刘毅毫无防备，便弃船步行进军，蒯恩的军队在前，王镇恶的军队紧随其后。每条快船都留一两个人，并在船上俺边竖旗安鼓，吩咐驻留的人等到先锋军队快要到江陵城时便击鼓呐喊，显出后有大军的模样；又派一支小分队，暗中烧毁刘毅停在江津（今湖北荆州沙市区东南）的船舰，断其退路。

仍然没有路人对这支先锋部队有所怀疑，都以为是刘藩来赴任呢。离城不到五六里了，迎面来了十来个骑兵、数十个步兵，为首之人是刘毅的大将朱显之。朱显之奉刘毅的命令，要去江津执行任务，他见蒯恩、王镇恶的装束颇为奇怪，便问道：“来者何人？”王镇恶照例答道：“刘兖州来了！”朱显之又问：“那刘兖州本人在哪里呢？”答道：“在后面还没上来。”朱显之心中生疑，放眼远眺，忽见江津方向火光冲天，鼓声大作，这才明白来的不是刘藩，赶忙转回城去，向刘毅报告：“大事不好了，外面有大军，似乎是从下游上来的，几乎就要进城了，江津的船都被火烧了。”

刘毅闻讯大惊，紧急下令关闭各个城门，可惜晚了一步。蒯恩、王镇恶率领部下从外城东门突入，之后立即分兵攻打内城的东门和西门。王镇恶又分出兵力攻打南门，两军混战，从早上达到打到下午，城里的几千守兵基本上走的走，降的降。王镇恶杀入内城，因风放火，烧了外城的东、南二门。

王镇恶派人把诏书和赦文送给刘毅，刘毅看也没看，给烧了，继续与司马毛修之指挥士兵全力一战。双方在内城中展开肉搏战。这些士兵中有不少都是当初北府军的旧将，相互间熟悉得很，王镇恶就让部下一边打一边做宣传，告诉刘毅的士兵：刘裕本人就在后头。这一招果然奏效，王镇恶的军队很快占了上风。此时已近半夜，王镇恶担心深夜里士兵自相残杀，便率军包围内城，然后打开南门引诱刘毅出逃。刘毅害怕南门有埋伏，带了剩下的三百多个人向北杀出一条血路，最后从外城的东门逃了出来。他逃到离城二十里的一座佛寺中，寺里的和尚不敢收容他，穷途末路、万般无奈之下，他自缢而死。

江陵一战出奇出巧，可算得上是个典型的攻城战例。此战消灭了刘毅的势力，也奠定了王镇恶“刘裕手下第一大将”的地位。事实上，王镇恶等人的先锋部队夺下江陵后二十天刘裕的大部队才到达，王镇恶的作用，就是以最快最便捷的方式打赢这场战争。

王镇恶不是别人，正是前秦名相王猛之孙，其带兵指挥的才能丝毫不逊色于当年他祖父在灭燕之战中的表现。

八、剪除异己

刘毅及其党羽被迅速消灭后，与刘裕起兵反对桓玄的异己就只有诸葛长民了。诸葛长民在卢循之乱中守卫京城，立下大功，这个时候就任督豫州扬州六郡诸军事，镇守在京城附近。

诸葛长民虽说也是老资格的重臣，但在很多方面却显得目光短浅，又不懂得明确站队，跟刘裕并不是一条心。卢循进攻建康的时候，诸葛长民的主张与前面所说的孟昶是一致的，要求护驾北迁。刘裕坚决不同意北迁，诸葛长民比孟昶聪明那么一点点，服从了刘裕的调遣，与刘毅等人守备在北陵。卢循之乱平息，诸葛长民升了官，就没了记性，反倒得意起来。

二刘相争，刘裕为了安抚诸葛长民，让他留守太尉府管事，并且可以带五十名全副武装的卫士进宫，以防不测。建康这边没了强势的刘裕给予压力，诸葛长民还真以为自己了不起了，开始肆意妄为。他不理政事，只让手下四处聚敛珍宝美女，并给自己营造宅院府第，由此引起了老百姓的强烈不满。

掌权的好事并没有维持多久。刘毅的势力被迅速扑灭，整个过程之短暂远远超过包括刘裕本人在内几乎所有人的预想。诸葛长民这才大梦初醒，对自己的亲信说："俗话说：'昔年醢彭越，前年杀韩信'，当年刘邦诛杀功臣就是一个个下手的，我怕是要大祸临头了！"

诸葛长民暗中试探刘裕的副手刘穆之，道："民间很多人都说太尉（刘裕）与我不和，是什么原因呢？"

刘穆之应道："太尉西征，把府上大大小小的事情都托付给了足下，岂能说与你不和？”

诸葛长民稍稍放心，但依然惧怕刘裕，暗中图谋不轨。他的弟弟诸葛黎民也以“唇亡齿寒”的道理劝他早做打算，趁刘裕还没回京尽快发动政变。“当断不断，反受其乱”。诸葛长民腐败起来毫不手软，在此等性命攸关的时刻反倒变得犹豫不决起来。他感慨道：“哎，贫贱的时候想要富贵，可富贵了呢，又害怕危机降临。如今我只想在丹徒做个小小的布衣，怎么就这么难呢！”

诸葛长民终究对自己的实力没信心，不敢动手，却又不甘心，于是画蛇添足地给刘敬宣写信，表示要与他联手造反。这可真是所托非人，刘敬宣虽然手握重兵，却是个没啥政治野心的“好孩子”，对刘裕忠心耿耿，刘毅想作乱的时候就曾被他告过一次密，比刘毅更弱的诸葛长民哪有可能让他倒戈？“告密专家”刘敬宣专程派人把密信送到西征的刘裕手中，刘裕在夸赞刘敬宣的忠诚之余却并不十分担心，只派了辅国将军王诞先回京城，协助刘穆之等人以做防备。

刘裕率领一半军队从江陵顺江东回，开始时带着辎重一起走，速度很慢。诸葛长民带着朝中大臣每天白天在新亭等候，却迟迟不见大军踪影。快到京城了，刘裕忽然驾着轻舟，带领很少的军队突进，连夜进入太尉府的东府。

天一亮，诸葛长民听说刘裕已经回府，大惊失色，却也只得前去拜见。

刘裕不准备大张旗鼓，只悄悄地在幕后埋伏了一名叫作丁旿的勇士，然后在门厅内接见诸葛长民。

刘裕拉着诸葛长民的手，家长里短地谈得可开心了。反应迟钝的诸葛长民乐呵呵地赔笑，以为事情就算揭过，刘裕不打算计较了，不想背后跳出了手持利刃的丁旿。丁旿上前拽住诸葛长民，手起刀落，毫不含糊地将他斩杀。

刘裕下令收捕诸葛长民的几个弟弟，诸葛黎民虽骁勇过人，却挡不住捕头人多势众，力战而死。诸葛长民的小弟弟诸葛幼民逃到山里，最终被揪出来杀掉。诸葛氏一家继刘毅之后，也做了政治斗争的牺牲品。

回头说说刘裕的另一半军队。刘裕在攻下江陵后，有意再接再厉，进攻谯纵据守的蜀地。

前文提过，谯纵的割据势力是桓玄称帝时造成的“副产品”，到这时已有八个年头，期间刘敬宣曾经在晋安帝义熙三年（407）试图进攻过一次，却无功而返。众将都觉得蜀地艰险，如果刘裕不亲征，恐怕还是难以成功，但蜀地离建康太远，刘裕若是真去了，当时诸葛长民还没倒台，东面就可能会出问题，所以伐蜀大军的元帅人选成了个大难题。

刘裕不仅识战，而且识人。刘毅的部下毛修之在刘毅失败后投降了刘裕，他是原先的益州刺史毛璩的侄子。蜀中兵变，毛璩与毛修之的父亲毛瑾一家都被谯纵所杀，毛修之当时恰好在江陵任职，逃过一劫，从此他便立誓要报仇雪恨。他几次向刘裕请缨，要求带兵西征。刘裕没有答应，因为担心他到蜀地会公报私仇，大杀当地军人，而蜀地的士兵害怕毛修之报复，也会以死固守，那样既不利于“安定团结”，也不利于攻城拔寨。

几经思量，刘裕提出让资历名气都不高但很有才干的朱龄石担任这一重要职务，大出众人所料。刘裕给了朱龄石两万人，并让自己的小舅子臧熹以及大将蒯恩、刘钟等人做朱龄石的副手，可见对他的信任。

刘裕的这一趟西征，除了完成既定目标外，也颇显出他的战略眼光。通过战争的洗礼，他提拔培养了王镇恶、朱龄石等一批能为他所用的得力干将，为日后的北伐大胜和掌握绝对的军事主导地位打下了坚实的基础。

刘裕与朱龄石密谋进攻路线，他说：“刘敬宣上回从黄虎（今四川绵阳东南涪江畔）取道内水（指今天的涪江及其下游的嘉陵江）进攻，没能成功。敌人也许认为我们为出其不意，仍然会从内水进攻，这样一来，他们肯定会用重兵守卫涪城（今四川绵阳东），我们如果再从黄虎走，一定正中其计。我想，不妨取道外水（指今四川成都的府河及其下游的岷江）做另一番尝试。我们可以布置少量疑兵在内水，而以大军从外水直取成都，必能出奇制胜。”

为了保密，本次商讨的内容秘而不宣，朱龄石的西征大军并不知道具体的行军计划是怎样的。刘裕又交给朱龄石一封密信，信封边写着“至白帝乃开”。

朱龄石大军溯江而上，于第二年，也就是义熙九年（413）的六月到达了白帝城（今重庆奉节东）。朱龄石打开刘裕的密信，上面只写着三句话：“全军主力都从外水攻打成都；臧熹、朱枚从中水（今四川眉山彭山区方山下入江的绵水口）攻打广汉（今四川射洪南）；并派老弱士兵乘十几艘高大舰船，从内水佯攻黄虎。”

朱龄石在此之前已经消化了刘裕战略思想的精髓，这封信只不过是帮他做了一个人员上的合理安排。看似多此一举，实际刘裕以自己的名义写下这封信，是为预防众人因为朱龄石资辈较低而不从将令，有助于战略安排的全面贯彻。

朱龄石得了锦囊，按计划布置下去，诸军倍道兼行。

成都王谯纵果然被刘裕算中，他在得到情报后，认定内水的疑兵就是晋军主力，命令谯道福以重兵镇守涪城，以防晋军从内水攻来。这样一来，朱龄石主力走的路线几乎成了蜀兵不设防的地段，大军很快抵达彭模（今四川眉山彭山区东南岷江东岸），离成都只有两百里。谯纵这才反应过来，赶紧命侯晖、谯诜率万把兵马驻扎在彭模，隔着外水筑起工事，准备据城而守。

时值盛夏，朱龄石本想休整军队，缓图攻城良机，部将刘钟则说：“这可不行，我们以虚兵进攻内水，谯道福那边没有发觉那是幌子，肯定不敢动。现在大兵突然杀到，蜀兵已经丧胆，他们之所以据守险地，就是因为怕我们啊。如果现在以精锐猛攻，必获全胜；如若缓兵，蜀兵就会明白我们大军全都在这里，到时谯道福从涪城杀回，我们就不好对付了。”

朱龄石听从建议，率领蒯恩、刘钟强攻彭模，力克险峻难攻的彭模北城，斩杀了侯晖、谯诜，之后转攻南城，很快将其一并拿下。与此同时，臧熹、朱枚也击败了蜀将谯抚之、谯小苟，攻下广汉。

朱龄石下令舍弃船只，以步兵趋进，谯纵的士兵们都望风溃散。

成都王谯纵全无王者风范，选择了弃城逃跑。他的女儿都比他明事理，劝他说：“如今逃跑也难活命了，自取其辱而已，不如在城中等死，还可以死在先人的墓前。”

谯纵不听，投奔前来救援的谯道福，被谯道福鄙视了一把。谯道福斥责他说：“大丈夫创了这样的功业却放弃，还想去哪里呢！自古哪有人不死的，有什么好怕的？”说罢一剑掷去，正中谯纵的马鞍。

谯纵没办法，只好逃到一个僻静的所在，扯了腰带上吊自杀了。

谯道福还想收众一战，士兵们却不愿再听从他的指挥，分了财物各自散去。谯道福投往广汉的僚人部落，被当地人捉住送给晋军斩首。

刘裕西征两战，充分地发掘了王镇恶和朱龄石的帅才，也成功翦除了异己，收复了荆州、益州等地，一石数鸟。这时的刘裕已不只是优秀的军事家，更是一名相当有为的政治家了。

经过这一连串的胜利，刘裕的野心急剧膨胀，他连继任荆州刺史的东晋宗室司马休之也不愿放过了。

九、位极人臣

司马休之在中国历史上也算是个十分有趣的人物，他身为晋国宗室，却一生颠沛流离，历经东晋、南燕、后秦、北魏四国，其列传并见于南北两朝的史书《晋书》和《魏书》中。在朝秦暮楚的南北朝时期，我们无须对他的道德人品进行抨击，他也不过是大国博弈、政治斗争之下的牺牲品。

刘毅被诛后，司马休之继任荆州刺史，颇得江陵一带人心，却因此遭到了刘裕的嫉恨。

这个时候的刘裕对权力的渴求已到了无以复加的地步，他需要的是像刘敬宣那样，即使不在自己身边也能够做到“早请示、晚汇报”的听话部下，而不是能据守一方，有可能对他形成威胁的地方长官。因此，他从自己的利益出发，就不得不对司马休之有所动作。还别说，除掉司马休之的借口很快就被他找到了。

借口来自司马休之的长子司马文思。此人轻浮放任，喜欢四处结交好友，颇有些侠士之风。他承袭了伯父司马尚之的谯王爵位，待在建康一带，每日里只与亲朋好友、随从小厮们外出打猎，有时跑到别人的坟头上，感觉玩起来碍事，就一把火把坟头给烧了。这样的纨绔作风，在以往的皇族宗室中并不少见，却偏偏冒犯了刘裕新颁布不久的严正法规。结果，堂堂亲王隔三岔五地吃官司，司马文思被折腾得十分不爽。同时，他也看不惯司马氏的江山被姓刘的大权独揽，便与手下人暗中谋划作乱，可计划还没成型，就被刘裕的细作探明，向刘裕禀报。

刘裕早就盼着这样的情报了，当即下令收捕司马文思一党，诛杀他的手下，并将司马文思绑了送到江陵，叫司马休之自己看着办。

司马休之明白刘裕这一手是冲着自己来的，他却只上了一道奏疏向朝廷谢罪，承认自己管教不严，请求朝廷解除自己的职务，也可以进一步治罪。对于自己的儿子，他并不做任何处理，只是认为应该废掉他的王爵。

刘裕十分不满，终于在第二年，也就是晋安帝义熙十一年（415）对司马休之摊牌，将还留在建康的司马休之次子司马文宝、侄子司马文祖一并赐死，自领荆州刺史之职。他把建康的事务都托付给刘穆之，亲自带兵讨伐司马休之。

司马休之已有防备，他与同样不满刘裕专权的雍州刺史鲁宗之及其子竟陵太守鲁轨联络，向朝廷上表列举刘裕的罪状，以荆州兵马对抗刘裕。

刘裕听说司马休之的参军韩延之是个人才，有心招揽，便给他写了一封密信，信中说："司马文思的事情，远近皆知。我去年把他抓了送给司马休之，给他留足了面子，可司马休之这个人毫无愧疚之心，此乃天地所不容的。我受命西征，只为了捉拿他们父子，你们这些在他手下任职的官员一概不问罪。当年刘毅的手下帮着刘毅策划谋反，不得善终。我知道如今足下是为形势所逼，其实并不想谋逆。我一向虚怀若谷，敬贤爱才，只望足下能够早日归顺。将来军临城下，刀枪可是不长眼睛，只怕到时不小心伤了您的性命。您可将此信给同僚看，希望他们也能顺应局势。"

韩延之不为所动，一封回信写得慷慨激昂，信中他大骂刘裕无耻，可谓是拒降书的经典之作：

闻亲率戎马，远履西畿，阖境士庶，莫不恇骇。何者？莫知师出之名故也。辱来疏，始委以谯王前事，良增叹息。司马平西（即司马休之）体国忠贞，款怀待物。以君有匡复之勋，家国蒙赖，推德委诚，每事询仰。谯王往以微事见劾，犹自逊位，况以大过，而当默然也！前已表奏废之，所不尽者命耳。推寄相与，正当如此，有何不可，便及兵戈。自义旗以来，方伯谁敢不先相谘畴，而径表天子，可谓"欲加之罪，其无辞"乎！刘裕足下，海内之人，谁不见足下此心。而复欲诳国士，"天地所不容。"在彼不在此矣。来言"虚怀期物，自有由来"；今伐人之君，啖人以利，真可谓"虚怀期物，自有由来"矣！刘藩死于阊阖之门，诸葛（即诸葛长民）毙于左右之手。甘言诧方伯，袭之以轻兵，遂使席上靡款怀之士，阃外无自信诸侯。以是为得算，良可耻也。吾诚鄙劣，尝闻道于君子。以平西之至德，宁可无授命之臣乎！假令天长丧乱，九流浑浊，当与臧洪游于地下耳①。

刘裕碰了一鼻子灰，一个劲地叹息，还让自己的手下都好好阅读这封信，说："事人当应如此！"

韩延之拥帝反刘的彻底，也表现在他自己和他家人的名字上。他听说刘裕的老爹刘翘字显宗，就把自己的字也改成了"显宗"，并给自己的儿子取名为"韩翘"，以示对刘裕的不敬。晋末名士陶渊明有感于韩延之的事迹，曾在他的《读〈山海经〉》一诗中留下"刑天舞干戚，猛志固常在"的感叹。

劝降宣告失败，刘裕便以大军强攻。他命参军檀道济和朱龄石的弟弟朱超石率步骑兵从襄阳出发。江夏太守刘虔之屯兵三连（今湖北安陆西），负责接应檀道济，竟陵的鲁轨突袭刘虔之，将其击杀。刘裕有意提拔自己的女婿徐逵之，让他率领参军蒯恩、王允之、沈渊子为前锋，从江夏口（即长江与夏水的汇合处，今湖北监利西）出兵进攻鲁轨。两军在破冢（今湖北江陵东南）交战，徐逵之等人战败身亡，只有蒯恩的军队勉强守住。

刘裕的大军刚抵达马头（今湖北公安西北），就得到了大军连败两阵、女婿战死的消息，他勃然大怒，立即指挥诸军渡江，直扑西岸的江陵。

江陵一带的江岸都是数丈高的悬崖峭壁，鲁轨与司马文思领兵四万把守，在悬崖上排开阵势，刘裕的军队根本无法上岸。刘裕披挂整齐，准备亲自到前线指挥登岸，众将苦谏不听，主簿谢晦以死阻拦，才将他劝住。

刘裕强令建武将军胡藩率军登岸。胡藩可以说是攀岩运动的早期开拓者，他用刀尖在峭壁上刺出一个个小的凹槽，正好可以容下脚趾，由此一步步往上攀爬。随后，越来越多的部众跟着他奋勇上岸，与司马文思等人的军队展开肉搏战。

---

① 臧洪乃是东汉末年名士，因为上司张超复仇起兵，被袁绍所擒，面对袁绍诱降，义正词严，指斥袁绍，兵败被杀。韩延之引用这一典故，也显示其决心。

荆州的军队哪里见过如此生猛的军队，很快就被击退。刘裕乘胜猛攻，司马休之的军队溃败，江陵被攻克。

司马休之、鲁宗之北逃，并派人向后秦和北魏求救，鲁轨则据守石城（今湖北钟祥），以期做最后一搏，却被刘裕部下的赵伦之、沈林子击败。司马休之、鲁宗之两对父子，以及那位誓死反刘的韩延之等一干人只好投奔后秦，东晋宗室司马休之再度被迫离开了故国。

这场剿除宗室的行动大获成功，却也招来了一个不良后果：一直对刘裕忠心耿耿的刘敬宣此时担任青、冀二州刺史，他手下的参军司马道赐是东晋的远支宗室。听说司马休之失败，司马道赐心中惶恐不安，联合另外两名部将辟闾道秀和王猛子寻机刺杀了刘敬宣，使得刘裕失去了一位值得信赖的“好战友”。

经此一役，太尉刘裕取得了权力斗争的最后胜利，他被加封太傅、扬州牧，享受“剑履上殿，入朝不趋，赞拜不名”的最高待遇。晋安帝义熙十二年（416），他又被加封平北将军、兖州刺史，并增加都督南秦州，都督的州数总共达到了二十二个。

至此，刘裕已是名义上的“一人之下”，实际上的“万人之上”，可以为所欲为了。

十、五路伐秦

整顿完后方，刘裕便集结全国兵力发动了第二次北伐。这一次的目标，是上次北伐时曾信誓旦旦要出兵援燕的后秦。

这个时候，北方各国互相征战已有百年之多，即使从淝水战后前秦分裂算起，也已有三十多年，形势已渐趋明朗。

南燕灭亡后，关东一带只剩下北魏和北燕两个国家，北魏占据黄河以北的幽、冀、并州以及漠南的大片土地，北燕则只保有幽州的一小部分和平州。在如此大的优势之下，北魏明元帝拓跋嗣自然不满足只称霸关东，渐渐将势力渗入到后秦统治的河南地区，并时刻关注中原一带的争夺情况。

关中地区尚有五国并立，后秦国土日蹙，只控制着关中平原渭水流域的狭长地带，以及关东的洛阳、许昌地区。北面的河套地区虎踞着大夏王赫连勃勃的游击队，不断侵扰蚕食后秦边境。西面的凉州从南到北、从东到西依次是西秦、北凉、西凉三个国家，其中西秦在第三代君主乞伏炽磐的经营下日益强大，也对后秦的姚氏政权构成了极大的威胁。

外部已是压力重重，内部也完全不让人省心。后秦的内部问题是十六国的通病，从成汉、后赵到后燕、后凉，都是一样。

广平公姚弼本来也不算什么牛人，和外敌打仗时都是以输为主，却得到了姚兴的宠爱，被任命为雍州刺史。他的手下姜纪劝他结交姚兴身边的亲信，争取进入朝中。姚弼在这方面倒是很像后燕的慕容宝，他按计行事，得以调回京师当尚书令、大将军。之后，姚弼便在京师广结名人，积极策划想要推翻太子姚泓的势力。

左将军姚文宗是太子亲信，姚弼在姚兴跟前说他的坏话，又拉自己的同党作证，姚兴果然下令处死了姚文宗。就这样，姚弼的党羽逐渐掌握了朝中一些重要的领导岗位，开始向姚兴提议改立姚弼为太子，不过姚兴对此不置可否。

后秦弘始十六年（414），姚兴病重，姚弼暗中召集了几千士卒密谋作乱，姚兴其他几个拥兵在外的儿子姚懿、姚洸、姚湛准备带兵回京讨伐姚弼。姚弼还没行动，姚兴的病情好转，朝见百官，大臣们向他禀明实情，姚兴却不忍对姚弼治罪，仅免去他尚书令的职务，连兵权都不夺。

第二年姚兴再次病重，姚弼又在自己的府中聚集军队。姚兴闻讯后倒是生了气，杀了姚弼的几个党羽，并囚禁了姚弼。太子姚泓说情，姚兴又一次赦免了姚弼。

姚兴对叛乱的姑息，终于酿成了一场宫廷变乱。

后秦弘始十八年（416），姚兴的病情转危，他的妹妹南安长公主进宫探病，没得到姚兴的回应。姚兴的幼子姚耕儿从宫中出来，对哥哥南阳公姚愔说："父王已死，我们赶快行动。"

姚愔率领自己的士兵攻打皇宫，与姚泓的军队在宫门处展开激战。病榻上的姚兴硬撑着来到前殿，下命令将姚弼赐死。宫中的禁卫军见到姚兴，士气大受鼓舞，将叛军杀得大败，姚愔等人逃往骊山。

姚兴在平定变乱的第二天就去世了，姚泓学当年父亲登基时采用的一招，于秘不发丧的情况下派兵捕杀了姚愔及其同党。

姚泓时年二十九岁，学问大，爱写诗，待人也好，就是不适合做皇帝。他不擅长处理国家大事，又体弱多病，当初姚兴就是几经犹豫才立他为太子的。他虽然一即位就果断平定了姚愔之乱，却拿不出更好的办法挽狂澜于既倒。

西面的西秦和北面的大夏趁着后秦新主登基都来攻伐，西南的仇池杨氏则猛攻祁山，而后秦境内各地的羌人豪酋也纷纷拥兵叛变。

形势如此有利，早有吞并关中之志的刘裕当然不会错失良机，何况他还要用关中的土地与羌人的鲜血为自己的篡位添置大礼呢。

就在姚泓即位当年的八月，刘裕兴兵伐秦。他封世子刘义符为中军将军，留守建康的太尉府；尚书刘穆之为左仆射，管理京师一带的事务，实际上就是代刘裕本人总揽朝政。他还把左司马徐羡之、左将军朱龄石等亲信安排在京师，以备不测。

安排好大本营的事宜，刘裕就可以放心地亲率大军北伐了。这一次的北伐准备比以往任何一次都更加充分，刘裕的大体战略规划是，从秦、晋边境的兖州、徐州、荆州等处多点进攻，由东、南两个方向对后秦形成半圆形的合围架势，之后一举拿下关东地区，继而齐攻潼关。

晋军共分为五路，由步军、水军两部分组成：第一路为步军前锋，由龙骧将军王镇恶与冠军将军檀道济率领，自淮水、淝水开往许昌、洛阳；第二路由新野太守朱超石、宁朔将军胡藩率领，自襄阳进攻阳城（今河南登封东南），策应前锋主力；第三路由振武将军沈田子、建威将军傅弘之率领，自襄阳进攻武关（今陕西商洛商州区西南）；第四路为水军，由建武将军沈林子、彭城内史刘遵考率领，出石门（今河南荥阳西北），自汴水入黄河，直逼洛阳；第五路也是水军，是由北兖州刺史王仲德统领的前锋诸军，开通巨野泽（今山东巨野北）入黄河。五路大军并进，气势如虹。

刘穆之为王镇恶壮行，对他说："刘公如今对阁下委以伐秦的重任，阁下可得好好加油啊！"

王镇恶慨然发下誓言："我若不能攻克关中，就再也不渡江回乡！"

后秦的统治中心在关中，关东地区是姚兴当年趁着东晋内乱夺来的，不过十几年的时间，部署的兵力相对薄弱。

王镇恶与檀道济的一路攻入后秦国境内，所向披靡，连战连捷。秦军毫无抵抗的决心，将领王苟生以漆丘（今河南商丘东北）降王镇恶，徐州刺史姚掌以项城降檀道济。其余要塞守兵也大多望风而降，只有新蔡太守董遵死守，被檀道济轻松拿下，董遵被杀。

檀道济继续进兵，攻克许昌，擒获后秦颍川太守姚垣及大将杨业。

沈林子的一路水军进入黄河后，得到了襄邑（今河南睢县）豪强董神虎的协助，很快就攻克了仓垣（今河南开封西北），后秦的兖州刺史韦华只得投降。之后沈林子又以董神虎擅自回襄邑为名，除掉了董神虎。

从东面进入黄河的王仲德水军溯河而上，逼近了北魏在河南的据点滑台（今河南滑县东），北魏的兖州刺史尉建驻扎在这里。

姚兴刚刚在头一年把自己的女儿西平公主嫁给拓跋嗣，秦、魏两国已经结为亲家，换句话说，现在的后秦皇帝姚泓应该叫北魏皇帝拓跋嗣“妹夫”。这样亲密的关系，危难关头怎么着也得拉一把吧？可是尉建心生胆怯，率众弃城北渡黄河。王仲德又惊又喜，白捡了一座滑台城，虽说是空城，却也足够休养军队了。

拓跋嗣听闻这个消息，勃然大怒，立即派了大将叔孙建、公孙表引军渡河，斩杀尉建。

北魏兵临城下，向王仲德喊话，质问他为何入侵魏国。王仲德并不慌张，他明白东晋这个时候是不可以与北魏结仇的，就让自己的司马竺和之在城头答道：“我们刘太尉从黄河攻打洛阳，只是想清扫晋室皇陵，并不想入侵魏国。魏军守将自己弃城而去，我们也很意外。王征虏（王仲德）只是借此城稍做停留，很快就将西进，不会影响晋、魏两国的友好，你们何必扬旗鸣鼓、耀武扬威呢？”

刘裕得知此事也相当重视，亲自写了信道歉，说自己只想攻打与自己为敌的后秦，向北魏只是借道而已，没有别的企图。

北魏的军队刚刚平息了上党一带匈奴人的叛乱，也需要进行休整，向晋军问罪更多的是在虚张声势，同样无意与晋军发生大的冲突，于是也就高高拿起，轻轻放下了。

十一、却月奇阵退魏兵

再说王镇恶、檀道济的这一路。后秦的阳城、荥阳两地相继投降，王镇恶、檀道济与沈林子合兵一处，进抵成皋（今河南荥阳西北），他们离洛阳城已经相当近了。

镇守洛阳的是后秦宗室姚洸，他一面向长安方面求援，一面与部下商量对策。宁朔将军赵玄建议集中主力固守金墉（今河南洛阳东北），以待援兵。姚洸却不愿示弱，准备采取分兵策略扼守关要。他命赵玄率领千余士兵守南面的柏谷坞（今河南偃师东南），广武将军石无讳守东面的巩城（今河南巩义西南）。

这个决策的错误很快就因为成皋和虎牢的沦陷而显现出来。王镇恶等人长驱直入，与赵玄在柏谷展开大战，赵玄寡不敌众，身披十几处伤口而死。此时石无讳已经走到半道，见势不妙，转身就退回了洛阳。姚洸见大势已去，长安的援兵又来不及赶到，便出城投降。

檀道济面对被俘的四千余秦军，没有接受手下坑杀降卒的建议，他说："伐罪吊民，正在今日。"于是将被俘的士兵全部释放回原籍。这一行为在当时是颇得人心的。

收拾完关东，刘裕有些得意扬扬起来，他派左长史王弘回建康，试探性地向朝廷要求加九锡。留任建康的刘穆之这才完全明白了刘裕的狼子野心，心想自己给做了一辈子后勤工作的上级居然是个想要篡位的逆臣，感到又愧又怕，居然一病不起。

东晋朝廷封刘裕为宋公，位在诸侯王之上，并同意加九锡，刘裕很潇洒地辞而不受——这个时候，建康方面的态度已经说明了一切，有没有这个名头并不重要。

正当外敌入侵时，后秦宗室并州牧姚懿又起兵作乱，意欲废掉姚泓自立。姚泓手下的精兵强将不得机会对付晋人和夏人，却白白消耗在平定内讧的战争中。可怜的姚泓，在正殿朝见百官的时候忍不住心中的苦痛，居然和大臣们一起放声痛哭。

这样的场景恐怕也是难得一见。古往今来政权更迭，有盛自有衰，盛则喜，衰则悲，但悲成姚泓那样的，也不算很容易。这让我想起了一个发生在南燕的真实的笑话：有个叫王始的人在泰山集结了几万人称王，自称太平皇帝，称父亲为太上皇帝，兄弟为征东、征西将军，有模有样地设置百官。南燕的军队来攻打他，把他给抓了起来。杀头的时候，有人问他："你老爹和兄弟在什么地方？"他说："太上皇帝在外避难，征东、征西被乱军所害。"他妻子很愤怒地说："你就是因为这张嘴才落到今天这步田地，为什么还不醒悟呢？"王始回答说："皇后啊，自古哪有不破败的家，不灭亡的国呢？朕崩就崩了，终不改帝号！"这个王始虽然可笑，却在不经意间说出了一句千古箴言，不免让人惆怅一番。

姚泓再哭也救不了自己，关东剩下的秦军已经全无还手之力。刘裕把儿子彭城公刘义隆留在彭城，自己亲率水军西进。王镇恶则抓住时机迅速扑向潼关，檀道济、沈林子也从陕城北渡黄河，攻打后秦的河东地区。蒲阪一时无法攻克，沈林子便劝说檀道济引兵南下，与王镇恶合兵一处，全力攻打潼关。

三员大将再度会师，晋军顿时奋勇无敌，很快就夺取了潼关，后秦守将姚绍战败退驻定城（今陕西潼关西），依险拒守。姚绍出兵断晋军粮道，封锁水路，都被沈林子挫败。

姚绍守了一个月，又派长史姚洽、宁朔将军安鸾等人率兵两千在九原（今山西新绛北）一带设立河防，以期再次通过绝断晋军粮援的方式迫其退军。沈林子出兵在半道拦击，将秦军兵将攻杀殆尽。

可怜的姚绍，听说姚洽兵败身死，又气又愧，竟吐血而亡。东平公姚瓒代行兵权，引兵攻袭仇敌沈林子，又被击败。

这时，河北的北魏成为影响秦晋之战的微妙因素：姚泓向拓跋嗣求援，刘裕则向拓跋嗣借黄河之道攻秦。拓跋嗣拿不定主意，召集群臣商量。

祭酒崔浩是北方汉人士族的代表，他说："刘裕对后秦是势在必得，我们要是阻断他的河道，就是代秦受敌。如今，与晋为敌不是好事。不如就把河道借给他，让他西进，然后阻断他东退的道路，要是刘裕攻下长安，肯定会感激我们，攻不下呢，我们也还不失一个救秦的美名。”

拓跋嗣想来想去，觉得不妥，还是任命司徒长孙嵩为督山东诸军事，并派拓跋娥清、阿薄干二将率领十万步骑兵驻守黄河北岸，静观其变。

刘裕水军沿黄河西行，北魏的军队就在北岸跟着走。一碰上风大水急，晋军有漂到北岸的散兵游勇，就会被魏军抓来杀了。

魏军对付刘裕的方式是敌进我走、敌退我攻。面对骚扰，刘裕下定决心布阵反击。他派勇士丁旿带上七百名士兵、一百辆兵车冲上北岸，丁旿在离岸一百来步的地方用兵车摆了一个叫作“却月”的半圆形阵势，两头靠着河，每辆车上坐七个士兵，然后在阵中竖起一根白羽毛。魏军搞不懂这阵势，也不敢乱动。忽然，却月阵中的白羽毛举起，刘裕手下的将军朱超石便率领两千个士兵带着一百张大弩冲到阵中，每车增加了二十人。

魏军主帅长孙嵩远远望见晋军摆完阵势，心里感觉有了底，便以三万骑兵进攻晋阵，晋军的大弩果然抵挡不住。谁知道刘裕这阵势另有妙处，他让朱超石另外布置了一千多支三四尺的长矛，装上大弩，用铁锤敲打，这一矛飞去便能洞穿三四个魏兵。北魏的军队见了这个杀伤力巨大的新式武器，一下子便慌了手脚，四散奔逃，死尸堆积成山，大将阿薄干阵亡。

刘裕凭借“却月”奇阵，一战震慑了北方各国。晋军乘胜追击，北魏损失数千士兵，刘裕就此打通了西进之路。

拓跋嗣得到消息，对着崔浩的建议追悔莫及，这个汉人令他不得不刮目相看。面对目下的形势，拓跋嗣又向崔浩请教：“刘裕讨伐姚泓，果真能胜吗？”

崔浩回答说：“当然。”

拓跋嗣追问：“为什么？”

崔浩说：“当初姚兴就喜好虚名而少有实用，儿子姚泓更是懦弱多病，众叛亲离。刘裕乘人之危，兵精将勇，怎能不胜？”

拓跋嗣听了这番分析，起了兴趣，问他：“刘裕的才能比起慕容垂如何？”

崔浩说：“比他强。慕容垂依靠父兄的基业光复旧国，就好比夜蛾扑入火中，稍有倚助，便可成就大业。刘裕出身卑微，手下本无可用的兵卒，却能讨灭桓玄，北擒慕容超，南摧卢循。要不是他才干过人，岂能有今天？”

拓跋嗣接着问：“刘裕已经入关，处于进退两难之地。如果我军用精锐骑兵攻他的彭城、寿春，刘裕怕是就不行了吧？”

崔浩摇头说：“依照当今的形势，西边的赫连勃勃、北边的柔然都对我们觊觎已久。而且我们国内尚无良将，未必对付得了刘裕，不如静以观变。”难得的是，崔浩还从文化差异上进行分析，预言刘裕不可能真正占据北方，他说：“刘裕灭掉姚泓后，肯定会赶回去篡位。关中地区汉胡混杂，民风彪悍。刘裕想把在荆、扬的那一套放到雍、秦地区，根本行不通，即使留再多的兵将驻守，也不可能改变文化上的不同。陛下只管按兵不动以观其变，秦地早晚会落到我们的手中。”

拓跋嗣听后不禁大呼：“爱卿料事实在是太周密了！”

崔浩又说：“微臣私底下曾经品评过近世的风云人物：王猛治理前秦，是苻坚的管仲；慕容恪辅佐幼主，是慕容暐的霍光；刘裕平定祸乱，是司马德宗的曹操。”

拓跋嗣又问：“那么赫连勃勃呢？”

崔浩说：“赫连勃勃国破家亡，投奔姚氏，却不思报恩，趁火打劫，四面树敌。他不过是个竖子小人，纵能殄凶一时，最后也是个被人吞食的货色罢了。”

拓跋嗣听后很开心，与崔浩促膝畅谈到深夜，赐他美酒十觚，精盐一两，说：“朕品味卿言，如同这盐和酒，所以想和卿一同享受。”

崔浩一席话谈古论今，分析了英雄本色，也为北魏指明了未来的发展方向。北方诸小国式微之时，拓跋氏的北魏尽管汉化未深，却已开始在崔浩这样的汉人士族的辅佐下探索一条能够解决当时中国问题的新途径。

十二、最后一次辉煌

刘裕以却月阵杀退魏兵之后快速进军，抵达了陕城；而襄阳的两路人马也都各就各位，沈田子、傅弘之等人进驻青泥（今陕西蓝田）。

后秦皇帝姚泓准备亲率大军对抗刘裕，又害怕沈田子断他的后路，于是决定先消灭沈田子，然后再倾全国之兵东出潼关，与晋军决一死战。

沈田子的军队只有不到一千人，原本是被派来当疑兵的。傅弘之认为敌众我寡，难以抵挡，还是撤军为好，沈田子不以为然，说："打仗在于用奇谋，不在于兵多。如今兵力悬殊，势不两立，我们趁敌阵未稳，突然进攻，必能获胜！"

沈田子临阵大发激励之词，士兵们置之死地而后生，个个以一当十，杀了秦军一个措手不及，斩杀上万。姚泓狼狈逃回灞上，再不敢轻易进攻了。

刘裕大军到达潼关，王镇恶请求率领水军自黄河进入渭水，然后直取长安，刘裕同意了。当年前秦从一定意义上说是亡于后秦，作为王猛之孙的王镇恶再次来到前秦旧都的长安，多少还含有报仇的成分。历史之趣，多在于此。

后秦恢武将军姚难自香城（今陕西大荔朝邑东）回救长安，王镇恶率兵沿渭水追击。姚泓见状，从灞上引兵回屯石桥（今陕西西安长安城洛门东北），救援姚难。王镇恶派部将毛德祖进击姚难，取得大胜，阵斩镇北将军姚强，姚难逃往长安。

晋军来到长安北面的渭桥，迅速上岸，渭水湍急，舟船很快没了踪影，此时姚泓的守军还有几万人。

王镇恶对部下说："我们的家小都在江南，这里是长安北门，离家乡万里之遥。舟楫、衣粮都已随流而去，现在打赢了仗，大家都有了功名，赢不了，连骨骸也回不去了，大家好好努力吧！”

王镇恶背水一战，大败后秦姚丕的守军。姚泓等人前来救助，一头撞上溃败而还的姚丕败兵。秦军士卒自相践踏，一败涂地，姚泓本人单骑还宫。

穷途末路的姚泓准备投降，连他十一岁儿子姚佛念都明白刘裕的意图，对他说，只怕投降也难保全，不如自决。姚泓下不了决心，姚佛念就从宫殿的墙楼上跳下来自尽了。

王镇恶从平朔门攻入长安。没有勇气自杀的姚泓带着妻儿、群臣齐刷刷地跪倒在门前，向趾高气扬的王镇恶请降。可怜可叹，姚泓最后落得和慕容超同样的下场，而他投降前后的表现还不及慕容超的一半。

曾一度称霸关中的后秦国灭亡了，这一年是东晋晋安帝义熙十三年，即公元 417 年。

刘裕及其手下将帅在长安大肆收罗金银宝器，可谓志得意满。刘裕将投降了的后秦宗族姚瓒、姚璞、并州刺史尹昭及其部众全部杀掉，把本就不牢靠的北方民心几乎丢完了。剩下的后秦大族，还有曾在东晋和他争权的司马休之、桓氏后人，大多投奔了拓跋北魏，还有一部分羌族遗民则向西依附于乞伏氏的西秦。

所谓“乐极生悲”，就是自此开始的。几个月后，从建康传来消息，刘穆之病故。刘裕失去了一大臂膀，又无合适的替补，思来想去，勉强提拔了刘穆之的副手徐羡之代任其职。就“留守京师”这一项目而言，刘穆之是个合格的“项目经理”，徐羡之则不够格，于是原先刘穆之一个人就可以搞定的事务，如今都得送到关中请示刘裕了。刘裕本欲重点经略关中地区，以便对付更北面的敌人，现在却不得不为回兵江南做准备。

此时的长安城内外，已是危机四伏。

刘裕大军消灭后秦，尽杀姚羌，关中震动。各邻国原本都持观望态度，现在生怕下一个倒霉蛋就是自己。

刚刚领教过却月阵厉害的拓跋北魏暂时是不敢对刘裕有什么想法了。西秦的乞伏炽磐一直与后秦为敌，骚扰后秦的西部边境，这时候却拼命向刘裕示好，主动帮助晋军扫除边境上的零星叛军。西北面沮渠蒙逊的北凉原本与后秦是盟国，这时更是着了慌。沮渠蒙逊手下有个叫刘祥的官员请求觐见，恰好那天心情不错，被沮渠蒙逊察觉，沮渠蒙逊怒道：“你听说刘裕入关了是吧，脸色这么好！”说着就叫人把他给斩了——蒙逊的焦躁之心可见一斑。

如此好的形势，在此基础上继续创建新的功业并非不可能，然而，在晋国说一不二的刘裕却决定撤军回建康了，这究竟是为什么呢?

按《宋书》和《南史》的说法，是因为刘穆之病故，刘裕担心后方出乱子，不得不亲自回去；而按照《资治通鉴》的说法，除了刘穆之病故这一突发事件外，诸将士久战思归，不愿在长安驻留才是根本的原因。不过，在我看来，这两点都不怎么靠得住。

先说后方的问题。刘裕已经花了十几年的工夫，一点点肃清了国内所有的反叛和异己势力，并且在各处安插了自己的绝对亲信。守在建康的，除留守的世子刘义符外，辅佐世子的徐羡之、王弘都是他一手提拔起来的。其他地方的守将，像徐州的刘义隆、荆州的刘道怜，不是儿子就是兄弟，而且身边也都有他的部下辅佐，后方可谓十分稳固。徐羡之凡事都向长安请示，这点虽令刘裕不满，但他完全可以从身边抽调一名得力的助手到建康替换，没有必要急着亲自赶回去。“牵一发则动全身”，这道理刘裕不该不懂，也不会不懂。

其次，东晋将士虽说出来有一年了，却也不算太久，何况刚刚打下长安，大多数士兵都发了财，正是在关中成家立业的好时机。长安一直以来都是帝王之都，沃野千里，又易守难攻，相比之下，建康在当时虽已发展得相当繁荣，但毕竟是“蛮夷之地”，充其量可做陪都而已，没有道理不继续留在长安发展。

可见史家的附会有时也十分牵强，经不起推敲。依我看来，刘裕回建康的真正原因可能在于：

一、出身寒门的刘裕十几年来南征北战、东讨西伐，已经觉得自己赚够本了。他就像一个暴发户，在乎的是自己本身的利益，其他的什么不朽功业啊，历史地位啊，并不在他的考量范围之内，而他的最大利益便是做一个正统政权的皇帝，所以一切有利于他称帝的行动，他都会去做的。

二、刘裕虽有意经营关中，但未必对北方的情况有透彻的了解。当时的关中已是五胡杂居之地，汉人的比例并不大，刘裕撤军时确实有父老前往哭诉苦留，但那应该只是少数。祖陵尚在，人已非故，在“非我族类，其心必异”的意识下，想要处置好这么一个长安，对于出生江南的刘裕而言未免太难。

也许，就是现实与理想的巨大差距使刘裕放弃了仅存的一点理想。

十三、泪眼望长安

不仅是崔浩，赫连勃勃也准确地预料到了刘裕不会长期驻守长安。他以坐山观虎斗的姿态观望着刘裕伐秦，并且得意地对群臣说：“刘裕肯定能灭秦，但他不能久留，必定会撤军，而只留下子弟和部将镇守关中。到时朕再出手，得关中如取草芥。”

赫连勃勃厉兵秣马，进驻安定。刘裕派人与他通好，相约结为兄弟。他叫自己的中书侍郎皇甫徽专门拟了份文辞不错的回信，暗自背下，当着东晋使者的面口授成文。使者回来后细述此行见闻，刘裕被赫连勃勃的小小伎俩蒙住了，直叹：“吾所不如也！”

刘裕在长安待了三个月，就开路走人。走之前，他封自己的次子、年仅十二岁的刘义真为雍、秦二州刺史，留守长安。王镇恶在伐秦大战中功劳最大，封为安西司马、冯翊太守，与刘裕的参军王修共同在长安辅佐刘义真。另外，刘裕还留下了沈田子、毛德祖、傅弘之等人，帮忙处理军务要事。

刘裕的这一安排是后人非议最多的地方。北伐军中牛人无数，每个人带兵打仗都是顶级，却基本上不懂合作，相互之间谁也不服谁。刘裕的这种行为，就像诸葛亮生前留下杨仪、魏延两个以致内讧一样，早晚会出问题。

刘裕还没走呢，沈田子、傅弘之等人就在他那里打小报告，先是说：“王镇恶家中私藏姚泓的御辇，想造反呢！”刘裕派人去看，王镇恶把御辇上的金银珠宝剔下来，而把车子丢弃在墙角，刘裕这才稍感心安。

过后沈田子又说：“王镇恶的祖父王猛在关中颇得人心，此人守在长安，不可以信赖。”刘裕也不劝和，反而说：“我留给你们精兵上万人，他要是有异心，正好自取灭亡，你们不必多说了。”私底下刘裕又对沈田子说：“当年钟会作乱失败，就是因为有卫瓘的缘故。俗话说：‘猛兽不如群狐。’你们十几个猛将，还怕对付不了一个王镇恶吗？”

这番话很要命，沈田子本来就对王镇恶看不顺眼，现在得了刘裕的暗示，便开始酝酿阴谋，准备除掉王镇恶。

刘裕终于带着大部队离开长安，向关东进发。北面的赫连勃勃兴奋不已，他问身边的大臣王买德：“我要攻取关中，你给谋划个方法。”

王买德分析道：“关中这么重要的地方，刘裕却只留下一个未成年的儿子守卫，这是急着要赶回去篡位呢，他不会再想回中原了。这是天赐关中，机不可失！我们应该出兵截断青泥、上洛这两处沟通南北的险要关隘，再在东面堵住潼关，阻拦水陆两路，然后传檄关中，对老百姓威德并施，到时候，擒刘义真小儿就如探囊取物一般。”

赫连勃勃依其计，派世子抚军大将军赫连璝率骑兵两万为前锋，杀向长安；前将军赫连昌进攻潼关，切断晋军通道；王买德进驻青泥；赫连勃勃则亲率大军为后继。

东晋义熙十四年（418），赫连璝的骑兵到达渭水以北，逼近长安北门，一路上遇到的关中降民不计其数。东晋的长安守军并无战心，沈田子前往抵抗，却怯敌不进，退守长安城外的刘回堡。

王镇恶闻讯，十分恼怒地埋怨道：“刘公将十多岁的儿子托付给我们，我们应该全力辅佐，你现在拥兵不进，怎么可以平定胡虏呢！”沈田子由此更加憎恨王镇恶。

不久，王镇恶与沈田子一同出城抵抗赫连璝。沈田子让人在军中散布谣言：“王镇恶要尽杀南方人，据关中造反啦！”接着，他便借故将王镇恶叫到傅弘之帐中议事，趁机将其杀死。

可惜一代名将王镇恶，没有战死疆场，却屈死在同僚的手中，可悲可叹！

傅弘之得到消息，将此事回报刘义真与王修。王修登长安北城张望，见沈田子带着十来个人回城，当即命手下人按住沈田子，对其数落一番，然后斩首。一场内讧使东晋平白损失两员强将，足令刘裕叫苦，赫连勃勃拍手。幸亏傅弘之率部大败赫连璝，一直追到寡妇渡（今甘肃庆阳北），暂时打退了夏军，才稳定住了局势。

王修平息了一场内乱，但他本人的性命也难保全。仅过半年多，刘义真听信谗言，依照“负负得正”的逻辑，认为“王镇恶要造反，沈田子杀了他，而王修又杀了沈田子，说明王修也要造反”，于是又派手下杀了王修。

这下可好，长安城中人心惶惶，刘义真深感不安，赶紧把外地的驻军调进长安防守。大夏的军队见晋军示弱，不失时机卷土重来，长安以外各郡县纷纷投降夏国，赫连勃勃的大军兵不血刃地开进咸阳。

刘裕此时驻扎在彭城，得知前方的形势，意识到关中凶多吉少，但又得摆出坚持的姿态，便派蒯恩去长安召回刘义真，之后又派朱龄石代刘义真镇守长安，派朱超石去河东等地劳军。

朱龄石来到长安，眼前的场景让他吃惊。贪得无厌的刘义真与他手下的将士大肆抢掠长安百姓的财物，离开长安时，他们一个个都带着满车的财宝、美女，缓缓前行。

身后，赫连璝的三万骑兵已经不远。傅弘之劝刘义真放弃辎重，轻装行军，摆脱夏军的追赶，刘义真不听。退到青泥，一行人撞上了早在这里等候多时的王买德，回头一看，赫连璝也已经到了，晋军哪里是对手，顷刻崩溃。傅弘之、蒯恩断后，掩护刘义真先走，两人都被王买德所擒。刘义真马快，走在前面，后来又躲进草丛里，被中兵参军段宏保护着才逃出了夏兵的追击范围。

晋军全军覆没，那些迷恋财物美女的兵将，终于遭受了贪婪的报应。

报应还不算完，朱龄石也跟着一起受罪。刘义真走后，长安百姓对晋人彻底失去了好感，他们搬起棍棒石头驱逐朱龄石。朱龄石被迫逃往潼关，路上与弟弟朱超石会合。然而，他们兄弟的行程却早被王买德算着，赫连昌就驻扎在潼关，他截断了晋军水道，将朱氏兄弟生擒。

赫连勃勃进驻长安，杀掉了傅弘之、朱龄石等几乎所有的刘裕爱将，只有毛修之表示投降，保全了性命。

捡了大便宜的赫连勃勃在群臣一再劝进的情况下在灞上筑坛，即皇帝位，大赦境内，改元“昌武”。

随后，大臣们又建议赫连勃勃建都长安，他却拒绝了，说：“朕难道不知道长安乃是帝王之都，山河险固？可是荆、吴地处偏远，难以为患，倒是东面的魏国与我国接壤，离统万城只有几百里。如果我们建都长安，统万城恐怕会有守不住的危险。朕在统万城，魏国就不敢渡河犯境，众位爱卿没有看到这一点啊！”大臣们纷纷叹服，赫连勃勃就此返回统万，将整个关中、朔方地区控制在手中。这位狂暴的皇帝在统万改元“真兴”，又修造了规模庞大的宫殿，并分别命名统万城的南门为朝宋门、东门为招魏门、西门为服凉门、北门为平朔门。

得知长安失守后，刘裕信誓旦旦要重新兴兵北伐，但在看到自己的儿子安全归来后就完全放弃了这一打算。他所能做出的反应，只不过是登上建康城头，望着北方痛哭一场。

也许是人老了就失去了往日的朝气，遥想刘裕当年用“狮吼功”破敌，那该是多么雄壮的场景，如今他却终日为头顶上的冠冕奔忙。又或许是荣华富贵、帝王功业迷乱了他的眼睛，昔日的北府军勇将现在成了利欲熏心的权臣。

回到建康的刘裕终于不再推辞，受封相国、宋公，加九锡。继而，他派手下缢死晋安帝司马德宗，改立其弟司马德文为帝，即晋恭帝。

十四、开创南朝

晋恭帝司马德文与他的哥哥比起来，做皇帝要够格得多，可他偏偏碰上末世，纵有才能也无处发挥。刘裕立他的原因，只是因为谶语里说“昌明[①]之后有二帝”，需要再立一个皇帝凑足“二帝”而已。

晋恭帝元熙元年（419），刘裕再进一步，受封宋王，镇守在寿阳。之后，他又得到了与天子规格相同的十二旒冕、天子旌旗、出警入跸，日常出入一切仪仗、称呼全部按照天子规格，只差把王的头衔换成皇帝了。

第二年（420），刘裕已经迫不及待地想要受禅称帝了，只是难以启齿。于是他设宴召集朝中大臣聚会，酒酣之余，他忽然长叹一声，开口道：“当年桓玄篡位，国运已改，是我首倡大义，传檄天下，复兴皇室。其后，我又率兵南征北伐，平定四海，功成名就，才得到今天的九锡殊礼。如今我年已迟暮，位高权重，俗话说‘物极则反’，终究不是久长之计，所以我打算向朝廷奉还爵位，回京师养老。”

刘裕的这段话以退为进，最后还语带双关，很可能是经过深思熟虑之后的措辞。可是宴会上大臣们一个个面面相觑，竟没有人明白刘裕的葫芦里究竟卖的什么药，只好纷纷称赞刘裕功德无量。

当晚散席之后，众人都走了，唯有一个人还在宋王的宫门外盘桓不去，久久没有离开。这个人就是中书令傅亮。

傅亮本是灵州（今宁夏吴忠）人，四五岁的时候就得到过东晋名臣郗超的夸赞，

---

① 指晋孝武帝司马曜，司马曜字昌明。

长大后先后在桓谦、刘毅帐下做过参军，是用笔杆子的一把好手，脑瓜子也相当好使。刘裕很赏识他，讨伐司马休之和后秦的几场大战都把他带在身边。

宫门外的傅亮前思后想，终于悟出了刘裕的言外之意，回头一看，宫门已经关闭，赶紧敲门求见。

刘裕下令开门召见傅亮。傅亮一见到刘裕，就说："臣打算暂时回一趟京师。"

刘裕立即明白了傅亮的意思，他一句闲话都没说，就问道："需要几人送你去呢？"

傅亮答道："几十个人就足够了。"当下他就辞别刘裕，前往建康。

傅亮入朝觐见晋恭帝，并上书劝恭帝禅位给刘裕，还把拟好的禅位诏书都拿了出来，请恭帝照抄。

晋恭帝恐怕从登上皇位的那天起就在等待这一天的到来了，他提起笔，对手下说道："桓玄的时候司马氏就已经丢了天下，全凭刘公出力，才延续了将近二十年的国祚。今天的事情，是我心甘情愿的。"

就这样，在傅亮的鼎力协助下，刘裕终于迫使晋恭帝司马德文禅位，在建康称帝，改国号为"宋"，是为宋高祖武皇帝，历史上多将他建立的这个政权称为"南朝宋"。东晋在江南地区长达104年的统治至此画上句号，从祖逖时代起的所有北伐中原、光复晋朝旧壤的努力也全部宣告失败。

开创南朝的刘裕开了两个先例：第一个，是残忍地杀害了禅位的前朝旧帝，这由寒门出身的他做出来并不算太意外，但这个恶例一直被沿用到了五代以后，可谓害人不浅；第二个，他是第一位在建康受禅的皇帝，他这个皇帝没有了长安，也无法定都洛阳，成色大打折扣。

偏安江南一个多世纪的东晋王朝灭亡了，回顾东晋的104年历史，王氏、庾氏、桓氏、谢氏等士族轮流坐庄，维持着所谓"君弱臣强"的局面，司马氏的帝位反倒一直没有受到大的冲击。刘裕出身寒门，其背景实力远不及前面几家，最后竟能脱颖而出，取代晋帝，这并不是偶然的。

东晋前期和中期，士族势力相当强盛，皇权与士族、士族与士族之间都构成了某种意义上的力量平衡，这种平衡保证了政权的稳定，也使得小型的变故、叛乱不可能造成大的影响。淝水之战以后，士族势力开始减弱，孙恩、卢循扰乱江南十多年，使得整个社会秩序开始发生大的动荡，社会各阶层重新洗牌，其结果是，士族势力不再能够制衡皇权。桓玄灭亡后，士族彻底退出一线舞台，整个国家重新回归到皇权专制的状态，于是刘裕才能够一而再再而三地利用建康的帝诏控制各方诸侯，达到剪除异己的目的。同时，由于刘裕本人出身低微，他所选择的辅佐大臣也大多是来自寒门，这就进一步地改造了政权的内部结构。南朝四朝的开国君主大多出身寒族，可见士族已不再是最重要的政治力量了。关于这一点，有兴趣的朋友不妨参读田余庆先生的《东晋门阀政治》，书中对此有十分详尽的介绍与分析。

刘裕称帝后，一方面吸取东晋衰亡的教训，削藩集权，尤其是限制多年来屡发叛乱的荆州府的武将和官吏的数量；另一方面，深知底层疾苦的他又颁布了不少有利百姓的政令，比如减免赋税，裁减各地冗余的官员，改革苛刻的刑法，恢复学校与考试制度。他的一系列措施对于维持整个社会的安定起到了积极的作用。东晋末年南方内乱不断，人民流离失所，百姓急需一个宽松的环境休养生息，刘裕算是为南朝开了一个好头。

当然，根本不理刘裕的也大有人在，其中最有名的莫过于“五柳先生”陶渊明。士族虽然弱了，刘裕治下的官僚阶层仍然是相互倾轧、以权谋私。对官场和社会现实彻底失望的陶渊明在晋安帝义熙二年（406）愤然辞官，回乡躬耕，宁可老死户牖，不愿出山为官。在他眼里，刘裕也不过是唯利是图的小人，不可能实现他“大济苍生”的理想抱负。

南宋诗人陆游就对陶渊明十分赞赏和佩服，曾为之题诗：

寄奴谈笑取秦燕，愚智皆知晋鼎迁。
独为桃源人作传，固应不仕义熙年。

这首诗短短二十八字，刘裕与陶渊明的两种完全不同的处世之道跃然纸上。陆游自己一生不得志，在诗中写尽了千百年来读书人的气概。

或许是因为早年行军打仗落下一身伤病，或许是因为忽然过上安逸的宫廷生活反倒有些不习惯，刘裕这位南朝第一帝只当了两年皇帝就得重病驾崩了，时年六十岁。

刘裕的统治虽然短暂，却为南方经济文化的繁荣打下了坚实的基础，也拉开了南朝第一个治世的序幕。

第六章

元嘉之治

根据《宋书·良吏传》的描述，文帝刘义隆元嘉年间，“区宇宴安，方内无事，三十年间，氓庶蕃息，奉上供徭，止于岁赋，晨出莫归，自事而已。守宰之职，以六期为断，虽没世不徙，未及曩时，而民有所系，吏无苟得。家给人足，即事虽难，转死沟渠，于时可免。凡百户之乡，有市之邑，歌谣舞蹈，触处成群……”这是自汉末大乱孙氏占据江东以来南方最安定、最繁荣的一段时期。

一个国家在刚刚兴起的时候需要不断发展，扩大地盘，这个时候武功无疑应居于最主要的地位；到了稳定兴旺的时期，文治的重要性则远大于武功；而在国力衰败、接近灭亡时，中央政府的控制力大大削弱，从内到外战事频起，这时候的国家又需要靠武力去改变尴尬的状态。所谓君主，正是国家意志的体现。

从北魏建国到统一北方的五十多年里，我们可以看到，北魏的扩张具有很明显的阶段性和渐进性。这个由马背上的部族建立起的国家，并不像赫连勃勃那样只知用骑兵进行冲杀和游击，而是一步一个脚印，一边在战场上取得土地，一边在战场下巩固自己打下的成果。

崔浩的被杀，归根到底是因为文化的冲突，它标志着北魏前期的汉化潮流遇到了暂时的阻碍。然而，对鲜卑贵族们而言，无论是自愿还是被迫，要想生存于中华世界之中，在文化上就别无选择。历史之车轮，轰隆碾过；大势之所趋，无人可挡。

● ● ●

一、南北二帝的身后事

萧相守关成汉业，穆之一死宋班师。

赫连拓跋非难取，天意从来未易知。

天不怕、地不怕的一代传奇帝王刘裕终究敌不过天命，与世长辞。“帝王最难身后事”，刘裕的身后事也颇不容易。

刘裕早年投身军营，无暇生养孩子，直到四十多岁才有了第一个儿子，到他称帝时，一共有七个儿子，最大的也不过十七岁，其中头四个已经被封王，分别是长子（也是太子）刘义符、次子庐陵王刘义真、三子宜都王刘义隆、四子彭城王刘义康。

太子刘义符年纪轻轻，终日只知玩耍。刘裕身边的谢晦有些担心，就找了个机会向刘裕暗示：“陛下年岁已高，应该考虑一下万代帝业之事。此事至关重要，不可以任之非才。”

刘裕觉得有理，便反问道：“庐陵王刘义真怎么样？”

谢晦说：“让微臣去观察一下。”

刘裕心里最喜欢的其实就是这个次子，刘义真当年若不是只身逃回，刘裕说不准还真有可能为他再度北伐。

刘义真虽然打了一个惨不忍睹的大败仗，但总觉得自己是块料，对皇位兴趣颇高。谢晦找他谈话，他一个劲儿地说，生怕谢晦不了解他。谢晦呢，对这样夸夸其谈的人显然不喜欢，也不多答话，回来向刘裕禀报说：“庐陵王德轻于才，做不了皇帝。”刘裕闻言不快，把刘义真外放到南豫州去做刺史，仍旧以刘义符为太子。

在战场上所向披靡的刘裕却无法逃脱自然规律，终于还是撒手人寰了。临终前，刘裕指定徐羡之、傅亮、谢晦和檀道济四位为顾命大臣，托以朝廷大事。吩咐完毕，刘裕还不放心，又屏退众大臣，叮嘱刘义符说："檀道济这个人有些才干，但终究一介武夫，没有大的志向；徐羡之、傅亮两个都是会理政的人，应该不会有别的想法；唯独谢晦，几次跟随朕征伐，颇懂机谋，若说有异心的，那就是此人，你需要多多防备。"刘义符拼命点头。

刘裕的这番话就跟先前他在长安对沈田子说的那番话一样，不但多余，而且贻害无穷。既然害怕谢晦造反，最好的方式就是限制他的权力，至少不能委以大任。一面要谢晦做顾命大臣，一面又让太子防着他，而这个太子偏巧不用心且没能力，怎么可能做到两全其美？刘裕这些错误的安排为日后的宫廷政变埋下了一颗定时炸弹。

宋永初三年（422），皇太子刘义符即皇位。消息传到北方，各国君主都松了一口气——刘裕这头猛虎终于死了！

当年刘裕称帝时，西秦乞伏炽磐、西凉李歆纷纷遣使祝贺，承认宋国宗主国的地位，甚至朝鲜半岛上的高句丽和百济两国的国王都慑服于刘宋的威名，前来朝贡受封。强大的北魏也派使臣与宋通好，大夏赫连勃勃尽管没有向宋求和，但也不敢出潼关半步，乖乖地待在关中做土皇帝。现在没有了刘裕，北方各国自然会对南面的土地有些想法了。

这个时候的北方形势也发生了些许变化，西凉政权在南凉灭亡后也很快衰败下去。西凉建初十九年（423），有心创立一番功业的李暠终因民少地僻、实力不济，抱着壮志未酬的惆怅去世了，而他的儿子李歆在面对北凉处于劣势的情况下却依然保持进攻姿态。就在刘宋代晋的同年（420），北凉王沮渠蒙逊乘虚攻下西凉的国都酒泉，李歆兵败被杀。北凉于次年（421）消灭了西凉在敦煌的残余势力，成为后凉、西凉之后新的西域宗主国。

至此，逐鹿中原的十六国只剩下了最后的四个国家：关西地区从东到西是大夏、西秦、北凉三国相互征战；关东还有一个偏安的冯氏北燕。这四个国家里，只有赫连勃勃的大夏疆域稍大，却也比不上雄踞北方的北魏。可以说，北魏帝国是名副其实的北方第一大国。

此时的北魏皇帝拓跋嗣虽然才三十出头，身体却不怎么行。与他父亲一样，拓跋嗣喜欢服用寒食散，这个习惯导致他病发频繁，精神不稳定。碰巧这时幽州等地出现了日食的异象，古代人对日食这样不太常出现的天象是十分恐惧的，总觉得它预示着有什么灾祸会发生，拓跋嗣就问崔浩："如今天有灾异，朕又身体不佳，万一有个好歹，我几个儿子都还年少，难以安抚四境，这可如何是好？爱卿给朕想想办法。"

崔浩答道："陛下年富力强，只要修德重行，身体自然会安康的。那些所谓的灾异未必都会应验，希望陛下不要相信迷信的说法，过分劳神。如若万不得已，请听微臣斗胆一言：我们魏国建国以来一直不重视立储问题，以至于有拓跋绍之乱。现在陛下应该早立太子，并在公卿中选择忠诚贤能之人做太子的师傅，挑可以信赖的官员在太子身边帮助他，早日培养他处理国家大事的能力，如此一来陛下就可以优游无为、颐养天年了。百年之后，国有明主，民有所望，奸佞之徒就无可乘之机了。这是关系到千秋万代祸福的大事啊！如今皇长子拓跋焘（tāo）已经十四五岁了，不但聪明，而且为人温和，将他立为太子，乃是天下之幸。"

拓跋嗣又向南平公长孙嵩请教，长孙嵩也认为拓跋焘既长又贤，是储君的最佳人选。拓跋嗣很高兴，就立拓跋焘为太子，命长孙嵩、奚斤、安同三人为左辅，崔浩、穆观、丘堆三人为右弼。这几个人各有优势，共同辅佐、教导太子。

拓跋嗣打仗水平虽然一般，但培养储君的方法可比刘裕的高明得多了。他在位时就让一批忠臣重点培养太子，以达成未来君臣之间的默契和信任，使得北魏的政权交接比刘宋要顺利许多。

相比而言，拥有一群才高智足的大臣都不如拥有一个深谙事理的良辅，在这一点上，崔浩对于北魏的作用是个例证。他的远见不仅体现在早立太子一件事上，也体现在对战机的把握上。

拓跋嗣处理完立储大事，认为可以放手一搏了，于是在北魏泰常七年（422），也就是刘裕去世当年的秋天，他开始与大臣们策划攻伐宋国所占据的黄河下游的洛阳、虎牢（今河南荥阳西北汜水镇）、滑台（今河南滑县东）等重镇，意图一雪被却月阵打得大败的耻辱，进而饮马江淮。

这一次崔浩持反对意见，他说："宋、魏两国这几年一直相互遣使通好，如今刘裕不幸去世，我们若趁丧讨伐，就算打赢了名声也不好。以微臣的意思，不如派使臣去吊唁，让荆、扬一带的百姓知道我们魏国的厚谊，难道不是美事一桩吗？何况刘裕新死，宋国内部还没有爆发什么矛盾，兵临边境，宋人必然万众一心抵抗我们。不如等一段时间，让他们君臣争权，到那时再大举讨伐，不用费多少力气就能尽收淮北之地。"

然而拓跋嗣执意要伐宋，还觉得崔浩是汉人，这是在故意为汉人的政权说话，便诘问道："刘裕趁姚兴去世之机灭了后秦，朕为何就不能趁着刘裕去世讨伐他们？"

崔浩也不屈不挠，说："姚兴死时诸子相争，所以刘裕才讨伐他们。现在江南没有出现类似的问题，两者没有可比性啊！"

拓跋嗣依旧不听，命司空奚斤都督军事，与将军周几、公孙表一起为前锋，率部大举南侵，这才引出了宋、魏两国之间的第一场大战。

二、魏宋河南大战

北魏这次南征，目的并不是消灭宋国。此时北方的柔然国正值第四任可汗大檀在位，大檀自号“牟汗纥升盖”[①]可汗，野心很大，时刻想着入侵北魏。拓跋嗣曾在北魏神瑞元年（414）给过他一次教训，但由于天降大雪而无法继续北上追击，未能消灭柔然主力。为了提防身后的强敌柔然，拓跋嗣不想把战线拉得太长，所以他此次只是想尽收淮北之地，与南朝宋“划淮而治”。

宋国则是另一番景象。新登基的小皇帝刘义符年仅十七岁，对皇帝的责任和义务还没形成一套明晰的概念，平日里喜欢玩也就罢了，在居父丧期间也不守礼节，宫外是安宁还是打仗更是一概不关心，他只对皇家的御花园感兴趣，身边尽是些阿谀奉承的小太监，这样一来，朝政怎么可能搞得好？幸亏有刘裕留下的四位旧臣主管各项大事，宋国内部才不至于混乱，然而君臣之间已经出现了隔阂。

宋国沿河的四个据点从东到西依次是碻磝（今山东茌平西南）、滑台、虎牢和洛阳。北魏发兵之际，内部有两种不同的战略意见，一种认为应该先攻城，另一种认为应该先略地。

以奚斤为首的武将都觉得，先把城攻下来才能逐步控制河南之地，崔浩则不以为然，他说：“南人长于守城。当初苻坚攻打襄阳，花了一年都没打下来。如今我们大兵压境，攻打的还是小城镇，如若受阻，必会大挫军威，要是敌人在这时增派援军，则敌锐我乏，那可就危险了！我看不如分兵略地，一直攻到淮水以北，在各地列置守

① 鲜卑语“制胜”的意思。

臣，征敛租粮，如此一来，洛阳、滑台、虎牢都在我军的北面，再难得到南面的救兵。到时候，宋军必然会沿着黄河向东撤退，否则就成我们的囊中之物了，而宋军一撤，城中空虚，还怕攻不下来吗？”

这一策略是相当正确的。北朝人的强项是骑马作战，由骑兵来攻城是舍长就短，正中以步兵为主的南朝人的下怀。黄淮一带地形以平原为主，乃是骑兵发挥作用的场所，所以先以骑兵将宋军分割包围在孤城中，再用步兵慢慢消化，才是最高效的作战方式。可惜大多数鲜卑将领都不听崔浩这一套，拓跋嗣还是决定先攻宋国的城池。

宋军在虎牢屯有重兵，由司州刺史毛德祖把守。东面的滑台驻守着东郡太守王景度，兵力较少，所以北魏都督奚斤率领两万步骑兵渡过黄河后，就在滑台东面安营扎寨。滑台形势吃紧，王景度赶忙向毛德祖告急，毛德祖立即派出三千步骑兵增援滑台。

奚斤强攻滑台，果如崔浩所言，打不下来，无奈之下向拓跋嗣要求增兵。拓跋嗣大怒，心说：“朕给你两万人马，竟然打不下区区几千宋兵防御的小城！”他把太子拓跋焘留在塞上，防备柔然，亲自带了五万多兵马出天关，翻过恒岭直奔滑台，支援奚斤。

受了刺激的奚斤全力猛攻滑台，虽然花了九牛二虎之力，可毕竟人多势众，魏军最终还是把这座小城拿了下来，王景度无奈出逃。奚斤乘胜攻下滑台和虎牢之间的小镇土楼，进逼虎牢。

毛德祖守城颇有心得，魏军屡战屡败。拓跋嗣见虎牢一时半会儿拿不下来，又派了猛将于栗磾以三千骑兵屯于河阳（今河南孟州西北），攻打河南面的金墉和洛阳。

于栗磾是个擅长打硬仗的人，在拓跋珪称帝时就已是北魏赫赫有名的将军了。此人擅使一杆黑矛，武艺超群，在马上可以左右开弓，有万夫不当之勇。刘裕北伐后秦，对驻扎在黄河边上的于栗磾又敬又惮，亲自写信向北魏借道时不敢直呼其名，抬头写的是“黑矛公麾下”。拓跋嗣得知这个消息后十分骄傲，干脆封于栗磾作“黑矛将军”。

洛阳虽是晋朝旧都，却连遭战乱，百姓失所，残破不堪，根本抵挡不住大军来攻，宋国守将、河南太守王涓之只能驻守在西北面的金墉城。这里是宋国河防锁链上最西面的一个堡垒，离统治中心远，得不到有力的支援，防守相对薄弱，毛德祖派部将窦晃带上一些军队沿着黄河南岸勉强阻挡魏军，然而如何抵挡得住？于栗磾大兵一渡河，就把窦晃等人冲得落花流水，再往南一攻，王涓之便弃城逃跑了，北魏迅速占领洛阳。

黄河南岸的四大据点宋国已经丢了两个，西线的虎牢岌岌可危，东线的防御也暴露在魏军面前。

拓跋嗣派拓跋娥清、闾大肥会同周几、叔孙建等人各自率部从下游渡过黄河，进攻碻磝。宋国的兖州刺史徐琰不战而逃，魏军长驱直入，泰山、高平（今山东邹城一带）等地相继陷落。叔孙建继而向东进入青州，攻克临淄（今山东淄博东北）等地。宋国在青州的治所是东阳城（今山东青州），青州刺史竺夔一面安排民众转入山林，坚壁清野，一面向朝廷发出告急文书。宋国的大将檀道济此时身兼征讨诸军事，驻扎在南兖州（今江苏长江北岸一带），另一员大将、徐州刺史王仲德则屯兵湖陆（今山东鱼台东南），形势不妙，檀道济只好亲率大军与王仲德共赴东线战场。

与此同时，面对混乱的西线战场，驻扎在寿阳（今安徽寿县）的庐陵王刘义真让自己手下的将军沈叔狸带着三千人与豫州刺史刘粹会合，相机而动，力图挽回局面。

北魏的将军奚斤和公孙表正在西面强攻虎牢，战事十分激烈。拓跋嗣这时候已经移驾邺城，他也觉得攻下虎牢是取得西线胜利的关键，便派出兵力前去支援。

毛德祖见敌强我弱，就下令从城内挖出六条深七丈的地道，一直通到魏军包围圈的外面，然后从兵将中募集了四百名敢死队员，由参军范道基率领，沿地道冲杀出去，突袭魏军的身后。魏军猝不及防，四散溃逃，一下子被宋军斩首数百，并被烧毁了许多攻城的器具。

毛德祖的奇计小有收获，然而魏军毕竟有数万之多，死了几百个其实影响并不大，很快就如被驱散的苍蝇一般又聚集回来。

奚斤担心耽搁久了，虎牢真的得到南面的支援，那就不好办了，于是亲自率领三千步骑兵，绕过虎牢，一举攻下东南面的许昌，断绝了毛德祖的退路。这边毛德祖见魏军自行分兵，认为有机可乘，便主动出击，与留守城外的公孙表展开大战。两军从早杀到晚，互有死伤。这时，奚斤的骑兵正好从许昌赶回，与公孙表合击毛德祖，杀伤宋军数千人。

此战过后，毛德祖彻底放弃了主动进攻的念头，退回城内死守，准备另想别的计策——他还真的想到一条妙计！

原来，毛德祖是荥阳阳武（今河南原阳）人，按照现在的划分方法，属于北方人。他与魏将公孙表有旧交，所以一面趁作战间隙与公孙表通信，做出交流朋友情谊的样子，信上面故意涂改多处，另一面呢，又秘密派间谍潜入魏营，向奚斤揭发公孙表与宋军有密谋。公孙表倒是不念私情，老老实实地将毛德祖的信交付奚斤，他本来是想借此表明自己的清白之身，却不曾想奚斤已经戴了有色眼镜，那些被涂改的地方现在成了一个个疑点。奚斤让手下带上书信，将消息呈报拓跋嗣。拓跋嗣本来就看公孙表不爽，太史令王亮又恰好与公孙表有怨，在拓跋嗣耳边一个劲儿地说公孙表置军不当，以致虎牢久久不下，于是，拓跋嗣认定公孙表里通外国，派人夜入公孙表帐中，将其缢死。

毛德祖此计，与当年曹操离间马超、韩遂的计策一样。不过，计策虽然达到了除掉公孙表的目的，但由于拓跋嗣的处置方式秘密得当，没有使魏军内部出现分裂，毛德祖未免要失望了。

北魏不断向虎牢方向增兵，在东线的青州那边也是兵力强大，志在必得。叔孙建以三万骑兵包围了东阳城，城里面的宋国守军才只有区区一千五百人。守将竺夔是个很有能力的官员，他在增修防御工事之余屡出奇兵，多次击败魏军，并且同样通过挖地道的方法发动奇袭，破坏了一大批魏军的攻城车。可魏军优势太大，日夜狂攻，东阳北城的城墙被毁坏多处，城内士兵也越打越少，竺夔也是巧妇难为无米之炊了。眼看整座城就要陷落，终于有探马来报：檀道济的援兵快到了！

檀道济的军队虽然走到了彭城，人数却并不多，虎牢、东阳两城都告急，他只能救助一边。两害相权取其轻，最后檀道济决定，带轻兵火速前往路近兵弱的东阳城。

此时，东阳城下的叔孙建已经没了耐心，面对千人防御的一座城，他竟从头一年的冬天一直打到了第二年（423）的夏天！天气渐渐转热，魏军多是来自塞上的鲜卑骑兵，哪里经历过这样的酷暑？军中开始流传瘟疫，且疫病渐渐变得无法控制。叔孙建听说宋军后援将到，一咬牙下令放弃进攻，烧了营帐和器具退往滑台。檀道济抵达东阳时粮食刚好吃完，无法追击，但不管怎么说，东阳城算是保住了。

虎牢方面，宋军就没这么幸运了。

毛德祖虽然十分顽强，一次次击退攻城的魏军，但从四面八方集结过来的魏军实在太多了，城内的物资开始匮乏，饮用水也不够，宋军只好在城内悬挂绳索吊上军士出城，到黄河中取水。拓跋嗣知道此事后，料想宋军缺水，便下令将船舰在黄河边上排成一排，阻止敌人获取河水。这样一来，城内的守兵就只能靠地下水过活了，可魏军还没完，又挖掘地道泄放城里的地下水，可谓狠到极点。

叔孙建退到滑台后，又继续西进与奚斤共攻虎牢。这个时候，虎牢已经被围两百多天，无日不战，城内宋兵战死殆尽，而魏兵却越打越多。

外城被魏兵攻破后，毛德祖在城内重筑了三道城墙，魏军又攻破两道，只剩下一道城墙。毛德祖誓与虎牢城共存亡，对外昼夜抵抗，对内抚恤将士。军中很多人都病倒了，就算身体还行的士兵，也由于晚上不能睡觉而眼睛干燥，用手一擦就生疮。士兵们条件艰苦，却始终没有人想要逃跑或投降。

毛德祖一个北方人在苦苦支撑，南面的南方人不知道在干什么。驻守项城的刘粹是离虎牢最近的一支军队，却害怕魏兵强盛，不敢进攻。沈叔狸、檀道济等军离得更远，哪怕腾出手来也只是守城，不往虎牢的方向挪一步。

弹尽粮绝的虎牢城终于在刘宋景平元年（423）的四月被北魏大军攻陷，毛德祖被俘，为北魏所杀，只有范道基带着两百多人突围成功，回到南方。

至此，宋国的司、兖、豫等州基本上都落入北魏之手，唯一的“胜果”是保住了青州。而魏国虽以强攻的方式拿下了黄河南岸的三座重镇，但也因战争和瘟疫损失了三成的兵力。可以说，一场大战，双方都没讨到多少好处。

若在出兵时拓跋嗣听从崔浩的建议，历史又会变成怎样呢？

三、废立风波

魏宋大战结束后，魏、宋两国的边境线从黄河南移到了项城、湖陆、东阳一线。叔孙建撤军后，青州刺史竺夔鉴于东阳城已基本毁坏，将青州的治所移到了不其城（今山东青岛即墨区西南）。

宋国在淮北一带的防守压力陡然加重，北魏也由于战略目的不够明确，没有能够尽收淮北之地。更严重的后果是，御驾亲征的拓跋嗣由于路途劳顿，旧病复发，回到平城的西宫后不久就去世了。十六岁的太子拓跋焘即位，这就是北魏诸帝中武功赫赫的太武皇帝。

拓跋焘一上台，就把长孙嵩、奚斤、长孙翰等几名有功的前朝旧臣封为王，并大赦天下，废除禁锢，开仓放赈。刚刚经历战乱的河南一带的流民闻讯，纷纷涌入北魏境内，冀州、并州等地一时成了大量穷困老百姓的“乐土”。

北魏新皇借着登基颁布的新措施，可以看作南征战争的后续。战乱多年的黄河中下游地区之所以人烟稀少，就是因为百姓缺乏生活来源，不断迁往相对富庶的江南地区。拓跋焘的放赈虽有些晚，但在客观上仍然对缓解治下的胡汉矛盾、促进民族融合起了重要的作用。

北魏人“伐丧”，北面的柔然人也“伐丧”。安分了十年的牟汗纥升盖可汗大檀得知拓跋嗣去世，新皇登基，不禁大喜，便于北魏始光元年（424）率六万骑兵杀入云中（今内蒙古和林格尔西北），大肆杀掠，并攻陷了北魏皇家从前的宫殿盛乐宫。

年轻气盛的拓跋焘大怒：“朕刚上台，他就来打朕的旧都，这不是欺负人吗？”他亲自率领轻骑兵，三天两夜就从平城赶到了云中。

大檀毫不示弱，派自己的侄子、大将於陟斤率骑兵将拓跋焘的军队围了一个水泄不通，里里外外竟有五十重之多。魏军将士个个大惊失色，唯独拓跋焘神色自若，不以为然，方才稳定住了军心。

柔然军队人数虽多，却没什么秩序，拓跋焘远远看见於陟斤忙着指挥，便暗暗吩咐身边的神箭手专射於陟斤。一箭射去，於陟斤落马身亡，柔然军没了主将，立时自乱阵脚。大檀心中害怕，带着手下的骑兵往北遁逃。

第二年（425），拓跋焘又整顿兵马，亲率大军分五路深入沙漠，东西并进，讨伐柔然。柔然各部没见过如此浩大的攻势，很快就被击溃，一直往北逃窜。拓跋焘大获全胜，只可惜沙漠太广袤，无法一路追到底，擒住大檀。

对柔然两次作战都获得大胜，北魏暂时解除了北面的危险，拓跋焘开始有时间考虑对付其他的强敌了。

这时，发生了两件在北魏看来十分喜人的好事，一件是南面的宋国内部出现了臣废君、君又诛臣的大事，另一件是西面的大夏暴君赫连勃勃病死，诸子为争夺嗣君之位发生了内战。

河南大战之后的宋国内部矛盾重重。刘义符毫无做皇帝的样子，徐羡之、傅亮、谢晦等人因为失地丧师上表自贬官职，他却只下一道诏书，一概不予论罪。官位得保，国家法纪却遭到了破坏，顾命大臣们开始秘密谋划废掉小皇帝。

前文说过，刘裕的儿子一共七个，如果废掉长子刘义符，按照长幼之序，可以合法继位的人选就是任南豫州刺史的次子刘义真了。

刘义真自己有一个朋友圈，当时的名士谢灵运、颜延之等都是他的亲信。如果刘义真上位做了皇帝，自然会提拔这些亲信名士，可这些人虽然很有才华，但都性情偏激、恃才放纵，不为朝中大臣看重。

徐羡之等人一方面想要立个明君，一方面又不想失去自己作为朝廷重臣的特殊地位，自然不愿意让刘义真上台，任由他去发展自己的势力。于是，徐羡之便利用刘义符与刘义真兄弟间原先就有的矛盾，收罗了一些刘义真在南豫州期间轻视、侮辱执政官的罪证，向朝廷上书奏明。刘义符果然下了一道圣旨，将刘义真废为庶人，迁到新安（今江苏睢宁）拘禁起来。

头一步走得顺利，几个文官胆子顿时大了不少。下一步就是要废帝了，这可不是小事，必须要联合朝中的武装力量，以保证万无一失。

徐羡之将另两名在外地的重要人物——南兖州刺史檀道济和江州刺史王弘招入建康，把废立皇帝的打算告诉了他们。檀道济对于徐羡之私废皇子刘义真的行为本来就不赞同，更别说废皇帝了，但在当前形势下，他的反对意见得不到采纳，只好暂且与他们合作。

景平二年（424）五月的一天，领军将军谢晦以府中房屋破损为借口，命家人悉数住到府外，之后将一队整装已毕的军士引入府内安置。同时，谢晦又预先通知刘义符身边的中书舍人邢安泰、潘盛在宫中做内应。当晚，谢晦与檀道济同宿府中，谢晦辗转反侧，不得入眠，檀道济不愧为打过大仗、见过大场面的将军，临大变而酣睡如故，谢晦对此佩服不已。

游戏无度的皇帝刘义符在皇宫北面的华林园里搭了个酒肆，正亲自担当酒保卖酒呢。他与太监小厮们自卖自饮，喝多了以后又坐龙船夜游园中的天渊池，最后便睡在船上。

次日天刚蒙蒙亮，檀道济领兵在前，徐羡之等人紧随其后，一行人浩浩荡荡冲进皇宫。两个内应邢安泰和潘盛预先把防卫的人都支开了，军士一路冲上龙船，杀掉了皇帝身边的两个侍卫，砍伤了睡眼蒙眬的刘义符，连架带扶地把他从皇宫东阁押出，收束了玺绶，送往原先的太子宫拘禁。

徐羡之等人商量了一下，决定迎立名声不错的宜都王刘义隆。大臣们以皇太后的名义下旨一道，废刘义符为营阳王，迁往吴郡（今江苏苏州一带），并让刘义隆承继皇位。

为恐生变，刘义符前脚刚走，后脚徐羡之就派人前往吴郡和新安两地，将刘义符、刘义真这对难兄难弟分别杀害了。

徐羡之等人为了社稷的安危废掉不称职的皇帝，这本身并不是不可以，但至少应该先掂掂自己的分量。他们既各怀私心，想做霍光那样有功的权臣，又想把希望寄托在新皇身上，如此矛盾的愿望恰好与刘裕在东晋末期收回皇权、恢复中央集权的时势相抵触，是无论如何也不可能容于当世的。所以，祠部尚书蔡廓在他们弑君后说："营阳不幸，卿诸人有弑主之名，欲立于世，将可得邪？"

十八岁的刘义隆正镇守在建康上游的荆州，傅亮准备带领百官前往江陵迎驾。此时，徐羡之又开始担心，万一刘义隆登基之后任用其他人驻守荆州要地，那可就不好办了，便自作聪明地先一步任命谢晦为荆州刺史，兼都督荆、湘、雍、益等七州军事。三个人已是拴在一根线上的蚂蚱了，一损俱损，一荣俱荣，留个人在外面，万一京城有变，也好有条退路。

刘义隆在江陵听说了两个哥哥的死讯，他手下的文武官员十分顾忌，不少人劝他不要去建康自投罗网，司马王华却认为不然。他说："徐羡之等人寒士出身，受先皇顾命，重任在肩，看不出想要造反的意思。他们对皇室效忠已久，不可能忽然有异志，之所以废了皇帝、杀害二王，应该是害怕将来被清算，故而下手。而且这三个人势均力敌，谁都不服谁，只是想要借机握权自固而已，必会仰待少主殿下。如今只管放心跟去，实在没什么可顾虑的。"

王华识势也识人，一席话把三个大臣的心理分析得十分透彻，其中虽然带有猜测的成分，但也很在理。

刘义隆与他的两个哥哥不太一样，不爱玩而喜读书，还写得一手好字，颇明事理。听了王华的建议之后，刘义隆笑道："爱卿是想做当年劝汉文帝进京即位的宋昌吧？"

长史王昙首、南蛮校尉到彦之也都劝刘义隆动身，刘义隆心中有底，说："朝中诸公受先皇遗命，不会背弃皇家。何况我手下的兵力也足以制人，有什么好怕的！"于是他把王华留在荆州，又让到彦之镇守在襄阳以防不测，然后起程，前往接见傅亮等大臣。

谁能料到，一场宫廷政变，让南方歪打正着地出现了数十年来难得的好局面。

四、宋文帝诛臣亲政

刘义隆一见到傅亮，便拉着他的手号啕大哭起来，哀痛极深，左右都被感染得落泪。悲泣一阵之后，刘义隆就问起两位兄长被废被杀的始末，边问边哭，众臣没有一个敢抬头看一眼的。傅亮见此场景，一时张口结舌说不出话来，汗水完全湿透了衣裳。

头一招稳住了众臣，确立了威严，刘义隆心中便有了底。他将荆州一带的事务向到彦之、王华等人仔细吩咐停当，便带领自己的亲兵，以中兵参军朱容子做贴身侍卫，登上来接驾的大船，往建康去了。

当年（424）八月，刘义隆抵达建康，先谒父皇的陵墓，再受百官的玺绶，然后大赦天下，改元“元嘉”，这就是宋太祖文皇帝。

宋文帝刘义隆刚一继位，还不能完全掌握朝中的情况，毕竟建康不是他的地盘，于是他对文武百官一律加官晋爵，以示安抚：徐羡之晋位司徒；傅亮加封开府议同三司；谢晦晋号卫将军，并获得正式批准去荆州做刺史；檀道济晋号征北将军；王弘则晋位司空。犯下弑君大罪的徐羡之等人大松一口气：咱们的官位不降也就罢了，居然还升了，看来皇上是默认了咱们的行为，可以睡个安稳觉了！

然而，一系列政令中有一条容易被人忽略的却十分耐人寻味：宋文帝恢复了刘义真的庐陵王爵位，并将刘义真的灵柩及他的母亲和妻子都迎回了建康。这其实是个很明显的信号，说明宋文帝对于这场小的政变并不会善罢甘休，可是徐羡之等几个文士的脑袋都少一根筋，政治敏感性太差，以为宋文帝只是做做样子而已，没有引起足够的重视。

一片拿到升官令的大臣中，有几个是宋文帝真正想要提拔的。他开始重用荆州旧部，把王昙首、王华升为侍中，并封王昙首为右卫将军，王华为骁骑将军，又把护卫朱容子封为右军将军。至于手中有兵的到彦之，宋文帝让他做中领军，委以军政要务，同时也让他稳住赴江陵上任的谢晦。

安排停当，转眼到了第二年，徐羡之、傅亮两个觉得自己任务完成，便上表要求归政。宋文帝也不急着接受，下诏不许。徐羡之等人琢磨了半天，认为皇上对他们还是比较信任的，就继续上表，再度要求归政。宋文帝也乐得玩这游戏，再次不许，直到第三次奏表送上来他才勉强答应。

徐羡之心中不踏实，回府之后不再理事，可他的侄子徐佩之以及手下程道惠等人坚持认为这样做不合时宜，苦劝了一阵，徐羡之又重新就任。

上上下下又安静了一年。宋元嘉三年（426），风云突变，宋文帝刘义隆准备行动了。

宋文帝明白，在整个废立过程中，徐羡之、傅亮、谢晦三人为主谋，檀道济、王弘二人则只是为形势所逼，而且王弘与宋文帝之间还有一层关系——他是王昙首的兄长，因此，宋文帝暗中拉拢檀、王的势力，并确立了对内诛杀徐、傅，对外征讨谢晦的基本方针。为了确保行事周密，在调兵遣将的时候，朝中对外宣称是在准备北伐魏国。

北伐并非小事，傅亮心中担忧，便小心翼翼地打探情况，得到的消息是，朝廷还在犹豫不决，皇上不日将派外监万幼宗前往江陵与谢晦共商大计。傅亮赶紧写了一封信，派人送到荆州。

由于朝廷的一些行动十分异常，很多人都已经打听到宋文帝将有大动作，单单瞒着徐羡之、傅亮两个事主。谢晦的弟弟谢皭（jiào）在朝中担任黄门侍郎，闻讯大惊，连夜派人快马报知谢晦，让他早做准备。

谢晦先得了傅亮的书信，不以为然地对咨议参军何承天说："万幼宗这两天就要到，傅公知我多事，所以提前写信告诉我呢！"

何承天忧虑地说："外面早就传开了，皇上西征的事都定了，万幼宗哪还能来？"

谢晦依然不信，还自作聪明地让何承天先拟个奏折，提议北伐最好放在下一年。

这时又有江夏内史程道惠派府内的中兵参军乐冏前来送信，也说朝廷要行动了。谢晦这才意识到不对，却还不死心，对何承天说："万幼宗还没来，如果再不来，是不是就不会来了？"

何承天着急，答道："哎呀，都火烧眉毛了，将军还存幻想？万幼宗怎么可能还会来？还是快点想办法对付朝廷吧！"

谢晦这个人长得帅又有诗才，以前曾代刘裕写过应制诗，但是碰到这种大事就慌了手脚，只能向何承天问计。何承天不算是个庸碌的参军，他的建议还是有些见地的："朝廷实力强大，以天下之兵攻打荆州一地，强弱悬殊。为今之计，马上动身，逃到境外以求活命，此乃上策；或者屯兵义阳（今河南信阳），将军亲自率领大军在夏口迎战朝廷的军队，如若被打败了，就从义阳出边境北投，这是中策。"

谢晦沉吟半晌，缓缓道："荆州乃用武之地，兵粮充足，姑且一战，万一打不赢，再走不迟！"于是让何承天书写表文，准备以"清君侧"（指的是宋文帝身边的王弘、王昙首、王华诬陷忠良）为名起兵。

其实，何承天给出的上策基本上就是谢晦此时唯一正确的选择，趁早动身，还可以像司马休之那样苟活于异乡，到了北魏说不准还能混出点名堂。谢晦赖以对抗朝廷的荆州地处长江中游，自东晋末年以来就一直是割据势力出现的主要场所，从桓玄、刘毅到司马休之，无不如此。但这几位的下场都不怎么好，竟没有一个成功的先例，可见以荆州一州之兵对抗天下，可行性并不高。谢晦若能仔细研究前几位军阀失败的教训，也许就不会冒险做出打不赢再走的决定了，所以说，谢晦此人缺少一点自知之明。

宋文帝那边抢先行动，他将屯兵广陵的檀道济招入建康，对他进行安抚，然后下诏公开徐、傅、谢三人杀二王的罪行，命有司捉拿徐、傅二人。对于谢晦，他则派到彦之为前锋，檀道济为后继，即日征讨，并让雍州刺史刘粹阻断其向北的退路。

谢皭正在中书省值班，风声一动，便立即派人通报傅亮："宫内要行动了！"

傅亮接到消息，找了个借口跑回家，又派人告诉徐羡之。徐羡之自从归政后一直心惊胆战地过日子，听到消息后二话没说，一个人跑到城西，找了个烧陶的土窑自缢而死。

傅亮出城逃跑，也许是想死在兄长傅迪的墓前吧，半道上却被屯骑校尉郭泓抓住。宋文帝专程派人送来诏书，说："以傅公在江陵迎驾之诚，朕当保你诸子无恙。"傅亮仰天长叹："我傅亮受先帝之托，废黜昏君而立明主，是为社稷着想啊。欲加之罪，何患无辞！"言罢束手就缚。

傅亮被斩首，他的妻子儿女迁往建安（今福建建瓯）。一同被杀的还有徐羡之的两个儿子以及谢晦之子谢世休，谢嚼暂且收押，只有徐羡之的哥哥佻幸被赦免。

就剩下一个谢晦了，宋文帝向檀道济求教讨伐谢晦的方略，檀道济对这位昔日的同事十分了解，答道："微臣曾与谢晦一同随先帝北伐，入关大战中的计策，十有八九都是谢晦所献。他才略过人，但也有个致命的弱点，那就是从没独自带兵打过仗，指挥作战恐非他所长。微臣了解谢晦的才智，谢晦也了解微臣的勇武。如今微臣奉命讨逆，必一战擒他前来！"宋文帝大喜，立即下令戒严，到彦之、檀道济等将率诸军并进，攻打在谢晦掌控下的江陵。

谢晦已得到了徐、傅二人的死讯，便传檄天下，出兵讨伐皇帝身边的"三王"。他以弟弟谢遯（dùn）为竟陵内史，统领一万兵士留任荆州，又以大将周超防备北面的刘粹，然后自领两万军士，兵发江陵。一时间，只见众多舟舰在江面上连成一片，旌旗蔽日，蔚为壮观。谢晦登高远望，不禁感叹："可恨不能以此大军为勤王之师啊！"

谢晦顺江东下，部将庾登之很快就逼近了到彦之进驻的彭城洲（今湖南岳阳东北，位于长江南岸）。中兵参军孔延秀攻打彭城洲，到彦之的部下萧欣大败，丢掉了城池，向东溃退。到彦之手下大军人心浮动，众将都想退守下游夏口，到彦之则坚持屯兵彭城洲东面的隐圻（qí），在那里静候檀道济的军队。

谢晦见宋兵龟缩不出，便得意起来，还天真地上表向朝廷提条件："陛下若现在处置'三王'，臣立刻就勒兵西归，回去复任。"不料正得意着，到彦之的"后援团"檀道济就抵达了隐圻，与到彦之合兵一处，战船纷纷停驻岸边。

谢晦见了檀道济旗号，又惊又怕——原本还指望与他并肩作战，现在却成了对抗疆场的仇敌。他心中没底，连日在江北观察敌情。一开始见对岸敌船不多，谢晦还颇为轻视，也不马上出战，可渐渐地，下游上来的船只越来越多，前呼后应，首尾相接，一眼望不到头，这下谢晦手下的兵士们再无战心。

南岸列舰完毕，便以排山倒海之势猛攻荆州军，荆州军立时崩溃。谢晦连夜逃跑，在巴陵（今湖南岳阳）坐小船前往江陵。驻守江陵的将军周超刚刚击败了前来攻打江陵的刘粹，还指望领赏呢，一听说谢晦兵败回到江陵，明白大势已去，连夜孤身一人投降了到彦之。

谢晦见部众走的走、降的降，只得遵照何承天的中策行事，带着弟弟谢遯等七人骑马北逃。偏偏谢遯不争气，身体肥胖，骑不得马，谢晦一路上不停地等他，行进速度非常之慢，终于在安陆延头（今湖北大悟东南）一带被人捉住，送往建康。

谢晦的兄弟子侄及其同党孔延秀、周超等均被判处斩刑。临刑之际，谢晦的侄子谢世基口占四句，道：

伟哉横海鳞，壮矣垂天翼。
一旦失风水，翻为蝼蚁食。

谢晦应声续道：

功遂侔昔人，保退无智力。
既涉太行险，斯路信难陟。

吟罢声泪俱下。

前来送行的谢晦之女是彭城王刘义康的王妃，她披着发，光着脚，与父亲诀别道："堂堂大丈夫应当横尸战场，为何狼藉都市！"其情其景震撼法场，令旁人嗟吁不已。

王谢风流，依稀可觅。

五、拓跋焘伐夏

铲除了谢晦的势力后，宋文帝刘义隆正式开始了他的统治。

当前，首要的任务是解决民生问题。南北大战结束不久，江南的流民又有增多的趋势。宋文帝在即位初年便花大力气继续施行刘裕时期颁布的土断政策，清理户籍，并抑制地方豪强。

所谓“土断”，按现在的话说有点像临时户口转正。这个政策的产生源于永嘉之乱后大量中原流民涌入江东地区。

东晋年间，政府为了安顿流民，采取侨置州、郡、县的手段。比如说你是冀州来的流民，而真正的冀州已经掌握在北方政权手中，那么就虚设一个“冀州”，并在你的户籍上注明“白籍”，说明你不是居住地的土著，只是侨居于此。凭借这样的侨户身份，流民就可以获得“优复”，不用承受调役的负担。

由于白籍人口渐多，东晋政府为了简化管理、增加税收，就要废除优待白籍侨户的政策，于是推行土断，逐步撤销侨置的州、郡、县，让白籍侨户直接并入所在的州郡，受当地政府的管辖，与土著居民一样缴租纳税，接受徭役。这样就造成了另一个问题：侨户原先享受的优待政策完全取消，很多人为了继续逃避调役，选择投靠豪强大户。为此，政府不得不同步采取措施，对各地户籍进行盘查检对，严惩隐报、冒报的情况，并重点打击豪强的势力。

早在刘裕之前，桓温就曾在晋哀帝时期推行过一次土断，称为“庚戌土断”，这次土断进行得比较彻底。而刘裕掌权距离桓温的年代已经过去了六七十年，江南经过了大小战乱，户籍重组正是时机。刘裕主持的土断开始于东晋义熙年间，之后刘宋的历代皇帝也一直大力推行，因此这期间的土断被合称为“义熙土断”，其主要特色是法令严厉，收效显著。

在强制推行土断的同时，宋文帝也推行安抚的政策。即位当年，他就宣布一律免除老百姓拖欠政府的租税和债务，之后，他又多次根据各地的具体情况减免税收。对于鳏寡孤独和没有劳动能力的百姓，政府会给予药品、粮食以及额外的关照。对于灾荒地区，政府会出面赈济，送粮送药，并发放粮种以备来年。

宋国服役政策沿袭旧制，男丁年满十三服半役，年满十六服全役。侍中王弘提出，人的体质有强弱，很多人十六岁还在发育，更不要说十三岁了，那基本还是孩子，这样的政策很不合理，以至于一些年轻人不堪重负逃役在外，对社会安定不利。他建议，让十五至十六岁的男丁服半役，十七岁以上服全役。宋文帝采纳了他的建议。

经过一番调整，南方百姓的生计得到了很大的保障，政府也得到了丰厚的税收回报，可谓“双赢”。

安民之外，宋文帝还大力整顿吏治，提高行政效率，并从士族中提拔了不少人才。比如前面提到的“三王”——王华、王昙首、王弘，他们都是琅琊王氏的成员；殷景仁是陈郡殷氏一族；谢弘微、谢灵运等则是陈郡谢氏一族。宋文帝选拔的，基本都是文士，处理朝政正是他们所长。另一方面，对于兵权，宋文帝是牢牢把持在手的，除任用到彦之这样的早年旧部外，他又将几个亲弟弟及堂兄弟刘义康、刘义恭、刘义宣、刘义季、刘义庆封为刺史，让他们各自镇守一方。

宋文帝本人也很愿意体恤民情，对处理民间的诉讼纠纷尤其重视。宋元嘉三年（426），他前后三次到延贤堂听讼审案，解决冤狱，后来也经常去听讼。一般官员十分头疼的事情，他却亲历躬为，这样一来，既建立了在官员当中的威信，树立了榜样，也大大提升了在百姓心中的形象，一举多得。

宋文帝喜欢诗文和书法，对于文化教育很是重视。自宋元嘉十五年（438）起，他先后开设儒学、玄学、史学、文学四大学馆，请来当时的名士讲学，并亲自莅临听讲。这些学馆招揽了当时许多有识之士，也聚集了不少求学的学生，为了筛选其中的人才，他又到国子学当面考核这些文化人，赏赐表现优秀的人员并授予官职。几十年中，江南一带文风大盛。

根据《宋书·良吏传》的描述，文帝刘义隆元嘉年间，“区宇宴安，方内无事，三十年间，氓庶蕃息，奉上供徭，止于岁赋，晨出莫归，自事而已。守宰之职，以六期为断，虽没世不徙，未及曩时，而民有所系，吏无苟得。家给人足，即事虽难，转死沟渠，于时可免。凡百户之乡，有市之邑，歌谣舞蹈，触处成群……”这是自汉末大乱孙氏占据江东以来南方最安定、最繁荣的一段时期。

在一片歌舞升平的气氛中，年轻的宋文帝燃起了雄心壮志，他要一扫北方乱世，统一全国！

同样年轻的北魏皇帝拓跋焘并没有抓住头几年南方内乱的机会发动南侵，他的国家自建立之初就一直处于强敌的包围之中，在这位崇尚武力征服的统治者面前，文治强于武功的刘宋还排不上号，西面的世仇——赫连夏国，才是他更想消灭的眼中钉、肉中刺。

赫连勃勃统治时期，夏国忙着与西面的西秦抢夺地盘，而北魏则忙着对付柔然和消化河南地区，因此两国之间没有发生很大的冲突。这样的状态一直维持到北魏始光元年（424），前文提到过，夏国在这一年发生了内乱。

赫连勃勃有不少儿子。原先的太子是长子赫连璝，此人也像他父亲一样好武，在攻取长安的战役中发挥了很大的作用，然而赫连勃勃晚年却喜欢上了小儿子酒泉公赫连伦，想要废掉赫连璝改立赫连伦。赫连璝听说后十分气愤，带了七万兵马攻打赫连伦，赫连伦也不示弱，自领三万兵马迎战。两军相交，赫连伦战死。这时赫连勃勃的三儿子赫连昌又带着一万骑兵突袭赫连璝，赫连璝被杀，赫连昌合并了他的部众回到都城统万。赫连勃勃不以二子相争战死而悲，反以赫连昌平乱时的精彩表现而喜，当即立赫连昌为太子。第二年，也即公元425年，赫连勃勃病死，赫连昌做了夏国的皇帝。

拓跋焘听说赫连勃勃死了，心情就跟前几年拓跋嗣得到刘裕的死讯时一样兴奋，他准备用兵，北魏内部对此有三种意见。把漠北看作固有势力范围的鲜卑贵族长孙嵩、长孙翰、奚斤等都认为应该先讨伐柔然，柔然若逃遁就追到底，不管抓不抓得住他们的首领，都可以有一大笔收获以充实军用；另有几个官员则认为，可以先消灭东面的小国北燕。这两种意见都有道理，但太常崔浩进言道："蠕蠕[①]逃起来跟鸟兽一样，若派大军追吧，肯定追不上；若用轻兵突袭呢，恐怕又不足以消灭完。而赫连氏的国土不过千里，刑罚残暴，人神共愤，微臣觉得还是应该先伐夏国。"

长孙嵩对崔浩的建议很是反对，他坚持认为，如果攻打夏国的时候夏国像宋国一样坚守城池，柔然再乘虚而入，北魏可就危险了。拓跋焘却对崔浩的意见十分赞同，看着长孙嵩不顺眼，斥责他为官贪污，命令身边武士抓起他的脑袋去撞地——这叫"顿辱"之罚，是游牧民族使用的一种侮辱性的惩罚手段。此招过后，其余大臣再不敢有反对意见。

始光三年（426），北魏兵发平城，司空奚斤带四万五千人袭击夏国的河东重镇蒲阪，周几带一万人攻打陕城，并由原东晋平阳太守薛辩之子薛谨带路。拓跋焘自领数万大军，直取统万城。

时值隆冬，黄河封冻，拓跋焘的军队行进到君子津（今内蒙古准格尔旗东北黄河边），两万轻骑兵直接冲过黄河，向统万城杀去。冬至日，北魏军在距统万城三十多里的地方沿黑水摆开阵势。赫连昌正和群臣饮酒作乐呢，听闻消息匆匆披挂上阵，结果打了败仗，只能慌忙退回城内。拓跋焘身边的卫士豆代田趁城门来不及关闭，带着一批人冲了进去，把西城门给烧了，赫连昌赶紧关闭了宫门，这才阻挡住魏军。

拓跋焘见天寒地冻，不利攻城，就派兵在城中大肆抢掠，得到十多万头牛马，又下令将城中的一万多户居民全部迁徙回国，给赫连昌留下了一座空空荡荡的国都。

北魏军的其他两路行动也很顺利。统万城战败的消息迅速传遍夏国境内，蒲阪、陕城等地的夏国守将全无战心，都弃城逃跑了，奚斤乘势攻入长安。可惜大将周几病死于军中，这是北魏方面唯一的损失。

此战过后，西面的西秦、北凉以及仇池听说北魏进入关中，纷纷派使者向拓跋氏表示归附之意。

赫连昌勉强保住了统万城，但手中也已经没啥兵力了——这时候，夏国的主力部队还由他的五弟、平原公赫连定率领，在和西秦打仗呢！他急令赫连定回军支援，攻

① 北魏君臣蔑视柔然，认为他们和虫子一样恶心，故而称其为"蠕蠕"，"蠕"发音同"软"。

打被北魏占领的长安。魏将奚斤不是等闲之辈，指挥部众与赫连定在长安相持。

转眼到了第二年（427）夏天，拓跋焘见夏军主力被牵制在长安，统万城内兵力空虚，便欲卷土重来。他下令让军士们在阴山一带大伐木材，修造攻城的器具，准备一举拿下这座在赫连勃勃时代号称坚不可摧的夏国都城。

六、敢死队生擒赫连昌

北魏始光四年（427），魏军再度兵发平城。拓跋焘命司徒长孙嵩等人率三万骑兵为前驱，常山王拓跋素等人率三万步兵为后继，南阳王拓跋伏真率三万步兵负责运送攻城车，将军贺多罗率精骑兵三千居前听候调遣，自己又亲率数万主力军，大旗一挥，直指夏国国都统万。

大军渡过黄河后行进缓慢，拓跋焘决定带轻骑兵先行，大臣们却不同意，都认为统万城城坚难拔，不如等步兵、攻城车都上来再统一行动。拓跋焘笑道："用兵之道，攻城最下，万不得已才考虑攻城。如今若是步兵、攻城车都开到城下，夏军必然心生恐惧，坚守不出，到时候要是一时攻不下来，粮绝兵疲，进退无所，那就不好办了。不如以轻骑兵直接杀到城下，夏军见我们步兵都没到，守城的意志必然放松，我军再不断示弱，他们也许会出战，那就容易对付了。我的轻骑兵前有坚城，后无支援，此乃'置之死地而后生'，用这样的军队不足以攻城，可若在野外决战，就是绰绰有余了。"于是他点了三万轻骑兵倍道兼行，往统万城扑去。

统万城中的赫连昌原本打算坚守不出，等赫连定那边把奚斤搞定回师了再合攻魏军，所以在拓跋焘故意向夏军示弱的时候，他一概不理。拓跋焘无奈，只好率几万大军驻扎在统万城附近。攻城不顺，后援未至，粮草将尽，魏军面临的形势很不乐观。

天助强者，这时魏军营中一个小兵犯了事，他害怕受处罚，就偷偷逃了出来，溜入统万城向赫连昌报告情况，说："现在魏军的粮食快吃完了，士兵都开始以野菜为食，步兵、攻城车还没抵达，您应该趁早进攻！"赫连昌得了可靠情报，十分高兴，亲率三万步骑兵出城迎战。

长孙嵩见夏军战阵严谨，不易攻击，劝拓跋焘暂避锋芒。拓跋焘道："我远道而来攻打统万城，就怕敌人不出动。现在他们既然出来了，我若避而不战，就是长彼志气，灭己威风，绝不可以！我军应诱而歼之。"说着，就收起人马，佯装败逃。

夏军的骑兵实力也很强劲，他们从左右两翼夹攻，一路紧追不舍。

走了五六里，忽然有一阵风雨自东南袭来，飞沙走石，天色大暗，魏军士兵无法正常行军。一个名叫赵倪的随军太监颇通方术，他对拓跋焘说："如今风雨交加，我们逆风，敌人顺风，天不助我；而且将士们饥渴难耐，陛下不如避一下，改日再战。"

旁边的崔浩怒斥道："这是什么话？我军行千里只为取胜，已经定下的计策岂可变更？敌人贪进不止，已无后援，我军应该埋伏起来，分开两路攻其身后，正好能利用顺风的优势。所谓风向优劣，关键在于人，哪里有什么天时不变的道理！"拓跋焘对此深表赞赏，把大军分为左右两队，转身对抗夏军。

拓跋焘正想指挥大军冲锋，忽然战马倒地，自己也跟着摔了下来。夏国士兵见机纷纷来擒，幸亏有宗室拓跋齐以身捍卫，拓跋焘才将敌人杀退。年轻的皇帝重新上马，亲手刺死夏国将领斛黎文，之后手中流矢仍然浴血奋战，杀死了十几个夏国的骑兵，大大激励了魏军士气。魏军凶性大发，夏军被打得溃不成军，死伤上万。赫连昌根本控制不住败势，被反击的魏军一路追到统万城北，来不及进城，只好带着残兵败将逃往上邽（Shàngguī，今甘肃天水）。

拓跋焘未经攻城，只用几万骑兵就顺利接手了城坚墙固的统万城。他率领大军开进城内，俘虏了数以万计的夏国王公大臣、后妃宫女，还有马匹三十多万、牛羊数千万，不计其数的国库珍宝也尽归其手。

拓跋焘不禁感叹："蕞尔小国却如此劳民伤财，怎么可能不亡呢？"不过感叹归感叹，自己还得继续享福，他见赫连勃勃的三女儿姿色出众，立即将她封为贵人，纳入后宫。

财宝、美女之外，拓跋焘还得到了更为珍贵的人才，其中包括夏国的史官张渊、徐辩，以及东晋降将毛修之等人。最有意思的是这位毛修之将军。当年东晋丢了长安，守将中只有他苟活下来，现在到了北魏，被拜为将军，后来在与柔然的战斗中屡建大功，这样的经历称得上是"塞翁失马，焉知非福"。他还有一个独门绝技，那就是烹饪，尤其对于江南的饮食很有研究。拓跋焘恰好爱吃南方菜，对毛修之做的美味佳肴情有独钟，常常把他招入宫中御膳房，专做南方菜。

赫连昌逃了，在长安的赫连定也是连吃败仗。他听说统万城已经失守，也不再恋战，带兵退往上邽。

拓跋焘班师的同时，也命长安的司空奚斤撤军。奚斤不甘心，上书一封，信誓旦旦地许诺要活捉赫连昌，要求增兵攻打上邽。拓跋焘见他赤心可嘉，就给了他士兵一万、战马三千，并派大将拓跋娥清、丘堆前去，与他并肩战斗。

赫连昌在上邽遇到魏将尉眷的攻击，被迫退保平凉，奚斤趁机进逼安定。

安定一带离统万很远，魏军的补给跟不上，很快奚斤的几万大军就陷入困境，战马病死，士兵缺粮。奚斤撑不下去了，放纵士兵到民间抢夺粮食，结果遭到赫连昌的突袭，损失不小。他只好下令筑堡垒自固，任由赫连昌在门口挑战也纹丝不动，全没了向拓跋焘上书时的气概。

监军御史安颉对奚斤的龟缩策略十分不满，质疑说："将军受诏灭夏，现在反倒被敌人困住了，就算不被敌人杀死，逃回去也要受到军法惩治。如今已是进退两难，将军就没想过自己的后路吗？"

奚斤为难地说："现在将士无马，用步兵打骑兵，没有赢的道理，我看还得等朝廷的救兵来了才行。"

安颉火了，说："如今敌寇在外头逍遥，我军兵困粮尽，再不决一死战，那才是死到临头了，朝廷派救兵来能有什么用？与其等死，不如死战！"

奚斤还拿马少为理由来搪塞。安颉不愿耽搁，请求挑选两百匹战马，招募一支敢死队突击夏军，专捉赫连昌："就算不能破敌，至少也可以挫其锐气！"奚斤依然面有难色。

安颉这个建议有冒险的成分，却正好可以应付现在这种情况，后来事实证明它确实能够奏效。当时的监军御史其实只能向皇帝报告战况，没有权力干预指挥，关键时刻安颉能起到如此大的作用，说明打仗比的不仅是指挥者的大策略、大智慧、大勇气，各种偶然因素也可能成为左右战局的关键，有时候拍脑袋想出来的鬼点子也可能是克敌制胜的法宝。

说不动元帅，安颉就回来与大将尉眷私下商量，暗中挑选了两百名骑兵，准备按计划作战。果然，赫连昌亲自带兵进攻，安颉便带上他的敢死队应战。北魏的士兵们都认得赫连昌，一个个恨得牙痒痒，争先恐后地要去捉他。

说来也巧，这时天色大变，狂风大作，又出现了类似拓跋焘在统万城外碰到的天气，只不过这次轮到赫连昌的战马摔倒了。他可没拓跋焘那么幸运，魏兵一拥而上，把他摁倒在地捆了个结实，堂堂夏国皇帝就这么被天气、战马加上对手的好运气害惨了。

不过赫连昌之后的运气不算差，他被送回平城后，因为长得一表人才引起了拓跋焘的好感，拓跋焘不但把他安置在自己的西宫，还把自己的亲妹妹始平公主嫁给了他，后来更是常常把赫连昌带在身边，和他各骑一匹马去山里打猎。尽管北魏将士都觉得这样做不妥，拓跋焘却一直不以为然，说："只要天命在我，又有什么好怕的？"可惜赫连昌不"识相"，终于在北魏延和三年（434）叛变西逃，被魏将所杀。

赫连昌被擒，赫连定收拾了残兵败将逃到平凉称帝。魏营里的安颉、尉眷立了大功，被拓跋焘加官晋爵，很是风光。奚斤自认为身为元帅，功劳却被底下人给抢了，又恼又羞，也不听手下劝阻，便率领数万骑兵追击赫连定，以图挽回颜面。

赫连定得到北魏军中前来投降的偏将的报告，知道魏军粮草、饮水都不足，走不了几天，就在半路上设下埋伏，准备突击魏军。奚斤轻骑猛进，哪里料到这一手，结果全军大败，奚斤、拓跋娥清等人都被生擒，士兵更是伤亡近万。

赫连定乘胜东进，奔长安而来。魏军的辎重留在安定，由大将丘堆把守。丘堆听说前面大军覆没，吓得丢下辎重掉头就跑，到了长安也不守城了，拉上拓跋焘留在城中镇守的高凉王拓跋礼，一直跑到河东的蒲阪才歇住脚，夏军重新夺取了长安城。拓跋焘闻知勃然大怒，下令让安颉把败将丘堆就地正法，然后固守蒲阪，阻击夏军。

赫连定其实没有更多的力量再往东扩张了，他派使臣到北魏请和。此时，魏、夏之间的战事前后已持续三年，总体来说，北魏还是取得了较大的战果的，夏国的疆域面积只剩不到原先的一半，而且北魏也需要时间休整兵马，拓跋焘便同意了求和，只是又传了诏书，让赫连定亲自来投降。赫连定自然不会乖乖上门，两国就这么进入了短期停战状态。

值得一提的是，这一年（428）有人在北魏境内捉到了一头公鹿，浑身雪白，民间相传这是头神鹿。拓跋焘大喜，认为是天降祥瑞，就改元“神䴥”[①]。只是对于四面为敌的北魏而言，前程是否真能一帆风顺，依然扑朔迷离。

① 䴥（jiā），专指公鹿。

七、可笑的盟约

北魏大军连年西征，一向驰骋关中的赫连夏国只求自保，已经无力反击。西面的战火暂时不烧了，北面和南面却很快就相继出现了新的战事。

过了一年（429），拓跋焘准备攻打柔然。此时的北魏久战疲乏，从上到下都不愿用兵，宫中的太后也拼命劝拓跋焘不要急于出兵。环视朝野，只有太常崔浩赞成。

拓跋焘北伐意志坚定，群臣见状，便推举了从夏国投降来的史官张渊、徐辩进谏。张渊这个人德高望重，历仕几国，颇通晓天文地理、占卜数术，年轻的时候他曾劝前秦苻坚不要南征东晋，苻坚不听，结果大败，因此他的观点在当时的人看来是颇有预见性的。

张渊以天时不利为理由，认为北伐必败，即使侥幸能赢也不利于统治，群臣借机附和。拓跋焘被说得心中犹豫，便把崔浩招来，让他与张渊等人当面辩论。崔浩也以天象为根据，得出的结论却与张渊全然不同——他认为现在正是北伐大漠的好时机，反驳了张渊的所谓“天时论”。

张渊心中不服，又说：“蠕蠕那么个荒凉偏远的国家，得到他们的土地也不能耕食，得到他们的臣民也无法驾驭，而且那些人都是反复无常的野蛮人，收服了没有用，何苦要兴师动众去攻打呢？”

崔浩微微一笑，道：“张大人谈论天象还是颇内行的，可若是论及形势，见解都太一般了。你的话乃是老生常谈，在汉朝就有，放到今天来用有些不合时宜。为什么这么说呢？这个蠕蠕国的首领是从我们魏国叛逃的奴隶，如今我们消灭主凶，收服人民，让他们重操旧业，怎么可以说没有用呢？漠北高地气候凉爽，没有蚊虫，水草茂盛，正是夏天北迁的好地方，怎么会不能耕食呢？蠕蠕的臣民投降之后，可以把公主嫁给他们的贵族，一般的大臣则可以封为将军、大夫，让他们在朝中做官，怎么会无法驾驭呢？而且蠕蠕几次侵入我国，官民都惧怕他们，如果今年不趁夏天进攻，把他们彻底打败，等到秋天又会来骚扰，我们就睡不好安稳觉了！太宗[①]以来，每年都是警报连连，这又何苦呢？呵呵，世人都说张大人、徐大人通晓方术，能预知兴亡，微臣就想问一下，赫连昌失败之前可有什么征兆吗？如果你们知道了而不说，那就是不忠；如果你们确实是不知道，那就是你们的方术水平根本不行！”

这时赫连昌也在座，张渊等人看看崔浩，又瞧瞧赫连昌，无言以对。拓跋焘十分高兴，对众臣道："朕意已决，张渊这些亡国之臣的意见根本不值得听！"说着，又让崔浩去说服其他想不通的大臣。

退朝之后，有位大臣问崔浩："如今宋国在南方为患，我们这里出兵北伐，行军千里，谁人不知？假若蠕蠕远逃而宋军又来，那可就危险了！"

崔浩摇头说："此言差矣。今年如若不把蠕蠕摧毁，则无法抵御南朝之敌。自我国攻破夏国以来，南朝怕得要命，所以嗓门喊得最响，说要出兵防卫淮北，可依我看来，等我们击破了蠕蠕他们都不会来。为何这么说呢？想当年刘裕得到关中，留下爱子守城，坐拥精兵数万，又有良将辅佐，还是无法守住，最终全军覆没，至今还有人为此悲叹不已。当初尚且是这个结果，何况如今我国昌明盛世、兵马强壮，他们若来，岂非如羊入虎口？而且就算我们把河南给他们，他们也守不住。宋国有自知之明，肯定不会来打，就算用兵，也只是防御边境而已。这些问题，仔细分析一下就能想明白的。我们再来看蠕蠕，他们自恃地处偏远，我国无力攻打，所以夏天放牧牲畜，到了秋天就聚集大军南下抢掠。如今我们趁着夏天攻其不备，大军一到，他们必然惊诧，望风而逃。这个季节里，公马护群，母马恋驹，很难驱使，如果没有水草，很快就得困死，我军正可将其一举消灭。这才是一劳永逸的长久之计，机不可失啊！幸亏皇上已经决定出兵，你们这些公卿的见识太短浅了！"

拓跋焘挥师北上，分兵两路，取道黑山（今内蒙古和林格尔西北）和大娥山，大

① 指北魏明元帝拓跋嗣。

举攻打柔然。东路由拓跋焘亲自率领，很快就抵达了漠南。拓跋焘舍弃辎重，以轻骑兵发动突袭，迅速杀到栗水（今蒙古西北翁金河）。

魏军忽然杀到，柔然的军民个个吓得大惊失色，四散溃逃。柔然首领牟汗纥升盖可汗大檀这时正趁着水草茂盛漫山遍野地放牧呢，哪有什么防备？只能烧了帐篷，趁乱跑得无影无踪。大檀的弟弟匹黎先驻扎在东面，听说魏军来犯，赶紧率兵前来支援，却在半道刚好撞上长孙嵩率领的北魏西路军，一败涂地。

拓跋焘一路追赶，深入大漠，布下天罗地网搜索大檀。一直为柔然所压制的高车各部落趁机抢掠柔然的牛马，之后归附了北魏。这一仗柔然损失惨重，被打得毫无脾气。

拓跋焘追到涿邪山（今蒙古国满达勒戈壁一带），因为离北魏都城过于遥远，担心柔然埋有伏兵，这才下令退兵。事后有投降的柔然人报告说，大檀其实已经身染重病，后来逃入山中，离魏军前部不过百八十里的距离，魏军撤退，他才得以保住性命。

拓跋焘在最后关头未能按照崔浩的意思将穷寇追到底，丧失了一个消灭柔然的最佳时机。尽管如此，北魏还是收获颇丰。柔然大部投降，可汗大檀羞愤而死，其子吴提继位，号“敕连可汗”①，柔然开始衰落。此外，北魏还控制了高车的各大部落，实力大增。

为了防止柔然的侵扰，北魏从明元帝拓跋嗣时起就开始重修汉代留下的北方长城，拓跋焘又沿长城自西向东设立沃野（今内蒙古五原北）、怀朔（今内蒙古固阳北）、武川（今内蒙古武川西）、抚冥（今内蒙古四子王旗东南）、柔玄（今内蒙古兴和西北）和怀荒（今河北张北）六个军镇，派遣重要将领到那里守卫，使其成为保卫都城的军事屏障。柔然对上北魏一直处于军事弱势，六镇功不可没。只是让拓跋焘没想到的是，这六个军事重镇的设立，竟也给一个世纪后北魏的衰败灭亡埋下了定时炸弹。当然，这是后话了。

拓跋焘回到平城一看，宋国果然如崔浩预言的那样，尽管口头上嚷嚷着要收复河

---

① 鲜卑语“神圣”之意。

南的地盘，其实根本就没有动作。拓跋焘大为叹服，加封崔浩为侍中、抚军大将军，更加重用他了。

直到这个时候，安分了六年的宋文帝刘义隆才如梦方醒地正式派兵北伐，而北魏已经解决了北面的隐患，可以一门心思地对付宋军了。宋文帝与他父亲刘裕在战略眼光上的差距真不是一点两点。

宋国派使者田奇来到平城，向拓跋焘宣示主权："河南以前是我们宋国的国土，却被你们侵占，现在我军将收复旧土，但不会进入河北。"

拓跋焘一拍桌子，怒道："我乳臭未干的时候就知道河南是我魏国的地方，你们怎么可能拿得走？！如若你们进攻，我们可以撤军先避锋芒，等到冬寒地净，河水封冻，我军自然会重新占据这些地方！"

嘴仗打个没完，宋文帝沉不住气了。刘宋元嘉七年（430），即北魏神䴥三年，他命右将军到彦之与安北将军王仲德、兖州刺史竺灵秀率水军五万，由淮水入泗水，之后沿黄河西进；骁骑将军段宏率精骑八千直指虎牢，豫州刺史刘德武率兵一万跟进；后将军长沙王刘义欣率兵三万，监征讨诸军事。

这年夏天天旱，泗水河里的水都渗入了地下，水军的船只无法正常行驶，每天只能走十来里路。到彦之用了三个月的时间才进入黄河，此时已近秋天。

北魏的鲜卑军队不适应夏秋之际在河南一带作战，而且河南一带的守军也偏少。拓跋焘听从崔浩的建议，主动撤出守军。

前文说过，河南的四个重要据点从西向东是金墉（即洛阳西北的金墉城）、虎牢、滑台、碻磝，宋军一场仗没打就占领了这四座城池，西面的部队甚至进抵潼关。司州、兖州统统回归，宋军上下喜出望外，唯独刘裕旧部王仲德面有忧色，他说："你们这些年轻将领没跟胡人打过硬仗，哪里知道胡人的狡诈之处？现在他们北退，一定是等着反击呢。假若冬天河水封合，他们肯定会再来的！"

到彦之能登高位，不过因为他是宋文帝刘义隆当年在荆州的旧部，军事水平其实并不太高，眼下形势一片大好，他哪里听得进这些，只是一味向朝廷报喜。

局促在平凉一带的赫连定见宋军恢复了河南，信心大增想要翻盘，便派了使臣与宋国联络。双方订立盟约，相约共同攻打被北魏占领的河北之地，事成之后，恒山以东归宋，恒山以西归夏。可惜想法很好，现实就完全不是这么回事了。这份盟约的可笑之处在于，它把北魏的土地早早地瓜分干净，却没有制订有效的配套军事计划，所以结盟后的两国依旧是各自为战。

拓跋焘听说夏、宋缔结同盟，决定先讨伐夏国。群臣都担心宋军趁机渡河，拓跋焘只好又问计于崔浩，崔浩胸有成竹地分析道："宋国皇帝刘义隆和赫连定联合，看起来很强大，其实都是玩儿虚的，两家都希望对方先行动。宋军排兵布阵有一大弱点，他们在河南东西绵延两千多里的战线上分散兵力，每处不过数千人。这样的阵势用来防守还凑合，渡河进攻是万万不可能的。而赫连定则是残根易摧，一攻即溃。我军击败夏军后再东出潼关，席卷河南，必获全胜。"

拓跋焘依计行事，命安颉等人在河北待命，只等天气寒冷就渡河南下，他自己则率大军进攻平凉。

夏国守平凉的是上谷公赫连社干，拓跋焘派赫连昌去招降不成，又派安西将军古弼攻打安定。赫连定这时候刚打下魏国的鄜（fū）城（今陕西洛川东南），听说平凉这边有危险，赶紧带了两万步骑兵前来救急，却被拓跋焘先算一步。拓跋焘以刚刚得到的高车骑兵发动袭击，赫连定猝不及防，大败而逃。拓跋焘一路围追堵截，把赫连定的军队困在鹑觚（gū）原（今陕西长武西北）上。

拓跋焘下令阻断对手的水草资源，夏军很快就人马饥渴，支撑不住了。赫连定无奈出兵挑战，被北魏将军丘眷击败，夏军死者上万。赫连定身受重伤，单骑逃走，一路上收集残部和逃难的民众，渐渐又聚起了数万人，西保上邽。

痛定思痛的赫连定在一年后（431）率部西进，准备灭掉西秦和北凉，然后割据河西地区。

此时的西秦传到了第四代君主乞伏暮末手中。西秦在北凉和大夏的进攻下疆域日益萎缩，而且还要疲于对付新兴近邻——与慕容氏同宗的吐谷浑，可谓外患重重。而在内部，乞伏暮末又十分残暴，因此屡次出现叛乱。内外交困之下，西秦最后剩的一点疆土几乎全被吐谷浑占领，乞伏暮末只好退守南安，并向北魏请降，可在北魏派遣军队前来接收时他又变了卦，结果遇到赫连定在西逃途中围攻南安，失去外援的西秦就这样被赫连定顺手灭掉了。

可惜对于赫连定来说，消灭孱弱的西秦根本于事无补，于是他打算继续渡过黄河入侵北凉，却在半路上遭到强悍的吐谷浑骑兵的截击，全军溃散，身败国灭。

赫连勃勃建立的“伟大”国家一度在关中活动猖獗，却终究只是昙花一现，而混血的铁弗人也同他们的国家一起，就此消失在历史长河中。

八、尘埃初定

赫连定失败后，北魏很快就乘胜攻克安定、平凉、长安、临晋、武功等地，尽得关中，而东线的河南一带也是捷报频传。

正如明眼人崔浩所见，宋军的兵力过于分散，面对阵容强大的北魏军队，他们极难胜任防御黄河的任务。这就好比下围棋，每个局部都想占住，就会处处都是薄形，结果自然是处处受攻，没有一处能真正转化为实地。

对形势判断过分乐观的宋军统领到彦之却不觉得危机将至，还企图派偏将姚耸夫北渡黄河进攻冶坂（今河南孟州西）。姚耸夫被安颉打得大败而回，到彦之仍没有认识到战情的紧迫，只是简单布置了沿河的防线，就和王仲德一起回保东面的东平，以为河南四镇可以高枕无忧。

北魏神䴥三年（430）的寒冬来得特别早，黄河北岸，待命了几个月的魏军终于行动了。十月下旬，冠军将军安颉率领大部军队从委粟津（今河南范县东）渡过黄河，进逼宋军最西面的据点金墉。

自上一次魏宋河南大战以来，金墉城的城防已有多年失修，宋军得城不久，来不及巩固城防，也没有粮食储备，所以守将杜骥根本没有死守的打算。只是他害怕就这样逃跑要被治罪，所以忽悠带着小股部队驻扎在洛水边上的姚耸夫说："金墉城的防备已经没问题啦，粮食也够吃，现在就缺人。将军若来助我，必立大功！"

姚耸夫刚打过败仗，立功赎罪心切，竟真的傻傻地来金墉城报到了。可来到城头一看，嘿，这都什么破墙啊，怎么守呐？眼看魏军就要杀到城下了，咱们跑吧！于是一扭马头就往南撤退。狡猾的杜骥也跟着逃跑，并在回到建康后跟宋文帝说："微臣本想固守金墉，怎奈姚耸夫来到城下未及防守就逃跑了，导致军心沮丧，难以控制，这才失守。”宋文帝闻言大怒，下令把姚耸夫斩首。

安颉攻下金墉，又顺势攻下了南面的洛阳，将留下的五千多宋军将士全部杀害，继而与龙骧将军陆俟合兵攻打虎牢。由于魏军并不十分重视城池的防御工事，反而更看重机动兵的战斗力，所以之前他们占据这些城池时并没有下功夫建设和改造城防，导致虎牢这样重要的关口已经不再像过去那样易守难攻了。魏军一战就迅速攻破虎牢城，宋军守将尹冲被俘，之后被杀，荥阳太守崔模投降。

这时，河北的魏军集结在东平西北面的七女津，到彦之怕魏军渡河，忙派偏将王蟠龙到河中夺取北魏的渡船，王蟠龙不敌，被魏将杜超等人所杀。

洛阳、虎牢相继失守，青州西面也只剩下滑台一处还由宋将朱修之苦守。到彦之遭遇重挫，不听部将垣护之的劝阻，执意不再协防滑台，下令退兵。

到彦之打算焚烧战船，步行南撤，王仲德劝道：“洛阳、虎牢被攻陷，势所难免。现在敌军离我军尚有千里，滑台还有强兵把守，如若放弃战船南逃，军心散乱，必成溃散之势。于今之计，应乘船入济水，至马耳谷（今山东东平东南）谷口再作商议。”

到彦之觉得有理，便率宋军顺济水南行。行军艰苦，到彦之多年的旧疾眼病忽然复发，疼痛难忍，军中将士也有不少人染上瘟疫。到达历城（今山东济南）时，到彦之终于不愿这么缓慢地走水路了，下令烧船弃甲，步行逃往彭城。

所谓“兵熊熊一个，将熊熊一窝”，主帅一撤，各地守将也无心防守。兖州刺史竺灵秀放弃须昌，南下逃往湖陆，青州、兖州一带的宋军陷入一片恐慌。

东线的魏军南渡济水，兵临济南，济南城中只有几百名刘宋将士，由太守萧承之率领。这位萧承之就是将来建立南齐政权的萧道成的父亲，此人颇有些见识，见魏军声势浩大，就命手下放弃守备，大开城门以待魏军。众人不解，他说：“现在我们守卫孤城，形势危机，若再示弱，城将不保。不如给敌人留下我军强劲，并不惧怕他们的印象。”魏军来到城下，见城门敞开，果然因害怕城中有伏兵不再前进，反而带兵撤退了。

济南守住了，可宋国的其他各城大多望风而降。魏将叔孙建追击竺灵秀，在湖陆把他打得落花流水，宋军又损失了数千人。

到彦之、王仲德率领残兵回到建康，此仗他们打得丢盔弃甲，府藏武库都已空虚。宋文帝对到彦之的一片信任全化作泡影，失望气愤之余，他免了到彦之、王仲德的官职，将他们下狱候审，又以擅自弃军逃跑为由将竺灵秀正法。

此战中，宋文帝过于倚仗自己的旧部到彦之，而对父亲留下来的旧将檀道济、王仲德不能重用，导致宋军损失惨重。其实，檀道济等人跟随刘裕南征北战，利用他们的经验对付北魏正是用其所长。在战争过程中也可以看到，王仲德提出的几个问题是最关键的，却没有得到统帅到彦之的重视。宋文帝若能用檀道济甚至王仲德做统帅，宋军的防线不可能设得这么薄弱，魏军仍然可能攻占河南诸镇，但代价肯定会大得多。

好在形势没有到最坏，滑台城这座河南最后的堡垒还在宋军手中。过了年，也就是刘宋元嘉八年（431），宋文帝请出檀道济，命他率军出清水，与王仲德、段宏等共同支援滑台，以做最后一搏。魏军则由叔孙建、长孙道生率领，在宋军的行进路线上进行阻击。

檀道济军中有不少都是刘裕的旧部，战斗力很强，在寿张（今山东东平西南）与叔孙建的军队相遇后大胜对手，进而转战至高梁亭（今山东东平境内）一带，阵斩北魏济州刺史悉烦库结。

宋国援军沿济水而上，半个多月里与魏军连战三十多场，大多取胜，很快就到达历城，离滑台已经不远了。这时，北魏大将叔孙建想到了一个制止檀道济援军前进的妙招——他派轻骑兵偷偷绕到宋军身后，放火焚烧宋军的粮草。等檀道济反应过来时，粮食已经烧得差不多了。没有了粮食，再勇猛的军队也无法前进，檀道济就这样被困在了历城。

滑台的战事并不等人，安颉率部连日猛攻，拓跋焘又派将军王慧龙助攻，城内守军的压力越来越大。不久粮食耗尽，守将朱修之带着将士们挖寻老鼠，将其熏烤熟了充当食物，却依然顽抗不降。然而坚定的决心也无法挽回颓势了，魏军终于还是攻克了滑台，俘虏了朱修之、东郡太守申谟以及城中的一万多宋军将士。

滑台陷落了，自身又面临粮尽的状况，檀道济只得从历城撤退。有兵士逃到魏军大营，把宋军缺粮的窘况向叔孙建等人报告。魏军没了顾忌，迅速从后面追了上来，对宋军四面围堵。宋军十分害怕，不少人都跑了。

檀道济并不慌张。这天晚上，他到营帐中与兵士一起查点粮食，兵士们一边拿着竹筹计着数，一边用斗量米。宋营里混入了魏军的细作，这时也在观察情况。细作见营中军粮成山，满满的米袋之中都是白白的大米，立刻跑回去向叔孙建禀报："檀道济粮草充足！"叔孙建一听，认定之前投降来的兵士是奸细，就把他杀了。

檀道济军粮已尽，哪来那么多粮食呢？原来，当夜宋军量的并不是大米，而是临时堆积起来的沙子，只是为掩人耳目，在沙子上放了少量剩余的米粒而已。这就是檀道济"唱筹量沙"的诡计，巧妙地骗过了魏军。

天将发白，檀道济命兵士身披盔甲，自己则换上白衣、坐上马车，带领军队慢慢地向南走去。魏军见识过檀道济的厉害，见了这般架势，以为这次又有伏兵，不进反退，不敢追击，檀道济等人得以全军退回。

至此，魏、宋之间围绕河南四镇展开的第二次大规模接触战又以北魏的全面胜利而告终。这次战役中，宋国在战略战术上全面输给了魏国，几乎每一步行动都被崔浩计算在先，而北魏皇帝拓跋焘则完全采纳了崔浩的战略思想，先以主力军队进攻夏国的残余势力，将其消灭，然后在对上宋军的初期进攻时避其锋芒，再利用天气、地形的优势大举反攻，将司州、豫州、兖州等地重新收入囊中。

宋国在两次河南大战中元气大伤，唯一的亮点是檀道济等将领的表现，然而这一点点希望仅仅能保证宋国处于守势而不崩溃，更何况，疑心重重的宋文帝刘义隆真的能放过这些能力一流的部下吗？

九、赫赫武功

北魏的历史上一共有三位谥号带“文”字的皇帝，有四位谥号带“武”字的皇帝。如若我们再仔细看一下这些皇帝所处的时代，就会发现一个有趣的现象：三位“文”皇帝正好处于北魏皇朝的繁荣昌盛期，他们分别是第五位皇帝文成帝拓跋濬（jùn）、第六位皇帝献文帝拓跋弘和第七位皇帝孝文帝元宏；而四位“武”皇帝则处于皇朝的两头，不是发展壮大期就是衰败灭亡期，前期有道武帝拓跋珪、太武帝拓跋焘，后期有宣武帝元恪、孝武帝元脩。

从这样的排列中，我们颇有规律可循：一个国家在刚刚兴起的时候需要不断发展，扩大地盘，这个时候武功无疑应居于最主要的地位；到了稳定兴旺的时期，文治的重要性则远大于武功；而在国力衰败、接近灭亡时，中央政府的控制力大大削弱，从内到外战事频起，这时候的国家又需要靠武力去改变尴尬的状态。所谓君主，正是国家意志的体现。

在这些“武”皇帝中，最引人注目、争议也最大的一个，无疑是太武皇帝。“太”字通“大”，换而言之，仅从谥号的用字中我们就可以知道，北魏一朝诸君之中，若论起武功之盛，没人能比得过小名“佛狸”、在位时间长达三十年的拓跋焘。

中国的古代帝王之中常出现“隔代亲”的现象，明朝的成祖与宣宗，清朝的康熙与乾隆，例子不少。拓跋珪与拓跋焘这一对祖孙“武”皇帝之间，似乎也有这样的亲近感情。拓跋焘长相很奇特，他出生时祖父拓跋珪见了大为赞叹，欣慰之余，还说出了“成吾业者，必此子也”的话。

祖父对孙子如此喜爱，自然也就早早地开始重点培养拓跋焘。

拓跋焘成年后颇识事体，生活十分清俭，并不讲究奢华，这一点在当时的胡人统治者中间是十分难得的。究其原因，一是拓跋鲜卑的内部组织比较简单，争取更多生存空间是大漠出身的君臣们追求的主要目标，生存质量尚在其次；二是拓跋焘吸取了十六国统治者们因为生活奢靡而失败的教训，逐渐认识到低调朴实的生活作风才是不重蹈覆辙的重要保障。

不过，虽然生活简朴，拓跋焘在军事上的花销却绝不吝惜，毕竟这是国本。灭夏后，有不少大臣向拓跋焘提出加固京城的城防，并且加强城建，拓跋焘就很不以为然，说："古人说得好：'在德不在险。'赫连勃勃造了那么坚固的统万城，最后不还是被朕攻灭，国破家亡？如今天下还没有平定，朕更需要人力上战场去打仗，而不是发动老百姓去建造房屋城墙。"

拓跋焘本人武艺出众，马上马下皆非等闲之辈。他喜欢亲自带领轻骑兵冲杀于敌阵，虽贵为皇帝，在战场上却毫无特殊之处。而且他心志坚定，即便是左右死伤惨重，也能面不改色心不跳地从容指挥余下的军队继续作战——这可比南朝那些目光短浅、身处深宫的皇帝们强太多。正因为有这样的君主率领，北魏的士兵们在战场上无不拼死搏杀，加上北魏骑兵强大的冲击力和机动性，他们在北方几乎所向披靡，无人能敌。

对于手下，拓跋焘赏罚分明，他常挂在嘴边的一句话是："法者，朕与天下共之，何敢轻也。"他的眼中容不得沙子，大臣犯法与庶民同罪。

凭借个人的魅力与群臣的努力，拓跋焘统领的北魏大军取得了一个又一个胜利。神䴥四年（431），北魏在对夏、对宋的两条战线上同时获胜，使拓跋焘有足够的理由坚信，自己离统一北方的一天并不遥远了。

班师回朝后，拓跋焘大封百官，在战场上立下大功的太尉长孙嵩被加封为柱国大将军，在战略谋划上起了决定性作用的崔浩被加封为司徒，另一名将军，长孙嵩的侄子长孙道生被封为司空。然后，他认为大敌已除，国家要把重点转移到文化建设上来，于是又颁布诏书，授予北方名士卢玄、崔绰、高允等人中书博士的官职。

灭掉夏国之后，北魏的西边已经延伸到了凉州的南面，与黄河西面沮渠蒙逊的北凉接壤。小小的北凉无力对抗强大的北魏，不过北魏暂时没有精力跟这个弱小的邻居翻脸，双方互相遣使，北凉向北魏称藩，拓跋焘封沮渠蒙逊为凉王。

西南的吐谷浑在北方大乱的一百多年中一直游离在外，大多数时间是一个旁观者。事实上，吐谷浑与拓跋氏的渊源很深，他们是慕容鲜卑的旁支，吐谷浑部落的远祖名字就叫吐谷浑，是当年慕容部单于慕容涉归的庶长子。作为庶子，吐谷浑处处受到歧视和打压，终于因为牧场马匹的问题与嫡传单于慕容廆发生冲突。两人争执不下，吐谷浑一赌气，干脆率部西迁，一行人长途跋涉，翻过阴山到达今日陇西、青海一带的高原之上。后来慕容廆有些后悔，曾派人追赶出走的长兄，但没有追到。甘肃一带一度流传着一首《阿干①歌》，相传为慕容廆怀念吐谷浑所唱：

阿干西，我心悲，
阿干欲归马不归。
为我谓马何太苦？
我阿干为阿干西。
阿干身苦寒，
辞我土棘住白兰。
我见落日不见阿干，
嗟嗟！人生能有几阿干！

吐谷浑率领族人从此在高原上逐水草而生，同时不断扩大活动的范围。经过几代的发展，到了公元五世纪前期，这个部族开始强大，与东面的西秦发生了冲突。西秦灭亡后，他们又与只剩最后一口气的夏国正面交锋，一举击败了铁弗人的最后一支骑兵，俘虏了赫连定。

吐谷浑首领慕璝将赫连定交付北魏的同时，向拓跋焘索求土地与财物以为报偿，其中核心的一点，是要求占领西秦国的故地。北魏方面自然不会轻易地答应，只是在

① 鲜卑语“阿干”意为兄长。

名义上封慕璝为西秦王，对他的进一步要求置之不理。从此，吐谷浑不再十分热衷与北魏通好，而是周旋于魏、宋之间，两边讨要好处，于夹缝中得生存。

同样生存在夹缝中的还有氐族杨氏建立的仇池国。历史上的仇池国一共有两个，前仇池在前秦苻坚统一北方的过程中被消灭，后仇池则是杨氏在淝水之战后趁天下大乱之际复兴的。后仇池仅保有武都、阴平的一隅之地，并向南方的宋国称藩，后来又攻取了汉中郡，成为北魏西南面的一个小国。

再看看北魏的北面，柔然的老可汗大檀刚死，部族力量损失太大，几年之内都无力南侵，而北魏的长城已经修好，六镇之兵开始组建，北方边患远没有从前那么严重了。至于南面的宋国，虽有元嘉治世聊以自慰，但那样规模的治世实在不足道，第一次北伐彻底失败后，宋文帝刘义隆忙于处理内部的事务，对于北部边境采取全面防守的策略，所以这个敌人也用不着担心。

四周没有大敌，拓跋焘腾出手来，将矛头对准了东面的“海夷”北燕，因为北燕占据的这片区域是他祖父拓跋珪三十多年前讨伐后燕时遗留下的小小“历史问题”。

北燕从创建伊始就是苟延残喘的局促小国，开国君主冯跋在位时努力缓解鲜卑人与汉人的矛盾，并与南朝和柔然等国连横，这才没有被一下子灭掉。北燕太平二十二年（430），冯跋的弟弟冯弘趁他病重带兵冲入寝宫，冯跋受惊而死，之后冯弘又杀死了冯跋的太子冯翼，继任为大燕天王。

冯弘上台后，国内汉人与鲜卑人之间的矛盾加剧，政权根基不稳，拓跋焘抓住机会，于北魏延和元年（432）向北燕发动进攻，辽东一带的六个郡同时投了降。

自此，北魏连续几年攻打北燕。冯弘的策略一直都是“乌龟不出头”，他固守城池，然而国土被蚕食得厉害，眼看已经守不下去。可就是这样生死存亡的紧要关头，冯弘的心思却还在自己的家务事上。他宠爱小老婆慕容氏，把原配正室王氏给废了，连带着把世子冯崇也给废了，改立慕容氏的儿子冯王仁为世子，北燕的内部被他搞得乱七八糟。冯崇不堪忍受，听从同母弟弟冯朗、冯邈的建议，兄弟几人一起叛降北魏。

冯弘终究扛不住北魏的强势，主动把小女儿送到拓跋焘的后宫之中，向北魏请罪称藩。拓跋焘接受了，说：“称藩可以，不过你还得把侍子给朕送来。”

中国古代一向有藩属国向宗主国派遣侍子的传统。藩属国为了表达自己心向宗主的诚意，会选送国主的儿子到宗主国朝中陪侍天子，侍子名义上是去学习上国的文化，实际上也充当了人质。

冯弘哪里舍得乖乖送出自己的儿子，于是执意不肯从命。大臣刘训劝他："我们虽然与北魏通婚，但是不遣侍子的话无法彰显诚意，若是魏国大举进攻，我们如何能敌？吴、蜀两国有大江山川之阻，照样被司马氏所灭。当年晋国能强得过如今的魏国吗？我们燕国又能强过当年的吴、蜀吗？于今之计，只有老老实实地送侍子过去，然后休整内政，赈济民乏，劝课农桑，国家社稷或许还能保全。"

刘训的见解虽迂腐，却也是当时那样情况下的无奈选择，然而冯弘把自己的爱子看得比政权社稷更为重要，当场大怒，杀了刘训，绝口不提送侍子之事。

眼看北魏强势，冯弘日夜难寐，要想继续做个土皇帝看来是不大可能了，只能另谋出路。北燕对宋国那边虽是称了藩，然而宋国离得实在是够远的，远水解不了近渴，不如投奔自己以前的属国高句丽，以待后变。想到此处，他赶紧派出尚书阳伊出使高句丽，请求救援。

北魏太延二年（436），冯弘的使者忽然入贡北魏，并主动请求遣送侍子。拓跋焘心说，你这不要朕吗？朕屡次提出要你送，你不送，现在无故变卦，其中必然有诈！于是他一面派人去高句丽国，不许高句丽王收容冯弘，一面派大将拓跋娥清、古弼率一万精锐骑兵，与平州刺史拓跋婴的辽西军会合一处后共同攻打北燕。

魏军一路高奏凯歌，很快杀到北燕的国都和龙城（今辽宁朝阳）城下。此时，阳伊正好领着高句丽的数万救兵赶到了和龙城的东面，冯弘绝望之下看见救兵，喜出望外，下令全城军民跟随阳伊等人迁往高句丽。和龙城中鲜卑贵族众多，自慕容氏的燕国建立以来他们就在此地居住，所以并不愿意迁徙，城中因此发生内讧。尚书令郭生决定率部投敌，借着民怨打开城门迎接魏军入城。

郭生是个傻人，既然真心投降，为什么不派人去魏军大营联络？还莫名其妙大开着城门，搞得跟空城计一般。果然，拓跋娥清、古弼等人不信，魏军没人进城。郭生急了，只好转过头来亲自攻打冯弘，冯弘命高句丽士兵进城，将郭生乱箭射死。

和龙城被高句丽兵大肆抢掠，落得一片狼藉，城内乱成一团。守是守不住了，冯弘放了一把火烧掉宫殿，举城东迁。至此，北燕灭亡，幽、平两州并入北魏。

拓跋焘本有意征讨“不听话”的高句丽，苦于山高路险，高句丽偏远，一时难以发兵。次年（437），高句丽王受不了骄矜跋扈的冯弘，将他杀死，之后便没有再生事端，北魏继续东征的计划也就暂且作罢了。

冯氏北燕到此结束，不过，冯氏家族没有完全没落，它还将在数十年后的北魏政坛上起到举足轻重的作用。

十、自毁长城

北魏灭燕的同一年，南方的宋国死了一位重量级人物，他就是北府兵的最后一位见证人——檀道济。

刘宋元嘉七年（430）的北伐徒劳无功，宋文帝刘义隆本已非常郁闷，不想这时宋国又出现了新的问题——人才的断档。

前面说过，宋文帝的荆州亲信，比如王华、王昙首以及王昙首的哥哥王弘等人，都是他初期统治时的得力助手，大多担任侍中一级的官职，其中王弘更是身兼司徒、录尚书之职，是朝中最主要的辅政大臣，可是这几位的年纪本来就比宋文帝要大出两三轮，活得又都不长。王华和王昙首四十来岁就去世了，都没看到宋军的北伐；王弘虽然多活了几年，也因常以徐羡之、谢晦等人为前车之鉴而终日提心吊胆，准备渐渐退出权力中心了。

王弘兄弟身为权要，王弘这个人又性情狭隘，没什么气度，朝中大臣对他们多少有些嫉恨。左光禄大夫范泰是一名三朝老臣，很有政治头脑，私下里提醒王弘说："天下之事重大，权要之位难居。你兄弟二人太显摆了，不好，不如表现得谦恭退让一点。彭城王乃是皇上的弟弟，可以将他征召入朝，共辅朝政。"王弘深以为然，便向宋文帝上表，以民间大旱、自己身体不佳为借口请求辞职，并提出将手中权力转交给彭城王。宋文帝起初不肯，后来见王弘的确疾病缠身，也就松了口，于元嘉六年（429）将王弘身上侍中、司徒、录尚书事的职务全部转授给了自己的弟弟彭城王。

这位彭城王就是刘裕的第四个儿子刘义康。刘义康比宋文帝刘义隆小两岁，自小就十分聪慧，更让人佩服的是，他博闻强记，凡事过目不忘。刘裕很喜欢这个儿子，当初宋王的治所在寿阳，入建康受禅时，他选择把刘义康留在寿阳镇守。刘裕若能再多活几岁，改立刘义康为太子也是很有可能的。

王弘推荐刘义康还朝辅政，宋文帝对此表示赞同，都是看中了刘义康超强的处事才能，而他入朝后的表现果然不负众望。史载，他“性好吏职，锐意文案，纠剔是非，莫不精尽”，可以说，自他归朝后，朝中大小事务皆决于他。王弘乐得退居二线，把事情委托给刘义康，从此避开旁人耳目安享清闲。王弘的“运气”不错，死的时间“选”得刚好，在享了三年清福后，于元嘉九年（432）去世了，成为参与那起废立事件的主要人物中唯一得到善终的一位。

王弘死后，宋文帝刘义隆一朝的侍中就只剩下殷景仁和刘湛两位了。刘裕时期，宋国朝中是猛将如云；宋文帝在位前期，猛将是数不出来了，但文臣还是有那么些的。可到了这时候，大臣们被杀的被杀，病死的病死，朝野上下的有识之士真是少得可怜，殷、刘二人自然被委以重任。殷景仁被宋文帝任命为尚书仆射，当时刘湛在外为官，殷景仁又向宋文帝请求征召刘湛入朝。不久，刘湛也被任命为尚书仆射。

刘湛博览群书，自比管仲、诸葛亮，还没当官时就以才气闻名于世，却一而再再而三地回避当地政府的征召，简直比当初的诸葛亮架子还要大。直到刘裕当了太尉，征他出来当自己身边的参军，他才勉强出山。不过，他出山以后的表现证明，他不但比不上管仲、诸葛亮，而且连“小诸葛”之类的美称都不配，完全是个眼高手低的人。

其实，那个年代眼高手低、目中无人的人还真不少，而且多为士族之后，这可能源自东晋以来文人放荡不羁、恃才傲物的潮流，元嘉年间被宋文帝刘义隆征召为官的谢灵运就是一个典型的例子。

应该说，从文学的角度来看，谢灵运的确是一个大家，他开创了山水诗派，自成一家。他的诗歌意境颇似陶渊明，乍读起来，两人都是隐士的风格，所不同者，一为山水隐，一为田园隐。然而，陶渊明一生的所作所为称得上是真正的大隐，其不与浊世同流合污的气概为后人称道。再观谢灵运的诗歌，虽然轻灵自然，却只停留在字面而已，诗背后现实中的谢灵运是个一心想要大展宏图、在政治上有所作为的趋利小人。他与刘义真结交，就是想帮助他夺权篡位。后来宋文帝因欣赏他的文采让他做秘书监，负责整理藏书，又命他编撰《晋书》，这也算是人尽其才了，可谢灵运却一个劲地想着被重用，看不起分配给他的任务，也看不起宋文帝亲信的三王、殷景仁等人，因此愤愤不平，整日里要么请假不上班，要么消极怠工，结果就是《晋书》没写成，宋文帝也看不下去了。宋文帝想，这种人，还是让他回家逍遥自在去吧，于是就暗示他自己解职。谢灵运上表告病还乡，回乡之后依然故我，终日游山玩水，留了不少诗，也得罪了不少人。他先是在地方上与有司发生冲突，兴兵拒捕，犯了死罪，刘义康坚决要杀他，宋文帝惜才，这才赦免了他，把他流放到如今的广州一带。其后又有人告发，说谢灵运在广州参与谋反，宋文帝忍无可忍，终于下诏将其斩首。一位诗才横溢的大文豪，就这样因为过于猖狂，落了个身首异处的下场。

也许是看出了刘湛的眼高手低，虽然同样是尚书仆射，宋文帝更器重殷景仁。刘湛看不过去，嫉妒之下甚至一度想暗杀殷景仁。宋文帝闻得风声，下令把殷景仁的府邸迁到皇宫附近，将殷景仁保护起来，刘湛这才放弃了阴谋。

刘义康镇守豫州时，刘湛曾在他手下任长史，两人关系一直很密切，现在更是打成一片。如此一来，朝廷里面殷、刘两个尚书仆射的争斗便演化成了宋文帝和刘义康之间的暗中较量了。

刘义康人虽聪明，却不识大体，按现在的话说就是智商高而情商低。他觉得自己和宋文帝是兄弟至亲，所以不需要遵守什么君臣之礼，常常率性而为，做起事来毫无顾忌。他私自豢养了六千多家奴，且并不上报朝廷。各地进贡的特产，一等佳品都到了刘义康府上，皇帝那里也只能收到二等品。有一次，宋文帝品尝了进贡上来的柑，对刘义康感叹说："今年的柑形状和味道都不行啊。"刘义康一想，我吃的里面就有好的啊，便回答道："今年有好柑呢！"说罢赶紧让人去府内取柑。等拿来一看，他府中的柑竟比宋文帝吃的大出三寸。宋文帝当时没有言语，可心中已与刘义康有了裂痕。

这样的事皇帝不知道也就罢了，或者如果皇帝相当仁和也出不了问题，然而，在面对宋文帝这样一位靠着诛杀大臣巩固皇位的皇帝时，这些行为便是大忌。想当初，王弘战战兢兢地苦心谋划，一步一个脚印地退居二线，这才保住晚节，刘义康一个位高权重且能力超强的皇弟竟然还不"如履薄冰，如临深渊"，简直愚蠢。

明争暗斗造成的第一颗苦果很快产生了。

宋文帝一向身体不好，还不到三十岁就时不时得场大病。刘宋元嘉十二年（435），宋文帝久病不愈，眼看着是要病危了。刘义康和刘湛私下里嘀咕，恐怕要出大事——他们担心的正是拥兵在外的大将檀道济。

檀道济在历城之战后全军返回，因此得到宋文帝的嘉奖，镇守在寻阳（今江西九江西南），手下统领的是北府兵的最后一点余脉。此时，他是整个宋国威望最高、实力最强的武将，而且不仅自己牛，几个儿子也很有才气，薛彤、高进之两员副将更是勇武无敌，时人将他们比作张飞、关羽。

刘湛对刘义康说："皇上一旦驾崩，我们这些人哪里制服得了檀道济？"刘义康一想没错，就向宋文帝进言，说檀道济的坏话。宋文帝的处世哲学一直是"天下无人可信，除了我自己"，何况现在又在病中，疑心更盛。次年（436），宋文帝趁着还有一口气，下诏将檀道济召入朝中。

这可真是"天下本无事，庸人自扰之"。檀道济这个人政治头脑不足，哪里想过谋反，因此也不做防备。倒是他的妻子颇具见识，对突如其来的征召十分担忧："功名盖世，必遭嫉恨，自古以来就是如此。朝廷无事相召，恐怕要大祸临头了！"檀道济不以为意，耿直地说："我领兵抵御外寇，镇守边疆，兢兢业业。只要我不负国家，国家又怎会负我？"之后坦然赶赴建康。

檀道济在建康待了一个多月，宋文帝屡次在病榻上召见他，但并无要事相商，基本上只说了一些勉励之言。随着身体渐渐好转，宋文帝的疑心病轻了不少，最后也不想对檀道济怎么样了，毕竟这是一员虎将，还得留着他对付索虏呢。

宋文帝让檀道济回去继续坚守岗位，檀道济松了一口气，带着随从上了回寻阳的船，准备出发。正在这时，忽然岸上来了朝廷派的廷尉，对檀道济宣读了最新的逮捕令。原来，宋文帝的病情忽然加剧，刘义康趁机假传诏书，以私散财物、图谋不轨等罪名逮捕了檀道济。

檀道济闻听了来人宣读的罪名，目光如炬，一把摘下头巾狠狠地摔在地上，大吼道："你们又搞这一套，这是毁坏自己的万里长城啊！"然而无济于事。最终，他和他的儿子们，以及薛彤、高进之等勇将没能再回到战场上与敌人拼到最后一刻，而是被自己人枉杀了。

世人皆知岳飞、袁崇焕，却很少有人知道，在岳飞之前七百多年的另一个宋朝，也有一位如岳飞一般伟大忠诚的武将死于自私贪利的同胞之手。这本该是历史的教训，却常常被人扔到角落中，于是一幕又一幕悲剧总是重复上演。

檀道济的死令亲者痛，令仇者快。消息传到北魏的国都平城，拓跋焘手下的将士们纷纷击掌相庆："檀道济一死，南方的那些鼠辈就不足惧啦！"

十一、崔浩一语定凉州

北魏收复了关中和陇右，但在这两地的统治并没有预想的那么稳固。这里半个世纪以来都是前、后秦和夏国的势力范围，大量匈奴人、氐人、羌人聚居于此，与入关后的鲜卑人冲突不断。

北魏延和年间（432—434），陇右地区的羌人和休屠部匈奴人屡次起兵，令拓跋焘十分头疼。拓跋焘调用强将守卫重镇，前往镇压，仍不足以平定乱况，于是又于延和三年（434）领兵亲征，勉强将势力并不十分强大的休屠部制服，这一带各地镇将的相互攻伐才算告一段落。

关东自前燕以来，除却前秦苻坚短暂地统治了十几年，其他时候一直是鲜卑人独大，到北魏时已有八十多年，所以拓跋氏即使是统一了北方，统治重心也没有离开过关东的冀、并、幽这几个州。对于北魏来讲，关东的人口数量远多于关中，重要程度也要远高于关中。关中的问题，崔浩早就对拓跋嗣分析过，即“华戎杂错”，民族关系远较关东复杂。如果说北魏在关东只需要重点解决的是鲜卑人与汉人之间的对立问题，那么在关中，北魏朝廷就不仅是要解决胡汉之间的对立，还要解决各胡之间的对立，叫人十分头疼。因此，关中成为北魏统治的薄弱环节，一直到一个世纪后北魏分裂、东西魏争战时期，这种情况也没有改变。

关中之外，匈奴人还有一个主要活动区域，那就是并州地区（今山西一带）。刘渊的汉国当年从此起家，一百多年后，大部分的匈奴后人已经散落中原各地，在他们的大本营并州最为活跃的，是所谓的“山胡”。

山胡，也称稽胡、步落稽，是一支族源比较难考的胡人。按照正史的说法，山胡是刘渊南匈奴五部的苗裔，但也有人认为他们是春秋时期就活动于今天陕西北部的山戎、赤狄的后人，还有人认为山胡中可能还夹杂着西域人种，血统非常复杂。北魏时期，山胡在今天的山西、陕西两省的北部驻扎，部落繁多，主要居住于山谷之间，一度是北朝内部的隐患。北魏末年，他们更是掀起了大规模起义。由于他们的活动区域较大，且易守难攻，北魏统治者对付起他们来并不轻松。

拓跋焘在解决了关中诸胡之乱后移师隰城（今山西汾阳），想乘胜把山胡也给摆平。他命阳平王拓跋他督领大军攻击山胡首领白龙，自己则带了几十骑登上附近的山头观战。山胡虽然不是什么正规军，但熟悉地形，也懂得擒贼擒王的道理。白龙在山中的十几处险要之地设下了埋伏，等拓跋焘的小队经过时忽然杀出，围攻拓跋焘。拓跋焘坠马，几乎被擒，亏得贴身侍卫挺身而出与山胡人展开肉搏，连杀数人，才保护拓跋焘脱身。经此一役，拓跋焘不敢再轻视这些隐蔽在山中的敌人了，北魏军队开始与山胡仔细周旋，终于大败山胡部众，斩杀白龙。

搞定了这几场内部的小乱，拓跋焘又要率领大军北伐柔然了。

柔然在吴提继位可汗后军事实力便一蹶不振，因此主动遣使求和。拓跋焘正忙着对付其他的外敌，也不为难吴提，同意双方和亲。他把西海公主嫁给吴提，吴提则送自己的妹妹到北魏宫中做左昭仪，同时还让自己的哥哥秃鹿傀献上两千匹好马。拓跋焘龙颜大悦，给柔然赏赐了不少东西。

和平友好的局面并没有持续多久，仅过了两年，吴提就单方面断绝两国关系，举兵犯塞。拓跋焘震怒，看来柔然果然是头白眼狼，只能靠拳头来教训它！

北魏太延四年（438），拓跋焘亲率大军从五原北伐，乐平王拓跋丕与永昌王拓跋健各督十五员战将分东西两路出发，拓跋焘则率中军主力从浚稽山（今蒙古国土拉河、鄂尔浑河上游以南一带）一直走到天山。这一次吴提听到了风声，提前往西北逃窜。魏军登上白阜山（今蒙古国杭爱山脉西北），不见柔然踪影，回军途中又碰上漠北大旱，一路没有水草，行军艰难，人马大多饥渴而死。

吴提很是得意，派了使臣到西域各国散布谣言：“魏国天子亲自来打我，可怜他的士兵、马匹都因疾疫而死，最终是大败而回，他弟弟拓跋丕还被我生擒活捉了！现在魏国已经衰弱，天下以我柔然最强，以后你们这些国家也不用恭迎魏国派来的使者了！”

北魏在灭掉夏国以后一直与西域通使，尤其是通过西域各国的宗主国北凉与西域进行各方面的交流。现在听说北魏吃了败仗，这些小国都不愿意搭理它了，北凉更是对它大为怠慢。

凉王沮渠蒙逊的继位者沮渠牧犍与嫂子李氏私通，后宫简直混乱不堪。李氏嫉恨沮渠牧犍的正室夫人——北魏与北凉和亲时嫁过来的拓跋焘的妹妹武威公主，便拉了沮渠牧犍的姐姐一同在公主的食物中下毒。拓跋焘闻讯，急派御医去给公主解了毒，李氏的阴谋没能得逞。拓跋焘命沮渠牧犍交出李氏，沮渠牧犍不予理会，把嫂子安置在酒泉，还拨了一笔钱供她花销。

拓跋焘明白，现下若不消灭北凉，恐怕日后难以慑服西域各国，便与崔浩商量对策。崔浩指出，沮渠牧犍叛心已露，不可不诛，而北魏军队北伐柔然时虽因非战斗因素减员，但主力尚存，凉州弱小，伐之必克。拓跋焘对此大为赞同，又在殿上召集群臣商议。

北魏大军刚吃了没有水草的亏，弘农王奚斤等人反对出征，说："沮渠牧犍统治的只是个小国，他虽有不臣之举，但还是向我们称藩的。我国刚打过仗，需要休整，而且听说他们那里土地荒凉，没有水草，沮渠牧犍若再坚壁清野，等大军一到，怕是会重蹈北伐的覆辙。"

尚书古弼、李顺等人也说："北凉国都姑臧城的百里之内都是不长草的荒地，只有城南有山上积雪融化流下的水以供灌溉。我军若去讨伐，他们决断渠口，我们的兵马不就都渴死了？奚斤大人所言极是，万万不可西征啊！"

李顺和崔浩一样是汉人，家中自父辈时就从后燕投靠了北魏。他曾多次作为使者被拓跋焘派往凉州，显然关于凉州的话题他应是最有权威的，偏偏崔浩不信他。

崔浩与李顺有亲，崔浩的弟弟娶了李顺的妹妹，而弟弟的儿子娶的又是李顺的女儿，按理说两人关系应该很铁，可是崔浩有些自大，看不起李顺，两个人之间矛盾很大。对于李顺不出兵的建议，崔浩当面反驳说："《汉书·地理志》里就说了：'凉州之畜，为天下饶。'要是那里没有水草，当地人怎么放牧啊？而且汉人历来就是依水草筑城，积雪融化的水足够引来灌溉吗？你说的根本就是谎言，经不起推敲！”

李顺急得面红耳赤，分辩道：“耳闻不如目见，我是亲自看见的，你凭什么跟我辩？”

崔浩冷笑一声：“我看你是收受了人家的钱财，所以才为他们说话吧！别以为我没亲眼看见就好欺骗！”

李顺果然心虚，一个字也说不上来了。他当年出使北凉时，沮渠蒙逊和沮渠牧健确实曾给了他不少好处，回来后他就上下打点文武大臣，散播“凉州无水草”的言论。崔浩的一句话戳穿了李顺的谎言，坚定了拓跋焘西征的决心。

北魏太延五年（439），拓跋焘把太子拓跋晃留在平城监国，命大将军、长乐王嵇敬与辅国大将军、建宁王拓跋崇以两万人屯兵漠南，防备柔然，然后自领大军从平城出发，浩浩荡荡开往凉州。为了师出有名，他命手下人拟了一份罪状，斥责沮渠牧犍的叛逆行径，劝他早点投降，以保性命。

北魏这次进军找到了一位好向导，那就是南凉的最后一代君主秃发傉檀之子秃发破羌。南凉灭亡后，秃发破羌投奔北魏，拓跋焘欣赏他仪表堂堂、行事机敏，赐他爵位，并封他为将军。秃发氏与拓跋氏同源，拓跋焘又赐他改名“源贺”。源贺对拓跋焘说：“姑臧城本被我秃发氏占据，现在城外有四部鲜卑，都曾是我父亲的臣民。我愿领兵在前，向他们宣扬我们大魏的军威，那些旧部必然来降，到时我们再围攻姑臧孤城，取之易如反掌。”魏军依计行事，很快招降了河西大部兵马、数万部落，获得牲畜十几万头。

沮渠牧犍被孤立了，只得一边固守姑臧城，一边派人向柔然求救。柔然可汗吴提同意救援，但他吹牛虽然不打草稿，真打起仗可不怎么行。吴提领兵犯塞，遭遇北魏司空长孙道生拒守，他兄长企列归的部队又在阴山北面被嵇敬、拓跋崇击破，结果，吴提不仅没帮成北凉，还害得自己损兵折将，只能远遁漠北。

拓跋焘来到姑臧城下，眺望四野，见这里水草丰盛，心中赞服。他兴奋地对随军的崔浩说：“爱卿所言，果然应验！”崔浩答道：“微臣不敢不说实话，倒是那个李顺，他接受了沮渠蒙逊父子的贿赂，欺骗陛下，几乎误国。”拓跋焘原本还挺宠信李顺的，经过这一连串事件，他开始厌恶李顺了。崔浩趁机在他耳边说些李顺的坏话，又有凉州人提供了李顺受贿的实据，拓跋焘终在三年后下令将李顺斩首。

北魏大军围城，沮渠牧犍内外交困之下只好带文武百官面缚出降，凉州从此被并入北魏版图，沮渠氏的北凉灭亡。不过，沮渠氏的政权倒还没有完全结束，沮渠牧犍的两个弟弟沮渠无讳和沮渠安周逃到西域，攻占了高昌国，史称“后北凉”，又多熬了二十几年，最后灭于柔然之手。

几年后，北魏又攻占了宋、魏之间氐人建立的仇池。鲜卑人成为北方博弈的最后胜者，就连除北魏以外北方所剩的两大势力——柔然和吐谷浑，也都是鲜卑的旁支或苗裔。

十二、义康失势

拓跋焘结束了十六国纷争的局面，一百多年来，北方胡人的部族首领拉上几支骑兵就可以割据、称帝甚至称霸的局面一去不复返了。与以往石赵和前秦的两次统一相比，北魏的这次统一要稳固、长久得多，延续了将近一个世纪。

为什么雄踞中原的最终霸主，会是这支起于漠北、弱小且落后、一开始并不被看好的力量呢？

首先是“天时”。

拓跋氏在起初使用“魏”这个国号时，就有了吞食天下的决心，而拓跋氏之所以能达成决心，少不了英明能干的君主的领导。从拓跋珪、拓跋嗣再到拓跋焘，这三代帝王的综合素质虽未必比石勒、苻坚、慕容垂等人强，但其平均素质绝对高于十六国中的大部分君主。北魏君主素质的均衡性与一贯性，是北方任何一个国家都比不上的，甚至南面的宋、齐等同时期的国家也都远远达不到这一点。这里面有天意的成分，同时也得归功于比较合理的储君制度。基本上，每一代北魏君主在即位之前都要经历战场的洗礼，也要经受政治的考验，而“子贵母死”的制度则更加保证了皇室的权威，防止了外戚的扩张。有了优秀的君主，有了不可动摇的皇权，北魏的战略方针和政策得以一代代地传承下去，不至于半途而废。

从北魏建国到统一北方的五十多年里，我们可以看到，北魏的扩张具有很明显的阶段性和渐进性。这个由马背上的部族建立起的国家，并不像赫连勃勃那样只知用骑兵进行冲杀和游击，而是一步一个脚印，一边在战场上取得土地，一边在战场下巩固自己打下的成果。除了拓跋嗣时代主要对柔然用兵外，每隔四到五年，北魏就会取得一项新的战果——这个时间间隔是相当合适的，既给了己方巩固消化的时间，也没有给敌人留下太多的可乘之机。

此外，北魏也常得到老天的眷顾，赚了不少便宜，比如参合陂之战中黄河突然封冻，生擒赫连昌的战役中又正好碰上狂风大作，等等。历史的进程具有必然性，但在关键时刻，又往往是由某些偶然的小事件改变其发展轨迹。

其次是“地利”。

北魏的发祥地位于偏僻的漠北，经济文化落后，看起来这是一个很大的劣势，然而事实证明，地理上的条件恰恰是导致拓跋氏脱颖而出的一个优势。这一地区的周边多为鲜卑、高车等原始游牧部落，并不比拓跋氏先进和强大，所以北魏在发展壮大的军事过程中得以先易后难、先弱后强，不但避免了迅速失败，还大量地掠夺了各种资源，尤其是人口和牲畜。

北魏与后燕的冲突就源于对马匹资源的争夺，经过长期征战，中原地区的马匹数量已经大幅度减少，慕容宝等人索马的要求反映出当时燕国战马数量的不足和质量的低下。在马匹决定胜败的骑兵对战中，兵强马壮的北魏可以说是占尽了优势，不仅远远超过战马稀缺的南方邻国，也胜过游牧为生的北方劲敌柔然。各割据势力与他们对抗，唯一能够相持的手段，只有守城，而这一手段，在北魏的力量不断强大后，也不再成为阻挡魏军取胜的障碍。

最后，胜利也离不了“人和”。

北魏刚刚兴起时的政府组织结构十分原始，这就给了那些受过“先进文化教育”的汉人更多施展身手的空间。拓跋鲜卑的文化素养并不高，但其首领是比较有见识的，他们认识到只有依靠中原人士才能够统治中原，对于中原文化更是推崇备至。

在收服割据势力的兼并战争中，北魏不断得到附近的汉族士人的支持和归顺，因此获得不少助力。北魏又十分注意网罗人才，只要是士大夫求见，无论少长，都由皇帝亲自接见，详细交谈，凡有才能者，都会根据具体情况录用。这些有识之士面对的是北魏几乎白纸一张的规章制度，他们既能引入汉人成功的统治手段，又可以吸取汉人失败的教训，从而逐步建立起一套比传统制度更为完善的政治制度。到了拓跋焘时代，汉族士人在北魏的地位已相当重要，北魏的统治阶层形成了鲜卑贵族与汉人士大夫共同合作的模式：武官以擅长骑射的鲜卑人为主，比如长孙嵩、长孙翰、奚斤等猛将，而文官则多以汉族士大夫为主，比如崔宏、崔浩、张衮、刘洁等名士。猛将、名士多如云，加上一位具有开拓精神的统帅，这样的队伍自然战无不胜。

拓跋焘的胜利对于南方的“正朔”王朝是一个刺激。刘宋立国之初，对付北方的政策是拉一派打一派，他们接受北燕、北凉等小国的称藩，甚至与夏国订立盟约，企图以此来牵制逐渐强大的北魏。北方越乱，南方的政权也就越安全，宋文帝的元嘉之治正是在拓跋焘出击各国、无暇南顾的十几年间得到的富足偏安，等到拓跋焘结束纷争，终有机会再次南下时，南方的“幸福生活”就将好梦到头了。

檀道济死后，刘义康、刘湛在朝中的势力渐大。司徒右长史刘斌是刘湛的宗亲，被刘义康擢升为左长史，之后刘义康又先后提拔了王履、刘敬文、孔胤秀等一批大臣，都是些阿谀谄媚之徒。

刘义康权倾朝野，刘湛自以为有这位皇上的弟弟做靠山，在朝上朝下越来越放肆，私下里多次与刘斌等人说：“当今皇上一旦驾崩，就应该立成年的皇室成员做君主。”

前文说过，宋文帝身体比较差，有一次他的病情又转危，就把刘义康召入宫中，与这个弟弟商量起草顾命诏书的事。太子刘劭（shào）此时还是个十来岁的少年，不懂政事，宋文帝自是心事重重，对着弟弟千叮咛万嘱咐。

刘义康出宫后，泪流满面地对刘湛、殷景仁等人讲述当时情景。刘湛听罢，也不顾忌有人在侧，当下便说：“局势艰难，幼主哪里可以统治天下？！”这话一出，刘义康、殷景仁都哑口无言——这位刘湛先生，真有点胆大包天的意思了。

刘湛真该想想清楚再开口。刘义康也就算了，他有没有意图篡夺皇位暂且另说，可当时在场的殷景仁是宋文帝的亲信，当着他的面说这样的话，怎能不招来祸患？然而此时的刘湛恐怕已被权势迷了心窍，一心只想让刘义康上台，好让自己可以做一人之下、万人之上的辅臣。

说错了话的刘湛并不醒悟，他与孔胤秀等人结为同党，密谋在宋文帝死后抓住机会废掉太子，拥立刘义康为帝。没想到人算不如天算，身患重病的宋文帝奇迹般地康复，对于刘湛等人的阴谋也渐渐有所耳闻。他即位之初就有诛杀三位顾命大臣的斗争经验，对付刘湛这样的人更是不用费力。他很快就心中有了谱。

从刘宋元嘉十六年（439）秋天起，宋文帝就不再去刘义康府上见他。殷景仁则从几年前就告病在家，与皇帝通过密信联系。元嘉十七年（440），刘湛的母亲正好去世，宋文帝借机将刘湛免职，表面上是让他回家料理母亲的后事，实际上是留出时间为重拳出击做准备。

刘湛通过种种迹象已经猜到自己恐怕难以保全了。果不其然，当年（440）十月，宋文帝命刘义康入宿中书省，密令左右对其严加“看护”，然后下诏列数罪行，命廷尉收捕刘湛一党。卧床多年的殷景仁忽然命人准备朝服，连夜进入华林园的延贤堂，秘密求见在那里等候多时的宋文帝，商议处分事宜。

宋文帝此次行动风驰电掣，可谓一场从上到下的大清理，不仅刘湛、刘斌及其诸子被诛，参与拥立刘义康密谋的刘敬文、孔胤秀等同党也被一并斩首，王履凭借叔父吏部尚书王球的关系才保住性命，但也给罢了官，其他涉案人员都被发配流放到偏远的广州。

宋文帝又派人向刘义康宣读刘湛等人的罪状。刘义康深知大势已去，自己的政治生命已然完结，便上表要求辞职。宋文帝下诏让他做江州刺史，去镇守豫章。

刘义康又在京城待了十几天，希望最后再见宋文帝一面，宋文帝满足了他的要求，然而兄弟告别时却都不发一语，宋文帝只是对着刘义康哭泣。最终，刘义康怅然离开建康，之后宋文帝封征虏司马萧斌为豫章太守，让他掌管江州一应事务，并由龙骧将军萧承之带兵驻守江州，以保护刘义康的人身安全为名限制他的活动自由。

刘义康离朝后，留下的司徒、录尚书事职位由他的五弟刘义恭接任。刘义恭以刘义康的失败为戒，行事极为谨慎，终于没有再惹出权力风波。

十三、盖吴举兵

刘义康被软禁在江州豫章，宋文帝本有意命手下将其秘密处死，亏得这家子兄弟姐妹还有一个主事的“家长”——大姐会稽公主。

这位会稽公主是在讨伐司马休之的战役中阵亡的徐逵之的妻子。当年刘裕想让女婿在战场上好好出出彩，没承想却教他送了命，会稽公主就此守寡，身边还带着两个年幼的儿子——徐湛之和徐淳之。刘裕对女儿一家多有照顾，尤其喜爱外孙徐湛之，对他很是宠溺，在他几岁的时候就给他封了县侯的爵位。

刘裕崇尚节俭，他专门把自己贫贱时妻子亲手为他缝制的一件衲衣留给了会稽公主，叮嘱她说：“后代子孙若有骄横奢侈的，可以拿这件衣服给他们看，好好教育他们。”会稽公主将衣物用锦囊包好，默默记下父亲的教诲。

如今刘湛一党获罪，徐湛之也因受到刘义康的宠爱而被牵连，眼看要问死罪。会稽公主当即入宫，见了弟弟宋文帝，也不施礼，放声痛哭。

宋文帝不明就里，正欲询问，会稽公主忽然从怀中取出包有衲衣的锦囊，将它一把扔在地上，然后对面前这个同父异母的弟弟说：“你家原本穷得很，这是我母亲给你父亲做的衲衣。你倒好，今天能吃上一顿饱饭了，就想要残害我儿子！”

宋文帝处置刘义康一案是出于权力之争，可“本是同根生，相煎何太急”，想到这里，他竟也悲伤地哭了起来。徐湛之于是得到赦免，后来还被任命为太子詹事。

刘义康被外放，会稽公主担心他的人身安全，就特意将宋文帝请到自己家中，设宴会招待。酒酣宴欢之时，公主离席，对着宋文帝连磕几个头，悲不自胜。宋文帝又不知道她想干什么，只好先亲自扶她起来。

公主抽泣道："车子（刘义康小名）将来必不为陛下所容，但臣仍要为他求情，请留他一条性命！"说着又号啕大哭，宋文帝不得不一面痛哭，一面安慰她不必忧虑。

公主不信，宋文帝便指着埋葬了父亲刘裕的蒋山起誓，然后说："大姐切勿疑虑，如若违背誓言，我就是对不起父皇陵寝。"他下令将自己喝剩的酒赐给刘义康，并且附言："会稽姊饮宴忆弟，所余酒今封送。"以表明心迹。

终公主一生，宋文帝没有再动刘义康一毫一发。可惜，这位性格泼辣、可亲可敬的公主在刘宋元嘉二十一年（444）就去世了。

仅过一年，《后汉书》的作者范晔与刘义康的几位心腹谋划政变，想要重新迎立刘义康。徐湛之知晓内情，提前向宋文帝告密，范晔等人被杀。刘义康丢了官衔，被废为庶人，一家人远迁安成郡（今河南汝南）。

同一年（445）的北朝也出现了骚乱，安分了近十年的关中地区爆发了一起声势浩大的武装起义，起义军的首领乃是一个叫盖吴的卢水胡人。

卢水胡是关中胡人的一个大支，因世代居于卢水流域而得名。根据考证，卢水可能就是今天甘肃张掖南面的黑水。这一地区长期以来就是多民族混居区，包括匈奴、羌、小月氏等族聚居此处，其中以匈奴人最多，因此考究民族史的学者常把卢水胡归为匈奴。建立北凉的沮渠蒙逊便是最为典型的卢水胡人。在五胡十六国的领导人中，他与刘渊、赫连勃勃一样都属匈奴，但他们三人不可一概而论：刘渊是南匈奴后人，属于匈奴与汉的混血；赫连勃勃是铁弗部，即匈奴与鲜卑的混血；沮渠蒙逊，按照陈寅恪先生的说法，出身于小月氏，可以认为是匈奴与羌的混血。后来"卢水胡"的概念扩大，只要是来自卢水一带的胡人都可称为"卢水胡"。

北魏灭北凉后，在关中各地分设军事重镇，比如在羌人聚居的地方设立李润镇（今陕西大荔北），在氐人聚居的地方设立仇池镇（今甘肃成县西北），而在卢水胡人聚居的地方则设立了杏城镇（今陕西黄陵西南）。杏城一带的胡人，自此都被划分成了卢水胡。这里的所谓卢水胡，其实更多是一种文化层面上的民族认同。北朝时期的所谓民族，往往都是文化上的称谓，而非血统。比如起事的盖吴，就血统而言应为羯胡，但仍被划归卢水胡一族。

在北魏，非鲜卑的胡人地位远低于汉人，他们不仅被迫迁徙，而且还要承受更加沉重的赋税，胡人们的强烈不满终于转化为反抗的力量。

北魏太平真君六年（445）是个让北魏君臣提心吊胆的年份。前一年，由于北击柔然未果，河东强豪薛永宗、薛安都据汾曲（今山西临汾南）发动起义。鲜卑人正为此发愁呢，关中又风传“灭魏者吴”，盖吴趁着谣言大盛的机会在杏城聚众反魏。一石激起千层浪，不但卢水胡人纷纷响应，氐、羌、屠各、汉等各族人民都争相投奔，盖吴很快拥有了十几万兵马，他派遣使者前往南朝的宋国，请求归附。

北魏的长安镇副将拓跋纥没把盖吴放在眼里，带了一支军队前去镇压，结果几乎全军覆没，拓跋纥战死。盖吴的队伍继续壮大，终于震动了平城的北魏朝廷。拓跋焘派了高平敕勒部的骑兵奔赴长安，又命将军叔孙拔统率并、秦、雍三州士卒屯兵渭北，全力抵御盖吴南下。

盖吴派兵进攻长安，与叔孙拔的精骑大战一场，战死三万余人，遭受了第一场挫败。见攻打长安受阻，盖吴便派遣别部统帅白广平向西进军，攻打新平（今陕西彬州）。西面群胡混杂，盖吴的军队还没到，安定（今甘肃泾川北）等地的胡人便已纷纷响应。盖吴又分兵东掠临晋（今陕西大荔东南）以东地区，结果在黄河边被北魏将领章直击破，淹死的人就有三万之多。

盖吴的部众虽然气势很惊人，人数也多，但基本都是处于社会最底层深受压迫的胡人，战斗素质非常低。盖吴想依靠民众的愤怒和人海战术与训练有素、机动力强大的北魏骑兵抗衡，是相当困难的。

河东的薛永宗听说盖吴在关中起兵，顿感振奋，立即派人与他取得联系。盖吴得到友军支持，颇为得意，便在杏城自称“天台王”，座下设置文武百官，并任命薛永宗为秦州刺史，共同打击北魏。然而，薛永宗在河东的军事行动并不顺利。他进攻闻喜一带，当地没有什么守兵，本应该是能轻而易举拿下的，没想到闻喜的豪强自行组织起武装力量将他击退了，倒是其族人薛安都顺利地攻占了弘农（今河南灵宝北）。

为了阻断盖、薛两家的联络，拓跋焘命薛拔纠集宗族百姓沿黄河修筑壁垒，然后又派殿中尚书拓跋处直等将领率领两万骑兵讨伐薛永宗，另一名殿中尚书乙拔率领三万骑兵讨伐盖吴，至于进入陇右地区的白广平，则交由西平公寇提以一万骑兵对付。

这时盖吴的控制区域已扩大至金城（今甘肃兰州西北）、天水、略阳（今甘肃庄浪西南），东至河东，南至渭水。盖吴又向南朝遣使，呼吁宋国出兵援助。奇怪的是，一向对北伐很有兴趣的宋文帝这回却似乎打不起精神了，他只是象征性地封盖吴为都督关中、陇右诸军事及雍州刺史，并命宋国一方的雍州和梁州士兵驻扎在边境线上，远远地声援盖吴。

这样可怜的一点所谓的反应，估计是要遭来盖吴强烈鄙视的，那么宋国为何对于北方的乱事如此冷淡呢？我想，这一方面可能是因为宋国内部权力斗争刚刚平息，北伐的构想已有，但尚在策划阶段，不宜仓促出兵；另一方面，恐怕也因为他们认为拓跋氏是鲜卑族，盖吴是卢水胡，这两派胡人闹起来，充其量是内乱，自己还是在一边作壁上观为好。可惜，宋国君臣想错了。鲜卑人在境内到处“救火”的机会并不多，真要恢复中原，必须把握稍纵即逝的良机，现在不动手，缺乏远虑的宋国统治阶层只能在事后高唱“抓不住北伐机会的我，总是眼睁睁看它溜走”了。

平叛的拓跋焘亲率大军抵达东雍州（今山西临汾一带），兵临薛永宗的城堡。他不明敌军底细，便问随军的崔浩：“今天可不可以进攻呢？”

崔浩答道：“薛永宗肯定没料到陛下会亲自前来，军心懈怠，现在北风迅疾，应当急速南下进击，必可使其溃散。如若等到明天，恐怕他们见官军实力强盛，会连夜逃跑。”

拓跋焘采纳崔浩的计策挥师挺进，迅速包围了城堡。薛永宗全军大败，无处可逃，与家人一起投汾水而死。据守弘农的薛安都独木难支，被迫放弃城池，南投宋国。

魏军消灭了河东义军的势力，士气大振。拓跋焘随即向西一指，大军渡过黄河，直扑关中。一场前所未有的宗教灾难即将降临。

十四、太武灭佛

拓跋焘统领的北魏骑兵马不停蹄地开进关中，眼前有两条道可以走：一条北道，沿着渭水北面前行，距离盖吴的大营只有六十里的路程；另一条南道，渡过渭水西行，然后再转正北，也可到达盖吴大营。

拓跋焘向崔浩问计："盖吴在长安城以北九十里处，渭北一带没有城池，渺无人烟，缺少粮草，不利于行军。依朕的意思，不如渡过渭水走渭南，爱卿以为如何？"

崔浩答道："盖吴的军队离此处并不远。所谓击蛇之法，要领是打破蛇头，头一破，尾还怎么动？所以依微臣之见应当走北道，趁我军势头正盛先袭击盖吴。大军前往只需一天时间，到了他的大营，我们必能获胜，然后大军再回长安，也只要一天就到了。一天的时间，损失可以忽略不计，可如若走南道，盖吴的军队就有足够的时间进入渭北山区，那就没那么容易消灭他们了。"

或许是担心发生意外，这次拓跋焘没有听从崔浩的意见，他下令大军沿渭水南岸向西进发。不出崔浩所料，军队刚到达戏水（今陕西西安临潼区东北）便惊动了北面的盖吴，义军很快散入山岭之中，魏军无法采取行动继续进攻。拓跋焘大为懊悔，只得领军先向长安而去。

魏军到达长安后在城中驻军以做休整，长安城的佛寺遍地皆是，魏军的一些将官便入佛寺游逛。

将官们来到僧人的住所，意外发现那里堆放着弓箭刀枪、盔甲盾牌等物件。佛门净地怎么会有这些东西呢？他们心中狐疑，回来后就到拓跋焘面前去报告。拓跋焘听说后勃然大怒道："这些东西非佛门之用，他们必是私下勾结盖吴，想要作乱！"他当即命令有司捉拿相关人员，并且抄检佛寺的财产。

皇帝就在长安城，底下的人自然是尽心尽力执行任务，查抄行动迅速彻底，结果也颇为惊人：佛寺中不仅私藏了武器，还藏有许多酿酒的器具，另外还有附近州郡的牧守和富人寄存的财物，数以万计；更让人瞠目结舌的是，从僧人的住处还搜出了好多间密室，里面藏匿了年轻的妇女，是平日供僧人淫乐的。

这还了得？佛寺竟然成了藏污纳垢的场所！拓跋焘颁布法令，宣布佛教为邪教，要求焚毁所有的佛像和佛经，凡是涉及藏匿武器或奸淫妇女的僧人一律活埋，其余僧人则罚为奴隶。不仅长安一地实行此法令，拓跋焘又传诏到国都平城，命留守的太子拓跋晃在各地依样行事，禁止佛教的传播。佛教来到中国以后从未遭遇过如此大规模的破坏，一时间，各地佛寺被夷为平地，大量佛经也消逝在烈火之中，僧人们更是流离失所，死的死，逃的逃，惨状为数百年来所罕见。

这便是中国历史上著名的“三武一宗”灭佛事件的第一桩：太武灭佛。

拓跋焘的灭佛令反响之大、影响之深，他本人即便有过心理准备，怕也不能完全预料。佛教自东汉初年来到中原地区，至北魏时已有近四百年历史。十六国时期的几个大国，比如后赵、前秦、后秦等，其君主与贵族都十分崇尚佛教，后秦更是奉佛教为国教，这是因为其统治中心地处西域与中原的交通要冲，文化交流频繁，佛教备受追捧，佛事盛极一时。

北魏的鲜卑贵族生活在代北（今山西大同以北的广大区域），离西域极远，按理说是不可能接触到佛教的，更不可能去信仰，是拓跋珪率部进入关东地区给了他们契机。在进入关东的过程中，他们除了认识了中原的本土宗教道教，也不断在各地遇到佛寺和僧人。鲜卑统治者对于这个外来的宗教由一无所知到渐生好奇，久而久之，他们开始信仰，并认为佛教对于平定天下很有帮助。经过三代时间，到拓跋焘时，鲜卑贵族基本上都信奉佛教了。

拓跋焘在即位之初并不排斥佛教，他也喜欢与德高望重的僧侣交谈，探讨一些与统治有关的问题。然而佛教势力发展过于迅猛，佛教徒大量增加，拓跋焘在军事战争中日益感到人力的缺乏；此外，佛教进入中原后也吸收了谶纬学说，开始搞一些神秘理论，妨害到了皇帝的权威。

拓跋焘对于佛教的印象由好变坏，有两个人起了很关键的作用：一个是崔浩，他笃信道教，对于佛教的学说很厌恶，常常在拓跋焘面前诋毁佛教，说佛教虚妄之极，危害世人，应当取缔；另一个是寇谦之，此人也是道教徒，却吸取了佛教的思想和理论，建立了一套新的学说，并将其整理成经书，献给拓跋焘，宣称这是神仙所授。拓跋焘对寇谦之很是推崇，他的新年号"太平真君"，便来自寇谦之经书中的"辅佐北方太平真君"一句。某种程度上可以说，拓跋焘是将道教定为了唯一的国教。

拓跋焘渐渐疏远佛教，北魏太延四年（438）他就曾下诏，命五十岁以下的僧侣全部还俗，以便能够征役讨伐北凉。为防止僧人寄生民间，北魏太平真君五年（444），他发出禁令：上至王公，下至普通百姓，一律不得私自豢养僧侣以及巫师。有这些情况的，要限期将僧侣遣送官府；过期不送的，一经查实，僧侣处死，主人灭门。

从这一系列的政令中可见，拓跋焘在长安所发的灭佛令并非突如其来，而是北方佛、道两教之争的一个必然结果。

长安的政令对于北魏境内佛教势力的打击几乎是毁灭性的，不过它在执行的过程中也不是毫无阻碍。鲜卑上层人士多信奉佛教，他们以太子拓跋晃为首，尽力维护佛教的利益。拓跋晃虽依父命下令焚毁了大量寺庙佛塔，却也有意挪后了执行法令的时间，暗中保护一些僧侣逃脱抓捕，并收藏了一些经文和佛像。太子与拓跋焘在宗教问题上的认识差异成为几年后北魏宫廷变乱的诱因之一。

佛教遭殃，人心惶惶。拓跋焘继续巡视关中地区，大军经过长安、盩厔（Zhōuzhì，今陕西周至东）、陈仓（今陕西宝鸡东）、雍城（今陕西宝鸡凤翔区东南），每到一个地方，就大肆搜捕、杀害与盖吴有关联的汉、氐、羌、屠各等各族叛民。接着，魏将乙拔率军在卢水胡的大本营杏城大破盖吴军，盖吴的军队溃散。拓跋焘满意于战事结果，从关中选了一批能工巧匠后就回驾平城了。

尽管一战获胜，但关中、陇西地区的叛乱依然此起彼伏，没有停息。不久，盖吴重整旗鼓，重新在杏城聚集了兵马，自称秦地王，还召回了一些躲在山林中的旧部。这次拓跋焘采取了两面夹击的策略：一方面派永昌王拓跋仁和高凉王拓跋那统领长安以北的军队南击盖吴；另一方面从关东的定、冀、相三州（均在今河北南部地区）发动两万士兵，让他们驻扎在长安南山的谷地中，防止盖吴逃逸。面对一个小小的盖吴，北魏的军队是围追堵截，无所不用其极。

盖吴很快败于拓跋那之手，他本人只身逃匿，他二叔则被活捉。众将建议把盖吴的叔叔送到平城邀功，唯有长安的守将陆俟提出不同意见："长安险固，民风剽悍，盖吴一日不除，长安就一日不得安宁。如今盖吴潜逃，如果不依靠他的亲信，谁能捉住他？不如收买他的叔叔，许诺会免了他和他家人的罪，放他去追盖吴，必能有所收获。"

众将不以为然地说："贼党已散，只剩盖吴一个，他能逃到哪里去？"

陆俟道："各位没见过毒蛇吗？不斩断蛇首，就还会作乱！盖吴生性狡诈，若能逃脱，其称王造反之心就不会死，那样只会更加危害社稷。各位放心，如若他的叔叔被放了之后不回来，我自当承担罪责！"

拓跋那赞同陆俟的计策，便放了盖吴的叔叔，与他约定时间捉拿盖吴。过了一段时间，这位叔叔果然提着盖吴的脑袋回到魏军营中，陆俟的深谋远虑也得到了众人的交口称赞。

不久，拓跋仁的军队又消灭了盖吴的余党白广平、路那罗等人的军队，盖吴领导的大起义在北魏的连番军事行动与高压统治政策之下被彻底平息，前后坚持了将近一年。

十五、陆俟单骑平叛

扑灭盖吴起义，陆俟立了大功，拓跋焘很高兴，把他召回平城，给他加官晋爵。

盖吴起义时，陆俟是都督秦、雍两州诸军事，负责镇守长安。他出身于拓跋氏的鲜卑旧部，祖上就一直追随北魏首领征讨诸侯，屡立战功。“陆”这个姓氏是半个世纪后魏孝文帝迁都改制的时候改的汉姓，也就是说，在拓跋焘的时代，陆俟可不是姓“陆”的，而是姓“步六孤”，也作“步鹿孤”。这个姓是鲜卑内部的大姓，在鲜卑八姓中排名第二，地位相当高。

拓跋焘一直挺看重陆俟，北征柔然、西讨北凉，都不忘了把他带在身边，还让他负责都督辎重，而他每次都能很好地完成任务。陆俟其貌不扬，五短身材，但有头脑、有手段，政治敏感度也高，常能准确预言形势，让人不服不行，因此在军中颇有威信。拓跋焘曾夸他:“卿身乃短，虑何长也！”意思是说，别看陆俟长得不高，考虑问题却颇为长远啊！

盖吴失败后，另外的一支卢水胡人在安定叛乱，首领叫作刘超，叛军数以万计。拓跋焘吸取了对付盖吴的教训，没有立即派兵去镇压，而是下诏让陆俟想办法。

拓跋焘说:“秦川之地极为险要，并入我国还没多少年，那里的官民没能享受到足够的恩泽，所以这几年来叛乱、暴动屡屡发生。现在这个刘超凭借地利关险不顺从王命，很让人头疼。朕若给爱卿重兵，则刘超等叛军必然合兵一处，据险对抗，你未必容易攻下来；如若给爱卿轻兵呢，又恐怕制服不了他们。依朕看来也不用给兵了，爱卿就以谋略来平定这帮子反贼，相机行事。”之后再次加封陆俟为都督秦、雍两州诸军事，命他出镇长安，对付刘超。

拓跋焘这个皇帝虽崇尚武力，却也并不放弃用其他方式不战而屈人之兵。在战场上他喜欢出奇出巧，而不仅仅依靠人多势众去征服敌人；在战场之外，他也更懂得攻心为上、攻城为下的道理——消灭敌人的军事力量或许重要，但消灭敌人的反抗意志并得到更多的民心才更为关键。比如对付柔然时，采用军事行动予以消灭自是主要方针，同时拓跋焘又拉拢联合与柔然矛盾极深、受到柔然奴役的高车各部的力量，结果北魏在与柔然的连年战争中越打越强，骑兵队伍也越来越壮大。

拓跋焘给陆俟的这份诏令既反映了他的治乱方针，也反映了他对老部下的无比信任。试想，若没有对一个人的胆识和智略有充分了解，是怎么也不可能说出拓跋焘那样一段话语的。而陆俟也明白拓跋焘的心思，追随这位皇帝多年，只需一个信号，他便可心领神会。

刘超的上万叛军刚刚树起大旗，又有地利之便，此时正是他实力最为强盛、心态最为狂妄之际，这时候上去和他硬碰硬，保不齐就做了“拓跋纥第二”，刘超的叛乱也完全有可能闹得比盖吴还大，所以陆俟也不张扬，自己一个人骑一匹马，就去长安上任了。

刘超得到军中探马来报，说朝廷派来的这个陆俟也不带兵也不打仗，看起来是不会有什么大作为了。刘超心想，强龙还压不过地头蛇呢，何况这样一个怯战之人？根本不把陆俟放在眼里。

陆俟一到长安便四处张贴告示，宣扬朝廷的宽大政策：对于反叛势力，只要与朝廷合作，不捣乱，一律既往不咎，还可以做官。为了表明诚意，陆俟又派人到刘超营中，向刘超提出要娶他女儿为妻，与他结为姻亲。

有这样的好事，刘超自然不会放弃，但他仍然十分警觉，没有投降的意思。陆俟又修书一封，向刘超提出愿带帐下兵士前往拜见，共商两家之好。

刘超那边很快就回信说：“你要来就来，带的人若超过三百名，我就以弓马相迎；带的人若不足三百名，我就以酒食相待。”字里行间透出地头蛇的杀气：你要人多，咱们就直接兵戎相见，谅你人再多也多不过我的上万兵马；你要是人少，我就观望一下，要是不老实，同样可以给你搞个鸿门宴，教你有来无回——这买卖看起来只赚不赔。

陆俟是个聪明人，他之所以要去见刘超，目的有二：一是向刘超示弱，使其放松警惕；二是到刘超营中探看虚实，以确定将来的行动计划。既然刘超说得这么明白，他也就不含糊了，很快带上两百名兵士前往探营。

刘超听说陆俟和他的手下果然来了，而且队伍稀稀拉拉的，对自己构不成威胁，便命人摆下酒席伺候，不过也不放松警惕，身边的将士大多穿戴刀甲，严加防备。

陆俟见了刘超，两边寒暄一通，就已大致看穿了刘超的架势。酒席间，陆俟不说大义之辞，只与刘超觥筹相错，把酒言欢，喝得酩酊大醉，一个劲儿地喊着过瘾。刘超等人见此情景，以为陆俟真和他们一条心，早没了杀意。酒席散尽，陆俟竟然要由手下的将士们扶着才回得了长安。

回到长安，酒也醒了，陆俟立时如同换了一个人。他对部下说："我们可以搞定刘超啦！"他在长安城里的守兵中秘密挑选了五百名精壮之士，组织他们严格训练，并给他们做思想工作，说国家的恩情多么多么高，你们只要奋勇争先，拼死杀敌，报效君恩，将来必能光宗耀祖、封妻荫子，荣华富贵享用不尽。这些确是实话，北魏初期尚武，统治者给予立了军功的将军和士兵的待遇非常高。士兵们受了激励，纷纷对陆俟说："咱们这些人到死都跟着陆公，决无二心！"

陆俟看思想工作做得差不多了，战斗力也提升上去了，就带上这些士兵，以出猎为名去见刘超。出发时他说得清楚："今天咱们要找机会除掉刘超，诸位等我与刘超会面，席间以酒醉为号，一齐下手。"士兵们各自领命。

刘超听说陆俟打猎顺路来见他，以为是又要找他叙旧呢，便让人再次摆下酒席。这回陆俟虽有五百名随从，但刘超鉴于上一次的经历，不再小心设备。

陆俟的表现与前一次无异，也是与刘超相见甚欢，说些哥俩好的话，拼命地喝酒，刘超就陪着他喝。喝着喝着，陆俟有了几分醉意，左右上前搀扶，陆俟却执意不肯，一个人摇摇晃晃地要上马出营，刘超不知底细，赶忙到马前送他。陆俟翻身上马，脸色突变，对着刘超大喝一声，从腰间拔出佩刀，手起刀落将刘超人头砍下。随行兵士们早已会意，立时各自拔出武器，高呼猛进，击杀刘超的部下，营中一时大乱。刘超的人没有丝毫准备，哪里抵挡得住这五百精兵，最终死伤数千人，剩下的也举手投降，刘超的叛乱就此平息。

拓跋焘得到消息大喜过望，再次把陆俟调回京都平城，还升了他的官。此后，北方的各地胡人虽还有零星叛乱，但已难成气候。

陆俟不辱使命，单骑镇长安，表现得有胆有识，以最小的代价平定了潜在的大乱。《魏书》评价他只用了八个字：“威略智器有过人者。”语句虽少，却一个字都没有说错。

拓跋焘进一步巩固了他在河东、关中、凉州等地的统治，之后就要北上讨伐柔然了。

北魏对付柔然要面临的一大问题是，柔然背靠广袤的沙漠，回旋空间极大，打不过北魏可以一直往北逃，北魏骑兵机动力虽强，但对付起远遁漠北的柔然人，不要说追不上，经常连找都找不到。吴提做可汗以来，柔然衰微，很少与北魏军队正面对抗，客观上反倒减小了柔然的损失。吴提在位的十六年中，北魏征讨柔然经常因为找不到敌军，又缺乏水草，最终半途而废。吴提死后，他的儿子吐贺真继任可汗，依然秉承这一策略，效果卓著。

北魏太平真君九年（448）开始的与柔然的战事，源自西域悦般国遣使来朝，它与北魏相约合攻柔然。悦般国在北魏以西万里之外，国内有不少温泉资源，放到现在应该属于疗养旅游的胜地。据说他们是北匈奴的一支后裔，风俗、言语近于高车而远于柔然，其首领与柔然结下了梁子，苦于实力太弱，只得让人来北魏求援。

此次前来，悦般使者除了朝贡之外还带了一名宣称有法术的人，他能够将人割破血脉，放血数升后用药草治疗，一会儿便能止血，再养一个月就能恢复正常，连疤痕都不会留下。

拓跋焘下令从监狱里带一些死囚出来，按照使者的说法进行试验，果然不假。拓跋焘见有这么好的药草，便问使者哪里能采到，使者神秘一笑，说：“奥妙之处在于我们这位法师，而不在于药草。这种药草在中原各地的名山中都能找到，陛下可以派人依样去寻，然后由法师传授医治的法术。”拓跋焘彻底拜服，对悦般国使者的言语深信不疑。为表诚意，他下令全国戒严，准备出兵讨灭柔然。

十六、崔浩之死

北魏这次对柔然的进攻，在事后看来基本上是“雷声大，雨点小”，但从拓跋焘的所作所为中我们却可以推测，他是确实有心直捣漠北，与柔然拼个鱼死网破的。这一点首先可以从宣布戒严看出来——拓跋焘要保证后方无事才敢出动大军，可见前方战争的规模不会小。其次，以前的北伐，皇太子都是要驻守国都平城的，而太平真君九年（448）的北伐，太子拓跋晃却跑到漠南的行宫朝见拓跋焘，之后随军一同北上。并且，拓跋焘连续两年三次用兵，实在是超过了以往任何一次的征战密度。

对柔然的第一次用兵在当年（448）的冬天，北魏大军向北挺进沙漠，遍寻柔然踪迹而不得，最后到达汉朝征讨匈奴时留下来的受降城（今内蒙古乌拉特后旗乌力吉境内）。天气寒冷，行军困难，魏军将携带的粮草囤积于城内，在城中留了些守兵，然后就撤退了。

转年开春，拓跋焘回到漠南，大宴群臣。大约是因为浸沐于席间大臣们的一片阿谀之词中，拓跋焘忽然志气昂然，他不甘心于前一年的徒劳无功，下令再度北伐。他将大军分为三路：高凉王拓跋那走东路，略阳王拓跋羯儿走西路，他本人则与太子一起过涿邪山（今蒙古国戈壁阿尔泰省阿尔泰山东段），北行数千里。这次发兵气势很吓人，柔然可汗吐贺真闻风而遁，拓跋焘的第二次北征又未果。

拓跋焘并不罢休，他分析了最近几次北伐的得失，总结出教训：自己每次都把局面搞得太大，还没到柔然腹地就把人家吓得半死提前逃走了，这怎么能达到消灭敌人有生力量的目的呢？他吸取教训，在紧接着的这个秋天第三次发动北伐，这一次，他只让拓跋那和拓跋羯儿率领少数精兵分别从东路和中路北上。

吐贺真果然接招，他以数倍于魏军的柔然精兵迎战，包围了拓跋那的军队，包围圈绵延几十里。拓跋那全无惧意，命令士兵深挖战壕，坚守待机。双方相持多日，吐贺真每次出阵挑战都被拓跋那击退。柔然人多势众却占不到半点便宜，吐贺真渐渐感到恐惧，越想越觉得魏军必有后援，这么下去自己要倒霉，就主动解围，连夜逃走了。拓跋那带兵追赶，连追九日九夜。吐贺真对自身的战斗力没信心，又弃了辎重，翻山越岭没命地跑。拓跋那得了辎重便不再追赶，回军与主力会师。

另一路，拓跋羯儿也获大捷，收编了数百万之多的柔然牧民和牲畜，并将他们全部带回北魏。

北魏在太平真君九年到十年（448—449）连续对柔然的用兵，虽然最后还是没能彻底消灭柔然上层势力，柔然可汗依然存在，却在最后一次战争中有效地获取了柔然的资源和财产。史载，“自是柔然衰弱，屏迹不敢犯魏塞”。严格地说，柔然并不是一下子衰弱了，而是势力重心西移，开始更多地与西域诸国发生冲突，不敢再来招惹北魏这个东方的霸主了。

拓跋焘压制了柔然，西南的吐谷浑也被他打得抬不起头，得意之余，他想的当然就是如何功高盖世、青史留名了。

其实，早在消灭北凉的时候，拓跋焘就已经有了这个想法。他让崔浩担任监秘书事，命他召集高允、张伟等汉族文人共同为魏国修国史。修史本是汉人的强项，试问古往今来，天下诸多国家，又有哪个有中国的史籍那么连续和完善的呢？崔浩也是当仁不让，觉得这种任务就该由他来领导完成，很爽快地接手过来。

崔浩见识虽广，文笔却不咋样，所以执笔的工作多由手下的文人来做，他只负责总结折中的工作。然而，很多鲜卑贵族仍把崔浩当作眼中钉、肉中刺，崔浩在不少问题上都伤及了他们的切身利益，这次又要对他们的先世品头论足，他们怎么受得了？可是又没法子，皇上这么信任那些汉族读书人，自己呢，打仗虽然很厉害，舞文弄墨的时候却是形同白痴，只好听之任之。

拓跋焘想的只是光宗耀祖，他一向推崇崔浩，看他领着一帮子人日夜伏案奋笔疾书，心中暗爽，指望着这本史书早点写完。可修国史的都是汉人，他们对于历史的理解与没怎么读过史书的拓跋焘不同。史书不是“好人好事记录册”，而是对于事实的叙述，所谓春秋史笔，是“笔则笔，削则削”，该记录的就记录，该删减的就删减，既不溢美，也不讳恶。皇帝什么时候给人欺负，什么时候干了坏事，这些也都得写到纸上。

到了北魏太平真君十一年（450），魏国史《国记》编撰完成，崔浩审阅一番，非常满意，便向皇帝呈上。参与著史的闵湛、郗标建议把《国记》刊刻在石碑上，以彰直笔，同时刊刻崔浩注解的《五经》。高允听说此事，私下里说：“闵湛等人都是小人之见，恐怕要害惨崔氏一族了！”崔浩却很赞成这个建议，对太子拓跋晃提了出来。拓跋晃给予支持，下令在平城南郊修造碑林，占地方圆一百三十步，征用了三百万名工匠才建造完成。

城南新修了碑林，好新鲜爱热闹的人纷纷跑去观看，那些本来就对修国史有意见的鲜卑贵族当然也去看了。这一看可不得了，石碑上的文字哪里是在夸耀功德啊，明明都是揭短！拓跋氏发家才三世，祖上的事有好多不体面的，自己知道也就算了，怎么可以放在外面给大家看呢？太不像话了！

鲜卑贵族们一个个怒气冲天，前呼后拥地跑到拓跋焘面前告发，说崔浩这帮汉人是存心损咱们呢，应当严惩不贷！拓跋焘这才如梦方醒，一拍桌子，派人将石碑火速砸毁，并下令逮捕了崔浩以及所有参与著史的文人。

太子拓跋晃首先得知消息。自从灭佛以来，他就跟崔浩结了怨，这次崔浩获罪，他本该高兴，可是修史的主力成员高允却是他的恩师，他赶紧把高允接到东宫，吩咐他说：“明天随我去见皇上，假若皇上问你，你就顺着我的意思答话，听明白了吗？”

高允一头雾水，问太子：“为了什么事情呀？”

拓跋晃也不细说，只回答：“去见了皇上就知道了。”

次日一早，拓跋晃领着高允来到宫中，向拓跋焘禀告：“中书侍郎高允在儿臣宫中，我与他相处好多年了，他一向小心谨慎、遵纪守法，虽然与崔浩一同著史，但地位很低，罪责都是崔浩的，恳请父皇明察，免他死罪。”

拓跋焘点点头。他召见了高允，一见面就问：“《国记》都是崔浩写的吧？”

高允依实回答：“《太祖记》为前著作郎邓渊撰写，《先帝记》（先帝即指拓跋嗣）

和《今记》是微臣与崔浩合写。不过崔浩管得多，只抓总体的事务，至于注疏方面的文字工作，微臣做得多于崔浩。”

拓跋焘听言大怒，对拓跋晃说：“怎么搞的？高允的罪责比崔浩还重，叫朕如何饶恕他呢？”

太子暗暗叫苦，心说这个高允怎么不长脑子，不听自己的话。可现在也没别的办法了，他只好解释说：“高允小臣，初见父皇天威，难免语无伦次。儿臣刚刚还问他来着，他说全是崔浩干的。”

拓跋焘转脸问高允：“太子说的可是实情？”

高允答道：“微臣罪当灭族，不敢妄言。太子如此说，是因为微臣侍讲日久，他同情我的遭遇，想要救我一命而已，其实他并没有问过我，我也没说过那样的话。”

拓跋焘倒吸一口冷气，居然还有这样的大臣，他感叹道：“果真耿直啊！世上少有人能为之，而高允竟能做到！死到临头还能面不改色不说假话，此乃信；身为大臣而能坚持真理不欺君，此乃贞。既信又贞，让人佩服，好吧，朕就赦免他了。”

拓跋焘又派人把崔浩招来质问，崔浩早已吓得说不出话来。拓跋焘就叫高允起草诏书，准备把崔浩满门抄斩，并且诛杀与著述国史有关的其他官员。

高允接旨，却一直迟疑着不写诏书。拓跋焘催了又催，最后高允要求见过皇上再动笔，拓跋焘就召他进宫。

高允奏道：“微臣实在不知道崔浩还犯有何罪。如果仅仅是因为写国史的事触犯了皇族先世，不为尊者讳言，也不至于判死罪啊。”

这是什么话？拓跋焘一听，当即就坐不住了，命令武士把高允捆绑起来，扬言要杀他。旁边拓跋晃吓坏了，一再劝说，拓跋焘这才慢慢消了气。他仔细想想，高允似乎也没说错，就给高允松绑，把他放了，感叹道：“要没有此人，朕恐怕要杀数千人呢！”

事后拓跋晃责备高允：“识时务者为俊杰。我替你求情，你怎么反倒去激怒皇上呢？我每次想到这事，还是心有余悸。”

高允答道：“史书就是要如实记载帝王的举止以为后来者鉴，如此才能让今天的人知道过去的事，将来的人知道今天的事。同时，这样的写史笔法也能使君主们有所顾忌，言行谨慎。崔浩主持修史，私心很重，的确有罪，但书中写到的朝廷起居、国家得失乃是史法之大体，并无过错。我与崔浩一同编书，自当同生共死，不能独免。承蒙太子殿下出面保我，高允感激不尽，但若要我为了活命说违心的话，我可做不出来。”拓跋晃为之动容，从此更将高允带在身边，咨以要事。

拓跋焘放过了拒绝拟诏的高允，却没有打算放过崔浩。他另外找人起草了诏书，下令族诛崔浩所属的清河崔氏以及与之联姻的卢、郭、柳三大士族，其他涉案人员则只杀本人。崔浩为拓跋氏君主谋划一生，到头来化作南柯一梦。行刑当日，七十高龄的崔浩被关在囚车里押往刑场，路上卫士们爬到他的头顶，一边说着侮辱性的言语，一边朝着他的脑袋撒尿，呼声不绝于耳。这位才干见识不亚于诸葛孔明的谋臣下场竟如此凄惨，实在让人扼腕。

此一遭，燕赵地区的几个汉人大族遭受沉重打击，北魏一直欣欣向荣的制度性汉化蒙上了一层阴影。拓跋焘后来也为自己一时的暴虐行径后悔不已，但木已成舟，他不得不吞下苦果。

崔浩对于北魏前期政权的发展与巩固是功不可没的，他本人虽为文弱书生，却总能运筹帷幄之中，决胜千里之外，拓跋氏在军事扩张中多次采纳他的建议，几无失策。对于北魏的制度，他的影响则体现在思想的层面上，是隐性和渐进的。他重视推广儒学，并着力于像汉人一样选贤拔才，这些举措都能波及数代。

很多人认为，崔浩心存汉室，不热衷于南征，而力图促使北魏政权向其他方向扩充，这其实是一种汉文化的惯性思维方式。崔浩从小受到的教育既然是汉人的传统文化教育，他的言行不管是出于主观还是客观，自然会对汉族、汉文化有利。崔浩的被杀，归根到底是因为文化的冲突，它标志着北魏前期的汉化潮流遇到了暂时的阻碍。然而，对鲜卑贵族们而言，无论是自愿还是被迫，要想生存于中华世界之中，在文化上就别无选择。

历史之车轮，轰隆碾过；大势之所趋，无人可挡。

十七、南北狼烟再起

崔浩被诛的那年恰好在公元 5 世纪的正中间。历史总是喜欢对人们开不大不小的玩笑，相似的情景一次又一次地出现。整整一个世纪以前的后赵乱亡和慕容南侵还恍若昨日，一百年后，南北世界又将迎来一场大对抗。

崔浩被诛的四个月前，北朝皇帝拓跋焘与南朝皇帝刘义隆几乎同时想到了向对方开战。首先动手的是拓跋焘这个“战争狂人”，刚刚从对柔然的战事中调整过来，他便将刀锋指向了淮水南北的宋国国土。

南朝的刘宋自元嘉七年（430）那次北伐失败后，已有整整二十年没有和北方的邻居在战场上过招了。宋文帝大概是好了伤疤忘了疼，加上二十年来的治世局面，异己权臣又一个个被消灭，他颇为得意，将以前的失败归因于年轻不懂事、考虑不周到，通通忽略不计。现在他正值有为之年，所以要好好做几件功劳可以盖过历史上那些明君英主的大事。盖吴起事的那次他就有了想法，只是那时没把北伐的事情提到议事日程上来，因为准备不充分，不能马上付诸行动。这回见北魏的军队首先出动，他便想好了方针对策——保存实力，待机反攻。他给淮、泗前线的各部将领下令：“如果魏军兵少，就各自坚守；如果兵多，就带上老百姓，一起退到淮南的寿阳。”

拓跋焘亲自率领骑兵部队南下，呼啦啦来了十几万人。宋国边境线上负责侦察的卫兵情报搜集工作做得极为不力，前线各城发现魏军时，双方距离已经相当近了。南顿（今河南项城西）、颍川（今河南禹州）的太守收到情报，惊恐万分，立即弃城撤退。魏军长驱直入，轻轻松松便杀到了悬瓠（Xuánhù，今河南汝南）城下。

驻守在悬瓠的是代理汝南太守陈宪，魏军还未入境时，他被寿阳的豫州刺史、南平王刘铄派到这里。时间紧迫，陈宪来不及撤退，也没收罗多少兵士，整座城只有不到一千人。

拓跋焘的大军很快就将悬瓠城团团围住。魏军数量百倍于城内守兵，拓跋焘本以为可以轻松拿下，没想到竟然碰了钉子。陈宪手下的人虽少，斗志却很高，击退了一拨又一拨的攻城魏兵。魏军在城外修筑高楼，对着城里疯狂射箭，城里的士兵就想了个办法，一人拿一块门板，要行路或是取水时就背在身上，魏军的乱箭竟也没起多大作用。

拓跋焘下令改用冲车，冲车顶上装个大钩，专门拖拽城墙，悬瓠的南城在这样的冲击下很快就要坍塌了。陈宪也有对策，他在城墙里头修了一道内墙，外面又竖立木栅栏，全力阻挡，冲车这一招又失灵了。

没办法，魏军只好仗着人多死命攻城。宋军在陈宪的号召下奋勇苦战，士兵们个个以一当百，攻城魏兵的尸首越堆越高，到最后，后头上来的魏兵踩着前头人的尸体就能冲到城头与宋兵短兵相接，战况无比惨烈。

悬瓠对于刘宋守兵来讲生死攸关，对于攻势不止的魏军而言却只是一座可有可无的城。拓跋焘的战略方针不明确，十万大军被几百个人拖在淮北，损失上万。宋国这边由此赢得充分时间，两路救兵分别从彭城、寿阳出发，一路往汝阳，一路往悬瓠。

彭城的一路由武陵王刘骏负责，前来掠民的拓跋仁被打了个措手不及，北魏军队辎重被烧，士兵失散。不过拓跋仁也算精明，很快就探清宋军后继不足，干脆就地回师反击，将宋军打得大乱，得了不少马匹和武器。

寿阳的一路则由南平内史臧质和安蛮司马刘康祖统领，拓跋焘的殿中尚书任城公乞地真领兵阻击，被宋军斩杀。

北魏两边都没捞到好处，拓跋焘无奈地对手下部众说："淮南那边看来是来了大部队，弄不好还会有奇兵，再不退兵怕是要中敌人的诡计！"他一摆手，撤军了。

这场防御战很意外地没有大的损失，宋文帝本已膨胀的信心变得更加强大。前线情报工作的滞后、接触战中兵力不足的劣势，这一系列问题应该引起重视，却都被发生在悬瓠的这场一对一百的守城战的光芒所遮掩。偏巧这个时候拓跋焘不知哪根筋出了问题，让人送来了一封挑衅意味很浓的书信，宋文帝的反击之心愈发旺盛。

拓跋焘的这封信被全文收录在《宋书》的《索虏传》中，《魏书》上则不见收录，我猜测原因可能有二：一、书信的内容可能在当年就没有被魏国的史官记载下来；二、从北魏一方看来，这封信的内容并不是十分体面、值得大书特书的，甚至可以说是十分丢脸的，而对于刘宋而言，这样的言辞正好能够显现北魏皇帝的傲慢、狂妄、外强中干，用来鼓舞本国军民的士气大约再合适不过了。

信中，拓跋焘一开篇就指责宋文帝刘义隆大搞间谍战，还侮辱战俘，品格太差："观此所行，足知彼之大趣，辨校以来，非一朝一夕也。"接着他又质问刘义隆为什么联络、支援北魏国内的"恐怖组织头头"盖吴，说他这是在搞"国家恐怖主义"："你这家伙如果是男子汉大丈夫，就应该自己来取我的国土，你没有这么做，却总是用钱财引诱我国边民，这可是偷鸡摸狗的行径！我如今才得了你多少土地，哪里比得上你得到的边民数量多？"其实，拓跋焘这样说就有点胡搅蛮缠了，老百姓自然是愿意去富庶繁荣的地方，这是人之常情。天下，唯有德之人居之，用战争以外的手段来得到更多人民的拥护，总比用战争手段要来得代价小，也要长久一些。拓跋焘一生戎马，没能好好坐下来思考治世的政策，或多或少地忽视了经济手段对于国家昌盛的重要性。

拓跋焘又说："你要是想保全国家、坐稳江山，就把长江以北都割让给我，这样我可以把江南赏给你住，不然的话，你就快下令让各地严阵以待吧，来年秋天我当亲自前来攻取你的扬州，到时候你想要活命可就难了！当年我向你讨要珠宝，你不给我，如今我正好取几颗髑髅充当珠宝。"然后他开始夸耀自己的武功，"你当年北通蠕蠕，西结赫连夏、沮渠蒙逊、吐谷浑，东连冯弘、高句丽，这些国家都被我消灭了。看看他们的下场，再想想你，你以为你能独存吗？"

信的最后，拓跋焘流露出鄙夷之情："我去攻打你的时候，你打算怎么办呢？最多不过筑城自守罢了。你那里下点小雨，水就漫过胸口了，你还能在水里射我不成？我这趟去取扬州，可不像你一样只搞小动作。你派来的那些间谍，我抓了也都放回去了，世人眼睛亮，都明白得很呢！你的那些功臣，你一个都容不了，哪里配跟我比？你总想着跟我打一仗，我可不傻，也不是苻坚。打算什么时候打呀？我会白天派骑兵包围你，晚上在离你百里的地方宿营；你的百姓要是降我呢，我就把他们带回北方，要是不听话嘛，就统统杀死；附近要有粮食，我就先一步吃光了，让你的军队没吃的，看你能挨几天！你们这些南方人擅长偷营，我也知道，所以宿营在离你百里之外，你就算每三里安排一名探马也没有用，因为人都不够你排的，看你怎么暗算我！你以为我要攻你的城，我却不近城围你，而是引水灌城。哦，对了，我知道你老爹时代的旧臣都已经给你杀绝了，那些人如果还健在，虽说老了点，但好歹还能为你出谋划策，如今他们都死在了你的手上，岂不是天助我也？其实我也不用大动干戈，我这里有些会法术的婆罗门，到时候派几个小鬼去把你绑来就行了！”

拓跋焘的信，字里行间充斥的是侮辱取笑的话，却恰恰体现了他内心虚弱的一面。信的全文基本上是在夸耀自己怎么怎么能干、怎么怎么能打胜仗，偏偏忘了“君子讷于言而敏于行”的道理。关于战功，说得越多，就越显得拓跋焘对刘宋用兵并无把握；关于战术，讲得越详细，就越显得拓跋焘黔驴技穷——说了半天，都是聊以自慰而已。这些文字起不到恐吓震慑的作用，倒是有点向敌人示弱、给自己壮胆的意思。从这个角度看，拓跋焘这个时候对南朝还是有所忌惮的。

这封书信大大刺激了南朝的君臣，将南北对抗导向了“对撞”。两位统治者在他们统治的最后几年都犯下了类似的错误，对彼此的实力和形势都出现了误判，于是，一场原本应该你来我往、十分精彩的大战变了味，逐渐演变成一场乱糟糟的灾难。

十八、王玄谟的失败

其实不管有没有拓跋焘的这封挑衅信，宋文帝都是打算发动大规模的北伐的。他身边的大臣自然是投其所好，徐湛之、江湛和王玄谟这几位都一个劲地鼓吹北伐必胜论。

这里头最积极的就是彭城太守王玄谟，他经常在宋文帝面前天南地北、古今中外地神侃，宋文帝给他侃得热血沸腾，感慨道："观玄谟所陈，令人有封狼居胥意！"狼居胥山位于今天蒙古北部的肯特山，西汉霍去病大破匈奴，在此山上举行了封禅祭天大礼。

宋文帝久居深宫却野心勃勃，听了王玄谟吹的牛，更加飘飘然想远追强汉的武功，真有点不知道自己姓什么了。辛弃疾的词"元嘉草草，封狼居胥"，指的便是这个典故。与权臣韩侂胄的北伐相比，元嘉年间的北伐可以说是由从上到下一群糊涂蛋发动的，留给后人的唯有笑柄而已。

为什么这么说？看看宋文帝身边都是些什么人就知道了。一见皇上有封禅之意，御史中丞袁淑马上就说："陛下英明神武，以大军席卷河北，然后封禅于泰山，臣愿上封禅书，以庆贺这千载之合。"很有点"千秋万代、一统江湖"的味道。

宋文帝做足了明君的美梦，便于元嘉二十七年（450）秋天召集群臣，提出大举北伐，让大家尽快统一意见。

大臣们从实际情况考虑，提出了不少异议。左军将军刘康祖认为时日已晚，不如等到来年再动兵。宋文帝居然说："北方魏虏暴政，各地起义军此起彼伏，如若再等一年，岂非让那些心向朝廷的义士们心寒吗？不行！"这话说的，仿佛天下苍生都在等着他去早日解救。

太子步兵校尉沈庆之曾经受过檀道济的举荐，是当时刘宋国中为数不多的知兵之人，宋国国内诸蛮反叛的时候，他统军平叛，屡立战功。这次，沈庆之对宋文帝进谏说："我军以步兵为主，魏军以骑兵为主，势难匹敌。檀道济两次用兵无功，到彦之北伐失利，如今的王玄谟等人怕是还不如那两位将领，我军的强盛也比不过从前，恐怕会出师不利，反而受辱！"

宋文帝不以为然地说："魏国窃据我国的河南地区，与小丑无异。我军往日没打胜仗，是有别的原因的：檀道济是养寇自资，居心不良；到彦之是中途生病，运气不佳。魏军所倚仗的只有马匹，今年夏天河水满涨，我军只要泛舟北行，拿下碻磝、滑台两城易如反掌，而打下这两处后我们就有了百姓的资助，有了粮草，到时候再拿下虎牢、洛阳也不成问题。等到了冬天，我们的城池也修固了，只要魏军的骑兵胆敢过河，管叫他们有来无回。"

沈庆之还是觉得不妥，坚持反对。宋文帝便让旁边的徐湛之、江湛与沈庆之辩论。

沈庆之打仗虽强，口才却不行，说不过这些人，末了只能气愤地说："治国如治家，耕田的事要询问农民，织布的事得请教婢女。陛下今天讨论的是北伐之事，却跟这伙小白脸、书呆子商量，这哪能搞得好？！"宋文帝大笑，也不理他。

除了刘康祖、沈庆之，其他反对的人也有那么几个，比如太子刘劭和护军将军萧思话，不过宋文帝一概不听反对意见，下令各地宋军整装待发。

拓跋焘听说刘宋要来讨伐，又修书一封，并送来几匹马，说："我们两家彼此和好已久，好歹也算邻居，而你却贪得无厌，引诱我国边民，实在可恶！盘古开天辟地以来，争夺天下者又何止你我二人，你何必斤斤计较？最近听说你要来，如果能到我的中山或者桑乾川，那就随你来吧，只是你来我也不迎，你走我也不送。如果你是厌倦了那边的宫廷生活，可以来我的平城住嘛，而我就住到你的扬州去，咱们换一换。你都快五十岁的人了却足不出户，这回出个门还不跟三岁儿童一样？哪里比得上我们鲜卑人，从小在马背上生活。我也没什么东西送你，就送十二匹猎马吧，再加上一些药材。你来我这里马力不足，可以骑我给的马，水土不服，可以吃我给的药。"

与前一封信一样，这封信也是纯属多余。宋文帝在收到信后立即下诏：北伐！

虽然宋文帝在诏书中宣扬得声势浩大，颇有出动了百万雄师之感，但宋国真正发动的北伐军其实只有五路：第一路是主力水军，由青、冀二州刺史萧斌统帅，王玄谟与沈庆之、申坦一正两副为先锋，率领一万支船沿黄河西进；第二路是太子左卫率臧质的东宫禁兵，加上骁骑将军王方回、建武将军刘康祖和右军参军事梁坦手下的十万步骑兵，直取许昌和洛阳；第三路由徐、兖二州刺史、武陵王刘骏统领徐、兖等州士兵；第四路由豫州刺史、南平王刘铄统领荆、豫等州士兵，这两路从东西两翼并进；第五路在最西面，由雍州刺史、随王刘诞率领中兵参军柳元景、振威将军尹显祖、奋武将军鲁方平、建武将军薛安都、略阳太守庞法起等攻打弘农和潼关。另外，江夏王刘义恭坐镇彭城，节度诸军。

宋国的各路统帅，除了宋文帝的亲信外，全部都是他的儿子或弟弟。宋国的兵权已经牢牢掌握在刘氏宗室手中，这本是宋文帝希望看到的局面，却也给他身后爆发的皇室内乱埋下了定时炸弹。

皇帝的命令一下，大军立刻开拔，然而宋国准备不足的问题很快就暴露出来。首先是供给不足，没办法，朝廷只好发出倡议，上至王公、妃子下至富民纷纷捐献金帛、杂物以备军用。接着军中又报告兵力不足，好吧，朝廷又发动青、冀、徐、豫、兖、南兖六州民丁，每户三丁抽一、五丁抽二，军令一到，民丁需在十日之内全部装束好聚集到广陵或盱眙待命；另外朝廷又募集武艺精湛的壮士，对他们加以赏赐，让他们加入出征大军。一波未平一波又起，有司又报告军费还是不足，于是朝廷又下令向后方州郡的富贵人家以及和尚尼姑一律借贷他们四分之一的财物，并许诺打完仗即归还。

宋文帝喊了半天“封狼居胥”，结果自己的后勤工作都没做好，治世二十多年却没把自己的军事后备搞上去，从这一点上看，刘宋已经隐隐显出败象。

东路的主力进军顺利，北魏的碻磝、乐安守将都不战而走，宋军轻松夺取了黄河南面的第一座重镇碻磝。局势似乎倒向了宋军，然而接下来萧斌做了个错误的决定——他留下经验丰富的沈庆之把守碻磝，却让那个言过其实的王玄谟率兵继续向西攻打滑台。

王玄谟仗着人多势众、武器精良，认为滑台应该不难拿下，可他生性贪婪，于是一错再错。

一开始的时候，滑台城里有好多民居都是茅屋，有人建议向城中射火箭，王玄谟却说："那些可是我的财产，怎么可以烧了？"仗还没打赢就先盘算战利品，真是可笑之极。后来城里的人拆了茅屋，改住土窑，射火箭这招再想用也不成了。

附近的居民听说南朝北伐，踊跃支持，不是出粮就是出人。不少百姓前来投奔，王玄谟却不好好接待。他不仅不任命民兵的首领，还把民兵拆散安置到自己各个手下的部队中，然后给每家每户发放一匹布，要求他们交纳八百只当地盛产的大梨。一匹布换八百只大梨，简直和抢食差不多，中原的民心都被他给丢尽了。

北魏那边的援兵来得并不快，拓跋焘的意思是先等着，真的不行就先躲躲，到了冬天再出兵不迟。即便如此，王玄谟还是几个月攻不下滑台，看来吹牛和打仗根本不是一回事。

滑台久攻不下，宋军军心已然不稳。转眼到了冬天，拓跋焘挥师南下，王玄谟的前锋垣护之在滑台西南探得军情，快马送书给王玄谟，劝他发兵急攻，不惜伤亡也一定要攻下滑台，好以此城作为守备的据点，可惜王玄谟这个草包根本不听——简直就是在自取灭亡！

拓跋焘派出的骑兵速度很快，转眼就渡过了黄河，战鼓之声震动天地。王玄谟哪见过这么大规模的骑兵军团，早吓破了胆，在他的带领下，宋军的精兵毫无战力，被魏军铁骑冲得溃散，死伤上万，被丢弃的军资武器堆积成山。

垣护之的表现比王玄谟出色得多。魏军将王玄谟留下的战舰以铁锁相连，阻断河流，想以此挡住中游垣护之部队的归路。垣护之见状，便命令各船趁着河水湍急顺流而下，又让兵士们准备长斧，遇到铁锁就将其砍断。魏军的连环计没能奏效，垣护之以只失一船的优异战绩返回。

宋军所用非人，以至前线丧师，东路统帅萧斌气得牙痒痒，见了败逃回来的王玄谟就要斩他以正军威。沈庆之劝谏道："佛狸[①]威震天下，统军百万，岂是王玄谟所

① 拓跋焘小字。

能抵挡的？临阵杀将只会灭自家志气，长他人威风，不是好法子。”萧斌这才罢手。

按理说，沈庆之一直就反对这次北伐，杀了撺掇北伐的王玄谟正好泄愤，没想到不把沈庆之放在眼里的王玄谟还得靠着他的一句话保住性命。沈庆之不以公报私，令人钦佩。

病急乱投医，攻滑台不得，萧斌提出固守碻磝。又是沈庆之进言：“青州、冀州虚弱，若坐守孤城，等到敌军大部攻来，清水以东都守不住，到时候碻磝只会是朱修之的滑台第二。”萧斌听了犹豫不决。

正好宋文帝的诏书送到，不许萧斌退兵，萧斌忙召集诸将商量接下来的对策。沈庆之说：“诏书从这么远的地方送来，皇上根本不了解这里的形势，战场上的事情将军可以专断。眼下有个范增都不能用，空谈有什么用呢？”萧斌等人一向把沈庆之看作一介武夫，没料到他还知道范增的典故，不禁笑道：“沈公还蛮有学问的嘛！”沈庆之轻蔑地答道：“诸公通晓古今，还不如下官耳濡目染所了解的那点知识！”众人给他说得哑口无言。

最后，萧斌决定折中，既不违背圣意，又能结合敌强我弱的现实情况。他让王玄谟将功补过，守卫碻磝，又命申坦、垣护之据守清水口，他自己则率领东路诸军返回青、冀两州的治所历城。至此，被宋文帝寄予厚望的东路战场转攻为守。

十九、拓跋焘席卷淮上

相比东路，西面的几条战线要打得漂亮许多。假使宋文帝不为谄媚小人所惑，真正识人，又能够选择更好的出征路线和时机，最终结果如何尚未可知。可惜的是，西面的几路虽然攻下了不少据点，却全因为王玄谟在魏军主力面前的全面溃败而无法保持协同进军，最终功亏一篑。

雍州（治所在襄阳）刺史刘诞的这路从襄阳北上进逼弘农。宋军中有一名叫作庞季明的参军，七十多岁了，以前是关中的豪强，在当地德高望重，他主动提出去长安招安，刘诞觉得主意不错，就准行了。庞季明潜入弘农的卢氏县，住进当地的大户赵难的家中，之后四处游说，果然在这一带引起不少民众的响应，很多人都被说动投往宋军。

有了接应的队伍，宋军方面接下来的行动就容易多了。薛安都、柳元景分兵继进，汝南的刘铄则派出胡盛之、梁坦等攻打北魏的长社（今河南长葛东北），北魏驻扎在这里的荆州刺史鲁爽就是当年与司马休之一起反刘裕失败而后被迫投往北魏的鲁宗之的孙子，此公望风而逃，长社被刘宋收入囊中。北魏的豫州刺史仆兰也不是宋军的对手，撤往虎牢。两路宋军继续奏凯，柳元景、薛安都、庞法起等人很快攻下了卢氏、弘农，进逼潼关，梁坦与刘康祖则兵临虎牢。

要打潼关，先得拿下陕城，几员刘宋大将悉数出击，却碰上了一场硬仗。陕城易守难攻，一时半会儿拿不下来，北魏的洛州刺史张是连提率领两万骑兵绕道来救。北魏骑兵的冲击力很强，以步兵为主的宋军挡不住，几乎要崩溃。

出生于北方的薛安都被激怒了，他脱下盔甲，只穿贴身的衣衫，瞋目横矛，单骑突入敌阵，所向披靡。魏兵纷纷朝他射箭，薛安都手中一杆长矛高低拨舞，竟没有一支箭能够射中他，而魏军阵中已是死伤不计其数。薛安都手下的士兵则群情振奋，个个争先。天色将晚，宋军援兵杀到，魏军只得暂退。与此同时，柳元景怕薛安都这边有失，连夜派堂兄柳元怙领了两千步骑兵前来援助，对此魏军并不知情。

第二天一早，薛安都在陕城西南排下大阵，与城中杀出的魏军对峙。他与统领步兵的将领鲁安平相誓共进，以左右掎角之势合击魏军。刚一交锋，柳元怙的奇兵正好赶到，旌旗飘舞，鼓噪而前，魏军毫无准备，立刻惊成一团。薛安都乘势挺身血战，直杀得长矛折断，他更换一根新的，继续入阵横冲猛打。

大战从上午杀到黄昏，陕城之外血流成河。北魏将卒被杀的、跳护城河淹死的有数千之多，张是连提也死于阵中，另有两千魏兵投降。可以说，城中魏军是全军覆没。

柳元景听说陕城外面打了大胜仗，便率众前来。他见那些投降的士兵大部分是汉人，就责问他们道："你们都是中原汉人，却为胡虏效力，打不过了才投降，岂有此理！" 士兵们愁眉苦脸地说："胡虏到处抓壮丁打仗，出来得迟了就要灭族，战场上又以骑兵驱赶我们步兵，还没开打就被踩死了好多，将军也看见了。"

众将要求严惩战俘，将他们统统杀掉，柳元景则说："王旗北指，当使仁声先路。" 意思是要向北方人民宣扬宋国的北伐军是仁义之师，只针对占领国土的胡人，不会欺压百姓。他下令把战俘全部释放，遣回原籍。投降的士兵们因祸得福，意外得生，都高呼万岁。

宋军继续进攻，连续攻下陕城和潼关，关中的汉人大户和附近的羌人、匈奴人都来送钱，拥护宋军。

就在柳元景打算乘胜挥师西举，一举收复关中的时候，朝廷的诏书却先到了。宋文帝认为既然王玄谟的那路大军已败，魏军已经从东路南下，西边的战线便不宜独进。柳元景徒叹天不我助，只好命薛安都断后，率领大军全部返回襄阳，其他各路也全部放弃进攻，转而布兵防守。

宋文帝大张旗鼓开展的第二次北伐至此化为泡影。

转入全面反攻的魏军可不会就此停步。拓跋焘的大军兵分五路：永昌王拓跋仁从洛阳进攻寿阳，尚书长孙真进攻马头（今安徽怀远南），楚王拓跋建进攻钟离（今安徽凤阳东北），高凉王拓跋那率部从青州直逼下邳（今江苏睢宁西北），拓跋焘自己则从东平进据邹山（今山东邹城东南）。

拓跋焘攻下邹山，亲自前往拜谒秦始皇留下的石刻，并祭祀了孔子。然后魏军一路南行，所过城镇尽皆投降，悬瓠（今河南汝南）、项城（今河南沈丘）均被攻克，宋国的淮南重镇寿阳暴露在魏军面前。寿阳失守则淮南难保，宋文帝下急诏命刘康祖的军队回援。

刘康祖与北魏拓跋仁相遇于尉武。刘康祖的军队只有八千人，所以副手胡盛之劝他走小路撤回寿阳。可刘康祖正嫌自己没怎么与魏军交手，还没打过瘾呢，斥道："我们在黄河边上找了半天敌人都没找着，现在他们自己送上门来，哪有避退的道理？！"随即他下令进军："敢回头看的斩首，敢转身走的斩脚！"

魏军人多势众，从四面围上来，宋军无不死战，从早杀到晚，流血没踝，刘康祖也身负十几处伤口。魏军虽然死伤上万，但还是源源不断地往前攻，拓跋仁将士兵分为三批轮班上阵，宋军士兵渐渐体力不支。刘康祖正英勇地指挥众将士作战，却不幸被一支箭射穿了脖颈，坠马而死。主将阵亡，宋军溃败，士兵几乎全部被魏军所杀，副将胡盛之也被俘投降。

拓跋仁乘胜席卷淮南，路经马头、钟离等地，北魏大军烧杀抢掠无所不行。直到来到寿阳，宋国大将刘铄固守城池，魏军无法攻下，形势这才有所缓和。

东面拓跋焘的主力军攻占萧城后，浩浩荡荡开往彭城。坐镇彭城的刘义恭本来的任务是在后方调度，现在他所处的位置却成了敌人冲击的重点，不禁慌了手脚。彭城城中兵将虽多，粮食却不够吃，不利于长期作战，历城方面的沈庆之便提出历城正好兵少粮多，可以迎接刘义恭与另一位亲王刘骏前去驻扎，太尉长史何勖则建议从水路逃往郁洲（今江苏连云港云台山一带，南北朝时位于海中）。

刘义恭在两种意见之间犹豫不决，沛郡太守张畅说："历城、郁洲这两处要是值得去，下官怎么会不赞同呢？城中缺粮，百姓早就想跑了，只不过城门关得严，他们没法走而已。一旦我们外逃，大家肯定是各自逃散，最后哪儿都到达不了。如今虽然军粮少点，但还没到马上就吃完的地步，我们怎能舍安求危？如果您一定要走，下官愿以死进谏！”

旁边的刘骏头脑也比较清醒，他说：“叔父身为全军统帅，去留自非我所能干涉的。可我刘骏既任徐州刺史，就必与此城共存亡！张长史的话说得没错。”

刘义恭思来想去，也就听从了两人的意见，准备好好防守彭城。

拓跋焘大军压境，到了彭城脚下。彭城素来是兵家必争之地，防御体系十分完善，因此拓跋焘不急着攻城，而是在城外当年项羽筑造的戏马台上搭了间屋子，瞭望城内的情形。只见城内秩序井然，守兵不见惊慌之色，拓跋焘心中开始犹豫。

拓跋焘派人去向城中宋军求取南方的美酒与甘蔗，同时也是为了一探虚实。刘骏听说此事，痛快地让人将东西给魏军送去，但是有条件：东西不能白给，魏军也要送特产骆驼来。

拓跋焘慨然答应，并派尚书李孝伯去城下传话：“我们皇上说了，安北将军（指刘骏）可以来见他。我军不会攻打彭城，何苦让将士们守备如此森严？”

刘骏派张畅出门回话：“安北将军说了：‘人臣无境外之交。’我们也只能做到这样了。至于说守备森严，这是边城常事，只要老百姓过得开心，我们辛苦一点也无怨言。”

两边交易了一些商品，张畅便要关上城门。李孝伯问道：“何必匆匆关上城门，拉起吊桥呐？”

张畅笑道：“我们的两位王爷看贵国国主营帐未起，将士疲惫，想到我军可是十万精兵强将，怕他们忍不住冲出来揍你们，所以才关上城门。等你们休息够了，再到战场上一赌输赢吧！”

拓跋焘见两个人在城下说话，心中痒痒，就派人来说：“我们皇上说了，太尉（刘义恭）和安北将军可以派人到我军中联络感情。如果诸将不能来，派个传令的人也可以啊。”

张畅答道：“贵国国主的外貌才干，我们的使者早就通报过了，如今李尚书又亲自来传话，实在不必再劳神派人去你们那儿。”

李孝伯见张畅谈笑自若，有些郁闷，就想打击一下宋人，于是说：“王玄谟才干平常，你们怎么可以让他做这么重要的事情，以至于溃败呢？我军进入你国国境以来连行七百多里，你们连点像样的抵抗都没有。邹山险要，你们本可以凭之与我军抗衡，结果呢？你们的守将崔邪利吓得逃到山洞里，我们的将领生拉硬拽才把他弄出来。我们皇上赐他活命，他也随军来了。”李孝伯心想，让你不爽一把再说。

张畅答道：“王玄谟只是我国的一名偏将，算不上有才干，不过是让他当个前锋而已。大军没到，黄河结冰，王玄谟连夜退兵，这才引起军中小小的骚乱。至于崔邪利被抓，对我国又有什么影响呢？贵国国主以数十万之众才制服了一个小小的崔邪利，还好意思说出来？没错，你们是进入我国境内七百里而没遇到什么抵抗，但那是我们太尉的神算，镇军将军（即刘骏）的高招，天机不可泄露，具体的就不便讲明啦。”

李孝伯又说：“我们皇上也不攻你们的彭城了，他自会率领大军直捣瓜步（今江苏南京六合区东南）。如果一切顺利，彭城用不着包围；如果打不下来，彭城得了也没用。我军将南下饮马长江去！”

张畅对此嗤之以鼻：“去留之计自当你定。要是魏虏能饮马长江，那就是没天理了！”

虽分属两方，李孝伯仍是对张畅一连串的舌辩十分赞服，告辞时他说：“长史多保重，彼此数步之遥，可惜不能握手言欢。”

张畅答道：“阁下也好好保重，希望天下不久太平，阁下若能回到宋国，今日便是彼此相识的开始。”

拓跋焘在外交场上没占到什么便宜，只好下令攻城，然而无果。之后就如李孝伯所预言的那样，魏军绕过彭城，分兵南下，中书郎鲁秀攻广陵，拓跋那攻山阳（今江苏淮安），拓跋仁攻横江（今安徽和县东南）。北魏大军迅速渡过淮水，数十万骑兵向江北扑来。

二十、两败俱伤

宋文帝担忧彭城的安危，让辅国将军臧质领兵一万前往增援。臧质刚到淮南的盱眙，就听说拓跋焘已经渡过了淮水，宋军只能仓促扎营应战，结果被北魏燕王拓跋谭的骑兵队击溃，臧质带着七百残兵败将丢弃辎重投奔盱眙。

盱眙太守沈璞是刘裕手下大将沈林子的小儿子，这个人很有远见，虽然接手盱眙的时间并不长，但对盱眙的重要性心知肚明。早在王玄谟北伐河南时，他就考虑宋军一旦不测，江、淮一带必然首当其冲，所以必须认真布置防御，于是他下令修筑城堡、疏浚城河、广积粮草财物，以备战时之用。当时，上至朝廷，下至他身边的幕僚，大家都认为他做得也太过了些，等到魏军大军杀来，别的城中守将弃城逃窜，众人都傻了眼，这才意识到他的高明之处。

也有人劝沈璞退回建康保命，沈璞回答说："胡虏大军要是看不上这座小城，我们也没什么好怕的了；若是他们敢来硬攻，则必为我军所擒。请问诸位，数十万人聚在一处而不失败的战例，你们见过吗？王寻在昆阳、诸葛恪在合肥都吃了败仗，那就是明证！"沈璞募集了两千精兵，开始修建、加固防御工事。

臧质逃往盱眙，沈璞手下众将认为城里容不下臧质的军队，而且就算真能守住城池，自己也得不到功劳，不如对臧质采取闭门不纳的策略。沈璞摇头叹道："胡虏铁定攻不下盱眙，我敢向诸君担保，况且现在想要撤退怕也来不及了。胡虏的残暴是古今未有的，他们屠掠各地百姓的暴行大家都看得清楚，最幸运的人也不过能被带回北朝做奴婢罢了。臧质的军队也是忌惮这些的，俗话说'同舟而济，胡（指北人）、越（指南人）同心'，我们人多些，敌人就退得快，人少了，就退得慢，岂可为了独占功劳而让敌人有喘息的机会呢？”

经沈璞拍板，盱眙大开城门，接纳了臧质的军队。臧质手下的将士们早就被魏军打得抬不起头了，如今盱眙城防坚固、物资充足，他们简直像到了天堂一般，禁不住喊出万岁。臧质也是欣喜异常，下令与沈璞共守盱眙。

拓跋焘的军队尾随宋军来到盱眙城下，听说城中存有粮草，他们迫不及待地想拿下这块肥肉。原来，北魏军队的主要目的是驱赶河南的宋军，因此并没有携带多少粮食，南下作战靠的全是一路上的抢掠。宋国的策略也算聪明，早早地坚壁清野，魏军得不到什么吃的，此刻正是人饥马乏，若能占据盱眙，后勤问题就不用怕了。然而盱眙比彭城更难攻，不但防御严密，而且后备充分、士气旺盛。魏军攻了一阵子没能攻下，拓跋焘便留下大将韩元兴领数千士兵在城外扎营对峙，带着剩下的军队继续南进。

魏军马不停蹄地赶到长江北岸的瓜步渡口，其时战士少食、战马缺水，大部分士兵已成强弩之末。拓跋焘不愿示弱，命令士兵们捣毁民舍、砍伐芦苇编造小筏，宣言要“打过长江去，统一全中国”。

南岸的建康城中蔓延着恐惧的气氛，老百姓们荷担而立，随时准备逃跑。宋国朝廷一面下达全城戒严令，一面征发丹阳范围内所有王公以下的年轻男丁，让他们全体服役从军。有了人手，宋国沿着江面布下防线，从采石矶一直到暨阳，绵延六七百里。太子刘劭出镇石头城，统领水军；徐湛之镇守仓城；江湛兼任领军，下达一切军事命令。

为了安抚负责城防的众将，宋文帝亲自登上石头城劳军。远眺对岸魏军望不到边的阵势，他的心中不禁飘过一丝惆怅：没想到自己苦心经营二十多年，竟换来这么一个结果！他转过头对江湛说：“当初商议北伐时，真正赞同的人就没有几个；如今劳民伤财却没什么战果，实在让人倍感惭愧。这一切都是我的过失啊！”

不知怎的，宋文帝的脑海中忽然浮现出当年父亲刘裕剑指北方、所向披靡的胜利场面，与眼前凄凉的江景形成了鲜明的对照，令他无比伤感。宋文帝长叹一声，道：“檀道济若是在世，岂能教胡虏的军马跑到这个地方来！”旁边江湛等大臣早已羞得低下头，只能唯唯诺诺而已。

为鼓舞士气，宋文帝下令，谁能得到拓跋焘或者其身边王公的项上人头，就可加官晋爵，并获赐金银财宝。他又找人到江北无人的村子里摆放毒酒，想以此毒死北魏的士兵，但没能成功。

拓跋焘在瓜步山上搭了营帐，虎视江南。他知道能滞留在此的时日已经不多，便派人送骆驼、名马给宋国，向宋国换取南方的珍奇水果。同时他提出和解，表示希望宋文帝能把女儿嫁给自己的孙子，而他则会把女儿嫁给武陵王刘骏。这辈分也够乱的。

宋文帝召集太子与众位大臣商讨和亲之计，众人大多同意，唯有江湛反对，他说："戎狄不懂亲情，答应他们没什么好处。"

太子刘劭早就看江湛不顺眼了，声色俱厉地反驳道："如今三位亲王①处境危险，你岂敢反对？"然后他转脸又对宋文帝说，"北伐失败，数州沦陷，简直是奇耻大辱，我看得杀了江湛、徐湛之这两个浑蛋以谢天下！"

宋文帝摆摆手说："北伐是朕的意思，江湛、徐湛之两位只是没有反对而已。和亲之事也不必再议了！"

宋文帝在这件事情的处理上还是比较厚道的。北伐的念头，从根本上说是源于他本人的好大喜功以及对形势的过分乐观，江湛、徐湛之最多只是迎合拍马的弄臣而已，不值得杀也不必要杀。但是刘劭有另外的意图，他本来想通过杀朝臣中的异己立威，以便自己将来登基后能够稳当当地控制局面，可宋文帝偏偏在这个关头替江、徐挡了一下，他于是更加痛恨二人，对父亲宋文帝的不满也愈发强烈。

江北的拓跋焘求亲不成，十分恼火，可他又的确没有足够的船只用来渡江作战，更不要说魏军已经供给短缺，士气低落。没办法，他只好故作轻松，在瓜步山上大赏群臣，然后让人沿江燃起火把，想要吓唬一下南朝将士——举止与一百多年前同样窥江试图南下的后赵国君石虎颇为相似。

宋国朝中有些人开始慌张，了解北人脾性的太子左卫率尹弘却断言："胡人如此行径，看来很快就要退军了。"果然，次日北魏军队便在当地掳掠了一批居民，然后

① 指守寿阳的刘铄、守彭城的刘义恭和刘骏。

放火焚毁民舍，扬长而去了。

魏军终退，宋文帝长出了一口气，这一难算是躲过去了，但南朝人的自信心也降到了几十年来的最低点。

战后，宋文帝担心拥护刘义康的人趁机再次作乱，便派人秘密处死了软禁中的刘义康。他终究还是违背了当年对着会稽公主发下的誓言，日后死于非命，大概也算一种迟来的报应吧。

打到了长江边却仍然是一筹莫展，拓跋焘有一肚子怨气无处发泄。回军路上经过盱眙，见韩元兴的军队还在城外与臧质的守兵对峙呢，拓跋焘便向臧质喊话，要宋军快快献上美酒数坛，否则就要杀得盱眙城中片甲不留。

臧质也不作声，只是让城头上的守兵放下几个酒坛送与魏军。拓跋焘命人打开一看，里面装的居然是一堆堆屎尿。拓跋焘气得毛发直竖，下令不惜一切代价也要攻下盱眙城！

魏军在城外筑起一圈长长的围墙，然后用山石填平了盱眙的护城河，并且绝断了城中所有的对外通道。拓跋焘亲自给臧质写了封信，并附送一把宝剑作为礼物，信中盛气凌人："朕派的这些攻城军队都不是我们鲜卑人：城东北是丁零人和匈奴人；城南呢，则是氐人和羌人。假如丁零人战死，正好减少冀州一带的贼患；匈奴人死了嘛，则少了并州的贼患；至于说氐人、羌人死了，那关中也就没了贼患。阁下如果能杀了他们，对我国而言有利无弊。"

臧质回信一封，可谓嘴炮一流："来信已阅，我完全明白了你的奸诈。你不就是仗着有四条腿才屡屡侵犯我国国境吗？我国前线诸军纷纷退散，你可知其中奥妙？童谣已经说了：'虏马饮江水，佛狸死卯年。'只不过是因为卯年[①]未到，我军才诱你深入而已，如今卯年已到，你的死期将至了！此乃天意，无人能改。我本来奉命去漠北消灭你们，你倒好，自己送上门来，我怎么还能让你活着回去呢？你还是乞求上天保佑，让你死于乱军之中吧。要是不幸被我军逮着，那就得被锁到驴背上，拉到建康城

① 指辛卯年，刘宋元嘉二十八年，公元451年。

里去问斩了。如若天地不显灵，我被你打败了，怎么处置我都无法报答我朝对我的恩惠。唉，就凭这点才智，你哪里比得上苻坚哦！如今刚刚下了春雨，我军正从四面八方集聚而来，你还是乖乖地去攻城吧，千万不要马上逃走哦！如果粮食不够吃，我们可以开仓馈赠的。对了，你送来的宝剑我已收到，你是不是想要我挥剑砍你啊？”

臧质把拓跋焘的来信转给北魏的士兵们，并放话说：“诸位请看，佛狸在给我写的信中，竟然想这么对待你们，你们又何必自取灭亡呢？”然后他又附上宋文帝的悬赏令，“斩佛狸首，封万户侯，赐布、绢各万匹！”宋军将士士气大振。

拓跋焘见信怒火冲天，下令用钩车攻城楼，城内守兵对此早有准备，用粗壮的绳索套住了钩车，叫它有来无回。魏军又改用冲车撞城，然而盱眙的城墙修得厚实，撞一下才损一点点泥土。最后一招是拼人，魏兵一拨拨地攀上城楼，与宋军守兵展开肉搏，可即便城下死尸成山也依旧不见半点进展。

久攻不下，军中又传谣言，说宋军将从海路入淮，抄魏军的后路，顿时人心惶惶。与此同时，魏军营中的北方人不适应本地气候水土，患病的越来越多。无计可施之下，丢尽脸面的拓跋焘只得撤军，路上因嫌弃行动缓慢，又把掳掠来的百姓杀害了。守卫盱眙的宋军因为兵少不敢追击，彭城方面的刘义恭忌惮魏军的战斗力，也不敢贸然行动。魏、宋两国的第三次河南大战以两败俱伤而告终。

为了泄愤，魏军在撤退经过宋国江北六州时遇房便烧、见人就砍，连儿童都被他们挑在长矛头上挥舞戏耍。魏军所过之地，屋舍全都化为灰烬，春天虽然到了，但燕子也只能躲到树林中筑巢，再也寻不到可以安家的房屋。淮南一带几乎成了无人区。

发生于南北两位君主统治末年的这场战争以乱糟糟的计划开始，以乱糟糟的惨状结束，双方谁都没有力量吃掉对方，结果打成这样一场毁灭战。此战过后，南方“元嘉之治”的盛世局面一去不复返，而北方也因为损失了大量的士兵和马匹，好多年无法发动大规模的战争。战争的后果是，刘宋走向了衰败，而北魏则逐渐改变了国策。

二十一、疑云重重的宫廷变乱

北魏太武帝拓跋焘并没有像童谣里所说的那样死于卯年（451），可见所谓的谶纬预言不过是民间人士的穿凿附会。然而，他在这一年也的确遭受了磨难——他在这一年失去了他的太子拓跋晃。

拓跋晃是拓跋焘的长子，由于北魏政权自拓跋嗣以来就形成了预立长子的传统，所以拓跋晃在五岁的时候就被立为皇太子。事实证明这一决策相当正确，拓跋晃自小就聪明伶俐，才智过人，读过的书、听过的话每每过而不忘。他长大以后爱读古代的经史，通晓大义，这些方面很像与他同时代的南朝皇帝刘义隆，跟他父亲拓跋焘相比则多了几分书卷气。

前面说过，在拓跋焘征讨北凉、柔然的多次战事中，拓跋晃都担任监国，留守平城，已经可以算是北魏的半个国君了。拓跋焘对外用兵时，拓跋晃也常能提出不错的见解与建议，拓跋焘多有采纳。综合各方面而言，这位太子都不仅仅是合格而已，其前途不可限量。可就在这个当口儿，出了变故。

所谓“倒持干戈，授人以柄”，变故的起因还得怪在拓跋晃自己身上。拓跋晃行事精明干练，却也偏偏毁在这“精明”二字之上。他信任自己的手下人，放纵他们的行为，同时又通过这些人经营田地、庄园，从中谋取好处。身为一人之下、万人之上的统治者，这样的行为就显得格局太小了。高允就曾劝他说：“天地无私，所以才能承载万物；王者无私，所以才能容纳万民。殿下乃是国家的王储，万民的榜样，现在却营立私田、畜养牲畜，甚至到集市上去与小民斤斤计较。外面流言蜚语已经很多啦，早晚对殿下不利。天下乃殿下之天下，殿下富有四海，想要什么没有呢，何必与市井商贩争利？为今之计，不如将田地、庄园以及贩卖的物品分给贫苦的民众，那样就不会有人再诽谤殿下啦。”

依我之见，颇具经营头脑的拓跋晃应当生在今天的商品经济社会。他执着于钱财的得失，不肯听高允苦口婆心的劝告，仍然不愿放弃一田一地的利益，终于坏了事。

拓跋晃有两位得力的下属，一位叫作仇尼道盛，另一位叫作任平城。这两个人十分受宠，拓跋晃有很多事情都交给他们来做，他们做得倒也不错，可是却不知为何招惹了皇帝身边的太监宗爱。这个宗爱据说本性残暴，仗着皇帝宠信他到处为非作歹，连拓跋晃都很讨厌他。为此，帝党和太子党之间的关系闹得很僵。

宗爱不会坐以待毙，他半搜集半编造地搞了一堆罪证，拿去向拓跋焘告状，说太子底下的人有违法行为，必须严惩。拓跋焘立即拍案，收捕了仇尼道盛、任平城等一堆东宫的人，将他们全部处斩。事情闹开后，拓跋晃整日里担惊受怕，惴惴不自安，没多久就去世了，年仅二十四岁。

拓跋晃的死因至今仍是一个谜，正史里关于他的死有两种截然不同的记载。通常的观点都取自《魏书》，其实只有一句话，记录在《魏书·阉官传·宗爱传》里：“时世祖震怒，恭宗[①]遂以忧薨。”就这段文字看，拓跋晃的死因似乎很简单，是被宗爱与仇尼道盛等人的矛盾所导致的东宫官属案给吓死的，或者说是被由此引发的抑郁症闷死的。然而这里面有两个问题：一、如果宗爱只是向皇帝诬陷仇尼道盛等人，皇帝又何必大动干戈，大杀太子手下的人，而且“震怒”呢？二、原本很受皇帝信任的拓跋晃在整个事件过程中怎么就毫无发言的机会，反倒惧怕到在才二十四岁就这么死了？

由此看来，《魏书》中这句含糊不清的话十分可疑，拓跋晃的死，恐怕不只是一名太监与一两名官员的小小私怨引起的。拓跋晃的儿子拓跋濬后来做了皇帝，魏国的史官很有可能在这些细节问题上“为尊者讳”了。

于是我查阅了《宋书·索虏传》，找到了另外一种记载，这可真是一条猛料：在拓跋焘南征的时候，拓跋晃瞒着他的父皇派人到军营中收取战利品，得了不少好处，

---

① 拓跋晃之子拓跋濬登基后给他追封的庙号。

不想此事被人告发，拓跋焘震怒，下令去东宫搜查赃物。拓跋晃心里害怕，竟派刺客去谋杀拓跋焘，也被拓跋焘识破。拓跋焘假称被杀，命人召太子前来迎丧，在半路上把他抓住关了起来，过了一段时间就将太子杀死了。

如果该记载都是事实，那么拓跋晃的死就完全是咎由自取，换而言之，他是又一个宫廷权力斗争的牺牲品。当然，对于北魏内政，宋国的史官收取的多半是道听途说的二手材料，是会有失真的情况存在的，并不值得全信。比如另一本今天已经无法看到全貌的宋国史书《宋略》中就记载，太子的实际罪行是后宫的淫乱行为——即使都是宋国史书，两者之间都无法统一口径。其实，魏、宋两国正史的记载也并非完全矛盾，我们综合来看，可以勾勒出一个大致的框架：拓跋晃纵容属下大发战争横财，这件事被宗爱告知拓跋焘，拓跋焘因此大杀东宫人士，太子自疑便想谋杀拓跋焘，不料计划未遂，被拓跋焘识破，太子遭到收捕，之后或闷死，或赐死，或处死，具体死法如何就不得而知了。

这样的猜想相对更符合逻辑。拓跋晃的提前去世，可以被视为自灭佛令颁布以来帝党与太子党之间积压矛盾的一次总爆发。这里头很可能还曾有过相当血腥的宫廷斗争，可惜在流传到今天的史料中已难以找到更多清晰的线索了。

拓跋晃的真正死因只能留待后人的继续研究了，而拓跋焘的死因，两本正史的叙述也是矛盾的。《宋书》在这个问题上反倒没有什么猛料，只说拓跋焘是病死的，《魏书》则把皇帝的死全部归咎到太监宗爱身上。

整件事情疑云重重。北方人，尤其是游牧民族不适应南方的气候，染疾而死的并不少见，拓跋焘的父亲拓跋嗣就是在南征不久后病死的。拓跋焘年近五十，虽然身体强健，但毕竟是皇帝，养尊处优，偶染微恙导致隐疾发作而死也不是没有可能。只不过如此一来，宗爱在拓跋焘死后的一连串行为就很难解释得通了。

所以我们还是遵照北魏方面的官方说法，将这位强悍的马上皇帝的结局交代一下。

拓跋焘在拓跋晃死后大概又有些后悔，一直也没有重立太子，却很有意立拓跋晃的长子、年仅十三岁的拓跋濬为皇太孙，让他继承自己的皇位。宗爱害怕皇帝将来翻案，把账一股脑儿全算到自己头上，便潜入寝宫，把拓跋焘杀死了，并对外宣称皇帝是急病发作而驾崩的。

皇帝既死，接下来的难题是立谁为君。拓跋焘共有十一个儿子，长大成人的有六个，除太子拓跋晃外，按年龄由大到小依次是晋王拓跋伏罗、秦王（后改封东平王）拓跋翰、燕王（后改封临淮王）拓跋谭、吴王（后改封南安王）拓跋余、楚王拓跋建，其中次子晋王已经去世，剩下的儿子中年龄最长的就数秦王了。

秦王拓跋翰本该是名正言顺的继任者，但是按照拓跋焘生前的意思，大约是要跳过儿子这一代而立长孙拓跋濬的。尚书兰延以及侍中和疋、薛提三人都认为应当拥立年纪大的国君，便秘不发丧，召拓跋翰入宫，让他准备登基。

事情推进到一半，薛提思前想后又觉不妥，提出还是立嫡长孙为宜。这几个人在一厢犹豫不决，内宫里负罪心虚的宗爱却打定了另一个主意。他与吴王拓跋余的关系不错，便私下把拓跋余迎到宫内，然后假传皇后密诏，命兰延等三人入内宫议事。

尚书和侍中们从来就没把太监放在眼里，接到诏书就乖乖地来了。刚一进宫，只听身后呼啦拥上一堆人，他们被按倒在地，捆绑结实，然后就在殿堂之上被杀死了——原来，宗爱手下的太监们早已手持棍棒在后头等候多时了。一不做，二不休，杀了大臣的宗爱又命太监们搜出躲藏在宫中的拓跋翰，将他杀掉了事。

拓跋余被立为皇帝后，封宗爱为大司马、大将军、太师、都督中外诸军事，还封他为冯翊王。因为得位不正，拓跋余又从国库中拿出钱财来赏赐群臣，以为这样就能坐稳皇位，却不想反而引起了大家的猜疑。

宗爱在拓跋焘在位时就敢仗势欺人，哪里会把拓跋余放在眼里，行事越发肆无忌惮。过了半年，拓跋余不满宗爱专横跋扈，谋划要削夺他的权力。宗爱有所觉察，趁拓跋余到城东祭祖庙的时机，吩咐他身边的小太监贾周连夜将他杀死。

一人连杀两个皇帝，宗爱以太监的身份打平了刘裕创下的纪录，这个纪录直到北朝末年才被北周的宇文护打破，此为后话。

弑君事件进行得非常秘密，唯有羽林郎中刘尼知晓。刘尼劝宗爱还是立拓跋濬为帝，宗爱惊道："你糊涂啊！要是立了拓跋濬，我们这些与拓跋晃有仇的人不全倒霉了？还是看看诸位王爷中哪位比较贤能吧。"

刘尼担心不已，便找到殿中尚书源贺与陆俟之子——南部尚书陆丽，决定发动政变。这三人有了前车之鉴，行事谨慎，先派重兵把守皇宫，然后才暗中将拓跋濬接入平城。

一切准备停当，刘尼快马冲到城东祖庙前，对着还守候在那里的卫兵们大喊："宗爱弑杀南安王，大逆不道！皇孙已登大位，下诏令卫士们全部回宫擒逆！"士兵们冲入皇宫，捉拿与弑君有关的太监，宗爱、贾周等人被灭族。宗爱机关算尽，到最后反倒把自己的性命也一同搭了进去。

拓跋濬顺利成为北魏的第五任皇帝，这就是北魏文成帝。这一年是公元 452 年，刘宋元嘉二十九年。

十六国帝王纪元表

国名及统治时间	庙号	谥号	帝王姓名	年号	公元纪年	关系
前赵（汉） （304—329）	高祖	光文皇帝	刘渊	元熙 永凤 河瑞	304—308 308 309—310	
			刘和		310	刘渊长子
	烈宗	昭武皇帝	刘聪	光兴 建元 麟嘉	310—315 315—316 316—318	刘渊四子
		隐皇帝	刘粲	汉昌	318	刘聪之子
			刘曜	光初	318—329	刘渊从子
后赵（魏） （319—351）	高祖	明皇帝	石勒	太和 建平	319—328 328—330 330—333	
			石弘	延熙	334	石勒次子
	太祖	武皇帝	石虎	建武 太宁	335—348 349	石勒养子
			石世		349	石虎之子
			石遵		349	石虎之子
			石鉴	青龙	350	石虎之子
			石祗	永守	350—351	石虎之子

续表

国名及统治时间	庙号	谥号	帝王姓名	年号	公元纪年	关系
成汉（304—347）	太宗	武皇帝	李雄	建兴 晏平 玉衡	304—306 306—310 311—334	李特三子
		哀皇帝	李班		334	李雄之侄
		幽公	李期	玉恒	334—338	李雄四子
	中宗	昭文皇帝	李寿	汉兴	338—343	李特之侄
			李势	太和 嘉宁	344—346 346—347	李寿长子
前燕（337—370）	太祖	文明皇帝	慕容皝[1]		337—348	慕容廆三子
	烈祖	景昭皇帝	慕容俊	玉玺 光寿	349—352 352—357 357—360	慕容皝次子
		幽皇帝	慕容暐	建熙	360—370	慕容俊三子
前秦（351—394）	高祖	明皇帝	苻健	皇始	351—355	苻洪三子
		厉王	苻生	寿光	355—357	苻健三子
	世祖	宣昭皇帝	苻坚	永兴 甘露 建元	357—359 359—365 365—385	苻健之侄
		哀平皇帝	苻丕	大安	385—386	苻坚庶长子

① 慕容皝未称帝。

续表

国名及统治时间	庙号	谥号	帝王姓名	年号	公元纪年	关系
前秦（351—394）	太宗	高皇帝	苻登	太初	386—394	苻坚族孙
			苻崇	延初	394	苻登之子
前凉（314—376）	高祖	昭王	张寔	建兴	314—320	张轨长子
	太宗	成王	张茂	建兴	320—324	张轨之子
	世祖	文王	张骏	建兴	324—346	张寔之子
		桓王	张重华	建兴	346—353	张骏次子
		哀公	张耀灵	建兴	353	张重华之子
		威王	张祚	和平	354—355	张骏庶长子
		冲公	张玄靓	建兴 升平	355—361 361—363	张重华庶子
		悼公	张天锡	升平	363—376	张骏少子
后燕（384—407）	世祖	武成皇帝	慕容垂	建兴	384—385 386—396	慕容皝五子
	烈宗	惠愍皇帝	慕容宝	永康	396—398	慕容垂四子
	中宗	昭武皇帝	慕容盛	建平 长乐	398 399—401	慕容宝庶长子
		昭文皇帝	慕容熙	光始 建始	401—406 407	慕容垂少子

续表

国名及统治时间	庙号	谥号	帝王姓名	年号	公元纪年	关系
南燕（398—410）	世宗	献武皇帝	慕容德	建平	398—399 399—405	慕容皝少子
			慕容超	太上	405—410	慕容德之侄
北燕（407—436）		惠懿皇帝	高云	正始	407—409	慕容宝养子
	太祖	文成皇帝	冯跋	太平	409—430	
		昭成皇帝	冯弘	大兴	431—436	冯跋之弟
后秦（384—417）	太祖	武昭皇帝	姚苌	白雀 建初	384—386 386—394	姚弋仲二十四子
	高祖	文桓皇帝	姚兴	皇初 弘始	394—399 399—416	姚苌长子
			姚泓	永和	416—417	姚兴长子
后凉（386—403）	太祖	懿武皇帝	吕光	大安 麟嘉 龙飞	386—389 389—396 396—399	
		隐王	吕绍		399	吕光之子
		灵皇帝	吕纂	咸宁	399—401	吕光庶长子
			吕隆	神鼎	401—403	吕光之侄

续表

国名及统治时间	庙号	谥号	帝王姓名	年号	公元纪年	关系
夏（407—431）	世祖	武烈皇帝	赫连勃勃	龙升 凤翔 昌武 真兴	407—413 413—418 418—419 419—425	刘卫辰三子
			赫连昌	承光	425—428	赫连勃勃次子
			赫连定	胜光	428—431	赫连勃勃五子
西秦（385—431）	烈祖	宣烈王	乞伏国仁	建义	385—388	
	高祖	武元王	乞伏乾归	太初 更始	388—400[①] 409—412	乞伏国仁之弟
	太祖	文昭王	乞伏炽磐	永康 建弘	412—419 420—428	乞伏乾归长子
			乞伏暮末	永弘	428—431	乞伏炽磐次子
南凉（397—414）	烈祖	武王	秃发乌孤	太初	397—399	
		康王	秃发利鹿孤	建和	400—402	秃发乌孤之弟
		景王	秃发傉檀	弘昌 嘉平	402—408 408—414	秃发利鹿孤之弟

① 公元 400 年乞伏乾归降后秦，409 年复兴。

续表

国名及统治时间	庙号	谥号	帝王姓名	年号	公元纪年	关系
西凉（400—421）	太祖	武昭王	李暠	庚子 建初	400—404 405—417	
			李歆	嘉兴	417—420	李暠次子
			李恂	永建	420—421	李暠六子
北凉（397—439）			段业	神玺 天玺	397—399 399—401	
	太祖	武宣王	沮渠蒙逊	永安 玄始 承玄 义和	401—412 412—420 420—431 431—433	
		哀王	沮渠牧犍	永和	433—439	沮渠蒙逊三子

南北朝帝王纪年表

南朝：

朝代名及统治时间	庙号	谥号	帝王姓名	年号	公元纪年	关系
宋（420—479）	高祖	武皇帝	刘裕	永初	420—422	
			刘义符	景平	423—424	刘裕长子
	太祖	文皇帝	刘义隆	元嘉	424—453	刘裕三子
			刘劭	太初	453	刘义隆长子
	世祖	孝武皇帝	刘骏	孝建 大明	454—456 457—464	刘义隆三子
			刘子业	永光 景和	465 465	刘骏长子
	太宗	明皇帝	刘彧	泰始 泰豫	465—471 472	刘义隆十一子
			刘昱	元徽	473—477	刘彧长子
		顺皇帝	刘準	昇明	477—479	刘彧三子
齐（479—502）	太祖	高皇帝	萧道成	建元	479—482	
	世祖	武皇帝	萧赜	永明	483—493	萧道成长子
			萧昭业	隆昌	494	萧赜长孙
		恭王	萧昭文	延兴	494	萧赜次孙

续表

朝代名及统治时间	庙号	谥号	帝王姓名	年号	公元纪年	关系
齐（479—502）	高宗	明皇帝	萧鸾	建武 永泰	494—498 498	萧道成之侄
			萧宝卷	永元	499—501	萧鸾次子
		和皇帝	萧宝融	中兴	501—502	萧鸾八子
梁（502—557）	高祖	武皇帝	萧衍	天监 普通 大通 中大通 大同 中大同 太清	502—519 520—527 527—529 529—534 535—546 546—547 547—549	
	太宗	简文皇帝	萧纲	大宝	550—551	萧衍三子
			萧栋	天正	551	萧纲侄孙
	世祖	孝元皇帝	萧绎	承圣	552—554	萧衍七子
			萧渊明	天成	555	萧衍之侄
		敬皇帝	萧方智	绍泰 太平	555 556—557	萧绎九子
后梁（555—587）	中宗	宣皇帝	萧詧	大定	555—562	萧衍之孙
	世宗	孝明皇帝	萧岿	天保	563—585	萧詧三子
			萧琮	广运	586—587	萧岿之子

续表

朝代名及统治时间	庙号	谥号	帝王姓名	年号	公元纪年	关系
陈 （557—589）	高祖	武皇帝	陈霸先	永定	557—559	
	世祖	文皇帝	陈蒨	天嘉 天康	560—566 566	陈霸先之侄
			陈伯宗	光大	567—568	陈蒨长子
	高宗	孝宣皇帝	陈顼	太建	569—582	陈蒨二弟
		炀公	陈叔宝	至德 祯明	583—586 587—589	陈顼长子

北朝：

朝代名及统治时间	庙号	谥号	帝王姓名	年号	公元纪年	关系
北魏 （386—534）	太祖	道武皇帝	拓跋珪	登国 皇始 天兴 天赐	386—396 396—398 398—404 404—409	
	太宗	明元皇帝	拓跋嗣	永兴 神瑞 泰常	409—413 414—416 416—423	拓跋珪长子
	世祖	太武皇帝	拓跋焘	始光 神䴥 延和 太延 太平真君 正平	424—428 428—431 432—434 435—440 440—451 451—452	拓跋嗣长子

续表

朝代名及统治时间	庙号	谥号	帝王姓名	年号	公元纪年	关系
北魏 （386—534）		隐王	拓跋余	永（承）平	452	拓跋焘五子
	高宗	文成皇帝	拓跋濬	兴安 兴光 太安 和平	452—454 454—455 455—459 460—465	拓跋焘长孙
	显祖	献文皇帝	拓跋弘	天安 皇兴	466—467 467—471	拓跋濬长子
	高祖	孝文皇帝	元宏	延兴 承明 太和	471—476 476 477—499	拓跋弘长子
	世宗	宣武皇帝	元恪	景明 正始 永平 延昌	500—503 504—508 508—512 512—515	元宏次子
	肃宗	孝明皇帝	元诩	熙平 神龟 正光 孝昌 武泰	516—518 518—520 520—525 525—527 528	元恪次子
			元钊		528	元诩堂侄
	敬宗	孝庄皇帝	元子攸	建义 永安	528 528—530	元恪堂弟
			元晔	建明	530—531	元子攸堂叔
		节闵皇帝	元恭	普泰	531	元恪堂弟

续表

朝代名及统治时间	庙号	谥号	帝王姓名	年号	公元纪年	关系
北魏（386—534）			元朗	中兴	531—532	元恪族弟
		孝武皇帝	元脩	太昌 永兴 永熙	532 532 532—534	元恪之侄
东魏（534—550）		孝静皇帝	元善见	天平 元象 兴和 武定	534—537 538—539 539—542 543—550	元宏曾孙
北齐（550—577）	显祖	文宣皇帝	高洋	天保	550—559	高欢次子
		闵悼王	高殷	乾明	560	高洋长子
	肃宗	孝昭皇帝	高演	皇建	560—561	高欢六子
	世祖	武成皇帝	高湛	太宁 河清	561—562 562—565	高欢九子
			高纬	天统 武平 隆化	565—569 570—576 576	高湛长子
			高恒	承光	577	高纬长子
西魏（535—556）		文皇帝	元宝炬	大统	535—551	元宏之孙
			元钦	—	551—554	元宝炬长子
		恭皇帝	拓跋廓	—	554—556	元宝炬四子

续表

朝代名及统治时间	庙号	谥号	帝王姓名	年号	公元纪年	关系
北周（557—581）		孝闵皇帝	宇文觉	—	557	宇文泰三子
	世宗	明皇帝	宇文毓	— 武成	557—559 559—560	宇文泰长子
	高祖	武皇帝	宇文邕	保定 天和 建德 宣政	561—565 566—572 572—578 578	宇文泰四子
		宣皇帝	宇文赟	大成	579	宇文邕长子
		静皇帝	宇文阐	大象 大定	579—580 581	宇文赟长子

大事年表

公元纪年	晋	成汉	前赵	代	前凉
304	惠帝司马衷永兴元年 十二月，改元	武帝李雄建兴元年 十月，李雄称成都王，改元	光文帝刘渊元熙元年 十月，刘渊称汉王，改元		永兴元年
305	二	二	二		二
306	光熙元年 六月，改元；十一月，惠帝崩	晏平元年 六月，李雄即皇帝位，改元	三		光熙元年
307	怀帝司马炽永嘉元年	二	四		永嘉元年
308	二	三	永凤元年 十月，刘渊称帝，改元		二
309	三	四	河瑞元年		三
310	四	五	昭武帝刘聪光兴元年 七月，刘渊卒，太子刘和即位，被杀；刘聪即帝位，改元		四
311	五 五月，洛阳陷；六月，怀帝被执	玉衡元年	嘉平元年 六月，改元		五
312	六	二	二		六

续表

公元纪年	晋	成汉	前赵	代	前凉
313	愍帝司马邺建兴元年 四月，愍帝即皇帝位，改元	三	三 二月，刘聪杀晋怀帝及故晋臣十余人		建兴元年
314	二	四	四		二 五月，张轨卒，张寔立
315	三	五	建元元年 三月，改元	穆帝拓跋猗卢八年 二月，晋愍帝封猗卢为代王	三
316	四 十一月，愍帝降汉，西晋亡	六	麟嘉元年 十一月，刘聪攻陷长安，改元	九	四
317	元帝司马睿建武元年 三月，元帝即晋王位，改元	七	二	平文帝拓跋郁律元年	五
318	太兴元年 三月，元帝即皇帝位，改元	八	隐帝刘粲汉昌元年 刘粲七月即位，八月被杀。 后主刘曜光初元年 刘曜十月即位，改元	二	六

续表

公元纪年	晋	成汉	前赵	后赵	代	前凉
319	太兴二年	玉衡九年	光初二年 六月，刘曜改国号为“赵”	明帝石勒元年 十一月，石勒称赵王	平文帝拓跋郁律三年	建兴七年
320	三	十	三	二	四	八 六月，张寔被杀，张茂立
321	四	十一	四	三	惠帝拓跋贺傉元年	九
322	永昌元年	十二	五	四	二	十
323	明帝司马绍太宁元年 三月，改元	十三	六	五	三	十一
324	二	十四	七	六	四	十二 五月，张茂卒，张骏立
325	三	十五	八	七	炀帝拓跋纥那元年	十三
326	成帝司马衍咸和元年 二月，改元	十六	九	八	二	十四
327	二	十七	十	九	三	十五
328	三	十八	十一 十二月，石勒执刘曜杀之	太和元年 二月，改元	四	十六
329	四	十九	十二 九月，赵亡	二	烈帝拓跋翳槐元年	十七

续表

公元纪年	晋	成汉	后赵	前燕	代	前凉
330	咸和五年	玉衡二十年	建平元年 九月，石勒即皇帝位，改元		烈帝拓跋翳槐二年	建兴十八年
331	六	二十一	二		三	十九
332	七	二十二	三		四	二十
333	八	二十三	四		五	二十一
334	九	二十四 十月，李雄卒，李期立	海阳王石弘延熙元年 十月，石弘被废		六	二十二
335	咸康元年	幽公李期玉恒元年	武帝石虎建武元年 九月，石虎迁都于邺		炀帝拓跋纥那后元年	二十三
336	二	二	二		二	二十四
公元纪年	晋	成汉	后赵	前燕	代	前凉
337	咸康三年	玉恒三年	建武三年	文明帝慕容皝元年 十月，慕容皝即燕王位	烈帝拓跋翳槐后元年	建兴二十五年
公元纪年	晋	成汉	后赵	前燕	代	前凉
338	咸康四年	昭文帝李寿汉兴元年 四月，李寿改国号为“汉”，改元	建武四年	文明帝慕容皝二年	昭成帝拓跋什翼犍建国元年 十一月，什翼犍即代王位，改元	建兴二十六年

续表

公元纪年	晋	成汉	后赵	前燕	代	前凉
339	五	二	五	三	二	二十七
340	六	三	六	四	三	二十八
341	七	四	七	五	四	二十九
342	八	五	八	六 十月，迁都龙城	五	三十
343	康帝司马岳建元元年	六 八月，李寿卒，李势立	九	七	六	三十一
344	二	归义侯李势太和元年	十	八	七	三十二
345	穆帝司马聃永和元年	二	十一	九	八	三十三 十二月，张骏称假凉王
346	二	嘉宁元年 十月，改元	十二	十	九	三十四 五月，张骏卒，张重华立
347	三 三月，灭汉	二 三月，晋灭汉	十三	十一	十	三十五
公元纪年	晋		后赵	前燕	代	前凉
348	永和四年		建武十四年	文明帝慕容皝十二年 九月，慕容皝卒	建国十一年	建兴三十六年

续表

公元纪年	晋	后赵		前燕		代	前凉
349	五	太宁元年 正月，石虎称帝，改元；四月，石虎卒，石世、石遵立而被杀；十一月，石鉴即位		景昭帝慕容俊元年		十二	三十七
350	六	青龙元年 正月，改国号为“卫”；闰月，石鉴被杀，冉闵即皇帝位，改国号为“魏”，改元。 魏悼武天王冉闵永兴元年	新兴王石祗永守元年 二月，石祗即帝位于襄国，改元	二		十三	三十八
公元纪年	晋	冉魏	后赵	前燕	前秦	代	前凉
351	永和七年	永兴二年	永守二年 二月，石祗称赵王；四月，后赵亡	景昭帝慕容俊三年	明帝苻健皇始元年	建国十四年	建兴三十九年
公元纪年	晋	冉魏		前燕	前秦	代	前凉
352	永和八年	永兴三年 四月，冉闵为燕兵所执，魏亡		元玺元年 十一月，慕容俊即帝位，改元	皇始二年 正月，苻健即皇帝位	建国十五年	建兴四十年

续表

公元纪年	晋	前燕	前秦	代	前凉
353	永和九年	元玺二年	皇始三年	建国十六年	建兴四十一年 十一月，张重华卒，张耀灵立；十二月，张耀灵废，张祚立
354	十	三	四	十七	张祚和平元年 正月，张祚称凉王，改元
355	十一	四	厉王苻生寿光元年 六月，苻健卒，苻生立，改元	十八	建兴四十三年 闰月，张祚被杀，张玄靓立，复为“建兴”年号
356	十二	五	二	十九	四十四
357	升平元年	光寿元年 二月，改元	宣昭帝苻坚永兴元年 六月，苻坚去帝号，即位，改元	二十	四十五
358	二	二	二	二十一	四十六
359	三	三	甘露元年 六月，改元	二十二	四十七
360	四	幽帝慕容暐建熙元年	二	二十三	四十八
361	五	二	三	二十四	升平五年 十二月，奉升平年号
362	哀帝司马丕隆和元年	三	四	二十五	六

续表

公元纪年	晋	前燕	前秦	代	前凉
363	兴宁元年	四	五	二十六	七 八月，张玄靓被杀，张天锡立
364	二	五	六	二十七	八
365	三	六	建元元年 二月，改元	二十八	九
366	废帝海西公司马奕太和元年	七	二	二十九	十
367	二	八	三	三十	十一
368	三	九	四	三十一	十二
369	四	十	五	三十二	十三
370	五	十一 十一月，幽帝慕容暐降秦	六 十一月，秦灭燕	三十三	十四

公元纪年	晋	前秦	代	前凉
371	简文帝司马昱咸安元年 十一月，司马奕被废，司马昱立，改元	建元七年	建国三十四年	升平十五年
372	二	八	三十五	十六
373	孝武帝司马曜宁康元年	九 十一月，秦取梁、益二州	三十六	十七

续表

公元纪年	晋	前秦	代	前凉
374	二	十	三十七	十八
375	三	十一	三十八	十九
376	太元元年	十二 是岁，秦灭凉、代，统一北方	三十九 十二月，拓拔寔君弑什翼犍，秦灭代	二十 八月，凉亡，张天锡降秦
公元纪年	晋	前秦		
377	太元二年	建元十三年		
378	三	十四		
379	四	十五 二月，攻陷晋襄阳		
380	五	十六		
381	六	十七		
382	七	十八		
383	八 十一月，谢玄败秦军于淝水	十九 八月，秦八十七万大军伐晋；十一月，淝水之战，秦大败		

公元纪年	晋	后燕	前秦		后秦			
384	太元九年	武成帝慕容垂元年 正月，改称燕元年	建元二十年		武昭帝姚苌白雀元年 四月，姚苌称大将军、大单于、万年秦王，改元			
公元纪年	晋	后燕	西燕	前秦	后秦	西秦		
385	太元十年	武成帝慕容垂二年	威帝慕容冲更始元年	哀平帝苻丕大安元年 八月，苻坚被杀，苻丕即帝位，改元	白雀二年 八月，杀苻坚	宣烈王乞伏国仁建义元年 九月，乞伏国仁称大都督、大将军，改元		
公元纪年	晋	后燕	西燕	前秦	后秦	西秦	北魏	后凉
386	太元十一年	建兴元年 正月，慕容垂即帝位；二月，改元	后主慕容永中兴元年 十月，慕容永即帝位，改元	太宗高帝苻登太初元年 十一月，苻登即帝位，改元	建初元年 四月，姚苌即帝位，改元	建义二年	道武帝拓跋珪登国元年 四月，改国号为“魏”	懿武帝吕光大安二年 十月，改元
387	十二	二	二	二	二	三	二	三
388	十三	三	三	三	三	武元王乞伏乾归太初元年 六月，改元	三	四
389	十四	四	四	四	四	二	四	麟嘉元年 二月，吕光称三河王，改元

公元纪年	晋	后燕	西燕	前秦	后秦	西秦	北魏	后凉
390	十五	五	五	五	五	三	五	二
391	十六	六	六	六	六	四	六	三
392	十七	七	七	七	七	五	七	四
393	十八	八	八	八	八	六	八	五
394	十九	九	九 八月，后燕灭西燕	后主苻崇延初元年 七月，改元；十月，秦亡于西秦	文桓帝姚兴皇初元年 五月，姚兴即帝位，改元	七 是岁，乞伏乾归称秦王	九	六

公元纪年	晋	后燕	后秦	西秦	北魏	后凉
395	太元二十年	建兴十年	皇初二年	太初八年	登国十年 十一月，败后燕于参合陂	麟嘉七年
396	二十一	惠愍帝慕容宝永康元年 四月，慕容宝即帝位，改元	三	九	皇始元年 七月，改元	龙飞元年 六月，吕光即天王位，定国号为“大凉”，改元

公元纪年	晋	后燕	后秦	西秦	北魏	后凉	南凉	北凉
397	安帝司马德宗隆安元年	永康二年	皇初四年	太初十年	皇始二年	龙飞二年	武王秃发乌孤太初元年 正月，改元	段业神玺元年 五月，改元

续表

公元纪年	晋	南燕	后燕	后秦	西秦	北魏	后凉	南凉	北凉	
398	隆安二年	世宗献武帝慕容德元年 正月，慕容德称燕王	中宗昭武帝慕容盛建平元年 七月，改元，后燕分裂	皇初五年	太初十一年	天兴元年 十二月，拓跋珪即帝位，改元	龙飞三年	太初二年	神玺二年	
399	三 三月，孙恩作乱，陷会稽	建平元年 六月，慕容德即帝位，改元	长乐元年	弘始元年 九月，姚兴降号称王	十二	二	灵帝吕纂咸宁元年 十二月，吕纂即天王位，改元	三	天玺元年 二月，段业即凉王位，改元	
公元纪年	晋	南燕	后燕	后秦	西秦	北魏	后凉	南凉	北凉	西凉
400	隆安四年	建平二年	长乐二年 正月，慕容盛自贬号为天王	弘始二年	太初十三年 七月，败于后秦；十一月，乞伏乾归降于后秦	天兴三年	咸宁二年	康王秃发利鹿孤建和元年	天玺二年	武昭王李暠庚子元年 十一月，改元
公元纪年	晋	南燕	后燕	后秦		北魏	后凉	南凉	北凉	西凉
401	隆安五年 六月，孙恩至丹徒，为刘裕所败	建平三年	昭文帝慕容熙光始元年 八月，改元	弘始三年		天兴四年	后主吕隆神鼎元年 二月，吕隆即位，改元	建和二年	武宣王沮渠蒙逊永安元年 五月，改元	庚子二年

公元纪年	晋	南燕	后燕	后秦	北魏	后凉	南凉	北凉	西凉
402	元兴元年 二月，桓玄陷建康；三月，刘牢之降；孙恩败死，余众推卢循为主	四	二	四	五 正月，柔然社仑统一漠北，称可汗	二	景王秃发傉檀弘昌元年 三月，秃发傉檀即位，改元	二	三
403	二 十二月，桓玄废帝自立，改国号楚	五	三	五	六 十月，败后秦于柴壁	三 八月，降于后秦	二	三	四

公元纪年	晋	南燕	后燕	后秦	北魏	南凉	北凉	西凉
404	元兴三年 五月，桓玄被杀	建平六年	光始四年	弘始六年	天赐元年 十一月，改元	弘昌三年	永安四年	庚子五年
405	义熙元年 五月，改元	后主慕容超太上元年 九月，改元	五	七	二	四	五	建初元年
406	二	二	六	八	三	五	六	二

续表

公元纪年	晋	南燕	北燕	后秦	北魏	夏	南凉	北凉	西凉
407	义熙三年	太上三年	建始元年 七月，慕容熙为高云所杀，后燕亡。 惠懿帝高云正始元年 七月，北燕建立，改元	弘始九年	天赐四年	武烈帝赫连勃勃龙升元年 六月，改元	弘昌六年	永安七年	建初三年
408	四	四	二	十	五	二	嘉平元年 十一月，吕隆复称凉王，改元	八	四

公元纪年	晋	南燕	北燕	后秦	西秦	北魏	夏	南凉	北凉	西凉
409	义熙五年	太上五年	正始三年 十月，高云被弑。 文成帝冯跋太平元年 十月，冯跋即天王位，改元	弘始十一年	更始元年 七月，乞伏乾归复秦王位，改元	明元帝拓跋嗣永兴元年 十月，清河王绍弑珪；太子嗣杀绍，即位，改元	龙升三年	嘉平二年	永安九年	建初五年
410	六 二月，灭南燕	六 二月，南燕亡	二	十二	二	二 五月，长孙嵩大破柔然骑兵； 柔然可汗社仑死，弟斛律继位	四	三	十	六

续表

公元纪年	晋	北燕	后秦	西秦	北魏	夏	南凉	北凉	西凉
411	义熙七年 十一月，卢循之乱平息	正始三年	弘始十三年	更始三年	永兴三年	龙升五年	嘉平四年	永安十一年	建初七年
412	八 十月，王镇恶攻江陵，刘毅败死	四	十四	文昭王乞伏炽磐永康元年 八月，改元	四	六	五	玄始元年 十一月，沮渠蒙逊称河西王，改元	八
413	九 三月，杀诸葛长民；六月，朱龄石攻占成都，谯纵死	五	十五	二	五	凤翔元年 三月，改元	六	二	九
414	十	六	十六	三 十月，乞伏炽磐复称秦王	神瑞元年 五月，柔然可汗斛律被执，兄子步鹿真立，败；大檀称可汗。十二月，柔然大举南侵，败走	二	七 六月，降于西秦	三	十

公元纪年	晋	北燕	后秦	西秦	北魏	夏	北凉	西凉
415	义熙十一年 五月，败司马休之等，司马休之奔后秦	正始七年	弘始十七年	永康四年	神瑞二年	凤翔三年	玄始四年	建初十一年

续表

公元纪年	晋	北燕	后秦	西秦	北魏	夏	北凉	西凉
416	十二	八	后主姚泓永和元年 二月，姚泓即皇帝位，改元	五	泰常元年 四月，改元	四	五	十二
417	十三 八月，灭后秦	九	二 八月，姚泓降于晋	六	二	五	六	后主李歆嘉兴元年 二月，改元

公元纪年	晋	北燕	西秦	北魏	夏	北凉	西凉
418	义熙十四年	正始十年	永康七年	泰常三年	昌武元年 十一月，赫连勃勃占长安，即皇帝位，改元	玄始七年	嘉兴二年
419	恭帝司马德文元熙元年	十一	八	四	真兴元年 二月，改元	八	三
公元纪年	宋	北燕	西秦	北魏	夏	北凉	西凉
420	武帝刘裕永初元年 六月，刘裕受禅于晋，改元	正始十二年	建弘元年	泰常五年	真兴二年	承玄元年 七月，改元	李恂永建元年 九月，改元
421	二	十三	二	六	三	二	永建二年 三月，北凉灭西凉

续表

公元纪年	宋	北燕	西秦	北魏	夏	北凉
422	永初三年	正始十四年	建弘三年	泰常七年	真兴四年	承玄三年
423	少帝刘义符景平元年	十五	四	八	五	四
424	文帝刘义隆元嘉元年	十六	五	太武帝拓跋焘始光元年	六	五
425	二	十七	六	二	秦王赫连昌承光元年 八月，改元	六
426	三	十八	七	三	二	七
427	四	十九	八	四	三	八
428	五	二十	后主暮末永弘元年 五月，改元	神嘉元年 二月，改元	后主赫连定胜光元年 二月，改元	九
429	六	二十一	二	二	二	十
430	七	二十二 八月，冯跋卒，冯弘杀太子冯翼，即天王位	三	三	三	十一
431	八	昭成帝冯弘大兴元年	四 正月，降夏	四	四 六月，灭于吐谷浑	义和元年 六月，改元

续表

公元纪年	宋	北燕	北魏	北凉
432	元嘉九年	大兴二年	延和元年	义和二年
433	十	三	二	哀王沮渠牧犍永和元年 四月，改元
434	十一	四	三	二
435	十二	五	太延元年	三
436	十三	六 五月，北燕亡	二 五月，灭北燕	四

公元纪年	宋	北魏	北凉
437	元嘉十四年	太延三年	永和五年
438	十五	四	六
439	十六	五 九月，灭北凉，统一北方	七 九月，北凉亡

公元纪年	宋	北魏
440	十七 十月，收捕刘湛一党，软禁刘义康	太平真君元年 六月，皇孙拓跋濬生，改元
441	十八	二
442	十九	三

续表

公元纪年	宋	北魏
443	二十	四 正月，取仇池
444	二十一	五 正月，诏禁私养沙门、巫觋，不得私立学校；九月，柔然可汗吴提死，子吐贺真立
445	二十二 十一月，范晔等谋立刘义康，伏诛	六 九月，卢水胡盖吴反于杏城，拥众十几万。 是岁，攻吐谷浑，败之
446	二十三	七 二月，诏禁佛教，毁经像、塔寺，捕杀僧人；八月，盖吴之乱平
447	二十四	八
448	二十五	九
449	二十六	十 九月，大破柔然，收民畜百万，自此柔然衰弱
450	二十七 七月，大举北伐；十月，王玄谟等败走	十一 九月，南救滑台；十月，大败宋军，分道并进，南下攻宋；十二月，至瓜步山。 是岁，《国记》成，诛杀司徒崔浩
451	二十八	正平元年 正月，退兵，攻盱眙而不克；第三次河南大战结束。六月，改元；太子拓跋晃以忧卒
452	二十九 五月，闻魏帝崩，北伐攻碻磝；八月，张永等大败，退军	隐王拓跋余承平元年 二月，宗爱弑帝，立拓跋余，改元。 文成帝拓跋濬兴安元年 十月，宗爱弑南安王；刘尼、陆丽等迎立拓跋濬，改元，杀宗爱等

续表

公元纪年	宋	北魏
453	三十 正月，太子刘劭弑帝，即帝位，改元“太初”；四月，武陵王刘骏即位于新亭；五月，刘劭败，伏诛	二
454	孝武帝刘骏孝建元年 二月，刘义宣举兵；六月，败死	兴光元年 七月，皇子拓跋弘生，改元
455	二	太安元年 六月，改元；穆伏真等巡行各地，考察官员
456	三	二
457	大明元年	三
458	二	四
459	三 四月，刘诞反；七月，败死	五
460	四	和平元年 是岁，开凿云冈石窟
461	五	二
462	六	三
463	七	四
464	八	和平五年 七月，柔然可汗吐贺真死，子予成立，改元“永康”

续表

公元纪年	宋	北魏
465	前废帝刘子业永光元年 正月，改元。 景和元年 八月，诛杀刘义恭等，改元。 明帝刘彧泰始元年 十一月，寿寂之等弑前废帝刘子业；十二月，刘彧即位，改元	和平六年 五月，拓跋濬崩，太子拓跋弘即皇帝位；乙浑专权
466	二 正月，邓琬等奉刘子勋即位于寻阳，改元“义嘉”；八月，刘子勋等败死；十月，刘彧尽杀孝武帝诸子，徐州刺史薛安都等请降于魏；十二月，魏尉元等至彭城	献文帝拓跋弘天安元年 二月，冯太后收乙浑，临朝称制
467	三 正月，张永、沈攸之军败，尽失淮北	皇兴元年 八月，皇子拓跋宏生，改元
468	四	二
469	五	三 正月，慕容白曜入东阳，尽得青、冀之地
470	六	四
471	七 是岁，杀刘休祐、刘休仁、刘休若等	孝文帝拓跋宏（元宏）延兴元年 八月，拓跋弘禅位于太子拓跋宏（元宏），改元

续表

公元纪年	宋	北魏
472	泰豫元年	二 二月，柔然入侵，太上皇拓跋弘败之
473	后废帝苍梧王刘昱元徽元年	三
474	二 五月，刘休范反，败死	四
475	三	五
476	四 七月，刘景素反，败死	承明元年 六月，拓跋弘崩，改元
477	顺帝刘凖昇明元年 七月，杨于夫等弑苍梧王；刘凖即位，改元。十二月，沈攸之举兵；袁粲等被杀	太和元年 十月，诛李䜣
478	二 正月，沈攸之败死	二 十二月，诛南郡王李惠
公元纪年	**齐**	**北魏**
479	高帝萧道成建元元年 四月，萧道成受禅于宋，改元	太和三年 十一月，闻萧道成篡宋，拓跋宏（元宏）以大军南征
480	二 二月，大败魏军于寿阳；下令检籍	四 二月，败于寿阳，退走
481	三	五

公元纪年	齐	北魏
482	四	六
483	世祖武帝萧赜永明元年 四月，萧赜诛杀垣崇祖、荀伯玉等	七
484	二	八 六月，施行俸禄制
485	三 十二月，唐寓之作乱	九 十月，颁均田令。 是岁，柔然可汗予成死，子豆仑立，改元太平
486	四 正月，唐寓之乱平	十 二月，施行三长制
487	五	十一
488	六	十二
489	七	十三
490	八 八月，萧子响谋反，被杀。 是岁，下诏恢复昇明以前户籍	十四 九月，冯太后崩
491	九	十五
492	十	十六 八月，柔然可汗豆仑为国人所杀，其叔那盖立，改元大安

续表

公元纪年	齐	北魏
493	十一 正月，太子萧长懋卒；四月，萧昭业被立为皇太孙	十七 九月，定迁都洛阳之计
494	郁林王萧昭业隆昌元年 正月，改元；四月，萧子良以忧卒。 海陵恭王萧昭文延兴元年 七月，萧鸾弑郁林王；萧昭文即位，改元。九月，萧鸾杀高帝萧道成、武帝萧赜诸子。 明帝萧鸾建武元年 十月，萧鸾废萧昭文，即位，改元	十八 三月，迁都洛阳； 十二月，拓跋宏（元宏）兵发洛阳，征齐。 是岁，禁士民胡服；开凿龙门石窟
495	二 三月，败魏兵于邵阳等地	十九 三月，攻钟离等城不克，退兵；六月，下诏禁胡语
496	三	二十 正月，改姓元氏，并改鲜卑诸姓氏；八月，废太子元恂
497	四	二十一 正月，立元恪为太子；九月，引大军数十万向襄阳
498	永泰元年 正月，萧鸾与萧遥光谋，尽杀高帝、武帝诸子；四月，改元，王敬则反；五月，王敬则败死；七月，萧鸾崩，太子萧宝卷即位	二十二 正月，拔新野；二月，拔南阳，得雍州五郡；九月，闻齐明帝萧鸾崩，引兵还

公元纪年	齐	北魏
499	东昏侯萧宝卷永元元年 正月，陈显达伐魏，欲复雍州诸郡；三月，陈显达败走；十一月，陈显达举兵于寻阳；十二月，陈显达败死	二十三 四月，拓跋宏（元宏）崩，遗诏赐皇后冯氏死；太子元恪即位
500	二 正月，裴叔业降魏，寿阳失于魏；三月，崔慧景反；四月，崔慧景败死；五月，萧宝玄等伏诛；十月，萧懿被赐死；十一月，萧颖胄杀刘山阳，与萧衍等起兵	宣武帝元恪景明元年 正月，元恪改元；二月，元勰等入寿阳
501	和帝萧宝融中兴元年 三月，萧宝融即帝位于江陵，改元；十二月，东昏侯萧宝卷被弑，萧衍入建康	二

公元纪年	梁	北魏
502	武帝萧衍天监元年 四月，萧衍受禅于齐，改元	宣武帝元恪景明三年
503	二	四 四月，大举伐梁
504	三 八月，义阳失陷	正始元年 正月，改元
505	四 十月，萧衍命临川王萧宏都督诸军，大举北伐	二 四月，攻取梁汉中

续表

公元纪年	梁	北魏
506	五 三月，陈伯之降；五月，韦叡克合肥；九月，萧宏溃败于洛口	三 十月，柔然可汗那盖死，子伏图立，改元“始平”；遣使请和，不许；中山王元英进围钟离
507	六 三月，韦叡、曹景宗大败魏军于钟离	四 三月，元英败于钟离
508	七	永平元年 八月，京兆王元愉反于信都，改元“建平”。 八月，元恪改元；九月，元愉败，高肇杀之；彭城王元勰被杀。 是岁，柔然可汗伏图死，子丑奴立，改元“建昌”
509	八	二
510	九	三
511	十 十二月，朐山大捷	四
512	十一	延昌元年 四月，改元
513	十二	二
514	十三 十月，修筑浮山堰	三
515	十四	四 正月，元恪崩，高肇被诛；九月，胡太后临朝称制
516	十五 四月，浮山堰成；九月，堰坍塌	孝明帝元诩熙平元年

续表

公元纪年	梁	北魏
517	十六	二
518	十七	神龟元年 二月，改元
519	十八	二
520	普通元年	正光元年 七月，元叉幽胡太后于北宫，杀元怿，改元；九月，柔然可汗丑奴被杀，弟阿那瑰立，其族兄击之，南奔投魏
521	二	二 正月，柔然立婆罗门为可汗；七月，婆罗门降于魏，柔然复迎阿那瑰
522	三	三
523	四 十二月，始铸铁钱	四 是岁，沃野镇民破六韩拔陵聚众反，改元“真王”
524	五	五
525	六	孝昌元年 四月，胡太后复临朝摄政，赐死元叉；六月，改元；八月，柔玄镇民杜洛周聚众反于上谷，改元“真王”
526	七 十一月，陈庆之克寿阳	二 正月，鲜于修礼反于左城，改元“鲁兴”；八月，鲜于修礼被杀，葛荣复立；九月，葛荣趣瀛州，自称天子，国号“齐”，改元“广安”
527	大通元年 三月，萧衍舍身于同泰寺，改元；十月，陈庆之克涡阳	三 十月，萧宝夤自称齐帝于长安，改元“隆绪”

续表

公元纪年	梁	北魏
528	二	武泰元年 正月，潘嫔生女，胡太后诈言皇子，改元。二月，胡太后等鸩杀孝明帝元诩，立皇女，复立临洮王世子元钊；葛荣灭杜洛周，并其众。 孝庄帝元子攸建义元年 四月，元子攸即帝位，改元；尔朱荣至洛阳，杀胡太后；大杀百官于河阴； 六月，邢杲反于北海，自称汉王，改元“天统”；七月，万俟丑奴自称天子，改元“神兽”。 永安元年 九月，平葛荣，改元
529	中大通元年 四月，陈庆之克梁国；元颢即帝位于睢阳，改元“孝基”；五月，陈庆之克荥阳，元颢入洛阳；闰月，元颢败于尔朱荣，被杀；陈庆之只身逃至建康；九月，萧衍幸同泰寺，设四部无遮大会；十月，改元	二 四月，破邢杲于济南，斩之；五月，元子攸出洛阳，北上并州；闰月，尔朱荣败元颢，元子攸复入洛阳
530	二	前废帝元晔建明元年 四月，贺拔岳平万俟丑奴、萧宝夤，关中定；九月，元子攸杀尔朱荣；十月，尔朱兆推元晔即帝位，改元； 十二月，尔朱兆攻入洛阳，弑元子攸
531	三 四月，昭明太子萧统卒；五月，晋安王萧纲被立为皇太子	节闵帝元恭普泰元年 二月，元恭受禅，改元；七月，高欢起兵于信都。 后废帝元朗中兴元年 十月，元朗即位于信都，改元
532	四	孝武帝元脩太昌元年 三月，高欢败尔朱兆于韩陵； 四月，元脩即位，改元；高欢为大丞相。 永熙元年 十二月，改元

公元纪年	梁	北魏	
533	五	二 正月，尔朱兆兵败自缢	
公元纪年	梁	西魏	东魏
534	中大通六年	永熙三年 二月，侯莫陈悦杀贺拔岳，宇文泰统其部众；四月，宇文泰杀侯莫陈悦；八月，元脩西入长安，以宇文泰为大将军；闰月，元脩遇鸩而崩，宇文泰立南阳王元宝炬	孝静帝元善见天平元年 十月，元善见即位，改元
535	大同元年	文帝元宝炬大统元年	二
536	二	二 是岁，关中大饥	三
537	三	三 正月，败东魏窦泰于小关；十月，败高欢于沙苑	四 十月，大败于沙苑
538	四	四 八月，败于邙山	元象元年 正月，改元
539	五	五	兴和元年 十月，邺城新宫成，改元
540	六	六	二
541	七	七 九月，颁行六条诏书	三 十月，颁行《麒趾格》
542	八	八 三月，初置六军	四
543	九	九 三月，败于邙山	武定元年 三月，败西魏军于邙山

续表

公元纪年	梁	西魏	东魏
544	十	十	二
545	十一	十一	三
546	中大同元年 三月，萧衍幸同泰寺，讲《三慧经》；四月，改元	十二 十一月，韦孝宽败东魏军于玉壁	四 九月，围攻西魏玉壁城； 十一月，不克，解围
547	太清元年 二月，侯景遣使来降；三月，萧衍舍身同泰寺；四月，改元；八月，下诏大举伐东魏；十一月，贞阳侯萧渊明败于寒山	十三 五月，王思政以荆州步骑向阳翟	五 正月，高欢卒，侯景反；十一月，慕容绍宗大败梁军于寒山
548	二 正月，侯景败于东魏，渡淮，退至寿阳；八月，侯景反于寿阳；十月，侯景渡江，围台城；十一月，萧正德称帝，改元“正平”	十四	六 正月，慕容绍宗败侯景于涡水
549	三 三月，侯景克台城；五月，萧衍崩	十五 四月，王思政杀慕容绍宗等	七 六月，高澄克长社，擒王思政；八月，高澄为膳奴所杀

续表

公元纪年	梁	西魏	北齐
550	简文帝萧纲大宝元年 四月，湘东王萧绎下令大举讨侯景	大统十六年	文宣帝高洋天保元年 正月，高洋进位丞相；五月，高洋受禅于东魏，改元
551	二 八月，豫章王萧栋即帝位，改元“天正”；十月，侯景杀简文帝萧纲；十一月，侯景受禅于萧栋，改国号为“汉”，改元“太始”	十七 三月，元宝炬崩，太子元钦立	二
552	孝元帝萧绎承圣元年 三月，王僧辩攻入台城。四月，武陵王萧纪即帝位于成都，改元“天正”；侯景被杀。十一月，萧绎即位于江陵，改元	废帝元钦元年	三 正月，突厥酋长土门大破柔然，柔然可汗阿那瓌自杀；土门自号伊利可汗，突厥兴起
553	二 七月，萧绎败萧纪于巴东，斩之；八月，成都陷于西魏	二 八月，尉迟迥取成都	四
554	三 十一月，江陵陷于西魏；十二月，萧绎为魏人所杀	恭帝拓跋廓元年 二月，宇文泰立齐王拓跋廓，去年号，称元年，复姓拓跋氏	五

续表

公元纪年	梁	后梁	西魏	北齐
555	敬帝萧方智绍泰元年 二月，萧方智至建康，即梁王位；五月，贞阳侯萧渊明入建康，即帝位，改元“天成”；九月，陈霸先杀王僧辩，贞阳侯萧渊明逊位；十月，即位，改元	宣帝萧詧大定元年	恭帝拓跋廓二年	天保六年 是岁，突厥灭柔然余部
556	太平元年 六月，陈霸先大败齐军；九月，改元	二	三 十月，宇文泰卒于云阳；政归中山公宇文护	七
公元纪年	陈	后梁	北周	北齐
557	武帝陈霸先永定元年 十月，陈霸先受禅于梁，改元	大定三年	孝闵帝宇文觉元年 正月，宇文觉即天王位，改国号为“周”；二月，赵贵谋反，被诛；三月，赐死独孤信。 明帝宇文毓元年 九月，宇文护废略阳公宇文觉；宇文毓即天王位	天保八年

公元纪年	陈	后梁	北周	北齐
558	二 三月，王琳奉永嘉王萧庄即梁帝位，改元“天启”	四	二	九
559	三	五	武成元年 八月，宇文毓称“皇帝”，改元	十 五月，尽杀元氏宗亲；十月，高洋崩
560	文帝陈蒨天嘉元年 二月，败王琳及齐军于芜湖；三月，周送还武帝世子陈昌，溺死于江中	六	二 四月，宇文毓遇毒而崩，遗诏鲁公宇文邕即位	废帝高殷乾明元年 二月，常山王高演杀杨愔等。 孝昭帝高演皇建元年 八月，娄太皇太后废高殷，高演即位于晋阳，改元
561	二	七	武帝宇文邕保定元年	武成帝高湛太宁元年 十一月，高湛即位，改元
562	三 三月，安成王陈顼由周至建康	八	二	河清元年 四月，改元
563	四	孝明帝萧岿天保元年	三 正月，赐死侯莫陈崇	二
564	五	二	四 十二月，与齐军战于邙山，大败	三 十二月，大败周军于邙山

续表

公元纪年	陈	后梁	北周	北齐
565	六	三	五	后主高纬天统元年 四月，太子高纬受禅，改元
566	天康元年 二月，改元	四	天和元年	二
567	废帝陈伯宗光大元年 二月，赐死刘师知、到仲举、韩子高等；四月，华皎反于长沙；九月，大败华皎及梁、周联军于沌口	五	二 闰六月，派兵助华皎讨陈；九月，宇文直大军败于沌口	三
568	二	六	三	四 十一月，太上皇高湛崩
569	孝宣帝陈顼太建元年	七	四	五
570	二	八	五	武平元年
571	三	九	六	二 七月，琅琊王高俨杀和士开；九月，高纬杀高俨
572	四	十	建德元年 三月，诛宇文护，改元	三 六月，高纬杀斛律光

续表

公元纪年	陈	后梁	北周	北齐
573	五 三月，以吴明彻统众十万伐齐；十月，克寿阳，杀王琳等	十一	二	四
574	六	十二	三 五月，禁佛、道二教	五
575	七	十三	四	六
576	八	十四	五 十月，宇文邕自将伐齐，攻占平阳；十二月，攻占晋阳	隆化元年 十二月，改元；晋阳陷
577	九	十五	六 正月，灭齐	幼主高恒承光元年 正月，太子高恒受禅，改元。 是岁，周人邺城，齐亡

公元纪年	陈	后梁	北周
578	太建十年	天保十六年	宣政元年 三月，宇文邕改元；五月，率军北伐突厥；六月，宇文邕崩
579	十一	十七	宣帝宇文赟大成元年 静帝宇文阐大象元年 二月，宣帝宇文赟禅位于太子宇文阐，自称“天元皇帝”，改元
580	十二	十八	二 五月，宣帝宇文赟崩

续表

公元纪年	陈	后梁	隋
581	太建十三年	天保十九年	大定元年 文帝杨坚开皇元年 二月，杨坚受禅于周，改元
582	十四	二十	二
583	后主陈叔宝至德元年	二十一	三
584	二	二十二	四
585	三	二十三	五
586	四	后主萧琮广运元年	六
587	祯明元年	二 八月，隋征萧琮入长安；九月，后梁亡	七

公元纪年	陈	隋
588	祯明二年	开皇八年
589	三 正月，建康陷，陈亡	九 正月，隋灭陈，南北一统

统一的前夜

东晋十六国与南北朝

下

陈羡◎著

新世界出版社
NEW WORLD PRESS

图书在版编目（C I P）数据

统一的前夜：东晋十六国与南北朝：全二册 / 陈羡著. -- 北京：新世界出版社，2022.5（2025.11重印）
ISBN 978-7-5104-7485-9

Ⅰ. ①统… Ⅱ. ①陈… Ⅲ. ①中国历史－魏晋南北朝时代－通俗读物 Ⅳ. ① K235.09

中国版本图书馆CIP数据核字（2022）第 059133 号

统一的前夜：东晋十六国与南北朝

作　　者：陈　羡
责任编辑：丁　鼎
装帧设计：人马艺术设计 · 储平
责任校对：宣　慧
责任印制：王宝根
出　　版：新世界出版社
网　　址：http://www.nwp.com.cn
社　　址：北京西城区百万庄大街 24 号（100037）
发 行 部：(010)6899 5968（电话）(010)6899 0635（电话）
总 编 室：(010)6899 5424（电话）(010)6832 6679（传真）
版 权 部：+8610 6899 6306（电话）nwpcd@sina.com（电邮）
印　　刷：三河市嘉科万达彩色印刷有限公司
经　　销：新华书店
开　　本：710mm × 1000mm　1/16　尺寸：170mm × 240mm
字　　数：1000 千字　印张：57
版　　次：2022 年 5 月第 1 版　2025 年 11 月第 7 次印刷
书　　号：ISBN 978-7-5104-7485-9
定　　价：168.00 元（全二册）

第七章

宋魏对峙

高允在南北朝时期是寿命极长的一位，他从拓跋焘时起就受召为官，一直活到拓跋濬的孙子，也就是后来的孝文帝元宏在位时期，屡次告老还乡而不得，享寿九十八岁。所谓“无欲者长存”，高允的一生正是对这句话最好的注脚。

宋文帝以来，刘氏的后代们为了自己的权欲和利益彼此厮杀争斗，将所有的力量都消耗于无谓的内讧之中，刘宋的江山因此落得一个被他人指手画脚的下场。

与面对一个个面目狰狞的对手的刘裕比起来，萧道成的成功显得太过容易了，从刘休范叛乱到沈攸之身死，前后也不过五年的时间。天理循环并不是简单的重复，于此，不知该说是幸运还是悲哀。

曹操统一北方，司马昭消灭蜀汉，刘裕更是平定叛乱，又攻灭南燕、后秦两国，而萧道成所做的，满打满算不过平定了几次没什么作为的内乱而已。可人就是这样，越是能力不足的，越是做不了什么事的，往往贪欲反而越大，人也越无耻。

● ● ●

一、元凶逞恶

元嘉二十九年（452），刘宋政权危机暗伏，一场内乱正在酝酿之中。而在此之前，我们得先说说宋文帝发动的第三次北伐战争。

惨遭鲜卑铁骑蹂躏的淮、泗地区尚未从战争中恢复，北方宫廷内讧、拓跋焘身死的消息就传到了身处江南建康城的刘宋君臣耳中。前一年的失败令宋文帝深感耻辱，他认定这是拓跋焘得到的报应，是天赐良机让他报仇雪恨。

在刘宋第二次北伐过程中弃城逃跑的北魏荆州刺史鲁爽害怕获罪，与弟弟鲁秀等人一起拖家带口地南奔刘宋，向担任豫州刺史的南平王刘铄投降。宋文帝闻讯大喜，封他做司州刺史，负责镇守义阳，又封鲁秀为颍川太守。鲁爽时常上书鼓动宋文帝伐魏，现在宋文帝好了伤疤忘了疼，竟又迫不及待地再度规划北伐大计。

太子中庶子何偃、沈庆之等人认为淮水南北诸州疮痍未复，不宜轻举妄动大肆用兵，宋文帝不听。

青州刺史刘兴祖建议："河南一带饥民遍野，军无可掠，不妨干脆长驱河北，进入中山，据守关隘、险要，直捣魏国心腹地带。这样一来，冀州以北的老百姓必然带着粮草财物前来劳军，到时我们再以河南诸军北渡黄河，西拒太行，北守军都（即今居庸关）。若能成功，则统一指日可待，即使不成，也不伤大体。希望陛下早做决断。"宋文帝猛地瞧见这么大胆的构想，吃了一惊。他虽想恢复北方，眼下也不过是想收复河南而已，不敢再有奢望，因此刘兴祖颇有创见的建议也被否决了。

这次北伐还是沿传统路线三路并进：东路，抚军将军萧思话督统冀州刺史张永等率宋军主力攻打碻磝；中路，北魏降将司州刺史鲁爽、颍川太守鲁秀和殿中将军程天祚率四万荆州军进逼许昌、洛阳；西路，上次北伐表现不错的雍州刺史臧质率所部进逼潼关。

张永包围碻磝后，宋军在东、西、南三个方向发起狂攻。然而，宋军的战斗力简直是黄鼠狼下崽——一代不如一代：元嘉初年的北伐，魏军是先退后进，宋军占领了河南四镇几个月之久；第二次北伐，宋军攻下碻磝，遇阻于滑台；这一次，宋军围攻碻磝近一个月，可就是打不下来。

魏军守城越来越有信心，也越来越有经验，算是在不断实践和学习中成长吧。城中守兵挖通地道，忽然杀出，将宋军攻城的器具烧毁，又烧了宋军的营寨。张永一看，再打下去得轮到自己被攻了，就擅作主张，没向众将通报便撤围退军。宋军士卒毫无准备，被惊扰得大乱，魏军趁乱出击，宋军血流成河，损失巨大。

督军萧思话大怒，亲自率军从历城前往增援，全力猛攻，仍然受挫。青、徐两州的庄稼还没成熟，宋军的士兵得不到足够的粮食供应，萧思话无奈，下令撤军，退回历城，之后将张永等攻城将领全部下狱问罪。

抛开东路，其他两路打得还不错，鲁爽的一路攻到了虎牢附近，臧质那一路的将领柳元景和薛安则都逼近了潼关。另外，梁州刺史刘秀之也派司马马汪和左军中兵参军萧道成进攻长安。可由于东路的功亏一篑，这几路无力独进，只好重新退回淮南。

这是宋文帝操之过急的最后一次北伐行动，即使面对皇帝新死的北魏，刘宋也没能占到任何便宜。而战场上的失败，仿佛也预示了他本人末日的到来。

宋文帝一共有十九个儿子，长子即太子刘劭，出生于宋文帝刚刚即位之时。按理说，即位之初得了皇子该是好事才对，可是据说有人去考察过以前的历史，从三皇五帝以来，皇帝即位后才由皇后生的太子只有一位，他是谁？殷商的最后一代君主纣王。这种事儿几千年一遇，偏偏让刘劭给凑上了。宋文帝倒不信邪，对于这个长子他是很喜欢的，六岁的时候就封他为太子。

宋文帝后来宠爱一名姓潘的妃子，封她为淑妃，还因她冷落了正室袁皇后。皇后吃醋，闷闷不乐，在刘劭十八岁的时候气死了。因为这件事，刘劭十分痛恨潘淑妃以及她所生的皇子——始兴王刘濬。

刘濬是个识时务的人，他知道与太子结怨对自己不利，就有意接近刘劭，对他百般逢迎，竟真的与他打成一片。两人从死敌变成了死党，关系变得不同寻常。

刘劭有人君之相，而且肚里有货，文武双全，但他与拓跋晃面临同样的难题，就是父亲坐在皇帝的位子上总是不死，他这个太子“等得花儿都谢了”还不得上任。等来等去，刘劭决定给自己“助点力”，竟伙同刘濬搞起了巫蛊。

刘劭的姐姐东阳公主身边的侍婢王鹦鹉认识一名叫作严道育的民间女巫，这个人宣称自己会些法术。严道育还真把刘劭姐弟俩给唬住了，刘劭伙同刘濬请她用玉雕刻了一尊宋文帝的人像，然后将人像埋在殿前，日夜诅咒宋文帝早死。

东阳公主的奴仆陈天兴和太监陈庆国担任跑腿传信的工作，知道整件事。恰好公主去世，按照宫中规定，侍婢必须出嫁。刘劭担心王鹦鹉嫁到外头泄密，就在刘濬府中找了个老实可靠的下属，打算把王鹦鹉嫁给他做妾。可是王鹦鹉在公主宫中这么多年，早与陈天兴眉来眼去勾搭上了，她怕私通之事泄露，就找到刘劭，让他派人杀了陈天兴。这下可吓坏了另一名知情人陈庆国，他以为陈天兴被杀是因为巫蛊之事，为求自保，干脆跑到宋文帝那里将事情和盘托出。宋文帝大惊，下令逮捕王鹦鹉，抄家盘查，果然查出一堆写着咒语的纸张，又挖出了埋着的玉像。

奇怪的是，宋文帝并没有马上采取处罚措施，只是痛责了刘劭两兄弟，回到宫中又跟潘淑妃说：“刘劭想我死了能登帝位图富贵，还有道理，怎么刘濬也掺和进去了呢？你们母子岂可一日无我！”

宋文帝命人搜捕搞巫蛊的严道育，无果，直到第二年才有人报告，说严道育从刘劭的宫中逃到了刘濬那里。宋文帝听说刘劭兄弟还在与严道育往来，勃然大怒，他下决心要惩治两个儿子，潘淑妃拼命求情，毫无效果。

宋文帝打算废掉太子，并赐刘濬自裁，可事情坏在了宋文帝手下的一堆书生身上。

废太子是大事，宋文帝找到侍中王僧绰（chuò）商量，王僧绰提出需要查找汉魏以来的旧例，并与徐湛之和江湛一起商量要如何废太子，又该立谁为新储君。按年秩往下排，该立宋文帝的第三个儿子刘骏为太子，但是宋文帝从来不喜欢这个儿子，江、徐两位又各有私心——江湛的妹妹是宋文帝四子南平王刘铄的妃子，徐湛之的女儿则是六子随王刘诞的妃子。他们各推对自己有利的人选，而皇帝自己则倾向于七子刘宏。

废立大事，岂能如吵架一般儿戏？宋文帝连续几夜与徐湛之等人商议，犹豫不定。也不知是哪根筋出了问题，商议之余，他竟把这些想法原原本本地告诉了潘淑妃。

说者无心，听者有意，潘淑妃暗中找到儿子刘濬，告知他皇帝将行废立之事。刘濬派人将此事快马飞报给刘劭，刘劭明白此刻应该迅速采取行动了。

刘宋元嘉三十年（453）二月的一天晚上，刘劭命心腹张超之等人集合起东宫的两千多兵士，将他们装备整齐，又召集部下萧斌等人，讲明进宫之事。众人惊愕，但箭在弦上，他们只好听从太子的安排。

不待天亮，刘劭就在甲胄之外披上红袍，与萧斌两人同乘画轮车，一路来到万春门前。刘劭向门卫假称皇帝有诏，门卫不敢阻拦，东宫的武装队伍就这样冲进了宫城。

宋文帝一夜未眠，正在内宫与徐湛之秉烛夜谈废立之事。值勤的卫兵还在睡觉，张超之就挥着刀杀了进来，宋文帝不及躲闪，搬起身前的几案自卫。张超之刀快，一刀将宋文帝的五指砍下，宋文帝立时痛得倒地，张超之再加一刀，这位元嘉皇帝就惨做了刀下鬼。徐湛之想从北门逃跑，被兵士们一拥而上乱刀砍死。

刘劭进殿，听说父皇已死，便坐镇东堂，从容指挥士兵们继续屠杀，包括值班的江湛在内的一干人都被杀害，连积极告密的潘淑妃也难逃一死。

事了，刘劭对前来接应的刘濬轻描淡写地说："潘淑妃被乱兵所杀。"

刘濬回应："这正是我愿意看到的。"

两人权迷心窍，已冷酷到无父无母的境界，难怪《宋书》对他俩这样定性：二凶。

二、二凶的覆灭

潘多拉的盒子一旦开启，灾祸、罪恶将永无止境，太子刘劭的弑父行为就是开启了这样一个潘多拉的盒子，宋国从此在不断的内耗中日益衰落，直至消亡。刘裕毕其一生不断努力，从贫苦的社会底层爬到了九五之尊的位置上，却换来后世子孙自相残杀，天下生灵涂炭。

清理完宫中异己，刘劭又将大将军刘义恭、尚书令何尚之等人软禁起来，然后下达即位诏书，说："徐湛之、江湛弑逆，我领兵入殿救驾，可惜晚了一步，伤心欲绝。如今罪人已得到惩罚，应当大赦天下，改元嘉三十年为太初元年，文武百官一律晋位两级。"

刘劭一开始想让萧斌拟诏，萧斌认为自己文笔不行，把事情推给了侍中王僧绰。

改年号的事还有个小插曲。刘劭早就和女巫严道育商量好了年号，用"太初"，并且要在当年就改。萧斌对此提出异议，说："按照规矩应该明年再改元。"刘劭问王僧绰有什么意见，王僧绰说："晋惠帝在即位当年就改了元。"刘劭居然没听出来王僧绰是在损他，还以为是找到了旧例，很高兴地说："很好，就这么办！"

没过多久，刘劭查明王僧绰也参与了当年的太子废立之事，就不听他的了。把王僧绰杀了还不算，刘劭又故意把事情搞大，诬陷在建康的几个王侯与王僧绰合伙谋反，把这几位刘裕侄孙辈的亲王都抓起来处死了。下一步，刘劭就要对付他的亲生弟弟了。

刘劭此时最大的敌人，是正在荆州一带讨伐西阳蛮的三弟——武陵王刘骏。刘骏此时屯兵五洲（今湖北浠水西南），与大将沈庆之在一起。

有人从建康跑出，带来宋文帝被弑的消息。刘骏心中害怕，不敢有所行动。恰好刘劭命人给沈庆之送来亲笔书信，让他找机会杀掉刘骏，沈庆之便找到刘骏，把书信呈给他看。谁想这位王爷竟脓包得很，一看哥哥要他死，吓得腿也软了，眼泪也下来了，一转身就要进内屋与母亲诀别。

沈庆之在战场上什么凶狠的敌人没见过，却万没料到自己准备要辅佐的皇室成员那么没出息。他一把拉住刘骏说："下官受先帝厚恩，今天唯有出力除贼，殿下为何倒疑我要杀你呢！"

刘骏松了一口气，摆回了皇子的架子，说："家国安危，都仰仗将军你了！"

刘骏举起讨逆大旗，从西阳（今湖北黄冈东）出发向寻阳挺进。他以手中的军队为班底，任命沈庆之为府司马，襄阳太守柳元景、随郡太守宗悫（què）两位为中兵参军，记室参军颜竣为录事参军。江夏内史朱修之是宋文帝第一次北伐时死守滑台被北魏所擒的那位，后来通过北燕的帮助逃回了宋国，此次他被任命为平东将军。

有了一面大旗，其余各路王侯就来看齐了。宋文帝的六弟南谯王刘义宣在江陵，与雍州刺史臧质以及司州刺史鲁爽一起举兵响应刘骏。兖、冀两州刺史萧思话也从驻地历城赶到彭城，引兵在江北接应。随王刘诞这时在浙江一带，刘劭分浙东五郡为会州，让他做刺史，他本想听刘劭的命令受职上任，可左右都劝他不可听任凶逆作乱，应该传檄起义，刘诞便也与刘劭翻了脸。

刘劭自认为从小熟读兵书，军事上的东西懂得不少，可以独当一面，然而在四方兵起的时候，他还是心中着慌。他下令戒严，把秦淮河南岸的居民全部迁到北岸，想凭借秦淮河固守；为了防止诸公及大臣出奔，又将自己的几个弟弟、叔叔刘义恭及其诸子全部聚到他本人所居的台城之内。

刘骏的檄文传到建康，刘劭拘捕了刘骏和刘义宣的儿子，要将他们悉数杀掉，刘义恭、何尚之提出这样干肯定会坚定敌人的决心，逼他们奋战到死。刘劭觉得有理，只软禁了这堆王侯，并不问罪。

刘骏大军到达寻阳后继续沿江东下，沈庆之领中军，柳元景统率薛安都等十二支军队由湓（pén）口（湓浦水汇入长江的入江口）出发，刘义宣手下的司空、中兵参军徐遗宝率荆州之众跟进。当时宋国国内几个最能打的将领都凑齐了。

刘劭手下虽有朝中旧臣，但大多不是亲信，紧要关头都不敢任用。他只好一面重金安抚几位将军，命他们统领军事，一面以东宫旧将萧斌为谋主，由他出谋划策。

萧斌提出以水军主动出击，与刘骏军展开决战，刘义恭则认为对付刘骏应该以逸待劳，弃秦淮南岸，在石头城外布下栅栏，固保台城。萧斌反对，说：“刘骏年纪轻轻就建此大事，不可小看！沈庆之、柳元景、宗悫这几个都是屡立战功的将领，趁他们刚刚起兵，我们出击还可以决一死战，若端坐不出，怎么可能长久？”刘劭谁都不听，既不出击迎战，也不出守石头城，只是每天慰劳守城将士，监督工人修造舰船。

刘骏大军到达南洲（即姑孰，今安徽当涂），一路上尽是前来投降的官吏和兵士，其中包括刘劭手下掌管军队的太尉司马庞秀之。消息传回，朝中大为震动。

刘骏的前锋部队柳元景知道己方的船舰规模太小，质量也不牢靠，打不了大仗，就领兵在江宁登岸，然后潜至长江边的新亭（今江苏南京南）。但他并不急于进攻台城，而是依山筑起壁垒，在建康城南与朝廷军对峙。

刘劭在城中看得真切，他派萧斌统领步军，褚湛之统领水军，率领各部精兵约一万人，两路并进攻打刘元景的壁垒，他本人则亲自登上朱雀门督战。这是关系到统治存亡的关键之战，刘劭不敢轻忽，他还是有点小聪明的，许下重金奖励有功将士，朝廷军的将士们果然个个斗志昂扬，拼死作战。

刘劭的军队人数多，又打得勇猛，眼看即将获胜，就在这时，阵中的鲁秀不知为何忽然鸣响退兵鼓。士兵们正杀得兴起，听到鼓声顿时不知所措，一瞬间都愣住了。壁垒之后的柳元景趁机擂响冲锋鼓，将士们从壁垒中冲出，朝廷军顿时溃不成军，兵士们纷纷四散而逃，有不少淹死在秦淮河中。

刘劭不甘心失败，亲自率领余下的士兵卷土重来。可双方强弱之势已成，刘劭也回天无力，又遭到一次大败，死伤更为惨重。他在阵后举刀手斩后退的士兵，仍然止不住颓势，最后只好只身逃回台城。此战，萧斌受伤，刘义恭、鲁秀、褚湛之等人都趁乱投奔刘骏。刘劭为了泄愤，下令杀死刘义恭留在建康城内的十二个儿子。

刘义恭一出虎口，就跟换了张脸似的，在新亭遇上刚刚来到的刘骏大军，立即就上表劝进。刘骏便顺水推舟在军中即皇帝位，这就是宋孝武帝。

随着刘骏登基，各路义军都已杀到。臧质的两万雍州兵来到新亭，豫州刺史刘遵考派部将夏侯献之率五千步骑兵驻于江北瓜步山，随王刘诞则派兵从东南面进攻建康，大败刘劭的军队。

刘劭在秦淮河边以及台城门内布下了防御树栅，可它防得住敌人的进攻，却防不住城内混乱的人心。台城里的文武官员纷纷翻出城墙投降刘骏，萧斌也带领所统士兵举起白旗，只是归降后萧斌本人被斩首。

刘劭自知大势已去，烧了御辇冕服到处躲藏，最后在武库的井里被攻入台城的小军官抓获，送到殿前。

臧质见了被捆绑结实的刘劭，失声痛哭。刘劭说："天地都不容我，你又为何要哭呢？"

臧质问刘劭为何弑父自立，他回答说："先帝要废我，我不愿做阶下囚。"然后又问臧质："可否帮我求个情，把我流放到边远地区呢？"臧质答道："皇上就在大航[1]南边，自会对你做出裁决。"将他绑到马上，送往刘骏军营。

刘濬挟持了南平王刘铄南逃，路上遇到刘义恭，刘濬赶紧下马问道："刘骏这家伙在干什么呢？"

刘义恭正色道："皇上已经君临万国。"

刘濬这才反应过来，忙道："虎头[2]我来得不晚吧？"

刘义恭摇摇头道："只怕是太晚咯。"

刘濬追问："那能饶我不死吗？"

刘义恭道："你面见皇上请罪去吧。"

刘濬觉得有戏，又问："不知道皇上能不能赐我一官半职，让我为他效力呢？"

刘义恭心笑刘濬愚顽至极，敷衍地答道："这可说不准。"

大概是觉得这种垃圾实在没必要带去见刘骏，刘义恭走到半途就把刘濬和他的三个儿子给斩了。

刘劭及其四个儿子被押到军营处斩，刘义恭等人都去探视。刘义恭诘问刘劭：

---

① 又名朱雀桥，今江苏南京南，秦淮河上。

② 刘濬的小名。

“我弃暗投明，顺应潮流，有何大罪，你竟把我的十二个儿子全杀了？”

刘劭淡然答道：“这件事的确是我对不住叔父你。”

这时，江湛的妻子在旁边骂刘劭，庞秀之也凑过来瞎起哄，刘劭厉声回骂道：“你们这些人就别给我添烦了！”

行刑开始，先杀的是刘劭的四个儿子，一刀一个。刘劭看得心惊胆战，对南平王刘铄说：“怎么会有这种事情？”然而他已是阶下之囚，对此无可奈何。轮到他自己了，刘劭仰天长叹：“不想我刘宋皇族，同室操戈到如此地步！”

刘骏下令将刘劭、刘濬和他们的儿子全部枭首示众，妻妾女儿也全部下狱赐死，其中就包括才被刘劭封为皇后的殷氏。

殷氏夫人临死对狱丞说：“刘家骨肉相残，为何枉杀无罪之人？”

狱丞不解：“你受封为皇后，怎么说是没罪呢？”

殷氏说：“这不过是刘劭的权宜之计，回头他就要改封王鹦鹉为皇后了！”

王鹦鹉和那个女巫严道育也没好下场，她们被押到大街上当众鞭杀。至于手刃宋文帝的张超之，他早已死在了乱军之中，地点恰好就在大殿御床之前，死后更是被碎尸万段。

屠戮完毕，刘骏又派人将那些腐烂发臭的尸体投入江中，任其顺水而下。此后，民间传诵起一首歌谣，述说建康城头这段惨绝人寰的历史：

遥望建康城，小江逆流萦。

前见子杀父，后见弟杀兄。

三、孝武不孝

十二年后，刘骏驾崩之时得到的谥号是“孝武”，大约指的是他能够克定祸乱，在危难关头暂时保住刘宋的江山，然而他实在没有资格配称这两个字。除了没有做出杀父这样大逆不道的事情，这位此时新登基的皇帝比起元凶刘劭来只有过之而无不及。

刘骏的皇位是从哥哥手中夺来的，为了保证自己皇位的合法性，他一上台就开始策划杀害有可能对他构成威胁的其他皇室成员。按理说，刘劭、刘濬两个哥哥死了以后，排行老三的他确确实实是最有资格做皇帝的人了，但他并不放心，当了皇帝才几个月，就对四弟南平王刘铄下手了。刘铄在刘劭弑逆事件被二凶挟持，出降得最晚，又一向轻慢刘骏，早被刘骏视为眼中钉，所以第一个倒了霉。因为缺乏可供捏造刘铄谋反的“证据”，刘骏干脆派人暗中在刘铄的酒食里下毒，轻松摆平了一个政敌。

五弟刘绍很小就过继给了早死无后的刘义真当了干儿子，法理上已经基本没有可能继承皇位。六弟竟陵王刘诞与刘骏一同起兵，刘骏虽然时时提防，却一时不敢动他。除了这两位，皇族里还有一个让他很不放心的人，那就是宋文帝的弟弟、他的六叔——时任荆州刺史的南郡王刘义宣。

假若刘骏真是德才兼备的君主，这些所谓的皇亲国戚都不应对他构成威胁。事实上，他刚上台时就只有广州一带的萧简，即兵败被杀的萧斌的弟弟起来闹了闹，并且很快就被镇压下去，其他有实力的人物都是愿意归附他的。可是他在个人生活作风上完全是个败类，很多行为令人发指，最终引发了又一起内乱。

刘骏极其好色，而且取向与众不同。恋母情结在弗洛伊德那里只是男人的潜意识，刘骏则“勇于”把它付诸实践。刘骏的亲生母亲路淑媛年轻时因容貌出众被选入宋文帝的后宫，后来因为没什么好背景，渐渐失宠，刘骏被封为藩王后，就把母亲带到了地方上一起生活。

做皇帝后，刘骏更觉得不过瘾，大臣的女儿甚至宗室的女儿——也就是他的堂姐妹们——以及民间美女，凡是被他看上的，他就让她们去拜见路太后，然后再闯入母亲宫中对她们行临幸之事。这些女人里头，刘骏最感兴趣的是叔叔刘义宣的四个女儿。他的这几个堂妹姿色都很不错，估计与刘义宣本人的基因有关系。史称刘义宣“白皙，美须眉”，很是仪表堂堂。

刘义宣在刘骏即位的过程中可是出了大力的人，几个女儿被自己的侄子这么欺负，这口气他怎么咽得下去？江州刺史臧质趁机在旁边鼓动，劝他起兵扳掉刘骏。臧质野心也不小，他自以为才智天下一流，对刘宋的皇位垂涎已久，而经过一段时间观察，他认定刘义宣没什么能力，是典型的外强中干，就决定扶助刘义宣成就大事，再予以控制，达到自己的奋斗目标。

臧质眼光还真是准，刘义宣听了他几句奉承话，立即信心爆棚。他们派人秘密联系豫州刺史鲁爽和兖州刺史徐遗宝，约定于孝建元年（454）秋天共同举事。

鲁爽早对刘骏的淫乱行径看不下去了，使者到达他的驻地寿阳时，他刚好喝醉了酒，半梦半醒地趴桌上休息呢，一听刘义宣送密信来，内容又正大合心意，也没听清楚要什么时候起兵，就着急忙慌地下命令打起反旗。几天后，徐遗宝也学着鲁爽样子，发兵进攻彭城。

刘义宣的行动尚在筹划之中，忽然听说酒鬼鲁爽已经造反了，没奈何，便也跟着仓促举兵。他与臧质给刘骏上了一份表，说要“清君侧”。

四州之兵动乱，且起兵之人是自己的亲叔叔，刘骏很是害怕，便找几个弟弟商量，提出要不行干脆把皇位让给叔叔吧，刘诞坚决不同意：“这个位子怎么可以随便让人！”

刘诞说出这样的话也好理解，毕竟刘骏在台上，他还有机会染指皇位，而刘义宣要是上了台，他可就一辈子别想做皇帝了。

刘骏冷静下来，想想也的确没到绝望的程度，自己身边还有沈庆之、柳元景这几个良将可用，不至于打也不打就投降，这才任命柳元景为抚军将军，王玄谟为豫州刺史，准备迎击刘义宣。

刘义宣在江陵自称都督中外诸军事，传檄各州郡，然后发兵十万顺江而下，船舰前后绵延数百里，声势非常吓人。然而他的军队也仅仅是吓人而已，一碰上硬仗就蔫了。第一个打败仗的是徐遗宝，此人攻不下彭城，只好烧了据守的湖陆城，与鲁爽合兵一处，从寿阳进攻历阳（今安徽和县）。刘义宣的前锋部队由臧质率领，从水路也进攻历阳，却在南陵（今安徽芜湖繁昌区南）遇到殿中将军沈灵赐的阻击，吃了苦头。臧质只好退到附近的梁山，与官军对峙。

刘骏任命薛安都等将守卫历阳，又派遣沈庆之北渡长江，统领众将讨伐鲁爽的军队。鲁爽随军携带的粮食少，只好退兵。薛安都以轻骑兵追击，在小岘（今安徽含山北）追上了鲁爽。鲁爽不愧是酒鬼，打仗之前也要喝上几大盅。薛安都远远见他醉意盎然，便跃马向前，挺矛猛刺，鲁爽毫无反抗之力，翻身落马，被手下人斩杀。徐遗宝单骑逃到东海（今江苏连云港）一带，被当地人所杀。

沈庆之派人将鲁爽的首级送到刘义宣营中，刘义宣方寸大乱。恰好朝中的刘义恭给他送来了一封信，信中说："想当初殷仲堪将兵权交给桓玄，桓玄杀害了他全家；王恭对刘牢之推心置腹，刘牢之回头就背叛了他。臧质从小人品就有问题，兄弟你应该清楚啊。如今他凭借荆州的军力图谋不轨，若是他能成功，便不再是池中之物，恐怕以后就不是你能轻松制服的了。"刘义宣看了信果然对臧质起疑。这时臧质提出率主力部队直取石头城，刘义宣怕他别有打算，并不接受建议，只一心一意攻打梁山。

梁山分为东、西两座城垒，正巧西南风起，臧质顺风急攻，率先将西城拿下，之后又提出继续率军攻东城。刘义宣的主力部队正开近梁山，咨议参军颜乐之劝说刘义宣，不可让臧质专功，刘义宣深以为然，于是一面派遣亲信刘谌之与臧质一同进击东城，一面在西边扎了大营。

刘谌之在刘义宣眼中是监军，却也是全军的软肋。王玄谟派薛安都的骑兵突击刘谌之的阵营，攻杀了刘谌之。接着刘季之和宗越的部队又攻陷了臧质的大军，刘义宣全军随之溃败。官军放火点燃了长江上的船只，江边顿成一片火海。大势已去，刘义宣再无斗志，跳上小船就往西逃，一个人窝在船舱里拼命地哭泣，心里痛骂臧质这个遭天杀的给他出的鬼主意。

臧质见刘义宣已退，顿时不知所措，只好也往西逃。他心知刘义宣对自己已有顾忌，不敢再找他，便带了一堆妻妾投奔妹夫武昌郡守羊冲，快到武昌了才得知羊冲已经被手下人杀死。臧质没了安身之所，又逃进附近的南湖，做起了“采莲大仙”，追兵一来，他就用荷叶盖住脑袋，全身沉入水中，只露出鼻子喘气。没想到行踪如此隐秘，他还是让一名小军官在搜查行动中发现，最后被士兵们乱刀砍死。

剩下一个光杆司令刘义宣，他身边的士兵也越逃越少。自小娇生惯养的刘义宣没走多少路脚就疼得无法行走了，只好向当地老百姓租了辆没顶篷的破车勉强上路。

一行人千辛万苦到了江陵城，此时城里还有留守的左司马竺超民统领的一万多士兵。左右劝刘义宣犒劳众将士，重整旗鼓。他们把鼓舞士气的讲稿写好，交到了刘义宣手中，大概意思是这样的：“臧质违反命令，导致我军失利。现在我们要认真训练，重整武装，为将来的胜利做打算。当年汉高祖失败无数次，最终成就了大业……”

刘义宣天生舌头比别人短一截，说话不利索，站在演讲台上面对数万士兵，一紧张，忽然就犯毛病了，讲到高潮之处，演讲词竟然变成了“当年项羽失败了无数次”，底下将士一听全都笑了起来。刘义宣脸面丢尽，也不想整顿军队了，魂不守舍地回到内屋，之后每天只与妻妾为伴，不愿见任何人。

几天后，刘骏新任命的荆州刺史朱修之逼近江陵，刘义宣从十六个儿子里选了他最喜欢的刘慆（tāo）带上，并选出五名爱妾，想一起出城逃跑。左右的侍从没人搭理他。到了晚上，没人服侍的刘义宣走投无路，只好又跑了回来，找了间空房子待着。

城里的竺超民见了这么没出息的王爷，真是气得要撞墙。他也不守城了，派人把刘义宣抓了投入监狱，等着官军来接收江陵。

刚开始，刘义宣还享受着与五名爱妾共狱的待遇，但很快爱妾们就被狱卒迁走了，生性好色的他说了一句“悲天恸地”的话：“平常那些苦都不算什么啊，如今和爱妾们分离，才是我人生中最大的苦楚！”

按照《魏书·岛夷列传》和《宋书·朱修之列传》的说法，朱修之的军队进入江陵后，下令将刘义宣及其十六个儿子全部杀死了。不过，按照《宋书》和《南史》里刘义宣本传的说法，刘义宣事先就死在了狱中。

刘劭、刘骏、刘义宣，这些英雄刘裕的后代们，竟然一个更比一个烂。

四、拓跋濬的中兴

与烂人刘骏同时期的北魏皇帝是拓跋濬，他虽然知名度不高，在北魏历史上却是位相当重要的皇帝。在我看来，南北朝北强南弱局面的最终形成，正是在拓跋濬时期。有趣的是，他在位期间对外用兵的次数非常之少，对南朝宋国勉强算有三次小规模的边境接触战，对柔然用过一次兵，其他都是些小打小闹的平叛活动。两国之间军事力量的对比，最终体现的是综合实力的对比，拓跋濬对北魏王朝所起的作用，就是积累实力。

拓跋濬即位时，摆在他面前的北魏帝国的形势很是窘迫。拓跋焘在位末期连年用兵，国库亏空严重，地方上各族之间的矛盾也很大。拓跋濬是先皇嫡孙，由他继承皇位本不该有什么争议，但由于他是通过政变上台的，所以地位并没有想象中的那么稳固。年轻的拓跋濬刚一上台，拥立有功的骠骑大将军拓跋寿乐与尚书令长孙渴侯就因为争权把朝中搞得乌烟瘴气，拓跋濬果断地将这两人赐死，稳住了朝政。不久，他又暗中诛杀了拓跋谭和拓跋建两个叔叔。关于这一点，《魏书》里语焉不详，只说这两位王爷薨于同日，不过有线索表明，这两人可能也参与了废立活动，为了防患于未然，拓跋濬先下了手。这场诛杀行动还算机密，没有波及其他人员。

一叛才平一叛又起，北魏境内的零星叛乱依然不断。第二年（453），长安的征西大将军、永昌王拓跋仁等人又造反，失败后自杀。

拓跋濬势单力薄，当务之急是提拔一批他能够充分信赖的官员。支持他的源贺、陆丽等人自不必说，都被晋爵为王，可这还不够，毕竟这些鲜卑人打仗厉害，制定政治决策、统治华北地区还欠缺能力，所以拓跋濬选用了许多汉人儒生补充他的决策层，其中最有名的便是耿直忠诚的高允。

高允一直为拓跋濬的父亲拓跋晃出谋划策，是几代下来的老臣了，拥立拓跋濬他也有功劳，但是拓跋濬不知为何并没有给他升官。高允对此缄口不言，还做着他的著作郎。

前文说过，拓跋焘大杀以崔浩为首的史官，唯独高允侥幸未死，魏国的著史机构从那时候起遭到了很大的破坏。拓跋濬登基后，让高允牵头，在北魏和平元年（460）重新恢复了史官之职。

有好事之徒劝拓跋濬大修宫室，高允进谏说："臣听说太祖皇帝（即拓跋珪）平定天下后，才在都城修建了宫殿，而且当时的营造工作无不是在农闲时节进行的。如今我们建国已久，宫室齐备，永安前殿（即正殿）足以会见天下众臣，西堂温室（即内宫）足以安置圣驾，高台楼阁也足以观望远近。若是要修建更壮丽的宫殿，应该放慢速度，不可仓促而行。采集材料搬运土石的杂役就要两万人，加上老小供饷，怎么着也得四万人，而且要半年才能建完。古人说得好：'一夫不耕，或受其饥；一妇不织，或受其寒。'发动几万人，损失可谓巨大。希望陛下仔细思量。"拓跋濬很敬重这位老臣，听从了他的意见，不再大兴土木。

高允说话直，有时并不考虑听者的立场和心情，拓跋濬也经常受不了他，不过拓跋濬并不责罚他，实在听不下去了，就让左右把他给扶出去。可高允往往锲而不舍，又跑回来要求再见拓跋濬。拓跋濬拗不过，也知道他是好意，就屏退左右，与他单独面谈，对他推心置腹。

有一次，拓跋濬感慨地对群臣说："君主与父亲是一样的，父亲有了错误，做儿子的怎能不当面指出呢？你们啊，应该学学高允，他才是真正的忠臣！朕有了错误，他常能正面直言，即使是朕不爱听的话，他也敢侃侃而谈，绝不避就。你们这些人在朕左右多年，从来听不到一句正经话，只顺着朕的意思吹捧，趁着朕高兴的时候求官乞职。说得不好听点，你们每天的工作不过是在朕身边站站而已，如此都能做到王公，而高允呢？他用写史的笔匡扶国家，才不过是个著作郎。你们难道不觉得自愧吗？"于是他下令把高允提升为中书令。

这时，司徒陆丽进言道："高允虽然深蒙陛下宠待，但他家境贫寒，妻子儿女都无以为生。”

拓跋濬生气地说：“你怎么不早说？今天看朕提拔他了才说是吧！”说罢，当下就带领群臣一同前往高允家中探视。

高允毫无准备，当然是把家中情况“原样奉呈”在皇帝面前。拓跋濬几乎不相信眼前的景象，这位朝廷大员的住宅居然只是茅草盖顶的几间平房，再无其他漂亮的建筑了。走进屋中，只见炕上堆的是麻布被子、粗陋棉袄，厨房里也只剩一些咸菜。

拓跋濬对众人叹道：“自古以来的清贫之人，恐也莫过于此啊！”他赐高允丝帛五百匹、粮食一千斛，并任命高允的长子为绥远将军、长乐太守，即刻上任。高允多次上表推让，拓跋濬根本不理，还因此更加重视高允，对他不直呼其名，而尊称为“令公”。皇帝起了头，其他人也有样学样，从此“令公”的美名远播四海。

需要指出的一点是，在高允的时代，北魏还是实行百官无禄制的，一般官吏有家产的还好办，否则就必须另找谋生手段才能养家糊口，这也是北魏初期官吏多贪的原因之一。高允家里穷，所以一直让自己的儿子们上山砍柴，用以自给。这样一位清到根子上的官员，没有人会不肃然起敬吧。

高允在南北朝时期是寿命极长的一位，他从拓跋焘时起就受召为官，一直活到拓跋濬的孙子，也就是后来的孝文帝元宏在位时期，屡次告老还乡而不得，享寿九十八岁。所谓“无欲者长存”，高允的一生正是对这句话最好的注脚。

拓跋濬上位后可谓兢兢业业。对于各地官员，他会对他们治理辖区的成果进行考核，强调赏罚分明；对于平民百姓，他也很愿意搞“形象工程”，每年都要下到地方去观察了解风土人情，还多次下诏减轻乃至免除不必要的赋税和徭役。就这些举动而言，拓跋濬几乎不像是出生于戎马大漠的鲜卑族人，倒更像一名深受儒家文化熏陶的汉人皇帝。

北魏太安元年（455），拓跋濬派遣尚书穆伏真等人巡行各地州郡，并下诏明确指出巡查的目的：

> 农不垦殖，田亩多荒，则徭役不时，废于力也；耆老饭蔬食，少壮无衣

> 祸，则聚敛烦数，匮于财也;闾里空虚，民多流散，则绥导无方，疏于恩也;盗贼公行，劫夺不息，则威禁不设，失于刑也；众谤并兴，大小嗟怨，善人隐伏，佞邪当途，则为法混淆，昏于政也。

不管地方上出现哪种问题，归根到底都是当地官员的渎职与疏忽，需要惩罚、罢黜甚至处死；各方面都符合标准的，执政优异的，要予以褒奖。同时，地方上有冤屈的、有罪行的，可以向巡查申诉；如果巡查者收受贿赂，断察不平，则可以上诉到皇帝这里来，由此杜绝了官官相护的现象。

此次巡查的效果不错，扫除了不少地方上的积弊。北魏在拓跋濬的治理下从起初的一片萧条渐渐转向兴旺，最明显的一点变化，是头几年各地零星的叛乱活动到其统治后期几乎绝迹了。

为了进一步缓和矛盾，安抚广大人民群众，拓跋濬恢复了被拓跋焘取缔的佛教，信佛的人当然是开心得不得了了。

复佛后的第二年，拓跋濬骑马出巡，忽然一头撞上一名和尚。和尚害怕，连呼“罪过”，拓跋濬喝退上去抓人的左右侍从，对他笑道:“此乃吾马识善人！”拓跋濬认定这是上天要他结识的牛和尚，便把和尚迎入宫中，奉以师礼。

这名和尚的确是位高僧，法名“昙曜”，因为听说皇帝开禁，所以就恢复身份，从中山赶往京城。拓跋濬喜欢听讲佛法，常召昙曜入宫详谈，说到激动处自然动了心，决定为宣扬佛教出一份力。在昙曜的鼓动下，他仿效敦煌的莫高窟，在平城西面的武州塞（今山西左云至大同西）凿山开窟，一共开了五个，窟中分别镌建一尊佛像，这便是今日大同云冈石窟的前身——昙曜五窟。自此以后，北朝佛教日益兴盛，北魏成为名副其实的佛教国家。

拓跋濬在位十四年，是北魏一朝正中间的十四年，北魏没有中宗，若把这个庙号授予拓跋濬也不过分（他本人的庙号是高宗）。在他去世的时候，北魏的制度完善和全面汉化已经基本达成，而他的皇后冯氏与长孙元宏日后的作为，实际上正是完成了他生前未竟之事。

五、沈庆之广陵平乱

消灭了叔叔刘义宣以后，刘骏认定自己是天命所归，谁再想造反夺权就一律杀掉。他也开始享受天下之主的乐趣，把刘义宣的女儿全部召到宫里，将她们改名换姓册封为妃嫔，供他享乐。

妃嫔中最为受宠的是刘义宣的次女，因她笑起来尤其迷人。刘骏把她封为淑仪，假称是大臣殷琰的女儿以掩人耳目。这位“殷淑仪”宠冠刘骏后宫，无人能及，后来还生下一子，在刘骏诸子之中排行第八，起名“刘子鸾”，刘骏对他也是万般宠爱。

好色之外，刘骏也极其贪财奢侈。史传他“为人机警勇决，学问博洽，文章华敏，省读书奏，能七行俱下，又善骑射”，可见他是相当聪明的，但他却不知自省，不把才智发挥到重要的地方。他喜欢和大臣们玩赌博游戏，大臣们也乐得让他赢到爽，因为这样就可以得到赐封的官衔。

刘骏一朝大兴宫室，铺张浪费的情况十分严重。同时他又喜欢拿国库里头的钱去赏赐臣属，凡是看着顺眼的，上至王公大臣，下至宫女侍卫，他都大方得很，发下去的财物不在少数。这样日复一日，国库怎么可能不亏空？刘骏对此也有对策。他定下规矩，地方上任刺史的官吏卸任回到京城建康时都要向朝廷上贡财物。有些官吏在地方上搜刮得不少，以为上交满足皇帝要求数量的财物也就够了，可是刘骏不干。他收完他们孝敬的财物之后，又笑容满面地把他们留在宫中，与他们赌博，一直玩到掏光他们的口袋才肯罢休。

这样的流氓皇帝，跟他讲什么道理都是不中用的，所以不如索性造反。献身尝试者大有人在，首先是刘骏的十弟武昌王刘浑。

人如其名，这家伙也的确够浑的。刘宋孝建二年（455），刘浑十七岁，刘骏给他的官职是在襄阳当雍州刺史。他闲来没事，就和身边一帮文人起草文檄，自称楚王，又立年号“永光”，把底下的幕僚、玩伴封为百官。这事说起来就是小孩子还没长大，玩玩而已，可是有心人不这么想。刘浑的长史王翼之得到了文檄，将它秘密交给了刘骏。刘骏见之大怒，把刘浑贬为庶人，之后又勒令他自杀。

刘浑的“造反”是属于游戏人生型的，或者说没事找事型，而有些人就比较识相，比如刘骏的七弟建平王刘宏。宋文帝活着的时候最宠爱他，但是他这个人谦恭内敛，也明白面对政治这东西，实力不行的时候就只能装孙子，所以他在刘骏朝中比较受信任。刘宏的运气“不错”，体质差，很小的时候就大病小病不断，终于在刘宋大明二年（458）因病而亡，得以善终。

除了以上两种，当然也有真正图权谋逆之人——刘骏一向忌惮的六弟竟陵王刘诞。

刘诞其实是很有作为的一位亲王。元嘉末年的北伐战争中，他的举措十分得当，很受宋文帝重视；讨伐刘劭和刘义宣的战争中，他都站在刘骏一边，出了不少力。我们以事后诸葛亮的眼光来看，刘诞的这些行为或多或少都有为自己谋私利的目的。

刘诞给自己大造府第，虽然规模不可能比皇帝的宫殿大，但建筑极尽精巧，园林极尽优美，这在当时是出了名的。更有甚者，他还在自己的府第中聚集了各方文武英才，并配备精甲利器，因此招致刘骏的猜忌。刘骏派他去做南兖州刺史，到广陵（今江苏扬州西北）上任，对他进行观察。

刘诞自然也明白哥哥的意图，他没有坐以待毙，而是以北魏常入寇边境为名大力修治城防、聚粮整军，把广陵搞成了一个军事基地。广陵离北方的边境线还远得很，刘诞这么一搞，连民间都开始盛传刘诞要举兵造反了，南面的朝廷不可能不做出反应。

刘宋大明三年（459），刘骏对刘诞摊牌。他令有司上奏刘诞所犯之罪，贬其爵位为侯，然后任命义兴太守垣阆为兖州刺史，让他带着羽林禁军去广陵上任，乘隙袭取刘诞。

按理说这件事情安排得很周密，应该能迅速成功，可不知是否因为没有打点好，负责开门内应的典签竟不小心把垣阆的行动计划透露给了刘诞的手下。刘诞提前得知消息，收捕了典签，大闭城门。垣阆天亮进不了广陵城，又遭到刘诞手下精兵的突然袭击，全军溃败，垣阆也被杀死。

第一次突袭不成，刘骏只好下诏内外戒严，并任命身边最为信赖的将领沈庆之为南兖州刺史，率领大军讨伐刘诞。刘诞闻听风声，派人强行焚烧广陵外城的民房，把居民都赶入广陵城内，然后闭门自守。

沈庆之兵临城下，刘诞还没体会到敌人的强盛，不可一世地鄙夷说："沈先生都满头白发了，何苦来这里送死呢！"

沈庆之道："朝廷认为阁下太狂妄无知了，不足以劳烦那些少壮派军官。"

刘骏担心刘诞狗急跳墙投奔北魏，命令沈庆之先切断他的逃路，所以沈庆之把营寨迁到了广陵北面十八里的白土，同时豫州刺史宗悫、徐州刺史刘道隆、兖州刺史沈僧明等人都领兵来助，朝廷大军几乎包围了广陵城。

刘诞见状，心中没了底，干脆留下自己的中兵参军申灵赐守广陵，自己带了几百名亲信出城北抄小道逃跑了。沈庆之发觉，派部将武念前去追赶。然而才走出十几里，刘诞的随从就不愿意走了，纷纷请战。眼看沈庆之的追兵就要追到，刘诞号召不动大家，只得与他们又返回广陵。

战战兢兢的刘诞回到广陵城附近，抬头一看，大吃一惊，赶紧问左右："那个站在城头的白胡须老头是不是沈公（沈庆之）？"

左右回答说："王爷看花眼了吧，那是申中兵（申灵赐）啊！"

刘诞擦擦眼睛，舒了口气，率众进城。为了鼓舞士气，他筑坛誓师，又下令给下属加官升衔。

朝廷方面的加急文书如雪片般发到沈庆之大营，虽然现在并不是最好时机，但君命难违，沈庆之也不得不硬着头皮率众往前冲。

沈庆之率部烧了广陵的东门，填平沟壑，整修道路，在城外摆好楼车等攻城器具，战事一触即发。然而，这个时候江南正值雨季，阴雨不断，朝廷大军根本无法攻城。此前，沈庆之受命在广陵城西南修筑了三座烽火台，与朝廷约定：如果攻克广陵外城，就举一把烽火；如果攻克内城，就举两把；如果捉到了刘诞，就举起三把烽火。可从四月熬到了七月出头，沈庆之一把烽火都没举起来。刘骏在朝中动了怒，一边命御史中丞庾徽之上奏请求免除沈庆之的官职，一边又下诏不予追究，想以此激发沈庆之的斗志。

皇帝是这个态度，怎么办？只有死打！沈庆之身先士卒，顶着从广陵城头落下的箭林石雨，与众将士一起猛攻外城，终于攻了进去。朝廷军乘胜前进，很快又攻克了内城。刘诞无处可逃，在自己的后花园里被小军官沈胤之找到，他慌不择路坠入水中，被拖出来后斩首。

刘骏不满足于这样的胜利，他认为，在坚守了三个多月的广陵城里，所有的人都是与朝廷作对的，没有人可以宽恕，于是他下了一道恐怖的命令：屠城！这可是自己的老百姓啊。

沈庆之当然知道不妥，反复向刘骏上书，要求免除老百姓的死罪。好说歹说，最后刘骏勉强松口，同意只杀五尺以上的男子，五尺以下的男子可以留下性命，而女子则要全部赏给军士们享用。这样子过滤一遍之后，城里一共杀了三千多人，而且还不是一刀毙命，其场景惨不忍睹。

事情远没有结束。两年之后（461），刘骏的第十四个弟弟海陵王刘休茂也起来闹事了，这次又是在襄阳，刘休茂这年也是十七岁。

叛乱的起因是刘休茂的司马庾深之对刘休茂的日常行事常有劝诫，而刘休茂却喜欢独断专行，因此对庾深之心怀不满。刘休茂的手下张伯超趁机劝他杀掉庾深之举兵自立，即使不成功也可以投奔北魏。刘休茂表示赞同，果然杀了包括庾深之在内的一堆管事之人，起兵据守襄阳，对抗朝廷。可惜，刘休茂手下愿意听他的人不多，没过几天，一名名叫尹玄庆的参军起义，把他活捉斩首了。

刘骏前后消灭了两个哥哥、四个弟弟、一个叔叔，皇位是保住了，自己的国家也耗得差不多了。他在位最后几年的年号是“大明”，这个年号在历史上留下了不少印记，祖冲之著名的《大明历》就是于大明六年（462）编制完成的，扬州的大明寺也是因始建于大明年间而得名，不过，它留给当时的人们更多的是黑暗的记忆。

刘宋大明八年（464），沉溺酒色多年的刘骏因为过分思念先他而去的堂妹殷淑仪郁郁而终。一个暴君倒了下去，却有更多的暴君站了起来，黑暗时代才刚刚开始。

六、荒淫天子射鬼亡

刘骏死后，他的太子刘子业即位，年仅十六岁。这位新君大约是将他父亲生前的所作所为视作可效仿的榜样，不仅完全继承了父亲的残暴荒唐，并且还发扬光大了。

这件事从一开始就有了兆头。少年皇帝在接受玺绶时一脸倨傲狂妄之色，一点看不出伤心的样子，即便是装也懒得装。主持登基大礼的吏部尚书蔡兴宗在礼毕出来以后就悄悄跟旁人说："当年鲁昭公即位而不悲，叔孙穆子就知道他会不得善终。我国恐怕要大难当头了！"

刘骏留给刘子业五名顾命大臣，不可谓关照得不细致。这五位依次是太宰刘义恭、骠骑将军柳元景、始兴公沈庆之、仆射颜师伯、领军将军王玄谟，有了他们，刚登基的刘子业其实没有多少心可以操：事无巨细，他都可以找刘义恭、柳元景商量，大事还有沈庆之参议；此外，打仗的事可以交给沈庆之，内部的事务可以托付给颜师伯，外部的事务则由王玄谟处理。看这个安排，应该说刘骏虽然贪财好色，但还不糊涂。

刘子业手中有这样一把好牌，平平安安过日子本是没问题的，不曾想他却将刘宋皇朝折腾得够呛。

起先的几个月，刘子业的表现还比较正常，原因是有母亲王太后罩着，他还不敢太放肆。可王太后不久得了重病，眼看就不行了，刘子业的荒唐立马显现出来。

太后想念儿子，派人去叫刘子业来见她，不料刘子业说："病人房间里鬼多，我可不去！"

太后气得全身发抖，对身边的侍从说："快去给我拿刀，剖开我的肚子，看看我究竟为什么会生出这样的东西来！”

连气带病，王太后两腿一蹬追随她的夫君去了。这下好了，刘子业终于成了“老子天下第一”，可以想干吗就干吗了。

前朝旧臣戴法兴对刘子业多有规劝，常在他耳朵边嘀咕：“别这样呀，陛下难道想做营阳王（刘义符）吗？”刘子业早就对他不耐烦了，偏巧身边的小太监华愿儿又在说戴法兴的坏话：“陛下知道吗？路上很多人都在传呢，说宫里头有两个天子，戴法兴是真天子，而陛下嘛……只是个假的天子而已。这样的流言真是让人担心啊！”刘子业一想这还了得，便免了戴法兴的官职，贬他回乡，之后又让他去死。

这件事情对于朝中的官员震慑力非常大。江夏王刘义恭与柳元景、颜师伯等人小心翼翼地熬过了刘骏一朝，刘义恭还是极尽邀功拍马之能事才保住了一条小命，他们原以为刘骏死了就不用再担惊受怕，整日里莺歌燕舞、狂欢彻饮，谁料刘子业拿戴法兴开了刀，他们当然无法自安了。

几个人日夜聚会，密谋废掉刘子业，改推刘义恭为帝。柳元景觉得孤掌难鸣，就把计划告诉了沈庆之，想拉他下水。

沈庆之与柳元景常在战场上并肩作战，算老战友了，但对颜师伯这类专断朝中大事的人很看不惯。他心怀愤恨，竟跑到刘子业那里打小报告。刘子业正愁没个理由除掉叔祖呢，接到消息，立刻亲自带了宫中的羽林兵去刘义恭府上杀人。刘义恭等人此时还在犹豫不决，哪里会有防备？刘义恭、颜师伯、柳元景三人及他们的子侄、兄弟一概被杀。

最倒霉的是刘义恭，他之前生了十二个儿子，结果全被刘劭杀掉了，后来又生了四个，却仍然逃不过劫难。刘义恭本人还享受了“特殊待遇”：刘子业下令将他的尸体肢解，挖掉肠胃，挑取眼睛，用蜜糖浸泡，起名为“鬼目粽”，拉着到处炫耀。

至此，刘裕的七个儿子全部死亡：

> 长子刘义符，即位两年多被废，于景平二年（424）为徐羡之等人所杀。
>
> 次子刘义真，先于刘义符被废为庶人，同为徐羡之等人所杀。
>
> 三子刘义隆，即宋文帝，于元嘉三十年（453）为自己的儿子刘劭所杀。

四子刘义康，于元嘉二十二年（445）被废为庶人，于元嘉二十八年（451）为刘义隆下令杀害。

五子刘义恭，于永光元年（465）为刘子业所杀。

六子刘义宣，于孝建元年（454）兵败，被刘骏下令杀死。

幼子刘义季，于元嘉二十四年（447）病故，终年三十三岁。他是唯一得到善终的，不过也始终活在刘义康被废的阴影之中。

根据以上这些记录，我们所能得到的残酷结论就是，刘裕奋斗一生得来的富贵，带给子孙的却是可怕的厄运。

叔祖这辈全部杀完了，叔叔这辈呢？刘子业的父亲也帮他杀得差不多了。接下来刘子业准备将屠刀砍向自己的弟弟，新安王刘子鸾首当其冲。

刘子鸾是刘骏与堂妹殷淑仪乱伦生下的儿子，刘骏爱屋及乌，最宠这个儿子，还曾起过改立他为太子的念头。刘子业对这个弟弟嫉恨不是一年两年了，现在既然杀顺了手，他当然停不下来。他下了一道旨，将十岁的刘子鸾与其六岁的同母弟弟刘子师、另一名同母的妹妹赐死。刘子鸾无力反抗，在一声“愿我永永远远不要再生在帝王家中”的喊叫中绝望而死。

刘子业开杀宗室，他的叔叔、刘义隆的九子义阳王刘昶（chǎng）即便远远地驻守在彭城，也不由得担心起自己的安危。刘骏在位时就讨厌刘昶，只是没找到机会杀他。如今民间风传刘昶要造反，刘子业就带兵北渡长江去讨伐他。

刘昶想举兵，郡内将领却被这几年的血雨腥风吓坏了，都不理睬他。他只好开了彭城的北门，带着几十名亲信投奔北魏。北魏方面对他很优待，不仅让他当丹阳王，还把公主嫁给了他。

说到公主，我们就得说说同时期的另一位了，她就是刘子业同母的姐姐，著名的山阴公主。山阴公主可以说是追求性别平等的先锋，弟弟可以有六宫粉黛上千，而她只能有驸马一人相陪，这未免显得太不公平了，于是她就向刘子业提了要求。刘子业觉得她言之有理，大笔一挥，命人给姐姐选置三十名面首，又给她晋爵为会稽郡长公主，待遇与郡王相同。

这还没完，山阴公主有了三十个男人还嫌不够，又看中了长得超级帅的吏部侍郎褚渊。她向刘子业提出，要把褚渊接进府，让他为自己侍寝。刘子业同意了，还下了一道令，命褚渊去“服侍”公主。

不去见公主那是抗旨不遵，褚渊只好硬着头皮进了公主府。不过进府是一回事，服侍又是另一回事。公主对褚渊百般逼迫，褚渊誓死不从，整整在府中耗了十天，最终还是被放掉了，估计是公主实在拗不过他。

先前刘骏把自己的堂妹召进宫就已经够荒淫了，但在儿子面前，他的所作所为简直不值一提。刘子业看上的是自己的亲姑姑——新蔡长公主。刘子业把姑姑秘密纳入后宫，然后杀了一个宫女，将尸身交给驸马何迈，言说公主死了，让他去安葬，实际上却是让新蔡长公主改称谢贵嫔，留在了宫里。

堂堂驸马凭空被皇帝戴了绿帽子，何迈勃然大怒，密谋拥立皇帝的三弟晋安王刘子勋。事情不慎败露，何迈被诛。

刘子业料想沈庆之必会因为此事进言，便先下手为强，派沈庆之的侄子沈攸之秘密将沈庆之杀死。刘骏留下的五个顾命大臣就这样被刘子业杀掉了头四位，剩下的王玄谟也因为屡次进谏而差点被杀。刘子业不在乎这些，现在的他更想把能威胁到自己帝位的人全部消灭，而何迈之反给他留了一个绝佳借口，让他好讨伐在江州（治在寻阳）任刺史的弟弟刘子勋。

刘子勋这时只有十岁，凭他自己根本不可能有反意，不过刘子业讨厌他的原因看上去也有几分“道理”：刘义隆和刘骏在家中都是排行第三，后来又都做了皇帝，而刘子勋也是排行第三，所以刘子业特别忌讳，生怕他篡自己的位。

刘子勋虽然年幼，身边倒还有几个明白人，尤其是长史邓琬（wǎn）。他认为“废昏立明”已经是不得不做的事了，就派人召集各郡的民丁，武装了五千多人，传檄各地，起兵自保。

迷信的邓琬以为自己追随的这个“三”仍能和前辈一样成事，正摩拳擦掌准备放手一搏，不想建康城中先出了大事。

整件事情很荒诞。当初，刘子业担心叔叔们如果在外为官会对自己造成威胁，就把他们都聚在建康，关到宫里，作为虐待的对象。湘东王刘彧（yù）、建安王刘休仁、山阳王刘休祐三兄弟身体肥胖，刘子业给他们做了竹笼，把他们放在里面称重，还给最重的刘彧起外号叫“猪王”，其他两人分别叫“杀王”和“贼王”，另有东海王刘祎性情顽劣，被称为“驴王”。之后刘子业又仿照猪圈挖坑，灌入泥水，把刘彧扒光了衣服扔在里面，又放一口木槽，盛了饭，让刘彧趴在木槽边舔食，供自己玩乐。

刘子业有好几次想把这三个王爷给杀了，多亏刘休仁反应灵敏，会说笑话，才几次化险为夷。最悬的一次，刘彧已经被捆住了手脚倒吊在木棍上，刘子业下令：“今天杀猪！”旁边刘休仁嬉皮笑脸地说：“猪还不该死。”刘子业一怔，问他为啥，刘休仁答道：“应该等皇太子出生，再杀猪取肝肺用以庆贺啊。”刘子业觉得有理，这才让人给刘彧松了绑，交付廷尉关押，一天以后又把他给放了。

其实，刘休仁话里所谓的皇太子的身世也荒唐得很，他不是刘子业的亲生儿子，而是少府刘矇的一名小妾所生。刘子业在她即将临盆时将她召入后宫，孩子一降生，他就宣布其为皇子。

刘彧不堪重辱，与亲信阮佃夫、王道隆、李道儿，以及刘子业的左右寿寂之、姜产之等人商议，谋划着要寻觅机会废掉刘子业。

机会说来就来。

刘子业喜欢让宫女们在华林园竹林堂脱光了衣服追逐玩乐。一日，有名宫女不听命令，被刘子业当场给斩了，不料当晚他就梦见有一名宫女骂他：“皇帝昏虐无道，不到明年就要完蛋了！”刘子业害怕，就在宫中到处寻找，找出了一个长得很像梦中人的宫女，又给杀了。可是噩梦并不结束，那个被杀的宫女也跑到了他梦里，骂道：“我已经向上天告发你的罪行了！”

刘子业睡不好觉，就找巫师调查，一问，说竹林堂内有鬼。刘子业于是选了一天傍晚，赶走所有侍卫，带领一群巫师和宫女到竹林堂去射鬼。

阮佃夫等人见机遇难得，便联系了寿寂之、姜产之，趁着射鬼活动结束奏乐时提刀冲入竹林堂，直奔刘子业。

手持弓箭的刘子业见寿寂之杀来，赶紧开弓放箭，可射人比射鬼要困难，箭并没有射中寿寂之。刘子业转身绕着园中的假山跑，一边跑一边口中还喊着“寂寂”“寂寂”，寿寂之几大步追到他身后，将刚刚喊出第三个“寂寂”的刘子业砍杀。真是寂寂复寂寂，皇帝命归西。

刘子业死了，刘休仁、刘休祐等人随即宣布太皇太后诏令，废刘子业，并赐死了荒淫无度的会稽长公主以及刘子业的同母弟弟豫章王刘子尚，推刘彧为帝，改元“泰始”。

刘彧是刘宋的第七位皇帝——宋明帝。可惜，刘宋王朝的孝武不孝，明帝也不明，这位新上台的皇帝又是一个败家子。

七、平叛失地

宋明帝刘彧即位，然而等待他的不是朝局的逐渐平稳，而是刘子勋之乱。

这是一场叔侄之争。

刘子业被杀后，刘宋群臣围绕着应由孝武帝刘骏一系的皇子即帝位，还是由文帝刘义隆一系的皇子即帝位的问题，分为了两大对抗势力。拥护前者的势力认为，刘子业虽被废，但刘骏的帝统仍然合法，所以应该拥立他的儿子；拥护后者的势力则认为，刘子业的荒淫无道，其根源是在同样荒淫的刘骏身上，所谓“孝武之行，足致余殃”（垣荣祖语），所以拥立文帝之子刘彧方能稳定局势。这种貌似帝统和道统的争执，实质上体现的是宋文帝死后朝廷上下道德观与价值观的沦丧。刘宋国人离心离德、各怀鬼胎，政权崩溃只是时间的早晚而已。

前文说过，刘子勋手下的长史邓琬认准了他这个“三”皇子，以为他必成大事，所以不甘心接受朝廷方面授给刘子勋的车骑将军的头衔，而是借刘子勋的名义传檄建康，指责刘彧窃夺帝位，要与各方共同兴兵讨伐。

刘宋泰始二年（466）正月，邓琬等人假称有太皇太后（就是刘骏之母路太后）密诏，拥刘子勋在寻阳称帝，改元“义嘉”。

支持刘子勋的一方实力雄厚，声势浩大。安陆王刘子绥、寻阳王刘子房、临海王刘子顼这些弟弟自不必提，各方镇将如徐州刺史薛安都、冀州刺史崔道固、青州刺史沈文秀等也纷纷起兵响应。接着，益州、湘州、广州、梁州等地也都归附了刘子勋，大批部队向寻阳集结。朝廷方面所能保持的地盘，只剩下建康周围的丹阳、淮南等数郡。

刘彧比他的哥哥刘骏要强些，至少表现得临危不乱。他与群臣商议对策，蔡兴宗向他进言："如今普天同叛，人有异志。我们应该向反叛者留在京城的亲属宣扬'罪不相及'的政策，抚恤人情，如此必能克敌制胜。"

刘彧赞同这个做法，传诏下去，对于亲戚已经归附了刘子勋的将士均不问罪，职务照旧。然后他下令内外戒严，任命司徒建安王刘休仁为都督征讨诸军事，车骑将军、江州刺史王玄谟为其副手，进军南州（今安徽当涂一带）；又召兖州刺史殷孝祖入朝，晋位为抚军将军、都督前锋诸军事，以沈庆之的侄子沈攸之为寻阳太守，率领前锋军兵屯虎槛（今安徽芜湖西南）。

准备停当，刘彧开始发兵扫除刘子勋的外围势力。他命巴陵王刘休若督统建威将军沈怀明、尚书张永、辅国将军萧道成等各军，东讨归附刘子勋的会稽郡事孔觊（jì）。

东面的叛军并不好对付，刘休若的军队碰上了数十年不遇的大风雪，几乎丧失斗志。刘休若严令言退者斩，这才稍稍安定住军心。

刘彧明白，若不消灭东面会稽一带的后顾之忧，就难以放手与西南寻阳的刘子勋一搏。殿中御史吴喜本是吴兴（今浙江湖州）人，追随沈庆之多年，颇立了些战功，这时他主动请命，要求前去支援刘休若的东路军。刘彧大喜，任命他为建武将军，让他组织一支屡经军旅的精兵，并配备羽林军中的勇士，派他们向东进发。

果然还是久经战阵的精兵好用。吴喜一路高歌猛进，势如破竹，迅速攻克了义兴（今江苏宜兴）、吴兴、钱塘、西陵（今浙江萧山西），直奔会稽而来。会稽城里一片大乱，上虞县令王晏趁机起兵攻打会稽，孔觊兵败被杀，寻阳王刘子房被执送至建康。吴喜不到一个月就平定了会稽的叛乱，扭转了朝廷军的颓势。

刘子勋那边号称十几万大军，却不知道把握战机，硬生生等到局势反转。邓琬身为起事的主力成员，实际上只是个唯恐天下不乱、想大发国难财的庸碌之徒。他掌握了军政大权后，就与他的儿子一起在寻阳做卖官鬻爵的勾当，日夜酒宴歌舞，玩乐不止。上梁不正则下梁歪，他的亲信也仗势欺人，横行霸道。由这样一群人指挥作战，如何能指望军队打好仗、打胜仗？

见东路的会稽军这么快就被朝廷消灭，邓琬这才慌了，忙派遣巴东、建平太守孙冲之率领一万兵为前锋，据守赭圻（Zhěqí，今安徽芜湖繁昌区西北）。

孙冲之建议派大军水路兼行直取建康，于是刘子勋以孙冲之为左卫将军，录事参军陶亮为右卫将军，统领郢、荆、湘、梁、雍五州兵士共两万人一齐向下游开去。然而陶亮是个无才无谋之人，他见刘休仁与殷孝祖、沈攸之的大军出动，就不敢往前，只把军队驻留在长江上的鹊洲（今安徽铜陵、芜湖繁昌区之间）。

殷孝祖率军进逼赭圻，与陶亮的军队相遇。殷孝祖打仗很勇猛，每次上阵都身先士卒，不顾性命，而且还喜欢打出自己的旗号，结果在遭遇战中中流矢身亡，所属军队群龙无首，投降了叛军。朝廷军先败了一阵。

殷孝祖生前对手下将士不够信任，很多人都不愿跟着他拼命，这也是导致他阵亡的一个小原因；沈攸之正相反，懂得体恤军情，和上下的关系搞得都很好。殷孝祖死后，他率众推举位秩高于自己的宁朔将军江方兴为统领，恰合时宜地稳定住了军心，朝廷军因祸得福，士气不降反升。

江方兴率领诸将发起进攻，与刘休仁的军队会战陶亮，大破叛军，孙冲之在附近筑的两座城垒也被攻拔。陶亮急召孙冲之退军至鹊尾（今安徽庐江境内），留龙骧将军薛常宝守赭圻，自己则率领大军及其他各营部众共保浓湖（今安徽芜湖繁昌区西）。

刘子勋的军队全面转入守势，但邓琬并不轻易认输，他又调遣豫州刺史刘胡，命他率领步兵三万、铁骑两千前去增援。至此，总计十几万军队驻扎在鹊尾。

刘休仁的军队也有十万，而且他对将士相当不错，时常抚恤部下，吊死问伤，使得朝廷军一直保持着高昂的士气。沈攸之率领诸军进攻赭圻时，人人都浴血奋战，不仅大败刘胡派来的运粮军，还趁势攻破了赭圻城。不过，这时在鹊尾的叛军数量对于朝廷军来讲仍然相当之众。

邓琬见两军对峙已久，战事却毫无进展，又命尚书左仆射袁觊为督征讨诸军事，率领雍州（即襄阳）的军队，以楼船千艘、兵士两万顺江东下，前往鹊尾增援。

袁觊在刘骏朝中做的是侍中，哪里懂得打仗？他到了军中，一不穿军装，二不提战事，也不给将士们做思想工作，谈的话题全是诗赋文章等无关大旨的东西。刘胡等人向袁觊借取襄阳方面的军资，他说："我家里还有两座宅院没造好，正需要资金呢！"又是一个想发国难财的家伙，众将对他大失所望。

袁觊听闻传言"建康米贵，斗至数百"，认为不需要用兵，只要拖下去，朝廷军自会不战而溃，于是只待在原地消耗军粮。

朝廷军方面可不会久耗，很快有了行动。刘休仁听从龙骧将军张兴世的建议，派他选七千战士、两百艘快艇主动出击，寻找机会占据叛军主力所在的上游地区。

张兴世的船队并不急进，他每天率众船溯流而上走一小段，眼看刘胡按捺不住要出兵了，马上又退了回去，反反复复好多天。刘胡感到可笑，说："我都不敢绕行直取京城，张兴世算什么东西，还想轻松地跑到我的上游去？"此后不再认真防备。

一天深夜，时值四更，江上刮起了东北风，张兴世突然下令，士兵们扬起船帆，出船向上游冲去，迅速通过了鹊尾。刘胡发觉时已经晚了一拍，他只能立即派遣部将胡灵秀带着军队沿东岸追赶，监视张兴世的动向。

次日傍晚，张兴世行到景江浦停留扎营，胡灵秀也就地扎营观察虚实，同时等待刘胡派来的后继军队，不想这又是张兴世的障眼法。原来，张兴世早就趁着夜色，秘密派部将黄道标率领七十艘快艇直趋上游的钱溪（今安徽池州贵池区东），在那里布置营寨了。胡灵秀在东岸等了一天，正纳闷对方没动静呢，张兴世就拔营疾进，扑向扎营完毕的钱溪水寨。胡灵秀这才发现上了大当，可再要阻拦已经来不及了。

刘胡得知钱溪被占，亲率大军前来围攻。张兴世以逸待劳，看准敌军转入港湾的时机，以数百精兵击败了刘胡的军队。而此时下游的沈攸之、吴喜等人也开始进攻浓湖的袁觊，为张兴世分忧。

刘胡派人沿岸向下游喊话，说："钱溪已经被打下来啦！"

沈攸之笑着对左右道："不用怕，这是刘胡在使诈。如果钱溪真的丢了，我们的七千将士里至少会有人逃回来报信。必是他们打了败仗，想扰乱我们的军心呢！"

果不其然，上游的捷报很快传来，朝廷军人心振奋，袁觊等人则惊恐不已。

由于张兴世截断了上游的水路，邓琬的军粮再也无法抵达浓湖，叛军终于丧失斗志，出现了内讧。刘胡与袁觊先后弃营西逃，于途中被杀。袁觊留下的十万士兵全部向刘休仁投降。

寻阳城里的邓琬享受了几个月的荣华富贵，现在好日子到头了。他的吏部尚书张悦与左右一合计，把他骗到帐中，砍下他的人头，向朝廷开城请降。

沈攸之的军队进入寻阳城，斩杀了年仅十一岁的晋安王刘子勋，其余拥戴刘子勋的亲王也一律被赐死。

刘骏的儿子还剩下十个，有些只有几岁，但为免除后患，刘彧接受了刘休仁的谏言，将他们也赐死了，相关的亲信同党全部斩首。不知道这算是刘宋第几起对内的大屠杀了。

经过一番腥风血雨，南方基本安定下来了，离建康较远的州郡原本都支持刘子勋，现在只好派使者向皇帝投降。

驻守在淮北的薛安都、崔道固、沈文秀等人由于要防御北魏的威胁，实力都不弱。对于他们的请降，刘彧合适的做法应该是赦罪安抚，可刘彧以为自己的军队无往不克，执意要向淮北诸镇示威。他派遣张永和沈攸之率领重兵北上，迎降薛安都。薛安都正在犹豫不决，见朝廷派大队人马来他的徐州，预感不妙，一咬牙，向北魏献质子投了降。

刘宋在淮水以北的重镇主要就是两座，东面是彭城，西面是悬瓠，以往北伐，宋军都把这两个地方作为根据地。而现在，除了薛安都，驻守在悬瓠的汝南太守常珍奇也在朝廷的压力下被迫向北魏献城。对于薛、常二将的请降，北魏方面当然是热烈欢迎，他们派出镇东大将军尉元等率一万骑兵从东路救援彭城，又派镇西大将军拓跋石等从西路救援悬瓠。

彭城就这么被魏军占领了。张永、沈攸之的军队不但没能对彭城形成任何打击，反而遇到了尉元与薛安都骑兵的前后夹击，最后几乎全军覆没，只剩两名将领只身逃回南方。刚刚在内战中打了胜仗的宋军，一遇外战便遭受了如此沉痛的惨败。

彭城既失，北面的青州、冀州、兖州、徐州等地也就岌岌可危。宋文帝通过三次北伐与北魏拉锯争夺了数十年的北方边境，因为宋国的内乱就此一退千里。

八、文明冯太后

北魏和平六年（465）的夏天，国都平城内外人心惶惶。基本上每年夏天都要去阴山以北避暑的皇帝拓跋濬，除了开春时到附近管涔山上的楼烦宫接见各方朝贡的使者外，就一直待在平城，没有任何外出的动静。这个现象不禁引发了市井间的各类八卦。拓跋濬是一位十分勤政的皇帝，每年都要颁布大量的诏书，并且经常到地方上去探访民情，十几年如一日，为何今年格外安静呢?

不祥的预感不幸成为现实，皇帝的身体出了大问题。北魏的皇帝多有早熟的现象，十一二岁监国，十三四岁就大婚生子的情况很多见。随着早熟而来的往往是早衰，事实上，北魏一朝的皇帝寿命都比较短，但是头几个皇帝，无论是被杀的拓跋珪、拓跋焘，还是体弱多病的拓跋嗣，好歹都活到了三四十岁的年龄。只当了太子监国而未登基的拓跋晃虽然只活了二十四岁，但我们以前说过，他的死是宫廷争斗的结果，算是一个特例。

现在的拓跋濬才只有二十六岁，本不该是大渐的年龄，怎么就在年富力强的时候倒下了呢?人们于是猜测，拓跋濬很可能得了某种急病，在这年的夏天发作，让身边的御医们猝不及防，以至于就这么一病归西了。

夏天移驾气候凉爽的北方避暑消夏，这是占领中原的游牧民族皇帝保持的一种习惯，从北魏、金、元到清，概不能免。这些皇帝们尽管平日里骑马打仗，身体壮硕，却常忍受不了酷暑的天气，对于南方人而言十分平常的三十多度的高温，对于他们来讲简直就是世纪灾难，并且还容易诱发他们身上的各种疾病。拓跋濬就是这样，他不知怎的着了道，还没来得及起驾离宫就驾崩了。

好不容易平安了一段时间的北魏再起波澜，统治阶层围绕着帝位和权力又要发生新一轮动荡了。

拓跋濬的太子是长子拓跋弘，这一年仅有十二岁。虽说他三岁时就被立为太子，聪睿机敏，但毕竟年少，并没有什么治国的经验。时任车骑大将军的乙浑扶他继位，趁机把控了朝政，还假传圣旨，把尚书杨保年、平阳公贾爱仁、南阳公张天度等几个实权派人物召到宫中杀害了。

平原王陆丽是拓跋濬时期的重臣，这个时候正在代城附近泡温泉疗养。乙浑对他忌惮已久，便派司卫监穆多侯去向他通报先皇驾崩的消息，让他进京。穆多侯看出乙浑的意图，劝陆丽暂且观望，不要擅自行动，以防乙浑作乱。陆丽不以为然，认为为臣以忠为本，坚持与穆多侯一起往平城赴丧。回朝后的陆丽看不惯乙浑在朝中的跋扈行为，在很多问题上都与他有争执。乙浑一不做二不休，把陆丽和穆多侯一并杀掉，自任太尉、丞相，位居诸王之上，朝中事无巨细都要由他裁决。他在朝中广插亲信，并进一步扫除异己，顺阳公拓跋郁谋划诛杀乙浑不成，也被他杀死。

乙浑在朝中一手遮天，而且颇有嗜杀的倾向，自然有人不服，安远将军贾秀就是其中的一个。

贾秀掌管官吏事务，职务类似于南朝的吏部尚书，为人正直。乙浑想为自己的妻子谋一个公主的称谓，便向贾秀提出要求，可贾秀不答应。

一次，贾秀有事到乙浑府上见乙浑夫妇，乙浑又提起此事，贾秀严词拒绝，说："公主尊宠至极，这样的称谓，岂是你这样的庶姓人士配用的？我贾秀宁可今天死了，也不会做为后人取笑的蠢事！"左右侍奉的人听了无不大惊失色，唯有贾秀神色自若。乙浑夫妇被气得半天说不出话，碍于贾秀也是几朝旧臣，不便当面发作，只能事后直骂："这个老奴才，真是吝啬！"此后，他们处处找机会要陷害贾秀。

贾秀明白必须早日扳倒乙浑，否则不只是自己一个人的存亡问题，而是魏国"亡无日矣"。要扳倒权臣，光靠几个正直的老臣是远远不够的，还需要有更强大的靠山。贾秀等人开始秘密联系皇族宗室，拉拢所有反对乙浑的力量。在此紧要关头，拓跋弘尊奉的保太后[①]出场了，她就是被吕思勉先生称为"北魏一朝极有关系之人物"

---

① 北魏时期皇帝在登基之后给乳母（或保姆）册封时使用的一种封号。

的传奇女性——文明冯太后。

冯太后的祖父是北燕的最后一代君主冯弘。我们在上一章中说过，冯弘的儿子冯崇、冯朗、冯邈因遭到嫉恨，在北燕还没灭亡时就投降了北魏，其中次子冯朗被北魏皇帝拓跋焘内迁到关中，担任秦、雍两州的刺史，他的儿子、女儿都在长安诞生。

冯朗的这个女儿可谓天生丽质，自小就招人喜欢，只可怜小女孩才几岁大时，冯朗就因为谋反之事受到牵连被诛杀了，幸好冯朗的妹妹是拓跋焘的左昭仪，孩子们总算都得以免死。小女孩冯氏跟着昭仪姑母进了宫，由她教育抚养长大。一晃十年过去了，冯氏出落成一个亭亭玉立、知书达理的少女，在宫中自是引人注目。她十四岁那年正值文成帝拓跋濬即位，她被选为贵人，四年后（456）又被立为皇后，母仪天下。

太子拓跋弘也是在同年被立为太子的。他的亲生母亲李氏出身南朝，拓跋焘在位末年挥师南征时，拓跋焘侄子拓跋仁的军队在寿春经过李氏的宅院，将她掳掠到了北方。后来拓跋仁谋反自杀，李氏就随着拓跋仁的家人一起被送到平城，没想到被拓跋濬一眼相中。当时拓跋濬还惊叹地询问左右："这个妇人漂亮吧？" 左右都赞同说："是啊是啊。"

拓跋濬居然等不及，在仓库里就临幸了李氏。事后李氏怀上了拓跋弘，便被召入宫中，封为贵人。

拓跋弘做了太子以后，宫中按照老规矩命李氏自裁，拓跋弘则交由冯皇后抚养。冯皇后自己没有生养，待小拓跋弘很好，视他如同己出，小太子在成长过程中受到冯皇后全方面的影响，汉化程度很深。

拓跋濬的去世对冯皇后的心理打击不小，她只有二十七岁，用现在的眼光看还是个风情万千的少妇，早早就要守寡的现实让她几乎无法接受。大丧时宫中燃起大火，焚烧皇帝生前的用品，百官和嫔妃尽皆到场临泣。哭声震天，冯皇后受到深深的感染，忽然悲叫着跳入火堆，左右慌忙上前将她拖出，半天才唤醒她。这一跳不管是真是假，都是冯皇后在登上政治舞台之前出演的精彩一幕，让人为之动容。

拓跋弘做了皇帝，年轻的冯皇后成了冯太后。对于乙浑的大权独揽，冯太后是极度不满的，但她并没有立即行动。她明白，一旦操之过急，很可能就会造成整个北魏政权的全面混乱，情形可能会坏过拓跋焘被弑的那一次。那次是运气好，加上有几名得力大臣的协助，拓跋氏的统治才得以转危为安。这一次要想扳倒乙浑，同样需要周密的安排。

与贾秀等人一样，冯太后也想到了一个人，他就是皇帝拓跋弘的远亲——侍中拓跋丕。

拓跋丕是拓跋什翼犍的哥哥拓跋翳槐的第四代玄孙，论辈分比拓跋弘要高不少，但爵位却很低，当年跟随拓跋焘南征，这才得了一个子爵。有拓跋郁的前车之鉴，拓跋丕也在寻觅机会。瞌睡有人送枕头，贾秀等人找到他，他又找到冯太后，两人迅速议定了除逆的策略。

北魏天安元年（466），在没有任何先兆的情况下，冯太后忽然派拓跋丕率领兵士冲入乙浑的府中，收捕了乙浑及其亲信，并列数他图谋不轨、意欲造反的证据，将他处死。如此一来，冯太后就有了足够的理由接手大权，她宣布临朝称制，并由前朝旧臣高允、高闾、贾秀共同参政。

北魏进入了文明冯太后的时代。

九、慕容白曜取青州

中国史学的一大“传统”是，凡女主当政，几乎无一例外必有秽史。汉人政权中有西汉吕后，有唐代武则天、韦后，胡人政权中则有大辽萧太后、大清慈禧太后，这些女性无论成败，私生活总是最为后人诟病的一部分内容，文明冯太后当然没有任何例外的理由。

封建统治者出于男权的传统意识，对于太后当政的现象一直是极力压制的。拓跋珪为了防止皇权旁落，首创了“子贵母死”的规定，客观上的确起到了一些效果。然而颇具讽刺意味的是，北魏唯有的两次太后当政，对于北魏政权影响却是最为巨大的，前一次直接导致了北魏政治制度的全面汉化，后一次则直接导致了北魏政权的衰亡和分裂。半个多世纪前的拓跋珪定不会对后事预料得如此深远，不然他也许会换个统治方式。

诚然，在男权社会中，一位女性为了维护自己的统治必然会得罪一批人，伤害到一批人的利益，而她在这个过程中的行为未必全对，也未必全错；诚然，作为一名女性统治者，她与男性统治者一样有着正常的生活需求，男性皇帝可有佳丽三千，她为什么就不能满足自己的欲求呢？关于那些非议与苛责，我们在后面会陆续提到，不过我们更应该关心的一点是，这位不到三十岁的年轻的皇太后，究竟做出了哪些改变后世的大事；或者说，她当政期间，究竟对北魏政权做出了哪些重要的贡献。

事实是，文明冯太后当政期间所完成的，竟有许多是她的男性前辈们想做而无法做到的事情。北魏立国将近一百年，终于开始发生根本性的质变了。

首先就是拓展疆域。

将魏国的南部边境从黄河流域推进到淮水流域，是北魏皇帝们从拓跋嗣时代起就一直梦寐以求的，只是拓跋嗣的南征因为过分侧重于攻城而收效甚微；拓跋焘的南征因为准备不够充分，同时也缺乏攻城的信心，虽然饮马长江，仍然不能取得淮水流域的一寸土地；文成帝拓跋濬罢兵多年，只有小规模的边境冲突，更是难以单方面改变现状。

冯太后掌权后，终于对南朝实现了划淮而治，虽然这份成就多少有些拜刘宋内乱所赐，却也有北魏用兵得力的功劳。

在北魏派来接收徐州的将军尉元击退宋国军队后，刘宋在彭城与悬瓠以北虽然还有青、冀、兖州的数十座城池，但它们与南面的联络已经被掐断，宋军不再可能继续自守，加之内部还在自相残杀，刘宋方面的守将们只得向尉元投降。

刘彧对于自己错误的决策后悔不已，他可不愿意轻易失去淮北诸郡。投降北魏的青州刺史沈文秀的弟弟沈文炳在朝中为将，刘彧就派他与辅国将军刘怀珍带着诏书，率马步军三千，北上青州说降沈文秀。

刘怀珍对手下将士说："沈文秀虽想以青州归降索虏，齐地（即今天的山东）一带的民众又岂会心甘情愿左衽！如今我们大军向前，应向各地宣扬朝廷的威德，如此一来必能攻无不克，战无不胜！"

刘怀珍说得不错，青州、冀州等地的民心并不稳，北魏刚获得这些地盘，只能直接任命原先刘宋的守将，一时无法对这里进行有效的管理。沈文秀起初并不接受弟弟的劝说，但底下的部将毫无战心，加上刘怀珍的军队虽然人数不多，却并没有遇到什么抵抗，青州各城的防御非退则溃，完全不是对手，沈文秀只好向刘宋朝廷请降，冀州刺史崔道固也随之请降。

刘彧表示对沈、崔二人的过去可以统统既往不咎，还重新任命他们做了两州的刺史。然而这时候他又犯了一个严重的错误——没有让刘怀珍等人的步骑兵撤回。这样一来，南北兵势不得相接，刘宋失去了最后一个继续控制这两个州的机会。

北魏方面正好相反。鲜卑人在短短一个月的时间内集结了强大的军事力量，以平东将军长孙陵为前锋开往青州，而统领五万后援大军的，是慕容家族又一位值得一书的人物——慕容白曜。

慕容白曜乃是前燕开国君主慕容皝的玄孙，由于是庶出旁系，在燕国的几次内讧中都没有受到什么牵连。待到北魏攻打后燕时，他的父亲投靠了北魏，做了北魏的地方官，因他为人清廉正直，死后被追封为公爵。

慕容白曜秉承了父亲的品性，文成帝拓跋濬在位时也地方上做尚书执法如山，刚正不阿，很受赏识。乙浑倒台后，他仍然受到重用。面对青州方面的忽叛忽降，冯太后加封他为使持节、都督诸军事，明天屯兵于碻磝，寻隙而进。

首当其冲的城池便是无盐（今山东东平东），守卫无盐的东平太守申纂本是北方人，北魏攻打后燕时，他们全家南逃过了黄河，他本人则被刘宋收用。

北魏的骑兵刚刚渡过黄河不久，攻城器具都没准备好，众将认为不宜轻进。慕容白曜的左司马郦范则有不同意见，他说："如今我军长途奔袭，深入敌境，不可滞留，以至错失良机。申纂这个时候一定以为我军来得快，来不及攻城，因而放松警惕，觉得靠几个弱卒就可以守城了。我们正好可以对其示弱，整肃精兵，出其不意，一战而攻克。"

慕容白曜点头道："一日纵敌，数世之患！我军若放缓进兵速度，等他们民心稳固，就不好办了。郦司马所言极是！"于是他下令逼近无盐的军队佯装退兵，离城越来越远，申纂果然渐渐不设防备。入夜时分，慕容白曜紧急下达军令，周密安排各部行动，天刚蒙蒙亮就回兵临近城下，发动进攻。申纂没能组织起有效的防御，被魏军攻杀。

破城之后，按照鲜卑人的习惯，要将城中的男人充为奴役、女人收为军赏，郦范劝阻道："齐国古时号称东秦，不好好下功夫经营，恐怕不那么容易平定呢。如今我们刚刚占领了无盐，正是让老百姓感受皇恩泽被的好时机，应该好好向他们宣扬信义，给予帮助。若得民心，则青、冀二州自然就到手了。"慕容白曜十分赞许，将捉来的老百姓全部释放，挥师进攻无盐东北的肥城。

郦范又向慕容白曜献计："肥城虽然不大，但要攻打的话也得花些时日，即便打下来也没什么了不起的，可要是不慎打不下来可就有损军威了。我看不如给肥城守军飞书传信，把我们攻下无盐的详细情形告诉他们，让他们不打就投降；就算不投降，他们肯定也会逃散，不敢再做抵抗了。"慕容白曜依计行事，肥城守军果然被魏军的气势震住，不战而逃，魏军大获全胜，取得了大量粮食作为军需。慕容白曜兴奋地称赞郦范："此行有卿相助，三齐之地不足定也。"

魏军乘胜前进，以骑兵冲击，又攻下麋沟、垣苗两地（均在今山东西部）。慕容白曜连下四城，前后只用了十天左右的时间，青州一带的宋军尽皆丧胆，谈慕容白曜而色变。

不过魏军也有碰钉子的时候，慕容白曜为打升城（今山东济南长清区西南）颇用了些工夫。守卫升城的并州刺史房崇吉拒不投降，只是城中只有七百守军，战斗力实在有限。慕容白曜筑起长围，稳扎稳打，用了半个多月的时间还是攻下了城，房崇吉被逼乘夜逃跑。进城后，慕容白曜听从参军事韩麒麟的建议，安抚升城的百姓，让他们重操旧业，并对房崇吉的母亲、妻子以礼相待。付出的是点滴，收获的是民心。没过多久，退到盘阳（今山东淄博西南）的房崇吉就向慕容白曜献出升城，赎回了自己的家人。

扫平了边境上的几座小城，魏军长驱直入。冀州刺史崔道固守在历城（今山东济南），青州刺史沈文秀则守在东阳城，都直接暴露在魏军的面前，形势危急万分。

反应迟钝的刘彧这时候才想到派沈攸之等人攻打彭城，以救青州之急。然而年已入秋，清、泗两河干涸，水运不畅，粮道不通，宋军无力进军。刘彧一开始严令北上，继而又开始反悔，派人召沈攸之回师。北魏把守彭城的尉元怎会放过这样的机会？他派部将孔伯恭追击，大败沈攸之，把宋军赶到了淮南。

徐州的屏障阻碍了刘宋的援兵，慕容白曜进围历城，并于北魏皇兴二年（468）拿下东城。崔道固无力继续支撑，只得面缚出降，慕容白曜为他松绑，将他送往平城。

慕容白曜的先头部队由长孙陵率领，早就攻到了东阳城。沈文秀本来已经遣使投降，可长孙陵却不知好歹，在进入东阳外城后纵容士兵四处抢掠。沈文秀大怒，立即命令士兵闭城拒守，长孙陵屡攻东阳，始终拿不下来。

慕容白曜攻占历城后听说了长孙陵的所作所为，恨这个成事不足败事有余的手下恨得牙痒痒。然而事已至此，他也无可奈何，只好带上围攻历城的经验，又包围了东阳城。

宋明帝刘彧的计划多次遭遇挫败，可他仍不罢休，又任命沈文秀的弟弟沈文静为辅国将军，从海路北上再援东阳城。

宋军登陆后到达不其城（今山东青岛崂山西北），而魏军已截断了宋军后路。沈文静婴城自守，依旧挡不住魏军的轮番强攻，不其城破，沈文静被杀。

相比不其城，东阳城多熬了大半年。在没有外援的情况下，沈文秀与将士日夜作战，这座南朝留在北方的最后堡垒直到北魏皇兴三年（469）的春天才被魏军攻破。

城破当天，沈文秀仰天长叹天不我助。他解下甲胄，褪下战袍，换上会客的衣服，端坐正堂之中。

北魏士兵们杀到面前，用刀架着沈文秀的脖子问道："快说，青州刺史沈文秀在哪里？"

沈文秀厉声答道："我就是！"

北魏士兵们未曾想到眼前这位面容憔悴却目光炯炯的中年人便是让他们头疼了几年的沈文秀，都怔住了，半晌过后，才扒了他的衣服，将他捆了去见慕容白曜。

魏兵推推攘攘，逼沈文秀向慕容白曜下跪。沈文秀一脸不屑，说："我们是分属两国的大臣，地位相等，为何我要给他下跪？"

慕容白曜哈哈大笑，并不计较沈文秀的无礼，心中暗暗庆幸刘彧有如此将领却不能信任。他让士兵将衣物交还给沈文秀，并为他安排饭菜，然后送往平城。

拓跋弘这时候已经亲政，他待宋国的几名将领都还不错。沈文秀几降几叛，拓跋弘也都赦免了他的罪，后来更是因为欣赏他威武不能屈的气节，拜他为大夫。

宋、魏之间的最后一场大战——青州之战至此结束。慕容白曜功勋卓著，被拜为使持节、青州刺史，兼都督青、齐、东徐州诸军事，而且得到了"济南王"这个北魏国内的最高爵位。

十、拓跋弘禅位

济南王慕容白曜所统领的各州，基本与当年慕容德建立的南燕所控制的地区相当。慕容家族的后裔再次来到祖先创造过辉煌的地方，却终究不复当年之勇。

慕容白曜打败了刘裕后人的军队，算是为被刘裕屠戮的数千慕容贵族报了仇，可他无法逃脱北魏朝廷对他的猜忌。

北魏皇帝拓跋弘虽然在战场上任用慕容白曜，但那不过是权宜之计，“狡兔死则猎狗烹”，仗一打完，慕容白曜就不再具有重要的利用价值。乙浑专权时，慕容白曜曾依附于他，这是一个非常敏感的政治立场问题，而且慕容氏与拓跋氏本是世仇，仅凭这一点，拓跋弘都不可能完全交托信任，何况慕容白曜在青州一带的安民工作做得还不错，很得民心——老百姓一放心，某些人就该不放心了。

于是，青州之战结束仅一年多，拓跋弘便捏造了一个谋反的罪名，强加到慕容白曜头上，将他与他的弟弟慕容如意一同收捕杀害。这起冤案直到后来拓跋弘的儿子拓跋宏做皇帝时才得到平反。

拓跋弘已经亲政差不多三年了，说起来，他能亲政还得感谢他的长子拓跋宏。

冯太后对于皇族的孩子尤其喜爱，北魏天安二年（467）拓跋宏出生，冯太后和拓跋弘都很高兴，大赦天下，改元“皇兴”。不久，拓跋宏就被立为太子，冯太后宣布日后会将精力投入到抚育皇太子的工作中去，把执政大权交还给了拓跋弘。

拓跋弘像他父亲一样十分勤政，赏罚分明，对地方官拔清黜贪，收到了很大的成效，然而对于贪污成风的朝廷大官们，他却一筹莫展。

我们在前面介绍高允的时候就曾提到过，“官吏多贪”是北魏建国以来统治者一直头疼却无可奈何的大问题。北魏官员没有俸禄，大部分人都本着“有权不用，过期作废”的想法，在自己的职权范围内能拿则拿，能贪则贪。拓跋焘就对这一现象深恶痛绝，但是他南征北战时还得靠着这些文臣武将为他卖命，所以他虽常常斥责手下官员，却不可能痛下决心处罚贪污的人。拓跋濬时代休养生息，对于州郡上的官员进行考核，但依然不能触及贪官的根本利益，更别说监督皇帝身边那些位高权重的王公官吏了。

拓跋弘有心攻克难题，他下诏书说：“凡是收受一只羊、一斛酒以上的官员，一律处死，同时行贿之人以从犯论处。如若有人揭发尚书以下官员的贪污罪状，则可以取代被揭发官员的职位。”

诏书一颁布就吓坏了不少人，这可是非常重的惩罚措施了，要是严格执行，一多半的官员恐怕脑袋都保不住。皇帝身边有个叫作张白泽的官员赶紧劝谏，说：“这法子怕是行不通。从前周天子的时代，即便是小官都有找人代耕的俸禄，现如今我们皇朝的达官大臣辛勤付出却毫无回报。陛下让收礼的官员受刑，让揭发的人代替他的职位，微臣担心这会让奸人有机可乘，而真正的忠臣则会灰心丧气。想要如此就得以简政民安，也太难了吧！于今之计，还是得参照过去的律令，对于清廉的官吏颁发俸禄以作为奖赏。”

张白泽的建议实际上是以赏“清官”取代罚“贪官”，由此来避免严刑治贪可能引发的危险。表面看起来严惩贪官大快人心，但若真正操作起来，的确很可能像张白泽所说的那样，被小人所利用，造成社会的动荡。光靠惩和光靠赏的手段都是无法从根本上解决贪污现象的，只有从制度上来规定和约束，才会有所成效。拓跋弘觉得张白泽所言有理，只好又废除了新法。

拓跋弘在革除旧弊的过程中受挫，很是懊恼，而更使他不爽的是来自太后的重重压力。

冯太后退居二线之后并没有完全放弃对于权力的控制，她提拔自己的亲哥哥冯熙为太傅，时刻监督皇帝的言行。已经做了父亲的拓跋弘怎么甘心就这么被人摆布？他对于冯太后的敬畏渐渐演变成了怨恨，决定要好好报复一下。

冯太后年轻孀居，自是寂寞难耐，她的宫中常有面首出入，当时最为受宠的一个名叫李奕，就是以前被太武帝拓跋焘处死的李顺的儿子。李奕仗着哥哥南部尚书李敷是几朝的旧臣，皇太后又对自己宠爱有加，很不把皇帝放在眼里。拓跋弘对冯太后不满，也把李奕视为自己的眼中钉。

报复的机会是不难找的。李敷在官场上的老友李䜣（xīn）担任相州刺史，收受贿赂，碰上拓跋弘严打，有人就出来检举揭发。李敷出于过去的情谊，想方设法地为李䜣掩饰，没想到还是让拓跋弘知道了，拓跋弘下令把李䜣押回平城亲自审讯。

李䜣贪污的证据确凿，依律当斩。拓跋弘有意借此事做文章，并不急于结案，而是派有司的执法人员向李䜣暗示说："如果你能招供李敷兄弟的丑事，就可以免除死罪。"

李䜣很郁闷。这是条求生之路，但李敷是他几十年的老友，又曾这么帮助他，出卖老友他在良心上说服不了自己。李䜣每天做思想斗争，几乎要崩溃，这时候他的女婿裴攸来狱中看望，他就对裴攸说："我与李敷虽说同姓不同宗，可感情如同亲兄弟一般。如今有司的官员劝我做这种事，我于情不忍，几次拔下头簪刺自己、解下腰带上吊，都没能死成。何况我又怎么可能知道李敷兄弟的丑事呢？你看怎么办才好？"

裴攸想了想，说："这是皇上要杀李敷兄弟，你又何必做替死鬼？我听说有个叫作冯阐的人被李敷害死了，他家里人对李敷可是恨之入骨。我帮你去问问他弟弟，一定能探听到一些李敷兄弟的罪行。"

李䜣咬咬牙，赞同了这个主意。裴攸果然从冯家收集来一堆李敷的罪证，呈到皇帝面前。同时，李䜣的好友范檦（biāo）也上书朝廷，告发李敷兄弟所犯的三十多条罪状。

拓跋弘压抑了好久，怎么可能不借机狠狠地发泄一把？他立即下令诛杀李敷、李奕两兄弟。李䜣举报有功得以免死，鞭笞剃发之后被发配去服役，后来又重新做回了尚书的职务。

冯太后让皇帝夺走了心爱的情人，又悲又怒，差点没把肺给气炸了。她认定自己辛辛苦苦拉扯大的拓跋弘忘恩负义，要是这样发展下去，将来还不知道自己会是个什么下场呢。她开始想方设法对皇帝掣肘，母子之间的矛盾愈演愈烈。

拓跋弘行事刚毅果断，尤其讨厌身后有人对他指手画脚，太后的行为让他身心疲惫。他又受了贵族风气的影响，喜好佛、道两教的学说，加之北魏境内连年灾荒，反叛也不时发生，年纪轻轻的他竟心灰意冷，对政治失去了兴趣。皇叔拓跋子推为人雅量仁厚，名望颇高，在对柔然的战事中也立下功劳，拓跋弘就召集大臣们商量，要把皇位禅让给叔叔。

群臣一边倒地反对，意见几乎出奇地一致：北魏自开国以来一直是父子相承，现在要是开了这样一个先例，以后还不知道会造成什么样的混乱局面。何况皇太子没有任何过错，即便是要禅让，也应该内禅给太子。

拓跋弘很为难，对群臣说："太子才只有五岁，实在太小了，朕以为还是传位给年长的子推为宜。"

老臣高允在旁边沉默了半天，一直没发话，这时进言说："微臣不敢多言，只愿陛下上思宗庙社稷之重，追念昔日周公辅佐成王之事。"

拓跋弘思虑半晌，只好让步，叹道："也罢，那就让皇太子继位，诸公辅佐吧！"

北魏皇兴五年（471），拓跋弘禅位于年仅五岁的太子拓跋宏，改元"延兴"。

登基大典之上，拓跋弘把儿子抱到皇位上坐定，小拓跋宏已经泣不成声。拓跋弘纳闷，就问他到底怎么了，小拓跋宏答道："代亲之感，内切于心！"意思说，我取代的是父亲的皇位，内心感到非常悲痛。这么小的孩子居然能说出让成年人折服的话语，与那个登位时狂傲不驯的宋帝刘子业简直形成了鲜明的反差！

群臣上奏，尊奉拓跋弘为太上皇帝，拓跋弘接受了。有意思的是，拓跋弘是中国历史上第一位既做过皇帝又做过太上皇帝的人，"太上皇帝"这个称号也自他开始——以前刘邦给其父刘太公的尊号为"太上皇"，而非"太上皇帝"。

拓跋弘名义上做了太上皇帝，实际上却与做皇帝并没有什么太多的不同，国家大事还是要由他批示。不过，平日的生活总算清闲了一些，他移居到别宫，宫殿的房椽和台阶都用天然的木材和土质，每天还可以找一些和尚来谈经论道。

拓跋弘禅位之后过得一派怡然自得，然而升任太皇太后的冯氏对他的嫉恨不但没有减少，反而愈发强烈了。

十一、宋室喋血

青州之战彻底失败后，宋明帝刘彧仅存的一点抱负也消磨殆尽。对外战争既然受挫，他只好通过对内的各种手段重拾信心。别看刘彧人长得胖，心却一点儿也不宽，他将屠刀高高挥起，凶残地向自己的兄弟砍去。

宋文帝刘义隆有十九个儿子，经过一轮又一轮自相残杀，这时候除了刘彧以外，还有六人在世。九子刘昶已经投奔了北魏，做了驸马，余下的诸子之中，以八子东海王刘祎（yī）最长，若按年秩，刘彧还得叫他一声哥哥，但这个家伙品行恶劣，所以没人搭理他，成不了气候。因为刘子业给刘祎起的外号是驴王，“驴”“庐”古时同音，刘彧也有意戏谑他，封他为庐江王。

刘彧与其他诸王向来看不起刘祎，刘彧甚至在诏书中对建安王刘休仁明说：“那个刘祎是个可以忽略不计的废物，你就是诸王里年龄最长的了。”

人们都这么想，刘祎自己却不服。还别说，倒真有和他穿一条裤子的不开眼的人。

刘宋泰始五年（469），有个叫作柳欣慰的人要谋反，遍寻全国不得靠山，就找到了刘祎，愣是要拥立他做皇帝。大约是太渴望在兄弟们面前证明自己，刘祎与柳欣慰一拍即合。

王爷想当皇帝，就得下点血本。刘祎让自己的亲信找到几位还比较熟的地方官员，赏赐他们金银宝贝，说要一同举事。可是那些人不傻，知道刘祎是个扶不起的阿斗，就把刘祎和柳欣慰的阴谋告到了刘彧那里。

刘彧还真是有些意外，没想到刘祎也敢反他，当即杀了柳欣慰等谋反之人，削了刘祎的封邑，只保留他的王爵，把他迁到宣城软禁起来。过了一段时间，刘彧又让有司上奏折，说刘祎对处罚有怨言，应该削除他的爵位，依法严惩。刘彧故作不同意，却在私下里派人带了毒药去找刘祎，逼他自杀。

过了两年，刘彧得了重病，病中不免思前想后：太子刘昱年方九岁，要是自己有个三长两短，那身后的大权就得落到几个弟弟手里了，当年自己不就是这么得到皇位的吗？不行，得把这些隐患统统扫除，避免历史重演。

晋平王刘休祐为人贪得无厌，曾经一度出镇江陵，刘彧对他不放心，把他召回了建康。可如此一来，看是看得紧了，麻烦也多了不少。刘休祐觉得刘彧是和自己从小一起玩到大的兄弟，就没啥高人一等的地方，所谓君臣之礼不过是些表面文章而已，所以回京后屡次出言顶撞。刘彧被惹得极其不爽，打定了主意要先把这个弟弟干掉，明里一时找不到杀人的借口，他就使了阴招。

有一次，刘休祐跟随刘彧以及他的几名随从一起骑着马到城南的岩山打猎。天色渐暗，刘休祐有点想返程了。这时，只见刘彧的手下寿寂之等人忽然从后面围了上来，一使劲把刘休祐从马上拽了下来，一顿狂殴。刘休祐支撑不住，趴在了地上。

寿寂之大叫："骠骑将军（刘休祐的官职）落马啦！"

前面不远处的刘彧正端坐马上，一听这话，立即装出一副十分吃惊的样子，命令身边的御医前往探视。御医一看，刘休祐已经只有出气没有进气了，哪里还有救？只得赶紧回来禀告皇上。刘彧脸上阴郁难过，心中却在暗喜。确认了死讯，他命几名随从将尸体拉回府第厚葬。

刘休祐既死，刘彧剩下的几个弟弟更加自疑，行事无比谨慎，但即便如此也逃脱不了厄运。

建安王刘休仁在刘彧即位以及讨灭刘子勋的过程中功劳最大，与刘彧的关系也最好，因此手中权力也不小，刘彧最担心的也就是他。为了不把事情搞砸搞大，他先下诏召刘休仁入宫议事，然后又故意不见，让他在尚书下省过夜。

夜深时分，刘彧派人揣上一包毒药，秘密来到刘休仁的住所。

刘休仁千算万算，但万万没算到最亲近的兄长对他也会来这手。自知难逃一死，他不禁大骂皇帝："你得天下，是谁在出力啊？孝武帝（刘骏）诛杀兄弟，结果子孙灭绝，如今你又来这一套！哎，宋国的国祚哪里还久长得了！"

刘休仁自尽后，刘彧下诏说刘休仁谋反，事泄后羞惭恐惧，于是主动自决了。

杀完了刘休祐和刘休仁，刘彧又把南徐州刺史的空缺转授给了最小的一个弟弟，巴陵王刘休若。

刘彧刚做皇帝的时候，刘休若因为与一名典签闹矛盾，就把他抓了起来，向刘彧上诉杀他。刘彧回说不杀只关，可刘休若却已经先下手把典签给杀了。刘彧对此非常恼火，责问他说："要是孝武帝的时候，你敢这么做吗？"事后，刘彧把他降职贬官，后来几经周折，又安置他在荆州做刺史。

这次诏书下来，命刘休若顶刘休祐的缺入朝就任，刘休若自是十分紧张，可又没胆子孤注一掷。他的心腹王敬先劝他不如割据荆楚之地与朝廷对抗，他表面上同意，回头就把王敬先给抓了，向刘彧禀明情况，表示自己忠心无二。刘彧杀了王敬先，同时也不饶恕并无野心的刘休若。刘休若到了建康，就在府第中被刘彧赐死了。

至此，刘彧一年之中用各种手段连杀三个并无明显过错的弟弟，将所谓的夺权威胁减小到最低，只留下了品劣才庸、碌碌无为的桂阳王刘休范。颇为讽刺的是，就是这个因为庸碌而躲过一轮屠杀的刘休范在刘彧死后起兵谋了反。当然，这是后话。

宗室之后，还有让刘彧不放心的人，那就是外戚。

刘彧的皇后姓王，出自琅琊临沂王氏，其兄王彧时任太傅。刘彧一旦驾崩，皇后势必将临朝称制，王彧就会顺理成章做上宰相，而临沂王氏又是延续了一百多年的豪门望族，那时即便王彧不想篡权，他身边的人也不见得会安分。想到这些，刘彧故伎重演，写了一封亲笔信，派人连同毒药一起送到王彧面前。

刘彧手下人来到王彧府中时，王彧正与客人对弈，展信一看，上面只有一句话："与卿周旋，欲全门户，故有此处分。"就是说，为了王家着想，你王彧还是"牺牲小我，维护大我"吧。

王彧是个明白人，不动声色地把信纸放回信封，搁在棋盘旁继续下棋。一局棋结束，收拾完毕，他才缓缓取出信给客人看，说道："刚才皇上下诏，赐我自裁。"

客人大惊，王彧手下人更是不平，都劝他起兵。王彧摇摇头，平静地饮药而死。

刘彧认为自己终于完成了"杀戮大业"，于刘宋泰豫元年（472）满意地闭上了眼睛。临死前，他以太子年幼，传旨命护军将军褚渊、右仆射刘勔（miǎn）、尚书令袁粲、荆州刺史蔡兴宗、郢州刺史沈攸之五人同为顾命大臣。

十岁的刘昱继位，历史上一般称他为“后废帝”，又称“苍梧王”，以区别于前废帝刘子业。

其实，苍梧王刘昱虽然在刘彧即位时就被立为太子，但他并不是刘彧的亲生儿子。原先刘彧没做皇帝的时候，只与当时还是湘东王妃的王皇后生过两个女儿，没有儿子。二十多岁时刘彧的身体就出了问题，无法再生养儿女，刘彧为此很是着急，拼命寻求补救措施。他看中了路太后身边的侍女陈妙登，路太后就让孝武帝刘骏把陈妙登赐给刘彧。刘彧自己对付不了，又把陈妙登赏给亲信李道儿为妾，过一段时间又召回身边，没过多少日子陈妙登就生下了刘彧的长子刘昱。其中奥妙朝里朝外都很明了，只是不点破而已。

刘彧登基后，嫌一个儿子不够多，又想出了“扩军”的方案。他时刻关注几个弟弟家中的情况，若有怀孕的姬妾，就迎入宫内；若生下男孩，就杀死母亲，然后把孩子交给自己宠爱的嫔妃抚养。

靠着这一“快速有效”的方法，刘彧一共得到了十二个儿子。他也乐得接受，还大示“慷慨”，让儿子中的四个出嗣从前被杀绝后的几位王爷。

子嗣艰难常常是一个帝国衰亡的重要特征，上溯汉魏，下至明清，概无例外。刘宋帝国到了这时，居然要靠着众多丑陋的手段来维持子嗣的延续，说一句“气数已尽”并不为过。更何况，这新上台的小皇帝刘昱，是一个嗜杀成性的禽兽。

十二、萧道成建功

从刘昱幼时的喜好习性来看，他应该去当一名运动员，尤其适合参加技巧、体操一类的运动，可惜古代没有奥运会，他的才能无法“为国争光”。不过他若能从事民间卖艺活动，应该也可以尽其所长。

刘昱最擅长的运动是爬竿，对宫里长得高的圆柱形物体具有特殊的感情。他常常爬上漆竿一丈之多，身手之矫捷无人能及。甭管左右服侍他的小太监们怎么喊，他都不下来，直到玩得尽兴了才自行滑下。

刘昱不但好动，而且也好打骂，动辄就对身边的官员拳脚相加，行事完全凭自己好恶，喜怒无常。官员们跑到宋明帝刘彧那厢告状，刘彧可是对这个儿子寄予了厚望，当然不容许他如此放纵，屡次命陈妙登对他严加教训，小太子板子吃了不少，记性却长得不多。

不管怎么说吧，十岁出头的刘昱刚做了皇帝，终究是有些陌生感和新鲜感。母亲陈妙登做了皇太妃，刘昱对她还是有几分畏惧，刘彧又给他留了几位不那么容易亲近的顾命大臣，他也有几分忌惮，所以开始的时候，他的表现还算中规中矩，说不出有好的地方，却也不至于有大错。

然而，野心家们已经迫不及待想要变天了，第一个行动的就是刘彧诛杀诸弟的漏网之鱼——桂阳王刘休范。

刘休范活命的原因是他实在不够格死，刘彧连杀他的兴趣都没有。史载他“谨涩无才能，不为物情所向”，是个蠢人，可现在看来，这未必不是一种保护色。

刘彧一死，刘休范那紧绷的神经忽然一下子放松下来。他自认为皇族之中论资排辈无人可与他匹敌，野心不断膨胀起来——这与十年前刘骏死后，刘义恭得意忘形的情形颇有一比。刘义恭被刘子业做成了“鬼目粽”，那么刘休范会是什么下场呢?

也许包括小皇帝刘昱在内的刘氏宗族都不会料想到，刘休范的反叛倒成全了一位非刘姓的重要人物，并且将刘宋这个已经腐朽的王朝直接送进了历史的垃圾堆。这个人就是刘昱手下的右卫将军、侍中萧道成。

萧道成出身东海兰陵县的萧氏。刘宋以后，南方侨姓士族中的四大望族由东晋时期的王、谢、庾、桓逐渐变成了王、谢、袁、萧。萧姓敬陪末席，实际上还有那么一点不够格，因为前面三族基本都是从东晋建立以来对于南朝政治起到举足轻重作用的家族，几代族人在朝中的高官不可计数，而萧氏自从萧道成的高祖萧整在永嘉之乱中南渡到晋陵武进县后，其族人并没有太多的建树，所以萧道成曾说自己出自布衣寒族，也并非全是自谦。但“不鸣则已，一鸣惊人”，萧整的后代在南朝一百七十年的历史中竟连续建立起齐、梁两个朝代，前后统治南方将近八十年，若加上末期附庸北周的后梁王朝，则有一百多年的时间。这样的辉煌，恐怕也是王、谢、袁三族望尘莫及的。

萧道成后来显赫了，觉得要把自己祖上的背景设计得荣耀一些，于是就重新编写了家谱，把汉朝开国名相萧何称为自己的祖先。这根本就是牵强附会之言，所以后来李延寿编写《南史》，并不收录这种说法。不过，若这家谱是真的，那么萧何“后代”夺了刘邦“后代”的江山，也算是一件十分耐人寻味的事情了。

萧道成虽与萧何扯不上太多关系，但他祖上的几辈人在南方的确干得不错，到了他父亲萧承之时，已经做到了太守和将军之职，并被封为男爵。

和刘备一样，萧道成小时候住的旧宅门前也有一棵参天的大桑树，像极了皇帝出巡的华盖。萧道成喜爱在树底下与小伙伴们玩耍，他的堂兄萧敬宗跟他开玩笑说：“这棵树就是为你长的。”不过，树终归只是一棵树，是否能够真正成为树下人的保护伞，只会取决于那个人本身。

萧道成不是个打算碌碌终生的人，他很早就有了一些为臣者“不该有”的想法。淮北四州丢失后，萧道成被任命为冠军将军、持节、都督北讨前锋诸军事，出镇淮阴，后来又升为南兖州刺史，统领淮南江北的军队。他利用这一良机，在军中广纳心腹、宾客，自身的实力渐渐强大了起来。

民间开始传言萧道成有异相，要做天子。宋明帝刘彧本来就多疑，听了传言很不放心，就派将军吴喜手持一壶酒，到萧道成营中去试探他。

萧道成不是什么神人，《南齐书》说他“戎衣出门迎，即酌饮之”，把他描述得胸怀坦荡，根本是隐讳了实情。其实萧道成心虚得很，说他在这个时候就有心篡位的确不切实际，但他拥兵自重却是事实。萧道成一看到吴喜带着皇帝的御酒来见他，心里就害怕起来，不敢喝，想逃跑。吴喜与萧道成是老战友，情谊很深，当即对他声明酒中无毒，并当着他的面喝下一杯，萧道成才松了一口气，跟着也喝了一杯。

吴喜回到刘彧那里，说明萧道成并无反意，刘彧心里一高兴，就不再计较那些传闻。不过他毕竟有所顾忌，几年后还是将萧道成召回了建康。

救了萧道成一命的吴喜不久后反遭刘彧猜忌赐死，萧道成却借助掩护成就了大事。王侯将相，盛衰成败，从来并无定数。看着过得很不错的，日后可能成为悲剧人物；看着很猥琐的，也可能是成功的“英雄”。历史总是为成功者书写，由此信然。

不管萧道成之前的表现是怎样，都是一个人成功之前的序曲，总体而言，在刀光剑影的刘宋末期，萧道成走过的道路还是相当顺利的。

刘宋元徽二年（474），刘休范在寻阳打着“清君侧”的旗号起兵，这时候萧道成的职位是统领石头城的防务军事，掌握着整座京城的防御。萧道成明白得很，这次作战可能成为他人生重要的转折点。

刘休范造反的消息传到建康时，朝廷上下并无一点预感，一堆文武大臣围在中书省商议对策，没人能出点有用的主意。

萧道成说道：“当初刘义宣和刘子勋在上游谋反时，都因为行军迟缓而失败。这回刘休范肯定会吸取教训，以轻兵顺流直下，趁我军不备迅速攻城。我们若以偏军抵抗，一旦失败，军心必然不稳。万全之计乃是屯兵新亭、白下（两处分别在今南京南北），固守宫城、东府、石头城，以逸待劳。刘休范孤军深入千里之遥，粮草不足，求战不得，军队自会瓦解。我愿领一支军队出守新亭，抵挡刘休范前锋之锐气，其余人可分别守卫白下、城门等各处。诸君请安坐殿中，看我如何破贼！”

陈词完毕，萧道成提议，每人拿张纸写下自己的抗敌意见。写完展开一看，大家写的都是一个“同”字。见此情况，刘昱便下令，由萧道成领前锋军队驻扎在新亭，征北将军张永屯兵白下，前兖州刺史沈怀明守卫石头城。

萧道成一到新亭，便开始修筑城垒工事。刘休范果然如他所料以水军急速前行，很快就到达了建康西南二十里的新林渡口。

萧道成侦察到敌军已与自己相距不远，并不慌张，该怎么建设，该怎么睡觉，还是一样地做，同时又派遣部将率领水军与刘休范的军队交战，杀了不少叛军。

刘休范见水军无法继续行进，就放弃船只，从新林上岸，一面派部将丁文豪领一支军队直取皇帝所在的台城，一面亲自率领主力军队进攻新亭的城垒。

新亭的防御力并不强，萧道成率领军队全力抵抗，从早上战到午后，整整两个时辰，叛军的攻势一浪高过一浪，官军渐渐有些招架不住。

萧道成正思索良策，手下的越骑校尉张敬儿跑到他面前献计道：“屯骑校尉黄回与我二人已商量好对策，先向刘休范诈降，再趁便偷袭取他性命！”

萧道成大喜，道：“卿若成事，我把雍州赏给你！”

张敬儿与黄回趁着叛军休息的间歇跑出新亭城，一面放下手中武器，一面向南边的叛军大声呼叫：“我们投降！”

刘休范正带着几名卫士登上南面山头的临沧观察看军情，听说有人投降，就命人把他们叫到自己面前，问道：“投降是谁的旨意？”

黄回答道：“萧将军的密旨，新亭守军诚心归降王爷！”

刘休范也不细想，高兴坏了。他把黄回、张敬儿留在身边，又把儿子刘德宣和刘德嗣送到新亭城中作为人质，以示信任。他的亲信李恒、钟爽总觉着不踏实，私下里劝阻他，可他不予理睬，认定天命要归自己，只顾在营帐中饮酒为欢，与黄回、张敬儿谈笑风生。

黄、张两人脸上笑着，底下可一直在算计。黄回见刘休范喝得半醉半醒，便向张敬儿递个眼色，张敬儿飞快地抽出刘休范的防身佩刀，手起刀落砍下了他的人头。

刘休范稀里糊涂就掉了脑袋，左右侍卫吓得四散奔逃。张敬儿抱了刘休范的人头上马飞奔，冲回了新亭。新亭城里的萧道成得了消息，便将一对人质剁下头来，与刘休范的人头一起送往宫城报捷。

刘休范的军队群龙无首，按理说应该是撑不下去了，可是历史有时也会出现一些小插曲，以导致许多不必要的麻烦。

插曲的主人公是被派去报捷的小军官，名叫陈灵宝。陈灵宝在路上巧遇到了刘休范的军队，忽然不知所措，既想亮出刘休范的人头以瓦解敌兵的斗志，又害怕因此引起敌军的愤怒，被他们杀死，犹豫哆嗦之间，一不小心，手一松，人头竟掉到了路旁的水塘里。他不敢去捡，伏在马背上就往宫城里跑，一边口中大喊："叛乱已经平息啦！"可是他拿不出任何证据，宫城里的人不知真伪。

这时，丁文豪率领的叛军攻破了台城，直逼秦淮河上的朱雀桥。刘休范手下的另一名部将杜黑骡也不知道王爷已死，在攻打新亭屡遭萧道成的顽强阻击后，转而率军绕过新亭，与丁文豪合兵一处，围攻朱雀门。

城中的守将都没有萧道成的将才，领军刘勔仓促出战，战败被杀，右军将军王道隆也被叛军追杀。建康城中谣言四起，百姓们都说："台城已陷！"宫中更是传说新亭也被刘休范攻下了，人们乱作一团，嫔妃侍女们纷纷抢夺值钱的器皿。皇太后目睹一片狼藉，悲痛地对刘昱说："皇上的天下没有啦！"

所幸插曲到此结束，丁文豪手下的士兵听说了刘休范被杀的消息，军心大丧，攻势渐缓。

萧道成登上新亭的北城门，向台城内外的叛军说道："刘休范父子已于昨天被斩首，尸体就在南冈之下。新亭安然无恙，我就是平南将军萧道成，诸位可以走到近前来瞧个仔细，不必担忧害怕！"

这一招非常管用，丁文豪、杜黑骡都是喽啰级的小人物，哪里指挥得动人心离散的士兵。萧道成指挥部将陈显达、张敬儿率军入宫，与尚书令袁粲一起发起反攻，将丁文豪、杜黑骡一一歼灭。

平定刘休范叛乱，萧道成功劳最大，他被朝廷拜为中领军，从此留守建康，军权在握，与袁粲、褚渊、刘秉三人并称"四贵"。

十三、暴君模板

刘休范被消灭，宋文帝子辈的势力在宋国境内彻底消散，但刘氏子孙自相残杀的闹剧还有一个小尾巴——南徐州刺史、建平王刘景素在此之后又发动了一场小型叛乱。

刘景素是宋文帝七子刘宏的长子。我们说过，刘宏在他那一辈王爷中算是相当幸运的，因为多病早死，对哥哥刘骏又一直非常拥戴，所以死后子孙也得到了不少好处。

刘昱做皇帝时，宋文帝的孙辈也已大半凋零，活着的人中刘景素排行最长，他自己也颇有不可一世的架势。刘景素任南徐州刺史，出镇京口，他趁机在自己的辖地内积蓄力量，招揽人才，拉拢各方势力。刘休范叛乱，他抓住这个千载难逢的机会，以进京勤王为名聚集军队，实际上是坐山观虎斗。乱事平定，他未真正出过一分力，却被升为镇北将军。

京口离建康很近，刘景素时时刻刻关注朝中的形势，以期寻找机会夺取帝位。

原先还算老实的刘昱自从刘宋元徽二年（474）年底加了元服之后，本性就开始真正暴露出来了。

加元服，也称“行冠礼”，是古代男性成人的一个重要仪式。加元服之前，男子一般被视为未成年人，是不戴帽子的，而之后就需要在公开场合戴帽，而且行事也要以成人的礼节来要求。加元服的时间并不固定，因人而异，早的有十岁的，晚的也有到二十岁才进行的，各朝各代的行礼年龄也有变化，一般为十三到十六岁。像前面提到的“元凶”刘劭就是在十三岁加的元服，刘昱由于比较早就做了皇帝，所以加元服的时间更早了一年，元徽二年（474）他才十二岁，就做了成年人。

礼节上说你是大人，偏偏你的心智还远未成熟，这可就相当的危险了。

刘昱爱玩，帝王的身份显然碍事，一出门就得前呼后拥，仪仗队一走就是大半天。对刘昱而言，这简直是“灾难”——既耗精力，又煞风景！他坚决“蔑视”这类形式主义，从元徽三年（475）开始就频繁微服出游，身边只带最亲近的几名侍从，每次出去一走就是几十里的路，集市、荒郊到处跑，早出晚归。起初陈太妃还能坐着竹车跟在后头，多多少少起些监督作用，到后来根本追不上骑着马、跑得飞快的儿子。刘昱更加没了顾忌，从早出晚归，发展到了夜不归宿，想玩多久就玩多久。

刘昱在外头也不只是随便观赏风景，他的“参与意识”特别强，出门经常和左右随从带着家伙，心情不爽的时候，看见路人就上去拳脚、刀斧相加，由此惨死皇帝手下的老百姓不在少数。

更有荒唐之处。民间早就传说当今皇帝不是先皇的亲生儿子，而是李道儿的种。刘昱听说了，却并不生气，而是觉得做李道儿的儿子也不错，甚至在民间玩乐的时候就改了名，自称“李统”或者“李将军”。刘昱行事荒唐的风格与明朝那位自封大将军、荒淫绝顶的正德皇帝朱厚照相似，只不过在嗜杀这一点上，他还要超过后者。

正史上关于刘昱的记载常让人有似曾相识之感，我们略想一下便可推测，其中有不少描写应该都是来自同一个暴君模板。自从汤武、桀纣以来，史家就习惯套用一些明君、暴君、昏君的模板记述历史，以至于我们读史的人看得上句都能猜出下句。

刘昱是事实上刘宋的亡国之君，新兴王朝为凸显自己改朝换代的合法性，使用的模板就更为典型，难免极尽抹黑之常事。比如，史载刘昱喜好虐刑，他的暴行可以比肩史上任何一位暴君：刺骨头、锥阴部、凿脑袋、锯脖子，无一不是让人看着都会心惊胆战的刑罚。我在这里可以勉强为刘昱说句公道话，这些反人类的罪行他未必都曾犯过，但他的确残杀了不少反对他的人。

皇帝的荒唐残暴越来越为人所知，建康城内外慢慢出现了一种论调，认为刘昱的皇位早晚要丢掉，刘景素将入继大位。当然，刘昱身边的人可不这么想，尤其是刘彧时代的旧臣杨运长、阮佃夫。他们一心想的是借着皇帝年幼自己可以专权，若是刘景素即位，他们肯定无法操控他，所以暗地里都对刘景素防着一手。

刘景素手下的将军王季符因为违反了刘景素的命令，和他发生了矛盾，就到建康密告刘景素要谋反。杨运长和阮佃夫得知大喜，要求借此出兵讨伐，然而手握兵权的萧道成和袁粲等人则认为证据不足，不可偏听一面之词，不同意草率用兵。双方争执不下，最后折中，撤销了刘景素征北将军的头衔。

如此一来，刘景素的危机感更强，他开始加紧行动。刘景素联系了朝野不少武将，几次想趁着刘昱出游时发动暗杀，夺取政权，可惜他得不到"四贵"等军政要员的支持，计划也屡屡因为考虑不周而被迫取消。

到了刘宋元徽四年（476）七月，刘景素终于按捺不住了，决定大举起兵。

仅从这一点便可看出，这位所谓"众望所归"的王爷其实政治素质并不高，战略思想也很混乱。他先前犹豫再三都没有行动，这次却只因被人鼓动一下就跳起来了。

原来，京城中掌管羽林军骑兵的羽林监垣祇（zhī）祖与刘景素早有密谋。垣祇祖久居建康，生怕城中有变故，就带着几百名手下兵士从建康潜逃到京口，走前对刘景素说："现在京城内外已乱，希望王爷以平乱为名早入京师！"

刘景素马上信以为真，也不派几名探马去侦察一下真实情况，就认定"机不可失，时不再来"。他动员了一支数千人的军队，准备向建康城进发。

情报不明，缺乏后继，等待刘景素的只能是灭亡。

建康城里的杨运长等人早就注意到垣祇祖图谋不轨，他一叛逃，就料定刘景素一定会造反，于是立即宣布内外戒严。萧道成统领台城大军出屯玄武湖，以冠军将军黄回、任农夫和左军将军李安民率领步军，右军将军张保率领水军，水陆两路同时向京口方向扑去。

刘景素虽说集结了不少爪牙为自己卖力，这些人却多半是毫无将略的无能之辈。他们听说建康方面早有准备，一时间竟不知该如何应对。

垣庆延、垣祇祖、沈颙（yóng）等人都说："如今时值盛夏，敌军远来疲惫，我军正好以逸待劳，诱敌深入，一战就可攻克。"另一部分将领则认为这样打己方肯定吃不消打，所以主张固守。而刘景素自己的意思，也是据守在竹里（今江苏句容北），阻断台城军队进军的路线。两派的意见不统一，战机被延误，最后刘景素的军队不得不驻留在京口，与台城军对峙。

刘景素的水军中招揽了不少荆湘一带的好手，加之训练有素，战斗力优势明显，一出战便击败了张保的水军，阵斩了张保。可是单打独斗没有用，在其他各部军队都不能给予有利支援的情况下，台城军队逼近京口，将刘景素的军队各个击破，沈顒、垣祗祖两军先后溃散叛逃，其他各部也没了斗志。剩下一批刘景素培养多年的死士，他们作战无比勇猛，可惜兵力太少，最终力战不敌。京口失守，刘景素也掉了脑袋。

刘景素的失败，宣告刘氏内部的兄弟阋墙全部结束。宋文帝以来，刘氏的后代们为了自己的权欲和利益彼此厮杀争斗，将所有的力量都消耗于无谓的内讧之中，刘宋的江山因此落得一个被他人指手画脚的下场。

和刘景素心思一样的人还有不少，阮佃夫欺负皇帝年幼，想要发难。他与同伙商量好，准备趁刘昱外出打猎的机会关闭城门，把刘昱抓起来废掉，另立刘昱的三弟，也就是安成王刘凖为新君。结果事情败露，刘昱捕杀了阮佃夫等人，并借机扩大打击面，抓了曾经与阮佃夫有过密谋的散骑常侍杜幼文、司徒左长史沈勃、游击将军孙超之等人，不论他们是否参与了本次谋逆行动，通通族诛，杜、沈、孙三家的男女老少无一幸免。

沈勃当时正在居丧，按理说不能立即收捕。刘昱可不管这一套，带着左右士兵就冲入沈勃宅中，见人就砍。沈勃知道难逃一死，一把冲上前，扯住刘昱的耳朵边打边骂："你这个桀纣暴君，死期就快到了！"左右忙围上来救驾，将他乱刀砍死。

刘昱被气得不行，下令对这些人不仅要灭族，而且得剖腹肢解才算解恨。

此事之后，刘昱感到身边的人也不可靠，尤其是大权独揽的重臣。他怀疑的目光很快转到了"四贵"之首萧道成身上。

有一次盛夏时节，刘昱闯入萧道成的领军府，正好碰上萧道成光着膀子、露着肚子在家里午睡。他命令萧道成在室内站好，在他肚皮上画了一个靶心，拉弓搭箭就要开射。

萧道成吓坏了，一个劲叫着："老臣无罪，老臣无罪！"

刘昱的亲信王天恩大约与萧道成有些关联，赶紧劝说："萧领军的肚腹大过常人，是个好靶子，一箭射死了，以后就没得射了，多可惜啊！不如把箭头去掉，再射。"

刘昱同意了，就取了一支没有箭头的箭，一箭射去，正中萧道成的肚脐。他把弓一扔，笑着对左右说："我这箭法怎么样啊？"

这件事看上去有些荒唐儿戏，但刘昱想杀萧道成却并非全是因为贪玩。他确实是忌惮萧道成的威名，屡次三番叫嚷着要诛杀他，只不过左右总有人出来为萧道成说话，包括他的母亲陈太妃都劝他："萧道成消灭刘休范的叛军，对我母子有再造之恩，如果连他都要杀的话，还有谁能为我们国家效力？"

刘昱暂时打消了杀萧道成的念头，而心怀畏惧且早有异志的萧道成则已不愿安分了。他与袁粲、褚渊等人暗中商议，打算换掉这个杀人成性的小皇帝。

十四、易代之间

萧道成的提议遭到了“四贵”之中的重量级人物袁粲的反对，他说：“皇上年纪还小，小错误还是容易改正的。废立大事乃是伊尹、霍光那样的强势大臣才能做的，当今乱世，恐怕难以实行。即便真的成功了，我们这些人恐怕也无安身之地。”

显然，袁粲是害怕自己步当年徐羡之、谢晦等人的后尘，同时在政见上他也并不完全赞同萧道成，不愿让他借此机会独大。

一旁的褚渊则与袁粲的想法不同。这位驸马兼顾命大臣的人生奋斗标准就是四个字，“趋炎附势”。他明白刘宋政权气数已尽，随时都可能有人取而代之，而环顾朝野，能达成这个目标的人非萧道成莫属，所以为了自己将来的仕途一帆风顺，他已经打定主意要提前攀附这个新主子了。在此密谈的场合，他什么都没说，以示对于萧道成不臣之想的默认，同时也与袁粲等人“划清界限”。

萧道成心想，与其叽叽喳喳开小会，不如自己单干来得爽快，就把袁、褚等人“踢”在一边，与长子萧赜（zé）、次子萧嶷以及左右亲信一起联络各方人士，等待废掉皇帝的机会。不久他就联络到了统领禁军的越骑校尉王敬则，还是对方主动送上门来的。

王敬则向萧道成提出，自己可以利用职务之便监视皇帝的往来活动。萧道成大喜，又让王敬则重点结交刘昱的左右亲信，如杨玉夫、杨万年、陈奉伯等人，将这些人发展为内应。

刘昱每日都要外出玩耍，这件事已经成了公开的秘密。刘宋元徽五年（477）七月初七这天，小皇帝给自己安排了一系列丰富的游乐活动。他先是乘坐敞篷车，带着左右侍从到宫城外头的小山冈比赛跳高，跳得累了，就前往附近的尼姑庵，与小尼姑们鬼混一番。眼见天色渐晚，他又潜入新安寺，与手下人偷来一条狗，杀了煮了，用狗肉伴美酒，直吃得心满意足，醉眼蒙眬，才由左右架着，回寝宫仁寿殿安歇。

临睡之前，刘昱忽然对杨玉夫怎么看怎么不顺眼，便指着天上的银河说："今天是七夕，你小子给我守在这里等候织女姐姐渡河，看到了马上来报告我。要是看不见，我明早起来第一个就杀你！"杨玉夫吓得腿脚发软，连连点头称是。

由于刘昱的作息时间紊乱，而且居无定所，所以宫内的房门到了夜晚都不关闭。禁军的士兵害怕因为被皇帝看见而无缘无故掉脑袋，都离得远远的，皇宫内部的保卫工作根本就是混乱不堪。

王敬则正在营外值勤，忽见杨玉夫神色慌张地跑来见他，心中诧异，赶忙询问杨玉夫出了何事。

杨玉夫把刘昱的话语一五一十都告诉了王敬则，王敬则心想这真是天意，就对杨玉夫说："若等皇上明早醒来，你的小命哪还保得住？看来我们只有先下手为强了！把杨万年他们也叫上，今晚就行动！"

杨玉夫虽对小皇帝心怀畏惧，但此刻也别无他法，就回去找杨万年和陈奉伯。待确认刘昱已经呼呼大睡，他们走进寝宫偷偷取下刘昱的贴身佩刀，砍下了那颗金贵的头颅。

事情办妥，三个人一商量，让陈奉伯用袍袖藏了刘昱的人头，假称皇帝的命令叫开宫门，把人头交到王敬则营中。

王敬则带上人头，快马飞奔至萧道成的领军府前，一边叩门，一边大喊"事毕"。

萧道成正在府中酣睡，被王敬则的叩门声惊醒，立刻起床探视。可他又担心这是刘昱设的局，想要把他诓出门杀他，躲在门后死活不敢开门。

王敬则是个粗人，可不在乎这么多，心想，你个领军统领千军万马，没想到紧要关头也这么脓包。叫不开门，他干脆就捧起人头，把它从府院的墙上扔了进去。

萧道成命手下将人头洗干净，拿来仔细观瞧，见果然是小皇帝的头颅，一颗提了多时的心才算落了地。他换上军装，骑马出门，带着王敬则等一队人马前往宫城。

到了城门口，王敬则宣称御驾回宫，喊叫声咄咄逼人，与刘昱平常进入宫城的态度一般无二。守卫宫门的士兵不敢细查，大开城门把萧道成迎入宫去。

宫中的官员惊慌失措，恐惧万分。萧道成走上仁寿殿，对群臣宣布刘昱已死，宫中上下顿时一片欢呼，“万岁”声不绝于耳。

次日一早，萧道成借皇太后之命召集袁粲、褚渊、刘秉入殿会商。他全副武装，王敬则等人立于他身后，一队人在大殿前的槐树下迎候众臣，这架势一看就足以把人吓傻了。

刘秉是刘裕侄孙，也算得上是宗室，萧道成就先问他：“你们刘家的事，你看怎么解决？”

刘秉性格懦弱，马上就说：“尚书省的事我可以应付，这等军事大权，还是得交付领军大人。”

萧道成又看了眼袁粲，问：“袁公以为如何？”

袁粲犹豫半天，正欲推辞，王敬则从腰间拔出佩刀，大喝道：“天下之事，皆由萧公处分，谁敢说半个不字，我王敬则的刀可是不长眼睛的！”说着就要趁热打铁，推萧道成称帝。

萧道成板起脸孔，呵止道：“你懂什么！”王敬则才退到一边，却依旧举着刀监视与会诸人。

萧道成还想依次再问褚渊，褚渊识趣，抢先说：“今日之事，非萧公无人可以善后！”

见没人反对，萧道成心中狂喜，却装出一脸无奈的样子，说：“既然大家都不肯主持大局，那我又怎能推辞！”于是他起草一份诏书，以太后的名义列数刘昱的罪恶，之后拥立安成王刘凖为新皇帝，改元“昇明”。这就是宋顺帝。

这个刘凖也不是宋明帝刘彧的亲生，而是当初被刘彧抢夺的刘休范爱姬所生的孩子，所以刘凖事实上是刘休范的儿子。刘休范造反被杀，现在他儿子反倒做了皇帝，这刘宋皇族的风水真是轮流转得欢。

新上台的宋顺帝根本是个傀儡，其地位和作用甚至比不上以前的汉献帝和晋安帝。萧道成之所以还要在皇帝的位置上摆一个姓刘的人，是因为他还需要时间肃清朝廷内外反对他的人。

首先与萧道成过招的，就是反对他随便行废立大事的袁粲。

袁粲有名士的风度，也有匡扶乱世之志，他从来就没真心服从过萧道成，只是迫于萧的淫威以及强大的兵权，暂时拥护他的决策罢了。这时候朝廷派他出镇石头城，他马上就接受了调令，想把队伍拉起来，反攻萧道成。然而他却缺乏大才大略，不是个适合搞权术，乃至领导政治斗争甚至军事斗争的人。

刘準即位没几个月，驻守江陵的荆州刺史沈攸之以太后手谕的名义传檄天下，宣布萧道成“交结左右，亲行弑逆”，领兵顺江东下，讨伐萧道成。萧道成接到消息后，主动去拜访袁粲，想要商议平叛之事，袁粲却摆出“道不同不足与谋”的态度拒绝了他。

与此同时，褚渊与萧道成正打得火热，两人共商对付沈攸之的办法。褚渊对萧道成说：“西面的事情是小打小闹，不会成功，萧公需要提防的还是建康这边。”

萧道成心下明白，就秘密把亲信苏烈、薛渊等人派到石头城，名义上是增援袁粲，实际上是让他们做好内应，随机应变。

袁粲还不觉醒，他构想好了一套计划，大致是要假传太后的命令，命刘韫、卜伯兴率领禁军攻打宫城中的萧道成。可是既然已经摆明了不与萧道成合作，就应该早点行动，并与萧道成的人划清界限，他却又有意拉拢褚渊，以为褚渊不见得敢完全反对自己，想利用这个机会看看褚渊的态度。

袁粲让手下人把整个计划告诉了褚渊，褚渊当面点头，转过身去就把话原原本本地向萧道成报告了。

萧道成做了两手准备：一面连夜让人到禁军里向王敬则通风报信，让他专心对付禁军里的那两位；一面派遣部将戴僧静，让他与苏烈、薛渊内外夹攻，拿下石头城。

萧道成的内应实在太多，袁粲防得了这家防不了那家，更何况他的计划从一开始就不够周详。禁军的叛乱很快被王敬则平定，石头城也被苏烈等人从内部打开。戴僧静领兵一路放火，直冲袁粲的府上。

袁粲眼见大势已去，面对戴僧静引颈就戮。戴僧静挥刀正欲砍杀，黑暗中一个人影拦住了他。袁粲定睛一看，那人正是他的儿子袁最。袁最乞求戴僧静不要杀自己的父亲，还说愿意以身替死。袁粲对儿子叹道：“我明知大厦将倾，独木难支，这么做只是为了名节而已，落到今天的地步，我心甘情愿。我不失为忠臣，你也不失为孝子。”戴僧静身后的士卒都被这父子俩感动得流下了眼泪。

袁粲父子都被戴僧静杀死，参与袁粲密谋的刘秉父子在出逃后也被捉住斩首，从此石头城头又多一首歌谣，说的是：“可怜石头城，宁为袁粲死，不为褚渊生！”

此事过后，萧道成没了后顾之忧，可以一心一意对付沈攸之的叛军了。

正如褚渊所预言的那样，沈攸之并不是一个需要太在意的对手。他出兵以后就一再贻误战机，战略目标本应该锁定建康，中途却因为郢州（今湖北武汉武昌区一带）的柳世隆派人到阵前叫骂就随意改变了行军计划，转头以精锐部队攻打郢州。耗了一个月，城没攻下来，开小差的逃兵倒是日见增多。沈攸之见军情涣散，只好下令退兵江陵，再做打算。然而，他的江陵也保不住了。

萧道成果然老奸巨猾，他早就料到沈攸之会造反，预先在江陵北面的襄阳安插了自己亲信——雍州刺史张敬儿。张敬儿瞅准了沈攸之大军在外的机会偷袭江陵，一举端了沈攸之的老巢，还把沈攸之的儿子、孙子杀了个干净。

沈攸之的军队走到离江陵一百多里的地方，听说江陵失陷，当即一哄而散。沈攸之无家可归，很“自觉”地找了个林子，上吊自杀了。

摆平了内外之乱，萧道成又顺势诛杀了黄回、杨运长等一群明里暗里反对他的人，取得了六十年前刘裕所取得的地位。

与面对一个个面目狰狞的对手的刘裕比起来，萧道成的成功显得太过容易了，从刘休范叛乱到沈攸之身死，前后也不过五年的时间。天理循环并不是简单的重复，于此，不知该说是幸运还是悲哀。

十五、二度临朝

沈攸之兵败的时间是宋顺帝昇明二年（478），转年开春，清除了异己的萧道成便按部就班地向皇帝的位置迈进：他在地方上安排自己的子孙或助手去接管兵权，在朝廷中则任命亲信担任重要职位。三月，萧道成被封为相国、齐公，加九锡；四月，萧道成晋爵为王，加殊礼，此后，他可剑履上殿、入朝不趋、赞拜不名。

从前曹操、司马昭、刘裕曾经得到的，萧道成现在也都要得到。在几人中，萧道成的晋升速度最快，功劳则最小。曹操统一北方，司马昭消灭蜀汉，刘裕更是平定叛乱，又攻灭南燕、后秦两国，而萧道成所做的，满打满算不过平定了几次没什么作为的内乱而已。可人就是这样，越是能力不足的，越是做不了什么事的，往往贪欲反而越大，人也越无耻。萧道成的志向不在天下之大，只在于权位之高，于是紧接着的下一步，当然就是禅代了。

禅代的过程是一出悲喜两幕剧，首先上演的是宋帝退位。

按照礼仪，宋顺帝需要到大殿前会见百官，然后交出玺绶。可小皇帝吓得不敢出面，逃到宫里佛殿的佛像底下躲了起来。

王敬则率领禁兵亲自入内将顺帝迎出。顺帝早就哭成了小泪人儿，呜咽地问王敬则：“是要杀我吗？”

王敬则怕戏演砸，安慰他说：“只是让您移驾别宫而已，官家先辈取司马家的天下，也是如此。”

顺帝虽是个傀儡小皇帝，却不呆傻，知道报应要应到自己身上了，哭喊道：“愿我今后生生世世都不要再生在帝王家中！”

此话与刘子鸾临死的呼声一般无二。这是弱者的哀号，这是绝望的控诉，可惜哀号、控诉在权力与利益面前，显得太过苍白和无力了。

顺帝交出玺绶，宫中百官都泪如雨下。其中一幕颇有意味。右光禄大夫王琨是宋文帝刘义隆手下重臣王华的堂弟，东晋末年就在朝中做郎中，这时候已经八十多岁了，再没有人比他资格更老。他曾目睹晋恭帝禅让刘裕的一幕，现在旧景重现，他百感交集，边哭边叹道："人人都觉得长寿应该开心，唯独老臣我认为长寿实在让人悲伤。这样的场面，我居然要一再亲历。"

"悲剧"演完了换"喜剧"。宋顺帝被架走，褚渊手捧玺绶，领着文武百官来到齐王的宫殿之前，劝萧道成即位。萧道成假模假样地推辞三遍。

有个研究历史的官员叫作陈文建，他对萧道成说道："六，乃是富贵之数：后汉自光武帝起，到献帝为止，经一百九十六年禅让给魏朝，魏朝经过四十六年禅让给晋朝，晋朝经过一百五十六年禅让给宋朝，现在宋朝已历六十年，六始六终，望齐王顺应天意，早登大位！"

一席话头头是道，萧道成听了受用，才放下"架子"，换上帝服，即帝位，改国号为"齐"，改元"建元"。萧道成成为南齐第一任皇帝，即齐太祖高皇帝，或称"齐高帝"。

和刘裕对付晋恭帝的手法类似，他先封宋顺帝为汝阴王，不出一个月又秘密授意手下人将他杀死，其他刘裕的子孙们很快也被萧道成以谋反的罪名斩草除根，刘氏族裔的唯一例外是刘裕族弟刘遵考的儿子刘澄之，他因为与褚渊的关系密切，这才幸免于难，当然，这其中也因为他论血缘已与刘宋皇室远了不少了。

刘宋一朝六十年风云变幻，终究化作南柯一梦。

南方的刘宋换成了南齐，此时北方的魏国则正忙于权力的重新分配。

魏献文帝拓跋弘做太上皇，有一半的原因是来自冯太后的压力。他虽退居幕后，但并不放弃努力与冯太后争夺权力制高点，这实际上不是拓跋弘一个人的意愿，而是因为他所代表的利益集团在某种程度上是与冯太后对立的。所谓"箭在弦上，不得不发"，这两股势力即便表面上看起来相安无事，私底下也是斗得不亦乐乎。

拓跋弘多次巡查各地州郡，一方面是为提拔自己赏识的官员，惩罚贪官污吏；一方面也是在故意与冯太后作对，重新恢复了一批被冯太后罢免的官员。比如北魏延兴三年（473）他视察怀州（今河南沁阳）时，就任命了鲜卑人薛虎子为镇将，而薛虎子的职务原先正是被冯太后下令罢黜的。

除此之外，小拓跋宏每个月还要去父亲所居住的崇光宫拜见，一向十分看重这个小孙子的冯太后对此感到莫名的失落，看在眼里，怒在心里。

总而言之，到了北魏延兴六年（476），不满情绪积抑已久的冯太后终于忍无可忍，抢在拓跋弘一派还没来得及全面抢班夺权之前，秘密派人在拓跋弘的酒菜中下了毒，将他毒死了。接着，她以太皇太后的身份宣布改元“承明”，第二次临朝听政。

我们大概可以猜到冯太后拿到大权之后最想要对付的人是谁，没错，就是当年被拓跋弘利用，导致她的宝贝情人李奕被杀的尚书李䜣。

李䜣在拓跋弘当政时很受重用，在朝中威信也很高，冯太后不方便马上动他，就先把他调任徐州刺史，以防他在朝中纠结党羽。

树大招风，痛恨李䜣的当然不止冯太后一个人，她很快就找到了合作伙伴。此人是个太监，本名叫作赵海，在北凉的凉州做小官，后来拓跋焘灭北凉，他做了太监，得以入北魏朝中为官，改名赵黑。

赵黑原先也混得不错，是为数不多的既受到拓跋弘宠信又得到冯太后喜爱的官吏，一直做到侍中、河内公。然而天有不测风云，拓跋弘禅位后，赵黑因为一件小事得罪了李䜣，李䜣千方百计找他的碴儿，想把他整下去。

这碴儿还真不难找，赵黑有贪小便宜的习惯，竟利用职务之便把自己家里“改造”成了公物储藏所，还走漏了风声。李䜣不知道从哪里找来了线人，把物品清单列得清清楚楚，向拓跋弘递上。拓跋弘最痛恨的就是官员贪污，令人到赵黑那里一抄家，果不其然，东西都明明白白摆在家里呢。

人赃并获，大罪难逃。不过念在赵黑辅政有功，拓跋弘还是开恩了，只把赵黑的侍中职务撤了，让他去做宫里的门士，也就是现在传达室的看门大爷。当然咯，赵黑看的门级别比较高，是宫门。

赵黑幸运地留得一命，心中没有半点忏悔，而是气得好长一段时间吃不下饭，睡不稳觉。幸好拓跋弘过了一年又想起他的好处，重新把他调到身边任职。

现在太上皇死了，赵黑心想，君子报仇的时候到了，就跑到冯太后面前表忠心、诉衷肠。两人一拍即合，由赵黑出面，挖出了可以置李䜣于死地的人——范櫰。

范櫰是李䜣的同党，李敷、李奕兄弟被诛他也逃不了责任。但是范櫰懂得见风使舵，冯太后一上台，他就明白风向要变，等赵黑来联系他，他就彻底倒向了太后。

范櫰与李䜣是多少年的“酒肉朋友”，基本上是无话不谈，范櫰因此知道李䜣不少秘密。他向冯太后密告，说李䜣打算在徐州任上叛逃，而且发誓这话是李䜣亲口所讲，绝对不假。

逮到这么个证人，还能不大肆发挥？冯太后一边立刻传命让李䜣回平城述职，一边则跟范櫰说好：“你得给我做好这个证人，以防李䜣那家伙抵赖！”

李䜣上任才一年，没搞清怎么回事呢，就回京去觐见冯太后了。

冯太后问：“你企图外逃的罪行已经被人揭发了，还不从实招来？”

李䜣大惊，说：“太后从何得知？空口无凭，绝无此事！”

冯太后把藏在帘后的范櫰叫出来，让他与李䜣当面对质。

范櫰背了一通早就练好的台词，李䜣如梦初醒，知道是自己让人设局害了，愤愤不已，道：“连你都来诬陷我，我还有什么话说！只是你受过我的厚恩，怎么忍心做这样的事？”

范櫰不以为然：“李大人以前也受过李敷的厚恩，他给你的可比你给我的强多了。你忍得下心，我凭什么就忍不下心来呢？”

李䜣一个劲地叹道：“怪我看错了人，悔之晚矣！”

冯太后靠着赵黑、范櫰的帮助给李䜣定了罪，将他一族全部处死。之后，她用类似的伎俩诬陷拓跋宏的外祖父李惠一家叛国，又除掉了这个大政敌。至此，北魏的朝廷成了冯氏的天下。直到多年之后，一代明主掌权，才逐渐改变了局面。

第八章

明主昏君

客观现实使北魏统治者不得不做出改变自我的决策。对于北魏政权而言，它是幸运的，因为有一位汉人太后来指引它改变的步伐；对于鲜卑人而言，他们又是不幸的，因为改变自我，同时也意味着丧失自我。

耐人寻味的是，在汉人与鲜卑人之间矛盾日益减小的同时，北魏内部却由于人为划分士族、寒族，出现了另一种社会阶层的分化，以致不出三十年，北魏就陷入了完全的分裂。我们可以这么说："北朝盛于孝文帝，也亡于孝文帝。"

抛开步骑差异、士兵战斗力以及统帅综合能力不提，南朝的战争动员力与北魏相去甚远。如果用现代的词汇说，北魏有能力打赢一场全面战争，而南朝只有能力打赢一场局部战争。这样的差距，南朝焉能不败？防线焉能不一退再退？

"人生七十古来稀"，在韦叡的年代，能有多少人活过六十？不会太多。古往今来，又能有多少人庸庸碌碌几十年，活到六十才找到奋斗目标，从此保持一颗炽热的心，去实现"治理国家、成就功业"的伟愿？想来更少。但我能肯定，韦叡是其中的一个。

● ● ●

一、垣崇祖决堰战寿阳

《南齐书·魏虏传》中记载了这样一件事：南朝与北朝通使，魏孝文帝拓跋宏十分敬重南齐的大臣，每次都亲自迎接使者，与他们相谈甚欢，恨不得自己手下也有这么优秀的人才。他经常对手下的大臣们感叹："江南多好臣。"有个叫李预的秘书令乃是以前给拓跋珪做文化启蒙的李先的曾孙，就对答道："江南多好臣，岁一易主；江北无好臣，而百年一主。"意思是说，陛下您说江南多好臣，怎么他们隔三岔五地换皇帝？咱们江北无好臣，皇帝却很少变更啊。据说孝文帝听了一时惭愧，半晌没说一句话。

南北朝时期就是这样一个反差强烈却又趣味盎然的时代，一边是昏君频繁更替，一边是明主励精图治。我们不妨回到孝文帝拓跋宏的太和年间，重温那段明主与昏君们共创的故事。

公元 477 年，北魏改元为"太和"，这是一个使用时间长达二十三年的年号，在整个北魏王朝一百五十年的历史中独一无二。

与明、清时代帝王一朝一年号的传统截然相反，中古时代的封建帝王更换年号是家常便饭，像刘宋前废帝刘子业那种不讲礼法的人，更是可以变态到一年就改元两次的地步。在这些短命年号之中，长命年号，尤其是长得超过二十年的年号就显得弥足珍贵了。那么，"太和"这个长命年号意味着什么呢？

我们不妨做个小小的统计。从魏晋到隋唐的大王朝中，使用时间超过二十年的年号一共只有七个，在南北朝之前有晋孝武帝的"太元"，南北朝之后则有隋文帝的

“开皇”、唐太宗的“贞观”、唐玄宗的“开元”、唐德宗的“贞元”。这几个年号中，太元年间的状况相对较差，但那也是东晋中后期相对比较稳定的一段时间了，淝水大捷就是发生在这一时期的（太元八年）。其他四个隋唐的年号都比较为人所知晓，隋文帝开皇年间是一个大一统的时代，中国结束了南北割据的分裂局面；另外几个则分别以“贞观之治”“开元盛世”“贞元中兴”而知名，是初唐、盛唐、中唐的高峰时期。

由此我们大致可以得出这样一个结论：中古时期中国的长年号，往往是政治稳定、经济繁荣的重要特征。南北朝仅有的两个长年号也进一步佐证了我们的结论。南朝的“元嘉”我们已经说过，那是南朝最为重要的治世时期；与之相对应，北朝的“太和”标志着北朝的鼎盛。北魏的统治在太和年间达到了巅峰，半个世纪后的杨衒（xuàn）之在他的《洛阳伽蓝记》中是这么追述“太和盛世”的景况的：

> 当时四海晏清，八荒率职，缥囊纪庆，玉烛调辰，百姓殷阜，年登俗乐。鳏寡不闻犬豕之食，茕（qióng，同“茕”）独不见牛马之衣。

一手造就了这一辉煌的人物正是文明冯太后，当然也离不了她一手培养的得意“弟子”——北魏孝文帝拓跋宏。

即便是再优秀再有预见性的统治者，也不可能从一开始就一直执行完全正确的政治路线。延续二十三年的太和时代，是以一场决策错误的南北战争拉开序幕的。

拓跋焘死后，继任的北朝统治者忙着抚恤四方，南朝的统治者则忙着内斗不休，都没有闲暇进行大规模的边境作战。刘宋泰始初年的那一次南朝的丧师失地，纯粹是刘彧处理失措造成的，那一次以后，宋魏两国在边境上虽有小的摩擦，但都未对各自的管辖范围产生什么影响。

弹指一挥间，十年沧桑巨变，宋魏对峙换成了齐魏抗衡。北魏太和三年，也即南齐建元元年（479），北魏听说萧道成代宋自立，感到有机可乘，决定大举伐齐。鲜卑人想到了一面貌似正义的旗帜——他们打出了丹阳王刘昶这张牌。

刘昶归降北魏之后，受到北魏很高的礼遇，不但被招为驸马，而且还被封为丹阳王。宋文帝刘义隆的十九个儿子中十八个已灰飞烟灭，活到最后的，竟然就是这位

“叛逃外邦”的刘昶。

北魏扶持刘昶，以讨齐复宋为名对南朝作战，是有其独特用意的。佛狸饮马长江遭受失败后，拓跋鲜卑对于南侵这个问题其实是讳莫如深的，他们逐渐认识到，纯粹用军事征服的手段扫平北方没有问题，但对付水乡泽国的所谓“岛夷”还是有相当难度的。经过将近两百年的大分裂时代，南北方的某些差异之巨大近乎两个不同的世界。在这种情况下，局部的军事胜利并不能改变分裂的根本局面，只会产生无谓的财物与人力的消耗。于是鲜卑人退而求其次，决定扶立一个傀儡政权，从而达到控制南朝的目的，就算不能够彻底消灭南方的政权，在江、淮之间建立一个缓冲附庸国，对于北方而言也是有百利而无一害的。

这个如意算盘打得的确有其合理之处，然而北魏在出兵的时候就忽略了一个很重要的问题——如何充分赢得南方民众的支持。刘氏家族在二十年中相互征伐，导致南方生灵涂炭，失去民心也不是一天两天，老百姓对他们早就没什么感情了，何况目前除了国号、国姓改了以外，整个南方的改变并不大。在这种情况下，推一个姓刘的人做皇帝，大家未必反对，但硬要推翻现在这个姓萧的政权，大家也并不会觉得有什么好处。

北魏选择的达成目标的手段也有问题，它没有挑唆南齐边境上的叛乱，而是直接以大军压境，渡过淮水，进入南齐境内，相当简单粗暴。

两相比较，萧道成的准备要充分许多。他在称帝前后做了两件大事来对付北魏，第一件就是将兖州刺史垣崇祖调任豫州刺史，镇守寿阳（今安徽寿县）。垣崇祖在刘宋末年就战功卓著，后来在淮南一带担任太守，一度与萧道成共事，十分敬服萧道成。萧道成对他也十分器重，称帝时不仅把垣崇祖安排在了最重要的位置上，还叮嘱他说：“我现在刚刚得到天下，索虏肯定会以护送刘昶的名义兴师动众进犯我国，寿阳首当其冲。能制服强寇的，只有将军一人而已。”垣崇祖深感重任在肩，因此一直积极备战以待外敌。

萧道成做的另一件事是派遣骁骑将军王洪范出使柔然，商议共同讨伐北魏。柔然面对北魏虽处弱势，但在西南的西域各国之中还是扩展了不小的势力的。王洪范的使团从蜀地出发，经过吐谷浑和西域长途跋涉，见到了柔然可汗。此时柔然的可汗已经换成了吐贺真的儿子予成，汗号是“受罗部真可汗”，鲜卑语的意思是“惠”。这位可汗为人确实比较求实惠，他与北魏之间没有发生多少正面的冲突，只与北魏在其统治的薄弱地区西域展开势力圈的争夺，维持住了柔然的基本生存空间。不过现在既然有了南朝的支持，予成就有了更进一步的勇气。

受南朝使臣的鼓舞，予成于建元元年（479）冬天出兵，骚扰北魏的长城。不过这次骚扰并不成功，大约还是出于对北魏的畏惧，予成的十几万骑兵在长城北面跑了一趟就宣布撤军了，没有起到任何夹攻甚至牵制的作用。

北魏进攻南齐的军队名义上以刘昶为统帅，实际上兵分三路：梁郡王拓跋嘉进攻淮阴，陇西公拓跋琛进攻广陵，河东公薛虎子进攻寿阳。

北魏太和四年，也即南齐建元二年（480），拓跋琛率领的一路魏军首先发难，攻下了南齐的马头戍（今安徽寿县西北），继而进攻钟离（今安徽凤阳东北），被徐州刺史崔文仲击败，退到寿阳北面。

北魏军队重新集结，由拓跋嘉与刘昶共同率领，号称步骑二十万，直取寿阳。一百年前苻坚的八十万大军在这里栽了跟斗，现在魏军并不信邪，还要再试一回。刘昶临战动员，场面十分隆重，他面向四方将士各拜一遍，声泪俱下地号召道：“大家一同努力啊，为我报仇雪耻！”

魏军还没杀到，寿阳城中的齐军已为魏军的气势深深震撼，文武官员虽多，却缺少对策。垣崇祖见众人一筹莫展，开口道：“敌众我寡，需得以奇制胜。当年苻坚大败于淝水北岸，我看咱们也可以做做淝水的文章。让将士们现在就开始整修外城，并在淝水上修筑堰堤，加强防御，你们意下如何？”

众人都不理解，问：“拓跋焘攻打寿阳的时候，南平王刘铄兵多将广，士气高涨，兵力超过我们十倍，尚且认为外城太大，难以防守，最后退入内城自保。自从有淝水以来，从未听说有人在上面修筑过堰堤，就是因为地形并不利于修堰。这能有用吗，怕是浪费时间吧？”

垣崇祖摇头道：“你们这些人啊，光知道拿以前的那些旧例来说事。假若我军放弃外城，毫无疑问索虏就会占领它，并且在外面修建楼台，在里头筑起长墙，到时候我们的军队不就是坐以待毙了吗？说定了，守卫外城，修筑堰堤，你们都不用再劝我了！”

垣崇祖下令，趁魏军还在进军途中，派人在寿阳城西北火速修筑起堰堤，拦截上游的淝水，并在堤北修筑小城，四面挖好沟堑，又在城中布置了数千守兵。工事修建完毕，垣崇祖对众人说：“索虏贪得无厌，见此城狭小，以为可以一举攻克，必然会全力攻打。到时候我们决堰放水，不废一兵一卒，定教他们有来无回，全都变成浮尸。这难道不是事半功倍吗！”

北魏大军来到小城之下，果然如垣崇祖所说，集中兵力来攻城。垣崇祖在城头看得真切，指挥若定，命城中守兵吸引住围城的魏兵。与此同时，一支特工队已经悄悄跑到堰堤之上，准备就绪了。

黄昏时分，魏兵的攻城没有多少进展，只好先休战吃饭。还未开饭，上游的齐兵就决开了堰堤，大水奔泻而下，魏兵全部被冲进了沟堑，小城之外顿成汪洋一片。对于垣崇祖的这支“奇兵”，魏军完全没有防备，淹死的人马数以千计，侥幸逃生的也是仓皇北窜。信誓旦旦的刘昶傻了眼，只得以时值春夏之交、雨水量增多为理由退兵。齐魏之间的第一场攻防大战——寿阳之战，以垣崇祖的大胜告终。

二、除弊革新

军事行动在寿阳被挫败之后，北魏并没有善罢甘休。太和四年（480）和五年（481），他们又改换进攻路线，连续发动了两次攻城战。

在朐（qú）山（今江苏连云港锦屏山）攻防战中，拓跋嘉试图通过攻下这一海上的据点，从东面包抄建康。然而朐山的守军十分顽强，大破魏军，南齐水军又经由淮水从海路增援，魏军无奈，只得退兵。

在淮阳争夺战中，魏军同样没能在淮水流域的战场上捞到任何便宜，伤亡士兵有上万之多。垣崇祖率军渡过淮水，突击魏军，又杀了几千士兵。出征魏军在退兵途中攻灭了徐州一带拥兵起义的桓标之等人，掳掠了淮北的三万多百姓回到平城，才算勉强交差。从这一事件中我们其实也可以看出，作为南北朝之间的缓冲区，淮北几乎成了“三不管”地带。北魏在行政上对淮北四州进行管辖，但由于这一地区传统上与南方有着更加密切的联系与纽带，而且多年战乱使这一地区基本成为荒芜之地，所以北魏的统治是十分松散，缺乏实际效果。掳掠百姓以补充统治中心人口的不足，是北魏前期取得新的土地后常用的一种手段，现在却被用来对付淮北四州的军民，如此“打一枪就跑”的心态，正好说明了他们在心目中还没有实实在在把这些地区当作自己的国土；而淮北地区在同一时期发生的多次叛乱与起义，也从另一方面说明了淮北人民对于北魏这个新主人毫无认同可言。这样严重的隔阂，才是导致南北朝继续分裂对抗的根本原因，而克服这个问题，也就要求北魏在某些方面做出根本性的变化，最关键的一点就是迁都，我们放到后面再说。

客观现实使北魏统治者不得不做出改变自我的决策。对于北魏政权而言，它是幸运的，因为有一位汉人太后来指引它改变的步伐；对于鲜卑人而言，他们又是不幸的，因为改变自我，同时也意味着丧失自我。

北魏太和八年（484），第一道摆上台面的改革令就是实行俸禄制。从前，北魏统治者的小恩小惠、小赏小罚都只是短期性的，没能改变官员贪污受贿的风气，现在冯太后出面颁布诏令，将官员俸禄彻底制度化。她的具体举措是："户增调帛三匹，谷二斛九斗，以为官司之禄；增调外帛二匹。禄行之后，赃满一匹者死。"

这个新制度说到底就是增加百姓的赋税，用这部分收入来作为官员的俸禄，而有了俸禄保底，官员要是再被发现用各种名目收受赃款，就要严惩不贷。换句话说，以往官员利用职权对百姓三番两次征收的钱财，现在将由政府一次性征收的赋税所取代。对于普通百姓来说，这项政策至少可以让他们避免被各级官员无端盘剥搜刮，他们自然是以接受为主，然而对于官员来讲情况就不同了。俸禄制一颁布，一个月中，因收赃款受到查处的就有一大片，倒下的有包括孝文帝的舅舅、担任秦益两州刺史的李洪之在内的四十多名官员，由于贪污的数目超过了限额，他们都被下令自裁或处死。

这下子那些贪婪成性的鲜卑官员可就坐不住了，皇上简直是用"白色恐怖"政策断了大伙的财路啊，他们怎么受得了？作为宗室之一的淮南王拓跋佗代表大家上奏，说还是恢复旧体制为好。冯太后明白拓跋佗背后的这股力量来势汹汹，专门召集群臣讨论此事。中书监高闾上表驳道："发放俸禄对于官员是最佳的保护措施，廉洁的官员会更加清白，而贪污的官员也有机会改过为善。如此的措施要是被废止，那么贪官污吏会更加肆无忌惮地贪，清官廉吏却连维持自身生计都做不到。请太后想一下，淮南王提出这样的建议，岂不荒谬？"高闾是一名在政治上很有见地的汉族官员，北魏军队讨伐南齐时，他就提出了不同意见，预言战争必然徒劳无功，冯太后没有接受他的意见，事后也很后悔。他关于俸禄制的这番言论又是颇具远见，冯太后对之表示赞许，下诏新制不变，继续大力推行。

随着俸禄制步入正轨，冯太后的下一项改革措施也很快跟进。第二年，即北魏太和九年（485），在给事中李安世的建议下，冯太后又颁布了新政，推行均田制。

均田制又是怎么一回事呢？简单地说，就是北魏政府将境内的无主荒田重新分配，授予农民。北魏建国初年，由于战乱的影响，众多流民纷纷依附豪强大族，成为佃户。这些佃户虽然不用交纳赋税，但豪强对他们的强征暴敛丝毫都不比国家的赋税要少。这样一来，就形成了很多地无人去种，同时又有很多人失去土地的不合理局面。

均田制的主要内容大致分为五条：

第一条是关于土地分配的数量的：十五岁以上的成年男子每人可以得到四十亩农田，女子则可获得二十亩，奴婢与普通人待遇相同；每拥有一头耕牛，可以另外得到三十亩农田，但是有上限，超过四头后就不再补给。各地配给的田地会有差别，有的土地肥沃，有的则贫瘠，怎么办呢？诏令规定，如果是两年才能耕种一次的田地，那么要多给一倍；如果是三年才能耕种一次的，则要多给两倍。这样的做法，保证理论上的公平性。

第二条是关于土地分配的方式的：百姓只要达到纳税的年龄，就可以配给田地；年老或去世后，田地则自动归还国家。根据每人拥有奴婢和耕牛的数量的变化，政府也会相应地配给或收回田地。

第三条是鼓励种植桑田：对于初次受田的男子，政府会另外分配他二十亩田，要求必须种植五十棵桑树。这类田地可以被后代继承，死后不用上交国家。

第四条是对于现有土地者的管理办法：根据户口标准，对于土地盈余的农民，政府既不配给新田，也不令他交还旧田；土地不足的农民，政府会依照规定补齐；有盈余的农民，可以自由出售田地。

第五条是针对地方官员的田地分配的：地方官可以就近根据级别配给一份公田，卸任时要把该田转交给接任的官员；官员严禁买卖公田。

均田制在中央政府派遣到各地的使臣的督促下，得到了比较有效的实施，从而使大量佃户重新获得土地，国家控制了充足的税收资源，社会也趋向于稳定。

还有一点尤其值得注意，均田制的对象不仅仅针对汉人，胡人只要符合条件，也同样可以获得土地，所以，均田制客观上进一步促进了整个北魏社会的农耕化。这一制度日后在北方的齐、周、隋等朝被沿袭采用，并被不断改进，直到唐代中后期，才由于土地兼并的日益严重被废除。单单这一点，就足以让决策者冯太后名垂史册。

一年后的太和十年（486），第三项政策也出台了。这一次推行的是由冯太后的宠臣、内秘书令李冲发起的改革地方组织的三长制。

所谓“三长”，就是指五家为一邻、五邻为一里、五里为一党，每一邻、一里、一党，要分别选择能力强、德行高的乡人担任长官，称为邻长、里长、党长。各长负责在自己的管辖范围内检查户口、征收赋役。

这项政策实际上是脱胎于汉人政权的乡党制度。十六国时期，北方豪强聚众自守，设立了“坞壁”这样独特的社会单位。北魏建立后，行政管理简单化，直接任命坞主为宗主，建立“宗主都护制”。结果呢？人们都在宗主的庇护下隐匿户口，逃避赋役，严重的地方居然出现了一户里头有三五十家的情况，所谓的“户口”失去了真正的意义。有了三长制，北魏的基层组织就有了制度性的保障，但它明显打击了既得利益者，所以与俸禄制一样，三长制的颁布也遇到了莫大的阻力。

李冲上奏后，冯太后向百官一公布，满朝文武就炸开锅了。秘书令高祐、中书令郑羲的观点是三长制看起来很有用，但是难以推行。郑羲补充说：“您如若不信，不妨试行，失败之后就知道臣等所言不假了！”太尉拓跋丕赞成施行，认为此法若行，国家与个人都可受益。著作郎傅思益则坚持守旧，说：“民俗已久，一旦改法，恐怕会滋生祸乱！”

除了正反两方观点鲜明的，多数大臣都处于两方之间，他们认为时值农忙，新旧制度难以衔接，不如缓行，等到秋收之后再颁布这项政策。李冲对此很不以为然，对一干大臣说：“新制度若不凑准时间，大家得不到好处，肯定会有怨言。眼下改制，正好让老百姓立即享受到实惠，认识到改制的目的。”

冯太后最终力排众议，采纳了李冲的意见，果断迅速地向全民推动三长制度。不出半年，各地户口数就大量增加，豪强们不高兴了。于是冯太后又下令降低赋税，这可让大家开了心，反对的声音越来越小。

连续三年颁布的三大制度，成为冯太后政治生涯中最值得一书的一笔。经过一系列改革，北魏的改制逐渐驶入一条半自觉的轨道。

接下来，冯太后与刚刚成长起来的孝文帝拓跋宏又将面临什么新的问题呢？

三、北魏重教崇礼

北魏颁布三长制的当年（486），孝文帝拓跋宏开始着正式礼服上朝接见众臣。这算是一个标志，冯太后此后虽仍继续临朝听政，但朝中大权实际已转移到孝文帝的手中。

冯太后两次临朝期间所取得的成就，我们已经叙过两点：拓展疆域与改革制度。前者先因刘宋自身的混乱而得手，其后又因为对形势判断的失误而止步淮水；后者则均由她本人亲自决策和推动。随着制度的不断完善，鲜卑人建立的魏国“胡气”越来越淡，而“汉风”则越来越盛。

在此之外，冯太后的另两点贡献是兴办学校与尊崇儒礼，她推进这两点的目的只有一个，就是从教育和礼仪上对北魏进行全盘儒化，或者说是全盘汉化。

冯太后比崔浩更明白一个道理：想让鲜卑人接受儒家传统文化，最重要的不是齐整人伦，而是从内部对上层贵族着力改造，这种改造或许是表面的、肤浅的、容易接受的，但恰恰是这种表面的肤浅，却可以引发日后的连锁反应，最终实现真正的汉化。所以她着力培养的对象远不只是皇帝拓跋宏一人。北魏太和九年（485），皇弟拓跋禧、拓跋幹、拓跋羽、拓跋勰（xié）等人同时被封王，冯太后趁此机会在平城设立皇家学馆，选拔最有学问的老师，组织他们学习儒家文化。

这个措施很有意义，为什么呢？因为拓跋鲜卑是马上得的天下，所以在早期，他们的贵族子弟从小所受的教育主要就是骑马、射箭这类硬功夫，以及通过实战积累指挥经验。对于儒家文化的精髓，他们并没有很好的机会认真汲取和领略，所以拓跋珪才会问出“天下书籍有几许”这样的准弱智问题。同时，这也是佛教文化在贵族中大行其道的原因之一。

冯太后深谙“文化熏陶要从娃娃抓起”的道理，既然这些亲王将来是北魏的栋梁，那么把他们熏陶成“鲜卑皮汉人骨”就非常必要了。果然，这些孩子长大后，成为北魏皇族中承前启后、支持推行彻底改制、影响最为深远的一代。尤其是拓跋勰，他在学馆中已经表现得聪明好学、出类拔萃，文章写得一级棒，拓跋宏也特别喜欢这个弟弟，兄弟俩的关系非常好。

对于拓跋宏本人，冯太后更是着力培养，还为他编了一本专门的教材，叫作《劝戒歌》。这个东西其实很像后世的《三字经》《子弟规》，每句押韵，读来朗朗上口，既容易记，又有助于学习道理。冯太后一共编了三百多章，称得上是儿童教材编写的勇于实践者，大约也是古往今来教材编写者中实权最大的一位了吧。此外，她又写了十八篇《皇诰》，在宴请百官的大殿之上以诏书的形式颁布，作为皇帝学习的指南、为人的准则以及施政的纲领。

尊崇儒礼方面的举措，则基本是与三大制度的颁布同步进行的。

北魏太和九年（485），冯太后下诏全面禁止卜筮和谶纬，一旦发现，统统焚毁，私藏不报者一概处死。

对于在乱世中迭兴的政权而言，谶纬学说是有利的，而对于自太武帝之后就长期处于治世局面的北魏来讲，它可就起不到太大的作用了。加之佛教风头正劲、玄学日益兴起，谶纬已退居二线，在这个时候又来禁止这一招，自然是把谶纬推入了万丈深渊。

太和十年（486），北魏规定官员公服的等级。公服按照品位级别的不同，用不同颜色来区分，从高到低分别是朱、紫、绯、绿、青。这种等级颜色化的创意究竟是从哪里得来，我们已经很难考证，最大的可能性是借鉴魏晋时期的旧制。无论如何，这是历史上第一次有文献记载以颜色来区分品位。这一制度演变到唐宋，官服逐渐减为紫、绯、绿、青四种，所以“朱紫”“紫蟒”也就成了高官显贵的代名词，所谓“满朝朱紫贵，尽是读书人”。

太和十一年（487），北魏又严格审核、统一了典礼乐章，不属于雅乐的全部摈弃不用。这显然又是继承了儒家思想极其重视音乐文化的特点，到了孝文帝统治中后期，北魏的宫廷文化已经与传统汉族王朝非常接近了。

北魏太和十四年（490），冯太后病故于平城太和殿，享年四十九岁。

从小接受冯太后谆谆教导的孝文帝悲痛欲绝，整整五天滴水不喝，大臣们极力进谏，他才勉强喝了一碗粥。冯太后崇尚节俭，遗言中强调要丧事从简，不必设置各种陪葬器具。但孝文帝不顾高闾、游明根等人的反对，执意将陵墓拓宽六十步，以达到皇陵的规格。

值得一提的是，这位文明皇太后并没有与她的丈夫文成帝拓跋濬合葬，而是于生前自行在方山（今山西大同北）选择了一处墓地。

传统史家多将太和年间北魏的兴盛发达归功于孝文帝一人，直到国学大师吕思勉在他的《两晋南北朝史》中提出："孝文之为人，盖全出文明太后所卵育；其能令行于下，亦太后专政时威令夙行，有以致之；故后（太后）实北魏一朝极有关系之人物也。"史学界才逐渐将更多目光投向这位巾帼女杰。

宠信面首与太监是冯太后最为后人诟病之处，不过安置面首的做法虽可商榷，冯太后却并没有因此影响政令的实施。相反，她的两大面首——王叡和李冲——并不是所谓的"绣花枕头"，而是很有能力。尤其是中书令李冲，在冯太后去世后他依然参与朝政规划，尽忠尽责，深受孝文帝的重用。

冯太后给北魏帝国留下了太多的遗产，其中最为重要的就是孝文帝本人。从太和十四年（490）起，北魏正式进入了太和盛世的后半期——孝文帝时代。

在介绍孝文帝的事迹之前，我们先来看看与他同时代的两位南齐皇帝：太祖高皇帝萧道成与世祖武皇帝萧赜。

萧道成在称帝并顶住了北魏的几轮进攻之后进入了统治的平和期，可惜好日子不长久，他只做了不到四年的皇帝，就于南齐建元四年（482）去世了。

萧道成一生目睹了刘宋政权由盛而衰的全过程，意识到刘宋后期诸帝奢靡腐败的危害性。他即位后以身作则，号召天下人移风易俗，勤俭朴素。

自宋孝武帝刘骏以来，皇帝的礼服日益精美华丽，上面还佩有光彩照人的玉导，萧道成下令将玉导打碎，类似的装饰物也参照此例废止不用。宫中凡是用铜制作的器物栏杆全部改为铁质，宫殿里不得铺张浪费，能省则省，能替则替。他常爱对身边的人说一句话："假使让我治理天下十年，我将使得黄金与土同价。"可以说，他是位典型的视黄金如粪土的主儿。可惜，仅仅是做一些作秀式的表率，没有有效的措施与合理的手段配合，民间奢靡腐败之风又怎么能够得到实质性的改变？

经济方面，萧道成也没有太多建树。对于士族阶层日益严重的土地兼并现象，他试图从皇室入手进行控制，但由于缺乏配套的类似均田制的"数字化"管理，南朝的社会阶层又远较北朝复杂，简单的政令也不会有实质性的效果。

更糟糕的是，自从刘宋初年推行土断以来，许多人为了逃避赋税，加入了可以享受免役特权的"黄籍"（与要服役的"白籍"相对），千方百计地投机取巧、伪造业绩、贿赂官员，到了刘宋末年已经是积弊重重，虚假户籍比比皆是，国家财政收入蒙受了巨大损失。对此，萧道成于南齐建元二年（480）接受虞玩之的建议，以元嘉二十七年（450）的板籍为标准，重新登记户籍，这就是南齐初年的"检籍"。在检籍中，政府在各地专门设立官员进行审查，对于弄虚作假者严惩不贷，并规定每人每天必须要查出几个作弊户籍。

这可就是瞎搞了，有些地方的官员实在找不出非法的，就硬从合法的黄籍户口里挖出好欺负的拿来充数，而那些会打官场交道、善于逢迎贿赂的人，又再次逃脱了惩罚。萧道成把好想法办成了坏事，民间对他怨声载道，许多被取消黄籍的百姓不服现状，起来造反，政府蔑称这些人为"白贼"，予以残酷镇压，双方矛盾越来越大。

齐武帝萧赜继位后，一场大起义终于爆发了。

四、齐武帝萧赜

齐武帝萧赜是萧道成的长子，据说他出生的时候，祖母陈氏（即萧道成的母亲）和生母刘氏同时梦到龙身盘踞于房梁之上，可谓大富大贵之兆，萧道成于是给他起了一个小名“龙儿”——从中也可以看出萧道成的“异心”。

萧赜本人从小把自己看作匡扶天下之才，他凭借老爹的功绩，很早就有所作为，在宋明帝平定刘子勋的作战中立下大功。萧道成掌握大权后，他被封为镇西长史、江夏内史、行郢州事。

沈攸之起兵时，朝廷内部危机暗伏，一时腾不出手来对付，萧赜未经朝廷授权就据守在长江上的湓口（今江西九江附近），以阻止沈攸之东下。萧道成得知此事后，非但没有因他自作主张生气，反而十分得意地说：“这真是我的儿子啊！”

作为父亲身边最得力的助手之一，萧道成称帝后，萧赜顺理成章地做了皇太子。等父皇驾崩，他已经有四十三岁，无论从能力还是经验上看，这都是担任皇帝的最佳年龄。萧赜呢，也算个合格的皇帝，他行事果断，执法宽厚，深识大体，又和父亲一样见证了刘宋的腐朽亡国史，推崇“宫中俭，天下富”的治国理念，南齐在他的治下经济有了一些起色。

萧赜在位的永明时代是自元嘉以来南朝第二个比较稳定的时期，各种文学艺术随之繁荣起来，著名的南朝诗歌体“永明体”就产生于这一时代。受佛教的影响，汉语音韵四声的理论日益成熟，诗歌创作的平仄韵律有了保障，在这样的背景下，永明体的诗歌多以五言四句、八句为主，非常接近于唐代的绝句与律诗。南齐皇室萧子显所撰的《南齐书》称颂以“永明”为年号的十一年间“百姓无鸡鸣犬吠之警，都邑之盛，士女富逸，歌声舞节，袨（xuàn）服华妆，桃花绿水之间，秋月春风之下，盖以百数”，虽为溢美之词，但也的确有事实根据。加上这一时期南北之间没有什么大规模的战争，而以和平交往为主，萧赜的统治还是颇有可称道的地方的。

萧赜吸取刘宋兄弟阋墙的教训，又受到父亲的临终教诲：“宋氏若骨肉不相图，它族岂得乘其弊？汝深戒之。”所以，他与同样很有才干、受父亲喜爱的弟弟豫章王萧嶷关系保持得不错，对其他的萧氏宗室也能充分信任。萧赜在这一点上做得要比同为守成之君的宋文帝刘义隆强一些，但是也仅限于此了。实际上，他容人的肚量并不大，几个留下来的功臣、忠臣都被他诛杀了。

萧道成还在位时，司空谘议荀伯玉曾向萧道成参过一本，揭发萧赜纵容亲信张景真为非作歹。萧道成非常生气，在萧赜外出拜谒皇陵的时候派人入东宫捕杀了张景真。父子的关系一度闹得非常僵，多亏大臣们求情，萧赜才逃过一劫。事后，萧赜听说整件事情是荀伯玉在背后作梗，自然与他结下了梁子。

等萧道成撒手人寰，萧赜立即开始算老账。南齐永明元年（483），萧赜下诏诬陷战功卓著的五兵尚书垣崇祖在江北边境上集结力量，与荀伯玉勾结谋反，将这两个人都给抓起来杀了。

接着，遭殃的轮到了车骑将军张敬儿，这家伙就死得更冤枉了。

张敬儿的妻子经常梦到全身发热，每次一有这种梦，张敬儿总会发达一把，非常怪异。他自己对此很是得意，到处对亲朋好友夸耀，而且还添油加醋地讲一些更离谱的梦，比如他说自己梦到家乡的树长到天顶。这些梦话被一名太监传到萧赜那里，就成了不臣犯上的罪证，恰好又有人告诉萧赜，说张敬儿还经常和蛮族人打交道，萧赜终于起了疑。他在会见群臣的宴席中当众捉拿了张敬儿，宣布了一堆捕风捉影的罪名，将他与他的几个儿子一并处死。好好一个开国功臣，就白白死在做梦上头了。

总体上看，齐武帝与宋明帝正好相反，后者是对兄弟多疑，对臣下宽厚，齐武帝则是对兄弟宽厚，但对臣下十分地不信任。宗室之间矛盾重重固然会导致内乱，但皇帝至少还有一批可用之人，可如果对人才不能放心使用的话，那就很难有所作为了。仅凭这么一点我们就可以断言，南齐一朝的格局不可能大到哪里去。

果不其然，南齐的问题总是多于成绩，刘宋失败所留下的弊病萧道成没有解决，萧赜也没能解决。到永明三年（485），各种问题来了一次总爆发——会稽发生了声势浩大的大起义。

起义的根源就是检籍。检籍之后，会稽一带出现了大量却籍（伪冒户籍）人口，为解决这一问题，朝廷下诏将却籍人口发往边疆服役。谁都不愿去边疆受苦，朝廷这样做，更加造成了社会的不安定。

富阳的一名却籍百姓唐寓之不愿听从安排，他自称会法术，在新城（今浙江富阳一带）聚集了四百多人，迅速攻陷了新城、富阳、桐庐等地。附近那些丢了黄籍、对政府不满的人听到这一“鼓舞人心”的消息，纷纷前往投奔，唐寓之的部众在一个月中就扩充了近百倍，达到三万之多。

起义军达到这个规模，跑到哪里都会加入一些随大流的群众，唐寓之的队伍越来越庞大。面对他们，南齐各地的守备如纸糊的一般，被这群乌合之众在国家的核心地带打了个遍地开花。

南齐永明四年（486），唐寓之的军队先后攻陷了钱唐（今浙江杭州）、盐官（今浙江海宁西南）、诸暨、余杭，并分兵向南攻陷了东阳（今浙江金华），杀掉了东阳太守，也就是萧道成的族弟萧崇之。

一连串的惨痛失败令建康大为震动，萧赜赶紧派出皇城的精锐部队台军前往镇压。

唐寓之的志向并不大，几场胜利之后就觉着自己得了天命。他在钱唐就地称帝，改国号为“吴”，改元“兴平”，设置百官，以为从此可以和南齐分庭抗礼。结果台军的数百骑兵和数千步兵一杀到钱唐，唐寓之就乱了阵脚——他哪见过这么勇猛的骑兵部队！乌合之众一战而溃，唐寓之被俘身亡，几万人的大起义呼啦一下就失败了。

台军的战斗力虽强，军纪却很糟糕。攻入钱唐后，士兵们不但拘押了大量却籍民众去服役，还大肆抢掠城中的百姓。萧赜听说后，马上下令问罪，台军军主、前军将军陈天福被斩首，左军将军刘明彻被免官削爵。

朝廷方面在对付起义军的整个行动中毫无可圈可点之处，对付却户的方式更是愚蠢之极。在朝廷的逼迫下，许多人被迫背井离乡，去到齐魏边境的淮水一带充军，在那里一待就是近十年。到了南齐永明八年（490），萧赜正式承认十年以来的检籍制度彻底失败，下诏说所有昇明（477—479）以前的户籍可以重新恢复，发配戍边的却户可以返回原居住地，只不过对以后再在户籍上弄虚作假的人要予以严惩。

检籍失败之外，萧赜大约还有另一个大遗憾，那就是巴东王萧子响在担任荆州刺史期间闹出的乱事。

萧子响是萧赜的第四个儿子，才二十二岁，力大无穷，武艺高强。他在任职期间擅自选拔了六十名武士做贴身侍卫，并且与荆州的蛮族私下里交换武器。

萧赜派长史刘寅等八人到荆州深入调查此事，萧子响听说有官差来检查，心中犯嘀咕，执意要求他们出示诏令。官差们咬定要先检查，双方争议不下，萧子响莽撞，一发火，直接下令绑了八个人，将他们统统砍头，并向父皇禀明情况。

严格来说，这件事情父子俩都有责任，萧子响是脾气太冲，而萧赜则没有与萧子响很好地沟通，又没挑好合适的办事人员，本来可以和平解决的问题就这样被捅大了。

萧赜听说自己派去调查的人竟然被儿子砍了，当即大怒，撤了萧子响的职，任命九子随王萧子隆为新的荆州刺史，又要派淮南太守戴僧静领兵讨伐萧子响。

戴僧静提醒说："巴东王年少，刘寅这帮人逼得太急，导致他做事不考虑后果。何况他是陛下的亲儿子，杀几个人算不得大过，要是忽然兴师动众去攻打，反倒会搞得人心惶惶，那就麻烦了。我戴僧静不敢领命。"

萧赜心说有理，就转移目标，派卫尉胡谐之、游击将军尹略和中书舍人茹法亮率领几百台军前往江陵，只搜捕在萧子响左右的那些小人，并吩咐说："萧子响若是束手回京请罪，可以保全他的性命。"

做父亲的想网开一面，不承想这回又是所任非人。胡谐之的副手是平南内史张欣泰，他劝胡谐之向萧子响的左右亲信说明利害关系，做好他们的思想工作，做到不战而屈人之兵。可胡谐之偏偏不听，一到江津，他就让大军修筑了一座城垒，摆出一副要兵戎相见的样子。

萧子响看了十分害怕，多次派使者向胡谐之解释："天下哪有儿子反叛老子的？我也不是想造反，只不过是行事粗心鲁莽罢了。我愿意乘单舟到朝中面见父皇，讲明情况，接受处罚，你们何必筑城捉我呢？"可胡谐之和茹法亮都对他不理不睬，唯独尹略说了一句："谁跟你这种叛父的逆子讲话！"

萧子响郁闷地拼命哭泣，却没办法，只能表现出更多诚意。他杀牛备酒，派人送到胡谐之的军中，没想到尹略前手收了这些吃的，转头就将它们全都倒到了江里。

萧子响又想与茹法亮通话，要求会见传达诏令的官差。茹法亮并不派人前去见面，反而将萧子响的使者关押了起来。

萧子响终于被惹毛了，组织了自己所养的勇士以及府上兵士两千多人亲自到长江堤上驻防。两军一交战，台军大败，“目中无人”的尹略战死，胡谐之等人都乘了单艇逃走了。

萧子响无心与父皇对抗，带了三十名亲信，乘坐小船顺江而下，准备到建康向萧赜讲述详情，谁知半道上遇到的人却要了他的命。此人便是萧道成的族弟，后来梁朝的开国皇帝萧衍的父亲——丹杨尹萧顺之。

萧顺之带的军队本来是胡谐之的后继，胡谐之打了败仗后，萧顺之也不可能孤兵深入进攻萧子响，哪料到萧子响却自己送上门来，还一把鼻涕一把眼泪地想向自己申诉冤情。萧顺之根本不听他那一套，他在离开建康时已经接受了太子萧长懋（mào）的密令：尽早送萧子响上西天。萧顺之看准机会，在演武的射堂中用一根绳索将萧子响缢死。

齐武帝萧赜的很多做法本意不坏，却接连不断地出昏着儿。齐国在他死后才真正衰亡，可衰亡的种子其实在歌舞升平的永明末年就已暗暗埋下了。

五、迁都洛阳

齐武帝萧赜在位期间，除了永明五年至六年（487—488）桓天生在南阳旧城起兵交结北魏，边境上闹过冲突外，一直维持着“北方无战事”的局面。到了他统治的最后一年，即南齐永明十一年，也即北魏太和十七年（493），萧赜忽然下令在石头城修造三千辆战车，准备夺回丢失多年的淮北重镇彭城。

消息传到平城，宋国宗室刘昶几次面见孝文帝拓跋宏，向他哭诉，请求出兵南征，以雪前耻。孝文帝在经武殿大会公卿，议论讨伐南齐的大计，并于淮、泗一带招兵买马，广积粮草。萧赜这边则以右卫将军崔慧景为豫州刺史，随时准备抵御魏军入侵。

双方剑拔弩张，一场大战似乎在所难免。可是战前谁也没有想到，这次冲突最严重的后果，是引发了北魏一场自上而下的“大革命”——迁都洛阳。

其实在迁都前一年的太和十六年（492），有一个容易被人忽视的细节很值得玩味：孝文帝拓跋宏召集群臣，讨论北魏政权的德运行次问题。

德运行次，或称五德终始说，是发端于战国阴阳家的学说，到了汉代以后成了封建帝王论证自己统治合法性的得力工具。简而言之，这套学说认为每个朝代都有它所对应的德运，这个德运可以用五行之一来表示，所以改朝换代说到底就是德运之间的相生相克。比如说两汉就是火德，魏、晋分别是土德和金德，对应的正是五行中火生土、土生金的原理，后来南朝接承东晋，以正统自居，当然也就自觉继承德运，所以宋是水德、齐是木德，以此类推。

问题出在北朝。西晋灭亡后北方大乱，十六国中勉强像样点的政权，大概也就前后赵、前后燕、前后秦这几个，而这几个朝代的君主为了维护统治，也早给自己的德运对号入了座。石勒的后赵认为自己继承的是西晋政权，所以德运就是水德；慕容氏的燕国认为自己是灭了后赵而称霸北方的，所以遵从木德；苻坚灭前燕统一北方后，也把德运承接了过来，为火德。北魏前期的君主们认为拓跋氏起家靠的是前秦的大分裂，所以一直以前秦的继承者自居，德运应该算土德。

中书监高闾就是这么认为的，他说："帝王都是以中原为正统，统治的善恶、长短是不计较的，所以就算桀、纣无道，周厉王、晋惠帝昏庸，也不能改变夏、商、周、晋等朝的正统地位。占据中原的皇朝自晋以后就是赵、燕、秦这几朝，我们魏国继承秦国的火德，当然就是土德了。而且我们的国姓'拓跋'出于黄帝轩辕，黄帝也是土德，微臣以为我朝德运应为土德。"说的正是北魏建国以来的传统观点。

秘书丞李彪和著作郎崔光并不同意，他们说："我们的始祖神元皇帝和晋武帝有往来，桓帝、穆帝等又曾辅佐晋室，所以我朝的国祚其实承继的是司马氏的晋朝。赵、燕、秦那些朝代局促一隅，哪有资格谈德运，咱们魏国怎么可以舍晋而为土德呢？"这席话的意思是要利用曾被西晋封为代王的拓跋猗卢等人与晋朝的关系，将中间经历的小王朝全部视为僭伪，以水德直接继承晋朝的金德。

辩论异常激烈，但李彪等人的观点调子高，逐渐赢得不少大臣的支持。孝文帝最后拍板，把魏国的德运改为水德。

德运这玩意虽说是宣扬天命变换的鬼把戏，其中的内涵却能反映北魏不同时期的自我定位。遵奉土德，那就是以中原政权自居，继承的是西晋分崩离析后的大分裂局面，充其量也就是个割据王朝；遵奉水德就不同了，继承的是晋朝，而晋朝是沿袭汉、魏（曹魏）传下来的，是统治整个中华大地的政权，比中原政权要高一个档次。

孝文帝的决定说明，这个时候的北魏已自视为高举中华文化火炬的正统王朝，包括东晋在内的南朝政权的合法性都被他否定了。既然如此，那么接下来的一系列彻底的汉化措施也就势在必行了。

首要任务就是迁都。

北方汉人认庙不认神，你把国都放在僻处北疆的平城，顶多就是个坐大了的胡人国家，只有定鼎河、洛，追随汉、晋那样的大一统王朝，才能够被广大人民群众所接受。然而迁都是大事儿，哪能说迁就迁？孝文帝深知鲜卑贵族们顽固守旧的特点，如若草率宣布迁都，肯定会招致强烈的反对，甚至会造成朝中的分裂，到头来还是不了了之。要做成大事，只可“智取”，不可“强攻”。萧赜北伐的传闻给了他契机，一条计谋在他心中渐渐酝酿成熟。

这一天，孝文帝拓跋宏宴请群臣。宴席之上，他装作忽然心血来潮，请身边的太常卿卜卦。一把算下来，碰上了易经六十四卦中的“革”卦，孝文帝激动地说：“这是好兆头，我们应该像‘汤、武革命’那样顺应天意，讨灭不臣！”

大臣们不知皇上今天发了什么神经想“干革命”，都不敢说话。孝文帝的堂叔尚书任城王拓跋澄看不下去了，他以为皇帝年轻气盛，考虑问题不周，劝道：“‘革’的意思是要变天，我大魏奄有中土，要征讨不臣，却碰上‘革’这么个卦象，恐怕不吉利吧？”

孝文帝脸色一沉：“社稷是朕的社稷，任城王你想动摇军心吗？”

拓跋澄争辩道：“社稷诚然是陛下的社稷，但臣也是社稷之臣，岂可知危而不劝阻呢！”

孝文帝怒气未消，半天不说话，过了好久才缓缓说了一句：“彼此各言其志，朕不计较了！”

群臣目睹这一幕，谁还敢开口发言？宴席结束，大家就无声无息地散去了。孝文帝单单留下了拓跋澄，请他来到后室，轻声对他说：“刚才的事叔父万勿计较！朕的态度之所以那么严厉，就是吓唬一下群臣，不想让文武百官来阻挠朕的想法而已。实话实说，举兵南征是假，迁徙国都是真。现在的国都平城面对北方大敌柔然，是用武之地，而非文治之城。叔父你接受的也是儒家的教育，我们现在想要推行汉风汉俗，在平城这个地方是没前途的，只有把都城迁到中原去才可以有所作为。叔父以为如何呢？”

拓跋澄恍然大悟，愁容顿时成了笑脸，说：“陛下迁都中原，此乃周、汉兴盛的根本啊，我拓跋澄举双手赞成！”

孝文帝又说：“可是北方人的脾性你也知道，到时候闹起来也不好收拾，你看怎么办？”

拓跋澄信心十足地答道："迁都是非常之事，自非常人所能虑及。只要陛下打定主意，那些没远见的人能有什么作为！"

孝文帝大喜，夸赞道："任城王真是朕的张子房啊！"

就这样，北魏太和十七年（493）的六月，孝文帝下诏亲征，并在黄河之上铺设浮桥，为大军渡河做好准备。

看这架势，很多人都联想起曹操的赤壁之战和苻坚的淝水之战，生怕孝文帝再蹈覆辙。秘书监卢渊特意上表请求不要亲征，孝文帝不听，执意率领步骑三十万从平城出发，浩浩荡荡向南方进发。

说起来也是天意，大军从平城渡过黄河抵达洛阳，一路上尽是小雨绵绵。道路泥泞，行军艰难，北魏的将士一个个疲惫不堪，全无战心。在洛阳停留几天后，孝文帝又下令前军出发，可大家根本就不愿意再走，纷纷懈怠起来。

孝文帝也不说话，自个儿穿上戎装，手执马鞭，跳上战马就要出城去。抱怨不已的大臣们见此情景可傻了眼了，莫非皇上真的疯了吗？他们赶紧追上前去，围在孝文帝的马头，呼啦啦跪倒一大片。

孝文帝故作惊讶，问道："大军将进，你们这算是什么意思？"

尚书李冲等人说："今日南征之举，天下人所不愿，唯独陛下一意孤行。陛下孤身出行，到底想去哪里？臣等知道劝不住陛下，现在只好以死相争！"

孝文帝大怒，说："朕正要一统天下，你们几个儒生怎么这么不懂事？真是坏朕的大事！再要说话，休怪朕的刀剑不客气了！"说着一挥鞭，冲出重围就要继续往前走。

安定王拓跋休等老一辈宗室吓坏了，抱住孝文帝的马匹放声大哭，泣声惨烈，让孝文帝的戏也不忍心再演下去了，他叹了口气，对眼前的众人说："唉，这次兴师动众，如果就这么半途而废，一无所成，如何向后人交代呢？要不这样吧，朕世居北方，既然不南征了，那就把国都迁到这里，你们看如何啊？"

一群人还在犹豫，孝文帝装出不耐烦的样子，说："啰里啰唆，成何体统！同意迁都的站在朕左手边，不同意的站在右手边。"话音刚落，拓跋澄就领着不少大臣跑到了孝文帝的左手边，但拓跋休等人还是老大不愿意地挪到了右边。南安王拓跋桢趁机进言："成大功者不谋于众。陛下只要停止南下，迁都洛阳，就是臣等之愿，苍生之幸！"孝文帝哈哈大笑，群臣高呼"万岁"，几个守旧人士明白胳膊拗不过大腿，又怕孝文帝真的南征，只好听从孝文帝的命令，与大家一起商议迁都的事宜。

李冲建议孝文帝先回平城，等下面的人准备停当，再搬到洛阳来。孝文帝笑道："无妨。朕将巡行各州各郡，在邺城等地驻留一段时间，这个节骨眼上不宜马上回平城。"他命拓跋澄打头阵，先返回平城，对留守的官员们做思想工作，组织他们迁都。临行时，孝文帝勉励他说："今日之事才正应了那个'革'卦，王爷努力为之！"

孝文帝在邺城待了半年，才于北魏太和十八年（494）回到平城，去说服为数不多的老古董们。

燕州刺史穆罴（pí）说："如今四方未定，不宜迁都，而且到了河南可就没马了，怎么打胜仗啊？"

孝文帝说："我们去了洛阳，又不是放弃燕、代了，把这里改成专用的马场不是更好吗？何愁没有马呢。而且平城这个地方在九州之外，实在非帝王之都啊。"言语间已俨然有了中原帝王的样子。

尚书于果又说："臣明白平城没洛阳那边好，可是先帝创业以来久居于此，百姓安居乐业，一旦南迁，大家一定不会开心。"

孝文帝说："称霸天下者，以四海为家。我们的远祖僻处漠北，当年昭成帝（拓跋什翼犍）迁都盛乐，道武帝（拓跋珪）又迁都平城，迁都的事情也不止做过一次，朕为何就不能迁呢？"

大臣们实在讲不出什么道理了，只好嘀咕道："迁都大事，应当卜个卦算算吉凶。"

孝文帝不以为然道："卜卦是要圣人来做的，我们今天没有圣人。更何况卜卦是用来决疑的，迁都之事无疑可言，不必再卜了。"

话说到这份儿上，异议也没用了，孝文帝终于凭借智慧与舌辩，推动了迁都洛阳城这项壮举的达成。中华文明兴盛的新一轮曙光，在洛阳宫殿的檐角之间隐隐显现。

六、一岁三号乱齐廷

迁都洛阳只是孝文帝汉化计划的第一步，按照孝文帝的既定方案，接下来他要做的是循序渐进地推行汉化改革制度，待得时机成熟，便以正统皇朝的姿态去扫平尚未归附的南朝余孽，一统华夏。然而就在此时，南朝内部的政局发生了巨大的动荡，齐魏之间的一场大战提前到来，打乱了他预想的计划。

齐武帝萧赜在永明十一年（493）的北伐大计还没实施，他自己就一病不起了。如何处理皇帝后事的问题被摆上了台面，朝内形势称得上是微妙之极。

为什么这样说呢？问题出在立储上。

如果权力正常交班，那么接替皇位的就是三十六岁的太子萧长懋。总体来说，萧长懋还比较让萧赜满意的。萧赜晚年还着意培养太子，将很多尚书省的具体事务都交给萧长懋去处理，一方面是在观察他的处事能力，一方面也是为提高他的威望。

不过萧长懋也有他的缺陷。与祖父、父亲的节俭截然相反，他崇尚奢靡，喜欢大兴土木，因为此事也挨过父亲的骂，后来虽有收敛，终究性情难改。可以想见，如果一切顺利，萧长懋做上皇帝，他也很可能只是一个平庸的皇帝，南齐以后的状况大约好不到哪里去。

可惜老天爷连个机会都不给他。永明十一年（493）新年刚过，萧长懋就得了重病，老爹还没死呢，他先死了。

这下可就把储位给空出来了。面对这种情况，萧赜非常为难。他有两种选择：一种是从其他的儿子中挑选德才兼备者立为太子；另一种就是按照立嫡长的原则，把萧长懋的嫡长子立为太孙，以为皇储。

萧赜有二十三个儿子，真正有资格当太子的，其实只有嫡次子竟陵王萧子良。萧子良为政经验丰富，萧赜守湓口时他就是得力助手，以后又在地方上做官。南齐建立后，他多次上疏陈述政见，虽然不是所有的见解都被皇帝采纳，却深得宠爱。而且，萧子良把许多有才华的人都招揽到府中，时常与他们探讨学术，颇得人心。有才能又有声望，所以萧长懋死后，很多人都认为萧子良是太子的不二人选，他们万万没有想到，齐武帝萧赜偏偏青睐第二种选择，不立太子而立了年轻的太孙，萧长懋的嫡长子南郡王萧昭业成为皇位的接班人。

翻遍史书，我们很难找到萧赜做出如此选择的真实原因，唯有的两点可能性：其一，萧昭业人长得帅，《南齐书》说他“少美容止”，又写得一手好字，谈吐不同寻常，祖父自然是对他疼爱有加——在南北朝那个容貌风度至上的年代，外表上的出类拔萃就是最大的优势，不要说做皇帝，就是做官也是相当重要的;其二呢，他也年轻，日后在位的时间可以很长，对于南齐政权的稳固是有好处的。

萧赜挑这个人选应该做了颇多考量，只是人算不抵天算，他没料到，萧昭业是个典型的“绣花枕头烂稻草”，把江山交给他，可以说是既害了江山，又害了他。

立嫡、立长还是立贤，这从来就是让封建帝王们头疼不已的大问题。晋武帝立嫡长，导致帝国分崩离析；刘宋也是遵循立嫡长的原则，结果每换一次皇帝都要经历一回大洗牌；拓跋焘武功盖世，因为立子还是立孙的问题没处理好，自己送了性命，还差点让帝国倒了台；后来梁武帝吸取教训，反其道而行之，太子去世后不立太孙而改立别的儿子，结果还是躲不过厄运，碰上侯景之乱，帝国灭亡；明太祖朱元璋克定四方，也在这上头栽了跟斗，立皇太孙而使帝国陷入内战。唯一还算顺利的一次权力交接，似乎是元世祖与其继位者——嫡孙元成宗，可是元朝的国祚也并不长，元成宗死后，元朝很快就陷入皇位纷争的乱局。无数人用血泪的教训告诉我们，皇帝的家事乃是天下第一难事，也是治乱相关的第一要事。

皇太孙刚立完，萧赜就不行了。病榻上的他突然反悔，似乎又有了一丝改立萧子良的想法。他下诏让萧子良入殿侍药，萧子良在萧衍、范云两人的陪伴下日夜在殿内侍候。

萧赜的犹豫不决对各方而言都是一种煎熬。中书郎王融因为写得一手好文章被叫来起草遗诏，他因曾受到萧子良的赏识，有意拥立萧子良，所以趁着萧赜弥留之际，自己先起草了一份遗诏，写明将皇位传于萧子良。起草完毕，他穿上军装，站在中书省的门口拦截太孙东宫的卫队。

秘密不知怎的就让萧衍和范云知道了，政治敏感性极强的萧衍悄悄对范云说："宫内要出大事，王融不是什么济世之才，我们只管坐视其败。"

范云说："王中书是忧国忧民啊！"

萧衍嗤之以鼻："忧国忧民？他是想做周公、召公呢，还是想做齐桓公晚年的三奸之一竖刁啊？"一句话说得范云答不上来。

就在王融自以为计策成功的紧要关头，萧赜忽然苏醒过来，他随口问左右："皇太孙在哪里？"

王融的假诏书拿不出手了，只好说萧昭业在殿外守候。萧赜便让太孙带着东宫卫士入殿，然后也用不着王融写诏书了，直接当面授意，让太孙继承皇位，政事呢，则由他的堂弟、萧道成二哥萧道生之子西昌侯萧鸾与萧子良共同辅佐。

又是一个让人始料不及的冷门人选。萧鸾本人在这背后究竟做了多少手脚，我们今天已不得而知，依我猜来，这很可能又是各派权力平衡的产物，并且是萧子良默许的。

萧昭业在这场戏上表现得很抢眼，他声泪俱下，感人心脾。萧赜见了，紧紧抓着他的手说道："不必哭了，若是你想念爷爷，那就应该好好干！"说罢，他就放心地咽了气。

王融还想做垂死挣扎，下令让萧子良的兵士守卫宫门。好不容易得掌大权的萧鸾岂会错过良机？他以先帝敕令的金字招牌一路畅通无阻地冲入大殿，扶立太孙萧昭业即位，又命左右将萧子良搀扶出去。大殿上群臣都被萧鸾的气势震住，没有一个敢发表不同意见。

齐武帝遗诏中的两人辅政被萧鸾实际一执行就成了一人辅政，萧子良做了太傅，竟没有什么实权可言。支持萧子良的王融不久就被下狱赐死，萧子良自己都是朝不保夕，哪里还敢出手相救。

萧子良也"识相"，仅过一年，他就在惶恐与担忧中病故。在乱世之中，这大概是他最好的下场了。

萧昭业和萧鸾都乐于接受萧子良的死讯，下面就是他们两人的决斗了。

萧昭业基本上是刘劭、刘昱和刘子业的合成版。他与刘劭一样，招了个女巫玩巫蛊，只是他比刘劭运气好，巫蛊行为没被发现，所以成功地先是“咒死”了父亲，后又“咒死”了祖父，一年之内就完成了一个小王爷到皇帝的迅速转变。

萧昭业仪表堂堂，却全无良心。父亲死了，他却在给正室何妃的信中写一个大大的喜字，周围又画上三十六个喜字以作庆贺；祖父死了，他招呼宫中的乐师舞伎奏乐表演，得意得喜不自禁。

玩乐方面，萧昭业与刘昱一般无二，都喜欢带着亲信四处游逛，还喜欢跑到他父亲的坟地里去玩赌博游戏，玩得爽就赏，反正是国库的钱，用着不心疼。每次看着钱，他还要感叹一番：“从前想你的时候一个子儿都得不到，今天还不是用你没商量？”

齐武帝萧赜留下的库钱足有十亿万多，可钱再多也经不起萧昭业这么恣意挥霍，不到一年就消耗得差不多了。宫里的各种宝贝器物更是被他拿来又扔又摔地做了耍子，只为聊博千金一笑而已。

荒淫方面，萧昭业远追刘骏、刘子业父子。他与祖父宠幸过的霍妃私通，将她改换名姓，称为徐妃，重新纳入后宫。他的皇后何氏同样荒淫。萧昭业的亲信杨珉是个小白脸，她就整日里与他厮混，甚至同床共枕。她伺候萧昭业的功夫也是一流，以至于萧昭业被她弄得服服帖帖，对她的淫乱行为也是睁一只眼闭一只眼。

萧鸾对于这一切是看在眼里喜在心里。他早有篡位的意图，便趁机拉拢萧昭业的亲信——同是宗室的萧谌和萧坦之，想要争取他们的支持。

萧鸾先拿杨珉开刀，在向萧昭业奏明情况后便要诛杀杨珉。何皇后泪流满面地央求：“杨郎年少英俊，又没罪，怎么可以枉杀？！”

萧昭业一脸愁容，身边的萧坦之早得了萧鸾的好处，耳语道：“外头都知道杨珉和皇后的私情，事情都闹大了，您怎么可以不杀？”萧昭业这才勉强同意。没过一会儿他又反悔，怎奈杨珉的脑袋已经搬家，于事无补了。

萧鸾继续施压，过了几天又要求诛杀萧昭业宠幸的太监徐龙驹，罪名是祸乱朝政。皇帝也没法子，人家是辅政啊，大权在握，可他心中还是恨透了这个堂叔祖，暗中与中书令何胤密谋，准备除掉萧鸾。萧谌和萧坦之生怕祸及自身，想来想去觉得萧昭业没前途，干脆彻底投靠了萧鸾。

两边的流血冲突是不可避免的了。

南齐隆昌元年（494）七月，萧鸾在做通了思想工作后，先派萧谌入宫清理萧昭业的左右亲信，然后率领左仆射王晏、丹杨尹徐孝嗣、萧坦之等人入宫废君。

萧昭业正在内殿之中，闻听外面有变故，赶忙密令萧谌来救，同时将内殿房间全部关闭。

才一会儿工夫，萧谌就带着兵士进了内殿，不过不是来救他的，而是来杀他的。萧昭业情知不妙，逃到徐妃的房中，拔剑刺向自己的脖子，结果手一哆嗦，没死成。冲进房中的萧谌见到这一幕，立即上前制止，并给他包扎，命人将他抬出殿去。

侍卫们本想保卫皇帝，萧谌一摆手，说："我的目标不是你们，你们不必动手！"再一看从殿中出来的萧昭业已经面如土色，一句话都说不出来了，侍卫们顿时没了抵抗的斗志，眼睁睁地看着萧谌的左右将皇帝架走，引到殿外西头的夹道隐秘处。

萧昭业玩了不足一年即被斩杀，他的宠妃也一同被杀。之后，萧鸾假传太后手谕，废萧昭业为郁林王，迎立萧昭业的二弟新安王萧昭文，改元"延兴"。

萧鸾的凶残胜过萧昭业百倍，大权独揽仍不放心，几个月中又以谋反为罪名连续诛杀了齐高帝的七个儿子、齐武帝的五个儿子，才平静了十来年的南朝仿佛一瞬间又回到了刘宋末年宗室自相残杀的状态。

杀戮告一段落，萧鸾认为威胁已除，便于同年（494）十月废萧昭文为海陵王，自立为帝，改元"建武"——这就是与宋明帝一样凶残不"明"的齐明帝。

七、崔庆远不辱使命

齐明帝认定凭借杀戮可以维持自己的统治，殊不知如此残暴不仁不但给后世留下口实，也给了迁都南下的北魏一个征伐的借口。魏孝文帝拓跋宏当然不愿意错过这个南征的良机，萧鸾称帝后仅一月，他就以南齐废立幼主为名与大臣们商议大举用兵之计了。

说实话，这是孝文帝的失策之处。萧鸾废帝并大杀宗室是在北魏的太和十八年（494）的秋冬时分，这年的春天，他刚刚在平城说服最后的一批顽固派，开始迁都。也就是说，整个北魏帝国此时还处于迁都的动荡之中，内部问题没有理顺之前，对外发动战争并不明智。正如一年前孝文帝在洛阳所说，迁都和战争两者需选其一，选择了迁都，就不该立即再挑起战争，孝文帝此举似乎过于性急了。

孝文帝为什么要如此着急？原因可能是来自南方的一则未知真假的“好消息”：驻守江北重镇襄阳的雍州刺史曹虎派遣使者向北魏请降。

这件事给了孝文帝信心，他认为，占领襄阳后扫平江北不在话下，然而这只是一个假象，曹虎虽然派了使者，却没有派遣任何人质以表明诚意。

不少人对此抱有疑虑，尚书卢渊就不愿意接受孝文帝交给他的任务，率领前锋军队去襄阳接应曹虎的降军。他指出：“曹虎恐怕会是三国时诈降曹魏的周鲂（fáng）第二。”老臣高闾也上表说：“迁都洛阳还没多久，曹虎既然不派遣人质，肯定没有诚心投降，我军不宜轻举妄动。”可惜两人的意见孝文帝都没听，他坚持要打南齐。

北魏兵分四路，向两国交界的襄阳、义阳（今河南信阳北）、钟离（今安徽凤阳东北）、南郑（今陕西汉中东）进发。孝文帝自己也在洛阳积极准备，意欲率主力御驾亲征，并下诏，给迁徙到洛阳的鲜卑人恢复三年的租赋。

事情正如卢渊、高闾所料，曹虎那边果真没了下文，连使者都不再派了。本来计划好的里应外合眼看要成了北魏的单方面军事行动，孝文帝赶紧召集群臣商议大军是走是留。群臣的意见极不统一，孝文帝一摆手，说："你们也不必争论了，依朕之言，不妨来一场辩论。任城王（拓跋澄）、镇南将军（李冲）两位赞成留下，朕赞成出兵，这细论一番，哪一方说得有道理，就听从哪一方的意见。"

大家听说皇帝要与大臣举行辩论赛，还真是新鲜事，都认为这个主意不错。

李冲先开口，说："臣等以为迁都才未停当，人心思安；齐国的内应又不知底细，还是不动为好。"

孝文帝笑道："曹虎是否真降都无妨我们出兵。若他是假投降，朕巡抚淮水南北，访问民间疾苦，让老百姓知道天下君德在北而不在南，他们自然会心向北方；若他是真投降，现在不去接应，那就会错过时机、丧失人心，也坏了朕广布恩德的大计。"

拓跋澄又说："曹虎不派人质，使者又不再来，其中必定有诈。如今北方南迁之民历经千辛万苦，扶老携幼，新到洛阳，心里想的都还是故土。这些人没有房屋可住，没有石米可食，更何况冬天快要过去，春天即将到来，正是需要大批百姓耕作的时候，我们却在这个时候让他们手持兵器，走上战场，这样的军队又怎么会有战斗力？而且我们的前锋军队已经推进，说不上不接应曹虎。如果他下的降书是真，等我军攻下樊城、沔水（即汉水），陛下再车鸾跟进，也不嫌晚嘛！轻率进兵，上下疲劳，空行空返，恐挫天威，反而长了齐国的气势，这可是下下策！"

两方争辩进入白热化，司空穆亮出人意料地发表了意见，表示支持孝文帝的观点，后面那些公卿随之附和。

拓跋澄气愤地说："穆亮啊穆亮，从前不同意皇上南征的就是你们这批人，现在怎么却对皇上这么说？表里不一，欺瞒谄媚，太不像话了！"

李冲在一旁对孝文帝道："任城王是忠于社稷哪！"

孝文帝不以为然，说："任城王的意思，听朕话的就是奸佞，不听朕话的难道都是忠臣？所谓的小忠，正与大忠相对！"

拓跋澄不服，还辩道："微臣愚钝，我的小忠就是要全心全意为国谋利，不知道陛下所谓的大忠应该怎么做呢？”

孝文帝还是不听这位他曾誉为“朕之子房”的“忠臣”的建议，下令兵发洛阳，大军开往边境重镇悬瓠。

一年前，魏孝文帝在计迁洛阳的时候表现得从容不迫，一年之后就变得这么急躁冒进，连当初完全支持他迁都的拓跋澄、李冲的话都被置之脑后。看起来让人觉得不可思议，其实这正体现了同一问题上君臣之间的差异。对任城王拓跋澄而言，迁都之后最重要的自然是安定，要想安定，自然得避免战争，所以他要让南迁之民投入到生产重建中去，慢慢淡忘对故土的思念。孝文帝所要考虑的是整个帝国的百年大计，那就不可能只专注于做好一件事，他想要达到的目的，就是尽快让国民意识到南迁的好处。洛阳离淮水并不远，如果能借此尽取江北诸郡，并让汉、胡（鲜卑）两方进一步融合，那么他的后续汉化措施必将阻力大减，否则，他的统治时刻都潜藏着危机。当年苻坚力排众议，坚持要灭东晋，核心思想与孝文帝是类似的。所以说，南征这一选项本身并不错，需要商榷的只是时机问题，换言之，在这个时候劳师动众，是否值得？

“自古君王多寂寞”，孝文帝的决策或对或错，我们今人大可评说，然而从孝文帝的那一席感叹中，我们却也读出了雄才大略背后的些许寂寞与无奈。

南朝自从宋明帝丢了淮北四郡后就重新迁置了州郡治所。江北的几个大州中，徐州的治所在钟离，司州的治所在义阳，豫州的治所在寿阳。

孝文帝的攻略是，徐州刺史拓跋衍攻打钟离，大将军刘昶与平南将军王肃进攻义阳，自己则率大军经由悬瓠主攻寿阳。另外，由于曹虎没有真正投降，只好命令进攻襄阳的卢渊与城阳王拓跋鸾一起改而攻打雍州重镇赭阳（今河南方城东），意图夺取南齐粮仓以充军用。

刘昶和王肃是一对恨南齐入骨的难兄难弟。刘昶乃前朝宗室自不必说，王肃的父亲王奂曾是南齐的雍州刺史，因为擅用职权杀了长史刘兴祖，一家老小被齐武帝诛杀，唯有王肃逃出虎口投奔了北魏。

钟离和义阳的两路先后受挫。齐明帝萧鸾派在徐州、司州两地的刺史都是萧氏宗亲，徐州刺史是刘宋大将萧思话之子萧惠休，司州刺史则是萧谌的哥哥萧诞，两人的策略都是严守拒敌，萧惠休还多次出城反击，打得拓跋衍毫无脾气。

孝文帝的这一路如一个世纪前的苻坚一样渡过淮水，兵临寿阳。

魏军号称三十万，实际上也就十万左右。孝文帝登上八公山，并派人到城里传话，表示要会一会南齐的守将。守卫寿阳的是萧鸾之侄、豫州刺史萧遥昌，他派遣参军崔庆远与朱选之出城会见拓跋宏，一场南北君臣舌战在寿阳城外展开。

崔庆远并没有被旌旗招展的北魏大军吓倒，进到拓跋宏帐中，他就首先“慰问”：“旌盖飘摇，远涉淮、泗，未免太过辛劳了。”

拓跋宏道：“我军将士如龙腾虎跃，倏忽间已过千里，经过的路途并不远，算不得辛劳。”

崔庆远听出对方话中的火药味，便说：“当年楚王曾问率领诸侯的管仲：‘不虞君之涉吾地也，何故？’今天我也想问问，魏国兴师动众究竟是何缘由？”

拓跋宏答道：“当然是有原因了。你是想要朕给你们留点面子呢，还是直言斥责啊？”

崔庆远一脸不屑：“足下本居北方，我也不懂您为啥前来，还是直截了当地说吧！”

拓跋宏就问：“好，那朕就有什么问什么了。你们齐国的皇帝为什么废立啊，有先例吗？”

崔庆远慨然应道：“废昏立明，自古如此。我们皇上与先皇武皇帝名为堂兄弟，情同鱼水，武皇帝临终托以后事。嗣君荒淫无道才被废掉，群臣执意请求，皇上才登极为君，有何可疑惑的？”

拓跋宏又问：“既然如此，那齐武帝的子孙在什么地方？”

崔庆远答道：“七位藩王乱国，他们已经像周朝的管叔、蔡叔一样被诛杀了。其余二十几个藩王，要么在朝内为官，要么在地方上任职。”

拓跋宏见崔庆远对答如流，欣赏他的气度，命左右给他看座设酒。接着拓跋宏又问：“既然如此，你们的皇上为何不立近亲，学习周公辅佐成王，而要自取皇位呢？”

崔庆远说：“成王的品行高尚，周公才辅佐他，可是今天朝中近亲没一个比得上成王，所以不可以立。霍光不也立了远亲宣帝，而不立近亲吗？”

“要是这么说，霍光当初要是自立为君，还能做忠臣吗？”

崔庆远冷笑一声：“您这个比喻可不恰当，应该说立或者不立宣帝有什么区别。当今皇上正可与宣帝相比，哪里是霍光比得了的？按照足下的逻辑，那么武王伐纣时，为什么不立微子并辅佐他，而要自己称王，贪图天下呢？”

拓跋宏哈哈大笑，紧张的气氛顿时缓解。他说：“朕是兴师问罪来的，听你适才一席话，十分受用。”

崔庆远点头道：“古人云：‘见可而进，知难而退。’这才是圣人的军队。如今两国重修旧好，岂不是很好吗？”

拓跋宏问他：“你是希望朕与贵国和好呢，还是不希望？”

崔庆远答道：“和好则两国交欢，百姓幸福，否则便是两国交恶，生灵涂炭。和与不和，只在您一念之间。”

崔庆远虽是个名不见经传的小人物，却在这次交锋中舌战魏孝文帝，并且不辱使命。崇尚汉文化的孝文帝对他又是钦佩又是嫉妒，下令厚赏崔庆远等人，放他们回城。

八、孝文帝汉化改制

经过一番舌战，孝文帝明白在寿阳城讨不到便宜，只好挥师东下，增援钟离。

钟离的形势没有半点好转，齐明帝担心这里防御吃紧，先派了左卫将军崔慧景、宁朔将军裴叔业带兵救钟离，与魏军对峙。

魏军在行军途中遭遇疾疫，孝文帝的妹夫、冯太后之侄司徒冯诞也身患重病，死于军中。北魏尚未开战先损大将一名，士气异常低落，即便在孝文帝的全力指挥下钟离依然久攻不下。魏兵死伤惨重，孝文帝无奈，只好将主力调至淮水中的小岛邵阳洲上，在那里修筑城堡，又在与之相对的淮水两岸分别筑城，以期全方位截断南齐的增援路线。

南齐方面都督徐州一带战事的是萧坦之，他派裴叔业猛攻岸上两城，迅速将其拿下，魏兵纷纷逃命，乱军中被淹死、踩死的不计其数。

孝文帝目睹魏军败象，意识到自己在淮南仍难立足，他采纳高闾、陆睿的建议，放弃了进攻计划。为了避免重蹈苻坚覆辙，他命前将军杨播率领三千步兵和五百骑兵在淮水南岸布阵殿后，抵御齐军的进攻，然后才敢带大军从容北渡淮水。

杨播是此役中的唯一亮点。时值春天，河水满涨，南齐军水陆并进，从四面八方聚拢而来。杨播命令部下排成圆形阵势阻止齐军的追击，并率领将士冲锋陷阵，将重重齐兵杀得尸横遍野，令人心惊胆寒。眼见得大军已渡，河水稍退，杨播带上剩下的三百骑兵，挥舞着手中兵器对南齐的舰船大喊："我现在要渡河了，能战之人只管上来！"南齐军队竟然没有一个敢动一动，目送着杨播渡过淮水，扬长北去。

北魏其余几路的进攻同样毫无进展。义阳、南郑两路的魏军陷入艰苦的攻城战，终于因为后继不足，难以维持，只好撤退。

赭阳方面则更糟糕，拓跋鸾手下的几员战将相互协调不力，卢渊、韦珍想要通过暂时休战寻找机会，李佐则与他们相反，日夜进攻，死伤不少。南齐援军来到，对魏军发动总攻，李佐单军迎战，大败，其余魏军各自溃逃，被齐将垣历生一一击破。

此战令孝文帝大为恼火，他降了拓跋鸾的爵位，又将卢渊、李佐、韦珍削爵为民，这是北魏与南朝作战以来最重的一次军事处罚。

第二场魏齐大战（又称淮汉之战）以北魏进攻失败而告终。痛定思痛，孝文帝决定回归正轨，将一度中断的改革计划推行下去。

改革的精髓是要由外而内地改造鲜卑人。大举进攻南齐之前，孝文帝就发布了一道诏书，禁止官吏、百姓着胡服。这道禁令显然是针对以鲜卑为主的胡人的，大家穿惯了民族服装，可不习惯一下子换成汉服，何况很多武将出身的鲜卑统治者骨子里看不起汉人，于是大家私底下都骂孝文帝背弃祖宗，怨声载道。

不满的声音传到孝文帝耳中，他明白，是时候向群臣摊牌，讲明改革习俗的重要性了。

在这位“鲜卑种汉人骨”的皇帝的眼里，汉化的好处实在是明摆着的：一是承接正统，不再是老百姓眼中的夷戎，从而使统治稳固；二是促进经济，以农耕文化取代游牧文化，在当时就等同于先进取代落后；三是消除矛盾，从制度上消除汉人与胡人之间的界限与隔阂。

北魏太和十九年（495），孝文帝在大会群臣的时候忽然问道：“众卿是希望我大魏与商、周一样呢，还是连汉、晋都比不上？”

皇弟咸阳王拓跋禧马上说：“臣等愿陛下超越从前的君主！”

孝文帝又问：“那你们觉得应该移风易俗呢，还是因循守旧啊？”

拓跋禧回答道：“臣等愿陛下朝政日新！”

孝文帝笑道：“那是我魏国希望止于朕一身而已，还是希望传于子孙后代啊？”

拓跋禧说：“当然愿我朝千秋万代了！”

孝文帝就对群臣说：“既如此，朕自当发布诏令改革汉俗，你等不得违背。”

穆泰、拓跋丕、陆叡几个鲜卑老臣开始在旁边嘟哝起来，说：“我们鲜卑人一向骁勇善战，起于代北而建都平城。现在迁都洛阳，一些百姓无法适应这里的气候，已经有不少人患病，如再改革汉俗，恐怕要亡族亡国了！”

孝文帝眉头一皱，问仆射李冲等人：“诸卿有何见教？”

李冲本是汉人，自然大力拥护全盘汉化，盛赞改革汉俗的英明之处。以拓跋禧为首的年轻皇族也一力支持，说：“上令下从，谁敢违反！”

孝文帝这才点点头，说：“子曰：‘名不正则言不顺，言不顺则事不成，事不成则礼乐不兴。’现在朕就下令，废除北语（即鲜卑语），改说汉语正音。三十岁以上的人口音很难一下子改变，允许慢慢来；三十岁以下的人，还有在朝廷上为官的人，不可再像从前那样说北语。如有违背，当即降黜。众卿以为如何？”

拓跋禧等人立即拥护，穆泰等老臣虽然心里老大不乐意，可寡不敌众，只好依了大流。

于是，孝文帝从这年开始连续发布改革令：禁止在朝中使用北语，违者免官；改革度量衡，使用汉朝的尺、斗，并铸造货币“太和五铢”，结束了北魏没有货币的历史；学习春秋鲁人制定圜丘祭天之礼；在洛阳兴办学校；规定丧葬礼节，迁到洛阳的鲜卑人死后就地在河南埋葬，不得回葬故里。

次年（496），孝文帝下诏：“北人称土为拓，后为跋。魏的祖先出于黄帝，以土德王，所以为拓跋氏。土乃万物之元，现改姓为‘元’①。诸功臣旧族，不少姓氏十分繁复，分别改为汉姓。”

自此，复姓的鲜卑人多取姓中的一个音节，改为汉族的单姓，比如：丘穆陵氏改为穆氏，步六孤氏改为陆氏，贺赖氏改为贺氏，独孤氏改为刘氏，贺楼氏改为楼氏，勿忸于氏改为于氏，纥奚氏改为嵇氏，尉迟氏改为尉氏。这八个姓自北魏建国以来一直功勋显著，位极王公，被定为鲜卑大姓。

为了与南朝汉人的门族制度接轨，孝文帝又将范阳卢氏、清河崔氏、荥阳郑氏和太原王氏四姓定为北方汉人的四大姓，将这几家的女儿纳入后宫。他自己“以身作则”，将李冲的女儿召入后宫为夫人，并指定自己的六个弟弟分别娶四大姓以及陇西

① 本书从此处起把拓跋氏一律改称元氏。

李氏（即李冲一族）的女孩为妻。这一招虽有包办婚姻之嫌，却大大有利于鲜卑政权品定姓族，并与汉人士族全面融合。

齐整清流经过魏孝文帝的几番“手术”，获得初步成功。

耐人寻味的是，在汉人与鲜卑人之间矛盾日益减小的同时，北魏内部却由于人为划分士族、寒族，出现了另一种社会阶层的分化，以致不出三十年，北魏就陷入了完全的分裂。我们可以这么说：“北朝盛于孝文帝，也亡于孝文帝。”

孝文帝推行汉化措施，他的太子元恂（xún）却打心里头不赞成。

原来，元恂与孝文帝截然相反，不喜欢读书，人又长得肥胖，在平城的草原上骑骑马还比较适合，跑到黄河以南的洛阳可就犯了愁咯。到了夏天，他就热得受不了，一心想着要回旧都。孝文帝赐给他汉服，他却只在公开场合穿上摆摆样子，回到东宫就换回以前的胡服。东宫府中庶子高道悦屡屡语重心长地劝说，他不但不听，反而怀恨在心。

孝文帝到嵩山祭祀，元恂负责留守洛阳。他与左右商量好，备了一匹快马，杀掉眼中钉高道悦，准备连夜跑回平城。洛阳城中的领军元俨觉察到元恂的行动，立即关闭了城门。元恂没法出城，只好又回到东宫。

尚书陆琇将此事密告孝文帝，孝文帝大惊。得知城中局势暂时已经安定，他也不作声张，照常完成祭祀，然后才回到宫中，命人逮了太子带到身前，劈头就是一顿狠骂，然后与元禧等人轮流棒打太子，打得太子皮开肉绽，几乎昏死过去，才让左右将奄奄一息的太子扶走。

过了几个月，孝文帝的怒气稍稍消了一点，便召集群臣商议废太子之事。太子太傅穆亮等人都不同意，脱了帽子磕头求情。

孝文帝想了想，说：“众卿求情，所为私事，朕讨论的，是为国事。古人云：‘大义灭亲。’如今元恂竟敢违背朕的命令，想要叛据北方，这是目无君父，岂可饶恕？！若是饶了他，乃是国家之祸，只恐朕过身后，魏国也会有永嘉之乱！”他下令废元恂为庶人，立次子元恪为太子，并派兵将元恂软禁。

元恂的遭遇与以前宋国的刘义康一模一样，不久后风传有人要谋反拥立他，孝文帝不放心，一杯毒酒赐他自裁。

元恂被废后，以穆泰为代表的反对改革派并没有善罢甘休。冯太后当年曾一度想废掉孝文帝，穆泰死命劝谏才使冯太后回心转意，所以孝文帝一朝他本来是十分受宠的。现在大批鲜卑贵族对改革不满，都找到穆泰，想要变天出头。

穆泰、陆叡等人暗中策划拥立皇叔阳平王元颐为帝。元颐倒是个明白人，表面上答应了穆泰，私下里派人向孝文帝报告。孝文帝请出有病在身的任城王元澄，一举拿获穆泰、陆叡及其同党，并将他们全部处死。

经过这一回合的打击之后，反对改革派的势力几乎灭亡，孝文帝的怀柔、铁腕两手措施显示了威力。

九、内外鏖兵

孝文帝在颁布诏令改革风俗的同时，也进一步巩固冯太后时代实施的三大制度。到了北魏太和二十一年（497）六月，他觉得内部重新整顿得差不多了，就下令调集河北的冀、定、瀛、相、济五州二十万兵力从洛阳出发，御驾亲征，并让最得力的一个弟弟彭城王元勰统领主力，大举攻打南齐。魏孝文帝与齐明帝之间的第二次较量开场了。

北魏的进攻重心是中路的雍州。经过前一番较量，齐明帝也明白扼守中路的重要性，他命直阁将军胡松与军主鲍举率两路军马分别援助北襄城太守成公期和西汝南、北义阳二郡太守黄瑶起，守卫赭阳和舞阴（今河南泌阳西北）。

北魏一边，荆州刺史薛真度（薛安都的从弟）在大军集结之前就出兵攻打南齐的南阳，被南阳太守房伯玉击败。

南阳不过是淮南江北的小小一郡，抵抗竟如此顽强，魏孝文帝对此耿耿于怀。大军南下后，他留诸将主攻赭阳，自己则领兵南下，攻打南阳的郡治宛城（今河南南阳）。

房伯玉的策略是放弃外城，关闭内城严守不出。魏军虽然轻松攻克外城，却拿坚固的内城一筹莫展。

孝文帝派中书舍人孙延景到城下劝降，说："我军这次南征与往时不同，不攻城掠寨那是不会退军的！阁下的宛城早晚都得被攻下，长则一年，短则一月，请阁下好好思量，封侯还是杀头，只在一念之间。细细追究，阁下已有三罪：先朝为齐武帝之臣，蒙受恩宠，却不能尽忠全节，这是第一罪；薛真度来攻城，你将他打败，这是第二罪；如今天子亲自驾临，你还不面缚投降，这是第三罪。有此三罪，还不快快献城？”

房伯玉心说，无理都给你说成有理了，还像话吗？就叫军中的副手乐雅柔登上城楼答话：“既然你们要来攻城，那就用心打吧，我房伯玉地位卑微，有幸对抗大驾，死得其所！我虽蒙武帝厚恩，不敢忘怀，但嗣主无道，当今圣上即位也是尊奉了武帝的遗敕，所以我也是尽节。薛真度入寇，扰乱边民，所以我让手下将士好好教训了他一顿，我这也是尽职尽责，算不得有罪！”

孝文帝见劝降不成，便率军在城边巡视，以寻找战机。不想房伯玉先设一招，在城外的桥下埋伏了几名敢死队员，身穿虎斑衣，头戴虎头帽。孝文帝的小队人马经过时，这些人忽然跳出来发动袭击，孝文帝连人带马吓个半死，幸好他的运气不错，没有受大伤。左右神射手立即来援，射死了南齐伏兵，才救得皇帝一条性命。

孝文帝惊魂初定，抬头看去，宛城城头的齐兵士气高涨。他被迫改变计划，留下咸阳王元禧继续攻打宛城，自己则带上一部兵马继续南下，攻打新野。

新野也不是软柿子，太守刘思忌据城抵抗，魏军的攻势毫无进展。

孝文帝已经开始做长期打算了，他下令在城外筑起长长的围墙，并向城中放话：“房伯玉已降，你何必死脑筋独守一城呢？”

刘思忌当即答复：“城中的兵力和粮食还多得很呢，没工夫听你这小小胡虏的话！”

此时的兵力形势是，北魏的数十万步骑兵分散在南阳的赭阳、宛城、新野等几座城外连续猛攻，而各城之中的守兵不过数万，众寡悬殊。齐明帝先后派出裴叔业、萧衍、崔慧景三路军马，分兵几道救援雍州，可即便如此，齐军仍居劣势。屋漏偏逢连夜雨，南齐的前军将军韩秀方等十五名将领向北魏投降，齐军从兵力和意志两方面都大大削弱了。

魏军在沔水（今汉江）以北击败齐军，又俘虏了一批南齐的将军，并一直打到了沔水北岸。窘境之下，南齐统帅们绞尽脑汁地想击中魏军命门。徐州刺史裴叔业曾与魏军多次交锋，他抓住魏军的特点，想出了一条围魏救赵的妙计：包抄到魏军身后，侵扰其边境，以引诱攻打雍、司两州的兵力退回。于是，他率领本部兵马，从钟离出发，乘虚而入，攻打北魏边境的虹城（今安徽五河西），果然将其一举拿下，还虏获了城中的四千男女百姓。但当他西进攻打北魏的楚王戍（今安徽临泉西南）时遭到魏将傅永的伏击，大败而走，始终未能从实质上解决几城被围的问题。

次年，也就是北魏太和二十一年、南齐建武五年（498）正月，进攻一方的优势愈加明显。北魏统军李佐首先攻下新野，太守刘思忌被俘，宁死不降，被杀。沔北诸城守将听说新野沦陷，相继南逃，湖阳、赭阳、舞阴、南乡等处被北魏占领。一个月后，宛城的北城被北魏攻下，房伯玉被迫出降。经过半年的激战，襄阳以北的南阳、新野等郡均落入魏军之手。

樊城、襄阳的告急文书先后飞到齐明帝的书案之上，然而他身边已经没有多少强将可用，只好派遣太尉陈显达率军救援，这是短短几个月中南齐组织的第四支雍州援军。接着他又派出左卫将军萧惠休，让他领兵增援寿阳。

齐明帝萧鸾深感身心交瘁，体力渐渐不支。前方战事如火如荼，他在后方却得了重病，情况越来越糟。

与宋明帝一样，病榻上的齐明帝也担心起身后子嗣的统治问题。由于登位时间不长，齐明帝只有九个儿子，最大的儿子太子萧宝卷年仅十六岁，而齐高帝的子辈和齐武帝的子孙还有十个，大多成年。他把侄子始安王萧遥光召入宫中议事，常常谈到很晚，最后决定一个也不留，由萧遥光行事，将十位亲王全部诛杀。尤为讽刺的是，这位嗜血的皇帝崇信佛教，害怕报应，每次杀人之前还要专门在内殿燃香祈祷，呜咽悲泣，虚伪至极。

死了那么多人，齐明帝的身子更不见好，为图吉利，他下令改元“永泰”。大臣们猜测皇帝时日无多，而齐军的主力都已开赴北方前线，后方相对空虚。这是个大好机会，有人耐不住起兵造反了。

造反之人便是齐国的开国功臣——大司马会稽太守王敬则。王敬则帮助萧道成篡了刘宋的帝位，在齐高帝、齐武帝两朝很受信任，然而风水轮流转，到了齐明帝这一朝，他就倍受猜忌了。

齐明帝屡屡病危，对这个老臣不放心，任命光禄大夫张瓌（guī）为平东将军、吴郡太守，这一招明摆着是为了防王敬则的。王敬则心里也明白，他对手下亲信说：“平东、平东，东面有谁啊（会稽在吴郡以东）？就是想把我搞定咯！哪能那么容易，我可不轻易认栽！”

然而王敬则的手段并不高明，他在事先并没有准备充分、联络友军的情况下，就打起了拥立萧嶷次子南康王萧子恪为帝的旗号。

萧子恪听说此事，连忙逃到了建康宫中，向齐明帝禀明王敬则谋反的情况。明帝忙命张瓌率领三千士兵南下抵抗。

萧子恪的主动投诚算是功德无量。齐明帝原本已经与萧遥光密谋，想将高帝的孙辈全部斩草除根，包括萧子恪在内的萧嶷子辈都难逃活命，连棺材都准备好了。萧子恪通风报信使他发了一回“善心”，不再滥杀无辜，萧嶷诸子得以虎口脱险，保全了性命。

张瓌并不是什么很能打的人，更没有什么指挥才能，他手下的士兵一听到王敬则军队战鼓响起，顷刻间就散得无影无踪，张瓌本人也放弃吴郡，潜入民间躲藏。

一时间，对现状不满的老百姓都扛起竹竿、背起锄头前来追随王敬则。王敬则的军队浩浩荡荡渡过浙江（即钱塘江），竟有十几万之多——当然，里头真正有战斗力的大概还不到一万。

王敬则虽是齐高帝时代的老将，但充其量也就是窝里横。当齐明帝派出台城军队，在曲阿（今江苏丹阳）修筑工事，与王敬则打持久战时，王敬则便要吃亏了。朝廷军两面夹击，那些只为凑热闹而来的老百姓惊慌失措，乱军之中王敬则坠下坐骑，被后军将军崔恭祖一枪捅倒，死于非命。

王敬则的反叛平息了，齐明帝萧鸾也很快咽下了最后一口气。他把一个内忧外患的混乱齐国，甩给了他的太子萧宝卷。

此时的北方战场上，齐、魏双方还在淮水边上的义阳（今河南信阳北）一带拉锯。魏孝文帝闻听齐明帝驾崩，便下诏说“礼不伐丧”，全面退兵。魏军真实的退兵理由，在我看来大致有三：第一，魏军大举南征已有一年多，取得了一定战果，再耗下去容易成为疲惫之师；第二，北面的高车部族不听调令，起兵叛乱，并打败了北魏前去平叛的军队，不可置之不理；第三，也是最为重要的一点，孝文帝本人长期在军中，也已积劳成疾，无力继续指挥了。

十、兴亡有道人难道

北魏太和二十三年（499）初，病入膏肓的魏孝文帝卧于车驾之上，被一路护送回洛阳。

孝文帝的宠臣李冲留守洛阳，因与中尉李彪争权，虽经他的支持将李彪弹劾下台，却引发旧疾，在一年前先他而去。经过李冲的坟前，远望坟头，孝文帝感慨良多，两行热泪不禁夺眶而出。回想十几年来，在李冲等人的协助与推动下，他的帝国发生了天翻地覆的变化，但在改革的过程中，他的内心也曾彷徨，也曾犹豫。他并不知道一项项的改革前途是凶是吉、是福是祸，也不知道自己距离那一统天下、做整个中华世界最高统治者的终极目标还有多远。

现如今，冯诞走了，冯诞的父亲冯熙走了，李冲也走了，空留下他一人经受病痛的折磨。上天为何如此残忍，吝于施舍一点点的完美？

在洛阳，孝文帝召见了元澄等公卿。

孝文帝对大家说："管理国家以礼教为先，朕离开京城一年多了，礼教是否日新月异呢？"

元澄答道："臣认为是做到日新月异了啊！"

孝文帝摇摇头说："朕以为不然。昨日入城，我看到路上车中的妇人还穿着鲜卑的衣袄，这怎么能叫日新月异呢？"

元澄忙解释道："穿的比不穿的要少许多呢！"

孝文帝语调一转："任城王，你这是什么话，难道还想要全城的人都穿鲜卑的衣袄吗？古人云：'一言可以丧邦。'说的难道不就是这种话吗？"

此言一出，元澄等一群留守洛阳的大臣吓得扑通跪倒在地，叩头谢罪。孝文帝也不计较他们的过错，只吩咐史官把这件事记录下来，以诫后人。

孝文帝一生业绩许多，而他内心在意的只有两件：一件是迁都，另一件就是礼制风俗的改变。前一件在他任内已然圆满完成，而后一件是否能真正成功，后人又如何看待，他无时无刻不在关心，但最后也只能静静地躺在陵穴中等待后人的评判了。

任何一位伟大的帝王，临了都是一般无二的结局。亚历山大大帝一生叱咤风云，席卷三洲之地，临终却吩咐属下将他的棺材挖出两个小洞，让他的双手伸在外面以示离世之时两手空空，这就是帝王的无奈。

北魏太和二十三年（499）四月，孝文帝与世长辞，享年三十三岁。临终之前，他欲将国事托付给自己最为器重的弟弟司徒彭城王元勰，还把他比作自己的霍光、诸葛亮。元勰不愿独大，辞而不受。孝文帝只好委任多名大臣辅政，并给太子元恪下诏，命他信任与尊重叔父元勰。另外，他又遗诏元勰在他死后将他的皇后冯氏秘密赐死。元勰遵旨照办，一度声名显赫的冯氏家族这才退出了北魏的政治舞台。

皇后冯氏是冯太后的兄长冯熙的大女儿。冯熙在孝文帝一朝可谓权倾朝野，孝文帝准他上书不臣，入朝不拜，并且在冯太后的主持下，先后将冯熙的三个女儿纳入后宫。其中的一个不久就在宫中去世，而问题出在剩下的一大一小两个冯氏身上。

大冯氏先入宫，由于容貌出众，被封为贵人，深得宠幸。后来冯贵人得了病，几乎是绝症，无法侍奉孝文帝，冯太后便下令将她送回家中当尼姑。大冯氏养病期间，冯太后去世了，孝文帝依照冯太后的遗诏，册立大冯氏的异母妹妹小冯氏为皇后。

孝文帝心里还惦记着大冯氏，几年后她的身体居然奇迹般康复，孝文帝又将她重新招入宫中，封为左昭仪。从位阶上看的确是晋升，可大冯氏却并不高兴，她自认为入宫早，更受宠，地位却比妹妹要低得多，心怀怨愤，在孝文帝面前屡屡诬陷小冯氏。

孝文帝在大事上明辨是非，却经不住女人一直吹枕边风。他于太和二十年（496）废掉性格敦谨的小冯氏，并于次年（497）将大冯氏立为皇后。

大冯氏做了皇后，并没有一点母仪天下的风范。孝文帝连年征战在外，她在后宫愈显淫荡之本色，与一名叫高菩萨的太监勾搭起来。高菩萨虽然名为太监，实际上却是大冯氏在养病时结识的旧情人，大冯氏悉心打点后宫上上下下的官员，居然让他未经阉割就混了进来。高菩萨全无菩萨心肠，与皇后两个把后宫闹得乌烟瘴气，只把远离洛阳的孝文帝蒙在鼓里。

纸终究包不住火。孝文帝的妹妹彭城公主本是宋国宗室刘昶之妻，刘昶死后，冯皇后竟强迫她嫁给自己的同母弟弟冯夙。大约这个冯夙实在是不称公主心意，公主死活不愿意。她偷偷坐了辆小车，冒着阵雨，跑到东南前线向孝文帝揭发皇后与高菩萨的淫乱行为。

孝文帝闻言大为震惊，没想到自己深爱的皇后会做出如此大不韪的事情。起初他还不敢相信，回宫后他亲自盘问后宫大小太监，用尽千方百计，才从一个小太监苏兴寿口中得到皇后通奸的详情。

这是一桩丑事，孝文帝对此秘而不宣，念在冯氏对皇室有功的分上，只处置了高菩萨以及几名合伙隐瞒的太监，对冯皇后则保留后位，软禁于后宫，严加管制。现在，元勰等宗室以一杯毒酒逼令她自尽，也算代孝文帝除去了身后之患。

孝文帝是北魏中期至为重要的一位皇帝，历来史家对他的评价都颇高。北魏迁都之后，中华文化的中心又一次逐渐转移到黄河中下游地区，说起来，这也算是中华民族第一次“伟大复兴”的开端。他在位近三十年，在制度上推行的方方面面的改革至少使得南北统一提前半个世纪来临。在他统治期间，北方的佛教也得以蓬勃发展，洛阳龙门石窟与以少林寺、清凉寺为首的不少著名寺院都于此时兴建。然而，他的英年早逝也标志着北魏盛极而衰。继孝文帝而立的诸位北魏君主缺乏他的魄力与才干，不出两代，整个北方就陷入大乱，重新成为群雄逐鹿的疆场。

连续经历了两次南北大战的南齐政权，自齐明帝萧鸾死后已是摇摇欲坠。继承皇位的萧宝卷，正是南朝一百六十多年中最为知名的昏暴之君——东昏侯。

齐明帝给萧宝卷留下了六名顾命大臣，都是自己的死党，依次是始安王萧遥光、尚书令徐孝嗣、尚书右仆射江祏（shí）、侍中江祀、右将军萧坦之、卫尉刘暄。这六人按日分工管理政事，时称“六贵同朝”。仅此一点，齐明帝的管理处事能力便值得质疑。雍州刺史萧衍就在私底下议论说：“一国三公犹有不堪，何况六贵同朝？这些人势必相互倾轧，内乱将起了。”

萧遥光等人的最大罪过就在于，他们错误地接受了齐明帝的遗诏。新皇萧宝卷不但不可辅，而且还把他们这批老臣一个接一个送入了鬼门关。

萧宝卷尚未即位时就是个十足的小混混，他不喜欢读书，每天只在东宫里与身边的小厮们嬉戏胡闹。父亲萧鸾也不认为他的行为有何不妥，反倒以自己废掉郁林王之事作为范例，给他留下一道警告，叮嘱他“做事不可在人后”。

萧宝卷把这句话牢记在心，杀起人来毫不手软。首先遭殃的就是六贵之中的江祏、江祀两兄弟。

江祏感觉萧宝卷实在是不够格做皇帝，就找到其他人商量，想改立齐明帝的三子江夏王萧宝玄。刘暄偏偏不同意，提出要立齐明帝的六子建安王萧宝夤（yín）。江祏又问萧遥光，萧遥光是皇室宗亲，早有野心想自立为帝，江祀也劝江祏拥立萧遥光，以争取多数支持。江祏迟疑不决，再向萧坦之征求意见，萧坦之认为不应随便废立。

区区五人就有了三四个意见，哪里还能精诚团结？刘暄向萧宝卷告发了此事，江祏兄弟被收捕处死。

萧遥光心中不自安，便以讨伐刘暄为名，与骁骑将军垣历生等人率部造反，结果又被萧坦之告发，兵败被杀。

告密的两位也没什么好下场。萧遥光死后才过了二十天，萧宝卷就命人包围了萧坦之的宅院，杀掉了萧坦之父子。

刘暄的姐姐敬皇后是萧宝卷的亲生母亲，自以为可以高枕无忧，然而事实证明，他还是太天真了。萧宝卷宠信的太监茹法珍诬陷说刘暄有异心，萧宝卷感到不解，想了一会儿说：“刘暄是我亲舅舅，怎么可能造反呢？”另一名亲信徐世标则说：“明帝和武帝是堂兄弟，关系那么好，不也把武帝的后人全杀了？舅舅又不同姓，怎么可以相信？”萧宝卷觉得有理，下令将刘暄也处死了。

六贵只剩下了一位貌似中立的徐孝嗣，而他也难逃活命。萧宝卷认为他参与了废立之议，将他召入宫中赐死。徐孝嗣一口气饮下一斗多的药酒，绝望而死。自此，萧氏的齐国也只有最后的一口气了。

十一、内变迭起

杀完父亲留给他的六名助手后，萧宝卷又杀掉了齐明帝时期的旧将曹虎、旧臣沈文季、沈昭略，就连江祏兄弟的亲戚江祥也受到牵连被赐死。

萧鸾杀人虽然也出其不意，好歹还拜个佛烧个香做个祈祷，萧宝卷把这些“手续”也给免了，想杀什么人，说杀就杀。一时间朝中大臣人人自危，外放州郡的大臣纷纷密谋，举兵起事。

太尉陈显达和王敬则一样，是高帝、武帝时的旧将。他在明帝时期低调做人，加之北方战事频起，明帝倒也没把他怎么样；唯独一点，他几次明言暗示，自己年过七十，想要告老还乡，都没得到许可。萧宝卷即位后，把他外调到江州做刺史，继而又命他趁北魏撤军之机出兵北伐，收复丢失的雍州五郡。

陈显达领兵在外很是开心，至少不用在建康这个是非之地看皇上的眼色了。他在战场上屡破北魏前将军元英的军队，震惊了已在弥留之际的北魏孝文帝。孝文帝亲自督军在鹰子山（今河南淅川西南）一带与齐军决战，才将陈显达的军队击退，稳住了淮水的防线。

战场上的失败算不得世界末日，回到江州的陈显达在获知萧宝卷一年多以来的所作所为时，才真正睡不着觉了。这时候，江州一带盛传，朝廷杀完了徐孝嗣等人，下一步就要派兵来江州讨伐陈显达了，陈显达害怕，终于决定与朝廷翻脸。

南齐永元元年（499）十一月，陈显达在寻阳起兵，传书朝中大臣，列数萧宝卷诛杀大臣的罪恶，然后打着拥立建安王萧宝夤的旗号顺江东下，直取建康。

陈显达带兵是有一套，但是他能调动起来反抗朝廷的士兵数量实在有限得很，大致还不到一万人。这些兵起先士气旺盛，对付朝廷派来的偏军还比较轻松，可等江州军连夜渡江，攻到宫城之外，与精锐强悍的台军交锋之时，就显得心有余而力不足了，越战越少。陈显达手持长矛，高低抵挡，杀伤数人，可终究年事已高，一个不留意，手中的长矛便折为两段。眼见台军源源不断赶来，黑压压地围作一片，陈显达无力对抗，拨转马头就要败走。就在这时，乱军中一矛刺来，陈显达翻身落马，死于非命。战后，陈显达的几个儿子以及同谋的长史庾弘远被一并处斩。

连北伐战场上声名显赫的陈显达都成了自己的刀下之鬼，年轻的小皇帝怎能不得意扬扬？没了这些“可恶大臣”的管束，他如同破笼之鸟、脱缰之马一般，更加荒淫放肆了。

十七岁的萧宝卷表现得越来越像刘宋的那位后废帝刘昱。刘昱的强项是爬竿，萧宝卷的强项则是杂技“顶幢”。他吃饱了没事儿干，就在宫里拿过一杆七丈五尺的白虎幢顶着，用肩膀顶，脑袋顶，甚至用牙齿顶，门牙磕掉也不足惜。这些绝技传到民间，成了江湖艺人混饭吃的招式，今天常见的杂耍节目“顶大旗”，很可能就起源于萧宝卷在宫廷中开展的这项“活动”。

老百姓看这些玩意儿是图个新鲜有趣，可皇帝要是整天玩弄这个，老百姓就遭殃了。

萧宝卷也和刘昱一样喜欢到处游玩，而且特讲究，穿着奇装异服，还不想让人看见。左右亲信迎合他的习惯，每次出门前都会事先到皇帝要经过的场所把老百姓赶走，只留所空房子。皇帝出游，锣鼓喧天，行人必须躲让，遇到躲得不及时的，随手就给杀掉。

萧宝卷觉得还不过瘾，又命人在自己经过的市井小巷和田间小道两边悬挂布幔，形成高高的屏障，并布置人手守卫。皇帝出一趟远门，真是比强盗抢劫还要可怕许多。

有一回，萧宝卷经过一座小城，走进路边一间屋子，看见有一名妇人并没有离开，就命手下将她拖过来审问，一看，原来是个挺着大肚子、即将临盆的孕妇。萧宝卷没有发一发善心，竟当场命左右将孕妇的肚子剖开，查看她怀的胎儿是男是女。又有一回，他的仪仗队经过寺庙，有一位老和尚身患疾病，来不及逃走，躲在了草丛之中，被军士抓到。萧宝卷下令左右乱箭齐发，一瞬间就把老和尚射成了大刺猬。有的时候也会碰上来不及离开的地方官员，萧宝卷也决不宽恕，照例斩杀。

萧宝卷对自己治下的百姓冷血无情，对自己宠爱的妃子却是有求必应，从物质和精神两方面予以无限的满足。他最宠爱的皇妃便是被后人称为“亡齐之物”的潘贵妃。

潘贵妃并不姓潘，她本名俞尼子，出身低微，在王敬则家里做歌伎。王敬则被齐明帝镇压时，萧宝卷见她国色天香，就把她召入宫中。有人跟萧宝卷说，宋文帝有个宠妃姓潘（参见第七章），所以统治了三十年，萧宝卷便命俞尼子也改姓潘，以便向宋文帝靠拢。每回跑到老丈人家中，不可一世的小皇帝都是格外卖命，又是打水，又是做饭，忙前忙后，还会说些集市上听来的小笑话活跃气氛。为了讨好潘妃，他大兴土木，修建宫殿，并收集了大量珍奇瑰宝放在后宫中供她观赏。他找来一群能工巧匠，在宫里的地上用黄金凿成一朵朵莲花，让潘妃在上头行走，自己则侧卧一边细细欣赏，称赞“步步生莲花”的美妙。

就这样一位皇帝，换谁都无法忍受，区别只不过是“忍术”的高低，以及造反之前的准备是否充分。陈显达尸骨未寒，驻守北方重镇寿阳的豫州刺史裴叔业就接着反了。

临反之前，裴叔业向雍州刺史萧衍写信咨询，他认为：“天下大势可知，恐无复自存之理。不若回面向北，不失作河南公。”与陈显达不同，他选择的策略是向北魏投降，谋取豫州一带半独立的地位，继而借助北魏的力量与南齐对抗。

萧衍何等聪明之人，马上给他回信说：“当今皇上与底下那些小厮相谋，怎么可能成大事？若有意外，我当以马步兵两万沿江而下，一举平定天下。如若投靠北方，魏人肯定会派别人来取代你，而把你打发到河北的某个偏远小州去，你哪里还能当什么河南公？到时候就别想回南方来了。”

萧衍正是谋大事之人，这一席话既料定了裴叔业投魏的下场，也暗示了自己领兵代齐的野心与手段。

裴叔业没有萧衍的远虑，犹豫再三，还是于南齐永元二年（500）向北魏递上降表，北魏立即派了元勰、王肃等人率领十万步骑兵南下接管寿阳。裴叔业在交接前病故于寿阳，手下共推他的侄子裴植监州。北魏大军进入寿阳后，马上以元勰为扬州刺史，镇守寿阳，而将裴植等人迁往北方的兖、齐等州任刺史——一切尽如萧衍之料。

北魏轻而易举地夺取了淮南重镇寿阳，威胁到了南齐的部署在江北的防御。萧宝卷急忙征调平西将军崔慧景率领水军进攻寿阳，又任命卫尉萧懿为豫州刺史，屯兵小岘（今安徽含山北），交州刺史李叔献屯兵合肥，意图抢回寿阳。

寿阳既入虎口，岂有易手之理？魏将奚康生死守寿阳一月，北魏援军赶到，大败齐军，之后进攻合肥，生擒了李叔献。

前线连吃败仗，齐军内部再出叛乱。萧宝卷派出的水路总指挥崔慧景是与陈显达、裴叔业一样在南北大战的战场上立过战功的大将，早就有了反叛之心。从建康出发后，他就行进缓慢，走到广陵（今江苏扬州西北），他召集属下众将说："我受三帝厚恩，应当竭力辅佐社稷。如今幼主昏暗，朝政败坏，危在旦夕，若不扶助，罪责重大。我欲与诸君一起共建大功，以安社稷，各位以为如何？"众将纷纷响应崔慧景的号召。崔慧景大军以拥立江夏王萧宝玄为名倒戈相向，回军向广陵进发。广陵的守将是崔恭祖，与崔慧景同宗，他打开城门，迎接崔慧景的军队开进广陵。

崔慧景的如意算盘是，在广陵休整之后就以精兵进逼京口，然后与镇守京口的萧宝玄合兵一处，共同攻打京城建康。

萧宝玄一开始并不买他的账，还杀掉了崔慧景派去的使者。但崔慧景的大军自北岸渡过长江，气势逼人，萧宝玄便秘密与崔慧景联系，杀了萧宝卷安插在京口的亲信，放崔慧景进城。

崔慧景一帆风顺地取得了两座要塞，随即便派自己的儿子崔觉与崔恭祖进攻建康。叛军与台军在城北的竹里交战，崔觉等人很有办法，每次进攻都趁着台军起灶吃饭的时间，几个回合下来，台军的士兵饥肠辘辘，无力作战，很快就丢了竹里。

叛军继续挺进，一路攻下东府、石头、白下、新亭，将台城团团包围。崔慧景自觉胜利在望，声称自己是奉了太后的密令，将萧宝卷废为吴王，可他马上就连续犯错，断送了好局。

崔慧景先是犹豫不决，本来说好立萧宝玄的，现在见齐武帝的孙子巴陵王萧昭胄也来投奔，他就想立后者了。接着内部出了矛盾，崔觉和崔恭祖这两个指挥官争功，崔慧景未能认真处理，而且还几次否决了崔恭祖的合理作战建议，搞得崔恭祖对他深怀不满。叛军中矛盾累积，萧宝卷的救兵又来了，局势顿时逆转。

指挥救兵的大将就是豫州刺史萧懿，他得到萧宝卷求援的密令后，立即率北伐军从江北的采石渡江，回攻崔慧景。崔慧景两眼只盯着台城里的守军，对于西边的萧懿完全不设防，结果可想而知，崔觉的几千精兵被萧懿歼灭，崔觉本人单身逃回，崔恭祖趁乱向台军投降。

崔慧景的残余部队遭到台城军与萧懿军的内外夹攻，全军覆没。崔慧景穷途末路，逃到江边，被一名渔夫砍下头颅献到建康，崔觉、崔恭祖以及江夏王萧宝玄也都被擒斩首。

此战萧懿居功至伟，被封为尚书令。他不曾想到，在萧宝卷这位变态国君的手底下做功臣，其实与做叛臣的下场并不会有啥两样。

十二、萧衍代齐

南朝自萧道成以后，兰陵萧氏的人就层出不穷，一群老萧、大萧、小萧，虽说是同宗，却又有亲疏远近，简直要把后人头脑都给“萧”晕。我们有必要在此补叙一下萧懿、萧衍兄弟的背景资料。

萧懿兄弟十人，他们的父亲萧顺之我们已经提过，官至丹阳尹，死后被追赠镇北将军。萧顺之是萧道成的族弟，再说得明白点，他们二人的高祖父是同一位，即西晋末年南迁的萧整。所以按照家谱把辈分这么一排，齐武帝萧赜、齐明帝萧鸾和萧懿、萧衍等人都是同辈的兄弟。兄弟归兄弟，可不见得就会一家亲，毕竟隔了那么多代。萧鸾对他堂兄弟的后代如此残酷无情，萧懿这样的远亲又岂能信得过？

萧宝卷的心里就是这么嘀咕的，他身边的茹法珍等人也是这么唠叨的。不过，这次他们可都看走眼了。萧懿是个“忠臣”，甚至忠得有点迂腐，他的三弟雍州刺史萧衍才是齐国内部真正的威胁。

萧衍这个人几乎是个全才，他年轻时与沈约、谢朓、王融等八人是萧子良的座上宾，文学造诣颇高。不仅如此，他的政治敏感性也比很多人都强，萧宝卷刚做上皇帝，他就看出这家伙的江山不会久长。得到雍州，驻守襄阳，他是如鱼得水，暗中与自己的录事参军张弘策招揽人才，修整军备，等待时机。

当时萧懿刚从益州刺史的位子上卸任，行郢州事，萧衍就派张弘策去郢州，劝说兄长与自己合作，以雍、郢两州之兵与朝廷对抗，成就大事。萧懿不听，满脑子想的只是如何辅佐萧宝卷。

这样的实在人在乱世里是混不下去的。萧懿消灭崔慧景后，萧衍派亲信为他提供两个选择：一、勒兵入宫，行伊尹、霍光之事，立万世之功；二、回到历阳，拥兵自重，威震内外，这样一来，至少朝廷无法随便动他。萧懿两个选择都不接受，乖乖地遵从萧宝卷的诏令，在建康任职。果不其然，半年之后，萧宝卷就命人送药酒到萧懿的任上，赐他归西。

其实，即便是死前的一刻，萧懿都还有机会逃跑的——他的部下长史徐曜甫事先得到风声，在江边把船只准备妥当，劝他去襄阳找萧衍。可是萧懿立志做齐臣，只说："自古皆有死，岂有叛走的尚书令？"仰药之前，他还让萧宝卷的手下捎去自己的临终遗言："我死不足惜，家弟在雍州必会兴兵报仇，深为朝廷担忧！"

萧宝卷除掉萧懿后，又命人到处搜捕萧懿的七个弟弟，结果只捕杀了他的五弟萧融，其他的几个不是预先就投奔了萧衍，就是藏匿在民间，无法找到。

远在襄阳的萧衍一得到萧懿的死讯，就连夜召集亲信张弘策、吕僧珍等人，对他们说："当今主上暴虐，其罪远胜纣王，我们正当齐心协力，把他消灭！"

早已准备充分的萧衍在襄阳迅速集结了一万多兵士、上千匹战马、三千艘舰船，并派人到江陵通报守备荆州的西中郎长史萧颖胄，相约推荆州刺史、南康王萧宝融为主，合兵攻取建康。

萧宝卷获知萧衍的动向，即命辅国将军、巴西梓潼二郡太守刘山阳率军三千到江陵与萧颖胄会合，袭击雍州。

两头的消息几乎同时到达江陵。

萧颖胄的荆州兵一向最怕北面的襄阳兵，心想若兵戎相见自己肯定不是对手，就算运气好打赢了，萧懿的例子还摆在那儿呢。权衡利弊，他决定明里支持朝廷，暗里倒向萧衍。他在江陵城内设下伏兵，等刘山阳一进城门就将其斩杀，遣使向萧衍献上首级。然后萧颖胄发布檄文，列数萧宝卷及其宠臣的罪行，分兵进取湘州、夏口。上庸太守韦叡、华山（今湖北宜城）太守康绚、梁州南秦州刺史柳惔等都率众响应萧衍。

南齐永元三年（501），萧衍在襄阳正式起兵，拥立远在江陵的萧宝融为帝，改元"中兴"。萧宝卷的这位十四岁的弟弟，就是南齐的最后一任皇帝——齐和帝。

起义军一路势如破竹，在夏口会合后直逼郢州（今湖北武汉武昌区）。萧宝卷派出军主吴子阳、陈虎牙率十三路军队前去援救，屯兵巴口（今湖北东部），两军处于对峙状态。

萧颖胄方面认为攻取郢州的战机已失，不如向北魏求援。萧衍答复说："汉口地处几州要冲，我们不必全力进攻郢州，只需扼守此地，打击东面派来的援军，待到郢州城中粮草耗尽，他们自会投降。届时我军顺江而下，大势可定！"

萧衍的这招"围城打援"果然奏效，吴子阳的军队走到郢州东面的加湖（今湖北武汉黄陂区东南）就再也走不了了。城内城外虽只三十里路，可他就是被起义军分割包围，无奈之下只能各自为战。起义军趁着秋水暴涨，以水军突袭加湖，大获全胜，镇守的郢州、江州的薛元嗣、陈伯之被迫请降。

建康的门户既开，朝廷方面再无一军可挡，起义军各部很快就遍布建康城西北。

萧宝卷的脸上丝毫看不到紧张的情绪，他依旧像以往一样游乐，还在宫里的芳乐苑建起商场，让宫女、太监们扮作商贩，潘贵妃做市令管理商场，自己则担任录事，在旁边抄抄写写，玩儿得不亦乐乎。

茹法珍报告说萧衍的军队过了寻阳，萧宝卷笑笑说："不急不急，得等敌军来到白门（即建康南门，又称宣阳门）前，再与他决一死战！"等萧衍大军离城不远了，他为了增加兵力固守城池，竟命人从宫城中的监狱里挑选囚徒配入军队，实在没法赦免的死囚则直接拉到朱雀门前杀头，一次就杀了一百多人。皇帝做到这个份上，也是"游戏人生"的典范了。

两军在城南的朱雀航前相遇，萧宝卷命征虏将军王珍国、军主胡虎牙等人率十万多台军列阵对抗，又派自己宠信的太监王宝孙手持白虎幡监督作战。

王宝孙大约听过韩信背水排阵的典故，就在秦淮河上放水，以绝台军后路。他也不仔细想想，韩信那是死战之师，眼下的台军却没有多少人愿意为萧宝卷卖命了。

萧衍的先锋大将曹景宗、吕僧珍放火焚烧台军军营，全力冲击，台军立时土崩瓦解，四散奔逃，死在秦淮河上的人不计其数，后面杀上来的士兵踩着水上的浮尸就冲了过去。

萧宝卷手下将领争先恐后地献城投降，萧衍进入石头城，督令各军攻打建康的六座城门。萧宝卷的军队烧了城门内营署、官府，悉数撤入宫城，关上大门死守。

直到此时，萧宝卷仍然认为自己稳操胜券——陈显达、崔慧景两次围攻宫城，都是有来无回，小小一个萧衍又怎会例外？有个实战的机会，倒是让萧宝卷十分兴奋。外头打真仗，里头就玩演习。城中的七万士兵都被他组织起来与宫女、太监等人一起玩打仗游戏，他自己则身穿铠甲，装备华丽，乘坐大马指挥作战；他还假装受伤，让人用担架将自己抬走，自作聪明地认为这种方法可以为他消灾，免除战场上的失败。

宫城里准备的柴木只够使用一百天，唯一的活路是速战速决，出城与起义军火拼。但朱雀航大败，幸存的台军士气低落，不要说死战了，恐怕与起义军一接触就会崩溃。茹法珍等人急得像热锅上的蚂蚁，跑到萧宝卷面前叩头，求他给官兵赏赐钱银，以提升士兵们的士气和战斗力。萧宝卷为潘贵妃花钱是眼睛都不眨一下，要他出钱赏赐官兵的时候却变得一毛不拔。他抱怨说："贼兵前来又不是只要我一个人的性命，凭什么只找我要钱呢！"一分钱都不想拿。军士们又向萧宝卷提出将宫殿后堂的上好木料拿去加固城防，他也不给，想留着做殿门用。这还不算，他不忙着组织防卫，反而下令修造三百人使用的精制兵器，雕镂金银物品，打算等击退了萧衍的军队，好用来庆功。

城里的守兵再无斗志，大家都消极怠工，一心只想着开小差逃跑。茹法珍见状，就对萧宝卷说："有些大臣不用心，以至于无法解围，应该把他们杀掉，以儆效尤。"

萧宝卷尚在迟疑，守城的王珍国和张稷可吓坏了。王珍国一面派亲信向萧衍献上一面明镜，以明心迹，一面与张稷一起通过亲信张齐秘密联系宫中的太监钱强。钱强答应作为内应，迎接王珍国等人入宫弑杀小皇帝。

当夜，萧宝卷独自坐在含德殿中吹笙唱歌，很晚才上床歇息。还未睡熟，他便听得外面杀声大作，心知有变，纵身跳出北门，往后宫逃去。时值后半夜，宫门已经关闭，萧宝卷转身再想找寻其他门路时，已被王珍国与钱强的叛军团团包围。

萧宝卷一不留意，被一名太监一刀砍中膝盖，摔倒在地，口中还在大叫："奴才造反啦！奴才造反啦！"喊声未绝，身后张齐又送上一刀。张齐斩下萧宝卷的头颅，用黄油纸包了，送往石头城请萧衍验看。

萧衍大军入城，诛杀茹法珍、梅虫儿等宦官和祸国红颜潘贵妃。此后，萧衍进位中书监、大司马，继而得到"剑履上殿、赞拜不名"的殊礼，比刘裕、萧道成的速度还要快，三个月间，他又晋封梁公、梁王。

历史仍然在循环地走着老路。南齐中兴二年（502），萧衍在齐和帝东归建康途中逼迫他禅位，接着就在建康南郊即皇帝位，改国号为“梁”。萧衍就是梁高祖武皇帝。

梁武帝是南北朝时期享祚最久的君主，也是最为复杂的一位皇帝，至今仍如谜一般神秘莫测。关于他的功过成败，恐怕不是只言片语所能道清的，我们留待后面慢慢说。

十三、叔侄相争

北魏孝文帝元宏驾崩后，太子元恪继位，是为北魏世宗宣武帝。

元恪的叔叔彭城王元勰深知官场复杂，自己权高盖主，将来必难全身而退，所以硬是不肯接过元宏临终前打算托付的政事。孝文帝当时很无奈，便以侍中、护军将军北海王元详为司空，镇南将军王肃为尚书令，镇南大将军广阳王元嘉为左仆射，尚书宋弁（biàn）为吏部尚书，加上太尉咸阳王元禧、尚书右仆射任城王元澄，六个人同为顾命大臣。

这六个人的地位各不相同，其中王肃和接替李冲之位的宋弁都是汉人，王肃更是南朝的降将，对于皇帝家事自然是远了一层。遗诏下来没多久，宋弁就去世了，王肃也备受排挤，一直被限制在南方边境不得回朝，两年后死在北魏刚刚到手的南朝重镇寿阳。

去掉了这两位，剩下的四位就都是北魏的宗室了：元禧、元详是孝文帝的弟弟，元澄是孝文帝的叔叔，元嘉则是孝文帝的叔祖，前两位权力较大，后两位则威望颇高。

新登基的宣武帝只有十七岁，被立为太子的年数也极浅，执政经验明显不足。他最为信任的其实还是六叔彭城王元勰，孝文帝虽有遗诏，命他遵从元勰要求归隐的意愿，他却不死心。宣武帝几次召见元勰，要任命他做丞相，元勰呢，则每次都搬出孝文帝的遗诏，执意表明自己不愿辅政的心迹。宣武帝不得已，只好任命他做持节、侍中，兼都督冀、定等七州诸军事，还任命他为骠骑大将军、开府仪同三司、定州刺史，想用一大堆官衔压住他，迫他在政事上对自己提供帮助。元勰屡次推辞不过，勉强接受，但也只是上任走走过场，表现得对于权谋之事毫无兴趣。

元勰是元宏兄弟之中汉文化水平最高的一位，他打心底里欣赏南朝文化，在感情上倾向于做一个清流。问题在于，他既然身为宗室，处在权力的高层，想要一尘不染、独善其身地做一个宗室中的隐士，又怎么可能呢？元勰是个有才识也有能力的人，年纪也轻，明智的做法就应该是在皇帝对他信任的前提下主动接过重任，协调各方势力，以摆脱孝文帝死后北魏朝中权力争夺的危机。在这个时候，是绝不可以念小我而废大家的，这是元勰本人性格上的缺陷，也是北魏政权的悲哀。

既然元勰不愿辅佐，宣武帝就只能向身边的亲信们“请教”执政要领了。常侍卫左右的左中郎将于忠是当年北魏猛将于栗磾的曾孙，他趁机对宣武帝说：“辅政诸王（指元禧、元详等人）专横放纵，其意难测，陛下应该早日将其罢免，亲揽权纲。”

于忠向皇帝进言打压元禧等人，可不是出于什么国家社稷之大义，而完全是为报自己的私愤。

于忠的父亲于烈是个领军，骄奢贪淫、喜好排场的元禧对于烈提出要求，请他从羽林虎贲军中退下来的老兵里头选拔一批人，给自己做仪仗队，遭到于烈的严词拒绝。元禧怒火中烧，派人给于烈传话，说：“我乃是天子的儿子（指魏献文帝之子），又是当今天子的叔父，身为元辅，向你提点小小要求，与皇帝的诏书有什么区别？”

于烈人如其名，性子的确够烈，回答说：“我于烈不是不知道王爷的显贵，但是您派人来要天子的羽林军，这是万万行不通的！我于烈的头可以给你，羽林军，对不起，给不了！”一句话就给顶了回去。

元禧遭此“大辱”，跟于烈结下了梁子。他命于烈做恒州刺史，想把这个眼中钉贬到外地为官。于烈辞官不得，便称疾不出，私下里让于忠去皇宫里做皇帝的“思想工作”。

宣武帝也看不惯元禧飞扬跋扈的样子，于忠的建议令他深以为然，暗中表示赞许。然而，这一赞许可开启了朝纲乱事之端。

如果我们仔细分析于忠的那句话，就不难发现它在逻辑上的问题。元禧的确“专横放纵”，甚至于不把小皇帝放在眼里，但是因此就将打击面扩大到“辅政诸王”，不免有点“因噎废食”了。北魏朝中暂时能镇得住局面的也就是这几位王爷，宣武帝久居深宫，若要亲政，一时没有可以倚仗的势力，那就相当危险了。

北魏景明二年（501）春天，宣武帝准备举行祭祀宗庙的大典。依照惯例，祭祀前夜诸位王公需在宗庙东面的侧坊内用斋。宣武帝秘密让于忠通知于烈，让他次日清晨入内侍卫。

天一亮，于烈来了。宣武帝命他带上六十名卫兵，到各位王爷的寝所宣读诏书，将王爷们一个一个带到皇帝接见大臣的光极殿。

不一会儿，元禧、元勰、元详等人齐聚殿内，这架势哪里是请人，分明就是重兵押解。宣武帝见几位王爷并无防备，心中有了些底。他开口说道："朕愚昧不才，在这个位子上坐了也快三年，实在是多亏了诸位叔父的尽心辅弼。叔父们做得非常辛苦，朕今天便宣布亲理朝政，请你们暂回府上，我自有职责安排。"

元禧被轻易夺权，心有不甘，可是宣武帝准备充分，他实在无法提出异议；元勰是本来就无心为官的，没有任何意见；元详是几个皇叔里年纪最轻的，但也是最狡猾的一个，他预先就与宣武帝通了气，还说了不少元禧、元勰的坏话，皇帝出这一手他早有预感，料想不会给亏待了，当然也表示支持。

王爷们刚回到府第，就接到了皇帝的诏书：元勰免职，算是遂了他的愿；元禧进位太保，得了个虚位，失了实权；元详则任命为大将军、录尚书事，捡了个最大的便宜。

亲政一事于烈功劳最大，宣武帝恢复他领军的职位，另外还加封他为车骑大将军，得以参与军国之事。

权力在手却用不好的，宣武帝大约就是个典型。他整天接触的都是些什么人呢？除去太监宫女，那就是统领禁军的军官以及宫中的侍卫了。他在这年内一下子提拔了一批亲信，如茹皓、王仲兴、寇猛、赵修、赵邕等人，而这些人后来都被列入《魏书·恩幸传》，可见都是些什么货色了。

宣武帝还想起了他的亲舅舅高肇、高显等人，决定把他们召入宫内，封他们做公爵。高肇兄弟虽然早就是皇亲国戚，却都一直在高句丽待着，没见过啥世面，在皇帝面前手忙脚乱，闹出了不少笑话。

宣武帝靠这一帮子人治理朝政，北魏不出乱子才真是奇迹了。果不其然，才过了四个月，朝廷里就闹起动静来。

丢了大权的元禧心中每每不安，疑心皇帝要对自己进一步下手。身边的护卫刘小苟还添油加醋对元禧诉说利害关系，搞得元禧心惊肉跳。他让长子元通潜入河内（今河南沁阳一带），在外接应，然后与亲信们商量对策。有人提议趁皇帝到北邙出猎的时候占领洛阳，与之对抗，到时候就算事情再不顺利，好歹也能割据河南，做个天子。

元禧这家伙贪心很足，魄力却不大。几个亲信有的想造反，有的想观望，相互之间没有统一意见，元禧便也犹豫不决，最后也没有拿定主意。他宣布散会，叮嘱今日约定商量的事情谁也不许泄露出去。

然而人心隔肚皮，这个道理元禧居然忘了。会刚一结束，与会者之一杨集始便快马前往北邙，向宣武帝禀报此事。宣武帝即刻通知城中的于烈，对元禧严加防备，然后从容回城，捉拿元禧。

元禧被人告了密，却还蒙在鼓里，闻听风声再想逃跑，哪还来得及？惊慌渡过洛水的他在柏谷坞（今河南洛阳偃师区东南）落网，被押回宫中面见宣武帝，宣武帝将他数落一番后赐他自裁，他那个想在河内举兵起事的儿子也被河内太守捕杀。

据说，北魏宫中有人凭吊元禧，为他写了一首诗，并且还一直流传到了南朝：

可怜咸阳王，奈何作事误。
金床玉几不能眠，夜蹋霜与露。
洛水湛湛弥岸长，行人那得渡？

人生一世贪婪，到头来两手空空、死于非命，这又岂是元禧一个人的写照？

十四、北投与南征

宣武帝刚刚坐稳位子，就面临南齐内部内斗不休的局面。不费吹灰之力占领了寿阳、合肥等地之后，镇南将军元英及多名边将纷纷上表，要求趁此良机大举伐齐，统一南北。

年轻的宣武帝却全无父亲的气魄，他没有发动任何明确的军事行动，只是让豫州刺史田益宗在边境上对南朝进行小规模骚扰，白白把千载难逢的战机错过。

两年之后，也就是北魏的景明四年（503），萧衍已经取代南齐建立了梁朝，坐稳了皇位，这个时候北方的宣武皇帝却又改变主意，决定大举讨伐南梁了。

这里头起主要推动作用的，偏偏还不是北朝的王侯将相，而是两个刚从南朝投降北魏的人：一个是东昏侯萧宝卷的弟弟萧宝夤，另一个是南梁的江州刺史陈伯之。

萧宝夤是正宗的南齐宗室，齐明帝萧鸾的第六子。当年他哥哥萧宝卷在位的时候，底下有人几次谋立他为帝，计划都没有成功。萧宝卷虽是个暴君，对这个弟弟却格外网开一面，次次不予追究。

萧衍大军攻占建康后，自身威望尚未确立，也不敢轻易动萧宝夤，还封他为鄱阳王。等萧衍受封梁王，终于决定对萧宝卷的几个兄弟下手了。他先是安排专人对诸位王爷严加看管，然后秘密杀害了萧宝夤的几个弟弟。萧宝夤的家人预先获取情报，连夜挖开院墙逃出，在江边上准备了船只供他潜逃。当时的情景保命要紧，也容不得萧宝夤摆什么王爷架子了。他换了黑布衣裳，腰间系上一千多文钱，穿着草鞋徒步赶往江边。这一路可谓亡命之旅，天蒙蒙亮时，筋疲力尽的萧宝夤终于爬上了船头，脚底娇嫩的皮肉早已被磨得鲜血淋漓。

王府的看守觉察到王爷失踪，火速赶往江边搜寻。萧宝夤急中生智，端坐船上，假装垂钓，在江心漂流。看守们距离甚远，看不真切，以为就是个普通的渔夫，并不起疑。萧宝夤挨到卫兵散去才渡过长江，投奔西岸的大户华文荣。

华文荣见来者竟是落魄的王爷，明白此事非同小可，便私下里领了几个最为亲信的随从，弃了家室，租了几头驴，与萧宝夤一同北上。一行人昼伏夜行，来到了被北魏新占的寿阳城。

驻守寿阳的正是北魏的资深亲王——扬州刺史元澄。他听说南齐宗室来投，心知这是政治上非常重要的一颗棋子，不敢怠慢，以车马来迎，以礼相待。

萧宝夤一路跋涉，面容憔悴，狼狈不堪，风度却依然不减，极受北魏贵族的器重。在寿阳停歇数月后，元澄便派手下护送萧宝夤北上洛阳，面见魏宣武帝。

陈伯之的情形则与萧宝夤截然不同。他与梁武帝并无大恨，事实上，梁武帝待他不薄。在梁武帝反齐的过程中，他先是被萧宝卷任命为豫州刺史，镇守寻阳（今江西九江）。梁武帝派人劝他投降，他犹豫不决，最后见朝廷军形势有利，才献城投降，可是心中总怀观望之意，首鼠两端，直到建康方面大势已去，他才断了回头之念。梁朝建立，梁武帝对他委以重任，封他做征南将军、江州刺史。

陈伯之本是无赖出身，文化水平很低，除了会写自己的名字，大字认不得几个，更别提那些简洁晦涩的正规文书了。他在府内养了一批旧时的狐朋狗友、乡里乡亲，将他们一一任命为别驾、参军，专门帮他处理繁杂公事。

领导没文化，政治能力不强，下面的人自然就会借机做些损人利己的坏事。坏事做多了，就传到梁武帝的耳朵里。陈伯之本非自己的嫡系，梁武帝多少有些担心，正好陈伯之的儿子陈虎牙在建康，他便派陈虎牙去江州劝诫其父，又另外派人去取代陈伯之任命的别驾邓缮。

朝廷方面的这一动作，陈伯之还是能读懂的，他当时就上表指出："我手底下的人都有能力，也有业绩，朝廷方面派来的别驾，我请求让他做我的治中。"

南北朝的时候，别驾和治中都是刺史手下的佐吏。别驾，顾名思义，是指刺史出巡时他可另外乘坐一辆驿车随行；治中，字面上也很明白，是管理内部事务，换成现在的职位，就是文书档案管理员。同是部下，别驾与刺史的关系要亲近许多，在实权上也大于治中。陈伯之如此处置，是摆明了自作主张，不接受朝廷给他安排的那一套。

邓缮深知夜长梦多，每天在陈伯之耳边吹风：“朝廷现在国库空虚，兵粮缺失，东面又在闹饥荒，此乃取而代之的好时机，不可错过！”

不只是邓缮，陈伯之身边的其他心腹如褚緭、戴永忠也对建康的新朝廷严重不满，一致赞成邓缮的意见。

陈伯之想了想，对邓缮说：“我再向朝廷上书一封力保你，如若皇上还不听我的，咱们就一起反了。”

梁武帝很快就发了批复，命令陈伯之在江州找一个郡，安排邓缮去任职。陈伯之看没什么讨价还价的余地了，就召集府内的将领佐吏，说：“我刚刚接到建安王萧宝夤的密令，他已经率领江北十万大军进驻六合，约我以江州兵力运粮东下。我陈伯之受齐明帝厚恩，自当誓死相报！”他怕大家不信，又拿出褚緭事先伪造的萧宝夤的书信公之于众。这一招的确奏效，大伙儿一个个热血澎湃，发誓要反梁复齐，拥戴萧宝夤。陈伯之于是在府前筑起祭坛，歃血为盟，号令州内各郡“起兵反对建康的恶政”。

建康方面对此是早有预料的，梁武帝既然屡次三番地驳回陈伯之的要求，当然是做好了陈伯之窝里反的准备。陈伯之这边祭坛上的血还没干，那边梁武帝就已经发兵了。他命领兵将军王茂为征南将军、江州刺史，率军讨伐陈伯之。

与此同时，江州所属的豫章郡（今江西南昌）太守郑伯伦不愿跟从陈伯之造反，率本郡士兵拒守。陈伯之决定先摆平南面的豫章，以绝后顾之忧，打通粮道，然后再挥师北上。

以为稳操胜券的陈伯之亲自率部南下，却攻不下一个小小的豫章城，相持之际，后方王茂已经逼近了他在江州的老巢。

陈伯之腹背受敌，无心恋战，只好带着儿子陈虎牙以及褚緭等亲信抄小道渡过长江，逃奔北魏。

到了北魏，萧宝夤和陈伯之南征的积极性毋庸置疑超过了任何一位鲜卑贵族。萧宝夤是国恨家仇、刻骨铭心，陈伯之是甫投新主、立功心切，两人不谋而合，几乎在同一个时间递上了请求发兵的决心书。

宣武帝受了鼓动，很快就答应了这一要求。北魏景明四年（503）四月，他先封萧宝夤为都督东扬州等三州诸军事、镇东将军、扬州刺史、齐王，给他一万兵马，让他驻扎在寿阳东城；又封陈伯之为都督淮南诸军事、平南将军、江州刺史，让他屯兵阳石（今安徽霍邱东南），先期驻于边境之上。

秋季淮水水位下降，是有利于北方军队南下的季节，北魏派任城王元澄与萧宝夤、陈伯之率领大军五万（包括北方冀、定、瀛、相、并、济六州征募的两万和萧宝夤、陈伯之部的约三万人）进攻钟离，又以镇南将军元英为都督征义阳诸军事，进攻义阳。

南朝的军队自从魏孝文帝死后，除了裴叔业主动投魏的那次，已经好几年没跟北魏打过像样的仗了，偏又碰上改朝换代，战斗力可真是提不起来。东路的钟离方向，元澄分兵外围，一路凯歌，拿下东关（今安徽含山西南）、颍川（今安徽寿县西）、大岘（今安徽含山东北）、焦城（今河南中牟西南）、淮陵（今江苏盱眙西）等八座城池，接着又攻打阜陵城（今安徽全椒东）；西路的元英则攻破司州刺史蔡道恭借助地势布下的三道防线（当时南梁的司州治所即在义阳），将义阳团团围住。

刚刚建立不久的南梁王朝，第一次在战场上陷入了困境。

十五、梁武帝的难题

南方政权在自齐明帝以来的将近四十年中，除却最东面的郁洲等地外，一直与北方以秦岭、淮河为界。孝文帝数次南征，争夺的也一直是淮南的重镇钟离、寿阳、义阳，以及西头的南郑，这个我们在前头是多次强调过的。这条防线对于南朝来说是一荣俱荣，一损俱损。北朝军队轻松占领了寿阳这座防线的桥头堡后，又顺手夺取了合肥，如同一把利刃插入到南方统治的心腹地带，也打破了双方势力均衡的局面。何况，合肥、寿阳离南梁国都建康已然不远，现在不是南方重整旗鼓夺取失地，将这把利刃顶回去，就是北方席卷江北、全面开花，直捣建康的皇帝老巢。这是一场没有选择的争斗。

战争的第一阶段，北魏的军队显示出强大的攻击能力，几路并进，多点开花。唯一的一处挫败，是当东路的元澄军队试图攻打边镇阜城时，遭到南梁轻骑兵的突袭，被切断粮道。不过问题并不大，元澄下令撤军后，便转而以主力围攻重镇钟离。

陈伯之和萧宝夤的两支偏师也表现不俗，令南梁的军队无处突破。南梁将军姜庆真倒是想出了一条"围魏救赵"之计，他趁元澄攻打钟离之际，率部偷袭其后方的寿阳，攻下寿阳外城，一部分守军投降。

然而问题出现了，姜庆真的破敌妙法不能得到决策层的充分支持，或者说，他没有友军及时的后续支援。

外城被占领后，双方形成攻守之势，寿阳还有不少军队，主要包括裴叔业献城时的南齐将士以及北魏接收时派出的将士。这些士兵在组织严密性上值得质疑，北魏将士对于南齐将士颇不信任，南齐将士的忠诚度也大打折扣，不愿死心塌地地为北军守城，再加上主帅元澄在外，对于后方战况尚不知情，寿阳城处在一个最为脆弱的节骨眼上。梁国军队若能大举支援姜庆真，在寿阳局部占据攻城的优势兵力，那么可能产生的结果无外乎两种：城防危在旦夕，元澄回援，钟离之围自解，并可觑机转入战略反攻；如若更加顺利的话，寿阳城被一举拿下，元澄老巢被端，梁军便可形成包夹之势，吃掉元澄的军队。

这两种可能因为南梁的决策失败没有成为现实。姜庆真虽然一时迫使寿阳魏军婴城自守，但不能形成足够的压力。

城中的守军缓过劲来之后，元澄的母亲孟氏出面主持大局。这位老太妃身为女流，却有几分草原民族的英豪气。她临阵并不慌乱，一方面撤掉防守外城不利的官员；一方面指派将领严守内城，并激励全城士兵，对他们不分新旧老幼都一视同仁，赏罚分明。一切布置完毕，她又亲自登城检视，指挥作战，不避矢石。这些举动果然大大提升了守城官兵的士气，主帅不在城中，他们却多了一位更令人敬佩的“女指挥官”，众人不再有异心。从这位老太妃身上看，后来花木兰的故事出自北朝传说绝不是偶然。

梁军没捞到任何好处，附近萧宝夤的军队得到了寿阳的情报，发兵来救。魏军内外夹击，激战一日，将姜庆真打得落荒而逃，彻底粉碎了南梁主动还击的力量。

让梁武帝感到焦头烂额的还在后头。面对钟离和义阳的两路吃紧，他分别派遣冠军将军张惠绍和平西将军曹景宗、后将军王僧炳出兵支援。

张惠绍的任务是领兵五千押送粮草前往钟离，然而他在邵阳洲（今安徽凤阳东北淮河中）一带遭到北魏平远将军刘思祖的拦截，一败涂地。张惠绍等十余名将领被擒，粮草也都做了见面礼。

曹景宗和王僧炳率领的一路主援义阳，步骑兵共计三万，对北魏的攻势应当不处下风才对。王僧炳分拨两万军队前往凿岘（今河南信阳南），曹景宗以剩下的一万人为后继，企图扰乱魏军的行进计划。魏军西路统帅元英获知梁军行踪后，派遣冠军将军元逞等人在樊城（今湖北襄阳一带）阻击王僧炳的梁军。双方一交手，南梁毫无抵抗之力，王僧炳大败，士兵战死、被俘的就有四千多人，其余人都如鸟兽散。曹景宗听说前师挫败，便裹足不前，不敢再增援义阳。

好不容易撑到夏天，东面的钟离才传来一条所谓的好消息：由于降雨量增加，淮水水位暴涨，攻城的魏军无法驻扎，只好撤回到寿阳城。

西面淮水上游的义阳可就没有这么幸运了。司州刺史蔡道恭手中的守城士兵不满五千人，粮草也只够吃半年的，援兵迟迟不到，守军只好勉力硬扛。魏军攻城日夜不息，蔡道恭也毫不示弱，拿出守城的各种方法，一次又一次地打退魏军的进攻。

就这样，战斗居然从南梁天监三年（504）的四月一直持续到七月，魏军死伤不计其数，连元英都要快绝望了。谁知就在这个时候，城里发生了变故——蔡道恭病逝了，义阳城转由蔡道恭的堂弟骁骑将军蔡灵恩和侄子尚书郎蔡僧勰代为防御。正想打退堂鼓的元英可不会放过这个“彼竭我盈”的机会。他下令猛攻义阳，重新展开大战。

义阳的守军虽然众志成城，但毕竟是肉做的人，眼看着弹尽粮绝，回天无力，只好把所有希望寄托在建康方面的援军身上了。

梁武帝真的又给派了一支军队来援，这次由宁朔将军马仙琕率领，一路转战向西，直接支援义阳。

马仙琕乃是梁初名将之一，以作战勇猛闻名，梁武帝是想凭借他的战斗力扭转颓势。可对手元英也不是吃素的，此人是魏文成帝的弟弟南安王元桢之子，自小“性识聪敏，博闻强记”，武艺高强，更难得的是他吹笛子也是一把好手，还懂一点医术，是个高智商的全才。他父亲元桢因为参与了穆泰组织的那次谋反行动，被削夺了王爵，数年来元英憋足了劲，就是想在战场上建功立业，一雪前耻。这场南北战争中，他对付南朝援军的手段十分对路，其诀窍就在于：重视情报工作，预做充分准备，截断援军和守军的联系，各个歼灭敌人。张惠绍和王僧炳的失败都是他的杰作，现在，他的第三个战绩轮到马仙琕了。

元英在义阳城东的士雅山构筑营垒，先命诸将埋伏在山中，再派小股军队出阵，向马仙琕示弱。马仙琕是个缺少心计的大将，这一路来也没遇到什么真正的抵抗，心里早就放松了警惕。他还以为魏军就是如此不堪一击呢，便直扑元英大营。元英佯败，率部北退，顺势将一心想要生擒自己的马仙琕的追兵引到了山间的平地上。

元英见马仙琕乖乖地钻入了自己的包围圈，忽然掉转马头，发出信号，漫山遍野的魏军同时杀出，向梁军袭来。马仙琕准备不及，拼死抵抗才逃出一条性命，他的一个儿子死于乱军之中。

马仙琕遭此大败，一时半会儿没法恢复元气。可眼看义阳就要被攻下，他只能硬着头皮继续进攻魏军，结果又是损兵折将。

当年八月，内外交困的蔡灵恩开城投降。义阳南面有三座关隘：平靖关、黄岘关和武阳关，义阳一失，三关守将都弃关而走。北魏占领义阳后，在此设立郢州，与东面以寿阳为中心的扬州遥相呼应，在淮南地区形成一对钳子。

南梁在此窘境下，只能将防线又南移到南义阳（今湖北安陆），淮水一带的重镇就剩了一个东面的钟离还在控制之下。

倒霉的事并没结束。一年后（505），本是裴叔业旧部、负责镇守汉中的夏侯道迁向北魏投降。北魏以尚书邢峦为镇西将军、都督征梁汉诸军事，率兵迈过秦岭，攻占了汉中。至此，梁州十四郡皆入于魏，南面的益州也岌岌可危了。

我们不禁要问，当前南梁的窘境究竟是由什么造成的呢？

南朝在刘宋初期曾与北魏划河而治，宋武帝刘裕死后，南朝丢失河南四镇，但到宋文帝刘义隆时还尚有实力多次发起北伐，虽然败多胜少，但好歹稳固住了河南防线。宋明帝时由于举措不慎，才丢失了淮北四州，与北魏划淮而治。南齐二十多年间，南北大战四次，没有一次是南方主动进攻的，而全都是北魏孝文帝的南征。南齐灭亡，寿阳又失，防线再度南移，这时候能保住淮南的一座重镇都成了非常艰难的一件事。

如果细心比较这些战争的过程的话，我们就不难发现问题所在。北魏每次南征，都是发动北方几个州的兵力，精心准备安排，分几路入侵、几方协调，都有相互呼应；而齐梁的这几次应对，都是以守城为主，各军各自为战，偶尔的支援和出击也是头疼医疼、脚疼医脚，没有完备的全局规划，所以南朝不仅是城池一座座地丢，援军也是一支支地败。

到目前为止，抛开步骑差异、士兵战斗力以及统帅综合能力不提，南朝的战争动员力与北魏相去甚远。如果用现代的词汇说，北魏有能力打赢一场全面战争，而南朝只有能力打赢一场局部战争。这样的差距，南朝焉能不败？防线焉能不一退再退？

所幸，梁武帝似乎已经意识到了这一点。他有能力扭转乾坤吗？

十六、丘迟书降陈伯之

说到这里，我们需要回过头来审视一下梁武帝萧衍。他二十多岁出道，就有人说他：“三十内当作侍中，出此（三十岁之后）则贵不可言。”好友王融更是评价他：“宰制天下，必在此人。”

这些赞誉之词都不算说错。其实，以或褒或贬的态度来评价萧衍，都有失偏颇，但无论用什么态度都可以毫不夸张地说，萧衍乃是整个南朝史上承前启后最为关键的人物，并且也是南朝二十七个皇帝中极其独特的一位。

持续一百七十年的南朝，到梁武帝萧衍即位的时候已经过了八十年，将近一半。如果说早期的刘宋还曾因为刘裕的武功威震河北，因为元嘉年间的文治引人仰目，一度有过朝气蓬勃的景象，那么此时它就只谈得上是消沉和落魄了。

从萧衍出生到梁朝建立的三十九年里，南朝历经十一个皇帝，执政者是三年一小换，五年一大换，即便是政局较为平稳的齐武帝时期，也还有持续一年之久的唐寓之之乱。朝廷之上礼崩乐坏、人伦丧尽，民间也难得一日安宁，人心思变。如此严重的忧患，体现在天下这个大棋盘上，就成了国土的日渐局促，政权的日益“猥琐”。

摆在萧衍面前的烂摊子，并不容易收拾。

萧衍很聪明，他虽然成功利用南齐内部的问题夺取了政权，却深谙“得天下易，治天下难”的大道理。受禅当日，他一坐上皇帝的辇车，便对陪乘的重要辅臣侍中范云说了一句语重心长的话：“朕之今日，所谓懔乎若朽索之驭六马。”

范云反应极快，当下回道：“亦愿陛下日慎一日。”

“懔乎若朽索之驭六马”出自《尚书・五子之歌》。夏王太康失国，他的五个弟弟追述大禹的训导，写下了五首诫诗，这便是其中的一句，意思是说“君临万民，恐惧的心情就好比用坏掉的绳索来驾驭六匹马”，是在告诫统治者时刻要有危机意识，意识到自身的不足，对权力的态度应该是敬畏而非放纵。萧衍竟会用亡国贵族的话语作为自己执政生涯的开场白，意外之余，也让人惊叹于他无比清醒的头脑。

深受萧衍器重的范云出身寒族，大他十三岁，南齐时两人便同朝为官，又都在“竟陵八友”之列，同为萧子良的座上客，甚至还做过邻居，关系十分密切。萧衍消灭了萧宝卷，便让他做自己的大司马咨议参军，帮助自己运筹帷幄，后来又升他为侍中。

萧衍做梁王后，纳了萧宝卷一个姓余的妃子，对她宠爱有加，渐渐妨碍到处理政事。范云私下进谏说：“当年汉高祖是个贪财好色之徒，入关平定秦朝时却不取秋毫，不幸妇女，这也是范增认为他志向远大的原因。如今明公刚平定天下，正是海内想望声誉之时，岂可拖累于女色呢？”萧衍被说得一句话也说不出来，范云便自作主张，起草了一份命令，将余氏赐给将军王茂。萧衍有些无奈，对于这位老大哥的意图却只有赞赏，最终默许了范云的做法。

登基大典上范云的警戒坚定了萧衍振兴朝纲的决心。南梁天监元年（502），他下诏重修礼乐的标准，甚至以他本人丰富的音乐知识亲自参与制定。这一举措谨遵儒家强调的礼乐教化之道，也是他开始推崇“移风易俗”新气象的第一步。

梁武帝改革内政的第二步，是于同一年下令删定修订并于次年出台的法律典章《梁律》。在《梁律》之前，刘宋和南齐沿袭的都是西晋贾充制定的晋律，条款大同小异；齐武帝时期曾修订过二十卷的《永明律》，但与前朝旧律在篇目和制度上并没有很大的差异。梁武帝的这次刑律改革，参照以前几朝的得失，又结合当前的实际情况，共修成律二十卷、令三十卷、科四十卷，光从篇幅上看就比过去完善了不少。新律强调“明慎用刑”，后来逐步将一些严厉的肉刑，比如劓鼻、刺字等一概废除，又改革各项滥刑和赋税。总体而言，南梁的刑法是比较宽恤的，再加上梁武帝与萧道成一样提倡节俭，南梁的世风在几年之间就有了很大程度的改善。

天监四年（505），梁武帝又颁布一道诏令，设置五经博士各一人，在建康开馆教授，推行儒学。开办国学馆讲学，前朝最兴盛的元嘉和永明年间都搞过，但都比不上梁代的规模，来五馆听讲学的人动辄成百上千，比得上现在名教授的公开讲座。学说分门别派，各有所长，连北魏从事儒学研究的学者，如清河崔灵恩、范阳卢广等也纷纷慕名前来聚徒讲说，作为南梁统治中心的建康城俨然有了一派天下儒学教研中心的气象。

对于士族与寒族之间的矛盾，萧衍采取两手抓的政策：一方面，他下诏优显士族高门，从而获取士族阶层的拥护支持，并要求核实谱牒、严防冒袭，这就有效限制了士族数量的过度扩张，减轻了政府的负担；另一方面，他也注重从寒门之中选拔人才，像范云、沈约等人都是寒族。写《宋书》的沈约是刘裕手下大家沈林子之孙，排得上是老牌的寒族了。范云是最受重用的大臣之一，只可惜死得太早，天监二年（503）刚刚五十三岁就病故了。为了填补空缺，梁武帝提拔了寒族出身的徐勉和周舍，让他们掌管朝中机要。这两位都不到四十岁，梁武帝看重的是他们办事得力。由此可见，在用人方面，梁武帝坚持的是唯才是任的方针。这些例子里，还没算上他一直收在身边做亲信随从，后来在战场崭露头角的名将陈庆之。

枯朽的南齐经过南梁一系列的"整修"，从内到外翻了新，梁武帝有了足够的底气和本钱去实现他锐意进取、复兴天下的计划了。

梁武帝的计划以《北伐诏》的形式保存在《全梁文》中，全文可谓振奋人心，显然经过了充分的准备。他计划先拿下重镇寿阳，然后兵分两路，一路出徐州，平定中原，一路出义阳，夺取关中，各路齐进，会兵洛阳，生擒元恪，统一天下。

南梁天监四年（505）十月，梁武帝任命六弟临川王萧宏为都督南北兖、北徐、青、冀、豫、司、霍八州北讨诸军事，尚书右仆射柳惔为副手，统领大军进驻洛口（今安徽淮南东北），大举北伐，兵力总计数十万。

自宋文帝北伐失败以来半个多世纪，南朝从未发动过如此强大的攻势，就连北魏方面也不得不承认这是"百数十年所未之有"。

然而，雄心勃勃的北伐军的启动并不顺利。萧宏的前锋一部、徐州刺史昌义之攻打寿阳东北的边镇梁城（今安徽寿县东），却打不过北魏的平南将军陈伯之，吃了败仗。

陈伯之是南朝的降将，又不像萧宝夤那样与梁武帝有不共戴天的血海深仇，本没有道理死心塌地地为北魏卖命，阻挠南梁北进的步伐。萧宏对于此人的性情拿捏得颇准，他让自己的记室丘迟给陈伯之修书一封，劝他投降。

丘迟以文笔出众闻名于世，得过梁武帝的亲自认证，他的劝降书是我最为敬佩的南朝文章之一。陈伯之是个没啥文化的大老粗，也没什么品行。两军阵前，要用书信的方式劝这样一个家伙投降，在我看来几乎等同于对牛弹琴，而丘迟居然出色完成了任务！

这篇陈情说理的美文写于天监五年（506）三月：

> 陈将军足下无恙，幸甚。将军勇冠三军，才为世出。弃燕雀之小志，慕鸿鹄以高翔。昔因机变化，遭逢明主，立功立事，开国承家，朱轮华毂，拥旄万里，何其壮也！如何一旦为奔亡之虏，闻鸣镝而股战，对穹庐以屈膝，又何劣耶？寻君去就之际，非有他故，直以不能内审诸己，外受流言，沉迷猖蹶，以至于此。圣朝赦罪论功，弃瑕录用，收赤心于天下，安反侧于万物，将军之所知，非假仆一二谈也。朱鲔涉血于友于，张绣傳刃于爱子，汉主不以为疑，魏君待之若旧。况将军无昔人之罪，而勋重于当世。
>
> 夫迷涂知反，往哲是与；不远而复，先典攸高。主上屈法申恩，吞舟是漏。将军松柏不翦，亲戚安居；高台未倾，爱妾尚在。悠悠尔心，亦何可述。今功臣名将，雁行有序。怀黄佩紫，赞帷幄之谋；乘轺建节，奉疆埸之任。并刑马作誓，传之子孙。将军独靦颜借命，驱驰异域，宁不哀哉！
>
> 夫以慕容超之强，身送东市；姚泓之盛，面缚西都。故知霜露所均，不育异类；姬汉旧邦，无取杂种。北虏僭盗中原，多历年所，恶积祸盈，理至燋烂。况伪孽昏狡，自相夷戮，部落携离，酋豪猜贰，方当系颈蛮邸，悬首藁街。而将军鱼游于沸鼎之中，燕巢于飞幕之上，不亦惑乎！
>
> 暮春三月，江南草长，杂花生树，群莺乱飞。见故国之旗鼓，感平生于畴日，抚弦登陴，岂不怆悢。所以廉公之思赵将，吴子之泣西河，人之情也。将军独无情哉！想早励良图，自求多福。

全文洋洋洒洒五百来个字。以我猜来，最终打动陈伯之的，正是最后一段。前面丘迟都是在说理，理尽煽情，以情动心。出生南方的陈伯之客居别国，怎能不思乡？即便亡命天涯，永不舍弃的，依然是归葬故里的心愿……

陈伯之听手下念完书信，顾不上自己留在北方的儿子，带上统领的八千兵众便从梁城投往南梁。事后，他的儿子陈虎牙被北魏所杀。

不到两个月，梁军前锋攻陷梁城，直指寿阳。

十七、萧宏怯阵

梁军攻取的城池不止一个梁城。天监五年（506）五月到七月间，南梁的北伐军两线并进，先后拿下宿预（今江苏宿迁南）、梁城、合肥、羊石、霍丘、朐山（今江苏连云港西）、固城（今山东滕州东）等十几城。其中不少都是在齐末梁初被北魏乘虚夺取的，现在失而复得，梁军的士气空前旺盛。

最值得一提的，是南梁收复了除寿阳之外中段最重要的边镇合肥，而率军攻克合肥的就是梁初第一将，豫州刺史韦叡。

大多数南朝名将都是北方人，不过他们的先祖早在永嘉之乱时就纷纷南迁，在南方安居乐业已有百年以上。韦叡则不同。韦氏一族西汉时出过一位大儒韦贤，官至丞相，因此后世家族多在关中三秦地区发展，一直颇为兴旺，后来的西魏名将韦孝宽也出自这个家族。

后秦末年，韦叡的祖父韦玄为了躲避做官，隐居在终南山中。刘裕入关灭秦，钦慕他的才华，征召他当自己的助手，做太尉掾。可韦玄似乎看透了乱世的纷扰无奈，对这份主动上门并且很有前途的美差辞而不就。不过按照《梁书》的说法，韦玄的两个儿子韦祖征和韦祖归都被召到了南方，在刘宋一朝为官。

韦叡是韦祖归的儿子。他出生的时候，韦家入宋才二十多年，他上头还有两个早有名气的哥哥。韦叡自小好学，年轻的时候为人就很低调。伯父韦祖征到各地做郡守，喜欢把他带在身边，将他看作自己的亲生儿子一样。

韦叡的内兄王憕和姨弟杜恽在乡里享有盛名，韦祖征就问他："你觉得你自己和王憕、杜恽两个人相比，怎么样呢？"韦叡谦虚地摇摇头，不愿作答。韦祖征笑道：

“你呀，写文章或许比他们差一些，学识上却比他们强，而若是说到治理国家、成就功业，我们这一族里，没有人能够赶得上你！”韦叡后来的确没有辜负这句预言。

韦叡先后在梁州、雍州做小官，依旧保持其低调的作风，在宋、齐两朝一片贪腐的大环境中，他独能做到清廉，拒绝接收别人的各种贿赂。

南齐末年，造反的队伍一支接着一支。韦叡看不上陈显达的才干，也瞧不起崔慧景的懦弱，却偏偏看准了比他小二十多岁的本州刺史萧衍，认定他是“天下真人”，率众投奔萧衍，与其成为忘年之交。韦叡的眼光，丝毫不差于自己的伯父。

这时候的韦叡，已经六十岁，活了整整一个甲子。

“人生七十古来稀”，在韦叡的年代，能有多少人活过六十？不会太多。古往今来，又能有多少人庸庸碌碌几十年，活到六十才找到奋斗目标，从此保持一颗炽热的心，去实现“治理国家、成就功业”的伟愿？想来更少。但我能肯定，韦叡是其中的一个。他不是没有命世之才，却苦于政治昏暗、苍生潦倒。他的心境，或许与他的祖父韦玄一样，无奈于欲为而不得为。梁初的一批将领，恐怕都有过类似的感慨，作为其中年龄最长的，韦叡感触应是最深的。

北伐大军挥师北进，身为都督的韦叡第一次有了一种报效国家的兴奋。

在攻打合肥东面的小岘时，韦叡正率领军队巡视敌军布下的围栅，城中忽然冲出数百人，在门外列阵，对梁军虎视眈眈，韦叡当即下令进攻。

手下众将都说：“我们现在是轻装出动，只是巡查而已，不如回去披挂整齐，再来迎敌。”

韦叡答道：“不然，小岘是个小城，城中只有两千多守兵，如果他们闭门坚守，足以自保，如今无缘无故派几百人出城，必然是他们最为骁勇的士兵，想要逼退我军。如果我们能够打败这支军队，小岘自然就攻下来了。”

众人尚在迟疑，韦叡正色说：“朝廷命我都督各军，符节就在我手，绝非摆设，不得违命！大家力战，必能克敌！”

在韦叡的指挥下，梁军士兵个个奋勇争先，果然把城外的魏军打得落花流水。梁军乘势猛攻，不到半天工夫就占领了小岘。

合肥城下，韦叡同样强调大胆用兵，并辅以策略。北魏派大将杨灵胤领军五万前来救援。韦叡的部下又认为众寡不敌，希望韦叡能够上表请求增兵。韦叡笑道：“敌军已到城下，现在我们才求增兵，于事无补。何况我们的兵力增加了，敌军更多的后援团也来了，还是得不到优势。古人云：‘师克在和，不在众。’”说罢挥师反击，大破魏兵。

韦叡不言后退、连战连胜的气势不仅让敌人丧胆，也让手下部将兵士心服口服。

韦叡在合肥城外的淝水上修建高大的堰坝，疏通河道，孤立城池，准备水灌合肥，然后又在淝水岸边筑城守卫堰坝。魏军并不示弱，他们趁着梁军防备不稳攻陷了新城，接着带了工具杀到堰坝前，想要将其凿毁。韦叡再次斥责手下退兵的建议，亲自上阵，带领守堰的士兵击退魏兵，然后点起大型战船，居高临下，从四面围攻合肥。一时间万弩齐发，督战的北魏守将杜元伦被射死，魏军心理防线彻底崩溃，合肥城重新姓了“梁”，并在此后很长的一段时间里都是南梁豫州的治所。

功臣韦叡声望大增，人们不但传说他“用兵如神”，也夸赞他“待人如己”，远近的民众慕名前来投奔，都愿意在他手下任职，为他效劳。为将之人能得到如此爱戴，真是没有什么可以遗憾的了。

梁武帝能有如此将领，也是没有什么可以遗憾的了。可惜，人才虽有，他却在用人上出了大问题。

梁军阵中能够独当一面的强将很多，韦叡之外，前面提过的张惠绍、曹景宗、马仙琕、昌义之等都是有头有脸有本事的人物，可是梁武帝安排的统帅临川王萧宏，却是个“银样镴枪头”，标准的纨绔子弟。

萧宏是梁武帝最为信任的一个弟弟，此人“长八尺、美须眉，容止可观”，人帅样子好，上场加三分。的确，古时统兵打仗，仪容也很重要，主将的外表对于一支军队的号召力是有一定影响的。但打仗毕竟是打仗，不是选美，战争的胜利，需要主帅的勇气、策士的谋略、三军的用命，缺了任何一条，即便是选美冠军来也是白搭。

韦叡年老体衰，上阵打仗连马都骑不了，只能坐在平板车上发号施令，他的一言一行却让人感到勇不可当的气势。仪表堂堂的萧宏则相反，他的“勇气”都被用去搜刮钱财了。

《梁书》为萧宏开脱，说这次北伐时日已久，梁武帝颁了一道诏书，命萧宏班师回朝。这条记录，让人无论如何无法相信其真实性：且不说梁武帝锐意进取的决心，只看战场上全面飘红的优势，这事就不可能。

《梁书》是姚思廉及其父姚察撰写的史书，姚家在南朝做官，父子二人出于个人感情的因素在书中用了许多隐恶的曲笔，关于萧宏的退兵，只是其中小小的一处。而比姚思廉稍晚的李延寿父子一直在北方为官，就没有义务“为尊者讳”了，王爷萧宏的胆怯嘴脸，被完完全全记录在了他们写的《南史·萧宏传》中。

当时的形势，北魏的东南边境只剩下一个重镇寿阳位于淮南，东线的淮阳位于淮北，也面临着失守的威胁。

鉴于防线连连吃紧，魏宣武帝不断调兵遣将，先派荆州刺史赵怡和平南将军奚康生救援淮阳，然后任命元英为征南将军，兼都督扬、徐二州诸军事，率领十多万军马抵御梁军，继而又调来前不久攻克汉中的度支尚书邢峦，让他为都督东讨诸军事，与元英一同攻打梁城，最后还安排安乐王元诠统领后发各军，奔赴淮南以为支援。

这架势吓得萧宏寝食难安，特别是元英和邢峦刚让南梁吃过大亏，他觉得还是不惹此二人为妙。这个既无胆识又无见地的家伙想的只是如何保全自己，尽量见好就收。

萧宏在洛口召集众将，讨论撤退的议题。跟随梁武帝多年的吕僧珍了解萧宏的脾性，附和说：“知难而退，倒也不错！”萧宏点头赞许：“正是正是，我就是这么想的。”说着就准备发撤兵令。

然而下面早就吵成一团了，柳惔和裴邃首先不同意，说：“现在我大军压境，是我们攻，敌人守，魏国谁敢不服？难在何处？”

马仙琕决心更大：“王爷怎么能说‘亡国之言’？天子扫除境内之地，我们大家只有前进一尺、身死沙场，绝无后退一寸、苟且偷生的道理！”

脾气最火爆的是昌义之，他怒发冲冠地跳出来吼道：“应该将吕僧珍斩首！岂有拥百万之师轻言退兵的？我们有何面目回去见皇帝陛下呢！”

朱僧勇、胡辛生等偏将则以死相要挟，坚决不同意退兵。

萧宏害怕军士不听将令，口中的“退兵”二字哆哆嗦嗦咽了下去，但他还是明令“人马有前行者斩”，不许军队进攻寿阳，军事会议不欢而散。统帅不愿打而将领们战气正盛，梁军上下出现了不满情绪。

萧宏的不进不退被北魏大将奚康生看在眼里，他派部将杨大眼到元英营中，指出萧宏明显的怯战心态，建议元英进据洛水，并说这样必能让梁军不战而败。元英知道萧宏智商不行，但却顾忌梁军势大，又有韦叡、裴邃等名将指挥，主张坐观其变。

两军对峙了大约半个来月，九月底的一天夜晚，洛口忽然天降暴风雨，水位暴涨。驻扎的梁军发生骚乱，日夜胆战心惊、害怕魏军袭击的萧宏以为魏军真的来攻了，也不跟部下打个招呼，就带着身边的几个随从骑着马往南逃亡。大营里的将领们梦中惊醒，四处找寻统帅，哪里还有踪迹？原本一起小小的局部骚乱迅速演变成一场大混乱，南梁各部士卒四散奔逃，光是因自相践踏就死了将近五万人，而这时魏军还根本没有出动！

隔岸观火的元英得到梁军崩溃的消息，喜出望外——萧宏果然是个草包！他点起兵马，乘胜追击，向梁军发起全面反攻。怯阵的萧宏成了他们一路上取笑和戏谑的对象，从此北魏军中流传起一句顺口溜：

不畏萧娘与吕姥，但畏合肥有韦虎。

姥，音“母”，与“虎”押韵。萧娘（萧大娘）和吕姥（吕大妈）指的是萧宏和吕僧珍；韦虎，便是魏军唯一忌惮的南梁将领——韦叡。

十八、韦叡救钟离

洛口溃败，梁军的全面攻势随之化为泡影，之前在淮阳、义阳等地如火如荼进行的攻城战被迫放弃，宿预、梁城这些小城也先后弃守。

邢峦和元英的人马分别占领了宿预和梁城，梁军主力沿着淮水一路向东撤退，已无防线可言，而魏军的后援部队还在不断赶来。元英马不停蹄地追奔到梁军的屯粮要地马头（今安徽怀远南），将城中储备的粮草悉数运往淮北。

几无损失地得了数十万大军的粮草，元英赚大了。消息传到建康，南梁的满朝文武反倒松了一口气，他们认为魏军运粮的举动是北撤的信号，应该不会再渡淮南下了。朝堂之上的梁武帝却保持了清醒的头脑，他说："不对，北魏此举必然是要进兵，他们是先以运粮北上为幌子，想要放松我军的警惕。"

战争远没有结束！梁武帝下令修缮钟离城防，并急令从梁城撤下来的昌义之带领三千兵马进驻钟离，准备抵御来自北方的又一拨进攻。

梁武帝对于敌军的判断非常准确，昌义之的守军刚在钟离城中整顿完毕，元英就从淮北卷土重来，几十万大军将南岸的钟离围了个水泄不通，中国历史上一场著名的攻防战拉开了序幕。

钟离城，位于今天的安徽凤阳东北，是春秋诸侯国钟离的国都，到梁、魏对峙时已有一千多年的历史。复姓中有姓"钟离"的，便是钟离国的后裔，钟姓也是钟离氏的一支。春秋诸侯争霸时期，这里作为南北要冲，曾是诸侯聚会的地点。战乱时又有过霸王城、东鲁城的别名，相传项羽和鲁肃都修筑过此城，但已无迹可考。钟离城紧邻淮水的独特位置，让它在划淮而治的南北朝中期显得十分重要。钟离的西南是合肥城，东南的江东是建康，三个城之间的距离差不多，构成品字形。从钟离到建康，一路上再无其他重要的大城，换言之，钟离若失，则魏军可以迅速挥师东南，饮马长江，兵临建康。钟离是南梁防线上的最后一道屏障。

在淮南沿岸几个重镇中，钟离城也是最难攻取的一个。离钟离不远的淮水下游有两个比较大的小岛：邵阳洲和道人洲。邵阳洲较大，也更重要，连接北方的粮道必须经过这里。可以说，谁控制了邵阳洲，谁就控制了攻守战的主动权，而要在水军不占优势的情况下长期占据一个岛，何其之难？魏孝文帝攻钟离的时候，就因为南齐军夺取了邵阳洲而功亏一篑。

如何有效控制邵阳洲，保证攻城战的顺利进行，是困扰北魏君臣多时的难题。

度支尚书邢峦深知其中窘境，所以对于攻打钟离的计划很不以为然。魏宣武帝下诏让他领兵与元英会合，一起攻城，他却上表，认为“南军虽野战非敌，而城守有余；今尽锐攻钟离，得之则所利无几，不得则亏损甚大”，更何况就算直接受降，大军也没有足够的粮食守备，不如暂且收兵，寻找机会再做打算。话说得有理，可宣武帝不听，还是催他进军。邢峦仍以士卒易疲、粮草不济、钟离天险、城无内应四条理由竭力反对，并指出如果真要进军，还不如出其不意，直接攻打江北的广陵，或许还有成功的可能。

宣武帝屡催不得，只好尊重邢峦的个人意愿，用镇东将军萧宝夤替换他，让萧宝夤与元英同围钟离。加上在北岸支援的平东将军杨大眼，仅集结在钟离附近的魏军就有四五十万。

以马后炮来看，邢峦是对的，不过他提出的论据不足以让在战场上过于顺利的魏军打道回府。宣武帝恐怕也忘了，这场战争是南梁挑起，魏军并没有周密充分的作战计划，四五十万大军是接连几批援军叠加的产物。南梁的北伐计划虽然失败，但他们的反击能力不可小视，他们的最高决策者梁武帝比南齐的几位皇帝都要高明不少。

梁武帝明白在城防上梁军处于绝对劣势，所以派散骑常侍、右卫将军曹景宗率领二十万大军从建康前往救援，这基本上是京城能够出动的全部精锐了。出发前，梁武帝命令曹景宗在道人洲驻营，等待其他各军的跟进。

曹景宗这个人打仗厉害，但是贪婪成性，人品无法与韦叡相比。他不仅贪财，也贪功，一心想着要独霸救城的功劳，对于梁武帝谨慎的再三叮嘱不予理会。到达下游的道人洲后，他命援军逼近上游的邵阳洲，意图先期占领这个必争之地。不想这时忽然天降暴雨，水位上涨，淹死了几个冒进的士兵。曹景宗无法行军，被迫退回到道人洲上，等待后援。这倒符合梁武帝的构想，他闻讯大喜，心说这是天意支持我的作战计划，“破贼必矣”！于是他又下令，命驻守合肥的韦叡前往增援，并受曹景宗节度。

这一安排非常巧妙，从中可以看出梁武帝对手下的将领了解透彻。韦叡比曹景宗年长十多岁，但为人谦逊，淡泊名利，性格与好大喜功的曹景宗正好相反，两人又是同乡，以曹为正，以韦为副，既满足了曹景宗的心理，也发挥了韦叡的特长，是最恰当不过的将帅组合。

果然，韦叡收到诏令，立即日夜兼程赶到钟离城下，与曹景宗会师，心甘情愿地做他的副手，而曹景宗也对老大哥礼遇倍加。两人合作亲密无间，进驻邵阳洲，筹划决战。梁武帝在朝中得报，欣慰地赞叹道：“二将和，师必济矣。”

韦、曹会师是在南梁天监六年，也即北魏正始四年（507）的二月，此时魏军围攻钟离城已经有四个多月。城内的昌义之以三千士兵死战百倍于自己的对手，居然没让魏军占得一点便宜，很不简单。这一方面是因为淮水相隔，魏军主力多在北岸，几个月来一半时间在下雨，攻城的军队无法有效行动；另一方面昌义之也确实是个守城的专家，在艰苦条件下将守城的艺术发挥到极致，魏军攻城死伤近万。

魏军统帅元英很聪明，他吸取以前攻打钟离城的经验教训，并针对初春多雨的特点，变以往北方人不擅长的水路运输方式为陆路，在邵阳洲两边用木栅围建两座桥，连接南北，自己在南岸攻城，让杨大眼据守北岸立城，确保粮道畅通。魏宣武帝一度担心师久兵疲，诏他退兵，他反复上表强调“理在必克”，坚决攻城。

韦叡细致地观察了魏军在邵阳洲上的布置，破敌计划便了然于心。他冷笑道：“魏人已经是我的盘中餐了！”

曹景宗在邵阳洲尾建了军营，离魏军主力较远，韦叡就向前推进了二十里，然后挖长沟，搭鹿角，工程由善于用马步测量计算的专家级部下冯道根负责。

梁军连夜施工，第二天一大早，魏军士兵出营一看，邵阳洲上分明是一座武器精良、盔甲锃亮、军容盛大的梁军大营，一下子惊呆了。元英不敢相信自己的眼睛，对比自己造两座桥都费了好些时日，他狠狠地用权杖敲着地，说：“韦虎莫非是天神！”

曹景宗又找了几个水性好的士兵趁夜潜水进入城中，接近绝望边缘的昌义之守军得知援兵来了，意志恢复了大半，有了继续守城的动力。

元英终于感到了可怕的压力，心高气傲的他不愿收回对宣武帝的承诺，便临时改变计划，攻击韦叡的援军。韦虎虽然不好对付，但魏军人数和实力仍在梁军之上。他派出最为强悍的猛将杨大眼，要将韦叡一口吃掉。

杨大眼是仇池杨难当的孙子，骁勇无比，所向披靡，还曾亲手擒获山中的猛虎。因为在战场上总是圆睁双目，令敌军士兵胆寒，因此大家都叫他“大眼”。南朝人将他的事传得更奇，说他“眼如车轮”，人人怕他三分。元英让他率领一万骑兵冲击韦叡的军营，是要利用他对梁军的威慑，打破韦叡不可战胜的神话。

韦叡坐在小木车上，将两千辆战车结集在一处，排成车阵。杨大眼的骑兵很快围了上来，将车阵堵在中间。杨大眼大喜，心说这回韦虎纵是插翅虎，也管教他无处可逃。

杨大眼正欲缩拢包围圈，突然发现大事不好。原来韦叡在每辆战车上都安排了一只强弩，只等杨大眼的骑兵近前，便架起强弩，万箭齐发。魏军骑兵的甲胄抵挡不住强弩的威力，死伤无数，杨大眼的右臂也被射穿，败下阵来。

第二天，主将元英整顿军马，亲自挑战，韦叡指挥若定，从容不迫，魏军又连败两阵。堂堂韦虎，名不虚传。

元英还想有所打算，可已经来不及了。三月淮水暴涨，决战的一刻已经到来。

韦叡装备与桥等高的大船，安排冯道根、裴邃、李文钊等人各领水军沿淮而上，进攻邵阳洲，他自己则和曹景宗兵分两路，分别进攻北桥和南桥。梁军以大船载人，小船装草浇油，放火烧桥。火攻是梁武帝预先的授意，韦叡和曹景宗两人执行得很出色。

火借风势，红光冲天，再加上梁军士兵一阵狂砍，淮水又不断涌起，桥梁和木栅统统被毁。两岸以及邵阳洲上的魏军一片大乱，被烧死、淹死、踩死、砍死的人有二十几万，淮河两岸沿途一百多里都堆满了魏兵的尸体。其余被困在岛上、南岸的无处可逃士兵集体崩溃，全都放下武器，跪地投降。元英单骑逃往梁城，北岸的杨大眼也烧营而去。

钟离保卫战是南朝几十年来未曾有过的胜利。韦叡派人将胜利的消息通报钟离城内的昌义之，昌义之悲喜交加，什么话都不答，反反复复地叫着两个字：“更生！更生！”

“更生”意即复活，是绝处逢生后的呐喊，仅这两个字，足以让人体会到这场胜利来之不易。

梁军满载战利品凯旋，曹景宗与各位将领争先恐后报捷，唯有韦叡孤零零一个人走在后面。这位令敌人丧胆的睿智长者无意与同僚们争功，他在生命最辉煌的时刻再一次选择了低调。不过史家还是把他记作这场战役的主角，《梁书·韦叡传》在结尾处评价他说：“邵阳之役，其功甚盛，推而弗有，君子哉！”

对于元英而言，钟离是他一生抹不去的阴影，这场仗也是北魏对南朝作战以来从未有过的耻辱，河北精锐损失大半。元英用兵失算，萧宝夤支援不力，死罪赦免，活罪难饶，被双双免官为民，只有杨大眼稍稍幸运，被贬到偏远的营州（治所在和龙，今辽宁朝阳）充当兵卒。

这场来之不易的胜利让梁、魏对峙的局面终于稳固下来，此后近二十年，双方除了零星的几场接触战外，基本上没有再发生大规模的战争。由此，南北朝进入了它的后半期。

两个多世纪之后，盛唐的一位诗人刘长卿游历南朝故地，伤怀史事，留下了一首为后人传诵的诗作：

古台摇落后，秋日望乡心。
野寺人来少，云峰水隔深。
夕阳依旧垒，寒磬满空林。
惆怅南朝事，长江独至今。

第九章

绝代双骄

身为执政者，如果不能够平等诚恳地以统一的标准对待不同的人、不同的事，又岂能让天下人平等诚恳地做事，又岂能将改革措施一如既往地推行？

一头是北魏朝廷的惊慌失措、四处灭火，一头是声势浩大的反魏浪潮；一头是挣脱压迫的怒吼，一头是尔虞我诈的较量。投身其中的人们，不论是主动还是被动，是正义还是邪恶，是忠诚还是背叛，都将在战场上一串接一串的号角声中见证一个伟大时代的诞生——主宰后来近半个世纪的英雄人物，无不例外都将经受这场战火的锤炼。

陈庆之的可贵之处，在于他能够兢兢业业执行这项胜算无几、玄机重重的任务，把战场变成创造奇迹的舞台。

沙苑大战是东西魏对峙时期一场至关重要的战役，即便放在整个中国历史的大背景下审视，此战也具有极深远的意义。若做个不负责任的假设，把当时的胜方与败方对调一下，则不仅南北朝的进程将被完全改变，数十年后开启的隋唐盛世可能也将不复存在。

● ● ●

一、高肇擅权

南北朝的历史，按照中国史家的传统观点，可以大致分为前后两个时期：前半期的主线是刘宋、南齐与北魏的对峙，最终南朝萧梁代齐，政权逐渐稳定，北朝则随着一代大帝孝文帝的病逝，进入了王朝衰败的倒计时；后半期则以南朝的萧梁和南陈，北朝的东魏和北齐、西魏和北周这三组政权的鼎立局面为主轴，最终归于隋朝的大一统。历史往往让人惊叹，按照西方的纪年法，南北朝的历史也正好可以分为前后两段，前 80 年是公元 5 世纪，后 80 多年则是公元 6 世纪。

公元 6 世纪是一个充满着矛盾的世纪。这个世纪开始的时候，中国的分裂时代从东汉末年算起，已经有三百多年的历史。南北对峙的局面并没有太多的改变，南方的梁国刚刚取代混乱腐败的南齐，而北方的魏国则渐渐显露出暮气。在这个世纪中，有三件大事影响深远：头一件是北方的六镇之乱，第二件就是南方的侯景之乱，而在南北两大乱之后发生的第三件大事，是隋文帝统一中国。在大乱之后，中国居然没有像中世纪的罗马一样四分五裂，反而迎来了大治，以空前强大的大一统形式为这个世纪画上了完美的句号。

今天我们翻开历史画卷，回望神奇的公元六世纪，看到的是一场难分正邪对错的大动荡，是一个沧海横流、尽显英雄本色的大时代，整个中华民族从黑暗走向辉煌，最终在烈火中涅槃重生。

面对这幅波澜壮阔的画卷，我们不妨先把焦点集中到公元 6 世纪中间的一个年份——公元 546 年。

这一年的冬天异常漫长，年底，在亚平宁半岛上与东罗马人交战了数年的东哥特人在国王托提拉的指挥下重新占领了罗马城，然而他们无力守卫这座惨遭战火蹂躏的城市，被迫宣布退兵。与此同时的东方，同样争斗多年的两个政权也在一场攻城战后暂时停息了战火。与西方战争的不同之处在于，损兵折将的东魏并没有攻下这座守备坚实的城池，而是只因为一个人的倒下就全军撤退了。

东魏武定四年（546）十二月，东魏军退往晋阳，上上下下惶遽不安，人心思反，士气低落。有人开始传播一个来自西魏的消息：在攻打西魏重镇玉壁（今山西稷山西南）的过程中，东魏的最高统帅高欢被西魏守将韦孝宽的劲弩射中，已经身亡，只不过真相被高欢的左右严密封锁了。西魏境内的传言则更加传神，连嬉戏的孩童都把“劲弩一发，凶身自陨”的儿歌挂在嘴边，可怕的诅咒弥漫在两魏交界的黄河边上。

面对如此的危机，只有一个人可以出来化解，他就是事主本人——东魏丞相、渤海王高欢。

高欢并没有在战场上被杀，但年过五旬的他已经身染重疾、力不从心。他勉力撑起病体，在中军大帐召集众多大将，环视帐内，将军们依然生龙活虎，他的心中愈感悲凉。自从在信都起兵以来，风风雨雨十六个年头，将士们跟着他出生入死，马上马下，几度干戈，几度浮沉，今日无功而返，情何以堪？

看透高欢心思的老将斛律金肃然起身，道：“末将今日触景生情，愿在帐中高歌一曲，以振军中士气！”高欢两眼放光，欣然同意。斛律金遂用鲜卑语引吭高歌道：

敕勒川，阴山下，
天似穹庐，笼盖四野。
天苍苍，野茫茫，
风吹草低见牛羊。

曲至高潮处，高欢情不自禁老泪纵横，和声共唱，于是整座大帐里都回响起这首流传千古的名曲《敕勒歌》。

高欢这个名字是如此掷地有声，他几乎是用一生改变了南北朝历史的走向。他那些传奇的故事，以及同时代与他势均力敌的对手的故事，也像《敕勒歌》一样流传至今。

高欢的先祖出自渤海郡蓨（tiáo）县（今河北景县），高氏在当地是大族。五胡大乱，幽州是先后建立的几个燕国的势力中心，高欢的曾祖高湖曾在后燕慕容垂手下任职，但提出的意见未被采纳，还被免官。北魏入侵后燕，高湖投奔了拓跋珪，官至右将军。高欢的祖父高谧（mì）在北魏朝中做到侍御史，因为犯了事，被流放到北魏北方六镇之一的怀朔镇。

高欢的父亲高树生那一辈因此一直就住在这个胡人聚居的地区，从语言到习俗逐渐变得与鲜卑军人没有什么差别，以至于高欢出生后，高树生还给他起了一个鲜卑名字：贺六浑。

与刘裕一样，高欢出生时也是难产，孩子生下来，老娘就去世了。幸亏他还有一位成年的姐姐嫁给了镇上的狱队尉景，姐姐把弟弟接到家里来养着，小高欢这才免却了夭折之灾。

高欢的童年时代，正是北魏帝国由盛而衰的转折期——宣武帝元恪的统治时期。宣武帝一朝始终没能解决宗室与外戚的矛盾，以致酿成大错。

当初，宣武帝靠着兄长的意外被废得以坐上皇帝的宝座，因此他对于与自己同姓的宗室原本就在潜意识里保持着警戒的态度，而叔叔元禧的无故造反对于他的心理打击更是巨大的。元禧死后，他把政事更多地交给了舅舅高肇来处理。

论血缘和感情，宣武帝与高肇之间的确亲。高肇的妹妹是宣武帝的亲生母亲，他的侄女则是宣武帝后宫受宠的贵嫔。不久后，高肇又娶了宣武帝的姑姑，也就是孝文帝的妹妹高平公主。与皇帝有这三层关系相连，朝廷上下谁敢不对国舅爷敬畏三分？

然而，高肇本人却很缺乏安全感。他在朝中时日短，根基浅，更谈不上功勋和学识，要想在政坛上生存，就得拉帮结派，培养势力。

上面的人有心结交朋党，下面的人有心攀龙附凤，这是典型的供求搭配合理的经营模式。日久天长，投靠高肇的人多了，他的胆子也跟着大了起来。对于异己，尤其是皇帝身边的亲信，比如散骑常侍赵修、冠军将军茹皓等人，他是想方设法要置之于死地。

北魏迁都汉化，全盘搬用汉人的政治体制，在儒学文化的学习上大有长进，腐化程度却也大有长进，想要在朝中挑出几位没毛病的官员，还真不那么容易。高肇四处搜集赵修、茹皓的罪状，成果颇丰。他于景明四年（503）和正始元年（504）向宣武帝亮出手中掌握的证据，将两位不可一世的人物给扳倒了。

赵修仗势骄恣，茹皓弄权纳贿，引得朝野共愤，死得并不冤枉，可告他们的高肇又何尝是什么好东西？为了保证弄死“眼中钉”茹皓，他不惜诬告，说茹皓伙同其他几名皇帝亲信密谋拥立北海王元详，准备犯上作乱。

把皇叔元详牵扯进来，是高肇扫除异己行动的一部分。六辅失权时，只有元详不降反升，位在高肇之上，又与茹皓等人往来密切，高肇对他嫉恨已久。这一招儿，是高肇的撒手锏。

高肇的证据并不充分，但他的话在宣武帝面前正好对路——叔叔、兄弟抢夺自己的皇位，是宣武帝最怕的事。宣武帝召中尉崔亮入内朝，让他弹劾元详“贪淫奢纵”，又以“怙权贪横”的罪名赐死茹皓等人。

宣武帝不想杀元详，但也不想放过他，所以在名义上下诏免他死罪，但又将他废为庶民，暗地里把他软禁了起来。半个多月后，元详的家奴想救他外逃，事情败露，元详终究被秘密杀害了。

高肇连胜两局，他的气焰愈加嚣张，竟将魔爪伸向了后宫，开始支持侄女高贵嫔抢班夺权。

北魏正始四年（507），皇后于氏莫名其妙地去世，人们传说是高氏下的毒手。

于氏生有一个皇子，名叫元昌，当时是宣武帝唯一的儿子，才三岁。高肇和高贵嫔当然不能放过这个将来可能登上太子之位的小孩。趁着元昌突患急病，高肇私下贿赂侍御师王显，让他有意延误治疗措施，不出几天，元昌就夭折了。宣武帝痛失爱子，却怀疑不到是高肇做的手脚，宫内外的零星传言早被高肇的人严密封锁了。

北魏正始五年（508）七月，贵嫔高氏被册封为皇后。高肇专权施政以来，改动了许多在过去得到有效实施的制度，以致怨声载道，人心愤怒。立高后之前，素来不问政事的彭城王元勰都出面反对，可惜宣武帝执意不听。等立了高后，高家的权势更大，高肇愈发为所欲为了。

人们的愤怒与不满越来越无法压抑，立后仅过了一个月，京兆王元愉便声称得到密报，说高肇弑杀了皇帝，并以此为名在信都（今河北衡水冀州区）城南登坛即位，改元“建平”，起兵造反。

元愉是宣武帝的异母弟弟，他既讨厌高肇，又讨厌兄长宣武帝。孝文帝在位时，他做徐州刺史，爱上了一个姓李的女人，纳她为妾。宣武帝即位后，为他娶了于皇后的妹妹为王妃，他不喜欢，心中独爱李氏，两兄弟因为这事闹得很僵。

有人告元愉贪赃，宣武帝把元愉召入内宫，杖击五十，外放他到冀州做刺史。元愉越想越不平：宣武帝对另外两个弟弟——清河王元怿（yì）和广平王元怀非常好，却对自己这么糟，而且可恶的高肇也总在宣武帝身边说自己的坏话。他一赌气，便索性杀了冀州的长史和司马，扯起大旗自称皇帝。

元愉贵为亲王，兵力和号召力却很弱。宣武帝以尚书李平为都督行冀州事，命他率兵前往讨伐，又重新把钟离之战后被免官的元英请出山以为后继。然而，根本用不着元英动身，元愉就已经被李平以及驻扎在北面定州（治所在中山）的安乐王元诠打得丢了信都，出逃被擒。

宣武帝派人把元愉带到洛阳，打算当面训斥。高肇深恐夜长梦多，就买通了押解的人，在走到野王（今河南沁阳）时将元愉给杀了。

高肇的黑名单上还有一人——反对立高后的元勰。他知道元愉在徐州时与彭城王元勰关系不错，而元勰推荐的长乐太守（长乐郡的治所也在信都）潘僧固被元愉胁迫参与了谋反，他便找到元勰手下的郎中令魏偃、前防阁高祖珍，以官位做诱饵，拉他们一同诬陷元勰里通元愉，借此报复元勰。

这状告得离谱。元勰远离权力中心已有多年，现在挂的都是虚职，终日里以写文撰记度日，没有任何动机造侄子的反，对于元愉等亲王的暴虐不法他更是十分鄙视，怎么可能去蹚这趟浑水？然而虽然宣武帝对叔叔一向敬重，但出于疑心病，他竟然还是相信了高肇与两名“证人”的一面之词。

宣武帝设下酒席，召元勰等亲王入宫赴宴。元勰此时尚且蒙在鼓里，他的王妃李氏是李冲的女儿，刚生了孩子，因此他并不愿进宫。宣武帝一次次派使臣召他，他才与李妃告别，上了牛车。牛通灵性，似乎预感到宫内的气氛不对，在洛阳城东南的小门东掖门内的桥头止步不前，怎么打也不走。宫内又派人来催，随从无奈，只好挽着元勰一路步行，这才进了殿。

宴席散去，亲王们各自去侧殿休息。元勰刚准备入睡，一名皇帝护卫领着武士从门外进来，手中端着一杯御赐毒酒。

元勰不信皇帝会要杀他，申辩说："我没有罪，请让我面见至尊（即宣武帝），虽死无恨！"

护卫答道："至尊怎么可以再见呢！"

"至尊圣明，不可能无事杀我！是谁诬告我，我愿与他当面对质！"

旁边的武士得了高肇的好处，不耐烦地手举刀环，朝他打去。元勰大声喊道："冤枉啊，皇天！我乃忠臣，却遭杀害！"武士又用刀环狠命击打，连推带按地逼元勰喝下了毒酒，怕他不死，又上前补了一刀。

次日清晨，元勰的尸体由被褥裹着送回彭城王府。按照官方的说法，彭城王是酒醉而薨的。痛失丈夫的李妃号啕大哭，骂道："高肇枉理杀人，老天有灵，必叫你不得好死！"

元勰的死讯传开，皇亲贵族为之哀叹，平民百姓为之流涕。洛阳城内的和尚悲痛得一天不进米食，喝水充作斋饭。宣武帝和高肇大概都不会想到，元勰的人望有这么高，若他真有心谋反，恐怕这对君臣早就死无葬身之地了。

元勰死时年仅三十六岁，谥号"武宣王"。他的第三个儿子元子攸后来做了皇帝，追谥他为文穆皇帝。谥法上说："保大定功曰武；善问周达曰宣；经纬天地曰文；布德执义曰穆。"这四个字元勰都受得起，可惜，他居然死于小人之手。

二、宣武帝失政

高肇杀了元愉、元勰后不久，被加封为车骑大将军，继而又升任司徒，位登三司。小人如此得势，足可看出北魏的衰亡已经不可避免。

清河王元怿是个明白人，他曾经在一次宴席上趁着酒劲挖苦高肇说："天子的兄弟能有几个，按你的杀法，差不多要剪除干净了！过去王莽凭着国舅的地位篡了汉室江山，如今看阁下的样子，恐怕最终也会制造祸端吧！"元怿还劝宣武帝要防微杜渐，不可以放松警惕，并提出北魏是"明君失之于上，奸臣窃之于下"，祸乱的根源便在于此。宣武帝听了不以为然，笑笑作罢，依旧袒护高肇。

事实上，元怿的担忧不无道理。宣武帝手中掌握的是个处于大变革时期的帝国，孝文帝时代留下来的一项项制度都有待于进一步的贯彻与执行。当初，孝文帝处理政事极认真也极负责，史载他"百官大小，无不留心，务于周洽"。他的治世哲学是："凡为人君，患于不均，不能推诚御物。苟能均诚，胡越之人亦可亲如兄弟。"身为执政者，如果不能够平等诚恳地以统一的标准对待不同的人、不同的事，又岂能让天下人平等诚恳地做事，又岂能将改革措施一如既往地推行？可宣武帝恰恰不能做到这些，他最擅长的不是治国，而是佛教的义理。

宣武帝喜欢在内宫召集天下名僧，亲自上台讲经论道，然而大道理夸夸其谈地说了一堆，他本人并不能领悟多少。与理解得马马虎虎的佛理一样，对于传承自前朝的政策与制度，他也处理得浮皮潦草，非但不能像父亲那样平等诚恳地执行，还大打折扣，以至于很多东西到他手中就变了味。

比方说"俸禄制"，推行这条制度的本意是杜绝贪腐，改良官吏队伍。孝文帝依照这项制度，处理贪官是绝不手软的，尤其对于贪财恣纵的皇亲贵族，不是发配就是处死，可宣武帝呢？则纯粹随心所欲，只要感情处得好了，他根本不予处理。被杀身死的元禧、元详、元愉一个比一个贪，但他们倒台不是因为执法严格，而完全是政治斗争的结果。打压他们的高肇一面举着打击贪污的招牌，一面下手捞钱捞得比谁都狠——元禧被诛后，王府的所有财物珍宝、奴婢田宅全部被高家霸占。对于此事，宣武帝乐得做个顺水人情，对舅舅的行为睁一只眼闭一只眼。其他的贵族，像广平王元怀这样的，也是一个劲儿地贪，反正只要皇帝信任，就不用担心受到任何惩罚。

姑息违法乱纪行为的结果，是北魏的社会再也看不见孝文时代的严谨风气了，洛阳城奢靡安逸的生活培养了一批不思进取的社会蛀虫，甚至出现了卖官鬻爵的现象。《魏书》认为，宣武帝的治国水准相当于西汉的元帝、成帝和东汉的安帝、顺帝。以我看来，这说法是给了面子的——宣武帝在统治的十七年间的所作所为，比两汉皇帝的无所作为更加糟糕。

宣武帝并非不想有所作为，他曾经对前来求和的柔然使者说："你们蠕蠕先祖社仑是我大魏的叛臣，我之所以暂时不去攻打你们，只不过是因为现在江南未平，所以让你们多活几天。你们想和我国通和是不可能的，不过如若你们称藩修礼，那么我国自会优待于你们。"

由此可见，宣武帝的目标是天下，他的抱负是要统一南北、廓清宇内。但他空有梦想，既不能像孝文帝那样亲临前线指挥作战，也缺乏必要的战略眼光，白白浪费了孝文帝留给他的大好局势。

钟离之战前，宣武帝两次拒绝邢峦的正确建议，放弃在西线夺取益州，将大兵集结在东线，最终损兵折将，还逼得益州刺史王足投了南梁。钟离之战后，他并没有吸取教训，而是继续以东线为攻击重点，寻机报仇雪恨。

没料想，旧恨未消又添新仇。郢州司马彭珍于北魏永平元年（508）叛逃，之后转头便带领梁兵攻打郢州治所义阳；悬瓠将领白早生也杀了豫州刺史司马悦，向南梁的司州刺史马仙琕（pín）求援。

宣武帝派元英、邢峦南下征讨，没费什么功夫就夺回了叛降的各城，马仙琕也被元英击退。信誓旦旦的元英一路紧追马仙琕，欲报钟离之耻，后来听说韦叡的援军就在前方，便不再追赶。看起来他是患上了“恐韦症”，即便有面对面报仇的机会也不敢贸然行动，同时这也说明，北魏军队的凝聚力和战斗力不像过去那么让人放心了。

此战结束后一年，即北魏永平三年（510），元英抱着终身的遗憾病故，“战神”韦虎也从此成为名副其实的“北魏克星”。

有利于北魏的局面没能维持多久，永平四年（511），形势反转。

南梁的朐山发生动乱，守将刘晰被民众所杀，叛军首领王万寿向北魏徐州刺史卢昶求援，卢昶得到消息，派郯城守将张天惠和琅琊守将傅文骥前往救援。

魏兵打败了南梁的守兵，占领了朐山。这时，宣武帝又犯了战略方向上的错误，他听从卢昶的请求，派出多支军队，累计十万多兵士，力图守住朐山。

朐山地处海滨，与南梁青、冀两州[①]的治所郁洲（今江苏连云港）隔海相望，是防御北魏的前沿阵地，也是北上进兵的必经之路，因此不容有失。而这个小镇对于北魏的意义则没有那么大，它并不位于北魏南下的主干线上，离南梁其他的战略要地也不近，一时花大力气守住了，也不可能以此为据点向南推进。守朐山，对于北魏来说根本就是赔钱的买卖，性价比太低。

这一观点得到御史中尉游肇等人的认同，宣武帝却不这么想。

统领大军的卢昶是北方名门之后，与高允同时代的卢玄之子。他读书好，学问大，对于指挥作战却一窍不通。如今，他的大军没有办法进入朐山参加防御，也不能对攻城的马仙琕构成威胁，甚至连粮草都无法运入城。

北魏永平四年（511）十二月，守朐山的傅文骥弹尽粮绝，向马仙琕献城投降。之前没有一点表示的卢昶见朐山丢了，骑上马就跑，十万魏军跟着溃散。恰逢淮北普降大雪，从朐山到郯城的路上遍地都是冻死的、冻坏手脚的北魏士兵，加上马仙琕所率梁军趁势砍杀和俘虏的，魏军损失兵员八成以上。

朐山失利是钟离之后北魏在军事上最大的惨败。两大失败都发生在宣武帝时期，可见他戴上“外战外行”的帽子并不是偶然的。

北方的宣武帝接连遭受打击，南方的梁武帝却受到胜利的鼓舞。三年后，梁天监

① 南梁时期，由于青、冀两州都在北朝手中，因此只有侨治，且治所合二为一。

十三年，北魏延昌三年（514），他在降将王足的怂恿下开始在淮水下游的浮山（今安徽五河一带）修筑拦淮大堰，想要水灌寿阳，除掉这个心头之患。

虽说中国古代的水利技术一向在世界上名列前茅，但梁武帝还是太异想天开了，他的要求完全超出了当时的技术条件。

浮山堰工程上马后，经过近两年耗人、耗力、耗钱、耗时的“艰苦奋斗”，终于建成。整条拦淮大堰总长九里，高二十丈（相当于三十多米），一时间令寿阳守军颇为紧张。然而，就在建成当年的秋天，南方洪水泛滥，大堰坍塌，寿阳城没淹没，反倒将下游数百里的村落冲入海中。梁武帝施计不成，还险些自费武功，只好暂时放弃北进的计划。

北魏延昌三年（514），仿佛如梦初醒的宣武帝终于觉得先攻西线更有把握。他命高肇为大将军、平蜀大都督，率领步骑兵十五万攻打益州。

大军出动两个月后，即延昌四年（515）的正月，宣武帝病故，享年三十三岁。与其父孝文帝寿命相同，作为却相差甚远。他生前的最后一次用兵，也就作罢。此后，北魏再没有力量发动大规模征讨南方的战争，直至灭亡。南北两国恢复了短期的和平。

出征在外的高肇接到征召，听说皇帝驾崩，如丧考妣。他不敢怠慢，日夜兼程地赶回洛阳，上殿哭丧。朝中的官员们冷眼旁观，恨不得剔其骨、食其肉。

高阳王元雍与宫中的领军于忠早就商量好了，在西面侧廊设下埋伏，等高肇声泪俱下地哭完灵来到侧廊休息时，武士们再一拥而上，把他乱棒打死。

不得好死的高肇倒台前，宣武帝的太子元诩已经即位，是为北魏肃宗孝明帝。元诩只有六岁，在他的背后，北魏政坛成为争夺权力的角斗场，拓跋珪开创的北魏帝国，只剩苟延残喘的份了。

三、胡太后越礼

孝明帝元诩是北魏的第九任皇帝，他身上有很多个第一，比如他是北魏迁都后出生在洛阳的第一位皇帝，也是唯一一个出生在洛阳皇宫并存活下来的皇子。

在孝明帝之前，宣武帝曾有过两个皇子。头一个是与第一任皇后于氏所生的元昌，遭到高肇算计，三岁就死了。第二任皇后高氏做贵嫔时，给宣武帝生过一个皇子、一个公主，小公主养大了，小皇子却比元昌夭折得更早。此后，高皇后没再生过孩子，但她生性好妒，对于其他嫔妃与皇帝的关系十分在意，甚至千方百计阻挠她们的行动。直到宣武帝驾崩，后宫中还有不少嫔妃从来就没有侍奉过皇帝。

就是在这样严酷的监控环境下，有一名女子幸运地得到宣武帝的惠顾，有了他的孩子；不仅有了孩子，而且还是个男孩；不仅是个男孩，而且还做了太子；不仅做了太子，她本人还逃过了北魏皇室沿袭一百多年的“子贵母死”的规矩，免于一死，并靠着儿子的地位，在日后成为北魏后期极为关键的人物。她就是元诩的亲生母亲，胡氏。

胡氏是汉人，祖上出自陇西安定（今甘肃泾川），曾祖胡略与祖父胡渊两代在后秦和夏国为官。北魏灭夏，胡渊投降北魏大军，有接待之功，拓跋焘赐他侯爵，又让他做河州刺史。

按照北魏的制度，袭爵时爵位要自动降一等，因此到胡氏父亲胡国珍的时候，由于无才无功，除了伯爵的爵位外，就没有什么显赫的名声了。

当初的关中大国后秦以佛教为国教，现在的北魏也是佛寺香火旺盛。胡家深受影响，一向虔诚信佛。胡国珍的姐姐就出家做了尼姑，而且理论水平还不低，经常有机会到宫中去给皇帝谈经论道。

胡国珍想光宗耀祖，自己又没什么本事，琢磨来琢磨去有了个主意：重点培养女儿，然后由姐姐充当皇宫“内线”，向皇帝“引荐”。

这条路走对了。胡氏容貌气质俱佳，在胡国珍姐弟的熏陶下，她还多才多艺，又懂许多佛学大义，旁人一瞧，真有一丝知性女子的味道。她那位做尼姑的姑姑每次进宫，一有机会就跟宫女太监们谈起侄女的好处，时日长了，宣武帝也知道有这么一位“好女孩”，心中不免痒痒，便将胡氏召进宫中，封她为“承华世妇”。所谓“世妇”，是北魏后宫的级别之一，低于嫔。

长期以来，北魏的后宫形成了一套思维定式，嫔妃们常常祈祷，只愿自己生公主，即便是生皇子，也千万别是第一个——大家都不想因为生了个太子而丢了性命。

胡氏是有备而来的人，对这种思想嗤之以鼻。她说：“天子岂可独无儿子，怎可为了一己之生死而令皇家没了嫡传的血脉呢？”

宣武帝听说胡氏觉悟这么高，越发宠幸她，不久胡氏就有了身孕。她每夜在佛前起誓：“但愿所怀是个男孩，生下来就是长子，即便将来陛下会因为他当上太子而杀了我，我也在所不辞！”

佛还真保佑了她一回，元诩出生了。宣武帝又有了儿子，自然喜不自胜，他加封胡氏为充华嫔，亲自安排抚育人员，把小元诩精心保护起来，让谁都无法接近他，连皇后高氏也找不到机会下手。

高皇后杀不了元诩，就另打起了如意算盘。她心想，反正有“子贵母死”的祖训，等元诩被立为太子，胡氏就得被赐死，到头来太子还是由她控制。

果然，元诩长到三岁即被立为太子，可谁能料想到，无论高皇后怎么劝说宣武帝除掉胡氏，宣武帝就是不听她的——快三十了才好不容易又有了这么一个宝贝儿子，宣武帝是铁了心不能让儿子受一点伤害，就连生他的胡氏也要好好地活下去。

宣武帝在事实上废除了“子贵母死”的规矩。废除这项看似野蛮的制度本值得赞扬，可是历史偏偏在这里又开了一个玩笑，侥幸存活的胡氏最终成了北魏一朝最后一位皇太后，北魏虽说不上亡在她手里，但她与北魏的衰亡也逃不脱干系。

直到宣武帝去世，高皇后仍在找机会暗杀胡氏，只是胡氏一直处在诸位亲王的关照之下，她未能得逞。等高肇被诛，整个情势顿时完全反转过来。

高肇恶贯满盈，取胜的高阳王元雍、领军将军于忠等人也不是什么正义的化身，这只是一场太子党与外戚党的权力斗争而已。敌人的敌人便是朋友，作为高皇后对立面的胡氏自然而然地被太子党极力拥护。

太子党首先提拔原先受到排挤的任城王元澄以及宣武帝的弟弟元怿和元怀，三人分别担任司空、太尉和司徒（即“三公”），然后把已成为太后的高氏迁到洛阳附近的瑶光寺去做尼姑，让她不得随便入宫，然后改尊胡氏为皇太后。几年后，机关算尽的高氏被胡氏派人秘密毒死，也算是“天道无常，报应不爽”。

权力稳固后，诸位亲王联合群臣奏请胡太后临朝。胡太后母仪天下，成为北魏继文明冯太后之后第二位也是最后一位临朝称制的皇太后。她的父亲胡国珍也跟着鸡犬升天，不过，他只享了三年福就真的“升天”了。

太子党自以为聪明，觉得没什么背景的一介女流肯定不会像其他外戚那样难以驾驭。他们怎么会想到，眼前的这位弱女子有的是手段，而且将会变本加厉地搞烂北魏朝廷。

保护胡太后有功的于忠第一个失势。于忠是宣武帝身边的老臣，也是经过高肇一连串恶搞还能活到孝明帝一朝的少数皇帝近臣。他仗着资格老、功劳高，一手抓政令发布，一手抓宫中侍卫管理，有意专断朝政。尚书左仆射郭祚和尚书裴植劝高阳王元雍想办法把于忠派到外州为官，于忠知道了，就假传圣旨杀了郭、裴二人，还免了元雍的官职。如此权势滔天的一个人，等胡太后一临朝，还是马上被解除了侍中和领军的职位，被派去冀州做了刺史。

不过，胡太后认为于忠的功劳还是主要的，所以夺权之后没理睬元雍等人的弹劾，并不过多为难于忠。她心里明白，五十多岁的于忠也没几年可以蹦跶了，自己不妨做个顺水人情，对他既往不咎。一年后，胡太后又让于忠回京城为官，这一番做派弄得于忠不但不怨恨，还对她感激涕零。

北魏神龟元年（518），于忠不负胡太后所望，一命呜呼了。有了于忠的“榜样”，太子党的其他成员不敢再看轻胡太后，胡太后做事逐渐大胆起来。

按照礼法，只有皇帝对臣属发布的文书才有权称为“诏”，其他人发布的文书只能称为“令”；同理，臣属只有对皇帝上书时才能称呼“陛下”，对皇后、太子等只能称呼“殿下”。胡太后不满于低一等的称呼，把自己发布的“令”改称“诏”，同时要求群臣上书时用“陛下”这个称呼，她自己则用“朕”这个皇帝专用的字眼自称。

之后，胡太后又以小皇帝年龄太小为由提出由她代为主持祭祀，这也是越礼的行为，所以负责礼制的官员竭力反对。胡太后就向侍中崔光请教，崔光引经据典地说：“汉朝的邓太后就曾经做过祭祀的事。”胡太后很高兴，便摄行祭祀典礼。以礼法而言，她的所作所为已经和皇帝没有什么两样了。

崔光历仕孝文、宣武、孝明三朝，做过宣武帝和孝明帝的老师，在北魏后期算是比较敢说话的大臣。但他崇尚中庸之道，在胡太后面前总是尽量顺应她的意思，这样的人，是不能指望他挽狂澜于既倒的。

任城王元澄也是位比较敢谏的大臣。胡太后信佛，多次为之大兴土木，建佛寺、造佛塔、修石窟、凿佛像，还广开斋会，花费不少，人民的赋税因此日益沉重。元澄多次上表，希望朝廷能够“蓄力聚财”，减轻劳役。胡太后对老王爷表示尊重，却没有什么改过行为。

元澄于北魏神龟二年（519）病故，此后胡太后更加放肆了。在国家的各种庆典仪式上，她动辄大办宴席、大赏群臣，收买人心的同时，也把官员和贵族们惯得越发贪婪。

就在元澄去世的同一年，洛阳出了件骇人听闻的案子。

征西将军张彝的次子张仲瑀（yǔ）上了一道秘密的奏章，要求改革选拔制度，认真评定武官的资格，不能够给他们安排清闲的职位。这道奏章不知怎的走漏了风声，迅速传遍了洛阳的大街小巷。

洛阳城中势力最大的一批武官出身羽林军与虎贲军，他们到处张贴榜文，定期会合，宣言将于某月某日要杀光张彝全家。张彝父子并不害怕，没把这件事放在心上。

这天清早，近千名羽林与虎贲士兵跑到尚书省的公门前叫骂，要求交出张彝的长子尚书郎张始均，边骂边朝公门投石块，整个尚书省没有人敢出来主持公道。羽林士兵们见没啥动静，就举着火把、扛着柴蒿冲到张彝的府第，把行动迟缓的张彝拖到堂前一顿拳打脚踢，肆意凌辱，然后开始焚烧张彝的宅院。张始均跪在地上为父亲求情，羽林士兵们又把他也一顿毒打，最终将他扔到火中，当场烧死。

羽林士兵们杀完人，放完火，扬长而去。张彝满身是伤，挺了没多久就去世了，张仲瑀也是重伤，但好歹捡回了条命。

国都洛阳从官到民，眼睁睁看着一起惨剧发生在眼前，却无能为力。事后，胡太后只象征性地抓了八个为首的羽林武官斩首，没有理会许多大臣递交的要求考察武官资格的奏章，最终这件事就这样也不了了之了。

可巧的是，一名到洛阳送信的邮差旁观了此事的前前后后。回家后，他性情大变，尽散钱财结交四方好友，并说："朝廷惧其乱而不问，为政若此，事可知也。"既然国家法纪已乱，早晚完蛋，他下定决心要平定天下、澄清宇内。

这名邮差，就是青年时代的高欢。

四、青年高欢

高欢这样以取天下为抱负的人，在中国的历史上向来就不缺少。

推翻秦朝的刘邦和项羽，在不同的时间、不同的地点看到了同样一位秦始皇。刘邦说："大丈夫当如此矣！"项羽说："彼可取而代也！"这两句感叹，读过一些历史的人都耳熟能详。

有人说，那是史家的附会之谈。当时既没有录音也没有录像，没有所谓的原始证据予以支持，不过是后人为了突出英雄人物的志向，发挥了一下合理的想象罢了。

我想，他们是否真的发出过感叹，其实并不重要；重要的是，这两句话在刘、项的心中，一定反复说过千万次——成功的机会，永远只垂青有准备的人。

有了志向与目标常常还不够。聪明的人应该懂得如何根据客观情况适时地调整自己的目标，而高欢在聪明人当中，绝对排得上号。

高欢家境贫寒，二十多岁了依然养不起一匹马。没有马，在大漠长风的北方，简直不可想象。地位低微，他什么苦都得吃，什么活都得干，最终子承父业，早早地就到军中服役，因为他是六镇军人的后代。

"六镇军人"这个称号，在北魏曾经寄托着众多青壮年男子的光荣与梦想，然而到了高欢的青年时代，却几乎成了卑贱的代名词。这种巨大落差的形成，是最值得北魏后期统治者检讨的问题，包括魏孝文帝也不例外。

六镇的历史，到孝明帝时已超过了一百年。

六镇最初只是指北魏长城上自西向东的六个军镇，它们分别是沃野（今内蒙古五原北)、怀朔(今内蒙古固阳北)、武川(今内蒙古武川西)、抚冥(今内蒙古四子王旗东南)、柔玄(今内蒙古兴和西北)和怀荒(今河北张北)。北魏的领土向东西扩张,更多的边镇被包含在了六镇里头,比如位于怀荒以东的御夷(今河北赤城西北),所以后来也有七镇的说法。一般来说,北魏末年的"六镇",是泛指包括以上七个镇在内的所有北方边境城镇。

六镇的地位毋庸多言,相当重要。北魏前期,南北两个政权实力相当时,南边的防务压力要大于北边。当南朝北伐时,北边的防御力量不足,六镇与北魏长城的作用就变得尤其突出。有了六镇之间的有效调度、彼此呼应,镇守边防的军队进可攻、退可守,游牧大漠的柔然对于北魏国都平城的威胁大大地减低了。北魏统一北方后,柔然便极少南下抢财掠畜,转而向西域等地区发展,此事便反映了这一防御战略的成功之处。

如此一来,守备六镇的将领和军士自然得百里挑一:忠诚度得高,战斗力得高,地位也得高。于是,要担任六镇的镇将,就至少需要满足三个条件:一、必须是鲜卑人;二、必须是职业军人;三、必须是贵族。守卫的兵士,则都由高门子弟中推荐选拔,属于一流的战士。

六镇军人立功的嘉奖强过其他地方的军人,同时升迁也享受特权,拥有相应的优待措施,因此想去那里建功立业的人绝不在少数。《木兰辞》中木兰从军的经历,很可能就是六镇军人戍边生活、抵抗柔然的真实写照。木兰凯旋,所得的封赏也的确是相当优厚的。

半个世纪后,情况发生了改变。

首先是柔然衰败。

柔然自从第五任可汗吴提以后实力就在不断下降。北魏太和十一年(487),第八任可汗豆仑在位时,隶属柔然的敕勒副伏罗部的首领阿伏至罗兄弟率部起义,在柔然的西部建立了高车国。柔然无法平息这起叛乱,受到的打击是巨大的,因为这意味着它失去了对西域的统治权。高车国采取远交近攻的策略与北魏通好,不断进攻柔然,促使柔然内部发生了更多内乱。

太和十六年(492),柔然遭到高车与北魏的两面夹击,吃了大败仗,可汗豆仑被杀，部众推豆仑的叔叔那盖为可汗。那盖死后，其子伏图继位。

伏图为了缓解形势，避免腹背受敌，几次派遣使者到洛阳与北魏通和。宣武帝虽然没有答应，但也没有兴趣多花力气去消灭这个已经奄奄一息的北方邻居。北魏的北方边镇就这样处于无敌可战的状态，一晃就是三十年。换句话说，整整一代人荒废在了鸟不拉屎的边疆，六镇不再是少年圆梦的地方，逐渐从人们的记忆中淡去。

这一现象在迁都洛阳后更加严重了。孝文帝的迁都，是造成六镇地位进一步下降的第二个原因。

六镇本身的战略意义在于防卫毗邻大漠的平城，平城一日为都，则六镇一日不得放松防务，而这也意味着，一旦北魏的统治重心转移到了黄河以南的洛阳，戍边将士们的地位也就不复以前了。尽管他们也是鲜卑贵族出身，却丝毫得不到远在洛阳朝廷的鲜卑贵族们的关照和重视，并且还要受到加倍的排斥和打压。

这是孝文帝在汉化改制过程中一个不可原谅的大失误。特权没有了，升迁到内地也一辈子不用指望，甚至吃穿不愁的基本待遇也失去了保障。镇将们享受不到任何改制带来的好处，反而被汉化的洛阳贵族们认为是粗鄙的军人，失去了权势希望的他们只好转而聚敛钱财，让精壮的士兵到境外去掳掠财物，老弱病残则砍伐山林、耕种田地，然后交给那些有点文化技能的士兵经营，由此获得的利益统统收归己有。

镇将们收入颇丰，士兵们的收入却微不足道，像高欢那样的家庭并非个例，兵将之间的矛盾日益明显。这种组织方式已经接近于监狱式的劳役管理，六镇从天堂跌入了地狱。

其实，在人们的心目中，六镇如同监狱也不是一天两天了。北魏后期，对作奸犯科、坐视违法的官员的惩罚措施之一就是罢黜到边镇做镇将或者兵卒，高欢的祖父高谧便是这样被贬到了怀朔镇的。原先光荣的选拔制度变成了可耻的惩罚，这些镇将还有什么动力去死战为国呢？遭到罢黜的官员什么样的都有，六镇将士的综合素质就更是参差不齐了。

言归正传，年轻的高欢尽管一无所有，也不是一出世就懂得匡扶宇宙、拯救苍生的大道理，但在驻守怀朔的那些士卒当中，他还是显得气宇不凡。

《北齐书》在描写高欢的样貌时，用了精简的十二个字："目有精光，长头高颧，齿白如玉。"最有意思的是这句"长头高颧"，按照某些相书的说法，"颧"通"权"，颧骨高是极贵之相。相书自不可靠，不过颧骨高的男人，若五官搭配得当，会显得非常性感。这种性感的信号在某一天被一名从城下路过的女子捕捉到，那女子不假思索地喊出了一句话：

"这真是我的丈夫呀！"

每个年轻男人在潜意识中，都会把自己设定成无所不能的英雄；他们向往的，是有朝一日有一个慧眼识得他英雄气概的女人出现，说出上面的这句话，把他的心带走。可惜事实上，并没有多少男人能有如此好的运气。女人常常会说："这个男人真帅！""这个男人很有型！""这个男人给我安全感！"可这些不过是常眼所看到的外在的平常气质而已。"这真是我的丈夫呀！"这样的话，就不是一般女子能说出来的了。高欢得到了一双慧眼的青睐，仅此一点，就足以让天下男人羡慕。

慧眼的主人与著名的西汉美女同名，她姓娄，名昭君，是居于此地的大户娄内干家的千金。娄，是鲜卑人汉化后改的单姓，本姓是"匹娄"。

想娶娄小姐的豪门子弟踏破了她家的门槛，她从来不屑一顾，可自从见了高欢，她就通过身边的丫鬟向高欢传递消息，听说他经济困难后，更是几次把自己的私房钱送给他，只要求高欢去向她的父母提亲。

娄内干看不起高欢，开始时不同意这门婚事，却拗不过女儿的坚持，无奈之下还是把她嫁给了高欢。秦腔有部戏叫作《娄昭君》，也叫《平城解围》，前半部分的戏折就讲述了高欢与娄昭君之间曲折的爱情故事，还把娄内干对高欢的百般刁难刻画得活灵活现。

娄夫人了不起的地方远不止慧眼识英雄。她婚后不怕跟随丈夫吃苦，成为高欢的贤内助，从各方面支持他的事业，是个了不起的人物。而且，她还保持着一项生皇帝的纪录：她为高欢生育的六个儿子中有三个做了皇帝，一个算是准皇帝（被追尊为皇帝的高澄），两个女儿则先后做过皇后——这在中国历史上空前绝后。

这让我想起最近看到的一场争论。有人说，中国古代的王朝，开国时常出贤内助式的皇后，如唐朝的长孙皇后、明朝的马皇后，衰败亡国时则总出妲己、杨贵妃这样的“祸水”。那么究竟是不同的历史时代造就了不同的女性呢，还是不同的女性推动了不同的历史走向？对于这个问题，人们也许还会争论下去，我也不想在此做无谓的回答。不过我猜，有的时候女人与时代的关系，跟英雄与时代的关系相仿。或者换句话说，女人也是英雄。

高欢娶了了不起的娄夫人，迎来了自己转运的契机。他买了平生的第一匹马，并做了军镇的队主，后来又转为邮差，往返于洛阳与怀朔。这份工作他一干好几年，其间，他结交了一大批各有所长的朋友。这些朋友里有怀朔镇的省事司马子如、户曹史孙腾、外兵史侯景等在本镇担任小官的，也有段荣、蔡俊这些性情豪爽的义士，他们都认准了高欢的济世之才，与他成为患难之交，后来都做了辅佐他开创霸业的功臣。

司马子如是晋朝宗室之后，祖上躲避永嘉之乱，逃到了凉州。北魏灭北凉后，他家内迁到云中（今山西大同一带）。司马子如脑子快，口才好，平生素好交结各方豪杰，与高欢的情义极深。

孙腾与司马子如相似，祖父在北凉任职，北凉亡国后举家迁到北边地区。他精通政事官务，高欢欣赏他的才干，对他也十分信任。

段荣、蔡俊是世居北方的豪族，段荣会观星象，蔡俊能未卜先知。这些本领虽然作不得数，但他们仅凭背景与号召力就已经帮了高欢不少忙，使得高欢能够比较容易地组织起自己的小势力。特别是段荣，他出自陇西武威的大族，名望很高。段荣与儿子段韶后来在东魏、北齐两朝功勋卓著，地位显赫。据说，在云南建立大理国的段思平就是段氏父子的直系后代。

一转眼，高欢的邮差生涯到了第四个年头，他家里也多了一儿一女。北魏正光四年（523）的夏天，又有一名朝中的要员被罢黜到六镇之一的怀荒镇做镇将，而这一次不经意的黜将事件，竟成为北方大乱的导火线。

高欢的机会终于来了。

五、六镇起事

高欢在怀朔镇寻机待发的同时，北魏朝中的两派势力正斗得你死我活。

胡太后做了北魏事实上的女皇帝，可她除了努力推动佛教事业的发展，其他的就没有什么值得称道的“成绩”了。

胡太后大量开凿佛窟，洛阳龙门石窟的大部分佛像都是在这一时期修造的。她相信，爹亲，娘亲，都不如佛亲，人生在世，孝敬佛祖是第一要务，因此佛像要用黄金来造，佛塔要建九层。兴致来了，她又挑选了一队僧人，由使者宋云带领前往天竺取经。

这次取经活动是继东晋法显之后南北朝时期规模最大的一次，前后历时四年，使团游遍北印度和中印度诸国，带回了一百七十部佛经。从数量上说，这次带回的佛经要超过法显不少。关于宋云等人的西行见闻，《洛阳伽蓝记》中有非常详尽的描述。

佛祖之外，胡太后还喜欢男人，她寝宫里的男宠数量绝不亚于前辈冯太后。后来她还动了真感情，爱上了宣武帝的弟弟清河王元怿，只是这一爱的结果令她始料不及，并给北魏带来了灭顶之灾。

孝文帝一共有六个成年的儿子，宣武帝的哥哥元恂被废赐死，弟弟京兆王元愉造反被杀，前文已述。剩下的三个弟弟，广平王元怀平生只爱钱财，北魏熙平二年（517）就病故了；汝南王元悦是个同性恋，性情极其乖僻；唯独清河王元怿，不但英俊潇洒、风度翩翩，而且文才过人、长于政事，品性也是一流。孝文帝生前最喜爱的就是这个儿子，彭城王元勰对他也是赞不绝口。

胡太后临朝后，元怿担任太傅兼侍中，领太尉之职，与胡太后交往密切。如此优秀的男士摆在面前，天长日久，自然就点燃了太后心中爱情的火焰。

胡太后找了个借口，把元怿骗入寝宫，软硬兼施，逼他就范。元怿这样在宫里长大的好孩子，哪里是风情万种的胡太后的对手？即便有些心不甘情不愿，最后也只能依从。从此叔嫂时常双双出入内宫，做起了有实无名的情人，他们行事毫不避讳，一时间天下皆知。

胡太后对小叔子兼情郎信任有加，把朝政都托付给元怿，有意让他做小皇帝的周公和霍光。元怿也没有辜负嫂子这一片美意，尽心辅政。由于他执法公正，从不徇情，北魏的法度有了一定的改善。

然而大厦将倾，岂是一人之力可以挽回的？朝中那些违法的官员受了元怿的制裁，日益积累起不满的情绪，其中怨气最大的是太后的妹夫、领军将军元叉，其次是当年保护太后有功的太监、时任卫将军的刘腾。

元叉既是宗室，又是皇帝的姨夫，一向恃权骄纵，多次被元怿惩处；刘腾则是想帮自己的弟弟破格做官，结果遭到元怿的阻挠。两人凑到一起，商量着要拔掉这颗眼中钉。他们的手段与高肇相仿，贿赂了龙骧府长史宋维，让他污蔑说有人要拥立元怿做皇帝。胡太后不信，下令仔细查验，结果完全找不到元怿谋反的证据，最终元怿没事，宋维反被贬了官。

一计不成，元叉和刘腾意识到有胡太后的护航，玩儿明的是玩儿不过元怿了，遂决定利用手中控制的内宫禁卫军发动政变。

北魏神龟三年（520），元叉和刘腾忽然率领一队禁卫军把孝明帝迎到后宫的正殿显阳殿，以胡太后的名义假传一道圣旨，声称将权力全部归还孝明帝。之后他们把胡太后幽闭在北宫，隔绝孝明帝与她的来往，又扣押了元怿，罗织了一堆罪名，将他处死。

孝明帝亲政，可这时他毕竟只有十一岁，没了母亲和叔父的支撑，大权毫无疑问会落入元叉之手。

元怿之死向朝野发出了一个信号：北魏的权力中心极度不稳定。各方诸侯纷纷开始借题发挥，摩拳擦掌，想要趁机攫取利益。先是元英之子中山王元熙以清君侧之名在邺城起兵讨伐，因手下人叛变而失败；接着是左卫将军奚康生为救胡太后出宫谋杀元叉，尚未成功就被捕斩首。过了三年（523），刘腾死了，于忠的弟弟、武卫将军于景认为有机可乘，秘密筹划废掉元叉，没想到事情败露，元叉把他罢黜到怀荒镇去，罚他做镇将。

于景在元叉那里逃过一死，却不是什么值得庆祝的事。他到了怀荒后心中又气又恨，整日对手下的兵士打骂交加，态度极差，兵将之间积压多时的矛盾进一步恶化了。恰在这时，北方的柔然在又一番内乱后立了新可汗阿那瓌，国势有所回升。北魏的边镇危机四伏。

北魏正光四年（523）夏天，柔然各部闹饥荒，阿那瓌趁着六镇边防空虚，闯到平城附近疯狂洗劫，掳走数千人口、数十万牛马。六镇地区损失惨重，遍地是饥民。

远在洛阳的朝廷派军队赶到边镇，柔然早就不见了影踪，等朝廷的军队撤走了，柔然又卷土重来，于景只好组织怀荒镇的军民自行抵抗。镇上的老百姓几个月没吃过一顿饱饭，哪里有力气打仗？大家请求开仓放粮，于景却很不耐烦，一口拒绝。

饥民们群情激愤：你这家伙在洛阳捡了条小命，又跑到我们边镇作威作福，全然不顾我们的死活！忍无可忍之下，他们冲入于景家中，把他夫妻二人揪出来宰了，分了仓粮，宣布起兵对抗朝廷。

怀荒镇军民的杀将事件立即引发了多米诺效应，西面沃野镇的边民在一名叫破六韩拔陵的匈奴人的率领下，杀了沃野的镇将，占领了沃野，然后一路东进，举起了一面更大的起义旗帜。

六镇兵将积累已久的矛盾终于爆发，叛乱活动如瘟疫一般迅速蔓延开来，愈演愈烈。短短五六年之内，北方大地上几乎无一处不燃烧战火，几乎无一处不生灵涂炭。

仅《资治通鉴》记录在案、首领称帝或建号的，就有十几支力量：

北魏末年起义军

公元	北魏纪年	月份	起义地点	首领	建号或改元
523	正光四年		沃野（今内蒙古五原北）	破六韩拔陵	改元“真王”

续表

公元	北魏纪年	月份	起义地点	首领	建号或改元
524	正光五年	四	高平（今宁夏固原）	胡琛	胡琛为镇民赫连恩推为高平王
		六	秦州（今甘肃天水）	莫折大提、莫折念生（大提之子）	莫折大提自称秦王；莫折大提死，莫折念生自称天子，置百官，改元“天建”
		十	营州（今辽宁朝阳）	刘安定、就德兴	就德兴自称燕王
525	孝昌元年	八	燕州上谷（今河北怀来）	杜洛周	改元“真王”
		十二	汾州云阳谷（今山西西部）	刘蠡升	自称天子，置百官
526	孝昌二年	一	定州左城（今河北唐县西）	鲜于修礼	改元鲁兴
		六	晋州绛郡（今山西新绛）	陈双炽	自号始建王
		九	瀛州（今河北河间）	葛荣	自称天子，国号“齐”，改元“广安”
527	孝昌三年	二	司州东郡（今河南滑县东）	赵显德	自号都督
		三	齐州广川（今山东邹平东）	刘钧	自署大行台
			青州昌国（今山东临朐）	房项	自署大都督
		七	豫州西华（今河南西华）	刘获、郑辩	改元“天授”
		十	雍州长安	萧宝夤	自称齐帝，改元“隆绪”，赦其所部，署百官
528	建义元年	六	青州北海（今山东昌乐东南）	邢杲	自称汉王，改元“天统”
		七	高平	万俟丑奴	自称天子，置百官，改元“神兽”

诸多反叛力量里，影响最大、实力最强的几支，除了破六韩拔陵，还有燕州上谷的杜洛周、定州左人城（即左城）的鲜于修礼，以及继鲜于修礼而起的葛荣。后面三位的起兵，实际上都是破六韩拔陵的再版。

破六韩拔陵的六镇军很快席卷河套以北，政府军连战连败，弃城失地。

为了抚恤镇民，孝明帝下诏改“镇”为“州”，取消对边镇歧视性的政策，提高镇民的地位。然而六镇及其周边地区的军民已经全部叛变，这些迟到的措施根本是隔靴搔痒，于事无补。最终，陷入绝境的政府军不惜向一百多年的死对头柔然求助，广阳王元渊率部与柔然可汗阿那瓌联合，费尽了九牛二虎之力，才在黄河边上用伏兵击溃了破六韩拔陵。

破六韩拔陵在军溃后不知所终，有人认为他被柔然军队所杀，也有人认为他躲过了追杀，从此匿迹。

赢了叛军，北魏朝廷却不吸取教训，把投降的二十万六镇军分别安置在河北的冀、定、瀛三州。不出半年，被迁到河北的士兵就先后在杜洛周与鲜于修礼的率领下，再次扛起武器造起了反。

一头是北魏朝廷的惊慌失措、四处灭火，一头是声势浩大的反魏浪潮；一头是挣脱压迫的怒吼，一头是尔虞我诈的较量。投身其中的人们，不论是主动还是被动，是正义还是邪恶，是忠诚还是背叛，都将在战场上一串接一串的号角声中见证一个伟大时代的诞生——主宰后来近半个世纪的英雄人物，无不例外都将经受这场战火的锤炼。

六、武川宇文氏

北魏孝昌元年（525），高欢领着一帮弟兄投奔了杜洛周的起义大军，迈出了漫漫征程的第一步。他大概不会想到，在鲜于修礼率领的另一支起义军队伍里，有他未来的强劲对手——“黑獭”宇文泰。

“宇文”二字既表示姓氏，也表示部族，是鲜卑语的音译。《北史》说“宇文”意为“天子”，恐有附会之处。据杨宪益先生考证，鲜卑语的“宇文”与今天满语的Niowan（青色）一词同源，专指当时的一条河——青水，也叫濡水（今滦河上游，内蒙古赤峰一带），是宇文部族起源的地方。杨先生甚至还断言，宇文的意思“青色”也就是“黑色”，其实正对应宇文泰的鲜卑名“黑獭”的前半部分。这个说法未免夸张了些，因为鲜卑人的名和姓一般是分得很清楚的，不像某些民族那样有名无姓，不过亦可看作一家之言。

宇文部起初驰骋塞外，但被慕容部建立的前燕所灭，遗民内迁到昌黎，这些事我们在第二章中已有详尽介绍。待后燕被北魏打败后，宇文氏的掌门人宇文陵举家投奔了拓跋珪，不久后就迁往六镇之一的武川镇。

从宇文陵到宇文泰，宇文家族在武川镇共经历了五代。武川镇的西面紧邻高欢所处的怀朔镇，破六韩拔陵起事，这两个镇都是他重点攻击的对象。面对危局，宇文泰的父亲宇文肱并没有逐大流跟着造反，而是与武川军主贺拔度拔组织了一支骑兵队伍进行抵抗，破六韩拔陵攻打武川的部将卫可孤便是死于宇文肱与贺拔度拔发动的突袭。

宇文肱有四个儿子：长子宇文颢，次子宇文连，三子宇文洛生，宇文泰年纪最小。

将门出虎子，宇文家虽算不上将门，却也是在六镇几代相传的职业军人，宇文肱的四个儿子自小在马背上长大，上了战场个个武艺出众，冲锋杀敌不在话下。

与卫可孤一战时，敌军人数极多，刺杀卫可孤得手后，宇文肱的战马忽然受惊，不慎翻身落马，面临围攻。宇文颢远远望见，迅速率领几骑人马冲入重围。他所向披靡，杀退了数十名敌军士兵，之后亲自断后，掩护父亲上马脱身。敌军骑兵重新集结，蜂拥而至，宇文颢寡不敌众，力竭而死。

宇文肱痛失长子，恨不能回转身去马上报仇，可他也清楚，就靠眼前纠结起的这点兵力，搞突袭或许有胜算，要想彻底打败遍地皆是的反政府武装，那就是形同痴人说梦了。塞上六镇正是兵荒马乱之际，已非久居之地，想到此，他干脆带着三个儿子，跟着贺拔度拔等人向南逃亡。

当时北魏朝廷的军队主力由广阳王元渊率领，驻扎在五原（今内蒙古包头西北）。贺拔度拔让次子贺拔胜先行一步，赶往五原通报袭杀卫可孤的消息，以便接洽。不料风云难测，贺拔胜刚走，贺拔度拔与宇文肱的部众便遇到了反叛北魏的敕勒骑兵的袭击，贺拔度拔战死，其余人马也全都失散了。没办法，宇文肱父子选择向东避往中山，贺拔度拔的另两个儿子贺拔允和贺拔岳则南下五原，投贺拔胜去了。

贺拔胜才略过人，到了五原后深受元渊器重，被任命为军主，之后因屡立战功又升为将军。宇文泰后来崛起，贺拔兄弟这股军事力量的帮助极为关键。

宇文肱父子在中山并没有过上几天和平的日子。

破六韩拔陵被镇压了，他的六镇军投降的有数十万，对于北魏朝廷来说，这些人可是烫手山芋。最终，北魏朝廷把这些人重新安置到河北各州的军府，意思是说，既然在边境上我力所不逮了，那就移到我有能力控制的范围之内吧。

由于朝廷军征剿不力，各地的叛乱客观上迫使地方武装发挥作用，它们借机强大起来，这跟秦末陈胜起义、汉末黄巾军大起义导致军阀割据的局面在道理上如出一辙。中国历朝历代，凡定都北方的王朝一到末期，几乎都是因内乱一发而不可收最终走向分崩离析、社会重组，典型的比如隋、唐、元、明、清；而定都南方的王朝一到末期，则几乎都是因敌国入侵而灭亡，典型的如之前的蜀汉、东吴，还有之后的南陈、南唐、南宋等。

把投降的六镇军民放在边境地区，容易为那些准军阀所利用，确实不合适；但是摆到自己的眼皮子底下，在王朝全盛时期或许是高招，现在却只可能是雪上加霜——北魏朝廷过分相信自己的军力和控制力了。正是因此，元渊听说朝廷的决定后才会立即感叹道："此辈复为乞活矣，祸乱当由此而作。"他不由联想到了对十六国大乱具有重要影响的流民军队——乞活军，也预见到更大的祸乱即将降临，却只能发出无力的哀鸣。

杜洛周和鲜于修礼以实际行动印证了元渊的担忧。

杜洛周是出自柔玄镇的鲜卑人，"杜"是孝文帝时期改的单姓，鲜卑姓原是"独孤浑"，南朝的史书里写作"吐斤"。鲜于修礼来自怀朔镇，身份地位更低。"鲜于"这个乍一看很鲜卑的姓其实与鲜卑无关，他是十六国时期迁入华北的丁零族的后裔，与敕勒人倒攀得上近亲。

鲜于修礼在定州的左人城起兵，宇文肱父子赖以避乱的中山正是定州的治所。宇文肱的部众虽不是"降户"，却也被鲜于修礼一股脑地编入军中，带着一起去攻打定州城。

在后期的起义队伍中，像高欢那样一心为折腾而来的是少数，像宇文肱父子这类明显无意造反的人比例是相当大的。这是因为北魏朝廷对由六镇涌入河北的大规模镇民没能出台一套有效的抚恤和管制方案，民众无所适从，唯一的选择就是跟着军头上司混饭吃，反正已经天下大乱，死在战场上总好过死在逃难途中。

元渊镇压破六韩拔陵立了大功，在六镇降户中很有威慑力，本是对付鲜于修礼的最佳人选，北魏朝廷却对他怀有猜忌，召他回洛阳，任命左卫将军杨津为北道大都督，率军前往支援。

杨津是孝文帝手下猛将杨播的弟弟，风度颇似其兄。他听说定州告急，防备不力，便挥师入城据守。鲜于修礼的军队猛攻东门，打下了外城，内城中喧嚣一片，军心不安。杨津亲自打开内城城门出击迎敌，外城的敌军始料不及，被冲得七零八落，死伤数百人。

宇文肱和他的次子宇文连都死在了这场战役之中，宇文洛生、宇文泰两兄弟来不及擦去悲痛的泪水，就随大军南撤到了滹沱河畔（今河北正定一带）。

鲜于修礼手下士兵的士气跌入谷底，北魏朝廷趁机派扬州刺史长孙稚与河间王元琛北上，想彻底解决问题，哪知此举反倒是给鲜于修礼的军队送去一份大礼：长孙稚和元琛有私人恩怨，不但不能安心合作，还互相掣肘。战场上长孙稚不想进攻，元琛不听，执意要打，两人的军队于是一支在前一支在后，失去了呼应。长孙稚的军队在走到滹沱河北面的五鹿时被鲜于修礼拦腰截击，元琛也不回军相救，魏军大败。

鲜于修礼绝处逢生，触底反弹，势头更盛，麾下大军号称有十万，超过了北面的杜洛周。

这时，起义军内部发生了内讧。鲜于修礼手下一名叫元洪业的部将趁他不备把他杀死，想挟众投降北魏，群龙无首，军中一时溃乱。另一名部将葛荣收拾部众，攻杀了元洪业，成为起义军新的首领。

葛荣是鲜卑人，本姓贺葛，以前在怀朔镇做过镇将，对于打仗的事儿懂得比只做过镇兵的鲜于修礼要多。他一接手，起义军的战斗力便发生了质的飞跃。

长孙稚、元琛失利后，北魏朝廷撤了两人的职，重新任命广阳王元渊为大都督，另命章武王元融为左都督，裴衍为右都督，同时受元渊节度，三军并进。

葛荣避开魏军主力，率军退到北边的瀛州，转战白牛逻（今河北蠡县一带），以轻骑兵与元融的左军周旋，击杀了元融。元渊退往定州，定州城中的杨津怀疑他要造反，不但不纳他入城，还派都督毛谥出兵讨伐。元渊从小路逃跑，在博陵地界被葛荣的部下俘虏，随后遭斩首。

连杀了北魏两位亲王，葛荣春风得意，俨然是河北霸主了。北魏孝昌二年（526），他自称天子，定国号为“大齐”，改元“广安”，然后再度南下，围攻冀州治所信都城。

在杜洛周军中不遂心愿的高欢，就是于此时转投葛荣帐下的。

七、投靠尔朱荣

高欢刚加入杜洛周的起义军时想的是如何出人头地，在战场上闯出一番名堂，然而很快他就失望了。杜洛周拿手的是煽动大伙儿起来造反，领导能力其实十分缺乏，对待下属也很糟糕，根本不值得追随。于是高欢私下与几位伙伴商量，决定寻找机会干掉杜洛周，自己做起义军的首领。可惜计划尚未实施便泄了密，杜洛周派人追杀高欢，逼得他拖家带口狼狈逃窜，身边只剩了段荣、蔡俊、尉景等死党。

这般落魄的景象，高欢一辈子也不会忘记。他骑着家中唯一的一匹马在前面走，娄昭君抱着女儿、背着儿子，骑着牛缓缓跟在后面。高欢每跑一段路，就得停住脚等一下老婆孩子。最可气的是儿子高澄年纪小，一不小心就从牛背上掉下来，娄昭君还得下牛去捡。高欢又急又怒，弯弓搭箭就要射杀亲生儿子，娄昭君吓得大喊，幸亏段荣从后面上来救起了高澄。一行人就这样磕磕绊绊，终于逃脱险境，到了葛荣大军的地盘。

“丢妻弃子”的倒霉事在布衣出身的开国君主身上屡见不鲜，从刘邦到刘备，再到高欢。高欢是武人，处理方式也狠过两位刘皇帝。好在，总有人能替他们解围，刘邦有夏侯婴，刘备有赵云，高欢也有一位可以为他出生入死的部下段荣，只是段荣的地位要高过夏侯婴和赵云，他是娄昭君的姐夫。

一个人要成就大事，最不可或缺的是“与人谋，得人助”，其他方面的能力倒在其次，这是领导气质的真谛，也是高欢胜过北方起义的众多“草莽英雄”之处。

威震河北的葛荣在高欢眼里同样不入流，只不过打仗稍强而已。高欢算是看穿了，这些六镇出来的土包子，嚣张不过一时，没什么前途。他的目光转向了在平定叛乱中初露锋芒的秀容豪酋尔朱荣。

尔朱荣是契胡部的首领。契胡这个民族我们不该陌生，所谓“契胡”，实际就是“羯胡”的异译。换言之，尔朱氏与后赵石氏同族。不同的是，尔朱家族在永嘉之乱中没有跟石氏一样南下中原，而是依旧留在北方的秀容（今山西朔州西北），在当地部族中做着酋长。

北魏初年，尔朱氏追随拓跋珪、拓跋焘等皇帝四处征讨其他部族，战功卓著，得了大量的封赏。家族延续到尔朱荣的父亲尔朱新兴一代，已是家财丰盈、牲畜数万，是孝文帝时代北方有名的养马大户。尔朱新兴每次去洛阳觐见皇帝，王公贵族们都要争相送他珍宝古玩，为的是换取他的好马。

尔朱新兴死后，尔朱荣继承了家产。他身为契胡，生得皮肤白皙，容貌俊美，对手下号令严整，是远近闻名的偶像级人物。

和平年代里好马被当作宠物看待，一到打仗，那就成发家的重要资本了。六镇起事，秀容一带也发生了多起叛乱，尔朱荣卖了家里的牛羊，招募骁勇义士，给他们分发马匹衣物，组军平叛。

在长城南北打仗，马匹的多少与优劣足以决定胜负，这一点在战术含量低的乱战中表现得尤为明显。不出两年，尔朱荣已经是山西最强大的平叛势力。山西一带的大小叛乱基本都被他轻松解决，这与北魏正规军在河北的节节败退形成了鲜明的对比。

打了胜仗，尔朱荣上表要求东进支援河北。北魏朝廷对他有所忌惮，虽然任命他为大都督，兼都督并、肆、汾、唐、恒、云六州诸军事，管辖范围基本相当于今天的山西省，但否决了他转战的要求，只让他安心守在辖区内。

高欢在河北转了一圈，最后得出结论：葛荣跟杜洛周一样，都没有前途。于是他第二次“叛逃”，离了葛荣的队伍，去秀容拜见尔朱荣。有趣的是，尔朱荣对于名不见经传的小人物高欢其实早已“久仰大名”，这与高欢的好友有关。

高欢在怀朔结交的一堆好友基本上分为两类：一类是段荣、尉景这些与高欢沾亲带故、关系特别铁的，他们一直跟着高欢浪迹天涯；另一类是司马子如、孙腾、刘贵、侯景这些担任小官小职的，为了逃难，他们都跑到了尔朱荣手下做事。这些人在尔朱荣身边，时不时地就夸赞高欢如何如何气度不凡，如何如何见识卓群，说得尔朱荣心中痒痒。像他这样世家出身的子弟一般都好才，他也的确在东征西讨的过程中网罗了不少人才，比如前文所提的贺拔胜、贺拔岳兄弟，在元渊失败后就被他收入麾下。听了高欢这么多好处，尔朱荣巴不得能立即见到高欢。可当高欢第一次真正站在面前时，他却不免有种梦想破灭的感觉。现实中的高欢风尘仆仆，一脸憔悴，好似一个无家可归的流浪汉，哪有一点盖世奇人的样子？

尔朱荣对着身边担任参军的刘贵翻了个白眼，露出些许不满意。刘贵心领神会，说："容我先为高欢更衣，主公再召见他。"尔朱荣应允。

第二次见面时的感觉好了一些。尔朱荣想试试高欢的才能，便领着他到马厩里，指着一匹马说："这马性格暴烈，不好对付，你给我修理一下马鬃吧。"

高欢年轻时在怀朔镇军中少不了跟各种脾气的马打交道，自己虽然没钱养马，却比终日玩马的有钱人更懂马。他不动声色地走到马的身前，抚着马鬃，操着工具，什么笼头缰绳都不用便动起手来。也是奇了，那匹平日里从不听人使唤的马竟任凭高欢处置，一声没吭，一蹄没踹，乖乖地让高欢把鬃毛修得清清爽爽。

任务完成，高欢转过身，随口道："收拾恶人与对待这匹马的道理是一样的。"

尔朱荣已经看呆了，他还从未见过办事这么利索的人，更没想到高欢还能总结出这么深刻的哲理，心想，刘贵那些人果然没有骗我！他对高欢的印象彻底改变了。

尔朱荣把高欢迎入内室，屏退左右，毕恭毕敬地问道："阁下如何看待当今时事呢？"高欢想了想，说："听说明公收养天下名马，产地有十二处之多，而每个地方的马颜色完全一样，不知是何用意呢？"尔朱荣若有所悟，却不正面回答，说："且说说你的意思。"

当时北魏朝中的权力经历了又一次易手。领军将军元叉幽禁胡太后五年，防备松懈，不再阻挠孝明帝与胡太后的往来，胡太后便趁机与孝明帝以及高阳王元雍秘密商定计划，于正光六年（525）突然行动，解除了元叉的职务和兵权，削去已故太监刘腾的爵位，由胡太后重新临朝摄政。之后，胡太后又声称有人告发元叉谋反，下令赐死元叉，并为情人元怿平反。

胡太后不在乎各地州镇乱得怎么样，二次掌权后，她养了更多的小白脸来满足自己的淫欲，其中有名的一个是她父亲从前的下属郑俨，另一个是元怿的亲信徐纥。胡太后宠幸两人，把他们提拔为中书舍人，负责起草诏书，又让郑俨做谏议大夫，徐纥做光禄大夫。郑俨和徐纥长得比元怿漂亮，却没有元怿的才能，朝中自然被搅得乌烟瘴气，年龄渐长的孝明帝对他们十分厌恶。

胡太后生怕丢掉好不容易再次到手的权力，对亲生儿子也是格外提防，想尽办法要把他架空。只要是与孝明帝过往过密的大臣，就会被她找个理由除掉。有个蜜多道人因为会说多种语言，常随孝明帝左右，胡太后担心他用自己听不懂的话向皇帝通风报信，便派人暗杀了他。

北魏这对地位最高的母子之间的关系越来越紧张。孝明帝手中没有一兵一卒，连内宫的禁军都被胡太后等人掌控，他急需找到一股力量，助他夺回大权。

没在朝中做过官却对政治极其敏锐的高欢对时局有一番自己的见识，既然尔朱荣相问，他便把自己的心得体会和盘托出。他说："当今天子愚弱，太后淫乱，宠信恶人，专擅朝纲，以致政令不行。依贺六浑之见嘛，明公英明神武，正该乘势发兵，打起'清帝侧'的旗号，讨伐郑俨、徐纥，然后霸业可成。"

高欢的一席话不但很有见地，也让尔朱荣十分受用。尔朱荣此时的惊喜，绝不亚于刘备听到隆中对时茅塞顿开的快感。他早有心吞并天下，在得到贺拔兄弟时就曾感慨地说："吾得卿兄弟，天下不足平也！"现在高欢把他心中的疑问一扫而空，说出了他想说却不知该怎么说的话，于是他坚信，高欢绝对是上天赐给他的超级人才！

两人相见恨晚，越谈越投机，从正午直谈到半夜才歇息。自此，高欢便凭借超高的时局分析水准做了尔朱荣的亲信，后来还参与了入洛平乱的谋划。

就在这次谈话后不久，一封密令递到了尔朱荣的手中——孝明帝果然也看中了尔朱荣，请他率兵进洛阳胁迫胡太后还政。尔朱荣正求之不得呢，他即刻点起兵将，以高欢为前锋，率兵直奔洛阳。不料，大军刚走到上党（今山西壶关），忽然接到孝明帝的私诏：停止进军。尔朱荣心下生疑，并没有退兵，而是派人到洛阳继续打探。

几天后，从洛阳传来了令人震惊的消息：十九岁的孝明帝暴崩。

八、河阴惨案

孝明帝的神秘死亡标志着北魏皇权的彻底丧失，之后北魏以及东西魏的所谓皇帝，至多不过是在“比赛”谁做傀儡的时间更长些。

关于孝明帝的死因，各家史书都认为是遭毒杀，但叙述并不完全一致，总结起来主要有两种说法：一是郑俨主谋论；二是三人合谋论，指的是郑俨、徐纥与胡太后三人联手弑君。今天的主流观点似乎更强调胡太后一人要负主要责任，其实是有略失偏颇的嫌疑的。

杀掉亲生儿子不是胡太后的最佳选择。她要维持自己临朝称制的合法性，就必须维护孝明帝的皇位，而且孝明帝没有亲生子嗣，一旦他驾崩，皇位传承就会出现大麻烦，很可能使局势失控。孝明帝要夺她的权力，她是担心的，但更担心此事的人显然是郑俨、徐纥这类受孝明帝嫉恨的太后宠臣，因为皇帝若夺权成功，郑俨、徐纥小命难保，而胡太后作为皇帝的亲生母亲，下场不至于很糟。从这个角度看，至少胡太后不该是唯一的真凶。

魏收的《魏书》倾向于郑俨主谋论。《魏书·皇后传》说：“肃宗之崩，事出仓促，时论咸言郑俨、徐纥之计。”《郑俨传》也延续了这一观点，《天象志》则进一步说：“郑俨等竦惧，遂说太后鸩帝。”一个“说”字就强调了郑俨等人的主导作用，让人感觉胡太后是做了枪手。

魏收是北齐重臣，《魏书》有意衬托高欢的高明见识——高欢以前提出“清君侧”时，就指明罪魁祸首是郑俨和徐纥。但如果是这样，孝明帝驾崩前后发生的一系列事件就很难解释了。

孝明帝死前一个月，他宠爱的潘妃生下一个公主，宫中却向外报告说生了皇子，并且因此大赦改元。这不可能是孝明帝的意思，也不可能是无心的错误，唯一的可能就是胡太后与她的两位宠臣密谋，以公主诞生为契机，计划了一起大阴谋。所以说，《北史》和《资治通鉴》支持的三人合谋论才是比较符合逻辑和事实真相的。

胡太后、郑俨和徐纥三个人的利益并不完全一致，经过彼此妥协，他们都能接受的方案应是先弑孝明帝，再立假皇子，掌控朝中大权，最终实现权力的平稳过渡。这样一来，他们既摆脱了孝明帝的威胁，又可以继续合法执政，号令四方。但他们高估了自身收拾乱局的能力，也低估了孝明帝之死的影响力。躲在洛阳宫中搞的阴谋，与玩弄天下于股掌间的手段相比，档次差太远了。

孝明帝死后，胡太后先立了一个月大的小公主，发现朝中的反应比较平静，以为风浪已过，就又从孝明帝的堂侄一辈里挑选了三岁的元钊来顶替小公主，然后诏告天下。

驻军上党的尔朱荣得知朝中变故，岂肯罢休？他立即怒火中烧，对并州刺史元天穆说："主上晏驾，只有十九岁，天下人尚且都还称为幼君，何况现在让一个不会说话的小孩即位？想要长治久安，怎么可能呢？我要率铁骑哀悼先帝，剪除奸佞，再立年长的皇帝，你看如何？"

元天穆赞叹道："那可真是伊尹、霍光再现当世了！"

元天穆是宗室，跟尔朱荣的关系十分密切，虽然他与皇室血缘较疏，但他的表态仍极大地鼓舞了尔朱荣。

两人接着商议拥立新君的事。元天穆认为彭城王元勰在世时人气很高，他的儿子长乐王元子攸有其父风范，又有声望，不如派人到洛阳城与他秘密联系，请他做皇帝。尔朱荣对此深表赞成，于是派侄子尔朱天光带着亲信潜入洛阳。尔朱荣的堂弟尔朱世隆在朝中任直阁将军，尔朱天光见了尔朱世隆，又由他引见，联系上了元子攸。

皇位送上门的事不是人人都能碰上的，元子攸心中高兴。这位长乐王的想法很单纯，一来他对胡太后的行为深恶痛绝，只恨有心无力；二来他认定要摆平胡太后就只能依靠尔朱荣的力量，而尔朱荣到目前为止都表现得中规中矩，是个大忠臣的样子。于是，他表示愿意合作，请尔朱天光先向尔朱荣答复：待与尔朱世隆准备停当后，他就会带着哥哥彭城王元劭、弟弟霸城公元子正离开洛阳，北上去见尔朱荣。

尔朱荣在上党并不安心，他怕自己的选择不妥，又搞了个仪式，命人铸造献文帝诸位子孙的小铜像，想确认谁是天命所归。

手铸铜像，以及北魏传统册封典礼前常搞的手铸金人，都是一种占卜方式，可能源自游牧民族的祭祀活动。北魏惯例，每逢册封皇后都要先铸造皇后的金像，如果成功，则皇后可立，失败，则不立。北魏时期的金属铸造业相当发达，无论是铜像还是金人，铸造本身需要的技术难度并不大，起决定作用的是铸造者背后千丝万缕的利害牵扯。手铸看起来是占卜，实际是玩猫腻，专门欺骗尔朱荣这类崇尚迷信的家伙。

不出所料，铜像占卜的结果是只有元子攸的像铸成了。尔朱荣放了心，便上表抗令，兴问罪之师，发动队伍，浩浩荡荡向洛阳进发。

北魏武泰元年（528）四月，尔朱荣的大军在河阳（今河南孟津黄河北岸）与元子攸兄弟会面。元子攸随大军渡过黄河，就地即位，他就是北魏敬宗孝庄帝。

孝庄帝任命尔朱荣为侍中、都督中外诸军事、大将军。有了皇帝这面精神大旗，尔朱荣可以无所顾忌了，他迅速挥师南进，兵临洛阳。

城中的胡太后一干人等慌了神，急匆匆任命了几位将军，让他们领兵抵抗，可还没等军队完全到位，城池就陷落了——守城的郑季明、郑先护听说元子攸做了皇帝，向尔朱荣大军打开了城门。

尔朱荣传孝庄帝诏书，命令文武百官到河桥（今河南孟津西南）面见新皇帝。

可怜的胡太后环顾身边，郑俨、徐纥开溜了，将军们叛逃了，自己做了名副其实的孤家寡人。她无计可施，便剃了光头，率领后宫嫔妃到城内的永宁寺出家。

出家也难逃一死，尔朱荣派骑兵冲进永宁寺，揪出一身尼姑打扮的胡太后，连带着小皇帝元钊一并送到河阴（今孟津黄河南岸）处置。胡太后还要分辩，搬出她那套对付小白脸的招数，然而尔朱荣虽然皮肤白，可不是小白脸。见了胡太后这半老徐娘，他心内生烦，二话不说拂衣而起，命手下将胡太后和元钊沉入黄河。

出城恭迎圣驾的洛阳官员聚集在河阴附近。

尔朱荣的部下费穆的想法很残忍，他说，现在大军前无敌阵，仗没打就夺权了，群臣是不会服从的，如果不趁机杀人树威，恐怕内乱早晚还会降临。尔朱荣对这个恶毒的馊主意竟颇以为然，他问另一名亲信慕容绍宗："洛阳人士骄侈成俗，不动刀斧难以控制。我打算趁百官出迎之机将他们全部诛杀，你看如何？"

慕容绍宗是前燕慕容恪的后代，与尔朱荣沾亲，很有头脑。他马上表示反对："太后荒淫失道，祸乱天下，所以明公才兴兵讨伐。无故滥杀无辜，不分忠奸，只怕会大失天下所望，绝非长远之计！"

尔朱荣不听劝告，请孝庄帝在淘渚的行宫外朝见百官。百官一到，尔朱荣的铁骑呼啦啦围了个水泄不通。尔朱荣斥责他们贪恋享乐，不思报国，乃是天下丧乱、皇帝驾崩的罪魁祸首。说完一声令下，数千名官员，上至王公下至普通大臣，全被军刀砍翻在地。刹那间，黄河边哀号漫天，尸首遍野，惨状怖人。这就是著名的河阴惨案，也称河阴之变。

孝庄帝兄弟在行宫听到喊声，走出帐观看。尔朱荣安排在左右的卫士冲上前，抱住孝庄帝送回帐中。孝庄帝大惊失色，再回身看时，他的两个兄弟已经身首异处，他自己也被软禁了。

孝庄帝又恨又气，只怪自己错把奸佞当栋梁。他让人给尔朱荣传话，说："帝王更替，盛衰无常。将军仗义起兵，轻易平乱，此乃天意，并非人力。我来投奔你，只为保全天下苍生，岂为图谋帝位？将军何必逼人太甚！若天命有在，那就挑个日子即位吧。如果将军还想存我大魏社稷，那也请另选贤能，我可以和你一同辅佐。"

军帐内外，尔朱荣的士兵反复高呼："元氏既灭，尔朱氏兴！"尔朱荣的气焰达到顶点，他的确是想称帝了。他一面找人起草禅位诏书，一面征求部下的意见。

军中的意见并不统一，很明显地分成了两派。高欢等人极力劝说尔朱荣早登大宝，而贺拔岳则进言说："将军举兵，志在扫除奸逆。如今未立大功，却有这番打算，此乃招祸之道。"

此时针锋相对的，正好是最终分裂北魏的两股势力——高欢的怀朔派与宇文泰、贺拔兄弟的武川派。表面上看，两派人都在为尔朱荣谋利益，高欢推尔朱荣做皇帝，好像很热情，贺拔岳劝尔朱荣不要操之过急，似乎很清醒，然而实质上，大家都是在为自己利益的最大化谋划最佳路线。高欢走的是邪路子，尔朱荣的称帝时机当然不成熟，先把尔朱荣推到火炉上烤，然后以功臣自居，借鸡生蛋，有的好闹；贺拔岳走的是正路子，先不要把局势搞得太混，借着尔朱荣的地位扫除其他势力，再观后效。

尔朱荣被夹在其中，犹豫不决，迷信的他再次决定用铸像占卜来做选择。这次他是为自己铸金像了，结果连铸四次都没成功。他又召见会算命的功曹参军刘灵助，询问称帝的吉凶，刘灵助摇头说："天时人事还不适合。"

尔朱荣问："如果我不行，那立元天穆怎么样？"

刘灵助又说："元天穆也不行，只有长乐王（元子攸）有天命。"

绝望的尔朱荣神情恍惚，半天无语。过后他深表懊悔，半夜亲自到孝庄帝帐中赔罪，反复声明愿以死报效朝廷。

贺拔岳请求尔朱荣杀掉高欢以谢天下。高欢的那帮子兄弟说了一堆好话，又强调正值用人之际，不该先杀武将，高欢才逃过一劫。

孝庄帝由尔朱荣护送入主洛阳，但权力他自然是别想有了。尔朱荣自为太原王，又大封亲信，在朝中到处安插自己的势力。反正刚杀了一大堆，朝中的位子空缺无数。

由于手下的兵卒杀的朝臣太多，尔朱荣不想长驻洛阳。他打算迁都晋阳，既方便自己坐镇指挥，又相当于把皇宫搬到自己家门口，不用担心意外变故。无奈反对的人太多，都官尚书元谌更是以死相争，尔朱荣方才作罢。

为了巩固入洛的成果，尔朱荣又让孝庄帝把他女儿立为皇后。之后他又在洛阳停留了半个月，然后就回师晋阳了。

尔朱荣有他的算盘。他要先消灭各路起义军，特别是刚刚在河北火并了杜洛周的葛荣的势力，等到功高震主，时机成熟，再逼孝庄帝退位。

九、白袍将军陈庆之

尔朱荣回到晋阳，开始张罗讨伐葛荣起义军的行动。

这个时候，葛荣几乎控制了今天的河北全境，他攻下了冀州的信都（今河北衡水冀州区），又对北面占领了定州（今河北定州）、瀛州（今河北河间）、幽州等地的杜洛周的军队发动突袭，击杀了杜洛周，兼并了他的地盘和部众。

葛荣继而向南攻打相州，相州的治所在邺城（今河北临漳附近），也是国都洛阳的最后门户。若相州再失，葛荣大军就可以顺利渡过黄河，威胁洛阳。北魏的相州刺史李神誓死不降，葛荣恼火，率领号称有百万之众的主力军队包围了邺城，一些游兵散勇则已经逛到了黄河边上的汲郡。

尔朱荣镇压起义军的经验丰富，并不怕外强中干的葛荣。他让侄子尔朱天光代他镇守晋阳，然后从本部精选了七千骑兵，以侯景为前驱倍道兼行，从滏口（今河北磁县西北）东出太行山，绕到了邺城北面，在葛荣大军的身后摆开阵势。

葛荣对尔朱荣的突然出现略感吃惊，但他打惯了胜仗，又见尔朱荣的人数不多，喜形于色地对手下说："这些人容易对付。大家每人带条长绳，准备给我抓活的！"

葛荣暂时停止了对邺城的攻击，列阵数十里，张开两翼，向尔朱荣的骑兵队伍包围上来。

尔朱荣把军队引到附近的山谷，将手下督将按三人为单位分为多处，每处率领几百名骑兵来回奔跃，扬尘鼓噪，让葛荣的军队无法判断究竟有多少人马。然后他又给每人发一根袖棒挂在战马侧部，遇到敌人时就用袖棒击打，无须费工夫斩首。尔朱荣在战略上近乎白痴，但在战术方面确实很有一套。这招很高明，对付葛荣的准民兵，只要将其击倒在地，不管是死是活，都等同于消灭其战斗力。据说，这种袖棒就是唐初秦琼的兵器双锏的前身。

两军交锋，葛荣的军队人多势却不众，完全吃不住尔朱荣装备精良的骑兵的猛冲。尔朱荣亲自率领一支人马绕到背后，把葛荣的阵势杀得七零八落，还就地生擒了葛荣。葛荣底下的十几万士兵则被袖棒打得满地乱滚，呼天喊地，乞求饶命。基于六镇起义的教训，尔朱荣没有处置投降的士兵，而是让他们亲属相随，自寻出路，不再追究罪责。之后，“首恶”葛荣押赴洛阳斩首，一些部将则被尔朱荣收编，跟着他迁往晋阳。河北起义至此基本烟消云散。

委身于葛荣手下多时的宇文洛生、宇文泰兄弟也在尔朱荣的收编之列。尔朱荣对他俩又爱又惮，爱的是他们才华出众，惮的是他们名高望重，心里很矛盾。没过多久，尔朱荣还是找了个罪名把宇文洛生抓起来杀了，正要再杀宇文泰，宇文泰以理诉冤，陈词慷慨，尔朱荣听了很受感动，不但改变了主意，还任命他为统军。

尔朱荣行事向来考虑不周，显然难成大事；而宇文泰能屈能伸，年仅二十二岁已露出领袖气质。他在北方大乱中连失父亲和三个哥哥，却从中习得了旁人少有的隐忍，着实可怕。现在，否极泰来的宇文泰终于从尔朱荣手中得到小股部众，有了一展身手的机会。

尔朱荣功勋卓著，进位大丞相，封柱国大将军，两个儿子尔朱文殊、尔朱文畅一并晋爵为王。

葛荣虽被消灭，北魏境内尚有多处叛乱没有平息，其中以青州的邢杲（gǎo）和关中的万俟丑奴为最强。不过，尔朱荣最该头疼的，应该是南朝的正规军。

北方大乱，自顾不暇，南方的梁武帝也没闲着，他看到了兴复中原的新希望。从南梁普通五年到七年（524—526），他连续发兵进攻淮水下游的北魏占领区，首要目标是拿下寿阳。

时隔多年，从前对魏作战功勋显赫的韦叡、曹景宗、马仙琕等人都已去世，老一辈的名将唯有豫州刺史裴邃还在独撑，梁武帝在调兵遣将上显得有些捉襟见肘。

普通五年（524），梁武帝请裴邃出任都督征讨诸军事。这次行动比较顺利，寿阳东北的不少城池都被轻松攻拔。裴邃的主力几乎已经攻下寿阳，因后援不继才被迫南撤。

普通六年（525），裴邃又攻下了寿阳西面的新蔡和郑城（今安徽颍上），形势一片大好。然而紧要关头，年事已高的裴邃却在军中病逝了。

梁武帝以中护军夏侯亶接替裴邃，负责攻打寿阳的行动。夏侯亶是南梁开国功臣夏侯详的儿子，才学虽高，打仗却非其所长，寿阳攻防战一时转入僵持。

北面的彭城方面则传来了利好消息：北魏徐州刺史元法僧谋反不成，率部叛投梁国。梁武帝喜出望外，欣然纳降，派兵北上接应，并命次子豫章王萧综率众将进驻彭城。

进城的将领名单中最值得注意的，是武威将军陈庆之。之所以提请注意，不全是因为他后来惊人的表现，也是因为仅仅从早年的记录来看，陈庆之在梁国乃至南朝史上实在是一个异类。

我们知道，南朝评判一个人的标准首先是出身门第，其次是品行学问，再次是容貌举止。三者都平常无奇的人别说做官，即便在社会上，也不会有人瞧得起。陈庆之呢，家族无考，品学未知，貌不惊人，而且武艺很烂，史载他“射不穿札，马非所便”，连箭都射不来，马都骑不好，还比不上当年坐小车指挥战斗的韦叡，没有一处可以引人注意的。如果说老一辈名将韦叡的低调有其性格内敛的因素，那么陈庆之的低姿势，则完全是“事实如此”。

陈庆之出身卑微，自幼追随梁武帝，相当于小仆从。梁武帝好棋，常常与人通宵对弈，别人都吃不消，只有陈庆之可以一夜不睡地陪梁武帝玩，梁武帝因此对他喜爱有加。登基后，梁武帝把他安排在身边做主书，主管文书。普通北伐前，陈庆之除了这个文职，从未在军中做过事，更别提带兵打仗了。梁武帝了解他，信任他的稳重，这才让他在萧综手下做了个杂号将军，刚过不惑之年的陈庆之就这么上了前线。

一颗老鼠屎坏了一锅粥。梁武帝企盼以彭城为据点扩大北进的规模，谁想行动遭遇了意外，气得他差点没去撞墙——他心爱的儿子萧综不认他这个爹了，还视他为仇敌。

梁武帝反齐攻下建康时，将东昏侯萧宝卷的宠妃吴淑媛纳为妃子，七个月后产下了萧综。萧综长大后从母亲那里听说此事，便掘开萧宝卷的坟墓，滴血验亲，坚信自己是南齐皇室的后代。他抓住梁魏两军在彭城对垒的时机，连夜逃入魏军大营投降。

梁军十分搞笑地丢了主帅，立时溃散，彭城得而复失，还伤亡数万士兵。沮丧之余，陈庆之的表现却让为良将发愁的梁武帝眼前一亮：他的军队号令严整，全师退到了建康。于是一年后（526）梁国再次攻寿阳时，陈庆之被授予假节、总知军事之职。

这次北上，夏侯亶和元树分南北两路合攻寿阳。北魏的主力军正在河北清剿，无法有效支援寿阳，寿阳城破，梁武帝终于如愿以偿。战后，陈庆之升为东宫直阁，负责太子东宫的防务，赐爵关中侯。

短短一年，陈庆之从小主书一跃为大侯爵，虽说这是因为梁武帝有意提拔亲信，但陈庆之的战功还是足以让很多久经沙场的宿将大跌眼镜。

夺取寿阳只是开端。梁军乘胜挺进，在淮北连战连捷，直攻到北魏南兖州的治所涡阳（今安徽蒙城东北）城下。

梁军主力的领军是曹仲宗，陈庆之持节监军。北魏援军逼近涡阳，他亲自指挥两百名骑兵突然袭击了立足未稳的魏军前锋，杀得魏军措手不及，前军大败，后军震恐。

两军在涡阳城对垒，从春到冬连续作战，师老兵疲。曹仲宗担心腹背受敌，打算退兵，陈庆之坚决反对。他手持杖节，站在军营门口喝道："大军共至此地已达一年，所耗粮草甚多。各军毫无斗志，还想退缩，哪里是要立什么功名，明明是借机掳掠财物而已。我听说'置之死地而后生'，现在正是破敌之时！我有陛下密敕，违我令者，一概严惩！"曹仲宗等人被说得面红耳赤，只好依从。

陈庆之也不强攻，他趁着夜色，率军偷袭涡阳城周围的魏军据点，一夜攻下四个。天亮后，陈庆之命魏兵俘虏排开阵势冲在前面，梁军则紧随在后，攻打北魏余下的九个据点，直杀得涡阳城外尸首成山，涡水断流。

梁军攻陷涡阳城，又进据豫州的城父，离北魏的统治中心司州不远了。

涡阳一战，陈庆之军队的勇猛简直成了北魏士兵的噩梦。他本人与他麾下的士兵个个都身穿白袍，魏国人因此称他"白袍将军"，"白袍"成了"韦虎"之后最令魏国人恐惧的名词。

在战场上，白色是对视觉刺激最强烈的颜色，一旦染了鲜血，能起到相当大的震撼敌人的作用。以白袍作为战袍，正蕴涵着作战者莫大的气概与信念。《三国演义》里长坂坡白袍小将赵云的设计，很可能也受了“白袍将军”的启发。

陈庆之战绩亮眼，梁武帝决定给他一次单独表现的机会。

河阴惨案后，北魏宗室接连投奔南梁，“革命形势”一片大好。南梁大通二年（528），梁武帝封北魏北海王元颢为魏王，命陈庆之为飚勇将军，护送元颢北上称帝，想以此达到控制北朝的目的。

耐人寻味的是，虽然梁武帝只给了陈庆之不到一万的人马，陈庆之却险些闹个天翻地覆。

十、昙花一现

所谓“护王还北”，实际上是梁武帝想要通过培养傀儡的方式控制和占领北魏的国土。这跟北魏立刘昶为宋王伐齐、立萧宝夤为齐王伐梁没有本质的差别。后人或惊叹，或推崇，或不屑于陈庆之以少胜多的表现，却往往忽略一个根本的问题：这次北伐对于梁国意味着什么？

我们需要从梁武帝的角度来考虑和回答这个问题，而这个问题又关联着另一个重要的问题：为什么梁武帝只给了陈庆之那么少的兵力？

首先，这是一次试探性的军事行动。

梁武帝屡屡不惜代价地进攻淮水下游各城，根本目的是保障自身的安全，即所谓“守江必守淮”。重镇寿阳入手后，梁国就失去了继续进取的利益驱动。黄河下游能否拿下来，拿下来能否守得住，宋文帝的三次失败是前车之鉴，梁武帝既无把握，也不指望。因此，基于“打输了不亏，打赢了稳赚”的心理，发动全面的动员不如派少量战斗力强的步骑兵北进，最好能在河、淮之间建立一个在受梁国掌控的缓冲国，最差也能把北魏搅得更乱些。

其次，陈庆之不具备统领大军团的资格。

论能力，陈庆之确实是优秀的将领，却未必能胜任统帅之职。若真动员了数万甚至十万以上的兵马，在人才严重凋零的国内，梁武帝也很难找到合适的人选托付重任。把人数不多的军队交给自己信任的陈庆之，并让他充分发挥敢打逆仗的优点，这样乃是最佳搭配。梁武帝的安排看似匪夷所思，其实是有良苦用心的。

此外，梁武帝知道北魏内部的乱象，但囿于传媒条件的限制，他不可能有非常全面的了解，大部分信息来自投奔他的北海王元颢以及之前投降的宗室元法僧等人的口述。梁魏两国此前虽有和解的趋势，但仍是敌对国，从敌国的人员身上获得的信息是要打上问号的。如果交给元颢过多的人马，不仅容易失控，而且可能引火烧身，自取其辱。陈庆之此行的另一个身份，就是对傀儡元颢进行严密的监视。

陈庆之的可贵之处，在于他能够兢兢业业执行这项胜算无几、玄机重重的任务，把战场变成创造奇迹的舞台。

陈庆之的白袍护卫队从铚（zhì）城（今安徽宿州西）出发，于南梁大通三年（即北魏永安二年，公元529年）首战告捷，攻克荥城（今河南商丘南），进抵梁郡（今河南商丘一带）。

梁郡位于北魏徐州的西北，西接司州，北连兖州，地扼交通要道。梁郡的睢阳城及其北部的考城（今河南民权东北）共有数万魏兵，分别由都督丘大千和济阴王元晖业把守，其中元晖业率领的是北魏朝廷的羽林兵。

北魏的主力此时在洛阳附近，由尔朱荣的亲信元天穆统领。元天穆丝毫没把手下兵力不足一万的陈庆之放在眼里。由于青州的邢杲正在济南一带作乱，人数众多，他与手下商议后决定先灭了邢杲，然后再回来救援梁郡，解决元颢与陈庆之。

元天穆失算了。陈庆之手下人少，却尽是精锐，他乘虚猛攻丘大千的梁郡。丘大千在绝对人数上占有优势，但他犯了致命错误，把数万守兵分散在九座堡垒，结果被陈庆之集中兵力，一天之内攻破三座。

丘大千吓破了胆，不敢再战，请降献城，陈庆之拥元颢进入睢阳城。元颢在睢阳城南即位改元，做了梁国扶持下的"魏国皇帝"。陈庆之被元颢"封"为卫将军、徐州刺史。

任务看来已经完成，陈庆之却没有就此停息。他立即北上击败考城的北魏羽林兵，生擒了守将元晖业。然后他挥师西进，所过各城望风而降。

梁军很快就来到了荥阳城下。荥阳是洛阳以东最后一座大城，重要性不言而喻。元天穆这时刚刚干掉济南的邢杲，还在回军的路上，北魏朝廷只好将洛阳附近剩余的七万兵力调到荥阳及其西面的两个关隘——虎牢和轘辕，由东南道大都督杨昱死守荥阳，尔朱荣的两个堂弟尔朱世隆和尔朱世承分别把守虎牢和镮辕。

荥阳攻城战进行得异常艰苦，城中军队多过陈庆之数倍，梁军的第一拨攻势被击退了。

更为不利的是，元天穆与尔朱荣侄子尔朱兆率领的援军即将到达，旌旗招展，远远已能望见。梁军士卒上下惊恐，出现了怯敌心态。

陈庆之一点不慌张，他命士兵稍事休整，待人马吃饱喝足，他登高呼道："我军至此以来，攻城略地着实不少，诸君杀人掠女的行径也数不清了。元天穆的援军是我们的仇敌，今日不是我死就是敌破！我军才七千，魏军三十多万，所以不可与敌军骑兵在平原上交锋，先把城池拿下后面才有机会。诸君切勿迟疑，以免自取灭亡！"

陈庆之所说的"三十多万"，应该是虚指魏军总数，而不是荥阳一城守兵的数量，也不是城外援军的数量。有人以此质疑战争的可信度，实际上是误解了陈庆之以众多的敌军人数激励将士奋发作战的本意。

说完话，陈庆之下令擂鼓攻城，七千将士个个精神抖擞，如发了疯一般涌向荥阳的城墙。城内的杨昱正盘算等援兵一到便出城夹攻，哪里想到梁军如此凶狠？他仓促之间布置守备，可根本来不及了，梁军打头的士兵已经从城墙缺口处翻了进来，气势如虹地杀向城内。荥阳的魏兵死伤惨重，杨昱也做了阶下囚。

梁军控制了荥阳，元天穆的前锋也兵临城下。陈庆之趁敌军立足不稳，突然率领三千骑兵出城迎战。魏军远道而来，还没摆开阵势就遭到痛击，一下子崩溃了。

荥阳之战是陈庆之名震中原的经典作品，在攻城和野战中他都做到了出其不意，速战速决，把军队的机动性发挥到极致，很有现代"闪击战"的风采，洛阳城的儿童因此唱起了"名师大将莫自牢，千兵万马避白袍"。北魏守军望风而逃，元天穆率部退往河北，尔朱世隆放弃虎牢，他的弟弟尔朱世承放弃镮辕，结果在逃跑途中被杀。

洛阳以东再无一险可守，北魏孝庄帝在洛阳待不住了，他带着亲信秘密逃往河内（今河南沁阳），继而北上并州，与尔朱荣会合。

附近的城池纷纷向元颢投降。元颢与陈庆之进入洛阳，接受北魏百官的朝拜。南朝军队最后一次占领了洛阳城，以前桓温、谢玄、刘裕等人都曾攻克洛阳，然而只有这一次，洛阳是作为北朝的首都被攻取的。

傀儡元颢在洛阳做的唯一一件好事，是杀了河阴惨案的罪魁之一费穆，真是恶人自有恶报。

元颢坐稳了皇位，就不想再受梁国的管束，但四面都是北魏军队，他还得倚仗陈庆之的辅佐。

陈庆之也意识到打得过狠了，完全超出了预期的目标，于是他向元颢提出："我军人数太少，深处敌人腹地，若让敌人知道了虚实，哪里还挡得住？早向南方请求精兵救援才是正道！"

元颢身边的安丰王元延明说："陈庆之兵不过数千，我们已难以驾驭，若再有增兵，他哪里还能听我们的？"

元颢点头称是，赶紧给梁武帝上表说："如今河北、河南都已平定，只剩尔朱荣的小股势力，我与陈庆之足以将其擒获。各州郡新近归附，正需安抚，不宜增兵惊扰百姓。"

梁武帝听了元颢的话，命其他军队停留在边境观望，断了增援的可能。

就在元颢与陈庆之之间的猜忌日益加深之际，尔朱荣的数十万大军来到了黄河北岸。

洛阳东北的黄河北岸有一座小城，名叫北中城，紧靠黄河上的河桥。元颢派陈庆之带着他的几千白袍军把守北中城，自己则率领北魏的降兵守在南岸。

尔朱荣屡攻北中城不下，又没有足够的船只从别处渡河，几乎打算撤军再做计较。黄门郎杨侃劝道："胜败乃兵家常事，岂可以小败而废大谋？元颢已失民望，四方百姓都指望明公早日收复都城。依我之见，不如征召附近的民众捆扎木筏，沿河东西排开几百里，定能让元颢防不胜防。一旦渡河，大功必成！"

尔朱荣大受启发。他一面派人从附近找到了几艘可以作为向导的小船，一面命尔朱兆与贺拔胜监工，准备了大量木筏。

一天深夜，尔朱荣的大军从马渚渡口万筏齐发，径直扑向南岸，一举大败元延明的守军。

元颢弃城南逃，与随从失散，在临颍被县卒斩杀。陈庆之见大势已去，收拾几千步骑兵东还，尔朱荣一路穷追，途中梁军又被汛期的颍水冲没，陈庆之剃发扮作僧人，一个人抄小路逃回了建康。

白袍军的努力付之东流，身为南梁最后的骁将，陈庆之对此也是徒叹奈何。洛阳城的两度易手，只是北魏末年的一段小小插曲，前后仅隔了六十五天。

十一、手刃权臣

尔朱荣消灭了元颢，把傀儡皇位交还给了孝庄帝元子攸，孝庄帝加封他为天柱大将军。以前是“国之柱”，现在是“天之柱”，尔朱荣可谓位极人贵。

关东基本安定了，尔朱荣有意收拾关中，彻底平息六镇起事以来的混乱局面。关中路途遥远，他本人不愿轻动，便要选一位最为得力的干将。他手下能独当一面的人才就数怀朔派的高欢和武川派的贺拔兄弟，高欢对他的心思猜得最透，适合留在身边，所以他打算任命贺拔兄弟中的老三、武卫将军贺拔岳为统帅领兵西讨。

贺拔岳对此心中不安，尤其担心跟他结下梁子的高欢借机陷害。他私下对哥哥贺拔胜说：“关中的万俟丑奴乃是劲敌。倘若我不能取胜，固然有罪；可即便胜了，恐怕也会遭人嫉恨，为谗言所累。”

贺拔胜问该怎么办，贺拔岳说：“你帮我向尔朱荣请示，找个姓尔朱的人担任统帅，我愿做副帅。”

贺拔胜转达了贺拔岳的意思，尔朱荣很高兴，便任命尔朱天光为统帅，以贺拔岳为左大都督，征西将军侯莫陈悦为右大都督，三人领兵共同入关，讨伐万俟丑奴。时任步兵校尉的宇文泰也被派到贺拔岳军中。

万俟丑奴是鲜卑人，靠着一批边镇上的士兵拥护在高平（今宁夏固原）称帝，后来又收留了造反失败的萧宝夤。

萧宝夤这位老兄五十年如一日地不忘复国，竟趁乱把齐国建到了长安，朝廷派来监视他的郦道元[①]也被他杀害了。萧宝夤志大才疏，官军来讨伐他，他根本经不住

① 即《水经注》的作者。

打，战败后只好狼狈出逃，投奔了万俟丑奴。万俟丑奴席卷关中四州，势力一度很盛。

尔朱天光的大军一入关，万俟丑奴立刻显了原形，一路节节败退，逃往高平。贺拔岳以轻骑兵穷追猛赶，在平凉生擒万俟丑奴，又到高平捉住了萧宝夤。

不到两个月，关中初定。之后尔朱天光又花了两个多月的时间，彻底清剿了万俟丑奴的残部。

战后，尔朱天光镇守关中，加封侍中，贺拔岳和侯莫陈悦则分别做了泾州刺史和渭州刺史。

宇文泰在战斗中奋勇杀敌，军功不小，被升为征西将军，代理原州事务，到万俟丑奴的老巢高平一带安抚军民。他恩信并重，体恤民情，处处照顾到老百姓的利益。百姓们十分感动，都说："要是早点遇到这么好的领导，我们又怎么会去参与叛乱呢？"

宇文泰在关中渐渐积累起名望，而这年他才二十四岁。

北魏恢复了统一，孝庄帝却高兴不起来。尔朱荣虽身在晋阳，但在洛阳广布党羽，能通过他们遥控朝政，孝庄帝的举动尽在他的掌握，孝庄帝就是想劳心多管点政事，都会引起尔朱荣的不满和掣肘。而尔朱荣每次入朝，都拉上皇帝嫔妃一起在宫中摆起酒宴，歌舞作乐，又表演骑马射箭的把戏，搞得孝庄帝又烦又厌。

尔朱荣要把自己家乡的人派到河南各州做官，拟好名单让孝庄帝过目，孝庄帝不同意。尔朱荣又派元天穆当面要求，孝庄帝还是不同意。

元天穆说："天柱将军大功在身，又是宰相，就算要把天下的官全换了，陛下也不可以违背，现在不过换几个人而已，为何不行？"

孝庄帝气不打一处来，正色道："天柱将军如果不想为臣，那就把朕也换了吧。如果他还想为臣，那就没有替换天下百官的道理！"

尔朱荣听说皇帝的回答后大怒："天子是靠谁立的？如今居然不听我的话了！"

孝庄帝在朝上受尔朱荣势力的压制，回到宫中又要被尔朱荣的女儿尔朱皇后斥骂。尔朱皇后有了身孕，整天说孝庄帝不识抬举，还敢宠幸其他嫔妃。孝庄帝让尔朱世隆去给皇后讲道理，皇后却说："天子是我家立的，居然这么搞！父亲本该自己做皇帝的，如果他做了皇帝，现在哪有那么多麻烦？”尔朱世隆也在一旁附和：“是啊，是啊。要是堂兄做了皇帝，我也早封王了！”

各地叛乱不止，孝庄帝不得不倚仗尔朱荣的力量，只好妥协让步。可现在叛乱都解决了，他越来越忍不住这口恶气，便想方设法要扳倒权臣，做名副其实的皇帝。

孝庄帝虽是傀儡，却很有办法。在尔朱荣的重重眼线之下，他还是联系了几位憎恶尔朱荣的大臣，包括城阳王元徽、侍中李彧、侍中杨侃、尚书右仆射元罗等人，共同谋划杀掉尔朱荣。

尔朱世隆觉察到孝庄帝不太对劲，就故意写了封匿名信，说天子与大臣密谋杀太原王（尔朱荣），用来警告尔朱荣。

尔朱荣不屑一顾，说：“尔朱世隆太没胆了，谁敢杀我！”他根本不把皇帝放在眼里，反而宣称要进京照顾皇后生产。

北魏永安三年（530），尔朱荣带着五千名骑兵从并州出发前往洛阳，一路上听到人们传言：“天子图谋尔朱荣。”

尔朱荣到了洛阳，径直冲进皇宫，劈头盖脸地问孝庄帝：“外面的人说你要杀我，是吗？”

孝庄帝相当镇静，反问道：“外面的人还说你要杀我，难道可以相信吗？”

孝庄帝的反应够快，这句反诘也实在是妙。尔朱荣被皇帝这么一说反倒没了疑心，每次入朝面君都只带几十个随从，而且也不拿兵器。

孝庄帝迫于尔朱荣的威势，有点想放弃，城阳王元徽说：“纵然尔朱荣不造反，又怎能容忍他的行为？更何况我们有什么能力保证他不造反？”

考虑到元天穆还在并州，如果轻举妄动恐怕会遗留后患，孝庄帝就下了一道圣旨，召元天穆来洛阳。

孝庄帝把同谋者聚集到一起，又秘密拉中书舍人温子升入伙。温子升与孝庄帝分析了历史上杀权臣的成败得失，包括王允杀董卓、高贵乡公杀司马昭等案例，孝庄帝感叹道：“杀尔朱荣，即便我死了也是应该做的，何况未必就死！我宁可像高贵乡公（曹髦）那样死，也不要像常道乡公（曹奂）那样生！”

正巧，这天尔朱荣和元天穆进宫与皇帝一同用餐，孝庄帝赶紧安排杨侃等人在殿东埋伏下来。没想到两人没吃完就起身离去，伏兵上殿晚了一步，刺杀失败。

过了几天，宫内宫外又开始散播皇帝要杀尔朱荣的消息。孝庄帝怕夜长梦多，决定尽早行动。

元徽献计，以皇后生太子为由，请尔朱荣入朝。

孝庄帝心中犯嘀咕："皇后怀孕才九个月，这么说行吗？"

元徽说："妇女不足月产子的事很常见，尔朱荣肯定不会怀疑。"

孝庄帝心中安定了，便派元徽到尔朱荣府上传话，同时在大殿东侧再次布置了武士。

尔朱荣正在府里与元天穆玩赌戏，听说皇后产子，高兴坏了。元徽摘下他的帽子放在手里耍玩，两旁官员一个劲儿地道贺，更让他坚信喜事临门。他当即拉上元天穆和长子尔朱菩提，带着三十来个随从进了宫。

孝庄帝听报尔朱荣来了，顿时坐立不安，脸色惨白。旁边温子升提醒说："陛下脸色变了！"孝庄帝连忙要了酒，咕咚咕咚喝下几大口，脸上才恢复了血色。他命温子升起草赦令，事成之后要大赦天下，并把赦令带下殿去，然后在大殿东面坐正，膝下藏好防身匕首，面朝西静候尔朱荣。

尔朱荣把随从留在大殿门口，见温子升迎面走来，便问他手中拿着什么文书。

温子升面不改色回了一个字："敕[①]。"

尔朱荣合该倒霉，没有细看就与元天穆走进大殿，坐到了孝庄帝的西北侧，面朝南。

元徽从后面跟了进来，刚拜了一下，一队武士从大殿东门冲入。

尔朱荣"啊呀"一声，心说不好。他反应极快，一个箭步向孝庄帝扑了过去。孝庄帝正好酒劲上涌，略一欠身，抽出匕首，一刀就捅进了尔朱荣的前胸。

血溅大殿，凶神倒地。武士们蜂拥而上，一阵狂砍，尔朱荣和元天穆当场身死，他留在大殿门口的随从们也全部赔上了性命。

傀儡皇帝手刃权臣，这是中国历史上极其少见的一幕，何况过程如此惊心动魄，

---

① 即圣旨。

完全不亚于荆轲刺秦王。

事毕半晌，孝庄帝的心脏依然怦怦直跳。他捡起尔朱荣手中的手版，见上面有几份奏折，显示凡非尔朱荣的心腹都在清理陷害之列。

孝庄帝叹道："这回要不杀他，将来就更难了。"

尔朱荣和元天穆死了，孝庄帝的噩梦并没有结束。

尔朱氏的势力遍布四方，洛阳城中人心惶惶。事变当晚，尔朱世隆带着部众烧了西阳门，逃出城去。

孝庄帝派人给尔朱世隆送去铁券，向他表示：尔朱荣犯了谋反大罪，但朝廷只惩首恶，余者不究；只要投降朝廷，依然可以官复原职。

尔朱世隆不吃他这一套，心说："太原王（尔朱荣）功盖天下，还不是想杀就杀了？几行铁字有什么用！我一定要为太原王报仇，决不投降！"

尔朱世隆攻了一阵洛阳，双方各有损伤。他毕竟人少，见一时拿不下城池，就收兵北上，向汾州（今山西汾阳）刺史尔朱兆搬救兵去了。

尔朱氏叔侄在长子会合，两人就近推举太原太守长广王元晔做皇帝，整顿兵马杀向洛阳。徐州刺史尔朱仲远是尔朱世隆的哥哥，得到消息也出兵奔赴洛阳。

孝庄帝本以为杀了尔朱荣就万事大吉了，哪晓得会落入四面楚歌的境地。他让元徽总揽朝政，元徽嫉贤妒能又吝惜钱财，根本拿不出应敌的好主意。他又调兵把守黄河，哪知冬天水少，才没过马肚子，时逢狂风大作，漫天黄土，守军的箭都射不出去，尔朱兆的骑兵没遇到什么抵抗就进了洛阳。

孝庄帝找不到马匹，急匆匆跑到城门口，还是被尔朱兆的骑兵追上，做了俘虏，锁在永宁寺的楼上。

残冬腊月，北风呼啸，孝庄帝冻得瑟瑟发抖，向尔朱兆乞求头巾御寒，尔朱兆不予理会。他入宫杀了尔朱皇后刚生下的小皇子，奸淫嫔妃、公主，放纵士兵大肆抢掠，擒杀元徽、元彧等宗室。洛阳城又遭受了一场浩劫。

孝庄帝被尔朱兆押到晋阳，勒死在一座凄冷的小佛寺中，时年也是二十四岁。

临终前，孝庄帝向佛祖发愿，生生世世不做皇帝，并留下千古绝笔：

权去生道促，忧来死路长。
怀恨出国门，含悲入鬼乡。
隧门一时闭，幽庭岂复光。
思鸟吟青松，哀风吹白杨。
昔来闻死苦，何言身自当。

十二、高欢信都起兵

尔朱氏重掌大权，嫌临时拥立的元晔族缘过疏，又从孝文帝的侄子里挑选出广陵王元恭，逼元晔禅位。元恭即位，是为节闵帝，他是继元子攸、元晔之后的三号傀儡皇帝。

北魏境内，尔朱家族兄弟叔侄各霸一方：尔朱兆在北，兼有并州、汾州；尔朱仲远在东南，据守徐、兖二州；尔朱天光在西，专制关中；尔朱世隆则居中，把持朝政。然而，这些人擅长胡作非为，没一个真正成器的，相互之间谁也不服谁。吕思勉先生据此评价："贪暴如此，虽与之天下，岂能一朝居？况乎怨雠（chóu）者之日伺其侧邪？"

贪暴的尔朱氏是秋后的蚂蚱，蹦不了几天了，而所谓的"日伺其侧"者，便是高欢。

尔朱荣生前就看出来姓尔朱的没一个能做高欢的敌手。他问部下："有朝一日我死了，谁可以统领大军？"

大家都说："尔朱兆。"

尔朱荣摇摇头："尔朱兆也就率领三千骑兵打场小仗，有能力代我统领大军的，非贺六浑（高欢的鲜卑名）莫属。"他还告诫尔朱兆说："你斗不过高欢的，终究会被他所制。"

尔朱兆并不把叔叔的警示放在心上，只把高欢当作手下的一员得力干将而已。

尔朱荣被杀，尔朱兆派人请时任晋州刺史的高欢出兵，高欢以附近零星叛乱过多为由，暂时采取了观望的姿态。

尔朱兆对高欢很不满。可是没过多久，河西流民纥豆陵步藩率部南下袭击晋阳，打败了尔朱兆的军队。高欢出兵救援，与尔朱兆合力杀了步藩，尔朱兆就忘了之前的过节，感激高欢之余还与他结拜兄弟，摆酒庆贺。

实际上，高欢帮助尔朱兆只是权宜之计，他明白还没到翻脸的时候。仅靠手头上的兵马，又身处尔朱氏的根据地，以卵击石是傻子的做法。要开创功业，一得人和，二需地利，然后才能期盼运气的降临，他还需要等待。

就在宴席之间，尔朱兆主动向高欢咨询起一件棘手的事情。

葛荣的六镇部众被尔朱荣遣散后，十多万人流亡到了并州一带“寓食”。他们衣食无着，又要遭受以尔朱氏为主的契胡的凌辱，忍无可忍之下小规模的造反不断，令人防不胜防，杀不胜杀。

尔朱兆很头疼，又想不出主意，就跟高欢商量，说要不把这批人统统杀掉算了，可是斩草难以除根，怕出乱子。

高欢暗喜，这是天赐良机！但他不能表现得太明显，所以只是一脸关切地说：“这个麻烦万万不能惹。于今之计，最好挑一名王爷心腹之人，让他负责领导这些人。”

尔朱兆深以为然，转念一想：“好是好，谁能胜任呢？”

宴席间在座的有贺拔兄弟的老大贺拔允。贺拔三兄弟中，贺拔胜和贺拔岳都嫉恨高欢，贺拔允却跟高欢的私交不错，往来密切。他见尔朱兆问话，便随口应道：“贺六浑就是合适人选。”

高欢一听，伸手一拳挥了过去，把贺拔允打翻在地，掉落一颗牙齿。他气呼呼地说：“天柱大将军在时，我们这些人就是鹰犬。今日之事全凭王爷安排，阿鞠泥（贺拔允的鲜卑名）怎敢欺下罔上？请王爷将他严加处置！”

尔朱兆目睹高欢的举动，以为他真是实诚人，便顺口说道：“我意已决，那些人就交给贺六浑来统领，也算了结我的麻烦！”

好个高欢，尔朱兆话音一落，他的神情立刻变了。他怕尔朱兆说的是醉话，醒了以后反悔，于是马上就走出大帐，向众人宣布道：“我高欢受王爷委任统领镇兵，众人前去汾水以东集合，听我号令！”

六镇兵士恨透了尔朱氏，又知道高欢出身也是个镇兵，还参加过起义军，都愿意跟随高欢。

贺拔允的一句话让高欢赚足了起家的本钱，不论那一拳挨得冤不冤枉，那颗牙掉得值不值，他都是帮助高欢的一大功臣了。有趣的是，宇文泰在关中创业靠的也是贺拔岳的大军，高欢因此只能取得北魏的半壁江山，真可谓“成也贺拔，败也贺拔”。

高欢一下子得了数万镇兵，新的问题又来了。

并州连年闹霜灾、旱灾，将士没吃的，个个面如菜色。高欢派刘贵向尔朱兆请求，带领将士们去河北地界解决温饱。

长史慕容绍宗坚决不同意，他对尔朱兆说：“当今四方纷扰，人怀异望，何况高公雄才大略，握有重兵。放他东行，犹如纵虎归山！”

尔朱兆不信：“我和他磕过头，拜过把子，怕什么？”

慕容绍宗道：“亲兄弟尚难相信，何况拜把子的兄弟！”

尔朱兆左右亲信得了高欢的贿赂，都在一旁说慕容绍宗的坏话，尔朱兆以为慕容绍宗是想挑拨自己与高欢的关系，反而把慕容绍宗关了起来，催高欢早点出发。

高欢整军离开晋阳，走到半道，碰上尔朱荣的妻子北乡长公主带着三百多匹马从洛阳而来。高欢下令夺了马，将手下部队编成骑兵，继续东进。

北乡长公主跑到尔朱兆那里诉苦，尔朱兆感觉不对劲，又把慕容绍宗放出来问他该怎么办。慕容绍宗算了下时间，说：“高欢还在我们的掌握之中。”于是尔朱兆亲自领兵追赶，在襄垣郊外追上了刚刚渡过漳水的高欢军队。

高欢见漳水高涨，便隔水向尔朱兆拜谢：“我军马匹不足，所以借马，为的是防备河北的盗贼。王爷亲自来追我，我愿渡水受死，只恐这些部众将来又要叛乱了。”

尔朱兆哪有高欢那么多心眼，赶紧申辩说自己绝无杀他的意思，然后一个人渡过漳水，向高欢表示道歉，还伸出脑袋让高欢砍，以表诚意。

高欢当场大哭，说：“贺六浑仰仗的就是王爷，愿为王爷出生入死。如今旁人离间我们的感情，王爷怎么可以让我如此难堪呢！”说罢，当下与尔朱兆杀白马为盟，发誓一辈子做兄弟。两人又是一醉方休。

尉景劝高欢趁机杀了尔朱兆，高欢则认为尔朱兆是个草包，不用急于一时。

次日清晨，尔朱兆回到对岸，见了慕容绍宗，心里后悔，又要高欢过河来叙谈。高欢哪里肯听，带着人马自顾出太行山而去。尔朱兆隔着漳水骂了一阵，想想高欢毕竟没有造反，也就撤兵回了晋阳。

高欢的治军方略强过尔朱氏太多，而且一路上军纪严明，要求兵士对百姓秋毫无犯，过麦地下马步行，他自己还以身作则。他熟悉六镇兵民的习惯，很注意在各方面尊重镇兵。就这样，到达河北时，高欢手下都是真心拥戴他的人了。

然而，河北一带的当地势力多数并不买高欢的账。殷州刺史尔朱羽生、相州刺史刘诞、定州刺史侯渊等人是尔朱氏的亲信。高欢向刘诞求粮，刘诞不给。他打听到附近有个租粮的军营，亲自带兵去抢，这才获得了有限的粮食。

天无绝人之路，据守冀州信都的汉族豪强高乾兄弟、封隆之等人在高欢陷入困境时向他伸出了援助之手。

高乾与高欢同宗，也是渤海蓨人。他这支族人的状况比高欢要好，父亲高翼在冀州是大户，结交甚广，远近闻名。高乾兄弟四人，最为人称道的是三弟高敖曹。高敖曹本名高昂，因为胆力过人，姿貌绝伦，武功极佳，当时人们都用字敬称他，还把他比作项羽。

高乾听说高欢到了信都附近，便对几个弟弟说："我听说高晋州雄才盖世，志向高远。尔朱氏无道，正是英雄效义之时。我意已决，奉迎高晋州入城，诸君无须担忧。"他带着十几名随从出城迎接，把高欢的大军请到信都。

高欢与高乾性情相投，很快就成了好朋友，两个人同榻而眠，结为至交。粮草充足的信都城也让高欢的镇兵第一次感到了衣食无忧的幸福。

过了几个月，高欢见时机成熟，便假造尔朱兆的文书，说要征召一万人回去做契胡的部下，去打稽胡。将士们不愿再回去受苦，看过文书后哀号遍野，哭声震天。

高欢装出一副劝慰的口气说："我与你们情同一家，不想上有军令。现在回去是自寻死路，误了军期也是死路，如之奈何？"

将士异口同声道："只有造反了！"大家一致推举高欢为首领。

高欢又说："你们没有看到葛荣的失败下场吗？即便拥兵百万，如若没有严明的刑法保障，到头来还是灰飞烟灭。你们若要推举我为首领，行为就得和以前不一样：

一不得侵犯汉人，二不得违犯军规，要服从我的命令。大家能做到吗？”

将士们连呼：“绝对服从！”众人在高欢面前齐刷刷拜倒。

高欢下令宰牛造饭，让众人保餐一顿，然后宣布讨伐尔朱兆。

北魏建明二年（531）七月，高乾与另一名豪强李元忠攻灭尔朱羽生，兼并了殷州（今河北隆尧东）。高欢深受鼓舞，他按照孙腾的建议，立勃海太守元朗为帝，自任丞相、大将军，改元“中兴”，正式在信都起兵。

十三、双骄初会

高欢起兵的消息传到晋阳，尔朱兆才意识到自己被骗了。他调动两万步骑兵，从井陉出太行山，夺回了殷州。兖州的尔朱仲远也陈兵阳平（今河北馆陶），准备会战高欢。

倒霉的尔朱兆仍然避免不了被高欢要的命运。高欢派人施反间计，一面说“尔朱世隆兄弟要杀尔朱兆”，一面又说“尔朱兆和高欢合谋算计增兵北上的尔朱仲远”，搞得尔朱兆与尔朱仲远相互猜忌，不敢轻易进攻。

高欢趁机以轻骑兵突袭广阿（今河北隆尧东），大败尔朱兆，俘虏五千人，然后引兵南下，用地道焚柱战术，攻破了邺城，一年前拒绝借粮给高欢的相州刺史刘诞做了高欢的阶下囚。

所谓地道焚柱，是从城外往城楼下挖掘地道，同时用柱子作为支撑，完成地道后放火焚烧柱子，使地层下陷，城楼倒塌。袁绍曾用这种方法攻破过公孙瓒（zàn）的幽州，而高欢也很擅长用此计攻城。

邺城的失守令洛阳的尔朱世隆着了慌。他手下的骠骑大将军斛斯椿看不惯尔朱氏的作为，认为这是把尔朱氏一网打尽的好时机，就向尔朱世隆自告奋勇，去关中请尔朱天光出关。

尔朱天光在关中大权在握，过得很爽，不想去搗关东的浑水。斛斯椿说：“高欢作乱，关东那些人都是废物，王爷不出马可平定不了！”斛斯椿的话说到了尔朱天光的心坎里，他也不听贺拔岳固守关中的劝告，留下弟弟尔朱显寿镇守长安，得意扬扬地领军前往邺城。

贺拔岳料知尔朱天光必败，与宇文泰商量对策。宇文泰建议，说服秦州刺史侯莫陈悦出兵，乘虚袭取长安，并亲自到侯莫陈悦军中做思想工作。侯莫陈悦果然被宇文泰说动，与贺拔岳一同攻下长安，捉了尔朱显寿。

贺拔岳得了关中，对宇文泰倍加器重。他自任关西大行台，任命宇文泰为行台左丞，事无巨细都交由宇文泰处理。

尔朱兆与各路尔朱氏军队齐集邺城外，号称大军二十万。四年前尔朱荣在这里灭了葛荣，尔朱兆自然想重现一下叔叔的战绩，可敌兵虽然还是葛荣的六镇兵，敌将却比葛荣高了好几个档次，更何况，他自己也不是擅长战术的尔朱荣。

高欢留下封隆之守邺城，亲率步骑兵三万多出城迎敌。这支军队里除了以镇兵为主的鲜卑骑兵外，最显眼的就数高敖曹的三千汉兵。这三千汉兵是高敖曹在冀州乡里精挑细选并长期操练出来的，每个人都练就了好身手，不亚于鲜卑士兵。高欢原本担心汉兵的战斗力，想把鲜卑兵编入高敖曹军中，听了高敖曹的解释后大为赞叹，便把高敖曹部安排在大军的左翼，又命堂弟高岳率部为右翼，在邺城南面的韩陵山（今河南安阳东北）下摆开圆形的阵势，并用牛驴等牲畜自绝退路，以示与将士们一起以死相拼的决心。

尔朱兆远远望见高欢，大声斥责道："我与你誓为兄弟，你却要反我，是何道理？"

高欢冷冷答道："不错！我本想与你勠力同心，共辅朝政，可如今天子在何处？"

尔朱兆自知理屈："永安皇帝（即孝庄帝）枉杀天柱将军，我只是想报仇而已。"

高欢哼了一声，说道："当年天柱将军想做皇帝，我是亲眼所见，亲耳所闻。你当时就在帐下，难道还不算造反吗？何况皇帝杀大臣天经地义，你报的哪门子仇？今日我与你恩断义绝！"

高欢的狡猾之处在于，他既有自己的主见，又知道见什么人说什么话。尔朱荣会产生称帝的想法本有高欢一份"功劳"，现在却反过来变成高欢用以批判尔朱兆的罪行了。而在尔朱兆理亏的场合，支持高欢的人是很少会去计较高欢以前的所作所为的。

词穷的尔朱兆怒不可遏，挥师杀向高欢。两军相持，高欢人少，被迫向后撤退。尔朱兆趁势猛追，不料两翼高岳和高敖曹的骑兵一个从前方一个从中间突然向他发动冲击。尔朱兆的军队人多，首尾难以呼应，被高敖曹的汉兵拦腰截断，混乱不堪。高欢回军发动反攻，尔朱兆大败，逃往晋阳。贺拔胜等人临阵投降。

观望多时的斛斯椿见尔朱氏战败，便与部下先一步回到洛阳，杀了尔朱世隆、尔朱彦伯兄弟，又抓了狼狈逃到河桥一带的尔朱天光等人，向高欢献城。高欢大军开进洛阳，尽杀城中的尔朱氏及其党羽，只有跑得最快的尔朱仲远投奔了梁国，免于一死。

高欢手上有了两个傀儡皇帝，天无二日，按理得废掉一个。以血缘论，节闵帝是皇族近亲，高欢立的元朗是远亲，他应该继续扶持节闵帝。但高欢顾忌到节闵帝年纪较长，不容易操纵，便又派人从孝文帝的后代中物色皇帝人选。看来看去，广平王元怀的三子平阳王元脩不错，年龄二十出头，又少言寡语，适合做个好傀儡。

北魏中兴二年（532）四月，高欢立元脩为帝，改元“太昌”，之后又改元“永熙”。元脩就是北魏末代皇帝——魏孝武帝。

高欢被封为大丞相、天柱大将军、太师，当年给尔朱荣的头衔他统统拿到了。年仅十二岁的高欢长子高澄被封为侍中、骠骑大将军。之后，高欢便接连毒杀了节闵帝与另外两个废帝元晔和元朗。

尔朱氏虽然废了元晔，却并没有杀他，就这点而言还算厚道。高欢则很像刘裕，从最底层好不容易爬到了一人之下万人之上的位置，他们这样的人对于“皇帝”这个东西是最没有信任的，凡戴过皇冠的，全在可杀之列。

被杀的这三个皇帝中，节闵帝的死因稍有争议，史载他是为孝武帝所杀，但我个人认为高欢至少是参与者之一。不管是杀了二帝还是三帝，高欢都拉开了北朝末年杀皇帝比赛的大幕。

跟随尔朱荣的这几年，高欢从尔朱荣身上总结了许多利弊得失。他好比是个改进版的尔朱荣，以尔朱荣为模板，又能有所变通，有所升级。他处死了背叛尔朱氏主动来降的乔宁、张子期等将领，给自己的部下敲了一声警钟，又把大女儿嫁给孝武帝做皇后，牢牢控制了皇帝的耳目。

高欢安定了朝中事务，引兵与大都督厍狄干分别从滏口和井陉进入并州，击溃尔朱兆，攻占了晋阳。

尔朱兆向北逃往秀容，高欢命都督窦泰为先锋，率领精骑兵日夜兼行，很快追上了尔朱兆的残兵败将。穷途末路之下，尔朱兆自缢而死。尔朱氏的势力在北魏前后称雄五年多，至此终于覆灭。

慕容绍宗带着尔朱兆的家室及余部到高欢军中请降，高欢爱惜他的才干，又钦佩他对尔朱氏的忠诚，赦免了他的罪过。从此，高欢有了一条不成文的惯例：越是卑躬屈膝、背信忘义的叛将，他越是要杀；而那些对旧主忠心耿耿，最后一刻才被迫来投的人，他反倒格外优待。

高欢对易守难攻的晋阳情有独钟，下令在晋阳建造丞相府，把办公地点搬到那里，像尔朱荣一样遥控朝廷。

关东到手，高欢却时时惦记着关中这块肥肉。贺拔岳名义上向洛阳称臣，实际上独据一方，难以驾驭，高欢便征召贺拔岳做冀州刺史，想把这枚眼中钉按在眼皮子底下。

贺拔岳手下的行台右丞薛孝通认为待在关中才是保全自身的根本，去了关东必将受制于人。贺拔岳听从薛孝通的建议，回绝了高欢的征召，然而高欢究竟是想做霍光还是曹操，他仍然心存疑惑。为难之际，宇文泰提出前往并州，为贺拔岳一探虚实。

宇文泰以贺拔岳使者的名义到并州去见高欢，这一对将来战场上的对手第一次在晋阳会面了。不过，这是一次下级与上级的会面，宇文泰认识高欢，高欢却不认识宇文泰，他从未注意到贺拔岳手下还有这么一位年轻有为、品貌不凡的将军。

高欢问起关中的军事，宇文泰对答如流。谈着谈着，高欢起了爱才之心，要把宇文泰留在军中。宇文泰婉言拒绝了高欢的“好意”，星夜西归。高欢心生后悔，派人一直追到潼关，终究没能追上。

宇文泰回到关中，对贺拔岳分析道：“高欢绝非人臣，只是目前还忌惮明公兄弟，不敢擅行篡逆。侯莫陈悦是个庸才，只需防备，不难对付。我们不如移军西进，降伏河西流民，收取氐、羌等部，然后还军长安与高欢对抗，如此必能匡扶社稷，成就盖世伟业。”

贺拔岳大喜，开始着手经营关中，又派宇文泰与孝武帝秘密接洽。北魏分裂的苗头隐隐出现了。

十四、魏裂东西

高欢处处学着尔朱荣，却万万没想到自己立的孝武帝也跟尔朱荣立的孝庄帝一样，不甘心只做个傀儡。

孝武帝表面言语不多，内心明白得很，他这皇位是高欢施舍的，就犹如一个工具，用了以后随时可能被就地一扔。丢了皇位是轻的，以高欢的性格，有朝一日自己的价值被榨取干净，下场必然是小命玩完。

说来也是高欢操之过急，杀叛将的“惯例”使他在朝中树敌不少。侍中斛斯椿是叛杀尔朱世隆的主谋，对高欢又忌又怕，为了保命，他与孝武帝的堂弟元宝炬、中军将军王思政等人劝孝武帝除掉高欢。孝武帝外出游猎常常带上斛斯椿随行，与他一同商讨具体对策。

高欢从怀朔镇交结朋党开始在尔朱荣手下经营多年，朝廷内外很多将领都已依附于他，所以只杀高欢是无济于事的，孝庄帝就是前车之鉴。孝武帝的计划，是拉拢非高欢嫡系和反高欢的势力来对抗高欢，把他扳倒。他与贺拔岳秘密联络，又把贺拔胜外派到南部边境做荆州刺史，希望扶植的这两个外部力量，在将来必要时能对自己有所接应。

接着，孝武帝又打算策反司空高乾。

高乾是高欢信都起兵的坚定支持者和拥护者，其弟高敖曹又是助高欢击败尔朱兆的功臣，按理是不可能帮着皇帝反高欢的，但孝武帝也有自己的办法。他在宫中华林园宴请群臣，酒席散后把高乾单独留下，态度殷切地要他表忠心、立盟约。高乾多喝了几杯，并未细想，拍拍胸脯说自己“以身许国”，与皇帝誓为兄弟。

过了一段时间，高乾看出皇帝图谋高欢，就提醒高欢早做防备，还跑到并州劝高欢干脆受禅称帝。但他是吃力不讨好，高欢拒绝了他的劝进，转过头听说他与皇帝早有盟约，更是心生厌恶，竟把他的言行出卖给了孝武帝。

孝武帝找高乾当场对质，弄得高乾瞠目结舌，大呼冤枉："臣以身奉国，义尽忠贞！陛下既立异图，而乃云臣反覆。以匹夫加诸罪，尚或难免，况人主推恶，复何逃命。欲加之罪，其无辞乎？"

孝武帝赐死了高乾，又秘密派人谋杀高敖曹兄弟。高敖曹先一步得到消息，抓住了皇帝的杀手，截获了杀他的密诏，带着十几个随从跑到晋阳投奔高欢。

高欢装作不知情，见了密诏，与高敖曹抱头痛哭："天子枉害司空啊！"一句话把自己的干系脱了个一干二净，却让高敖曹兄弟与孝武帝结下了不共戴天的杀兄之仇。

简简单单两出戏，高欢便达到了一石三鸟的目的：借孝武帝之刀杀了首鼠两端的高乾；让猛将高敖曹从此死心塌地为自己卖命；还卖了个情面给孝武帝，使他形成错觉，放慢了针对自己的行动。

那厢皇帝猜不透高欢葫芦里卖的什么药，这厢高欢可是在紧锣密鼓地扫除异己，君臣之间台面上平平淡淡，暗地里机关算尽。

高欢的右丞翟嵩献计，暗中离间侯莫陈悦，让他和贺拔岳在关中内讧，然后坐收渔翁之利。

侯莫陈悦是传统的鲜卑武夫，不懂什么战略大义，万事利益第一。翟嵩一说投靠高欢有好处，他便不顾与贺拔岳同事多年的情谊，想着法子准备干掉贺拔岳。

贺拔岳这时候屯兵平凉，基本收服了整个关中、陇右的人心，唯独灵州（今宁夏灵武西南）刺史曹泥依附高欢，不听他调遣，令他不爽。他邀了侯莫陈悦会兵高平（今宁夏固原），准备一同讨伐曹泥。

两人的军队走到河曲，侯莫陈悦请贺拔岳进帐议事，趁他大意，命部下将他斩杀。贺拔岳叱咤关中五年，帐下强将如云，竟然就这么稀里糊涂死掉了。

贺拔岳的部将群龙无首，退到平凉。众人议论纷纷，有的说从荆州召贺拔胜来领军，有的说干脆放弃关中，东投朝廷，最后还是都督赵贵提议："宇文黑獭英才盖世，赏罚严明，若迎而奉之，大事可济。"赵贵日后在宇文泰的六大柱国中排名第四，乃是西魏响当当的实力派人物。另一名都督杜朔周[①]对这个建议表示赞同，亲自飞马去请宇文泰。

宇文泰此时不在陇西，也不在长安，而是镇守在北面的夏州，担任夏州刺史，这个夏州就是以前大夏的国都统万城。

宇文泰听说贺拔岳被侯莫陈悦所杀，当下便意识到身上的担子沉重，说了一句："难得而易失的东西乃是时机。若不早赴平凉，众心将会叛离。"于是他立即带了部下以轻骑赶往平凉，又命杜朔周先行据守弹筝峡（又名弹筝谷，今宁夏泾源东），安抚逃散的民众。

高欢在晋阳同样收到了贺拔岳被杀的喜讯，大约也有了些"顺我者昌，逆我者亡"的成就感，他不怀好意地派长史侯景去关中，名为安抚，实为收编。

侯景走到安定，遇到了西奔的宇文泰，不敢向前。宇文泰质问他："贺拔公虽死，我宇文泰还在，你这家伙想来干吗？"

侯景大惊失色地回答道："我只是别人射的一支箭而已。"说完便灰溜溜地一路狂奔，回关东复命去了。

二十年后的"狼王"侯景在宇文泰面前一招都没能接住就草草退场，宇文泰的独特魅力不禁让人更加景仰，也无怪乎高欢会"以为非常人"了。

宇文泰到达平凉，迅速整编了贺拔岳的部众，其中就包括李唐先祖、日后的六大柱国之首李虎，并接受了洛阳方面任命的大都督一职。

宇文泰向侯莫陈悦发出通牒：识相的话就自行解除武装，两人同去洛阳面君，否则兵戎相见指日可待。侯莫陈悦仗着有高欢做后台，没有理会宇文泰。宇文泰马上派都督侯莫陈崇攻取原州，然后全军南下，直扑侯莫陈悦所在的秦州（治所在上邽，即今甘肃天水）。这位侯莫陈崇与侯莫陈悦并非亲戚，他出身武川镇，日后在六大柱国中排名第六。

侯莫陈悦只不过靠了下三烂的招数才杀了贺拔岳，在战场上根本不是宇文泰的对手。宇文泰的军队士气高昂，加之军纪整肃，对百姓秋毫不犯，所过之处民心归顺，

---

① 他是夏国赫连氏的后代，后来改名赫连达。

侯莫陈悦自然连战连败。

侯莫陈悦的部下李弼知道宇文泰必胜，以秦州向宇文泰请降，后被任命为秦州刺史。侯莫陈悦走投无路，最后步了尔朱兆的后尘，找了棵树上吊自杀了。

宇文泰攻灭了侯莫陈悦，已经算达成一个目标，不想还有意外收获——向他投降的李弼成为他手下又一员极重要的将领，日后在六大柱国中排名第二。隋末瓦岗军的首领李密就是李弼的曾孙。

宇文泰继续横扫关中，剿灭侯莫陈悦的余党。高欢派人赠以厚礼，有意与他结交，他一概不受，将礼物原封献给孝武帝。

夏州长史于谨向他提出了下一步的发展规划，核心便是“挟天子以令诸侯”。宇文泰对这个建议深以为然，积极向洛阳方面投送秋波。于谨的规划对于宇文氏政权的兴起起了最为关键的作用，他也因此得到宇文泰的重视，将来在六大柱国中排名第五。

其实高欢所采取的策略原本也是“挟天子以令诸侯”，他与宇文泰可谓“英雄所见略同”。他们二人的角逐，从一开始就是一场精彩绝伦、不相上下的智勇决斗。

渐渐地，北魏境内形成了洛阳、关中、晋阳三角互动的微妙格局。

孝武帝见宇文泰在关中渐成气候，也有了不安分的想法。

北魏永熙三年（534）五月，孝武帝下诏戒严，声称要讨伐梁国，接着便发动河南诸州兵力在洛阳阅兵。实际上，他的矛头所指正是晋阳的高欢。

为了消除高欢的疑心，孝武帝给高欢发去密诏，声称：“宇文泰与贺拔胜有异志，朝廷以南伐为名，要讨伐关中和荆州。”这等小儿科伎俩岂能瞒过高欢？高欢当即上表：“关中、荆州谋反，臣将调集各路大军二十余万，分兵讨逆。”

局势演变到这个份上，孝武帝除了向高欢摊牌，别无其他选择。他想起了御用书生温子升，也就是孝庄帝杀尔朱荣之前负责起草赦令的那位老兄，便命他给高欢回信，指责高欢的过错，公开与高欢决裂。

于今，孝武帝剩下三条路可走：投奔荆州的贺拔胜；投奔关中的宇文泰；出兵与高欢决一死战。

散骑侍郎柳庆认为荆州离梁国太近，非久居之地。东郡太守裴侠则认为宇文泰实力太强，投奔他无异于出了沸水又入火坑。两相比较，孝武帝决定向西驻军，观望时局变化。

高欢在晋阳接到皇帝的回信，便上表列数宇文泰、斛斯椿的罪行，领兵火速南下洛阳。关中的宇文泰也不示弱，下令传檄北魏各州郡，以讨伐逆贼高欢为名带兵从高平出发，向东接应皇帝。

七月，孝武帝率十万大军驻于河桥，以斛斯椿为前锋，在邙山以北[①]列阵。

斛斯椿向孝武帝请求以两千精骑兵渡河突袭高欢的军队，黄门侍郎杨宽进言："万一斛斯椿渡河立功，那就是灭了一个高欢，又生出一个高欢了。"孝武帝觉得有理，就拒绝了这个唯一可能击败高欢的策略。

宇文泰听说此事后，评价道："高欢日行八九百里，乃兵家之大忌；不趁势进攻，而想凭河据守，必将失策。黄河那么长，如何守得住？大势已去！"他料想孝武帝失败后肯定逃往关中，便派赵贵等人率骑兵出关奉迎。

孝武帝正迟疑之际，高欢大军的前锋到了黄河北岸。尚未开打，河南的军中就出了内奸，秘密向高欢约降，于是高欢的军队没有遇到什么有效抵抗就轻松渡过了黄河。

大都督元斌之与斛斯椿争权不利，跑到孝武帝那里，撒谎说："高欢大军到了！"孝武帝吓得匆匆忙忙召回斛斯椿，带了几个宗室没命地西逃。

一路上人数越跑越少，包括清河王元亶、广阳王元湛在内的大部分人都调转马头回了洛阳，武卫将军独孤信却丢下妻子家人，单骑跟随孝武帝。孝武帝感动不已，慨叹"世乱识忠臣"，对他刮目相看。

独孤信后来在西魏建功立业，六大柱国中排名第三，倒也不枉他当日一番赤诚。

孝武帝的"皇家逃命队"灰头土面地逃到潼关，终于摆脱了东面娄昭、高敖曹等人的追兵，见到了西面来的赵贵等人。

宇文泰在长安城东的东阳驿排下仪仗卫队，恭迎孝武帝入城。孝武帝封宇文泰为大将军、雍州刺史，又把妹妹冯翊长公主嫁给他，拜他为驸马都尉。

这下关东的高欢可傻眼了，让傀儡皇帝生生从手心里跑掉，真是大大地丢了面

① 即洛阳东北一带，是将来东西魏大战的主要战场之一。

子。他向孝武帝连上四十道奏表，请驾东归，没有得到任何回应。无奈之下，高欢只好另择他法，再立一个皇帝。为了避免孝武帝的尴尬重演，他立清河王元亶的儿子、十一岁的元善见为新帝，并把都城从洛阳迁往邺城。元善见就是孝静帝。

魏国同时有了两个皇帝，一个在长安，一个在邺城。于是，北魏洛阳时代宣告结束，东西魏对峙的时代开始了。

十五、战潼关小试锋芒

东魏与西魏之间的争战，要从东魏天平元年（534）孝静帝即位开始，一直到武定八年（550）东魏被北齐取代才算结束，基本上保持着年年有小仗、三年一大仗的频率。之所以会如此，根本原因在于东西魏都视对方为僭伪，不承认对方政权的合法性，恨不得立即将对方置于死地。

就正统性而言，双方各有各的道理。东魏方面依然据有原北魏的国都以及统治的中心地区，除了关中、陇西的几个州和贺拔胜的荆州，其他大部分州都向东魏称臣，写《魏书》的魏收是东魏、北齐的大臣，自然也把东魏作为正统；西魏方面则握有原北魏的最后一个皇帝，以“帝统”来论，它的正统性也不该受到质疑，《资治通鉴》就以西魏为正统，仍然称之为魏。

其实，高欢对于孝武帝的帝位也不敢有半点否定的意思——孝武帝本来就是他拥立的，假若孝武帝以讨逆的名义发动关中的兵力来对付他，会给他带来不少麻烦。问题是，孝武帝在长安待了不到半年就死了，宇文泰成了高欢口诛笔伐的弑君者，他所立的继位者，高欢完全不予承认。

孝武帝之死是他自身的悲剧，但又很难让人对他产生同情。他从洛阳跑到长安是为了做手握实权的真皇帝，然而实际却是依旧寄人篱下，又怎么可能为所欲为？宇文泰对皇帝的态度毕恭毕敬，是要把他供奉起来作为自己的政治资本的。孝武帝悲哀地发现，自己傀儡的身份没变，变的只是幕后的操纵者，裴侠的预言不幸应验了。心灰意冷之余，他“自甘堕落”，把三个堂妹封为公主，留在宫里供己享受。宇文泰对皇帝在宫闱中的丑恶行径坚决反对，就联合其他几位亲王，把孝武帝宠爱的平原公主元明月抓起来杀了。

孝武帝气坏了，我就这么点小小的“爱好”，你宇文泰还来干涉！君臣二人的矛盾越来越公开。最后，宇文泰干脆在酒里下了毒，送孝武帝上了西天。

西魏大统元年（535），孝武帝的堂兄、平原公主的亲哥哥南阳王元宝炬在长安即位，是为西魏文帝。文帝是个比较听话的皇帝，把大权统统交给了宇文泰。

宇文泰很快收降了灵州的曹泥，将整个关中置于西魏的治下。尽管如此，西魏无论领土还是人口，还是都比不上东魏。要与东魏抗衡就得强国富民，从内部进行全面整顿。

关中自六镇之乱以来战乱频频，弊政累累，人民得不到休养。宇文泰命有关部门参考各朝的经验制定了二十四条新制，利在安民。宇文泰的内兄王超世担任秦州刺史，贪赃枉法被有司查获，为明正典律，宇文泰亲自过问此案，要求加重处罚，最终赐死了王超世。

宇文泰最大的妙招，是重用了苏绰这个人才。

苏绰是汉人，世居关中的武功（今陕西武功西北）。他的特长，按照史书的说法叫“尤善算术”，按照现代的说法就是懂经济。真正懂经济的人才，即便在当今都是抢手货，何况是在一千五百年前的西魏？苏绰不仅懂经济，而且通晓古今，辩才极佳。宇文泰与他交谈，询问天下兴亡之道，他应答如流，令宇文泰啧啧称奇。宇文泰拜他为大行台左丞，让他参与机要事务。苏绰制定了一套文案程序，在西魏境内推广记账、户籍的标准，这便是中国千年“记账”制度的起源，仅此一点，苏绰就足以名垂青史。

人少地狭的关中经过宇文泰一系列的政策改造，境况有了改善，而与此同时的东魏，高欢也在忙着巩固力量，清理门户。

在关东，高欢遇不到对手。他派侯景去荆州攻打贺拔胜，贺拔胜战败，南逃去了梁国。梁武帝待贺拔胜不错，三年后放他回到关中，而后贺拔胜投在了宇文泰的帐下。

高欢又派娄昭君的弟弟娄昭等人攻打不服管的兖州刺史樊子鹄，也是不费很大气力就破城杀了樊子鹄。

高欢还亲自领兵进攻北面的稽胡刘蠡升。他先是在战场上将刘蠡升的主力打败，接着又假意与刘蠡升约和，突袭刘蠡升的残部，消灭了这支为患北方边境多年的力量。

高欢在外东征西讨，却没想到自家的相府后院出了事。他刚休兵回到晋阳，便有一名婢女向他告发，十五岁的世子高澄与他的爱妾郑氏私通，有两名婢女可以作证。

高欢听了，顿时火冒三丈。回想早年，一家人颠沛流离，高澄作为长子，是唯一跟自己受过苦难的；现在全家享了福，自己总算可以纳几个美女为妾，在府上放纵一下，结果高澄竟也想来分一杯羹，成何体统！他当即把高澄叫来痛打一百板，关进了小黑屋，又迁怒于夫人娄昭君，把她也软禁起来，不许母子见面。这还不够。尔朱荣的女儿尔朱氏本是孝庄帝的皇后，高欢进洛阳后将她收入府中。尔朱氏为高欢生了个儿子高浟（yóu），高欢很喜爱他，便想废掉不肖的高澄，封小高浟为世子。

高澄和娄昭君都吓坏了，去请司马子如帮助调解。司马子如的口才前面介绍过，在高欢手底下是数一数二的。只见他不紧不慢地跑到高欢那里，装作不知情，求见娄昭君。高欢无奈地把家丑告诉他，又说准备过几天就把高澄换掉。

司马子如听完叹了口气，说："各家都有本难念的经，我儿子消难也跟我的小妾私通，这种事可得遮着掩着，不能乱说。娄妃是大王的结发妻，还做姑娘的时候就资助大王。当年在怀朔镇，大王挨上司的打，体无完肤，她日夜守护在您床头，悉心照料；后来大王为逃避葛荣去并州投奔尔朱荣，路上把鞋子都踩破了，她夜里烧着马粪给您修补。昔日点点滴滴的恩情您都忘了吗？如今大王发达了，女儿嫁给皇上，儿子承继大业，领军娄昭又功勋卓著，岂能轻动世子之位？更何况，婢女的话怎能轻易相信？"

我非常喜欢司马子如的这段话，也非常佩服。他一上来就将心比心，瞬间拉近与高欢的距离，然后小处动情，大处讲理，末了还给高欢一个台阶下。再铁石心肠的人，怕是都顶不住这轮软磨硬泡的"攻势"。古往今来帮家务事帮到这份上，司马子如也算一绝了。

高欢听了司马子如的说辞，怒火渐消，他派司马子如重新调查。司马子如逼迫两名作证的婢女翻供，又胁迫告发的婢女自杀，回来对高欢说："果然是诬告！"

高欢放了心，召见娄昭君和高澄，夫妻、父子抱头而泣，恩爱如初。司马子如得了厚赏，成为与高欢关系最为密切的辅臣之一。

从另一个侧面看，这件事表现出高欢对子女教育的失败。高欢身上浓厚的鲜卑文化，造就了他诡谲隐忍的处事风格，混迹江湖没一点问题，却难以平定天下。北齐后来盛极而衰，根源也在于此。

司马子如强于内政，打仗就外行了。东魏天平二年（535），他与大都督窦泰、太州刺史韩轨一同攻打西魏的潼关，宇文泰亲率大军屯于灞上，他便退兵攻打华州，又被华州刺史王罴击败。

高欢决定亲自来会宇文泰。

天平三年（536），天公不作美，关中闹饥荒，死者遍野。这年年底，高欢督统东魏诸军讨伐西魏，高敖曹攻打上洛（今陕西商洛商州区），窦泰攻打潼关。高欢的晋阳军则在北面的蒲坂（今山西永济西）黄河渡口架起三座浮桥。东西魏之间的第一场大战拉开了战幕。

高欢的战略方针是，以晋阳军把西魏主力吸引到黄河边，窦泰乘虚攻入关中，端掉宇文泰的老巢。

宇文泰驻军在渭水以北的广阳，一眼便看破了东魏军的阵势，他召集众将说："敌人三面进攻，造浮桥以张声势，正是要我军上当。高欢自起兵以来总以窦泰为前锋，他的兵士屡战屡胜，十分骄狂。我宇文泰偏偏不怕他，要把他摆平。窦泰一败，高欢不战自退！"

众将不解，都说："高欢近在黄河对岸，窦泰远在潼关，舍近而求远，若有不慎，悔之晚矣！不如分兵抵御。"

宇文泰呵呵一笑，说："高欢屡攻潼关，我都不出灞上；此次大举来攻，有意小看我军，以为我还是不敢轻易出击。趁机突袭，何愁不胜？敌人虽然造了浮桥，想要渡过黄河尚需时日，我以轻骑兵挺进，不消五天的工夫必能取到窦泰的项上人头！"苏绰与中兵参军达奚武都赞同宇文泰的策略。

宇文泰回军长安，路上放出风声，说要放弃潼关，退保陇西。见过西魏文帝后，他悄悄引兵向东，两天后出现在潼关东南的小关，包抄窦泰的军队。窦泰大吃一惊，仓促依山摆阵应战。阵势还没成型，宇文泰的轻骑兵已杀到跟前，东魏军死伤殆尽，窦泰无法突围，窘极自杀。

春天气温转暖，黄河上冰层太薄，高欢大军虽有浮桥却不能快速渡过黄河，面对窦泰的失败有心无力，最终撤去浮桥，退兵返回晋阳。

南路高敖曹的汉军骑兵战绩不俗，高敖曹身先士卒，所向无敌。拿下上洛后，他打算从蓝田入关，直取长安。高欢派人传信，告知窦泰失利的消息，让他撤军，高敖曹这才很不情愿地整军而退，上洛随后被西魏夺回。

高敖曹打硬仗的能力让高欢倍加赏识，此后对西魏的战事他都担以重任，与高欢的主力军配合行动。

潼关之战，宇文泰初试锋芒，以极小的代价取得全胜。综观此战，高欢本想以优势兵力调虎离山，奇袭关中，结果反被宇文泰以声东击西之计回敬，东魏军一无所获，还折损了大将窦泰。两家斗智，宇文泰先拔头筹。

稍嫌遗憾的是，两人没能在战场上面对面地展开较量。高欢输得并不服气，一心报仇雪耻。东魏军时刻蓄势待发，准备卷土重来，一场大战迫在眉睫。

十六、沙苑大战

沙苑大战是东西魏对峙时期一场至关重要的战役，即便放在整个中国历史的大背景下审视，此战也具有极深远的意义。若做个不负责任的假设，把当时的胜方与败方对调一下，则不仅南北朝的进程将被完全改变，数十年后开启的隋唐盛世可能也将不复存在。历史如果可以重来一次的话，不知身为当事人的高欢与宇文泰会有什么感想。

宇文泰虽然在小关击杀了高欢的大将窦泰，却奈何不了异常的天气。前一年的大旱非但没有停息，反而更加猛烈地在北方蔓延，饥荒更加严重了。

西魏治下的关中地区继续大片干旱，东魏的西面各州也出现了类似的灾情。幸运的是，东魏的损失远比西魏要小，相较于西魏的全国受灾，东魏只是局部受灾。灾区的百姓流入非灾区的山东、河北、河南等地，客观上舒缓了饥荒的规模；同时，东魏的粮食储备充足，高欢下令开仓赈灾，终于有效控制住了灾情。

关中就没有如此好事了，老百姓的死亡率达到了可怕的七成以上。换言之，一个五口之家，平均只能存活一到两人。西魏的军粮供应也开始告急，宇文泰为此忧心忡忡，苦思对策。尚书直事郎中宇文深提醒他，最好趁着士兵还有战斗力，出关攻下东魏的弘农[①]，夺取当地的粮仓，这样既能解决军粮的问题，又可以先发制人，防备高欢落井下石。

宇文深是宇文泰的族子，颇有韬略，想法常与宇文泰不谋而合，这次他又说中了

---

① 北魏时为避献文帝拓跋弘的名讳改名恒农，位于今河南三门峡西。

宇文泰的心思，宇文泰立即采纳了他的建议。为了殊死一搏，西魏几乎调动了全部精锐。

西魏大统三年（537）八月，宇文泰率领关中的十二位将军，带着仅有的一万精兵讨伐东魏。这十二位将军，按照《周书》上的排位依次是李弼、独孤信、梁御、赵贵、于谨、若干惠、怡峰、刘亮、王德、侯莫陈崇、李远、达奚武。他们大致可分为三类：李弼、独孤信、赵贵、于谨、侯莫陈崇五人，是大统十六年（550）定下的西魏六大柱国的二到六位；梁御、若干惠、怡峰、刘亮、王德五人，地位与六大柱国相当，可惜死得比较早，没能排入柱国的名单；李远和达奚武的地位稍低，日后列位由六大柱国督统的十二大将军之中。

宇文泰的治兵原则是由诸位将军节制部众士卒，分统各军，战争时彼此独立，又相互配合，最大限度地发挥士兵的战斗力。这种看似松散的组织形式借鉴于鲜卑游牧部落的兵制，又有所改进，是将来西魏府兵制的雏形。

宇文泰在潼关誓师，以于谨为前锋，死中求生，势如破竹，先攻下潼关以东的盘豆（今河南灵宝西北），继而拿下弘农，生擒了东魏的陕州刺史（东魏陕州治所在弘农）李徽伯，俘虏八千守兵，附近的东魏郡县纷纷归附。在弘农粮仓，西魏将士得到了久违的军粮。

弘农失守的消息让晋阳的高欢坐不住了，不到一年，旧恨未除又添新仇。只是此时的他还不能马上出兵，他正与行台郎中杜弼纠缠于惩办贪污官员的问题。

东魏官员大量贪污，这是北魏遗留下的老问题。高欢认为，天下三分，西有宇文泰，南有萧衍，若严以治官，逼得武官去了关中、文官逃往梁国，东魏就留不住人才了，所以当务之急是消灭敌人，而非整治内部。

高欢准备出兵，杜弼却执拗地要求先除掉掠夺百姓的“内贼”。高欢不作回应，命令手下军士左右排开，张弓搭箭，高举刀斧，让杜弼从下面经过。杜弼吓得汗流浃背，哆嗦不已。高欢轻蔑地看了一眼杜弼，缓缓说道：“搭箭而不射，刀举而不落，这样你都吓得失魂丧胆。各位将领东征西讨，九死一生，即便有贪污的行为，毕竟贡献更大，岂可随意处治？”

高欢的话镇住了杜弼，却简直是强词夺理，这就相当于在说，一个人如果干了三件好事，那么他再干两件坏事也是值得赞扬的！高欢的这套理论一直贯穿于东魏、北齐的治国理念之中，可想而知，这两个政权会是个什么结局。

高欢说服了杜弼，亲点十几万大军南下蒲津（即蒲坂以西的黄河渡口），摆出渡河的架势，又命高敖曹领兵三万出洛阳，围攻弘农。他的策略很明确，宇文泰若守，就把他堵死在弘农；若退，则正好半路截杀，叫西魏士兵一个都回不到关中。

风声传来，宇文泰心知不可久留。他命将士装备足够的粮草，主力撤出弘农，火速入关。西魏军刚离开，高敖曹的军队就将弘农团团包围。

史书浩如烟海，却时常会有莫名其妙的疏漏，比如宇文泰留下守弘农的这位将领的姓名，从《周书》《北齐书》到《北史》都不见记载。此人不会是十二将领之一，但也不该是名不见经传的小辈，因为他守弘农守得相当不赖，在人数绝对劣势的情况下，没让高敖曹占到任何便宜。高敖曹无奈，只好采取围而不打的策略，切断了西魏军的粮道。

形势朝有利于东魏的方向发展，高欢手下有两种意见：一种以右长史薛琡为代表，强调以静制动，认为西魏军的粮草维持不了很久，东魏军无须渡河，只要临河观望，挨到来年，必能困死宇文泰；另一种以侯景为代表，认为东魏军人数占优，没必要全军而进，可以分为两军，前后行动，以便接应。前者明显是文人的观点，意欲坐收其利，但夜长梦多，高欢哪里等得了那么久？后者是武夫的观点，把军队分一部分给侯景这样的人统领，高欢也不放心。

高欢认准了胜利近在眼前，他下令从蒲津急渡黄河，抢在宇文泰之前进入关中。

黄河西岸是老将王罴守卫的华州（治所冯翊，今陕西大荔）。

王罴自孝文帝时代就镇守关中，孝武帝西迁后，他对西魏政权忠心耿耿，且勇猛无比，多次击退东魏的进攻。

宇文泰派使者给王罴报信，要他小心提防。王罴回复了一句话："老罴当道卧，貉子哪得过！"借名发挥，把高欢和他的十万大军比作貉子，这是何等的气魄。

高欢大军来到冯翊城下，阵前喊话："王老将军，宇文黑獭将败，何不早降？"

王罴站在城头，大吼道："此城便是王罴的墓冢，我生死不离。想死的请过来！"

华州毕竟不是高欢的目标，攻之无益，这块硬骨头还是放到以后再啃。东魏军绕过冯翊城，又涉过洛水，屯兵许原以西（今陕西大荔西南）。

宇文泰此时才到达渭水南岸，紧急征召各州士兵，一时半会还聚不起来。

两军兵力相差悬殊，西魏众将建议按兵不动，宇文泰说："若让高欢进军长安，则情势大乱；现在他远道而来，立足未稳，此乃天要亡他，正可打他个措手不及。"说罢，西魏军造起浮桥，数千名轻骑兵每人带上三天的粮食，北渡渭水，辎重留在南岸，由老弱残兵押送，向西跟进。

十月，宇文泰到达北岸的沙苑（今陕西大荔南），探马来报，西北六十里便是东魏军大营。大家的神经顿时紧张起来，忽见宇文深一个人哈哈大笑，举双手向宇文泰道贺。宇文泰不解，问他何故发笑。宇文深答道："高欢在河北深得人心；他若是老实待着，消灭他并不容易。如今他孤军渡河，深入我们的地盘，他的士兵恐怕也有所不愿吧。究其原因，高欢是要报窦泰被杀之仇，刚愎自用，含愤前来，这叫'忿兵'，一战可擒。道理再明白不过，为何不道贺呢？"

宇文泰大喜，下令各军整装迎敌。

第二天清晨，高欢探知西魏军的位置，大军从许原浩浩荡荡开来。李弼向宇文泰献计："敌众我寡，不可平地列阵。沙苑以东十里有一处渭水拐弯处，俗称渭曲，三面环水，芦苇丛生，我军可先埋伏在那里，以待高欢。"

宇文泰依计而行，移军渭曲，并分出东、西两翼，由李弼指挥西翼方阵，赵贵指挥东翼方阵，背水伏下口袋阵，相约以鼓声为号令。

傍晚时分，东魏大军来到渭曲。

都督斛律羌举说："芦苇丛深泥泞，不利于我军作战，不如远远相持，分拨精锐骑兵偷袭长安，端掉宇文黑獭的老巢，叫他不战而败。"

斛律羌举的主意很毒，然而高欢一心报仇，并未发表意见。他望着芦苇丛若有所思："放把火烧死敌军，怎么样？"

侯景不同意："应当生擒宇文黑獭以告天下，一把火烧了，无法分辨尸体，谁会相信！"

镇兵出身的都督彭乐盛气凌人，请缨道："我众敌寡，一百个抓他一个，还怕打不赢？”

高欢深受鼓动，下令以全军猛攻渭曲，孰料一头就撞进了西魏的口袋阵。渭曲的东、西、南三个方向都是伏兵，北面的入口又被东魏军前呼后拥的大队人马阻塞，士兵们有进无退，动弹不得。茂密的芦苇做了西魏士兵最好的掩体，东魏士兵看不清敌人的数量，一个个排队上门送死。

时机成熟，宇文泰亲自擂起战鼓，西魏士兵挥舞兵器，喊声震天，于谨等将率领的各军从正面扑了上来。

西翼的李弼身先士卒，带着麾下六十多人的铁骑横向冲入东魏阵中，把高欢大军截为数段。

李弼的弟弟李檦（biāo）身材瘦小，却异常勇猛，骑在马背上犹如隐身人一般，斩杀敌人不费吹灰之力。东魏士兵惊恐万分，远远见了他便大呼“快躲”，乱成一团。

两军杀得天昏地暗，直至深夜还未罢休。东魏阵中的彭乐被刺破肚腹，肠子外流，他把肠子塞入腹内，回身续战。西魏那边的将军耿令贵杀得遍体通红，全是敌兵的鲜血，宇文泰见了也不禁唏嘘。

东魏士兵越战越少，高欢想要收兵再战，却完全指挥不了混乱的兵势，各营军士死散一空。高欢惆怅半晌，又气又悔，可还是不愿退兵。大将斛律金劝道：“如今兵心离散，不能再打了，赶快回河东吧！”连喊了几声，高欢仍在马上发呆不语，斛律金挥鞭打马，才强行拖走了高欢。

黄河岸边无船可渡，部将为高欢找了一匹高大的骆驼。涉到河中，才有渡船靠近，一行人狼狈逃往东岸。

弘农方面的高敖曹听说高欢大败，也退回了洛阳。

宇文泰追到河边，见高欢远去，便停止了追击。他从东魏俘虏中留下两万多士兵，其余全部释放。困难时期侥幸取胜，宇文泰已经相当满足，多余的士兵西魏消化不了，只能放回去便宜高欢了。

西魏军回到渭水南岸，几天前所征的各州军队正好赶来集合，宇文泰让士兵到战场上每人种一棵柳树，以纪念这场来之不易的胜利。

沙苑之战，西魏军以一敌十，歼灭和收编东魏军八万以上，所获粮草、器仗不计其数。经此一战，弱小的西魏政权得以巩固，宇文泰受封柱国大将军，十二员大将全部加官晋爵。

高欢在小他十一岁的宇文泰面前栽了大跟头，此后再也没能踏足关中。

十七、争夺洛阳

宇文泰与高欢的攻守之势逆转了。

西魏大统三年（537）的冬天，宇文泰将各州征集的兵士与东魏降卒一同编入大军，分三路向关东发动全面反攻：主力部队约步骑兵两万，由冯翊王元季海与独孤信率领，开往洛阳；南路由洛州刺史李显率领，奔赴荆州；北路由贺拔胜、李弼率领，渡过黄河，进围河东重镇蒲阪。

东魏迁都，不但全面拆卸了宫城砖木运往邺城，还强令洛阳百姓四十多万户随行北上，附近各城只剩少量兵士把守。高欢失利的阴影笼罩在黄河两岸，西魏一来进攻，东魏军的心防顿时瓦解。西起新安，东到梁州（今河南开封）、荥阳，南至颍州（今河南长葛）、豫州（今河南汝南），北抵汾州（今山西吉县）、绛州（今山西新绛），东魏守将非降即败。

在攻克各城的过程中，西魏涌现出宇文贵、韦孝宽等多位名将。东魏骁将尧雄曾在边境接触战上击退过南梁陈庆之的进攻，是唯一在战场上打败“白袍将军”的大将，却也在与西魏的对战中吃了败仗。退守洛阳的大将高敖曹也被迫继续撤出城防不备的城池，北渡黄河，避开西魏锋芒。

独孤信的军队没有遇到有力的抵抗，长驱直入洛阳金墉城，夺取了这座旧都。然而，过快的胜利与过顺的进展却给西魏大军埋下了潜在的危机。此次出关，西魏军中真正来自关中的兵力不足两万，受降的兵力超过了半数，加之军队每攻下一城都得分拨兵将把守，西魏的兵力被迫分散，战斗力也大打了折扣。

所谓“月盈则亏，水满则溢”，宇文泰的麻烦大了。更何况，他的对手高欢绝不是一个会被气势吓倒的人。

高欢之所以不立即采取行动，任由西魏军席卷河南，一来自然是因为他兵败不久，急需几个月的缓冲时间恢复元气；二来也未尝没有“以退为进，将计就计”的意味。

高欢起兵河北，之后又大量收编了尔朱氏的军队，支持他的势力集中在河北（黄河以北）地区，洛阳周围的河南（黄河以南）地区向来对他不是很服，这本是驱使他迁都的因素之一。既然宇文泰想要攻打洛阳，过一把收复旧都的瘾，那就不妨遂他的愿，顺便借他之手铲除异己，该降的降，该死的死。等宇文泰帮完忙，高欢便要亮出最后一剑，将一个“崭新”的河南（黄河以南）收为己有了。

东魏元象元年（538）二月，驻守在虎牢的侯景首先发难。西魏守兵不足以抵抗侯景主力，一月之间，将领纷纷弃守，侯景迅速恢复了梁、颍、豫等州，将战线推到洛阳以东。

七月，在晋阳休整完毕的高欢命侯景与高敖曹合兵一处，进入洛阳，高欢亲率大军为后继，准备随时接应。残忍的侯景放火大肆焚烧洛阳内外的官宅、佛寺、民居，一代北魏都城就此化作残垣断壁。九年后，东魏官员杨衒（xuàn）之受命来到这里，目睹一片萧条景象，感叹世事无常，追忆往昔繁华，写下了传世千古的风物笔记——《洛阳伽蓝记》。

侯景包围了由独孤信等人守卫的金墉城。形势岌岌可危，独孤信向关中紧急求救。

长安方面的西魏文帝正打算去洛阳祭奠先帝陵园，收到战报的宇文泰不得不改变计划，请文帝改谒陵为亲征，由尚书左仆射周惠达辅佐太子元钦留守长安，李弼和达奚武率领一千铁骑为前驱，火速增援独孤信。东西魏之间第三场大规模的接触战开始了。

八月，宇文泰主力到达洛阳西面的谷城，离金墉城约五十里。

东魏大将莫多娄贷文与可朱浑道元不听侯景等人的劝阻，率领部众贸然出击，黑夜中与李弼、达奚武相遇，被打了个措手不及。莫多娄贷文兵败被杀，可朱浑道元单骑脱身，东魏军先败一阵。

经验丰富的侯景心知西魏军士气正旺，硬碰硬赚不到任何好处。宇文泰进军瀍

（chán）水以东、近在咫尺的消息传来，他与高敖曹等人连夜解除了对金墉城的包围，向北撤退。

次日清晨，机警的宇文泰发现侯景营帐已空，马上率领一支轻骑兵追赶。临行前，他命大队人马到金墉城与独孤信会合，然后全军跟进。

宇文泰来到黄河边上，眼前是一片震慑人心的场面：东魏的步骑方阵北据河桥，向南绵延至洛阳城北的邙山脚下，河边尘土飞扬，兵士不计其数——侯景已经在此恭候多时了！

以宇文泰一贯的作风，他只会打自己有准备的仗，不会轻易跟从对手的步调，落入对手设下的圈子里。然而这次，或许是一路的胜仗令他信心百倍，眼下又是“箭在弦上，不得不发”，两军很快搅和在一起，战成一团。

东魏军以逸待劳，人数也占据绝对优势，不一会儿就把西魏的数百轻骑兵冲得七零八落。

乱战中宇文泰的战马被流矢射中，惊慌奔逃，不知所往，宇文泰不慎坠地。见东魏追兵围拢上来，跟在宇文泰身后的西魏都督李穆情急生智，他飞身下马，一面挥鞭抽打宇文泰，一面大骂：“狗奴才，你头头去哪里了，怎么一个人在此处？”宇文泰被打得满地翻滚，东魏士兵见他这副惨样，以为是个普通兵卒，也就不予理睬，放过了他。李穆保护宇文泰上马，逃出了东魏军的包围圈。

这是宇文泰在战场上最为狼狈的一次，若非李穆表演天赋一流，宇文泰早已死无葬身之所了。

李穆是李远的弟弟，战后以救命之功得到了大量的封赏。宇文泰依旧觉得不够，感叹道：“虽复加之以爵位，赏之以玉帛，未足为报也。”于是又加赐他免死铁券。由于李穆是用一匹青骢（cōng）马将他救起，宇文泰又下令将马厩中凡有此种颜色的马匹全部赏给李穆。

黄河南岸的东魏军正欲乘胜反击，西魏的主力赶到了。西魏大军分为左右两部，独孤信、李远在右，赵贵、怡峰在左，并以李虎、念贤为后军接应，猛攻东魏方阵，将其分为数段。

高敖曹从没在西魏军面前吃过败仗，心高气傲，还故意在阵前竖起旌旗伞盖，现在军队一乱，他就成了活靶子。西魏骑兵以精锐攻击高敖曹的军队，高敖曹全军覆没，他一个人单骑渡过河桥，逃往北岸的河阳南城。

高敖曹杀敌勇猛，深得高欢器重。高欢平时发号施令一般使用鲜卑语，可如果高敖曹在场，就会为他一人使用汉语。高敖曹有一次在战场上几乎伤重不治，感叹说："我死无恨，只叹此生不能亲见弟弟高季式当刺史！"高欢听说后，立即任命高季式为济州刺史。凡此种种，都可看出高敖曹地位之高。可惜他偏偏搞不好与同僚的关系，多次与鲜卑将领发生冲突，甚至因为遭受阻拦而射杀过高欢相府的门卫，东魏将士对他敢怒不敢言。高欢的极力偏袒，则更加积累了鲜卑人对高敖曹的怨恨。

此时守在南城城头的，是高欢的堂侄、北豫州刺史高永乐。

高永乐厌恶高敖曹已久，眼见高敖曹虎落平阳，心中暗喜，下令紧闭城门。高敖曹呼救不得，又拔刀劈城门，尚未劈开，西魏追兵已到。高敖曹慨然吼道："取我头去！给你做个开国公！"这位被比作项羽的大将，结局竟也与项羽如此相似……

西魏方面斩获高敖曹首级的士兵被宇文泰赏赐布绢万段，按年分期支付。据说，一直到四十多年后宇文氏的北周灭亡，这笔赏赐还没付完。

东魏方面，高欢听闻高敖曹战死，悲痛得肝胆欲裂，他将高永乐杖击二百，追赠高敖曹为太师、大司马、太尉。

东魏虽然损兵折将，但毕竟人多势众，又占主场之利，渐渐夺回了优势。两军从早杀到晚，西魏各军人困马乏，陷入劣势，首尾不能相应。大家都不知道文帝和宇文泰的下落，无力集结再战，独孤信等人各自退兵，烧营西走。

王思政、蔡祐等将领身陷敌阵，下马步战，杀伤敌兵无数。王思政受伤昏厥，藏身在死尸堆中被士卒救下。天色渐暗，东魏军终于撤退，西魏各部赶紧趁机退到弘农，这才稍稍缓上一口气。宇文泰欣赏王思政不怕死的作风，把他留下镇守弘农，然后带着其余人马入了关。

高欢主力这时刚刚到达黄河渡口孟津，听闻消息，便派部将追击宇文泰，可惜没追上。高欢亲率大军攻取金墉城，之后下令将城池全部毁弃，不再多留兵卒把守。

半年之后，西魏军乘虚又夺回了洛阳，却无异于占领一座空城。此时，洛阳的得失已经更多是政治上的象征意义罢了。

这场惊心动魄、一波三折的大战，史称河桥邙山之战，又称河阴之战。西魏军先胜后败，退回关中。宇文泰意识到一举消灭高欢并不现实，要想取得最终的胜利，需靠关中经济与军事力量的长期积累。

十八、没有硝烟的战场

河桥邙山战役的失败令关中民心惶惶不安。宇文泰此次出击几乎是倾巢而出，带走了西魏所有的精锐，留守兵卒非常少。前两次战役俘虏来的东魏士兵散落民间，趁机谋反。将军李虎等人率先抵达长安，为防意外，他和一群大臣一起护卫太子元钦出城暂避于渭水以北。长安子城与咸阳两地很快被叛军占据，长安城内外发生了混战。

宇文泰听从散骑常侍陆通“总大军以临之”的建议，休整完疲惫的军队，才从容西进平叛。

叛军本是乌合之众，不足为患，跟宇文泰的正规军一交手就吃了败仗。宇文泰很快夺回两座城池，斩杀了叛军首领，并收捕处置了怀有二心的大臣。

平息了内乱的宇文泰转而建设内政，“修炼内功”，东面的高欢也同样停止对西魏用兵，两家维持了几年表面和平。在此期间，东西魏转战于一个貌似没有硝烟的战场——与柔然的外交。

六镇之乱，柔然可汗阿那瓌名义上向北魏称臣，出兵协助镇压，实际上是借机发展壮大自身的力量。北魏孝庄帝时代，柔然各部重新繁盛，阿那瓌自称“敕连头兵伐可汗”[1]，雄霸漠北。

中原分裂的局面在客观上助长了柔然的复兴，阿那瓌向西击败了敕勒人建立的高车国，又不断出兵骚扰东西魏的北边。他去过洛阳，仰慕中原文化，甚至收留与重

---

① 鲜卑语，“把揽神圣”的意思。

用东魏派来的汉人使臣淳于覃，参考汉制设立官职。如果说这一时期华夏大地上是东魏、西魏、南梁三足鼎立的话，那么在大漠地区，就是柔然、东魏、西魏三国分庭抗礼。

随着六镇防御体系的全面崩溃，昔日魏国面对柔然的军事优势荡然无存。国力强时则用兵，国力弱时则和亲，这一贯是古代政权对待北方游牧民族的基本战略方针。东西魏都对柔然采取怀柔政策，竞相与阿那瓌结为婚姻之好。

阿那瓌要左右通吃，他率领大军入侵西魏，向西魏示威。宇文泰对付东魏的进攻已显捉襟见肘，确实吃不消阿那瓌的屡屡侵扰，便同意和亲，将一名皇族宗室的女儿封为化政公主，嫁给了阿那瓌的弟弟塔寒。

柔然人没有就此满足，阿那瓌继而提出新的要求：请西魏文帝迎娶他的女儿，并封为皇后。

阿那瓌很嚣张。须知即便在匈奴人全盛的年代，汉朝也只是将公主远嫁给匈奴单于，而没有过汉朝皇帝迎娶匈奴公主的先例。何况，西魏文帝已经有了一位皇后——出自吐谷浑部族的乙弗氏。

乙弗皇后的祖先世居青海，北凉灭亡，她的高祖乙弗莫瑰率部归附了北魏。乙弗家自莫瑰以下，连续三代与北魏皇室关系密切，长子都被招为驸马，女儿则多嫁作王妃。文帝与乙弗氏相处多年，两人感情笃深，阿那瓌的要求让他左右为难。

身为国君，没有情感自由可言，家事即国事，更何况西魏没有拒绝的本钱，文帝只能选择屈服。西魏大统四年（538），他诏令乙弗氏退居别宫，出家为尼，改娶柔然公主郁久闾氏为皇后，又派使者赠送柔然大笔的金钱与丝帛。

阿那瓌得了西魏人的好处，就和东魏为敌。他扣押并杀害了东魏派来的使臣元整，然后领兵大肆抢掠幽州的范阳、肆州的秀容等地，东魏的北方边境不安宁了。

东魏有实力打退柔然的小规模进攻，但也不可能像北魏鼎盛时期那样发动几路大军主动出击，揍得柔然人找不着北。高欢的谋略自然不在宇文泰和西魏文帝之下，既然硬来不行，那就来软的。他派遣亲信张徽纂作为新的使臣前往柔然，一面向阿那瓌申明，东魏政权才是魏国的正统，柔然不可助纣为虐，一面利用柔然与西魏之间潜在的矛盾大做文章。

西魏文帝虽则废了乙弗氏，两人依然旧情未了，藕断丝连，这引发了柔然公主郁久闾皇后的嫉恨。阿那瓌听说宝贝女儿受了欺负，岂肯善罢甘休？张徽纂趁机在阿那瓌耳边聒噪，说西魏文帝与宇文泰作恶多端，当年弑杀了孝武帝，用皇室疏族的女子冒充假公主和亲，现在又要加害郁久闾皇后。

阿那瓌听了勃然大怒，于东魏兴和二年，即西魏大统六年（540）春天率领大军渡过黄河，攻打西魏，前锋逼近夏州（今内蒙古乌审旗南）。

西魏国内一片哗然，人们纷纷传言，柔然此举是为皇后出气，兴师问罪来的。

文帝叹道："岂有因为一个女子而兴兵百万的？哎，世人因此而议，朕有何颜面去见将帅们！"

这份无奈颇有几分与马嵬坡前的唐玄宗相似，只不过毫无实权的文帝的话语权更为微弱。他下令将乙弗氏赐死，以换取阿那瓌的退兵。

西魏与柔然的关系至此已濒临断绝，偏偏西魏的运气又够坏，过了几个月，郁久闾皇后难产而死，阿那瓌决定倒向东魏。他派人去东魏朝贡，为儿子庵罗辰请求联姻。东魏挑选了常山王元骘（zhì）的妹妹乐安公主，改封为兰陵长公主，许配给庵罗辰。

此事发生在兴和二年（540）的秋天，次年六月，高欢亲自送公主与丰硕的礼物至楼烦（今山西宁武）以北。《资治通鉴》将此事记录在公元535年，并误以为公主嫁的是阿那瓌本人，很错。东西魏与柔然的和亲，西魏在先而东魏在后，来龙去脉叙述最为详细的，是《北史·蠕蠕传》。《魏书·蠕蠕传》的记录语焉不详，《资治通鉴》却以《魏书》为准，于是出现了公元535年"由是柔然不复为寇"，而公元536年又有"柔然为魏侵东魏三堆"的自相矛盾的说法。真正的"柔然不复为寇"，应由公元540年算起。

公主远嫁的这一年，东魏另有一件极为重要的事情发生：一部新型的法典《麟趾格》在麟趾殿问世。"格"作为一个完整的法律形式，第一次登上中国历史的舞台。

什么是"格"？简单而言，就是供官员参考、补充律令的实用法规。北魏的正式法规是《北魏律》，其框架脱胎于《汉律》以及其后的《晋律》，经过多次修订，到了宣武帝的正始年间定型，因此又称《正始律》。为了弥补《北魏律》的漏洞及不足之处，更好地应付不断变化的时局，临时的法规“格”在北魏末年开始被推行。

《麟趾格》的挂名主编是高欢的世子高澄，编撰者包括三公郎中封述、散骑常侍温子升、御史中尉崔暹（xiān）、侍中封隆之等，分为十五卷。《麟趾格》并没有在实际上帮助东魏及其后的北齐解决官吏贪赃枉法的严重问题，但在形式上却为后来的《北齐律》奠定了基础，成为《北齐律》的蓝本。北周统一北方，而后隋代北周，隋的法律制度几乎照搬北齐，隋文帝开皇三年（583）颁布的《隋律》，其篇名与《北齐律》完全一致。

东魏有“格”，西魏则有“式”，即公文章程。这里头贡献最大的，还是苏绰。

河桥邙山战役之后的数年里，宇文泰改革时政，苏绰尽心竭力给予支持，裁汰官吏，在北魏三长制的基础上设立闾正、族正、保长的正长制，完善地方基层组织，并全面施行屯田，以资军需。

西魏大统七年（541），苏绰颁布了六条诏书，依次为：一、治心；二、敦教化；三、尽地利；四、擢贤良；五、恤狱讼；六、均赋役。这些诏书，从儒家思想的角度阐述了官员施政的要领，引经据典，语言流畅。宇文泰阅后十分欣赏，要求西魏全体官员认真诵读和体会六条诏书的精神，并定期考核，不能通晓六条诏书或者不懂记账的，一律取消做官的资格。

宇文泰又颁布十二条职制，进一步监督官员。十二职制加上之前的二十四新制，由苏绰加以损益合订，总成五卷，在西魏全境实施，称为“中兴永式”，因颁行于大统年间，故而又称“大统式”。

“格”与“式”这对新生事物，与“律”“令”一起逐渐走向制度化，到唐代成为四大法律形式。

配合政治上的改革，宇文泰又迈出了军事改革的坚实一步。大统八年（542），他下令设置六军，建立府兵。

“六军”的制度出自《周礼》：“凡制军，万有二千五百人为军。王六军，大国三军，次国二军，小国一军。”宇文泰“借壳上市”，实质差别很大：周代的六军主要指兵制单位，西魏的六军则侧重于组织单位。

“六军”，后来发展为由六名柱国大将军统领的军队。宇文泰将原本他一人拥有的柱国大将军之职分给多人担当，每名柱国大将军各督两名大将军，每名大将军再各督两名开府，总共二十四军。府兵专事训练与打仗，不入户籍，无须担负赋税。兵民的分离，使职业军人的数量与素质大幅提升；树型结构的管理，则有利于军队的协同作战。

府兵制初显雏形，东面刀兵又起。守卫弘农的王思政为加强防御移镇河东，在地势险要的玉壁修筑城池，直接面对东魏晋州的西南边境，距高欢所在的晋阳也只有七百里路程。

高欢把玉壁城视作头号眼中钉，他率大军从汾、绛两州进入西魏，扎下四十里连营，意欲全取西魏的河东地区。

十九、邙山的遗憾

屹立于悬岩巨壑之上的玉壁城仿佛命中注定要成为高欢的伤心地，而这一次仅仅是个开始。

高欢的排山之势唬不住跟随宇文泰出生入死的王思政，高欢在劝降书中以并州刺史之职为饵，也打动不了王思政。

王思政回信诘问高欢："可朱浑道元倒是降了你很久了，怎不见老兄你给他封个刺史呢？"

可朱浑道元出自怀朔镇，与高欢有旧交。他在侯莫陈悦帐下与宇文泰对抗，失败后投奔了高欢，其实算不得降。高欢只封他为车骑大将军，他便非常满意，死心塌地效力于东魏。王思政的问话挑起高欢心中无名怒火，他下令围攻玉壁，非要擒住王思政不可。

王思政守御得当，攻城战持续了九天，没有一点进展。到了第九天上，天色大变，突降暴雪，东魏军队准备不足，士兵大批冻伤冻死，粮草供应也困难起来。高欢无奈，只能撤围。回到晋阳后他气恼不过，任命可朱浑道元为并州刺史，以此回应王思政的"挑衅"。

一波方平，一波继起。玉壁之战的次年（543），东西魏主力再次交锋，河南邙山再燃战火。这场战役的直接导火线，是东魏的虎牢守将、北豫州刺史高仲密向西魏献城，间接导火线则与高欢那位好色的世子高澄脱不开干系。

高仲密本名高慎，是高乾的弟弟，高敖曹的哥哥，与高敖曹一样以字行世。平心而论，或许借刀杀掉高乾让高欢多少有些愧疚，所以他对高家兄弟还是不错的，东魏的汉人将领得到的待遇，无人可出其右。

高仲密本来没有任何叛变的动机，之所以走上“投敌”之路，得感谢高澄的“特别关照”。

经历了相府风波的高澄虽然有所收敛，但到处留情的恶习并未更改。高仲密在晋阳任御史中尉时，一个偶然的场合，高澄见到他的妻子李氏，惊为天人，便上前挑逗。李氏不从，竟被高澄扯破了衣裳，李氏脱身回家哭诉，弄得高仲密寝食难安。

高仲密与高澄此前已有积怨。高仲密的前妻是吏部郎崔暹的妹妹，高仲密休弃了崔氏，改娶李氏为妻，与崔暹由亲家变成了仇家。崔暹正好是高澄身边的红人，《麟趾格》的制定就有他的功劳。高仲密在选任御史的问题上与高澄多次发生冲突，怀疑是崔暹在背后构陷，一直提心吊胆地防着高澄。现在高澄看上了李氏，高仲密半是气愤，半是害怕。高欢派他出镇虎牢，他便暗暗有了外逃之心。高欢有所察觉，下令由虎牢镇城奚寿兴负责军事，高仲密只管民务。高仲密别无选择，索性杀了奚寿兴，连人带城投降了西魏。

虎牢在洛阳以东，扼守着北上河北的两条要道，进可攻，退可守，是兵家必争之地。河桥邙山之战，侯景就是从虎牢发起反击，一举扭转了东魏的被动局面。宇文泰意外收到如此厚礼，自是难以掩饰兴奋之情。他亲率大军，命李远为前驱，到洛阳接应高仲密，又派于谨攻下柏谷（今河南洛阳偃师区东南），进围黄河岸边的河桥南城。

这一系列行动发生在西魏大统九年，即东魏武定元年（543）二月中到三月初。宇文泰发兵的地点是关中的华州，从收到高仲密的降书到抵达河桥，西魏军至少用了二十天。二十天时间，足以让高欢在晋阳从容调集十万大军赶到黄河北岸。

根据战后伤亡情况判断，宇文泰全军的数量应与高欢相当，或是稍稍处于劣势。宇文泰的战略目的是接收虎牢，打通河南的潼关—弘农—洛阳—虎牢一线，然后才是解决与河北的高欢抗衡的问题。为阻止高欢迅速进兵，他退到西面的瀍水，从黄河上游顺流放下点火的船只，要烧毁河桥。

高欢也有对策。部将斛律金派人在河里排起一百多艘小艇，艇上装载铁链，火船一旦靠近，就用铁链锁住，铁钉钉死，拖到岸边，河桥得以无恙。

高欢大军顺利渡过黄河，来到了五年前两军交战的场所——邙山。五年里，高欢的战术思想显然又有了提高，在沙苑冒进的那位高欢已不见了踪影。他丝毫不着急追击宇文泰，而是在邙山前布下阵势，一连好几天没有动静。

两军隔邙山相持，时间似乎停止了流逝。

这次沉不住气的成了宇文泰。大军出动一月有余，绝不可无功而返，于是他把辎重留在瀍水边，命军士二更造饭，三更起兵，从西麓登上西北—东南走势的邙山，准备趁夜偷袭东魏大营。

当晚高欢没有睡死，西魏军的一举一动尽在他的监控之下。

探马来报："敌军距此四十里地，刚吃饱了干粮赶来。"

高欢轻描淡写地回道："自应渴死，我军只等去砍脑袋便是。"说罢立即下令全军严阵以待，防范西魏军偷袭。

高欢看似是在发豪言，说大话，甚至有取笑之意，实则见地很深。一般人对于饱餐行军的敌人多少会有所惧怕，而高欢的一句玩笑话却正好点中西魏军的死结：疲渴之后，必成羸军。干粮吃得越多，回头就会越渴，这是生理上的必然反应，不以人的意志为转移。高欢能够考虑到这一层面，可以说是把战术摆在艺术的高度上演绎了。

宇文泰的偷袭战术失败。天一亮，两军相遇，东魏大将彭乐以右翼的数千骑兵队横向冲击西魏阵势的北部，西魏士兵果然是又渴又累，稀里哗啦就垮了。

彭乐纵马闯入敌营，有人向高欢报告："彭乐叛变了！"高欢大怒。忽见西北方尘土飞扬，彭乐派人告捷，言说俘虏了大群西魏宗室、将领，高欢才转怒为喜，命众将乘胜跟进。此役，东魏大败西魏，光斩首就达三万多级。

宇文泰单骑逃跑，彭乐穷追不舍。眼看马头咬马尾，有趣的场面出现了。宇文泰忽然在马上转过身，对彭乐说："这不是彭乐吗？傻呀你！今天没了我，明天岂能有你？还不快快回营，收金银财宝去？"彭乐一听这话有理，养寇自重呀，竟真的乖乖回马去收集宇文泰丢下的战利品了。

搞笑的事还没完。彭乐挂着宇文泰的金带回营复命，说："宇文黑獭漏网，不过已然吓破了胆！"高欢问他宇文泰是怎么跑掉的，彭乐一五一十地把宇文泰的话复述一遍，末了不忘添上一句："末将并未因为这话就放了他。"

高欢又好气又好笑，彭乐真人不说假话，倒有几分可爱之处。可是放过宇文泰实在可恶，他拎起彭乐的脑袋就朝地上猛撞，边撞边骂：“沙苑之败全是因为你的屁话！”还咬牙举刀欲砍，却又不忍临阵杀将。

彭乐捂着脑袋说：“求大王给我五千骑兵，我再给您把宇文泰抓回来。”

高欢反问：“你放跑了人，现在又说要抓回来，这是什么意思？算了！”他命人取来三千匹绢压在彭乐背上，作为赏赐。

宇文泰收拾残部，还有数万人马。

次日一早，两军再战。宇文泰自领中军，赵贵等五将领左军，若干惠等五将领右军。

东魏军中有一名小卒犯了军法，面临严惩，此时他投奔到西魏营中，负责指明高欢的确切位置。宇文泰马上命精锐猛攻高欢亲领的军队，高欢步兵被悉数俘虏，骑兵被打散。

高欢不走运，连马都死了，幸有部将赫连阳顺扮了一回东魏的李穆，扶高欢上了自己的马。

高欢领着七名随从杀出重围，亲信尉兴庆说：“大王速走，兴庆腰中还有一百支箭，足以射杀百人。”

高欢感言：“事成之后，我必封你为怀州刺史！若你不幸战死，就封你儿子。”

尉兴庆说：“我的儿子还小，请封我的兄长吧！”高欢许诺而去。尉兴庆力拒西魏追兵，矢尽而死。

高欢刚脱险境，又遭难关。西魏大都督贺拔胜早年与高欢一同在尔朱荣帐下，与高欢十分熟悉，万军丛中将高欢看得真切。他手执长槊，率十三名骑兵杀向高欢，口中大喊：“贺六浑莫跑，贺拔破胡（贺拔胜的鲜卑名）定要杀了你！”

眼看高欢命悬一线，武卫将军段韶一箭射来，正中贺拔胜块下坐骑。贺拔胜再换副马上阵，高欢早已溜之大吉。

贺拔胜叹息良久：“今日忘带弓箭，真乃天意！”

高欢一部虽然几近覆灭，东魏其他各军奋勇杀敌，大败了赵贵等人的西魏左军。宇文泰率中军再战，又陷入不利局面。

天色将晚，宇文泰下令撤军，独孤信和于谨收拢散卒从后方击退东魏追兵，才保证了西魏主力没有再受损失。

高欢大军追到弘农附近的陕城，手下谋士封子绘、陈元康力劝高欢不可错过时机，应乘胜入关。高欢问道：“若有伏兵，如何是好？”陈元康不以为然：“大王前次沙苑失利，尚未遇到伏兵，如今他们吃了败仗，怎么还会有此高招？若舍而不追，必成后患。”

然而，东魏士兵疲惫不堪，众将不愿再战，高欢最终还是决定放弃，只派了刘丰生带数千骑继续追赶，主力回军河北。

沙苑之战，宇文泰未能渡河；邙山之战，高欢没有入关。战场上两家“礼尚往来”，说到底还是实力使然，谁都别想一口把对手吃掉。话虽这么说，此战毕竟是最接近于干掉宇文泰的一次，高欢难免抱憾终生。

宇文泰战前从玉壁召来王思政，本打算让他镇守虎牢，如今虎牢啃不下，便命他驻守弘农。刘丰生兵至弘农城下，王思政大开城门，将士不做战备，一派“祥和”。刘丰生不敢入城，领军而还，王思政的弘农版空城计奏效。

邙山大战，西魏失利，宇文泰与高欢的斗法至此两胜两负，打成平手。

宇文泰回关中广招豪强以充军力，将府兵制发扬光大。高欢回晋阳，则做了三件大事：一、杀掉贺拔胜身在东魏的所有儿子，以报战场上被追之仇，贺拔胜在西魏得知，吐血而死；二、任命侯景为司空，宰制河南军事，埋下身后之乱；三、赦免境内死囚，高仲密三位兄弟的子孙也因功免罪，唯独不赦高仲密一家。

高仲密已被宇文泰接入西魏，他的妻子儿女则难逃一刀。高澄人模狗样打扮一番，去见即将被处死的李氏，问道：“如今你还有何话说？”

李氏无语以对，高澄欣然解了绳索，纳她为妾。孰知，十多年后，这位美女引发了一起宫廷祸乱，以至高氏的北齐臣死君废，真是报应不爽。

二十、谁是强者

东魏武定三年（545），高欢五十岁，按照当时中国人的平均寿命，他已步入老年。早年随他出生入死的老部下段荣、蔡俊，还有在河北拥戴他的封隆之、李元忠等人都已先后去世，而高欢还在他的大丞相位子上，为青年时代的理想沥血奋斗。

“平定天下，澄清宇内”，多么激动人心的豪言！然而二十几年过去了，这八个字对于高欢来说依然是“豪言”。高欢算计一生，什么都算到了，唯一漏算了他强大而年轻的敌人——宇文黑獭。

老则老矣，绝不遗强寇以祸后人。高欢要毕余生之力，举全国之众，做一番豪赌。为了这次豪赌，他是什么血本都愿下，什么手段都愿使了。

高欢派人去吐谷浑，招吐谷浑可汗夸吕的堂妹入后宫，由孝静帝纳为容华嫔。东魏与吐谷浑结盟，使西魏的西南边境多了一个捣乱分子。

对于柔然，高欢也继续加强两家的关系，命九子长广公高湛迎娶阿那瓌的孙女邻和公主。之后，他又派遣杜弼出使柔然为高澄求婚，可阿那瓌狮子开口：“要高王亲自娶才可以！”高欢大为犯难。通明事理的娄昭君劝他：“国家大计，勿再迟疑。”跟随他三十年的妻子主动让出了位置，高欢愧疚不已，“跪而拜谢”。

与西魏文帝一样，堂堂高丞相做出了易妻为妾的巨大让步，亲自北上迎接阿那瓌的爱女，将她奉为正室。

柔然公主脾气倔强，终生不说汉话，对高欢的要求非常严苛，高欢即便患了病，也得坐着车去尽丈夫的义务。

为了彻底解决后顾之忧，高欢的牺牲可说是到了极致。在彪悍的柔然公主面前，他简直与面首没啥两样，高欢体力的江河日下，与此也不无关系。末年的高欢，好比一个将灵魂出卖给魔鬼的人，为了功业可以抛弃家庭，抛弃爱情，抛弃人间一切美好的东西……

武定四年（546），高欢开赌。由于山西一带的兵力在这些年的消耗战中被打得差不多了，他便在山东征召十几万大军，会兵晋阳，讨伐西魏。

高欢的首要目标，是河东孤堡玉壁城。

玉壁城是西魏大将王思政的杰作，筑于汾水下游的南岸，北濒汾水谷地，西为黄河，东为涑水河，三面黄土断崖，只有南侧有道路与外界连接。远远望去，城堡耸立于河流冲击而成的黄土高台之上，称其为天险，毫不为过。

玉壁地区土地肥沃，富产粮食，民用、军需皆不在话下。对西魏而言，据玉壁则长安无忧而坐望晋阳；对东魏而言，得玉壁则晋阳无虑而长安可下。这么重要的战略意义，高欢和宇文泰都清楚得很。

王思政调任时，向宇文泰推荐由韦孝宽代他守卫玉壁。韦孝宽本名韦叔裕，以字行世，家族乃关中大姓，祖、父两代都是郡守。韦孝宽自幼涉猎经史，处事沉稳，年纪轻轻就屡立战功。韦孝宽去守玉壁，守兵虽不多，却很让宇文泰放心。

高欢打好了如意算盘，准备猛攻玉壁，诱宇文泰挥师来救，然后围城打援，把西魏主力绞杀在河东。没想到，宇文泰在关中泰然处之，不派一兵一卒，坚信韦孝宽会不辱使命。

高欢吸取了第一次玉壁之战的教训，不硬干，而是祭出了各式巧妙的攻城手法。中国历史上一场艰苦又经典的城堡攻防战在玉壁上演了。

攻城招法之一：断水。玉壁城的水源汲于北面的汾水，高欢命将士在汾水上游另掘河道，一夜之间工程完毕，汾水绕行，城内用水的供应中断。韦孝宽没有恐慌，他下令在城内凿井取水。当地地下水丰富，供水问题很快得到解决。韦孝宽轻松破掉高欢的第一招。

攻城招法之二：土山。高欢在玉壁城南用黄土堆起山丘，欲借助高度的优势自上而下冲进城内。韦孝宽则用木板加高面对土山的两座塔楼，土山高一尺，塔楼高一丈，永远占据制高点。东魏士兵一爬上土山，城内就用石块、火箭伺候。韦孝宽又胜一筹。

攻城招法之三：地道。土山之计不成，高欢派人向城内喊话："纵使你把楼搭到天上，我也会穿地入城！"他在城外日夜不停地广挖地道，分为十路，想像土拨鼠一般从城底穿入。韦孝宽沿外城墙掘开沟堑，拦住敌军地道，又选派将士把守堑口，一见东魏士兵从地道里钻出就揪住砍死。这还不算，他又命守兵在堑外囤积柴草，在掘通的隧道口点上柴草，用皮排往里头鼓风。地道里头可怜的东魏士兵不是被烧死就是被呛死，好不容易跑到道口，又做了西魏兵的刀下鬼。地道战的较量令高欢损失不小，他又败了一阵。

攻城招法之四：冲车。冲车是古代攻城战的常用器具，高欢所用的冲车体积庞大，构造特殊，所撞之处无不留下极深的痕迹，即便是很粗的柱子也经不起冲车几撞。玉壁城的城墙与城门耗损严重，一旦坍毁，后果不堪设想。韦孝宽的反应极迅速，立即让人缝制一张又厚又大的布幔，从城楼上挂下来，冲车到哪里，布幔就移到哪里。柔能克刚，布幔犹如一张大网，把强劲的冲力化于无形，城墙保住了。

高欢盯着城上的布幔思索良久，有了新的主意——火烧。东魏军在长长的竹竿前绑缚松香等易燃物，浇油点火，从远处烧布幔，同时也可以直接烧城楼。韦孝宽也不含糊，你用长竿，我用长钩。西魏士兵们拿着长钩站在城楼上，着火的竹竿一靠近就伸过去割，点燃的松香随之而落。高欢望而兴叹，第四招也给彻底破了。

攻城招法之五：焚柱，即地道焚柱。这招非常毒辣，高欢起兵时攻破邺城，用的就是这一招。他命人重新挖掘地道，四面并进，共二十一道，地道中的柱子先顶后烧，崩毁了城墙。韦孝宽可不是当初的刘诞，哪那么好欺负？他在城墙后面备好结实的木栅，哪里城墙崩了，就在哪里竖起木栅，堵住缺口。高欢的成功经验又没用了。

高欢那个郁闷啊，能使的法子全使上了，自己人死了不少，浪费了无数木材、火具，可韦孝宽那边还在城楼上高枕无忧呢。一般人到此怕是要崩溃了，高欢却还有第六招——攻心。

高欢命参军祖珽（tǐng）到城下喊话："两家交兵已有多日，你孤城一座，救兵连个影儿都见不着，早晚撑不下去的，不如投降啊！"

韦孝宽一脸坦然坐在城头，答道："我城池牢固，兵粮有余，攻城的每天忙活，守城的每天休息。才几十天而已，要什么救兵？我在担心你们啊，搞不好就死在这里了！我韦孝宽是关西男子，岂会做降将军？"

祖珽一看韦孝宽是吃了秤砣，又向城里的守兵喊道："韦城主受了宇文黑獭的恩禄，死守还说得过去；你们这些将士，何必跟着他送死呢？"他又往城里射去赏令，上写："谁能斩城主投降，拜为太尉，封开国公，城邑万户，丝帛万匹。"

韦孝宽收下赏令，翻过面来写道："谁能斩高欢，照此封赏。"反射到城外。

高欢气炸了肺，用铁锁锁上韦孝宽在关东的侄子韦迁，刀架脖子，将他押到城下，表示韦孝宽不投降就杀掉韦迁。韦孝宽不为所动，看都不看一眼。城中士卒感动不已，个个抱定决死之心。

东魏在玉壁城下苦战近六十天，死伤惨重。时值隆冬，军中缺衣少药，疾病蔓延，史载"死者七万人"。

高欢的脑力与体力都发挥到了极限，旧病复发，倒在了军营中，于是，本章开篇那一幕悲壮的场景出现了。

一片《敕勒歌》的歌声中，高欢想起了六镇草原上的辽阔天空，想起了从怀朔到洛阳的邮差生涯，想起了骑马赶牛的逃难岁月，想起了那个豪气万丈的青年贺六浑。一世坎坷，一路拼搏，今天的你，是憾，是恨，是喜，是哀？

旷日持久的龙虎斗渐渐走到了尾声。十四年，以早婚早育的北朝人的标准，是一代人的时光。临到末了，我们还是忍不住问一个很俗的问题：高欢与宇文泰，谁更强？

论成就，高欢由一名不起眼的怀朔镇小兵起家，广结宾友，先后效力杜洛周、葛荣、尔朱荣，于信都起兵，以一州之力席卷整个关东；宇文泰出身武川镇将之家，投葛荣，降尔朱，入关平乱，接手贺拔岳军队，将关中经营得有声有色，才得以积累资本与高欢抗衡。两人各得天下的三分之一，如梅花间竹，难分高低。

论用人，高欢看重一个义字，惜才爱士，但为了短期的战略目标忽视了北魏遗留的吏治腐败，造成军士贪婪无度，难以遏止，最终毁掉了他青年时代的理想，也毁掉了高家的霸业；宇文泰最看重的是赏罚分明，严禁部下贪财暴民、作威作福，关中每一个人才都能被他任用得恰到好处，所谓的六柱国、十二将军，大多数的能力其实不及高敖曹、侯景、斛律金，甚至比不了窦泰、彭乐、段韶、尉景等人，却能名垂千古，建功立业。韦孝宽玉壁成名，就是宇文泰用人的最佳范例。

论治军，高欢主力大多为镇兵，六镇之乱后鱼龙混杂，素质参差不齐。高欢抚恤士兵的确很有一套，然而囿于本人的出身，他对军队过分放纵，最终导致鲜卑兵将与汉族士人长期对立。宇文泰在军队数量上处于绝对劣势，可是穷则变，变则通。他首创府兵制，通过组建关陇集团，客观上融合了关中各民族的矛盾，从而使西魏军队转弱为强。两相比较，宇文泰又稍稍胜出。

不过，高欢创下的家业幅员辽阔，人才济济。高欢死后，宇文泰也无力奈何东魏。二十年内，西魏、北周（即西魏的后继）都处于战略防御，从另一侧面说明了高欢的强势。“谁是强者”的问题争论了一千五百年，也许还将再争论一千五百年。

武定五年（547）元旦，日食。人们自然想到，高敖曹战死那年的元旦同样发生了日食，现在，大概是轮到高欢去追寻他心爱的大将了。

高欢在病榻上悲呼：“日食是为我吗？死亦何恨？”

高欢把高澄从邺城召到晋阳，说了最后一段遗言：“你面有忧色，莫非忧虑侯景会造反吗？哎，侯景飞扬跋扈，专制河南已有十多年，我能养他，可他又岂是你能驾驭的？库狄干、斛律金一干老臣性情耿直，不会负你；可朱浑道元、刘丰生远来投奔，必无异心；亲戚之中，段韶智勇双全，可任大事；彭乐心腹难得，需加提防[①]。举国之内堪敌侯景者，唯有慕容绍宗，我故意不用他，就是留给你的，你可委以重任，谨记勿忘。”

正月初八，高欢病逝，享年五十二岁。五天后，侯景反，天下大乱。

---

① 后来彭乐果然如高欢所料，谋反被杀。

第十章

侯景之乱

高欢往往能做到谋划在先，经略全局，他的谋略即便称不上古今罕有，说一声出类拔萃是绝对可以的，可惜“既生欢，何生泰”，天要宇文泰做他的克星。

梁武帝的方针本是无懈可击，但忽略了一个根本的问题：战争是要靠人来完成的。战争消耗了国家的实力，也锻炼了国家的战斗力，从最高统治者、军队到普通老百姓，其战争能力都会得到极大限度的开发。南朝一味地坐山观虎斗，原有的战斗力在和平中慢慢退化，最后成了坐吃山空，一遇战事，反而不如长期内战中的北朝。

梁武帝的一生，既有雄才大略，又有疏懒昏庸。他以佛教修身，却失于偏激；他以慈爱齐家，却失于溺爱；在治国方面，他不能体恤百姓和士兵，身为君王处事常常有失公允，以至于在维护皇室贵族利益的同时，严重损害了国家社稷的利益。

经过侯景之乱，原本弱小的西魏实力增强，原本强大的东魏发展受阻，坐山观虎斗的南朝则无力争雄。一系列此消彼长之后，来自西北一隅的关陇贵族集团成为时代的宠儿，最终实现了统一，开创了空前绝后的隋唐盛世。

• • •

一、佛门天子

在我们中国人的哲学里，所谓“宇”，就是天地四方，泛指空间，所谓“宙”，就是古往今来，泛指时间。两个字合在一起，就是空间和时间的总体。

依此理论，一个人也可以是一个宇宙，因为人是狭义上的空间和时间的总体。

的确有人是以宇宙自居的，这个人就是侯景。侯景的一生相当不可思议，不可思议到必须要用宇宙来形容的地步。成就侯景的不可思议的，是另一个不可思议的人——南朝的梁武帝。“不可思议”，出自《维摩诘经·不思议品》，是佛教里的名词，而梁武帝正是一个虔诚的佛教徒，甚至不客气地说，是一个有些极端的佛教徒。

关于梁武帝对佛教的虔诚，正史上的记载非常详尽，《梁书》说他“笃信正法，尤长释典，制《涅槃》《大品》《净名》《三慧》诸经义记，复数百卷。听览余闲，即于重云殿及同泰寺讲说，名僧硕学，四部听众，常万余人”。他所主持编译的佛经就有数百卷之多，境内修建、供养的佛寺近三千所。“寺”本是古代行政机构的名称，比如光禄寺、大理寺，宦官最初的称呼之一就是寺人。南北朝的佛寺文化在世人心目中落地生根，以至于今天的很多人一提到“寺”，首先联想到的是佛教寺院里的僧侣。杜牧的“南朝四百八十寺”，数字只有可能保守，绝没有夸张。南朝的寺院与浮屠（即佛塔）与北朝的石窟与佛像相映生辉，是中国佛教文化古迹上的一对奇葩。

为了将佛教演变为教化万民的一种信仰，梁武帝“以身作则”，于南梁天监十八年（519）在宫中的华林园受菩萨戒，法名“冠达”。在世俗世界里，他是国家的皇帝，在佛的世界里，他是修行的菩萨，“皇帝菩萨”的称呼由此而来。

光受戒还不够，梁武帝又在皇宫隔壁修建同泰寺，并亲自进寺讲经说法，向万民宣扬佛学思想，即所谓“舍身寺奴”。

第一次“舍身”，发生在南梁普通八年（527），之后，梁武帝又在大通三年（529）、大同十二年（546）和中大同二年（547）三次入同泰寺“舍身”，且一次比一次的时间长，到了第四次，前后长达四十七天。

这四十七天里，梁武帝的身份是“菩萨”，梁国在事实上处于无君的状态。他在寺内只穿法服，除此以外的一切物件一概摒除。他多次举行四部无遮大会，讲《涅槃经》和《三慧经》。所谓“四部”，即僧、尼、男女居士；“无遮”，又称“无碍”，范围更大，是允许任何人自由参加的法会，会场听众一时达到数万人。

皇帝“舍身”为“寺奴”，国又不可一日无君，大臣们急得团团转，只得凑足钱财为他“赎身”，前前后后一共花费了三万亿钱。

所以说，梁武帝是位不折不扣的“佛门天子”。批评家们往往喜欢强调他佞佛，抛开意识形态，他对于佛教学说的贡献，对于佛教文化的影响，都是相当深远的。

梁武帝在佛学上最为有名的一套理论是“三教同源说”，他认为，佛、儒、道三教本源是相同的。

佛、儒、道三教之间的对立与争执由来已久。佛教于汉代传入中原之前，儒、道就有了数百年的争执，佛教从西域传入后，宗教间的冲突在所难免，到魏晋南北朝达到一个高峰。比方说儒、佛争论中的礼制问题，僧人觐见皇帝是否应当行士大夫的跪拜礼节，从东晋到刘宋都有过大规模的辩论，跪拜令屡颁屡废，最终出世的僧人还是占了上风。

道、佛之争则更盛。西晋道士王浮撰写了一部《老子化胡经》，说老子出关往生西方后才有了佛教，这一说法自然遭到了佛教信徒的不断攻击。刘宋末年，又有道士顾欢撰写《夷夏论》，极力诬佛，两家的争论升级。佛教徒说，佛祖派了三个弟子到中国，一个是孔子，一个是颜渊，另一个就是老子。大家争来吵去也得不出个结果。

梁武帝颁布《舍道诏》，将佛教推崇到最高的位置，宣布佛教为国教，对这个问题做出了裁决。但是他不把儒、道两教一棒子打死，因为他本人在儒、道方面的修养都不低，留下了很多注解孔子、老子思想的著作。他认为儒、道也有不少优点，三教不应对抗，而应融合，彼此作为参照与补充。他常常称释迦牟尼、孔子和老子为

“三圣”，也重视儒、道两教的作用，大力开办经学馆，敬重著名道士陶弘景，等等。这些举措是相当符合他最高统治者的身份的。

梁武帝在三教同源说的基础上，又发展出了很多容易接受的佛教戒律，对今天影响最大的，莫过于开僧人必须吃素之先河。

素食之风于中国比较有历史，道家的养身之道中就包含了“五谷为养，五果为助”的饮食理论，文人喜欢搞的素食斋禁有甚于现代的瘦身行为，是一种风尚。如果干涉别人的吃素行为，那就可能有坐牢的危险，弄不好还会掉脑袋，更夸张的是，如果在吃素的时候不小心放了一个屁，被人听到了，那叫“坐斋不谨”，也会被砍头。

佛教在刚传入中国时是允许信徒在规定条件下吃肉的，可梁武帝有自己的逻辑，他在受戒之前下了一道诏令，规定僧人在任何情况下都不得吃肉。

诏令颁布，梁武帝自己得做模范，每天只吃一餐，内容以豆羹米饭为主，没有一点油腻荤腥之物，非常简朴。而且他还改变早年一度沉湎女色的作风，绝断房事，五十岁后再也未临幸任何女子。

除了食素，寺院撞钟的传统也源自梁武帝。他曾向高僧宝志请教：“怎样才能摆脱地狱之苦？”宝志的回答是：“人的苦痛不能一时消失，但是如果听到钟声敲响，苦痛就会暂时停歇。”梁武帝便下诏寺院撞钟，“夜半钟声到客船”的寒山寺就是梁武帝敕命赐建。宝志是南朝前半期修行极高的僧人，活了九十七岁，据说，他是民间济公活佛的原型。

然而具有讽刺意味的是，这么一位虔诚事佛的皇帝，其佛学修为其实并不高。这得提一下梁武帝与达摩老祖之间“不得不说的故事”。

达摩出师后，遵照老师般若多罗的嘱咐到中国传教。达摩是天竺南部的人，所以走的是南方海路，来到了梁武帝治下的梁国。

梁武帝以大礼迎接了达摩，见面就问：“朕自即位以来，造寺写经，度化僧众，不可胜数，请问有什么功德吗？”

达摩初来梁国，并没有对梁武帝的事迹有太多的调查和了解，大家初次谋面，上来就问自己有什么功德，梁武帝急功近利之情溢于言表。

达摩冷冷地说：“并无功德。”

梁武帝急了，没有功德那自己岂不白忙活了？他就追问："怎么会没有功德呢？"

达摩说："这修的仅仅是人天小果，有漏之因，不过像随身而动的影子一样虚幻不实。"

梁武帝又问："那什么是真功德？"

达摩回答说："不染烦恼，圆融妙净，身心当中，空空寂寂。"

梁武帝感到这个外国和尚答非所问，可又想探个究竟，便再问："那什么是佛家圣谛的第一要义呢？"

"空空荡荡，本来就没有什么圣谛！"

这句回答得精妙。其实世间万有本来就都是按照自然规律运行的，你说哪个是圣谛？就像当时北朝认为自己是中国，称南朝是岛夷，南朝又认自己是中国，称北朝是索虏，其实是彼此都没有看明白这个世界。

可是梁武帝一听这话不高兴了，说："那现在跟我说话的又是谁呢？"

"不认识。"

好一个糊涂和尚，连自己都不认识，从何求道？两人不欢而散。达摩渡江北上，进入北魏，寓于嵩山少林寺，花了九年时间"面壁而坐，终日默然"。他这种让梁武帝感到莫明其妙的禅法却深得北魏孝明帝元诩的欣赏，僧俗信向者甚众，达摩最终成为禅宗初祖，此乃后话。

在佛家看来，梁武帝的这套修行是很浅薄的，但他仍然有执着，仍然痴迷于他的大好河山。世俗的梁武帝，文章、阴阳、音律、骑射、书法、围棋样样精通，他不像李后主、宋徽宗那样只懂吟诗作画，而是个十分强有力的君主，否则他也不可能开创新朝，又利用北朝的内乱把梁国的北方边界推进了不少。

然而，再强的人也有暮年，这是客观规律，即便皇帝也不能违背。

二、强者的暮年

梁武帝在位四十八年，以他受菩萨戒的年份为界，可分为前后两期：前期为天监年间（502—519），后期为普通改元之后（520—549），后期的这些年里，他事佛兴致渐浓。到了大同年间（535—545），梁武帝已经是个七十多岁的垂垂老者，《魏书》评论晚年的梁武帝"怠于听政，专以讲学为业"，完全失去了壮年时的风采，一派出世超凡的佛门弟子模样。

出世超凡本没有任何问题，但身为皇帝，尤其是梁武帝这样一位曾经颇有作为的皇帝，最终选择全心全意地信奉佛教，或者如批评家所说的"佞佛"，其中缘由就值得探究了。

于是我们回到一个老问题上，梁武帝究竟为什么会"佞佛"？

梁武帝当然有一万条理由去选择自己的信仰，但是以皇帝之尊要将梁国变成"佛的世界"，他必然是从选择国家命运的角度来思考的。

南朝内部经常出乱子，皇帝走马灯似的更换，民风相对北朝显得奸猾险恶。梁国立国于乱世之间，向前看，南齐的经济算不上很发达，再向前，刘宋的力量也远不及北魏。梁武帝取了天下之后，下了一番功夫总结刘宋与南齐不长久的教训，最后他得出了一个结论："建国君民，立教为首。"一个国家要建立起来，并且做到君君、臣臣、父父、子子，想要社会安定团结，就得先"立教"，在民众中建立信仰基础。

在梁武帝看来，刘宋和南齐都是没有注重到国人的信仰。国人没有了信仰，就失去了凝聚力，其君昏庸，其民奸佞，政权也不会长久。所以他认为，要建立一个不再混乱、秩序井然的国家，最重要的一点是在信仰上做文章，这是一切的纲，其他的都是目，纲举才能目张。

下一个问题是，该建立一种什么样的信仰呢？

梁武帝选择了佛教。佛教劝人向善，吃斋拜佛一类的修炼方式也容易被接受，并且在当时比较深入民间，推行起来民众不会有太大的抵触情绪。而且佛教宣扬因果报应，今世受的苦是前世造的孽，相信了这一点，人们就不会起来反抗统治。

在“立教”思想的指导下，梁国的政局比动荡的北方稳定许多，一代文豪庾信在他著名的《哀江南赋》里感叹说“五十年中，江表无事”，大抵是事实。这说明弘扬佛法的政策并不能说完全错误，至少是有一定成效的。问题在于，凡事不能走极端，既是在程度上，也是在时间上。

梁武帝统治的后期，社会实际情况较之初期已经发生了巨大的变化。梁武帝过度致力于佛教事务，本身也变得越来越脱离现实社会了，沉迷佛教的时间越长，脱离现实的程度也就越严重，偏偏梁武帝又高寿，觉得自己英明神武有佛祖保佑，这样一来，他在治国上产生失误就不足为奇了。

尽管梁武帝一心“立教为首”，梁国却并未摆脱南朝其他几代王朝衰弱的规律。信仰虽然重要，但不可能是影响社会发展的唯一因素。民以食为天，没有经济的发展而空有信仰，是无益于国家的。

普通年间，梁国的经济危机逐渐显现，战事频繁，大兴佛事，使得国库日益空虚。普通四年（523），政府下令罢铜钱而铸造铁钱，这种铁钱又称“铁五铢”，是中国历史上首次大批量铸造的铁钱。铁钱价值不及铜钱的十分之一，结果自然是通货膨胀，物价飞涨。官吏大肆贪污，商人从中渔利，民众苦不堪言。

比普通百姓过得更糟的是军人。

南朝的兵制承自三国两晋，其原则为一旦为兵世代为兵，父死子代，兄终弟及，因此也称“世兵制”。这些所谓的军户被严格管理，担负着沉重的兵役。到了天监十七年（518），梁武帝颁布诏书将士兵与奴婢并列，军户的地位低到了极点，逃亡的现象越来越普遍，士兵们不是剃度为僧，就是投入豪强门下做荫户。

为了制止士兵逃亡，朝廷又规定，一人逃亡，全家以身抵押服役。走投无路之下，各类作奸犯科乃至官逼民反的事件就多起来了。

大同年间，广晋（今江西景德镇西北）、安成（今江西安福）、交趾（今越南河内）先后发生了聚众叛乱，其中以交趾豪强李贲的反叛规模最大。李贲于大同七年（541）自称越帝，与朝廷对抗，极盛时几乎攻下广州。叛乱持续了七年，直至中大同元年（546）才被平息，陈国的开国皇帝陈霸先就是通过镇压这场叛乱崭露头角的。

梁武帝并非没有意识到种种社会问题，他曾几次下诏，要求官员上书举奏提出批评意见。散骑常侍贺琛就上书，具体列举了时政的四大弊端：一、地方官员横征暴敛，导致百姓流移，户口锐减，妨害民生大计；二、贵族奢靡无度，风气败坏；三、朝廷官吏专为利己，无心奉公；四、政府兴造过多，劳民伤财，动摇国本。这四条分析得都是很在理的，可梁武帝看了以后大发雷霆，立即给贺琛回复敕文："你说有人贪婪凶残，有人狡诈奸猾，是什么人，是什么事？具体指出来。如若不然，你就是欺君枉上！朕三十年如一日崇尚节俭，百官怎会不效仿？你得好好认识错误，严肃检讨！"贺琛见状，只得乖乖承认错误，不再说话。

梁国的朝臣里，像贺琛这样偶尔还敢直言上书的已经是凤毛麟角了。梁武帝老了，只爱听奉承话，能臣周舍、徐勉死后，他最宠幸的就数中领军朱异了。朱异学问高，本事也有，但是人品很差。他明白如何揣摩上意，一味阿谀谄媚，同时又结纳私党，收受财赂。在他的手里，梁国朝纲每况愈下，愈加黑暗。

佛教是讲究普度众生、慈悲为怀的，梁武帝却只对皇亲和官吏慈悲为怀。

有一次，梁武帝去郊祀，半路上有个老头拦住御驾劝谏："陛下执法，对庶民太严苛，对权贵太宽松，这不是长久之道，假如能有所改变，则天下大幸。"梁武帝听后并没有检讨改正，依旧如故。

梁武帝的统治方略类似元朝。明太祖朱元璋论起元朝曾一针见血地说："元以宽亡国。"这个"宽"不是指对百姓宽，而是指对权贵宽。以蒙古铁骑横扫欧亚的强悍，元朝尚且不足百年而亡，梁武帝的潜在危险也就可想而知了。

在梁武帝手下做官员是非常"幸福"的，犯了罪往往能法外开恩，作为梁武帝的亲戚更是如此。

梁武帝的六弟临川王萧宏打仗无能，搜刮百姓却很有一套。六王爷给自己谋了个职业——放债，他以借债人的田地、房产、商号、店铺为抵押，还债期限一过，马上派人夺取抵押的宅店田产，然后再利用这些宅店田产牟取新的暴利。建康周围的江东一带，失业破产的百姓无以计数，多半有他的“功劳”。

“精明”的六王爷获利可观，仅仅用来收藏财富的仓库就有将近一百间！萧宏一生最看重钱财，防备极其严密，仓库设在内堂后面，好方便他近距离保护。不过防备得太严密了反而引起了注意，有人怀疑里头藏有武器，秘密通报梁武帝。

梁武帝听闻临川王私藏兵器，涉嫌谋反，也不得不重视起来，派人调查怕冤枉了弟弟，他就亲自出马。

梁武帝以找萧宏夫妇喝酒共叙手足之情为名来到萧宏家里。萧宏热情接待，酒至半醉，梁武帝说：“我想到你的后堂走走。”

萧宏脸色吓得煞白，以为兄长要查办贪腐呢，但又不能抗旨，只好硬着头皮领梁武帝到了后堂。一圈走下来，梁武帝乐了，原来萧宏的仓库不是什么武器库，而是个大宝库，其中钱库三十多间，其余各库储藏布绢丝绵、漆蜜纻蜡等值钱的物品。

梁武帝看着一身冷汗的萧宏，笑道：“老六，你小日子过得很不错啊。”当即放下心，回到前堂继续痛饮，直到深夜才尽性。

梁武帝对萧宏的宽容还有更多表现。

后来，萧宏跟亲侄女、梁武帝的女儿永兴公主乱伦，竟打算弑梁武帝自立。事情败露，公主羞愧自杀，梁武帝却没再追究萧宏的罪责，任他安度余生。萧宏死于普通七年（526），梁武帝追赠他侍中、大将军，谥为靖惠王，厚礼而葬。

萧宏放债敛财，多少算个“正经”生意，他的三子临贺王萧正德却专干拦路抢劫、杀人越货的勾当，这就属于江洋大盗的级别了。

梁武帝早年连生了三个女儿，担心后继无人，曾过继萧正德为嗣子，后来太子萧统出生，就把萧正德还给了萧宏。萧正德本以为将来能当上皇帝，没想到落个竹篮打水一场空，心理不平衡，一气之下居然投了北魏，声称自己是梁国被废的太子，外逃避祸。结果转过年来，萧正德觉得北魏对自己不友好，仇人萧宝夤还起了杀心，便又自讨无趣地逃回梁国。梁武帝没有惩罚他的叛国罪，反而流着泪教导他，恢复了他的爵位。

回了国的萧正德大有龙归大海、虎入山林之势，他招聘了一批亡命之徒，和弟弟萧正则一起搞了支纠察队，黄昏时分埋伏在路上做打劫杀人的买卖。有梁武帝做保护伞，官府也不敢过问。

普通六年（525）梁武帝北伐，任命萧正德为轻车将军。萧正德在前线惦念自己的纠察队，干脆抛弃部队独自一人跑回建康。

事关军情重任，梁武帝终于火了，削了萧正德的爵位，把他流放临海郡。可萧正德还没走到临海，梁武帝又后悔了，派人追上去赦免了他，还安慰他，北伐也别去了，安心留在建康当强盗吧。

在梁武帝的一再放纵下，萧正德越来越膨胀，后来终于与侯景结盟，要取梁武帝的老命。

三、各怀鬼胎

梁武帝对待兄弟和侄子尚且如此放任自流，对亲生儿子更是宽纵得一塌糊涂，无以复加。宽纵的直接后果，是导致皇子问题成为毁灭南梁王朝的主要因素之一。

梁武帝共有八个儿子，依次是萧统、萧综、萧纲、萧绩、萧续、萧纶、萧绎、萧纪。其中萧统、萧纲、萧续三兄弟同为丁贵嫔所生，其余五子分别出自五位妃子。

次子萧综我们以前提过，母亲为萧宝卷的宠妃吴淑媛，因此他利用领兵北伐的良机投入北魏。梁武帝一度断绝了与他的父子关系，剥夺了他的爵位封土，后来萧综客死他乡，梁武帝又开始怀念这个“儿子”，恢复了他的名誉，还派人秘密潜入北朝，盗取他的灵柩送回建康安葬。

中国的皇权时代，从秦始皇算起直到宣统皇帝，两千一百多年绵延不断，然而在历史长河中，比梁武帝享寿更长的皇帝仅有清朝的乾隆一人。皇帝的寿命常常比皇帝的品德才干更能影响皇朝的稳定性，不少皇朝的衰亡是源于皇位更迭过于频繁，刘宋和南齐都是这方面的典型例子。可是，皇帝的寿命过长也不见得是好事，清朝的衰落与乾隆皇帝倚老卖老、故步自封不无关系；梁国也是如此，梁武帝如果少活二十岁，江南百姓的生活或许不会那么糟。

梁武帝即位后所封的太子是萧统，即昭明太子，口碑相当不错。

关于昭明太子的传说故事很多。相传他出生时形貌奇异，右手紧握，谁都无法掰开，梁武帝担心他是残疾，终日愁眉不展。有位大臣建议，张榜天下招纳名医诊治。榜文一贴出去，第二天就有人来揭榜，此人不是别人，正是鼎鼎大名的文豪沈约。沈约抱着试试看的心态去看小萧统，有趣的是，萧统的小手被他轻轻一掰就分开了。梁武帝大喜，拜沈约为太子的老师，沈约便在自己家乡造了一座书馆，专心教小萧统读书。这个书馆，就位于今天浙江桐乡的乌镇。“昭明太子读书处”遗迹至今残存，也算是江南保留不多的六朝风物。

其实这个传说经不起推敲，它最大的漏洞是，萧统于齐和帝中兴元年（501）出生在襄阳，当时梁武帝还在进攻萧宝卷的途中，不可能有精力去掰萧统的小手，更不可能以皇帝之身张贴皇榜。不过，传说的确寄托了千年来文人对于昭明太子的美好遐思，昭明太子也的确有具备集文人、皇子于一身的理想形象。

昭明太子自幼才智非凡，三岁读《孝经》《论语》，五岁遍读五经，十岁就能开堂讲儒家经学了，属于神童级别。他成年后更是酷爱读书，过目不忘，出口成章。

这里还有段佳话。有一次，萧统与一些名士在后池泛舟，番禺侯萧轨兴致很高，就说：“此处应当有伎人奏乐伴舞。”萧统不予答复，脱口吟诵晋代诗人左思的《招隐诗》：“何必丝与竹，山水有清音。”萧轨惭愧不已，无语以对。

萧统藏书数万卷，好与文人交往，他所主编的《文选》——后世也称《昭明文选》——是中国现存最早的一部诗文总集。他仁厚孝义，对仆人从不责罚，还多次减免判罚不当的重罪；遇到雨雪灾，他就派手下大街小巷地体察民情，给贫困家庭、受灾游民发放粮食棉衣救助，因此深得民心。

遗憾的是，这位人望颇高的太子却因为小人的构陷，受到了梁武帝的猜疑。

南梁普通七年（526），萧统的生母丁贵嫔去世，萧统派人给母亲买了块好墓地。将要斩草下葬时，有个卖地的找到梁武帝身边的太监俞三副，许诺说如果能把自己的地卖三百万钱，便将其中的一百万钱给俞三副作为报答。俞三副贪财，便密奏梁武帝，说太子所选的墓地风水不好，某块土地是吉地，对皇帝有利。梁武帝一听，既然对我有利，那就买吧，便宜就这样让俞三副给赚去了。

安葬了丁贵嫔，一个看风水的道士对萧统说：“太妃的墓地对你不利，若要避祸，就得厌伏。”

“厌伏”是巫术的一种，指用一物压一物的方法来作咒。萧统按照道士的指示，在丁贵嫔墓侧的长子之位埋下了腊鹅等物品。

没想到，太监借此出来捣乱了。

太子宫中有个内侍太监叫鲍邈之，嫉妒另一位太监魏雅更受太子喜爱，心里不平衡，就向梁武帝告密状，说："魏雅勾结道士为太子厌祷，在墓地里做手脚诅咒陛下。"

梁武帝一查，果然在丁贵嫔的墓地里发现了腊鹅等物。利用巫术谋逆是宫廷大忌，非同小可，梁武帝本想彻底查清此事，广开连坐，幸亏侍中徐勉从中劝止，只诛杀了道士。

然而经此一事，梁武帝对于萧统的好感与信任度大幅下降，甚至有了更换太子的想法，萧统因此终日忧惧不安。中大通三年（531），他在后池游玩，因采摘莲花落水染疾，病情迅速转重，不治而终，年仅三十一岁。

萧统的早逝是南朝文学界的一大损失，也是梁王朝的一大损失。梁武帝在立嗣上碰到了难题，犹豫不决。

按照立嫡旧制，应当立萧统的嫡长子萧欢为皇太孙，但墓地一案把梁武帝对东宫的印象搞得很差，他不喜欢萧欢，何况还有一个冠冕堂皇的理由：萧欢年纪太小，不足以主持大局。

萧统死后过了近两个月，梁武帝宣布立萧统的同母弟弟萧纲为新的太子。这个选择本身无可厚非，萧纲与萧统有几分相似之处，也是能文善辩、性情恭顺，但立萧纲等于是废嫡立庶，朝野为此议论纷纷，好些大臣都上表反对。梁武帝的另外几个儿子，除了四子萧绩死在萧统之前，剩下的萧续、萧纶、萧绎、萧纪都认为，既然萧纲可以越位做太子，那么他们当皇帝的机会也就不是微乎其微的了。骨肉兄弟从此各怀心事，不仅嫉恨萧纲，相互之间也是矛盾重重，谁看谁都不顺眼。

跳得最欢的是六子邵陵王萧纶。萧纶大约患有间歇性精神病，常常表现出荒诞的行为特征。

萧纶喜怒不定，在南徐州当刺史时横行州里。某天他突发奇想，换了套仆役的衣服到市场里做民意调查，碰到一个鱼贩子，就"采访"他："你说本州刺史是个什么样的人呐？"鱼贩实话实说："本州刺史脾气暴躁、性情残虐。"萧纶勃然大怒，二话不说，强行把活鱼喂给鱼贩吞食，鱼贩痛苦而死。这件事传出后，当地百姓害怕再被萧纶实地"采访"，走在路上都不敢互相搭话，南徐州几乎变成"死城"一座。

又有一次，萧纶到街上巡察，遇到有人出殡，他也不知发了什么疯，竟上前夺过孝子的孝服穿上，一路匍匐号叫，比死了亲爹还伤心。

萧纶身边的典签深觉不妥，害怕追究起来自己会因此获罪，便秘密把萧纶的不法行为报告给了朝廷。梁武帝对萧纶斥责了一番，萧纶并未悔改，梁武帝又下令免除他的官职。

萧纶感到委屈，愤愤不平。他找来一个模样长相酷似梁武帝的老头，给他换上兖服皇冠，请他高坐厅堂正中，自己恭恭敬敬地在底下跪拜，大讲自己如何如何清白。折腾完了，又把老头的衣冠剥掉，亲手拿棍棒一阵毒打，把老头打个半死，算是出了口恶气。

不久，萧纶又琢磨出新花样。他造了一口大棺材，把司马崔会意放到里面，装上灵车，让一群老太婆坐在灵车上边走边哭，给崔会意出殡。

崔会意忍无可忍，把事情告到梁武帝那里。梁武帝实在过意不去，又削除了萧纶的爵位，还把他逮捕下狱。可是没多久，他就释放了萧纶，恢复了他的爵位，派他去做扬州刺史。

萧纶继续为非作歹，拼命搜刮民脂民膏。府丞何智通向梁武帝通报，萧纶马上密派心腹杀掉了何智通。梁武帝处死了萧纶的心腹，却又一次对萧纶网开一面，只关了他一个月而已。

萧纲被立为太子，萧纶四处散布“太子是按照诸子年秩所立”的言论，意思是说，只要父亲和哥哥活得没他长，皇帝就轮到他来做了。

中大同二年（547）萧续去世，萧纶更觉得自己希望大增，竟两次谋划弑君：第一次是在梁武帝外出的路上埋伏兵士，事情泄露；第二次是向梁武帝进献下了毒的曲阿酒，梁武帝把酒转赐给太监，太监被毒死。即便是这样，梁武帝依然没有对萧纶做出任何实质性的处罚。

萧纶之外，萧续、萧绎、萧纪也不是什么善主。萧续和萧绎长期关系紧张，萧续在州府任上大肆敛财，贪腐程度不逊于他的叔叔萧宏，哪知道八字太差，早早翘了辫子，无福享受。萧绎听说后，高兴得活蹦乱跳，把鞋子都给磕破。

萧续的财产由他的嗣子萧应继承，萧应是个荒唐的白痴，荒唐到什么地步？他与下人们到内库里检阅财宝，指着一块金条，问道：“这玩意能吃不？”

下人回答："不能吃。"

"既然不能吃，那送给你们了！"

萧续敛财巨多，他珍爱的财宝最终却落得这么个下场。

梁国的王公贵族，在梁武帝的娇惯和袒护下全成了一批骄奢淫逸、不守法纪、祸国殃民的废物。权贵有皇帝做靠山，以百姓为猪狗，梁国达到了"人人厌苦，家家思乱"的地步，梁武帝标榜"慈悲为怀"，又有什么用？

梁武帝真的老了，他不再具有机敏过人的谋略，也没有当机立断的果敢，至多只能保持已有的思维模式。长期的所谓"太平盛世"使他自以为功德圆满，认识不到社会矛盾的加剧和各种新问题的出现，或者他即便认识到了也不愿面对现实，坚信只有更努力地宣扬"佛法"才能消灾解难。

严酷的现实是，可怕的灾难无法避免，死亡的脚步正在迫近。虚幻缥缈的美梦早晚是要破灭的，跛足狼王侯景出场了。

四、跛足狼王

侯景字万景，小字狗子，羯人，与尔朱荣同族，出自怀朔镇，与高欢是老乡。

侯景身材矮小，上长下短，相貌不扬，额宽颧高，面红发疏，喜欢低头环顾，声音喑哑，相术师称之为“豺狼之声”，并说：“此故能食人，亦当为人所食。”这些虽是典型的附会之谈，但从“低头环顾，声音喑哑”的特征来看，小个子侯景的性格中肯定含有某种狼的成分。侯景天生右腿短一截，是个跛足。人们常说瘸腿的狼是狼王，最具号召力，也最需提防，称侯景“跛足狼王”，真是恰如其分。

侯景长相让人不敢恭维，骑马射箭也不是强项，不过却颇有谋略。六镇之乱，他归附尔朱荣的旗下，比高欢要早。尔朱荣赏识侯景，让他做先锋攻打葛荣，侯景一战而成名，被封为濮阳郡公。等高欢取代了尔朱家的势力，侯景眼见尔朱兆不成器，又迅速率部投了高欢。

投尔朱荣的时候，侯景只是个新人，他对尔朱荣是仰视的，而高欢跟他曾同在尔朱荣手下做事，年轻时两人又交往过，彼此知根知底，他不可能用看待尔朱荣的眼光去看待高欢。另外，侯景为尔朱荣效力，更多是出于民族认同的感情，对高欢也没有那样的感情。尽管如此，高欢的个人魅力和才能还是令侯景不得不折服。

不过，侯景只是佩服高欢一人而已。他曾私下里对司马子如说：“王在，吾不敢有异；王无，吾不能与鲜卑小儿共事！”“鲜卑小儿”，是他对高欢世子高澄的蔑称。司马子如听了，吓得急忙捂住他的嘴。

侯景的心思高欢自然心中有数，可“千军易得，一将难求”，有侯景在，高欢相当于多长了一条强劲的臂膀，所以高欢对侯景始终委以重任，任命他为南道行台，让他拥众十万，专制河南。

高欢病危，高澄故意用高欢的名义给侯景修书一封，召他回晋阳。

侯景曾与高欢打过招呼："我握兵一方，容易被小人欺诈。高王的书信，请在背面加个小点。"记号是他俩的私下约定，没有第三人知道。侯景收到高澄的信，见背面没点，心知这不是高欢的命令，便拒绝去晋阳。

史家认为这是高欢的一大疏忽，未免天真了。高欢一世奸雄，会为了守信用就把自己的江山置于危险的境地吗？高澄也不白痴，他若要伪造书信，会不想方设法弄到记号吗？

事实上，高欢已经觉察到了侯景谋反的苗头。玉壁之战，他命侯景从南路进攻西魏，侯景在边境线上屯兵近两个月，等到高欢兵败立即撤回河阳。因此，高欢和高澄根本不需要操心记号的问题，真信假信，有点没点，都只表明一种姿态：你侯景若来，就可不损一兵一卒解决问题；若是不来，也能有光明正大的借口讨伐你。

高家父子的默契，可以从高欢交代的后事中得到证明。

高欢留下的遗言（参见第九章）很值得玩味。"知子莫若父"，弥留之际的高欢毫不糊涂，从高澄脸上的表情就看出他有侯景这块心病。高欢看透了儿子的担忧，也看透了侯景的狼子野心，更重要的是，他早就做好了充分的准备，确保侯景不足以撼摇高家的事业。慕容绍宗这颗棋子，实在是个绝妙的安排。

为什么高欢从未重用过慕容绍宗，却如此坚信他能搞定侯景呢？这里头有个鲜为人知的小秘密：慕容绍宗做过侯景的师父——侯景的用兵之道，基本上是跟慕容绍宗学的。换而言之，全天下最了解侯景优点和弱点的人，正是慕容绍宗。

高欢把这个小秘密几乎不动声色地保留到临终前，然后告诉高澄，也难怪侯景会只惧高欢了。高欢往往能做到谋划在先，经略全局，他的谋略即便称不上古今罕有，说一声出类拔萃是绝对可以的，可惜"既生欢，何生泰"，天要宇文泰做他的克星。

高欢去世，高澄继位。为避免引起不必要的消耗，他秘不发丧，在晋阳静待河南之变。果然，侯景心不自安，很快便扯旗造反了。

河南地处东魏、西魏、南梁三国交界，侯景攻城守寨，屡立战功，不断扩大势力。经过十四年的征战，侯景控制的地盘西起函谷关，东临大海，北至黄河，南达淮水，面积约占东魏版图的三分之一。侯景的士兵又多为尔朱余部，战斗力强大，一向追随于他。手持一副好牌，侯景怎么甘心乖乖交出兵权，束手待毙？

可是举兵造反后，侯景突然意识到自己的实力与号召力没有想象中的强大，整个河南主动响应的只有颍州刺史司马世云一人。

侯景设计诱捕了豫州刺史高元成、襄州刺史李密、广州刺史暴显等人，又继续派部下袭取西兖州，却被刺史邢子才识破。邢子才传檄东面诸州，提醒大家各自防备侯景，使得侯景控制河南全境的阴谋无法得逞。

邢子才本名邢卲（shào），后在北齐担任国子监祭酒，与魏收、温子升三人并称北齐“三才”，文才一流。从此事可以看出，书生的谋略有时也绝不在久战沙场的将军们之下。

侯景懂得独木难支的道理，心里一想，傍棵大树好乘凉，于是他一下子傍上两棵大树：一面宣布归顺西魏，一面派使者丁和去建康，向梁武帝递降表。

就在这年，也就是南梁中大通二年（547）正月十七日的晚上，梁武帝梦见中原各州的太守向他献地投降，举朝称庆。

次日一早，兴奋不已的梁武帝召见宠臣朱异，向他详细描绘了梦中的场景，最后还补上一句：“我生平很少做梦，一旦做梦必会应验。”

朱异马上说：“此乃宇宙一统之兆。”

梁武帝做梦的时间，距侯景叛乱仅有四天之隔。以当时的通信条件，梁武帝无论如何也不可能知道侯景已经反了。他做出这个梦，恰恰说明他一直都有收复中原的迫切心愿。人总是这样，越是想得到的东西越是不容易得到，越是不容易得到的就越是想得到，翻来覆去，形成了心结。梁武帝长期积压的欲望得不到满足，如今一做梦，便认定了是佛祖要显灵，美梦会成真。

侯景偏在这时上表称降，并附带了一份“大礼包”：他献上了豫、广、郢、荆、襄、兖、南兖、济、东豫、洛、阳、北荆、北扬十三州。

这份大礼包显然是注了水的，东面的几个州听了邢子才的话，根本不受侯景节制。但这不打紧，反正侯景的目的是要引来梁武帝的援兵，礼包究竟能兑现多少，不在他的考虑之列。

梁武帝毕竟是争天下的人物，突然收到那么丰盛的大礼包也是疑惑重重，不敢相信自己的眼睛。他召集大臣商议对策，尚书仆射谢举说："近年来我朝与魏国通和，边境安宁无事，若是接纳魏国叛臣，恐将挑起战端，微臣以为不可！"

北魏分裂后，梁国收复汉中。东魏疲于应付西魏的进攻，对梁国采取了通好的政策。南梁大同五年（539）陈庆之死后，梁国也无良将可用，两家便互派使节，成为友好邻邦。谢举的意思很直白，现在忽然破坏这种友好关系，不是明智之举。

梁武帝犹豫道："我国如金瓯无缺，如今领受侯景的献地，是否合宜呢？假如闹出乱子来，后悔莫及啊！"他的心态很微妙，理智告诉他，接纳侯景是要冒很大风险的，但在感情上，他又难以抵御大礼包的诱惑。

一旁的朱异跳出来抖机灵，他说："陛下圣明，南北景仰，如今侯景分魏国土地来降，正是天意的体现。如果拒而不收，将来谁还愿意归附？万望陛下再勿多疑。"

朱异不愧是梁武帝第一宠臣，一通马屁拍上来，梁武帝龙心大悦，当下拍板，纳迎侯景，还封他为河南王、大将军，都督河南、河北诸军事。

梁国派司州刺史羊鸦仁等率三万大军前往悬瓠（今河南汝南），随军运送粮草武器，过境接应侯景。

梁国的援兵从建康启动不久，侯景那边就提前开打了。高澄派武卫将军元柱等将率领数万兵马日夜兼行攻打侯景，两军在颍州以北相遇，元柱军大败。

首战得胜，侯景的形势不好反坏。他见羊鸦仁的军队还没赶到，选择暂时退保颍州，结果这一退缩就被高澄钻了空子。东魏的下一拨大军由司徒韩轨统领，攻势接踵而至，侯景主力被包围在颍州，窘迫之极。

侯景的叛乱与他本人一样，是先天"跛足"的。

河南乃邺城的屏障，东魏不容有失，志在必守。侯景心高气傲，以为手握河南就可为所欲为，然而各州刺史念及高欢旧恩，不能与侯景同心。侯景在军事上是天才，在政治上却远不及高澄深邃，战场上打胜仗也免不了在政治上吃败仗。这一切，导致他在起兵之初处处受制，全面被动。

侯景明白这回不放点血是不行了，他一咬牙，向西魏宇文泰求救，表示愿意割出与西魏接壤的东荆、北荆、荆、颍四州之地（今河南许昌以西以南地区）。这比十三州的大礼包可要靠谱多了，西魏方面又会如何应答呢？

五、侯景的阴谋

侯景割地归降的消息一传到长安，宇文泰便召集众将商议，几名柱国级将军的意见出奇地一致：反对接收侯景。他们认为这是东魏方面的陷阱，如若轻易出兵，恐怕会吃不着羊肉还惹得一身骚，所以最好置之不理。

于谨的态度比较理性，他做了一番详细的分析，认为："侯景此人自小熟习兵法，献地来降，真假难测。不妨暂时按兵不动，给他加官晋爵以观其变。即便派兵，也不可援以物资，让他有机可乘。"

宇文泰对侯景的为人品行确实不放心，继而联想到四年前的邙山之败，自己差点把老命搭上。当年高仲密还算是真心投降的，现在侯景的底细尚不明朗，他不得不多留个心眼。

就在这时，一位关键的人物起了作用，他就是荆州（今河南邓州）刺史王思政。

王思政与众不同，他认为侯景来降不仅不是什么陷阱，反而是个绝对的馅饼。机不可失，时不再来，若不快抢，将来肠子都要悔青。

"将在外，君命有所不受"，事态紧急，王思政也不管宇文泰是何意见，就率领自己的荆州兵从鲁阳关（今河南鲁山西南）直取阳翟（今河南禹州）。

王思政是西魏元老，北魏分裂时，跟随孝武帝入关的将领队伍中就有他。他这样急于出兵自有他的道理：西魏如果真能占据河南，哪怕只是其中的几个州，都会大大得利。从军事上说，占有了河南，东魏国都邺城等于直接摆在西魏的面前，中间只隔一条黄河，西魏想打可以打，不想打可以守，从此便可立于不败之地；从政治上说，一旦西魏拥有了"自古之都，王畿之内"的洛阳，更可增加政权的正朔色彩，对于号召天下人心有着无法估量的意义；除此以外，土地、人口、经济等方面的进账也不在话下。因此，并无十足把握的王思政不顾朝廷方面“议而未决”，急不可待地带着老本上阵拼搏。

王思政自行出兵，相当于断了宇文泰的后路。反正横竖都是一刀，索性赌上一把，宇文泰命李弼和赵贵领兵一万，直奔颍州。李、赵二将出发时，顺道带上了西魏给侯景的一大串头衔：持节、太傅、大将军、尚书令、河南大行台、都督河南诸军事。

侯景听说西魏派来救兵，心中暗喜，但又生怕梁武帝不满，专程派人向梁国上奏：“王师未到，形势紧迫，臣才向关中求援，只为救一时之急。臣不安于东魏高氏之下，又岂能容于西魏宇文氏？臣不过是以四州之地为诱饵，权宜之计而已。豫州（今河南汝南）以东、齐州（今山东济南）以西仍在臣的掌控之下，将来会全部献归圣朝。接壤的豫、北扬（今河南沈丘）、徐、南兖（今安徽亳州谯城区）四州，还望速速置兵接应，莫有差池！”

“臣不安于东魏高氏之下，又岂能容于西魏宇文氏？”这句话可谓“不打自招”，后面应该再加上一句：“我又怎会一辈子服从您呢？”可叹梁武帝利欲熏心，竟然没有品味出如此明显的潜台词，坚信侯景是他的同道人。他回信表示可以理解，还安慰侯景说：“古时大夫出境尚有所专，何况将军创此奇谋？将军可以乘便而行，随机应变，区区小事，无须上报。”

侯景读了信，那个激动啊！不过不是动了感情，而是动了心思：原来这老东西这么容易骗，将来一定要好好利用他！

关中离颍州近，西魏的援兵先到了。李弼、赵贵兵临颍州，东魏主将韩轨自觉无法取胜，主动撤往河北，颍州之围不战而解。

危险警报刚一解除，侯景自我感觉就变得相当良好。良好之余，他居然有了一个惊人的计划：在与李、赵二将会面时突然将其拿下，夺取西魏大军的控制权。

侯景的想法近乎疯癫，恐怕是受了梁武帝“鼓励”后头脑发热的产物。试想，宇文泰岂是好惹的？杀了他的良将，吞并了他的部队，他能善罢甘休吗？侯景光是拼一个东魏就这么艰苦，再加上西魏，到时候腹背受敌，还不是死路一条？可侯景对形势的判断太乐观了，他过于低估了对手的实力，只以为自己是狼，完全没想到西魏大将不是绵羊，反而更像是猛虎。

事实上，就在侯景想要吃掉李、赵二将的同时，赵贵也提出把侯景骗到西魏的军营来，见机行事吃掉侯景的部队，结果被李弼生生拦住了。李弼可不是不齿于用下三烂的招数，而是见识比赵贵略为高明：吃掉侯景的部队并不能帮助西魏有效地占领河南的其他各州，反倒相当于义务为东魏扫除了侯景这个大麻烦，得不偿失，所以不如留着侯景继续祸害他人。李弼也是无毒不丈夫！西魏六柱国，哪个都不是省油的灯。

就在两家各打各的算盘的时候，羊鸦仁的梁军先头部队已经到达汝水。李弼怕与梁军产生冲突，三面受敌，就统兵返还长安。因为东魏军是见着西魏军才撤围的，所以到此为止，西魏算是给了侯景一个面子。

李弼、赵贵的大军前脚刚撤，王思政的荆州兵后脚就来了。

侯景借口说要扩充地盘，把颍州交给了王思政，自己领兵退到悬瓠。侯景的想法是把西魏、梁国的军队都诱入境内，然后羁縻其间，寻找机会。于是他又给长安发去一封书信，二度求兵。

宇文泰正想发兵，大行台左丞王悦进言道："侯景之于高欢，初为同乡之情，后定君臣之契。侯景位居上将，职重台司，与高欢有如鱼水。如今高欢刚死他便起兵作乱，完全不顾君臣之道、忠义之礼，可见此人野心极大。他既然能背叛高氏，又哪里肯尽节于朝廷？如果再增之以势，援之以兵，不仅侯景难制，恐怕朝廷会贻笑大方啊！"宇文泰点头称是，打消了增兵的念头，改召侯景来长安。

侯景糊弄不了宇文泰，又对着王思政的军队打起了主意。他主动跟驻扎在颍州的西魏将领套近乎，奉送钱粮，又经常只带几个随从出入西魏军中，搞得大家像一家人似的，暗中却刺探虚实，寻找机会下手。

然而侯景再次低估了对手，玩阴谋对于善玩阳谋的人是没用的。王思政行事果断，力主接纳侯景的降表，但果断不等于鲁莽，力主纳降也并不等于真心相信，侯景的阴谋他已了然于胸。没等侯景表现一把，王思政就秘密召见手下众将，仔细部署，突然行动，分派各军占领了颍州四周的七州十二镇。侯景害人不成反被害，十几年的苦心经营给宇文泰做了嫁衣裳。

侯景又羞又愤，终于跟宇文泰扯破脸，向宇文泰答复道："我连高澄都瞧不起，又岂能与大兄弟你共事一主呢？”

最可怕的敌人是所谓的“朋友”，侯景原形毕露，宇文泰反而释然。河南大部已归西魏，侯景爱上哪儿捣乱就上哪儿捣乱吧，对西魏未必不是件好事。

此次西魏大得实惠，王思政实为首功。宇文泰把原先授予侯景的官职全部转给王思政，王思政高风亮节，说什么也不要，宇文泰一再派人加授，最后王思政实在拒绝不了，勉强接受了都督河南诸军事一职。

宇文泰派兵进入河南的前一个月，东魏派兼散骑常侍李系出使梁国——高澄还是想与梁国维持友好状态的，不仅是怕丢掉整个河南，也是担心受到梁国与西魏的夹击。

李系的外交努力没能成功，梁武帝面对送到口的大餐，不想再跟东魏皇帝称兄道弟了。梁国的军队按计划抵达悬瓠，与侯景会师。当然，十三州的大礼包梁国是拿不全了，礼包已经被宇文泰抢先咬掉了一大口。

梁武帝不给高澄面子，两国的友好也就走到了尽头。南梁太清元年（547）九月，萧老菩萨向“鲜卑小儿”下了战书，正式发兵讨伐东魏。

高澄深谙先礼后兵的道理，还不想放弃和平解决侯景问题的机会。他给侯景写信，希望侯景不要忘记当年与高欢的君臣之情，不要舍弃名节做不忠不义之徒，投靠西魏和南梁不能取信于人，终非长远良计。末了，他又提到侯景留在河北的老婆孩子，暗示侯景，只要回头，骨肉亲人即可重逢；如若不然，全家都没好下场。

按常理，话说到这份上，一般人多少要有点顾忌，但这一套对侯景无效！侯景是有豺狼的执着和残忍的，宁可做驰骋疆场的狼，也不做听人使唤的狗。面对高澄的威逼利诱，他命手下谋士王伟写信回敬。

王伟是侯景身边的一大人才，在侯景之乱的过程中起了非常关键的作用。他当下洋洋洒洒，妙笔生花，写下一篇回信，大意是说：

“听说天下至贵，莫过于生；扬名立身，所求为义。英雄之士，自当舍生取义。我侯景先后效力于天柱将军（尔朱荣）与孝庄皇帝，为国杀敌，二十年来，不避危难，才有锦衣玉食，富贵一身。如今不惜展旌旗，擂战鼓，拥兵相抗，为什么呢？只因高王大权独揽，内外相猜，名为尊王，实为谋逆。纣有亿卒，终致毁败;桀有百克，难逃灭亡。若能忠信，虽弱必强。我侯景要替天行道，率领南朝大军奋勇北讨，扫荡四海，克复中原，拯救黎民。

“您的书信里说，我老婆孩子已被拘押？当年王陵归附汉朝，母亲扣为人质也不改初衷；刘太公被项羽囚禁，汉高帝泰然自若，求分一杯羹。老婆孩子有什么大不了的？您要是觉得杀他们对您有好处，那我也阻拦不了，只不过杀了他们徒增罪恶，得骂名的是您，与我何干？”

高澄人品虽差，却有爱才的善名，看完信后第一反应不是生气，更不是郁闷，而是打听写信的人。得知是王伟以后，他不禁感叹：“王伟才华如此，何以我不知晓？”很有点曹操惜陈琳的味道。

既然谈判劝降解决不了实质性问题，东魏与梁、侯的联军之间就只有兵戎相见了。

六、梁魏寒山之战

由于国都离得远，梁军晚了宇文泰一步，实质上只取得了东魏南部边境的悬瓠、项城两座城。

梁武帝心里很不满意，自然想要扩大战果。要扩大战果，羊鸦仁的三万军队就不够用了，于是他又派侄子南豫州刺史萧渊明（梁武帝哥哥萧懿之子）和孙子南兖州刺史萧会理（梁武帝四子萧绩之子）分督众将，领兵十万奔赴东线战场，进攻徐州治所彭城。

梁国多年无战事，王孙贵族们从未上过战场，只懂显威风、摆气派。萧会理骄横自大，不把其他将领放在眼里。萧渊明不服，给朱异写密信，告萧会理“懦而无谋”。梁武帝便召回了萧会理，全军以萧渊明为都督。

萧渊明说萧会理“懦而无谋”，他自己也未见得“勇而多谋”。他平生所好莫过于酒，经常烂醉如泥地瘫倒在军营里，百呼不应。大凡众将与他商议军机大事时，他都没有主意，总是敷衍道：“你们看情况办就是。”

梁武帝为此次北伐制订了详尽的作战计划：梁军先占据彭城东南八十里的寒山（今江苏徐州东南），然后在泗水下游拦水筑堰，以水淹之法灌彭城。

梁武帝使用的是当初浮山堰的微缩版，浮山堰虽然失败了，水攻的招式还是很有可取之处的。梁军的战斗力远远不及魏军，如果强攻敌城，必然损失惨重；水困城池，既避免了死拼，又能逼迫城中兵将不战而降。此计若成，梁军即可与西面的侯景齐头并进，席卷东魏的河南、山东之地，令高澄首尾无法照应，从而获得更大的战果。

梁武帝的“锦囊妙计”在执行上出了偏差。梁军筑堰功成，部将羊侃请示萧渊明趁着水势攻城，萧渊明却死抱着梁武帝临行叮嘱的“慎勿妄动”，迟迟不下命令。东魏彭城守将、徐州刺史王则忠勇可嘉，即便城内水势日益上涨，城外被围得水泄不通，也依然将城守得固若金汤。

萧渊明在寒山贻误战机，河北的高澄可没工夫跟他打太极。他派大都督高岳率领十万大军增援彭城，并任命大将潘乐为副手。

谋士陈元康提醒他：“潘乐应变能力弱，不如慕容绍宗。大王难道忘了先王的遗言吗？把军务交于此人，侯景不足为患。”

高欢的话高澄没有忘。只是慕容绍宗被“雪藏”了这么久，高澄对他也不熟悉，担心忽然予以重用，万一他受惊叛变就糟了。陈元康打保票，修书向慕容绍宗说明情况。于是高澄加封慕容绍宗为东南道行台，让他与高岳和潘乐一起去彭城。

侯景一向瞧不起东魏诸将，在高欢手下时，他对高敖曹和彭乐两员名将的评价是：“这种人只知道像猪一样到处瞎跑，哪有什么本事？”起兵后，韩轨攻打他，侯景仍然很不屑，说：“啃猪肠的小儿！”这回听说高岳来，侯景更节省，只说了四个字：“兵精人凡。”

探马又报，说随行的还有慕容绍宗，侯景的脸色立刻变了，他甚至对情报的准确性产生了疑问：“是谁教鲜卑小儿派慕容绍宗来的？如果真是这样，会不会高王还没死啊？”

听到师父的大名，侯景也怯场了。

“超级替补”慕容绍宗把侯景晾在一边，领兵进驻橐驼岘（Tuótuóxiàn），与围攻彭城的梁军对垒。萧渊明的懒劲发作了，先是羊侃建议趁慕容绍宗立足未稳主动袭击，萧渊明不听。次日，羊侃又劝萧渊明下令全军出战，给东魏军一个下马威，萧渊明还是不听。

从整场战役来看，萧渊明的策略倒是始终如一：权力抓住不放，责任一概不担，别人建议不听，自己又不决策，坐等敌人上门投降，属于典型的无为而不治。这样的王爷派头，在官场上或许能混个四平八稳，在战场上的敌人眼中，就是失败的代名词了。

羊侃跟之前领兵接应的羊鸦仁一样，是北魏的降将，他祖父羊规本是南朝刘宋的将领，在宋明帝时随薛安都投奔了北魏。羊侃自幼熟习兵法，六镇之乱时，他参与平叛，屡立战功，后来对北魏乱象失望至极，加之心向南朝，就率部归顺了梁国，在梁武帝末年算是为数不多的打过硬仗的宿将。羊侃见萧渊明这副模样，只好自求多福，率领本部人马出屯堰上，免得被萧渊明拖累。其他梁将也各自暗存私心，不再积极应战。

梁军将帅离心，东魏方面却从容不迫。慕容绍宗亲率步骑兵一万，首先进攻梁国潼州刺史郭凤的军营，东魏军万箭齐发，形势危在旦夕。

梁军营中，萧渊明正喝得酩酊大醉，趴在桌上起不来。他下令众将救援，却不指派具体的领军人选，大家大眼瞪小眼，谁都不挪步。

北兖州刺史胡贵孙看不下去，对谯州刺史赵伯超说："我等带兵而来，正是为了有所作为，如今敌军进攻，何以不战？"赵伯超无言以对，回到营中，然而他不是为了备战，而是对手下兵士说："魏军势盛，交战必败，不如早点退兵，还能保全性命。"说罢打点行装准备开溜。

胡贵孙得不到任何响应，便率领本部兵马赶往郭凤军营。两军合为一处，反攻东魏军，奇迹居然出现，梁军一时斩杀两百多名敌军士兵。

慕容绍宗此次出击的目的主要是试探梁军虚实，他预料梁军会轻易进攻，而且虎头蛇尾，临行时曾对走在后面的将士说："我会佯装败退，引诱南军，你们记着从他们的身后进攻。"

接触战一打，慕容绍宗的前锋是真败了，来不及打招呼便向北退却，梁军主帅萧渊明借着酒劲撒了欢地追，其他将领的军队也跟着追了上来。可是东魏的后军却实诚得很，不是叫我们等在后面围攻梁军吗？好，那就上吧！他们立即从两翼绕到了梁军主力的身后，如两条臂膀一般把梁军整个拢入了包围圈。

侯景曾一再派人告诫梁军："追逐北军不可超过两里路。"骑兵与步兵对阵时，不论骑兵的败退是真是假，一旦拉长战线，不利的往往是追击的步兵，追得越快越远，不可知因素也越多。侯景十分了解东魏的战术，诱敌深入、围而歼之，这对于骑兵来说再熟悉不过了，但对于以步兵见长且久疏战阵的梁军就显得很陌生了，所以侯景特意向友军强调此事。强调也没用，梁军上下已将侯景的话忘了个一干二净。人往往习惯于顺应本能，兵败如大山崩倒，兵进如水银泻地，让一个人停住脚步容易，要让一群没有统一思想的人停住脚步，几乎不可能。

退败中的慕容绍宗见后军发力，便掉转头来回击梁军各部。梁军腹背受敌，顿时崩溃，失散阵亡的士兵数万人，其余被俘，一身酒气的萧渊明、生猛无比的胡贵孙、临阵脱逃的赵伯超等人都被生擒活捉。十万大军，唯独先前移兵堰上的羊侃一部没有损伤，他接到消息，下令整军撤出战场，全师而还。

寒山的战报传到建康时，梁武帝正在宫中午睡。太监张僧胤禀告，朱异有要事相奏，梁武帝升阁传见。

朱异急匆匆进到内阁，气喘吁吁地报道："寒山之战，我军失利！"

梁武帝惊得身子一晃，差点从座位上摔下来，张僧胤赶忙上前扶住。半晌，梁武帝叹了口气，摇着头说："莫非我的下场会如晋朝皇帝一样吗？"

寒山的惨败打破了梁武帝后期的既定方针，梁国不能再坐观北朝东西内战、消耗实力，待时机成熟时收获渔翁之利了。

梁武帝的方针本是无懈可击，但忽略了一个根本的问题：战争是要靠人来完成的。战争消耗了国家的实力，也锻炼了国家的战斗力，从最高统治者、军队到普通老百姓，其战争能力都会得到极大限度的开发。南朝一味地坐山观虎斗，原有的战斗力在和平中慢慢退化，最后成了坐吃山空，一遇战事，反而不如长期内战中的北朝。

寒山之战是最好的例证。梁武帝的作战意图和计划很出色，利用侯景的势力夺取北朝的大片领土，特别是极具战略、经济和政治意义的河南各州，进而统一天下。但是，再完美的战略计划都需要有优秀的执行者来配合，而梁国境内根本找不出一名能够很好执行梁武帝的作战计划的人。萧会理也好，萧渊明也罢，乃至于羊侃，都不是出色的执行者，至于再往下的中低级将领以及普通士兵，军事素养就更别提了。

这一切酿成了寒山之败，也在日后酿成了更大的悲剧。

七、师徒过招

慕容绍宗在寒山打了一个漂亮仗，生擒梁国的皇家统帅，一时间八面威风，好不得意。但他没有在彭城大办酒席开庆功会，而是趁热打铁，旌旗西指，长驱而进，十万铁甲直取祸乱的元凶侯景。

行军途中，军司杜弼作文传檄梁国境内，列数侯景的罪恶，警告梁武帝不要再支持侯景。

侯景因为攻不下彭城西面的谯城（今河南商丘东北），刚刚退到南面的小城城父（今安徽亳州谯城区东南）据守。听说梁军大败，他又率军退守到南兖州的治所涡阳（今安徽蒙城东北）。这时侯景的物资已经大大缩水，全部家当只剩下了辎重数千车、战马数千匹、士兵四万人。

眼瞅着起兵以来处处不顺，原本目中无人的侯景也难免有些惧怕了。

慕容绍宗逼近涡阳，侯景派人去向"师父"慕容绍宗请教："明公大军到此，是想为我送行呢，还是想和我一决雌雄呢？"言下之意，师父您的目的到底是恢复旧壤呢，还是抓我回去复命？若不逼人太甚还可以有谈判的余地，否则我就得跟您拼命了。

慕容绍宗不含糊，马上爽快地回敬侯景道："欲与公决胜负！"一点回旋的余地也没有。

侯景困兽犹斗，手头这四万多人，数量上虽然处于绝对劣势，但也是精锐中的精锐。既然没有退路可走，那他只能下血本做殊死一搏了。

时值隆冬腊月，赶上寒风大作，慕容绍宗趁机抢占天时，顺风结阵，并派手下在阵前挑战。

所谓“顺风阵”，就是部队背对着风吹，这样打起仗来风正好吹向对方的正面，使对方睁不开眼，冲锋也受风的阻力而跑不快，己方却因为身后有风助力，冲锋更省力，攻势也会更猛烈。历史上利用顺风取得决定性胜利的著名例子很多，比如明末清初的山海关大战。挟推翻明朝余威的李自成率大顺军与投降清军的吴三桂在山海关北一片石作战，双方胶着之际，多尔衮的清军突然出现，借顺风之势一举大败大顺军，从而开启了近三百年的清王朝。

侯景经验丰富，当然晓得顺风阵的厉害。好汉不吃眼前亏，他干脆下令关闭营门，避而不出。

狂风过后，侯景大开营门，率军迎战。

了解侯景脾性的慕容绍宗疑心侯景会分兵偷袭，对部下分析道：“侯景此人诡计多端，喜欢趁对手不备搞偷袭……”他这儿还没分析完呢，侯景那边忽然蹿出数千名将士，一个个身披短甲，手执短刀，冲入东魏军阵中。

东魏军队以骑兵为主，侯景一下子放出这么一队步兵，众人都不明白是怎么回事，也不知该如何应付。东魏骑兵发愣的工夫，侯景的士兵已经手起刀落奔着东魏军的下三路而去了。他们专砍人脚和马腿，马一倒，人也随着摔到地上。

人之所以会有恐惧感，是由于对未知事物的不了解。比方说，人都怕死，因为没有人知道死是什么滋味。侯景这招正是利用了这一点。在北方的平原地带，在人数、士气、战斗力都相近的情况下，步兵几乎被公认为不可能打败骑兵的。东魏骑兵从未见过步兵有这种架势，越是不了解就越感到恐惧。前面几百人倒在地上，后面的更慌了神儿，顷刻间东魏军大败，连慕容绍宗本人的马也着了道。慕容绍宗掉下马来，幸有左右相护才没被捉住，其余众将有被砍伤脚踝的，有被生擒的，战场上一片狼藉。慕容绍宗见势不妙，连忙率军逃跑，撤至谯城方才惊魂初定。

慕容绍宗的部将斛律光与张恃显血气方刚，觉得输得莫名其妙，心想被高欢捧作“侯景克星”的慕容绍宗也不过如此，很有些埋怨的意思。慕容绍宗叹道：“我经历的战役多了去了，还没见过像侯景这样难对付的敌人。你们这些年轻人要是不信，可以去跟他打一仗试试！”

斛律光是高欢帐下老将斛律金的儿子，后来可是北齐时代一顶一的名将，这样有才有势的人，怎经得起慕容绍宗的刺激？他和张恃显更认定了慕容绍宗是害怕侯景而招致失败，说话间便披挂整齐，准备出战。

慕容绍宗劝不住两个年轻人，就告诫道：“切勿轻进，无论遇到什么情况，都不要渡过涡水！”

涡水是一条向东南汇入淮水的小河，侯景所处的涡阳就在涡水的西南岸，斛律光与张恃显的东魏军则进驻在涡水的北边。两军夹涡水列阵对峙。

斛律光在东魏人称“落雕都督”，是名副其实的“射雕英雄”。他亲自出阵，向对岸的侯景军连射数箭，放倒了好几个士兵。

侯景认得斛律光，隔岸喊道：“你为求功勋而来，我为避死路而去。我与你父亲是多年的好友，你为何要射我？你自己怎么会懂不渡涡水的道理，肯定是慕容绍宗那家伙教你的！”斛律光无言以对。

侯景发狠，并不亲自出手，叫副将田迁回射。田迁也是一流的弓箭手，一箭就射穿了斛律光胯下的坐骑的胸。斛律光回阵换马，重新出来挑战，这回他学乖了，藏身树丛之中，结果田迁箭法精准，又一次把他的战马射倒。斛律光急忙退回本阵，侯景趁势率部冲过涡水，东魏军又大败。

斛律光跑得快，拼了命才得以脱身，张恃显慢了点，被侯景活捉。侯景觉得杀张恃显辱没自己的名声，没什么大用，就把他放了回去。

两人狼狈回到谯城，向慕容绍宗谢罪。慕容绍宗看着他俩，摇头道：“现在你们有什么话说，还埋怨我吗？”

大将段韶见侯景把军队都集结在涡水南岸，心生一计，暗中带领一支小分队在北岸放火，火势借着北风烧往南岸。侯景也很机灵，还没等火烧旺就想到了破解的办法。他率领骑兵冲入涡水，马匹从水中钻出后，走到哪里都是湿湿的一片，火被熄灭了。

千方百计不成，慕容绍宗对付侯景的招式剩下了最后一个字：困。

慕容绍宗下令，不管侯景如何辱骂，东魏军都不予理睬，坚守不战。这一招是致命的，侯景缺援少粮，根本耗不起。

转眼到了第二年（548），也就是东魏武定六年、南梁太清二年，侯景弹尽粮绝，当初唯一一位主动响应他的刺史司马世云也率部投降了。眼看再撑下去就是死路一条，侯景只得忍痛放弃自己在淮北的最后一块地盘，率军南撤。慕容绍宗一看侯景撑不住了，便点起五千精锐铁骑阻击侯景。

侯景受够了高澄的政治攻势，想来个现学现卖，对手下的士兵们喊道："你们在河北的家属已被高澄统统杀光了！要活命的跟我走！"

慕容绍宗听到侯景这样说，当即下马，披头散发，手持宝剑指着北斗星的方向赌咒起誓："你们的家属全都完好无损，如若回归朝廷，官勋依旧！我慕容绍宗若讲一句假话，教我天诛地灭！"

站在侯景部下的角度考虑，当时的形势是这样的：如果相信侯景的话就只有突围，成不成功很难讲，成功了也只有南渡投奔梁国，大家都是魏国人，谁愿意背井离乡到南朝去当二等公民？如果相信慕容绍宗就要投降，大家本来就是东魏军，现在回归本家没有任何问题，而且高欢生前的余威尚在，高澄的统战工作又搞得有声有色，慕容绍宗是威名远播的名将，又发这样的毒誓，让人很信任。很自然的，大部分将领与士兵选择了放下手中的武器，向慕容绍宗投降。余下的士兵来不及逃跑，被东魏骑兵冲散在涡水岸边，死伤无数。

侯景搬起石头砸了自己的脚，只好带着几名亲信一口气逃出数百里，从硖石（今安徽凤台南）渡过淮水，一清点，残兵败将仅余八百多人！身后的慕容绍宗仍不罢休，穷追不舍，侯景只能继续逃亡。

侯景败退时路过一座小城，有人爬上城头嘲笑道："跛奴啊跛奴，瞧你还能干什么！"

侯景哪受得了如此羞辱，勃然大怒，领兵杀进城去，一刀宰了嘲笑者。然而这一耽搁，慕容绍宗的追兵就到了。侯景不愧是属狼的，即使到了如此危急的关头也没有失掉谋略。侯景派人扔给慕容绍宗一句话，止住了追兵。

这句救了侯景性命的话是："侯景如果被擒，明公还有什么用呢？"

这句话捅到了慕容绍宗的心窝子里。慕容绍宗委身高氏许多年，今天有这出头之日，不正是仰赖侯景吗？侯景若死了，他恐怕又要去过从前被人猜忌的日子了。他于是不再穷追，放任侯景南去，转而向西进军，把守在悬瓠等地的梁军驱往淮南。

在自救的能力上侯景不亚于宇文泰，而他的师父慕容绍宗，也与彭乐一样精明。

侯景陷入了人生的最低谷：想我侯景出道以来声名显赫，战绩卓著，拥兵十万，谁敢小觑？现在却输了个精光。天下之大，何处是我的栖身之所？

八、反客为主下江东

渡过淮水后，侯景与他的残兵败将就进入了梁国的地界。无所适从之际，附近的马头戍主刘神茂前来献计，劝他夺下寿阳城，暂做落脚之地。

刘神茂与守卫寿阳城的韦黯素来不和，有意利用侯景报复韦黯。侯景穷途末路，想不了太多，先占块地再作计较。于是他领兵来到寿阳城下，向城内叫门。

守将韦黯是名将韦叡的小儿子，可完全没有老爹的风采。他开头还说未曾接到圣旨，不予接纳，等侯景派人以梁武帝所封的河南王身份相要挟，声称侯景若有差池朝廷必会查办怠慢之人时，他就害怕了，开门迎接侯景。侯景毫不客气，一进城就把韦黯踢到一边，夺了寿阳的军政大权。

侯景总算是又有了地盘，但毕竟刚脱险境，力量薄弱，不敢放肆。他向建康上表，请求梁武帝对自己战败失地进行处分。

梁武帝有足够的理由处分甚至逮捕侯景。侯景许诺的十三州之地一点没兑现，部队也只剩下微不足道的八百人，还同时被东西两魏视为仇敌，宽容侯景对于梁国而言不仅没有任何好处，还会成为恢复与北朝友邦关系的障碍，带来外交上的麻烦。不过梁武帝并没有对侯景落井下石，他非但没处罚侯景，反而直接任命侯景为南豫州牧，原本打算派到寿阳当南豫州刺史的鄱阳王萧范则改任合州（即合肥）刺史。

何敬容、萧介等大臣纷纷进谏，认为不妥，梁武帝一概不听。鉴于侯景新败，物资有所不足，他又给侯景送去大批军用物资。

梁武帝的一系列优抚，从他的角度而言并不奇怪，他思量的是，收留侯景这样的北朝叛将就是向北朝人发出一个信号，南方的梁国宽宏大量，欢迎北方人才南下投奔；而侯景军事经验丰富，擅长对抗北朝的军队，也可以帮助梁国训练一支强大的军队。更何况，梁武帝的为君之道一向如此，在他手底下做官，犯再大的错都会大事化小、小事化了。他对侯景的做法只不过是这种惯性的体现，谈不上特别的恩宠，至多有一点怜悯而已。

可是侯景哪经历过这个啊？自出道以来，侯景一直是刀口舔血，尔虞我诈，活人踩在死人的尸体上，枪林箭雨里求生存。他服侍过的领导中，尔朱荣是对他最好的；高欢跟他有同乡之谊，却不能以诚相待；高澄是个混蛋，屁股还没坐稳就张罗着要消灭他；宇文泰则更加阴险，白白夺去了他的地盘。侯景所处的是狼的环境，他所信奉的是狼的法则，于是他的思维也只能是狼的模式。现在梁武帝对他宽厚仁慈，他怎能不感到措手不及？

一个从未接受过爱的人，一辈子承受着欺骗和利用，有一天突然有人对他施以关爱，他的第一反应往往是怀疑和抗拒的。因为他不敢再轻易相信别人，过去的经验告诉他，相信别人的关爱，只会受到更大的伤害。

梁武帝一心恩泽侯景，指望侯景会更加忠心，为自己所用，没想到适得其反，越是恩待越是让侯景起疑。这种微妙的心情双方不会说破，就像一个房间里堆满了火药，随时都有爆炸的危险！

有人朝房间里丢进一粒火苗，点爆了火药。这个人就是高澄。

梁武帝的侄子萧渊明做了东魏的俘虏，被送到了邺城。东魏待他不错，照样让他吃吃喝喝，每日醉醉醺醺。

高澄心想，成天养这么个饭桶也不是个事儿，得让他发挥点余热，就把萧渊明找来，跟他说："我国与你梁国和好十多年，莫名其妙成了仇敌，何苦来哉？我看这也不是你们皇帝的本意，都是让侯景那家伙煽动的。如果两国能重修旧好，我就送你们回家。"

萧渊明一听，这敢情好，便给叔叔梁武帝写信，说："高澄是个大好人，只要两家通好，他就送我回国。"并派亲信夏侯僧辩把信送往建康。

梁武帝读完侄子的亲笔信就哭了，哭得声泪俱下。尽管有大臣认为事出蹊跷，他仍然毫不犹豫地回信，答应跟东魏讲和，并烦劳夏侯僧辩再跑一趟，把信送到东魏。

夏侯僧辩走到寿阳被截住，让侯景盘问出了全部详情。他明白此事非同小可，就给梁武帝上奏，替梁武帝分析说：高澄偶然取胜便来求和，是担心西魏乘虚进攻；当年北魏强盛时还被梁国在钟离打了个落花流水，现在魏国是兔子尾巴，不足为虑，一旦通和，将来会后悔莫及。

奏折递上去，没有起什么作用。梁武帝救侄子心切，对侯景的意见不理不睬，反而派使臣到东魏吊唁高欢。

侯景急了，又上一封奏书，直接把话挑明："臣与高氏势同仇隙，如今陛下与高氏通和，将置臣于何地？"

梁武帝回信安慰侯景，说："朕与你已结大义，岂会收纳了你又把你卖了呢？国家有国家的打算，你无须劳神。"又说，"朕乃万乘之主，不会失信于人，你就不必再担心了！"

侯景心说，你当我三岁小孩儿，给块糖就相信你？他越想越觉得梁武帝虚伪，便伪造一封东魏的书信，派人送给梁武帝，信中说要萧渊明回国得用侯景交换。

梁国君臣看过"东魏国书"以后，包括谢举、朱异在内的大部分人都没有意识到问题的严重性。反正侯景是败军之将，既然能换回萧渊明，换就换吧。唯有司农卿傅岐认为："侯景战败来归，舍弃他恐怕不祥。何况他身经百战，岂肯束手就缚？"梁武帝不听，回信说："只要萧渊明早上到，侯景晚上即可遣返。"

"东魏"的使臣带着梁武帝的信回到了寿阳。侯景拿到确凿的证据，对左右说："我就知道萧老头是个薄心肠！"

王伟进言："如今坐守寿阳是死，造反也是死，希望大王早做规划！"

侯景反意已决。为了扩充军备，他强征所属各城的居民为兵，又收商用物资为军用，还抢掠各家的女孩子，赏给军中将士享受。

造反的话最好有个内应。侯景经过细心的观察，发现那位当"强盗"的皇侄萧正德很是合适。

萧正德早就心怀非分之想，希望有朝一日找回原本属于他的一切。侯景写信说要拥他为帝，萧正德乐坏了，当即表示："如今我在内应，公在外攻，何愁大事不济！时不我待，还望速速起兵！"

事情已经坏到这种地步了，梁武帝还蒙在鼓里。驻守合肥的鄱阳王萧范密奏侯景谋反，梁武帝说："侯景寄人篱下，犹如婴儿待哺一般，怎么会反？鄱阳王何以不允许朝廷容下侯景这么个客人呢？"

侯景拉大将羊鸦仁一同造反，羊鸦仁获取证据后向梁武帝通报，梁武帝仍执迷不悟。更有甚者，侯景向朝廷一个劲地催要财物，梁武帝竟一直大开绿灯，有求必应。

在梁武帝的不断"支援"下，南梁太清二年（548）八月，侯景在寿阳设坛歃血，以清君侧、诛杀朱异等贪官为名举兵造反。

这个时候，高澄一定是笑得最开心的人。"鲜卑小儿"的运气够好，只用一名人质加一封书信，就把本来梦想着坐收渔利的梁国给搅乱了。这招四两拨千斤之所以能成功，除了高澄敏锐的政治嗅觉，还有三个重要因素，少了一样，高澄都玩不转。

首先，侯景的多疑性格是促其叛梁的原动力。侯景被他在北朝的狼族同胞忽悠惯了，默认所有人都是自己的敌人，从不相信任何人会以诚待己，当然也不可能以诚待人。梁武帝待他好，他照单全收；梁武帝要害他，他就起兵自保。

其次，梁国的不利形势也很关键。寒山惨败后，梁国的实力难以抵御东魏大军的长驱南下，而如果能恢复与东魏的友邦关系，把战火重新引向西魏，梁国就可继续坐山观虎斗。这是梁武帝不顾侯景的一再反对，迫切要与东魏交好的原因之一，但他的这个举动客观上激怒了侯景。

最后，梁国在寒山之战前后充分暴露了自己在军事上的虚弱，这是导致侯景叛变梁国的决定性因素。梁国在寒山之战中的"帅愚将躁"、战力低下被侯景一一看在眼里，他曾夸口说："河北我虽然打不下来，打江南却没有任何问题！"有了这个前提，他才敢于冒着全盘尽输的风险毅然造反。

梁武帝接到侯景造反的消息，还是没有当回事，满不在乎地说："侯景这几个兵能成什么事？我折根棍子就能揍他。"他下诏以萧范为南道都督，北徐州刺史萧正表为北道都督，司州刺史柳仲礼为西道都督，通散骑常侍裴之高为东道都督，六子邵陵王萧纶持节，都督各军讨伐侯景。

侯景的声势比初到寿阳时壮大了不少，但面对梁国几路大军的合围，未免还是感到有点心虚。王伟献计说："萧纶来攻，敌众我寡，我军必遭围困。不如放弃淮南，率轻骑兵快速东进，突袭建康。到时候有萧正德的内应，大王攻下建康，天下可定，大事可成。”

侯景用王伟之计，留下中军大都督王贵显带极少的士兵守在寿阳，假称出城游猎，神不知鬼不觉地避开了梁军主力。

侯景先取谯州（今安徽滁州），又攻历阳（今安徽和县）。历阳太守庄铁在弟弟阵亡的情况下投降了侯景，他向侯景建议，以迅雷不及掩耳之势渡过长江，直取建康上游的采石。侯景敢冒险，当下急行军赶往长江北岸。

江上的守备侦察到侯景的动向，报告建康。大将羊侃请求带两千人据守采石，以备不测，又建议梁武帝命萧纶攻下寿阳，可使侯景的军队陷于进退维谷的境地。然而朱异认为：“侯景肯定不会渡江。”

梁武帝不派羊侃增援采石，却派萧正德出屯丹阳（今安徽当涂东北）。萧正德准备了几十艘大船，以运送柴草为名开往北岸接应侯景。

碰巧采石的防务交接出了差错，换防的将领陈昕误期未至，之前的守将王质已领兵离去。侯景大喜过望，他发出一声长啸，身先士卒跳上大船，率部渡过长江，迅速占据采石。此时的侯景虽然只有战马数百、士兵八千，但是部队士气旺盛，斗志昂扬，正如一把小却锋利的尖刀，直插向梁国这头大而无力的肥羊的致命处。

再往前就是梁国的都城建康了，那里有无法计数的金银、珠宝、美酒、佳丽，那里的道路宽阔，那里的楼台雄伟，那里的宫殿辉煌，那里的皇帝老迈。那里，是侯景梦寐以求的地方。

九、围困台城

侯景渡江，建康的梁武帝全然不知。侯景分兵攻占建康附近的城镇，太子萧纲面见梁武帝禀明战况，梁武帝依然不愿直面事实，只对萧纲说了一句："这是你的事，无须问我怎么办！内外军事全权由你负责！"

萧纲下令全城戒严，由儿子扬州刺史萧大器都督城内诸军事，羊侃为军师将军，指挥建康的守备。羊侃是城内将领中唯一的知兵之人，这一安排还算妥当，但萧纲下面的布置就开始糊涂了——他命内奸萧正德去防守正对"台城"南面的朱雀门，此举等于给侯景敞开了一道方便之门。

侯景起兵前多次向梁武帝的宠臣朱异行贿，可朱异收钱不办事，侯景怀恨在心，此番他就打出了讨伐朱异的大旗。这口号相当"吸引"人，朱异平时欺下媚上，仇家海了去了，一路上不少人因此加入侯景的队伍。

侯景没遇到什么抵抗，连下姑孰、慈湖，很快便到达了建康西南的版桥。

侯景派谋士徐思玉进城，名为拜见梁武帝，实为打探城中虚实。徐思玉撒谎说自己从侯景军中叛逃，有机密上奏。梁武帝信以为真，把他迎入内殿，命左右侍从退下。

中书舍人高善宝生疑："徐思玉自叛军来投，真伪难测，岂能让他独留殿上！"

朱异帮徐思玉说话："徐思玉这么文弱的人，难道会是刺客吗！"

徐思玉也不说话，淡定地从怀中取出侯景的书信呈给梁武帝，信上说："朱异等人弄权，请求带甲入朝，清除君侧之恶。"

朱异自讨无趣，差点气了个仰倒。

梁武帝也不治朱异的罪，但他仍抱有招抚侯景的心思，便派另一名中书舍人贺季与主书郭宝亮跟随徐思玉去版桥见侯景。

贺季问侯景："大王今日起兵，以何为名？"

侯景不假思索地回答："想做皇帝！"

一旁的王伟赶忙纠正说："朱异等人谄媚皇上，祸乱朝纲，侯王是为了诛杀奸臣才起的兵！"

"一言既出，驷马难追"，侯景已经口出恶言，王伟的漂亮话也弥补不了。侯景干脆扣押了贺季继续进军，兵临建康城下朱雀桁的南面。

朱雀桁是秦淮河上一座可以起落的活动桥，正对朱雀门。萧纲打算升起朱雀桁，阻止侯景进攻。萧正德反对道："如果升起朱雀桁，老百姓必会大为惊骇，还是先缓一下，以安民心。"

萧纲一想也在理，就没有动朱雀桁。他把萧正德调到朱雀门北面的第二道大门宣阳门，请东宫学士庾信代替萧正德把守外面的朱雀门。

庾信是南北朝末期的一代才子，文采一流，父子两代服侍太子东宫，声名显赫，很受萧纲器重。可是让他这样一个没打过仗的文官来守正门，效果并不比放一名内奸好多少。

果然，当侯景发动进攻的时候，庾信能想到办法只有两个：第一就是作用不大的升起朱雀桁。刚起了一块桥板，侯景的箭"嗖"一声便射到了门柱上。庾信还真有闲情雅致，正坐在城头嚼甘蔗呢，当时被吓得甘蔗坠地，手足无措，赶紧祭起第二件法宝——快跑！

庾信跑了，萧正德可没跑，他命同党沈子睦放下朱雀桁。侯景大军踏着朱雀桁冲杀过来，萧正德亲率众将打开宣阳门，热烈欢迎侯景进城。

二人相见甚晚，拱手作揖，互相感激涕零：侯景心说对方真是个"好向导"，萧正德心想自己的皇帝梦终于要圆了！

两军随即合兵一处占领建康外城。石头城守将西丰公萧大春等人见势不妙，二话没说作鸟兽散，石头城也落入了侯景之手。

建康内城共分三座，中间为台城（即宫城，皇帝所在地），西面为石头城，东面为东府城。侯景包围了台城，先后采用火攻、斧劈、冲车、箭楼、土山等方法攻城。城中守兵在大将羊侃的亲自指挥下顽强死守，击退了叛军一拨又一拨的进攻。

侯景见台城不能迅速拿下，就纵兵攻占台城外的东府城、太子东宫、同泰寺等处，肆行屠戮，并把东宫宫女分赏给士兵。

侯景在台城外筑起长围，隔绝城内与外界的全部联系，又向城内射去赏格，征人诛杀朱异等人。

朱异坐不住了，不听羊侃的劝告，带着一千多人出战。朱异在建康混了半辈子，哪上过战场啊，还没开打，士兵们全都往回跑，人多桥窄，光护城河就淹死了七八百。侯景在城外看着这出闹剧，肚子都笑抽筋了。

城里的人出不来，侯景一时半会也攻不进去。碰巧侯景逮着了羊侃的儿子羊鷟（zhuó），就把羊鷟绑到城下，逼羊侃投降。羊侃果然忠勇，回道："我报答梁主之恩，全家死光也在所不惜，岂会计较一个儿子？快点把他杀了！"

过了几天，侯景又把羊鷟押来，羊侃又气又恨，对儿子说："我以为你早死了，怎么还活着？"说着就要拉弓射儿子。侯景一看劝降不灵，羊侃的忠义还挺感人的，也就不杀羊鷟了。

为了提高支持度，侯景宣布凡在王孙贵族门下为奴者一旦归降即可拔为良民，甚至加官晋爵。命令下达才三天，就有数千人从台城逃出来投奔侯景。侯景对他们来者不拒，给予丰厚的待遇，让他们加入部队。这些人被权贵压榨了一辈子，一朝翻身做了主人，自然人人效死，个个争先，成为侯景的生力军。

光优待拉拢奴仆还不够，侯景觉得应该给自己加上一枚更重的政治砝码。南梁太清二年（548）十一月，他把萧正德扶上帝位，改元"正平"，自任丞相一职。

萧正德很对得起侯景，称帝后即把女儿嫁给了他，并倾尽当年萧宏积下的万贯家财以为军费。父亲萧宏爱金钱胜过爱皇位，儿子萧正德是舍得金钱也要过把皇帝瘾。

侯景的部队一再扩招，素质参差不齐，数量已近十万，提供粮食的石头城储备告急。侯景过江以来号令严明，禁止士兵抢夺粮食，现在为防止士兵因饥饿逃跑，便纵兵抢粮，接着又发展到抢夺财物和女人。建康一带的百姓被抢了个精光，米价疯涨，饿殍遍野，活人靠吃死人的尸体才能坚持下去。

突然，侯景不知怎的想起了他留在河北的老婆和孩子，便派人给东魏送信，以臣自居，声称南朝的皇帝萧衍被他打得屁滚尿流，他即将归附圣朝（东魏），希望高澄放回他的家属。

侯景跟南朝人打了几仗，有点飘飘然，完全忘了高澄是地地道道的豺狼，可不像梁武帝那样心慈手软。高澄看了侯景的信，冷笑一声，下令把侯景的妻子和三岁以上的儿子悉数绑来，剥了脸皮，投进沸油炸死。侯景的女儿全部收入宫中为奴，三岁以下的儿子全部阉割，侯景留在北方的家人都完蛋了。不但如此，高澄又出兵进入梁境，夺取寿阳，占了侯景最初的根据地。侯景知道后又恼又恨，却也毫无办法，只好专心欺负梁国。

形势在这时候出现了一个小小的转机。

叛军久攻不下，内部有所松动。侯景捉住了梁将陈昕，把他交给大将范桃棒囚禁。陈昕劝说范桃棒杀掉侯景的部将，向台城投降，范桃棒被说服，派陈昕连夜进城请降。梁武帝很高兴，特赐银券，答应事成后封范桃棒为河南王，督统侯景部众。

梁武帝受降成习惯，太子萧纲却被侯景弄怕了，死也不相信这是真的，不愿执行梁武帝的命令。他召集大臣商议，朱异等人说："范桃棒投降不会是假的。范桃棒一投降，侯景必然慌乱，我军趁机进击，可获全胜。"萧纲却摇头："台城只需坚守待援，何愁侯景不平？此乃万全之策。如若开门接纳范桃棒，万一有变，后悔莫及。此事关系重大，还得从长计议。"大家磨磨叽叽商量了半天也没个结果。

范桃棒怕萧纲有顾虑，又派陈昕来说："我只带五百人，一到城门全体脱下甲胄，请求朝廷开门放行。事成之后，保管擒住侯景。"

范桃棒的话语恳切详尽，萧纲愈发起疑，不予回应。这么一磨蹭，范桃棒被部下告发了，侯景将范桃棒和陈昕一并杀死。梁国好不容易有个翻盘的机会，就这么让萧纲生生扼杀了。

萧纲在城中坚守待援，各地勤王的军队也的确没闲着。先前北上的邵陵王萧纶等人在钟离得到侯景渡江的情报后便改变了行军路线，驰援建康，另外，湘东王萧绎、河东王萧誉、岳阳王萧詧、南平王萧恪、当阳公萧大心都从各自驻地派兵勤王。

然而，各路梁军行进不一，侯景正好逐个击破。萧纶先众人一步赶到，侯景率军迎击。萧纶听从部将赵伯超的建议，避开侯景的主力抢占了有利地形蒋山。侯景扑了个空，回身再打蒋山，进攻不利，就用了诈败诱敌的计策，命令部队后撤。

萧纶的部将萧骏不安分，领兵急追。侯景反身还击，打了萧骏一个措手不及，萧骏大败。侯景乘胜猛攻，梁军全面溃败，萧纶收拾了八九百名残卒落荒而逃。

萧纶败走之后，鄱阳王萧范的世子萧嗣与湘东王萧绎的世子萧方等、衡州刺史韦粲、江州刺史当阳公萧大心、司州刺史柳仲礼、西豫州刺史裴之高、宣猛将军李孝钦、南陵太守陈文彻等军先后来到建康周围，总兵力约有二十万。

韦粲是韦叡长子韦放之子，颇有名望，在他的建议下，众人推举他的表弟柳仲礼为大都督，统领各路援军。

如果梁军能够万众一心，同仇敌忾，合围建康，用二十万打侯景的十万乌合之众，那么侯景的处境就很危险了，是“天时”又一次帮助了侯景。

梁军进逼朱雀桁，天降大雾，韦粲的队伍走迷了路。侯景望见，率精锐进攻，韦粲与儿子、兄弟力战不敌，英勇战死。

表哥韦粲出了事，正在吃饭的表弟柳仲礼放下碗筷，披盔戴甲，领兵前往营救。两军相交，柳仲礼大破侯景军，斩首数百。眼看将置侯景于死地，侯景手下大将支伯仁杀到，从身后砍中柳仲礼的肩膀，众将拼死救出柳仲礼。此战后，柳仲礼患上严重的“恐景症”，再不敢迎战侯景。

勤王的二十万梁军不思进取，转而内斗起来。

萧纶的队伍被打散后，也带着残部跟柳仲礼混。柳仲礼对待众将傲慢无礼，部下怨声不小。萧纶本来就是个浑人，屈居柳仲礼之下自然十分不服，有事没事总给柳仲礼找不愉快。同为宗室的临城公萧大连和永安侯萧确也不团结，彼此猜忌，明争暗斗。

当然梁军也有行动“一致”的时候，但不是对付侯景，而是对付建康附近的老百姓。侯景抢了百姓的粮食，造成江东大饥荒，侥幸活下来的人听说官兵来了，都扶老携幼前去迎候，结果被梁军抢成了赤贫。

城外的援军屡屡失利，城里的日子更不好过。大将羊侃因积劳成疾撒手人寰，时年五十四岁，台城的一根支柱就此倒下。

一个月后，即南梁太清三年（549）正月，梁武帝的“知心人”朱异也驾鹤仙去，整座台城弥漫着一片恐怖的气氛。

十、胸臆英雄泪

梁武帝被困在台城之内，生不如死。

“生不如死”这个词，用在此时的梁武帝身上再合适不过了。作为一个在南北朝乱世活了八十多年的老人，梁武帝活得超过了刘宋、南齐的寿命，甚至超过了宋、齐两朝加在一起的寿命。与他同时代的人，无论是他的兄弟、朋友抑或对手，都早已离他远去了。他是名副其实的孤家寡人，是上个时代乃至上上个时代的“标志性建筑”，到如今该“拆”了。

然而，梁武帝或许愿意坦然面对死亡的现实，但是他又怎么愿意坦然面对眼下的困境呢？他怎么愿意面对可能来临的悲惨而屈辱的死法呢？一代开国皇帝，拥有过显赫的文治武功，现在难道真的要可悲甚至滑稽地死在一个一副豺狼模样的跛足羯人手中吗？

就在绝望的梁武帝对人生进行最后一次认真思考的时候，侯景主动遣使请和。

原来，侯景久攻不下台城，粮草紧缺，来自长江上游的梁军又不断聚集在建康城外，形势对他也十分不妙。

王伟向侯景进计：“台城一时难克，援兵日益增多，我军粮草断绝，不如假称求和，暂缓情势。趁着援兵不敢乱动之际，我们可以把东府城的储粮搬入石头城，然后休整兵马，修理器械，待守军懈怠，一举可夺台城。”

侯景赞成这一缓兵之计，派部将任约和于子悦进城上表求和。太子萧纲拿着两个选项摆在梁武帝的面前，梁武帝吼得很牛气：“和不如死！”

梁武帝是真的发狠了，他活够本了，不怕死，可是其他人还不想死呢！萧纲竭力劝道：“侯景围城已久，援军裹足不战，不如先同意和谈，再做打算。”

梁武帝低头不语，沉吟半晌，丢给萧纲一句很耐人寻味的话：“你自己看着办吧，莫让后人取笑！”

萧纲当初那么坚决地拒绝范桃棒的真降，如今却又无比积极地接受侯景的假和，智商真是下线了。他可能是看出梁武帝快要死了，想通过议和维护自身的利益，只要侯景能退兵，他宁可答应任何条件。因为他是太子，梁武帝如果自然死亡，他就是理所当然的皇位继承者；如果梁武帝死在侯景手里，他的下场当然不会好，侯景不会让他好过，城外“翘首相望”的兄弟子侄们也不会让他好过。

侯景没想到萧纲这么爽快就答应了议和，索性狮子大开口，附加了两项条款：一、他要梁国割长江以西的南豫（今安徽寿县）、西豫（今河南息县）、合（今安徽合肥）、光（今河南光山）四州给他做封地；二、他要萧纲送嫡长子（也就是未来的太子）萧大器出城做人质。萧纲对此没有大的意见，只是把萧大器换成了三子石城公萧大款。

双方各派代表，在台城以西歃血为盟。盟毕，侯景以船只没有准备好为由，继续包围台城，耍赖不走。

南康王萧会理、湘潭侯萧退等人领军三万进驻城北江上的马印洲，侯景担心他们顺江而上，于己不利，便上书朝廷，要求朝廷把北面的军队聚集到秦淮河的南岸，不能阻断他北渡的退路。

过了五天，侯景又上书说，高澄已经取得淮南的寿阳、钟离，封地一时去不了了，请求向朝廷借江北的广陵、谯州两地暂做歇脚之用，并且要求从下游的京口渡江。萧纲指望侯景早点撤走，二话没说，答应了所有的条件。

援军听从台城的命令，全部集结到了秦淮河南岸。萧纶的儿子永安侯萧确忍不住这口恶气，与赵伯超的儿子赵威方两个跳到营栅前向侯景喊话：“天子与你约盟了，我却早晚要把你抓起来！”

侯景忌惮萧确骁勇善战，又向城内要求，让朝廷把萧确和赵威方召进城去，并声称这是最后的条件。萧纲自然又答应了，命两人入城受官。

萧确不愿入城，并说：“侯景说要撤走，却迟迟不解围，其用意可见。把我召进城去，没看出有什么好处！”旁人都劝他，这是圣旨，不可违抗，萧确不听。他爹萧纶发了火，对赵伯超说：“你给我把他杀了，带着人头进城！”赵伯超拔刀威逼萧确：“赵伯超认得君侯，我的刀可不认得！”萧确无奈，挥泪进城。

就这样，侯景不停增加条件，台城外的长围又维持了半个多月。在这半个多月里，叛军将东府城的粮草全数顺利运进了石头城。

缓兵之计得逞，侯景当下翻脸，向城内上表，宣布梁武帝的十大过失，分百道向台城发动新一轮的猛攻。

梁武帝又惭又气，大骂侯景背盟，号令全城反击。可是台城长期被困，供应奇缺，城中守兵不足四千，每日捕鼠杀马为食，连梁武帝自己也被逼破了几十年如一日的荤戒，吃起了萧纶派人献来的鸡蛋。除了饥饿，还有瘟疫流行，患病者越来越多。城内已经毫无还手之力，唯一的希望是城外的援军。

然而，城外各军打定了主意不做出头鸟。萧骏鼓动萧纶分兵三路相救，萧纶不理。既然王公们是如此态度，名义上的大都督柳仲礼更知道该怎么做了。他索性招揽妓女，天天饮酒作乐，得醉方休。

柳仲礼的父亲柳津在台城里指挥城防，本来还盼着儿子来救，现在一看没动静，心里发急，便登上城楼大叫：“你的君主和你的父亲遭逢大难，你不竭力来救，还是人吗？”

叫了半天，柳仲礼躲在营中不答话。柳津回去跟梁武帝说：“陛下有邵陵王（萧纶），臣有仲礼，两个儿子都是不忠不孝之人，怎么对付得了侯景呢？”

几天后，城里出了内奸。萧纶的世子萧坚镇守台城正南的太阳门，大敌当前，他却终日只知饮酒赌博，将官有功他不奖励，士兵生病也不抚恤，手下将士无不愤慨。书佐董勋和熊昙朗趁夜开城门迎侯景军入城，杀了萧坚。萧确在城楼上奋战不支，由小门逃入宫内报信。

台城在固守了一百三十六天后终于被攻陷。

梁武帝此时刚刚睡下，萧确什么也不顾地往里冲，边跑边喊道：“台城已被攻陷了！”

梁武帝躺在床上，一动不动地问道：“还可以再打吗？”

萧确摇头："人心涣散，打不了了……"

梁武帝喟然一叹，说出了那句流传千古的名言："自我得之，自我失之，亦复何恨！"

梁武帝一定想起了四十八年前的那个冬夜，身为南齐雍州刺史的他率军攻克台城。天道轮回，物是人非，到这个份上，梁武帝终于想通了，他终于看清了梁国的根本弊病。所谓的"侯景乱梁"只是表象，他本人才是"乱梁"的罪魁祸首！

梁武帝的一生，既有雄才大略，又有疏懒昏庸。他以佛教修身，却失于偏激；他以慈爱齐家，却失于溺爱；在治国方面，他不能体恤百姓和士兵，身为君王处事常常有失公允，以至于在维护皇室贵族利益的同时，严重损害了国家社稷的利益。

后世有人同情梁武帝，认为导致侯景之乱的主要责任在于侯景的反复无常，不讲礼义廉耻。这是没能抓住问题的关键。天下混乱，强者为王，没有人天生应当为人效忠，也没有人天生就应当称王称帝，梁武帝自己不也夺了南齐的江山吗？为什么侯景在高欢手下不敢反？为什么在高澄手下反不成？为什么在宇文泰那里更是让人一口吞了个饱？为什么到了梁武帝这里，侯景就敢于大反特反，而且一反就成了？我们再换个角度考虑，即便没有"侯景之乱"，以梁武帝晚年梁国的颓势，谁能保证不会有"马景之乱""牛景之乱"呢？

建康城不是纸糊的，只靠侯景手下的乌合之众是攻不克的。侯景之所以能攻入外城，是因为萧正德；之所以能攻入台城，是因为萧坚；而侯景能将台城一围数月，最终成功攻克，更是城外诸路援军不作为的结果。正是梁武帝一整套修身、齐家、治国的方略，才导致了皇室成员有这样的所作所为，又是这些权贵们的所作所为，导致了侯景攻克台城，俘虏了曾经的英雄梁武帝。

但梁武帝毕竟是梁武帝，灾难降临时他不怨天尤人，而是勇敢地承认了自己是造成一切后果的人。虽然这种事后的责任承担无法弥补过去的失误，也无法挽回事态的发展，甚至有种耻辱与悲怆，但是却展示了梁武帝的气魄与睿智。仅凭这一点，他依然可以被称为英雄。

侯景攻下台城后，派萧大款向城外下诏，解散各路援军。已无战心的援军一哄而散，萧纶、萧大连、萧方等、萧嗣、萧退等人的外地军马分别返还本镇，留下柳仲礼、羊鸦仁、王僧辩、赵伯超等将开营投降。

侯景胁迫了梁武帝和太子萧纲，号令柳仲礼等一班将领，其事业算是达到了顶峰。侯景作为北朝名将，长期追随高欢，眼看着高欢“挟天子以令诸侯”成就霸业，如今他也打算做一个南朝版的高欢。

初入台城时，侯景就“接受”了梁武帝的“召见”。《资治通鉴》把两人之间的对话与神情描写得淋漓尽致：

梁武帝神色不变，先问侯景：“你在军中时日已久，很辛苦吧？”

侯景不敢仰视，汗流满面。

梁武帝又问：“你是何州人氏？老婆孩子还在北方吗？”

侯景沉默不答，样子很不自然。大将任约替他回答：“侯景的老婆孩子都被高澄杀了，如今是孑然一身归附陛下。”

梁武帝又问：“你当初渡江时有多少人？”

侯景答：“一千人。”

梁武帝再问：“围台城的时候有多少人？”

侯景再答：“十万人。”

梁武帝最后问：“现在有多少人？”

侯景最后答：“普天之下，全是我的人。”

梁武帝低头不言语了。

梁武帝一上来还想摆摆君主的架子，以询问的口吻与侯景拉家常，可是没能控制好局面，提的问题尽在戳侯景的痛处，勾起了侯景对梁武帝的仇恨。

反观侯景，一上来慑于天威，战战兢兢，不敢答话，自信心几乎落到冰点，但当梁武帝询问他来梁国之后的发展时，他正好顺着问话的思路一步步走下去，重新拾回自信。

趾高气扬的侯景不想再见梁武帝，把他软禁在宫中，之后逐渐怠慢。梁武帝忧愤成疾，不能进膳。

南梁太清三年（549）五月，多日水米未进的梁武帝在净居殿走到了生命的最后一刻。因为口中发苦，他喊人索要蜂蜜，然而空空大殿只闻回声，无人应答。

可怜的老人连呼两声："嗬！嗬！"终于抛却了曾让他风光无限，又让他悲恨交加的万丈红尘，寻找他的极乐世界去了。

这一年，梁武帝八十六岁。

十一、名将们的归宿

侯景饿死了梁武帝，立太子萧纲即位，是为梁太宗简文帝。起先立的那位临时皇帝萧正德，早在台城城破之日就被侯景废为了侍中、大司马。

萧正德又气又冤，觉得自己马前马后出工出力，到头来却被侯景卖了，怎么想怎么不平，便给鄱阳王萧范写密信，想要请兵入城。这封密信被侯景截获，没说的，他一条绳索送萧正德上了西天。

侯景曾纳萧正德的女儿为妾，如今也不用顾及这些了，更何况简文帝还将女儿溧阳公主嫁给侯景做了正室。溧阳公主年仅十四岁，正是如花似玉的年龄，就这么被又丑又跛的老恶棍侯景给荼毒了。

新立的皇帝是正经太子继位，无人可以质疑，自己又被招为驸马，地位尊崇，侯景有点找着当年高欢的感觉了。

"十四万人齐解甲，更无一个是男儿。"面对叛将侯景的跋扈，整个梁国竟然没有人公开跳出来说"不"，可见朝中尽是一堆不仅缺钙而且缺铁的货色而已。

唯一还有些血性的是永安侯萧确。侯景喜爱萧确的勇猛性格与过人武艺，不计较他在阵前咒骂自己之仇，把他收在左右做贴身护卫。

一次，侯景领着队伍外出打猎，抬头望见空中一只小鹰飞过，侯景手下将士纷纷争射，无一命中。萧确从容弯弓放箭，小鹰应弦而落。侯景的部将见萧确锋芒毕露，对他又忌又恨，都劝侯景除掉萧确以绝后患，侯景没听。

萧确的父亲萧纶听说此事，担心萧确的安全，暗中派人招呼他离开侯景，逃出是非之地。萧确不以为然，笑道："侯景举止轻佻，一人之力就能把他干掉。我不怕死，已决心要亲手杀了他，父亲不必以我为念。”

过了几天，侯景去钟山打猎，与萧确一同骑马追逐一只鸟。侯景在前，萧确在后，其余随从被远远甩在了后面。萧确心知机会难得，在马上拉弓搭箭就要射杀侯景，孰料用力过猛，拉断了弓弦，箭掉到地上。侯景在前面听到声音，转身察觉到萧确要害自己，冲上来便是一刀，将来不及还手的萧确斩于马下。

梁武帝的死象征着国家最主要的支柱倒下，原本强有力的统治基础一去不复返，就算是一时杀了祸首侯景，他所煽动起来的这股祸乱力量也还将不断冲击梁国的立国之本，直至整座大厦轰然坍塌。

萧纲倒是“如愿以偿”做上了皇帝，在名义上是国家新一任的最高统治者，可是他颁布的政令只能局限于建康周围数百里之内，还得不时提防侯景“架”在他脖子上的刀。除此之外，他还要面对危机四伏的国内情形。梁国上下人心思变，拥兵自重者有之，趁火打劫者有之，犹豫观望者有之，叛变投敌者亦有之，局面相当混乱。

比起头疼不已的傀儡萧纲，东魏大将军高澄的心情却很愉快，因为他把“瘟神”侯景送走了，还把土地、人才换来了。二十年前，北方战乱导致大批边将南投梁国；二十年后风水轮转，梁国淮南、江北各州郡的刺史、太守纷纷向东魏献城归附。

高澄派尚书辛术领兵南下，四处纳降，淮水以南多达二十三州被收入东魏治下，其中包括钟离、寿阳、合肥、淮阴等重要据点，东魏的东南国境几乎推进到了长江北岸。当年梁、魏两国投入无数人力物力苦苦争夺，现如今，得失只在倏忽之间。

高澄收获满满之余，还有一大心腹之患，那就是被西魏抢去的半块河南地盘。侯景的叛变打破了东西两魏之间的战略平衡，极大威胁了以河北为统治中心的东魏的安全，因此对高澄来说，在淮南大片大片捞地固然很爽，恢复河南屏障才是东魏政权的头等大事。出于这个考虑，高澄命太尉高岳与慕容绍宗、刘丰生率领十万步骑兵进攻被西魏“侵占”的颍州。慕容绍宗击败侯景后声威大震，成为高澄手下的红人，他要让这员大将继续“大放异彩”。

坐镇颍州治所长社城（今河南长葛东）的守将王思政胸有成竹，下令全城偃旗息鼓，故意示弱，恭候东魏大军。

王思政当时的身份是大将军，都督河南诸军事。在西魏的府兵制中，大将军是仅次于柱国大将军的职位。除了王思政，西魏其余的大将军全都驻守在长安，由此可见宇文泰对王思政的敬重和倚仗。

考虑到长社毗邻东魏，无险可守，宇文泰曾劝王思政移镇西南的襄城，王思政坚决不同意，甚至做出固守长社城的保证：待东魏来攻，如果是走水路，则一年之内朝廷无须派兵，如果是走陆路，则三年之内朝廷都用不着援救。

东魏军杀到城下，主帅高岳见城中安静，便不知好歹地从四周强攻。王思政在城中挑选骁勇的军士，忽然打开城门发动袭击。东魏军猝不及防，乱成一团，伤亡惨重。

高岳这才相信王思政不是吃素的，改突击战为持久战，在城外广修营寨，又在地势高的地方垒起土山，居高临下。之后东魏军大造飞梯、火车，日夜攻城。但王思政的守城本领也不比韦孝宽差，他命士兵在城上向外投火炬、射火箭，把东魏的飞梯、火车烧了个稀里哗啦。

如此耗了几个月，东魏军渐渐倦怠，王思政从城头用长绳放下一批勇士，冲上去攻占了东魏的土山，并在上头修建土楼，高度足以瞭望东魏的营寨。

高澄继位以来，从寒山、涡阳大捷到遍取淮南之地，打惯了顺风仗，真没想到十万人攻不下一个小小的长社。高澄没老爷子高欢那么多策略，只是一味向前线增派兵马，结果打了大半年还是不见效果。

刘丰生在弘农中过王思政的空城计，报仇心切，提出在城北的洧水筑堰，水灌长社城。

水攻是南梁军队惯用的攻城招式，东魏将士在寒山领教过一番，现在搬到长社活学活用了。

这招对付长社城很管用。城中有很多泉孔，洧水被绝断后，不断有地下水从孔中涌出。王思政与士兵们改行做了地下管道工，东修西堵，筋疲力尽，仍然防不胜防。长社城变成大湖中的一个小岛，城墙多处崩陷，储粮被淹，士兵们悬釜煮饭，条件极其艰苦。西魏方面派遣的援兵只能望湖兴叹，在距长社数十里的地方无法近前。

说来也是造化弄人。眼看城要攻下，慕容绍宗命军中的神箭手站在大船上朝城里射箭，自己则带着刘丰生与另一名将军慕容永珍乘坐更大的楼船近城巡察。就在这时，突然起了一阵东北风；尘土飞扬，暗无天日，慕容绍宗等人赶紧进到船舱里去避风。谁知风越吹越大，吹断了船上的缆绳，楼船朝着城墙径直漂过去了。

敌将的楼船送上门来，城上的西魏守兵哪有不“欢迎”的道理？他们当即行动起来，又是用长钩钩船，又是万弩齐发。

慕容绍宗和刘丰生窘迫至极，只好跳水逃生。可是慕容绍宗出生在北方旱地，不习水性，一进水中，扑腾两下就沉了底。一代名将竟是这样的死法，也是一件奇事了。高澄刚发掘出一件“秘密武器”，还没怎么推广使用，就这么让一阵风给刮没了。

刘丰生好歹会游泳，拼了老命游到对面的土山上，然而爬起来刚喘了口气，又被城上的弩箭射成了大刺猬。

剩下一个慕容永珍，他见此惨状，躲在船中不敢乱动，最终被西魏守兵俘虏。王思政叹息说：“我城亡只在早晚，杀你诚然无益，不过为尽臣节，还是成全你吧。”说罢，他流着泪斩了慕容永珍，又收拾了慕容绍宗与刘丰生的尸体，一并以礼埋葬。

东魏主帅高岳受此打击，士气低落，不敢再攻长社城。

陈元康向高澄进言：“大王自辅政以来未曾立有大功，虽然打败了侯景，但那毕竟不是外敌。如今颍州将陷，机遇难得，希望大王能充分把握。”

高澄亲自率领十万大军兵临长社，重新将洧水上的堤堰加高，甚至用筑堰的劳工填埋缺口。风吹洧水涌入城内，把北面城墙冲毁，王思政率众退保土山。高澄生怕王思政寻短见，向城内传信：“谁能把活的王大将军献来，就封他为侯爵；若大将军有一点损伤，左右亲随统统斩首！”因为这句话，王思政几次想要自杀，都被手下人拉住了。

为保全城将士性命，王思政不得已向高澄投降，做了俘虏。高澄并不杀他，以礼相待，好吃好喝养着。几年后，王思政病死在北齐。

宇文泰得到长社陷落的战报，撤回了留在河南其他各州的守将。

十二、高澄身死之谜

东魏恢复了河南旧地，高澄轻松捡了个大功劳，声望达到顶峰。他被加封为齐王、相国，享受剑履上殿、入朝不趋、赞拜不名的殊礼，离受禅为帝只差最后一步。

高澄的这一套是跟南朝学的，只是进行了简化。南朝权臣篡位一般分四步走：一、加殊礼；二、封公爵，备九锡，位在诸侯王之上；三、晋位王爵；四、旧帝禅位。宋、齐、梁三朝，无不如此。高澄一步到位的晋王爵与加殊礼是对前三步的合并，可见高氏一家虽是鲜卑化的汉人，高澄本人也被侯景蔑称为“鲜卑小儿”，他在某些方面还是受到很深的汉文化影响的。

按理说，高澄接下来就是紧锣密鼓地准备做皇帝了，可在这个节骨眼上，出了让人意想不到的变故。

讲述变故之前，先得说说高澄在掌权期间的所作所为。

高澄对于老爹留下的遗产很不以为然。高欢手下有四个没人敢惹的重臣，孙腾、司马子如、高岳、高隆之，前两位是高欢的旧友死党，后两位是高欢的亲戚。这四位在朝中共事，人称“四贵”，权倾朝野，为非作歹，贪赃枉法。高澄看不惯这些人，但不是因为他疾恶如仇，而是出于自己横行霸道又不许别人作威作福的心理。

高欢晚年身居晋阳，把朝政交给邺城的高澄打理，高澄第一个就拿孙腾出气。

一次，孙腾觐见高澄时态度不好，礼数不周，高澄立即命左右随从一把将孙老头从马扎上揪下来，举着刀环猛敲他的脑袋，然后将他推到大门外去罚站。高欢知道了这件事，不教训儿子，反跟众臣说：“我儿子长大了，脾气不好，诸公请务必躲着点儿。”高澄因此更嚣张了。

高澄重用自己的亲信崔暹，任命其为御史中尉，专门负责彻查、弹劾贪污不法的官吏。崔暹是个善于迎合奉承、见风使舵的小人，当年高仲密叛变，就跟他在背后捣鬼有关。现在做了御史中尉，他专挑令高澄不爽的权贵下手，比如他多次弹劾司马子如。司马子如贪污受贿，私德很差，崔暹添油加醋地给他拟定了罪状，将他下了监狱。

司马子如哪见过这架势？一夜之间把头发都给愁白了。他在狱中写信向高欢交代："我司马子如早年跟随大王，大王给我一辆车子、一头牛犊。如今牛犊死了，牛角我还留着，除此以外，其他东西都是我从别人那里得来的。"

高欢念及旧友之情，给高澄写信求情说："司马子如是我的旧时好友，你得对他宽大处理。"高澄这才决定赦免司马子如的罪责，但又不好好把他放掉，而是骑着大马把他押到街上，再给他卸去枷锁。司马子如一路上吓得魂飞魄散，口中嘀咕："是不是要杀我了？"没想到是当场释放。当然，命是保住了，他的官是没法继续做了。

高欢死后，高澄就不仅是排挤旧臣、宗室了，还要欺负到皇帝头上去。

当初，高欢掌权后始终难以忘记孝武帝西逃长安给他带来的莫大耻辱，怕孝静帝做孝武帝第二，因此虽然位极人臣，表面上还是对孝静帝毕恭毕敬，百依百顺，事无巨细都向孝静帝禀报。每逢与皇帝共同进餐，他都是俯着身子祝祷；孝静帝兴办法会，他一路上手持香炉步行跟从，屏息弯腰，察言观色，举止小心谨慎。一句话，只要不是触及自身权位的原则问题，他在孝静帝面前是可以摆出十足的臣事君的模样的。孝静帝年纪还轻，也任由高欢执掌朝政大事，君臣相处得还是比较"融洽"。

高澄行事风格全然不同，他一上台，就把中兵参军崔季舒[①]安插在孝静帝身边，还定期与崔季舒通信，把孝静帝称为痴人："痴人最近怎么样了？痴呆的程度是否有变化？"

孝静帝此时已是二十五岁的成年人了，史载他喜好文学，长于诗赋，仪表堂堂，力大无穷，射无不中，颇有其曾祖父魏孝文帝的遗风。高欢比他大一辈，相当于长者，管着他于情于理还能接受，现在的高澄是个跟他年龄差不多少的年轻人，这么

① 崔季舒与崔暹同宗，比崔暹大一辈。

二十四小时全天候地被高澄特别“监护”，他哪还受得了？两人之间的矛盾冲突在所难免。

一天，孝静帝与高澄一同去邺城东郊打猎。孝静帝兴致大起，纵马扬鞭追逐野兽，这时忽听身后的监卫都督大叫：“天子别把马跑得那么快啊，大将军要发怒了！”孝静帝顿时一股火憋在心头，可又不敢发作。

过了几天，孝静帝与高澄宴饮。高澄略有醉意，端着酒杯大大咧咧走到孝静帝面前敬酒道：“臣高澄向陛下劝酒。”

酒气扑面，孝静帝愤愤说道：“自古没有不灭亡的国家，朕活着还有什么意义呢？”

高澄心说你这“狗皇帝”是要敬酒不吃吃罚酒啊，当即借着酒劲骂道：“朕？朕？狗脚朕！哼！”说着，他叫崔季舒走上前来“咣咣咣”痛打孝静帝三拳，打得孝静帝鼻青脸肿，无法动弹。之后他一甩衣袖，扬长而去。

孝静帝不堪凌辱，回到宫中暗自吟诵刘宋诗人谢灵运的诗句：

韩亡子房奋，秦帝鲁连耻。
本自江海人，忠义感君子。

这是谢灵运被地方官员弹劾后借古讽今、立志雪耻的一首诗。孝静帝是在借诗抒怀，弦外之音被身边的常侍侍讲荀济听懂了。

荀济原是梁武帝手下的大臣，因上书反对修佛被梁武帝下令治罪，之后便潜逃到东魏。荀济看透了孝静帝的心思，就去找祠部郎中元瑾、长秋卿刘思逸以及其他几位元氏宗室，密谋杀掉高澄，营救孝静帝。

在荀济的策划下，一群人借口在宫中堆积土山，向城北挖掘地道。事情一开始进展顺利，眼看就要挖到北面的城门了，不想守门的士兵感觉到地下有动静，起了疑心，一查，发现是有人在挖秘密通道，马上向高澄汇报了情况。

高澄立即领兵入宫，见过孝静帝，也不跪拜，劈头就是一句：“陛下为何要造反？臣父子功盖社稷，什么时候有负于陛下？此事必是左右嫔妃出的鬼主意！”说罢一挥手，左右士兵抓住孝静帝的两名嫔妃就要处死。

孝静帝真是被逼到墙角了，当下脸色一沉，斥道："自古只听说大臣反皇帝的，不曾听说有皇帝反大臣的。高王自己要反，为何还来责备我？我杀了你社稷可以安宁，不杀你则国家早晚灭亡！我自己都不怕死，何况几个嫔妃呢？你如果打定主意要造反弑君，什么时候动手就由着你了！"说罢，他毫无惧意地瞪着高澄。

高澄被孝静帝突如其来的慷慨激昂震住了，一句话都说不出来，赶紧趴到地上磕头，一边哭一边谢罪。君臣把酒"言欢"，直到深夜。

当面是表示了忏悔，可高澄哪里是愿意屈居孝静帝之下的？他心狠手辣，翻脸快过翻书，一出宫就往宫中派遣军士，幽禁了孝静帝。

高澄又派人去缉捕荀济，质问他："荀公为何造反？"荀济答道："奉诏诛杀逆贼，何谓造反？"高澄听了，就把荀济一干人等用大锅活烹了。

消灭了异己，地位也稳固了，高澄开始筹备禅让的相关事宜了。

东魏武定七年（549）八月初八这天，高澄召集散骑常侍陈元康、吏部尚书杨愔、黄门侍郎崔季舒到他在邺城的居所东柏堂，讨论禅让后文武百官的人事安排。

高澄近期宠爱高阳王元斌的妹妹琅琊公主，为了避免外人口舌，他把侍卫都给打发出去了。这天因为议事机密，他又把左右亲信也给屏退了。

四个人你一言我一语谈得火热，忽然进来一名厨子，手中端着一盘饭菜。高澄把厨子喝退，对陈元康等人说："我昨天晚上梦到这奴才砍我，回头得把他杀了。"正说到这里，那名厨子又走了进来。

高澄怒道："我没叫饭，你干什么又来了？！"

厨子冷笑一声，从托盘下拔出匕首，一边挥舞一边道："我来杀你！"

高澄大惊，一脚踢去，没踢中，反被厨子砍伤。他赶紧一个跟斗钻到坐床底下，厨子掀去坐床，一刀把他砍死了。陈元康以身掩护高澄，被厨子砍得肠子流出，当晚伤重去世。杨愔和崔季舒反应快，拔腿就跑，侥幸逃生。

这就是震惊东魏的高澄遇刺事件。

高澄在阴谋篡位的最后时刻命丧黄泉，他作恶多端，实在是死不足惜。然而，依照此事的前因后果分析，其中却有很多蹊跷之处，让人难以看清幕后的真相。关于凶手，至少可以列举出三个较明确的可能。

按《北齐书》《北史》等正史帝纪的说法，杀害高澄完全出于厨子的自行主张。

这位不要命的厨子名叫兰京，是梁国名将兰钦的儿子。兰钦在北魏分裂时收复了汉中地区，是与陈庆之同时代的梁国知名大将，他的儿子却在与东魏的作战中被俘。高澄将兰京收为奴仆，并多次对他施加肉体惩罚，还以处死他作为威胁。兰京因此对高澄恨之入骨，便与高澄手下另外几名奴仆一同谋乱。

这一说法平平无奇，打击了八卦记者的好奇心理，且显得疑点多多。我遍寻史料，除了刺杀事件外，找不到有关兰京的其他记载，《梁书》中也只提及兰钦有一个儿子兰夏礼，并不是兰京。南北朝时人们起名极重谱牒排行，兄弟乃至同辈人都讲究名字的整齐对称，仅从名字上看，兰京与兰夏礼是兄弟的可能性微乎其微，他的真实身份更像是一个谜。此外，事发前后虽有许多有利因素，但光凭兰京一己之力，要做到唆使多人同伙并成功刺杀高澄，仍然是困难的。

我想到了第二个可能——是东魏孝静帝策划了这起刺杀。孝静帝外柔内刚，可叹生不逢时，命中注定要做傀儡。他的不甘心是显然的，他恨高澄是必然的，他要杀死高澄、夺回皇权，也是具有足够充分的理由的。但是，孝静帝在荀济等人被烹后基本被高澄有效地软禁在宫中，少有机会与外界交往。如果孝静帝与刺杀的幕后策划者有关，那就意味着保皇派在朝中还具有相当雄厚的实力，但从事后的种种迹象来看，这似乎不是事实。可见孝静帝与刺杀事件有关的可能性有，但不大。

于是，第三个猜测自然而然也就产生了——千呼万唤不出来的幕后元凶，可能是高澄那位外号“神童”，也可以称之为“神经病儿童”的二弟高洋。

十三、“神童”高洋建北齐

高洋是高欢与娄昭君所生的第二个儿子。高欢夫妇有了高澄及后来嫁给魏孝武帝的长女后，很长一段时间颠沛流离，没有生养。高欢投奔了尔朱荣，家境稍有好转，高洋就在那个时候出生了。

高欢的儿子大多仪表堂堂、风度翩翩，高洋却是个例外。他皮肤黑，大脸盘，满身鱼鳞纹，少言寡语，旁人见了也留不下什么印象。但其貌不扬的高洋在十几岁时做了两件事，让父亲高欢对他另眼相看。

一次，高欢想测试一下儿子们处理事务的能力，就交给每人一团乱丝，要求他们想法解开。大家一个个手足无措，毫无头绪，只有高洋二话不说，抽出腰刀就把乱丝斩成几段，并说：“乱者须斩！”高欢对他深为赞许。

另一件事也是高欢试子。高欢给每个儿子配备一队士兵，命他们领兵出发，然后派大将彭乐假装进攻。高澄等人都吓得不敢乱动，唯独高洋指挥士兵上阵与彭乐厮杀。彭乐慌忙卸甲下马说明实情，高洋不信，还把彭乐抓起来交给高欢。高欢欣慰地对旁人说：“这个儿子啊，谋略胆识比我还强！”

尽管如此，哥哥高澄还是看不起这个弟弟，由于年秩相次，渐渐地，他对高洋更有所忌恨。

高洋在高澄面前表现得言辞迟钝，无比恭顺，事事依从。高澄看到高洋的夫人李祖娥的衣服首饰好看，要拿来收为己有，李祖娥不愿给，高洋就劝她：“衣服首饰我们还能再买再做，哥哥要的东西怎么可以吝啬呢？”等高澄“良心发现”，提出不要了，高洋还是主动把东西送上门去。

背地里的高洋却是另一副样子。他有时在家独自静坐，一言不发，有时又平白无故光着脚丫在院子里又跑又跳。李祖娥诧异，问他发的哪门子神经，高洋总是笑笑说："我在跟你耍着玩呢！"

高洋古怪的举止，其实和当年陶侃搬运砖头是一样的道理，所谓"习劳则神钦"。由此可见，高洋的志向不在高澄之下。

对于高澄来说，高洋其实是个相当可怕的敌人，可是高澄却不知道这些，他以为高洋还是那个在他面前诚惶诚恐还带些呆劲的傻小子，经常得意地说："这家伙要是都能发达了，我看相书也可以不信了！"这话说得信心满满，谁曾想，笑到最后的却不是他高澄，反而正是这个傻小子。

高澄遇刺一事，《北齐书·陈元康传》中有段文字让人摸不着头脑。这段文字大致是说，兰京有一名同伙叫作"阿改"，是高洋手下的带刀仆从。兰京与阿改约好，若高澄那边刺杀事成，传出叫声，阿改这边就出手杀掉高洋。

这应该是事后凶手的供词。问题在于，刺杀发生的同时高洋并不在府中，而是有事去了城东，因此阿改也就没能有所行动。

更大的疑团由之而生，高澄的秘密会议不只开一次，为什么事变偏偏安排在这一天呢？

我的猜测是，不管是兰京还是阿改，他们都不是这次事件的主凶，幕后的元凶很可能就是隐忍多时的高洋。

带刀仆从是主人的死士，是完全对主人尽忠的，高洋在高澄准备受禅的前夕指使阿改挑唆兰京等高澄手下的奴仆，选择一个最佳时机向高澄下毒手，再利用阿改等人的供词脱清干系。

当然，我们的证据并不充足，猜测终归是一家之言。不过，高洋在事变后的表现倒是在某种程度上为这个猜测提供了佐证。

高洋在城东得到消息，面不改色地率领手下去收拾凶手及其同党。

高洋到达出事地点时，高澄府中的其他仆人已经制服了兰京等人，高洋便下令将凶党全数处死，并且碎尸万段，然后出来向外界通报："奴才造反，大将军受伤，但无大碍！”

高洋秘不发丧，迅速控制住了局面。他做事显得从容不迫、有条不紊，让朝廷之上的群臣大为吃惊。

高澄等人的死讯瞒了几天，终于还是有所泄露，孝静帝知道后兴奋地说：“大将军如今死了，似乎是天意，帝室有望重得权威了！”这时候连皇帝都没意识到，高澄还有个更为厉害的弟弟。

高洋当机立断，决定留高岳、高隆之、司马子如、杨愔这四位高氏的重臣守卫邺城，其余大臣权贵统统跟他去晋阳。

临走，高洋亲率八千甲士入殿拜见孝静帝，命人传报：“臣有家事，必须先回晋阳。”他手按刀剑，如对大敌，说完拜了两下，转身离去。

孝静帝脸色大变，目送高洋远去的背影，口中呢喃：“此人又好像不能容我，朕还不知以后会死在哪天！”

高洋不把皇帝放在眼里，对高欢、高澄时代的文武百官更是视若无物。他在晋阳大会群臣，神采飞扬，言辞敏锐，与昔日活在高澄阴影下木讷的高洋判若两人，全场都被震慑了。

为树威信，高洋对高澄留下来不便执行的政令，一律修改或废除；高隆之、司马子如参奏高澄的两位近臣崔暹与崔季舒的过失，高洋将两人各打两百鞭，发配边疆。一报还一报，高洋巧妙地通过各种手段，相对平稳地接手了高澄的最高权力，并且更上一层楼。即便高洋不是高澄被刺真正的主使者，那他也是最大的受益者。

一年后（550），高洋晋升丞相、都督中外诸军事，还被封为齐郡王，不久又被封为齐王。

事到如今，孝静帝估计已经绝望了，高家两代三世连续掌权，一个比一个恶毒凶狠，好不容易看到的一点点希望彻底破灭了。

高洋的亲信高德政、徐之才、宋景业等人声称天象有变，劝他受禅。高洋何尝不想早登大宝，然而朝中的阻力不小，反对的人不但有老臣司马子如、斛律金、杜弼，还有高洋的生母娄昭君。娄昭君虽然眼光独到，却也没能看清这个城府极深的儿子，她反对的理由是："你父亲如龙，你兄长似虎，他们尚且不敢妄夺皇位，终身北面事君，你有什么能耐，竟想做禅让之事？"

高洋召集群臣共同商议此事，全场肃穆，无人吱声。半晌，杜弼说道："关中宇文泰乃是我国的劲敌，如若您接受魏帝的禅让，宇文泰必定会挟持他们的天子，以讨逆勤王为名东侵我国。到那时，大王如何应对呢？"

徐之才笑道："如今与大王争天下的那个家伙，想做的还不是和大王一样？即使他想逞强不顺从，大不了让他照着大王的样子也称帝就是了。"

东西魏分裂了十多年，人们渐渐习惯了两个国家对峙的局面，反而淡忘了政权正统性的问题。两家的皇帝都是傀儡，两家的权臣都是野心家，没什么谁比谁更正义的道理。从高氏集团的利益考虑，为了防止高澄被刺之类的变故再次出现，早日夺取皇位使江山变色是好处多多的，所以杜弼听了徐之才的一番辩解后，也就不再反驳了。

东魏武定八年（550）五月，一切准备就绪，高洋从晋阳出发前往邺城。司徒潘乐、侍中张亮等人进见孝静帝，上奏道："五行运次，有始有终。齐王圣明，万民仰慕，愿陛下效法尧、舜明君。"

孝静帝一脸严峻地说："此事拖延已久，到了我该退场的时候了。"他命人作禅让诏书，旁边的中书郎答道："诏书已经作好了！"

杨愔将诏书呈给孝静帝，孝静帝默默阅完诏书，签署盖印，然后缓缓起身走下御座，边走边吟诵道："献坐不辰，身播国屯。终我四百，永作虞宾。"这是《后汉书·献帝纪》的赞词，孝静帝自比汉献帝，向皇位投去了恋恋不舍的最后一眼。

天下纷乱，高欢像曹操扶立汉献帝一样拥立了孝静帝；沙苑之战，高欢像曹操在赤壁一样大意轻敌，"成就"了东魏、西魏、南梁三足鼎立的局面；一晃半世过去，现在已是高欢儿子们在掌权，挟天子以令诸侯的时代结束了，高洋如曹丕一般对皇位如饥似渴，孝静帝除了让位，别无选择。

孝静帝辞别六宫嫔妃坐着牛车走了，东魏至此灭亡，头尾共十七年，仅历孝静帝一帝。

高洋接受玺绶，即位称帝，改国号为"齐"，年号为"天保"，这就是齐显祖文宣帝。为了区别于南朝萧道成所建的齐国，历史上把高氏的齐国称为北齐或者后齐。

高洋拥有和曹丕一样的野心，对待孝静帝却远没有曹丕对待汉献帝那么好。过了一年，他就在孝静帝的食物里下毒，把他杀死了。

宇文泰在关中听说高家篡位，果然兴兵前来讨伐。西魏军从弘农造桥渡过黄河，进驻建州（今山西绛县东南），威逼邺城。

高洋心中明白，宇文泰还没有能力在关东立足，此次用兵讨伐是假，打探是真。所以他并不出兵与西魏军直接交锋，而是亲率大军镇守晋阳东城，阵容严整，军势强盛。宇文泰闻报不禁长叹："原来高欢并没有死！"说罢他下令撤兵，由蒲阪渡口退回关中。

随着宇文泰的这声长叹，高洋建立的北齐政权稳固了下来。

十四、江南浩劫

高欢的儿子建立了北齐，他昔日的手下大将侯景自然也想在南朝复制历史。

把简文帝扶上皇位的同时，侯景派遣部将于子悦、侯子鉴、宋子仙等人，率领叛军扑向了江南最为富庶的“三吴”地区。

三吴，即指建康东南的吴郡（今江苏苏州）、吴兴（今浙江湖州）和会稽（今浙江绍兴）三个郡，是南朝农业最为发达的地区。南朝宋、齐、梁的统治面积虽大，但由于交通、技术等方面的限制，南部山区大多为蛮荒之地，经济重心一直集中在今天湖北、苏南、浙北的长江中下游地区，尤以三吴为最。

三吴优越的经济条件吸引了大批豪门贵族在此定居，这些人自东晋以来，屡世为官，已历八九代，脱离生产劳动日久，都是五谷不分、四体不勤的寄生虫。《颜氏家训》的评语说得贴切：“肤脆骨柔，不堪行步，体羸气弱，不耐寒暑，坐死仓猝者，往往而然。”一句话，他们都是弱不禁风的官老爷、书呆子。

魏晋以来，士大夫们崇尚锦衣玉带、大帽高靴，因此身体多羸弱，出门乘车坐轿，入室左搀右扶，更有甚者，连马都骑不了。比如建康县令王复见到高头大马在面前嘶鸣扬蹄，吓得浑身战栗，大叫道：“这明明是头虎啊，为啥说它是马？”

让这样一批人身居高位，南梁如何挡得住如狼似虎的侯景叛军？

吴郡太守袁君正部下约有五千精兵。驻军新城（今浙江富阳西南）的戴僧逷提出闭门拒守，饿死供应不足的叛军，可袁君正担心抵抗失败后自家的大笔资产被抢，不但不领兵防御，反而载着粮食、美酒、牲畜出城迎接。于子悦的军队杀到，也不管袁君正的态度有多好，出城的人一概逮捕，城中的财物、女人全部抢光。“人间天堂”

吴郡一夜之间成了强盗的天堂。

得到吴郡后，叛军又南下攻打吴兴。有了袁君正的教训，吴兴太守张嵊（shèng）决定固守。可张嵊书生出身，对打仗一窍不通，吴兴的守兵又比吴郡少，没几天就被叛军攻破了，张嵊一门惨遭屠戮。

之后，叛军连下钱塘、富阳，迅速渡过浙江，围攻会稽。会稽是梁国东扬州的治所，城中守兵数万，粮草武器充足。老百姓目睹了吴郡、吴兴的惨状，对叛军恨之入骨，同仇敌忾，有心与侯景大干一场。

东扬州刺史萧大连是简文帝的儿子，建康勤王的时候他就是胡搞一气，如今叛军兵临城下，他依然终日饮酒作乐，把军政要事都撂给了司马留异。然而留异根本就没想过死守，侯景的部将宋子仙来攻，他带着部众逃往东阳（今浙江金华）老家，回头又向宋子仙投降。

会稽陷落，萧大连拉上一车酒坛，弃城逃往鄱阳。宋子仙的军队由留异做向导，在信安（今浙江衢州）地界捉住了烂醉如泥的萧大连，将他送往建康。

侯景至此尽得三吴，基本上占领了长江下游南岸地区，但要想控制住整个梁国，像高欢统治北朝那样统治南朝，光这样还远远不够。

侯景本性的凶残使他无法施展高欢那样恩威并施的政治手腕，而即便抛开这一点不论，侯景面对的局面与高欢面对的也有很大不同。北魏末年皇权丧失十几年，高欢倚仗六镇兵马以自重，实乃北方最强大的势力，除了贺拔岳和宇文泰的武川系兵马，没有第二支力量能跟他抗衡。元氏宗室遭受胡太后和尔朱氏的接连打压，手中早就没什么实权了，唯一的出路就是老老实实承认高欢的地位。

这些必要条件侯景一个都没有。侯景虽然占据了南梁的国都建康，拥立了傀儡皇帝，梁国宗室却仍然掌握着全国的大部分军队和地区，他们不会乖乖服从侯景的统治。而侯景依赖的军事力量，是初入梁国时从东魏带来的八百兵士、被释放的为奴北人以及归附来的世家大族的奴仆，勉强凑得出两万人，其中只有少数是职业军人，其余的实战经验并不多，战斗力也不强，即便如此，他们也已经算是侯景手下的精锐了。

侯景围攻台城时发动的十几万大军，绝大多数是抓来的壮丁，不仅战斗力更差，忠诚度也很成问题。侯景之所以可以靠着这样低素质的军队攻陷台城，一方面当然与他本身出色的军事谋略与军事才能有关，另一方面也是因为他的行为恰好顺应了萧氏诸王各自的小算盘，他们没有出大力阻止。

现如今，梁武帝这棵大树一倒，萧家的王爷们遂了心愿，下一步便是扩张势力，消灭异己，称雄全国了。于是，当侯景在建康城中左手抱着溧阳公主、右手扯着简文帝闻乐起舞的时候，梁国宗室已经彼此打成了一锅粥。

梁武帝的子孙、弟侄不少，真正成势的只有五个，全部分布在长江中上游地区，大致呈十字形状：梁武帝的第七子、荆州刺史湘东王萧绎坐镇十字的中心，即荆州的江陵；萧绎的西面，是镇守益州的梁武帝八子武陵王萧纪；萧绎的东面，是在侯景攻占三吴后退守郢州（今湖北武汉武昌区）的梁武帝六子邵陵王萧纶；萧绎南面的湘州（今湖南长沙），由昭明太子萧统的次子河东王萧誉把守；萧绎北面的雍州（今湖北襄阳），则由萧誉的三弟岳阳王萧詧（chá）驻防。

湘东王萧绎自小天资聪慧，喜爱读书，很得梁武帝的喜爱。十来岁时他患了眼病，梁武帝亲自授意治疗，不慎治瞎了一只眼睛。

梁武帝起初很沮丧，后来想起自己曾经做过的一个梦，一名瞎眼的僧人在梦中说要托生皇室，他便深信萧绎是高僧转世，对他更加宠爱，十八岁就派他到江陵出任荆州刺史。江陵是梁国除三吴地区以外的另一个经济文化中心，是梁国最好的一块外藩之地，可见梁武帝对萧绎的疼宠。

梁武帝对萧绎确实好，手握大量人才与军队的萧绎却在侯景围台城时故意拖延不进，直到长江下游支离破碎，他才露出险恶的野心。

为避免腹背受敌，萧绎首先向西用兵，消灭了驻守在信州（今重庆奉节）的堂侄桂阳王萧慥，然后任命小儿子安南侯萧方矩为湘州刺史，让他率兵南下，去接管萧誉的湘州，并派世子萧方等领两万精兵随行护送。

就才学而言，萧绎很出色，但作为一名上层统治者，他的猜疑心就过重了，好恶心也很强。世子萧方等的生母徐昭佩是萧绎的正室，齐末名臣徐孝嗣的孙女。徐昭佩长相丑陋，又生性忌妒，行为不端，萧绎并不爱她，由之对萧方等也是怎么看怎么不顺眼。

萧绎不喜欢萧方等，也讨厌萧誉，此时他名义上是派世子去交割职务，实际上是逼着萧方等与萧誉互相残杀，自己则在江陵坐等好消息。

果不其然，萧方等在半路上遇到萧誉迎击，几乎全军覆没，萧方等阵亡，萧方矩带着残兵逃回江陵。萧绎毫不伤心。不久后宠妃王氏去世，他疑心是徐昭佩下毒，逼令徐昭佩投井自杀。

接着，萧绎正式向萧誉发难，命令竟陵太守王僧辩和信州刺史鲍泉火速进军，攻打湘州。

王僧辩因部下尚未集结完毕，向萧绎请求宽限几天。萧绎怀疑王僧辩有意观望，勃然大怒，拔剑砍中王僧辩左腿。王僧辩几乎气绝，幸亏抢救及时，免于一死。萧绎怒气未消，把王僧辩关进大牢，命鲍泉单兵独进。

大军很快包围了长沙。萧誉窘迫，派人到襄阳向萧詧求援。萧詧见哥哥被围，亲率骑兵两千、步兵两万直取江陵，声势浩大，想来个“围绎救誉”。

萧绎大惊，到大牢里放出王僧辩，向他请教破敌良策。王僧辩献计：“以彼之道，还施彼身。”萧绎得到真传，派人诱降了萧詧的部下杜岸、杜崱（zè）兄弟，杜岸率领五百精骑兵昼夜兼行，突袭萧詧的老巢襄阳。萧詧得报连忙撤军，一路丢弃粮草、辎重无数，让萧绎捡了个大便宜。

萧詧回到襄阳，惊魂未定，萧绎又派部将柳仲礼出镇竟陵，威胁襄阳。萧詧更加害怕，他觉得自己打不过萧绎的主要原因在于兵力不足，便向西魏求助，表示愿做附庸，还可以以妻子王氏与世子萧嶚（liáo）为人质。

东魏抢占了淮南地区，宇文泰早就看得眼馋，现在蛋糕送上门来，正是天赐良机。他欣然接受了萧詧的请降，加封萧詧为梁王，派大将军杨忠领兵进入梁国，替萧詧抵挡萧绎。

萧詧引狼入室，最终导致梁国半壁江山落入外敌之手，从而使南朝处于完全的战略劣势，恐怕这个结果也是萧詧始料未及的。

萧绎击退了萧詧，认识到王僧辩是个不可多得的人才，便派他替代久攻长沙不下的鲍泉。

南梁大宝元年（550）四月，王僧辩攻克长沙，擒杀河东王萧誉，传首江陵。

萧誉死了，北线战场却情况不妙，柳仲礼兵败被俘，杨忠乘胜进攻石城（今湖北钟祥）。眼见西魏军难敌，萧绎遣使请和，许诺以儿子萧方略为人质，并把汉水以东以北都割让给西魏。杨忠满载而归。

解决了北面的危险，萧绎这才对外宣布梁武帝的死讯，准备为梁武帝发丧。他不承认简文帝的年号，仍称这一年是太清四年（550），然后传檄境内，沿江东下讨伐侯景。

萧绎的上升势头迅猛，举国瞩目，而在他的军中，还有一位上升势头即将超越他的人物——陈霸先。

十五、陈霸先兴兵岭南

侯景之乱对于很多人而言是灾难与毁灭，却也为极少数人提供了建功立业的契机，陈霸先就是这个极少数中的一员。

陈霸先出生在吴兴郡长城县的下若里，大致位于今天浙江长兴的下箬寺乡。下箬寺中有一口水井，俗称“圣井”，相传陈霸先刚出生时就是用这口井里的水洗浴的，一千五百多年来，井水依旧充沛不竭。

据《陈书》记载，陈霸先的十世祖在西晋永嘉年间南迁到吴兴，东晋初年实行“土断”，陈氏的籍贯就变成了吴兴。这一说法颇受争议，有人认为这次土断子虚乌有，有人更进一步认为此乃陈霸先为抬高自家的身份而杜撰出来的，因为在南朝，北方南迁侨人的地位要比南方土著吴人高。不管怎么样，陈霸先的祖先在江南居住历十代以上，这是有明文可查、板上钉钉的事实。

陈霸先是中国历史上仅有的两位浙江籍的开国皇帝之一，另一位是东吴的孙权，不过，孙权的出生地在下邳，若讲纯正性，陈霸先更胜一筹。

早年的陈霸先家境贫寒，打过鱼，管过油库，还在乡里做过里正。这些在陈霸先眼中只是临时养家糊口的散活儿，闲暇时间他喜欢读书习武，舞刀弄枪，尤其精通兵法，慢慢地在吴兴一带有了不小的名气。

梁武帝的侄子新喻侯萧映到吴兴做太守，十分器重陈霸先，一再跟同僚说：“陈霸先这个人将来不得了，远非我们可比。”后来萧映升任广州刺史，就将陈霸先提拔为中直兵参军，带他去了岭南，让他专门负责招兵买马。

梁武帝大通年间，交州的李贲纠结地方豪强造反，连续击退朝廷征剿的军队，进袭广州。陈霸先率领精兵反击，大破李贲，还收降了响应李贲起兵的杜僧明和周文育，这两员大将叹服于陈霸先的军事才能，很快成为陈霸先的得力助手。消灭李贲的残部后，陈霸先被任命为西江督护、高要太守，逐渐在岭南发展出一定的势力。

侯景乱梁，岭南地区也随之震动，各地军阀各怀心志。此时萧映已经去世，继任的广州刺史元仲景与侯景勾结，阴谋背叛朝廷。陈霸先得知此事，先发制人，联合成州刺史王怀明传檄州郡，迎立曲阳侯萧勃为广州刺史，然后进攻元仲景。元仲景众叛亲离，被逼自缢。

天下大乱，人人都想趁机捞一把。大将兰钦的弟弟、前高州刺史兰裕煽动始兴（今广东韶关）等郡的兵马攻打衡州，萧勃派陈霸先前去援救。陈霸先一战便生擒兰裕，之后他监镇始兴，招抚当地豪强，临贺内史欧阳頠（wěi）、始兴豪族侯安都等人都来归附。

陈霸先的势力不断壮大，引起了萧勃的嫉恨，两个人由上下级变成了仇敌。陈霸先要北上征伐侯景，萧勃却只想守住手中的小块地盘，对陈霸先百般阻挠，并与北面南康（今江西赣州西南）的土豪蔡路养共同遏制他的行动，然而，他的这些小动作阻挡不了陈霸先。

南梁大宝元年（550），陈霸先开始了他的北伐之路。他率部从始兴出发，翻过大庾岭，与蔡路养的军队相遇了。

蔡路养军中有一员小将萧摩诃，年仅十三岁，异常骁勇，单骑出战，所向披靡，杜僧明的战马在与他的交战中受伤，败下阵来。陈霸先火速接应，把自己的马送给杜僧明，杜僧明信心大振，翻身上马，指挥本部兵卒重新上阵。这次所向披靡的成了杜僧明，他大败蔡路养，萧摩诃则被侯安都收编，陈霸先又得到一员猛将。

陈霸先屯兵南康，派人到江陵与萧绎联络。受到岭南地区最强的一支军事力量的支持，萧绎大为欣喜，当即授予陈霸先外散骑常侍、持节、交州刺史等头衔，要求他尽快北上与讨逆大军会合。

萧绎“号召”各路藩王讨伐侯景，表面文章做得很漂亮。可如果大家真的有心合力共讨侯景，那么在台城被围的时候就已经平叛了，哪里还用等到现在？偏偏这时候大家忽然“集体觉醒”了，郢州的邵陵王萧纶大修军备、建制百官，益州的武陵王萧纪也准备率军东下，他们分别表示要“响应号召”出兵与萧绎会合。

萧绎倒懂得分而治之，他先派王僧辩、鲍泉率领一万水军东下郢州，打的旗号是讨伐侯景，实际任务是接他的六哥萧纶到江陵“叙旧”。

萧纶害怕，写信质问王僧辩：“将军刚刚杀了湘东王的侄子，如今又来讨伐我。亲族相残，以此求荣，岂能让天下人信服！”

王僧辩把信转交给萧绎，萧绎不以为然，命王僧辩继续进军。

萧纶看萧绎欺负自家人的本事实在太强，无心恋战，弃守郢州治所江夏，退往汝南一带，同时遣使向北齐请和。北齐文宣帝封萧纶为梁王，萧绎这才停止进攻，不敢逼人太甚。

危机暂时解除，可惜不久后，萧纶图谋攻取西魏的安陆作为栖身之所不成，被杨忠击败，终究还是丢掉了性命。

萧绎无形中少了一位和他竞争皇位的对手，接着他又给萧纪写信，说：“蜀中是军事要地，弟弟你就好好把守，不可轻举妄动，消灭侯景的艰巨任务就包在哥哥我身上了。事成之后，你我约为邻国，中分天下，友好相处。”

这是明摆着的缓兵之计，可萧纪也不想想萧誉兄弟是怎么被萧绎欺负的，居然真的乖乖放弃了出兵的念头。

萧绎为收拾兄弟软硬兼施，忙得不亦乐乎，还没工夫去惹侯景，而侯景却已在放开手脚向萧绎发动进攻了。

在攻下三吴后，侯景派部将任约、于庆向西扫荡诸位藩王，连得寻阳（今江西九江）、豫章（今江西南昌）、西阳（今湖北黄冈东南）、武昌（今湖北鄂州鄂城区）等地，统治范围达到极盛。形势大好，他觉得统一梁国指日可待，便假传圣旨，给自己晋位相国，封汉王，加殊礼，然后又加封自己为宇宙大将军、都督六合诸军事，这就是“宇宙大将军”的由来。

南北朝时期，最高的都督职位是“都督中外诸军事”，现在侯景把天地四方也给添进来一起凑热闹，拿出一个创意无限的“宇宙大将军”名号，难怪简文帝会惊呼：“将军也有‘宇宙’的称号吗？”

面对侯景咄咄逼人的攻势，萧绎派秦州刺史徐文盛领兵数万前往迎战。徐文盛在贝矶（今湖北黄冈附近）大破任约的水军，进驻大举口（今湖北黄冈北）。侯景派宋子仙率军两万增援，萧绎也派护军将军尹悦、安东将军杜幼安、巴州刺史王珣率军两万从江夏赶往武昌，受徐文盛节度。

南梁大宝二年（551）三月，徐文盛攻克武昌，进军芦洲（今湖北鄂州鄂城区西）。任约告急，侯景留王伟守卫建康，挟持皇太子萧大器，统领数万大军溯江西上，与徐文盛对峙于西阳。两军初一交锋，侯景失利，退至江北。

侯景在江边摆出一副要与徐文盛决一死战的架势，暗中却派任约、宋子仙率领四百精骑兵从陆路偷袭上游守备空虚的江夏。

萧绎把哥哥萧纶从江夏赶走后，任命次子萧方诸为郢州刺史，驻守江夏，又派鲍泉协助。

萧方诸是个半大孩子，与梁国大多数王爷一样只知喝酒赌博、嬉耍取闹，没把守城当回事。而鲍泉性情懦弱，根本起不到协助守城的作用，反而成天被“童心未泯”的萧方诸当马骑，满屋子乱转。

城楼上有卫兵远远望见任约的军队，便来禀报：“敌军杀到了！”鲍泉摇头说：“不可能，徐文盛的大军还在下游呢，敌人怎么会到这里？大概是咱们的军队回来了吧。”正说着，萧方诸又把鲍泉给拉走了，原来他想出了个新玩法，用五彩丝线把鲍泉的胡子扎成小辫子。然而才荒唐到一半，任约、宋子仙就攻进了江夏城，将他和鲍泉这对将帅一并活捉了。

徐文盛听说郢州失陷，无心再守，领兵逃回江陵，王珣、杜幼安则投降了侯景。

爱子被擒，郢州被占，萧绎这才慌了神儿。他忙以王僧辩为大都督，让他率领大军进驻巴陵（今湖南岳阳），阻止侯景西扩。

巴陵城不大，却是岳阳楼的前身，王僧辩以逸待劳，凭城固守。侯景分派任约直取江陵，自己则率领大队兵马水陆并进，来到巴陵城下。

侯景命轻骑兵向城上喊话：“城里是谁把守？”

城内回答：“王领军。”

侯景的骑兵又问："王领军何不早早投降？"

王僧辩笑答："你的大军既然是要攻打荆州的，这座城又算什么阻碍呢？"

侯景下令攻城。不论他用如何的攻法，王僧辩只管用箭雨落石招待，竟也阻挡住了他的攻势。

侯景大军死伤惨重，稍有退却，王僧辩立即遣轻骑兵出战。与以往梁军乘胜追击不同，王僧辩的轻骑兵打赢一阵就回城，从不恋战，因此连胜十余阵。

侯景白白损失了许多士兵，正在头疼，一个坏消息又传来了：攻打江陵的任约在赤亭（今湖南华容西南）与萧绎手下武猛将军胡僧祐的援军不期而遇，兵败被俘。侯景大惊，连夜烧了营寨撤离巴陵，顺江逃往建康，路上又遭到豫州刺史荀朗从背后袭击，丢失了大量船只，狼狈不堪。

侯景一走，王僧辩指挥各军进围江夏。侯景留在江夏的守将宋子仙和丁和眼看守不下去了，就跟王僧辩谈判，表示愿意献城以换取一条活路。王僧辩表面同意放宋子仙等人出城，并表示可为他们提供一百艘船，暗地却布下伏兵。待宋子仙等人出城登船后，王僧辩突然发动猛攻，宋子仙、丁和被擒斩首，萧绎再次夺回了郢州。

十六、侯景的覆灭

侯景逃回建康，心灰意冷。寿阳发兵扰乱梁国三年，这是侯景第一次被他看不起的南朝人打得几乎找不着北，手下大部分猛将非死即降。本来他计划等扫荡完梁国各方诸侯再登基称帝，现在也没这么远大的理想了，只想建个小朝廷，早点当上皇帝。

侯景找王伟商量，王伟说："自古建立新朝，必须行废立大事以树威权。"

侯景见王伟引经据典，说得头头是道，觉得准没错。简文帝这杆大旗其实也没给他侯景帮上什么忙，跟朝廷唱对台戏的人倒是更多了。不过废了简文帝，该立谁为下一个傀儡呢？有人建议，当初简文帝被立为太子时就有嫡庶之争，不如重新扶立梁武帝的嫡传子孙。这时昭明太子的嫡子萧欢已经去世，按照规矩，得立萧欢的儿子豫章王萧栋。

南梁大宝二年（551）八月，侯景领兵入殿，逼简文帝签署禅位诏书，废简文帝为晋安王，关押在皇宫西面的永福省，接着下诏迎萧栋继承大统。

台城沦陷后，萧栋被软禁，日子不好过，食物供给也少得可怜，只好在院子里种些蔬菜吃。侯景的使臣来到萧栋家中，见萧栋正和妻子在地里锄菜，二话没说就把萧栋拉上辇车。

萧栋吓得大哭，到了宫里才知道原来是要他做皇帝。萧栋即位，改元"天正"。后来益州的萧纪称帝，用的年号也是"天正"。据"懂行"的人说，"天正"二字拆开是"二人一止"，暗指他俩每人做一年皇帝，然后就得完蛋。

侯景娶溧阳公主为妻，简文帝是他的岳丈，简文帝的儿子都是他的内兄。但狼王可不会对亲戚手软，包括太子萧大器在内的简文帝所有的儿子全部惨遭杀害。

王伟又劝侯景除掉简文帝以绝人望，侯景就派王伟以祝寿为名到永福省[1]向形同囚徒的简文帝敬酒。简文帝心知自己必死，笑道："既然是祝寿的酒，怎能不一醉方休？"说罢摆宴与王伟一同喝了个痛快，最后感慨道："不承想世上也有如此快乐啊！"

简文帝酩酊大醉，昏昏睡去。王伟命手下武士把一只几百斤重的土袋压在简文帝身上，并在土袋上施力，将他活活压死，之后用门板给他搭了个破棺材，草草扔进城北的酒库里了事。

梁简文帝萧纲前后做了两年多的皇帝，实际上是个连傀儡都不如的摆设。东魏的孝静帝虽然也是傀儡，但高欢一辈子对他恭敬无比，高澄虽对他有打骂，至少完事后还懂得鞠个躬、道个歉。侯景却是根本不把简文帝当皇帝看，酒宴时与他并排而坐，跳舞时拉他做舞郎。简文帝时刻想着复仇夺权，终究未能如愿。台城被围时，他为一己之利不断向侯景妥协，如今落得个如此凄惨的下场，真是自作自受。

萧纲死后，萧栋成了新的傀儡皇帝。又过了一个月，侯景命令皇位还没坐热的萧栋禅位，自立为帝，改元"太始"，定国号为"汉"。同时，他把萧栋及他的两个弟弟锁进了密室。

侯景当初过江时纠集了大批党羽，现在他自己做了皇帝，自然也不能亏待这帮小弟，光是三公级别的官位就封出去了十几个。然而这些人身份虽升，素质依旧不高，每次上朝都是大伙一哄而上，完全不讲秩序。王伟是个读书人，感觉这么搞下去实在有失体统，就请侯景立七庙，规定祭祀的礼仪。

侯景戎马一生，只知打仗，也没参加过什么祭祀的大场合，就问王伟："啥叫七庙？"

王伟回答："天子要祭祀七代以内的祖先，设立他们的牌位和宗庙，此乃七庙。"

王伟请侯景说出七代祖先的名讳，这可把侯景难倒了："早几辈祖先的名字我记不得了，只记得我爹名叫侯摽（biāo），但是他葬在朔州（今山西朔州朔城区）啊，难道还能到这里来享用祭品不成？"

---

① 梁国官署名，又称西省，设于梁宫内。

侯景的大实话惹得全场大笑，侯景仍然一脸困惑。

侯景从北方带来的部下中有人知道侯景的祖父名叫乙羽周，王伟便取其雅名为“侯周”，于是“周”字就得避讳，姓周的统统不许姓周了，一律改姓周代王族的原姓“姬”，够霸道的。至于侯景剩下的祖宗，那就要往历史上的名人身上去攀亲戚，凡是名声不错又姓侯的都有份，比如东汉初年的司徒侯霸为始祖、东汉末年的文人侯瑾为七世祖。

有了体统，定了身份，可当了皇帝的侯景并不开心。以前他做丞相，想见谁就见谁，想怎么玩就怎么玩，如今他身居深宫，想要骑马打个鸟都要受到王伟的限制。没几天工夫侯景就闷坏了，抱怨说：“我没事做什么皇帝呀，这跟关在笼子里有啥区别？”

尽管如此，侯景总算是实现了人生的最高目标，不再屈居他人之下。可惜，他已是黄昏夕阳，时日不多矣。他的汉国，仅仅是一场闹剧的尾声罢了。

长江上游的梁军捷报频传。王僧辩一路势如破竹，很快就攻下了湓城（今江西九江），南面的陈霸先也击败了阻挡他进军的高州刺史李迁仕，得到当地蛮族首领冼夫人、黄法氍（qú）等人的支持，沿赣水而下，与王僧辩在湓城会师。

这时候的陈霸先，手下军队已经发展到了三万多人，强弩五千张，船只两千艘，粮草五十万石，实力超群。王僧辩军中缺粮，陈霸先便分给他三十万石以作资助，王僧辩军心大振，大败于庆的叛军，攻占豫章、寻阳。

南梁承圣元年（552）二月，湘东王萧绎准备就绪，下令大举征伐侯景，各军自寻阳出发，战船绵延数百里，声势浩大。作为主力的王僧辩与陈霸先在江上歃血为盟，齐头并肩东进，侯景大将侯子鉴望风而逃。

王僧辩进至芜湖，侯子鉴据守姑孰南面的小洲与他对抗。侯景派人告诫侯子鉴：“荆州军擅长水战，你不要与他们在水上争斗。去年任约打了败仗，就是吃亏在这一点。如果以步骑兵与他们交锋，我军必胜。你可在岸上扎营，引诱他们陆战。”

侯子鉴依计弃舟登岸，闭营不出。王僧辩也不上当，在芜湖逗留十多天，不进不退。侯景及其同党闻讯，认为是荆州军畏惧，又命侯子鉴做好水战的准备。

王僧辩抵达姑孰，侯子鉴率领一万多步骑兵在岸上挑战，又派一千艘载满士兵的小船发起攻击。王僧辩不接招，命己方小船退避，留大船停泊在长江两岸。侯子鉴的水军以为王僧辩要逃跑，争先恐后追赶。王僧辩站在船头一挥战旗，岸边的大船向江心驶去，顷刻间截断了叛军的归途，叛军顿时乱成一团，王僧辩趁机指挥小船鼓噪而前。江中一场恶战，叛军溃败，士卒投水而死的数以千计，侯子鉴孤身逃脱。

王僧辩的各路水军趁着潮势进入秦淮河，前军逼近建康城外的禅灵寺。陈霸先吸取以前柳仲礼失败的教训，先渡过秦淮河，在石头城下扎起大营。

侯景身边除了王伟等几个铁杆已没有什么可用之将，只好“御驾亲征”。他留下王伟守台城，亲自带着一万步兵、八百铁骑出城西，与王僧辩、陈霸先决战。

陈霸先献计：“我众敌寡，应分兵诱敌，以强制弱。”于是诸将分散布兵。侯景军奋勇冲击梁军营阵，陈霸先命两千弓弩手在阵后发弩，然后与王琳、杜龛等军以铁骑合击，攻入石头城。

侯景率领手下的一百多骑兵拼死冲向陈霸先的战阵，怎奈陈霸先的大军军容齐整，毫无破绽，侯景军自乱阵脚，退往台城。

侯景来到城门外，不敢进城固守，命人把王伟从城上找来，责备道：“都是你叫我称帝，把我给害了！”说着转身要走。王伟拉住他的马缰哀劝：“自古哪有叛逃的天子？如今宫中卫士尚可一战，难道你就这么跑了？”侯景坐在马上叹道：“想当年我在北方，打败贺拔胜，消灭葛荣，远近闻名；来到南方，直渡长江，攻陷台城，易如反掌，后来又退萧纶于城北蒋山，破柳仲礼于秦淮南岸，你也都是亲眼所见。今日之事，恐怕是天要亡我。你好好守城，兴许还有机会翻盘！”说罢，侯景仰望宫墙逡巡叹息良久。他用皮袋装上在南朝生的两个儿子，把他们挂在鞍后，率骑东逃吴郡。

侯景一走，王伟等人也没心思翻盘了，只能各寻活路，然而不几天都被梁军擒获。

侯景亡命而逃，路上又遭截击，跟随他的骑兵死伤大半，最后他与几十名残兵败将找了几条船，把两个儿子推下水，打算渡海求生。

此时，与侯景同船的亲信只剩下羊鹍（kūn）、王元礼、谢葳蕤（ruí）几个。

羊鹍是羊侃的儿子，侯景得势后纳羊侃的女儿为妾，羊鹍就成了侯景的大舅子，被任命为库直都督，两人关系密切。侯景失势败落，羊鹍不想再替侯景卖命，与王、谢两人一商议，决定干掉侯景以自全。

三人趁侯景睡熟令船夫改道向北走，侯景醒来，迷迷糊糊爬上甲板，突然发现方向不对，大吃一惊。羊鹍趁机拔刀大喝：“我等为大王效力多年，时至今日无所成就，想借你的脑袋一用，谋个富贵！”

侯景想跳水，羊鹍一刀把他砍伤。侯景爬起来朝舱底窜去，羊鹍从身后再加一槊，刺杀了恶贯满盈的狼王侯景。

侯景的尸体到了建康被王僧辩剁为几段，首级送往江陵萧绎处，双手被送往北齐，算是两国通好的“见面礼”，身体则挂在建康的街市上示众。建康城的百姓谁家不与侯景有点杀亲之仇？大家争相上前割肉吃，没多大会儿便连皮带骨头给分光了。

溧阳公主年仅十七岁，分明还是个孩子，她也表示愿意和众人一起吃老公的肉，以泄心头之恨，却没能抢着。李商隐说“溧阳公主年十四，清明暖后同墙看。”字里行间仿佛透着几分羡慕。事实上，乱世中的女人，即便贵为公主与皇后，也注定是一生悲剧。

对于侯景的重臣王伟，萧绎一度想收为己用。有人提醒，王伟替侯景写檄文的时候曾经讽刺萧绎的瞎眼，萧绎大怒，也不顾什么人才了，把王伟的舌头钉在柱子上，剖开他的肚子，又让人将他切成肉酱。王伟当年著文骂高澄，高澄不仅不生气，反而叹惜没能发现人才；萧绎自称读书万卷，待才的器量还比不上“鲜卑小儿”。

在侯景手下做过事的，只有任约、谢答仁等少数武将免于一死，日后还得到重用。

侯景死后，王僧辩进驻台城。得意之余，王僧辩纵兵掠民，百姓们被抢得衣食无处，哀号满道。大军又趁夜烧了城里的宫殿，大火之后，珠宝玉器、仪仗车辇全都失踪，它们去了哪里，自是不言而喻。

侯景被消灭了，可南朝的混乱局面并没有结束。

十七、兄弟阋墙

王僧辩等人攻入建康后不久，就向远在江陵的萧绎上表劝进。萧绎推辞："今淮海长鲸，虽云授首；襄阳短狐，未全革面。太平玉烛，尔乃议之。"

"淮海长鲸"是指自淮南寿阳造反的侯景，侯景虽死，"襄阳短狐"，也就是盘踞襄阳、投靠西魏的萧詧还没投降，所以关于即位的事情，尚需再议。

其实，挡在萧绎称帝道路上的障碍不只是一个萧詧。首先，建康城里那位被侯景关起来的废帝萧栋就是个麻烦。

王僧辩从江陵发兵的时候曾经问萧绎："平定了侯景之后，该如何对待嗣君（简文帝）？"

萧绎指示："六门之内，自极兵威。"台城一共六大城门，萧绎这是在明目张胆地叫王僧辩宣示军威，对任何于己不利的人格杀勿论——何其狠毒！

王僧辩狡猾，听出了萧绎的弦外之音，回道："讨伐侯景自是臣的任务，至于成济[①]干的事，请让别人去做！"像成济那样弑君的黑锅，他可不背。萧绎没法，只能密令宣猛将军朱买臣，命他负责接手这个"脏活"。

梁军到建康时简文帝已死，倒是萧栋和他的两个弟弟萧桥、萧樛还一直活着。三个人相互搀扶着出了密室，有人为他们去了枷锁。

萧桥和萧樛都说："今天可以免于横死了！"

萧栋一脸愁容："福祸难料，怕是不妙。"

① 曹魏将领，受司马昭心腹贾充指使，弑杀前来攻打司马昭的魏帝曹髦，事后被当作替罪羊诛杀。

果然，重获“自由”的萧栋兄弟路遇朱买臣。朱买臣招呼他们上船饮酒，酒席未尽便把三人统统沉入江底。

萧栋没死于侯景之手，却被亲叔祖杀了，不知他泉下有知，是该“庆幸”，还是该痛哭。

萧绎先前在长沙杀了侄子萧誉，然后驱逐了六哥萧纶，间接导致萧纶被西魏大军击杀，眼下又一口气杀了三个侄孙，屠戮至亲，血债累累。但萧绎觉得不够，还得杀，因为就在侯景被灭的同时，他的八弟武陵王萧纪已经自称皇帝，改元“天正”了。

萧纪在益州经营了十七年，内政外交搞得有声有色。益州包括今天的四川和重庆的大部，自古号称天府之国，又地处长江上游，地势险峻，“一夫当关，万夫莫开”，对于经济政治重心集中在长江中下游两岸的梁国来说至关重要。当年梁武帝把这块战略要地交给最小的儿子萧纪来把守，可谓委以重任。

后来，眼见东边大乱，无人有暇顾及巴蜀，萧纪便按捺不住勃勃野心，急不可待地在成都登上了皇帝的宝座。

萧绎手下的大臣们见萧纪称帝了，再度劝进，萧绎依旧不从。他不是不想当皇帝，只是时机不对。萧纪在西面划地称帝，萧绎现在称帝，岂不跟弟弟形成了类似东西魏的对立局面？时间一长，人们哪里还弄得清谁是正统？萧绎不想跟老八分家产，他要通吃。

对于益州的萧纪而言，自立为帝本身并无不妥，但这不是眼下最为急迫的一件事。生存才是第一要务，只有立足于自身的安全，才谈得上稳坐帝位，发展壮大。

益州的北面是梁州汉中，此乃益州的屏障，得汉中则蜀安，失汉中则蜀危。可是一年前，萧绎在与侯景争斗时，为了得到北方强敌的支持遣使西魏，许诺割让汉中之地。西魏宇文泰大喜，派大将军达奚武与王雄分别领兵进取汉中。尽管守卫梁州的宜丰侯萧循不甘心将国土拱手让人，并向萧纪求援，但梁军士气低落，难以抵挡西魏军凶猛的进攻，几个回合下来，梁军兵力丧失殆尽。达奚武派人劝降，萧循没有别的出路，汉中归了西魏。这样一来，益州的处境就非常尴尬了，它北隔剑阁与西魏为邻，东沿巴东（今重庆奉节东）与萧绎为界，两头都被敌人封堵。

萧纪是个能文不善武的家伙（梁国贵族的通病），并未意识到潜在的危险，反倒认为固守没有前途。由于还不知道侯景之乱已平，他任命永丰侯萧撝（wéi）为益州刺史留守成都，自己则率领蜀地精锐挥师东进，准备以讨侯景为名去抄萧绎的老家。

萧纪空国来战，萧绎不悲反喜。一方面，他在这一年（552）十一月撕下了虚伪的面纱，接受了群臣的意见，在江陵登基称帝，改元“承圣”，是为梁世祖孝元帝，简称梁元帝；另一方面，他再次派人给宇文泰送信，说萧纪东下，希望西魏能够助他讨蜀。

从这两件事可以看出，萧绎身为政治家是失败的，身为皇帝是不合格，甚至值得唾骂的。

萧绎的想法是，萧纪倾巢出动，相当于摊了底牌，自己此时称帝便是最佳的反制手段，可以名正言顺地一举将其消灭。然而他没想到，既然之前接连拒绝称帝，口口声声说要先廓清本土再君临天下，那么现在选择这个不上不下的时间称帝，不就等于是自己打了自己一个耳光？如此做事，即便说明不了他愚蠢，至少也说明他的战略思想混乱。至于向西魏报信，则完全是“宁赠友邦，不予家奴”的卖国嘴脸，直接产生了极恶劣的后果。

宇文泰收到情报，心情大悦。宇文泰有识人之能，通过与萧绎使者的多次往来，他断定萧家这帮兄弟都是坑害自家人的好手，却不懂得算计外人。“取蜀制梁，在此一举。”他派出自己的外甥——大将军尉迟迥出兵伐蜀。

南梁承圣二年（553）五月，萧纪到达巴东，得知侯景死了都快一年了。他埋怨隐瞒消息的太子萧圆照，萧圆照辩解说：“侯景虽平，江陵未服。”提出应趁势攻灭萧绎。

萧纪进退两难。此时，西魏军已经攻破剑阁，包围了他在后方老巢成都，前方又是翻脸不认兄弟的萧绎。一国不容二君，权衡了利弊的萧纪不听将士们的劝谏，决定继续进军，先吃掉江陵。

萧纪统率的部下多是益州人，成都朝不保夕，打出的讨伐侯景的旗号又名不副实，这些人个个思乡心切，哪里还有战斗力？益州军在江上与萧绎的护军陆法和交战，屡战屡败，萧纪这才想到退兵，写信向萧绎求和。

萧绎的各路平乱军队已经基本扫灭了东南州郡的零星叛乱，解决了后顾之忧，处于全面优势，他自然不答应弟弟的哀求，更派遣曾在侯景手下的降将任约、谢答仁增援陆法和。

七月，任约等人发起总攻，益州军一触即败，乃至全溃。萧纪退路被断，只能带着少数亲信顺江东下，又被游击将军樊猛包围在江上。

萧绎给樊猛下密令："放萧纪生还，就是失败！"他要死的萧纪，不要活的弟弟。

萧纪爱财，出征前把府库里的金银做成一斤重的金银饼随身携带，总共一万斤黄金、五万斤白银。每逢作战，他就把金银挂在营前炫耀，声称会赏赐给有功的将士，却始终没有履行诺言，将士们因此也不再拼死作战。如今命悬一线，萧纪忽地想起了这批金银。看樊猛跳上大船砍杀过来，萧纪赶紧扔给他一袋金饼，说："请收下这袋金子，烦劳送我去见老七！"樊猛冷笑："天子凭什么让你轻易得见？杀了足下，所有的金子不全是我的吗？"说着，他挥刀斩杀了萧纪和他的五子萧圆满。

萧纪的死讯传到成都，萧撝便向尉迟迥举城投降了，西魏又以最小的代价吃了个饱。宇文泰这样级别的人物，才称得上博弈场的高手。

战后，梁元帝萧绎取消了萧纪的皇族身份，让他改姓"饕餮"，又把萧纪的太子萧圆照及其兄弟关进大牢，不送饮食。萧圆照等人苦熬十三天，终于被活活饿死，死前还在啃咬手臂上的肉。

萧家的内讧算是接近了尾声，梁元帝把姓萧的消灭得差不多了，认为自己总算是功德圆满，笑到了最后。然而他忘记了强弱势转的道理，梁国目前正处在三国竞争中最薄弱的一环。北齐和西魏虽然也受到侯景之乱的影响，但始终未曾动摇国本，相反，北齐尽得淮南，与建康一江之隔，西魏更赚，几次乘虚而入，得了汉水以北、汉中、益州等地，还受了萧詧之降。梁元帝拼出全力所得的地盘还不足梁武帝时代的三分之二，站在天下的角度来看，梁国的损失无疑是最大的。

现在，即使是这三分之二的江山，梁元帝也难以守住了。

梁元帝本想还都建康，但大臣们认为建康遭受了侯景的洗劫，一片萧条，已经没有国都的样子，何况建康的北面隔江就是北齐，不利防守，而且他手下的士族大多久居江陵，也都反对东迁。最终梁元帝接受意见，定都江陵。

这是个致命的决策，萧绎不仅政治不及格，军事也得补考。建康虽濒临长江，可毕竟在江南，有天险可守，且上游还有多处据点；江陵位于江北，离萧詧的襄阳非常近，上游的益州又被西魏占领，假如敌军水陆并进，逃跑根本就来不及。

十八、西魏取江陵

南梁承圣三年（554）三月，北齐、西魏的使臣同时来到江陵。

梁元帝对西魏使臣不如对北齐使臣友好，还向西魏要求退还土地，令宇文泰大为不满。西魏连年拓展疆土，兵强马壮，又刚刚解决了内部问题，正是准备大展拳脚的时候，梁元帝的无理之举给了宇文泰一个兴兵灭梁的好借口。

西魏的实力在几年间迅速增强，固然是托了侯景之乱的“福”，但宇文泰在国内如火如荼的军事与文化改革才是最关键的因素。吕思勉先生评价说：“从来北狄入中国者，其能否有成，恒视其能否通知中国之情形。以此言之，则尔朱荣不如高欢，高欢又不如宇文泰……（宇文）泰颇知治体。”

西魏的府兵制从河桥邙山之战后开始建立，到西魏文帝大统十六年（550）已经基本成型。此时的府兵制形成了一整套完善的六柱国体系，六名领军的柱国大将军依次是李虎、李弼、独孤信、赵贵、于谨和侯莫陈崇。

实际上，西魏所封的柱国一共有八个，另外两名是宇文泰自己和西魏宗室、孝文帝的侄子元欣。宇文泰总揽大权，位居众人之上，而元欣的柱国身份更多的是对宗室的安抚，基本上是个虚职，没有多少实权，也没有资格统领军队。

六柱国的实权是直接都督两名大将军。大将军包括达奚武、李远、杨忠等十二名屡次跟随宇文泰出征的将领，他们的战功与资历仅次于柱国，实战经验也是相当丰富的。每名大将军手下再统领两名开府，开府就可以直接对士兵发号施令了，府兵的“府”便是开府的“府”。

这么一个自上而下的军事结构是通过广募豪强、扩整乡兵组织起来的，如何才能够有效地维系呢？宇文泰的措施是：一、改郡望；二、改姓氏；三、物质的赏赐。

孝文帝迁都，将鲜卑大族的籍贯一律改为河南洛阳，而原本世居北方的汉族门阀又各有各的郡望，于是宇文泰就得面对一个大问题：手下的大部分将领乃至士兵都不是关中本地人，而是来自五湖四海的大杂烩。中国人一向讲究归葬故里，客居他乡久了，不免会有这样那样的想法。

为解决这个问题，宇文泰下令，凡是纳入府兵系统的有功将领，以宗族为单位统一改变籍贯郡望。一般的原则是，你目前在什么地方效力，籍贯就改成什么地方。鲜卑人本来就对自己的洛阳籍贯没什么感情，再改到关中也不会太在意，而改变籍贯的汉人多数功勋卓著，这更是成了一种荣耀。将士们做了关中人，向心力得以加强。

改完郡望，宇文泰又在府兵将领中逐步推行改姓氏的政策，以消除各方人士的差异。

孝文帝是改鲜卑复姓为汉族单姓，宇文泰以鲜卑人为主体建军，就要反其道而行：对于鲜卑人，他要求恢复原来的复姓，比如于谨就改回原名，叫勿忸于谨；对于汉族将领，他以赐姓的方式把汉族单姓改成两字或三字的鲜卑复姓，比如柱国中的李虎就改叫大野虎，李弼则改叫徒河弼，赵贵改叫乙弗贵。

与孝文帝的改姓不同，宇文泰的改姓是出于军事目的而非文化目的。被赐姓的将军手下统领的军人也统一跟着改姓，如此一来，并肩作战的将士们不仅都是本地人，而且还是一家人，彼此之间的认同感也提高了。

光改郡望和姓氏还不够，最终得靠物质和财富的激励来巩固府兵制度。宇文泰对立功将领的赏赐极其丰厚，包括农田、奴仆、牲畜、财物，其中最为重要的是农田，有了田地的将领就是关中豪族。关中豪族在本地生根发芽，一个影响隋唐统治一百多年的关陇贵族集团应运而生，因此，宇文泰的军事改革在中国历史上承前启后，不容忽视。

府兵制刚刚成型就发生了波折——身为六柱国之首的李虎于西魏大统十七年（551）去世了。

按理说，必须有人递补柱国的位置以保持六柱国的规模，朝中商议，由平定汉中的大将军达奚武来顶这个缺。达奚武固辞不受，举荐了另一个人选——义阳王元子孝。宇文泰接受达奚武的建议，把柱国大将军的头衔授给了元子孝。

元子孝与元欣一样是西魏的宗室，身为柱国，徒有虚名。经过此次人事变动，宇文泰对府兵有了更大的直接掌控权，这引起了皇族的忌恨。

西魏文帝与李虎同年去世。这些年文帝心甘情愿放权给宇文泰，最后得以善终，算是魏国末年唯一自然死亡的傀儡皇帝，而继位的太子元钦就远没有他父亲那么听话了，皇族与宇文氏的矛盾很快升级。

元钦继位的第三年（553），尚书元烈谋害宇文泰，意图夺回皇权，计划败露，被宇文泰诛杀。元钦愈发不满，对宇文泰怨言不断。宇文泰安插在皇帝身边的耳目一通报，宇文泰也不含糊，直接把元钦废了，立他的弟弟元廓为皇帝，并且干脆把皇族的姓也改回“拓跋”。拓跋廓就是西魏的最后一位皇帝，魏恭帝。

宇文泰又改依周代的制度，取消魏帝的年号，只称元年。他参考记录周代官制的《周礼》，改“品”为“命”（一品即九命），继而搬用周代六卿的官名：天官冢宰、地官司徒、春官宗伯、夏官司马、秋官司寇、冬官司空。六官的职权，大体上分别对应后来隋唐的吏、户、礼、兵、刑、工六部。宇文泰自任大冢宰，其余柱国分担各官。

这项制度，宇文泰让苏绰拟筹了好多年，苏绰病逝后又由尚书右仆射卢辩接班完成。周制表面上是官名的变动，实质上确立了西魏独特的文化体系。

整顿好内部，宇文泰便于魏恭帝元年（554）十月命于谨、宇文护、杨忠统率五万精兵讨伐江陵的梁元帝。于谨料到梁元帝多疑少谋，肯定会坐以待毙，所以在襄阳与萧詧的军队会合后，便长驱扑向江陵。

果然，都已经火烧眉毛了，梁元帝还沉浸在坐稳皇位的幸福之中。跟他好佛的父亲不同，梁元帝更喜爱道家思想，常常兴致勃勃地升殿大讲《道德经》，听众云集。边境战报传来，大臣们认为梁、魏刚刚修好，不可能凭空有军事行动，梁元帝深感有理，不做军备，继续讲经。等到魏军兵临汉水，梁元帝才意识到军情紧急，赶紧征调远在建康的王僧辩，然而一切都太晚了。

于谨指挥大军渡过汉水，分派宇文护和杨忠率领精骑兵抄小路占据江陵南面的江津，堵住梁军渡江的后路。然后魏军在江陵四周筑起长围，从四面八方发动攻城。梁军奋力抵抗，可是江陵守兵太少，援军又过不来，守城主将胡僧祐不幸中箭阵亡，外城很快被攻破。梁元帝无心再守，向魏军献上人质投降。

令人愤怒的是，梁元帝在投降前命舍人高善宝把平生收藏的十四万卷古今书籍付之一炬。这些书大多是手抄本珍卷，不少是孤本，梁元帝就这么给烧了。他自以为读书万卷，乃至失败——读书读成梁元帝这样，也真是活该失败！只是这把火对于中国文化造成的损失，我们后人已无法估量了。

梁元帝想要自焚，被左右宫女拉住。有人劝梁元帝突围逃往江南，梁元帝身体肥胖，行动不便，放弃了逃跑的机会。他换上白衣，跨上白马，出江陵东门投降，一路上长吁短叹："萧世诚（梁元帝字世诚）落得如此下场！"

于谨没有放梁元帝一条生路，他使出损招，把梁元帝转交到萧詧手里。萧詧想起兄长萧誉之仇，气不打一处来，上去就对梁元帝一通殴打辱骂。发泄折磨够了，萧詧命人用大土袋压死了梁元帝。

可叹梁国几代君主，没有一个死得像样的。

梁元帝一死，于谨把萧詧安置在江陵，派专人"看护"，萧詧原先的封地襄阳则被西魏吞并。于谨没抢着梁元帝的书籍，就把江陵的文士、珍宝、仪器集中起来带往长安，这里面就有刘宋时代的浑天仪、梁代的铜晷表等等国宝级器物。于谨又从江陵百姓中挑选十万男女分赏三军为奴婢，身残体弱的统统杀死。

经此一役，北朝的经济文化又一次获得了巨大提升，而南朝文化遭受严重洗劫，从此一蹶不振。

萧詧眼看自己苦心经营多年的襄阳转眼间换成一座空荡荡的江陵城，后悔也没用了，家事国事到了这地步，他只好老老实实当傀儡。

不久，萧詧称帝，定都江陵，以梁国正统自居，管辖范围限于江陵方圆三百里的一州之地，奉西魏、北周为正朔，历史上称这个巴掌大的附庸国为西梁或后梁。

西魏尽取梁、益、雍、荆，版图几乎扩大了一倍，由三国中最小的一国一跃成为面积最大的国家。

十九、陈王争权

江陵陷落，梁国在江北的据点几乎全部丧失，昔日堪与北方鲜卑抗衡的大帝国这么快就凋零衰败，濒临崩溃，恐怕连最悲观的预言家们都无法想象。形势还在一步步变坏，很快，江南仅存的那点残山剩水在风雨飘摇之中再次四分五裂。

在上游，湘州刺史王琳得到梁元帝的死讯，被众将推为盟主，驻军长沙，传檄州郡，派兵攻打后梁。在中游，齐文宣帝高洋派清河王高岳进军江北，郢州刺史陆法和举州投降，北齐留大将慕容俨扼守郢州，窥视江南。在岭南，萧勃趁着国内权力真空盘踞广州，俨然建立了一个独立王国。此外，浙东、福建、赣南等地也被当地豪族军阀占据。力挽狂澜的重担，责无旁贷地落在了驻守长江下游的王僧辩和陈霸先的肩上。

是伺机求生，还是慷慨赴死？此时这不是个人的抉择，而是关系着一个国家，甚至一种文化的命运。

为了稳住局面，王僧辩和陈霸先派人到寻阳（今江西九江）迎接梁元帝的九子、江州刺史、晋安王萧方智。萧詧在江陵尽杀梁元帝诸子，唯有十三岁的萧方智出镇外藩，方才幸免于难。

南梁承圣四年（555）二月，萧方智到达建康。王僧辩并未马上拥他为帝，而是奉他为太宰，让他做名义上的最高统治者，王僧辩自己则任中书监、录尚书、骠骑大将军、都督中外诸军事，执掌实权。陈霸先被加封为征西大将军，负责京口（今江苏镇江）的防务。

王僧辩跟他曾经的上级梁元帝一样缺乏政治头脑，既没有看清时局的眼光，也没有号令天下的气魄。他拥立萧方智，却不一步到位，好比做事做了一半又停下手来观望。他想观望各地割据势力与北方强邻的反应，然后确定下一步的走向，保证自己能够有效对付各种变化，可是这样恰恰显出了他的犹豫不决、举棋不定，这在形势复杂的情况下实在是大忌。

果然，北齐方面因为抢地的动作没能赶上西魏，现在不甘落后，也要分享一杯羹。萧方智上台才一天，北齐“三才”之一邢子才便来到建康，给王僧辩递上了高洋的亲笔书信，信中说：“梁国遭受侯景之祸，又丢失了江陵，情势危急。新主年龄太小，恐怕不堪重负。贞阳侯是梁武帝的侄子，年龄大，声望高，足以保卫金陵，所以我国封他为梁王，请贵国接纳。王将军可分派舟船迎接，以后与他齐心协力，匡扶社稷。”紧跟着，贞阳侯也来信，要求王僧辩迎奉自己。

贞阳侯就是寒山之战被俘的萧渊明。当年他被高澄结结实实利用了一把，一封信成为激发侯景之乱的关键诱因，如今高洋看中他的身份，又把他推了出来。这位皇侄的重复利用率还真挺高的。

高洋的信明摆着是在干涉梁国的“内政”。如果连皇帝的人选都得听北齐的安排，那与西魏在江陵立萧詧有什么区别？更何况，以皇族亲疏而论，萧渊明只是梁武帝哥哥的儿子，是旁系，而萧方智是武帝的亲孙子，元帝的亲儿子，是直系，凭什么废掉直系改立旁系？这种事于情于理都说不通。

王僧辩当然不答应，他给萧渊明回信：“如今嗣主是元帝之子，地位无可厚非。明公倘若入朝效力，我必委以大任，与你共辅嗣主；若尼有别的想法，恕我不敢听命。”

软的不行，北齐就来硬的。高洋派大军护送萧渊明来到江北的东关（今安徽巢湖东南），梁将裴之横率部抵抗，兵败被杀。

东关是建康上游的防御要冲，东关失守，王僧辩大为惊恐，态度来了个一百八十度的大转弯。他一面出镇姑孰，一面与北齐联系，表示愿意恭迎萧渊明入朝为帝。得偿所愿的萧渊明也不吝啬，给了王僧辩三个许诺：北齐退兵，永不南侵；由王僧辩全权执掌朝政；以萧方智为皇太子。

王僧辩虽有顾虑，但劣势之下不得不低头，何况如果实现了萧渊明的三个许诺，他自身的利益基本可以得以保障。于是，他派儿子王显、侄子王世珍为人质，左民尚书周弘正为使者，迎萧渊明大驾过江。萧渊明与北齐上党王高涣立下盟约，由一千名散兵护送渡江。

萧渊明入建康城，即位称帝，改元“天成”，封王僧辩为大司马，另领太子太傅、扬州牧之衔，大权独揽。陈霸先被封为侍中。

萧渊明是由北齐扶植的，他的梁国从一开始就缺钙。

王僧辩和萧渊明都失策了。王僧辩以为只要把持住朝廷就没问题，萧渊明及北齐方面更是错判形势，一味“扬王抑陈”，他们犯了一个共同的错误——大大低估了陈霸先的力量。

陈霸先在灭掉侯景后，大部分时间都驻扎在建康下游的京口。北齐占领江北，百姓们不堪忍受繁重的赋税，以豪强大族为代表屡次向王僧辩请兵北讨，可是王僧辩鉴于当前梁、齐关系不错，都予以拒绝。百姓被逼无奈，转而向京口的陈霸先求援。

陈霸先的回应很积极，两度出兵包围广陵（今江苏扬州西），虽然由于缺乏友军支持，最终都被迫撤回京口，但十分有效地收买了江北百姓的民心。京口附近的流民纷纷归附，许多文士武将也投入陈霸先的旗下，其中以吴明彻最为有名。经过三年多的经营，陈霸先在京口的总军力已经由北伐时期的三万悄悄增长到了十万以上。

王僧辩还完全没有意识到陈霸先的威胁，不但不采取措施安抚拉拢陈霸先，反而倚仗职权对他进行打压，把他从原先的司空降为侍中。

王僧辩和陈霸先的关系曾经非常好，北伐时两人盟过誓，陈霸先慷慨地资助过王僧辩，王僧辩则对陈霸先推心置腹，还为儿子王頠聘娶陈霸先的女儿，只是因为王僧辩的母亲去世，他们尚未成婚。

尽管如此亲密，两人处事方法的差异却很大。王僧辩为人保守，信奉“无过便是功”，这从以前讨伐湘州时他延误出兵、攻灭侯景时不肯亲自杀害萧栋等人以及消极应对江北请兵等事情上都看得出来；陈霸先则有较强的进取心，远在岭南时阻力重重，他依然突破围堵北上，在京口也是以攻为守，一有机会就过江骚扰北齐。

这种差异，一旦遇上原则性问题，就会转变为矛盾爆发出来。王僧辩改立萧渊明，向北齐称藩，贻人口实，陈霸先是反对最坚决的一个，曾四次遣使到建康进言苦劝，可惜王僧辩不听。

陈霸先愤怒地对手下亲信说："武帝的子孙很多，只有元帝能复仇雪耻。我与王公同受重托，晋安王（萧方智）有什么罪，怎能说废就废！投靠戎狄（指北齐），迎立非次（指萧渊明），王公究竟想干什么？"他开始秘密置备战袍、金银作为战时赏赐，与手下将领策划袭击王僧辩。

南梁绍泰元年（555）九月，江上有人发来战报，说寿阳方面的北齐军出现动静，有大规模进攻的迹象。王僧辩通知了陈霸先，命他做好准备。

陈霸先立即行动，调集近十万人马，兵分两路：侯安都、徐度统领水军，陈霸先统领步骑兵，向王僧辩驻守的石头城进发。外人不明底细，见陈霸先军阵浩大，都以为是建康在征兵增防。

水军先到石头城下，侯安都领士兵下船，蹑手蹑脚地上到城北。石头城北是个小山崖，城墙依崖而建，陡峭无比。侯安都计谋多端，并不惧怕。他让手下围成一圈，把他捧在中间，使劲往墙内抛去，待得侯安都飘然落定，已经身处城墙内侧了。后面的士兵也用类似的方法，一个接一个翻墙进入石头城。

王僧辩毫无防备，未在城北布置守兵，侯安都一下子杀到他卧室外。王僧辩正在房中处理公务，听见喊杀声，情知有变，赶紧带着几十名亲信冲出卧室，逃往城南。陈霸先的军队从南门冲入，把王僧辩堵在了城内。

王僧辩腹背受敌，与陈霸先展开死战，然而毕竟众寡悬殊，王僧辩完全不是对手。

王僧辩与儿子王颜退到南门城楼上向陈霸先求饶，陈霸先不罢休，借着风势放火烧楼。王僧辩穷途末路，只好乖乖下楼，束手就缚。

陈霸先劈头问道："我有何罪，你要与齐军讨伐我？"也不管有无证据，先把你骂臭了再说。王僧辩摇头无语。

陈霸先又问："你为何全无防备？"

王僧辩反诘："我把整个北门都交给你了，怎么叫全无防备？"

陈霸先问不出什么结果，便连夜绞杀了王僧辩、王颜父子，次日清晨传檄中外：王僧辩图谋不轨被诛，朝廷只追究王僧辩儿子兄弟的罪责，其余亲信党羽一概宽恕不计。

萧渊明登上皇位靠的是王僧辩的支持，如今王僧辩被杀，他独木难支，十分识趣地宣布退位。当年（555）十月，萧方智在陈霸先与文武百官的劝进下即位，改元“绍泰”，是为梁敬帝。陈霸先被加封为尚书令、都督中外诸军事、车骑将军和扬、南徐二州刺史，取代了王僧辩的位子。

陈霸先通过政变扫除了建康的亲齐势力，根基相当不稳，因此他仍然向北齐称藩，同时开始着手摆平国内的反对派。

建康周围各州郡的刺史和太守大多听命于王僧辩，王僧辩死后，东南的吴兴太守杜龛、义兴太守韦载以及王僧辩的弟弟、吴郡太守王僧智首先发难，据城对抗陈霸先。

陈霸先选择各个击破。它先请韦载的族弟韦翙（huì）修书，借此招降了韦载，然后又派骑兵突袭吴郡，吓得王僧智弃城逃奔吴兴。

东南的战事刚喘了口气，西面的谯、秦二州刺史徐嗣徽和南豫州刺史任约就率领五千精兵乘虚进攻，拿下了石头城。最严重的是，徐嗣徽投降了北齐，使得齐军轻而易举地渡江据守姑孰。粮食、马匹源源不断流入石头城，建康的局势岌岌可危。

二十、三分周、齐、陈

梁国建立以来，台城第三次面临被攻破的可能。第一次是侯景围攻，第二次是萧绎的荆州军讨伐侯景，前两次都以攻城一方的全胜而告终。如果历史再次重演，那么南朝就将彻底画上句号。

陈霸先在上一次台城攻防战中是攻方，他看穿了侯景的弱点，率部击溃了侯景；这一回他是守方，擅长进攻的陈霸先在防御上的经验略显不足，他向新近收入帐下的韦载问计。

韦载是韦叡之孙，自小熟读史书兵法，很有战略头脑。他分析说："齐军若是分兵据守通向三吴的道路，侵占东南，那可就不妙了。秦淮河南面有侯景留下的营垒，我军应抓紧时间在此基础上筑城，保障向东的运输通畅，然后另派轻骑兵切断齐军的粮道，使其进无可掠，退无可资，则不出十日，齐军必破。"

陈霸先大受启发，命合州刺史徐度在冶城（今江苏南京朝天门一带）修木栅，又命韦载等人在秦淮河南岸筑城堡，阻挡齐军东进路线。之后，他派侯安都趁夜潜入江北，烧了上千条齐军的船只，又派大将周铁虎劫粮，活捉了负责押运物资的北齐北徐州刺史张领州。

陈霸先一连串的组合拳令徐嗣徽与他的北齐后援军军心沮丧。徐嗣徽怕夜长梦多，主动进攻冶城的防御工事。陈霸先亲率精兵打开台城西明门出击，大败徐嗣徽。徐嗣徽见势不妙，留下齐将柳达摩守石头城，自己一口气退到了江边上的采石。

陈霸先不直接打徐嗣徽，他命侯安都偷袭徐嗣徽的老巢秦郡（今江苏南京六合区），俘虏了徐嗣徽的士兵和家人，还缴获了琵琶、老鹰等战利品，遣使转送给徐嗣徽，表示“原物奉还”。徐嗣徽大惊，想回据石头城，又被侯安都击退，军资武器统统落入梁军囊中。

石头城这边，守将柳达摩也是连战不利，木栅被烧，船舰被夺，死伤无数。陈霸先将石头城四面包围，城中缺水，柳达摩难以坚持，向陈霸先请和。然而齐军示弱求和，架子却不放下来，柳达摩提出条件，要陈霸先派质子。

战场上梁军占有一点优势，但建康城防薄弱，军粮缺乏，群臣都怕重蹈江陵的覆辙，不愿再战。于是陈霸先说：“既然大家都想跟齐国谈和，如若我不同意，你们一定会以为我是不想派质子，不顾国家利益。我决心派质子，但是齐国人不守信用，以为我国弱小，必然背盟再来，到时诸君可得与我协力抗敌！”

陈霸先以侄子陈昙朗与永嘉王萧庄为人质，又送残余的齐军渡江北归。两国订立盟约，各自休兵。

陈霸先接受柳达摩的求和不是一时兴起，他的确需要这个难得的停战间歇，好掉转枪口对付东南的纷扰。

陈霸先派侄子陈蒨与爱将周文育攻打吴兴的杜龛、王僧智。杜龛有勇无谋，嗜酒如命，部将杜泰败降献城，杜龛被斩，王僧智与弟弟王僧愔逃往北齐。陈蒨、周文育又进袭会稽，消灭了王僧辩的亲信、东扬州刺史张彪，三吴地区彻底安定了。

不出陈霸先所料，北方的表面和平只维持了三个月。

北齐天保七年，即南梁太平元年（556）三月，齐文宣帝杀掉之前作战不利的柳达摩，撕毁与梁国的盟约，派大将萧轨、厍（shè）狄伏连、东方老与任约、徐嗣徽领兵十万，发动新一轮的伐梁战役。

梁军已有准备。北齐军在梁山（今安徽当涂一带）和历阳（今安徽和县）被陈霸先帐下大将黄丛、侯安都击破，主力退守上游的芜湖。

两军对峙到五月，北齐出个怪招，说只要送回废帝萧渊明，齐军就走人。陈霸先明知北齐出尔反尔也不揭穿，同意备船遣送萧渊明。

可是才过了几天，萧渊明毒疮发作，一命呜呼。有人说是陈霸先做了手脚，也有人说是北齐派人暗杀了这位傀儡王爷。可不管是谁下的手，萧渊明的死都使得战事骤然紧张起来。

齐军借题发挥，兴师问罪，以水兵拦截守将周文育的退路，以骑兵避开梁军主力，向建康进发。

陈霸先召回周文育与侯安都，让他们在建康东南的白城与徐嗣徽会战。当日南风骤起，梁军逆风，陈霸先反对立即出战。周文育勇猛，叫道："事态紧急，岂可拘泥于战法！"说着，他提槊上马，领兵杀入阵中。说来也神奇，周文育上阵后风势忽然变换，齐军死伤数百人，撤退中又被侯安都的精骑兵冲溃，大将乞伏无劳被擒。

齐军见无法取得战略主动，就绕到建康城北面占据钟山、幕府山、玄武湖等地，企图围攻建康。

时值江南的盛夏时分，连日暴雨，低地的积水足有一丈多深。齐军的营寨只能搭在泥水中，士兵脚趾溃烂，疾病蔓延。

城中的情况也不好，粮运不至，军士和百姓全都饥饿不堪，但好歹有城有屋，环境不像城外那么阴潮。

暴雨过后，天色稍稍放晴，陈霸先在城中买了许多麦饭犒劳手下军士。刚好陈蒨从城外送来了三千斛米、一千只鸭子，陈霸先命人将米和鸭子分别煮熟，士兵们每人取一张荷叶，裹着米饭，盖上几块鸭肉，痛痛快快地饱餐了一顿。这就是今天的广东小吃荷叶鸭肉饭的由来。

能量补充完毕，陈霸先率领大军向城北幕府山发动总攻，打头阵的仍是侯安都。

侯安都对部将萧摩诃说道："萧将军骁勇天下有名，只是千闻不如一见呐！"

萧摩诃果断回了一句："今日我便叫明公见识一下！"

萧摩诃一马当先直冲进齐军营寨，所向披靡，一路上如入无人之境。侯安都也奋勇相助，引兵袭击齐军身后。陈霸先与吴明彻、沈泰等部并进，大败看似强劲的齐军。

北齐士兵逃往江边，为争夺船只乱成一团，因相互践踏或是跌入水中而死的人不计其数。徐嗣徽、萧轨、东方老等齐军将领被活捉，任约和王僧愔腿快，逃得性命。梁军追到江上，烧毁了北齐丢弃的船只。建康城几个月的阴霾终于一扫而空，迎来了酣畅淋漓的胜利。

陈霸先下令，将徐嗣徽、萧轨等俘虏全部斩首示众。此举当然不免被报复，恼羞成怒的北齐人杀害了人质陈昙朗。

战后盘点，陈霸先居功至伟，被封为中书监、司徒、扬州刺史，晋爵长城公，不久又升为丞相、录尚书事、镇卫大将军。

南梁太平二年（557）二月，陈霸先的老上司萧勃不服，在广州起兵谋反，周文育领军轻松讨灭，平定了陈霸先发家的根据地岭南。

两个月间，陈霸先又得到相国、陈王之位，更有加九锡、加殊礼，位居诸王之上。地位稳固了，野心也膨胀了。十月，南朝最后一场禅让大典在建康上演，陈霸先即位，改国号为“陈”，改元“永定”——他就是陈武帝。

陈武帝称帝的前一年（556），西魏宇文泰因病去世，世子宇文觉在中山公宇文护的安排下接受了西魏恭帝的禅位，改国号为“周”，史称北周。

至此，周、齐、陈三足鼎立之势完全形成，侯景引发的这场震动天下的大战乱总算是告一段落了。

南朝大才子庾信因为侯景之乱，从建康颠沛流离逃到江陵，又因为西魏攻陷江陵，成为亡国奴被带到长安。南梁灭亡后，羁旅北周的庾信终老一生没能回到南方，他感世伤怀，思念故国，写下了二十七首题为《拟咏怀》的诗篇，其中第十一首诗说：

摇落秋为气，凄凉多怨情。
啼枯湘水竹，哭坏杞梁城。
天亡遭愤战，日蹙值愁兵。
直虹朝映垒，长星夜落营。
楚歌饶恨曲，南风多死声。
眼前一杯酒，谁论身后名？

这正是侯景之乱给整个南方带来的凄惨景象。

纵观侯景之乱，我们大致可将其分为两大部分：侯景乱北朝与侯景乱南朝。

侯景与高澄交恶，举兵反叛东魏，东魏随即讨伐侯景，迫使侯景分别向西魏和梁国求救，将两国拖入战争泥潭，这是侯景乱北朝。侯景南渡入梁，与梁国君臣发生矛盾，再次举兵反叛，攻陷建康，先废立两位梁帝，继而自立为帝，直至兵败身死，这是侯景乱南朝。两次叛乱合起来，才是侯景之乱的全景。

侯景先后发起的两次叛乱致使无辜生命惨遭荼毒，千万人头倏忽落地，如《哀江南赋》中所说，当时“鬼火乱于平林，殇魂游于新市”。但这就是战争。简单地一味指责战争的发起者如何如何罪孽沉重并不能真正避免战争，站在历史的角度，我们更应尽可能看清这场乱世战争给社会格局带来的直接与间接的作用，这样才是以史为鉴。

侯景之乱前，西魏无论在军事实力或是经济实力上都远远不如东魏，并且长年为饥荒等自然灾害所困；而在侯景之乱以后，西魏得到了汉中、巴蜀、雍荆的广袤领土，疆域比东魏、北齐大出一倍，大大解决了以往的饥荒问题。新增领土皆为富庶之地，西魏的财富得以迅速累积，加上行有成效的制度革新，积贫积弱的西魏（以及之后的北周）逐渐强大，有了与东魏（以及之后的北齐）长期对抗的资本。

东魏受到侯景之乱的影响，原本富饶的河南经济受到严重冲击，而从淮南抢到的新地盘毗邻其他两国，动荡不安，不仅没能得到好处，反而因为驻军加大开支——新地盘成了一块没什么用还长期消耗国力的鸡肋。

侯景危害梁国，残杀士族，使南朝的社会文明遭到致命性打击；梁国宗室群雄逐鹿，彼此吞噬，在整个过程中又丧失了大量的土地与人口；梁元帝焚书和于谨大迁士民入北朝，更给南朝的文化造成无法挽回的损失。代表南方吴人和蛮族势力的陈霸先虽然趁乱继梁而起，却也无力恢复战前的文化规模。正是从陈代开始，北朝逐渐在文化方面藐视南朝，后来南朝不仅失去了赶超北朝的机会，而且愈发走向衰落。

经过侯景之乱，原本弱小的西魏实力增强，原本强大的东魏发展受阻，坐山观虎斗的南朝则再也无力争雄。一系列此消彼长之后，来自西北一隅的关陇贵族集团成为时代的宠儿，最终实现了统一，开创了空前绝后的隋唐帝国。

由此可见，侯景之乱对于整个南北朝的走势具有极为重要的意义和影响，是结束四百年来中华世界大分裂局面的关键性转折。

第十一章

三分归隋

在北周、北齐、南陈鼎立的后三国时期，各国统治者所面对的其实是一个共同的问题：如何建立一套足以替换旧有门阀制度的新的社会体制？谁能够更快更好地建立这样一套制度，谁就能走在时代的前列，赢得竞争的胜利。

到了南北朝末期，南朝真正成为吴人与土著民族为主体的南方人的天下，即“南人治南”。

古今多少帝王爱美人胜过爱江山，不知他们可曾想过：如果江山没有了，美人还能不能独存？

终结大分裂时代、开启隋唐时代的关陇统治者们并不见得比之前几百年来所有的统治者聪明、能干，他们之所以成功，在于他们所处的环境比较巧，所遇的困难比较小，所采取的策略比较得当。用四个字总结，这叫“应运而生”。

● ● ●

一、门阀的落日

我们读历史，不仅仅是为了看故事。历史中包含人类所经历过的种种自然规律和社会规律，读史的重要目的，在于分析这些规律和构成规律的历史元素，包括自然性的，也包括社会性的，包括事件，也包括人物。

南北朝末期，北方拓跋氏建立的北魏王朝及其延伸——东魏和西魏，与南方先后建立的三个王朝——宋、齐、梁，都相继灭亡了。取而代之的，是三个新兴的王朝——北周、北齐和南陈。不少历史学家把这段时期称为“后三国”，以区别于魏、蜀、吴的那个三国。

前、后两个三国，虽然时代不同，特点也不同，却都体现着一种规律——门阀制度的兴衰。

门阀，是“门第”和“阀阅”的结合，也就是出身背景与家族资历。本质而言，门阀正是东汉末年天下大乱以来应运而生的一个重要的社会现象。

东汉之后的前三国时代，魏、蜀、吴三国的创立者都不是门阀体制中人，而是所谓的庶族。

曹操是阉人的孙子，不属于门阀，他所推行的一系列政治改革在很大程度上也是为打击门阀。曹操兴起时，从北方的袁绍到南方的刘表，都不仅在军事上敌对曹操，更在政治上和文化上排斥曹操，这是因为袁绍、刘表等人都是门阀大族的代表。

曹操后来虽然灭了袁绍和刘表，却终于没有扫平江南，被孙、刘联军所阻。具有讽刺意味的是，阻止他的孙、刘也不是门阀出身。刘备自不必说，顶着皇叔的金字招牌，却是“织席贩履”之辈，而孙权父子三人也并非出身江东门阀。就实际统治的地盘来说，孙、刘两家都属于“外来户”，他们掌权后，对治下门阀势力软硬兼施的打压也丝毫没有停止过。

然而，门阀毕竟属于社会势力中的强势一方。随着时间的推移，权力此消彼长，打江山的一代人老去，守江山的一代人终究不得不向门阀势力低头，曹丕建立的九品中正制就是门阀制度大抬头的里程碑，自此，门阀势力大张旗鼓地占领了历史的舞台。

前三国时代终究没能冲破强大的门阀社会体制，统一了前三国的西晋王朝是门阀制度达到顶峰的时代。不过，一种制度一旦达到顶峰，接下去也就要走下坡路了，这个规律古往今来概无例外。

西晋王朝的土崩瓦解可算是门阀制度没落的开始，可是，任何旧制度的受益者都是不会甘心放弃既得利益的，除非有更大的利益供其选择，或者，他们被更大的力量所驱逐。

西晋王朝灭亡之后，东晋作为西晋法理上的继承者，自然是尽一切可能继承和发扬门阀制度。北方的十六国虽然没有继承西晋的法统，却不得不继承西晋的社会性质。就这样，门阀制度继续以不尽相同的形式在南方和北方同时存在。

门阀制度带来了各种问题：南方的主要问题是庶族与士族的斗争，即门阀体制外的人与门阀体制内的人之间的矛盾；北方则主要表现为旧有的门阀体制内的人与新兴的军事贵族之间的矛盾。矛盾的不断演化、解决、激发、平抚，是整个社会逐渐发展的一种体现，然而这个过程殊为不易，如何解决矛盾是摆在每一位统治者面前的一道难题。

北方的北魏孝文帝好像认清了问题的本质，看上去他也找到了一条出路：鲜卑贵族整体接受门阀制度，鲜卑贵族本身转化为最大的门阀。

南方的解决办法不太一样，梁国选择不断让非门阀体制内的成员步入权力中心，从而实现对门阀制度的适应与修补。

按照这个形势发展，前三国的历史仿佛还要重演。然而，三百年沧桑，此时已远非前三国时代可比，社会已增添了许多新的因素。北魏孝文帝的改制终于激化了六镇兵变，那些北方人中的北方人不仅打烂了北方的门阀体制，而且他们中的一员——侯景，更是打破了南方的门阀体制。

北魏崩溃，北方门阀制度接近于死而未僵的状态，一些大的门阀家族尚在，并且仍有很大的势力，而六镇军事集团中也衍生出新兴门阀，这说明门阀的社会影响力还没有完全消失。因此，无论是东边的高欢，还是西边的宇文泰，都没有急于将北魏彻底中结，而是搞了一个过渡，分别建立了东魏和西魏。

南方的梁国则想借助文化与宗教的力量，使门阀制度重新“合理化”，于是门阀制度在梁国出现了短暂的“回光返照”。

然而，因为梁武帝初期经济文化比较繁荣，统治也相对稳定，上层的门阀士族越来越贪婪腐败，对中下层人民的压迫也越来越深重，到了梁武帝后期，他们终于引发了极其严重的社会问题，门阀制度遭到前所未有的冲击。

侯景之乱的爆发与三个新国家的建立宣告门阀终结时代的开始，此时的门阀制度已渐渐透出落日的暮气，再难有还手之力了。

之所以门阀制度还不能彻底废除，并不是因为其势力仍然强劲，而只是因为还没有找到新的可以替代它的制度。因此，在北周、北齐、南陈鼎立的后三国时期，各国统治者所面对的其实是一个共同的问题：如何建立一套足以替换旧有门阀制度的新的社会体制？谁能够更快更好地建立这样一套制度，谁就能走在时代的前列，赢得竞争的胜利。

这段除旧布新的历史，就从西北的长安开始。

宇文泰是一代英雄，却也终于不能抗拒天命，在“知天命”之年，他应命归西天了。临终前，宇文泰将权力交给了侄子中山公宇文护，以前并不显眼的宇文护一下子成了西魏的焦点人物。

宇文护是宇文泰的哥哥宇文颢的小儿子，东西魏对抗时期，他追随宇文泰东征西讨，表现虽不很突出，却也立了些军功。宇文泰曾多次跟人说，这小子在气度上很像自己，因此对他十分喜爱。

虽说在宇文泰的眼里是“小子”，宇文护其实比宇文泰的几个儿子在年龄上要大得多，这是宇文泰选择将身后大事托付给宇文护的重要原因。

宇文泰认为自己还是年壮气盛，实在没想到自己会死得这么早，去世的时候年仅五十岁，甚至败给了五十二岁去世的高欢，所以在子孙的事情上没有预先做好充足的安排。宇文泰的法定继承人，也就是他与北魏冯翊公主所生的嫡长子宇文觉此时才只有十五岁，完全没有任何政治与军事经验。

在培养继承人方面，宇文泰显然不如高欢。高欢一当上丞相就着力培养长子高澄，十五岁的高澄已经可以笼络近臣、私通父妾，即便“劣迹累累”，一定程度上也说明了他的能力，可十五岁的宇文觉履历上还是一片空白。

宇文觉在西魏恭帝三年（556）三月获得世子之位，四月才拜为大将军，而到了十月，宇文泰就因为外出视察染疾，死在了泾州的云阳（今陕西泾阳西北），连回长安都来不及。

如此仓促，年轻的宇文觉当然也来不及树立自己的势力和威望，为了防止大权旁落，唯一的办法就是让另一个姓宇文又有一定斗争经验的人来掌握大权，于是宇文护顺理成章地成了最佳的人选。

依照宇文泰的“遗志”，宇文护的第一要务是全力巩固宇文氏的势力。

我们以前一再强调，北周的立国基础是八柱国体系，或者说六柱国体系。宇文护打着宇文家的牌子，对付一般的二、三流人物还勉强撑得住场面，可对于六柱国一级的大佬们，宇文护就有点招呼不动了。这些人大多在年龄和辈分上比宇文护高，而且是多年的王公，宇文泰在时对他们都要礼让三分，更别提小辈的宇文护了。

忧心忡忡的宇文护思来想去，决定去暗访六柱国之一的于谨。于谨脑子灵光，当下给宇文护谋划说：“我于谨一直蒙受老丞相的特殊眷顾，与他情同骨肉一般。今天既然说到了这里，我一定会拼了老命替你争。明天在众人面前，你千万不能推辞！”

第二天众柱国聚集一堂，开会讨论权力归属。会上，于谨严词厉色地说：“当年帝室倾危，人人想夺天下，老丞相志在匡扶国家，带着我们冲锋陷阵，不知打了多少仗，这才实现了国家的复兴。如今上天降祸，老丞相归天了，留下了我们这班人。嗣子虽然年幼，但中山公作为老丞相的侄子，如同他的儿子一样亲；何况他又受了老丞相的顾命之托，军国大事理应由他全权处理。”

于谨这番发言把全场都震住了，一时“众皆悚动”。宇文护马上接话：“此乃我宇文氏家事，就算我资质愚钝，岂敢有所推辞？”

于谨一看宇文护配合得挺好，就更加谦恭地对宇文护说：“明公若能出来主持大事，我于谨和大家便有了依靠了。”说完起身就拜。

于谨是跟宇文泰平辈的，他这么带头一拜，其他柱国迫于压力也只好跟着参拜，宇文护就这样理直气壮地接手了军国大权。

宇文护一上台，见宇文觉的年纪轻、实力弱，便想早正其位以定人心。他派人向魏恭帝提出禅让的要求。元钦死后，西魏皇室早已名存实亡，现在也没什么好商量的，只能借坡下驴了。

于是，宇文觉废掉了魏恭帝，建立了自己的国家。因为宇文泰一向推崇周礼，新的国号就叫“周”，史称北周或宇文周。

宇文觉承接西魏末年的传统，不称“皇帝”而称“天王”，天王之下，最高的爵位是公。宇文护被拜为大司马，封晋国公。魏恭帝则被“封”为宋国公，不出两个月，他就被宇文护下令杀害了。

北周王朝与中国历史上的大多数王朝有一个很大的差别，那就是它的开国君主竟然是个傀儡，握有实权的人是宇文护。

耐人寻味的是，宇文觉这位傀儡天王似乎还不认为自己真的是傀儡，这说明了一个问题：当时朝中的格局复杂，并不是简单的一人独大、权臣当道。

于谨扶宇文护“上马”，一方面是看清了形势，如果不确立宇文护的地位，权力必定会分散下去，对于关陇军事集团是极其不利的；另一方面，也与他同宇文家的姻戚关系密不可分。宇文泰之女嫁给了于谨的儿子于翼，所以他不惜以元勋的身份向一个晚辈表示顺服，并带动其他人这样做，为的是巩固宇文家的威望，确保自己的最大政治利益。

于谨这样想问题，是因为他的智商足够高，情商也绝对足够高，政治立场也站得明白。于谨能够很快把个人地位与集团利益算得清楚，可对于其他人而言，即使算得明白，由于身份背景不同，也不得不做另外的打算。

宇文觉登基一个月之后，北周就发生了赵贵、独孤信谋反事件。

关于这件事，《周书》本纪上只有短短的两句话："楚国公赵贵谋反，伏诛。太保独孤信有罪免。"为什么史书对此事讳莫如深，它背后的真相究竟是什么？

二、关陇恩怨

新生的北周政权的统治集团内部，远不是柱国大会上表现出的一片和谐，而是有着巨大的内部矛盾和派别斗争。宇文护为了维护既得利益，命令柱国以下的所有军事征发行动都要经由他的批准。

六大柱国当中，排名第一的李虎已故，排名第二的李弼重病在床，于谨又非常识相地做了宇文护的铁杆后卫，论资历排下来，此时对宇文护最有想法的就是赵贵和独孤信了。

赵贵当时是楚国公，独孤信是卫国公，两人都是朝中重量级的人物，是真正的开国元勋。宇文护收取兵权，他们不服，然而两人的行动并不一致。

赵贵自宇文护摄政以来就愤愤不平，他私下里找独孤信商量，要杀宇文护。可是独孤信不满归不满，却不主张用暴力解决问题，态度显得很暧昧，甚至在赵贵的谋杀计划将要付诸实施的时候还要加以阻止。结果事情不知怎的被开府仪同三司宇文盛知道了，宇文盛到宇文护那里把他们两个人都给告了。宇文护当机立断，在赵贵入朝的时候把他拿下，并逮捕了参与谋反的党羽，将他们一律处死。独孤信起初被免死，但是没过多久，为防不测，宇文护还是赐他自尽了。

整个事件里，挑头的是赵贵，有所行动的也是赵贵，他事败身死尚且情有可原；独孤信从一开始就不同意谋杀计划，甚至在关键时刻还起了反作用，他的死似乎就有些冤枉了。其实，这些都是事件发展的必然结果。赵贵和独孤信之所以在行动上的态度迥然相异，原因就在于两人的身份背景与根本利益有着很大的区别。

先说赵贵。我们知道，宇文泰是依靠贺拔岳旧部的支持起家的，而赵贵正是其中力排众议、主张迎纳宇文泰的关键人物。贺拔岳旧部可以说对宇文泰有恩，又在关中地区有很强的话语权，所以宇文泰一直是很重视与贺拔岳旧部之间的关系的。六柱国之中，贺拔岳旧部独占其三，陇西大族李虎更被安置在六柱国之首的位置上——要知道，当初李虎可是主张请贺拔胜接管大权的代表人物，并不待见宇文泰。

在贺拔岳手下的这批将领看来，在关中这块地方，他们是主，宇文泰是客。即便宇文泰做了领头大哥，也得在各方面受他们这些原先的主人的牵制，想要“反客为主”是万万不可以的。所以，宇文泰想要真正称霸关中就得“明修栈道”，对贺拔岳旧部加以利用，同时也要“暗度陈仓”，注重培养自己的势力，邙山之战后他广招关中地方豪强便是一例。而在他的一手栽培和提拔下，以宇文护为代表的宇文氏子侄辈，和以王盟、尉迟迥、阎庆等人为代表的宇文氏姻亲，在十年间迅速占据了府兵制下的各个军事领导位置，逐渐使权力的天平向宇文氏倾斜，宇文家族由劣势集团变为优势集团。

宇文泰善搞平衡，威望又高，赵贵等人心虽不满，却也不敢在面子上闹得太难看。可宇文泰一旦过世，两派的冲突自然在所难免。

宇文护掌权后推行的一系列措施让赵贵有强烈的被欺骗和出卖的感觉。实际上，利益受到损害的不只是赵贵个人，更是以赵贵为代表的贺拔岳旧部。正因如此，赵贵才会对宇文护产生如此强烈的不满，以至于要策划谋杀。

宇文护操作得当，加上有人告密，这才取得了冲突的胜利。相比之下，赵贵不但不能像于谨那样明智地腾挪，而且不能认清形势，错误地选择了与独孤信合作，他的失败就是在所难免了。之所以说“错误”，是因为独孤信和赵贵表面上虽有相似之处，却不是一条船上的人。

独孤信最初既不是宇文泰的部下也不是贺拔岳的部下，他是只身追随孝武帝入关的，其后一度投奔荆州的贺拔胜。荆州被高欢截断了与西魏的联系后，他又与贺拔胜等人避入南梁多年，但出于对魏国的忠诚，最终还是几经辗转回到了长安。

独孤信、贺拔胜与宇文泰并肩作战，很大程度上是盼望能够匡扶魏室，这跟宇文泰“挟天子以令诸侯”的初衷是相违背的，二者在原则问题上无论如何也不可能实现调和。

然而独孤信又与贺拔岳旧部不同，宇文泰相对于赵贵等人是客，相对于独孤信则是主，何况独孤信的力量有限，威胁不大，即便观点上有差异，宇文泰还是可以放心大胆地重用独孤信。于是不久后，独孤信便在沙苑立下战功。

沙苑大捷后，独孤信率军东进洛阳，一时间河南等地的豪强纷纷归附，独孤信的势力迅速壮大。这批人的价值取向与独孤信是一致的，就是要齐心协力中兴魏室，如若不加以控制，宇文泰就将面临内部分裂的危险。

宇文泰的政治眼光何等敏锐，稍见苗头便及时采取应对手段。他用封官加爵的方式拉拢河南豪强，接着把独孤信调到陇西地区，严防独孤信拥兵自重。独孤信的远大抱负在以宇文泰为核心的军事系统下是很难施展的，矛盾的种子就此埋下了。

这不是什么秘密，就连外敌东魏也看得一清二楚。慕容绍宗在讨伐侯景和梁军的檄文中曾提及："独孤如愿[①]拥众秦中，治兵劫胁。黑獭[②]北备西拟，内营腹心，救首救尾，疲于奔命。"

"北备西拟，内营腹心"，说的是宇文泰既要防着北方的柔然进攻，又得防备西面独孤信的反叛。把独孤信与柔然并列虽有夸大的成分，却也十分形象地反映出了西魏的内部问题。

贺拔胜本人在临终前曾有遗书留给宇文泰，其中说："希望明公先把内部矛盾协调好，然后再顺时而动，收复天下。"

贺拔胜野心不大，又没得到真正的兵权，他与宇文泰两人之间虽然也有矛盾，终究还是相安无事。可是两派的矛盾并不随着贺拔胜的去世而消解，贺拔胜软中带硬地提醒宇文泰，天下没有统一之前，政权内部是绝不能出现裂痕的。

这一点宇文泰是认可的，在大部分时候也是努力执行了的，独孤信位列六柱国的第三位便是宇文泰的安抚手段之一。此外，宇文泰又为庶长子宇文毓纳独孤信长女为正室，两家结成了亲家。但名爵上的封号和姻缘上的联合并不能改变政治上的实质分

---

① "如愿"是独孤信的鲜卑名，即他的字。

② 指宇文泰。

歧，只要独孤信不放弃对魏室的忠诚，宇文泰也不放弃取代魏室的野心，那么无论怎么做，都不可能真正解决他们的矛盾。

事实上，宇文泰对独孤信的戒心从未松懈，侯景之乱中宇文泰的用兵重心投向东面和南面，即便此时，他也没有忘记在西面留一手。他任命侄子宇文导为陇右大都督，名义上镇守秦州，实际上暗中紧盯独孤信的动向。宇文导死后，其子宇文亮“子承父业”，仍旧驻守秦州，不许独孤信向东移动一步。

到了最后的时刻，宇文泰终于不得不跟独孤信把话挑明了。

西魏恭帝三年（556），宇文泰召集包括独孤信在内的高级军事将领开会，商讨立继承人的事情。

宇文泰对众人说：“孤打算立嫡子做继承人，但是恐怕大司马（独孤信）会生疑心啊。”

此言一出，全场一片寂静，独孤信也默而不答，没有立即表态。

宇文泰一共有十三个儿子，成年已封爵的有六个，其中次子宇文震早死，实际只有五个儿子可能成为继承人候选。这五个儿子中，长子宁都公宇文毓二十三岁，德才兼备，但为侧室姚氏所生，是庶出；三子略阳公宇文觉是正室冯翊公主所生的独子，嫡子的地位不可动摇。

问题是，鲜卑的传统自北魏建国以，一向讲究立长立贤，而非立嫡，所以于情于理宇文毓都要更合适一些。可一旦立了宇文毓，难保独孤信不会进入权力核心层，独孤信即便不对宇文氏不利，也绝不会允许宇文氏谋取拓跋魏国，这是宇文泰所不容忍的。

正当场面十分尴尬之际，尚书左仆射李远忽然跳了出来，大叫道：“自古立子以嫡不以长，略阳公身为嫡子，立为世子有何可疑？若是顾忌独孤信，请让我先斩了他！”说完，他“唰”的一声拔刀而起，直奔独孤信，两旁的将领一时惊悚震动，不知所措。

宇文泰赶紧起身，出手制止李远，劝道：“什么大不了的事，至于动刀戈吗？”

独孤信见状也不敢再保持沉默了，上前解释说：“的确应立略阳公为世子，我毫无异议。”

李远听了，方才收起刀退回一旁。众将纷纷表示李远所言极是，立宇文觉为继承人的事情就此确定下来。

事后，李远找独孤信道歉，说：“只因事关重大，我才有冒犯之举，还望独孤公恕罪。”

独孤信心中气恼至极，面上却不能表露，只好淡淡附和道：“今日全赖李公，才得以定下大事！”

由此事可见，宇文泰还在世时，他与独孤信的矛盾已经暴露无遗。这不是简简单单的私人恩怨，而是是否忠诚于魏室的路线问题。

独孤信不甘心看到魏国亡于宇文氏之手，但是在与宇文泰的明争暗斗中，特别是看到宇文泰的爪牙遍布朝野时，他却只能无奈接受“魏室不可复兴”这一连北魏宗室都已普遍接受的现实。一方面，他心有不甘，赵贵来找他，他惺惺相惜，表示愿意参与；另一方面，他又明白即使杀了一个宇文护也于事无补，所以又出手阻止赵贵举事。独孤信态度上的模棱两可恰如其分地反映了他内心的极度矛盾。

相比之下，赵贵所代表的贺拔岳旧部本来就是割据军阀，他更看重的是自己在整个统治集团中的实际利益。令赵贵完全不能接受的是，宇文护专政后，他逐渐失去了曾经拥有的军事独立权。受到了打击就必须立即反抗和报复，所以他才会急于要谋杀宇文护。

正是这种差别，致使赵贵和独孤信非但不能同心合力，反而互相掣肘，最终双双失败。不过，即便是他们死后，谋反事件所体现的两大派系的矛盾也依然存在，并贯穿于北周的二十多年历史之中，最终造成了宇文氏政权的灭亡，此乃后话。

三、宇文家族的内斗

赵贵和独孤信在宇文泰生前的一系列周密安排下没能撼动小辈宇文护的位子，反而弄得自己输了个精光，这是宇文泰托付后事时就充分预见到的。宇文泰的谋略不仅表现在战场上，更表现在政坛与官场上，而柱国大将军们在战场上智勇双全，在战场下却稚嫩得很。宇文泰人都死了，他们还是只能做他的棋子。

解决了赵贵和独孤信，宇文护顺势依次递补，由排在柱国最后一位的侯莫陈崇顶替独孤信的太保之位，他自己则取代赵贵的大冢宰，留下的掌管兵权的大司马的空缺，则交给了同样是小辈的柱国——博陵公贺兰祥。贺兰祥是宇文泰的外甥，他的母亲是宇文泰的姐姐。贺兰祥自幼就跟随宇文泰南征北战，一直是宇文家族中的少壮派人物。

宇文护的安排体现出他的政治手腕：用虚职太保来安抚贺拔岳派硕果仅存的柱国侯莫陈崇，令对手心有余而力不足，同时由宇文家族的人占据真正有实权的职位（大冢宰和大司马分管官员与兵权），然后再借着府军制本身的组织特点，将赵贵与独孤信的军队也收入麾下。一石三鸟，六柱国体系中原有的均势不再，宇文氏一家独大的局面至此完全确立下来。

执掌大权的宇文护并不满足，他手中的屠刀非但没有放下，而且举起得更加频繁了。这一回，他的刀锋指向了宇文家族的内部。

小天王宇文觉的即位是遵从了宇文泰的意愿，也是当时北周国内各派角力与妥协的产物。立幼而不立长，其实也不仅仅是前面所说的担心独孤信揽权的问题。宇文泰从家族内部的利益考量，认为宇文觉年幼，应该会更依赖于以辅政的宇文护为首的宗室和旧臣，有利于政治的稳定与家族的团结。

宇文泰的政治、军事水平都一流，但在青少年心理学方面的知识似乎非常欠缺。在做出这个安排之前，不知道他是否考虑到了宇文觉的感受。十五岁这个年龄说大不大，说小也不小，正是所谓“半大孩子”，属于今天常说的“青春叛逆期”。这个年龄段的孩子不管有出息没出息，不管是对父母还是师长，常常会表现出反叛的冲动。宇文觉就是这类孩子的典型，《周书》对他的评价用了三个字：“性刚果”。

“刚果”二字，可以理解成“刚毅果敢”，也可以理解成“倔强鲁莽”，关键看你是如何“刚果”，对谁“刚果”。像宇文觉这样不甘心做傀儡也不认为自己是傀儡的少年天子，面对一个资历威望并不高，彼此之间也不曾有什么真正的磨合与了解，年龄还大自己二十多岁的堂兄，自然是很容易把他当作“反叛对象”的。

因此，尽管宇文护专政是为了维护宇文家族自身的利益，宇文觉在情绪上对这件事却是厌恶与抵触的。他更愿意看到朝中各派势力均衡，由他出面协调，掌控大权，而绝对不愿看到所有人都听命于宇文护，把他这个名义上的最高统治者当成透明人晾在一边。赵贵和独孤信失败以后，他对宇文护更加忌恨了。

宇文护吸取赵贵事件的经验教训，在朝臣之中广布眼线、心腹。仪同三司齐轨跟御正中大夫薛善抱怨说：“军国政事应当归于天子，怎么可以由权臣独揽？”他没想到薛善是宇文护的人，转头就被告了。宇文护得知后当即杀了齐轨，又给薛善加了官。

宇文护的举措使得朝中大臣惶惶不安。司会李植（李远之子）与军司马孙恒两人一直深受宇文泰重用，久居要职，宇文护上台后，他们生怕被宇文护排挤，丢了性命，便干脆拉上宫伯乙弗凤、贺拔提等人入宫密见宇文觉。

李植、孙恒一上来便痛陈宇文护的“罪孽”：“宇文护自从诛杀赵贵以来，权势日益强盛，文臣武将争相归附他，大小政事也都由他决断。以臣等之见，他恐怕会图谋不轨，还望陛下早做防备！”

宇文觉讨厌宇文护的态度是一贯的，却还不至于把事态想得那么严重。现在听了李植、孙恒一席话，少年天子突然感到很有道理，频频点头。

乙弗凤和贺拔提见宇文觉被打动，接上话茬道：“先王（指宇文泰）如此英明，尚且把要务委任给李植、孙恒，如今若以大事托付给他俩，何愁不成功呢？宇文护经常说要做周公辅政，臣等听说周公摄政七年才把大权交给周成王，陛下岂能苦等七年？”

这番“表白”把宇文觉彻底打动了，宇文觉开始着手安排对付宇文护。他的手段也不新鲜，就是借故召见宇文护，同时在后帐埋伏下武士，准备一举将宇文护拿下。宇文觉亲自遴选身边的武士，并让他们在王宫后花园演习“行动要领”。

李植和孙恒嫌人手不够，又去找另一名宫伯张光洛一同谋划，谁料想事情坏就坏在这上头了。原来，张光洛也是宇文护的眼线，宇文护因此很快就知道了事情的原委。

宇文护听说宇文觉参与其中，心知非同小可，如果只是大臣要杀他，抓起来定个谋反罪就完事了，可现在是君主的意思，处理不当是会出岔子的。于是宇文护不动声色地找了个理由把李植与孙恒分开外放，分别任命他们为梁州刺史与潼州刺史，不让他们再有机会凑在一起议事。

按说，宇文护没有像对付赵贵、独孤信、齐轨等人那样处置李植、孙恒，算是给足宇文觉面子了，宇文觉却不领情，几次提出要召回李、孙。宇文护一再表示自己忠心不二，希望宇文觉不要听信“谗言”，宇文觉这才打消了与李植等人共谋的念头。可是这样一来，宫里没被处分的那批人更怕了。乙弗凤一个劲儿怂恿宇文觉立刻按照最初的计划行动，以宴请群公的名义引宇文护入后宫，然后将其诛杀。结果在场谋事的人里头仍然有内奸张光洛，没说的，他又去告密了。

这下宇文护对小天王彻底失望了，他当即召见贺兰祥以及宇文泰的另一位外甥、总管禁兵的领军尉迟纲，向他们详细说明了这件事。

贺兰详一听，说：“这不添乱吗？宇文家的江山怎么交到这么糊涂的人手里了，竟然要害自己的堂兄！”

两人都认定宇文觉不配做君主，劝宇文护尽快下手，废掉宇文觉。

宇文护派尉迟纲入宫，假传旨意召乙弗凤等人议事。乙弗凤等人以为又是商议刺杀宇文护的事，自然不敢怠慢，兴冲冲地来见宇文觉，结果被尉迟纲候个正着，全被绑了解送到宇文护府第。

尉迟纲又把宫中所有的近身侍卫悉数调走，宇文觉这才有所醒悟，躲入内殿，又给宫女配备兵器，痴望她们可以保卫他的安全。

宇文护并不亲自出手，只让贺兰祥“打头阵”，领兵进入内殿，逼宇文觉退位。临时拼凑的宫女卫队哪里能有什么抵抗的能力？宇文觉只能乖乖听从“处置”，被带出王宫，软禁在以前的公府中。

宇文护控制了局势，之后召集诸位公卿，当着众人的面一把鼻涕一把泪地说：“先王（宇文泰）布衣出身，冲锋陷阵，为兴复王业奋斗三十多年，外寇未平，不幸辞世。我宇文护谨受先王顾命，与诸公共同推立略阳公（宇文觉），并帮助大周取代了魏朝。可是小君主即位以来便荒淫无度，亲近小人，听信谗言，谋杀大臣，如若让他继续下去，社稷必然遭殃！我死事小，九泉之下有何面目去见先王？今日我意已决，宁负略阳公，不负社稷江山。宁都公（宇文毓）德才兼备，仁孝圣慈，四海归心，天下瞩目，我打算废昏立明，诸公以为如何？”

大家都见识过宇文护的厉害，谁会在这个时候提反对意见，都说：“这是明公的家事，我们哪有不同意的道理？”

宇文护转“悲”为喜，先将乙弗凤等押出午门斩首，再派人到岐州（今陕西宝鸡凤翔区南）迎立时任岐州刺史的宁都公宇文毓，接着他又把与他作对的李植、孙恒等人召回长安，将他们一齐处死。

李植的父亲李远贵为柱国大将军，外镇弘农，宇文护也不放过，当年李远誓死捍卫宇文觉继承权的场景无疑让宇文护顾虑重重。李远在宇文泰面前的忠心耿耿，换来的却是被逼自杀的可叹下场。

宇文护怕宇文觉将来万一再掌权会于己不利，干脆派人将他毒死，并强令他的王后元氏（西魏文帝的女儿）出家为尼。十多年后，宇文觉的弟弟宇文邕除掉宇文护亲政，这才给宇文觉平反，恢复了他的名誉，追谥他为孝闵皇帝。

北周的继承人问题转了一个大圈，重新回到了原点。庶长子宇文毓接替天王之位，他就是北周世宗明帝。

四、“两面人”高洋

北周内部频出乱子的同时，与其相对立的北齐的开国皇帝高洋，已经稳稳当当地做了八年的皇帝。

高家的状况与宇文家不同，自从高欢消灭尔朱氏、攻占洛阳以来，高氏就掌握着北齐政治与军事的绝对控制权，在关东地区不存在其他足以与之抗衡的势力。其中的原因，一来是高欢父子有着强大的扫除异己的能力，二来也是反对高氏的稍微大点的势力几乎无一例外地投奔了西魏以及继之而起的北周。

如此说来，比之北周的宇文氏兄弟，高洋应该更容易搞好国家的内政外交，在统一天下的竞争中抢得先机，然而事情并不这么简单。

历史学家汤因比在与池田大作谈及民主与专制时提出，民主远非完美的制度，甚至在很多情况下不如专制，但是与专制相比，民主可以在最大程度上避免更多的错误，相对而言，它是目前所见的最好的制度。这一观点，是对北周与北齐建国初期情形的最好注解。

北周府兵制下的派系斗争当然谈不上民主，但可以归类为制衡，宇文护代表的宇文家族虽然一时取得了权力上的独大，但其他派系并没有消亡，他需要时刻防止对手的“复辟”。在权力争夺的过程中，大家的智慧其实是差不多的，你想得到的对方也想得到，胜败的关键是看谁能犯更少的错误，这客观上促使宇文护必须采取不求有功但求无过的施政方针。

反观北齐，由于高家的绝对领导地位，朝堂之上失去了制衡的力量，高洋建立的功业可能很大，犯的错误也可能很大。

作为皇帝，高洋的功业确实很大。即位之初，他就显示出非凡的胆略，在很多人不看好的情况下对宇文泰的试探进攻迎头顶上，令一代枭雄宇文泰不战而退。鉴于高欢、高澄时期吏制败坏，贪污成风，他重用吏部尚书杨愔主管刑律。杨愔是汉人，汉人集团认为这是向鲜卑旧贵复仇的好机会，自然加大力度整治起贪腐。高洋借着鲜卑与汉人的矛盾，既整顿了吏治，又打击了旧贵势力，还获得了汉人的拥戴，一举三得。

高洋的立法思想也很先进，他认为东魏的《麟趾格》还不够完善，便组织右仆射薛琡等人在《麟趾格》的基础上修撰法典，这便是对隋唐律典产生巨大影响的《齐律》。为区别于南齐的法律，高洋的《齐律》也叫《北齐律》。《齐律》是一部集历代立法之大成的作品，一共十二篇，九百四十九条，在当时的历史背景下绝对称得上科学与严谨。

不仅是立法，高洋也重视在贵族阶层推动普法教育工作，他要求官宦子弟认真学习法律条文，知法懂法之人的比率一度提升了不少。

除了法制建设，高洋在行政、军事方面的成就也颇大。

北齐天保七年（556），高洋又下诏合并了因北魏末年割据征战造成的大批冗余的行政区划，一举简化了行政机构与行政规程。他又从鲜卑与汉人中精挑细选勇力过人、以一当百的武士，分别授予他们“百保鲜卑”和“勇士”的称号，让他们守卫北齐的边境要塞。

高洋时代的对外武功几乎是一片辉煌。他在位的十年间，北齐尽管与西魏及其后的北周没有发生过一场真正的战争，却一直在军事上保持着相对的优势。宇文泰向西南攻城略地，高洋则向东北对侵扰边境的库莫奚、契丹、山胡等部族作战，不仅大获全胜，而且俘获了大量人畜，北方诸胡纷纷遣使朝贡，莫敢不服。

如果说对小部族的作战还只是以教训为主要目的的话，那么高洋对新兴的突厥发动的战争，其意义则在于扬威与称霸漠北了。

在公元6世纪中叶的中国文化圈内，突厥的兴起是与侯景之乱并列的重要历史事件。突厥起初是西北的游牧民族，但他们并不完全靠游牧为生，而是怀揣一项“独门绝技”——他们的锻铁业十分发达。凭着这门绝技，突厥人逐渐成为给柔然贵族打造兵器的附属部落。

随着突厥铁器在西域地区的畅销，突厥部落日益强盛起来。北齐天保三年（552），突厥酋长阿史那土门向柔然求婚被拒后突然对柔然翻脸，发兵大破柔然，曾经不可一世的阿那瓌可汗自杀，柔然部落分裂，分别逃入北齐和西魏。

土门自称伊利可汗，于天保四年（553）挟取胜的余威南下，进入北齐境内。

高洋在突厥咄咄逼人的攻势面前毫不示弱，亲自到晋阳整顿军马，然后北击突厥骑兵。气焰极盛的伊利可汗被打得找不着北，赶紧请降，答应每年向北齐遣使朝贡。

完成了新时代的“北击匈奴”伟业，高洋为避免长期对北方用兵，不再无谓地消耗国力，先后四次在北魏长城的基础上修筑长城，这又是一项远追秦始皇的“丰功伟绩”。值得一提的是，在天保八年（557）第四次修筑的长城是中国有史以来的第一座内长城，也叫“重城”，西起库洛拔（今山西朔州朔城区与偏关之间），东至坞纥戍（今山西灵丘一带），绵延四百多里。这段别出心裁的长城也是明代内长城的基础。

到此为止，高洋已经具备被后世评为杰出帝王的资格了，但他显然还想再接再厉。在确保北线、西线无战事的情况下，高洋派兵南下，试图向分崩离析的南朝发动致命的一击。但是这一回他却打错了算盘，死中求生的南朝将士在陈霸先的率领下同仇敌忾，发起绝地反击，不客气地把他教训了一顿。

高洋的心理就好似一条正弦曲线，从最压抑点达到了最兴奋点，然后又从最兴奋点瞬间降回了最郁闷点。这种波动会让承受能力稍差的人产生心理阴影，何况是对于高洋这样性格的人。

高洋从小长得不漂亮，受尽了歧视，智商很高却性格内向、心理阴暗，而从“高欢试子”的故事里，我们还可以隐约看出他在性格上具有急躁和暴力的倾向。十年蛰伏陋室，一朝大权独揽，原本高洋可以自由发挥才干，一扫昔日的阴霾，由一名抑郁儿童转变为“阳光男孩”。可是现在，统一天下的梦想被残酷的现实砸得粉碎，他丧失了生活的目标，绝望了。

一个有心理障碍的人突然陷入绝望，常会做出极端甚至疯狂的事情。如果这个人是可以任意妄为而不必因此承担任何责任的皇帝，那么不幸的就不只是他一个人了。

高洋最初的疯狂还算“正常”，也就是疯疯癫癫而已。这个他拿手，早年在高澄手底下时他就干过，现在不过是身份成了皇帝。他日夜不停地跳舞唱歌，沉湎酒色，有时玩变装，学女人涂脂抹粉，披锦戴彩，有时又披头散发，一身胡服，腰挎刀弓，上街乱逛。比较夸张的是，他还有一项特殊癖好——裸奔。在这方面，高洋很能“吃苦耐劳”，无论冬夏，时常赤身裸体在大街上狂奔，一副泰然自若的样子，身边的护卫随从倒被他折腾得疲惫不堪。

高洋还很热爱大自然，尤其亲近各种野生动物。他经常骑着鹿、白象、骆驼、牛、驴等动物外出，到各地赏玩风景，找不到动物的时候就让亲信刘桃枝、崔季舒等人代劳。他被属下背着四处游行，兴致极高。

高洋的行为很快有所升级。他常常事先招呼也不打，不分早晚地出现在某个大臣权贵家中，堂堂皇帝像个鬼影子似的乱晃。

有一次高洋走在街上，见到一名妇人，便上前向她请教：“当今天子怎么样啊？”妇人早就听说了高洋的“奇闻逸事”，直爽地答道：“疯疯癫癫的，算什么天子？”高洋被说得火大，当即就把这妇人给杀了。

高洋嗜酒，一旦醉了更是六亲不认。母亲娄太后见到醉醺醺的高洋，举杖打道：“如此的老爹怎么生出如此的儿子来！”

高洋抬腿就跑，口中还喊：“回头就把这老太婆嫁给胡人！”

太后大怒，不搭理他。高洋求了一会不行，就把太后的坐榻给掀翻了，太后倒在地上，伤得不轻。高洋酒醒之后后悔得不行，点了篝火要自焚，被太后拉住。他命平秦王高归彦拿着竹杖抽打自己，不出血就要将高归彦斩首，太后听说后又上前劝阻。高洋不依，最后娄太后无奈，亲自持杖将高洋痛打五十下才算了事。

高洋决心痛改前非，开始戒酒，可没过十天就恢复原样，酒量甚至反而更大了。他趁醉跑到皇后李祖娥的娘家闹事，把丈母娘的腮帮子射穿，还一边用马鞭打一边骂：“老子喝醉了酒连亲娘都不认，更别提你这老太婆了！”搞得李家上下对他是敬而远之。

高洋令人发指的行径还有很多，倘若一一罗列出来，恐怕本书就成了“很黄很暴力”的典范了。话说回来，正史上记录的高洋的劣迹未必完全属实，至少夹杂着谣言的成分和敌对政权的抹黑。

以上事例的危险性尚处于“君失其德”的级别，实际影响力并不突出，而高洋的另一系列举动，破坏力就要大得多了。

五、大开杀戒

高洋在杀戮大臣时的心狠手辣与肆无忌惮，是他的父兄都无法企及的。

高洋从未做过一天的世子，因此高欢和高澄在位时，东魏的勋贵没一个看得起他，特别是“四贵”。高洋即位时孙腾已死，司马子如不久也去世了，高隆之和高岳多活了几岁，就成了承受高洋怒气的发泄口，先后遭了殃。

最倒霉的是平原王高隆之，他没犯什么大错，唯一的失误就是对高洋的能力估计不足，曾在高洋受禅的问题上倚老卖老，采取了反对的态度，高洋也是因此视他为眼中钉的。

高隆之有次跟东魏的宗室元昶喝酒，酣畅之时说了一句话：“我与王爷交往，这辈子都不会辜负你！”有人把他的话密报给高洋，高洋便老账新账一起算，命令手下壮士把他抓来一顿痛打。老爷子六十出头了，哪里禁得起这么打？打完还没回到家就死在路上了。

过了几年，高洋想起高隆之还觉得不爽，又将他的儿孙统统处死，弃尸漳水，还派人挖了高隆之的坟墓，将他挫骨扬灰才算解恨。

清河王高岳是高欢的堂弟，战功卓著，一向鄙视高洋，不过他比高隆之聪明一些，在高洋得了势后懂得转变态度前去依附。

高洋宠爱的平秦王高归彦是高欢族叔高徽的私生子，自小父母双亡。高欢把高归彦交给高岳抚养，高岳以为凭着这层关系便可以高枕无忧，可是他当初对待高归彦并不好，高归彦怀恨在心，时常在高洋耳边说他的坏话，时日长了，高洋也有了杀掉高岳的心思。

高洋喜欢广纳民间女子，娼妓也不放过。有个姓薛的娼妓色艺过人，被高洋封为嫔妃，纳入后宫。说来也巧，高岳正好认识薛氏的姐姐，并且还通过薛氏姐姐的关系与薛氏本人有了一腿。高洋知道后勃然大怒，把薛氏姐姐吊起来处死，然后诬陷是高岳将其奸杀的。高岳不服，高洋就派高归彦把他毒死了。

高岳自不量力，跟皇帝共有一个女人，下场悲惨是咎由自取。薛嫔妃的下场则更惨，某次她正与高洋快活嬉戏，高洋也不知哪根筋出了异常，忽然想起她与高岳的旧事，笑容顿消，挥刀就将爱妃的脑袋砍了下来。

高洋对待同族权贵都如此狠毒，对付起其他的大臣来更是不在话下，杜弼就是其中一例。

杜弼以前很受高欢器重，在汉人大臣中的威望很高，因此话语权也大。高洋受禅的时候，他是阻止了的，高洋称帝后他也不收敛，以直谏出名。

有一回，高洋向大臣们咨询治国策略，问杜弼："治理国家要用什么样的人呢？"

杜弼不假思索地回答："鲜卑人驾车骑马不错，但是治国还得用中原的汉人。"

杜弼实在是托大了，这样的话语简直是在公然歧视鲜卑人，即便高洋放过他，在场的鲜卑贵族也不会对他善罢甘休。高洋当时没有发作，但后来喝醉了酒，就随便罗织了一堆罪名，派人到杜弼就职的胶州把他砍了。

杜弼被杀，也与高德政老在高洋身边揭他的短有关系。高德政是高洋的近臣，一向很受宠信，却也逃脱不了与杜弼相同的命运。他被杀的主因跟杜弼一样，都是因为进谏。

高德政仗着跟高洋的关系不错，曾再三向他劝谏，高洋因此对高德政十分反感，跟左右说："高德政这个人总是一副居高临下、自以为是的样子。"高德政听说后便称病不出，躲到佛寺里修身养性。

一向妒忌高德政的杨愔趁机进言，说："高德政是装病，陛下如若不信，现在给他个冀州刺史做，他的病就全好了。"高洋于是下诏授职，高德政果然接了诏书就准备动身。高洋气坏了，把高德政招来，说："听说你病了，我给你针灸治疗！"说着他拔刀便刺，又命武士砍掉高德政的脚趾，最后处死了他。

从此，高洋朝中更无大臣敢于直言进谏了。

北齐天保十年（559），天上出现了日食。古人迷信，认为天象与人事是紧密联系的，君主遇到天象的变化，通常要做的是检讨自身，除旧布新，喜欢作秀的还会下个罪己诏什么的。

高洋则不然，他没有检讨自己，而是借此话题问以前东魏的宗室彭城公元韶："为什么汉光武帝能够中兴天下呢？"

元韶也不知是智商不够还是一时脑袋发晕，竟给出了一个要命的答案。他说："那是因为王莽没有把刘氏宗族斩尽杀绝。"

高洋"哦"了一声，当即翻脸，颁布诏书，把包括元韶在内的原东魏宗室和皇室近亲四十四家全部下狱。之后凡是元氏族裔，不论男女老少一律处死，连婴儿也未能幸免。元韶后悔莫及，在狱中绝食而死。

接下来，高洋又准备对东魏皇族的远亲宗室下手。

北齐境内姓元的人都害怕了，大家商量怎么保命。有个名叫元景安的小县令说："眼下的唯一办法，是请求皇帝准许我们脱离元氏，改姓高氏。"

元景安的堂兄元景皓坚决反对，他说："怎么可以抛弃祖宗的姓氏，改用他人的姓氏呢？堂堂大丈夫，宁可玉碎，不能瓦全！"

然而元景安没有这么硬的骨头，为了保全自家性命，他悄悄把元景皓的话向高洋做了报告。高洋诛杀了元景皓，元景安则因告密有功被高洋赐姓"高"，不仅没死，还升了官。

"宁为玉碎，不为瓦全"这句成语就出自元景皓的故事，它正象征着中华民族生生不息的精神力量。

在统治的末年，高洋的疯狂已达到了极致，杀起人来愈发不手软。假若我们将这种疯狂的行为完全"归功于"高洋的心理变态，那就大错特错了。

北齐是在东魏基础上建立的国家。高欢凭着个人能力与威望建立东魏，依靠的是以怀朔镇为主的六镇鲜卑军人，而在东魏、北齐所处的关东地区，山东豪强才是真正的“地头蛇”。根据北齐时期的《关东风俗传》记载，当时的关东门阀很嚣张。所谓“种类不同，心意亦异，若遇间隙，先为乱阶”，他们虽然暂时屈从于鲜卑人的强大武力，却是同床异梦，对北齐政权的稳定构成了很大威胁。

国内存在不同族群，这种情况西魏、北周也有。就掌握军权与政权的六镇勋贵看，周、齐的条件差不多，武川军人的建国之路并不见得比怀朔军人要顺利。但是北周占的地盘好，关中地区向来胡汉混杂，鲜卑、汉人之外，还有氐、羌、月氏等多个族群，各族融合由来已久，当地汉人不论士庶，并不很强调自己的族群本位主义，只要利益共享，他们就乐于与“外来户”积极建立新的共同体。

条件不同，结果也就迥异：西魏、北周的统治者能够轻而易举地扎根关中，并建立起强大的关陇集团；东魏、北齐则从高欢起历经三代，到高洋末期仍然不能解决鲜卑军人与汉人豪强之间的严重矛盾。

三代之中，高欢的手段相对高明，他试图建立一套捆绑式的政治结构。首先，他借助自己的地缘背景捆绑了六镇余部；其次，他利用自己渤海蓨人的血缘背景捆绑了关东门阀；最后，他利用自己的军事优势捆绑了东魏王室。然而，三种政治基础虽然捆绑在一起，却很不稳定。

到了高洋掌权，他所面临的困难就更大了。他是高欢诸子中最不受宠、最不被看好的，连亲生母亲娄太后也不喜欢他，他的即位对于鲜卑集团来说只是在别无合适选择的情况下的无奈妥协。

高洋争取不到鲜卑人的政治支持，就得求助于汉人，杨愔、魏收等汉臣于是受到了重用。尽管如此，汉族世家门阀还是把他看作鲜卑军人的首领，对他没有认同感，他们之所以依附于高洋，是为了能够获得更大的生存空间，好同鲜卑人的势力对抗下去。

如此一来，高洋的种种举措不就容易理解了吗？他以维护六镇鲜卑勋贵的权益为由打击关东的汉族门阀，然后又转过来削弱六镇军人的势力，并支持汉人主导规模不大的改革，从而安抚汉族门阀。此外，他还消灭元氏为代表的旧鲜卑门阀，以防止未来可能出现的动乱。

只不过，高洋的手段实在太血腥、太残忍了，不停的杀戮在表面上压制了矛盾，实际上却使得矛盾越来越大，直至积重难返。北齐帝国在他统治时期的繁荣富强，只是暂时的假象而已。

六、叔夺侄位

天保十年（559），北齐的开创者文宣帝高洋，在尝试了一切前人做过和没有做过的事情后，由于饮酒过度引发脏器功能衰竭，终于死掉了，此时他刚过而立。

这位“疯”皇帝留下了一个成绩多多问题也多多的国家。对于北齐人民而言，他的死是幸还是不幸？这是一连串让人头疼的难题中的一个。不过，在一连串难题之中，最重要也最令人关心的还是封建王朝的那个经典问题：谁来继承皇位？

这个问题粗看起来没什么悬念，高洋的嫡长子高殷已经十五岁，而且在高洋称帝时就被立为太子，是名正言顺的皇位继承者。可是，高洋却在临死时说了两句耐人寻味的话，让变故陡生。第一句是对皇后李祖娥说的：“人生死不足惜，只可怜正道（高殷字正道）这孩子年纪太小，恐怕有人要夺了他的位子啊。”第二句是对他的六弟常山王高演说的：“你要夺位子那就夺吧，只求你不要伤害我的儿子。”

从这两句话我们足可以看出，在不喝酒头脑清醒的时候，高洋的政治判断力是非常准确的。高洋很清楚，北齐帝国的政治游戏从一开始就出现了违规，而违规有了一次，就难免有第二次。

头一个违规的人正是高洋自己。当初，高欢封高澄为世子，基本上是沿袭了北魏嫡长子继位的传统。高澄二十九岁遇刺身亡，造成了一个意外的局面——他没有任何法理上的继承人，也就是说，他还没有立世子。以立嫡长的规矩，皇位的继承权本应当落到高澄的嫡长子，也就是高澄正室元妃所生的儿子高孝琬（wǎn）的身上，可高洋凭借手中的军政大权继了位，这本身违背了传位的规矩，不具有正统性。

当然，高洋对此有一套说辞：高孝琬并非世子，年纪又太小，没有成年，而他高洋也是高欢的嫡子（嫡次子），具备继承权，这叫“兄终弟及”。但是，既然高洋可以“兄终弟及”，那么按照这种说法，高洋死后，他的其他弟弟也同样有资格做皇帝。高洋再想把皇位平稳地传给自己的儿子，可没那么容易了。

正是出于这种顾忌，在位期间，高洋杀害了他的两个弟弟：三弟高浚与七弟高涣。

高浚和高涣的死因与被高洋所杀的那些大臣类似。高浚常劝高洋少酗酒、少淫乱，结果被不耐烦的高洋抓了起来。高涣天资英武，风度超群，遭到高洋的嫉恨。恰巧民间算命的术士声称“亡高者黑衣”，高洋一想，天下最黑的东西就是漆了，“漆”“七”两字古时相通，他便深信排行第七的高涣是祸端，就把他也抓来，和高浚一起锁进铁笼，关进地牢里，吃饭排泄全在一处。

过了一年，高洋去看望两个弟弟，心念骨肉亲情，忽然后悔，想要赦免他们。他的九弟长广王高湛与高浚不和，便在此时插话说：“猛兽岂能出洞！”高洋深以为然，也不顾亲情了。为除后患，他亲自拔剑刺向笼内的高浚，又命手下武士上前帮忙，然后投柴火到笼中，再填上碎石、沙土，将两个弟弟活活烧死了。

高浚和高涣毫无过失地被杀，因为他们是高洋的弟弟，更因为他们是高洋的异母弟弟。对于自己的同母兄弟，高洋是不能痛下杀手的，原因很简单，他的母亲娄昭君还在。

娄昭君为高欢生了六个儿子，高洋死时有三个尚在人世，依次为六子高演、九子高湛和十二子高济。娄昭君很不喜欢丑陋的高洋，连带着对高洋的儿子高殷的感情也不深，她更宠爱几个相貌英俊的小儿子，尤其是高演。依照“兄终弟及”的逻辑，娄昭君力挺嫡三子高演继位。

当初，高洋一度有了更换太子的念头，在杨愔、魏收等汉臣的坚持下才作罢。他也试图用对付高浚、高涣的手段对付高演，借着酒劲用刀环把高演打个半死，是娄昭君日夜求情，才让高演捡了条命。

显然，杨愔、魏收等人代表关东汉族门阀，娄昭君则代表六镇鲜卑勋贵。在两方的持续施压下，即便强硬残暴如高洋也不得不选择妥协。最终，他仍旧让高殷做太子，并让汉臣杨愔、燕子献、郑颐以及平秦王高归彦共同辅政，但把兵权交给了高演。

太子高殷就在如此令人窒息的气氛中登上了北齐的皇位。

在官场中摸爬滚打多年的老江湖都未必能认清全局，十五岁的高殷哪里能驾驭这么复杂的形势？高洋评价高殷“性格懦弱，像汉人家里的孩子”，说的大致是实情。高殷从小在国子监受教，好文而不好武。高洋为了培养高殷的胆量，曾命他亲斩死囚，高殷面有难色，砍了几下都砍不下死囚的脑袋，高洋气得用马鞭抽打他，把他吓成了个结巴。

结巴的高殷在治国方面却要胜过与他同龄的宇文觉。高洋统治末年，北齐因穷兵黩武导致国势外强中干。高殷登位后，在杨愔等人的支持下派代表到各地体察民情，考核官吏，裁汰冗员，并减免徭役赋税，百姓得以休养生息。高殷的作为在一定程度上舒缓了国内的潜在危机，不失为一个明君。

然而，高殷和宇文觉的谥号里有一个同样的字：“闵”。谥法上说：“在国遭难曰闵。”言下之意，他们两人在各自的国家都是非自然死亡——正如高洋所预料的那样，他的“好”弟弟高演在他死后夺了江山，要了他儿子的性命。

高洋留给高殷的辅政大臣以杨愔为首，原因有二：一、杨愔等汉臣与鲜卑勋贵利益相抵，不可能与他们“同流合污”；二、杨愔对高洋是死心塌地、忠心不二的。

高洋对杨愔其实不怎么样，也和对待其他大臣一样暴虐无礼。杨愔肥胖，高洋给他起外号叫“杨大肚”，还想割开他的肚子做活体解剖，幸好被近臣崔季舒劝止。高洋又把杨愔活着塞进棺材，装上灵车，眼看要把棺材盖给钉死，但还是叫停了。甚至，高洋每次上厕所，都要叫杨愔在门口给他递手纸。

然而杨愔虽受虐待，心里却明白一点：只有高洋在位，汉人的利益才能得到最大限度的维护。除此之外，高洋也给了杨愔机会，让他可以实现自己的政治抱负。后人评价高洋时代“主昏于上而政清于下”，就是高洋放权和杨愔主政的结果。因此，在高洋的葬礼上，群臣大多干号而无泪，唯有杨愔一人哭得特别伤心。

杨愔对高洋尽忠，也就会对他的儿子尽忠。

杨愔认定，高演、高湛位高权重，对小皇帝不利，必须先下手为强将二人外调，夺其兵权。侍中宋钦道认为应顺势除掉高演、高湛，燕子献则进一步提议，扶立皇太后李祖娥出来主持大局，让她取代太皇太后娄昭君的地位。由此，宫中矛盾迅速演化为一场你死我活的斗争。

关键时刻，杨愔连发昏着儿，自掘坟墓。

由于当年高欢的丞相府设在晋阳，北齐皇帝都是先在晋阳即位，再前往国都邺城。作为辅臣之一的高归彦掌管禁军，本来他与杨愔等人是同谋，杨愔却对他不很信任。在小皇帝高殷由晋阳前往邺城的时候，杨愔为防不测留了五千禁军在晋阳，交给可朱浑道元的儿子可朱浑天和调度。高归彦知道内情后气愤不已，当下就改投高演阵营，使高演获取了大量情报。

杨愔又把行动计划密启太后李祖娥。李祖娥身边的宫女李昌仪是当年邙山之战后高澄所纳的高仲密的妻子李氏，高澄死后入了后宫，因为是同姓本家，她跟李祖娥成了闺密。李祖娥不是个适合搞政治的，一边跟闺密聊天一边就把机密全给说了。李昌仪一听此事非同小可，马上向娄昭君告密。

以弱敌强，以明敌暗，杨愔已经不可能获胜了，但他还没有半点警觉。北齐乾明元年（560）二月，杨愔向皇帝高殷启奏，提议升高演为太师、录尚书事，升高湛为大司马、并州刺史。皇帝准奏，高演兄弟也领旨谢恩。

按照规矩，新官上任后要大宴百官。郑颐觉察到苗头不妙，劝杨愔不要去赴宴，杨愔不以为然，说："我们是至诚为国，岂有不去之理？"

高演兄弟摆下的果然是"鸿门宴"。高湛在向杨愔敬酒的时候三声令下，埋伏在一旁的家丁由贺拔仁、斛律光指挥着把杨愔、燕子献等人扑倒在地，对他们拳杖交加，杨、燕等人顿时被打得头破血流、眼珠迸出，眼看已经奄奄一息。随后，高演率领高归彦、贺拔仁、斛律光押着杨愔等人冲入皇宫。宫中禁军见了高归彦，不敢做任何抵抗，乖乖放下武器。

大殿之上，娄昭君端坐正中，皇帝高殷和太后李祖娥侧立一旁。高演进言："杨愔等人独擅朝权，恐为大害，已为儿臣拿下，听候处置。"

高殷听了这话又惊又怕，结巴了半天也说不出一句完整的话。

娄昭君指着高殷、李祖娥大骂："你们用的什么大臣，竟想谋害我两个儿子！下一个是不是轮到我了啊？哼，怎能让我母子受这个汉人老太婆的摆布！"李祖娥战战兢兢，赶忙磕头谢罪，高殷也被迫向娄昭君表态："此事由叔父全权处理，我不会庇护任何汉臣。"

宫廷政变成功了，一众执政辅臣都被砍了头，杨愔、燕子献、可朱浑天和、郑颐和宋钦道的子女也全部被处死，他们的兄弟则统统被罢免官职。

事后，高演被封为大丞相、都督中外诸军事、录尚书事，不过他此时还没有马上夺取皇位的意思。鲜卑贵族都给他施加压力，劝他采取行动，高演心中犹豫，暗中找心腹王晞商量。

王晞是王猛的后代，很有谋略，是高演手下难得的智囊人才。汉人的身份让他与鲜卑人的关系处得不好，所以高演白天不公开与他亲密交往，晚上才接他到府中密谈。

王晞分析说："朝廷以前有人要谋害殿下，殿下仓促反抗，已非人臣所为。皇上现在看见殿下有如芒刺在背，君臣猜忌，岂能长久？殿下有意谦让退避，但这是违反天意的，恐怕会败坏先帝（指高欢）基业。"

高演佯怒道："爱卿怎敢有这种言论？我得把你法办！"

王晞说："天理、人心全是此意，所以我才敢冒掉脑袋的危险说这些话啊！"

高演当然想当皇帝，只是不了解形势是否对己有利，听了王晞的话，他才心中有数。

高演上上下下又做了番调查，确定不论朝野都希望他取代高殷这个傀儡，于是他大胆开口，跟母亲娄昭君说："天下人心未安，需要早定名位。"娄昭君起先已有此意，现在也没什么好反对的，便下诏废高殷为济南王，由高演在晋阳继立为帝。高演改元"皇建"，是为北齐肃宗孝昭帝。

娄昭君一再叮嘱高演，无论如何都不得伤害高殷，高演满口应承。可过了半年，有人风传高殷居住的邺城有"天子气"，高演命人把高殷送到晋阳，掐死了他。

七、弑君之最

北齐孝昭帝高演废侄自立的前后一年内，南方的陈国和西方的北周也各自更换了皇帝。表面上看，陈、周两国的政权接替显得要比北齐正常和平稳，然而实际上，平稳的背后都另有隐情，尤其是北周的权臣宇文护，他还捎带着打破了一项弑君纪录。

北周明帝宇文毓的鲜卑名叫作“统万突”。北魏永熙三年（534），宇文泰还在统万城担任夏州刺史，宇文毓此时降生，因而得名。“突”字的含义，依照陈寅恪先生的考证，可能取自鲜卑词 Bargatun 的尾音，意思是火神、勇士。

这位统万城出生的“勇士”在登上北周天王宝座的时候已二十四岁，是两个孩子的父亲，比起年少轻狂的宇文觉，明帝宇文毓要稳重许多。

正史对明帝的评价不错，固然夹杂一部分的溢美之词，但我们仍能勾勒出他的一些特点。总体而言，明帝性格宽厚、仁慈，有些像同时期北齐的短命皇帝高殷，但是他与宗族中人的关系很好，这一点就比不讨祖母喜欢的高殷要强许多。宇文觉被废，他成为理所当然的君主，没有在北周朝野引发任何异议。

明帝的仁厚绝不是表面上的做作，而源于他本身的文化修养。他自幼好学，博览群书，不但文笔极佳，还写得一手好诗。即位第二年的秋天，他回到小时候居住过的同州（今陕西省大荔县），心中感触万千，便作了一首五言诗：

玉烛调秋气，金舆历旧宫。

还如过白水，更似入新丰。

霜潭渍晚菊，寒井落疏桐。

举杯延故老，令闻歌大风。

诗文中的情感远追汉高帝衣锦还乡、歌咏《大风歌》时的情怀，词句之间既透出文人的感伤，又显露帝王的气概，确实很难得。有意思的是，这首诗的形式、风格都与当时典型的北朝民歌相去甚远，却与南朝的齐梁诗体没什么差别，甚至比齐梁文人的五言诗更加工整、成熟，非常接近于唐代的律诗。

明帝具有如此深的汉化程度，他当然懂得儒家文化的精髓所在——仁。

明帝治理岐州半年多，实行了不少体恤老百姓的政策，得到了大量的支持。做天王后，他在诏书中开诚布公地阐释了他的治国理念："帝王之道，以宽仁为大。"凡是在前朝犯了轻罪而被重判，或者因为他人之罪而受牵连的，他将一律给予纠正；对于因战争被虏为奴的，他也会全部释放。

接下来，明帝又着手实施改革。

北周的州郡区划沿袭北魏，北魏的政治经济中心一直在关东，所以对关中地区的设置相对简单，比如长安所在的雍州就只分成了五个郡。随着西魏和其后的北周政权的稳固与扩张，大批居民从关东和南方迁入关中，旧的行政资源有所不足。明帝认识到这一情况，重新调整地方机构，将雍州分为十二郡，并且在河东、河南靠近北齐的地区增设了六个州，以适应新的社会格局。

同时，明帝下诏，居住在北周的鲜卑人，以后均改称为京兆人（京兆，即秦汉以来长安的行政区的别称），继宇文泰改郡望的政策之后，进一步巩固了关陇集团的本位意识。

可以说，作为一名接班人，明帝宇文毓要比弟弟宇文觉和堂兄宇文护都要合格得多。可是现实情况是，他身为一名成年的君主，却还要处处受制于宇文护这个权术一流、治国二流的半吊子，实在让人难以容忍。

推立宇文毓做天王，起初就是宇文护提出来的，原因有二：一、依照长幼之序，宇文觉被废后，宇文毓是第一继承人，宇文护自己的根基不够，还没那么大的胆子直接上台领导；二、宇文毓的仁厚换个角度也可以理解为柔弱，作为傀儡是再合适不过的品性。

然而，经过两年的观察，宇文护惊讶地发现宇文毓远不是他所想象的样子。只要是宇文毓认为正确的原则性问题，他就一定会坚持到底，其中有两件事更让宇文护感到了压力。

头一件事与赵贵、独孤信事件有关。之前赵贵谋反被诛，大批原西魏的元氏宗族受牵连被逮捕。明帝颁布诏书，为所有被收为官奴的元氏子女平反，恢复他们的自由身。此举表面上是在赦免元氏宗族，实际上却是在用行动表达它对宇文护镇压赵贵、独孤信的不满。

第二件事则是立后的风波。我们说过，明帝的正妃是独孤信的长女，两人感情很深。明帝要立独孤氏为王后，却遇到了宇文护的阻挠。独孤信死于宇文护之手，宇文护做贼心虚，不愿意看到独孤信的女儿母仪天下，怕她将来不利于己，于是竭力反对。明帝坚决不让步，与宇文护抗争了几个月，并拉拢了多数朝臣，终于为独孤氏举办了册封大典。可惜的是，独孤王后只在杀父仇人的阴影下生活了两个月就郁郁而终了，没能在历史上留下更多美丽的记录。有人猜测，此事的背后也有宇文护的黑手。

宇文护面临进退两难的境地：如果不交权，不仅明帝要走向他的对立面，北周的诸位王公大臣也不会满意，搞不好有成为“人民公敌”的危险，但他又不甘心把大权轻易放弃，迫于形势，他想出了一个“万全之策”。

明帝即位的第三年（559）正月，宇文护上表称赞明帝英明睿武，让人钦佩，之后宣布归还执政权，可是这个执政权却打了折扣——不包括兵权。宇文护的理由不外乎外敌强大，明帝缺乏军事经验，然后说自己愿意不辞辛劳为明帝分担职责，总揽军务，担任“总管”。

明帝毫不客气，照单全收。你兵权一时半会儿不想给我，没关系，凭着政治上的权力，我足以获得天下的拥戴，到时候收回应有的权力是水到渠成。

两个月后，明帝率领文武百官在殿前迎接东方冉冉升起的太白金星。他一改以往儒雅的形象，身披甲胄，亲自检阅威武雄壮的北周六军。

想象一下当时的场景：身经百战的六军成序列地组成阵形，各色旌旗迎风飘扬。少壮英俊的大周天王戎装甲胄，乘骏马，按宝剑，在初升的阳光之下是何等的威武？将士们见到此情此景，岂能不群情激荡，山呼万岁？

短短几个月，明帝的威望大增，在群臣的极力拥戴下，他宣布改掉“天王”称号，正式称“皇帝”，改元“武成”。

有了皇帝的名义，明帝开始任命各州军事长官。他以安城公宇文宪为益州总管，以大将军、天水公宇文广为梁州总管，以柱国、吴国公尉迟纲为泾州总管，以柱国、蜀国公尉迟迥为秦州总管。

明帝插手军事，并不代表他就要对宇文护反攻倒算。天下尚未统一，北齐的高洋多年经营，即便有些劳民伤财的迹象，实力依然远远超过北周。明帝作为最高统治者保持着对军事的高度重视，其目的是对外而非对内的。这一点，从明帝的年号“武成”上就可以看得出来。

宇文护在政治上不如明帝，在军事上也越来越没有理由继续把持兵权。军政分离只会导致国家衰落，最好的解决办法是他主动退居二线，老老实实交出一切权力，以明帝的仁厚，他也许还能得一个善终。

明帝是君子，宇文护却是小人，玩惯了阴谋。他将兵权视为自己权势甚至生命的最终保障，并不相信什么仁者无敌，在他的世界里，有兵权就有一切，没有兵权就只能任人宰割，是死路一条。明帝不断干涉军队中的人事任免，一下子触及了宇文护的政治底线，可是明帝的群众基础太好，宇文护没有可能像废掉宇文觉那样废掉明帝，于是只好祭出他的另一个“绝招”——投毒。

御膳房里有个名叫李安的官员，他本来是宇文护家中的厨子，很受恩宠。北周武成二年（560），宇文护密令李安在糖饼里加入毒药，并把毒饼进献给周明帝。

明帝吃了糖饼很快就不行了。临死前，聪明的他意识到了身后的危机，硬撑着口授了五百多字的遗诏，遗诏中说：“由四弟鲁国公宇文邕继承皇位。希望兄长（宇文护）与公卿大臣能够协力同心，完成太祖（宇文泰）的遗志！”

宇文护弑杀明帝，成为中国历史上独一无二的连杀三位君主（西魏恭帝、北周孝闵帝和明帝）的人，不过他的历史地位也仅限于此了。我们为德才兼备的明帝扼腕叹息，却也感到庆幸，因为他所选择的继承人宇文邕正是彻底改变了三国分裂格局，开启统一进程的一代雄主——北周武帝。

关于北周武帝，待我们交代了南陈和北齐的事再细说。

八、文帝兴陈

北朝上台的皇帝一个比一个年轻帅气，南陈却拥立了一位看来有些“老”的君主——三十八岁的陈文帝陈蒨。

陈武帝陈霸先虽然在战场上战无不克，却抵挡不住权力的诱惑，在尚未统一江南的情况下就急匆匆登上皇帝的宝座，致使简单的问题复杂化：据守在长沙一带的王僧辩的部将王琳不买陈霸先的账，拒绝了他的招降，并指挥战舰顺江而下，宣称要为王僧辩报仇。

本来这是两个军事派系之间的斗争，陈霸先又挟天子以令诸侯，掌握了主动权，应该很容易就能获胜，然而他以陈代梁，失去了政治上的正确性，派去镇压王琳的军队就成了师出无名，王琳的地方军队反倒成了讨逆的义师。结果，侯安都和周文育率领的陈军在沌口（今湖北武汉汉阳区西南）被指挥若定的王琳击败，大将周铁虎被杀，侯安都、周文育被俘，最后通过贿赂关押他们的太监才逃得性命。

陈武帝陈霸先在位不到三年，至死连小半壁江山的统一也没完成，江州（今江西九江）以西的长江中游几乎全被王琳占领。

王琳把治所从湘州长沙迁到郢州（今湖北武汉武昌区），屯兵长江之上，并向江北的北齐称臣，还把梁元帝的孙子、永嘉王萧庄迎到郢州，推为梁国皇帝，与陈国对抗。没承想，后梁乘虚而入，抄了王琳的后路，攻占了长沙等郡。如此一来，小小的长江中下游地区就有三国并立：建康的陈、郢州的梁和荆州的后梁，两个小小的梁国分别是北方齐、周在南方扶植的代理人。

时局如此，于是统一天下的重大责任就落到了陈武帝的继任者陈文帝的肩头。以此而言，陈文帝并非守成之君，实乃开创之主。

陈文帝陈蒨是陈武帝的哥哥陈道谭的长子。陈道谭死于侯景之乱，陈蒨被侯景关押，险遭毒手。侯景灭亡，陈蒨被陈武帝委以重任，打了不少漂亮仗，在朝中、军中都很有名望。

陈武帝有一个在世的小儿子陈昌。梁元帝建都江陵时，陈霸先驻守京口，把陈昌和陈蒨的二弟陈顼（xū）一同留在江陵做“质子”，后来西魏攻陷江陵，陈昌、陈顼都被掳往西魏，所以，陈武帝驾崩时陈昌不在他身边。

陈武帝的章皇后寄望北周送回自己的亲生儿子，所以迟迟不愿确定继承人，最后迫于中领军杜稜（líng）、中书侍郎蔡景历以及侯安都等武将的压力，才不得已补立遗诏，让时任临川王的陈蒨入继大统。

听说陈武帝去世，王琳大喜。趁陈蒨根基未稳之机，他命部下孙玚（yáng）守备郢州，自己亲率领水陆大军东征。北齐也派出大将慕容俨兵临江北，声援王琳。

王琳初战告捷，大破前来阻击的陈将吴明彻，乘胜进驻栅口（今安徽无为东南）。面对这个情况，陈文帝却不慌不忙，命太尉侯瑱（zhèn）与司空侯安都领兵抵御。

侯瑱与王琳曾经同为王僧辩手下部将，王僧辩死后，两人分道扬镳，一个拥陈，一个拥梁。侯瑱深晓王琳用兵之道，并不与他硬拼，而是督统各军在江东的芜湖与王琳相持，将战事从头一年的十一月拖到了第二年的二月。

春天一到，江水暴长，王琳的船队声势浩大，发起进攻，侯瑱率陈军沉着应战，成功将其拦截。王琳船只受损，退保西岸。就在这时，郢州方面传来快报，对郢州觊觎已久的北周和后梁发现城中空虚，派荆州刺史史宁领兵几万发起突袭，郢州军情紧急。

王琳进退两难：如果不回军，则郢州危矣；可假若回兵救郢州，且不说来不来得及，手下士兵一旦知情，弄不好就不战而溃了。最终他把心一横，下令急行军，打算先灭了陈国再说。

时逢西南风大作，从芜湖往下的一段长江正好是东北流向，王琳处于顺风。他自以为是“天助我也”，不顾一切地扑向建康。

然而王琳没有想到，侯瑱绝非一介武夫，而是个很懂随机应变的人。王琳的动向侯瑱在江边看得真切，于是他轻轻让过王琳的船队，然后跟在王琳的屁股后面追打，这样一来，西南风反被陈军利用。王琳的士兵向陈军投掷火把，大风一吹，火都烧向王琳军，陈军啥事儿没有。侯瑱又用小船快速撞击敌船，给敌船洒上高热的熔铁，王琳的船队顿成一片火海，士兵死伤惨重。

江中的王琳水军向西溃败，前来接应的齐军还没明白是怎么回事便被冲得乱了阵型。两军在岸上踩成一团，士兵们自相践踏，纷纷陷进芦苇丛的泥沼里。

王琳带了十几个亲随乘小船狼狈不堪地逃到湓城（今江西九江），也不敢回郢州，最终护送着萧庄投北齐去了。

其实，郢州在孙玚的带领下倒是战绩不小，几千守兵硬是扛住了北周的大军。本来孙玚还指望王琳全胜凯旋，大家一起欢庆，谁料想王琳竟一去不返，反而是陈国的大军乘胜追来。

北周眼见这便宜不好占，无奈解围退走。上司王琳跑了，陈军又士气正盛，孙玚知道守也无益，便流泪开城，向陈军投降。

困扰多年的外敌一朝被消灭，陈文帝正要庆贺，北周的宇文护就给他送上一份“贺礼”——他的堂弟陈昌。

陈昌在北周的俘虏生活过得不算太坏。以前陈武帝多次向北周讨要儿子，北周都觉得陈昌奇货可居，一拖再拖，没能达成交易；等陈武帝一死，“奇货”迅速贬值，宇文护却忽然觉悟，决定放陈昌回国，他的用意不言自明——他要离间陈氏兄弟，最好引发陈国内斗，好让北周从中渔利。

宇文护的这手棋下得实在让人无法恭维。

首先，陈武帝在位的时候，宇文护不该不送陈昌回去准备继位。如果那时候他把陈昌送回国，陈昌几乎是必然的皇位继承人，那么北周对陈国的新皇帝就有再造之恩。即便势单力孤的陈昌不念恩，至少他要坐稳皇位还需要北周的扶持，北周从中赚取的利益能小吗？

其次，陈文帝即位后，宇文护应该有更好的应对策略，而不是直接送回陈昌。陈昌毕竟是陈武帝的亲儿子，继位的合法性要高过陈蒨，如果北周给陈昌封个陈王之类的头衔，再派兵护送陈昌到江南做皇帝，同时积极拉拢所有拥护陈昌的“正统派”，就可以搞个类似后梁的傀儡政权，可得的利益会比直接送回更少吗？

可惜，宇文护偏偏选择了最差劲的手段，一面唱着高调送陈昌回国，一面又不给予他政治与军事上的支持，白白把一支潜力股给炒成了垃圾股。偏偏陈昌还不识趣，完全没有乃父遗风，回国之前就满怀对“美好未来”的憧憬，得意扬扬地给已经继了位的堂兄写了封信，言辞间很不客气。陈文帝看了信都气乐了，就这副嘴脸还要回来抢帝位？

不屑归不屑，表面文章还得做足。陈武帝时代的名将杜僧明、周文育都已去世，如今只剩下了侯安都，陈文帝便找来侯安都，愁容满脸地说：“太子就要回来了，我只求他能给我一块封地，让我做个藩王终老此生。”

侯安都耿直，当下答道：“自古哪有天子被代的道理？微臣愚钝，不敢奉诏！”接着，他表示愿为陈文帝“分忧”，去接陈昌回国。

陈昌满面春风地登上“祖国”迎接他的大船，结果渡过长江后就变成了一具尸体。侯安都上报：大船在江中损坏，皇弟不幸溺亡。

陈文帝得报，亲自出城，在堂弟的棺柩前演了出“猫哭耗子”的大戏，继而颁旨，以王礼厚葬陈昌。

陈昌丢了性命，北周手里的另一名南陈皇室成员陈顼就幸运得多了，毕竟他是陈文帝的亲弟弟。经过谈判，陈文帝同意割让西南的黔中、鲁山两地（今湖北、重庆交界一带）换取陈顼。陈顼于南陈天嘉三年（562）回国，之后在陈文帝的扶植下青云直上，很快成为陈文帝的左膀右臂。

陈文帝继续巩固他的统治：向西，他命侯瑱夺回了被北周占据的湘州（今湖南长沙）和巴州（今湖南岳阳）；向南，他先后讨灭了豫章（今江西南昌）的熊昙朗、东阳（今浙江金华）的留异、晋安（今福建福州）的陈宝应和临川（今江西抚州）的周迪。这些人都是出身溪、越等族的土豪酋帅，割据一方，时降时叛，朝廷有外敌的时候无力搭理他们，只能以笼络安抚为主，等到现在，外患消除，他们也就如秋后的蚂蚱一样，没几天蹦头了。

至此，陈国才真正拥有了整个江南之地，虽然领土比梁代少掉了一半，但老百姓好歹可以过上几天太平日子了。

陈文帝即位时的年号是“天嘉”，取梁武帝早期年号“天监”的前一个字和宋文帝年号“元嘉”的后一个字组合而成，由此我们可以窥见陈文帝的治国施政理想。陈文帝确有这两位皇帝当年的风采，他早年了解民间疾苦，因此崇尚节俭，宽徭薄赋，休养生息；他又实行了南朝历史上的最后一次土断，有效增加了财政收入，使得国家经济逐渐从侯景之乱后的破败中恢复过来。

可惜人无完人，陈文帝到了在位后期就没有这么勤政了，人也变得喜好猜忌。他赐死了拥立有功的侯安都，又效法梁武帝，玩起了舍身归佛的“游戏”。所幸，陈文帝在南陈天康元年（566）便因病去世，没有像梁武帝那样晚节不保。可是有些人就没这么幸运了，比如他的好伙伴韩子高。

九、华皎反陈

韩子高的原名叫作韩蛮子，另有一说他姓陈，是山阴（今浙江绍兴）人，出身低微，长得无比艳丽，犹如女子。

侯景之乱爆发，韩子高年方十二岁，流落在民间，遭遇乱兵的追杀。说来也奇，那些杀人不眨眼的士兵见了梳着一头总角童髫的韩蛮子竟没有一个忍心下手，他就这样凭着异乎常人的美貌一次次从死人堆中逃出来，保全了性命。

侯景覆灭时，韩蛮子寄寓在建康。他与大队难民一起，跟在出镇吴兴的陈蒨的南下车队之后，准备回山阴老家。

陈蒨本人也是帅哥，可一看到韩蛮子，还是吃了一惊。他问韩蛮子："你想要荣华富贵的话，为什么不跟着我呢？"韩蛮子大约是被陈蒨的英武之气所震撼，二话没说就答应了。陈蒨觉得"蛮子"这名字不好听，也不大气，给他改名为"子高"。

从此，韩子高与陈蒨出双入对，形影不离。韩子高懂得体贴，又善解人意，把性格有些急躁的陈蒨伺候得十分周到。陈蒨则让韩子高学习骑射、兵法，使他逐渐成长为自己手下一员胆略过人的得力干将。

按照冯梦龙撰的《情史》里的说法，陈、韩两人之间的感情远胜主仆之情。更有甚者，陈蒨在当皇帝以前，有一回竟对韩子高说："人们都说我有帝王相，如若成真，我就册封你做我的皇后。"令韩子高感动不已。后来明代作家王骥德作杂剧《男王后》，便是由韩子高与陈蒨这段情事引申开去的。

陈蒨做了皇帝后，终究囿于世俗之见没能封韩子高为皇后，但也对他大加封赏，任命他为右军将军，负责台城的防务。平定王琳后，韩子高更是统率重兵，深受陈文帝的信任，后来又在几次平定地方叛乱的战役中有出色表现。

南陈天嘉六年（565），韩子高升任右卫将军，位高权重，一时成为朝中不可轻视的人物。然而，韩子高的地位过分地依附于陈文帝，一旦陈文帝驾崩，他也就大祸临头了。

陈文帝临终前担心十三岁的太子陈伯宗难堪大任，提出把皇位传给弟弟安成王陈顼。陈顼泪流满面，执意推辞。

陈文帝显然也不是真心，而是在试探陈顼的底。在此之前，他曾与五兵尚书孔奂、中书舍人刘师知、尚书仆射到仲举等人商议改立陈顼为储君，遭到众人的一致反对，那时他便打消了这一念头，还对孔奂等人大为赞赏。

陈文帝大力提拔陈顼，是要借助宗室的力量来对抗与经济一同恢复的世族势力，稳固陈氏江山，但他还没大方到愿意把江山转让给弟弟。陈顼也很聪明，当面向哥哥表了忠心，取得了信任。

陈文帝在遗诏中让陈顼与刘师知、到仲举共同辅佐十三岁的太子。文帝死后，陈伯宗继位，改元“光大”，以陈顼为大将军、司徒、录尚书事、都督中外诸军事。

刘师知是陈武帝一朝的重臣，最大的一件“功劳”就是参与执行了杀害梁敬帝的任务，到仲举则是陈文帝一朝的重臣，两位都是文官，在宫中参与决策大事。

陈顼带领左右亲随入驻尚书省，主持行政工作，刘师知等人心存忌惮，商量着要把陈顼外调。他们安排东宫的通事舍人殷不佞给陈顼假传太后的旨意，说：“如今天下太平，四方无事，安成王可以返回台城外的东府处理扬州的事务。”

陈顼领旨退到内室，手下的参谋毛喜对他说：“如今社稷未宁，局势不稳，这肯定不是太后的意思。希望大王以社稷为重，三思而行，千万不可让奸人得逞，步曹爽的后尘！”

陈顼本来就是半信半疑，听了毛喜的分析，深感有理，便假装生病，把刘师知召到府中谈话，同时派毛喜进东宫向太后和皇帝求证，马上戳穿了这个谎言。

陈顼得到确凿证据，当即囚禁了刘师知，并入宫向太后和皇帝通报刘师知等人的罪状。刘师知被下狱赐死，到仲举遭贬官软禁，替他俩跑腿的殷不佞倒是运气不坏，因为平日里品行不错被陈顼免了罪，只是也做不成通事舍人了。

刘、到二人事败，韩子高吓坏了，同为文帝时代的要臣，他不免兔死狐悲。

韩子高心知自己手握兵权，必被猜忌，主动向陈顼请求出镇外地。可是陈顼与陈文帝不同，对男色没有兴趣，不予理睬。没过多久，陈顼接到告发，说韩子高与到仲举谋反，便将两人赐死，韩子高时年三十岁。看起来，“天妒红颜”的说法，对于男人也是适用的。

韩子高被杀的消息传开，在陈国掀起轩然大波。据守长沙的湘州刺史华皎与韩子高一样属于陈文帝嫡系，得到消息，他心不自安。为求自保，他一面秘密招兵买马，与北周和荆州的后梁政权接触，取得两方的支持，一面向朝廷上折，请求调任广州刺史。

陈顼看出华皎的用意，假装答应了他的要求，却扣住诏书不发。他先以大将吴明彻为新任湘州刺史，率领三万水军赶往郢州，又命征南大将军淳于量率领五万水军跟进；陆路方面，他让冠武将军杨文通从安成（今江西安福西）出茶陵，巴山太守黄法慧从宜阳（今江西宜春）出醴陵，又以司空徐度为车骑将军，总督十几万大军进兵湘州。

陈顼那边攻势咄咄逼人，华皎这边却只有巴州刺史戴僧朔、长沙太守曹庆等少数将领声援，强弱悬殊，华皎忙向北周与后梁求救。

北周把陈顼送回陈国后，两国便恢复了正常的邦交，有五年没打仗了。北周宇文护不满于现状，总觉得陈顼这个放回去的“人质”没能带来更多的好处。他压制住国内反对出兵的声音，以周武帝的胞弟、卫国公宇文直为总督，带领由大将军权景宣和元定分别率领的水军和陆军一同南下，援助华皎。

在荆州江陵，后梁宣帝萧詧已经去世，在位的是他的儿子梁明帝萧岿。此人热衷于对南朝作战，欣然接受了华皎的归降书，派出柱国王操率两万水军与华皎会合。

周、梁援军与华皎本部军队分水陆两路前进：水军由华皎统领，包括权景宣的北周水军与王操的后梁水军，顺流而下，屯兵长江上的白螺矶（今湖北监利东南）；陆军驻扎在鲁山，由宇文直指挥，其中元定的几千北周步骑兵进围郢州。

南陈也不示弱，吴明彻溯江而上与华皎相持，淳于量则驻军夏口，阻住元定的退路。一时间，周、梁、华、陈四方军队纵横驰骋，甚是热闹。

华皎得到援军，信心倍增，水军船队从巴陵浩浩荡荡地出发，顺流乘风，很快就在郢州附近的沌口与吴明彻等人率领的陈军相遇，一场惊心动魄的大规模水战开始了。

华皎的周梁联军占据上游，优势明显，尤其是其主力船只体型庞大，船上又置有拍竿，令陈军难以靠近。

所谓拍竿，实际上是一种大船上配备的重型武器，一般的使用方式是：在船上竖起桅杆，每根桅杆上固定一道粗壮的横杆，类似于巨型投石机的杆臂，横杆一头悬上大石，伸出船外，另一头用绳索连接辘轳，由多名士兵控制，一旦敌船行驶到攻击距离内，就驱动拍竿砸下大石，将其击碎。拍竿作为水战利器最初出现在晋代，到了南北朝后期使用逐渐频繁起来。陈军船上也有拍竿，但数量和威力远不及周梁联军。

吴明彻和淳于量并未被联军的气势吓跑，而是在分析战势后想出了应敌良策。他们花重金在军中募集了一批敢死队员，让他们驾驶多艘小船冲向华皎的船队，不断对其进行骚扰。联军使用拍竿反击，小船顿成碎片，可是联军的石块也消耗完了。这时，淳于量才指挥陈军的大船用拍竿发起攻击，失去拍竿威力的联军大船无法拒敌，全部被击破沉没于长江之中。

华皎不甘失败，又用船装上干柴，点上火，向陈军驶去，打算焚烧陈军船只，不料风向突变，反而把自家的船给烧着了。联军大败，华皎、戴僧朔、宇文直等人乘小船逃往后梁。元定的军队攻不下郢州，仓皇退到巴陵，被先期占领巴陵、长沙等地的陈将徐度、杨文通生擒。

吴明彻乘胜追击，一举攻克后梁的河东（今湖北松滋一带），又在第二年（568）兵临江陵，引水灌城，梁明帝吓得逃往纪南（今湖北江陵北）。

眼看江陵城危在旦夕，北周不想丢掉这个附庸，便派大将军田弘率领周军协助后梁军队。他们日夜苦战，终于打败了陈军。吴明彻见后梁后援强大，就势退到公安，梁明帝这才得以返回江陵，继续维持他的傀儡政权。

陈顼平定了华皎的叛乱，扫除了忠于文帝的势力。南陈光大二年（568）年底，他借太皇太后（即陈武帝的妻子章皇后）的诏令废掉陈伯宗自立为帝，改元“太建”，是为陈高宗孝宣帝，史称陈宣帝。

又过了两年，陈伯宗暴毙，年仅十七岁，其中的内幕不消说，读者也能猜个八九不离十了。

十、三十年后河东

宇文护征讨陈国，以为能够乘人之危，结果得不偿失，令周、陈关系陷入僵局。宇文护派当年护送陈宣帝陈顼回国的杜杲出使陈国，向陈宣帝阐明利害，两国方才重新修好，避免了进一步的军事冲突。

宇文护急于与陈国讲和是利益使然。一方面，在长江流域作战，北周的确不是经验丰富的陈军的对手；另一方面，北周也需要排除干扰，专心对付东方的强敌——北齐。

北齐帝国家大业大，却被高洋起了个坏头，从立国之初到最后灭亡，基本就是个"疯子帝国"。不仅如此，北齐的皇帝普遍还有两个特点：第一，长得帅；第二，短命。

"长得帅"不难解释，高欢是"长头高颧，齿白如玉"，娄昭君也算鲜卑美女，他们后代的长相自然不会吃亏。唯一的例外是高洋，怎么看也不像是高欢和娄昭君生出来的，倒像捡来的一般，怪不得娄昭君对他很不待见。

"短命"似乎是高澄和他的儿孙们难破的魔咒：高澄被厨子刺杀，活到二十九岁；高洋酗酒，三十一岁上了西天；高殷更惨，十七岁就被叔叔高演杀害；高演这是在侄子死后不久就遭了报应，和高殷一样，他在位的时间也不到一年。

关于高演的死因大致有三种说法。《资治通鉴》上说，有一次高演外出打猎，坐骑被一只忽然蹿出的大兔子吓到，他狠狠地坠落在地，把肋骨给摔断了，最终不治而亡——这是"摔死说"。颜之推的《颜氏家训》中则说，高演生性至孝，母亲娄昭君患病针灸，他握拳代痛，娄昭君的指甲抓入他的掌心，血流满手，等娄昭君病好了，高演却因为感染病菌去世了——这是“病死说”。第三种说法源于《北齐书》和《北史》，野史又进行了演绎：高演夺了帝位，杀了侄子，心神不宁，常在宫中看见高洋和杨愔等人的鬼魂飘来飘去，对他扬言报仇。高演害怕，渐渐精神恍惚，身心憔悴，便想用校场演武的方式驱鬼，不料演武时坐骑被兔子吓到，高演坠地而亡。这种说法的后半部分与“摔死说”相似，但更具传奇色彩，不妨称之为“吓死说”。

不管是哪种死法，临终的高演一定是后悔不迭。娄昭君探病，向他反复询问高殷的去处，高演理亏，无言以对。

老太后掩饰不住内心的悲愤，当场扔下一句话：“你不听我的话，杀了他，活该抵命！”

高演就这样在痛苦和悔恨中死去了，终年二十七岁。

高演是高氏兄弟中唯一不嗜杀的皇帝，除了杀害高殷，他没有什么劣迹。他革除高洋时代的弊政，重视官员的考核与任用，使北齐朝政有了很大的改善。同时，他还志在富国强兵，一统天下，曾请太子中庶子卢叔武等人撰写《平西策》，作为与北周作战的指导性文件。

如果高演不杀高殷，是否就不会碰上大兔子，是否就不会早死，是否就可以带领北齐走上康庄大道？我们不得而知。我们所知道的是，高演吸取哥哥高洋的教训，没有把皇位传给太子高百年，而是下诏由弟弟长广王高湛入继大统，并且告诫他说：“高百年无罪，你可将他好好安置，不要学我。”

北齐的皇帝宝座继续按照兄终弟及的模式向下传，现在传到了高欢第九个儿子高湛的手中。高湛就是北齐世祖武成帝。

高湛外表俊美，身形高大，是符合北齐皇帝特征的典型帅哥。漂亮孩子谁不喜欢？高欢也不免俗，对他格外钟爱，在与柔然和亲时为他迎娶了阿那瓌可汗的孙女。然而，父母过度的溺爱没有造就有经天纬地之才的男子汉，倒是把高湛惯成了一个无德无才的绣花枕头。

高演能做皇帝，高湛出了不少力。高演怀疑高殷时，他也在邺城，心不自安，就找来宗室高元海，求教应对策略。

高元海不冷不热地回答说：“皇太后身体健康，皇上孝悌友爱，殿下不必胡思乱想！”

高湛急了，发火说：“我找你来是听这些的吗？”

高湛把高元海关在自家后堂，逼他想对策。高元海没办法，绕着床踱了一宿，提出上中下三策，但声明：“依我看，这三个策略殿下一个也不会用。”

高湛也不生气，马上让高元海说上策。高元海说：“殿下效仿汉朝的梁孝王，带上少数几个贴身侍从去晋阳，先见太后，请求哀怜，然后再去见皇上，交出兵权，直到老死都不再过问朝政。此为上策。”

高湛觉得不妥，接着问中策。

“殿下向皇上上表，就说自己权力太大，恐怕遭受嫉恨，请求外放到青州和齐州去做刺史，必能解除皇上的疑心。此为中策。”

高湛摇摇头，说：“去青州这样的鬼地方不算个事儿，你再说说下策吧。”

高元海愁容满面：“我怕株连九族……”高湛强令他说，他只好继续道，“下策就是干脆起兵，拥立济南王（高殷）复位，杀掉帮凶高归彦，号令天下，讨伐不臣。”

高湛对高元海这个造反的主意倒是很感兴趣，可是胆小不敢干。他不好意思告诉高元海三个策略他确实一个也不会用，于是就去找“专家”占卜，没想到答案是：“什么也不做就是大吉。”高湛笑了，鬼神知我心啊！之后果真什么也不做了。

由此可以看出，高湛压根儿没有什么魄力，即使明明知道怎样做有利也不去做，最后就只能凭运气了。结果高湛还真撞上了狗屎运，不但没有任何生命危险，还白捡了一个皇位。

高湛一上台，北齐的噩梦正式开始了。

高湛即位很顺利，这得感谢一个人，那就是号称拥有六军的平秦王高归彦。

高演去世时，高归彦主动跑到邺城迎立高湛，因此被拜为太辅。高湛登基后，高归彦居功自傲，惹得朝中大臣们都看不惯他，纷纷在高湛耳边数落他的短处。

高元海对高湛说：“高归彦当年被文宣帝（高洋）重用，统领禁军，却背弃了辅佐太子的誓言，依附孝昭帝（高演），导致济南王（高殷）被废，如今他又那么拥护陛下。他是个反复无常的小人，将来必成祸乱！”高湛一听有理，便把这位拥立有功的族叔外放为冀州刺史了。

高归彦在冀州待了半年，越想越不平衡，于是打算在高湛去晋阳的时候乘虚占据邺城，只是谋划还没成型就被手下的郎中吕思礼给告发了。高湛命大司马段韶、司空娄叡率兵讨伐，高归彦仓促闭城拒守，手下支持他的人只有四万。

高归彦登城，气得直骂："孝昭皇帝驾崩，我拥兵百万，主动拥立陛下。真要造反，那时候早反了，还用等到今天吗？我是看不惯高元海那样的佞臣在皇上面前构陷忠良，只为杀掉他们，一雪耻辱！"

高归彦不是高湛大军的对手，最终城破出逃被擒，被押到邺城。高湛将高归彦及其子孙十五人全部斩首。

杀个把功臣对于高湛来说还不过瘾，他认为应当像哥哥高洋学习，玩点更"浪漫"的东西。

高湛跑到高洋遗孀李祖娥的昭信宫中，二话不说就要与她亲热。李祖娥拼命挣扎，高湛威胁说："若是不依从我，就杀了你儿子！"这种无赖流氓的招数大概是从高洋那儿学来的，而且还强过高洋，反正他把李祖娥吓住了，她只好顺从。

高湛尝了一回甜头，以后就开始频繁出入昭信宫，终于让李祖娥怀了孕。太原王高绍德去看望母亲，李祖娥躲着不见，高绍德就在宫门外大叫："母后以为孩儿不知道吗？母后肚子大了，所以不想见我！"

李祖娥羞愧难当。几个月后她生下一个女儿，当下就将女儿给淹死了。高湛为此勃然大怒，说："你杀了我的女儿，我难道不能杀你的儿子吗！"他派人把高绍德抓来，当着李祖娥的面用刀环活活打死。

李祖娥看着儿子的惨状，哭天喊地，几乎晕厥。高湛却还不解恨，又将她打得遍体鳞伤，然后裹在袋子里扔进宫外的水沟。李祖娥也够命大，一通折磨下来居然没死，高湛懒得再搭理她，把她送往佛寺剃发为尼了。

高湛对高洋的妻儿如此狠毒，对付起高演千叮万嘱请他放过的前太子乐陵王高百年来，也是丝毫不手软。

北齐河清三年（564），天上出现了"白虹贯日"，高湛和高洋一样，首先想到的也是用杀人来应对天象。当初高洋杀了元氏宗族、高演杀了高殷，看样学样，高湛选中了十四岁的高百年。

高百年有个老师叫贾德胄，负责教高百年书法。有一天他向高湛举报，说高百年写过很多“敕”字。“敕”是皇帝下令时才能写的字，写“敕”字可以理解为有谋反的企图。高湛看过贾德胄呈上来的一个个工整的“敕”字，心想：高百年啊高百年，这下可找着杀你的理由了！

高湛派人召高百年进宫，高百年心有预感，与妻子斛律氏（大将斛律光之女）依依惜别，解下腰带上的佩玉给她保存。

高湛见到高百年便命他写“敕”字，写完一对照，见跟贾德胄上交的笔迹非常相似，他一拍桌子，命左右拿着棒子不容分说就是一阵毒打，又拖着高百年绕着内堂，边走边打，所过之处鲜血遍地。

高百年被打得奄奄一息，不停哀求说：“叔叔饶命，我情愿给您当奴隶！”高湛听得烦了，下令斩杀高百年，之后将尸首抛入后花园的池中。

可怜的小王妃斛律氏还在府中苦苦守候，却只等来了丈夫被杀的噩耗。她对着佩玉日夜号哭，不肯进食，最后饿死在家中，死时手中仍然紧握着那块佩玉。

高湛残忍地杀人，其实正反映了他内心的虚弱，因为无所作为，所以只有杀人立威，恐吓臣子。

除了杀人，高湛终日里只懂纵酒、握槊①。他宠信精于玩乐的西域胡人和士开，欣赏和士开对他的“开导”：“自古帝王难逃一死，到头来都会化作灰烬，尧、舜、桀、纣又有何差别？陛下青春少壮，正当及时行乐，一日快活胜千年。把国事交给大臣就好了，何必劳心吃苦呢？”

在和士开的熏陶下，高湛愈加疏于政事，上朝议会成了过场，批阅奏折成了形式。上行下效，北齐能不衰落吗？

以前齐文宣帝高洋在位时，北齐处在全盛时期，每到冬天，黄河西面的周军就会到河上凿冰，防止齐军踏冰过河偷袭。东西对峙了三十年，如今轮到黄河东岸的齐军凿冰防御了。真是世事难料，天道无常，三十年前河西，三十年后河东。

---

① 南北朝时期流行的一种赌博游戏。

十一、北齐三杰

北齐的朝政虽然被败家子高湛搞得乌七八糟，可是“瘦死的骆驼比马大”，高欢留下的底子确实很厚。北周在军事上由宇文泰时代的战略防御逐渐转为战略进攻，但要想一下子吃掉北齐，还真不那么容易。

总的说来，北齐不仅在经济积累、文化沉淀上仍然强过北周，更有一批英勇善战的鲜卑宿将，武威不减当年的六镇军士。其中最强悍者，是所谓的“北齐三杰”：段韶、斛律光和高长恭。

段韶是三个人里年龄和资历最老的，作为高欢时代的老臣段荣的儿子，他自高欢信都起兵以来就屡建战功。在高欢与宇文泰的邙山大战中，他射杀贺拔胜的战马，救下高欢一命，从此愈发得到高氏父子的信任，在军中威望极高。武成帝高湛即位后，他先后任大司马、太傅，位列三公。

斛律光比段韶小十多岁，《周书》喜欢叫他“斛律明月”，“明月”是他的字，很可能也是他胡名的意译。斛律一族在北齐声名显赫，斛律光的父亲斛律金深受高欢重用，在高欢帐下南征北战，北齐建国后他官至左丞相，高欢对他礼遇有加；斛律光的弟弟斛律羡与斛律光一样射术极佳，被擢升为持节，都督北方六州；斛律家的女人更是不得了，一共出了一位皇后、两位太子妃，斛律家的子弟还娶了三位高家的公主。

斛律光本人早早就崭露头角，十七岁时他跟随父亲征讨西魏，生擒宇文泰手下大将莫孝晖，因此被高欢提拔为都督。高澄继位后，任命他为亲信都督、征虏将军、卫将军，武成帝高湛又先后升他为尚书右仆射和司空。

斛律光言语不多，性情刚直，治军以严明著称，他手下的北齐士兵对他敬畏不已。在他指挥下的军队一向勇往直前，战斗力极强，作为对手的北周诸将十分怕他。

北齐三杰中最年轻也最有魅力的，无疑当数兰陵王高长恭。

高长恭的大名叫高孝瓘（guàn），然而人们更喜欢以“长恭”这个名字称呼他，他是高欢的孙子，高澄的第四子，论辈分比三杰中的前两位要低一辈。

高长恭的一生都充满解不开的谜。有谜，就会引发后人无尽的联想与向往，以至于今天还有不少他的崇拜者。

高澄共有六个儿子，唯独兰陵王高长恭的母亲是谁，正史上没有任何记载。像高澄这样的花花公子，难保这背后不会隐藏着什么难以启齿的风流韵事，不过究竟内幕如何，恐怕也只能等待后人遍寻故纸堆和考古资料，去做进一步的研究了。

除了身世不明外，高长恭品性的“与众不同”也是个谜。高家子弟大多不遵守公序良俗，酗酒、刻薄、暴虐是司空见惯的事，偏偏高长恭清心寡欲，属于高家的“另类人物”。他在担任并州刺史期间对部下非常体恤，每次得到美味瓜果总与将士们共享，这种既不贪婪也不放纵的做派让他很得人心。

不过在容貌方面，高长恭还是继承了高家的光荣传统。《北齐书》用八个字形容他：“貌柔心壮，音容兼美。”几乎把描述帅哥最高境界的词语全部集中在了他一个人的身上。南北朝时期崇尚仪表，高长恭的容貌在战场上对于稳定军心、震慑敌人是相当有作用的。

有这三根支柱在，北齐就丝毫不惧怕北周在军事上的进攻了。

北周宇文护也明白自己的军事实力比北齐还差一大截，他没有什么治军的高招，连治国都是在沿袭宇文泰时代的政策，没有什么新鲜的手段，所能想到的只有吸收外援。放眼天下，除了南方孱弱的陈国外，潜在的最合适的友军，便是漠北的突厥汗国。

突厥于北齐天保六年（555）彻底消灭了柔然残部，完全占据了柔然的昔日领土，取代了柔然的地位。它又征服了契丹等部族，并将疆域扩大，把势力触角延伸到柔然没能有效控制的西域地区，击破了西域大国嚈哒（Yàndā），建立起了一个以鄂尔浑河上游为中心，东起辽海（今辽河上游）、西抵西海（今咸海）、南临大漠、北至北海（今贝加尔湖）的大汗国。

宇文泰末年，突厥的木杆可汗（伊利可汗之子）许诺要把女儿嫁给宇文泰，后来宇文泰去世，木杆可汗被北齐利诱，又想反悔。宇文护决定旧事重提，派御伯大夫杨荐再去提亲，向木杆可汗申明大义，请突厥出兵共同伐齐。

北周保定三年，即北齐河清二年（563）深秋，北周与木杆可汗结盟。宇文护派出两路大军，柱国杨忠率一万步骑兵经突厥由北路南攻，大将军达奚武率三万步骑兵由南路向东北进攻平阳，他们约定会师于高氏的统治中心晋阳。

高欢在晋阳发家，因此晋阳在北齐的政治军事地位格外重要，虽然北齐的首都名义上是邺城，但晋阳才是实质上的首都，攻下晋阳，相当于要灭亡北齐。

杨忠进展顺利，连续攻占了二十几座北齐城池，又拿下陉岭（今山西代县西北），与木杆可汗的十万突厥骑兵会合。联军从恒州（今山西大同）分三路，在漫天飞雪中向晋阳城杀来。

齐武成帝高湛荒淫归荒淫，但还不算太糊涂，知道晋阳的重要性。他派斛律光率三万步骑兵驻扎平阳，顶住达奚武的进攻，自己则从邺城倍道兼程，赶往晋阳。

晋阳城下黑白分明，白的是厚厚的积雪，白茫茫足有几丈深，黑的是北周士兵的军装，黑压压不计其数。

武成帝被吓坏了，想要弃城逃跑，在赵郡王高叡和河间王高孝琬的拼命劝谏下才同意全力抵抗。武成帝命高叡节度全军，三杰之首的段韶为总督，在晋阳北城布下阵势，迎战联军。

木杆可汗见段韶指挥下的齐军军容严整，气势先矮了半截，埋怨起杨忠来：“你们的使臣不是说齐国混乱，可以讨伐吗？看他们如今这架势，我们哪里打得过？”两家正扯皮呢，北齐那边忽然鼓声大作，精锐尽出，向联军大营杀来。突厥军人数虽多，却抵挡不住气势汹汹的齐军，竟不战而逃，杨忠率领的周军失去支援，顿时大败。

达奚武在平阳得知北路失败，迅速解围西退。斛律光尾随追击，深入北周境内，掳回了两千多北周士卒。

北周的进攻受挫，宇文护很是不爽。第二年（564）夏天，他又派杨忠联合突厥，再次讨伐北齐。突厥的木杆可汗上一次没打就败了，面子上也觉得很挂不住，他整顿起十几万骑兵突破北齐长城，骚扰幽州、并州。

齐武成帝高湛见北周和突厥卷土重来，十分害怕。

宇文护以前曾跟着宇文泰入关，把母亲阎氏以及姑母都留在了晋阳，齐武成帝便差人探访到阎氏姑嫂的下落。他先送回宇文护的姑母，并写信告诉宇文护，说自己打算把阎氏送往长安，希望宇文护不再攻齐。宇文护当即召回杨忠，并复信感激北齐的“大恩大德”，承诺与齐国休战交好。

齐武成帝读了宇文护的信，自以为用人质换回了和平，正要护送阎氏去北周，却收到了段韶从抵御突厥的前线发来的信件，信中表达了强烈的反对。段韶的理由很直接：“周人反复无常，不讲信义。宇文护既然为他母亲请和，怎么连一个正规的使臣都不派呢？假若仅凭一封书信就放回他母亲，恐怕会被周人看轻，不如表面上答应他们，等两国确定和好，再放人也不晚。”武成帝不听，什么信物都没要就把阎氏送了回去。

事态的发展果然被段韶言中。宇文护母子团圆，还没发表感言，突厥人就来催他速速派兵，履行约定。宇文护生怕得罪突厥，便把对北齐的承诺抛在脑后，亲自调集了长安二十四军以及各地军队共二十多万，出潼关伐齐。

北周共分三路东进：中路精兵十万，由尉迟迥率领，直指洛阳；南路为大将军权景宣统领的荆襄兵，进围悬瓠（今河南汝阳）；北路为少师杨檦的河南兵，攻打轵关（今河南济源西）。

三路军队命运不同。杨檦以往与北齐常有边境战，从未失利，颇为轻敌，不与友军配合便孤军深入，被北齐太尉娄叡大败，投降了北齐；权景宣稳扎稳打，连续接受北齐豫州、永州刺史的献城，形势主动；尉迟迥率领的北周主力则连日猛攻洛阳，宇文宪、达奚武、王雄等将屯兵邙山，以为声援。

洛阳告急，齐武成帝向段韶求救，但又怕突厥乘虚南下，自己两面受敌。段韶上书说：“突厥侵扰北边不过小事一桩，西方才是心腹大患。只要打败周军，突厥自退。”齐武成帝大喜，与段韶一起从晋阳出发，去解洛阳之围。

段韶登上邙山山坡，仔细观察周军的阵势，立时了然于心。他命齐军在洛阳东面的太和谷扎营布阵，自领左军，高长恭领中军，斛律光领右军。

三杰悉数出阵，令周军大为震惊，仓促上山迎战。齐军且战且退，将周军引入山谷。

段韶质问周军：“宇文护刚与母亲团聚就进犯我国，是何缘故？”

宇文宪等人答道："上天派我们来教训你们，何须多问？"

段韶哈哈大笑："天道赏善罚恶，一定是派你们来送死的！"说着一摆手，身后的齐军突然发动反击，周军大乱，士兵纷纷坠入山涧，伤亡无数。

高长恭带领五百骑兵在周军中杀出一条血路，来到金墉城下。洛阳城头的守兵一时竟没认出是高长恭，怕这是北周的诡计，不敢开城门。高长恭当场脱盔抬头，众人一看是兰陵王，军心大振，出城接应，大败城外的周军。

此役后，北齐将士共同创作了《兰陵王入阵曲》，以歌颂高长恭的功绩。《兰陵王入阵曲》配有舞蹈，歌舞者戴面具边跳边唱，因此后世常误传，说高长恭喜欢在战场上戴面具，其实这只是艺术加工，高长恭当时戴的应是重盔。

在这场大战中，齐军个个奋勇，人人争先，周军光是一路丢弃的武器辎重就绵延三十多里，周军猛将王雄更是被斛律光一箭射杀。

邙山，再度成为宇文氏的伤心地。

十二、无愁天子高纬

邙山的胜利并不能扭转北齐的颓势，接下来的两年中，北齐连续出现洪水、粮荒等灾难，崇尚“享乐主义”的齐武成帝高湛被搞得焦头烂额，越来越厌倦做皇帝的辛苦与无聊。有个聪明人看出了他的苦衷，还为他想出了解脱的方案，这个人叫作祖珽。

祖珽放在今天也绝对是个全才，他精通多项技能，包括文章、音乐、医术，左右都吃得开。高欢看重他的文章，任用他做参军，玉壁之战中又让他负责劝降韦孝宽；武成帝则看重他的音乐细胞，把他升为中书侍郎，常召他到后花园弹奏琵琶。

事实上，与其说祖珽为武成帝想解脱方案，不如说他是为了提升自己的朝中的地位。

祖珽找到武成帝的头号宠臣和士开，对他说：“老兄受皇上宠幸，恐怕自古无人能比，可一旦宫车晏驾（指武成帝驾崩），你还能保证有个好结局吗？”

和士开之前哪里考虑过这么远？现在经祖珽提醒，他的心里顿时紧张起来，就问怎么办。

祖珽不慌不忙地答道：“你就跟皇上说，本朝以前诸帝（指高澄、高洋、高演）的儿子都做不成皇帝，如今应该让皇太子早日登位，以定君臣名分。此事若成，你的地位不变，皇后和太子又会感激你，岂非万全之策？”

和士开闻言茅塞顿开，于是逮着机会就在武成帝耳边灌输祖珽的思想。恰好天上出现彗星，据称是“除旧布新”的征兆，祖珽便上表劝武成帝传位太子，以应天意，并翔实地介绍了北魏献文帝禅位的典故。

武成帝不懂这些大道理，但是听了和士开、祖珽的话，觉得这样一来自己既能保持高位，又不用直接操心国事，主意很不错，便于北齐河清四年（565）传位给太子高纬，改元“天统”，当起了太上皇帝。

改朝换代，祖珽被拜为秘书监，加仪同三司，不仅武成帝对他倍加宠幸，小皇帝高纬的母亲胡太后也对他十分信任，他在新朝可谓风头无量。只是人一时得意便会犯严重的错误：他开始试图排挤和士开等人，进而谋取宰相之职。

和士开在武成帝的眼里是完美的，容不得旁人有半点亵渎。祖珽上疏列数和士开依仗权势、为非作歹的罪状，虽然基本属实，却引得武成帝勃然大怒。他派人把祖珽抓来，质问道：“你为什么毁谤我的和士开？”祖珽据理力争，武成帝根本不听，把他一顿暴揍，几乎打死，又将他发配充军服劳役，后来改了主意，把他关进地牢，几乎与世隔绝。祖珽晚上在牢里点芜菁子照明，结果烧出来的烟把双眼都给熏瞎了。

武成帝的“退休”生活同样不如一开始所想。他本以为退居二线能够延年益寿，可是因为从此更加放纵，他最终仅快活了三年多，就在北齐天统四年（568）升了天，终年三十二岁，没逃出北齐皇帝“短命”的规律。不过，即便在这期间，武成帝也没少杀人，高澄的两个儿子河南王高孝瑜、河间王高孝琬都被他找理由残忍杀害了。

武成帝临终时，对亲密战友和士开托付后事，并死死抓住和士开的双手说：“千万不要辜负我啊！”说罢，他便合上了眼，结束了荒淫暴虐的一生。

极具讽刺意味的是，被武成帝捧为伊尹、霍光再世的和士开不仅没有匡世之才，而且还是个搅乱前朝后宫的好手。他凭着握槊游戏玩得好，频繁进出内宫，早就借机勾搭上了皇后胡氏。胡氏也是个十分淫乱的女人，曾跟不止一个太监有不正当的关系，遇到和士开后，两人就做了固定的情人。

不知道武成帝对于和士开奉送的这顶大大的绿帽子是毫不知情还是满不在乎，总之他是照样宠爱和士开，也照样让胡氏稳坐皇后乃至皇太后的宝座。武成帝死后，和士开把别的嘱托都忘得一干二净，唯独在“照顾”遗孀方面，倒确实是不遗余力，“不负所托”。

北齐的几代执政者，凡是稍微正常点的，比如高殷和高演，甚至没做成皇帝但勉强正常的高澄，在位时间都极短，无法充分施展才华；高洋和高湛的在位时间稍长——高洋十年，高湛做皇帝加太上皇共八年——然而都有疯狂的倾向。高湛和高洋还有所不同，高洋疯狂，至少还有才干，并不昏庸；高湛疯狂，才能却远不及他的兄长们，可说是集昏君与暴君于一体。不过，他沿用前朝旧人，文有赵彦深、元文遥等人，武有三杰，还继承了高洋时代的国策，多多少少还是做了一点事情，比如仿效魏孝文帝的制度推行均田制、扩建内外长城，《齐律》也是在他这一朝最终定稿完成的。当然，这都是些吃老本的修补性工作，只是让北齐维持现状、苟延残喘而已。

武成帝高湛一死，十三岁的高纬独立掌国，北齐局势更加险恶。

高纬性情懦弱少语，在公共场合会见群臣时从来说不上几句话，但他在音乐方面却颇有造诣，亲自作《无愁曲》，与宫女侍从一同弹琵琶吟唱，大家都叫他“无愁天子”。“无愁”二字，与小皇帝所处的时代背景是多么强烈的反差啊！作为一国的最高统治者，高纬非但没有一点振作的意思，反而变本加厉地荒废国事，国家有这样的领导人，基本上只能等死了。

高洋、高湛时代积压下来的各派矛盾，在高纬时代终于不可遏制地一一发作了。

高纬遵从父亲的嘱咐对和士开委以重任，和士开与胡太后没了拘束，往来更是亲密，不把任何人放在眼里。

高纬的堂叔赵郡王高叡与娄定远、元文遥等人嫉恨和士开，武成帝刚死，便在胡太后主持的朝宴上公开指责和士开贪污受贿、秽乱宫廷。胡太后一听大为恼火，辩解道：“先帝在世时你们怎么不说？现在莫非是要欺负我孤儿寡母吗？”

众臣不依不饶，坚持认为不把和士开贬到外地，朝廷上下必不安宁。胡太后几经交涉未果，只好以武成帝丧事为借口拖延，然后召和士开入宫，与他商议对策。

和士开的点子果然不少，他当即献上“缓兵之计”：让高纬下诏，任命和士开为兖州刺史，丧葬完毕就遣发，以放松高叡等人的警惕。

武成帝下葬，高叡催促和士开上路。和士开磨叽了几天，找不着机会觐见太后，便用车载上两名美女、一卷珠帘，去拜访另一名反对他的大臣娄定远，说：“那些权贵一心想杀我，承蒙您出力才保全了我的性命，让我出任地方官。今天特此告别，送上一份薄礼。”

娄定远见“薄礼”丰盛，一脸高兴地问：“你想回朝做官吗？”

和士开表现得十分超然，说：“在朝日久，不能自安。如今远出，我是不愿再回来了，只求临行前能与太后与皇上辞别。”

娄定远信以为真，竟同意让他进宫。和士开一进宫，立即换了一张脸，向胡太后哭诉道：“我看朝中权贵是要废掉皇上！微臣走后，必生大变，微臣有何面目去地下见先帝！”

胡太后和高纬吓得大哭，求和士开想办法。和士开说：“微臣已经入宫，陛下只需再写几行诏书，治高叡一个欺君之罪即可。”高纬依计行事。

高叡平白受诬，进宫申辩没有回应，出宫后便被捕押往华林园的雀离佛院，由皇宫中的武士刘桃枝处死。

和士开官复原职，不久又加封为淮阳王，元文遥和娄定远则分别被贬为西兖州刺史和青州刺史。娄定远将所得的贿赂统统归还和士开，还倒贴上大笔钱财以求自保。

高叡冤死后，和士开的权势达到了顶峰，他大肆排除异己，滥用亲信。

和士开之外，高纬还任用自己的奶妈陆令萱及其儿子穆提婆，还有以前太子东宫的侍卫韩凤、高阿那肱，这些人都是高纬幼时在宫中的玩伴，哪里会治国？和士开和他们勾搭在一起，共同把持高位，掌控着朝政。

水满则溢，反对和士开等人的暗流越来越强，和士开的好日子不长远了。

高纬有一个同母弟弟，叫作高俨，受封琅琊王。武成帝和胡太后都觉得高俨比高纬聪明能干，一度有过废掉高纬立高俨的念头，小王爷高俨因此颇为目中无人。

高俨看不惯和士开、穆提婆等人的专横奢侈，对他们恨之入骨。和士开也很忌惮高俨，借高纬之令命他出居北城的宫殿，不得随时进见胡太后，继而又劝高纬把高俨派到外地，准备夺取他的兵权。见此情形，高俨与胡太后的妹夫侍中冯子琮（cóng）一商量，决定先下手为强。

北齐武平二年（571）七月，高俨命治书侍御史王子宜写好一份弹劾和士开的表文，然后由冯子琮夹杂在其他公文中呈送给高纬。高纬处理公文从来不看内容，大笔一挥，三分钟完事，这次也不例外。

高俨拿着高纬的批复命领军将军库狄伏连抓人。库狄伏连心觉蹊跷，但是皇帝的命令白纸黑字，让人不得不相信，他便在宫门外埋伏下士兵，恭候和士开。

和士开与往常一样上早朝，刚走到宫门，库狄伏连就冲上前一把将他拉住，笑道："今天可有件大好事！"王子宜在旁边解释："皇上有旨，命淮阳王去御史台。"说罢，一队士兵就把和士开押送到御史台，高俨派来的都督冯永洛负责斩首。

高俨本想杀掉和士开就算完事了，王子宜、冯子琮等人却都要求顺势杀入宫中，夺了高纬的皇位。宫中的几千士兵立时分成拥护高纬和拥护高俨的两派，双方剑拔弩张，一场内斗眼看在所难免。

高纬听说高俨率军向宫中杀来，又惊又怕，急召斛律光进宫救驾。斛律光对和士开也是深恶痛绝，得报后他并不着急，反而拍手大笑："龙子所为，真是与常人不一样啊！"

斛律光是沙场老将，几千人的小打小闹对他来讲还不跟小孩子过家家一般？他拥着高纬出内宫的千秋门，高俨的部众一见到他便吓得如鸟兽散了。事后，斛律光又为高俨打圆场，向高纬请示："琅琊王年纪小，脑满肠肥，举止不讲后果，长大了就好了，请陛下宽恕他的罪。"

一场莫名其妙的政变终被斛律光轻松化解。王子宜、冯子琮、库狄伏连等人都被诛杀，高俨虽得以赦免，但几个月后还是被高纬除掉了，时年十四岁。

十三、权臣的末日

其实，若从全局来看，高俨发动的这场政变无论成功与否，对于北齐的影响都不会很大。高俨不但没有像他的父亲武成帝所夸赞的那样，在政变中表现出任何过人之处，甚至和略显木讷的哥哥高纬比起来都有所不如。说句最起码的，他连自己究竟想干什么都没搞清楚就仓促行动，即使能侥幸夺位，也不过是个“高纬第二”罢了。

要知道，同时期的北周武帝宇文邕，为了一场政变的成功可是足足等待了十二年！

北周明帝宇文毓曾在遗诏中评价宇文邕：“光耀宇文家族的，必是此人！”但是内向沉静的宇文邕刚继位时，看起来只想做一个听话的傀儡。他的新年号是“保定”，显得比周明帝的“武成”要谦卑得多；同时，他也一改以前两位兄长的作风，不仅丝毫不与宇文护争权，而且还把大事小事通通交付给宇文护。

以前说过，北周实行六卿制度，虽说六卿的职位实际上有高低之分，比如天官冢宰一般相当于丞相，职位最高，但在理论架构上，天、地、春、夏、秋、冬六官是平等的，都直接对皇帝负责。北周保定元年（561），周武帝宇文邕下了一道命令，让其余五府由天官宇文护总管，由此改变了以往的架构，使得宇文护实质上的最高领导地位得到了合法的保障。

周武帝的彻底放权，既是对自身的保护措施，也是稳定住国家大局的必要手段。

北齐方面鲜卑勋贵与关东门阀之间的斗争永无休止，与此不同，北周的派系矛盾主要是军事小集团之间的矛盾及军事小集团内部的矛盾，前者的表现以赵贵、独孤信谋反事件为典型，后者则表现为前后两任天王、皇帝与宇文护的明斗暗争。通过对这些事件的观察，年轻的周武帝认识到，在当时的背景下，搞流血的冲突政变是行不通的，从整个关陇集团的大局着眼，自己对于宇文护的一时跋扈必须采取隐忍的态度。

在宇文家族的经营下，在西魏以及后继的北周政权中，多个小集团形成了关陇集团这样占绝对主导地位的利益体，而北齐始终存在两大势均力敌的利益体的对立，相比而言，宇文家族的政策的确高明。

如果说上面的例子还不够深刻的话，周武帝即位后的第三年，梁国公侯莫陈崇被逼自杀的事再次证明了他的明智。

侯莫陈崇是六柱国中的最末一位，也是贺拔岳系统里硕果仅存的元老级人物。宇文护诛杀赵贵后，为了安抚侯莫陈崇，对他恩赐有加，将他从宇文泰时期的大司空（冬官，六卿之末）不断提升到大宗伯（春官，六卿第三位）和大司徒（地官，仅次于天官大冢宰），但侯莫陈崇不为所动。

北周保定三年（563），侯莫陈崇陪同周武帝巡视原州，武帝突然半夜返回长安，人们都觉得奇怪。

侯莫陈崇对手下亲信说："我以前听算命的人说呀，晋国公（宇文护）恐怕熬不过今年。皇上的车驾连夜还京，肯定是晋国公死了。"

这段话说明了两点：第一，侯莫陈崇早对宇文护心怀不满，曾经请算命先生预测宇文护的死期；第二，也说明了算命从来就是骗人的把戏，不足为信——宇文护还活得好好的，周武帝不过是因为有紧急事务才提前赶回长安。

侯莫陈崇的私语太惊人，很快就传开了。周武帝听说后，立即在大殿上召集诸位公卿，当众斥责侯莫陈崇散布谣言，侯莫陈崇惶恐不已，叩头谢罪。可宇文护不依不饶，当夜领兵冲进侯莫陈崇的府第，逼令他自杀。侯莫陈崇一代勇士，竟落得如此下场。

周武帝在这件事里的表现很值得回味。他当然不是甘受宇文护摆布的，但他也明白，只在表面上做出无心权力的样子并不能完全放松宇文护的警惕，还需要在适当的时候讨好宇文护，反复发出一个信号——"我不是威胁你的人"。因此，侯莫陈崇事件后不久，周武帝又下诏表彰宇文护，同时规定："从今以后，诏书与百官的文书里不得直呼晋国公的名讳。"等宇文护迎回了久别多年的母亲阎氏，周武帝对这位伯母也是竭力奉承，赠送了大量的礼品不算，还以皇帝之尊向阎氏行家人之礼，为她敬酒祝寿。

为了进一步麻痹宇文护，周武帝还专门做些跟政治无关的闲事，比如琴棋书画。他对下棋最是热衷，这棋不是中国古代传统上所说的围棋，而是象棋。《周书》上说，周武帝大力倡导象棋，于北周天和四年（569）完成了一部专门介绍象棋下法的《象经》，还在朝廷上下推广，十分轰动。这是正史第一次提及象棋，有人据此推断，周武帝很可能就是象棋的发明者。

我们今天的人或许会觉得，象棋博大精深，周武帝很可能是想借钻研象棋来提高自己的智慧和权谋，但一千五百年前的宇文护绝不会这么认为，在他看来，宇文邕不过是个沉迷游戏、玩物丧志的公子哥罢了。

周武帝哪里是公子哥？如兵法所说，他是“静若处子，动若脱兔”。当他要迷惑宇文护的时候，他做出的样子是无心国事，处处尊崇宇文护，甚至有政治低能的迹象。可是，一旦他看准时机要出手，那就是迅雷不及掩耳！

与之相对的，由于能力的不足，宇文护在长达十六年的执政生涯中大失误接连不断，把政治上的明显优势逐渐丧尽。

宇文护对北齐作战两战皆败，其后派齐国公宇文宪、名将韦孝宽等人与北齐争夺宜阳，也被北齐三杰接连击退，加上联合后梁讨伐陈国的策略也以失败告终，屡战屡败之下，宇文护的个人威望急剧下降，这是他的第一大失误。为了维护权威，他大量任用心腹，然而这些人仗着有宇文护撑腰，一个个贪污腐化，危害民间，致使朝中怨恨他的官员越来越多，这是第二大失误。

最要命的是，宇文护原先的同党也失去了对他的信心，其中典型的就是卫国公宇文直。

宇文直是周武帝的同母弟弟，此人唯利是图，一直投靠位高权重的宇文护。沌口之战，宇文直大败于陈军，损兵折将，宇文护大为光火，将他免了职。宇文直心中不平，便产生了扳倒宇文护取而代之的念头，于是他找到周武帝，说：“晋国公怕是不行了，咱们把他做了吧！”

到了此时，始终在寻找机会的周武帝终于露出了爪子和牙齿，暗中与心腹谋划了铲除宇文护的方案。

北周天和七年（572），周、齐两家讲和，宇文护从督战地同州回到长安，周武帝在文安殿为堂兄洗尘接风，然后领着宇文护进内宫拜见皇太后。

一边走，周武帝一边对宇文护说："太后现在年龄大了，尤其喜好喝酒，平日里喜怒无常，颇失礼节。我曾斗胆劝了她很多次，她从没听过。堂兄今天去见她，方便的话，能否帮我再劝一劝呢？"说着，他从怀中掏出一卷写好的《酒诰》，道："请以此文劝说太后。"

当初宇文泰推行周礼，为了改革当时崇尚浮华的文风，请苏绰依照《尚书·大诰》的格式创作了《大诰》，以作为北周公文的标准文体，《酒诰》采用的就是这种文体。

宇文护一想，万事孝为先嘛，满口答应地接过了《酒诰》。

兄弟两人来到太后居处，一番礼节行完，周武帝侍立一边，宇文护面对太后，打开文章，一本正经地读了起来。

对婶娘的一片赤诚之心使得宇文护忽视了身边的一切。周武帝悄悄走到宇文护身后，举起手中的玉珽[①]朝他的后脑勺猛地一击，宇文护应声仆倒在地。

周武帝立即叫来太监何泉，命他用刀砍杀宇文护。何泉心理素质不过关，颤颤悠悠砍了好几刀都没砍到要害之处。眼看着宇文护挣扎着要从地上爬起，事先躲在门后的宇文直急了，不等周武帝招呼，一个箭步冲上前，一刀结果了宇文护的性命。

一代权臣宇文护，一连废立了三位皇帝，把持北周大权十六年，到头来就这么糊里糊涂地死掉了，不禁让人感叹生命之脆弱。

---

① 指古代帝王用的玉笏。

十四、将星陨落

北周武帝杀掉宇文护后，又马上命令负责宫中侍卫的宫伯长孙览等人将宇文护的儿子、兄弟、亲信以及那位亲手毒死周明帝的厨子李安全部捕杀，一举收回了自建国以来北周皇帝从未真正取得过的皇权，也以一鸣惊人的方式揭开了自己的“神秘面纱”。

亲政的周武帝宣布大赦境内，改元“建德”，接着进行了一系列的官员任免，证明他的夺权绝非侥幸。

野心勃勃、信誓旦旦要做大冢宰的皇弟宇文直并没有得偿所愿，周武帝把这个重要的职位交给了他的五弟，齐国公宇文宪。

宇文宪比周武帝小一岁，与他不是一母所生，性情上却比周武帝的同母弟弟宇文直更像周武帝。两人从小就在一块儿玩耍，一起接受儒家文化的教育，聪慧程度也接近，宇文泰在世时就很喜爱宇文宪。

有一次，宇文泰得到一批好马，准备赐给儿子，要求他们自己挑。按普通人的想法，纯色马血统高贵、品质优良，应该选纯白、纯黑的漂亮马，可小宇文宪偏偏不然，他稍加甄别，拉出了一匹毛色混杂的花马。

宇文泰感到奇怪，就问宇文宪：“你为什么选了一匹不起眼的花马呢？”

宇文宪答道：“这匹马颜色特别，很可能是快马；而且如果出征打仗，养马的人一眼就认出来了，容易区分。”

宇文泰听了很高兴，对左右说：“我这个儿子见识不同常人，将来必成大器！”从此，凡是在官家的马圈里见到类似的花马，他总是会想起宇文宪的答话，并把马赐给宇文宪。

宇文护专权之后，对宇文宪也很器重，在需要上奏时常会请宇文宪代奏。宇文宪便利用自己的特殊身份协调宇文护与周武帝的关系，成为两人之间的润滑剂。

周、齐对战，宇文宪多有参与，虽然北齐有三杰领衔，北周败多胜少，但宇文宪擅打逆风仗，通过有条不紊的指挥，保证了周军不致败得太惨。北周天和六年，即北齐武平二年（571），在宜阳以南的边境接触战中，宇文宪更是击退了斛律光的四万军队，攻占了齐军的堡垒，打破了周、齐交战史上斛律光不可战胜的神话。

宇文宪的出色表现让宇文直非常嫉妒，因此在除掉宇文护后，他反复提醒周武帝，说宇文宪与宇文护过往密切，撺掇周武帝进一步除掉宇文宪。

周武帝明了宇文宪的用心，也看透了宇文直的企图，不为所动，反而任命宇文宪为大冢宰，宇文直为大司徒。当然，由于周武帝大权在握，宇文宪这个大冢宰的权力是不可能与宇文护相比了。

宇文直机关算尽，终究没算过慧眼识人的周武帝。两年后，屡次陷害宇文宪不成的宇文直在长安造反，兵败被杀。

北周方面加紧内部整合，北齐方面却在做一件截然相反的事情——自毁栋梁。令北周头疼不已的北齐三杰一个接一个倒下，天平之上，北齐这端的最后一颗砝码终于不复存在。

北齐武平二年（571），段韶与高长恭合作攻取北周在河东的重要据点定阳（今山西吉县）。段韶在三杰中年龄最长，年过七旬，他不幸在军中染上重病，回朝没几个月就病故了。

在昏君掌权、奸臣当道的北齐，能够像段韶这样得到寿终正寝的结局已是万幸，斛律光和高长恭都没有这么好的运气。事情得从和士开被杀说起。

和士开死后，有两个人受到的影响最大，头一个便是和士开的情人胡太后。没有了和士开在身边相伴，耐不住寂寞的胡太后重新物色了个新情人——僧人昙献。胡太后让昙献和他的随从进宫时扮作尼姑以骗过众人的耳目，但秘密还是传开了，甚至有僧人戏称昙献为“太上皇”。

高纬听说此事，起初还不信。后来，这个好色的皇帝在太后宫中见到两个小尼姑，上前动手动脚，竟发现他们原来是男子，才顺带查出了昙献的秽事。高纬大怒，下令将昙献及知情的僧人全部砍头，又把胡太后软禁在北宫，连宗亲都不得觐见。胡太后第一次被剥夺了“性自由”。

胡太后因和士开“受灾”，在高纬的召唤下“重新出山”的祖珽则是因和士开受益。

祖珽吸取从前的教训，凭借自身的才智慢慢爬到了和士开生前的位子上，还跟高纬最宠幸的陆令萱、穆提婆等人打成一片。

胡太后被禁，祖珽趁机讨好陆令萱，向高纬提议奉陆令萱为太后。尽管高纬没有听从，陆令萱还是投桃报李，夸赞祖珽是“国师”“国宝”。祖珽与陆令萱臭味相投，权倾朝野，斛律光看不过眼，暗地里骂朝中“小人当道”。

北齐满朝文武，不是趋炎附势就是明哲保身，斛律光一个人做正人君子，怎么行得通？果不其然，这位君子要遭灾了。

祖珽买通了斛律光的家奴，打听斛律光对自己的评价。家奴报告说：“我家丞相一到晚上就抱膝哀叹：‘瞎子入朝，国家将亡啊！’”祖珽双目失明，最忌讳别人提这个，听了这话，当即恨得牙痒痒。

受高纬看重的另一位“红人”穆提婆想娶斛律光妾室所生的女儿，被斛律光拒绝；高纬打算把晋阳的田赐给穆提婆，又因斛律光的反对而不了了之。这下子，祖、穆两家组成了仇视斛律光的统一战线，想方设法地寻找机会，准备报复。

有一个虎视眈眈的敌对国，消灭起国内的政敌来就是方便，机会说来就来了。

北周大将韦孝宽与斛律光交战总是不能获胜，就想出了一个盘外招。他编了两首儿歌，派人潜入邺城教北齐民间的小孩传唱。第一首儿歌是：“百升飞上天，明月照长安。”第二首是：“高山不推自崩，槲木不扶自举。”

祖珽在邺城街头初听儿歌，便参透了内中玄机。他又为儿歌添上了两句：“盲老公背受大斧，饶舌老母不得语。”让小孩继续唱。

久而久之，歌词传到了高纬的耳朵里。高纬听不懂，就找来祖珽、陆令萱，问他们：“你们听过民间的一首奇怪的儿歌吗？是什么意思呢？”

祖珽摆出一副认真的样子分析道："的确听过，此歌非同小可！百升就是一斛，暗喻斛律明月要为长安之主；高山，指皇室姓氏；槲木，谐音'斛律'；盲老公和饶舌老母，似乎指的是微臣与陆氏（陆令萱）。谣言可畏啊！"

其实，歌谣的作者韦孝宽也未必指望这招能奏效，他很可能只是想像玉壁之战时一样，利用谣言瓦解敌人的凝聚力而已，可猪头皇帝高纬在朝中一批大臣左一言、右一语的教唆下居然真的信了。

北齐武平三年（572），高纬依祖珽之计，派人赏给斛律光骏马一匹，约他第二天同游山水。

斛律光到皇宫内堂谢恩，专干杀大臣勾当的刘桃枝从他身后跳出，与三名武士一起用弓弦将斛律光活活勒死。之后，高纬又以谋反的罪名诛杀了斛律光的弟弟斛律羡及两人的所有儿子。

祖珽派人抄检斛律光的家，统共只得到了十五张弓、七把刀、一条皇帝所赐的槊以及处罚奴仆的二十根枣杖，并没有半点斛律光谋反的证据。

斛律光的死讯传到长安，周武帝大喜过望，立即颁诏大赦，举国同庆。

北齐的支柱如今只剩下了兰陵王高长恭了，而身为北齐皇帝堂兄的他，生命也只剩下了最后的一年。

高纬爱好音乐，听了《兰陵王入阵曲》，仿佛从中感觉到了战阵的凶险之气，就关切地问高长恭："你入阵太深，万一失利了，岂不是后悔莫及吗？"

高长恭不假思索地答道："家事亲切，不知不觉就勇往直前了。"

高长恭是实话实说，可高纬一听"家事"，心里就咯噔一惊：难道你想做皇帝不成？从此，他的顾忌之心越来越浓。

高长恭并非不明白功高盖主的道理，他试图通过收受贿财自坏名声，以此逃避皇帝的猜疑，又故意有病不治，借机"退居二线"，但这些都不足以挽救他的性命。

北齐武平四年（573），高纬派人给高长恭送去毒药一杯。高长恭叹道："我以忠心侍奉皇上，不负苍天，竟遭到如此毒手！"

兰陵王妃郑氏痛哭："您何不求见皇上，也许还有转机？"

高长恭摇头道："我有什么理由去见皇上呢？"说罢就饮药自尽了。

三年间，三名强将相继凋零，北齐开始进入灭亡倒计时，而此时的高纬却没有丝毫危机感，还在忙着更换皇后、宠妃呢。

高纬的后宫佳丽数量极多，大部分都如过眼云烟。他的第一个皇后是斛律光的女儿，斛律光被诛，斛律皇后受牵连被废，高纬改立胡太后的侄女胡氏为皇后。

陆令萱与胡太后争权，想立自己的养女穆黄花。她对胡太后说："皇后跟我们大家说：'太后行为不检点，不足为训！'"胡太后闻言大怒，就把胡氏废了，立了穆黄花为皇后。

穆黄花是高纬最宠爱的一名皇后，做皇后前就生下了太子高恒。高纬为了给她制作珍珠裙衣，还专程派人去北周采购珍珠。两人终日对酒交杯，如胶似漆。

恩爱夫妻却也有感情变冷淡的一天。高纬迷恋上一名乐师的女儿曹昭仪，穆黄花为了抢回皇帝的宠爱，把身边的婢女冯小怜作为礼物送给了高纬。她万万没想到，高纬立刻就被能歌善舞的琵琶高手冯小怜迷住了，封她为淑妃，视她为掌上明珠，吃喝玩乐都与她在一起，不仅冷落了曹昭仪，也冷落了穆黄花。

邺城流传着一首童谣，暗讽穆黄花的命运：

黄花势欲落，清觞满杯酌。

其实凋落的又何止是黄花？整座北齐宫殿都已摇摇欲坠！在江南观望北方多年的陈宣帝见此情况，不失时机地抽刀向北齐这头肥羊身上砍来。

十五、吴明彻收复淮南

作为南朝的最后一个朝代，陈国在中国历史上的地位很特殊。

南朝的阶层本质上可以按照籍贯出身分为三类：来自北方说北方话的侨人，世居南方说吴语的吴人，以及广泛分布于南方山区的土著。

东晋时期，北方南迁的侨姓士族几乎控制了所有的统治资源，最典型的便是王、谢两家的一时极盛，此为“北人治南”。

东晋中期以后，长期的南北分裂迫使统治者不得不起用世居吴地的南方人，即“北人用南”。

到刘裕做皇帝时，南朝开始形成侨人与吴人共同统治的局面，尽管侨人的势力在刘裕一朝的初期还相当庞大，但吴人的重要性已不可忽略——建立刘宋的功臣沈田子、沈林子兄弟，刘宋名将沈庆之、沈攸之，都出自吴兴（今浙江湖州）的沈氏，白袍将军陈庆之也是南方的吴人。由宋到梁，统治者更是越来越依赖于吴人的军事力量，南朝逐渐发展为“南北共治”的局面。

侯景之乱使得处在南朝金字塔顶的侨人与吴人元气大伤，原先极少为人注意的第三阶层借机崭露头角，这便是南方的土豪洞主。

中国南方的土著民族问题自古以来就不比北方的简单，只不过南方土著民族的侵略性相对较低，受到的关注较小。北方有“五胡”，南方有“五蛮”：蛮、俚、溪、僚、越。

“越”一般专指山越。俚、溪、僚三族的名字以前都是“犬”字旁，以示侮辱，“蛮”字下面的“虫”当然也带侮辱的含义，这些词今天都废弃不用了。实际上，有些沿用至今的地理名称，历史上与“蛮”字的含义也是类似的，比如蜀、闽等。

“五蛮”的分布地区大体上是不相交的。蛮族主要分布于荆、湘、雍、郢、司等州，相当于今天的河南南部到湖南之间的地区，蛮族内部还可分为多支：俚族分布于湘、广两州，即今湖南南部与广东；溪族分布于江州的寻阳、南昌、武陵等郡，即今江西地区；僚族分布于荆州西部、梁、益、宁、交、广等州，即今湖北西部、四川、贵州、广西以及越南等地的广大地区；山越主要分布于扬州，即今浙江南部和福建一带。此外，还有分布在荆、湘、梁、益等州的延族、益州的巴族等，南方土著民族的支系可谓相当复杂。

陈霸先建立陈国，是从五蛮聚居的岭南起兵的，他必须通过获取“五蛮”的支援来扩充实力。北讨侯景期间，归附于陈霸先的势力中将近一半是南方的土著民族，比如俚族的侯安都、冼夫人，溪族的黄法氍、欧阳頠，割据各地、拥护陈霸先的周敷、周迪、熊昙朗、留异、陈宝应、鲁悉达等人，也分别出自溪、越、蛮等族。可以说，没有南方的“五蛮”，也就不会有陈国。

考虑到陈霸先所倚仗的除土著民族外的另一半军事力量——如杜僧明、周文育、吴明彻、华皎等大将——都是吴人，而陈霸先本人更是地地道道的吴人，我们可以这么说：到了南北朝末期，南朝真正成为以吴人与土著民族为主体的南方人的天下，即“南人治南”。陈寅恪先生甚至提出，在某种意义上陈也可说是南方土著民族建立的朝代。

但是情况到了陈宣帝即位时期又有了很大的改变。

所谓“马上得天下，不能马上治之”，由于南方土著民族的文化水平不高，同时朝廷也需要拉拢侯景之乱后残余的侨人势力，所以在治理朝政方面，陈武帝、陈文帝两代大量任用侨人文官，例如前面说过的毛喜、蔡景历、到仲举、刘师知等；在军事方面，陈文帝清剿的几大地方武装反而都是南方土著民族，此消彼长，北人与南人的矛盾随之急剧升温，侯安都之死与此也颇有关联。

因此，到了陈宣帝执政的时候，他就面临两大问题了：一、如何解决侨人为主的门阀士族与南方吴人、土著民族为主的土豪之间的矛盾？二、南陈虽然立国，但外部环境极其险恶，强敌隔江而立，国都建康岌岌可危，该如何克服防御上的弱点，谋求国家的安全?

这两大问题是陈宣帝需要解决的头等大事，而它们都指向了同一个答案——北伐。

事实上，南陈天嘉三年（562），陈、齐两国就建立了友好关系，而陈、周之间除了在华皎谋反的前后三年处于敌对状态，其他时候也基本维持着和平，北伐似乎没有必要。然而，南朝历史的发展反复证明了一个道理："守江必守淮"，淮水的得失直接影响南朝的兴亡。凡是淮南防线安全的时代，南朝的统治就稳固，比如宋文帝时期、梁武帝时期；而凡是淮南防线丧失的时代，南朝的统治就混乱，比如南齐后期、南梁侯景之乱以后。由此看来，夺回淮南势在必行。另一方面，长江中游的江陵和上游的益州对于江南也很重要，所谓"江左不可无蜀"，失去这两个地方，重心处在江南的陈国就好比咽喉被敌人扼住，随时有窒息的危险。吴明彻在华皎之乱后进攻后梁，试图夺回江陵，便是出于这种考量。

也就是说，陈宣帝要想长治久安，就得打破一味和平的外交政策，在军事上采取以攻为守的方针，要么联齐伐周，要么联周伐齐，总之要把防线向北推移，扩大陈国的生存空间。而北伐正好可以将南方人控制的土豪军队投入使用，从而达到缓解内部族群矛盾的目的，可谓一石二鸟。

究竟是伐齐还是伐周，陈国的态度对处于胶着状态的齐、周之争是个十分关键的砝码。

陈宣帝于南陈太建三年（571）遣使北齐，要求联齐伐周，却吃了个闭门羹。高纬目光短浅，不思进取，不敢主动进攻北周。与之相反，北周则于次年（572）派遣杜杲再次出使陈国，提出周、陈合纵攻齐的建议，陈宣帝很轻易地就被说动了。

南陈太建五年（573），陈宣帝决计讨伐北齐，对于此事，出身淮南秦郡（今江苏南京六合区）的将军吴明彻的支持最为坚决。

尚书左仆射徐陵推荐说："吴明彻家在淮南，了解当地风俗，而且当今朝中若论将才，也无人能出其右。"陈宣帝听了，便以吴明彻为都督征讨诸军事，都官尚书裴忌为副将，让他们领兵十万，从建康出发进攻秦郡，另外又命都督黄法氍从西线进攻历阳（今安徽和县）。

北上的陈军势如破竹，在大岘（今安徽含山东北）大破齐军，拔除了北齐在水中设立的木栅，包围了秦郡、历阳等城。

北齐派大将尉破胡、长孙洪略、王琳率军驰援秦郡。齐军在城外布下方阵，精心挑选了一队身高体壮的大力士作为前锋，又派出一名箭术高超的西域胡人到阵前，弦无虚发，架势十分吓人。

吴明彻对手下勇将萧摩诃道："如若干掉那个胡人，就可灭了齐军的士气，比得上关云长斩颜良之勇啊！"

萧摩诃答道："只要把此人的衣着打扮告诉我，我立刻就去取他的性命！"

吴明彻大为振奋，命人把那胡人的外表向萧摩诃一一说明，并亲自斟酒一杯，慰劳萧摩诃。萧摩诃接过酒杯一饮而尽，飞身上马向齐军方阵冲来。

齐军中的那名胡人见状也不示弱，他挺身出阵，弯弓搭箭，正要发射，不料动作早被萧摩诃远远地看了个真切。萧摩诃从腰间掏出一根小矛，挥手一投，正中那胡人的额头，胡人应声倒地。齐军阵中的大力士出战，也被萧摩诃斩杀，北齐援军顿时溃败，长孙洪略战死，尉破胡逃走。王琳单骑脱身，退到彭城，之后又被北齐派到寿阳抵抗陈军的进攻。

淮南的北齐各城已无战心，黄法氍急攻拿下历阳，尽杀守城士兵，江北重镇合肥、高塘、秦郡望风而降，淮水流域的蕲城（今安徽宿州南）、谯郡（今安徽蒙城）、仁州（今安徽固镇一带）也相继被攻克。

到了这一年（573）的八月，淮南、江北的大部分城池都已向陈军投降，吴明彻乘胜攻下淮南最后一座重镇寿阳的外城，王琳率齐军退守寿阳的两座内城——相国城和金城。

吴明彻围攻寿阳，用的是南朝军队惯用的招数——他在淝水上修筑堤坝，引水灌城。城中水位高涨，守兵身体浮肿，病死的人数越来越多。

眼看寿阳将陷，北齐派出的援军也赶到了，行台右仆射皮景和率领大军距寿阳三十里安营扎寨，令陈军诸将一阵恐慌，大家都担心前有坚城，后有救兵，难以对付。吴明彻笑道："兵贵神速，齐军援兵却裹足不前，肯定是惧怕我军勇猛，不敢接战。我军专心攻城即可。"

吴明彻亲自披挂上阵，指挥大军从四面猛攻，一举攻入寿阳，生擒王琳等齐将。皮景和果然如吴明彻所料，不但不进攻，反而丢弃驼马辎重北逃，陈军又大赚了一笔。

北齐在淮南统治二十多年，赋税徭役远比南朝要重，早已失去了百姓的支持，此战陈军遇到的阻力非常小。唯独梁国的旧将王琳因轻财爱士颇得军心，吴明彻军中有许多王琳的旧部，他被俘后，旧部见了他都战战兢兢不敢抬头，争相为他求情。吴明彻本来想押王琳去建康，又担心夜长梦多生出变故，最终还是派人将他杀了。

至此，陈军攻克北齐数十城，尽占淮、泗之地，收复了淮南的南朝故土。

消息传到邺城，高纬正在与穆提婆、韩凤等人玩握槊游戏，闻言他忧心忡忡。穆提婆见状，摆手道："寿阳等地本来就是南朝的地盘，就让他们拿去好了。即使国家把黄河以南全都丢了，大不了也还是个龟兹国嘛。人生如寄，正当及时行乐，您发什么愁呢？"左右大臣也在一旁应和，高纬随即转忧为喜，继续开怀畅饮、欢歌笑语起来。

穆提婆、韩凤等一帮受宠的弄臣更加肆无忌惮地打压异己，几天后，他们诬称侍中崔季舒、张雕虎等汉人大臣利用寿阳失陷的机会图谋造反，怂恿高纬诛杀了崔季舒等人。

除了崔、张等人受难，那个曾与穆提婆联合谗害忠臣的瞎子祖珽，也因为与陆令萱、穆提婆发生冲突而被打发到外地做刺史去了。

崔季舒以前在高澄、高洋手下做走狗，祖珽在高湛、高纬两朝玩弄权术，人品都极为低下，但好歹还是有才干的人。没了他们，现在北齐的朝中连有才无德的人都没有了，由穆提婆这类活宝级人物掌握大权，北齐不加速败亡才怪。

十六、周武帝禁佛

北齐到了高纬末期的武平年间（570—576），从上到下、由内而外都已病入膏肓，政治上一片混乱，军事上甚至不是过去最弱的陈国的对手。

面对危局，北齐皇帝高纬却依旧沉迷于握槊，甚至所玩的游戏还在不断“升级”。

高纬的异母哥哥南阳王高绰在定州做刺史，终日混迹街头，以杀人为乐。高纬知道了，就派人把高绰锁来，但并不处罚，反而关切地问高绰：“你在州里为官，觉得什么事最好玩？”

高绰略加思索，说：“有个特好玩的！捉一堆毒蝎子，再混进蛆虫，将它们搅在一起，此乃极乐！”

高纬“大受启发”，从此，高纬的日常游戏中又多了“人肉蝎子池”这么一项。

北齐皇帝如此混账，北齐眼看国势已衰，一直有心伐齐、一统天下的北周武帝却仍然迟迟不动手，亲政三年间没有采取任何大规模的军事行动，这是因为他还得花费几年的工夫，着手解决宇文护时代遗留下来的一些弊病。

北周吞并了益州、江陵等地，国土面积剧增，国内的人口数量却没有按比例增长。原来，这些地区——尤其是江陵——的大量人口许多都在战争中做了俘虏，除少数官员贵族外，多数老百姓被掳到关中，沦为官方的奴婢，这才造成了北周全国的相对户口数下降，朝廷向每个个人征收的各种赋税随之上升，社会矛盾由此加剧了。为了解决这个问题，北周建德元年（572）十月，周武帝颁诏，命所有在江陵之战后充作官方奴婢的人口一律从良为民。此举既恢复了百姓的户口，也改善了国家的财政收入。

宇文护崇尚奢靡，上行下效，北周民间的奢靡之风一度极盛，周武帝对此深恶痛绝。一次他外出打猎，发现行宫上善殿建造得过于华丽，便下令一把火烧了。北周建德二年（573），他下诏提倡节俭，凡是婚嫁、祭祀等活动中铺张浪费的礼仪全部被废止或精简。

在军队建设方面，周武帝也进行了一系列改革。北周建德三年（574），他将府兵中的军士改称"侍官"，并募集普通百姓为兵。府兵原先的家族部属观念被弱化，汉人士兵与鲜卑士兵的数量趋于相等，府兵制逐渐成熟起来。

接下来，周武帝把目光转向了宗教与文化，他的主要对手乃是佛教。

佛教在北朝造成的社会问题由来日久。佛教培养僧侣、修建佛寺，其实就是与世俗政权争夺土地与人力资源；僧尼违律犯戒、干政乱法，佛事耗费大量金钱，都对社会发展形成了巨大的阻力。在战事频繁的乱世之中，这些问题就显得更为严重。

北魏太武帝灭佛，可不过七八年，佛教便仆而复兴，比之前更为繁盛，到了北周和北齐对立时期，佛教可说是达到了一个顶峰。北齐开国君主高洋甚至取缔道教，于天保六年（555）强迫道士剃度为和尚，独尊佛法，而北周的奠基人宇文泰、权臣宇文护以及北周孝闵帝、明帝等人也都是佛教信徒，这些人即便看到了佛教的问题，也没有可能去解决。

周武帝与别的统治者不同，他推崇儒家思想，相信的是治国平天下那一套，当然不能容忍佛教损耗资源、危害社会。他解放官奴、简化礼仪、重组府兵，为的就是尽一切可能扩大国家的财源与兵源，如果能通过灭佛把佛教的资源收归国有，北周国力势必将得到更大的增强。

周武帝从来不打无准备之仗，扳倒宇文护他等了十二年，灭佛事大，更需慎之又慎。为了深入了解佛教的情况，他曾到佛寺中微服私访，与僧侣相处，参与佛事。由于佛教的信众广泛，他必须在条件成熟的情况下才可以行动，所以灭佛的主张最好不要由他自己提，而要由别人来提。

其实，早在周武帝亲政以前，就已经有人提出过废除佛教的建议，而且提出者本人居然就是个和尚，他的大名叫卫元嵩。

卫元嵩出生在成都，梁末出家为僧。他性格张扬，行为古怪，喜欢用谶语预测未来。起初没人理会他不着边际的预言，可事后一对照，往往很灵验，于是人们都把他当作宝志那样的神奇僧人。

有趣的是，这位僧人根本不信佛。

北周攻占成都后，卫元嵩辗转来到了关中。天和二年（567），他向周武帝上书，提出了他关于佛教的主张。

卫元嵩开篇洋洋洒洒，摆事实讲道理，阐明佛教的症结所在："尧、舜的时候没有佛教，国家却很安定；南朝齐、梁修了许多寺庙，借此教化民众，到头来却亡了国。事实说明，民众不会因为修了寺庙就不造反，国家也不会因为信奉佛法就永远安定。佛教的本意是大慈大悲，使一切众生得到安乐，绝不是要以苦难奴役黎民百姓。现在的佛教徒为了表明虔诚，往往大兴土木，劳民伤财，分明违反佛教精神，却说是在事佛，哪里讲得通呢？"

卫元嵩认为应当以儒家学说为中心，融会儒、道、佛三教的观点改造佛教。周武帝对此十分赞同，命卫元嵩还俗，又将他的思想大力推广。

天和四年（569），北周朝廷开展了一场关于三教优劣性的大讨论。参与讨论的，一派以道士张宾为代表，要求立即废除佛教，宣扬道、儒学说；另一派则以司隶大夫甄鸾和僧人道安为代表，他们撰写理论著作，批驳道教更不成体统。两派争得不可开交。周武帝虽有意压制佛教，但把持朝政的宇文护却偏袒僧人，三教的次序没有确定下来。

北周建德二年（573），宇文护已被诛杀，周武帝再次召集儒生、道士、名僧进行辩论。他打算利用权威，强行定下儒教为先、道教其次、佛教为后的三教次序，但佛教团队实力强劲，派出多位名僧极力诋毁道教。僧人的口才果然厉害，儒生、道士连续几轮的对抗都败下阵来，最后辩论只好不了了之。

周武帝是不会轻言放弃的，建德三年（574）五月，他第三次组织三教辩论大会。会上佛道两教的斗争达到白热化，周武帝不惜以皇帝之尊加入辩论，指斥佛教的不净观。高僧智炫反唇相讥："道教的理论更为不净！"一句话把道士们的气焰给压下去了，场面陷入了僵局。

就在这时，周武帝忽然清醒了，他看清了僧人们的伎俩：他们是想以道教为要挟，阻挠周武帝对佛教进行处置——你说我佛教不好，可道教更烂更丑陋！

周武帝岂能被几个僧人要挟？既然道教比佛教有更多的丑行，那就两家一网打尽！周武帝下诏，禁止佛、道两教，经像全部捣毁，僧侣、道士强制还俗为民。继而，周武帝又设立信道观，招纳儒、道、佛各界的学者，从事三教合一的理论研究。与梁武帝的“三教同源”学说不同，周武帝的三教合一是要以儒家学说为核心，以其他宗教学术为补充的。

至此，佛教几乎一瞬间在北周境内灰飞烟灭，这就是“三武一宗灭佛”事件的第二桩——周武灭佛。

周武帝的灭佛行动，与中国历史上其他几次灭佛相比，特别是与一百三十年前的太武灭佛相比，有几个显著的特点：

第一，只破坏了佛经、佛像，没有毁坏佛寺，更没有像魏太武帝那样大杀僧侣，因此严格而言，周武帝应是“禁佛”，而非“灭佛”。他令一般僧众还俗，有学识的高僧则进入信道观工作，手法比较和缓，影响也不那么恶劣。

第二，佛、道两教一起禁。中国历史上的灭佛往往伴随着崇道，最典型的是唐武宗的“会昌法难”，魏太武帝也是因推崇道教徒寇谦之的学说而起念灭佛的。可周武帝属意的是儒教，在道士没能辩过僧人的情况下不惜连道教一起废掉，这是狠招，也是妙招。

第三，禁佛后设立信道观。周武帝没有要从精神上完全摧毁佛教，而是在推崇儒家思想的基础上会通三教，以达到儒、道、佛相融合的境界。

周武帝灭佛，其最大的意义还不在于为国家增添了大量的社会资源，而在于提高了他自己在北周朝野的威望，从此以后，没有人再敢怀疑他处事的魄力与决心。

半年后，大将韦孝宽就向周武帝上疏，献出讨伐北齐的三条计策：一、表面结好，养精蓄锐；二、联合南陈，以逸待劳；三、百道齐进，一举灭齐。

周武帝采纳了韦孝宽的计策，一面派人出使齐国，以示“友好”，一面厉兵秣马，整装蓄势，准备发起以彻底灭齐为目的的大决战。

十七、周齐决战

北周建德四年，即北齐武平六年（575）七月，万事俱备的周武帝终于下诏，大举讨伐北齐。

从长安出发向东进攻北齐，大致有两条路可走：第一条是沿渭水北岸东行，在蒲津渡过黄河，然后经玉壁城出汾曲（今山西新绛一带），直取北齐西部的战略要地、晋州治所平阳。这条路线比较长，但一旦攻下平阳，周军就可以溯汾水而上，包围高氏的统治基地晋阳。另一条是沿渭水南岸前行，出潼关，主攻洛阳。这条路线较短，宇文泰和宇文护的三次邙山之战走的都是这条路，但洛阳易攻难守，而且离晋阳、邺城很远，中间还隔了条黄河，因此对北周的军事威胁并不是很大。多名大臣劝说周武帝走北路，但周武帝并没有听从，仍然选择了走相对稳妥的南路。

周军一共出动了十八万，可谓“太子党大军”：按照周制建立的前三军总管中，陈王宇文纯是周武帝的弟弟，郑国公达奚震是达奚武的儿子，荥阳公司马消难则是高欢时代的重臣司马子如的儿子，他因受到高洋猜忌投奔了北周，也算是半个“太子党”；后三军的总管里，越王宇文盛、赵王宇文招也都是周武帝的弟弟，周昌公侯莫陈琼则是侯莫陈崇的弟弟。

大军主力共分六路：齐王宇文宪领兵两万进攻黎阳（今河南浚县东北）；于谨之子常山公于翼领兵两万进攻陈郡（今河南周口淮阳区）、汝南等地；侯莫陈崇之子梁国公侯莫陈芮领兵两万守太行道；李远的弟弟申国公李穆领兵三万守河阳道；水军三万，由杨忠之子随国公杨坚与广宁公薛迥率领，从渭河顺流入黄河，协同作战；周武帝负责压阵，亲率六万士兵，目标是洛阳城东北的河阴。

周军初入齐境，所向披靡，宇文宪、于翼、李穆各军连下北齐三十多城，但接着便举步维艰了。

周武帝和宇文宪分别攻取了河阴及黄河下游洛城的外城，却奈何不得内城。北齐守将傅伏坚守黄河当中的中潬（tān）城（今河南孟州西南），使得周军无法进到河北。周武帝强攻二十多天不下，又转而进攻洛阳东南的金墉城，依然受阻。

此时，晋阳赶来的北齐援军由高纬的右丞相高阿那肱率领，已经抵达了黄河北岸的河阳。周军形势危急，恰逢周武帝患了疾病，只好放弃既得战果，西撤班师回朝。

此役虽然未能形成战略决战，但北周一度攻占了大半个河南，取得了两国交战史上的最佳战绩，北齐的外强中干也在战争中暴露无遗，更坚定了周武帝灭齐的决心。

经历一年休整，第二年（576）十月，周武帝再次亲征北齐。这一次他吸取了教训，火力重点改为北路，矛头指向平阳。

周武帝采取稳扎稳打、步步为营的策略，进入北齐后分派诸将各自据守关隘，阻击北齐援军，他自己则亲临平阳城下督阵，全力猛攻。

北齐负责守城的海昌王尉相贵拼力死守待援，手下将士们却已与他离心离德。行台左丞侯子钦和晋州刺史崔景嵩分别向周军请降，周将王轨半夜里率部接应。天还没亮，王轨的部下段文振等人已经登上平阳北城与崔景嵩会合，进城俘虏了尉相贵。

还没搞明白怎么回事的齐兵忽见周兵出现在城内，立时大乱，平阳城从内部被攻陷了。

平阳城即将陷落时，“无愁天子”高纬正忙着和爱妃冯小怜在晋阳以北的天池（今山西宁武西南管涔山上）无忧无虑地度假打猎。从早上到中午，三封告急文书发来，都被高阿那肱挡住：“皇上正在娱乐，边境交兵是平常之事，干吗这么急着报告？”到了傍晚，第四封文书快马送到——“平阳已陷”，高阿那肱这才准报。

高纬闻讯一惊，转身要回去，可冯小怜刚玩在兴头上，一把扯住他的衣角，撒娇道：“皇上请再猎一圈吧！”一句软语就把高纬说得找不着北了，他又陪冯小怜打了一圈猎物。

这便是“晋阳已陷休回顾，更请君王猎一围”一句中所讲的场景，可惜李商隐深谙前朝典故，却错了一个字，应该是“平阳已陷休回顾，更请君王猎一围”才对。若论平仄，也是“平阳”更为工整，只是平阳远不如晋阳出名罢了。

高纬回到晋阳，点起十几万兵马驰援平阳。冯小怜不知从哪里听说打仗比打猎更好玩，非要去前线，高纬便把她也带上了。

周武帝不想跟齐军主力硬碰硬，决定暂时撤退以避其锋芒。大将宇文忻（xīn）等人力谏，周武帝不听，留大将梁士彦担任晋州刺史，率一万精兵镇守平阳，大军由宇文宪断后，撤至玉壁。

高纬到了平阳城下，立即下令昼夜强攻，打算让他的爱妃好好见识一下他统率的无敌威武之师。

城内的梁士彦也不示弱，发动城内的男女老少昼夜修筑城墙，几次在城头短兵相接，周兵都以一当百，击退了齐兵的攻势。

齐军见强攻不成，就改挖地道。土层下陷，城墙坍塌，齐军正欲乘势入城，高纬下令：“暂停攻击！我要让冯淑妃亲自观赏城陷的辉煌瞬间！”齐军士兵统统呆住了，如此荒谬的军令，恐怕也是千古第一桩。偏偏冯小怜还要仔细化妆一番，等到这位美女一切就绪粉墨登场，那边梁士彦早命手下用木栅堵住了城墙的缺口，齐军攻不下来了。

冯小怜很是失望，高纬为哄她开心，便带她去平阳附近游览风景。就这样，两军在平阳城虚耗了几日，周武帝的大军又回来了。

周武帝在长安只停留了四天，得到平阳被围的消息后，他便下诏重新发兵，命宇文宪率急行军先去救援平阳，自己则集结了八万大军，仅用十天就从长安赶到了平阳。

周军以长蛇阵向攻城的齐军逼近，东西战线绵延二十多里。

为了防备北周援军不期而至，包围平阳的齐军事先在城南自汾水挖了一道沟堑，周军与齐军对峙于沟堑南、北两侧。周军要想来到城下，就必须渡过沟堑，齐军凭堑抵御，双方相持不下，胜负未决。

高纬问高阿那肱：“到底是战还是不战呢？”

高阿那肱答道：“我们兵虽然多，可是战斗力不够，不如死守。”

高纬失望，又请教手下的太监。太监们都说：“他们有天子，咱们也有天子，他们能远到来战，咱们难道就守着条破沟堑示弱不成？”高纬深感此言有理，命齐军填堑南进。

周武帝正是求之不得，亲率诸军迎战。高纬则兴致勃勃地与冯小怜骑马观战，他打算此战一胜，便归功于冯小怜，封她做左皇后。

两军一交锋，齐军左翼稍稍退却。冯小怜眼贼，吓得尖叫："败啦，败啦！"穆提婆也在旁边喊道："大家快跑，大家快跑！"

高纬头也不回地就要和冯小怜一起跑，将领们劝道："半进半退是打仗的常事，我军军阵完整，并未损伤，还望陛下少安毋躁，以防军心大乱！"高纬被说得犹豫了，可穆提婆死命拉住他的胳膊说："这些人的话不可信！"高纬听惯了穆提婆的话，于是拍马狂奔。

高纬一跑，齐军失了主心骨，士兵们丢盔弃甲，溃不成军，战死上万人，只有高纬的堂兄、高澄之子安德王高延宗全军而退。

由于高纬、冯小怜的"配合"，周武帝获得了意外的全胜，与梁士彦会师平阳城。

在梁士彦的鼓励下，周武帝觉得机不可失、时不再来，眼下是千载难逢的大好局面，便马不停蹄地乘胜追击，率大军扑向晋阳。

高纬一路失魂落魄地逃到晋阳。群臣都劝他安抚百姓，背水一战，守住晋阳，可他已无心守城。最终，高纬封安德王高延宗为相国、并州刺史，负责守晋阳，他自己则准备带上冯小怜和百官继续开跑。

高延宗苦苦相劝："陛下不要轻动，微臣愿为陛下死力出战，一定能破周军！"又是坏事的穆提婆在一旁阴阳怪气，道："皇上大计已定，王爷别再哭丧着脸了！"高纬拿定了主意。

高纬当夜出城，本来想北投突厥，怎奈手下官员大多不愿前往，越走追随他的人越少。高纬怕自己落单，只好又拨转马头逃往邺城，此时随行的只有高阿那肱、广宁王高孝珩等几十位大臣了。

穆提婆心知大势已去，朝西投了周军，曾权倾一时的陆令萱则绝望自杀。

反观晋阳城，周军已经将晋阳包围得水泄不通，如黑云压城一般。城内的齐军将士们联名请求高延宗称帝，否则不能出力死战。高延宗不得已，便在晋阳城中即皇帝位，改元“德昌”。这位身体肥胖的王爷此时成了凝聚北齐士气的精神核心，他下令将府库中的金银悉数赏给军中将士，齐军士气大增，同仇敌忾。高延宗也颇显英雄气概，他手持大槊，登城督战。

黄昏时分，周武帝率军攻破东门，冲进城内，一时辨不清方向，迷失是街巷中。高延宗和部将莫多娄敬显分别从城北和城南杀来，将周军夹在中间。周军无路可走，自相践踏，又遭齐军一阵砍杀，战死的竟有两千多人。周武帝狼狈不堪，由两名随从护送，才勉强杀出城去，十分惊险地捡回了一条性命。

齐军几个月来连吃败仗，此战扬眉吐气，士兵们只当战事会暂停，可以好好舒缓一下了，便纷纷到酒肆中痛饮，一个个喝得烂醉如泥、七歪八倒。

回到营中饥渴交加的周武帝本已无心恋战，想要逃跑，可宇文忻、宇文宪等人都认为:“不可前功尽弃，半途而废。周军不过是轻敌失败，只要重整旗鼓，必能死中求生，败中取胜。”

周武帝恍然大悟，收兵回攻东门，一举拿下了满城醉兵、无人能战的晋阳，俘虏了“三天皇帝”高延宗。

周武帝进了晋阳，立即实行大赦，革除北齐的弊制，礼遇高延宗及一众大臣，随后旗锋一转，挥师东南，趋向北齐的都城——邺城。

高纬在逃往邺城的途中与冯小怜失散，急得如热锅上的蚂蚁，后来听说冯小怜回到邺城，心中大喜，亲自出城十里迎接。

即使到了如此山穷水尽的田地，高纬仍无危机感。高孝珩请高纬用宫女、珍宝赏赐将士，以提升士气，高纬不听。

侍中斛律孝卿又请高纬亲自劳军，鼓舞士气，并事先替他写好了讲稿，还叮嘱道:“务必慷慨流涕，以激励人心。”但凡还有点心肝的人，此时也应该能声泪俱下了，可是高纬开讲的时候却怎么也想不起讲稿的内容，想哭又哭不出，最后自己都觉得可笑，干脆放声大笑，左右跟着嘻嘻哈哈。将士们义愤填膺:“他自己尚且如此，我们何必为他卖命？”北齐最后一支大军的战心就在一片哄堂大笑中完全瓦解了。

邺城中有占卜师预言将改朝换代，高纬听从建议，学父亲的老样传位给八岁的太子高恒，改元“承光”，自称太上皇帝。

北齐承光元年，即北周建德六年（577）正月，周武帝率大军围攻邺城，齐军一触即溃。高纬忙命慕容绍宗之子慕容三藏守邺宫，自己领着一队妻儿南逃，打算投奔南陈。

周军很快攻入邺城，慕容三藏被擒，北齐王公大臣全部投降。不久，北周大将尉迟勤在青州南邓村俘获了高纬父子，将他们送往邺城。胡太后、穆黄花、冯小怜，这些北齐的女人们也都做了北周的俘虏。古今多少帝王爱美人胜过爱江山，不知他们可曾想过：如果江山没有了，美人还能不能独存？

高欢以一生心血创立的北齐帝国宣告灭亡。

十八、天元皇帝

历史的巧合常常叫人无奈。

从周武帝第一次大举伐齐到他灭齐统一北方，相隔的时间是一年半，而从统一北方到周武帝病逝，恰好也是一年半。再过两年半，北周就亡了，作为一个王朝，如此迅猛的衰败速度称得上是“其兴也勃焉，其亡也忽焉”。

尽管时间短暂，周武帝还是在统一后的北方大力推行了新政。

首先是大规模释放奴婢和杂户。这一次的废奴令，较之北周建德元年（572）的那次范围更广，不仅推行到原来北齐的境内，而且不论官奴私奴，一律强令从良，非常彻底。

其次，就是颁行了《刑书要制》。北齐虽然重视立法，有十分先进的《齐律》，但由于政治极度腐败，法律成了一纸空文。世家大族巧取豪夺、劫掠财物、隐匿户口、强占土地，社会动荡不安。“乱世用重典”，《刑书要制》便是一剂及时的猛药，其中规定：持械抢劫一匹绢以上，不持械抢劫五匹绢以上，官员监守自盗二十匹绢以上，小偷及官员诈取三十匹绢以上，地方豪强隐匿户口五户及十丁以上，或土地三顷以上，一概处以死刑。

周武帝一手释放奴婢，一手用重典打击门阀士族，两手抓，两手都很硬，自然获得了关东百姓的支持。同时，他也让天下看到，新兴的关陇集团不仅是新的政治势力，更创造了一种新文化，既不同于过去的汉文化，也不同于过去的鲜卑文化。

按照关陇的模式改造北齐，还包括禁佛。北齐的佛教昌盛，比北周更甚，据说光佛教徒就有三百万以上。攻下邺城后，周武帝亲自升殿评定三教，力排众议，下令照搬在北周境内禁佛的办法，将佛经、佛像销毁，寺庙收归国家，僧尼编入民户和军户。

面对高家三代始终没能解决的六镇勋贵与汉族门阀之间的矛盾，周武帝充分发挥了关陇集团的包容性，以怀柔的方式吸收两派的势力。攻克晋阳时他就下诏："邹鲁缙绅，幽并骑士，一介可称，并宜铨录。"意思是不分汉人、鲜卑人，不分文臣、武将，只要有才干，都可直接转录为北周的官员。灭齐后，周武帝又点名征召关东门阀的阳休之、袁聿修等十八位名士入关，加以任用，目的就是要使北齐的汉族门阀融入关陇集团。十八人中最著名的，应数《颜氏家训》的作者颜之推。

大刀阔斧地整顿完北齐旧土，周武帝不待休息，便把精力转到对外用兵上。

南方的陈宣帝听说盟友北周灭了北齐，对周武帝的神速赞叹之余，不免后悔自己动作太慢，没有分到一杯羹。于是，他命爱将吴明彻再度北上，想趁着周军刚刚灭齐、立足未稳之际，抢夺淮北的徐州、兖州等地。

然而周军是百战之师，士气正盛，岂是当年齐军可比？更何况，被周武帝任命为徐州总管、固守彭城的是在灭齐战役中立功的梁士彦。

吴明彻率水军攻城，过于冒进，久攻不下，反被王轨的北周援军截住退路。陈军溃败，吴明彻被擒，三万士兵及武器辎重都被周军所获，唯有萧摩诃率领的八十名精骑兵突围成功，逃回陈国。

爱才的周武帝封吴明彻为大将军，但吴明彻忧愤交加，不久就去世了。

打退了陈军的进攻，春风得意的周武帝准备先一劳永逸地解决自己的另一位昔日盟友——近期屡屡犯边的突厥，然后再南征消灭陈国，一统天下。

北周宣政元年（578）五月，周武帝率军兵分五路，北伐突厥。不料，走到当年宇文泰的逝世之地云阳，满怀雄心壮志的周武帝忽然暴病不起。四天后，周武帝驾崩，年仅三十六岁。

周武帝的英年早逝，是北周由盛而衰、走向灭亡的转折点。

周武帝一生犯的错不多，少有的两个错误却很致命：一、把冯小怜赐给弟弟宇文达；二、立长子宇文赟为太子。

北齐灭亡后，高纬被押到长安，周武帝将他封为温国公。高纬得以活命，却不开心，他觉得没有了冯小怜，生命毫无意义，便斗胆向周武帝请求赐还小怜。周武帝不好色，一听这请求，撇嘴就乐了："朕视天下不过如脱鞋一般，一个老太婆，赏给你就是了！"

高纬抱着冯小怜开开心心回家了。可惜好景不长，才过了半年，有人诬告高纬谋反，周武帝便将高纬父子、高延宗等北齐宗族几十人以及弄臣穆提婆全部赐死，只有高纬的弟弟高仁英和高仁雅，因为一个是白痴，一个是哑巴，没啥威胁，才被放逐到成都，侥幸活了下来。

冯小怜守了寡，周武帝把她赐给代王宇文达。宇文达为人节俭、不好声色、廉洁自律，周武帝这么做，本意是打算树个道德典范，好好教育一下以前北齐的臣子们，可惜他识错了人。

宇文达见到冯小怜后对她万分宠爱，甚至冷落了结发妻子李妃。李妃眼看着好端端的丈夫突然变心了，想不开，差点寻了短见。

然而冯小怜对宇文达大概并不是真心。一次，她弹琴时拨断了一根琴弦，不觉念起高纬的好处，随口吟道：

虽蒙今日宠，犹忆昔时怜。

欲知心断绝，应看胶上弦。

我常想，受到宇文达宠爱的冯小怜或许是在实施一种无声的复仇。周武帝改造北齐的同时，北齐也在用另类的方式改造着北周。北齐堕落的声色文化没有随着北齐的灭亡而消亡，而是通过各种途径，对北周产生了潜移默化的影响。

冯小怜以外，还有两位女子在向北周传播着"北齐文化"，她们就是胡太后和穆黄花。北齐灭亡对淫荡的胡太后而言简直是一次性解放，她与儿媳妇穆黄花在长安坊间做起了娼妓，成为中国历史上唯一当妓女的皇太后和皇后。

堂堂北齐太后和皇后双双沦落为娼妓，这种新鲜刺激的事令整座长安城为之震动，人们纷至沓来，争相欲一睹风采，两人生意竟出奇地好。

如果说北齐的女人们是从外部腐蚀北周的话，那么周武帝的继任者宇文赟则是从内部葬送了北周政权。

周武帝生前不是没有意识到自己的接班人可能会出问题，大臣王轨有一回在给周武帝敬酒时就曾捋着武帝的胡子说："可爱好老公哦，可叹后嗣太弱啦！"所以，周武帝对宇文赟的要求极其严格，哪怕只是极小的过失，他也会棍棒相加，经常揍得宇文赟皮开肉绽，还要痛斥道："自古至今被废的太子不在少数，难道我儿子就立不成吗？"

周武帝恨铁不成钢，可是他的次子汉王宇文赞同样不成器，其他儿子的年纪又太小，没办法，他只好命东宫官员记录太子言行，每月上交报告由他审核。

周武帝实在是一片良苦用心。他见证了魏周交替，经历了两位兄长的横死，也亲手谋杀了长期把持大权的堂兄宇文护，因此他深知，皇权看似高高在上，却是个易碎品，来不得半点松懈和马虎。

可出发点是好的，办法却不对头。在周武帝的严厉管教下，宇文赟没成长为出色的皇帝，反倒被磨炼为出色的演员。他在周武帝面前表现得毕恭毕敬，竭力掩饰真实想法，而谦恭的背后却是被压抑到变态的欲望。等周武帝一死，他心中长期的压抑突然爆发，带来的破坏性影响不亚于一场八级地震。

周武帝停尸殡宫，尚未下葬，宇文赟就抚着身上从前留下的棒痕，指着棺材骂道："死得太晚了！"说着，他命武帝的嫔妃宫女排成一列，从中挑选漂亮的淫乐。朝中的有识之士都呆住了，他们可能预感到了，自己未来将不可避免地面临恐怖的局面。

宇文赟就是在这种恐怖的气氛中登上了北周的皇位，是为北周宣帝。上台后的第六天，他便杀掉了齐王宇文宪。

宇文宪淡泊名利，与北魏的元勰有几分相似之处。平齐时，他剿灭了高氏的几支残余部队，自觉威名太高，此后就托病不出，周武帝攻打突厥他也没有参加。为人如此低调，周宣帝宇文赟仍然不放过他。

当晚，周宣帝召宗室诸王入宫，接着又命宇文宪单独觐见，宇文宪一进殿就被一群武士绑了。

周宣帝派亲信于智与宇文宪当堂对质，宇文宪大义凛然，据理力辩，于智等人却不听他说，还是不容分说就把他缢死了，然后以谋反的罪名将宇文宪的五个儿子以及与他亲近的将军王兴、独孤熊等人一并处死。

周宣帝恨透了父亲的严厉，对《刑书要制》这样的严厉刑罚也是嗤之以鼻，便予以废除，还一次又一次地大赦罪犯。结果，北周无视法律、为非作歹的人日见增多，周宣帝一看不妙，又将此前的政策推倒重来，重新搞了一套《刑经圣制》，刑罚比周武帝的更重，闹得民间人心惶惶，无所适从。

相比百姓，大臣们更惨。周宣帝实行特务统治，暗中派人窥察群臣行为，一有错失，轻则罢黜，重则杀头。

奉周武帝遗命辅政的宗师宇文孝伯是宇文深的儿子，为人正直，以前和王轨曾向周武帝禀报还是太子的周宣帝的不法行径，导致周宣帝挨打，周宣帝对此一直耿耿于怀。某天，突然想起往事，周宣帝怒火中烧，下旨把王轨和宇文孝伯赐死。

周宣帝当了半年皇帝，觉得还不够劲儿，便于北周大成元年（579）二月传位给七岁的太子宇文阐，是为北周静帝，改元“大象”。

退位的周宣帝不称太上皇帝，而称“天元皇帝”，居住的宫殿则改名为“天台”。他自己以“天”自称，禁止他人使用“天”“高”“上”“大”等字。大臣进天台，必须先斋戒三天，沐浴一天。

天台里只有一个皇后怎么够？周宣帝广招天下美女入宫。他对各种名号具有特殊感情，封皇后杨丽华为“天元皇后”，日后静帝的母亲朱满月为“天皇后”，贵妃元乐尚为“天右皇后”，德妃陈月仪为“天左皇后”。后来，他又把“皇后”升级为“大皇后”，改封天左皇后为“天中大皇后”，并把族侄西阳公宇文温的妃子尉迟繁炽抢来，加封为“天左大皇后”。

周宣帝一口气封了五个皇后，其名目之繁多，创意之无穷，令人惊叹。

十九、杨坚篡周建隋

周宣帝虽然杀掉了一批不听话的臣子，但大周的国力尚在。北周大象元年（579）九月，周宣帝以韦孝宽为行军元帅讨伐陈国。周军没有遭遇什么强劲的抵抗就夺取了淮南的寿阳、黄城、广陵等地，尽收江北，南陈大将吴明彻几年前北伐的成果至此化为泡影。

这样一来，周宣帝更相信自己是天神下凡了，他率先违背周武帝的禁令，大设道场祭祀神灵，还恢复了佛、道两教的佛像与天尊像，安排自己与两尊像并排南面而坐，受京城百姓的顶礼膜拜。接着，他又大张旗鼓地巡幸各地，以宣示皇家的威仪。

巡幸归来回到宫中的周宣帝志得意满，每天沉浸在美酒与佳人的温柔乡中。宫里有个叫作杨文祐的小侍卫看不下去，编了首歌唱：

朝亦醉，暮亦醉。

日日恒常醉，政事日无次。

歌词被周宣帝亲信郑译知道了，郑译向周宣帝奏明，宣帝大怒，下令鞭杖杨文祐。

不要以为打屁股没啥大不了的，《刑经圣制》规定，鞭杖叫“天杖”，以一百二十下为限，轻罪打一组，即一百二十下，重罪打两组，即二百四十下。倒霉的杨文祐被结结实实地打了二百四十杖，被活活打死了。

从此，北周朝野上下没人再敢出来劝谏周宣帝，而肆意作乐的周宣帝也没能与天不老。天元皇帝才做了一年多，他忽然病得说不出话，几天工夫就断了气，时年二十二岁。

周宣帝的儿子周静帝宇文阐年方八岁，啥也不懂。负责起草遗诏的刘昉和郑译早就与皇后杨丽华的父亲随国公杨坚串通一气，矫诏由杨坚总管中外军事，入朝辅政。

杨皇后倒没有参与此事，但天下她最信赖的人自然是亲生父亲，因此她也大为放心，没有阻挠，不料却引狼入室。

杨坚是北周十二大将军之一杨忠的儿子。相传，他母亲吕氏在怀着他的时候去长安附近的一座尼姑庵进香，当晚在庵里就把他生下来了。有个会看相的尼姑说："这个小孩非同常人！"希望能代为抚养，小杨坚就在尼姑庵里度过了童年。

杨坚成人后相貌果然奇伟，按照《隋书》的记载，他的脸就是按照龙的模样长的，手心还隐隐约约有个"王"字。史家的传统，开国君主都是要有帝王之相的，关于杨坚外貌的这番记载，要么是文人的附会，要么是君主本人以及其支持者的炒作。

既然附会和炒作，就会有很多延伸开来的故事了。据说，周明帝曾派了一个叫赵昭的相面师给杨坚相面，赵昭为了保护杨坚，就对周明帝说："杨坚不过做柱国罢了。"暗中则告诉杨坚："老兄你当为天下之主，而且必须大杀一批人才可平定天下，千万记住我的话！"杨坚于是一直表现得非常低调。

周武帝在位的时候，关于杨坚"非为人下"的传言越来越多，宇文宪和王轨先后提醒过周武帝，可武帝不信看相的那一套，不耐烦地说："如果天命真的应在杨坚身上，我们也没法防止呀！"

命大的杨坚逃过了众多劫数，还把女儿嫁给了周武帝的太子宇文赟，与周武帝成了亲家。周宣帝即位，杨坚被封为上柱国、大前疑，位列四辅之首。如今周宣帝一死，杨坚又在刘昉和郑译的帮助下成为左大丞相，一夜之间掌握了北周的大权。

韬光养晦多年的杨坚乃是权术高手，他心知必须先控制住宇文氏宗室，便以赵王宇文招之女千金公主远嫁突厥为由，召外放诸藩的周武帝的五个弟弟赵王宇文招、陈王宇文纯、越王宇文盛、代王宇文达、滕王宇文逌（yōu）入长安。五人一到长安，立即被严加看守，不久就被一一杀掉了。

杨坚在辅政后的一个月连续做了三件事：修改周武帝的《刑书要制》，重新颁布实施，以取代严苛的《刑经圣制》；重新倡导节俭，身体力行；恢复佛、道二教的合法性，以前的僧人、道士允许重新出家。

周宣帝胡作非为，已经令宇文氏失去了对关陇集团以及北方世族的把控力。杨坚借机顺应潮流，赢得了相当多的人心，包括韦孝宽这样的北周六朝老将都支持杨坚，只有相州总管尉迟迥、郧州总管司马消难和益州总管王谦三家起兵反对。尉迟迥是宇文泰的外甥，司马消难是周静帝的丈人，王谦是大将军王雄之子，三人受宇文氏厚恩，不愿听命于杨坚。

三人中，最有威胁力的是年过七旬的尉迟迥，因他声望极高。杨坚派韦孝宽等人去接替尉迟迥，尉迟迥决心做最后一搏。两位老将在战场上相遇，韦孝宽技高一筹，攻入相州治所邺城，尉迟迥自杀。

战后，杨坚一把火烧了邺城，又把相州的治所迁到南面的安阳，魏晋南北朝时期北方第一大风云都市邺城从此消失在历史的漫漫长河之中。

尉迟迥都失败了，其他两人就更没得玩了。两个月时间，王谦战败被斩，司马消难投奔南陈，各地的叛乱全部平息。

司马消难身为高欢的女婿、宇文阐的丈人，又与杨坚的父亲杨忠是结拜兄弟，在南北朝末期也算是个特色人物。跟他的先辈司马休之颇有相似之处，他生性贪淫，反复无常，一生叛投过齐、周、陈、隋四个王朝，最后杨坚灭陈，他还得到特赦，得以善终。可见，恶人并非都有恶报。

北周大定元年（581）二月，杨坚完成了受禅的一系列手续，登上皇帝的宝座。鉴于他的封号“随”字不够吉利，他把走之底去掉，定国号为“隋”①，改元“开皇”，是为隋高祖文帝。

总共不到一年，隋文帝就推翻了北周，是南北朝所有篡位的开国皇帝中过渡期最短的一个，说他得位容易，真不是冤枉他。

隋文帝夺了宇文家的天下不算，还杀光了宇文皇族，宇文泰的子孙二十五家尽遭屠戮。周静帝禅位后即被杀，时年九岁，周静帝的两个弟弟年纪更小，同样被杀，甚

①“随”的繁体字写作“隨”。

至宇文氏的旁支疏属也被几乎杀绝。这是继萧道成之后，屠杀皇族最干净的一次。

隋文帝杨坚这个人有时过分宽容，有时又过分残忍。但是杀宇文氏这件事，并不是简单用“残忍”二字就可以说明的，而是有其深层的意义。

杨坚的妻子独孤伽罗是一代名后，她是柱国独孤信的女儿，而独孤信也由于将三个女儿分别嫁入北周（明帝宇文毓）、隋（文帝杨坚）和唐（李昞，唐高祖李渊之父）三朝皇室而被称为“天下第一岳父”，与娄昭君的“天下第一皇太后”相映成趣。

杨坚的父亲杨忠早年追随独孤信，长期担任独孤信的副手，是贺拔胜的旧部。独孤信因功高被害后，杨忠没有像侯莫陈崇那样做出出格的举动，但内心也是很难过的。毕竟，杨忠、独孤信这对“忠信之士”在战场上多年一起出生入死，铸就的情谊是常人难以想象的。在那场惊心动魄的权力斗争中，贺拔胜派系暂时失败了，杨忠便将仇恨埋藏在心底，还将它传播给了儿子杨坚。

杨坚称帝后，下诏为独孤信平反，便是表达了杨家对独孤信的同情与追思，而他大杀北周宗室，逼反宇文氏派系的重要人物尉迟迥，都可看作是贺拔胜派系发动的一次政治复仇。

可以说，杨坚篡周建隋，是对半个世纪以来关陇集团内部的矛盾与恩怨做了最后的了断。

隋朝建立了，南北朝的话题也接近尾声。隋文帝所推行的新政策，其实已不属于南北朝的范畴，而属于下一个大时代——隋唐。

不过，有几件大事我们不得不提：第一件，隋文帝将所有北周府兵时代被更改的鲜卑复姓全部恢复为汉族单姓，彻底结束了鲜卑人的时代，五胡中的最后一胡就此融入中华民族。第二件，开皇三年（583），隋文帝制定了中国历史上第一部完善的法律《开皇律》，而这部法律正是以《北齐律》为基础、以北周的法律为补充的。有人说，隋唐的制度大多接承自南北朝几百年战乱中所形成的精华，这便是典型的例子。第三件，也是对后世影响最深远的一件，是开皇七年（587），隋文帝命全国各州每年选派三人应考，并将这个考试作为选拔官员的方式。贯穿魏晋南北朝三百六十多年、以出身门第为选拔标准的九品中正制至此完成了历史使命，日后延续一千多年的科举制度自此开始。

这三件大事都具有划时代的意义，与其说它们的出现是源自隋文帝的伟大，不如说是整个中华民族经历了长期苦难后在涅槃再生。

一代新文明的诞生必然伴随着旧文明的逝去。南方存留的最后一个南北朝文明的堡垒——陈国，也将很快被扫入历史的垃圾堆了。

隋文帝建隋的第二年（582），陈宣帝病逝，享年五十三岁。太子陈叔宝继位，他就是有治文之才、无治国之才的陈后主。

面对隋朝的绝对优势，陈叔宝的对策只有一条——和为贵。

隋开皇七年（587），不打算再维持和平局面的隋文帝征召后梁的末代君主萧琮入长安，灭了后梁；第二年（588）冬天，他又派出号称五十一万的大军，拉开战线，东起海上，西至巴、蜀，铺天盖地向江南攻来。

二十、终结大时代

陈叔宝是南朝的最后一位皇帝，也是南北朝的最后一位皇帝。他即位的时候，北周已经灭亡一年了。

这不免让人想起后世的南唐后主李煜。李煜做国主时，北方的五代局面也是刚刚结束，宋朝虎视江南，南唐危在旦夕。相比起来，两人的境遇还颇有几分相似。

更相似的是两人的兴趣爱好。李煜喜欢的是读书写词，“工书画，知音律”，至今脍炙人口的李后主词作便是明证；陈叔宝终日里同样“作诗不辍”，也是位勤于笔耕、创作不懈的大写手。两人都在副业上成绩斐然，而在主业——做皇帝上，却没什么天分。

像陈叔宝这样的皇帝，智商肯定是够的，只不过没能用在该用的地方。隋文帝评价他：“如果能把作诗的本事用在思考国家时事的安危上，也不至于亡国了。”这说法是有道理的。

陈叔宝之所以会如此，或许与他的经历有关。

陈叔宝生于梁元帝承圣二年（553）的江陵，母亲柳敬言是驸马柳偃之女，也就是梁武帝的外孙女。他出生的第二年，江陵就被西魏攻陷了，他的父亲陈顼被俘往长安。因为路途遥远，陈顼把儿子陈叔宝与妻子柳敬言留在了半路上的穰城（今河南邓州），母子俩在这里一住就是八年，等北周把陈顼送回陈国，陈叔宝才随母亲回到建康。

动荡的童年没有造就陈叔宝坚韧的性格，反而让他形成了消极的生活态度。从少年步入成年的他过得一帆风顺，从安成王世子做到皇太子，但他内心却对政事兴趣不大。

陈宣帝一共有四十二个儿子，在古代皇帝中，尤其是在处于王朝末期的皇帝中，绝对是“高产”。既然陈叔宝没能表现出过人的才能，那么他其他的四十一位兄弟难免会有蠢蠢欲动的。尽管陈国已是日薄西山，还是有人跳出来铤而走险，此人便是陈宣帝的次子，始兴王陈叔陵。

陈叔陵只比陈叔宝小几个月，幼年的经历与陈叔宝差不多，性格却截然相反。他热衷权势，野心勃勃，加上陈宣帝对他也很是宠爱，犯了错误也不重责，于是他无所顾忌，竟与陈文帝的儿子新安王陈伯固勾结在一起，图谋篡位。

陈宣帝去世，准备入殓，陈叔宝可比周宣帝乖多了，一直扑在灵柩前痛哭流涕，全然没有注意身后的情景。

陈叔陵猛地亮出事先磨好的锉药小刀，一刀砍中陈叔宝的脖子，陈叔宝倒地。太后柳敬言上前阻挡，陈叔陵又朝太后连砍好几刀。旁边陈叔宝的乳母吴氏赶紧将陈叔宝拉起，四弟长沙王陈叔坚夺过陈叔陵手中的小刀，陈叔陵谋反不成，趁乱逃出宫去。

所幸，陈叔宝没被伤到要害，在乳母等人的保护下躲入后宫。惊魂方定，他便派右卫将军萧摩诃出兵平乱。陈叔陵与陈伯固纠集了一千来人据守东府城，企图对抗朝廷，都被萧摩诃斩杀。

劫后余生的陈叔宝捂着受伤的脖子登上了皇帝宝座，从此对政治与权势愈加深恶痛绝。他本来就钟情诗酒，现在干脆把政事扔在脑后，一心追求安乐与享受，将时光全部虚耗在后宫里。

陈叔宝与正宫皇后沈婺华没什么感情，他更宠幸出身贫贱的贵妃张丽华。

张丽华的头发长有七尺，漆黑发亮，一直可以垂到地上。她又天性聪慧，容颜端丽，神采飞扬，顾盼生辉，活脱脱一个古典长发知性美女，陈叔宝为她如痴如醉并不奇怪。

除了张丽华，陈叔宝又宠爱龚贵嫔、孔贵嫔等妃子，为了能与美人们朝夕相处，他在宫中的光昭殿前建起临春、结绮和望仙三座楼阁。阁楼精心雕琢，华美瑰丽，各高几十丈，彼此相连，每座楼阁又分成几十个小房间。陈叔宝自己住临春阁，张贵妃住结绮阁，龚贵嫔和孔贵嫔住望仙阁，其他的妃子也常常游走其间，轮流侍奉皇帝。

皇帝沉溺酒色，着急的人还是有的，章华、傅縡（zài）等大臣就曾上书请命，指望陈叔宝洗心革面，勤政爱民。陈叔宝很生气，把他们都杀了，朝中剩下一批善窥上意之徒，比如尚书令江总、孔范等人。他们同样寄情浮靡，从早到晚陪着陈叔宝在后宫花天酒地、欢歌燕舞、舞文弄墨、赠诗和曲，成为乱世中一道“别具一格”的风景线。其中最亮丽的一道，当数陈叔宝那首不朽的亡国调《玉树后庭花》：

丽宇芳林对高阁，新装艳质本倾城。
映户凝娇乍不进，出帷含态笑相迎。
妖姬脸似花含露，玉树流光照后庭。
花开花落不长久，落红满地归寂中。

这些人写了诸多淫词艳曲，格调低下，不一而足，陈叔宝偶尔还会作诗戏谑一把。

据说有一次，陈叔宝忽然想起被他冷落后宫的沈皇后，便去看她，在皇后宫中坐了一会儿就准备走。他见沈皇后临别也不说几句温情的话，失望地问道：“你怎么也不留我一下呢？”说着，就即兴给沈皇后赠诗一首，后来成为“千古名篇”：

留人不留人？不留人也去。
此处不留人，自有留人处。

沈皇后听了，没好气地答道：

谁言不相忆？见罢倒成羞。
情知不肯住，教遣若为留。

若此事为真，我倒是挺欣赏沈皇后对于爱情的一分执着的，可惜无聊的陈叔宝不领情，倒萌生了废掉沈皇后、改立张贵妃的念头，只是这个想法他来不及达成了。

南陈祯明二年，即隋开皇八年（588），隋文帝下诏列数陈叔宝二十条大罪，随后派隋军大举南下。晋王杨广出六合，庐州总管韩擒虎出庐江（今安徽合肥），吴州总管贺若弼出广陵（今江苏扬州），三军走陆路进抵江北渡口；秦王杨俊出襄阳沿汉水而下，清河公杨素出永安（今重庆奉节），荆州刺史刘仁恩出江陵，蕲州刺史王世积出蕲春，沿长江而下，青州总管燕荣出东海（今江苏连云港西南），从海路入太湖。八路大军由杨广总节度，讨伐陈国。

声势浩大的隋军号称五十一万，可能有夸大的成分，但人数至少也在三十万以上，这是不争的事实。

反观陈军布防的兵力，包括建康的守兵在内总共也不过二十多万，还有一半分散在江上的各要塞。隋军人多，又采取多点进攻的策略，陈军防不胜防，难以抵挡隋军的淋漓攻势。

军情紧急，飞报建康，护军将军樊毅、仆射袁宪以及萧摩诃认为应增兵，沿江防备。群臣莫衷一是，陈叔宝却不以为然："如若增兵，岂非示弱？建康城有王气，想当年齐兵攻过三次，周兵也来过两次，结果怎么样，还不是被打得大败而回？隋兵能有什么作为？"孔范也附和道："长江天堑，隔绝南北，敌军难道还能插翅飞过来吗？那些守将贪功，故意夸大事实；微臣常嫌官小，敌军假若真的渡江，我一定上阵厮杀，立功做个太尉！"说完，这对君臣哈哈大笑，继续饮酒，好像什么事也没发生一样。

陈叔宝在酒精的麻痹下也太乐观了。

我们说过，陈宣帝试图通过北伐解决内部和外部的两大问题，北周重新攻占江北后，陈国面临的问题依旧，尤其是侨人、吴人、土著三大族群之间的矛盾愈演愈烈。地方上的武将多为五蛮出身，比如负责建康防务的樊毅便是蛮族人，因为这个身份，他手中虽有兵，却受尽排挤。而类似这样上下相欺、文武相疑的情形在陈国很多见，一旦开仗，陈军的战斗力和士气当然都高不了。

第二年（589）元旦的清晨，大雾弥江。建康城中的陈叔宝在早朝时大宴群臣，庆贺新年。

陈叔宝兴致颇浓，喝得酩酊大醉，等他午后醒来，形势已然大变：隋将贺若弼与韩擒虎分别从江北的广陵和横江突破，神不知鬼不觉地渡过长江，占领了南岸的京口和采石，江边防守的陈军望风而走，隋军兵临城下。

陈叔宝的乐观荡然无存，他仓促任命萧摩诃、樊毅及中领军鲁广达为都督，抵御隋军的攻势，又命从吴兴入援的镇东大将军任忠驻守朱雀门，保卫建康的安全。

不懂用兵的陈叔宝犯了错误，他把建康附近的十多万陈军士兵拉成了一条从北到南绵延二十里的防线，却没有安排一个发号施令的总指挥，而且还把不会打仗的孔范派上了阵。

在这样的安排下，陈国的几名将军各自为战，被贺若弼轻松地各个击破，孔范更是不战自溃，萧摩诃力战被擒，陈军大败。

任忠率部出城抵抗韩擒虎的进攻，还没打就在石子冈（今江苏南京雨花台）投降了，掉转枪头带领隋军从朱雀门进入建康城。

陈叔宝在宫里慌不择路，搂着最宠爱的张贵妃和孔贵嫔直奔后堂投井。当然，他不是寻死，而是想暂借水浅的井底避一避。

隋军士兵深夜进宫，遍寻陈叔宝不见，向井底喊话，没人答应，就要往下投大石。陈叔宝吓坏了，叫道："有人！有人！"

隋军的士兵放下绳索，使了好半天劲把人拉上来，才发现原来这一男二女捆在了一起，怪不得沉得像头猪呢！

狼狈归狼狈，陈叔宝的结局倒是好过之前亡国的北齐和北周的末代皇帝。隋文帝厚赏了陈叔宝，还多次召他入朝叙话，给他的待遇相当于三品官员。

隋仁寿四年（604），陈叔宝寿终正寝，享年五十二岁，而那时，隋文帝已经死于儿子杨广之手了。

陈国灭亡了，五十多年的后三国时代归于隋朝一统，从刘裕称帝时算起的近一百七十年南朝历史告一段落，更重要的是，从西晋八王之乱开始，中华世界延续二百九十九年的混乱分裂局面结束了。如果愿意，我们还可以上溯到公元184年的黄巾大起义，向四百多年的大分裂时代做一次告别。

回到本章开头提出的那个问题上。西魏、北周、隋三朝一脉相承，通过宇文泰的府兵制和周武帝的灭佛、废奴、立法等一系列政策，再加上隋文帝划时代的科举制度，终于逐渐以关陇体制替代了旧有的门阀体制，找到了解决当时社会矛盾的最佳路线。相形之下，南陈和北齐，虽然都有各自的改革方案，试图解决社会矛盾，但都比不上关陇体制的优势与力度。

终结大分裂时代、开启隋唐时代的关陇统治者们并不见得比之前几百年来所有的统治者聪明、能干，他们之所以成功，在于他们所处的环境比较巧，所遇的困难比较小，所采取的策略比较得当。用四个字总结，这叫“应运而生”，如果用八个字概括，那就是我们中国人最熟悉，而外国人最感到不可思议的一句话：“合久必分，分久必合。”

大分裂时代，于今天看似遥远，我们却不感到陌生。那个时代，孕育与死亡并存，光明与黑暗同在；那个时代，无数的英雄犹如夜空中的流星，总会有一瞬间无比夺目，可是却不能长久，终究要隐没于夜色之中；那个时代，只有一片夜色，是始终不变的深邃、始终不渝的永恒。也许，那就是我们回望历史时孜孜不倦探索的真谛吧。

行文至此，借用宋代词人张升的一曲《离亭燕》收场，以为跋。

一带江山如画，风物向秋潇洒。
水浸碧天何处断？霁色冷光相射。
蓼屿荻花洲，掩映竹篱茅舍。

云际客帆高挂，烟外酒旗低亚。
多少六朝兴废事，尽入渔樵闲话。
怅望倚层楼，寒日无言西下。